U0369822

家庭生活秘史

公共、私人与知识分工

〔美〕迈克尔·麦基恩（Michael McKeon）　著

胡振明　译

华东师范大学出版社

·上海·

华东师范大学出版社六点分社　策划

目　　录

第一部分　分离的时代

第二部分　作为形式的家庭化

第三部分　秘史

中文版序言

作为文学学者,我始终对理念及其历史感兴趣,特别是,有些范畴为何变得彼此对立? 显而易见的回答就是,它们并不是逐步对立,而是像热与冷、湿与干、硬与软一样,本来如此。诸如此类的对立是绝对的,但它们只是在抽象的形式中才是绝对的,这也同样显而易见。在具体条件下,它们等同何物有着极大的可变性,且取决于被你询问的那人,也就是说,其感官知觉正被询问之人。因此,对此类对立而言,相应的回答就是个人感官知觉之事。

但因为个人是社会的人,他们理解的方式既是天性的,又是文化的。对立有文化的成分;诸如好与坏、真与假或美与丑等对立,看似更多地基于文化经验,而不是天性经验。然而,这些文化对立如何变得如此,回答这一问题需要理解众多关于被询问的文化之事——实际上,理解文化本身如何变得如此——这样一来,并不是引出某个答案,而是诱出众多更具挑战的问题。

无疑,这就是需要走的路。但我想知道,是否存在某种一开始就明晰路径的方法,与其说是一条捷径,不如说是一个可能有助框定本询问的开篇假设。如是观念不请自来——真的就是激发我最初兴趣之事——即对立从曾经的相似与邻近之基中萌芽。这似乎是如此文化变革的共同特征:作为事物的独特构想,即由作为单一整体成分而可区分但不可分的元素组成的构想，以此为始之事可能分成若干组成部分。这种知识分工以某种实验性的好奇为动机，可能依循之前已看似如此相似与邻近，以至于成为更大整体的不可分组成部分之事的轮廓，也许是没有牺牲某种整体本身之感的不可分。

此外，这个问题可从另一个方向来解答。我思考众多概念的历史（已构成自己极熟悉的英国历史文化往昔）时，意识到存在某些范畴，尽管它们彼此不同，然而有着某种家族近似，仿佛来自某个共同的起源或根基。在某些词语实例中显然如此，如"honor"，它最初隐含血缘关系的集体纽带，但也逐步意指个人美德；"science"，早期是知识之意，但 17 世纪后成为"自然科学"；"estate"，最初是国家或政体，但随后是私人地产。至于其他词语，相关联系似乎更加悖论，甚至是对立的："propriety"意指个别地及恰当地归为个人之事，但如今是某人拥有的财产；"individual"原意是不可分的、集体的，但演变成独立的、个别的意思。

我说到了这些概念与它们在时间层面具有的语义，因此强调某个原始语义如何可以演变成一个相关的，甚至不同的语义。从它们成为主导语义的历史层面来说，这似乎常常是准确的。但关于概念差异，甚至概念对立如何发生的这个演变视角遮蔽了在我一直探究的设想之中更重要之事，这不是在不同概念语义成为通行一事中存在重要的时间秩序，而是这些不同语义于文化变革缺失内的兼容共存中交织。文化变革缺失导致这些不同语义分离而出，仿佛是从它们的集体含意中剥离而出。

我的兴趣同样在于提出如是问题，何种文化变革类型可能加速这种分离过程，概念整体内诸组成部分的区别与它们从该整体的分离之间，是否存在假定关系的经验主义证据？经过多年研究，我开始猜测这个过程的证据在我专门研究的时代，即 17 与 18 世纪的英国尤为有力。我的第一部专著关注的是英国复辟时期政治与诗歌的纠缠，显然与随后两个世纪的这些范畴分离构成对比。我的第二部专著关注现代性的主导文类，小说的起源。有些学者认为，小说是作为古典时期或中世纪文类而聚合的传统形式。深入 1600 年至 1740 年的政治、社会、经济与智识语境，我认为，这些情境与那些在更早时期的文化变革中显见的情境相似，但存在文化整体分部划分的潜能一事在 17 与 18 世纪成为现实。我认为，小说的起源特别取决于使我所称的真实与美德问题在文化层面明确一事，因此,关于认识论概念与社会地位的传统隐性共识被打开,发展成关于那些问题如何可能被回答的不同且对立的视角。小说的出现,使这些视角开始竞相角逐。

正如《家庭生活秘史》的副标题所示,本书也关注开启西方现代性的概念组成部分的分离,即知识分工。然而,看似极为不同之事也是由此副标题暗示。看上去,我的话题不是由不同但不可分的组成部分构成的概念整体,而是一个基本的二分体,公共与私人之间的明确概念对立。这也意味着,对立如何从概念整体,从隐性的相似与邻近之基中出现的重要事宜并不是本研究的关注所在。但这是一个视觉幻象。我的论点是,尽管公共-私人对立的种子存在于城邦与家庭,经验的政治与家庭领域之间的古希腊区别之中,这些范畴并不完全在古典时期分离。实际上,在我们对该词的理解中,私人领域与家庭领域没有关系,在那些文化条件下并不存在。在前现代文化中,拉丁词根"privatus"不是意指"私人的",而是意指贫困或剥夺,家庭生活不是私人的,而是被剥夺那些城邦之人享有的自由,这不是巩固对立的关系,而是巩固排斥的关系。

众多词源之根从这古典之基萌芽,并根据自己植根于此的特殊文化语境有所变化。在大多数西方国家,政治与家庭之间的关系继续不平等,如果不总是以零和排斥的方式。在英国,其不同版本是以微妙的方式有所变化。一方面,父权制意识形态的逻辑认为,君主的主权源自父亲之于自己家庭臣民的先前权威。但另一方面,国家与家庭的不平等显然在自己"小共和国"内父系权力的君主授权中得以反映。尽管这些体制被视为不同实体,概念的辩证流动性说明,构成它们区别的语义分离尚未明确。

《家庭生活秘史》的主要部分记载了这种伟大转型如何在经验领域发生,后者根本上事关公共与私人之间的关系:主要说来,是经济从政体的分离,绝对主义从绝对君主制向绝对私人财产的退化,新教改革以及个人意识与神意"呼召"高过救赎的体制管理,借助印刷及虚拟现实出版的文化渗透,家庭经济以及为生存而进行本土生产的原则被为商品的市场流通与资本积累而从事的生产取代,住宅空间的建筑区分与细化,以及如此之"性"的具化:性别延续的惯常理念向性别差异的生物学转变,同性行为的转变,通常被认为是大多数男人所行的实践如今是那些被认为偏离男性气质规范标准之男人的特有行为。

　　这些演变显然取决于私人领域这一新观念。私人经验这种前所未有的理念成为个体性、主体性、内在性等价值的基础，也为将自我创造性建立在理智与情感的自主之上奠定了基础。但新的私人领域反过来取决于一种新的公共构想的出现，不是取代旧的，而是明确说明普通公民的存在，"旧有"的公共——传统体制与国家政府机器——对其行使权威。新的公共与私人同时出现，彼此构成辩证关系，彼此由对方组成，由对方构成。新的公共构想与"社会"理念同步，后者很快成为现代思想不可缺少的伴随物。"社会"首先被构想为"公民社会"，以承认它对普通个人群体的指涉，这个群体由于受国家统治，而承担争论那些规则，并使之明确和接受质询的民间职能。不同于传统的公共领域，这是虚拟的，没有实际存在，只由所有那些自觉选择参与其中的实际个人组成。这个虚拟的"公共领域"，现代话语中的常用术语，极明显地作为"公众舆论"的声音，以及凭借代表型民主体系中实行的选举权——遍及欧洲大多数国家，取代自上而下统治的传统体系——很快对实际公共政策施加真正的压力。他们的观点、动机、选择曾被旧有实际公共领域忽视，在此之前一直被默默代言的实际个人群体，如今通过虚拟公共领域而被赋予明确的声音。

　　印刷技术的长期效果——如此遍及18世纪经验，以至于历史学家们恰当地将其与"印刷文化"的到来联系——对公共领域的创建至关重要。印出的出版物建构了作者与读者的虚拟脉络感，这不仅对政治领域的公众舆论力量至关重要，而且对"公众读者"，以及如今存在的"文学"范畴的形成至关重要，如"文人共和国"一样，这将其同质虚拟地、隐喻地归于自文艺复兴以来日益熟悉与有效的手稿文化内的实际书信流通。此时期的另一个虚拟创造，"市场"隐喻地将流通理念延展到作为虚拟商品的实际货物想象交换。如代表型政治一样，市场是一个想象的体制，通过普通民众的参与拥有巨大的实际影响。这些演变——政治代表、资本主义经济、印出的印刷物——被确认为构成现代性的基础。将这些聚集在一起的是想象的力量，跨过丰富的个人多样性，在集体层面得到驾驭，绕过实际的、牢固的权力关系设立的界限。想象，传统的知识官能获得了这种新发现的力量，当它不仅可以被理解成幻想、幻觉或讹误，而且可以被理解成创造某种信念时。信念的力量不像宗教信仰那样，并不需要对在经验主义层面显见于感官之事的形而上超越。这种美学信念概念在18世纪出现，不可避免地受其与经验主义认识论固化的比较与对比影响。

重回我开篇的问题,即这些范畴如何变得彼此对立,关于公共与私人的回答就是,这发生在此时:私人理念在被剥夺邻近公共的消极情境内潜伏数世纪之久,当公共领域易受众多外力持续攻击时,开始进入社会意识。私人价值以这种方式在公共的传统统治下从其延长的消极性中,作为积极价值分离而出。但为了此事的发生,积极的公共领域不得不作为集体虚拟范畴而出现,实际个人的隐私可能于此内具有意义。因此,公共与私人的分离是一个复杂的,使两者以不同基调同时融合成为必要的现代现象。正如读者会发现的那样,这种从区别到分离,再到融合的首要简略之举,采用的是我刚在公共与私人实例中概括的特殊形式。但这三步举措本身具有有助于现代时期密集的结构一致性的其他文化兴起实例的系列特点。

《家庭生活秘史》,公共与私人如何开始拥有自己现代意义的故事,是一本关于新社会存在与新认识论存在出现的书。这个故事也在书名中得以概括。作为社会体制的家庭生活的复杂本质由若干不同元素构成,这已成为我研究的目的。本书名所指的历史是"秘密的",因为它指的是一度与这些元素不同,但相伴而生的某个认识论元素。"家庭生活"这个术语及理念有现代起源。"家庭生活"如何与更早的"家庭化"概念相关?"家庭化"这个术语的一个普通寓意就是使挑战世俗理解的如此崇高或伟大之事归化,以"引至"经验与理解的本地或普通层面的方式使之熟悉化。这是家庭的卑微层面,既不伟大,又不崇高,因此是为实现适应世俗理解目的的现成方式。但"家庭生活"一词的创造预示如是承认,即本地与普通层面有必要被命名,因为它已符合标准资格,不再是为更高目的,而是为自身目的的认识论方式。因此,我们可以通过此法描绘作为某种社会体制的家庭生活秘史,即顺着家庭化的认识论线索,直到不再需要,因为家庭生活已经取代了它的位置。

致　谢

　　我向以超出所有预期的慷慨,支持本课题研究的新泽西州立罗格斯大学致以最大谢意,我特别有幸在巴里・奎尔斯(Barry Qualls)、谢丽尔・沃尔(Cheryl Wall)、理查德・米勒(Richard Miller)领导下的罗格斯任教。我希望本书在某种程度上被视为对相关支持的正名。

　　本书初期草稿与论述阶段得到众多朋友与同仁的有益建言。特别是,乔纳森・克拉姆尼克(Jonathan Kramnick)对本书篇幅长、要求高的第一部分最初草稿予以评断,在后一个阶段,波拉・麦克道尔(Paula McDowell)对第二章进行细致认真的审读。他们对本课题的兴趣与思考对维持我在由卓越的 18 世纪学者、评论家组成的共同体中的工作感极为重要。我感谢故去的道格・甘菲德(Doug Canfield),以及约瑟夫・查维斯(Joseph Chaves)、安妮・科特里尔(Anne Cotterill)、比尔・道林(Bill Dowling)、玛西・弗兰克(Marcie Frank)、比利・加尔佩林(Billy Galperin)、蒂莫・吉尔摩(Timo Gilmore)、安妮・贾诺威茨(Annie Janowitz)、迈拉・耶伦(Myra Jehlen)、凯文・帕斯克(Kevin Pask)、马克・菲利普斯(Mark Phillips)、戈登・肖赫特(Gordon Schochet)、卡罗琳・威廉斯(Carolyn Williams),感谢他们宝贵的审读与评断。我从詹森・吉格(Jason Gieger)、克里斯廷・格尔丁(Kristin Girten)、金伯利・拉塔(Kimberly Latta)、叶林・墨菲(Erin Murphy)、约翰・沙纳汉(John Shanahan）、桑德拉·杨（Sandra Young）那里得到了文献方面的帮助。在我开设的，涉及本书某些核心问题的课程中，我得益于与罗格斯大学研究生展开的讨论。在不仅由我所在学系同仁，而且由罗格斯跨太平洋18世纪研究生群组成的，以时代划分的研究共同体的活跃氛围中，我得以进益。

詹姆斯·温（James Winn）热忱地用自己在复辟时期与18世纪音乐方面的专业知识为我的研究服务。巴黎的伊莎贝尔·博尔（Isabelle Bour）、马德里的布莱恩·洛基（Brian Lockey）帮助我通过比较间接的沟通方式锁定那些难以获得的图画。克里斯廷·格尔丁与马德希（Madhvi Zutshi）细心地完成排版、排序图画的大多数工作，并获得图画使用授权。在乔安妮·艾伦（Joanne Allen）细致完成文字编辑、润色之后，马德希与黛博拉·艾伦（Deborah Allen）一道仔细地校对了全书。玛吉·托尔瑞（Margie Towery）以既准确，又实用的专业眼光准备好了索引。与我一道工作的约翰·霍普金斯大学出版社工作人员予以了不懈的慷慨帮助，尤其是杰基·韦穆勒（Jackie Wehmueller），我愉快地仰赖他的支持与友情，为此心怀感激。

xv

尽管（在某些情况下是因为）信息技术当前面临变革，我受益于瓦尔堡研究院图书馆（the Warburg Institute Library）、罗格斯大学亚历山大图书馆（Alexander Library）、普林斯顿大学图书馆，特别是后者的火石图书馆（Firestone Library）、马昆德图书馆（Marquand Library）及珍本特藏部工作人员的学识与耐心。

我的最大智识感恩归于卡罗琳·威廉斯，我从她那儿获益的，她那敏锐的智慧及家庭亲近仍然是极为稀有的礼物。

导　　言

　　本书开篇力图论述一组对我们理解过去至关重要的问题。一方面，对很多学科的学生而言，现代西方关于公共与私人这两个范畴，以及它们之间本质差异的观点似乎已成为重要的新历史现象。另一方面，这两个范畴与它们之间的差异也是传统社会的重要特征，无论我们是否用"传统"意指先于现代之事，抑或意指与现代性同时共存，但又独立于现代性独特品性，且不受其影响之事。这种新差异之感新到何种程度？我们问及，借用"现代时期"意指为何，或质疑明晰"西方"智识变化的历时时代划分能力时，会提出相同的问题，而这种变化的速率与特质显然取决于广泛的共时变化。

知 识 分 工

　　正如书名所示，本书关注的核心是普遍性的上升秩序。极为笼统地说，我的兴趣在于16、17、18世纪发生的，使现代性与传统分离的综合知识分工。我们借用现代知识分工意指之事，可以通过将其比作综合性、关联性劳动分工的方式而得以阐明。恰如卡尔·马克思（Karl Marx）的历史方法思考把"劳动"范畴用作其主要实例：

劳动似乎是一个十分简单的范畴。它在这种一般性上——作为劳动一般——的表象也是古老的。但是，在经济学上从这种简单性上来把握的"劳动"，和产生这个简单抽象的那些关系一样，是现代的范畴。例如，货币主义把财富看成还是完全客观的东西，看成存在于货币中的物。同这个观点相比，重工主义或重商主义把财富的源泉从对象转到主体的活动——商业劳动和工业劳动，已经是很大的进步，但是，他们仍然只是局限地把这种活动本身理解为取得货币的活动。……亚当·斯密大大地前进了一步，他抛开了创造财富的活动的一切规定性，——干脆就是劳动，既不是工业劳动，又不是商业劳动，也不是农业劳动，而既是这种劳动，又是那种劳动。有了创造财富的活动的抽象一般性，也就有了被规定为财富的对象的一般性，这就是产品一般，或者说又是劳动一般，然而是作为过去的、物化的劳动。……对任何种类劳动的同样看待，以各种实在劳动组成的十分发达的总体为前提，在这些劳动中，任何一种劳动都不再是支配一切的劳动。所以，最一般的抽象总只是产生在最丰富的具体发展的场合，在那里，一种东西为许多东西所共有，为一切所共有。……对任何种类劳动的同样看待，适合于这样一种社会形式，在这种社会形式中，个人很容易从一种劳动转到另一种劳动，一定种类的劳动对他们说来是偶然的，因而是无差别的……它不再是同具有某种特殊性的个人结合在一起的规定了……所以，这个被现代经济学提到首位的、表现出一种古老而适用于一切社会形式的关系的最简单的抽象，只有作为最现代的社会的范畴，才在这种抽象中表现为实际真实的东西。①

在这内容丰富的选段中，我想强调两点。首先，马克思认为，论述知识的诸多普通与广泛的范畴（例如"一般"劳动的概念化）所需之事就是不同具体及特定劳动类型的物质经验。其次，他指出，知识的分工（例如将劳动分为不同具体类型）与知识的抽象同步：理解一般劳动也就是了解这

---

① ［译注］引自马克思：《〈政治经济学批判〉导言》，《马克思恩格斯选集》，第2卷，北京：人民出版社1995年版，第21—22页。

个普通范畴囊括的多种劳动类型。（我们可能推测，知识分工也在稍微更高的抽象层面发生，劳动与诸如"需要"、"货币"、"价值"等其他具体特定范畴一道在此被视为更大抽象整体，即"经济体系"中的一部分。）[2]一方面是普遍性、整体性、抽象一般性与客观化；另一方面是特殊性、个性化、具体多样性与流动性。

　　本研究聚焦的特定知识分工（本书名的第二关注所在）当然不是劳动及其多种类型的分工，而是使公共与私人之间明确分工具备现代性之事。论述由此次第展开。马克思用"劳动"范畴为所有物质及概念发展的历史辩证举例；然而，我一直把它当作意指物质活动本身的普通术语，"知识"或概念活动的普通对应物。换言之，"隐私"与"公开性"的范畴可能以马克思使"劳动"历史化的相同方式而被历史化。为探究其思想发展，我们可能假设，现代之前的那些范畴及它们之间的区别可能早就如此活跃且重要，只有在那时，人们才能"一般"构想。也就是说，只有在那时，公共与私人经验不同类型的多样性允许同时代的人们对如是区别更为受限的形式"同样看待"，这部分因为对隐私与公开性的认识已被"有机地"限定于"特定个人"及"特定形式"，至此已是"支配一切"。在某个时刻，不同情境与举止的多样化也足以近似被视为更大整体的组成部分，这引出某种抽象，某种整体意识，追溯起来它可能似乎已在其组成部分本质多样化之前即已存在。然而，公共与私人的样例使劳动的样例复杂化，因为它们的现代抽象同时是一个反身过程，一个彼此对立的诸多范畴客体化的过程。

xviii

公共与私人

　　当前研究可能被设定为某种抽象的，因此具有欺骗性的简单假说。在"传统"文化中，公共与私人经验模式之间的特定关系被视为某种拒绝"分离"的"区别"。在"现代性"中，公共与私人彼此分离，如是情境既支持传统区别感知，又不言而喻地把公共与私人重构为受分离影响的两个范畴。如何阐释这两个不同范畴之间的关系？伴随与之而来变化的社会心理情境为何？我解答此问题的一个方法就是借助如此观点，即"传统"知

---

② 《〈政治经济学批判〉导言》，前揭，第18页。

识从深植于某种政治、社会、文化的实践母体的意义来说，是"隐性"的；而这个实践母体的引导遍及日常经验，并且不鼓励以自觉审视为目的的知识分离。相反，"现代"知识是一种"显性"的、自觉的意识，不是以浸润社会实践，而是以满足认识论准则的方式来描述，这就把自我辩解的自足性测试强加于知识之上。现代知识从其寻求阐释的经验母体剥离，因其阐释雄心——充分地使自身与知识客体分离，以满足此番认识论需要，即已知之事必须与为人所知的过程分开——而得以精确界定。③ 与劳动一样，私人与公共在如是背景衬托下鲜明突出，即曾经是存在的相对同质层面，现在已成为半自主结构异质图景之事。

xix　　公共与私人的现代分离因此如劳动抽象一样脱胎成型，将一直隐性存在之事进行某种"显化"，但如今在显化过程中，它也获得新生。然而，更精确地说，公共-私人二分体的现代剥离不仅使它们从传统与社会实践共同场域分离一事成为必要，而且彼此分离：将公共从私人中分出。当现代分离显然是一个分裂过程结果时，从区别到分离的历史进展得到极令人瞩目的论述，而这个分裂过程承认不是作为"一般"，而是作为更大整体组成部分的，曾极明白易懂之事的可分性。在公共与私人的实例中（尽管较之于肉体与精神、天性与教养，或悲剧与喜剧的实例，它并不常常如此），范畴分离的潜能在大多数传统文化中通过两个术语的平行共存而得到承认；结果就是，传统向现代性的转变可能在这方面呈现延续性的主导表象。我借以强调历史间断力量的方式之一，即从区别关系到分离关系的长期变化就是借助术语或范畴发展的某种不同类型（某术语一分为二），而这种不同类型已在证实如是观点的过程中扮演了重要角色：公共与私人的现代关系已使过去隐性整体分裂为对立与自足组成部分的过程成为必要。这种发展类型的某些实例可能有所作用：地产，公共国家/私人地产；地位，社会政治等级/经济财富；性别，自然性属/同化性别；荣誉，家庭世系/个人美德；合宜，社会适当性/私人财产；宗教，体系与文化层面/个体与个人层面；主体身份，顺从他者/自主主体性；知识，外在感官印

---

③　关于这个超越公共与私人问题的概述论点的扩展，参阅 Michael McKeon，《隐性知识》（Tacit Knowledge：Tradition and Its Aftermath），见《传统问题》（*Questions of Tradition*），Mark Salber Phillips 和 Gordon Schochet 编（Toronto：University of Toronto Press，2004），第 171—202 页。

象/内在新创想象;传奇,历史真实性/虚假或虚构;个体,不可分性与集体性/独立性与独特性。这些知识分工的每一组对都有独特复杂性。我的观点不在于它们之间的严格同源性,而在于公共与私人语言的普通及显性运用,这证明是公共从私人而出的现代概念及实质分离的过程。

家 庭 生 活

涵括于书名中的第三个,也是最特定的关注点就是家庭生活。如果公共从私人而出的现代分离是本研究主要聚焦的知识分工,家庭生活范畴的聚合可能是最明显、最具共鸣的表述。提及家庭生活"秘史"的一个原因就是表达我对该范畴的"前历史"——作为一个术语或理念在我们非常熟悉的现代用法中出现之前(我会在下文中阐释该词组的另一重要意义)——的兴趣。家庭生活既是某种现代隐私类型,又是除我们现代公开性经验之外难以理解之事。其故事可能只在关于现代隐私及其从公共领域分离的更普通故事中言之有理。如任何其他范畴抽象一样,公共与私人深受借助空间隐喻及其重要差别,即外/内、高/低的表现影响。无论如何,尽管其对现代隐私理念的重要性显而易见,家庭生活的历史出现因其空间与结构的表现性而特别受同时代人及现代学者意识的影响。第四、五章的目的就是以最直接的方式运用这种能力,它源于事关家庭经济中的劳动空间性别化与家庭建筑史中的"家庭空间"的论述。但隐私与公开性本身的空间及结构表现也已成为我关注时期内两者意义变化的重要指数,这也有助于阐释我在其他章节大量使用那些图画意象与图案的意图。如果家庭生活降格为隐私,或者隐私降格为家庭生活,密切关注家庭生活范畴的优势仍然会被否定。的确,在已有经验中,人们发现家庭生活与隐私的规则及价值观能够阻挠第三者。对我而言,把家庭生活理解为隐私的子范畴时,它似乎恰当地贯穿社会与智识历史。在本研究中,我始终提防这样的假设,即它们在所有更本土的实例中具备兼容性。

形式与空间表现性

空间轮廓在艺术与文学作品中有极为丰富的表述,形式的自觉表现在此是意义阐述的最重要目的与最有效帮助之一。为此,我在整个研究过程中关注绘画、雕刻、素描里的艺术构思问题。在文学作品中,形式缺乏视觉媒介及其技术方法独有的图像具化。但通过语言而获得的形式结构有某种特殊与微妙的敏感类型,后者讲述自己的故事,讲述通过如是事实而被记载的真相:现代世界不仅见证了"家庭空间"的聚合,而且见证了"家庭小说"的融合。

xxi　　但需要阐明当前研究中的家庭小说状况。这不是一本基本意义上的,关于小说史的专著。在第一部分中,我的目的是追溯若干英国经验语境,它们与关于公共、私人的传统态度向现代态度之转型极有关系,以它们最普遍与最"公共"的语境为始,逐步深入"更深层次内在化的"(借用某个熟悉的现代隐喻)私人经验领域。一般而言,这是一个贯穿国家与公民社会、宗教、印刷与公共领域、国家与家庭、家庭劳动、家庭建筑、性别区分、主体性、亲密与性欲等领域的"内向"之举。我们从最公共领域转入最私人领域时,它们已在现代性早期数世纪中得到重构,我们的阐释轨迹也把分离过程描绘成"趋下"退化,即一个标准绝对事物逐渐从其王权绝对主义的假定所在脱离,并实验性地重新定位于"民众"、家庭、女性、个体、个人身份与绝对主体之中的过程。然而,即便这个不可复归的绝对事物之原则被阐释为内向与趋下,它赖以扎根的日益私人的经验领域,用自己的术语概述了公共与私人之间的结构对立。从更抽象的角度来看,这个结构对立将这些术语限于私人领域。

　　第二部分展开更进一步的研究,将传统向现代性的转变视为关于阐释学与说教适应修辞态度的转变,以此提及隐私与家庭生活的论述和形式特点。我将这种修辞认作"形式家庭化",这个修辞传统上用私人的随意(及世俗)熟悉性来适应公共(及神圣)的神秘晦涩。第八章尤其研究了大量的诗歌、戏剧、叙事与绘画类别,以便阐明形式家庭化如何引发且推进空间表现策略。

　　在第三部分,我尤其专注某个叙事分支,它不是作为可辨认的文类,而是作为我称为"秘史"的诸形式之间的某种联合,这有助于形式性特殊叙事技巧研究,同时代的人们通过隐私与公开性语言予以明确区分:字面的与讽喻的情节结构,第一人称与第三人称表达,个体的与典型的描述,作者与书中人物、作者与读者的伦理,权威主张的现实化与虚构化。"秘史"是同时代的术语,寓意高层公共秘密的私人揭示,一种与形式家庭化修辞密切联系(有时与之融合)的实质雄心。这两层意义中的秘史矛盾本质可能在其形式上的易变,在其几近有形的偶然性中为人所知。在秘史大行其道的一个半世纪中,秘史揭示的秘密有日益成为私人的,而非公共的倾向。其形式性倾向于弱化正在运行中的家庭化结构,这个倾向可能被概括为从家庭化向家庭生活的转变。这种发展类型(一种借助面向主题及目的论寓意的诸倾向之私人领域的假设,之前只是描述公共领域)在隐私的现代剥离与美化中扮演一个重要角色。但这绝不是本研究的整体,公开性在此从形式与社会政治意义层面将被视为经历了自身的正面再评价过程。家庭小说在 18 世纪末出现,这正是家庭化向家庭生活发展的时期,也是本研究自身时限的终点。因此,家庭小说的出现不是我论述的成果,而是关于它论述的,从区别关系向分离关系发展的一个有特别说服力(因为结构层面清晰明辨)的历史轨迹样例。通过同时代关于叙事思想的详细阐述,它在第一、二部分揭示的公共-私人用法业已具备的丰富词汇上添砖加瓦,由此成为第三部分诸多功能之一。这种用法的积累与深度沉淀创造了马克思称为"同样看待"的情境,同时代的人们对公共-私人二分体的特定有限的运用同样看待(这些运用之前支持二分体的隐性寓意)。对这些运用的特殊性同样看待相反标志着显性意识,已被抽象化的术语如今借此可能被用于某个已得到延展的现象范围,以及它们越发能够驾驭的自觉可分性。

xxii

方 法 问 题

关于公共与私人领域之间关系的大量研究可能分为两类,这颇有启发。第一类以多人参与撰写的多卷本专著《私人生活史》(*Histoire de la vie privée*)为例,这是关于渐进时代变革的历史记述。[④] 第二类以杰夫·

---

④　Philippe Ariès 和 Georges Duby 总编,《私人生活史》(*Histoire de la vie privée*)(Paris：Editions de Seuil, 1986),Arthur Goldhammer 翻译成英文《私人生活史》(*A History of Private Life*,Cambridge,MA：Harvard University Press, 1989)。该书主要记载了法国历史与文化。第 3 卷《文艺复兴至启蒙时期》(*De la Renaissance aux Lumières*),Roger Chartier 编(被不当地译为《启蒙的激情》[*Passions of the Renaissance*])接近当前研究涉及的时期。

温特劳布（Jeff Weintraub）为《思想与实践中的公共及私人》（*Public and Private in Thought and Practice*）一书所写导言为例，这是揭示可归结为我们自身的，常常彼此不兼容的模式与意义范围的分析记述。⑤ 这种区分的启发性通过如是事实得以阐释：这两类也彼此借用对方的方法。菲利普·阿里耶斯（Philippe Ariès）、乔治斯·达比（Georges Duby）与罗杰·沙尔捷（Roger Chartier）（至此为止）的作品通过如是理解而具有巨大信息量：这些卷册书籍讲述的历史具有史学意义，温特劳布热切地意识到其分析的诸多范畴有复杂的历史。但这种对比是有用的，因为它有助于我把本书构想并描述为向两个方向延展此混合方法所做的努力。一方面，我的历史叙述注意到历时变革创造分析的共时术语的方式，现代历史理解（包括我自己的理解）借此得以发展。我详述支持社会经济、政治、智识与文学历史的不同表述，希望能够奠定基础，以此关注这些历史彼此相交与强化的方式。另一方面，我对已归结于我们自身的公共-私人关系的主导模式与意义之间不兼容的分析，旨在将概念矛盾解读为历史矛盾，不仅是受共时分类影响的静态结果，而且是受历时时代划分影响的动态过程。的确，较之于关于分离的回顾性、不受时间影响的事实，我的兴趣更多在于从根基中分离的鲜活经验，其明白易懂的力量仍可能在历史化过程中被人感知。

　　关于方法的如是简要讨论提出了两个问题。首先，本书主题（知识分工，公共与私人的现代抽象在此构成它们的特殊关系）与其方法（自身就是知识分工）之间存在明显关系，这使抽象的、共时的、历时的历史整体分为附属范畴与时期一事成为必要，以便使这些整体反过来屈从于分工。对我的历史方法的描述——尽管有所不同——因而对我关于知识分工的历史论点有某种影响。也就是说，我假定基于特殊证据效力之上的普通假说，它催生进一步证据，以及在这种证据基础上改进原有假说的动因。

---

⑤　Jeff Weintraub，《公共/私人区别的理论与政治》（The Theory and Politics of the Public/Private Distinction），见《思想与实践中的公共及私人》（*Public and Private in Thought and Practice：Perspectives on a Grand Dichotomy*），Jeff Weintraub 和 Krishan Kumar 编（Chicago：University of Chicago Press，1997），第1—42页。温特劳布（Weintraub）的导言是我所知的最好概念分析，它介绍的论文集是从广阔的社会-科学视角展开的，关于公共与私人的古今文献无价资料源。

我继续在抽象与具化之间摇摆，直至自己满意地看到普通假说与特殊证据在提供事关既有现象的貌似合理之诠释方面，予以充分且互惠支持。实际上，我此处的目的就是讲述如此普通之事，即指向概念分工的倾向某种程度上如何借助使我的论述不仅有说服力，而且有准确无误之倾向的成果，以此开始影响事关公共与私人的现代思想。

然而，任何与指向分工的现代动因妥协的努力很快经历了重要的结构复杂化。在现代——尤其特指后现代——经验中，各范畴借以彼此分离的动力揭示种种融合类型，以此很快产生一个使分离够格且复杂化的互惠、对立用心，某个过于简单的分离可能颠覆性地顺从这种融合，并通过该融合得到更好的理解。本研究的一个前提就是，我们用"启蒙"一词命名现代性出现的时期。我们可能在此极为清楚地看到这种分离与融合（不仅是传统区别，而且是现代分离的阐明）的密切互惠性，其现有的辩证法包括如此现代性。分离与融合的交互是现代思想的重要工具。本书的核心目标就是证明公共与私人关系特殊案例中的这种交互；在没有同样证明区别与分离之间近代早期交互的情况下，这个目标无法实现。为公允地探讨我这相对特殊化的主题，公共与私人之间的现代区分因此也需要求助于针对知识分工，区别、分离、融合顺序的历史研究分析可用的最抽象范畴。我并不认为，关于任何特定概念节点的此类顺序推演总是在17、18 世纪文化中完成（福音被极为有效地阐释成肉体与精神、天性与教养、悲剧与喜剧之间原有分离的融合），而是认为正是在此时期中，这种成就变得如此普通，以至于成为现代时期的系统明确特点。

第二个方法问题与第一个有关，它源自我把已延展的历史叙述与分析性自我意识结合的雄心，它引发了在某些学术研究圈常见的异议。异议的性质可能因引用抽象化、简化、目的论、进化、主叙事（master narrative）等最常见的否定表征而起。从这个评论角度来看，抽象是富有成效之探究的渊薮，因为它将经验的丰富多样性简化为某种概括性系统组合。然而，如我之前评论所述，将抽象与简化等同本身就是一个简化过程，一个将某个过程的某个阶段凝结为该探究的静态产物。抽象不是发现的断然闭合，而是实验性开启，一种尝试构成受细节分析影响的整体，由此产生具体特殊性的方式。抽象使具化的显化，而不是封闭成为必要，正如体系起到的可能不是排除矛盾，而是确保承认矛盾的作用。将传统知识与

xxiv

现代知识分别描述成隐性的及显性的，这不是声言基本真相，而是把确认这些最初抽象，并使之复杂化的那些具体特殊性彰显。在我看来，针对争议中的目的论的反驳就是，它一开始就暗中假设了某种被认为仅作为探究结果而出现的结果。但对我而言，这种概念化过程中出现的论误似乎与历史学家的基本动机前提极为不同；目的论在此常被假定为暗含如是前提，即之前与之后的历时性不同现象在某种比较性的且意义深远的关系中彼此对立，历史研究引发对该关系可能为何的推测。"此后"并非"因此"（Post hoc non est propter hoc）。这种简略目的论的盲目循环性不应该与描述所有诠释的阐释循环性混淆，并在得到公开承认时使历史方法发挥作用，而不是使之失效。方法只在我们失去如下意识时才会有成为简略目的论的危险：概括性抽象驾驭特殊化的具化，（只是）具化也驾驭抽象时，方法有仅成为简略目的论的危险。这是一个重要警示。

历史研究将关注点聚焦某个单独历时剖面内的共时差异时，历史方法与我称为简略目的论之事之间的差别可能得到非同寻常的清晰展示。察觉差异（例如基础结构与上层结构之间的差异）明显不需要假定因果或决定性关系。同样地，研究古今关系并不在逻辑层面将该研究斥责为一种进化偏见。这个偏见存在于论述过去的方式中，仿佛它从近乎"不可避免地"驶向现今的引擎那里获得动力。相反，仅仅通过历时性或共时性地比较不同历史现象，我们就能够构想、阐述它们得以构成研究对象的抽象分离如何可能被复杂化、精致化，并超越阐释的进化论述能力。例如，对我们来说，不可能有把历时范畴视为"残余的"或"新兴的"这样的洞见，除非我们假定一个明确的历史实体，后来者是其某种残余，或某物可能是从更早之物中出现。⑥

合理构想一下，主叙事对历史研究至关重要，这不是因为它们寻求关于某些现象的似是而非、遥不可及的"驾驭"，而是因为它们提供了一个广阔到足以让历史探究引擎发动的概念框架。正是基于这个立场，我将不仅为本研究的概念范围辩护，而且为篇幅、着手分析的实证素材的量辩护。尽管存在明显的局限，本研究涉及的范围与研究的素材领域被视为

---

⑥ 关于这些及其他阐释范畴的讨论，参阅 Raymond Williams，《马克思主义与文学》（*Marxism and Literature*）（Oxford：Oxford University Press，1977），第 8 章。

如是承诺严肃性的标记，而不是驾驭的幻觉，这更妥当些。实际上，弃绝依据原则的主叙事就是引发如是幻觉："驾驭"（简化与扭曲）概念框架的潜能，即本研究的领域可能通过该领域自身规模的量化简化而得以避免。假如所有其他事情相等，本研究领域的包容性消弭偏见。把现代知识分工（如现代劳动分工一样）诠释为"进化"、"退化"的普通趋势，即社会伦理意义的进步或退步，因一个足以把提供语境化替代模式包括在内的研究领域受阻，而非得到鼓励。

　　我以两个警示作为本导言终语。第一，本研究专注英国文本与语境，我对此予以的得当解释就是，此因我的学术能力所限；然而，我在必要时引用了法国、意大利与美国素材。不应在这种有限阐述中得出英国文化相对重要的假设。

　　第二，在关于如何评价现代性终极价值（如何在各方面保持所得与所失的平衡）的当前论争中，我并不力求直接应对，而是意图在该问题的两个方面有公允之语。如果读者发现我在理解现代化过程并使之合理化时所做的努力，有时听起来像是对它的正名，我敦促读者在相关历史语境中理解本研究。当我们必须处于现代性浪潮的峰尖时，在某种程度上，我们不得不凭借之前两个世纪的最新、最具灾难性的失败加以评判。在本书中，我已尽力做可能更具挑战性且无疑必需之事：不仅把过去视为我们现今的前奏，而且也视为对自身过去的回应。成为我研究对象的英国人遍及经验、意识形态多样性的宽广领域；然而，在某个简要抽象层面，他们可能被理解成并被判断成在一方面是传统或"现代之前"，另一方面是现代性的两个样例之间调停的独特而完整的实例。从未来的角度来看，正是本历史实例（它结果使之成为必要的事情，超越所有能动性）的因果含意使其极易受我们非难。当我承认，并利用如是视角的阐释力量时，我亦竭力论述某诠释视角，我所关注的时期借此被视为在改变过去所赐之物时已拥有某种明确能动性。

第一部分　分离的时代

第一章　绝对主义的退化

国家与公民社会

1767 年，苏格兰启蒙文人亚当·弗格森（Adam Ferguson）这样写道："每门艺术、每种职业的实践者可能会让科学家全面思考。在这分离的时代，思维本身也成了一种特殊的技艺。"[①]弗格森的洞见内含多重真相。劳动分工使知识分工成为必要，不仅因为各种专业化的体力劳动需要专业化的知识，不仅因为思维本身就是某种劳动，而且因为在某个"分离的时代"，思维技艺涉及将单个知识范畴分为且细化为多个相关范畴一事。概念范畴与它们指定的物质范畴之间的关系（因此也是知识分工与劳动分工之间的关系）是一个不能被简化为任何简单机制的微妙辩证关系。足够明确的是，"公共-个人"区别的理念与经验（的确就是这个术语）仍然比弗格森所处的时代早几个世纪。向近代早期英国文化寻求如是分工从更独特且不可分的整体中出现的证据有何意义呢？

在《公民社会史论》（*An Essay on the History of Civil Society*）中，弗格森关注的是描述真正在自己时代出现的，并在不小程度上借助本人及

---

① Adam Ferguson，《公民社会史论》（*An Essay on the History of Civil Society*）（1767），Louis Schneider 编（New Brunswick，NJ：Transaction，1980），第 183 页。

同胞概念劳动的"公民社会"范畴与术语。"公民社会"在追溯其历史、其从无到有的过程中得以形塑。在弗格森的分析中，公民社会似乎在完整范畴内聚合的那些不确定边界——臣民与君主、武士与公民、家庭与国家、辖地居民与国家之间的边界——得以察觉及阐述。[2] 但他的论述是模糊的。公民社会有时看似涵盖不同部分的某个在先且一致的组件，其他时候更像是那种不同的产物。此外，并不清楚的是，弗格森会如何坚定地对"公民社会"与一般社会进行区分。"公民社会"指的是一个由"公民"组成，一个已受国家规则控制并与之相联的社会吗？然而，例如伯纳德·曼德维尔（Bernard Mandeville）等其他人有时就用这些术语把如此"社会"说成由"法律制定者"及"政府"治理构成之事。[3]

　　"公民社会"一词在 18 世纪用法中的模糊性强调了其出现及效用的辩证性质，而非削弱此范畴的一致性。[4] "国家"与"公民社会"的分离将在随后作为程序上的，而非本体论的起点之处发挥作用，一个提供理解近代早期知识分工方式的概念关系，公共与私人的分离复杂地涉入其间。把"公民社会"视为文艺复兴后期"社会"范畴在启蒙时期的强化，这可能有所裨益。作为理念与体系的"社会"既先于文艺复兴存在，又在与文艺复兴的"国家"对立中成型，而在自身（互惠辩证的）出现过程中，国家既是"社会"的对立，又是其存在的确切条件。这即刻成为一个概念性的、客观的过程，习惯上与绝对主义时代及王政集权相联。[5] 尽管此观点有明显

② 　Adam Ferguson，《公民社会史论》，第 79—80、155、158、228 页。

③ 　参阅 Bernard Mandeville，《蜜蜂的寓言》（The Fable of the Bees）(1705, 1714)，F. B. Kaye 编（Oxford: Clarendon, 1924; Indianapolis: Liberty Classics, 1988)，第 1 卷，第 42、347 页。亚当·弗格森有时似乎乐意把"社会"与"公民社会"交替使用；参阅 Ferguson，《公民社会史论》，第 57—58 页。关于对比的概述观点，参阅 Marvin B. Becker，《18 世纪公民社会的萌发》（The Emergence of Civil Society in the Eighteenth Century: A Privileged Moment in the History of England, Scotland, and France）(Bloomington: Indiana University Press, 1994)。

④ 　关于"阶级"范畴的相关论述，参阅 Michael McKeon，《英国小说的起源》（The Origins of the English Novel, 1600—1740）(Baltimore: Johns Hopkins University Press, 1987)，第 163—164 页。

⑤ 　关于此主题的三个彼此不同，但赫赫有名的方法，参阅 Norbert Elias，《权力与谦恭》（Power and Civility），《文明历程》（The Civilizing Process）第 2 卷 (1939)，Edmund Jephcott 翻译（New York: Pantheon, 1982）；Ernst H. Kantorowicz，《国王的两个身体》（The King's Two Bodies: A Study in Mediaeval Political Theology）(Princeton, NJ: Princeton University Press, 1957)；Perry Anderson，《绝对主义国家的系谱》（Lineages of the Absolutist State）(London: New Left Books, 1974)。

问题,历史学家们常常有意将绝对主义政权与一般政权的出现联系,因为在分离、消除政治权力对形而上及道德许可的传统依赖方面,绝对主义使相关前所未有的尝试成为必要。这是一个非常有名的叙述,在其示范性的意大利式演变中尤其如此。绝对君王或君主是一位运用"治国之术"的人,他不是根据公义、理性与恩典等主导原则,而是依据某种自主"国家理性"、统治"秘密"或"国家秘密"(arcana imperii)(其自有目的就是维系国家权力本身)统驭众民。⑥ 在将更传统的政治理论(国家、微观-宏观对应链)组织起来的修辞格中,国家是可以区分的,只是与王国其他阶层不可分;"国家理性"精确地界定了其可分性的依据。

国家权力的自主化,给文艺复兴国家带来某种与如是不同体系对立的且受人瞩目的一致性:教皇、皇帝、贵族与极重要的"社会"本身。社会凭借其"开化"及与国家的关系、差异而交互性地得以界定。"国家"与"社会"的这种近代早期区别无疑是"公共"与"私人"领域的现代区别最重要的基础。然而,一旦绝对的、自辩的权威概念得到假设,它就可与绝对君主的"自然之体"脱离,并在朝臣、议会,甚至平民等别处得以具化。这部分是将主权敞开以供辩论的后果,也是使隐性知识显性的后果。1616年,詹姆斯一世(James I)宣布:"关于王权秘密之事依法不容置疑;因为此举意在窥视君王的弱点,夺去对那些属于安坐上帝宝座之人的神秘敬崇……因此,质疑国王可以做什么,或者说国王不可以做这做那,只依据国王在其法律中揭示的意愿裁决,这会在臣民心中滋生放肆与极度轻蔑之情。"⑦然而,将绝对主义理论化也就是使之易受外界影响,或承认其脆弱性。对绝对主义理论极为重要的国家秘密借助已被如此承认的方式进入显化的历史过程。⑧

---

⑥ 参阅 Ernst Cassirer,《国家的神话》(*The Myth of the State*)(Garden City,NY:Doubleday,1946),第 12 章;Maurizio Viroli,《从政治到国家理性》(*From Politics to Reason of State:The Acquisition and Transformation of the Language of Politics,1251—1600*)(Cambridge:Cambridge University Press,1992)。

⑦ 《詹姆斯一世政治作品集》(*Political Works of James I*),C. H. McIlwain 编(London,1918),第 333 页,引自 J. R. Tanner,《17 世纪英国宪法冲突》(*English Constitutional Conflicts of the Seventeenth Century,1603—1689*)(1928;Cambridge:Cambridge University Press,1961),第 20 页。

⑧ 参阅《英国小说的起源》,第 177—178 页。

从隐性到显性

1628 年，议会向查理一世（Charles I）请愿，确认他对议会论争的，英国民众习以为常的自由免受专制政府要求一事的支持。在随后的辩论中，有人暗示，《权利请愿书》（the Petition of Right）也确认了君主制中的"君权"惯例之处。然而，亨利·马顿爵士（Sir Henry Marten）竭力抗辩这种确认，说这将引发极为明确的争议。"这次请愿会经多人之手"，他指出，民众会"立即开始论争、推理、详述何为君权——何为自由？源自哪里？边界在哪？——等等众多此类好奇过度且强词夺理的问题……各位大人，我希望国王的君权能够永远在隐性的崇敬，而非公众的审视中得以保存"。在下议院辩论中，爱德华·迪林爵士（Sir Edward Dering）不认同1641 年的《大抗议书》（the Grand Remonstrance）。他用微妙的、符合语法的术语阐释了使隐性显化之举如何扰乱了国王与民众之间的恰当关系："我第一次听到《大抗议书》时，立即想到，我们会像忠诚的顾问那样将一面镜子呈现在陛下面前：我想到邪恶顾问会向国王呈献奸计，那些实干的天主教徒们不知疲倦地上蹿下跳。伪善法官的背叛……我做梦也想不到我们应该向下规劝，讲故事给民众听，说起国王就像提及旁人那样……我们抛开陛下，真的去规劝民众了。"⑨迪林的观点一定程度上只是等级的倒转。他以第三人称叙述的傲慢超脱，描述了正在上演之事的巨大破坏力：将国王从君主听众降格为被臣民塑造的且为臣民之故的纯粹故事人物。

绝对主义的势头将最终胜过意向客体：这就是 7 个月后查理一世（或其演讲稿撰写人）先见之明的忧惧。如果下议院让出其寻求的权力，查理一世宣称："如此新的权力无疑会让那些并非生而有此权力之人陶醉不已，不仅滋生因为他们彼此平等而产生的分裂，而且当他们成为与我们平等之人时，他们会有鄙视之心……直至……最后平民……发现国家秘密，

---

⑨ Robert C. Johnson 等编，《1628 年下议院辩论》（*Commons Debates，1628*），第 3 卷（New Haven，CT：Yale University Press，1977），第 578—579 页；John Rushworth，《历史合集》（*Historical Collection*），第 4 卷（1692），第 425、428 页。我已引用两篇马顿（Marten）演讲的文字记录。

即所有这些都由他们来做，但不是为了他们。他们厌倦了这种雇佣工作，为自己打算，呼吁平等与独立自由。"七年后，某位同时代的人这样评论弑君一事："那些为使自己摆脱某种绝对权力而抗争之人，用当时不得不采用的方法把最绝对之事强加在自己身上。"⑩长久以来，王权绝对主义的模糊可转移性滋养了如是观点：甚至可能只有个人具备某种绝对权威。⑪同时，它鼓励国家权威的非人格化，它明显得到延续，甚至当头颅被强行与国家的其他部分切断时。早在弑君之前，即在查理落笔《对19条建议的答复》（Answer to the Nineteen Propositions）的一个月前，议会已满意地将"国王"与"他的王国"区分，用的就是为这种终极非人格化而预备的方式："我们希望陛下不会使自己的理解或理由成为其统治规则，而是迫使自己接受明智与谨慎建议的襄助，这可能忠实地处理他与臣民的关系。我们希望他会记住自己的决定的确事关王国本身，因此不应该受自身的主宰。"在弑君事件半个世纪后的某个相关危机中，阿尔杰农·西德尼（Algernon Sidney）通过关于国王两个身体的语言分析明确阐释了王权的人格："真相永远不会导致伤害，并以朴素文字最佳呈现；但对有恙之人而言，用比喻措辞掩饰自己邪恶意图是件寻常之事……民众制造或创设具有比喻性质的头颅，源自自身或与身体同源的自然头颅。自然身体不能在没有自然头颅的情况下改变或存在；但一个人可能在没有人造头颅的情况下进行改变或很好生存。"如我们将要看到的那样，绝对主义的流动性给公共与私人之间的现代区别奠定基础，并成就其动态可塑性。⑫　　　6

---

⑩　Charles I，《对19条建议的答复》（Answer to the Nineteen Propositions）（1642年6月18日），见《斯图亚特宪法》（*The Stuart Constitution，1603—1688：Documents and Commentary*），J. P. Kenyon编（Cambridge：Cambridge University Press，1966），第22—23页；Anthony Ascham，《论政府的混乱与革命》（*Of the Confusions and Revolutions of Governments*）（1649），第4页。关于"英国革命中的反叛"，参阅Christopher Hill，《被颠覆的世界》（*The World Turned Upside Down：Radical Ideas during the English Revolution*）（New York：Viking，1972）导言。

⑪　这是《英国小说的起源》第5章的一个核心论点。

⑫　1642年5月19日的宣言，见Rushworth，《历史合集》，第4卷，第702页，引自Conrad Russell，《英国内战的缘起》（*The Causes of the English Civil War*）（Oxford：Clarendon，1990），第23—24页；Algernon Sidney，《论政府》（*Discourses concerning Government*）（写于1680—1683年，1696年出版），第3章，第39节，Thomas G. West编（Indianapolis：Liberty Fund，1996），第535、536页。关于"法律并合的主要隐喻"及其在17世纪后半叶的式微，参阅Conal Condren，《17世纪英国的政治语言》（*The Language of Politics in Seventeenth-Century England*）（New York：St. Martin's，1994），第61—72页。

城邦与家庭

当然，政权与"公共"之间的联系在古代就业已存在：希腊对城邦（po-
lis）与家庭（oikos）的区分，罗马共和政体及其对共和国（res publica）的关
注。半个世纪前，学界达成的共识是把古代世界的公共与私人之间的区
别视为就本研究而言的某种重要分离。这个广泛的论点可能从汉娜·阿
伦特（Hannah Arendt）颇具影响的论著中概括而出。"私人之事"与家庭
的物质必需品有关，与维持人体机能、繁衍人类的体力劳动有关，因此与
女性、孩童及奴隶有关。特别是在希腊思想中，私人之事有剥夺的特点，
不仅因为人们认为肉体维系之事应妥当地匿于公众视野之外，而且因为
家庭被剥夺了基于必然王国又超越必然王国的自由。相反，城邦公民是
自由的，不仅因为他们拥有土地，社会借以与过去的权威挂钩，而且因为
他们借助自家非公民之人的劳动而从倾注时间与精力的家庭维系必要工
作中解放出来。公民自由所行之事就是引领城邦，一个使全面自我实现
成为必要的"政治"活动，公民个人在自己的创造性社会中与其他公民一
道发挥自由能动性。尽管在实验术语中，城邦与家庭、公共与私人、政治
领域与住宅领域和家庭必然相关，希腊政治哲学从自由与必然之间的绝
对差异方面建构自己的关系。⑬

近年来，这种范式已因众多理由而遭受质疑。城邦与家庭之间的假
定对立从两个不同"家庭"范畴的混淆中汲取力量并得到论证：家庭，即个
人的住宅与财产；种族（geno），以崇拜为导向的血缘亲族或氏族。在前古
希腊，古老种族与新兴城邦之间的张力也被用来证明城邦与家庭的历史
疏离，后两个实体的现行关联被遮蔽。当然，此处重要人物就是亚里士多
德（Aristotle）。亚里士多德之前，人们从隐喻及转喻层面理解城邦与家
庭之间的关系：城邦以家庭为模型而得以构想与建构。也就是说，家庭的
经济管理也被视为在功能上与城邦或国家的财政关系密不可分。⑭ 亚里

---

⑬　参阅 Hannah Arendt，《人的境况》（*The Human Condition*），第 2 版（Chicago：University of
　　Chicago Press，1998），第 2 部分。

⑭　参阅 Cynthia B. Patterson，《希腊历史中的家庭》（*The Family in Greek History*）（Cambridge，
　　MA：Harvard University Press，1998），第 1、6 章。

士多德的《政治学》(*Politics*)从自由和必然的哲学对立层面将公民政治
活动与家庭管理经济活动之间的对立理论化,以此为源自其著作的政治 7
哲学传统中的家庭与国家之间某种更明确的分离奠定基础。但在这些方
面,甚至亚里士多德的权威都是含糊的。他对"城邦"这个术语的运用可
能既狭窄,又综合,暗示直接的公民社会,以及更广大的,地理与社会学层
面的城市-国家社会。的确,前者如何被后者囊括,这个问题可能被视为
《政治学》一书着手阐释的重要问题。⑮ 尽管亚里士多德认为,"城邦在本
性上显然先于家庭······因为全体必然先于部分"。他也评论道:"城邦由
诸多家庭组成······"也就是说,他的分析承认,甚至假设历史上优先的社
会母体内的城邦功能嵌入。⑯ 亚里士多德也证实家庭与城邦的类比关
系:"家庭的规则就是君主制,因为每一个家庭都有一个主人:鉴于约法规
则就是自由民及等同者组成的政府······一位丈夫与父亲······管辖着妻
儿······对其孩子们的管辖成为王权规则,对其妻子的管辖成为约法规
则······"(1255b,1259a—b)简言之,公共-私人关系如果被构想成绝对分
离之一,那它也被构想成某个更大一致之内的相对区别之一。

这不是否定亚里士多德式分析的激进原创性,而是限定其范围。此
外,处于高深理论、法律上层建筑、普通社会实践融合层面的智识历史不
可能重回某个简单图景。⑰ 一则,古希腊政治与家庭之间的分离理论并
不源自社会实践。二则,亚里士多德前所未有地强调了与家庭"私人"事
务对立的城邦"公共"事务,这并不具备同时代希腊,甚或雅典人看待这些
事宜的代表性视角。根据某个分析,亚里士多德预见"社会角色与明显政
治角色的分离······政治角色与社会经济角色之间的决然分裂",这将构成
位居未来亚洲与非洲的,文明开化的希腊化城市的特点。如果我们接受
这个判断,亚里士多德在《政治学》中关于公共从私人长期分离而出的"先

---

⑮ 参阅 Josiah Ober,《雅典革命》(*The Athenian Revolution:Essays on Ancient Greek Democracy and Political Theory*)(Princeton,NJ:Princeton University Press,1996),第 11 章。

⑯ Aristotle,《政治学》(*Politics*),1253a,见《亚里士多德基本作品集》(*The Basic Works of Aristotle*),Richard McKeon 编(New York:Random House,1941),第 1129、1130 页(随后引用源自本版,并在文中圆括号内标示)。也参阅 Ober,《雅典革命》,第 11 章。

⑰ 关于理论的法律意义,参阅 Cheryl Anne Cox,《家庭利益》(*Household Interests:Property, Marriage Strategies,and Family Dynamics in Ancient Athens*)(Princeton,NJ:Princeton University Press,1998),特别是第 5 章。

见"可能被比作他在《诗学》(*Poetics*)中甚至更出色的预断,即历史与诗歌的分离需要经过另外两千年才能被西方文化接受。⑱ 至于古罗马,私人、公共罗马法律与家庭、政治体系的相互联系确保了家庭与国家的相互联系。⑲ 正是古罗马为我们提供了"公共"与"私人"的语言,但它们在共和国时期与帝国时期之间的运用存在极大差别,前者是"公民"术语的核心论证亚里士多德理论持续影响的时期,后者是"公民权"的政治权威被"君权"与罗马法律权威遮蔽的时期。⑳

　　"古典时期公共与私人的对峙",这个启发式抽象的功效在于如是方式,即它迫使自觉探询更密切地关注该范畴各组成部分之间的不一致。不一致的揭示是方法论抽象的结构属性;它对抽象的认识论价值(而非方法)的不利程度为何? 该问题并没有一个量化答案。在当前例子中,借用马克思的洞见可能有所裨益。在本书导言中,马克思论述了概念抽象表述的必要条件。概念抽象对任何具体实例"同样看待",因为它源自众多实例,相关数量与类型多到把具体实例的主导性排除,并为概括打下基础。在古代用法中,"公共"与"私人"当然已是抽象术语。的确,我们的英文术语归功于古典拉丁文:publicus 与 pubes 有关,并将"民众"指定为"成年男性"或"男性人口",因此,privatus 将那些被剥夺如此地位的人群囊括在内。㉑ 不用说,这些社会特定意义在近代早期英国的用法就像在古罗马那样为人熟知。不同在于,罗马时期用法的延展("公共"的语意延展到"国家"、"一般

---

⑱　关于《政治学》,参阅 Josiah Ober,《亚里士多德的政治社会学》(Aristotle's Political Sociology: Class, Status, and Order in the *Politics*),见《亚里士多德政治科学基础论文集》(*Essays on the Foundations of Aristotelian Political Science*),Carnes Lord 和 David K. O'Connor 编(Berkeley and Los Angeles: University of California Press, 1991),第 133—134 页;关于《诗学》,参阅 Michael McKeon,《美学价值的起源》(The Origins of Aesthetic Value),见 *Telos*,第 57 期(1983),第 63—82 页。"先见"、"预断"的语言意指历史变化,而非标准进步。

⑲　参阅 Donald R. Kelley,《人类的权衡》(*Human Measure*: *Social Thought in the Western Legal Tradition*)(Cambridge, MA: Harvard University Press, 1990),第 40 页及第 2、3 章。关于古罗马法律"理论"与家庭继承实践之间的不同,参阅 Richard P. Saller,《罗马家庭中的父权制、财产与死亡》(*Patriarchy, Property, and Death in the Roman Family*)(Cambridge: Cambridge University Press, 1994)。

⑳　参阅 Jeff Weintraub,《公共/私人区别的理论与政治》(The Theory and Politics of the Public/Private Distinction),见《思想与实践中的公共及私人》(*Public and Private in Thought and Practice*: *Perspectives on a Grand Dichotomy*),Jeff Weintraub 和 Krishan Kumar 编(Chicago: University of Chicago Press, 1997),第 11—13 页。

㉑　《牛津英语词典》(*OED*),第 1 版,"公共"(public)、"私人"(private)词条。

性"、"普遍性"、"共同性"、"共享性";"私人"的语意延展到"被剥除"、"免除"、"特殊性"、"财产权")仍然与这词源基础的具体性紧密相连,而英国用法大体由此推测而出。[22] 在古典拉丁文中,公共-私人二分体表述了特定社会关系的品性;在现代英语中,它是一个扩展的抽象,即从该关系立足之基剥离出来,进而将一个彼此相关,但由不同具体语意组成的世界囊括。

直到文艺复兴时期,基督教与我们已开始称为封建主义的诸社会组织模式一道,多方鼓励以某种类比方式思考公共与私人的关系,政治与家庭据此被理解成彼此不同且不平等的变体,而非可分的实体。强调公共以排除私人的,大体上算亚里士多德式观点在文艺复兴时期复现,并极为出名地与马基雅维利(Machiavelli)的名字有关;恰如其他文艺复兴时期的复现一样,它经历了一个复杂且不可预测的过程。一方面,马基雅维利将政治从宗教、道德思考中分离(这主要是对基督教道德应该充盈所有思想、行为的观点予以反击),并对现代知识分工做出最初很有争议但深远持久的贡献。[23] 对我们而言,这种分离可能在某种程度上是作为公共/私人之事而明白易懂,因为在现代经验中,宗教已经历一个划时代的"私人化"(我会回到这个主题);但对马基雅维利著作的同时代读者而言,政治中的宗教标准悬置早就没有这层意思。在《君主论》(*The Prince*)(1532)中,公共/私人之事反而围绕着马基雅维利出于执念屡次论及的如是问题而凝聚,即普通公民如何——依据怎样的原则,借助怎样的行为——可能擢升成为君王?但该问题的概括性答复便是"依据国家理性",一个难以与亚里士多德式理想——由自由公民组成的自由社会——兼容的答复。另一方面,在《谈话集》(*The Discourses*)(1531)中,公民在后来被称为"古典共和主义"(classical republicanism)的时期拥有更易辨识的权威地位。如是思想传统(我也会回到这个主题)对近代早期英国公开性与隐私理念

9

---

[22] 参阅《牛津拉丁语词典》(*Oxford Latin Dictionary*),P. G. W. Glare 编(Oxford: Oxford University Press, 1982),"公共"(publicus)、"私人"(privatus)词条。

[23] 参阅 Brian Tierney,《宗教、法律与宪法思想的成长》(*Religion, Law, and the Growth of Constitutional Thought, 1150—1650*)(Cambridge: Cambridge University Press, 1982)。该书认为,佛罗伦萨的政治与宗教分离(因此是现代分离)在中世纪后期教会学与政治理论中有着极为深远的预示意义。也就是说,随着我们进入更具体的分析层面,我们通常在中世纪与文艺复兴国家理论之间假定的基本差异开始复杂化。尽管如此,这个发展并没有在更抽象层面挑战对立面的成效。

做出实际但有限的贡献。

因为这些原因及其他发展，公共与私人之间的现代分离只是以复杂且极为矛盾的方式借用古典传统。一方面，家庭经济的古典管理已经转化为面向更大家庭层面，也就是说"政治经济"的管理模式。然而，政治经济的含意与中世纪家庭及国家之间的类比含意截然不同。另一方面，该转化的残余（家庭甚至被剥除了自己的经济功能）成为"家庭领域"的模式。这两个新兴范畴在现代世界保留自己与隐私的古典联系，即便各自站在对立的一面。这个过程涉及诸多因素。在具有近代以前英格兰特点的农耕"家庭经济"中，经济生产围绕家庭展开。然而，伴随着近代早期资本主义革命，生产劳动（根据相关报酬的事实而如此界定）成为一个日益仅由男性且仅在家庭之外从事的活动。也就是说，经济生产的私人工作从私人家庭分离出来，为市场而展开。同时，家庭功能很大程度上遭遇变化并得到强化，因为家庭逐渐成为初级社会化、清教教规、文雅修养的发生地；家庭借此获得那些非剥夺性私人价值观，我们将它们与家庭领域精神特质联系起来。[24]因此，"政治经济"的词源发展提醒我们，我们通常借以示范公共与私人之间差异的诸范畴自身也在抵制那种分离。的确，起到强化政治经济作用的市场行为甚至在其现代用法中仍暧昧不明。我们通常把市场与"公共"联系，因为它与家庭的"私人"事务有所不同；但我们也把市场与"私人"联系，因为它与国家及其政治机构的"公共部门"有所区别。

国家与家庭

在与国家理性自主化对立的若干中世纪政治思想传统中，没有一个

---

[24] 参阅 Jürgen Habermas，《公共领域的结构转型》（*The Structural Transformation of the Public Sphere：An Inquiry into a Category of Bourgeois Society*）（1962），Thomas Burger 和 Frederick Lawrence 翻译（Cambridge，MA：MIT Press，1989），第 1 部分。关于"政治经济"，也参阅 William Letwin，《科学经济学起源》（*The Origins of Scientific Economics：English Economic Thought，1660—1776*）（London：Methuen，1963），第 217 页；关于清教家庭，参阅 Christopher Hill，《英国革命之前的社会与清教主义》（*Society and Puritanism in Pre-Revolutionary England*）（London：Panther，1969），第 13 章；关于上层家庭，参阅 Lena Cowen Orlin，《英国宗教改革之后的私人事宜与公共文化》（*Private Matters and Public Culture in Post-Reformation England*）（Ithaca，NY：Cornell University Press，1994）。关于家庭经济与劳动性别分工，参阅本书第 4 章，注释 15—43。

能比父权制理论更切中当前目的。父权制使国家与家庭之间的类比成为必要,通过将某一方与另一方的"自然性"结合,从而使两者都具备合法性。作为政治义务理论的父权制责令臣民对行政官顺服,这好似家庭成员对男性一家之长顺从。如弗朗西斯·培根(Francis Bacon)所言,如果你想知道更大领域层面的治理合宜性,那就看看它在更小层面的运行情况:"所以,常常是这样,在中等及微小事物中能更好地发现伟大之事,反之则不然;因此,亚里士多德很清楚,每个事物的本性在其最微小部分得到最好的展现;也因为这个原因,他会探究一个国家的本性,首先从家庭开始,从各村落的丈夫与妻子、父母与子女、主人与仆从这些简单组合开始。"㉕但我们在描述我称为区别关系之事的本性时要小心类比语言。罗伯特·菲尔默爵士(Sir Robert Filmer)的父权制类比不仅是把两个不同实体联系的隐喻,它还界定了彼此不同但难以分离的事物之间的延续与糅合。㉖

此外,在世袭君主制中,国家与家庭之间的类比通过它们的转喻关系而得以强化:政权是家庭继承的功能。明确地说,该学说的这一方面尤其容易受怀疑论影响。1649 年,约翰·弥尔顿(John Milton)在回应查理一世殉教史遗腹作时这样写道:"的确,如果国王家族是人中显赫翘楚,如塔特伯里(Tutburie)那些纯种良马一样,那么从某种程度上来说,他们的职责就是君临天下,我们只是俯首听从。"但因为事实证明并非如此,那么,

---

㉕ Francis Bacon,《神学与人类知识的精进》(*The Proficiencie and Advancement of Learning Divine and Human*)(1605),第 2 卷,见《弗朗西斯·培根哲学作品集》(*The Philosophical Works of Francis Bacon*),Robert L. Ellis 和 James Spedding 编,John M. Robertson 修订(London:Routledge, 1905),第 81 页。如我们所见,亚里士多德比培根同时代的很多人更仔细地区分这些"简单组合"。关于这些事宜,参阅 Constance Jordan,《家庭与国家》(The Household and the State:Transformations in the Representation of an Analogy from Aristotle to James I),见 *Modern Language Quarterly*,第 54 卷,第 3 期(1993),第 307—326 页。在本书第 3 章,我将回到父权制类比。在柏拉图的《理想国》(*Republic*)中,(更小程度的)灵魂特性是在其与(更大程度的)国家的类比关系中寻求。某种程度上来说,这是此规则的特例。

㉖ 对菲尔默而言,"家庭是政体,政体是家园。父权制与《圣经》中的家庭不是政治的原型,而是政治的正宗起源"。参阅 Gordon J. Schochet,《沉默的重要声音》(The Significant Sounds of Silence:The Absence of Women from the Political Thought of Sir Robert Filmer and John Locke [or,"Why can't a woman be more like a man?"]),见《女性作家与近代早期英国政治传统》(*Women Writers and the Early Modern British Political Tradition*),Hilda L. Smith 编(Cambridge:Cambridge University Press, 1998),第 235 页。

"把其他人视为虚无和草芥，将无其他美德可依恃，仅仅因为出生的偶然性，而将个人及其家族擢升到一个对他人及其后裔都拥有绝对的、不负责任的主宰地位"是错误之举。道德能力并不是系谱层面的具化。两年之后，弥尔顿驳斥了这个类比本身："称国王为国家之父，你认为这个隐喻已迫使我即刻顺从国王，如我顺服父亲那样。父亲与国王是迥然有异的两类人。"㉗在该世纪结束之前，约翰·洛克（John Locke）发表了明确的驳斥："行政官对臣民的权力，同父亲对于儿女的权力、主人对于仆役的权力、丈夫对于妻子的权力和贵族对于奴隶的权力，是可以有所区别的。"㉘洛克笔下的"区别"比我一直称为"分离"之事更具决定性力量。的确，他论及的若干统治类型是在不同时期，通过不同机制而成型的。

11

在洛克的著名分析中，政治治理或国家源自"契约"，个人借此同意放弃自然状态中享有的某些自由，以期保护、留存自己的财产。因此，那些自然状态下不可分离的权利出于安全的目的而被分别让渡给立法、司法、政府行政部门。契约理论把国家的非人格性（对其概念成型至关重要）合理地解释为公民原型（而非行政官）的非人格化效果。构成国家的这些机构从未在行政官身上具化，相反是因集体剥离或脱离之举造就，这与个人具化原则截然对立的政治权威模式以不同方式描述了国王二体的王权学说，以及封建社会政治关系中主权与公务的直接互惠性。奥利弗·克伦威尔（Oliver Cromwell）的新模范军通过基于抽象功绩原则之上的非人格化指挥链，取代了基于个人效忠具体封建关系之上的旧有等级制度。㉙如克伦威尔的军队一样，洛克的契约理论战胜了那些正被认作且被命名为"利益冲突"之事；既然这样，就是自然状态中无从逃避的冲突："人们充

㉗ John Milton，《偶像的破坏者》（*Eikonoklastes: in Answer to a Book Entitled Eikon Basilike*）（1649），见《约翰·弥尔顿散文作品全集》（*The Complete Prose Works of John Milton*），第 3 卷，Merritt Y. Hughes 编（New Haven, CT: Yale University Press, 1962），第 486—487 页；《为英国人民声辩》（*A Defense of the People of England*）（1651），William J. Grace 编，Donald Mackenzie 翻译，见《约翰·弥尔顿散文作品全集》，第 4 卷，Don M. Wolfe 编（New Haven, CT: Yale University Press, 1966），第 326—327 页。

㉘ John Locke，《政府论（下篇）》（*An Essay Concerning the True Original, Extent, and End of Civil Government* [*The Second Treatise of Government*]）（1690），第 2 卷，第 1 章，第 2 节，见《政府论两篇》（*Two Treatises of Government*），Peter Laslett 编，第 2 版（Cambridge: Cambridge University Press, 1967），第 286 页。

㉙ 参阅 McKeon，《英国小说的起源》，第 187 页。

当自己案件的裁判者。"㉚它也界定了自然状态与文化体系(从范式层面来说,公民社会与国家)之间的差异,正如隐性与显性知识之间的差异。然而,契约理论具备必须首先看似反直觉的逻辑,并阐明隐性知识的类比思考,只是用自然状态的明显虚构及其替代物——国家与公民社会借此相互成就的契约——的虚拟性加以替代。

　　这种契约中立的核心重要性(我们可能称为主体与正义客体的脱离)让人回想起构成洛克经验主义认识论基础的分离,即其借此为人所知的知识客体与主观方式的分离。㉛ 在当前语境下,这个比较出于两个原因而具有启发性。首先,它提醒我们,政治理论与认识论共享"主体"范畴。臣民与君王的分离正如认知主体与知识客体分离一样,因为这涉及中立的经验,作为某特定实体的自我意识,与某实体惯常且理所应当的嵌入性语境对立。在随后的论述中,我会时不时地援引这个比较,为的是简略论及从一方面"顺服"王权的"政治主体"向另一方面"道德主体"的地位转变。"道德主体"思考其"主体"状态,从而为反身且自主的"主体性"成长奠定基础。(这个转变与实际政治关系的假定去除无关,可能未必如此;它描述了涉及外在权威时,民众自我体验方式的变化。) *12*

　　这引出了政治与认识论主体之间的比较具有启发性的第二个原因,即它强调现代国家理论如何完全取决于重要的显性原则。㉜ 当然,这是契约理论的精髓,它使相关参与者的明确同意成为必要。在此情况下,它与父权制政治理论对比,确切地说,在两个方面占据隐性知识领域:首先,因为近似生于先期存在的家庭一事,它假定本能的顺服;其次,因为其貌

㉚　Locke,《政府论(下篇)》,第 2 章,第 13 节,第 294 页;也参阅第 9 章,第 123—131 节,第 368—371 页。关于契约,一般参阅第 8 章,第 95—122 节,第 348—367 页。参阅《牛津英语词典》,"冲突"(conflict)词条,该词用法首次引用时期为 1647 年。

㉛　关于狂热之人,参阅 John Locke,《人类理解论》(*An Essay Concerning Human Understanding*)(1690),Peter H. Nidditch 编(Oxford: Clarendon, 1979),第 4 卷,第 19 章,第 11、14 节,第 702、704 页:"他们如果说,他们所以知道它是真的,只是因为它是由上帝来的启示,那么他们的理由是很好的,不过我们又可以问,他们怎样得知它是由上帝而来的启示呢? ⋯⋯我们如果只依据信念的强度来判断信念,则凡能彻底激动我们想象的任何臆想都可以成为一种灵感。因此,理性如果不依据各种信念自身以外的东西,来考察各种信念的真理,则灵感和幻觉、真理和虚妄,都将互相混同而不可分别了。"

㉜　参阅 Gordon J. Schochet,《政治思想中的父权制》(*Patriarchalism in Political Thought: The Authoritarian Family and Political Speculation and Attitudes Especially in Seventeenth-Century England*)(New York: Basic Books, 1975),第 54—57 页。

似有理，这就需要家庭与国家的基本类比不会过于细究。㉝菲尔默用安慰读者之言作为自己关于父权制度论文的开篇："我并不涉及当前国家的各种秘密。凡夫俗子可能不会去打探这类国家秘密或内阁会议。最卑微的能工巧匠也对自己的技艺绝对信任；那么，掌控政府深奥秘密的君王又如何因此而更有信心呢？"阿尔杰农·西德尼的回复是尖刻的：

> 菲尔默的目的就是推翻自由与真相。他在自己的文中谦卑地声言，并不涉及国家秘密。他借某种绝对信任弃绝这些质询，只有傻瓜才会相信这一点……拥有理性、理解力或常识的这些人将会且应该……质疑那些有意欺骗他人，或劝说他人放弃用自己眼睛评断之人的话语，他们可能更容易被骗……问题不在于凯撒的是否归凯撒，因为这应该归所有人；而在于谁是凯撒，他拥有怎样的权利……㉞

但出于这个原因，提及父权制"理论"实为用词不当。菲尔默阐述父权制类比的程度标示其丧失自身隐性力量，并因对隐性信心陌生的确信断言

㉝　部分原因是，《政府论两篇》自称是对菲尔默父权制观点的驳斥。洛克赋予自己的反驳理论一个相似的时间形式。但他也相信"这种充其量是用曾经有过的事来证明应当有的事的论据并不十分令人信服"（《政府论（下篇）》，第 8 章，第 103 节，第 354 页）。已有与应当有论据之间的区别构成隐性与显性知识之间差异的某些特点。但从第一个论据到第二个论据的过程总是伴有尝试借助起源理论使之前论据显化的倾向。洛克注意到可将后世数代聚合的一种基于共识的"原初"契约理念中的困难。事实上，洛克（和霍布斯）引入"明确与隐性认同的一般差异"（《政府论（下篇）》，第 119 节，第 365 页），部分原因是为了赋予契约对于后人的约束力，他们原本无法阐明这一最初选择。霍布斯在《利维坦》（*Leviathan, or The Matter, Forme, and Power of a Common-Wealth Ecclesiastical and Civill*）（1651）（第 14 章，第 66—67 页）中区分了"各类契约标记"之间的不同："有些是明确的，有些是推导而出的。"这是显性契约原则与契约虚拟性之间的矛盾标记，前者是现代国家理论立根之基，后者则必须精炼成为理论，以此暗中确保国家的存续超过一代人。边沁认为，"根据洛克的观点，人们对所有政府形式一无所知，直到他们聚在一起，创建了一个政府。洛克思虑如此之深，推理如此精巧，以至于忘了自己身处的时代"。参阅 Jeremy Bentham，《洛克、卢梭与菲尔默的方案》（Locke, Rousseau, and Filmer's Scheme）（University College, London, MS Bentham 100），见 Elie Halevy，《哲学极端思想的成型》（*La formation du radicalisme philosophique*）（Paris, 1901—1903），第 1 卷，附录，第 418 页，引自 Schochet，《政治思想中的父权制》，第 280 页。

㉞　Sir Robert Filmer，《父权制》（*Patriarcha*）（写于 1640 年；1680 年出版），见《父权制与其他政治作品》（*Patriarcha and Other Political Works*），Peter Laslett 编（Oxford：Blackwell，1949），第 54 页；Sidney，《论政府》，第 1 章，第 3 节，第 12、13、16 页。

而易受驳斥的程度。我们可能认为，父权制的本质正如绝对主义的本质一样，是因其表述方式而无效。

然而，上面所说让我暂停下来，记录一个警示。随后的分析大多关注隐性与显性知识之间的区别，特别关注如是观点，即现代知识分工大体与隐性知识向显性知识的转变过程同步。我本不该像现在这样强调阐述历史变化如何发生的这种特定方式，如果我不相信其功效的话。同时，关于某特定时刻的如是阐述，其抽象化用法可能意味着传统与现代之间恒定不变的分水岭，正是在这个历史性时刻，所有一度是隐性的知识从此成为显性的知识，这就不是我的论点组成部分了。隐性知识借以成为显性知识的当前过程是一个本地的、多样化的、双向的、重复的、不均衡的发展，且根据诸多变量而有所不同。尽管如此，我的论点是基于如是确信，即隐性知识变为显性知识的修辞格恰如其分地特别专注于这个历史时刻，这一信念抽象的合理性将完全取决于后面的具体实例和例证的说服力。

表面上看，对父权制的批判强调了"伟大"与"渺小"之间的不可比较性，并借此对"公共"从"私人"分离而出一事做出显著贡献。然而，对某些人来说，这似乎显然是洛克未能将自己的经验主义进行充分论述。国家与家庭之间的分离实际上基于君王与臣民之间的自愿契约理念，并鼓励同时代的大多数人对两类君王进行区分：一类是公正地、恰当地唤起了自己臣民认同的君王；另一类是不义的，因此被抵制的君王。后一类君王是那些行使家长绝对权威之人。但国家与家庭的这种分离难道不从逻辑与道德层面禁止公正和不义家长之间的类比区别吗？后者不就是对自己持有异议的妻儿行使暴君的绝对权威之人吗？最终，国家的公开性与家庭的隐私之间的分离以中和的方式重申了它们的类比关系。也就是说，社会公义要的不是把家庭从强化家庭通行父权制的国家分离出来，而是在家庭中建立类似于国家中的那种良性家长制。

尽管玛丽·阿斯特尔（Mary Astell）是一位无论何种理由都反对政治抵抗的保皇派，她也是上述观点最雄辩的支持者。阿斯特尔写道，当时缔结的婚姻是"私人专制"的情境，女性在此处于"女奴"的地位。

> 如果绝对君权并非国家之必需，那在家庭中又为何如此？……家中君王无异议地当选，条款与契约是相互的。那些在国家层面憎

恶、反对，却在自己家中争取且施行绝对统治之人，他们不是极度失之偏颇吗？如果专制权力本质是邪恶的，且是对理性自由臣民不当的驾驭方法，那么它就不该在任何地方施行。它在家庭中的危害并不比在王国中的危害要小，反而更甚。据此，十万个家庭暴君要比一个国家暴君危害更甚。

阿斯特尔的论点利用了绝对主义的趋下流动性，她不仅将它假设性地延展到男性臣民（如洛克所为），而且延展到女性臣民，即那些已婚女性"理性自由"的能动性。正如洛克的契约理论将国家与那些选择让渡自己的权利，以期建构国家之人区分开来，婚姻状态也是因各参与方的相互认同（即"条款与契约"）而确立。然而，婚姻的"公共"体系从其"私人"缔造者分离而出注定是不完整的，只要婚姻允许丈夫是"自己案件的"绝对裁判者，并因此要求妻子仅为"女奴"的话。[35]

　　公共与私人之间的关系一旦合理解释为区别与分离，那么就有在后者范畴之内再生分离之力的倾向。的确，正是国家与家庭的断开让关于政治及婚姻义务的理论成为伴随显性与互惠思考的阐释。这可以在如是方式中得以体现，即启蒙时期婚姻论述着迷地在两类婚姻之间的竞争中重现，一种是基于"结盟"或"权宜"的"包办"婚姻，另一种是爱情婚姻。

　　丹尼尔·笛福（Daniel Defoe）对这一老生常谈之事的论述和所有人一样明确。回顾了洛克关于不同权威类型的区分，笛福说道："我不接受将婚姻状态设想成受制于家庭的学徒状态，而妻子只被当作家中的高级仆从。"出于物质原因，可以恰当从事家务；笛福所说的"婚内卖淫"就是受类似动因——财产或性欲、"金钱与童贞"——驱动的婚姻。笛福对前者抱有最大兴趣，他的敌人是将父亲发展成暴君，使婚嫁之龄的子女沦为"奴隶"的父权制绝对主义："婚姻应该是两个嫁娶之人既有自由选择的结

㉟　Mary Astell,《婚姻思考》(*Reflections Upon Marriage*)(1700)，第 3 版(1706)，见《第一位英国女权主义者》(*The First English Feminist : Reflections Upon Marriage and Other Writings by Mary Astell*)，Bridget Hill 编(Aldershot, Hants. : Gower, 1986)，第 102、76 页。事实上，阿斯特尔的保皇主义始终一手赋予理性自由能动性原则，另一手又将它们拿走："作者并不是去鼓动任何形式的反叛，没什么比这更遭人恨的了。她衷心希望，我们的主人会同样顺从民选及教会主管，他们自己要求国内臣民如此顺服。"(第 70 页)

果，因此，对双方选择与情感的强力违逆，我视之为最恶劣的强暴，无论这种强力是借助言辞，还是借助权势；我指的是类似父系权威。"对笛福而言，婚姻是由道德主体所作的契约选择，一如国家之创建。他强调婚姻选择的明确性对婚姻的成功至关重要："那些最成功的婚姻是经过最严谨、最彻底的深思熟虑而确立的。"[36] 就好像国家从公民社会隔绝开来，并从内部重新驾驭这个术语，而社会最私人的体系借此组建。18 世纪小说中的诸多情节等于是婚姻中这些"公共"与"私人"情境之间冲突的复杂叙事化。我随后会重回这一点，论述它为何如此。

15

绝对私人财产

我所提及的，作为绝对主义退化或趋下流动性的过程可在王权绝对主义与绝对私人财产体系之间的复杂历史关系中显见。我已指出，王权绝对主义明确阐述君主权威的隐性概念，也将国家权威从国家驾驭之事，将国王权威从其个人具化分离而出，以此令那些概念动摇。这个转变也可在事关财产的诸态度发展中显见。[37] 尽管英国普通法把所有财产视为

[36] Daniel Defoe，《婚内卖淫》(*Conjugal Lewdness；or，Matrimonial Whoredom*)（1727），第 29、33、37、38、166 页。

[37] 参阅 Richard Schlatter，《私人财产》(*Private Property：The History of an Idea*)（New Brunswick，NJ：Rutgers University Press，1951）；C. B. Macpherson，《财产的意义》(*The Meaning of Property*)，见《财产》(*Property：Mainstream and Critical Positions*)，C. B. Macpherson 编（Toronto：University of Toronto Press，1978），第 1—13 页；C. B. Macpherson，《资本主义与变革中的财产概念》(Capitalism and the Changing Concept of Property)见《封建主义、资本主义及未来》(*Feudalism，Capitalism，and Beyond*)，Eugene Kamenka 和 R. S. Neale 编（London：Arnold，1975），第 104—124 页；James Tully，《洛克财产分析中的自然权利框架》(The Framework of Natural Rights in Locke's Analysis of Property：A Contextual Reconstruction)，见《财产理论》(*Theories of Property：Aristotle to the Present*)，Anthony Parel 和 Thomas Flanagan 编（Walterloo，ON：Wilfrid Laurier University Press，1979）；G. E. Aylmer，《17 世纪英国"财产"涵义与定义》(The Meaning and Definition of"Property"in Seventeenth-Century England)，见 *Past and Present*，第 86 期（1980），第 87—97 页；Neal Wood，《约翰·洛克与农业资本主义》(*John Locke and Agrarian Capitalism*)（Berkeley and Los Angeles：University of California Press，1984）；Richard Ashcraft，《革命政治与洛克的〈政府论两篇〉》(*Revolutionary Politics and Locke's Two Treatises of Government*)（Princeton，NJ：Princeton University Press，1986）；Margaret Sampson，《17 世纪英国政治思想中的放纵与自由》(Laxity and Liberty in Seventeenth-Century English Political Thought)，见《近代早期欧洲的良知与决疑论》(*Conscience and Casuistry in Early Modern Europe*)，（转下页注）

源自某位领主（早期这意味着最终追溯到国王）的可继承财产，平民的财产通常被视为一种使用权利，可能在不同情况下既有包容性，又有排他性；既与他人共享，又根据具体情境为某些人或某个人"私人化"。私人财产的典型（也是具有暂时悖论性的）标志就是无条件的让渡性，即拥有某物就是能够将其割舍。有人这样论述过，自中世纪末期起，英国民众就拥有了这种权利。[38] 然而，将财产视为某种有清晰界定的使用权利，而非可支配或可让渡之物的观点常见于近代早期英国，它与同时代关于自然法理论的论述至少在这一方面兼容。据此，上帝早已把管辖地球及其资源的权利独赐全体人类；特别的契约安排也使独有使用在某些情境下成为可能。英国普通法、自然法理论与罗马法的这样一种观点形成鲜明对比，即财产或所有权（dominium）是"主人（dominus）也就是一家之长对自己住宅（domus）行使的资源处置权"。[39] 菲尔默对绝对主义的阐释在这一方面与罗马法兼容：上帝的原有赠予就是对私人之事的专有，并无条件地给予了亚当（Adam）及随后的所有君主。

　　在驳斥菲尔默的绝对主义时，洛克在自然法理论传统内论述，为的是驳斥如是观点：财产是君主无条件独有，或绝对占有之物。他也背离自然法理论，认为土地是那些有效加以使用之人的绝对私人财产吗？也就是说，洛克将"绝对主义"从君主转移到地位日益提升的地主身上了吗？麦

（接上页注）Edmund Leites 编（Cambridge：Cambridge University Press，1988），第115—116页；Thomas A. Horne，《财权与贫穷》（*Property Rights and Poverty*：*Political Argument in Britain*，*1605—1834*）（Chapel Hill：University of North Carolina Press，1990）；Stephen Buckle，《自然法与财产理论》（*Natural Law and the Theory of Property*：*Grotius to Hume*）（Oxford：Clarendon，1991）；J. M. Neeson，《平民》（*Commoners*：*Common Right*，*Enclosure*，*and Social Change in England*，*1700—1820*）（Cambridge：Cambridge University Press，1993），第1—2章。

[38] 参阅 Alan Macfarlane，《英国个人主义的起源》（*The Origins of English Individualism*：*The Family*，*Property*，*and Social Transition*）（Cambridge：Cambridge University Press，1979）；Alan Macfarlane，《资本主义文化》（*The Culture of Capitalism*）（Oxford：Blackwell，1987）。在《人类的权衡》（*Human Measure*）中，唐纳德·凯莱（Donald Kelley）认为，普通法"基于私人财产法，因此得以通行，这是个人自由重要且神圣化的延展……最终在洛克政治理论的自然主义术语中剥除了封建外罩，可能被称为普通法财产膜拜之事有助于为现代自由意识形态铺路"（第171页）。

[39] Daniela Gobetti，《作为体系的人类》（*Humankind as a System*：*Private and Public Agency at the Origins of Modern Liberalism*），见 Weintraub 和 Kumar，《思想与实践中的公共及私人》，第110页。

克弗森(C. B. Macpherson)早在四十多年前就提出类似的观点,率先在自然法传统语境中仔细重读《政府论(下篇)》(*Second Treatise*)。[40] 在洛克观点中,财产有怎样的"自然性"? 财产调配的可能性有怎样的限制? 独有的个人使用权利有怎样的自身限制? 共有的共同使用权利得到怎样的保护? 评断麦克弗森观点的人们已成功地挑战了洛克作为"占有式个人主义"(possessive individualism)坦诚支持者的形象,同时没有否定洛克在此事中的创新之处,即把共同使用权利与个人使用权利之间的可分性理论化为作为可让渡之物的财产的明确使用权利。

　　我们当前关注的不是洛克(或者事实上是菲尔默)所指之事,而是财产关系的发展有助于塑就同时代人们对公共与私人领域可分性观点的方式。从这个角度来说,洛克关注货币经济中土地增值的合法效力;不仅个人使用,甚至共同使用都可能在此得到提升。洛克的关注与日益被接受的推测,即地产是其拥有者的绝对私人财产保持一致。这个推测自 1646 年废除封建土地保有(feudal tenure)、王室监护法院(the Court of Wards)起就得到更多人认可,而这在法律层面把多数地主从他们与国王的封建关系中解放出来,并使长期的地产规划、实验与投资等事达到前所未有的活跃程度。[41] 笛福写道,得益于封建土地保有的废除,英国中上阶级拥有、继承"直接分封保有的土地,完全拥有和限嗣继承……所有的骑士效忠与隶属都遭废除,他们是自己领地及自由保有地产的绝对拥有者,一如君王之于自己的王冠"。与笛福同时代的约翰·利利(John Lilly)相信:"绝对所有者有随意处置自己地产的绝对权力,他只需服从土地法。"[42]

　　绝对"私人"占有从明确的共同使用中分离而出,这意味着,18 世纪英国普通法惯例开始建构一个在历史层面属于残余的,然而在政治层面

[40]　C. B. Macpherson,《占有式个人主义的政治理论》(*The Political Theory of Possessive Individualism*)(Oxford:Clarendon, 1962)。

[41]　参阅 Christopher Hill,《从宗教改革到工业革命》(*Reformation to Industrial Revolution*)(Harmondsworth, UK:Penguin, 1969),第 146—148 页。

[42]　Daniel Defoe,《英国绅士全书》(*The Compleat English Gentleman*)(1728—1729),Karl D. Bülbring 编(London:Nutt, 1890),第 62—63 页;John Lilly,《实用登记》(*The Practical Register*)(1719),引自 Aylmer,《17 世纪英国"财产"涵义与定义》,第 95 页。"废除封建土地保有是 17 世纪末期与 18 世纪农业革命的基础。"Christopher Hill,《英国革命智识起源再思考》(*Intellectual Origins of the English Revolution Revisited*)(Oxford:Clarendon, 1997),第 319 页。

属于"反叛"的"公共"领域。㊸ 绝大多数情况下，财产占有的"隐私"是在与新兴的国家财产公共性对立中实现的，如今使王室认同非人格化。之前论及洛克的话也可能用于封建土地保有废除一事："通过将财产所有权从效忠君王中剥离出来，他将财产非政治化，并使其转为经济范畴，而非政治范畴。"㊹公共领域与国家"政治"、私人领域与"经济学"（私人个体的市场行为）的现代联系以此方式奠定基础。

　　17世纪初期，弗朗西斯·培根能够交替使用"国家"与"地产"两个术语，因为政权无法从国王的经济地产分离而出。㊺ 至17世纪末，这种交替用法不再可行了。人们易于过度强调这一点。与法国绝对主义相比，17世纪英国绝对主义的羸弱世人皆知，这已预示国家与公民社会比较先进的分离，这反过来预示政治与经济功能的相对先进的区别。从法国的视角来看，约于1600年发生的英国政治与财产法之事的同步最多看似可疑。对于英国封建分封的相对缺失，以及资本主义与阶级意识的早期发展——其中冲突的政治术语被经济术语遮蔽——这个观点带来了有价值的启发。㊻ 同时，比较的观点不应该蒙蔽如是迹象，即政治与经济权力仍然经历了17世纪英国重要的分离阶段。

　　在对新兴私人领域的堡垒——皇家交易所的著名访问中，旁观者先生（Mr. Spectator）吃惊地看到："如此之多的个人之前还是某位有权有势贵族的扈从，如今像王侯一样谈判交易，经手的金额比皇家金库曾经的库存还多！"这些个体商人的财富超越了那些封建领主（以及君主）的财富，可以想象，前者的祖辈曾是后者的侍从。然而，艾迪生（Addison）认为他

㊸　关于此时期礼俗文化中的"反叛性"，参阅 E. P. Thompson，《共有的习俗》（*Customs in Common: Studies in Traditional Popular Culture*）（New York: New Press, 1991），第 9 页。

㊹　Alan Ryan，《财产与政治理论》（*Property and Political Theory*）（Oxford: Blackwell, 1984），第 46—47 页。经济领域从政治领域分离当然是通过诸事发展而实现，例如，17 世纪关于商人地位，以及更大的民族-国家层面商业贸易等事的辩论。参阅 Mary Poovey，《现代事实史》（*A History of the Modern Fact: Problems of Knowledge in the Sciences of Wealth and Society*）（Chicago: University of Chicago Press, 1998），第 2 章。

㊺　参阅 Francis Bacon，《论王国与地产的真正伟大性》（Of the True Greatness of Kingdoms and Estates），《散文集》（*Essays*）（1612），见 Bacon，《弗朗西斯·培根哲学作品集》，第 770—774 页。

㊻　关于有启发的讨论，见 Ellen Meiksens Wood，《资本主义的原初文化》（*The Pristine Culture of Capitalism: A Historical Essay on Old Regimes and Modern States*）（London: Verso, 1991），第 18—19、24、27、78 页；Condren，《17 世纪英国政治语言》，第 68—69 页。

们与当今"公众"之间存在共同性,因为他们"凭自己私人财富发家,同时推高了公共股价"。[47] 对艾迪生而言,这看似应值得关注,因为它预设了一个更传统的预期,即私人"经济"利益必须让位于公共"政治"利益,公共之善必须充当所有私人利益的优先及强制措施。至 18 世纪末,亚当·斯密已就现代正统阐述了自己的观点,认为公共利益只由所有私人利益总和及交互构成,这恰当地颠覆了传统智慧,成为流传最久的论述。[48] 斯密的阐述有历史悠久、内容丰富的铺垫。一个世纪之前,理查德·坎伯兰(Richard Cumberland)已论述:"无论我们是否愿意,上帝与自然都会促使这样的事情发生:我们在某些方面必然且实际地增进了大众利益。不,即便在这样的时刻,我们一直在满足自己的原始欲望,甚至尽自己所能抵挡这样的利益……共同之善或公共之善就是……所有那些不同且多个类型之善的总和。总体而言,所有个人、理性存在都能从中获益。"斯密的著名观点因此必然被理解成标示概念革命的巅峰,而非肇始;"公共利益"借此作为一个从众多具体个人实例概括得出的普通范畴而为人所知。[49]

利益与公共利益

这种巨大反转面临的最大阻碍就是公共利益与国家利益、国家利益与绝对君主利益的隐性等同。历经数十年抗争后,障碍消失,沙夫茨伯里伯爵三世(the third Earl of Shaftesbury)写道:"绝对权力所在之地无公众容身之处。"[50] 这可见之于斯密"看不见的手"之假设的反保护主义推论:

18

---

[47] Joseph Addison,《旁观者》,第 69 期(1711 年 5 月 19 日),见《旁观者》(*The Spectator*),Donald F. Bond 编,5 卷本(Oxford: Clarendon, 1965)(随后引用源自本版,并在文中圆括号内标示)。

[48] 关于此论述的著名选段,参阅本书第 7 章,注释 116。关于 17 世纪利益语言的兴起,以及公共利益如何派生而出的态度反转,参阅 J. A. W. Gunn,《17 世纪政治与公共利益》(*Politics and the Public Interest in the Seventeenth Century*)(London: Routledge, 1969),第 xi、227、307 页。

[49] Richard Cumberland,《自然法的哲学思考》(*A Philosophical Enquiry into the Laws of Nature*)(1672 年拉丁文版;1750 年翻译版),第 171、307 页,引自 Gunn,《17 世纪政治与公共利益》,第 279、285 页。关于相关论点,参阅 Gunn,《17 世纪政治与公共利益》,第 211—212、232、245、246 页。

[50] Anthony Ashley Cooper,沙夫茨伯里伯爵三世,《人、风俗、意见与时代之特征》(*Characteristicks of Men, Manners, Opinions, Times*)(1711 年出版,1732 年修订),第 1 卷,第 107 页,Douglas Den Uyl 编(Indianapolis: Liberty Fund, 2001),第 1 卷,第 67 页。

"不让农业家随时把货物运到最好的市场，显然是为了功利的观念，或国家的某种理由，把正义的一般法则丢开了。"[51]这种态度不能长久抵御内战这样的极端解决方法。一位共和派把查理一世视为"公众的负担"，并论述了反抗他的代价。查理一世对此评论时悯恻地低调陈述："我认为国王也是公众中的一分子。"[52]如我们所见，多个因素削弱了绝对主义理念。复辟前夕，乔治·蒙克（George Monck）聚焦内战本身扮演的角色，其重要的动力因："在这些不幸战争之前，这些国家的政府都是政教合一的君主制：这些战争催生了教会与国家层面的、之前不为人所知的多个利益群体，并滋养其生长。尽管如今在很多方面极令人瞩目……基于理性思考，我认为人们可能把这想当然了；在这些国家里，没有一个政府能良善、和平、持久，也不能理性地把上述所有公民与教会利益群体的安全及保护囊括在内。"[53]"公民"内战使无名变成有名，隐性变成显性，将假定的整体精心分为不同部分，一方面包括"公民"社会，另一方面包括"国家"统治。实际上，"利益"这个语言本身开始发挥作用，为的是确认这种无法阻挡的分离，不可能始终坚持国王与国家之间的这种单一的、不假思索的等同。

　　复辟之后的利益语言不是因为与经济的，确切地说政治的事相关（尽管它已涉及两方面），而是因为独特的特定性与精确性受人瞩目，它似乎借此构成一个基于需求的全面的、迄今为止未被承认的谱系。这也适用于此时期更著名的发展，即政治团体的兴起、激增、分化与重构，一种也在议会选举速度明显加快一事中显见的显化嘉年华。[54] 政治团体的蓬勃发展与竞争激烈的选举突显了如是观点：广泛的利益不仅存在，而且与国家

[51]　Adam Smith，《国富论》（*An Inquiry into the Nature and Causes of the Wealth of Nations*）（1776），第 4 卷，第 5 章，第 39 节，R. H. Campbell，A. S. Skinner 和 W. B. Todd 编（Indianapolis：Liberty Classics，1981），第 1 卷，第 539 页。

[52]　Tollemache MSS，Buckminster Park，nr. Grantham，nos. 4109、4110，引自 Russell，《英国内战的缘起》，第 24 页。

[53]　《乔治·蒙克将军的信》（A Letter of General George Moncks … directed unto Mr. Rolle … [and] the rest of the Gentry of Devon）（1660 年 1 月 23 日），见《蒙克将军书信与声明集》（*A Collection of Several Letters and Declarations，sent by General Monck*）（1660），第 19 页。

[54]　"1689 年至 1715 年，有 12 场普通选举，仅比之后的 18 世纪选举总数少 1 场。的确，更多的普通选举是在这个短暂时期发生，超过了之前或此后的所有议会历史时期。"见 J. H. Plumb，《英国政治稳定性的发展》（*The Growth of Political Stability in England，1675—1725*）（Harmondsworth，UK：Penguin，1967），第 80 页。

利益认同相关。在复辟时期的最初十年,保皇派与共和派、英国国教派与持异议者(更不用提其他的新兴"利益群体")参与了关于"英国利益"如何得以评算的论述冲突。[55] 此次辩论的一个结果就是否认国家与君主制同步,这是政府契约理论的核心。因此,阿尔杰农·西德尼坚称,政府早就成立了,不是出于国王的利益,"而是出于保护全体民众,捍卫自由、生命与每位个人的地产之需"。[56] 根据罗伯特·弗格森(Robert Ferguson)的观点,"在行政体系中,上帝已将诸如谁会被选为统治者之事仅局限于我们民众关切的范围内,只有那些为接受辖制的民众利益服务之人才能执政,民众仍然享有自由且完全的决定权……来确认、界定公共之善的方式与边界"。[57] 与经验主义的比较再一次富有教益。一方面,一旦认识论主体完全从知识客体分离而出(一旦皇家"国家理性"完全从国家本身分离而出),相关认同的貌似合理取决于有说服力的论据,而非隐性假设。另一方面,为了抵制这种分离,将前者的真实性视为假定后者本性之基础,只会显得多余。

利益辩论的一个更激进、更深远的结果便是对这样一个观点的坚信,即不仅"公共之善"是所有私人"利益"的总和,而且当我们认为自己行善时,我们就真的在实现自利。伯纳德·曼德维尔对政府契约理论的阐述读起来更像是现代社会化理论:

> 处于自然野生状态下的生灵……倘无政府的辖制,没有一个动物物种比人类更缺少长期达成群体一致的能力……但是,不可能单单依靠强力使人变得易于管教,并且获得切实的改进。因此,立法者及其他智者为建立社会而殚精竭虑、奋力以求的一件最主要的事情,

19

---

[55] 关于此过程的分析(也旨在分析诗学表现对利益辩论所做的贡献),参阅 Michael McKeon,《英国复辟时期的政治与诗歌》(*Politics and Poetry in Restoration England:The Case of Dryden's"Annus Mirabilis"*)(Cambridge,MA:Harvard University Press,1975),第 1 部分。

[56] Sidney,《论政府》,第 3 章,第 21 节,第 444 页。

[57] Robert Ferguson,《关于迫在眉睫之危险的描述》(*A Representation of the Threatening Dangers*)(1689),第 6 页,引自 David Zaret,《17 世纪英国公共领域的宗教、科学与印刷》(*Religion, Science, and Printing in the Public Spheres in Seventeenth-Century England*),见《哈贝马斯与公共领域》(*Habermas and the Public Sphere*),Craig Calhoun 编(Cambridge,MA:MIT Press,1992),第 226 页。

一向就是使他们将要治理的人们相信：克服私欲，比放纵私欲给每个人带来的益处更多；而照料公众利益亦比照料看似属于私人利益之事要好得多……正是他们当中的最恶劣者对提倡公众精神的兴趣，比其他任何东西都更能使他既获得来自他人的劳动与他人的克己的成果，又在放纵自己种种欲望时更少受到干扰。因此，他也像其他人一样，将一切不顾及公众的、用来满足种种私欲的东西称为恶德……若要将人对抗自身天然冲动的表现都称作美德，那就应当极力造福他人，或者出于为善的理性抱负去战胜自己的激情。[58]

　　洛克为我们提供了共识的能动性，理性的、定性的自由与安全交换，以及随后的国家从公民社会分离而出等理念。对曼德维尔而言，相比之下，关于契约的虚构只勉强对其系统性、客观性的社会机制直觉起作用，最初原因与选择在此几乎毫不相关。国家与社会，"立法者"与"民众"的区分，似乎悖论地先于契约自身存在。统治者拥有戏剧化的阴谋能动性，而被统治者只有自甘盲从者的恶意构成的无效能动性；契约交易是为了更大的自利，而对自利的量化。曼德维尔的唯名论（nominalism）支持其著名箴言——"私人的恶德，公众的利益"的现实主义。因"公众的"而自称美德之事，却因"私人的"而成为真正的恶，但也因为是有益的而成"公众的"。在曼德维尔最著名的辩论文中，社会体系的非人格化并没有完全实现，因为曼德维尔把社会描绘成"立法者与其他智者"的蓄意阴谋。在随后的生涯中，他开始意识到"所有这类发明都是众人集体劳动成果。人

20

---

[58] 　Bernard Mandeville，"美德之起源"（An Enquiry into the Origin of Moral Virtue），见 Mandeville，《蜜蜂的寓言》，第 1 卷，第 41—42、48—49 页。自然神论者约翰·托兰德（John Toland）把以类似术语欺骗民众的可资比较的动因视为在"全国"广泛散布的某种"国家秘密"。托兰的文本就是这番箴言："很多事情是真实的，民众对此不知情的话不仅可能有益，而且民众反而相信这是完全错误的话则可能有用。当前，这是人们最爱说的箴言，而不是某国那些愚弄民众、想象以此欺骗民众的两三人这样说。这是最高层次的国家理性，但这同样是众多其他人的普通黑话"。见 John Toland，《论通俗神秘哲学》（Clidophorus，or，Of the Exoteric and Esoteric Philosophy；that is，Of the External and Internal Doctrine of the Ancients：The one open and public，accommodated to popular prejudices and the Religions establish'd by Law；the other private and secret，wherein，to the few capable and discrete，was taught the real Truth stript of all disguises），见他的《四集论》（Tetradymus）（1720），第92 页。

类智慧是时间的产物。这不是某个人的独创,也不是几年之内就可以完成的事情"。⑤

因此,在曼德维尔的原始社会科学中,公民社会的"隐私"尽管被提炼成自尊的精髓,然而也被看似超越个人的、几近公共"社会"能动性之事弱化。然而,更常见的是,对个人经济利益的蓄意追求与实现,是在近代早期英国新兴的内在"隐私"之现代理念的清晰起源。关键是,它被构想成一种消极自由,摆脱国家控制的自由,其推论是个人主体的自主能动性。⑥ 在图 1.1 中,商人牺牲盈利为国王提供军队,以此表现私人财富与公共(也就是说,国家)健康(publica salus)之间的痛苦冲突。如是冲突可能在内战时期不可避免。查理二世复辟之后的最初几年,为身陷劫难的国王而战,但在 1660 年之后没有从"寡情无义"的君主那里得到赏赐的"皇家骑士"困境广为流传,这也有力地描述了私人与官方公共利益的融合及疏远。国家利益一度被认为是单一整体,如今分裂成诸多个体,此处

---

⑤ Bernard Mandeville,《荣誉起源》(*Origin of Honour*)(1732),第 40—41 页,F. B. Kaye 引用,见 Mandeville,《蜜蜂的寓言》,第 1 卷,第 46 页,注释 1。

⑥ 积极自由使与他者关系中的自由成为必要。关于我在本研究中运用的积极与消极自由之间的区别,参阅 G. W. F. Hegel,《历史中的理性》(*Reason in History*)(1837),第 3 章,第 3 节,Robert S. Hartman 编(New York: Liberal Arts, 1953),第 49—50、54—55、61—62 页。黑格尔也把这些称为自由的客观与主观两面(第 56 页)。相关讨论,参阅 Isaiah Berlin,《自由的两个概念》(Two Concepts of Liberty),见《论自由四篇》(*Four Essays on Liberty*)(Oxford: Oxford University Press, 1969),第 118—172 页;Charles Taylor,《消极自由何错之有?》(What's Wrong with Negative Liberty),见《自由的理念》(*The Idea of Freedom: Essays in Honour of Isaiah Berlin*),Alan Ryan 编(Oxford: Oxford University Press, 1979),第 175—193 页;Lawrence Crocker,《积极自由》(*Positive Liberty: An Essay in Normative Political Philosophy*)(The Hague: Nijhoff, 1980);Quentin Skinner,《消极自由理念》(The Idea of Negative Liberty: Philosophical and Historical Perspectives),见《历史中的哲学》(*Philosophy in History: Essays on the Historiography of Philosophy*),Richard Rorty, J. B. Schneewind 和 Quentin Skinner 编(Cambridge: Cambridge University Press, 1984),第 193—219 页。关于积极与消极自由之间区别的文献众多,两个术语的重要含意众说纷纭。我自己对两者区别的解读是启发式的,而非分析式的。依我之见,我们可以在西方历史中观察到一个长期年表,久而久之,积极自由在标准地位方面让位于消极自由。该年表或多或少地与"传统"转向"现代性"的过程同步,例如,也与"个人"单词词义从近代早期的"不可分的"转为"独特的、个别的"过程同步。关于《牛津英语词典》中的相关引用分析,参阅 Peter Stallybrass,《莎士比亚、个人与文本》(Shakespeare, the Individual, and the Text),见《文化研究》(*Cultural Studies*),Lawrence Grossberg 等编(London: Routledge, 1992),第 593—595 页。我认为社会主义是根据不同于传统的术语,为创建现代积极自由政体所做的努力,这也就使该年表在理论上是复杂的,如果不是在已实现的政治实践中的话。

是明显的现象。根据艾尔斯伯里伯爵（the Earl of Ailesbury）的说法，"辉格党党义真的是逐步从贵族家庭与中上阶级不满中萌芽"，他们的祖先已因自己"坚定的忠心"而受苦。⑥

图 1.1　《已故苏格兰威廉·迪克爵士的可悲地产与失败实例，众多家庭与国家债主》（*The Lamentable Estate and distressed Case Of the Deceased Sir William Dick in Scotland , And his Numerous Family and Creditors for the Commonwealth*）（1657），A2r。承蒙英国图书馆惠允。

---

⑥　《回忆录》（*Memoirs of Thomas , Earl of Ailesbury , Written by Himself*），W. E. Buckley 编（London：Roxburghe Club, 1890），第 1 卷，第 5 页。关于骑士，参阅 McKeon，《英国复辟时期的政治与诗歌》，第 81—83 页。

在这幅图画及图中文字中，可以看到特定商业利益与皇家利益的分离，并因这类贸易战氛围而复杂化。该世纪中叶，英国与尼德兰联合省（the United Provinces of the Netherlands）的贸易战让同时代的人们越发意识到，以严重扰乱商业的方法谋求商业优势之举实在是自相矛盾。[62] 当然，个人经济活动的集体管理是现代之前文化中的隐性且普遍的设想，这不仅体现在贸易立法中，而且也体现在把商人组成贸易公司或行会等实践中。这些行会推广技艺，传播自己技术的"神秘"之处，并享受皇家保护，防范那些未入行的闯入者。的确，只有据说有其他选择，并因此获得自觉政策（"保护主义"、"重商主义"）一致性时，国家经济控制同时才能自主，并易受挑战。随之而来的就是自由的积极与消极标准，摆脱贸易与摆脱贸易干涉之间的冲突。一方面，"不是通过渴求自由贸易的方式来想象所有民众都被允许经商"；另一方面，"将一个国家的主要及普遍的商品给予少数人，正是这个自然法让人抵触；每一位生而自由的居民应在国家中确保自己的物质利益"。[63]

内战时期的自由再次在促使此冲突融合的过程中扮演重要角色。1646 年，对商人公司施行管控一事持不同意见的某人提交了一份受平等派（Leveller）启发的投诉，抗议"受马基雅维利式原则毒害的国王，他哄骗臣民，夺去所有民选政府都应顺从的自由权利"。[64] 专制国家蒙骗褫夺个人权利，如是观点说明消极自由的模式，这可能源自对《君主论》绝对主义教义的弃绝，以及与《论政府》共和主义的矛盾性的一致。马基雅维利的作品是古典政治理论特性自觉重现中的核心文本。古典政治理论开始借

21

---

[62]　图中骑马的是威廉·迪克爵士，爱丁堡市长大人，一位著名的商人。他于 1642 年被查理一世封为骑士，但在 1650 年因向查理二世借款而被议会征收的罚款弄得穷困潦倒。配上这幅图画的小册子于 1657 年出版，是第一次英荷战争结束后的第三年。关于 1665 年至 1667 年第二次英荷战争中对商人贸易战基本理论的日益不满，参阅 McKeon，《英国复辟时期的政治与诗歌》，第 3 章。在图 1.1 中，迪克在后来的封建领主与商人君王之间协调。封建领主征调他那效忠于国王的扈从，而商人君王同样效忠于自己的"盈利"。

[63]　《抗议》（*A Remonstrance*，*Proving that the Confinement of Trade*，*to particular Companies*，*is of general Losse to His Majesty*，*and His People*）（1661），侧转排印；《谏言》（*The Reasons Humbly offered to Consideration...how a Frank and Free Trade to all English Merchants*，*will be far more advantageous to the whole Land*）（1662?），第 2 页。

[64]　Thomas Johnson，《为自由民之自由申诉》（*A Plea for Free-Mens Liberties*）（1646），序言，引自 Joyce O. Appleby，《17 世纪英国经济思想与意识形态》（*Economic Thought and Ideology in Seventeenth-Century England*）（Princeton，NJ：Princeton University Press，1978），第 107 页。

助"古典共和主义"、"公民人文主义"（civic humanism）、"国家意识形态"等多样论述而为人所知。但如其他文艺复兴时的重现一样，从古典政治理论派生出来的佛罗伦萨政治理论是一个复杂的事物。

如我们所见，马基雅维利对该理论特性亏欠留下的最重要、最持久的遗产，就是他与所有其他关注对立的，事关国家绝对自主化及其永存的理论。佛罗伦萨公民人文主义不仅对应着古典模式，而且也对应着中世纪后期文化极为不同的特点。在中世纪后期文化内，它得以发展，并逐步与之对立，把重心更多地放在政治与宗教之间的分离，而不是政治与家庭之间的对立。⑥ 国家理性与道德理性的可分性是佛罗伦萨公民人文主义的特点。它从古典理论中汲取的政治自由与美德意义，取决于政治行动与家庭事务、自由与必然的可分性。然而，这主要通过含意与联想而在文艺复兴思想中延续，沿袭自由公民精神特质及其公民美德的衣钵。这可在如是事实中显见：在佛罗伦萨公民人文主义中，政治自由与美德的意义不是作为公民独立于家庭，而是独立于国家本身的功能，以及作为国家之于时间、财富必然的脆弱功能而凝聚。

自由公民在政治活动中合作，公民人文主义古老起源在此愿景中表达了一种积极自由的范式，公民借此经由彼此的关系，通过与共和国的关系维系共和国。然而，积极自由必定远不只是英国公民人文主义中的概念范式，因为公民的集体性必定对国家的各种偶发事件与腐败保持警惕的距离，即消极自由。国家的公民如果意在践行公民美德，那么他们必定要为国家服务。换言之，公民人文主义论述的矛盾特性源自其对社会与国家分离的近代早期新兴政治文化基本原则的错误适应。"公民社会"范畴在与近代早期国家对立中聚合，并把古代城邦，即全体公民本身这一重要部分包括在内。在公民人文主义学说中，全体公民既属于又不属于国家。

公民人文主义或资本主义意识形态？

本世纪的英国主要是君主制国家，而非共和国，这一事实只是使佛罗伦萨公民人文主义模式适应 17 世纪英国民众时遇到的最显著难题。的

---

⑥ 关于公民人文主义从中受益的古代模式，参阅本章注释 13—23。

确,本世纪主要见证了反抗斯图亚特绝对主义的斗争,共和国理论是此斗争的真实解决方案,虽然可能有些激进;但就斗争而言,自由公民及其公民美德的公民人文主义核心原则早已不合时宜。公民人文主义者认为,只有那些在私人情境中已经独立的公民可以通过有原则的国家服务确保作为整体的公民社会自由。这些拥有公民美德的公民借助脱离物质需要的自由而能够在公共生活中从事某项职业(该学说是这样说的),不受通行于政治恩主制的各种腐败威胁。物质需要自古时起就被解读为如英国自由保有土地者那样享有的经济与职业独立。这些公民把唯有在不蒙恩于任何人的群体中方可获致的清廉状态引入国家,结果催生了与公共之善同步的评断综合性与客观性。[66]

　　但是,近代早期英国的土地占有不复古时最初意义。权威的公民人文主义观点认为,具备耐久性的财产是政治地位不可或缺的标准,因为这是国家服务的必要资质。地产在其中的中心性,暗含了政治与经济彼此不可分的观点。[67] 在公民人文主义中,政治自由仰赖于经济自由,借助这种必要性,前者置身于后者之内,这种彼此关联必定与自由公民有关。但对同时代的人们来说,这已几近与君主制残余主张有关,之所以是残余,盖因封建土地所有权的废除近期已为政治从经济分离一事立法。植根于1642 年至 1660 年事件的共和主义再次把公民社会的自由置于自然权利的广泛原则之中(不管先是平等派,后是洛克对此予以何等限定),公共利益的满足据此要求所有私人利益的满足。我们可以推测,公民人文主义的共和主义早就支持自己的原则,对上述原则予以更严格的限定,并在由自由保有土地者组成的私人利益小群体中发现了维系公共利益的必要条件。但从公民人文主义立基的古代角度来看,"利益"语言本身根据定义就是不合适的。的确,对公民人文主义者而言,公民美德甚至不是被理解为独特且规范的私人利益;相反,它被理解为"非功利性"的能力,基于经济与职业独立的逻辑推论。[68]

---

[66] 参阅 J. G. A. Pocock,《马基雅维利式时刻》(*The Machiavellian Moment：Florentine Political Thought and the Atlantic Republican Tradition*)(Princeton，NJ：Princeton University Press，1975),第 3 部分。

[67] 参阅 Ellen Meiksens Wood,《资本主义的原初文化》,第 70 页。

[68] 参阅 Pocock,《马基雅维利式时刻》,第 462—467 页。

　　简言之，公民人文主义经由对亚里士多德的解读，得出的公共自由与私人需要的对峙算计，在 17 世纪英国产生了极为不同的结果。界定古代公民与城邦之间等同的关系思维的积极自由，实际上被视为普通公民得自国家的消极自由，越来越多接受薪资的职业官僚与士兵为国家从事公共服务。源自家庭需要的消极自由归于古代公民，如今正被视为普通公民与他者一道融入政治经济及家庭亲密关系的积极自由。随着国王本人的利益化逐渐显见，那些可能主张非功利性情境的社会小群体（如果有的话）的身份有待界定。[69] 这可能仅是说明，如绝大多数政治学说一样，公民人文主义与其得以阐述的历史语境关系复杂。但公民人文主义是一个特殊实例，不是因其同时代特性，而是因为现代学者对它进行的解读。[70]

　　人们认为，公民人文主义在现代政治与经济论述的成型中（因此也在对公共与私人之间的现代关系的再思考中），扮演了非凡的角色。据说，18 世纪之前，公民人文主义论述及其非功利性美德的观点只是英国民众公共的、政治层面相关的"美德"概念的起源，实际上是公共"人格"概念的起源。基于这一观点，伴随着 17 世纪 90 年代的金融革命，民众随即发现价值与财产的流动种类并不是植根于充满政治意义的地产土壤；公共美德的公民人文主义模式开始面临与新兴商业文化更匹配的其他模式挑战，这可能更成功地评价了私人利益的公共功效。因此，公民人文主义在这方面已被归因于激发资本主义（或"商业"）意识形态萌芽的重要能动性，如是思路已把这一发展置于 18 世纪初期。相形之下，对这一萌芽做出贡献的 17 世纪经济与宗教辩论就已被视为无足轻重了。[71]

25

---

[69]　我将在本书第 7 章重回这个问题。

[70]　关于过去几十年公民人文主义主要研究成果的更全面论述，参阅 Michael McKeon，《公民人文主义与历史阐释逻辑》(Civic Humanism and the Logic of Historical Interpretation)，见《历史中的政治想象》(The Political Imagination in History: Essays concerning J. G. A. Pocock)，D. N. Deluna 编(Baltimore, MD: Owlworks, 2006)。我在此文中提出两个基本观点：首先，为公民人文主义影响而提出的主张有些夸大，不合情理；其次，公民人文主义借以得到极具影响阐述的术语非常成问题。

[71]　例如参阅 Pocock，《马基雅维利式时刻》，第 336—337、423、445—446、464 页；J. G. A. Pocock，《德行、商业与历史》(Virtue, Commerce, and History: Essay on Political Thought and History, Chiefly in the Eighteenth Century)(Cambridge: Cambridge University Press, 1985)，第 2、3、6 章。关于扩大公民人文主义影响的研究，并通过发现其仅在 18 世纪后期中的挑战而进一步扩大影响力，参阅 John Barrell，《潘多拉的诞生与知识分工》(The Birth of Pandora and the Division of Knowledge)(Philadelphia: University of Pennsylvania Press, 1992)。

因独有的公共美德概念之故,18 世纪初期英国受益于公民人文主义,然而尽管有这样的观点,当前讨论意味着至 17 世纪末,经济论述已经学会将私人与公共美德、私人利益的追求与公共利益的实现分离,并使两者和解。此外,这种和解在与资本主义革命本身(也就是说,是在数十年前评论家已经开始注意到的土地与劳动商品化)的关联中首先开始实现,而非 17世纪 90 年代的金融革命。18 世纪英国商业体系不是资本主义发展及意识形态的起因,而是结果。乡村的资本主义革命先发生,为商业革命提供借鉴,使之植根于一个以农业阶级关系立足的强大国内市场。[72] 至 1660 年末,公民人文主义氛围(关于财产的政治观点)已不仅是传统的,而且是不合时宜的。土地从其假定的王家拥有者那里剥离,开始被理解为具备偶然性与流动性。至 17 世纪末,投资与公共信用的创新工具既唤起流动财产幽灵,又引发其公民人文主义的驳斥,英国民众此时已熟悉如是理念:伴随着作为无形商品的实体物品流通与交换,所有财产都有潜在的可分性与自主性。

从市场到集市

如我们可能预期的那样,交换价值现象遭到针对积极自由公有制原则的强烈批评。1622 年,托马斯·斯科特(Thomas Scott)抨击了所有“我们土地的改良者”,他们“学着做些这样的事情,发明些这样的计划,可能出于过度私欲为害公众”;他们“在这世上的存在好似身处集市,想象一下,他们在那儿只是买、卖;他们的创造与存在的唯一目的就是无所不用其极地攫取财富”。斯科特颇有先见之明的语言描绘了“集市”在初期的状态。随后,这个明喻的明确论点已化身为虚拟现实:在现代世界,集市开始主控一切。[73] 出

26

---

[72]　参阅 Ellen Meiksens Wood,《资本主义的原初文化》,第 97—100 页。使英国资本主义革命从属于商业革命,或把两者融合,这都是错误的。此为经济编史的特点,大体与政治编史相应。支持公民人文主义主导地位的现代人近期付诸广泛的努力,以在定位现代英国政治文化长期起源时,将重要性的支点从 1641 年移到 1688 年。尽管我欢迎对光荣革命及后续事件的正面再评估,当前研究在多个层面记录了我对此事的怀疑态度,即英国内战及 1641 年至 1660 年空位期(毫无必要的对应)重要性的降低。

[73]　参阅 Jean-Christophe Agnew,《分裂的世界》(*Worlds Apart*: *The Market and the Theater in Anglo-American Thought*, *1550—1750*)(Cambridge: Cambridge University Press, 1986),第 1 章,特别是第 3 节。

于相同的否定态度，约翰·班扬（John Bunyan）笔下的名利场（Vanity Fair）把世间邪恶比作一个普通集市，不受时间之限（"这个集市自古就有了"），不受地域之限（"谁想不经过这个城镇就能到天城去，他只能离开这个世界"），也不受商品之限（"集市上卖的商品尽是这一类东西：房子、土地、职业、场所、荣誉、升迁、头衔、国家、王朝、欲望、快活，还有各种各样的享乐，如娼妓、鸨母、妻子、丈夫、子女、主人、仆役、生命、鲜血、肉体、灵魂、银子、金子、珍珠、宝石，等等"）。班扬所列目录中的"等等"既描述了有形消费品集市的丰富性与多样性，又道出了关于可交换之物"集市"的直觉感知，不可估量的使用价值在此有令人困惑的多样性，在交易的抽象层面可以一一摆出，并达到和解。集市的抽象化与从国家政治公共权威提炼而出的经济，即普通公民的自愿活动同步。但如这些选段所示，集市也是从民众、地点、物品的实际特殊性提炼出来，是个人"过度私欲"可能在此实现邪恶满足的公共场所。[74]

　　但是交换价值也在本世纪中叶从原始政治经济的客观积极方面被理论化。安东尼·阿斯堪（Anthony Ascham）并不需要借助17世纪90年代的股票市场体系，以在1649年如此评论："金钱只是以更大程度加快物品交换为目的的发明。"如此"物品"是以土地或劳动为形式的私人财产物品。洛克很快使"拥有"与"拥有者"、合宜性与财产之间的关系显化："每人都有自己名下的财产……我们可以说，身体的劳动、手中的作品都理应是他自己的。"霍布斯写道："个人劳动和任何其他物品一样，也是可因谋利之故进行交换的商品。"威廉·配第（William Petty）认为，政治经济中最重要的考虑就是"如何使土地与劳动等位匹配，以便借助其中的一个对任何物品估值"。借助这种匹配，土地通过"加快物品交换"而成为别的东西：首先成为交换的金钱媒介，随后例如成为劳动。但正如洛克后续所言，土地也可因劳动而转换，仿佛它源自内部。"所以只要他使任何东西脱离自然提供的，使之处于的那个状态，他就使自己的劳动参与进来，将自己的某些东西与之结合，因此使之成为自己的财产。因他而使这件东

---

[74]　Thomas Scott，《比利时蚁巢》（*The Belgick Pismire*）（1622），第32、34页；John Bunyan，《天路历程》（*The Pilgrim's Progress from This World，to That which is to come*）（1678），N. H. Keeble编（Oxford：Oxford University Press，1984），第73页。

西脱离自然安排给它的一般状态，因这种劳动而使某些东西附着其上，这就排除了其他人的权利……他的劳动把它从自然的手中取了出来……从而把它归于他本人。"土地因此从共同使用中剥离之际，它就因人格合宜性（propriety of personality）而被占有，并成为个人财产。土地的非人格性因此可与个人劳动的人格交换、混合。的确，至洛克写下这些著名论述时，理查德·阿莱斯特里（Richard Allestree）已把自己的混合土地隐喻用作人格定性区分的隐喻本身："人们通过教育陶冶、提升自己的心性，通过学识、艺术使自己文雅敏锐，好似某个寻常之物的某个组成部件，通过勤勉而与其他有所不同，尽管自然本身是公平的。假如女性的确拥有相同的优势，我的确不敢这样说，但她们会因此而得到丰厚回报。"玛丽·阿斯特尔把阿莱斯特里的修辞格扩展、深化："我确信，女性没有理由不喜欢这个提议，但我并不知道为何男性不愿把他们砌的围墙拆除，邀请女性品尝他们长久不当专有的知识树之果。"⑦

　　诸如此般的隐喻用法很重要，部分原因是它们以论述与经济领域中的土地流转交换性为范例，我随即会重回这一点。但把劳动构想成土地得以从自然剥离的行为就不只是隐喻：它也描述了这种方式，即隐喻自身将各别的文本意义从其语境剥离出来，将具体字义性转化为抽象虚拟性，后者既抛弃又保留字义的语义特点。集市的隐喻，即斯科特所说的"在这世上的存在好似身处集市"有着相似的反身性。但从字义层面的集市到市场交换虚拟性的概念转变也时有小站间隔，虚拟抽象过程也在此借助仍为有形实际的，也就是说体系化的活动模式而精妙（即便可能不完全）完成。1650 年，亨利·罗宾逊（Henry Robinson）提议创建"各项联络介绍事务所"（Office of Addresses and Encounters），也称"地址登记处"（Register of Addresses），以帮助穷人就业。在罗宾逊的方案中，可以通过集中化来实现虚拟化："当前，穷人及其他人花很多时间跑上跑下，跑来

---

⑦　Ascham，《论政府的混乱与革命》，第 27 页；Locke，《政府论（下篇）》，第 5 章，第 27、29 节，第 305—306、307 页；Hobbes，《利维坦》，第 24 章，第 127 页；William Petty，《爱尔兰的政治剖析》（*Political Anatomy of Ireland*）（1691），第 63—64 页，引自 Appleby，《17 世纪英国经济思想与意识形态》，第 84 页；Richard Allestree，《女性的两份职业》（*The Ladies Calling in Two Parts*）（Oxford，1673），b2v；Mary Astell，《为提升女性真正且最大利益的谨慎建言》（*A Serious Proposal to the Ladies for the Advancement of their True and Greatest Interest*），第 1 部分，第 3 版（1696），见 Astell，《第一位英国女权主义者》，第 155 页。

跑去地找工作，出售自己的产品。"如今我们的技术、行业与职业"彼此相隔，无数机会常常不为人知……然而，始终没有一个或许可以像所有合意住所大全或概览一样发挥作用的指定公共场所"。"地址登记处"会是"资讯共有中心"，民众"只需把自己的姓名及住所地址留下"，他们"可以在家等候"，直到机会上门。显然，单一"公共场所"的抽象将相关场所的"无限"范围提炼成公共场所与"家"之间的单一相互性，其对立的隐私因这种普遍化过程而突显。㉗

　　一个世纪后，约翰与亨利·菲尔丁（Henry Fielding）一道创建了"万有登记处"（Universal Register Office）。基于从实际所在地至（几乎算是）虚拟普遍性的文明进步层面，这位小说家合理解释了此举的重要性：

　　　　据说，人出于天性都是社会动物……如自然物体一样，机构组织的内在组成有若干用途与资质，所有的一切共同有助于整体之善……如今，社会本身独自创造了其成员的所有需求，同时，用被称为贸易、生意的发明，独自赋予我们满足需求的方式。然而，随着人类社会日益发展成人口众多的大都市，以及疆域得到扩展的大国，政治家们发现仍然缺少点什么，那就是将社会成员不同需求与才能彼此沟通的方法。他们据此可能相互满足需求。因此，集市、市场、交易所，以及所有其他用来做生意、经商的公共集会场所的发明……然而，所有这些方式迄今都有缺陷，因为它们不具备通用性……如其所示，这只能通过提供某个通用住所地址的方式来解决，所有社会成员可以在此彼此交流相互的需求与才能……基于这些原则，一个登记处于 1749 年 2 月 19 日创立……可以说，本登记处意在将全世界的人聚集在一处……无论有怎样独特或非凡的需求，人们都很有可能通过在本处的询问而得到满足……其作用主要在于它的通用性，这完全在公共权力之内。㉗

㉗　Henry Robinson，《各项联络介绍事务所》（*The Office of Addresses and Encounters*）（1650），第 2、4 页。

㉗　Henry Fielding，《万有登记处方案》（*A Plan of the Universal Register Office*），第 2 版（1752），第 5、7—8、9、17—18 页（后续引用在文中圆括号内标示）。关于此方案的讨论，参阅 Miles Ogborn，《现代性的空间》（*Spaces of Modernity：London Geographies，1680—1780*）（New York：Guilford，1998），第 6 章。

菲尔丁进一步说，尽管主顾们最初会想着"本人亲临登记处……公众一旦熟悉了此处的交易方法，只消一封函件就可轻松完成，一如本人到场"(18)。因为社会在隐喻层面是"机构化的"，就像某个实体一样，它就要"交流"其众多成员供需的方法，这就使其在宏观层面具备"通用性"，也就是说，需要能使其"如真实世界一样"的方法。因此，众多场所凝炼成一处，难以避免的是，其现实性会被如是事实贬低，即在此处做生意不需要客户的实际"在场"。从实际到虚拟的发展大体上是从特殊到普遍，因此发展而实现的成功被认为具备"很高的概率"。如我们将要看到的那样，确保菲尔丁的万有登记处成功的概率原则（将"私人"特性适应普遍的"公共"标准），与菲尔丁及其他人精心发展文学现实主义和美学理论的概率原则密切相关。[78] 当然，物品易受比喻表述影响（土地尤其如此）本无新意。但同时代的人们之间的如是用法的丰富性可能意味着创造性达到一个新水平，这与土地从其古老的嵌入性发展而来的新抽象性有关。在随后的岁月里，作者们会利用土地的物理可让渡性相关理解，来衬托拥有更绝对合宜性的人类人格内在领域（思想、美学经验）。按理，土地财产经济视角从政治视角分离一事在此时期田园式文学作品及田园体的传播与转型中扮演重要角色。简言之，17世纪后期英国的土地流动性催生了人格观点，这与源自公民人文主义论述的观点极为不同；所有财产的商业流动性使人格适应公共美德规范。

的确，如斯科特等众多同时代的人们担心的那样，商业交换有牺牲公共之善，以成就私人利益的危险。但举例来说，阿斯堪草率地提出这一观点：正相反，商业仅是实现旧有共善目的的新方法（诚然更私人化）。"因此，我们现在有的是商业，而不是社会，商业（commercium）只是商品共有（communio mercium）"，商品的公共分享。从这个角度来说，商业像政治契约，基于某个对私人与公众都有利的回报预期，将个人权力或财产让渡。早在内战爆发之前，事实上更具进步性的商人作者们表述过类似观点："对商人而言，在他们履行本职之际追求私利，难道这不合法吗？难道交易不是以获益为目的？难道公共利益不在私人利益之中，私人利益不

29

在公共利益之中？ 如果我可以这样说的话，在国民内部之间，在与外国经商之际，除了私人财富，还有什么能成就国家财富呢？"⑦

　　17 世纪的人经历和谈论的，是资本主义意识形态及其对私人与公共利益的协调，其中伴随着一种更熟悉的逻辑，即专制主义的权力转移，由此，君主的绝对权威久而久之内化为公民个人的主权属性。霍布斯已用唯意志论的契约语言坚持契约实施者，即利维坦的绝对君王存在的必要性："语词的约束过于软弱无力，如果没有对某种强制力量的畏惧心理存在，就不足以束缚人们的野心、贪欲、愤怒和其他激情……这样说来，在正义与不义等名称出现以前，就必须先有某种强制的权力存在，通过人们对某些惩罚的恐惧，这些惩罚能压倒破坏信约所能预期的利益，来强制人们对等地履行其信约。"⑧然而，至本世纪末，"信用"与"信任"有足够的美誉，无需借助对某种"强制性"公共权力的恐惧来履行私人信约；评论家们已把这种对声誉的谨慎敏感置于普通公民自利欲望中。㉛ 事实上，正是基于私欲、私利的意志论式但又具备系统性的交换模式，同时代的人们把神秘的新公共体系想象成客观人格，将地方的与私人的动机想象成显而易见的、公共性的。"因为公共信用是全国性的，而非个人的，因此它不取决于物或人，人群或群体组织，而是取决于政府，也就是说，女王与议会……我们的信用并不取决于身为女王的女王本人，同样地，也不取决于下议院的议员个人。"㉜

　　外在法律权威可能被内在许可取代，因为那些许可，经济自利的审慎被认为是自然的："思想的需求是无限的，人们内心自然地有所期冀。当他

---

⑦　Ascham，《论政府的混乱与革命》，第 30 页；Edward Misselden，《商业圈》（*The Circle of Commerce*）（1623），第 17 页，引自 Julie Robin Solomon，《客观性的生成》（*Objectivity in the Making：Francis Bacon and the Politics of Inquiry*）（Baltimore：Johns Hopkins University Press，1998），第 81 页。

⑧　Hobbes，《利维坦》，第 14、15 章，第 68、71—72 页。

㉛　关于此论点，参阅 Appleby，《17 世纪英国经济思想与意识形态》，第 188—191 页。参考 Christopher Hill，《从誓言到利益》（From Oaths to Interest），见《英国革命之前的社会与清教主义》，第 405 页："借助如是发现，即人们值得信守承诺，因为信用、名声、体面的社会重要性得到提升，支持效忠誓言及审判誓言——上帝是至高者——的超自然约束在资本主义社会中延续。"

㉜　Daniel Defoe，《论公共信用》（*An Essay Upon Public Credit*）（1710），第 22—23 页。关于笛福的公共信用人格化，参阅本书第 9 章，注释 12—18。

的思想得到升华时,他的感官越发文雅,更易快乐……正是思想、风尚、新奇欲望、稀缺之物的需求催生了贸易。"这些是嗜好或欲望缺失(也就是说不是剥夺性的需要)意义上的"需求"。"贸易,或确切地说,勤劳智慧的主要动力就是人们的过度欲望,他们努力加以满足,因此愿意去劳作,否则没有什么能让他们如此行事。"⃝83 洛克极力用必要需求的功利标准限定欲望需求的规则:"在生活逆转之前,人们都会尽可能地享受,也可能通过劳动尽可能地把财产纳入生活之中。"但诸如土地出产(易损之物)这类消费品,在并不为其他商品类型存在的可用性方面有内在限制。的确,市场交换的全部要点就是,它把物品从限制自然物品的使用专制中解放出来。对菲尔丁而言,重要的不是欲望需求的自然性,而是其纯粹存在("现实"):

> 社会成员的需求与社会繁荣成比例增加……某人的需求值一千英镑,这与拥有比这个金额多百倍财富之人的需求毫不相称。的确,道德作家会告诉我,这些需求都不源自自然。但让需求依律生成,它们是真实的;满足需求是那些已有,或认为自己有需求之人的幸福必需,恰如向野蛮人提供那些极少必需品一样。如有些人所言,自然状态由此富裕。⃝84

31

私欲以此方式而可能被理解为恒定的、不可遏制的,因此也是绝对的个人经济引擎。但其绝对性也可能被概括成私人领域的集体"法则",排除了国家的实在法(positive law):人性法则,甚至是客观自然的"市场法则"。⃝85 经济的"隐私"——与曾影响亚里士多德关于家庭经济看法的"贫困"与必要性在内涵上相差甚远——正呈现消极自由的氛围,这会成为现代政治经济的特点,而查理一世也在"自由"与"独立"的革命等同中发现自相矛盾之处。⃝86 当然,这不是说,自由经济思想与政策如今全面席卷。

⃝83　Nicholas Barbon,《论贸易》(*A Discourse of Trade*)(1690),第15、73页;Dudley North,《论贸易》(*Discourse upon Trade*)(1691),第14页,引自 Appleby,《17世纪英国经济思想与意识形态》,第169—170、171页。

⃝84　Locke,《政府论(下篇)》,第5章,第31节,第308页;Fielding,《万有登记处方案》,第6—7页。

⃝85　参阅 Appleby,《17世纪英国经济思想与意识形态》,第47、97、184、193页及第9章。

⃝86　参阅本章注释10。

确切地说，17世纪"市场"被理论化为与国家政策、法律对立的选择及活动的不同领域，这确保现代经济论述将因社会与国家、"自由进取"与"规划"、私人与公共领域的对立关系而被界定。

　　然而，我的观点也是，至17世纪末，正是国家从公民社会分离而出，一直催生全新术语，公共美德与公共人格理念可能于此在现代语境中有所影响。在此过程中，国际贸易经验提供了可以在家庭层面应用的某些范例。为17世纪贸易战正名的重商主义理论基于如是观点，即财富是物质实体，世上的财富有限。因此，贸易战是一个零和博弈，被极为重要的贸易平衡标准监控：荷兰人拥有的财富越多，留给英国人的财富就越少。私欲不仅消耗财富，也创造财富，这一发现与把市场重新构想成弹性的、虚拟的举措相符。市场不是作为实际使用价值分配的公共商场，而是关于如是空间的想象：非确定需求，以及"公众"所需在此获得无限量的私人使用价值。这种重新构想并不是一蹴而就。如曼德维尔所言，私人恶德确保了公众利益。然而，那些相信个人私利追求是公共福祉关键所在之人并不必然坚持该过程的悖论特性。相反，很多人看到这一逻辑，即自我提升的勤勉借以有益于公共之善。"勤勉"本身毕竟是私人之善。一位评论家建言："让英国民众……勤劳谋生，永不超过他们私人财富之限，所有唯利是图与腐化堕落的抱怨将化为乌有……因此，没有防范腐败的确切方法，只能通过防止贫困……让他们确保私人美德，他们会看到所有公共美德由此而生。"[87]18世纪30年代的这番话有着不可磨灭的新教学说印记，后者在前一个世纪已开始成熟。我将在本章随后部分发问，宗教论述如何有助于公共美德的经济阐述？公共道德可与国家分离，不是基于非功利性，而是基于私人利益的满足。

　　传统主义者认为，"思想需求"应受宗教动机辖制。对他们来说，盈利动机的绝对性似乎只是绝对主义特权与国家理性动机的替身，最多是神权法令的恶意戏仿。据理查德·阿莱斯特里于1667年所言，利益"是世人拜服的巨大偶像……我们冒渎地把我们的盈利归于某位创造者的所有

---

[87]　James Pitt，《日报》（*Daily Gazeteer*），第120期（1735年11月15日），第222期（1736年3月13日），引自 Shelley Burtt，《美德变形》（*Virtue Transformed：Political Arguments in England，1688—1740*）（Cambridge：Cambridge University Press，1992），第124页。

特权,赋予它绝对地、无限制地主宰我们的能力,允许它为我们制定所有善恶标准……很久以来,神性已被降格为政策的侍女,宗教被国家权宜形塑"。[88] 然而,宗教被视为属灵信仰或"良知"领域,如经济利益那样,被公正地视为内在"隐私"的现代观点伟大起源之一。传统基督教文化有把宗教与利益两极化为截然对立力量的倾向:分别追求属灵生活与世俗生活。它们如何成为公民社会隐私的盟友? 显性与隐性文化知识之间的区别此处也如更早时期那样有所作用。

新 教 分 离

假定"传统文化",就是如此构想:宗教经验是默示的;从某种意义上说,它是通过神圣时间与空间、习惯与仪式行为、惯例与非理性化坚信(并不是偶然把不敬与亵渎排除在外的思想状态)的媒介充盈生活的方方面面。在重要的替代模式中,"宗教"从作为特殊化的崇拜领域、学说、对无形与缺席神灵自觉信仰等经验的其他部分分离出来。[89] 这些都是理想类型。如果对新教教徒而言,罗马天主教教义是"传统"文化,它对异端自然宗教而言就是"现代"文化。此外,在 17 世纪,英国新教仍发挥其"传统"功能,用西塞罗(Cicero)的词源"re-ligare"把民众再次团结于公共职责的规诫中,或回到它们的神性基础。我的简要抽象论述目的不是遮蔽这些真相,而是有助于我们对可能"总"从最普通方面被说成人类文化之事的历史独特性有所敏感。

正是这种出于将民众团结起来的雄心,英国新教教义使宗教成为某个显性安排,以此致命地削弱了其隐性功效。学者们一直愿意把公民人文主义视为 17 世纪英国公共美德概念的唯一起源,原因之一可能就是他们已经误解了世俗化过程。有人认为,在近代早期英国,世俗化不是宗

---

[88] Richard Allestree,《基督信仰堕落的起因》(*The Causes of the Decay of Christian Piety*)
(1667),第 351—352 页。

[89] 关于这些事宜,参阅 C. John Sommerville,《近代早期英国的世俗化》(*The Secularization of Early Modern England:From Religious Culture to Religious Faith*)(Oxford:Oxford University Press,1992),第 1 章。也参阅 Michael McKeon,《隐性知识》(Tacit Knowledge:Tradition and Its Aftermath),见《传统问题》(*Questions of Tradition*),Mark Salber Phillips 和 Gordon Schochet 编(Toronto:University of Toronto Press,2004)。

教，而是遵行新教教义的宗教本身从政治、科学机械分离而出。[90] 构成所有基督教改革行动（新教改革只是其中最著名的一次）的伟大动因并不是"世俗化"，而是再次神圣化。使宗教改革与众不同之处不是其动因，而是其强大的显化技巧，即借助把宗教与它通常在此施以相对隐性影响的文化母体分离的方式而使宗教纯粹。悖论的是，宗教的现代剥离已使其从人类存在的普遍先决条件转为个人的个体化私人经验，这也将宗教界定为"嵌入式"信仰的最后避难所，准确原因就是宗教的形而上学无法抵挡经验主义认识论冷峻但规范的细察。长期的后果不仅是世俗性，而且是该术语现代意义层面的宗教本身的现代萌芽。

　　当然，以此方式表述就是预期了两个世纪的变革。针对此过程的更具体、更特殊化的视角必定阐释了新教徒满怀希望从事的实验方式；这些实验会隔断罗马天主教义在世俗体系及动机中的腐化侵扰，以此验证真宗教。最初的此类实验就是宗教改革本身，它把过往基督教实践的周期性显化为严重背离初衷，进而致命堕落，以此极力突显新教教义。

　　亨利八世反抗罗马一事属于政治行为，它是权威的绝对主义僭越；这位英国君主扮演"信仰捍卫者"（defensor fidei）的角色，从而成为此事件的极佳象征。亨利的改革公然把教会与国家融为一体，这既履行了传统文化的隐性允诺（宗教不可能与世俗生活分离），又在完成的显性中奠定了其现代衰败的基础。这是绝对主义及其退化的逻辑。改革否定了教皇与教士的父权专制主义，借此强化家庭主人权威到了如此程度：它也在家庭崇拜授权中削弱了国家的角色，因此弱化了父权主义的吸引力，也最终侵蚀了家庭内部等级。[91] 此外，新教学说的神学本质以如是方式把拯救这个伟大命题个体化，即加快宗教绝对主义的退化，从

---

[90]　参阅 Condren，《17 世纪英国政治语言》，第 46、47 页。关于西塞罗的"宗教"（religio）词源，参阅 Hannah Arendt，《何为权威？》（What Is Authority?），见《过去与未来之间》（*Between Past and Future：Six Exercises in Political Thought*）（New York：Meridian，1963），第 121 页。

[91]　参阅 Christopher Hill，《家庭的属灵化》（The Spiritualization of the Household），见《英国革命之前的社会与清教主义》，第 429—466 页。关于权威从教会移至家庭，参阅 Elizabeth L. Eisenstein，《作为变革动因的印刷机》（*The Printing Press as an Agent of Change：Communications and Cultural Transformations in Early-Modern Europe*）（Cambridge：Cambridge University Press，1979），第 424—428 页。

教皇到国王，进而到父亲，最终到民众。这是一个老故事，只需大致回顾。[92]

在对手眼中，罗马天主教会在上帝与信众之间插入了教会仪式和诸多权力的等级制度，其多此一举的居间滋长了渎职、冷漠与伪善，同时将权力转移到教会的世俗机构。宗教改革学说将拯救问题置于路德(Luther)的"信徒皆祭司"(priesthood of all believers)观点之中，使其成为内在良知，而非外在权威之事，以此把拯救问题显化、自觉化。约翰·福克斯(John Foxe)笔下的一位清教殉道者曾告诉他的天主教审判员，拜"你们教规"所赐，皈依之前，"我没有意识到罪，但相信教士的赦罪。为了钱，他也为我做了某些赎罪。在我付钱之后，我就不再进一步关心我有哪些冒犯……因此，好色、诅咒，以及所有其他罪恶，我都认为是无害的冒犯，只要我有钱就可赎罪"。向来如此，直到上帝"用他的话打开亮光，用他的恩典呼召我"。[93] 个人良知之光此处与以经济利益及国家权威双重伪装示人的"公共"腐败对立。

改革者们以内在信仰或"恩典"的正名取代借助外在做功的正名，这完全凌驾于信众的意愿或行为之上，并得到加尔文得救预定论学说的确认。"好的做功"基本上被重构：对清教徒而言，勤勉教规极为重要，它是虔心侍奉上帝，使其定下的规则神圣化的方式，而不是精心赢得恩典的方式。借助各自私人呼召中的训诫，被拣选者成为"公共的"圣人。"因此，某位个人可以成为行政官"，威廉·珀金斯(William Perkins)这样提及特定的政治职业。另有人写道："如地上的土块一样，个人都以自我为中心，但公共人物要变成其他人，要有公共精神。"[94] 如是语言借用了信约神学，以及基督与其圣徒之间某种显性的"恩典信约"概念。新教信约理念植根

34

---

[92]　此处及随后三选段均借鉴了我本人在《英国小说的起源》中的相关论述，第189—200页。

[93]　John Foxe，《约翰·福克斯的行传丰碑》(*The Acts and Monuments of John Foxe*)(1563年，1570年扩充)，Stephen R. Cattley 编(London：Seeley and Burnside，1839)，第8卷，第475页。

[94]　William Perkins，《作品集》(*Workes*)(1612)，第1卷，第760页；John Ward，《诸神中的神断》(*God Judging Among the Gods*)(1645)，第16页，引自 Michael Walzer，《圣徒的革命》(*The Revolution of the Saints：A Study in the Origins of Radical Politics*)(London：Weidenfeld and Nicolson，1965)，第214、235页。关于清教勤勉，也参阅 Walzer，《圣徒的革命》，第210—212页。

于无需中介的互换与协定的"隐私"。但恩典信约也被视为"公共"代表关系，基督及其信众在此代表了"其他人"，有时候代表了全体人类，有时候只是代表被拣选者（可回想一下政治契约理论中含糊不清的代表标准）。[95] 因此，在被拣选的清教徒经验中，存在把私人美德与公共美德连接的从未间断的延续。

　　但你何以说自己是被拣选者的一员呢？ 在罗马教会中，改革者们相信，教会的居间人沾沾自喜地担保恩典。然而，对清教徒而言，被拣选的唯一可能标志就是信众的主观确信。清教教义使尽责的自查成为拯救的核心所在，这为现代性提供了一个模式，即权威如何可能通过内在性而被认作真实性。诸如此类的神学发展可能与这种方式有关："良知"一词直到 17 世纪还是一个具有包容性的术语，难以与"意识"区分；至 18 世纪初期，一直获得其现代的、特殊的内在参照。[96] 在获得拯救确定性的至关重要斗争中，清教实践（如果不是学说的话）在勤勉教规与内心使命或"呼召"的理念中意外发现了一样工具。当然，这是马克斯·韦伯（Max Weber）著名观点的核心：不是教规如天主教做功那样"赢得"恩典，而是作为神意恩允的标记，它可能象征恩典已是命定这一事实。对同宗派的众人而言，公共的、外在的劳动教规与私人的、内在的恩典之间的清教象征关系取代因果关系，此举成功地战胜了罗马天主教做功神学的虚伪。但对许多他者而言（当然也对他们的敌人而言），这只是把天主教的伪善复杂化，将属灵与属世成功的矛盾联系在一起，并置于个人自信的坚不可摧层面。

　　清教教规学说以这些不同但相关的方式对如是观点有益：自利行为不仅与宗教目的一致，而且这种一致性甚至都不自相矛盾。韦伯的观点

---

[95] 一般参阅 Christopher Hill，《信约神学与"公共个人"的概念》（Covenant Theology and the Concept of "A Public Person"），见《论文集》（The Collected Essays of Christopher Hill）（Amherst：University of Massachusetts Press，1986），第 3 卷，第 300—324 页。关于政治语境中契约、特权包容性与排他性解读之间的摇摆，也参阅 William Haller，《清教主义的兴起》（The Rise of Puritanism）（New York：Harper，1938），第 85—91、168—170 页；Christopher Hill，《穷人与民众》（The Poor and the People），见《论文集》，第 3 卷，第 247—273 页。

[96] 参阅 Jonathan Goldberg，《詹姆斯一世与文学政治》（James I and the Politics of Literature：Jonson，Shakespeare，Donne，and Their Contemporaries）（Baltimore：Johns Hopkins University Press，1983），第 115 页。

关注两个不同智识结构之间的密切关系,以此回答这一问题,即宗教信仰与经济利益,清教伦理与资本主义精神如何开始在近代早期结盟。⑰

清教教义为何有特殊性? 毕竟,自奥古斯丁(Augustine)以降,基督教已经认识到个人信仰的内在领域就是拯救之战必定开启之地,新教教会对良知及其细察没有控制权。⑱ 决疑论(casuistry)将道德规则应用于良心选择的特定困境(或"实例"),以此进行裁断;它首先是罗马天主教的质询方式。然而,在罗马教会中,决疑论是神职人员正式且专属的工作,因为拯救取决于教士的介入。相反,在新教文化中,决疑论在信徒个人的劝诫中扮演一个非正式的咨询角色;普通信徒与神职人员同在参与此事。只有当它以这种方式从罗马教会的救世神学系统步骤中分离出来时,决疑论才成为被鄙视的、"虚伪的"步骤,不仅让清教徒想起天主教的等级制度,而且想起其虚伪,也就是说,仪式赎罪的推理等同物。一位罗马天主教决疑论评论家说道:"基于某个可能理由而违逆得罪之人可得赦免。"⑲

然而,在诸如抵抗既有权威权利等政治之事方面,推理的决疑论模式也证明是英国新教徒不可或缺之物。在此类实例中,"个人"良知的需求

⑰ 参阅 Max Weber,《新教伦理与资本主义精神》(*The Protestant Ethic and the Spirit of Capitalism*)(1905),Talcott Parsons 翻译(New York:Scribner's,1958)。关于亚当·斯密的相似社会经济论述,参阅本书第 7 章,注释 116。

⑱ 关于天主教、新教教义中的个人与集体倾向之间的关系,参阅 François Lebrun,《两次宗教改革》(The Two Reformations:Communal Devotion and Personal Piety),见《文艺复兴的激情》(*Passions of the Renaissance*),Roger Chartier 编,《私人生活史》(*A History of Private Life*)第 3 卷,Philippe Ariès 和 Georges Duby 总编,Arthur Goldhammer 翻译(Cambridge,MA:Harvard University Press,1989),第 69—109 页。关于清教、英国国教、拒不参加英国国教的罗马天主教对个人虔诚态度的近似性,参阅 Cecile M. Jagodzinski,《隐私与印刷》(*Privacy and Print:Reading and Writing in Seventeenth-Century England*)(Charlottesville:University of Virginia Press,1999),第 1 章。随后关于决疑论的论述以多篇论文为基础,特别是 Sampson,《17 世纪英国政治思想中的放纵与自由》;Edmund Leites,《决疑论与品性》(Casuistry and Character),见 Leites 编,《近代早期欧洲的良知与决疑论》,第 72—118、119—133 页;Keith Thomas,《17 世纪英国的良知实例》(Cases of Conscience in Seventeenth-Century England),见《17 世纪英国的公共责任与个人良知》(*Public Duty and Private Conscience in Seventeenth-Century England:Essays Presented to G. E. Aylmer*),John Morrill,Paul Slack 和 Daniel Woolf 编(Oxford:Clarendon,1993),第 29—56 页。

⑲ David Clarkson,《摧毁基督教与人类心灵的天主教徒实践神性揭秘》(*The Practical Divinity of the Papists Discovered to be Destructive of Christianity and Men's Souls*)(1676),第 376—377 页,引自 Sampson,《17 世纪英国政治思想中的放纵与自由》,第 84 页。正如桑普森(Sampson)与其他人论证的那样,"概率"是决疑论学说中的重要术语。

36　　特意与"公共"政策的需求对立。一方面，绝对主义者霍布斯认为，"人人都是善恶行为的裁判"，"任何违背自己良知的行为皆为罪愆"。这些学说"不为公民社会所喜"。因为，"对生活在国家中的个人而言……法律是公共良知，他已借此开始规范自己……借助公众，总是意味着要么是国家本身中的个人，要么是如此这样的国家，没有一位个人可以在此索求合宜性"。废黜危机（Exclusion Crisis）之后，约克大主教发表了一个相似论点，虽然较少绝对色彩："我们嘴上说良知说得最多；然而一般不怎么费心去理解。我们常常接受了这一点，它就是我们内心之事，我们自己不再过多关注它……良知……与其他目的一道，都是出于维持和保障公共和平而被赐予人类。"另一方面，绝对主义者查理一世回忆起 1641 年斯特拉福德伯爵（the Earl of Strafford）被剥夺财产和公民权利时自己的默许，悔恨地决意抵制这种绝对主义："再也不让我出于任何国家理性而违逆自己的良知理性。"⑩

　　当然，促使查理支持个人良知及其绝对要求的，主要是绝对国家权力已于某一年内，在其从国王到议会的重要退化中取得良好进展。查理的儿子复辟不久，一系列的议会法案用国家权力约束所有与英国国教教义不符的宗教活动。⑩ 立法催生了"不信奉国教的新教徒"、"持异议者"，并使"狂热"进入日常用语。不信奉国教的新教徒受国家与公民社会的法律极端化压迫，他们很快发现如何把良知与利益结合成关于私人的范畴，与公共国家对立，但代表更高公共之善，即英国利益。更大私人领域内的公共/私人冲突（利益与良知之间）的悬置以此方式取决于更大公共领域内如是冲突（民族与国家利益之间）的公开。

---

⑩　Hobbes，《利维坦》，第 29、35 章，第 168—169、220 页；John Sharp，《论良知》（*A Discourse of Conscience*）（1684），第 225、226 页，引自 Roger D. Lund，《斯威夫特的说教、"公共良知"与宗教的私人化》（Swift's Sermons, "Public Conscience", and the Privatization of Religion），见《近代早期英国公共与私人领域的交织》（*The Intersections of the Public and Private Spheres in Early Modern England*），Paula R. Backscheider 和 Timothy Dykstal 编（London：Cass，1996），第 168 页；Charles I，《王室圣像》（*Eikon Basilike*），第 11 页，引自 Patricia Crawford，《近代早期英国的公共责任、良知与女性》（Public Duty, Conscience, and Women in Early Modern England），见《17 世纪英国的公共责任与个人良知》，第 61 页。

⑩　这些法律是《法人法令》（the Corporation Act）（1661）、《教会统一条例》（the Act of Uniformity）（1662）、《非国教徒秘密聚会法令》（the Conventicle Act）（1664）、《五英里法令》（the Five Mile Act）（1665）和《宣誓法》（the Test Act）（1673）（1678 年得以强化并扩展）。

引出这些观点的辩论,因如是社会学洞见而为人熟知:迫害是使隐性知识显化的最有效方式之一,在政治层面有危险性。1667 年,约翰·洛克为英国国教徒提了以下建议:

> 狂热分子这个臭名昭著的名称……我想可以出于更谨慎的原因而被搁置,被遗忘。因为,在一个动荡不安的国家中……一位有理性的人如何会把一个常见的名称用在不同群体,然后教导其他人去联合自己有意将他人区分、孤立的人呢? ……至于狂热分子,他们的人数加起来会极为庞大,可能要超过这个政教合一国家的热忱友人,然而,他们自身都分裂成不同派别,彼此疏远,恰如他们和你们一般,如果你们对待他们的方式没有更进一步驱赶他们的话……但,如果你们迫害他们,他们就会团结一心,与你们为敌,就会诱导他们摆脱你们的束缚,谋求建立一个新的政府……[102]

这番宽容主义论述的核心就是,无论“狂热分子”的利益可能何等“私人”,他们对国家利益如此重要,以至于不能容忍压制一事。一位作家曾这样评论道:“这个国家的大多数船员、商人是不信奉国教的新教徒,王国的大量财产与物资在他们的手中。他们对现有英国国教的礼拜仪式与等级并不十分虔心。因此,我们只需找到对航海、商业设置普通障碍的方法,那么就可以把我们的法律严厉地施加在这些人身上……当然,取消对臣民的所有压制(特别是商人群体),团结国民,这符合伟大的英格兰国家利益,特别是国王陛下的利益。”[103]如贸易一样,体贴的良知是英国伟大利益之一。的确,它们都是相同的利益,借助易受国家禁令影响的常见方式而在公民社会领域融合。

---

[102] John Locke,《论宽容》(Essay Concerning Toleration)(约写于 1667 年),见 H. R. Fox-Bourne,《约翰·洛克传》(The Life of John Locke)(New York: Harper, 1876),第 1 卷,第 189、192 页。这种“分而治之”的观点为参与宗教宽容争论之人熟知。复辟时期报刊审查员罗杰·莱斯特兰奇爵士(Sir Roger L' Estrange)无视这一建议,大肆宣扬阴谋论,这就使反对斯图亚特王朝之人共有的利益显化,他们本可以继续处于分裂状态。参阅 McKeon,《英国复辟时期的政治与诗歌》,第 97 页和第 2 章。

[103]《恶龙》(Et a Dracone: Or, some Reflections Upon a Discourse Called Omnia a Belo comesta)(1668),第 9、40 页。

把宗教及经济利益与国家干预置于对立面，这个极端的重新构想激起了反宗教宽容者的回应；他们明确地再次表明更传统的态度。宗教是容纳一切利益的君王，而非平等的盟友：

> 人们可能会举联合省的例子自得其乐，说，通过维持所有宗教的方式保证贸易繁荣与财富积累。但这个问题事关宗教，而非贸易、财富。如果可以这样说，他们的宗教因贸易而得到提升，这个例子就非常重要。但他们恢复的、提升的宗教三十年前就在英国蓬勃发展，这必定不为联合省中所见的那些卑鄙之人所喜。这也不是对他们的指责，而是《圣经》的真理，宗教与贸易不能同时处于高位。[104]

在这场争议中，我们可以看到公共-私人关系的现代观点从中世纪范式中浮现。一方面，宗教与贸易不能同时处于高位。两者之间的冲突根据属灵与属世、美德与恶德、真理与利益的神学及道德区别而明白易懂，并得到宗教本身监督权威的支持，受其掌控，这决断了基督教国家容许的商业活动有限程度。另一方面，宗教与贸易看似通过国家禁令的公共威胁，作为推动公共之善个体化承诺的私人组成聚合。国家权力阐述了何为自由与约束、私利与公益之间的最终政治（而非道德）区别。正如资本主义意识形态将个人私利调和，关于宗教利益的论述也将个人良知与公共福祉调和。公共美德与公共人格不是存在于那些服务国家之人的假定非功利性之中，而是在那些已对私利保持距离且有新认识的人中。

尽责的隐私与虔诚的密室

当然，这不是本叙述的结语，因为尽管有宗教异议的法律辩护，现代世界中的宗教主要面目并不具备公共性。英国国家政策正式宽待不同宗教时（1689 年具有极大限制），政府约束最终被削弱，这可能是因为英国

---

[104]　Herbert Thorndike，《论宽容》（*A Discourse of the Forbearance or the Penalties Which a Due Reformation Requries*）（1670），第 165—166 页。

民众一致认为,异端之见有利于公共利益,但更深层次的原因是他们已经开始把日益看似宗教典型内在性之事从其更外化的表现孤立出来。这个观点又一次是分离的问题。至 1720 年末,本杰明·伊博特(Benjamin Ibbot)可以这样阐述:

> 　　在行政官的审理下,那些为害民众民事利益、摧毁世上良好秩序及政府的邪恶落败了,不是因为它们有与生俱来的奸恶……如果这些邪恶对人类社会的和平与福祉有恶劣影响,并可以从它们的不道德,对上帝律法的违逆中分离出来,行政官就与它们无关。他的职责仅是维护公共安宁……尽管我们不能实际地将邪恶对我们身处社会的恶劣影响与对某些神意律法的违逆区分,然而,在我们的内心深处,我们可能做出这样的区分,并把每一邪恶视为混合行为……秘密意图与邪恶用心,如果它们从未付诸行动……可以永远不受民事惩罚。但要是涉及上帝律法,那这又完全是另外一回事……因为在民事或临时民众权利与他们的宗教或属灵权利之间存在这种明显且重要的不同,前者是可让渡的……但后者,即宗教或属灵权利是他们不可剥夺的财产……⑩

也就是说,在法律层面上,尽管不是在上帝律法层面,我们对"秘密意图与用心",即我们的私人想法有绝对所有权。

　　绝对主义国家全能论(absolutist Erastianism)遭受挑战;借助主要作为"良知"之事(思想,而非言语;言语,而非行动;个人,而非集体)的宗教放权式"私人化",英国教会与国家至少在这个意义上是可分的。托马斯·斯普拉特(Thomas Sprat)相信,"所有睿智之人都会有两个宗教,一个是与民众一致的公共宗教,另一个是个人内心的私人宗教"。德莱顿

⑩　Benjamin Ibbot,《民事行政官职责性质与权限》(*The Nature and Extent of the Office of the Civil Magistrate … Consider'd in a Sermon*)(1720),第 6—7、8、12 页。参阅 John Disney,《与道德败坏及亵渎神明对立的古代法律观点》(*A View of Antient Laws against Immorality and Profaneness*)(Cambridge,1729),第 i 页:"如果不恭敬或邪恶被认为只与它们在另一个世界的后果有关,将它留给人们的个人思考,或交给教士思考是可以容忍接受的……但因为它们影响到了公众与当下,以及人类个人与未来利益,那么公民权威应该挺身而出,以某种强制手段遏制这类行径,这是恰当之举。"引自 Burtt,《道德变形》,第 51 页。

(Dryden)认为，"良知是每位个人的王权与特权。他是自己内心的主宰，不受任何世俗权力辖制，因为这只在上帝与他本人之间"。弥尔顿用圣灵启示的预表性应验语言来刻画良知深层和内化的所在："我们必须意识到，只有文字层面发生了变化，法律如今已借助圣灵写入信众的内心之中。"[106]

　　17世纪新教徒借助祈祷密室的设立将这个存在实体化。爱德华·维登哈尔（Edward Wettenhall）写道，祈祷密室"出于其目的及功能，是属于我本人的某种独特或神圣的秘密小教堂"。我们不会被他这番具有丰富比喻特点的论述误导。《圣经》中关于祈祷密室概念的文字基于《马太福音》第6章第6节："你祷告的时候，要进你的密室，关上门，祷告你在暗中的父，你父在暗中察看，必然报答你。"奥利弗·海伍德（Oliver Heywood）写道："有的人不是从字面上，而是从神秘层面理解与阐释，从中得出好似意有所指的寓意……意指内心深处或内心所想，尽管它可能是真理与责任……然而，我谦卑地认为，这不是如此场所的恰当之意，因为我们不需要以这种借来的意思阐述这个常见之词。"海伍德把《马太福音》提及的密室扩展，解读为"一个安全场所，或壁橱……或上锁的箱子……一间封闭或秘密房间，一间幽室，憩室……一个秘密会所或上锁客厅，没有陪伴之人"，"最私密的房间"，甚至是"谷仓或木屋"。维登哈尔写道："我的密室是愉快之地，和我家任何地方一样温馨，我可以高兴地在此驻足；它绝不是低矮或黑暗的房间，我尽可能地把它设在高层……如果我要进去，一定要经过两间外室，至少一间外室。等我到此休息时，把那些门关上。"图1.2再现了维登哈尔祈祷指南的书名页。除了伺候的天使，图中最醒目的"我的密室家具"是一个书架、一把椅子、

---

[106]　Thomas Sprat，《伦敦英国皇家学会史》（*The History of the Royal Society of London，for the Improving of Natural Knowledge*）（1667），第63页；John Dryden，《致读者》（To the Reader），《牝鹿与豹》（*The Hind and the Panther*）（1687）前言，见《约翰·德莱顿作品集》（*The Works of John Dryden*），第3卷，Earl Miner和Vinton A. Dearing编（Berkeley and Los Angeles：University of California Press，1969），第120页；John Milton，《基督教学说》（*Christian Doctrine*）（首次出版为拉丁文，1825年翻译成英文），第1卷，第27章，见《约翰·弥尔顿散文作品全集》，第6卷，John Carey翻译，Maurice Kelley编（New Haven，CT：Yale University Press，1973），第531—532页。德莱顿的此番言论是在其从新教皈依罗马天主教之后，从此方面来说，这只是短暂的令人吃惊而已。

图 1.2　书名页，爱德华·维登哈尔，《进入你的密室》
(*Enter into thy Closet：or，A Method for private Devo-
tion*)（1663 年出版，1684 年再版）。承蒙福尔杰莎士比
亚图书馆（the Folger Shakespeare Library）惠允。

一张桌子，上面"有两本纸版书（一定是由另外两个人提供的），一支笔，一瓶墨水"。[107]

40　　这些作者与其他人一道把祈祷密室的隐秘、独居、隐私与更公开的祈祷空间对比，尽管并不必然对后者不利。如埃尔纳森·帕尔（Elnathan Parr）所言："私人的，就是个人在私人场所使用之物……但请记住，那些轻视或忽视教会公开祈祷之人从未私下做好祷告。"据弗朗西斯·奥斯本（Francis Osbourne）所言，"基督徒个人（即世俗之人）尽管未被授以圣职，也未精修艺术与言辞，但他们的内心充满基督的话语，渴求美好的做功。如果他们愿意，可以每周在他们自己的私人宅邸相聚，于某个工作日，阐释、理解《圣经》中更有用、更便捷之处"。对虔诚的玛丽·甘特（Mary Gunter）（著名的天主教皈依者）而言，独自祈祷与家庭祈祷相辅相成："她决定……除了每天两次，由她生活于此的教堂教士指导的家庭祈祷……除了她在自己卧室每天做的个人祷告，她每天私下三次跪在上帝面前祷告。"托马斯·莱（Thomas Lye）认为，如果"你不能照常去讲道坛听布道，那么你就应该多在自己的密室祈祷。假如你没有如此多的机会去听众多讲道，那么你就在私下的沉思中更为谨慎。如果你在公共场合没有和上帝亲近，那么你就该在私下对上帝更为热切"。海伍德评论道："人们没有把布道带回家，带回密室，没有把它们转成祈祷，布道的功效也就散失了。"[108]

　　然而，无论祈祷何等广受欢迎，密室祈祷的语言支持从外至内的规

---

[107]　Edward Wettenhall，《进入你的密室》（*Enter into thy Closet：or，A Method for private Devotion*），第 2 版（1668），第 9、5—6、7 页；Oliver Heywood，《密室祈祷》（*Closet-Prayer a Christian Duty … Tending to prove that the Worship of God in Secret，is the indispensable duty of all Christians*）（1687），第 4、82 页。我对祈祷密室的评论得益于 Richard Rambuss，《密室祈祷》（*Closet Devotions*）（Durham，NC：Duke University Press，1998）。

[108]　Elnathan Parr，《阿爸父》（*Abba Father：or A Plaine And short Direction concerning the framing of private Prayer*），第 5 版（1636），第 2—3 页；Francis Osbourne，《基督徒个人》（*The Private Christians Non Vltra，or，a Plea For the Lay-Man's Interpreting the Scriptures. Written by Philolaoclerus*）（Oxford，1656），第 3—4 页；Samuel Clarke，《本世纪末诸显要生平》（*The Lives of sundry Eminent Persons in this Later Age*）（1683），第 137 页；Thomas Lye，《第 11 次布道》（Sermon XI），见《送别布道全集》（*A Collection of Farewell-Sermons*）（1662），第 36 页，引自 Wendy Wall，《上演家庭生活》（*Staging Domesticity：Household Work and English Identity in Early Modern Drama*）（Cambridge：Cambridge University Press，2002），第 186 页；Heywood，《密室祈祷》，A3v。

范转向。海伍德借助最极端的道德对比阐述了这一点：经文抄写员与法利赛人"习惯在公共场合做个人祈祷，他们只是出于虚荣，让别人看见，就好像在犹太教堂或大街上一样"；但基督教导自己的门徒"避开人群的注视，去一个幽闭之处，在那祈祷"。公共与私人祈祷之间的差别也通常被视为留存在表面与下探至诚挚、谦卑及真实深处之间的差别："公共祈祷更为庄重，私人祈祷则更为频繁；公共祈祷会有更多的噪音，而私人祈祷在大多数情况下更为深入。""远离人群，选择隐私，我们可以更全面地进入自己的内心，摆脱炫耀与虚伪，获得更大自由。"[109]乔治·赫伯特（George Herbert）把这种有时是孤注一掷的下探想象成内环封闭的顺序，一个比前一个更私密，但没有一个能私密到阻止感受"上帝痛苦"的地步：

> 啊，这相同的悲戚
> 是何等狡猾的客人！我在内心深处，
> 设立各种密室，在此隐藏无数内心；
> 如我本行的师傅那样，
> 内心橱柜放些盒子；每个盒子里有个抽屉；
> 然而悲戚知道这一切，随意进入。
> ……
> 没有哪位铁匠可以造出这样的锁，但他们有钥匙：
> 对他们来说，密室就是大堂；内心就是大道……[110]

42

因此，尽责经验及实验的内在性与这些活动在此发生的家庭空间内在性有关联，这是微观与宏观、肉体与建筑隐私之间的关联，在本书随后几章，我们会再次提及。

---

[109] Heywood，《密室祈祷》，第 2 页；Daniel Featley，《祈祷的辅助》（*Ancilla Pietatis：Or，the Hand-Maid to Private Devotion*）(1633)，第 6 页；Parr，《阿爸父》，第 4 页。

[110] George Herbert，《忏悔》（Confession），第 9、1—6、17—18 行，见《乔治·赫伯特：英诗全集》（*George Herbert：The Complete English Poems*），John Tobin 编（Harmondsworth，UK：Penguin，1991），第 117、118 页。关于文艺复兴英语诗歌中用建筑术语比喻内在性，参阅 Anne Ferry，《"内向"的语言》（*The "Inward" Language：Sonnets of Wyatt，Sidney，Shakespeare，Donne*）(Chicago：University of Chicago，1983)，第 46—47 页。

　　清教神学家威廉·珀金斯认为："所有的人类法院都比不上良知，这是上帝在每人心中树立的裁判所。"在整个 17 世纪，教会或"属灵"法院的审判权逐步被削弱；1646 年废除主教制的法令也废止了教会法院。[111]1660 年后，原有的异端及亵渎神明的犯罪不再以极端的古老方式处罚。"英国不再喜欢把基于良知的行为列为重罪。"确切地说，"良知推动了对法律的外在违逆，这加剧了煽动阴谋现象"。为了能提请控诉，亵渎神明不得不作为煽动而明白易懂，恰如内心犯罪作为外在犯罪，宗教犯罪作为政治犯罪。[112] 1676 年，首席大法官马修·黑尔（Matthew Hale）裁定："亵渎神明的邪恶之语不仅是对上帝与宗教的冒犯，而且是违逆法律、国家与政府的罪行，因此将在本法院遭受惩罚。例如，宗教是欺骗，是把所有那些公民社会得以保全的责任消除的这番话。"[113]1712 年，一位评论家这样写道："良知的自由就是个人自己私人想法的自由运用，每个人有正当权利，因为他的观点就是自己的正统思想，只要他因此不扰乱教会与国家的安宁。"[114]如绝对私人财产一样，绝对个人良知也是个人有"正当权利"、"仅顺从于土地法律"的占有。如经济与政治法律一样，宗教立法越发意在保护个人自由不受其他私人群体的约束，而不是约束个人自由。

何为公共领域？

　　17 世纪 90 年代伦敦多个移风易俗社团的发展可能被理解成延续教会法院越发不愿或无力从事之公务的某种自觉私人行为。[115] 然而，这些社团受益于它们出现的历史逻辑，用比教会法院之前设想的更有形的术

[111]　一般参阅 Christopher Hill，《英国革命之前的社会与清教主义》，第 8 章，"淫秽法院"（The Bawdy Court），第 288—332 页；希尔（Hill）意译了珀金斯（Perkins）的《作品集》（Workes）（1612），第 1 卷，第 530 页。

[112]　Leonard W. Levy，《背叛上帝》（Treason against God：A History of the Offense of Blasphemy）（New York：Schocken，1981），第 302 页。

[113]　《雷克斯诉泰勒》（Rex v. Taylor）（1676），引自 Levy，《背叛上帝》，第 313—314 页。

[114]　《与出版管制有关的观点》（Arguments Relating to a Restraint upon the Press，Fully and Fairly handled in a Letter to a Bencher，from a Young Gentleman of the Temple）（1712），第 35 页，见《出版自由》（Freedom of the Press：Six Tracts，1712—1730），Stephen Parks 编（New York：Garland，1974）。

[115]　参阅 Hill，《英国革命之前的社会与清教主义》，第 331—332 页。

语(行动而非言说,言说而非思想)界定自己的使命。它们只关注"公共恶行":"恶行处于隐私、隐秘状态时,它并没有那些令人生厌的情境相伴,恰如它在你的街道与集市中出现,并在白天藐视上帝和教会一样。"[116]最初这种社团的成员们"大多是个人","他们思考更具普遍性质之事,诸如此类借助自身勤奋与财产的个人可能促进对他们而言更合适之事"。[117]很快就有些市长、市政官、治安官加入这些个人行列,他们的工作得到扩展,把那些改善国家刑罚、审判行为的努力包括在内。

　　1700 年的一本小册子书名页宣布其实际目的正是:旨在对国家改革有益;针对渎神与恶行的刑法概述;针对违反所说法律之人而制定的令状形式;此种令状的空白记录;为处理这些案件的法官提供相关信息的明辨规则……它们得到印刷,以资地方法官与牧师方便指导,鼓励个人所用。诸如此种语言暗示将私人道德与公共政策结合的综合宗教目的。但这种平衡极为微妙,针对此举的批评在他们对这种公共-私人关系意义解读中有暗示性的不同。某些评论家们认为个人正危险地融入公众之中,社团是"真正的告密者,而非改革者的社团"。著名的萨谢弗雷尔博士(Dr. Sacheverell)相信宗教"并没有迫使我们随意依据纯粹猜测与怀疑而对他人指摘,或……通过篡夺我们无权为之辩护的司法权而侵犯他们的私人权利……"。其他评论家们担心的不是融入,而是分离:"不同的社团与移风易俗委员会总是被视为以颠覆某个机构为目的的必要工具。""它们只是旧有善行的幼苗,1641 年反叛的萌芽。"笛福预期一种不同的分离形式:

　　　　公众的邪恶如何从此国清除,
　　　　个人的淫荡可因之更为流行。

---

[116]　John Disney,《二论惩治道德败坏与亵渎神明之法律执行》(*A Second Essay upon the Execution of the Laws against Immorality and Prophaneness*)(1710),第 48 页,引自 T. C. Curtis 和 W. A. Speck,《移风易俗社团》(The Societies for the Reformation of Manners: A Case Study in the Theory and Practice of Moral Reform),见 *Literature and History*,第 3 期 (1976),第 56 页。

[117]　《移风易俗进展记述》(*An Account of the Progress of the Reformation of Manners*),第 12 版 (1704),第 7 页;Edward Stephens,《英国必要及有希望的改革肇始与进展》(*The Beginning and Progress of a Needful and Hopeful Reformation in England*)(1691),第 4 页,引自 Dudley W. R. Bahlman,《1688 年的道德革命》(*The Moral Revolution of 1688*)(New Haven, CT: Yale University Press, 1957),第 31、33 页及第 2 章。

笛福这番话的要点不只在于反卖淫运动放过处于盛行状态的通奸。移风易俗按照双重标准运行：穷人之间的行恶不仅掩饰，甚至滋长了上层人士的恶行。[118] 针对移风易俗社团的各类反应多样性正好预示了关于如何理解它们的某种不确定性。它们是国家权威的私人补充，还是刺激或挑战？

个人是如何影响公共政策的？移风易俗社团提出的问题促使尤尔根·哈贝马斯（Jürgen Habermas）将新兴的 18 世纪初期英国公共领域描述成"由私人集合而成的公众的领域"。[119] 当然存在此类集合更传统的样例。图 1.3 描绘了某个示范国家在 1733 年选举中所处的三个阶段：欢迎候选人，选民的户外盛宴，以及投票结束后候选人坐抬椅出行。哈贝马斯式措辞拥有某种粗略且高度具体的实现形式。这些个人包括各年龄段的男女，他们不仅作为积极参与公共政策事务意义层面的，也作为真正将室内活动搬到公共话语及庆典的户外意义层面的公众而集聚。用选举事务将民众动员起来并不是件新事，但选举本身及其明确的公众-个人互动在此时期具备某种新的公共重要性。[120] 众多移风易俗社团提供某个不同个人利益类型的特殊激进主义样例，一个通过生成其自身组织结构的方式进入公共领域的样例。我们对哈贝马斯措辞潜在范围的理解将因涉及某个可资比较的，但长期存在的组织，即共济会的思考而得以深化。

石匠们的组织是作为中世纪手工业行会而开始存在，如大多数行会那样，按例由某位君王、某个社群或大地主赋予他们根据该手艺古老而隐秘的"奥秘"而从业的"自由及特权"。这曾是一种积极自由——诚然，与未获特权、擅自经营的人有所区分的自由——但更重要的是一种组织自

---

[118]　Isaac Sharpe，《通俗英语更朴实》（*Plain English Made Plainer*）（1704），第 10 页；Henry Sacheverell，《罪的沟通》（*The Communication of Sin*）（1709），第 14—15 页；William Nicholson，《信札》（*Letters on Various Subjects...to and from William Nicholson*），John Nichols 编（1809），第 1 卷，第 153—154 页；Philalethes，《回答通俗英语的朴实之法》（*Plain Dealing in Answer to Plain English*）（1704），第 17 页，均见 Bahlman，《1688 年的道德革命》，第 55、47、95、90、84 页。Daniel Defoe，《移风易俗》（*Reformation of Manners*）（1702），第 87—88 行，引自《国务诗歌》（*Poems on Affairs of State：Augustan Satirical Verse，1660—1714*），第 6 卷，Frank H. Ellis 编（New Haven，CT：Yale University Press，1970），第 404 页。关于同时代"公共"与"私人"卖淫之间差别的语义复杂性，参阅本书第 4 章，注释 78—97。

[119]　Habermas，《公共领域的结构转型》，第 27 页。

[120]　同上，第 54 页。

图 1.3　卷首插图,《乡村选举的特性》(*The Humours of a Country Election*)(1733),见 John Brewer,《平民与政治》(*The Common People and Politics，1750—1790s：The English Satirical Print，1600—1832*)(Cambridge：Chadwyck-Healey，1986)。普林斯顿大学图书馆。

由，一种根据协会既定规则来保护行业、规定薪资与劳动的自由，"组织是否或多或少具有自主性，抑或与社群治理紧密联系"。[120] 处于发展中的市场影响之下的保护主义政策分析是一个漫长过程，它使旧有行会体系的积极自由原则屈从于消极自由原则，国家及迄今为止其隐性权威从公民社会多重利益的分离使之成为必要。较之于其他欧洲国家，英国更早经历这个过程，共济会首先在英国以行会的身份出现。共济会成员通过将自己重塑为某个职业组织的方式而实现这个转变，并取得独特的成功；它自觉地与旧有神秘及实践同步，会员中的绅士与石匠一样多，且致力于平等、精英、友爱这些反绝对主义的理想。但这些也是历经斯图亚特统治危机而得到重新界定的宪政理想。18 世纪初期的石匠居所是作为该措辞最具字面意义的公共领域而集聚。也就是说，他们将自己的组织以那些国家组织为模型，并成为"微观的，依据契约创建，并按宪法治理的公民社会……在这个社交型的精英体系内，存在着创建根据英国立宪主义（constitutionalism）抽象原则进行治理的社团的初次自觉尝试"。[122]

但对以新兴宪法身份面世之国家的模仿只是等式的一边。等式另一边，更为人熟知的哈贝马斯式公共领域体系模式，是对以其仍然有力的残余权威及绝对主义身份面世之国家的批判，一个也植根于模仿动机的批判。"从某个角度来说，对秘密的膜拜是某种效仿，借用了依附绝对主义治国术秘密的敬畏。"[123]因此，石匠的居所"是公民社会新区的空间，更宏大的政治、社会秩序的方方面面在此得到映照与模仿，然而也同时被人审视与批评"。从这个角度来说，我们可以在共济会成员保持古老神秘仪式这个方式中察觉某种戏仿的双重性。"保守共济会秘密的能力，而不是运

[120]　Pamela O. Long，《发明、作者身份、"知识产权"与专利起源》(Invention，Authorship，"Intellectual Property"，and the Origin of Patents：Notes toward a Conceptual History)，见 *Technology and Culture*，第 32 卷，第 4 期(1991)，第 870 页。

[122]　Margaret C. Jacob，《经历启蒙》(*Living the Enlightenment：Freemasonry and Politics in Eighteenth-Century Europe*)(New York：Oxford University Press，1991)，第 34、47 页。此外，这些居所也自觉地模仿家庭的内在体系，借用家庭地位与场所的范畴(第 21 页)。雅各布(Jacob)引用"早期"石匠小册子，它想象了因"便利、防卫、舒适"之故(第 58 页)建房，而非以契约协定方式改善原始自然状态。作为政体替代选项，以此为效仿的家庭生活观点是当前研究某重要论述的核心。

[123]　Anthony J. La Vopa，《构想公众》(Conceiving a Public：Ideas and Society in Eighteenth-Century Europe)，见 *Journal of Modern History*，第 64 期(1992 年 3 月)，第 92 页。

用那些神秘的能力成为辨别谁是真正弟兄的唯一方式。"这些秘密是"将人们联合起来的文字与符号,这些人在各自生活的几乎每一方面都彼此不同,他们只是在一个依照章程进行治理的私人社团中的成员而已"。[124]

共济会的例子使我们得以拓展自己对国家与公共领域之间关系的理解,正如哈贝马斯及其他人已假设的那样。新兴公共领域的诸体系过于繁多,以至于不能被简化为单一范式。但它们都与以明显方式展示自己的国家保持某种基本的距离或超脱。在移风易俗社团中,我们看到可以接近替代目的的某种重要补充目的。共济会明示某种更清楚的戏仿关系,模仿在此因批评而平衡。尽管在不同程度上,两者都明显有一种对立的动因,对立的动机在此与影响及改变的动机混杂。

哈贝马斯的观点也与那些"公共美德"及"公共人格"私人模式有关吗? 其将私人经验聚焦公共事务的创新能力是以公共与私人同等创新分离为前提吗? 在哈贝马斯的分析中,公共与私人之间的现代关系开始在18 世纪初期出现,并揭示了这种重要的辩证逻辑。国家与公民社会的区分构成公共与私人领域,并具备在中世纪文化条件下无法获得的对立一致性。但这种明确的对立是具有现代性同等特点之事的重要先决条件,是公共与私人领域的相互融合。亚里士多德式公共与私人的对立缺乏这种辩证维度;然而,中世纪关系缺乏辩证融合依赖的对立分离。哈贝马斯简要地把公共与私人之间的现代关系描述成某种同样互相渗透的对立。国家权威的公共领域与一个由市场驱动的公民社会、一个内在领域,以及一个在公共、私人领域之间居中的公共领域等构成的私人领域对立。[125]

47

本章表明,这种由分离语境而出的参与型介入模式可能说明 17 世纪末、18 世纪初思想的特别动态结构。我已尽力通过绝对主义退化的理念阐述这种动态结构,我们现在所见的由重要的戏仿原则、具备差异性的重复构成。一方面,同时代的人们越发倾向于把行为及诸体系视为具备某种清楚公共或私人特性之事。另一方面,他们努力承认行为及诸体系如

---

[124]　Jacob,《经历启蒙》,第 53、42 页。

[125]　参阅 Habermas,《公共领域的结构转型》,第 30 页。

何可能在特定情境下具备其特性看似予以排除的私人或公共功效。因此,对个人宗教良知及个人经济利益的追求影响了公共政策,推动了公共之善;因此,公共的下议院(或议会本身)代表并执行了与君主制国家公共权威对立的民众私人需求及权利;因此,"文人共和国"的理念如共济会一样运用了某个国家模型,以描述哈贝马斯称为"文学公共领域"之事的特别状况。这些并不全是哈贝马斯提供的,作为公共领域活动范式的范畴,我将在随后几章中予以重述。然而,按这种方式使用该术语,以便强调其范围及经验性易变,这可能有些作用。哈贝马斯的公共领域范畴为历史上前所未有的,在政治权威与政治臣民之间(后者可能借以参与前者的建构,但没有成为其中一部分)存在的空间命名。公共领域是真实场域的假定聚合之处,一如公共选举或共济会聚会。但它也是极为著名的,如文人共和国或国家与公民社会契约关系那样的虚拟"空间",因参与者顺服国家的经验,以及他们自身主体身份意识而共同使之成型。

第二章　个人出版

复辟时期对国家干涉的抵制在贸易与良知相互交织的自由中找到最佳论点,这可能被当作在现代私人领域显性论述出现的某种象征语域。然而,在如是出现借以大体发生的媒介中,我们发现了现代隐私的第三大起源。这就是自相矛盾的印刷、出版媒介。印刷正是隐性借以成为显性的机制。此外,启蒙时期的印刷文化史将我们已在贸易、良知各自境遇邂逅的那些不同消极自由主题融合:一方面是不受约束的勤勉与绝对所有权的物质自由;另一方面是不受约束的信仰、观点与阐述的"精神"自由。17 世纪 90 年代的一位作家写道:"经验表明,任何否定出版自由之地,其他之事也无法留存。"[①]

印刷的可塑性

但对同时代的人们来说,印刷经验与可能的印刷用法同样各种各样。尽管 17 世纪"出版"仍然同样指的是抄写与印刷模式,绝大多数情

---

① Matthew Tindal,《致某位议员的一封信》(*A Letter to a Member of Parliament , Shewing, that a Restraint [of the] Press Is inconsistent with the Protestant Religion , and dangerous to the Liberties of the Nation*)(1698),第 27 页。

况下，这是聚焦民众对口述"隐私"替代想象的印刷经验。约翰·弥尔顿认为，查理一世被处死后不久就刊印《王室圣像》（*Eikon Basilike*）（1649）是既可耻又无耻的公开自我炫耀行径："他本可以关上门，私下祈祷，而不是在大街上被人听到。在公开场合做个人祈祷，向未曾求告的人们索取，那将是他们的回报。"在不同语境下，印刷的功效可能看似指向私人。约翰·德莱顿（John Dryden）认为："把一出结构松散、难以理解的剧作公开上演实在是丢人的事情，好比我用劣币付账一样。尽管这钱会被接受（舞台上也常常如此），然而第二次核算时就会露馅。审慎的读者会发现，密室里那些闪亮的东西是曾在交易中骗过他的垃圾货。"可能与之相反的就是科利·西伯（Colley Cibber）的此番话："让身居密室的读者感到乏味之人有着行动的力量……曾在舞台上引发最热闹的笑声。"特别是与印刷比较时，言语从有缺陷的剥夺性，即被剥夺了稳定性与持久性的根本意义上来说，它是私人的。玛格丽特·卡文迪什（Margaret Cavendish）笔下的一位人物意识到："那些仅在言语中纵论，在文字中高飞之人会像烟或影子那样消失，作者或演说家的记忆或回忆会像油一般融化，在当今生活中不留下任何痕迹，要不然像尘土一样腐朽，无法给后世留下任何丰碑，不为人知，不为人纪念。写作或印刷就是把它固定在永恒的时间里，呈现在全世界的公众面前。"然而，口述文化的转瞬即逝也受憧憬无可挽回的童年一事影响，并因似乎被印刷搁置一边的女性社交性的基本价值观而受到尊崇。因此，约翰·奥布里（John Aubrey）这样写道：

> 内战之前，我还是个孩子。当时侍女们会在夜深之际，坐在炉火边讲着古时的传奇故事。这种方式传到她们这一代时已有很大变化。我的保姆，来自福德（Ford）的卡·布谢尔（Kath Bushell）擅长讲这些古老故事……旧时蒙昧时代，女性不曾读书认字，历史就是由母亲讲述给女儿，一代代传承……因此，我的保姆用歌谣讲述从威廉征服以来的历史……印刷出现之前，老妇人的故事精巧动人。印刷开始流行后，直到内战爆发的前些年，普通民众仍不能识字读书。如今，书籍已是常见之物，大多数贫困民众能读懂信件。许多好书，以及关于各类事件的书籍已把那些老旧故事挤在门外。印刷与火药的

神性技术已把侠盗罗宾汉及精灵们吓跑了。②

　　印刷经验模棱两可,因为其文化意义受多个复杂因素决定。在近代
早期英国的诸多行业中,书业(the book trade)是最先体验商品生产全面
理性化的行业之一,其印刷再现的特别逻辑与资本主义市场的生产逻辑
极为匹配。然而,如其他技术一样,书业以中世纪行业组织为始,从王室
那里得到保护,并被赋予以其自身独特行业秘密与特权为标记的积极自
由。至复辟末期,劳动分工已使涉及诸多劳动的印刷行业衍生出众多功
能。印刷商埃莉诺·詹姆斯(Elinor James)这样写道:"印刷业最初期,整
个行业都集中在印刷商手中。但随着它发展出三个分支(即印刷商、书
商、出版商),印刷就成为印刷商专有特权。"1663 年,罗杰·莱斯特兰奇
爵士(Sir Roger L'Estrange)在被任命为皇家出版审查员时曾详细论述此
分工。莱斯特兰奇将印刷劳动分为两大类,即"推广商"与"出版商":"这
些都是使推广工作得以进行之人。顾问、作者、编者、抄写员、校对者,以
及为之生产或由以生产的人;也就是说,(普遍而言的)书商与印刷者。可
以增添的是从事印务的铸字工、锻工、细木工。通常从事印刷的人包括印

50

---

② 　John Milton,《偶像的破坏者》(*Eikonoklastes*: *in Answer to a Book Entitled Eikon Basilike*)
(1649),见《约翰·弥尔顿散文作品全集》(*The Complete Prose Works of John Milton*),第 3
卷,Merritt Y. Hughes 编(New Haven, CT: Yale University Press, 1962),第 456 页(弥尔顿
暗指《马太福音》第 6 章第 6 节,参阅本书第 1 章,注释 107);John Dryden,《西班牙托钵修会
修士》(*The Spanish Friar*)(1681),献词,见《论戏剧诗歌与其他评论》(*Of Dramatic Poesy
and Other Critical Essays*),George Watson 编(London: Dent, 1962),第 1 卷,第 275 页;
Colley Cibber,《致歉》(*An Apology for the Life of Colley Cibber*, *Comedian*)(1740),第 86
页,引自 J. Paul Hunter,《作为舞台与密室的世界》(The World as Stage and Closet),见《英国
戏剧与其他艺术》(*British Theater and Other Arts*, *1660—1800*),Shirley Strum Kenney 编
(Washington, DC: Folger Shakespeare Library, 1984),第 278—279 页;关于无双夫人(Lady
Sanspareille),见 Margaret Cavendish,《戏剧中的青年荣耀与死亡盛宴》(*Youths Glory*, *and
Deaths Banquet*, *in Playes*)(1662),第 2 场,第 5 幕,第 131—132 页;John Aubrey,《异教与
犹太教教义留存》(*Remaines of Gentilisme and Judaismes*),见《散文三册》(*Three Prose
Works*),John Buchanan-Brown 编(Fontwell, Sussex: Centaur, 1972),第 445、289—290 页。
关于 18 世纪末、19 世纪初怀旧之情(特别以保欧为核心)的编史发展,参阅 Katie Trumpen-
er,《吟游诗人的民族主义》(*Bardic Nationalism*: *The Romantic Novel and the British Em-
pire*)(Princeton, NJ: Princeton University Press, 1997),第 5 章。詹姆斯·马尔霍兰
(James Mulholland)认为,正是印刷文化的巩固,才使口述文化范畴得以存在。参阅《印刷
之声》(The Sound of Print: Voice in Eighteenth-Century British Poetry)(罗格斯大学 [Rut-
gers University]博士论文,2005)。

刷商本人、缝装商、装订商、出版商、报贩、女报贩、商贩、唱歌谣者、张贴工、运输工、马车夫、船夫、水手。"60 年后，笛福记述的印刷行业在某些主要方面没有太大的不同："写作……成为英国商业中极为重要的分支。书商是总制造商或雇主。一些抄写员、作者、誊抄者、抄写助理及所有其他舞文弄墨的参与者都是被所谓的总制造商雇用的劳动者。"③

　　此处明确无误的是，近期大量研究已论及此事，即复辟时期，作者功能还未曾分离出来，且被擢升到它在现代人认为的书籍生产（更不用说美学创造）层面扮演的核心角色。④ 这不只是著述在此处与众多其他劳动争夺重要性。甚至著述"本身"已具备多个重叠范畴的分散多样性。约瑟夫·莫克森（Joseph Moxon）强调，"排字工人根据自己的判断应该知道作者的不足之处"，他应该准备好"察觉问题，并加以修改"，"使自己的修改与作者的意思相符"。⑤ 18 世纪作者的出现实际上属于与现代劳动分工有关联的知识分工，绝对主义退化也为此做出了重要贡献。

　　1557 年，伦敦书籍印刷出版经销同业公会（the Stationers' Company）的成立加强了行会地位。书业如普通的商业"行业"一样，已与新教教义的消极自由有关，更确定地说，与宗教改革本身有关。一个世纪后，这已成为寻常所见。1672 年，正值查理颁布的《信教自由令》（Declaration of Indulgence）失败之际，安德鲁·马维尔（Andrew Marvell）假意与其绝对主义对手塞缪尔·帕克（Samuel Parker）意见相同，但他用这种呼语法对印刷机进行嘲讽：

---

③　Elinor James，《詹姆斯太太关于印刷可能不是自由行业的理由》（*Mrs. James's Reasons that Printing may not be a Free-Trade*）（约 1695—1702），侧转排印；Sir Roger L' Estrange，《关于出版监管的思考与建议》（*Considerations and Proposals In Order to the Regulation of the Press*）（1663），第 1 页；Daniel Defoe，《阿普比报》（*Applebee's Journal*）（1725 年 7 月 31 日），引自 Ian Watt，《小说的兴起》（*The Rise of the Novel：Studies in Defoe，Richardson，and Fielding*）（*Berkeley and Los Angeles：University of California Press，1957*），第 53 页。关于印刷劳动的图画，参阅本书第 6 章，图 6.7。

④　特别参阅 Mark Rose，《作者与所有者》（*Authors and Owners：The Invention of Copyright*）（Cambridge，MA：Harvard University Press，1993）。

⑤　Joseph Moxon，《关于印刷全部技术的机械练习》（*Mechanick Exercises on the Whole Art of Printing*）（1684），第 192—219 页，引自 Adrian Johns，《书籍的性质》（*The Nature of the Book：Print and Knowledge in the Making*）（Chicago：University of Chicago Press，1998），第 88 页。

印刷机(这个邪恶的机器)几乎与宗教改革同期,它发明了大量给我们教会教规添乱的东西,远超过所有教义能够修正的程度。曾经这是一个幸福时刻,所有的知识都是手抄,某些卑微的官员,如我们的作者一样的确掌握着图书馆的钥匙……还有好些方法把牧师驱除,不仅要惩罚参与非国教秘密聚会的民众,甚至要惩罚他们聚会时的场地。但没有办法可以阻止这些具有煽动性的信件往来。街边角落的两三个壮汉只需用墨水卖力干上一阵,他们造成的破坏盖过一百个尽心尽力牧师的系统讲道。

马修·廷德尔(Matthew Tindal)认定,"宗教改革完全得益于印刷机"。他评点新教徒限制印刷的荒谬之处:"既然他们把自己的宗教归功于自由,因此他们不能在没有破坏如是事实的情况下加以阻拦,即和所有人一样,宗教有根有据,有权利审查那些支持或反对任何观点的理由,以便做出真实公正的判断。"不受约束的印刷机因此正是新教显化的机制,对理性至关重要:"若不是绝对信仰成了礼拜仪式,这一定必然再次把人们带回天主教。"⑥印刷机的自由等同于摆脱天主教绝对主义的自由。

众多新教徒把罗马天主教禁止的"绝对信仰"与口述联系起来。在《凡人的信仰》(*Religio Laici*)(1682)中,德莱顿认为,根据罗马天主教义,"只有神父享有知道的权利"。⑦ 至于凡人,"他们不知《圣经》,但神父

---

⑥ Andrew Marvell,《被调换的彩排》(*The Rehearsal Transpros'd*: *Or*, *Animadversions Upon a late Book*, *Intituled*, *A Preface Shewing What Grounds there are of Fears and Jealousies of Popery*),2 部分,(1672—1673),D. I. B. Smith 编(Oxford: Clarendon, 1971),第 4—5 页(随后引用源自本版,并在文中圆括号内标示);Tindal,《致某位议员的一封信》,第 10、11、12 页。马维尔把未经许可的印刷与秘密"街边角落"的空间联系起来,此举已是国家出版的常见之事。1649 年的议会法令申斥"印刷机在偏僻地方及街边角落支起,不为政府所知";1662 年的《印刷法令》提到"街边角落的秘密印刷",引自 Harold Weber,《纸子弹》(*Paper Bullets*: *Print and Kingship under Charles II*)(Lexington: University of Kentucky Press, 1996),第 143、152 页。如我们所见,印刷具备的空间隐秘与对其绝对非空间性的认可同指一个方向。马维尔在"民众"聚会时所在"场地"的字面意与"信件往来"比喻意之间的对比中,概述了这一虚拟性。

⑦ John Dryden,《凡人的信仰》(*Religio Laici or A Laymans Faith*, *A Poem*)(1682),第 373 行,见《约翰·德莱顿作品集》(*The Works of John Dryden*),第 2 卷,H. T. Swedenberg Jr. 和 Vinton A. Dearing 编(Berkeley and Los Angeles: University of California Press, 1972)(后续引用在文中圆括号内标示)。

知道"（第 383 行）。问题就是"腐败"，不仅是"利益、教会与收益"（第 275
行）的政治腐败，而且也是不可信传播的认识论腐败：

> 如果所写文字初始不可信，
> 我们何以认为口言能持久？
> 以此传播，若口不称职，
> 经久之后，谣言不朽……
> （第 270—273 行）

德莱顿把宗教改革称为"一个知道的时代"（第 388 行），从某种意义上来
说，这与亚当·弗格森所说的"分离的时代"有关。⑧ 的确，这位世俗诗人
将上帝话语与教士之言区分，他对罗马天主教特定"利益"的洞察揭示，教
会与俗人之间的差距好似国家与公民社会的差距。德莱顿将经文比作决
断"地产"继承（第 391—392 行）的"神意"，他想象着，改革者对这些术语
做了"更细致的研究"（第 390 行），只是发现与教士伪称相反的是，拯救是
我们所有人的私人财产：

> 因此，每人看到权利公允
> 声称只有小份，拿出共享：
> 清醒地算计着自己的私利；
> 尽量以最低代价保全自己。
> （第 394—397 页）

　　直接地、普遍地获得书籍，使"私人之善"的直接性变得明显，而教会
的隐性知识曾使其屈从于公共（也就是说，教会）授权。但这位世俗诗人
也是英国国教徒，因此他不得不探究个人自由的限度。德莱顿在描述清
教宗派成员时，用行会特权的轻蔑语言将个人行业与个人良知联系起来，
这已是人们熟知的事情：

---

⑧　参阅本书第 1 章，注释 1。

> 灵性颁发了博士学位，
>
> 行会中的每一个成员
>
> 都是行业人士，不受《圣经》约束。
>
> ……
>
> 这就是个人灵性成就的后果；
>
> 因极大热情，极少考虑而起。
>
> （第 406—408 页，415—416 页）

极端地说，绝对权威的退化使积极自由转化为消极自由，使标准的"私人之善"转化为因狂热之故而纵容犯错的"个人灵性"。因此，德莱顿否认超越个人良知的罗马天主教公共权威，他援引英国国教会的权威：

> 听完我们教会可说之言，
>
> 若我们理性仍另行他径，
>
> 个人理性就更应当遏制，
>
> 不以争议扰乱公众安宁。
>
> （第 445—448 页）

废黜危机之际，德莱顿发表该作，因此也就道出一个新兴观点，即个人良知的隐私（是思想，而非言语；是言语，而非行动）在于其不危害"公众安宁"之举。

　　印刷体系被理解为个人的出版，似乎把在历史上曾协力实施的分离搁置。印刷是公共或私人活动吗？相对而言，这个难题在新教徒出版《圣经》的实例中并不显著，因为这只是不当地被视为私人活动（尽管它也可以说是使《圣经》在信众心中"私人化"）。然而，在布道体系中，新教徒有自己的"口述传统"，这就从不同角度与印刷形成对比。英国国教徒支持针对持异议者布道施以刑罚的法律，他们也可能支持压制持异议者作品出版的法律。换言之，他们可能看到两者之间的连续性。但对于哪一种活动更具"公共性"，他们可能有不同看法。这就有两种观点。一方面，"不再有机会相信，这意味着持异议者应该通过印刷机而不是讲坛向英国国教会信众布道；否则出于相同的理由，他们进入教堂布道，与教会作对，正如用印刷的方式更公开地对抗一样"。另一方面，"牧师在讲坛布道后，讲道内容随后进入咖啡馆，继而进入每个家庭，诸如此类，直至全国都受此影响"。⑨ 尽管阐述后一种观点的小册子认为，印刷能触及更多民众，这似乎仍然把印刷想象成一个日益私人的退化过程，从教堂到咖啡屋至家庭。生产、传播印刷材料的前所未有的公共活动只能在前所未有的阅读消费私人活动之后得以完全。正是本着这一精神，循道宗信徒安妮·达顿（the Methodist Anne Dutton）坚称，印刷之作因此也就是"面向世人的出版之作"，尽管如此，"书籍不是在圣徒的公共聚会上被阅读、传授，而是拜访每一个人，在他们自己的私宅中与之交谈"。印刷是"与圣徒私下交流的方式之一，这是唯一一个可与成千上万人更广泛交谈的方法，否则无法做到，也不可能亲身面对面地交流"。⑩

　　丹尼尔·笛福对印刷与布道的连续性做了经典记述，视之为一个普遍化的渐进过程：

　　　　布道就是向少数人传道；印刷书籍就是向全世界传道。牧师自我限定，向特定听众以"我的弟兄"之名布道。但如果他印一本书，就该以了解所有在场信众的方式作为序言……尽管他在讲坛布道时应注意自己的言辞，口中所言仅为得到真理特别许可之话。然而，面向全世界印刷出版的人有十倍的责任。布道……会一直延续到记忆的尽头；印出的书则是记录，在每个人手中留存，总是随时与他的回忆一道温故，总是随时拿出来，作为某种权威或凭证，他可以从中加以节选，并将其内容流传后世。当坟墓中的作者被人遗忘时，他的作品仍永世流传。⑪

---

⑨　《与限制出版相关的观点》（*Arguments Relating to a Restraint upon the Press，Fully and Fairly handled in a Letter to a Bencher，from a Young Gentleman of the Temple*）(1712)，第36—37 页，《英国新教徒联盟初探》（*An Attempt towards a Coalition of English Protestants*）(1715)，第 21 页，两篇都重印于《出版自由》（*Freedom of the Press：Six Tracts，1712—1730*），Stephen Parks 编（New York：Garland，1974）。

⑩　Anne Dutton，《致如此基督仆人的一封信》（*A Letter to such of the Servants of Christ，who May have any Scruple about the Lawfulness of printing any Thing written by a Woman*）(1743)，见《18 世纪女性》（*Women in the Eighteenth Century：Constructions of Femininity*），Vivien Jones 编（London：Routledge，1990），第 158、159 页。

⑪　Daniel Defoe，《暴风雨》（*The Storm：Or，a Collection Of the most Remarkable Casualties and Disasters Which happen'd in the Late Dreadful Tempest，both by Sea and Land*）(1704)，序言，A2r—v。

然而,笛福的记述也存在矛盾之处。此处的出版被说成非人格化行为,将作者与读者从具体的面对面交流中抽离出来。然而,这种交流的非人格性给作者强增了前所未有的个人与道德责任负担。此处的出版被认为是至高的驾驭行为,"向全世界传道"的行为。然而,借助这种驾驭行为,人们也感到其中牵涉一种异化,针对已说之言的失控,针对因此继续留在他人所有之物的弃绝成为必要。出版拥有客观真理的主导权威。然而,它产生的客体持久性是通过其主体生产者的非持久性(即作者之死)来衡量。这些问题和公共与私人交织关系有明显关联性,它们萦绕着同时代人的想象。

54

抄 写 出 版

当然,出版绝对不是印刷的同义词。在私人书信写作中,同时代的人们发现了比喻的虚拟性,哈贝马斯会使之与印刷的公共领域联系。马丁·比林斯利(Martin Billingsley)问道,写作不正是"某人与自己朋友亲密交谈时的口中之言吗?尽管两人之间相隔万里"。威廉·富尔伍德(William Fulwood)称书信"就是一种宣告,把不在场之人的想法写下来,递给另一方,仿佛两人都在场一般"。1657 年,邮政局的设立有利于这种早已广泛应用的文字出版方式,并寻求对此予以公共的(即国家的)控制。据亨利·考文垂(Henry Coventry)所言,国家的文书员们"可能需要对任何送到邮局的个人信件做个记录"。他们不需要"征得除国王之外任何人的同意"。尽管"无人可为拆信一事正名……但国家理性或国王的特别要求"提供了这种惯常的授权。据某位法国评论家所言,英国人"拆信的技巧娴熟,远胜于世上任何其他地方"。的确,他们认为"没有对信袋动手脚的人就不可能成为伟大的政治家"。1675 年,莱斯特兰奇说道:"不到四十分之一的诽谤付诸印刷机,然而借助抄本,它们早就人尽皆知。"⑫

---

⑫ Martin Billingsley,《卓越之笔》(*The Pens Excellencie or The Secretaries Delight*)(1618),C2v—3r;William Fulwood,《懒惰的敌人》(*The Enemy of Idlenesse*)(1568 年,1621 年重印),引自 Jonathan Goldberg,《写作事宜》(*Writing Matter: From the Hands of the English Renaissance*)(Stanford, CA: Stanford University Press, 1990),第 130、249 页;Henry Coventry,见 BL, Add. MSS 25125, fols. 31—33;Philip de Comminges,均引自 Alan Marshall,《查理二世治下的谍报》(*Intelligence and Espionage in the Reign of Charles II, 1660—1685*)(Cambridge: Cambridge University Press, 1994),第 81—82 页;"莱斯特(转下页注)

　　尽管沙夫茨伯里伯爵三世的信件于 1710 年印刷，但他写道，"致作者的建言"只是为了自己"个人自娱自乐"，或是为"我那些如此绝望的相识"而写，并"应该比看我自己的手稿时保持更平和的性情……我写的东西也不值得被当作什么神秘的东西。如果它们值得人们购买，那也算购买者做了大善事。我不参与这些交易，虽然我也偶然提供货品。所以，我没有那些为出版而写作的作家聪明……我并不认为作品的质量会被写作的方式改变……我不能理解为何不允许人们用钢笔或鹅毛笔写作"。[13] 17 世纪及 18 世纪初，印刷与抄写出版、流通相辅相成。这种使文本公开的方式已朝印刷复制、拓展、转化方向发展，并从中得以利用。因为较之于印刷，抄写出版允许作者更全面地控制自己作品的流传，它也使作者们摆脱如是威胁，即已出版的秘密会被平民读到，或被国家审查。

　　在私人或"亲友"书信实例中，借助印刷而泄密的不合宜是最为常见之事。托马斯·斯普拉特写道："真相就是，在特定朋友之间流传的信件，如果它们照常写下来就难以适合为他人所知……它们应该有天然的清晰与简短，家人间的质朴，特别的亲切感，这些只会影响那些收信之人的情绪……在这类信件中，人们的心灵应该显得毫无遮掩。在那种随意习性中，它们可能只适合房间中的一人或两人阅读，而不是拿到大街上供人传阅。"内战的跌宕起伏促使北方勋爵达德利（Dudley Lord North）把自己的诗歌印刷出来，但它们"只供家庭成员阅读，不对外人，如这些诗歌所言"。[14]

　　（接上页注）兰奇先生关于诽谤的建议"（Mr L' Estraings Proposition concerning Libells, &c.），上议院档案室，引自 Harold Love，《文本的文化与商业》（The Culture and Commerce of Texts：Scribal Publication in Seventeenth-Century England）（1993；Amherst：University of Massachusetts Press, 1998），第 74 页。关于早期邮政体系并不保证隐私事宜，参阅 Janet Todd，《致命的流利》（Fatal Fluency：Behn's Fiction and the Restoration Letter），见 Eigh-teenth-Century Fiction，第 12 卷，第 2—3 期（2000），第 426—427 页。

[13] Anthony Ashley Cooper，沙夫茨伯里伯爵三世，《人、风俗、意见与时代之特征》（Characteris-ticks of Men，Manners，Opinions，Times）（1711 年，1732 年修改），第 1 卷，第 305—306 页，Douglas Den Uyl 编（Indianapolis：Liberty Fund, 2001），第 1 卷，第 188—189 页（随后引用源自本版，原书页码保留；引用首先指 1732 年版，随后指 2001 年版）。

[14] Thomas Sprat，"亚伯拉罕·考利先生生平与作品记述"（An Account of the Life and Writings of Mr. Abraham Cowley：Written to Mr. M. Clifford），《亚伯拉罕·考利生平与作品》（The Life and Writings of Abraham Cowley）（1668），前言，见《17 世纪评论集》（Critical Essays of the Seven-teenth Century），Joel E. Spingarn 编，第 2 卷（1908—1909；Bloomington：Indiana University Press, 1957），第 137 页；Dudley，北方男爵三世，《四季丰产的森林》（A Forest Promiscuous of Several Seasons Productions）（1659），A2r，引自 Love，《文本的文化与商业》，第 41 页。

换言之,抄写出版为文本提供了一个胜过印刷技术能赋予的,更微妙的公开性程度或相对隐私范围。⑮ 但值此时期,正是出于这个原因,印刷那使隐性显化的能力在激化针对出版现象的想象与法律反应方面扮演明显更为重要的角色。尽管抄写出版一般因恩主制经济学或戏剧表现而得以强化,"印刷把商业放在文本生产的正中心"。据乔纳森·斯威夫特(Jonathan Swift)所言,"保存在内室的一本诗作,只给寥寥数友看过,这就好比一位被众人追求仰慕的处女;一旦被印刷出版,就好似成了一位普通娼妓,任何人花半克朗的钱就能得到"。⑯ 但文本的手写复制常常发挥的是仪式功能,且只是不当地被称为"私人的"。这是一种仍由恩主-门客关系占主导的文化。众多手稿出版"首先是呈递作品,而不是内室产物。是作者,而非书商控制着手稿,只是从这层意思来说,它们是'私人的'"。⑰

印刷、财产与公共利益

哈贝马斯已颇有影响地将近代早期公共领域的成型与 18 世纪初期联系在一起。如果我们关注的是其最重要的体系,即印刷再现与流通,那我们有理由选择 17 世纪 40 年代英国内战爆发的那一年。⑱ 的确,1688

---

⑮　参阅 Love,《文本的文化与商业》,第 2、3 章。学界过赞了印刷的文化创新,该书作者对此予以有说服力的校正,然而这就可能使抄写出版在指导印刷如何批判权威时的重要性有所夸大。参阅《文本的文化与商业》,第 7 章。

⑯　David Zaret,《民主文化起源》(*Origins of Democratic Culture*:*Printing*,*Petitions*,*and the Public Sphere in Early Modern England*)(Princeton,NJ:Princeton University Press,2000),第 136 页;Jonathan Swift,《关于许多主题的思考》(*Thoughts on Various Subjects*)(1711),见《乔纳森·斯威夫特散文作品集》(*The Prose Works of Jonathan Swift*),Herbert Davis 编,第 4 卷,《英语改良刍议》(*A Proposal for Correcting the English Tongue*,*Polite Conversation*,*Etc.*)(Oxford:Blackwell,1957),第 249 页。

⑰　Margaret J. M. Ezell,《男主之妻》(*The Patriarch's Wife*:*Literary Evidence and the History of the Family*)(Chapel Hill:University of North Carolina Press,1987),第 68 页。

⑱　此论点已在本文中得到最全面论述:David Zaret,《17 世纪英国公共领域中的宗教、科学与印刷》(Religion,Science,and Printing in the Public Spheres in Seventeenth-Century England),见《哈贝马斯与公共领域》(*Habermas and the Public Sphere*),Craig Calhoun 编(Cambridge,MA:MIT Press,1992),第 216—217 页;也参阅 Zaret,《民主文化起源》。然而,受哈贝马斯观点影响的历史研究继续提供可能将公共领域出现的年表进一步推后的证据。关于英国内战之前的"新闻文化"的卓越论述,参阅 Alastair Bellany,《近代早期英国的法庭丑闻政治》(*The Politics of Court Scandal in Early Modern England*:*News Culture and the Overbury Affair*,*1603—1660*)(Cambridge:Cambridge University Press,2002),第 2 章。

年的光荣革命及七年之后限制性的《印刷法令》(Printing Act)式微，这

两者结合起来引发的出版争议如此之大，以至于有人指出，国家主权之事如那些科学真理一样都可以公开辩论："我们对政府完全茫然无措，"1697 年，一位作者这样说道。"国王的权利及相关合法性如今公开被质疑，就好像牛津大学学院里的自然哲学观点一般。"⑲然而，同时代的人们知道，这次危机在半世纪之前的重要事件中曾有著名先例。实际上，1642 年是出版物年度数量有史以来最多的一年，这一记录只在 17 世纪 90 年代被打破。⑳《印刷法令》(1662)颁布的两年后，保皇派理查德·阿特金斯(Richard Atkyns)为新近复辟的查理二世谏言："出版自由是把陛下您最尊贵的父亲本人囚禁的主要推动力。因为在颁布《印刷法令》之后，每一位心怀恶意的人都把自己的精力倾注于印刷……普通民众在此自由面前认为，甚至一首歌谣，因已印刷之故都能极大地把这些中伤带入……议会发现那些被骗民众对此深信不疑……因此，完全拥有出版自由，这样一来，国王的话不可能被听到。普通民众用这个方法不仅成为政客，而且成为只听片面之词的议会党派。"㉑

　　从这位保皇派的视角来看，出版自由确保了公开化，因为议会方面特别利用了这种自由，这也多少确保了对议会的隐性信任。当然，同时代的共和派对废除星座法庭(Star Chamber)一事所做的阐释与消极自由原则更为一致，我们则将其与公共领域理念联系起来。因为废除一事，"印刷的技术能如此快地传播知识，以至于知道自己权利与自由的普通民众不

---

⑲　《某些简短思考》(*Some Short Considerations*)(1697)，第 10 页，引自 Joyce O. Appleby，《17 世纪英国经济思想与意识形态》(*Economic Thought and Ideology in Seventeenth-Century England*)(Princeton, NJ: Princeton University Press, 1978)，第 269 页，注释 61。

⑳　参阅 Lois Potter，《秘密仪式与秘密书写》(*Secret Rites and Secret Writing: Royalist Literature, 1641—1660*)(Cambridge: Cambridge University Press, 1989)，第 4 页；Weber，《纸子弹》，第 5—6 页。1641 年，星座法庭，即国家审查机构被废除后的四个月，家庭新闻初次印出。一年之后，它至少在 64 家新闻书刊上刊出，见 Potter，《秘密仪式与秘密书写》，第 5 页。参阅 Zaret，《民主文化起源》，第 175 页："1640 年至 1660 年期间的出版物数量多过 1485 年至 1640 年英国印刷史初期阶段的数量。" J. A. W. Gunn，《17 世纪政治与公共利益》(*Politics and the Public Interest in the Seventeenth Century*)(London: Routledge, 1969)，第 1 页："关于公共利益的重要讨论始于内战。"

㉑　Richard Atkyns，《印刷的起源与发展》(*Original and Growth of Printing: Collected Out of History, and the Records of this Kingdome*)(1664)，献辞，B2r。

会让自己受压迫"。㉒ 然而,1642 年,议会把国王的绝对权威视为出版的
管理原则,随后最初制定的法令之一就是提升伦敦书籍印刷出版经销同
业公会的积极自由,以便限制大多数普通民众的消极自由,因为"很多人、
出版商、印刷商,以及其他未能摆脱同业公会的各类行业之人已自行在街
边角落里支起各种私人印刷机,印刷、销售、出版并分发书籍、小册子、文
件。数量如此之多,以至于无须费心就足以发现所有这些肆虐的犯罪,并
将他们绳之以法"。㉓ 的确,任何把议会视为某类印刷机原型(公开讨论,
与王室特权作对的场域)的观点都因这一事实而复杂化:长达一个多世
纪,议会禁止报刊将会议记录公之于众。㉔ 诸如阿特金斯的保皇派们并
不是仅有的,把从君主到议会的绝对权威退化视为借助其他方式,未经许
可的绝对主义延续之人。

　　然而,对阿特金斯而言,最终的问题是,伦敦书籍印刷出版经销同业　　57
公会(并非议会)已开始为国家发声,其唯一真实的声音曾来自君主。他
认为,这个声音面临的最重要挑战始自印刷业根据王室特许经营而组建
同业公会的 1557 年,而非 1641 年。尽管同业公会表面上根据王室特权
运营,然而对阿特金斯来说,其为出版之故而登记书籍的权威似乎仍然篡
夺了王室直接授予专利所有人的权利。阿特金斯谴责了这种篡夺,并运
用积极自由与消极自由两种模式之间的居间语言。他为积极自由模式辩
护过,并不得不把写于 1664 年的消极自由模式用于其驳斥的本身实

㉒　参阅 Gabriel Plattes,《记著名王国马卡里》(*A Description of the Famous Kingdom of Ma-caria*)(1641),引自 Fredrick S. Siebert,《英国出版自由》(*Freedom of the Press in England，1476—1776：The Rise and Decline of Government Control*)(Urbana：University of Illinois Press,1952),第 192 页。

㉓　1643 年长期议会训令,引自 Zaret,《民主文化起源》,第 143 页。

㉔　参阅 Siebert,《英国出版自由》,第 204—207、279—288、346—363 页;Laurence Hanson,《政府与出版》(*Government and the Press，1695—1796*)(Oxford：Clarendon,1936),第 2、73—83 页。关于议会在 1677 年中突然休会,马维尔写道:"之后更令他们惊奇的是,他们自己为公共之善的谋划或宣告没有费心印出,甚至所有和诽谤那样精心写成的副本也被禁止;然而,他们发现国王措辞严厉的演讲刊印在第二天新闻书报上,这就把他们自己及所有其他民众都标示成违逆反叛之人……以公报的形式在出逃的仆人、失主的家犬、迷途的马儿以及江洋大盗之中流传。"见 Andrew Marvell,《罗马天主教的发展及英国专制政府记述》(*An Account of the Growth of Popery，and Arbitrary Government in England*)(Amsterdam,1677),见《安德鲁·马维尔作品全集》(*The Complete Works of Andrew Marvell*),Alexander B. Grosart 编(1875;New York：AMS,1966),第 4 卷,第 406 页。

践中。

一方面，阿特金斯写道，君权与国家利益同步："我只是想到，一位公共人物及国库必须涉及如此公共之善。""印刷属于陛下您，在您公共与私人的权限内，您既是最高行政官，又是最高业主。"阿特金斯坚称，"行会本身就是一个小国家，与君主制不一致"。他提请"国王授权、限制印刷的公正权力与特权……作为国务，被当作王室古老继承权利而被宣布，被确认"。㉕ 此处的阿特金斯模式就是积极自由的模式，国家不可能在此与公民社会分离；唯一可用来描述如此丑事的术语就是复杂等级制度的矛盾术语，即主权国家内的主权国家。书商的私人利益已错误地假借权威来表现本是君主专享的公共利益。

但另一方面，阿特金斯的语言承认消极自由模式，尽管颇不赞同。伦敦书籍印刷出版经销同业公会的成立标志着印刷行业的经济利益已从其对国王的政治义务分离而出。"在此（1557 年）之前，他们只印刷国王的特令，如今他们自由地为自己开印最能挣钱的东西……他们之前是国王的印刷商和仆人，如今他们通过组建公会的方式而使自己变得如此之穷，人数如此之多，如此可鄙，以至于他们将这著名的技艺变成仅为糊口的无聊行当。"因此，书业就像地产。尽管国王保留某些"共有的"王室土地，他也"圈定若干个公园，并以专营的方式让某些人看护……这些仍然是国王的公园，尽管由专营人看护……国王的利益不就是这样与他的专营人交织在一起，以至于不可分吗？圈定印刷业也正是如此"。㉖ 这番话写于废除封建土地保有之后，阿特金斯暗示自己明确否定之事，借此承认利益与利益、国家与公民社会、政治可用性与经济可让渡性之间的可分性。许多学者已就近代早期"合宜性"（propriety）与"财产"（property）这对潜在同义词的使用，以及 18 世纪两者的分离做过评论。在当前语境下，这个语言学发展过程概括了积极自由的行会思维概念转变，经济利益在此嵌入社会政治关联的习惯根基之中。根据现代观点，合宜性与财产之事最好彼此分开，以防前者的要求影响后者的消极自由。

──────────

㉕　Atkyns，《印刷的起源与发展》，献辞，C2r、B1v、E3v，第 19 页。阿特金斯认为，印刷是由某位古腾堡（Gutenberg）的工人引入英国，亨利七世直接授权第一本书的印刷（C3r）。

㉖　Atkyns，《印刷的起源与发展》，C3v、E1r。

阿特金斯对同业公会特权的抨击被查理二世新政府听到，随之而来的压力迫使书商将他们自称捍卫之权利的利益性质更为显化。如阿特金斯那样，这种做法与地产所有权相似："每一份手稿或副本的作者按理都有与之而来的正当权利，正如任何人对自己的土地拥有完全绝对所有权一样。"⑳尽管同业公会远没有基于这一观点而得以正名，长久以来，印刷的绝对财产从国家退化到公民社会占主导的不同领域，这也常常足以和地产类比匹配。例如，约翰·豪（John How）认为，事关印刷的国家利益不是在王室特权及其垄断印刷专利中体现，而是在毫无特权的印刷商利益中体现，后者于书业中的"权利与财产"在与"最显赫的交易商"更大权力的斗争中未受保护："但是，当私人利益与公共之善对立时，荣誉与正义的考虑通常被置于一边。"不同于阿特金斯，豪是从契约（而非绝对主义）层面看待印刷与地产之间的类比。国家的首要责任就是确保其公民的私人财产绝对所有权这一消极责任。他写道，书中的财产只是"购买的权利，没有人可以对继承的土地或任何拥有之物提出更好的索要请求……因为考虑到所有其他行业都在财产层面得到确保，如果唯独印刷行业不能如其他行业一样享受同等保护，这就是难以成立的实例"。㉘

笛福认为，从兼容性（如果不是相同性）层面来说，国家利益既不在国王这里，也不在议会那里，而是在"民众"之中；他把出版商视为绝对主义议会的公共工具，阿特金斯反而把出版商认作私人许可的完全化身："英国民众并不相信议会会制定法律以缩减他们本该予以保护的那些自由……一两个人对关于世上已知事物的所有作品进行监控、审查，并绝对不准出版，我看不到这如何能与英国国家自由协调一致。"至18世纪后半叶，威廉·布莱克斯通爵士（Sir William Blackstone）可以激进地重新构想绝对印刷财产与地产之间的对比，以至于国王、议会，甚至书商的权威与利益都只是偏题。据布莱克斯通所言，出版一本书就"好似设法穿过某人自己的私人土地，他可以随性驻足；他可用出版众多副本的方式把多把钥匙散出去；但收到钥匙之人不能因此有加以伪造，进而转卖给其他人的

59

---

⑳　引自 Johns，《书籍的性质》，第 311 页；也参阅 Rose，《作者与所有者》，第 23—24 页。《书籍的性质》第 4 章把阿特金斯的倡议放在当前关于印刷社会法律地位争议的语境中。

㉘　John How，《当前印刷与售书状态的若干思考》（*Some Thoughts on the Present State of Printing and Bookselling*）（1709），第 4、6、11—12 页。

权利"。㉙

印刷立法与版权

　　从王权绝对主义到作者的绝对私人财产，印刷中的绝对主义趋下流动性在印刷立法的悠久历史中有所反映。亨利八世率先把王室垄断专利授予印刷商与书商，以出版某类书籍。然而，甚至在 16 世纪末之前，同业公会也认可了未曾以这种方式获得特权的出版商印刷权利，它的许可登记成为出版财产或版权的公认标记。在随后一个世纪的最初几十年，个人作品的专有财产权不仅被授予书商，也被授予作者。㉚1662 年的《印刷法令》延伸了这些程序，但随后几十年的经验使它们在管制印刷时的无效性显现。因为这个原因，人们让该法令在 1694 年后失效。在不当管制之后短暂动荡的无管制时期，豪与笛福的申诉和其他众人的申诉一道出版。对埃莉诺·詹姆斯而言，她直言不讳地辩称："印刷不应该是自由行业，因为它是门技术，有自己的行业秘密。"1710 年，所谓的《版权法》（Copyright Act）至少遭到多个投诉；因为在一定时限内，绝对私人所有权与专有出版权被指定给那些在同业公会注册为版权所有者之人。㉛

　　有些学者很想在 1710 年《版权法》中读到作者绝对财产在出版过程中得以明确确立一事。此法条款没有做如是详述：它确立的专有权利远非作者专属，而是授予任何拥有副本权利之人。在 18 世纪后期的一系列重要版权案例中，所有权之争使原作者与后期书商-出版商对立。前者声

㉙　Daniel Defoe，《论出版管制》(*Essay on the Regulation of the Press*)(1704)，第 6—7 页；Sir William Blackstone，见《英国报道》(*English Reports*)，A. Wood Renton 编，178 卷本(London：Stevens，1900—1932)，第 96 卷，第 188 页，引自 Rose，《作者与所有者》，第 34、90—91 页。

㉚　参阅 Siebert，《英国出版自由》，第 74—82、130 页。

㉛　James，《詹姆斯太太关于印刷可能不是自由行业的理由》；也参阅《致尊贵的下议院》(*To the Honourable House of Commons*)(约 1696—1698)，侧转排印。关于 1662 年至 1710 年系列事件的后果，参阅 Donald Thomas，《长时燃烧》(*A Long Time Burning：The History of Literary Censorship in England*)(New York：Praeger，1969)，第 33 页；Siebert，《英国出版自由》，第 249 页；Hanson，《政府与出版》，第 7—11 页。对于已印刷的书籍，期限为 21 年；对于那些手稿作品，期限为自其首次出版日期以来的 14 年。

称"作者的权利","作者"所有权权利,从该术语的现代意义层面来说,从
未有过争议。㉜ 然而,版权诉讼在界定何为书籍首要"作者"责任这一宽 60
泛文化观点时扮演的角色可能有所夸大。查理二世试图通过严格的审查
达到控制印刷的目的,罗杰·莱斯特兰奇费了很大力气才将审查聚焦于
作为书籍生产首要动因的作者,即写作者身上。莱斯特兰奇早些时候从
事出版审查员工作时,假设任何被发现携带非法书籍之人都是"该书的作
者,除非他能说出自己从谁那儿获得",以此设法把作者指定为出版的"最
初推动者"。1664 年,约翰·特文(John Twyn)因试图印刷《论正义的死
刑》(*Treatise of the Execution of Justice*)一书而被处决,至少部分原因
是他拒绝指认该书作者。1680 年间,首席大法官斯克罗格斯(Scroggs)
在审判另一位印刷者亨利·凯尔(Henry Care)时说道:"查出作者是件难
事,查到印刷者不难。"㉝

　　对某些人来说,作者的书籍所有权案例极具说服力地与思想上的"拥
有"而非财产上的"拥有"有关。1720 年,约翰·丹尼斯(John Dennis)承
认这么一个观点:"个人所有之物莫过于自己的思想与发明。不仅如此,
我常常会这么想,他的思想与发明是其独有的绝对财产。"丹尼斯大胆地
否定了绝对印刷财产与地产之间的类比,这不是因为他从"政治"(而非
"经济")层面理解地产,而是因为他认为作者所有权甚至比地产所有权更
为真实:"我现有的金钱之前属于他人,因而以后会落入另一人之手。房
产与土地当然也会换上新主人,有时候是通过赠送,有时候通过购买,有
时候出于上帝的意愿,但最终会因为死亡而易手。但我的思想不可改变

㉜　参阅 David Saunders 和 Ian Hunter,《来自"文学演讲术"的教诲》(Lessons from the"Literato-
ry": How to Historicize Authorship),见 *Critical Inquiry*,第 17 期(1991),第 493、497 页;
David Saunders,《著述与版权》(*Authorship and Copyright*)(London:Routledge, 1992),第
61—69、170、185 页。版权历史不应该与知识产权理念历史混淆,后者先于专利、版权存在,
是从中世纪对专业技巧的态度演变而来:"就是这样的信念,即专业流程与技巧的知识,以
及技术创新的发展,都是具有商业价值的财产形式,并且与产品或设备区分。"参阅 Pamela
O. Long,《发明、作者身份、"知识产权"与专利起源》(Invention, Authorship, "Intellectual
Property", and the Origin of Patents: Notes toward a Conceptual History),见 *Technology
and Culture*,第 32 卷,第 4 期(1991),第 846 页。

㉝　L'Estrange,《关于出版监管的思考与建议》,第 2 页;《柯贝特国家审讯全集》(*Cobbett's Com-
plete Collection of State Trials*),Thomas B. Howell 编(London:Hansard, 1809—1826),第
7 卷,第 1118 栏,引自 Weber,《纸子弹》,第 174 页。关于特文(Twyn),参阅 Weber,《纸子
弹》,第 156 页,第 4—5 章;也参阅 Johns,《书籍的性质》,第 135—136 页。

地、不可剥夺地属于我,永远不可能成为他人的。"㉞丹尼斯之言不只是抽象唯心论的实践。他谴责了抄袭现象,即用新的书名页和作者署名印刷旧剧本。他假定思想拥有是如此绝对的私人之事,以至于甚至通过客体化、出版、销售方式而实现的让渡只是确认了其更为根本的不可让渡性。

丹尼斯此时不在意对思想拥有借以转成财产拥有的机制进行阐释,但其他人认为,这种转化完全取决于能为作者提供经济支持的新实体的出现。这就是"公众",它逐步被认为是文学恩主制资助体系的补充,最终取而代之。当然,"公众"是一个模糊的术语,因为它界定了不与标准公开性同步的现象,同时代的人们正开始学会将它与国家及其功能联系在一起。在 1679 年天主教阴谋案(the Popish Plot)中,首席大法官斯克罗格斯担心,法院的公共权威可能受制于公众舆论:"如果这些案子一旦顺应民众舆论而得以裁决,那么如果未能遂意,就会遭到粗暴的责难。民众好似着魔之时,所有公开的案子都会有灭顶之灾。最终,每一个案件会公开,如果他们愿意且支持的话。"㉟传统上,贵族也同样被认为通过自己对作家资助的方式保障国家与"公共"的利益。㊱

然而,这一用法也有某种逻辑,因为长期而言,"公众"(贵族与国家资助)取代的显然涉及诺伯特·伊莱亚斯(Norbert Elias)称为"绝对主义宫廷社会"之事,现代国家由此而出。1760 年,奥利弗·哥尔德斯密斯(Oliver Goldsmith)借自己笔下中国人的人格面貌宣称:"当前,英国诗人几乎不再仰仗贵人供给衣食,他们如今只以公众为恩主。这些聚合成一体的公众是一位善良慷慨的主人。"某位同时代的人将这种取代置于文学财产演变的语境之内:

　　　　因此,恰当地说,公众如今成为知识的恩主;作者的人数增长如

㉞　John Dennis,《约翰·埃德加爵士的品性与操守》(*The Characters and Conduct of Sir John Edgar, Call'd by Himself Sole Monarch of the Stage in Drury-Lane*)(1720),第 1 封信,见《约翰·丹尼斯评论作品集》(*The Critical Works of John Dennis*),Edward N. Hooker 编 (Baltimore:Johns Hopkins University Press,1943),第 2 卷,第 191 页。

㉟　《柯贝特国家审讯全集》,第 7 卷,第 704—705 栏。参考查理一世的末世预见,本书第 1 章,注释 10。

㊱　参阅 Dustin Griffin,《英国文学恩主制》(*Literary Patronage in England,1650—1800*)(Cambridge:Cambridge University Press,1996),第 39—43 页。

此之快,以至于他们都不能纳入某位贵人的特别资助之中。由此推论,我们可能清楚地得知作者专有权利为何之前从来都不值一提的原因,的确直到一段时间后,印刷的发明……这个权利总是内在的,可能一直都是这样执行:但我们发现知识在其最初状态时局限于一个非常狭小的领域之内。作者可能对读者的质量,而不是数量有依赖感……但是,如果作者与读者数量都增加了,那么这就极为不同了。一个副本的盈利如今可通过多次购买实现的缓慢收益而实现。如果作者对源自个人原始手稿的所有副本没有权利,确切地说,他也就难有任何形式的财产。[37]

根据这一观点,作者的权利总是隐性的,是通过读者群体的增长而显化。然而,18 世纪公开销售取代文学恩主制的观点夸大了何为更加拖延过程一事。[38]

　　恩主制与文学市场的同步,以及后者取代前者,这都是 18 世纪最著名作者们的倾力关注所在。《木桶的故事》(*A Tale of a Tub*)(1704)正文之前有作者的致歉(1710 年增添)、书商致贵族大人的献词、书商致读者的献词、作者致后世君王的信、序言、导言,斯威夫特在这越发具有戏仿性质的系列安排中,充分记录了恩主制与公众之间的纠缠,为同时满足传统与新兴文学经济需要而付出的努力,缓慢但不可改变的,用"数量"主导"质量"。实际上,这是作者艰辛且矛盾的诞生过程。[39] 沙夫茨伯里写道:"现代的作家……他们根据世人变幻不定的喜好来调整自己,坦承自己荒诞不经,为的是让自己适应时代精神。在我们这个时代,是读者造就诗

62

---

[37]　Norbert Elias,《权力与谦恭》(*Power and Civility*),《文明历程》(*The Civilizing Process*),第 2 卷(1939),Edmund Jephcott 翻译(New York: Pantheon, 1982),第 8 页;Oliver Goldsmith,《世界公民》(*The Citizen of the World*)(1760—1761),第 84 封信,见《奥利弗·哥尔德斯密斯作品集》(*Collected Works of Oliver Goldsmith*),Arthur Friedman 编(Oxford: Clarendon, 1966),第 2 卷,第 344 页;《为作者对自己作品专有权利一辩》(*A Vindication of the Exclusive Right of Authors to their own works*)(1762),第 38—40 页。

[38]　参阅 Griffin,《英国文学恩主制》,第 10 章。

[39]　关于数量规则,参阅"献辞"(The Epistle Dedicatory, to His Royal Highness Prince Posterity),见 Jonathan Swift,《木桶的故事》(*A Tale of a Tub, To which is added The Battle of the Books and the Mechanical Operation of the Spirit*)(1704, 1710),A. C. Guthkelch 和 D. Nichol Smith 编,第 2 版(Oxford: Clarendon, 1958),第 30—38 页。

人，书商造就作家。"⑩从《作品集》（*Works*）（1717）序言到《愚人志》（*The Dunciad*）（1742—1743），蒲柏（Pope）在恩主制与公众之间的著名矛盾悬置中框定了其整个诗人生涯。他在后一部作品及《诗歌沦落之法》（*Peri Bathous*）（1727）中的末世预见想象了被资本主义企业家操控的现代著述：数量高于质量，书商建议作者如何运用他们的隐喻，⑪出版商不受惩罚地剽窃、诋毁、腐蚀作者。但《愚人志》的第二卷同样对恩主出言不逊，因为他实际上深深地介入出版过程中。蒲柏的自我描绘在个人外行与公共行家之间的姿态中摇摆，前者是一个好人，他的作者地位在其腼腆的正直与非功利性中体现，后者是一个文人，他的作者地位在其于"公众"那里获得的成功中体现。⑫

恩主制与公众共存的伟大产物之一，就是塞缪尔·约翰逊（Samuel Johnson）以作者身份对切斯特菲尔德伯爵（Lord Chesterfield）迟来的恩惠拂照意愿予以慨然拒绝："我希望这不是我过分苛严，不承受别人的好意。但是我认为，没有受过恩惠就谈不到报答，更不愿让公众以为我的成果该归功于某位恩主。是上天给了我独立完成它的能力。"⑬1710 年《版权法》颁布后的几十年，尽管其条款有所限制，司法实践有一种倾向，即不仅把版权视为作者的，而且视其为永恒的，就像是一种自然法权利。这一趋势得到米勒诉泰勒案（Millar v. Taylor）（1769）这一标志性案件的支持，随后又被著名的德纳森诉贝克特案（Donaldson v. Becket）（1774）裁决推翻。后一个案件重新确定了版权的时限，因此也是始于时效终止之际的"公共领域"隐性存在。鲍斯威尔（Boswell）笔下的约翰逊赞同丹尼斯的观点。约翰逊明确地概括了这一和解的意义：

他说，版权对作者们来说，好像比创作过程期间有更坚牢的所有

---

⑩   Anthony Ashley Cooper,沙夫茨伯里伯爵三世,"向作者建言"（Advice to an Author）,见《人、风俗、意见与时代之特征》,第 1 卷,第 164、264 页。

⑪   参阅 Alexander Pope,《诗歌沦落之法》（*Peri Bathous: or, Martinus Scriblerus his Treatise of the Art of Sinking in Poetry*）（1727）,Edna L. Steeves 编（New York: King's Crown,1952）,第 85 页,第 2、13、16 章。

⑫   关于蒲柏与恩主制关系的出色评论,参阅 Griffin,《英国文学恩主制》,第 6 章。

⑬   James Boswell,《约翰逊传》（*Life of Johnson*）（1791）,所记时间为 1754 年,R. W. Chapman 编（Oxford: Oxford University Press, 1980）,第 185 页。

权。一种抽象的权利，可谓一种创作的权利，从它的本质说来应该是永久的；不过许多国家都一致反对它，而实际上，理性和专门知识的利害关系反对它。因为假如所有权是永久的话，假如所有人心血来潮要限制书的发行，那么一本书不管多么有用，就不能够在人类中间普遍传播……为了人类的共同利益，因此，不论多么有价值的书一旦由作者创作出来，并已由他公之于众，那它就被视为不再是他的权力范围之内，而是属于公众的了。㊹

另一位评论家在提及德纳森诉贝克特案时说道，文学作品"借助这种反转而被宣称为任何人的财产"。然而，另一个观点就是，思想的确是私人所有，但"书籍本身的性质与内容……就是作者将其发表，不可挽回地公之于众。它们成为共有之物；书中包含的所有情感也成为大众共有。当情感因作者个人行为而成为共有时，那些情感的每次运用必定也是同样共有的"。㊺

　　关于公共领域的此番观点已与独有的文学流通现代评价联系在一起。㊻ 然而，这显然也让人想起资本主义以前的观点，即财产是有限包容的使用权利之事，而非绝对拥有，无条件让渡之物。㊼ 在出版开启的虚拟空间里，公共领域重新创造了封建平民的现实疆域，然而私人与公共的隐性区别在此并不承认这种分离。"公共领域"的理念有助于使个人出版的悖论显化，甚至有形化。我已在别处提出这样的观点："在专利与版权存在之前，思想的价值通过保守秘密及严格的个人与精英群体消费而保存。然而，一旦可以拥有思想，它们的价值就在于以使之公布于众的方式与其脱离关系，这不仅体现在剩余价值创造的经济意义层面，也体现在这个意

63

㊹　James Boswell，《约翰逊传》，所记时间为 1773 年 5 月 8 日，第 546 页。

㊺　《文学财产事由的上诉人与应诉人案例》(*The Cases of the Appellants and Respondents in the Cause of Literary Property*)(1774)，序言，见《文学财产辩论》(*The Literary Property Debate：Six Tracts，1764—1774*)，Stephen Parks 编(New York：Garland，1975)，Joseph Yates，见《米勒诉泰勒案》(1769 年 4 月 20 日)，见 Renton，《英国报道》，第 98 卷，第 234 页，引自 Trevor Ross，《版权与传统的发明》(Copyright and the Invention of Tradition)，见 *Eighteenth-Century Studies*，第 26 卷，第 1 期(1992)，第 3、7 页，以及第 16 页："普通作者的形象最初出现在呼吁挫败永久版权的小册子中。"

㊻　参阅 Ross，《版权与传统的发明》。

㊼　参阅本书第 1 章，注释 37—39。

义层面，即概念所有权的真正意义取决于你拥有他人的知识，取决于他人获知你的思想，并无法从中攫取物质利益的能力。"[48]公共领域的体系把从私人思想获利的能力非私人化，在时限到期后再次公之于众，为公众使用创造可能，以此使这个过程完整。

知识与隐秘

私人财产的悖论与个人出版的悖论有着很深的关联，但它并非一个必不可少的部分。在约翰·威尔金斯（John Wilkins）的《墨丘利，或神秘迅捷的信使》（*Mercury, or the Secret and Swift Messenger*）（1641）开篇的评论诗文中，可以找到如是真理的独特反身范本。该诗是关于"秘密"编码写作技巧的研究：

> 秘密如今公之于众；由你揭示
> 通过演示我们可能如何掩藏。[49]

在第一章，我简要地把共济会视为将传统精英的隐秘转为自身目的的公共领域能力的代表。当然，更根本的是，指向秘密的公共领域动因是揭秘的明确动因。把曾为秘密之事出版，如果这是绝对主义政治的反面乌托邦梦魇，那么它也是实验"科学"的乌托邦之梦。[50] 科学史学家们越发小心地避免将现代性的两极化标准强加于我们会称为自然"魔法"与自然"科学"两者之间关系的近代早期态度之上。真实判别式仍然可能存在于如是事实，即知识的神秘通俗方式可以在魔法话语中找到，然而后者只是作为科学标准而留存。[51] 中世纪实验的神秘秘密（治国能力的国家秘

---

[48]　Michael McKeon，《英国小说的起源》（*The Origins of the English Novel, 1600—1740*）（Baltimore：Johns Hopkins University Press，1987），第 123—124 页。

[49]　引自 Potter，《秘密仪式与秘密书写》，第 1—2 页。

[50]　关于印刷在揭示传统秘密中扮演的角色，参阅 Elizabeth L. Eisenstein，《作为变革动因的印刷机》（*The Printing Press as an Agent of Change：Communications and Cultural Transformations in Early Modern Europe*）（Cambridge：Cambridge University Press，1979），第 272—302 页。

[51]　参阅 Charles Webster，《从帕拉塞尔苏斯到牛顿》（*From Paracelsus to Newton：Magic and the Making of Modern Science*）（Cambridge：Cambridge University Press，1982），第 59—60 页。

密)与行会通行的技巧"奥秘"之间,近代早期各自不同而又彼此关联的历史之间,有着明显的联系。自然魔法中的中世纪实验以"秘方"或秘诀的形式得以记录,这将尝试的技巧简化为配方,它们的神秘隐秘反映了自然秘密得以开展研究的技巧。允许这些秘诀以中世纪末期与近代早期的"秘密之书"形式广泛刊印,如是思想的转变可能被视为实验技巧与致力于探知的自然现象之间对比的微妙重构。人们看到秘方与自然本身的共有隐秘以如是方式存在,即前者的实验步骤反映了后者本身的结构,此时"自然可以从机械方面被理解成一系列无形'技术',自然用以催生其各种可感效果。因此,自然的'内在之功'可能被复制,正如某人可以依据秘方复制某项技术一样"。"秘方书将技术'秘密'转为简单规则与步骤,并用技术专家知识取代技匠的灵巧。"[52]

从这个角度来说,马基雅维利的《君主论》如果算绝对主义政治《圣经》的话,它也是把国家秘密公布于众的"秘密之书"。[53] 尽管没有人基于道德理由为《君主论》的出版正名,与马基雅维利同时代的阿莱西奥·皮耶蒙泰塞(Alessio Piemontese)为自己《秘密》(*Secreti*)(1555)一书(可能是众秘密之书中最著名且最具影响力之作)的揭秘提供了道德原理。他不以为然地写道:"如果秘密是众人皆知,那么它们就不再被称为秘密,而是公开普通之事。"然而,他在透露治疗膀胱结石秘方时的迟疑导致患者死亡,他的坚信此时改变了。"但我无力让自己摆脱这一乱想,我就是杀人犯、凶手,因为我拒绝把秘方与治疗方法告诉医生,让他得以治愈这位可怜人。我确信自己掌握的知识如此之多,无人企及,并决心将其出版,向世人传播。"[54]

如其他秘密之书一样,阿莱西奥的书照现代科学标准,是一部明显兼

---

[52]　William Eamon,《科学与自然秘密》(*Science and the Secrets of Nature: Books of Secrets in Medieval and Early Modern Culture*)(Princeton, NJ: Princeton University Press, 1994),第353、132 页。玛丽·普维(Mary Poovey)描述了早期会计书,它用术语所写,好似一本秘密书籍。参阅《现代事实史》(*A History of the Modern Fact: Problems of Knowledge in the Sciences of Wealth and Society*)(Chicago: University of Chicago Press, 1998),第 34 页。然而,作为专业的秘密,其意义也内在于作为知识的技巧秘密理念,这不是有意识的隐藏,而是通过亲手实践技巧的方式为人所知。参阅 Long,《发明、作者身份、"知识产权"与专利起源》,第 860 页,注释 37。

[53]　Eamon,《科学与自然秘密》,第 195 页。

[54]　Alessio Piemontese,《秘密》(*Secretes*),William Warde 翻译(1558),引自 Eamon,《科学与自然秘密》,第 142 页。

65 收并蓄之作，多达三分之一内容是关于家庭经济的信息（如何制作肥皂、蜜饯、化妆品、补药、清洁剂，等等）。(55) 这种兼收并蓄与阿莱西奥的道德关注都受到某种反精英主义影响，并在皇家学会（the Royal Society）的《汇刊》（*Transactions*）及关于学会研究项目的早期辩论中重现。对学会的讽刺永存于斯威夫特的《格列佛游记》（*Gulliver's Travels*）第三卷关于伟大的拉格多科学院（the Grand Academy of Lagado）的相关描述中。1674年，一位匿名演说家辩称："如果真这样做，那么没有一个观察或实验会被忽视，因为这可能看似只是卑微之事。因为只要我们有任何事实摆在面前，我们都会比以往真正更进一步。很多事情看似本身无足轻重，但可能是更伟大时刻的基础……真实存在于自然之中的最卑微观察都要比任何最绚丽但无根据的幻想更具价值。"(56)托马斯·斯普拉特设法预防人们对与这个新学会相关的大量实验的忧虑，他向读者发问："它们的数量是否如此巨大，不会把个人吓住，不把众多有益的秘密传授给他们；担心他们会因此成为普通人，因此就会失去收益，如果他们秘不外示就可有所保证。"斯普拉特用易于理解的地产类比回答自己的问题：

> 所有或绝大多数这种家庭秘方与珍藏会很快流入这种公共财富之中。尽管秘密曾如此有益，但有多少能被自己的作者长久密藏，不为世人所知呢？所有生命最质朴的技巧难道不是首先源自个人吗？……但如果这些会失败……皇家学会能够逐步购买这类非凡发明，如今它们只是锁在橱柜里。随后把这些发明放入一个公共藏室，在任何时刻都可供所有人使用……巧匠会积累自己技术的日常收获，但公众仍会有权利参与这出色的生产。(57)

---

(55) 参阅 Eamon，《科学与自然秘密》，第145页。

(56) 英国皇家学会，Misc. MS4. 72，引自 Eamon，《科学与自然秘密》，第347页。如我们将要看到的那样，对"卑微"、"无足轻重"的热情接受与家庭化和家庭生活的出现有重要关系。

(57) Thomas Sprat，《伦敦英国皇家学会史》（*The History of the Royal Society of London, For the Improving of Natural Knowledge*）（1667），第71、74、75页。斯普拉特有意让新兴"科学"学科在英国民众心中留下正面形象与地位，他在书中的意图很快对整个学会至关重要。参阅 Larry Stewart，《公共科学的兴起》（*The Rise of Public Science: Rhetoric, Technology, and Natural Philosophy in Newtonian Britain, 1660—1750*）（Cambridge: Cambridge University Press, 1992）。

罗伯特·波义耳(Robert Boyle)直言不讳地反对因秘传而成为必要的"独有道德";然而,对他而言,隐秘的维系在某些语境中似乎是重要的,他要求自己的技术助手在为其服务时签署保密誓言。(58) 科学公开性的道德与明显的国家理性冲突时,皇家学会主席威廉·布龙克尔(William Brouncker)隐藏了威廉·配第的造船手稿论文,因为这是"如此重要的国家秘密,以至于不能供普通人阅读"。(59) 知识的通俗方式仍然对皇家学会流程至关重要。这些流程的核心是"实验"概念,其确立事实概率的能力在复辟时期已被确认为经验主义与修辞戏剧现象。要在科学层面为人所 66
知,必须要有证人理解并确认事实,越多证人越好。这就要求,在某种程度上,实验的物理场景应该是公开的,"面向公众的"。斯普拉特写道:

> 集会中大多数人的才智更为敏捷,他们的理解更为快速,他们的思想更为全面,远胜独处密室之人……让才智最敏捷、口才最好的人私下对任何主题尽其所能地思考;然而,他们进入公共场所时……他们的论点在自己看来就完全是另一回事……那些遵守实验指南之人……可以说把所有同伴的眼睛与想象带入实验室。他们完成实验之后,会把流程步骤重新演练以作测试。随后到了集会的第二个伟大工作阶段,基于事实进行评判、决断。(60)

但实验的实际见证也可能因出版的两个额外方式而多样化:一个是在其他场景,在其他见证人面前的重复,另一个是面向"虚拟见证人"消费的印刷。"虚拟见证技术涉及在读者思想中催生某个实验场景意象,进而排除直接见证人或重复的必要性。"(61)科学实验对包括印刷在内的公共见证技

(58) 参阅 Eamon,《科学与自然秘密》,第 330—332 页。誓言自伦敦皇家学会复制而来,见 Steven Shapin,《真理的社会史》(*A Social History of Truth: Civility and Science in Seventeenth-Century England*)(Chicago: University of Chicago Press, 1994),第 403、404 页。

(59) John Aubrey,《奥布里的名人小传》(*Aubrey's Brief Lives*),Oliver L. Dick 编(1949; Harmondsworth, UK: Penguin, 1972),第 305 页,引自 Eamon,《科学与自然秘密》,第 344 页。

(60) Sprat,《伦敦英国皇家学会史》,第 98—99 页。

(61) Steven Shapin 和 Simon Schaffer,《利维坦与空气泵》(*Leviathan and the Air-Pump: Hobbes, Boyle, and the Experimental Life*)(Princeton, NJ: Princeton University Press, 1985),第 60 页。

术的依赖与见证认识论存在显著关系，后者在与皇家学会初创阶段同期的（被印刷的）小说叙事有关实验中显见。(62) 在当前语境下，虚拟见证的普通技术被富有成效地理解为公共领域技术的子集。通过见证人的量化增加确立事实一事也被富有成效地比作公众舆论范畴的同时期兴起。

公 众 舆 论

如我们在托马斯·斯普拉特作品中所见，知识出版的道德理由可能轻易地与确保其所有权及盈利的雄心共存。但在哈贝马斯的论述中，公共领域的必要条件是使隐性显化。支撑公共领域并使之活跃的理性界定了隐性知识成为显性知识的当下条件：“如是公众的内部讨论预设了某些领域的问题，直到那时还未曾有人提及。”这个过程使隐性与不成问题的新领域之建立成为必要，至少一度如此。“当然，市场规律占主导，因为它
67 们是内在的……国家法律则相反，它明确需要制定。”应市场而生，借市场分配的文化生产成了商品，因此“它们一般原则上都是可以理解的。它们不再继续是教会或宫廷公共领域代表功能的组成部分……私人把文化生产当作商品来理解，这样就使作品世俗化了，为此，他们必须独自沿着相互合理沟通的道路去寻找、探讨和表述作品的意义，这样于不言之中同样也可以产生无穷的力量。”纯粹舆论因此被合理化，并获得“公众舆论”的表面自我意识：“公众的批判舆论已不仅仅是舆论了，其来源不是单纯的个人偏好，而是私人对公共事务的关注和公开讨论。”(63)

在 17、18 世纪，“舆论”这个术语尽管继续指的是不为人知的信念，但

---

(62) 参阅 McKeon，《英国小说的起源》，第 1 部分，特别是“历史真实性主张”策略。虚拟见证的理念已经意味深长地运用于印刷与叙事，见 John Bender，《霍加斯叙事中的事实、虚拟见证与公众》（Matters of Fact, Virtual Witnessing, and the Public in Hogarth's Narratives），见《霍加斯》（*Hogarth: Representing Nature's Machines*），David Bindman，Frédéric Ogée 和 Peter Wagner 编（Manchester: Manchester University Press, 2001），第 49—70 页。

(63) Jürgen Habermas，《公共领域的结构转型》（*The Structural Transformation of the Public Sphere: An Inquiry into a Category of Bourgeois Society*）（1962），Thomas Burger 和 Frederick Lawrence 翻译（Cambridge, MA: MIT Press, 1989），第 36—37、80、94 页（随后引用在文中圆括号内标示）。关于显化，也参阅第 53、54、91、101、106—107、117 页。在第 117—140 页，哈贝马斯讨论了新隐性领域，即市场的自然法，以及文化生产的普适性反过来被黑格尔、马克思、穆勒（Mill）和托克维尔（Tocqueville）质疑的方式。

当它与"公众"联系起来时，也开始意味着某种可集体化的"知识成型"。[64]
至 1777 年末，埃德蒙德·伯克(Edmund Burke)可以这样写道："在一个自由国家，每个人认为自己对所有公共事务切身相关。他有权利对此发表个人观点。他们拣选、审核、讨论各类观点。他们好奇、热切、倾注、谨慎。通过使这些事情成为我们思想与发现的日常主题，很多人获得大量知识，有些人成为非常有影响的人物。自由国家就是这样让社会各阶层都配有能人。"[65]"公众舆论"在个人与群体、静态与动态、直接与间接之间调停，它这勉强感觉得到的品质在一百年前威廉·考文垂爵士(Sir William Coventry)所做的区分中得以描述："作为私人顾问，我会起誓；但作为议员，我有自己的观点。"[66]英国公众舆论范畴的出现大概追溯到革命世纪中叶，并在议会挑战传统"隐秘与特权规则"的语境中明白易懂，无论这个挑战可能是何等无心之举。[67] 公众舆论的聚合大体可被视为星座法庭废除之后，付诸印刷之辩论的纯粹密度与自我意识功能。随着印刷的普及，文本与其他文本呼应，仍与其他文本比较，彼此参照、应对，仿佛它们再现了文本言论的社会，或它们本身就是具化的言说者，创建了一个虚拟但已复杂实现的言说行为网络，"一种无所不在的批评文风"，其日益自信的话语领域的协商滋生了某领域的空间感，即一个某人可以随意进出的确定场所。[68]

---

[64] Dario Castiglione，《舆论的变形》(Opinion's Metamorphosis：Hume and the Perception of Public Authority)，见《界线的变化》(Shifting the Boundaries：Transformations of the Languages of Public and Private in the Eighteenth Century)，Dario Castiglione 和 Lesley Sharpe 编(Exeter, UK：University of Exeter Press, 1995)，第 156 页。

[65] 《埃德蒙德·伯克致布里斯托贝尔俱乐部》(Edmund Burke to Bristol Bell Club)(1777 年 10 月 13 日)，见《伯克的政治》(Burke's Politics：Selected Writings and Speeches of Edmund Burke on Reform, Revolution, and War)，Ross J. S. Hoffman 和 Paul Levack 编(New York：Knopf, 1949)，第 119 页。伯克自布里斯托参选后写作三年。

[66] Sir William Coventry(1677)，见 Anchitel Grey，《下议院辩论》(Debates of the House of Commons)(1667—1694)，10 卷本(London, 1763)，第 4 卷，第 385 页，引自 David Ogg，《查理二世治下的英国》(England in the Reign of Charles II)，第 2 版(Oxford：Oxford University Press, 1956)，第 195 页。枢密院(the Privy Council)需发誓守秘。

[67] 参阅 Zaret，《民主文化起源》，第 3 章。扎雷特(Zaret)将"创新的悖论"理念(努力维系旧法实践，以此开创新法)运用于革命时代的公共领域活动(第 21 页)。

[68] Zaret，《民主文化起源》，第 178 页，另见第 177—180 页。但公众舆论的兴起不能仅归结于印刷。参阅 Tim Harris，《理解复辟时期英国大众政治》(Understanding Popular Politics in Restoration Britain)，见《转型国家》(A Nation Transformed：England after the Restoration)，Alan Houston 和 Steve Pincus 编(Cambridge：Cambridge University Press, 2001)，第 125—153 页。

更为特别的是,公众舆论的聚合在向政治权威请愿的惯常技巧变化中得到襄助,这直奔事情的核心。门客传统上向自己的恩主请愿;照此范式,政治臣民向君主请愿。然而,一位 1641 年议会《大抗议书》(Grand Remonstrance)的辩论证人写道:"如今论争的是,是以印刷的方式将之公布于众,还是向国王陛下请愿。"印刷的影响将使查理一世的臣民受直接参与的合宜性影响,可以说,是把这些臣民置于和国王本人竞争首要顺从荣誉的境地。⑥ 民众向议会的请愿中出现了类似的不得体之处。普通请愿通常是借助较少色彩的政府机构渠道。1640 年废除主教制请愿(the Root and Branch Petition)由伦敦公民直接呈交议会时,上演了这么一幕:乔治·迪格比(George Digby)"恐惧地注视着此事,好似彗星经天一般,一个喷火燃烧的星星从一个腐朽的等级制度恶臭与毒气中飞出来"。请愿并不是来自市政当局,而是"我不知道的一万五千位伦敦市民",他们自己着手"向议会发号施令"。⑦ 1648 年,印刷三千份平等派请愿书的计划引发了如是反对:"如果这是向议会请愿,在将它呈交议会之前,为何要把它印出来,发给民众? 这得到大众许可了吗?"⑦

向国王请愿通常被视为私人沟通之举,借助出版,则成了公众之事。这个创新的效果就是在统治者与被统治者之间打开某类极为不同的空间,以此"腐蚀等级制度"及其通常的空间关系,为政治主体的隐性顺从提供某种异常的自觉主体身份。此处的新颖之处不在于虚拟集体性的概念:传统上请愿借以实施的官方政府机构,诸如此类的组织实体(的确如王权这样的组织实体)已被人想象且合法化了。其新颖之处在于,"民众"与"公众"以这种方式直接构成,这等同于未经许可的组织原则延伸,并鼓

---

⑥　PRO,《国家文件一览表：国内卷》(Calendar of State Papers, Domestic Series)(1641—1643),第 170 页,引自 Zaret,《民主文化起源》,第 211 页。参考 Sir Edward Dering,见 Robert C. Johnson 等编,《下议院的辩论》(Commons Debates, 1628),第 3 卷(New Haven, CT: Yale University Press, 1977),第 578—579 页。对保皇派而言,在出版物中涉及国王似乎违反了合宜性,正如弥尔顿批评出版查理一世个人祈祷一样。参阅本章注释 2。

⑦　John Rushworth,《历史合集》(Historical Collections),第 4 卷(1692),第 170—172 页;《西蒙兹·迪尤斯爵士的日记》(The Journal of Sir Simonds D'Ewes),Wallace Notestein 编,第 1 卷(New Haven, CT: Yale University Press, 1923),第 334—340 页,引自 Zaret,《民主文化起源》,第 237 页。

⑦　《纪要声明》(Declaration of Some Proceedings)(1648),第 25 页,引自 Zaret,《民主文化起源》,第 240—241 页,参考第 254 页。

励保皇派们转而依靠字面意义上的抗议,背离了相当传统的主张:用组织整体的定性虚构匹配实际定量部分("大量")。因此,一份皇家声明否认任何"没有所有人签名的"请愿书的合法性。请愿书"不包含除了明确附和外的其他任何许可"。⑦ 此处有一个关于代表的秘密,即国王本人的神圣秘密并没有做好被人们相信的准备。但公众请愿在此保留,在 1678 年至 1681 年间的废黜危机中,内战时期的技巧被提升到了复杂化的新高度。⑦

　　图 2.1 作于查理一世与议会对立爆发之际,它用传统象征表现技巧揭示舆论与印刷之间的非传统联系。舆论是一位蒙眼的"女士"或贵妇,头戴"冠冕",坐在一棵结着"闲书与诽谤"果实的树上,一位愚人给树根浇水。尽管她的地位明显降格,但她有着类似讽喻般的神圣君主权力,她"威仪"安坐,超越众生,世界就放在她的膝盖上,受她绝对"统治与管理"。她易被"轻浮的平民"所骗,以及她"现身于每个家庭,每条街道"的事实掩饰了舆论超然(如果算专制)的威仪。作为图像的混合体,舆论使一种既是公共的、政治的主权,又是流民实施的私人大众统治成为必要。图中的第三个人物尽管穿的是骑士服装,但代表的是陌生路人的调停功能,一个让我们理解这神秘象征意义的替代观众,而不是宫廷权威代表。 ₆₉

　　图 2.2 表明,一个半世纪之后,舆论的表现已经拟人化,而不是以讽喻的方式;是国民具化,而不是经典的主权模仿;是一个混入人群、性格直率、脚踏实地的公民,而不是高高在上的女神。1795 年,约翰牛(John Bull)开始逐步成为英国或英国公众舆论的标准形象。⑦ 两图对比就可发现,此处的国民舆论完全从羸弱的国家宫廷形象分离出来,后者正居高临下地对约翰牛训话,就像对孩子或愚汉那样。出于对这位愚汉的好意

---

⑦　Rushworth,《历史合集》,第 4 卷,第 597 页,引自 Zaret,《民主文化起源》,第 255 页。关于隐性同意这令人质疑的观点,参阅本书第 1 章,注释 33。

⑦　正是通过请愿、对此时期相关程序的厌恶和应对,人们常认为,辉格与托利两党已合为一体了。参阅 Mark Knights,《危机中的政治与舆论》(*Politics and Opinion in Crisis*,*1678—1681*)(Cambridge:Cambridge University Press,1994),特别是关于 1680 年 2 月至 1681 年 2 月相关发展的第 9 章。骑士们对完全党派组织是否归于此时期政治活动的问题持谨慎态度。

⑦　参阅 Miles Taylor,《约翰牛与英国公众舆论肖像学》(John Bull and the Iconography of Public Opinion in England c. 1712—1929),见 *Past and Present*,第 134 期(1992),第 93—128 页。

图 2.1 《舆论驾驭世界》(*The World is rvled & Governed by Opinion*)(1642)，温塞斯劳斯·霍拉(Wenceslaus Holler)蚀刻，亨利·皮查姆(Henry Peacham)作诗。英国博物馆理事会版权所有。

图 2.2　《被锁住下颚的约翰牛》(*A Lock'd Jaw for John Bull*)(1795)。英国博物馆理事会版权所有。

考虑,需要用锁和钥匙把他给锁住,在秘史传统中,这是秘密与揭秘的有力象征,我们在随后章节会讨论到。这幅图画将其他表现约翰牛的图画更隐微呈现的寓意揭示无余,并描绘了国民性的虚拟集体性(英国"想象的共同体"),因为公民社会的公众舆论实体也与羸弱但危险的国家公共性构成鲜明对比。国家机器,即挂在约翰牛嘴上,禁止说话的大锁意象,部分预示如今被认为是遏制英国人与生俱来普通权利之举的骇人荒谬性,部分预示这一事实:这幅漫画是前所未有的正当措施得以实施之际的作品,即在法国大革命之后的《煽动性集会与叛国行为法案》(Seditious Meetings and Treasonable Practices Bills)通过之际。⑦⑤

公共领域曾为何?

17 世纪 40 年代的这些重要发展强有力地印证了英国公民生活的公众舆论起源。但它们也阐明近代早期出现的公共领域范畴的确切意义。围绕哈贝马斯观点展开的大多争议已围绕包容性问题展开。原则上,公共领域允许所有人进入。实践中,哈贝马斯说,进入公共领域受相同因素限制,即教育、财产所有权,这也界定了实际阅读公众。公共领域是所有公民话语介入公共治理之事的比喻,是植根于消极自由的新兴资本主义意识形态的普遍性,通过平等获得商品交换成果的方式实施。因此,如新兴的政治契约场景一样,公共领域概念把新兴阶级利益的片面性与人类的普遍性融合。尽管哈贝马斯因此强调了公共领域概念的意识形态性质,他也把某类乌托邦理想归结于此,一种被新的包容永恒扩充的专有能力(37、85—88、160)。我将首先谈到公共领域包容性的实践,随后再谈其原则。

关于新兴公共领域包容性的最明显的恰当实例是女性的例子。哈贝马斯既因忽视女性被排除在公共领域外,又因忽视她们进入公共领域(或

---

⑦⑤ 关于作为想象的共同体的现代国家,参阅 Benedict Anderson,《想象的共同体》(*Imagined Communities: Reflections on the Origin and Spread of Nationalism*)(London: Verso, 1983)。关于此形象的起源,参阅本书第 9 章,注释 2。关于锁-钥匙的象征,参阅 Andrew Marvell,本章注释 5—6。

者另类公众、反公众或"次反公众")这些事实而受抨击。[76] 事实上,他的
观点介于这两者之间的某处。哈贝马斯对"政治"与"文学"公共领域做了
区分:一方面是法律体系与选举权,两者都植根于财产所有权;另一方面
是印刷。一方面,"无论在事实上,还是法律上,妇女以及不能独立的人都
被排除在政治公共领域之外";另一方面,女性"在文学公共领域当中占据
的比例通常比私人物主和家长要高得多"(56)。[77]

　　根据哈贝马斯的观点,文学公共领域的相对异质与包容的特性基于
两个理由对资产阶级公共领域的"全面发展"至关重要。首先,文学公共
领域似乎记录,也的确构成人类本身的公共现实,让私人个体以作为人类
成员的普遍身份发声。[78] 其次,财产所有者更为狭隘专有的利益在政治
领域内得到体现,他们信奉将这两类公共声音混为一谈的意识形态"虚
构":公共领域是不可分的,财产所有者的利益与所有人类的利益等同,并
为之代表(56)。[79] 这个区分意味深长而又富有启发,因为它留下未曾分

---

[76]　参阅 Nancy Fraser,《公共领域再思考》(Rethinking the Public Sphere: A Contribution to the Critique of Actually Existing Democracy),见 Calhoun,《哈贝马斯与公共领域》,第 109—142 页。

[77]　我一直试图直面的哈贝马斯研究问题与学界对公民人文主义的泛用有关(参阅本书第 1
章,注释 71)。令人吃惊的是,弗雷泽(Fraser)把公共领域与"公民-共和模式"等同起来(第
113、129 页)。参阅 Michael Warner,《共和国的文字》(The Letters of the Republic: Publication and Public Sphere in Eighteenth-Century America)(Cambridge, MA: Harvard University Press, 1990),第 2 章。相关校正,参阅 Keith Michael Baker,《18 世纪法国公共领域的界
定》(Defining the Public Sphere in Eighteenth-Century France: Variations on a Theme by
Habermas),见 Calhoun,《哈贝马斯与公共领域》,第 187 页。阐释的诸多不同可能部分归
于公民人文主义的宽泛欧洲阐述与其在美国革命语境下的虚拟化、民主化转向之间的不
同。沃纳(Warner)在更近期的发表作品中承认其作为主导公众本身成型方式的情境延展
地位,而非结构性替代地位,借此辩证的敏锐性阐述对立的反共和范畴。参阅 Michael
Warner,《共和与反共和》(Publics and Counterpublics)(New York: Zone Books, 2002),第
118—120 页。

[78]　在《何为启蒙?》(What is Enlightenment?)(1784)这篇著名文章中,康德(Immanuel Kant)进
一步把"理性的公开运用"界定为"任何人作为学者在全部听众面前所能做的那种运用。一
个人在其所受任的一定公职岗位或者职务上所能运用的自己的理性,我就称之为私下的运
用"。引自编者导言,见《文艺复兴的激情》(Passions of the Renaissance),Roger Chartier 编,
第 3 卷,见《私人生活史》(A History of Private Life),Philippe Ariès 和 Georges Duby 总编,
Arthur Goldhammer 翻译(Cambridge, MA: Harvard University Press, 1989),第 17 页。

[79]　评论家们已指出,何种观点可能被视为文学公共领域本身之内的如是虚构阐述。首先,18 世纪
印刷文化的发展使女性作家与读者前所未有地参与其中成为必要。其次,女性活动的印刷文
化表现(甚至印刷之内,更不用说是政治或商业层面)远比其自身实例能暗示的更为受限。特
别参阅 Kathryn Shevelow,《女性与印刷文化》(Women and Print Culture: The Constitution of
Femininity in the Early Periodical)(New York: Routledge, 1989),第 1—2、14 页。

类的、与企业及财产有关的大量活动及相关能力；近年来有学者指出，近代早期女性涉足于此。[80] 这些与女性参与公共领域相关的广泛但明确的准则排除了适应女性公共性的反公众实体化。

　　评论家们认为，哈贝马斯在其公共领域概念中忽略的另一个公共活动领域是普通民众与"平民"的领域。至少从理论上来说，这个批评从哈贝马斯不仅对"资产阶级"公共领域，而且对其"自由模式"的自我设限中得以正名，"平民公共领域"被明确排除在外（xviii）。哈贝马斯此处年表的广度成为一个因素。随着相关分析超越 18 世纪，进入由阶级冲突术语，以及成为哈贝马斯著作名称的公共领域"转型"（而非兴起）占主导的现代性，对某些此类警示的需求越发貌似可信。[81] 但我们关注的时期不仅在此之前，它也在阶级意识之前。托马斯·伯格（Thomas Burger），哈贝马斯著作的译者注意到，哈贝马斯作品的副标题，以及贯穿全书的重要术语"bürgerlich"，可以被翻译成"资产阶级"或"公民"（vx）。伯格选择了前者，尽管"公民社会"术语已存在于 18 世纪话语中。他不经意地把已经浑浊但有深远后果的历史转型之水搅得更为混乱。[82] 因为公共领域最初参与者的非资产阶

---

[80]　参阅 Leonore Davidoff 和 Catherine Hall，《家庭运势》（*Family Fortunes：Men and Women of the English Middle Class，1780—1850*）（Chicago：University of Chicago Press，1987）；Susan Staves，《英国已婚女性的独立财产》（*Married Women's Separate Property in England，1660—1833*）（Cambridge，MA：Harvard University Press，1990）；Amy Louise Erickson，《近代早期英国女性与财产》（*Women and Property in Early Modern England*）（London：Routledge，1993）；Patricia Crawford，《近代早期英国的公共职责、良知与女性》（Public Duty, Conscience, and Women in Early Modern England），见《17 世纪英国的公共责任与个人良知》（*Public Duty and Private Conscience in Seventeenth-Century England：Essays Presented to G. E. Aylmer*），John Morrill，Paul Slack 和 Daniel Woolf 编（Oxford：Clarendon，1993），第 57—76 页；Amanda Vickery，《绅士的女儿》（*The Gentleman's Daughter：Women's Lives in Georgian England*）（New Haven，CT：Yale University Press，1998）；Paula McDowell，《格布拉街的女性》（*The Women of Grub Street：Press, Politics, and Gender in the Literary Market place，1678—1730*）（Oxford：Clarendon，1998）。

[81]　哈贝马斯研究最令人争议之处就是，假定公共领域在发达的商品消费力影响下于 19 世纪末消解，而非出现："文学公共领域消失了，取而代之的是文化消费的伪公共领域或伪私人领域。"（《公共领域的结构转型》，第 160 页）转型促使公众、个人的融合与两极化成为主导趋势，并标示了量化增长（两极化与延续性之间的进一步辩证述述）成为质变的历史时刻。这种趋势的辩证也对公共领域的出现至关重要。发展后期出现的这种特殊形式为何应被视为定性的、决断的，而非定量的、当前的转型？这尚不清楚。

[82]　参阅 Gordon Schochet，《恶德、受益与公民社会》（Vices, Benefits, and Civil Society：Mandeville, Habermas, and the Distinction between Public and Private），见《近代早期英国公共与私人领域的交织》（*The Intersections of the Public and Private Spheres in Early Modern England*），Paula R. Backscheider 和 Timothy Dykstal 编（London：Cass，1996），第 261—262 页。该作者最终把这些问题引往不同于我的方向。

级特性对其历史意义至关重要。在这一点上,与公共领域包容性实践有关的经验主义问题简化为关于其阐述的重要原则的问题。

　　阶级术语,无论它可能与近代早期英国历史分析何等有关,都与近代早期英国民众认识自己的方式无关。然而,我们最为关注的 1640 年至 1760 年这个时期也是阶级意识明显兴起的时期。此外,公共领域的历史(不同于比如说农业技术的历史)与意识之事同步:民众如何开始栖居公共领域? 这个问题和民众如何开始认为自己栖居公共领域是一回事。似乎在我看来,从历史层面而言,公共领域在其兴起阶段明白易懂,它不是作为"资产阶级"社会的范畴,而是作为英国民众借以使社会关系体系从基于地位向基于阶级转型的方式。⑧ 宣称 17 世纪 40 年代议会请愿者或 18 世纪初期期刊散文作家是资产阶级,或宣称(因为并非如此)哈贝马斯的公共领域模式过于排外,这些举动都是误解了该模式的意义与重要性。新兴公共领域理念所言之事是历史上史无前例使隐性显化的一幕,地位从阶级、(贵族)荣誉从(人类)功绩,顺从从主体身份,国家从公民社会,公共从私人分离出来,没有这些,包容性问题甚至无从谈起。

　　近代早期公共领域的意义开始聚焦于我们何时从过去,而非当下来解读;我们何时不是以社会科学家的身份测试社会正义的现代自由民主标准适当性,而是以了解其语境(即其加以取代之物)的历史学家身份加以解读。哈贝马斯说,参与公共领域就是包容社会地位的不同,他此时的意思并不是参与者要么不知道,要么假装不知道他人的地位。他说,公共领域让个人"介入民众理性的公共应用"(27),他此时的意思既不是指话语的冲突,也不是指"将不被承认的纯粹个人利益"。⑧ 哈贝马斯的观点是,社会地位不再是(但之前是)参与讨论的前提条件,论争的有效性如功绩假设一样不是(但之前是)被视为由地位决定。包容性的公共领域范式不是从策略上着力将自身利益普遍化的自觉阶级的意识形态构型。正是在按地位划分的社会中的这个发现,使得公共利益理念(或国家利益,或全体国民)有意义,只有当它以如是坚信为前提的时候:利益是多样化的,没有一个单个利益具有普遍性或"绝对性",甚至君主利益都不在此列。

---

⑧　参阅 McKeon,《英国小说的起源》,第 4 章,特别是第 159—169 页。
⑧　Fraser,《公共领域再思考》,第 113、116 页。

面向普遍性的公共领域动因预示按照能在诸内在合法利益无限数量之间裁决的话语与虚拟算计概念行事的意愿，而非对准入与代表平等的（奸诈）声言主张，同时代的大多数人会坦率地将之视为不可能或不受欢迎之举。根据定义，这会是处于冲突之中的显性实例。

　　同时代的人们把新兴公共领域理解成虚拟集体性，一个主要由出版及其读者群体构成的隐喻集会场地。但它也与实际空间相关（不同于"公共领域"）。这本身就是其较早社会成型的发展，正如基于实际集市的市场一样。在 1666 年伦敦大火之前，圣保罗大教堂的中殿发挥口述新闻大集市的作用，具备超自然、无休止的口述听觉的集体性。根据某位常在"圣保罗漫步"的同时代人的说法："里面的噪声就像蜜蜂的声音一样，是一种奇特的嗡鸣，是说话声与脚步声混合之物。它是某种安静的咆哮，或是大声的低语。"从这个角度看，伦敦的咖啡屋与巴黎的沙龙都是公共领域的典型场所，用某位现代学者的话来说，这必然致使"圣保罗教堂的庞大信息交换彻底地分化成无数独立的、更专门的交换，通过这种方式，口述传达的信息就会传递得更为缓慢，效率更低"。㉟ 我们从对复辟时期咖啡屋的仇视反应中可以察觉到，这种交换网络既引发了公众与个人、国家与公民社会之间的对立关系，又对此予以挑战。1672 年，查理二世抱怨道："近来有比以往更大胆放肆的言论。他们说那些自己并不了解之事的坏话，以此自认为有不仅在咖啡馆，而且在其他场所和聚会，无论是公开还是私下场合，指责、污蔑国家事务的自由。"王室公告不仅禁止"这类写作与言论"，而且要求这些言论的"听众"在 24 小时内向当局举报。1675

75

㉟　John Earle，《微型宇宙志亲笔手稿》（*The Autograph Manuscript of Microcosmographie*）（Leeds, UK: Scolar Press, 1966），第 143 页，引自 Love，《文本的文化与商业》，第 193、194 页。拉夫（Love）可能夸大了圣保罗漫步作为复辟之前伦敦信息交换中心的独特性。关于新旧交易所及法院等其他场所的重要性，参阅 Bellany，《近代早期英国的法庭丑闻政治》，第 80—83 页。根据哈贝马斯的《公共领域的结构转型》第 32—36 页内容，诸国家文化之间的不同使咖啡馆与沙龙的顾客没有性别及社会地位限制。关于厄尔（Earle）对口述新闻的评述，比较本·琼森（Ben Jonson）笔下一位人物对新闻信件手稿时间不确定性的评述："我没有什么新闻可印的，因为等它们印出来时就不是新闻了。写的时候，尽管有讹误，但它仍然是新闻。"《来自月亮新世界的新闻》（*Newes from the New World Discover'd in the Moone*）（1620），见《本·琼森》（*Ben Jonson*），C. H. Herford, Percy Simpson 和 Evelyn Simpson 编，11 卷本（Oxford: Oxford University Press, 1925—1952），第 6 卷，第 514—515 页，引自 Love，《文本的文化与商业》，第 10 页。

年,这个问题被视为极严重之事,足以要求咖啡馆"停业整饬",相关业主禁止"保留任何公共咖啡馆",这既有公共的原因("对国王陛下政府的诽谤"),又有私人的原因(商人"在此挥霍了大把时间,本来他们可以使之用于自己合法职业和事务方面")。三周之后,新的公告取消了这个全面禁令,条件就是咖啡馆业主必须在 48 小时内举报诽谤言论。⑯

1673 年,一位通信者告诉一位国家文书员,他担心"写不出每个咖啡馆里公开讨论之事的一半内容"。同年出版的一本小册子写道:"至此时为止,在座的大多数人都是政治阴谋家,所有的房间只充斥着国家秘密与国家理性的持续噪音(在这些地方有人会认为,我们大多数新近政府形态在此成型,也就是说,中世纪与佛罗伦萨式政府是在咖啡馆诞生)。"⑰咖啡馆遍及伦敦与其他郡县,尽管主要是男性顾客,但女性不仅可以去咖啡馆,而且在某些情况下拥有并经营咖啡馆。于 1680 年引入的便士邮局(Penny Post)利用伦敦咖啡馆雄厚的基础设施做邮件收集点。⑱ 图 2.3 描绘了咖啡馆内部,两位"政客"就《伦敦公报》(*London Gazette*)如此投入地交谈,以至于令侍童惊慌失色。一位顾客带着睡帽,说明他刚从被窝里爬起,没换衣服径直来到咖啡馆。图 2.4 展示了咖啡馆更多内部装饰,

---

⑯ 《关于遏制虚假新闻传播与妄言国家及政府事务的公告》(*A Proclamation to Restrain the Spreading of False News, and Licentious Talking of Matters of State and Government*)(1672 年 6 月 12 日);《关于限制咖啡馆的公告》(*A Proclamation for the Suppression of Coffee Houses*)(1675 年 12 月 20 日);《关于咖啡馆的新补公告》(*An Additional Proclamation Concerning Coffee-Houses*)(1676 年 1 月 8 日),第 3570、3622、3625 号,见《都铎与斯图亚特王朝皇家公告与其他政府公文书目》(*A Bibliography of Royal Proclamations of the Tudor and Stuart Sovereigns and of Others Published under Authority, 1485—1714*),Robert Steele 编,第 1 卷(Oxford: Clarendon, 1910),第 431、439 页。查理私下把咖啡馆业主说成"卑鄙的辛劳可怜虫,为赚那么点小钱,就胆敢愚蠢地放任经常光顾这些地方的人肆意点评国家事务"。《H. 锡恩致 T. 锡恩的信》(H. Thynne to T. Thynne)(1677 年 9 月 19 日),见 BL, Add. MS 32095, fol. 38,引自 Ogg,《查理二世治下的英国》,第 102 页。

⑰ 《亨利·波尔致约瑟夫·威廉森的信》(Henry Ball to Joseph Williamson)(1673 年 8 月 29 日),见《自伦敦致约瑟夫·威廉森爵士的信》(*Letters Addressed from London to Sir Joseph Williamson*),W. D. Christie 编(London, 1874),第 1 卷,第 194 页,引自 Steve Pincus,《"咖啡政客的确在创造"》("Coffee Politicians Does Create": Coffeehouses and Restoration Political Culture),见 *Journal of Modern History*,第 67 期(1995 年 12 月),第 828 页;Richard Leigh,《重排的换位》(*The Transposer Rehears'd: or the Fifth Act of Mr. Bayes's Play*)(Oxford, 1673),第 36 页。

⑱ 参阅 Pincus,《"咖啡政客的确在创造"》,第 815—816 页;Knights,《危机中的政治与舆论》,第 173 页。

图 2.3 《咖啡馆政客》(*The Coffee-house Politicians*)（约 1733）。英国博物馆理事会版权所有。

图 2.4 《咖啡馆》(*A Coffee House*),复辟时期绘画的 18 世纪法国改写版,见 A. S. Turberville,《18 世纪英国国民与风俗》(*English Men and Manners in the Eighteenth Century*)(New York:Galaxy,1957)。

以及正从事各种活动,姿态各异的顾客,还包括在画前景玩闹的狗儿等众多家庭笔触。各地的民众都在读新闻信札与报纸。咖啡馆成为"新闻的大池塘或大水坑"。⑧⑨

借助虚拟性的公共性

国务诗歌成为这几十年内,国家决策得以危险公布的"其他场景"之一。⑨⑩ 这甚至在保皇派诗歌中都清楚无误,这些诗歌借助话语媒介与主题的无言转喻,对指向咖啡馆的官方愤怒报以同情态度。内厄姆·塔特 76 (Nahum Tate)提到了咖啡馆,并这样写道:

---

⑧⑨ 《流鼻涕的鼻子公报》(*Snotty Nose Gazette*),第 1 期(1679 年 11 月 24 日),引自 Knights,《危机中的政治与舆论》,第 172 页。

⑨⑩ 随后段落选自 Michael McKeon,《国务诗歌曾为何?》(What Were Poems on Affairs of State?)见 *1650—1850:Ideas, Aesthetics, and Inquiries in the Early Modern Era*,第 4 期(1997),第 372—374 页。

看哪，看哪，国王的臣民在这
向一位绝对君王发布帝国法令。

另一位诗人把咖啡馆描绘成更普遍趋势之内的国家公共事务汇聚之地，
是我们从某种程度的黄金时代跌落的后果，因为平民无视自己的个人行
业秘密，反而热衷上层阶级的国家秘密（查理一世抨击商人无视自己的
"职业"）：

过去时代的人们有理智，
贵族与君王都会讲理性；
诚实之人不想犯法之事，
教会牧师不会鼓动反叛；
士兵为自己的酬报厮杀，
而不去争议个人的对错；
每位手艺人都谨守本职，
权杖制定每个人的操守；
这都在咖啡馆遍地开花，
人们窥探国家事务之前。

根据第三位持不同意见的评论家所言，这是"每位普通个人成为政治家，
审慎认真四处游说，决定国王与君主特定利益及意图的时代"。[91] 根据这
些记述，公众对国家事务的倾力关注就好似某种职业变形，是业余人士对
政治"行业"的关注。然而，也有这么个说法，当"业余人士"个人（诗人及
咖啡馆顾客）成为公共政治家时，这是对政治已成为菲尔丁所说的"政治

---

[91] Nahum Tate，《古老英格兰》(Old England)（1682），第 23—24 行，见《国务诗歌》(*Poems on Affairs of State：Augustan Satirical Verse，1660—1714*)，第 3 卷，Howard H. Schless 编 (New Haven，CT：Yale University Press，1968)，第 186 页；Henry Mildmay，《进步》(*The Progress*)（1688），第 1—10 行，见《国务诗歌》，第 4 卷，Galbraith M. Grump 编(New Haven，CT：Yale University Press，1968)，第 330—331 页；《恶作剧与非理性》(*The Mischiefs and Unreasonableness*)（1681），第 40 页，引自 Knights，《危机中的政治与舆论》，第 154 页。迈尔德威(Mildmay)暗指德莱顿的《押沙龙与阿戚托菲尔》(*Absalom and Achitophel*)（1681）的开篇诗句。

把戏"(pollitrics)这一事实的反应：⑫不是面向全体国民的"理性"、"诚实"的公共服务，而是出于自助与私利的个人行业。国务诗歌以这种思考方式不是去触及政治这个术语的传统意义（得当地留给国王、贵族和君主），而是触及其绝对主义退化，即国家政治。这实际上是伟大的基本原理，从其巧妙申斥治国术过程中为国家诗歌正名。正是这种自我意识成为对不负责任的绝对主义国家自我专注的指责，某个行业借此把自己的关注转向他人的工作，就像个体诗人转向国家公共事务一样。

　　根据定义，国家诗歌文类是关于公共的私人话语。哈贝马斯在极为著名的期刊散文这个新兴文类中找到了公共领域话语的具体证据。理查德·斯蒂尔（Richard Steele）以艾萨克·比克斯塔夫（Isaac Bicker-staff）的名义邀请"所有人，不分贵贱"，特别是"女士"阅读，以此开启《闲谈者》（*Tatler*）的写作。他许诺，以后的文章将按若干伦敦咖啡馆的名字分门别类。⑬约瑟夫·艾迪生把旁观者先生冒充为公共领域中的一位典型个人："我后来在这座城市生活多年，经常出没于大多数公共场所，尽管不超过半打的挚友知道我。"他多次造访咖啡馆，并暗中"偷听屋内每张桌子边的谈话……我这样生活在世界之中，与其说是他们之中的一员，不如说是人类的旁观者……因为我既没有时间，也没有意愿把我内心所想假以言辞。我决心付诸笔端，在我辞世之前，如果可能的话就自行印出来"。⑭旁观者先生在公共场合保持自己的隐私，并承诺把个人公之于众："据说，苏格拉底从天堂把哲学引到凡间，使其栖居于人们之间。我也有让后世之人这样评价我的野心，因为我把哲学从内室、图书馆、学校、学院带到俱乐部、集会、茶桌、咖啡馆……让他了解关于自身的知识，不比了解发生在莫斯科或波兰之事更有益？"（《旁观者》，第 10 期，1711 年 3 月 12 日）

　　在期刊策略方面，旁观者先生将自我超脱世界一事私人化，此举与

⑫　Henry Fielding，《大伟人江奈生·魏尔德传》（*The Life of Mr. Jonathan Wild the Great*）（1743），第 2 卷，第 5 章，David Nokes 编（Harmondsworth, UK：Penguin, 1986），第 102 页。

⑬　《闲谈者》，第 1 期（1709 年 4 月 12 日），见《闲谈者》（*The Tatler*），Donald F. Bond 编，3 卷本（Oxford：Clarendon, 1987）（随后引用源自本版，并在文中圆括号内标示）。

⑭　Joseph Addison，《旁观者》，第 1 期（1711 年 3 月 1 日），见《旁观者》（*The Spectator*），Donald F. Bond 编，5 卷本（Oxford：Clarendon, 1965）（随后引用源自本版，并在文中圆括号内标示）。

其世人皆知的，使时下新闻"家庭化"的雄心相伴而行。此过程的第一步已在内战前夕见证的印刷大发展中发生，当时的新闻书籍不仅开始出版国外新闻，而且也出版"国内"（英国）新闻。[95] 国家（"私人"）新闻领域以这种方式从更广大的国际"公共"新闻领域分离而出。在引用的选段中，旁观者先生把这种家庭化深深地带入公共领域及更远的隐私之中。[96]

塞缪尔·约翰逊在 18 世纪中叶对期刊出版之于作者地位的后果有过思考。一方面，"那些在期刊上奋笔疾书的人"比那些出版独立作品之人更容易遭受批评，因为"他们的作品不是立刻呈给世界，而是一小部分一小部分地持续出版"，因此对读者而言，这似乎仍然是在写作过程中，有待改进。另一方面，某个相似态度似乎把手稿与印刷品区分："书一旦落到公众手中，它就被视为永恒且不可更改之作。读者……阅读只是出于愉悦或教化自己的目的……但如果同样的人被叫去评价未曾出版之作的价值，他会发挥自己的想象，会把自己从未听过的异议增添进去。"因此，连续出版之于单独出版，好似手稿创作之于面向"公众"的印刷，好似当前过程之于已完成的产品。根据这一逻辑，似乎把过程与产品结合起来的已印期刊文章又是如何呢？约翰逊并没有触及这个问题。他反而倾力关注在期刊散文文类其他传统之中，与连续性有关的期待（"彼此无关的多篇散文概念"），他的读者把自己熟知并热爱的《旁观者》的期待带入《漫步者》（Rambler）的阅读中。但读者的期待"是之前就已构想过的"，不应该成为最终标准。为读者的缘故，约翰逊的遣词择句很受瞩目："从国内评论到更高司法，总是存在一种诉求，从未被腐蚀，不常被骗的公众会对文学主张做最终判决。"[97]

个人在期刊文章中众人皆知的最显眼方式之一就是私人信件的出

---

[95]　参阅本章注释 20。

[96]　家庭概念的辩证丰富性在此选段中特别明显，这令人想起普通公民概念（与学术专业人员对立），道德主体（与政治主体对立），国内（与国际对立）爱传新闻者。

[97]　Samuel Johnson，《漫步者》（Rambler），第 23 期（1750 年 6 月 5 日），见《耶鲁版塞缪尔·约翰逊作品集》（The Yale Edition of the Works of Samuel Johnson），第 3 卷，W. J. Bate 和 Albrecht B. Strauss 编（New Haven, CT：Yale University Press, 1969），第 125—130 页。关于约翰逊对量化标准的论述（公众借此对文学主张做最后裁决），参阅本书第 7 章，注释 105—107。

版。甚至通信本身(与他人的个人情感交流)唤起了使个人公众化的调停双面性。斯蒂尔与艾迪生把收到的信件出版,使个人通信者成为他们的公开联合作者,使他们的阅读公众成为作者个人,从而把此效果提升到了另一个高度。我们意识到在文章中印出的私人信件是无望的混合时,这个效果只会进一步增强。有些信件尽管是真实的,但模仿了艾萨克·比克斯塔夫和旁观者先生的独特大众文风;其他信件尽管出处是真实的,然而却被散文作者出于个人目的而改写;还有其他信件就完全是编造的,私人模式的公共虚构。沙夫茨伯里认为,"假造书信已然成为作家们的一种普遍习惯,将私人信件的名号给予了只面向公众的作品"。如果某人不知道通信者身份的话,阅读著名信件作者的乐趣就会降低。"但是,如果我们总是惦记着这些人物和书信仅仅是虚构,我们从中得到的乐趣就会大打折扣。"沙夫茨伯里的这番话不是提供了把个人与公众、真实与虚构两者之间的差异关联的基础吗? 在本章结尾,我将重新回到这个问题。⑱

个人与公众的辩证相互关联可以在公共领域兴起的时刻感受到,有时是通过在此巧妙实现口述、文字、印刷共存的话语来表述。新闻信件手稿仍然在整个 17 世纪流传,在世纪之末增加了使用文字字体的新闻信件印刷品的极度自觉奇特性。在第 178 期的《闲谈者》(1710 年 5 月 27 日至 30 日)中,比克斯塔夫听着咖啡馆里按惯例大声宣读的新闻,他对如此混杂的选段感到困惑:"他的文风是介于密谈与写作之间的方言,"斯蒂尔说道,"你无法辨别他这样的信件算印刷作品,还是手写之作。"在一封写给《旁观者》的信中(有人认为是蒲柏所写),以如此混杂的文体出版"低语者的新闻信件",这一提议只是使出版私人信件一事荒谬可笑:"我借低语者意指那些作为秘密而传播的新闻,这给听众带来双重愉悦。首先,它们是私人历史;其次,它们总是夹杂着丑闻。"作者的一位线人会"把压接台的私下交

⑱ Shaftesbury,"杂感"(Miscellaneous Reflections),见《人、风俗、意见与时代之特征》,第 3 卷,第 14 页。关于斯蒂尔与艾迪生的书信策略,参阅 Bond 编,《旁观者》,第 1 卷,第 xxxvi—xliii 页;Richmond P. Bond,《闲谈者:文学期刊的成型》(*The Tatler: The Making of a Literary Journal*)(Cambridge, MA: Harvard University Press, 1971),第 134—142 页。也参阅 Shevelow,《女性与印刷文化》;Michael G. Ketcham,《透明的意图》(*Transparent Designs: Reading, Performance, and Form in the Spectator Papers*)(Athens: University of Georgia Press, 1985)。

易，以及所有女性的秘密报给我"。⑨ 第 67 期的《闲谈者》(1709 年 9 月 15 日)提议，用便士邮局创建一个慈善组织，"在《死亡记录》中配上给所有人的每日通知，以友好及私下的方式向人们告知他们的缺陷……那些不会因此而被改变之人，一定会满意地看到自己没有关注的一些信件印出来。如果他们没有被私下责难，那么可能会进一步被公众责难"。

借助出版，隐私范畴从无到有，并在完全摆脱公开性中成型；而隐私又是借助公开性开始为人所知，这也是它的不同之处。这种公共领域的"公开性"与促进国家公共政策之事极为不同，它有时被视为自己的替代选择，运用知识与声望(而非强力)的创新权力。比克斯塔夫说道："绝对君主使民众在顺从自己权力时心甘情愿。我不知道为何自己不能让人们出于对我的知识的敬畏或尊重而如此这般。"(《闲谈者》，第 26 期，1709 年 6 月 9 日)知识是虚拟的权力，但力量不减。君主授予荣誉头衔，报刊也是如此。书商兼译者的弗朗西斯·科克曼(Francis Kirkman)最初看到自己的一篇文章出版时惊呆了，因为"译者的名字以大号字体出现在书名页，并且添上了荣誉称呼，先生，意思是这位译者是位绅士，在自己的想象中完全如此。他的确相信将这词如此印到书名页，会让自己有资格跻身上流，仿佛自己已从纹章院获得特许文书。是的，的确可以想象这是更为真实之事，因为它更为公开。"⑩

---

⑨ 《旁观者》，第 457 期(1712 年 8 月 14 日)。关于新闻信件混合体，参阅 Stanley Morison，《伊尔博德·道克斯及其新闻信件》(*Ichabod Dawks and his News-Letter, with an Account of the Dawks Family of Booksellers and Stationers, 1653—1731*)(Cambridge: Cambridge University Press, 1931)。Love，《文本的文化与商业》第 11 页解释了道克斯在 1696 年自设字体一事，当时他的新闻信件手稿日益流传，这使得付样出版难以避免。《蒲柏诉柯尔》(*Pope v. Curll*)(1741)的案子开始裁决亲友书信在法律上算"私人的"，还是"公共的"，也就是说，它们是否作为作者的私人财产而受到 1710 年《版权法》的保护。大法官哈德威克(Hardwicke)裁定，蒲柏拥有自己所写信件的所有权，但没有来信的所有权。参阅 Rose，《作者与所有者》，第 59—66 页。

⑩ Francis Kirkman，《一位不幸的公民》(*The Unlucky Citizen Experimentally Described in the Various Misfortunes Of an Unlucky Londoner*)(1673)，第 181—182 页。在《堂吉诃德》(*Don Quixote*)的第 2 卷，第 1 卷的存在让桑丘·潘沙(Sancho Panza)赞赏印刷的归属力量。公爵夫人想知道桑丘的主人是否就是印出的历史书描述的那个人。桑丘回答道，"就是同一个人"。他告知，就是她已读到的那位绅士，"除非我在摇篮里给换掉了，我意思说，除非那本书付印的时候改掉了。"Miguel de Cervantes Saavedra，《堂吉诃德》(*Don Quixote*)，第 2 卷，第 30 章，Peter Motteux 翻译(1712)，John Ozell 校对(New York: Modern Library, 1930)，第 639 页。塞万提斯用"摇篮"这个双关语一方面暗指调换孩子的家庭传奇情节，另一方面暗指雕刻印刷工具(《牛津英语词典》)。

　　科克曼的自我实现幻想让我们想起公共领域得以展开的戏仿双重性，[100]斯蒂尔笔下的比克斯塔夫充分利用了这一能力。在第 144 期《闲谈者》(1710 年 3 月 11 日)中，他提议，自己应该扮演现代公共"审查员"的角色："照说，我没有权柄用这么重要的称号……但如果在践行这幻想的尊严中，我观察到这些事情并不为真正权威所知，我就希望自己能被赋予这一称号。一位闲散之人不能比此更能派上用场。"比克斯塔夫恭谦地承认自己缺乏"真正"权威，事实上，这被他的坚信蒙蔽。他的深信只是部分言不由衷，那就是，公共报刊对自负极尽嘲讽之能事的力量胜过国家机器(无论是警察还是司法)的约束能力："公路监督员与治安官几乎没有改正此事的技巧或权力，你可能常常看到，全城的人都认为该被绞死之人的马车停在路上，挡着大法官及所有法官前往威斯敏斯特的道。"在其他期次中(例如《闲谈者》，第 110 期，1709 年 12 月 22 日)，比克斯塔夫主持了一次象征性，但极为细致的"法庭"，其职能就是审查关于非社会合宜性的案子，而国家司法体制不愿意或无能力对这些案子的"犯罪"进行裁决。所有这些文件都是以如是直觉为基础：现代文化中的公共领域角色与其说取代了如今已被放弃的传统国家许可，不如说它提供了国家法律与社会实践之间的明确调和，因为后两者的传统隐性伙伴关系已经消解了。[102]

　　如这些选段所示，公共领域的虚拟性被自觉地用作多少有些真实的想象权力的可笑幻想。公共领域的戏仿司法职能(其作为"公众舆论法庭"的补充乃至替代角色)常被同时代的人们当作讽刺的特别公共任务。笛福写道："讽刺鞭挞法律之鞭无法触及之处。"斯威夫特对"我们法律的缺陷"绝望，他认为：82

　　　　辩称这些人是无辜的，因为法律并没有宣判他们有罪，这实在是非常错误的推理，特别是在公共事务管理方面。我常想，是为了将这些缺陷公之于众，讽刺才首次面世。那些不能因宗教、天性美德、畏

---

[100]　参阅本书第 1 章，注释 124—125。

[102]　在《闲谈者》第 144 期(1710 年 3 月 11 日)中，比克斯塔夫评论道，马车的惯常奢华"必然会在没有禁奢令的地方大行其道，每个人可能以令自己满意的方式穿着，有侍从跟随"。然而，其他人知道，禁奢令甚至是国家以明确的法律形式干预以前隐性的政治社会实践。参阅 McKeon，《英国小说的起源》，第 151 页。

惧惩罚之故而使自己循规蹈矩、恪守本分之人，可能会因自己的罪行最淋漓尽致地公之于众，使自己臭名昭著的羞耻而收敛。

蒲柏在为《愚人志》的辛辣讽刺辩护时，说道："法律只能基于公开事实做出宣判，只有道德可以对邪恶意图予以谴责；因此，对那些秘密诽谤或暗中中伤而言，没有公开惩罚可用，但一位优秀作家就能予以惩罚。"亨利·菲尔丁若干年后恢复了斯蒂尔的文学"司法法庭"，并把它视为国家司法体系的必要补充，因为"我们的法律不足以遏制或惩矫从这块滋养土壤长出的一半恶行"。⑩ 如移风易俗社团一样，奥古斯都式讽刺是以如此洞察为动力的"公共"行为中的"私人"实验：政治、道德、社会的传统与隐性同步未完成。然而，不同于这个例子，其"各类行为"的显性虚拟性与其实际功效有些关系。

出版与人格

在我迄今为止的讨论中，将"非人格化"虚拟化的观点已是如此之多地重复提及，以至于这说明，公众的现代范畴就是个人化身成分一旦被抽离之后的留存之物。因此，现代国家借得到王权绝对主义趋下流动性鼓励的政治权威非人格化而出现；契约理论把国家的非人格性合理解释成公民，而非行政官的非化身效果；绝对私人财产与其所有者的人格紧密相关，仍然通过商品交换，借助其可让渡性而得以界定；这似乎供应了公共利益的蓄水池，恰逢它满足商品得以剥离的私人欲望。每个人都能参与公共领域的理念取决于如是观念：因为出版的非人格化机制，没人能进入

83

---

⑩　Daniel Defoe，《婚内卖淫》(Conjugal Lewdness；or，Matrimonial Whoredom)(1727)，第362页；Jonathan Swift，《考察者》(Examiner)，第38期(1711年4月26日)，见Swift，《乔纳森·斯威夫特散文集》，第3卷(Oxford：Blackwell，1940)，第141页；Alexander Pope，《致出版商的信》(A Letter to the Publisher，Occasioned by the present Edition of the Dunciad)，见《愚人志》(The Dunciad)，James Sutherland编，《特威克南版亚历山大·蒲柏诗歌集》(The Twickenham Edition of the Poems of Alexander Pope)，第5卷(New York：Oxford University Press，1943)，第14页。Henry Fielding，《优胜者》(Champion)(1741)，第1卷，第112页(1739年12月22日)。在《诗人》(The Poetaster)(1602)中，本·琼森已在与国家及其法律体系的相对复杂关系中描述了讽刺。参阅M. Lindsay Kaplan，《近代早期英国的诽谤文化》(The Culture of Slander in Early Modern England)(Cambridge：Cambridge University Press，1997)，第3章。贺拉斯是此类论点的代表性人物。

她或他的实际特殊性。在最普通层面,已出版的知识力量与如此经验主义的知识力量结盟:客观性的非人格权威源自这个事实,即它为自身成长之故而仰赖的个人主体性已经丧失。[104] 在那些明显缺乏任何其他权威类型的出版物实例中,这是极为真实的。莱斯特兰奇为强力遏制弑君之年以来的小册子辩护:"如果有人反对的话,这就看似极大倒退;有人就会答道,人可以赦免,但书不行。"[105]奇怪的是,斯蒂尔极度轻视期刊文章的同时,他对其司法力量所做的阐述极具说服力。

然而,单独把出版说成非人格化过程有冒无视个人身份强大前提的风险,这是通过印刷实现可让渡性的前提条件,而个人身份则是作为不可让渡的拥有、证明和责任的著述意义。用弥尔顿的话说,"书籍不是绝对死物,它们的确有生命的力量,如后世之人的灵魂那样活跃。它们的确在书卷中保留最纯粹的功效,以及鲜活智力滋养而生的萃取"。斯威夫特的书籍拟人化战争如此受人瞩目,以至于它似乎要求一个重新形象化的警示:"要提醒读者的是,这里提及的人名是书的代称,千万不要从字面上去理解。所以,当文中提到维吉尔(Virgil)的时候,我们不要将其理解为同名的著名诗人,而是用皮革装订的、印有这位诗人作品的纸张,其他依此类推。"个人身份及其可让渡性的辩证法将同时代人们的反应融入出版经验。1735 年福克纳(Faulkner)版《格列佛游记》(1726)面世时,上面印着《格列佛船长给他的亲戚辛浦生的一封信》,这封信出色地概括了格列佛对世界的虚构及虚拟愤怒,恰逢斯威夫特发现自己在第一版中被公众误解,从而引发个人实际恼怒:"如果有人要求你加以说明,我希望你会立即公开承认,由于你三番两次竭力的催促,你终于说服了我同意出版这一部非常凌乱、错误百出的游记……你不是删去了一些重要情节,就是窜改了内容,以至于连我自己也认不出这是我自己写的文章。"[106]

---

[104] Warner,《共和国的文字》,特别关注印刷使非人格化过程成为必要一事。

[105] L'Estrange,《关于出版监管的思考与建议》,第 8 页。

[106] John Milton,《论出版自由》(*Areopagitica*)(1644),Ernest Sirluck 编,见《约翰·弥尔顿散文作品全集》,第 2 卷,Ernest Sirluck 编(New Haven, CT: Yale University Press, 1959),第 720 页;Jonathan Swift,《书商致读者书》(The Bookseller to the Reader),《图书馆里的古今之战》(*A Full and True Account of the Battel Fought last Friday, Between the Antient and the Modern Books in St. James's Library*)(1704),前言,见《木桶的故事》,第 214 页;Jonathan Swift,《格列佛游记》(*Gulliver's Travels*)(1726),《乔纳森·斯威夫特散文集》,第 11 卷(Oxford: Blackwell, 1941),第 xxxiii 页。

　　蒲柏为讽刺刻画其主体（即作者）内心真相的不可妥协、不留情面的力量欢欣鼓舞，并将之发表，好让所有世人看到：

84
　　　　我爱倾诉自己内心所想，
　　　　直率如牛棚，悠久如山岗。
　　　　他们如看见即为所爱，
　　　　灵魂突显，不拘思想于内；
　　　　我内心所有斑点呈现，
　　　　至少证明方法必定清楚。
　　　　在这公正镜子里，我的思考
　　　　真实展示自己，我的敌友；
　　　　把当下公之于众……⑩

诚然，我们知道把这种欢欣鼓舞认作蒲柏的"人格面貌"，而非其本人的情感。文学评论家们用人格面貌理念暗指戏剧口述中字义影射言语的古老实践，以便承认讽刺话语（或可能所有文字及印刷话语）的比喻非人格性。自我表述的公共话语不能被视为自我（修辞学者的"道德论点"理念也是如此），该修辞文化意识承受来自印刷经验的异乎寻常的压力，这归结于如是事实：它似乎就鼓励这种混乱。

　　但印刷也可能激发了这种幻觉：书籍是一回事，个人则是另一回事。蒲柏这篇诗作出版之前的一百年，约翰·罗宾逊（John Robinson）焦虑地提醒自己的读者："写作是不在场之人的言语……写书时要倍加小心谨慎。这不仅是特别为了敬崇上帝之故，而且是因为作者此刻让自己承受所有人的评点。"奥金莱克勋爵（Lord Auchinleck）在给自己的儿子詹姆斯·鲍斯威尔（James Boswell）的信中同意，出版使个人自我公之于众，即便其作者身份是虚假的："拿给我的新闻报纸中有一篇关于出版你几封信件的报道，其中一封夹在里面作为样本……把这样一封信件送到报社，

---

⑩　《贺拉斯第二本书的第一篇讽刺》（*The First Satire of the Second Book of Horace*）（1733），第51—59行，见《仿贺拉斯之作》（*Imitations of Horace*），John Butt 编，《特威克南版亚历山大·蒲柏诗歌集》，第 4 卷（London：Methuen，1953），第 9—11 页。

供所有人仔细阅读,这真是极为奇怪的事情。杰德堡(Jedburgh)的绅士们……不会怀疑这信的真假。同时,他们说,这是一个残忍的玩笑,因为它把你给暴露了。"相比之下,弗朗西斯·伯尼(Frances Burney)一生的资助者(她的父亲,甚至国王)把她独自匿名出版的首部小说变成了一个私人故事,以此加剧了她对在公众面前曝光的恐惧。这个故事本身必定在国外"出版",因此被出版篡夺的恩主制重新行使自己的权威。乔治三世(George III)详述了自己和伯尼先生的对话。伯尼先生"告诉我他女儿的作品《伊芙琳娜》(*Evelina*)的来龙去脉"。乔治三世问弗朗西斯她自己的看法:

> "陛下,我,我只是自娱自乐写作而已,只是用了一些零散闲余时间。"
>
> "但你的出版,你的印刷,那是怎么回事?"……
>
> "陛下,我想,它印出来会很好看!"……
>
> "但你的父亲,你怎么不让他看看你写的东西?"
>
> "我只是太不好意思了,陛下,这是真的。"……
>
> "但你如何把它印出来的呢?"
>
> "陛下,我就是把它送到我父亲从未雇过的书商那儿……完全希望他永远不知道这事。"……
>
> 他继续问道:"但你如何认为你父亲极有可能知道此事的?"[108]

进入印刷公共领域的经验使这些及其他作者直面抽象、客观、知晓一切的"公众"幽灵,它既使作者人格与意愿消散,又使之集中。我之前引用了安德鲁·马维尔针对新教印刷机的戏仿呼语法。马维尔顺着这戏仿呼语法,对英国国教会的偏执残忍予以抨击,这是颇有争议之举。他发现出

85

---

[108]　John Robinson,《神学与道德新论文或评论》(*New Essays or Observations Divine and Mor-all*)(1628),第 135、137 页;《奥金莱克勋爵致詹姆斯·鲍斯威尔的信》(Lord Auchinleck to James Boswell)(1763 年 5 月 30 日),见《鲍斯威尔的伦敦日记》(*Boswell's London Journal, 1762—1763*),Frederick A. Pottle 编(New York: McGraw-Hill, 1950),第 338 页;《达尔布莱夫人的日记与信件》(*Diary and Letters of Madame D' Arblay 1778—1840*),Charlotte Barrett 编,Auston Dobson 注释(London: Macmillan, 1904),第 2 卷,第 320—321 页。

版道德比它们最初所见更加模棱两可，记录了自己对这种矛盾性的出色阐述。他的方法就是细读塞缪尔·帕克的恶意作品，在帕克自己出版的作品内，把他的公开自我展示再现，以此实际上把"公众"角色个人化。我会简短地把这个论点线索从马维尔结构紧凑的论证中剥离出来。

  马维尔写道："某人没有多少权利去挑剔和自信，他在公开展示自己之前，会让自己思绪冷静下来，并改正自己不得体之处，或者会思考自己这样写是否必要和有益。"(7)马维尔回顾帕克的早年历史时，发现此人的才华始终在于"对不信奉国教的新教徒的揭发与假冒"；一度用私下口述的方式训练自己的技巧，"在小教堂和餐桌上取笑清教徒"；"如今什么都对他不起作用，他一定是印刷疯子"(10,30,31)。帕克是肆无忌惮谩骂的始作俑者，并用"影射"的方式将这种诋毁归于被他谩骂的清教徒(116—117)。但在《被调换的彩排》(*The Rehearsal Transpros'd*)的第二部分，马维尔那颇有争议的热忱被基于第一部分（包括其对手的）相关反应的怀疑中和，他自己对待帕克的方式可能只是假冒了帕克对待不信奉国教的新教徒的方式。第二部分的书名页告诉我们，这部分是因"留给我的一封信而起。这信在一位朋友家，上面的日期为 1673 年 11 月 3 日，有 J. G. 的签名，并以这些文字结尾：如果你胆敢印刷或出版任何针对帕克医生的谎言或诽谤，凭着永恒的上帝之名，我会割断你的脖子"(147)。"如果这让你暴跳如雷，我很遗憾，我判定这是病"：马维尔的痛悔不是直接在其如此医学幻想详述中立即显现。这个参照制药与教士认证的医学幻想也对出版许可一语双关："我无法决定自己是否只是一个无执照的从业新手，我的第一个实验《被调换的彩排》可能在准备时有某些讹误……但它已把从未见过的溃疡之物展示出来；我只是把它当作发汗剂，让他呼吸急促，汗流浃背，把呕吐的所有效果都施加在他身上。"(156—158)然而，帕克的呕吐秽物不完全是自己的责任，随后的沉思参照马维尔自己的步骤，正如它们之于帕克一样。

  马维尔写道，因为作者与读者之间的距离，出版是

   一份令人嫉妒的危险工作。因为，无论本意有多好，世人总会无根据地猜忌，作者……对自己作品过于自信……但在所有写作差异之中，发表恶意谩骂之人会让自己陷于极大危险之中，也本该如此。因为，某人的信誉对他而言是如此自然且重要的切身之事，以至于更

好地加以保护可能是最不能诱人最初进入社会契约,随后进入公民政府之事。当人们的名誉得不到保护时,政府也就必然随时解体……这种恶意谩骂方式……是生活的掠夺途径,的确是对名誉的私掠。一位诚实之人可能穷尽毕生积攒的所有信誉存货会在一两个小时的阅读中,被一位海盗洗劫一空……他一旦付梓印刷,一本坏书因此把他的话蓄意凝炼,以防它们会被风吹散。他也有意如此公开地散播流毒,以至于他可能自己都记不得了:把自己置于免遭任何个人警告的地步……我太关注自己的不完美,以至于不能窥探、详述他人的不足……然而第一部分的讹误……如今无法取消,只能求得可能无心误读我这本书的人原谅。(159—170)[109]

至于帕克,"我如此之久地不理会此人,以至于我只针对他的讹误,更何况我没有任何其他意图,只是针对那些可能使自己具备此人品性的少数人"(170)。

在这复杂多义的比喻表述中,马维尔的论点把我们迄今涉足的大多领域包括在内。摆脱自然状态,建构公民社会的理由之一就是赋予国家确保个人拥有信誉与声誉的能力。正如反剽窃的行业惩罚保护从业者的商业信用一样,出版许可办公室保护作者的论述声誉,免遭不道德的中伤。这个比较极为准确。如印刷公共领域一样,商品交换是个人聚合成公众的领域,是个人自由摆脱公众干预的虚拟领域,尽管如此,这可能需要国家权威来保护它免遭彼此竞争的私人利益蹂躏。[110]

药品何时成为毒药?个人自由何时成为私人许可?声誉信用与商业

---

[109] 科利·西伯(Colley Cibber)用马维尔的修辞格论证,向实际舞台"公众"散布的诽谤仍然比通过印刷这种虚拟公共领域流通而传播的诽谤"毒药"毒性更大,更多民众通过彼此之间的区分而实现平衡:"静静地阅读相同独创内容之人仅是出于个人喜欢之故;毒药以这种方式——传播时,它就以比一次性出售给全部受众更缓慢的方式影响他们的身心。"《致歉》(*Apology*),第 160 页,引自 Hunter,《作为舞台与密室的世界》,第 278 页。

[110] 这两项活动让人想起航海的危险。格劳秀斯(Grotius)的自然法理论是裁决航海自由的论证结果,是表面上的公共领域,只是不为人知,并无效地顺从于君王的实在法(positive law),这可能是重要的一点。参考 Hugo Grotius,《海洋自由论》(*Mare Liberum*)(1609);马维尔在《荷兰人的品性》(*The Character of Holland*)(1665)第 26 行提到了格劳秀斯的学说。参考国际书籍贸易规避国家对印刷设限的能力。当然,"盗版"是同时代的人们用来指非法出版的修辞格,可能因为印刷如航海一样是难以管控的。马维尔此处将该术语拓展到名誉"被窃",这因印出的恶意谩骂而成为必要。关于近代早期印刷文化中的盗版重要性,参阅 Johns,《书籍的性质》"piracy"一词索引。

87　　信用之间的比较只是部分存在于它们对如是传统箴言的共同依赖：人如其
言。[111] 印出的文字是商品，但它们也是像商品那样。文字与商品，它们的
力量因这种生产过程而增添，并进入拜物化的公共流通之中，在此被"聚集
成"物质性，并被"散布到"超越它们生产者的"回忆"之外。[112] 它们很快由
此摆脱其源头的个人许可，得到释放，不仅有损他人，甚至对它们假定的拥
有者有害。公共流通不可避免地规避了个人责任，无论是借助其自身结构
（将沟通从个人互动剥离），或是借助通过假定免罚鼓励个人诽谤之举。进
入流通的印刷非人格化只是引来它们客体的放肆人格化，因此马维尔参照
帕克"本人"（对他恶意谩骂的"非人格化"细致研究）的个人免责重要性不
是基于他对印刷非人格性的坚信，而是相反，是基于他对人格化力量的敏
感。读者及行政官的绝对主义都不能替代个人良知的道德。

匿名与责任

　　基于马维尔及其他人的证言，出版就是进入对道德选择之事高度敏
感的领域。如社会契约理念一样，出版把政治主体具化为道德主体。如
何使公共流通承担个人责任？马维尔指责帕克，因为后者匿名出版自己
的作品，这只是加剧了诽谤的免罚现象："任何触及如此良善温柔论点之
人都应该具名，以此让自己向公众承担可能因自己的著述而引发的任何
伤害。否则，尽管他口袋里有许可证，或他本人可能就是许可人，这也只
是得到更多许可的诽谤方式……如果人们不得不远离写作与许可的匿名
及隐藏方式，那么他们当然会对自己表达的观点更为谨慎"（166）。值得
注意的是，《被调换的彩排》的第一部分本身就是匿名出版。第二部分的
书名页发誓弃绝马维尔如今所称的"伪装的许可"（166），并署上他的名
字。然而，五年之后马维尔辞世之际，人们正四处追问，某部煽动作品是
否由他所写，而他刚毫不害臊地将其匿名出版。[113]

---

⑪　关于这一箴言在复辟时期及之前英国文学的持久性，参阅 J. Douglas Canfield，《中世纪至复
辟时期英国文学中的文字契约》（*Word as Bond in English Literature from the Middle Ages
to the Restoration*）（Philadelphia：University of Pennsylvania Press，1989）。
⑫　塞缪尔·约翰逊在公共领域体系中注意到了这种经验过程的司法确认。参阅本章注释44。
⑬　Marvell，《罗马天主教的发展及英国专制政府记述》。

假如马维尔被逮捕的话,他可能早就因其所写的,针对国家显要及制度的中伤而被定煽动性诽谤之罪。(诽谤入罪是并不局限于国务的更广泛指控;"诋毁"指的是口头中伤,"流言蜚语"指的是对贵族的中伤;通常情况下,这些专业术语常常互换。)[114]惩治煽动性诽谤的法律被理解成保护"公共"人物之举,他们"会被下属轻视……如果他们被每位个人中伤,并全国皆知的话"。[115] 真实个人的公示是这种普遍诽谤指控的核心。托马斯·戈登(Thomas Gordon)写道:"事实上,大多数诽谤纯粹针对个人,它们针对的是人而不是事;诉讼过程既不明智,又不体面。与长相、姓名、私人愉悦争辩是件可鄙之事。"然而,还有某些不确定之处,即是否只有公共人物,还是诸如国家这样的公共体系可以被诽谤。戈登不可遏制的平民主义说服自己,除了针对"行政官"及"个人"的诽谤之外,"似乎还有第三类诽谤,和之前的两类可能具有同等的毁灭性,我指的是,针对民众的诽谤"。[116]

1670 年的裁决认定,诽谤一般比诋毁更容易起诉,因为出版意味着比言语(特别是单个实例)更具中伤力度。[117] 因为口述话语是面对面沟

88

---

[114] 参阅 Hanson,《政府与出版》,第 17 页;C. R. Kropf,《18 世纪的诽谤与讽刺》(Libel and Satire in the Eighteenth Century),见 *Eighteenth-Century Studies*,第 8 卷,第 2 期(1974—1975),第 155 页。"诽谤"不得不"出版",但不必印出来。莱斯特兰奇写道,"我认为,诽谤的问题自身延展到手稿及印刷之中,是两者之中更为有害之事",因为它四处流传,不受惩罚。见"莱斯特兰奇的建议"(Mr L' Estraings Proposition),引自 Love,《文本的文化与商业》,第 74 页。这种诽谤手稿的流传大部分归功于罗伯特·朱利安(Robert Julian),"缪斯的文书员"的辛劳。关于作为抄写出版商的朱利安,见 Love,《文本的文化与商业》,第 253—259 页。Kaplan,《近代早期英国的诽谤文化》,第 12 页中提及,1660 年,普通法法院开始持续区分作为文字的"诽谤"与作为口述的"中伤"。

[115] 《被调换的彩排》,第 1 部分,第 191 期(1707 年 3 月 15 日),引自 Hanson,《政府与出版》,第 2 页。

[116] Thomas Gordon,《加图的信》(*Cato's Letters*),第 32 封(1721 年 6 月 10 日),引自 John Trenchard 和 Thomas Gordon,《加图的信》(*Cato's Letters*:*or*,*Essays on Liberty*,*Civil and Religious*,*and Other Important Subjects*),Ronald Hamowy 编(Indianapolis:Liberty Fund,1995),第 1 卷,第 231、229 页。关于不确定性,参阅 Hanson,《政府与出版》,第 17—18 页。参阅 William Arnall,《手艺人与民众之间的对立实例》(*The Case of Opposition Stated*,*Between the Craftsman and the People*)(1731),第 39 页;Saunders 和 Hunter,《来自"文学演讲术"的教诲》,第 490 页。关于针对民众的诽谤理念,参阅本书第 6 章,注释 93—98,柯尔(Curll)的案子与淫秽诽谤法的发展。

[117] 参阅 Kropf,《18 世纪的诽谤与讽刺》,第 162—163 页,这是《R. 诉雷克》(*R. v. Lake*)(1670)中法官马修·黑尔(Matthew Hale)的观点。

通，相关证人的可获得性使诋毁指控相对难以成立。已出版作品的文件证言使诽谤指控甚至更容易证实。但匿名出版的可能性会使相关责任划分受挫。根据 1662 年的《印刷法令》，先前的国家审查至少在理论上阻止了无论是匿名或署名形式的诽谤出版。实际上，1662 年的法令因其在多个层面的无效性而被废止，因而对出版之后的起诉许可施加的压力突显了 1694 年之后的匿名问题。

匿名出版的吸引力不只是其政治上的深谋远虑。如我们在共济会实例中所见，处于公共领域核心的秘密隐私维系可能已是作者借唤起国家绝对主义理性氛围，以此将其自身的神秘性力量内化，并使之与国家对立的一种方式。印刷的公开性既驱散了隐私，又将其滋养。例如，玛丽·阿斯特尔的《婚姻思考》(*Reflections Upon Marriage*)（1703）第二版附录将原始匿名术语的神秘性一扫而光，这与其如是基本主张保持一致，即如果（契约）国家并不像家庭，那么家庭就不应该像（绝对主义）国家那样治理。因为第一版的好奇读者正确地怀疑，人们因此"早就背叛了自己性别的国家秘密"，如今作者承认，她就是位女性，一位只想着"谋划公共之善，如果可能的话，就恢复臣民那与生俱来的自由、权利与特权"。[118] 匿名隐秘与绝对主义国家隐秘的暗中类比为公众所知之际，阿斯特尔放弃了前者，为自己选择了自有绝对主体公开性的替代类比。

安妮·芬奇（Anne Finch）在写给自己丈夫的贺拉斯（Horatius）体应景颂诗中选择通往相似目的地的另一条路径。[119] 温奇尔西（Winchilsea）请她在他外出一天时间内就任何主题作诗。芬奇应邀用自己的诗歌笔名

[118] 第 2 版的附录成为第 3 版的序言：Mary Astell，《婚姻思考》(*Reflections Upon Marriage*)（1700），第 3 版（1706），见《第一位英国女权主义者》(*The First English Feminist：Reflections Upon Marriage and Other Writings by Mary Astell*)，Bridget Hill 编（Aldershot，Hants.：Gower，1986），第 70 页。关于她发现男性的"国家秘密"，参阅第 131 页。她把女性对男性的家庭顺服不仅比作政治主体向绝对君主的顺服，而且也比作教会信众向绝对教会的顺服（利用信众对经文特别是《圣经》的被强加的无知）（参阅第 74 页）。

[119] Anne Finch，温奇尔西伯爵夫人，《致芬奇先生，当今的温奇尔西伯爵》(To Mr. F[inch] Now Earl of W[inchilsea] *Who going abroad，had desired Ardelia to write some Verses upon whatever Subject she thought fit，against his Return in the Evening；Written in the year 1689*)，见《温奇尔西伯爵夫人安妮·芬奇诗歌选集》(*Selected Poems of Anne Finch Countess of Winchilsea*)，Katharine M. Rogers 编（New York：Ungar，1979），第 28—31 页（随后引用源自本版，并在文中圆括号内标示）。

"阿德利亚"(Ardelia)反身写作满足此愿的困难。诗歌的核心奇喻(conceit)就是,在这些日子里难有诗歌灵感。帕纳萨斯(Parnassus),"缪斯(Muse)宫廷"所在地已成为国家的附属物。众缪斯女神自身好似专职服务的"国家医生",高兴地按阿德利亚的要求提供她们的"勤勉"服务,直到她们得知她是想写诗称赞自己的丈夫。爱情诗女神埃拉托(Erato)对这纯粹不流行的主题感到吃惊,认为这必须是私下里说:

> 应当多加小心,
>
> 不让公众得知,
>
> 或全城人知晓:
>
> 情人切勿夜晚相见
>
> 手握情书与巧克力,
>
> 以防此举毁掉家庭……
>
> (第46—51行)

其他缪斯们忙着"道歉":悲剧女神墨尔波墨涅(Melpomene)、喜剧女神塔利亚(Thalia)已在财务方面("债券"、"费用"、"薪资")受托于政府授权的官方特许剧院;诗兴飞马帕加索斯(Pegasus)被皇家索要的,呈给威廉与玛丽的赞辞弄得疲惫不堪。简言之,灵感是一项公共事务,无论是恩主制还是公共领域,意思就是,阿德利亚的请求是令人尴尬的私事。独有主司天文的女神乌拉尼亚(Urania)支持阿德利亚,但她给予的帮助是提了一个悖论建议,即不需要帮助,诗人本人已经拥有了所求之物:

> 乌拉尼亚只是喜欢这个选择;
>
> 然而不是去阻止公众发声,
>
> 她轻声细语来指点:
>
> 无需寻求外界襄助,
>
> 无需借力描绘心弦思动,
>
> 因为这源自内心深处。

够了！满意的阿德利亚大叫；

她把每位缪斯女神撇在一边，

现在思忖自己内心，

90

细察每个温柔思绪，

她在别处寻求无功而返，

却在静思之中悄然显现⋯⋯

（第74—84行）

静思独想得到正面重新评价。如果缪斯女神是国家机器的一部分，国家权威就悖论地成为与源自"内心"的家庭诗歌无关的"外界襄助"，并且是自主个人灵感的私人能动性。

因为世人如此蔑视

婚姻女神许门（Hymen）的柔情蜜意，

它们本该神秘，

直到我们也拥有

这成就美好幸福的

窃到的隐秘。

（第91—97行）

芬奇这首赞赏"和谐婚姻"的颂诗在当时是不同寻常之作，如埃拉托所言，这是古老的题材，但也是从我们后知后觉的不再时尚的意义层面不流行。如婚姻一样，阿德利亚的自我思忖有着"神秘的"内在性，"窃到的隐秘"近似新教徒良知的隐秘，后者绕过了国家、教会这些官方介质，以便体验直接绝对虔诚的真实性。在芬奇的眉批年表细节中，大体概括了相关情境，这就提升了如是感觉：这是从公共权威而来同时又被剥夺的价值。她与丈夫曾在宫廷效力，丈夫是为约克公爵，后来的詹姆斯二世服务，她则为公爵夫人摩德纳的玛莉（Mary of Modena）服务。1688年，詹姆斯被废黜之际，这对夫妇成为拒绝向新国王与王后宣誓效忠者，随后很快出于良知而从宫廷自我放逐。基于这一背景知识，芬奇的颂诗读来就明白易懂，它不只是一首颂扬隐私的诗，而且是受王室婚姻生活实例启发的隐秘之诗，然而它一度被窃走,放在家中秘藏,世人不知如何对其评估。[120]

关于匿名隐私可能利用国家隐秘的方式的最后一个实例,就是乔纳森·斯威夫特所为。斯威夫特在 1710 年至 1711 年间写信给斯黛拉(Stella),即埃斯特·约翰逊(Esther Johnson)。此时的斯威夫特还没受够国家大臣们的忘恩负义。他带着十足的喜悦讲述自己匿名出版作品对身居高位之人的影响,他对自己在公共职务擢升方面的私人期待强化了这份喜悦。斯威夫特与斯黛拉、丽贝卡·丁利(Rebecca Dingley)通信时的亲密感(直呼其名的明显效果一直强调了这一抄写形式)为公众提供了一个私人且"女性化"的替代选择,为这些信件提及的位高权重者提供了印刷作品的吸引力。公共与私人的复杂叠加非常可观:斯威夫特有时立志扮演"秘密历史学家"的角色,其私人论述预言公共事件。他求助自己所称的"我们的语言",这唤起爱人话语与国家政治的密码,两者各自顺从于自身独特的自我审查模式。然而,斯威夫特甚至不让这两位女性知晓他匿名之作的身份秘密:

> 我已写完一首关于大雨的诗。一开始,我一直在写我的《闲谈者》。自我来到伦敦,已经写了五十多篇:我只刊印三篇……我的这些信件是某类日记,事情逐步为人所知。无论我所言之事是真是假,你会通过这些事情了解我的心智是否正常……我猜你会打探我在《闲谈者》里会写到什么;因为我相信自己已给过你提示……我的讽刺之作惊动上天,但没人会怀疑是我所写,除了安德鲁·方丹爵士(Sir Andrew Fountain)……克拉赫(Clogher)主教已向我打探《闲谈者》里的词语缩写……晚饭之后,彼得伯勒勋爵(Lord Peterborow)来了……他们开始谈到一首名为《熙德·哈迈特》(Sid Hamet)的诗……哈利(Harley)先生向我指点每行的精妙之处……全城的人完全猜不到我就是作者,然

---

[120]　芬奇把自己绝大多数诗歌"秘藏",不曾出版,直至 1713 年。在"君主退位陈情"(The Petition for an Absolute Retreat)(见《温奇尔西伯爵夫人安妮·芬奇诗歌选集》)第 59—68 页中,她暗指詹姆斯二世的废黜:"回头转想,我会说,/伤心的阿德利亚因此/被命运的风暴击垮;/灾难降临英国,/沦陷、无视、丧失、遗忘,/她的运命黯然无知"(第 158—163 行)。"和谐婚姻"(compassionate marriage)这个为人熟知的用语源自 Lawrence Stone,《英国的家庭、性与婚姻》(The Family, Sex, and Marriage in England, 1500—1800)(London: Harper, 1977)。

而的确就是这样，但这是只有你知道的秘密……有位书商收集了我的所有作品，随后以独卷本出版；但我并不知此事，并不知情，也未曾同意……是的，我的确读过《考察者》（*The Examiner*），如你判断的那样，它们写得非常好……你可能相信里面的所有事情都是真的。作者已经说了，不是普赖尔（Prior），但可能是阿特伯里（Atterbury）。⑫

斯威夫特痛苦地意识到自己的政治理念、社会地位与他求得青睐之人相差甚远。他如此全面地与自己的女性通信者等同，以至于模仿她们，并责怪她们模仿他自己。他通过匿名主题与虚假归属的方式将一个通奸怀孕的故事与自己的出版故事随性联系起来。⑫

斯威夫特在《考察者》中予以赞赏的确切真相之一就是他对因匿名而起的不当愉悦的洞见。他写道，出于不堪原因的写作，所获益处很多："不去说诽谤当权者的绝佳快乐，就说躲在角落为自己所做之事沾沾自喜，由此获得极大满足。"⑫1710 年《版权法》试图解决因 1694 年法令废除而事

---

⑫　Jonathan Swift，《致斯黛拉的信》（*Journal to Stella*），Harold Williams 编（Oxford：Clarendon，1948），第 6 封（1710 年 10 月 10 日），第 17 封（1711 年 2 月 24 日），第 1 卷，第 53、56、59—60、203、208—209 页。斯威夫特事先知道自己作品的出版，并是《考察者》大部分文章的作者。不仅有意诽谤国家之人大量使用密码与暗号，那些为祈祷或其他目的而写秘密日记之人同样如此。参阅 Marshall，《查理二世治下的谍报》，第 92 页；Anthony Fletcher，《英国的性别、性与顺从》（*Gender，Sex，and Subordination in England，1500—1800*）（New Haven，CT：Yale University Press，1995），第 354 页。在家庭领域中，这种行为可能看似把丈夫放在国家的角色之中。伯利（S. Bury）这样提及自己妻子的属灵日记："她写的东西……我无法还原，我也不相信可用任何其他方式做到，因为很多独特的字及缩写是她自创的。"《伊丽莎白·伯利夫人的一生》（*An Account of the Life and Death of Mrs. Elizabeth Bury*）（1720），第 9—10 页，引自 Sara H. Mendelson，《斯图亚特女性日记与应景回忆录》（Stuart Women's Diaries and Occasional Memoirs），见《英国社会中的女性》（*Women in English Society，1500—1800*），Mary Prior 编（London：Methuen，1985），第 183 页。

⑫　Swift，《致斯黛拉的信》，第 1 卷，第 203、209、52—53 页。斯威夫特同样感受到自己与他讨好的显贵之间的差异，这使他在描述这些显贵时带有同性社交性的格调。这种情色易变性与他和女性亲密致信时表现出的，常常处于初始状态的性欲极为不同（参阅第 1 卷，第 5、59、208 页）。斯威夫特的性欲表现了对如是新兴现代观点的部分适应，即性欲通常基于对差异的观察，参阅本书第 6 章，注释 4—16。在当前语境中，他对国家大臣们的矛盾心理让人想起戏仿双重性（部分模仿，部分批判），我把它与公共领域联系。

⑫　Jonathan Swift，《考察者》，第 26 期（1711 年 2 月 1 日），见 Swift，《乔纳森·斯威夫特散文集》，第 3 卷（Oxford：Blackwell，1940），第 75 页。关于那些"躲匿印刷叛国之作"的人，参阅 Elinor James，《詹姆斯夫人向尊贵下议院议员提请的呼吁》（*Mrs. James's Application To the Honourable the Commons Assembled in Parliament，On the behalf of the Printers*）（1695），侧转排印。

态恶化的所有权认识论-经济问题。1712 年《印花税法》(the Stamp Act)
用类似的方式试图在 1694 年期满后寻求解决诽谤的政治-道德问题。
1712 年的法令并非重回已遭失败的国家审查机制,而是设法用禁止匿名
出版的方式将责任从国家转移到从事生产的个人身上。立法的逻辑就
是,如果作者或印刷者的名字需要在印刷品上出现(不守法的对应惩罚就
是可观的课税及版权的没收),它们的承担人将不得不先行自我审查,也
就是说,把国家的消极权威内化。⑫

92

　　1710 年与 1712 年两个法令的共同逻辑就是,一本已印刷的作品必
须由个人"所有",这样才能在财产层面拥有。这不是使之后立法备受争
议的唯一条件。约瑟夫·艾迪生注意到《旁观者》文章自身的笔名,担心
"这种权宜之计不仅毁掉了流言蜚语,而且也把知识毁了……几乎没有哪
本天才之作一开始就带着作者的名字面世"。他说,几乎没人会写作,"如
果动笔之前,他们知道自己只能满足这些条件才能出版作品"(《旁观者》,
第 451 期,1712 年 8 月 7 日)。一群伦敦印刷商辩称,公布作者名字的要
求会"极大影响众多优秀论文的出版,有些人是因为过于谦虚的原因,宁
愿不付梓出版,也不愿意把自己的名字印出来,尽管这是本最值得称赞的
作品"。一位自称托利党(Tory)的人评论道:"可能有一千部既合法,又
的确有价值,值得印出来,但作者可能不愿意承认是自己的作品。"他担心
如果辉格党(Whig)人"也早就掌控了报刊;如果我们会被排除在出版自
己的虚构与诋毁作品之外,这将是迫使作者承认自己作品的必然后果,我
们就会被永远打败"。⑬ 另一位作者只是持不同意见("最穷凶极恶的坏
人都有与生俱来的羞怯……如果名字不写上,那么印出的书籍及其作者
永远不会感到羞耻"),认为匿名诽谤者是"戴着面具的强盗"。然而,还有

---

⑫　关于 1712 年《印花税法》,参阅 Siebert,《英国出版自由》,第 306—318 页。《印花税法》的策
　　略与印刷本身一样古老。参考亨利八世 1546 年公告《异端书籍禁令,以及对印刷商、书籍
　　作者具名并标示出版日期的要求》(Prohibiting Heretical Books; Requiring Printer to Identity
　　Himself, Author of Book, and Date of Publication),第 272 号公告,见《都铎皇家公告》(*Tu-
　　dor Royal Proclamations*),Paul L. Hughes 和 James F. Larkin 编(New Haven; Yale Univer-
　　sity Press, 1964),第 1 卷,第 373—376 页。

⑬　《印刷商对出版管制的建议》(*The Printers Proposal for a regulation of the press*),引自
　　Siebert,《英国出版自由》,第 308 页,注释 11;《一位托利党作者对出版的思考》(*The
　　Thoughts of a Tory Author, Concerning the Press*)(1712),第 2、22 页,见 Parks,《出版自
　　由》。

一位作者欢迎这个法令，把报刊视为绝对主义司法体系的替代，因为"报刊现在被当作书面审讯，任何人可借此被传讯、审判、处罚……甚至不知道控告自己的人是谁"。⑫

    其中某些话表明，1712 年的法令迫使同时代的人们沉思隐秘的"政治"动机与隐私的"个人"动机之间的差异。摆脱国家控制的主体消极自由范式打开了主体身份空间，其政治特性可能相对成为残余之物。无论如何，1712 年的法令取得最初明显成功后，不再实现自己的目的。法令通过的八年之后，约翰·丹尼斯激动地坚称在现有条件下，"如果诽谤作者把假名挂上，他就有用此化名伤害、中伤、威胁大不列颠全体贵胄的特许。但如果任何人假装都在写一篇正当的讽刺作品……无需挂上任何名字，为何这种行为如此令人憎恨？"1729 年，蒲柏不仅抱怨匿名诽谤，而且抱怨"直接出版商借此偷偷躲在议会法令庇护下，安然无忧地筹划着更佳进益"。⑫

    1712 年《印花税法》的核心问题是，即便它成功地迫使那些出版负责人自报姓名，它仍然让他们自由隐去被自己出版之作诽谤之人的姓名，这足以挫败相关起诉，但相关辨识并非如此。诽谤的个人指涉可能用多种方法来遮隐：同时代的人们可以用绰号、首字母、星号、"缩写或虚构名字"、影射、遁词、暗示、间接、"举例"、讽刺、历史类比、讽喻，等等。⑫ 旁观者先生出版了一篇运用这些众多遮隐手法的诽谤戏仿之作（图 2.5），并评论道："这给细读这些神秘之作的人带来秘密满足感，他能靠自己逐一

---

⑫ 《与限制出版相关的观点》，第 13、26 页，《论出版》（*Essay for the Press*）（1712），第 7 页，均引自 Parks，《出版自由》。

⑫ Dennis，《约翰·埃德加爵士的品性与操守》，第 3 封信，见《约翰·丹尼斯评论作品集》，第 2 卷，第 201 页；Pope，"论诗"（Martinus Scriblerus, of the Poem），见《愚人志》，第 49 页。丹尼斯把德莱顿的《麦克·弗莱克诺》（*Mac Flecknoe*）、《押沙龙与阿戚托菲尔》（*Absalom and Achitophel*）、《勋章》（*The Medall*）与高斯（Garth）的《药房》（*The Dispensary*）纳为"已被视为讽刺的诽谤"。

⑫ 参阅《闲谈者》，第 92 期（1709 年 11 月 10 日）；Jonathan Swift，《论监护人的重要性》（*The Importance of the Guardian Considered*）（1713），见《乔威夫·斯威夫特散文集》，第 8 卷，Herbert Davis 和 Irwin Ehrenpreis 编（Oxford: Blackwell, 1953），第 14—15 页；Hanson，《政府与出版》，第 25 页；《论讥讽学说》（*The Doctrine of Innuendo's Discuss'd: or the Liberty of the Press maintain'd*）（1731），第 6 页；《国家法律》（*State Law: or, The Doctrine of Libels, Discussed and Examined*）（1730），第 13 页；《与限制出版相关的观点》，第 27 页，均引自 Parks，《出版自由》。一般参考 Hanson，《政府与出版》，第 23—28 页。

图 2.5　Joseph Addison,《旁观者》,第 567 期(1714 年 7 月 14 日)。承蒙英国图书馆惠允。

解密,并借助自己的天资才力把空白之处填满,或拼出只有首字母或末字母的单词。"(《旁观者》,第 567 期,1714 年 7 月 14 日)。[129]

　　对历史讽喻的轻率揭秘引发了强烈抗议。一本小册子抱怨:"从最出色的历史学家作品中选取的事实,那些很久之前发生的事实,歪曲作者的意思,在从未设想之处进行类比,这是何等惹人反感之事……如果可以允许这种写作方法,那么作者如何得以安全?"沃顿公爵(the Duke of Wharton)写道,对影射或"歪曲"的指控

　　　　可以改变各国,使古希腊、古罗马、西班牙、波兰等看上去只是名字上不同,实则同一国家。这说明,它们轮流和英国这个单词起到相同的意义。这可使之前从未活这么久的邪恶大臣再次复活,证明自

---

[129]　艾迪生承诺:"为了胜过当前爱在词中省略的人,让我的英国读者完全满意,我近期打算出一期词中没有一个元音的《旁观者》。"在随后的那期(1714 年 7 月 16 日),旁观者先生想象自己身处咖啡馆中,"一位愤怒的政客"正对上一期的中伤文章大发雷霆。

己用邪恶之法真正开启了当下新年……最后，这种新发明的法律诡
计之作不会允许作者有自己的意思，而会一直为他们发明新意，可以
从朴实字面故事中得出众多变体，就像奥维德（Ovid）《变形记》
（*Metamorphoses*）中的那样。在这些案例中，律师可能使自己和诗
人那样貌似可信，他们必定同时自认也是口惠而实不至之人。[130]

　　这类抱怨说明，诽谤法可能有助于使如是观点显化，即事实上，的确存
在诸如"作者自己的意思"这样的确凿之事，并且对确立其本身为何有利。
对被指控为诽谤的作品中隐晦段落的合理解读责任（决定个人指涉是否确
立，指向谁）最终取决于陪审团。对这种极为重要任务的阐释标准倾向于
仰赖这一观点："读者的普遍性"如何可以解读"基于其真实得当意思"的字
词。[131] 因此，政治与法律政策着手建立诸如阅读与阐释的普通"公共"准则
之事；在冲突实例中，这对语义特殊性及作者本人的"隐私"有优先权。因
此，土地公法有助虚拟"阅读公众"（"读者的普遍性"）的聚合，这也就使读
者个人反应的实际特殊性达到平衡。然而，如法律禁止匿名那样，法律用
这种方式试图界定话语语义，这也对作者个人意思的聚合起到消极影响。
作者个人意思的真实性在被公共法庭"误读"和否决时才极为明显。[132]

诽谤与讽刺的对峙

　　时人在就讽刺中人称照应的作用展开辩论时的方式，无疑突显了诽

---

[130]　《论讥讽学说》，第6、11页；Philip，沃顿公爵（Duke of Wharton），《真实的英国人》（*True Briton*），第65期（1725年1月13日），第552页。

[131]　Hanson，《政府与出版》，第24页，分别引用了1729年和1722年的观点。一般参阅 Francis L. Holt，《诽谤法》（*The Law of Libel*）（New York：Gould，1818），第2卷，第13章，关于诽谤的成型与确定性。

[132]　近期评论大多论证法律在决定近代早期"文学"兴起时扮演的角色。参阅 Lennard J. Davis，《真实的虚构》（*Factual Fictions：The Origins of the English Novel*）（New York：Columbia University Press，1983）；Annabel Patterson，《审查与阐释》（*Censorship and Interpretation：The Conditions of Writing and Reading in Early Modern England*）（Madison：University of Wisconsin Press，1984）；Catherine Gallagher，《无名之辈的故事》（*Nobody's Story：The Vanishing Acts of Women Writers in the Marketplace，1670—1820*）（Berkeley and Los Angeles：University of California Press，1994）。

谤法对文学理论的影响。1682 年,托马斯·沙德韦尔(Thomas Shad-well)用以下诗句严厉斥责德莱顿的方法步骤:

> 因为诽谤与真实讽刺不同;
> 这必然有真相、风趣与谦逊。
> 宽恕凡人,惩治犯罪,
> 不忤逆显要,与时恶为敌。

尽管德莱顿宣称,"当今活着的人中,没有谁比我遭受更多的文字诽谤",他仍然相信,"诗人落笔抨击某位特定之人时",他一定有理由"为自己正名",例如"当此人引发公愤时"。这个观点与如是观点一致,即公众是所有实际特殊性的总和,而不是它们的抽象概括性。其他人同意,个人攻击在政治与道德层面都是必要的。同时代的一位收集国务诗歌之人承认:"讽刺在其原始体系中的最初意图仅是揭露邪恶的残缺,并不直接针对个人。但是腐败日渐蔓延……诗人发现,有必要更加直白。"然而,对此事的观点态势正朝对立面发展。斯蒂尔认为,"讽刺家与诽谤者之间的不同,好比行政官之于杀人犯"。尽管艾迪生反对 1712 年的法令,他认为诽谤已经成为"某种国家犯罪",并认为"讽刺的最佳攻击力针对特定人员,甚至以真相表象为支持,是邪恶思想的标记,其本身就是极大的犯罪"。笛福不仅基于道德,而且基于说教的理由为非人格性正名:"但本书的目的就是本质上超越个人讽刺。家庭行为的讹误是此书的目的,而不是家庭本身。因此姓名与人物完全隐去,如此讲述的真实历史对任何人都是难以理解之事,但相关本人可以通过书中人物加以了解。"斯威夫特对蒲柏说:"我憎恨、讨厌那些自称为人的动物,尽管我真心爱着约翰、彼得、托马斯等人。"这番话因它似乎在斯威夫特讽刺中阐明的普遍性而闻名,它仍然必须与相同信件的评论对比,一旦"发现印刷商有足够胆量来听",《格列佛游记》就会出版。[133]

95

---

[133]　Thomas Shadwell,《约翰·贝斯的勋章》(*The Medal of John Bayes*)(1682),第 7—11 行,见《国务诗歌》,第 3 卷,第 81 页;John Dryden,《论讽刺的初始与发展》(*A Discourse concerning the Original and Progress of Satire*)(1693),见《戏剧诗歌与其他评论》,第 2 卷,第 126 页;《致所有巧智与诗歌的热爱者》(To all the Lovers of Wit and Poetry),见《国务(转下页注)

蒲柏的矛盾是更大程度的开放。一方面，他明言自己在《群愚史诗》（The Dunciad Variorum）中使用"真名，而不是假名"的道德动机，他"谨慎保护无辜的人免受错误指认，而在之前的版本中只有他写下的首字母，借助此处印出的人物对应表，伤害到了无辜"。根据这个基本原理，公开性的成就不是非人格性，而是永恒。笛福的"道德时间永恒"因着它的主题，并非因此书而持久："那些被讽刺之人被认为配得上这些描述……因为只有在此不朽之作中，他们才期待长久"。在第 92 期的《闲谈者》中，斯蒂尔，这位"公共审查员"做了类似的承诺，要用"让他们永存于不朽的污名之中"的方式惩罚诽谤者本人。四年之后，另一方面，蒲柏讥讽了"把讽刺家（机构）误认为诽谤者（个人）之举，对真正的讽刺家而言，没有什么能和诽谤者这样的恶名媲美"。鉴于这些文字的功能是使蒲柏对贺拉斯的模仿广而告之，这实在是虚伪之言，而这又包含某些他最个人化的讽刺。在讽刺作品的序言中，他写道："绝大多数情况下，我把自己敌人的名字隐去"。他的此番声言再次因《致阿巴思诺特医生书》（Epistle to Dr. Arbuthnot）（1735）的直率特定性而言不由衷，[134]他把这一事实归结于约翰·阿巴思诺特（John Arbuthnot）的影响。在《约瑟夫·安德鲁斯》（Joseph Andrews）（1742）中，亨利·菲尔丁更名至实归地称自己为讽刺家，而不是诽谤者，因为"我描写的不是人，而是风俗；不是个别的人，而是一个种

（接上页注）诗歌》（Poems on Affairs of State：from Oliver Cromwell，To this present time）（1698），A8r；Steele，《闲谈者》，第 92 期（1709 年 11 月 10 日）；Addison，《旁观者》，第 451 期（1712 年 8 月 7 日）；Daniel Defoe，《家庭教师》（The Family Instructor）（1715），第 191 页；《斯威夫特致蒲柏的信》（1725 年 9 月 29 日），见《乔纳森·斯威夫特书信集》（The Correspondence of Jonathan Swift），Harold Williams 编（Oxford：Clarendon，1963），第 3 卷，第 102、103 页。斯威夫特质疑，讽刺的力量与其普遍性成反比，这让特定读者将其视为已指涉他人。参阅《木桶的故事》第 51、215 页相关序言。但康格里夫（Congreve）认为，普遍性可能是说教的关键所在，参阅其作品《如此世道》（The Way of the World）（1700）第 16—24 行的收场白。关于这些选段，参阅本书第 14 章，注释 5；第 13 章，注释 4。

[134] Alexander Pope，为《群愚史诗》所写的宣传，见《愚人志》，第 8 页，也参阅"附录 1：出版商致读者"（Appendix I，The Publisher to the Reader），第 201—206 页。参考《蒲柏致伯林顿（Burlington）的信》（1732 年 1 月）；《蒲柏致阿巴思诺特（Arbuthnot）的信》（1734 年 8 月 2 日），见《亚历山大·蒲柏书信集》（The Correspondence of Alexander Pope），George Sherburn 编（Oxford：Clarendon，1956），第 3 卷，第 266、423 页；Alexander Pope，《仿贺拉斯的讽刺与书信》（The Satires and Epistles of Horace Imitated）（1733），《致阿巴思诺特医生书》（Epistle to Dr. Arbuthnot）（1735）相关宣传，见 Butt，《仿贺拉斯之作》，第 3、95 页。关于笛福的措辞，参阅本章注释 11。

类",他的目的"不是把一个可怜的家伙暴露给一小撮和他相识的凡夫俗子,而是给成千上万的人在密室里当作镜子,让他们可以端详自己的缺陷,努力减少,那么一来,私下起了悔恨之心,当众就能避免侮辱。这就是讽刺家和诽谤者的区别,也划清了他们之间的界限。因为前者像父母似的,为了一个人的利益私下纠正他的过失,而后者却像刽子手似的,把那个人露体示众,给别人做个榜样"。[13] 当然,菲尔丁对诽谤与讽刺的区分也主要取决于口述或小圈子抄写出版与印刷之间的差异。

诸如此类的证据似乎确认了诽谤立法不仅在界定讽刺指涉的合宜性,而且在界定后世会称为"现实主义"(宣称虚构叙事近似真实,从而借得真实的权威)之事的吸引力方面做出贡献。在当前语境下,它也对已出版作品的模式概念做出贡献,也就是说,后者将自己对"公众"的指涉局限于个人的概括性之中,以此抗拒将个人作品出版的道德质疑效果。然而,下定决心的国家机器有相当能力忽略其自身法律逻辑,当它能权宜地如此行事时。当《论政府》(*Discourses concerning Government*)(1696)的未完成手稿于 1683 年在其寓所被查缴,并成为叛国指控基本证据时,阿尔杰农·西德尼(Algernon Sidney)振振有词地辩称这些手稿只是普通的政治理论习作,而非(所谓的)对查理二世的个人诽谤。他也否认任何出版意图,并表示人们"在自己的密室随性写作,只是为自己回忆之故,没人应对此负责,除非他将之发表"。首席法官,"血腥判官"乔治·杰弗里斯(George Jeffreys),对此充耳不闻。他不仅无视理论与实践"思考"之间的区别,而且无视思想、言语、积极散播之间的区别。他裁定,"人的内心所想无从查证,但如果我以外化行为宣告这是我的想象……这将足以成为这一行为触犯危害国家罪的证据"。对西德尼而言,密室的物理空间是某位个人本身的延展;对杰弗里斯而言,它是咖啡馆及部分公共领域的延展。1683 年 12 月 7 日,西德尼被处死,大约在同一时间,以下这段尖酸诗行正在流传:

阿尔杰农·西德尼,

---

[13]　Henry Fielding,《约瑟夫·安德鲁斯》(*Joseph Andrews*)(1742),第 3 卷,第 1 章,Martin C. Battestin 编(Middletown, CT: Wesleyan University Press, 1967),第 189 页。

98

全体国民的秉性，

写了一篇该死的诽谤（天哪，真的是！）

应景写出，

国民痛恨，

因此在密室之外散播。[136]

人物、作者、读者

个人暴露于公众面前，这在道德层面遭到反对，不仅基于如此暴露势必伤害个人的理由，而且也因为即便此举没有实际所指，它仍然会将这个坏例子公之于众，四处散播。杰里米·柯里尔（Jeremy Collier）认为，"诽谤"是一个可操作的术语，甚至可以责难这种话语类型，描述在此并不假言个人表述，因为诗人"陷于细节，坠于描写，这和诽谤及个人中伤没什么差别"。因此，"所有无礼的人物（如果必须有这类人的话）应该只用模糊的语言暗示，并笼统概述"。[137] 当然，恶意表述的道德责任是此时期与散文叙事有关的一个激烈的争论点。[138] 柯里尔在 1698 年开启的这一争议仅仅集中在戏剧创作，可能部分因为这一事实：以叙述者之口，叙事至少提供了一个规范表达道德评论的机会，而纯粹的戏剧对话做不到这点。[139]

99

---

[136] "对阿尔杰农·西德尼的审讯"（The Trial of Algernon Sidney, at the King's-Bench, for High Treason），见《柯贝特国家审讯全集》，第 9 卷，第 839、868、889 卷，引自 Weber，《纸子弹》，第 211—213 页；《时代新歌》（A New Song for the Times, 1683），见《国务诗歌》，第 1 卷，George deF. Lord 编（New Haven, CT: Yale University Press, 1963），第 xxxvii 页。关于思想、言语、行动之间的分离，参阅本书第 1 章，注释 106。

[137] Jeremy Collier，《为英国戏剧亵渎与不道德浅见的第二次辩护》（A Second Defence of the Short View of the Prophaneness and Immorality of the English Stage）(1700)，第 104 页；及《为英国戏剧亵渎与不道德浅见辩护》（A Defence of the Short View of the Prophaneness and Immorality of the English Stage）(1699)，第 10 页，引自 Aubrey Williams，《解读康格里夫》（An Approach to Congreve）（New Haven, CT: Yale University Press, 1979），第 61 页。柯里尔认为，出版具体但不真实的邪恶例子类似等同"公开诽谤"。他的观点在 1728 年通过的淫秽诽谤法中得以正名。参阅本书第 6 章，注释 93—98。

[138] 参阅 Michael McKeon，《散文体小说》（Prose Fiction: Great Britain），见《剑桥文学批评史》（The Cambridge History of Literary Criticism），H. B. Nisbet 和 Claude Rawson 编，第 4 卷（Cambridge: Cambridge University Press, 1997），第 238—263 页。

[139] 菲尔丁在《约瑟夫·安德鲁斯》中明确地抓住了这个机会，一个世纪之前的《大抗议书》(1641)的作者们也同样如此。后者"说起国王就像提及旁人那样"。参阅本书第 1 章，注释 9。

这无疑也是因为如是事实：很多道德改良针对的是不识字的平民。在这方面，当叙事用第一人称称呼，更多地戏仿作者有意谴责之人的声音，由此牺牲掉某种独特叙事声音的距离时，也就是它最脆弱之际。

在《木桶的故事》(1704)首次刊印之后的第六年，斯威夫特增添了"申辩"一文。他不得不把这种揭露邪恶的方式显化："明智的读者不会注意不到，文中一些最易遭人诟病的段落是人们所说的戏仿，作者有意模仿其他作家的风格来讽刺他们……另一个值得注意的事情是，全书贯穿着一种反讽，文雅之士想必可以分辨，这会让已有的一些异议变得十分软弱、无足轻重。"[140]斯威夫特感到有必要在文本阐释中给读者传授这些吗？因为讽刺与戏仿的技巧迄今还没有被英国读者完美理解。人格化中神秘的非个人性（人格化与非人格化，斯威夫特的恼怒与格列佛的愤怒），与出版借以使私人公共化的悖论机制有什么关系呢？通过抽取柯里尔争议的丰富性，我们或许可以在回答这些问题时有些新意。

柯里尔坚称，邪恶人物的描述必然是邪恶描述，这让我们想起首席法官杰弗里斯对"理论思考也是个人思考"一说的坚持。如诽谤法一样，这迫使柯里尔的反对者们把在写作与出版通常条件下隐性获得的阐释规则显化。其中一个就是人物情感与其作者情感之间的区别，在同时代的人们看来，这个区别似乎引发"公共"与"私人"术语的差别。柯里尔含蓄地拒绝人格面貌理论的逻辑，直率地断言："这是以舞台人物身份说话的诗人"；当舞台人物是邪恶之人时，他或她的"个人情感将受到谴责"。然而，根据威廉·康格里夫(William Congreve)的观点，"如果任何时候剧中某位邪恶人物做了蠢事或言语行为不道德，那么不应该怪罪这位作者的个人情感及其作品影响力"。詹姆斯·德雷克(James Drake)也提出类似警告，提防把诗人的"个人或真实感觉"与"有时不得不为坏人和浪子配上与他们性格相符的情感"混淆，因为在如是描述中，诗人"常常必须用上与自己本人完全对立的思想及表述"。[141] 柯里尔的对手们把个人与真实或现

100

---

[140]　Swift，《木桶的故事》，第 7、8 页。

[141]　Collier，《为英国戏剧亵渎与不道德浅见辩护》，第 108、10—11 页；William Congreve，《对柯里尔先生错误及不当引用的修改》(Amendments of Mr. Collier's False and Imperfect Citations)(1698)，第 9 页；James Drake，《古今戏剧评点》(The Antient and Modern Stages Survey'd)(1700)，第 222、327—328 页，均引自 Williams，《解读康格里夫》，第 78 页。

实，把公众与修辞或虚构联系起来。在人物与作者之间做出隐性区别的能力早就引导着观察与阅读习惯。此处的新意就是，人物与作者的显性分离，它们在柯里尔话语中的显性关联催生了这一举措。

　　这两个论点得到如是理解的襄助：人物情感存在于诸如公共领域事宜之中，然而作者的情感有私人存在。但对柯里尔而言，公共领域与文学人物都是实际特殊性、实际读者、实际作者的简单经验主义延展，然而柯里尔的对手们为它们把一个不同的虚拟性领域具化。也就是说，柯里尔的对手们把借助文学描述的个人作品出版视为一个疏离作者"本人"的"个人或真实感觉"的过程，然而柯里尔本人认为，作者个人创作人物，并将其投入公共领域时，作者与人物构成一个持续同质人格。辩论的语言足以醒目地提醒我们，政治责任的绝对主义理论与（洛克式）契约理论之间的不同。在前者中，个人主体服从行政官的公共权威，并得到相应理解。在后者中，确保主体以他（但不是她）"本人"身份拥有财产这一明确目的一并参与由个人主体组成的公共国家成型，这就需要主体的非财产权利的相互疏离，也就必然重新思考适合个人之事。就此类比而言（在其常识层面），"遵守契约的"作者个人对在他或她创作人物之前就已存在的现代性如此熟悉。但也存在如是感觉，即只有当作者与人物分离时，作者才开始存在，仿佛作者身份的确切存在（真实性，深度内在性的"个人或真实感觉"）源自文学人物肤浅世俗实体的创造性疏离。

　　在现代人看来，柯里尔及其对手们在极为"说教式"框架（即参与明确道德说教的文学）中论述，尽管个人与自主作者身份范畴（柯里尔的对手们有此倾向）似乎预示更具"美感"的框架出现；在此框架中，文学是一回事，道德完全是另一回事。但成为说教标记的明确性，（柯里尔坚称，作者个人对事关公共人物的舆论具有道德责任）应当提醒我们防范把说教视为美学现代性予以取代的传统性。更具说服力的是，我们可能把说教与美学理解为辩证组合，是真实传统性衰败后引发的显性知识彼此对立，但相互依赖的工具，根据道德标准，隐性地构想所有知识。在这方面，以及在其他方面德莱顿都是重要分水岭的标志。德莱顿把贺拉斯睿智的嘲讽与尤维纳利斯（Juvenal）极力挖苦的讽刺风格做了著名比较；他认为，两位诗人都是"愉悦与教益"（贺拉斯之语）孪生范畴层面的佼佼者。但他也愿意把这孪生范畴分开,让贺拉斯与尤维纳利斯分别对应着教益及愉悦,这也意味着:"假定贺拉斯成为更普通的哲学家,我们不能否认尤维纳利斯是更伟大的诗人,我指的是在讽刺方面……如果我们让贺拉斯凭着讽刺成为我们国家的大臣,那么尤维纳利斯就负责我们个人的愉悦。我认为后者不会对此异议。在诗歌结尾之处,让教益拥有卓越的荣誉。愉悦尽管只是屈居第二,但它最得青睐。"⑩

在对现代"英国戏剧"所做的著名抨击中,柯里尔把作者个人与公共人物两者的道德地位进行区分,但拒绝将它们分开。他的同时代人物,沙夫茨伯里将这个讨论延伸到写作出版领域。尽管在作者与隐私,人物与公开性关联方面和柯里尔意见一致,他极不赞同它们在道德上有延续性。更确切地说,道德问题存在于出版将人物与作者分离这一事实。那些以"沉思"、"偶得"、"冥想"之名出版作品的作者们特别"不体面",他们称之为个人及"自我交谈"之作,因为"他们没有一点时间精心思考自己的利益和价值"(1:164;1:103)。但这些例子用独特清晰度示范,现代作者身份的一般错误为何:为出版而写作,就是错误描述,就是牺牲作者的人格。"以第一人称写作的作家可以随意选取他喜欢的人物和事件。他不是一个确定的人,也没有任何确定的或真正的性格,而是随时准备迎合读者的喜好。"(1:199;1:124)这样的作者就好似"充满激情的恋人","永远说着自己……并最为殷勤地求爱",就是用成为"个人"的行为编造自己的性格(1:175,200;1:110,125)。"他们的言论不体现他们人格的优点。他们的作品也不再具有谈话中的那种风度。"(1:167;1:105)"我们现代的作家……正如他们自己承认那样,为公众的品味所左右……在我们这个时代,是读者造就诗人,书商造就作家:明智之人可以想象,这会给公众带来什么益处。"这是供应与需求中的一个体系:"作家们可以满不在乎,但我们总得读点什么……我们的作家……像做生意一样精打细算,对公众要求的质和量都心知肚明,所以能恰到好处地满足我们的需要;他们设法使这个市场供不应求。"(1:270,264,265;1:168,164,165)沙夫茨伯里此处似乎已想到了印刷经济。但"现代"作者的重要不同属于技术层面(即印

---

⑩ John Dryden,《论讽刺》(*Discourse concerning Satire*),见《戏剧诗歌与其他评论》,第 2 卷,第 131—132 页。

刷出版而非抄写出版），⑬与其普通或模式的不同（写作出版而非表演出版）⑭别无二致。更确切地说，这是著述的"现代"与"古代"实践之间的不同。现代出版将作者非人格化了。

沙夫茨伯里的示范古人是苏格拉底，后者的对话（无论是口述还是笔述）为我们担保了一个忠实于他个人性格的公众品德，因为这些对话记录了他试图遵照著名的"德尔斐神谕"（Delphic Instruction）了解自己的过程。对沙夫茨伯里而言，苏格拉底的方法好似自由联想之于弗洛伊德（Freud），即一个使隐性显化的乌托邦技巧，无需牺牲自知，这归功于其在不为人知层面成为隐性的如是事实："有人会认为，了解自己的心灵是件轻而易举的事情……但是一般来说，我们的思想只有一种含糊不清的语言，以至于世界上最难的事情莫过于让这思想清楚明白地表达出来。由于这个原因，正确的方法就是赋予它们以声音和语调。"在苏格拉底本人的性格中，我们于"精妙的嘲讽"中感受到了这一点，他借此框定自己所言之物，并使自己与之保持距离，因而"这似乎常与其真实所为极为不同"。我们在对话的"次要人物"身上也看到了这一点。他们在与苏格拉底交谈中，学会"在自己口袋里揣面镜子"，借此看到"两张面孔"。一张是苏格拉底的，"另一个则像蛮横任性、刚愎顽固的野兽，正接近于我们的自然状态"。通过阅读苏格拉底的对话，我们学会"凭借这种双重反省将自己区分为两个不同的角色"。因此，哲学"给了我们一架有声的窥镜，让我们说出内心所想，并指导我们树立自己的人格"（1：170—171，194—196；1：107—108，121—122）。古代智慧可能被现代化：如果出版催生非人格化，它也因此激励我们去获得存在于家庭生活比喻之中的更深层次个人知识。沙夫茨伯里建议，对作者而言，出版的第一步就是追求"家庭之道"，说"家庭之言"，培养"家庭的熟知与亲密感"，从事"家庭实践"，"细数……家庭温情"（1：167，170，172，189；2：139；1：105，107，108，118；2：80）。

103　　沙夫茨伯里对柏拉图（Plato）笔下苏格拉底的解读让我们想起当前

---

⑬　参阅本章注释 13。

⑭　参阅《人、风俗、意见与时代之特征》，第 3 卷，第 254—257、156—158 页。沙夫茨伯里提及某位对"我们英国戏剧"发表评论的作家时，他可能暗指柯里尔，尽管他实质上赞同那是"一位严格的道德家"的观点。

研究的基本关联,即"古代与现代的对峙"、"区别与分离的对峙"、"隐性与显性的对峙"是启发式抽象,其真相至少部分在于促使具体复杂化的激励中。[145] 沙夫茨伯里在阅读柏拉图的这部古代作品时发现了一种显化模式。他把将在显化的伟大现代聚合过程中扮演核心角色的部分公之于众。"双重反省"语言似乎鼓励了不仅是公共与私人之间,而且是在后者领域之内的现代"分离"动因。作者个人必定"把自己分成两个人,并成为自己的病人"。我们必定"发现灵魂的双重性,并把我们自己分为两个角色"(1:157,169;1:97,106)。当然,这位古代哲学家并不是沙夫茨伯里如是论述的唯一来源。沙夫茨伯里早期教育的导师洛克,新近已把"反省"描述成"人心对自己活动所加的那层注意",一种"内在感受","理解反观自照,反省它自己的作用,使它们成了自己思维的对象"。[146] 沙夫茨伯里的洛克式认识论的反身性,其将思考主体与客体的融合,都因预先存在的区分或"灵魂双重性"——使融合变得可以想象的个人主体与公共客体的分离——而成为可能。此外,这种思想行动概述了在著述社会行动中(可以说,上一层)发生的分离与融合。因为作者知晓私人与公共微型领域的思想反身性,所以作者个人(他笔下的人物在出版过程中与公共世界分离)准备通过相同思想反身性战胜该分离。

我们在柯里尔例子中看到了作者个人与公共人物之间的连续性,这和作者笔下个体人物与呈现给公众读者的人物之间取得的兼容性具有某种真实的,但只是表面的相似,因为甚至提议这种相似性就为相关驳斥提供理由,再次强调这一点非常重要。因为柯里尔和沙夫茨伯里这两位几近同时代的人,至少在这方面也证明了区别、分离、融合文化之间存在划时代的不同。对柯里尔而言,出版并不是非人格化。作者个人的道德可与其描述的公共人物道德区分,但不能分离。对沙夫茨伯里而言,正是公众与个人之间的分离经验(关于出版非人格化的洞见)使两者辩证融合,彼此和解。沙夫茨伯里把这种和解视为深层次的道德成就;但不同于柯里尔的道德,它泄露了分离的痕迹,而这种分离之前已借助内省研究智慧

---

[145]　参阅本书导言。关于希腊与欧洲启蒙之间的相似及不同,参阅 McKeon,《英国小说的起源》,第 28—32、134—140 页。

[146]　John Locke,《人类理解论》(*An Essay concerning Human Understanding*)(1690),第 8 版,第 2 卷,第 1 章,第 4 节,Peter H. Nidditch 编(Oxford: Clarendon, 1979),第 105、107 页。

104 帮助个人著述予以克服。

《人、风俗、意见与时代之特征》的第三卷也是最后一卷，包括沙夫茨伯里所称的“关于前面论文和其他关键问题的杂感”（第三卷，书名页）。这些是“反省”术语的若干类似意思。它们极深程度地源自沙夫茨伯里的自我划分，内在的自我研究（可以说，是个人微型作者层面公共微型读者的反省），自我划分允许他这样做。但这些反省也是自我研究的产物，作者沙夫茨伯里在此寻求将自己的公共作者角色真实地适应他个人。他用同时阅读自己（评点自己的观点，并通过所做的脚注提醒我们），以及直接向读者发声的方式如是行事：“无疑，我的读者此时肯定开始感到蹊跷，走过这迷宫般的思索和芜杂凌乱的反省，我要把他领到哪里去？”沙夫茨伯里用自己早期针对这种非人格化的批评中和了（如果有的话）作者“求爱”的间接自觉氛围，借此告诉我们，对他而言，是时候“我以作者的身份……祝贺我们的英国读者有如此尊贵的地位。我的意思是，他与我们自己之间的关系是有利于他的，而我们实际上处于从属地位。而且，人们希望他永远享受对于其谦卑仆人的优越和特权，这些仆人就是为他之利创作和辛劳的”。作者卑躬屈膝的讽刺虚荣（沙夫茨伯里模仿了他自己主人苏格拉底的嘲讽）也带着对读者阅读责任的清醒指责：“也就是说，用其理智去质疑、解释和评论”（3:242—244;3:148—149）。[147]

作者已设法把自己“内在性格”（1:339;1:208）的恰当表述公之于众，对读者而言，如今是时候借助“口袋里的镜子”阅读自己了。一开始，沙夫茨伯里的“给作者的建议”，即《人、风俗、意见与时代之特征》第一卷结尾文章的副标题及贯穿主题，已经不仅把作者与读者之间的关系，而且也把它们的类比这两者事实视为理所当然。他暂时对贺拉斯那令人满意的“愉悦与教益”箴言予以质疑，并写道：“当作者他们只是宣称愉悦时……

[147] 沙夫茨伯里的嘲讽（“他似乎与真实的自己非常不同”）当然是四处可见。例如，他把玩作者隐私包含公众（即反身可读性）成分的辩证谜语的方式。因此，他对作为“家”的思维内在性的家庭比喻表述引发了对思维官能的父权制惯例解读：“每个人……必然不可避免地把自己的幻想置于某种训诫及管控之中……因此，此处还是和家庭那样，遇到有人会问及的相同问题：‘谁掌权？或谁是主人？’”《人、风俗、意见与时代之特征》，第1卷，第323、199页。但在沙夫茨伯里的后洛克时代笔下，父权制类比的严格运用是令人有趣的不安，因为聚焦的内化将思想（“此处”）比作国家，以此用家庭表现伟大本身的公共领域，而不是渺小的私人领域（这从传统上确认了由高到低的指挥链）。

暗中建议,给予教益。"(1:155;1:98)沙夫茨伯里在自己的实践中会透露这个秘密,首先公开承认自己为作者建言的雄心;其次通过把自己分为作者与读者的策略给自己提建议,并把这一策略当作其他作者可能借以让自己及读者诚实可信的模式,以此实施自己的雄心。

105

特殊与普遍

书籍的印刷与流通涉及从个人到非个人,从特殊到普遍的过程,这让人想起大量其他同时代现象。不同于传统主权模式,契约理论及源自众多私人利益的公共利益始于局部层面,而非整体层面,通过它们特殊性的相互适应成就集体的普遍性。不同于传统的商业模式,市场理念把价值视为通过特殊、不同商品的平等化而获得的普遍同质范畴。[148]借助相关方式,个人出版就是普通读者通过特别话语的增添与散播借以聚合的过程。所有这三种活动借助量化术语阐释特殊性的方式达到普遍性水平。出于这个原因,它们引发并鼓励把普遍的修辞格视为由众多实际特殊组成的具体但虚拟的空间。此外,所有这三者都把构成普遍性的特殊性理解成在如是过程中已把某些东西遗落,即便只是暂时的:某些权利、使用价值与隐私。的确,我们已经遇到的,对法律与道德论点的共同寻求可能被理解成对这种客观化或疏离经验的反应,作为普遍性构成者的实际特殊性的整体借以被证实是虚拟构成过程的前提条件,整体在此得以妥协。

查尔斯·泰勒(Charles Taylor)关于现代"社会想象"的富有成效的假说,以及其他从众多不同方向论证这一假说之人的专著有助于我对上述问题的思考。[149]泰勒的假说极为明显地受本尼迪克特·安德森(Benedict Anderson)作为"想象的共同体"的现代民族国家这个深具影响之观

---

[148] 关于这些事宜,参阅本书第 1 章,注释 28—30、73—75。

[149] 参阅 Charles Taylor,《现代社会想象》(Modern Social Imaginaries),见 *Public Culture*,第 14 卷,第 1 期(2002),第 91—124 页;Benjamin Lee 和 Edward LiPuma,《流通的各类文化》(Cultures of Circulation: The Imaginations of Modernity),见 *Public Culture*,第 14 卷,第 1 期(2002),第 191—213 页;Charles Taylor,《现代社会想象》(*Modern Social Imaginaries*)(Durham, NC: Duke University Press, 2004);Warner,《共和与反共和》,第 65—124 页。

点的启发，并为民族国家理念增添了两个其他现代"社会想象"，即市场与公共领域，通过如是增添，借助比较，改进了我们对它们共有品性的理解。[150] 尽管我在本研究中所用的二分体范畴，即区别/分离、隐性/显性、嵌入/抽离、实际/虚拟，绝大多数并非泰勒所用，但皆是本着他的假说精神，而且我的相关运用也得益于他的术语及分析实例。

　　大体说来，现代社会想象是通过其自身能动性，而非借助外力成型。它是社会的，因为它是一般或集体实体，是众多个人组成的关系；它是"想象的"，因为它虚拟存在，而非实际存在，只存在于自我建构与自我永存的活动中。现代社会想象因此是极端意义上的反身实体，它们不仅明确自觉地指向自己，而且通过自我指涉的显化行为建构自我。出于这一原因，它们的集体能动性运用与语言述行（the linguistic performative）的自我实现能力有着阐释性关系。[151] 现代社会想象的这些基本特征（虚拟性、自我建构、反身性）与现代社会经济及文化关系的重要品性密切相关。事实就是，它们相对脱离，居间，而非面对面，从物理存在与实践的底层剥离出来。现代社会关系（社会契约、市场交换、公众舆论）尽管以各自有异的方式存在，但是没有他者实际经验的"陌生人"之间的标准客观关系。[152] 最终，现代社会想象是该术语双重意义上的"世俗化"，即有时限，属于"特定时代"，而非永恒秩序中关联之事，因此也就是世俗的，世故的，而非神圣的或宗教的。[153] 对读者而言，该假说与我一直论证的公共与私人之间现代关系的相关性足够清楚。[154]

　　提及"现代社会想象"，意味着有人也可能提及传统社会想象。泰勒运用诸如"理论"、"背景"、"轮流上演"（我们可能希望加上"霸权"）等

---

[150]　参阅 Anderson，《想象的共同体》。

[151]　特别参阅 Lee 和 LiPuma，《流通的各类文化》。

[152]　参阅 Allan Silver，《"两类不同的商业"：公民社会中的友谊与生疏》（"Two Different Sorts of Commerce"—Friendship and Strangership in Civil Society），见《思想与实践中的公共及私人》（*Public and Private in Thought and Practice：Perspectives on a Grand Dichotomy*），Jeff Weintraub 和 Krishan Kumar 编（Chicago：University of Chicago Press，1997），第 48—49、52—54 页；Georg Simmel，《金钱哲学》（*The Philosophy of Money*）（1907），David Frisby 编，Tom Bottomore 和 David Frisby 编，第 2 修订版（London：Routledge，1990），第 292—303 页；Warner，《共和与反共和》，第 74—76 页。

[153]　参阅 Charles Taylor，《现代社会想象》，第 93—99 页。

[154]　沃纳（Warner）已在《共和与反共和》中将此运用于（现代）公众。

相关范畴以阐明此处区别何在时，他为这一观念辩护："社会想象"在指明应适用于所有社会的个人与共同体相互性，以及社会世界中理解与行事相互性时发挥作用。[155] 这的确是所有社会共同体自我建构，并通过它们各自组成的集体意愿支撑的真实意义，正如共同体从整体上高过它们成员意愿的认识论总和这一真实意义一样。但现代社会想象（社会契约、市场交换、公众舆论）也明确地把自己假定为自我构成，即使普通用法提及它们时，仿佛它们是实际的、客观的、具化的实体（将它们的持续存在归结于超越它们成员意愿的某个存在），乐意借此将不信任悬置在这个命题中。[156]

如果我们把现代民族国家的生成理念回想成"想象的共同体"，我的观点可能更为清晰，想象行为在此不仅是所有社会成型的共有，而且是现代社会成型的独有。安德森小心论证现代民族国家与传统宗教共同体及王朝的连续性、间断性。然而，间断性的最突出标志之一就是如此两者之间的不同，即一方面是我一直与显化动机联系的现代自我意识，另一方面是"非自觉一致"、"不言自明的理解"，以及传统的"自动合法性"。[157] 泰勒的概括用法可能引导我们称为"传统社会想象"之事是实际的、嵌入的、具化的集体，不仅因为这是它们的经验主义和社会学状况，而且因为它们的成员通过神话、故事、神学、理论首先不是把自己理解成创造性个人，而是先于个性存在的，整体性的被造部分：被集体化力量创造，并超越自身能动性的被造物。"可以造物"（creatura non potest creare），基督教的这一基本教义不仅成为我们认同为"宗教"信仰之事的基础，而且也成为如此传统实体论的基础。这正是现代社会想象中缺失的东西，无论于多深的意识层面，"创造"在此被认为是人类的能力，而非超人的能力，并在政治、经济与文化理论的论述层面得以正名。这是人类想象，而非神意的法令。所有社会共同体，无论是多么隐性的，"想象的"，现代社会共同体也是明确的想象述行之功。如果真是如此，这就有理由思考第四个范畴，它在我

107

---

[155] 参阅 Charles Taylor，《现代社会想象》，第 2 章。

[156] Lee 和 LiPuma，《流通的各类文化》，第 196 页，两位作者评论道，在这方面，市场的存在有清晰的预期，因为其非人格性倾向使关于其存在的如是理解成为必要，即无论其诸多成员何等有意，但仍与他们个人能动性对立，民族国家与公共领域则并非如此。

[157] Anderson，《想象的共同体》，注释 23、40、27。

们关注的两个世纪出现，并与三类"社会想象"——美学想象本身的范畴——的阐述有着重要的甚至是解释性的关联。[158]

实际与具体特殊性

　　回到我的论点，同时代的人们把现代初期公共与私人之间的关系重新构想，由此产生的抽象框架也是具体但虚拟的集体性领域与实际个人之间关系的框架。如果现代隐私特性与辩证概述结构关联，那么在下一层，即私人领域内，私人与公共领域之间的分离借此重建。现代公众有虚拟集体性的品质与结构，后者由所有那些被实际剥离的个人认知能动性构成，而这些个人只是借助认知的反身行为而想象性地重新嵌入，成为其组成部分。但实际个人如何可以涉入虚拟群体？一个恰当的例子就是诽谤特殊性与讽刺普遍性之间的争议。针对诽谤话语的法律及道德论点有助于说服作者们宁愿把讽刺选作公共领域批评的方式。但如果在批评公共人物及机构时，它避免特殊的维度，即实际民众的层面，那么如此批评的力量为何？之前引用的，菲尔丁在《约瑟夫·安德鲁斯》的基本原理为此问题提供了答案。讽刺将自身局限于普遍领域，并不必然与私人个体的特殊性断绝联系。相反，它为读者提供具体的个体，虚构的人物，以此触及那种特殊性。读者可以通过等同的平等化过程了解虚构人物，为成千上万身处密室的读者个人手持镜子，这也取决于从实际领域到虚拟但也具体的领域这一普遍化过程，并由此成为可能。菲尔丁暗示，只有在普遍领域中，个人道德提升实践才能实现。相反，继续留在实际特殊性领域就是使自己顺从公共曝光（或是沙夫茨伯里评论中提及的公开诋毁），在公众面前牺牲个人，而不是把个人带入公共话语。

　　菲尔丁基本原理的效果就是把特殊性的两个层面，即实际与具体的特殊性分离，它们的不同潜伏在传统思想方式中，这是关于近代早期经验中经验主义现实性前所未有的规范力量缺失的范畴。在随后章节，我会重论这种分离的重要性。此刻提及它与对现代现实主义及美学学说至关重要的具体虚拟性理念关联足以。这些学说的出现，并不相当于虚构的

---

[158]　这个主题将时不时地出现在本书随后章节，并在第7章得到详细论述。

出现，而相当于我们的虚构类型的出现，即公开宣称其虚构性与其明显真实性的对立。⑲ 只有通过实际的（真实的、经验主义的、历史的）现代评价，"虚构"的古代与隐晦整体才会化成不同且清晰的组成部分：虚假与虚构，欺骗与真相的美学模式，编造的事物与制造的事物。

---

⑲　参阅 McKeon，《英国小说的起源》，第 118—128 页；Michael McKeon 编，《小说理论》（*Theory of the Novel：A Historical Approach*）（Baltimore：Johns Hopkins University Press，2000），第 9 部分。与 Gallagher，《无名之辈的故事》第 xv—xviii 页对比。尽管加拉格尔（Gallagher）此处声称，在 18 世纪中叶之前，欧洲文化并没有虚构这个范畴，她的论点说明，其意实为该范畴并没有被清楚理论化。我认为亚里士多德已明确将虚构范畴理论化，但并未产生持久影响。加拉格尔把亚里士多德及其文艺复兴时期的追随者视为"将虚构与英雄联系"之人，并因此未能将如此虚构理论化，也就是说，独立于特定内容的形式模式。我看不到她的这个观点依据在哪。根据加拉格尔的理解，虚构范畴此时出现的证据在于新近发现的，作者声称笔下人物是"无名之辈"（即并不实际存在）的意愿。在我看来，这是一种传统的理解，一种故事讲述与倾听的隐性实践中惯用的假定，只是在遭到挑战时才成为显性。17 世纪末与 18 世纪的新意之处在于，对经验主义认识论真实主张的敏感如此之强，以至于它推动了强大的天真写实主义成长（在叙事与诗歌中，我称之为历史真实性主张；在戏剧中，则是时间与地点的统一学说），这是应对诸如德莱顿、艾迪生、菲尔丁、约翰逊这类评论家开始详述现代虚构观点的反应，其与传统观点的不同不在别上，而是在借以寻求描述"相信"虚构的心理状态（即"相信"一个貌似可信的人物，而不用相信其实际存在）的明确性及精确性方面。现代虚构观点开始与因经验主义认识论而起的天真写实主义立场对立，这种努力造成了如是视觉幻想，即人们第一次相信虚构人物不存在。我们这个时期的新意之处不是此类虚构，而是虚构的现实主义与美学阐述。我将在本书第 7 章再次予以论述。

　　我当前对公共与私人现代关系的研究可以理解为普遍与特殊之间的关系研究，它明显与玛丽·普维（Mary Poovey）的《现代事实史》（*History of the Modern Fact*）重合。我与她的研究之间的一个重要不同就是，她借助相对聚焦的数字量化史研究普遍-特殊关系，而我是从更广的层面把此关系视为更多样化的认识论发展的功能。

第三章　从作为家庭的国家到作为国家的家庭

　　迄今为止,我们对近代早期国家公共性从公民社会隐私分离而出的探究已集中在三个相互关联的因素上:个人经济权利与利益的概念聚合,宗教内在良知的概念详述,以及个人的印刷出版。所有这三个因素都涉及彼此对立的"公共"与"私人"两个范畴辩证构成的过程,都显示了在私人领域内复制对立关系(以两个领域的对立为比喻)的辩证倾向。这个过程的第四个也是最后一个因素,就是哈贝马斯称为现代婚姻家庭"内在领域"之事的建立。这就值得我们向哈贝马斯简略讨教,以对该范畴有个概观。

　　在哈贝马斯看来,公共与私人领域的近代早期分离回答了多少问题,就引发了多少问题。与公共国家权威对立的私人领域本身就是复杂的混合体:不仅是公共领域会被理解成私人领域的一部分;公民社会的隐私一方面由市场交换,另一方面由现代婚姻家庭"内在领域"(Intimsphäre)组成。① 有鉴于私人与公共实体各自明显对立,家庭内在领域如何可与市场的商品交换共存? 哈贝马斯在宽泛扼要的历史理解辩证逻辑中找到了

---

① 　Jürgen Habermas,《公共领域的结构转型》(*The Structural Transformation of the Public Sphere : An Inquiry into a Category of Bourgeois Society*)(1962),Thomas Burger 和 Frederick Lawrence 翻译(Cambridge, MA: MIT Press, 1989),第 28—31 页(随后引用源自本版,并在文中圆括号内标示)。

此问题的答案。伴随着近代早期资本主义革命,经济再生产的私人劳动越发从私人家庭分离出来,为市场而执业。哈贝马斯写道:"现代经济不再针对庄园,市场替代了家庭。"(20)然而,经济活动是在与公共国家控制对立中得以界定,并保留其与隐私的古老联系,不是被视为贫穷,而是被视为摆脱约束的消极自由。家庭被剥夺了(私人)经济功能,日益获得现代家庭的(私人)地位,也因摆脱公共控制的消极自由而具备价值。哈贝马斯写道:"物主在市场上的独立性和个人在家庭中的自我表现是一致的。他们似乎摆脱了社会压力的内心世界是一种在竞争当中实现的私人自律的真正标记。"(46)"个人将商品所有者与一家之主、物主与'人'的角色完全结合起来。"(28—29)然而,如我们在财产与合宜性之间的离心张力中所见,这个封条是有缺陷的。尽管亲密角色有形地取决于市场角色,家庭亲密性是在与其经济基础截然对立中体验的。"隐私"的逻辑,强大的动力被视为摆脱公共依赖的自由,并强化家庭意义,恰如在如是原则中创建的那样:"自愿、爱的共同体以及教育这三个因素合在一起就是人性概念,这种人性应当扎根在人自己身上,真正占据统治地位:……根据自身规律自行完善的内在世界从任何一种外在目的当中解放出来。"(47)因此,公共与私人的分离是在下一层得以复制:"国家和社会的两极化过程在社会内部又重演了一遍。"(28)

　　复制机制并不在此终结。现代"家庭",即传统家庭的完全私人化替代仍然重构了其自身墙内的分割领域。"私人领域和公共领域之间的界线在家里面也表现了出来。私人从其舒适的卧室里走出来,进入沙龙公共领域;但是,二者是密切相关的。"(45)沙龙逐步在家中内化,并开始在一小部分私人领域中模仿真实的公共领域,其角色就是将私人领域话语疏导至更广大的公共领域。婚姻的契约模式允诺个人自主,同时也以丈夫、父亲之于妻子、孩子这种不平等关系重构私人对公共权威的服从,用相关方式使私人家庭的消极自由神圣化。"爱情与理性的冲突,也就是说金钱婚姻和门第婚姻"(47)(家长式国家理性凌驾于孩子的爱情自由之上),这句屡次被人重复的话阐述了近代早期婚姻的辩证矛盾,即绝对主义权威与契约选择(或父权绝对主义与趋下流动绝对主义)之间的平衡。哈贝马斯在主体性范畴,即"私人的最内在核心"(49),"现代意义上的丰富而自由内心私人性的源头"(28)中找到了这始终内向辩证发展抵达的

110

111

终点,其实验室就是公共领域的书信与自传文学。根据哈贝马斯的观点,"文学公共领域"的私人之工在阐述理性辩论术语时发挥极为重要的作用,因为它在可辨别的"政治公共领域"之内为人所知(51—56)。

　　哈贝马斯将公共领域置于近代早期私人领域之内,并使之具化,这极大地影响了近期相关领域的研究。然而,这种集中关注的一个不利因素,就是对更大历史观点的相对忽视,新兴公共领域论点在此获得辩证意义。哈贝马斯给我们一个理解"公共/私人"对立二分法逻辑如何可能与"公共-私人"连续性同化逻辑同步的模式。在历史经验的共时剖面中,公共与私人领域可能都是独有与对立的存在。另一方面,对历史经验历时视角的追求使这两个领域的独有性相对化,并确定了它们的转喻式相互交织。然而,正如我们刚才所见,公共与私人的连续性甚至在共时框架内完全为人所知,因为公共与私人之间的本质对立倾向于在下一层,即私人领域内被复制(的确,这是假定公共领域在私人领域"之内"的核心意义)。在同时代人们的日常经验中,政治与经济、市场与家庭、社会资产结盟与爱情等对立术语是作为个人存在的同时维度而存在。这种模式有超乎寻常的描述力量与阐述潜能。然而,尽管哈贝马斯将某些阐释空间用于揭示这种模式如何可能源自英国经验的特殊情况(56—67),参照之前的分析标准,这种运用有些草率。在本章及随后几章,我将专注于哈贝马斯所称的"内在领域",用迄今建构我论述的术语,在相关语境中予以分析。

作为家庭的国家

　　我已在本研究开篇明确阐述并因此颠覆家庭与国家之间类比的隐性传统性时,略论父权制理论的角色。1612 年,理查德·格里纳姆(Richard Greenham)对此类比的简短概述成为如是问题的例证,即内在组成之间的区别如何并不需要暗示彼此的可分性:"位高者的关爱,位卑者的敬畏,使神圣统治在家庭、教会与国家中既是公共的,又是私人的。"约翰·海沃德(John Hayward)提供了更详细的论述:"整个世界就是一个大国家,国家就是大家庭,家庭就是大团体。正如上帝主宰世界,主人掌控家庭,所有团体成员从头领那儿领受指示、接受派遣,这就是理解与意愿的坐席及高塔。因此,一个国家应该由一人统治,这似乎仍然是自然之事。"

然而,甚至在此时此刻,就在菲尔默(Filmer)将父权制类比理论化之前,评论家们发现此类比在两个方面(源自新教教会的两个方面)细节之处不甚透明。约翰·多德(John Dod)与罗伯特·克利弗(Robert Cleaver)这两位极具影响力的清教作家相信"对不知如何管理自己家庭或本人的个人而言,理解如何统治国家是件不可能的事情,因此不知道管理之人也就不配统治他人"。但他们也相信"不应该对家里的所有人施以同样的管理方法。管理妻子是一种方法,管理孩子是另一种方法,管理仆人又是另一种"。1593 年,著名英国国教徒理查德·胡克(Richard Hooker)提出这样的问题,隐喻使转喻成为必要,如果国家像家庭,它也就由无数家庭组成:"对于身处个人家庭之中的父亲们来说,自然赋予了他们至高权力……大多数人并没有对他人的此番依赖,由如此之多的家庭组成,正如世上每个政治社会那样。任何人都应该在得到人们的许可或经上帝直接指派之后,才有完全的合法权力,因为没人有父亲那种与生俱来的优越性。"②的确,甚至菲尔默对家庭关系的看法(除父权制之外的阐述)都要

②　Richard Greenham,《作品集》(*Workes*)(1612),第 12 页,引自 Christopher Hill,《英国革命之前的社会与清教主义》(*Society and Puritanism in Pre-Revolutionary England*)(London:Panther, 1969),第 447 页;John Hayward,《对关于继承事宜的某场会议第一部分的答复》(*An Answer to the First Part of a Certaine Conference, Concerning Succession*)(1603),B4;John Dod 和 Robert Cleaver,《家庭管治的神意形式》(*A Godly Forme of Household Government: for the ordering of private families, according to the direction of God's Word*)(1612),A8v,引自 Susan Dwyer Amussen,《秩序社会》(*An Ordered Society: Gender and Class in Early Modern England*)(Oxford:Blackwell, 1988),第 37—38 页;Richard Hooker,《论教会政体法》(*Of the Laws of Ecclesiastical Polity*)(1593—1661),George Edelen 等人编(Cambridge, MA:Harvard University Press, Belknap Press, 1977—1982),第 1 卷,第 99 页;引自 Constance Jordan,《家庭与国家》(The Household and the State:Transformations in the Representation of an Analogy from Aristotle to James I),见 *Modern Language Quarterly*,第 54 卷,第 3 期(1993),第 323—324 页。关于胡克的基本洞见,参阅 Aristotle,《政治学》,第 1253a—b 行。1658 年,爱德华·吉(Edward Gee)写道,"作为不同于家庭的独特社会的公共国家或共和国"建立后,"父权已(应当且必然)被视为其他的或不同于公民行政官的权威,并且次于或隶属于后者"。《源自上帝的公民行政官神意权利》(*The Divine Right and Original of the Civill Magistrate from God*),第 144—145 页,引自 Gordon J. Schochet,《政治思想中的父权制》(*Patriarchalism in Political Thought: The Authoritarian Family and Political Speculation and Attitudes Especially in Seventeenth-Century England*)(New York:Basic Books, 1975),第 171—172 页。父权制类比的阐述可被用来确认实践层面的广泛家庭绝对主义,关于这个现代假设的重要更正,参阅 Margaret J. M. Ezell,《家长的妻子》(*The Patriarch's Wife: Literary Evidence and the History of the Family*)(Chapel Hill:University of North Carolina Press, 1987)。

比单调的父权制类比可能令我们猜想的内容更少一些绝对主义色彩。我们可能由此得出结论，除父权制外，菲尔默的私人秩序观念比公共秩序观念更微妙，假如不是出于如是事实的话，即王权的父权制理论本身在仔细阅读时也比它之前解读的内容要隐晦得多。③

　　家庭与国家的隐喻具有说服力，这部分源自其转喻的支持，也就是说，源自王权由王朝或家庭继承决定这一事实。然而，从这个视角来看，斯图亚特王室历史必定被许多人视为持续数世纪的家庭危机讽喻：被遗弃并被处死的丈夫-父亲，查理一世；寡居的妻子-母亲，英国；长子的迟归，查理二世；有致命缺陷的一众继承人的敌对（专横的次子，约克公爵；他的私生子外甥蒙莫斯[Monmouth]公爵）；未能延续血统的詹姆斯二世；母亲的反常统治，安妮；以及将地产交给汉诺威王朝闯入者。保皇派们顺着这一思路，希望把公共领域发生的事件适应令人宽慰的私人模式。17世纪初，詹姆斯一世已自信地宣布，"我是丈夫，整个不列颠岛是我的合法妻子"。1643年，皇家牧师提醒自己的读者，"国王也是皇家新郎，在自己的加冕仪式上用戒指与王国缔结连理"。在阐述内战爆发时，公共领域辩论总要提到国王与民众的相互"嫉妒"，以及那些嫉妒假设指向的"爱情"：

> 国家的嫉妒，如爱情嫉妒，
> 有着忧惧与憎恨双重热情。④

---

③　参阅 Ezell，《家长的妻子》，第5—6章，关于 Filmer，《贤妻之赞》(In Praise of the Virtuous Wife)，Rachel J. Weil，《废黜危机中的家庭》(The Family in the Exclusion Crisis: Locke versus Filmer Revisited)，见《转型的国家》(A Nation Transformed: England after the Restoration)，Alan Houston 和 Steve Pincus 编(Cambridge: Cambridge University Press, 2001)，第101—111页。

④　《詹姆斯一世政治作品集》(The Political Works of James I)，Charles H. McIlwain 编(London, 1918)，第272页，引自 Jonathan Goldberg，《詹姆斯一世与文学政治》(James I and the Politics of Literature: Jonson, Shakespeare, Donne, and Their Contemporaries)(Baltimore: Johns Hopkins University Press, 1983)，第84页；Henry Ferne，《良知的满足》(Conscience Satisfied: That there is no warrant for the Armes now taken up by Subjects)(Oxford, 1643)，第12页，引自 Mary Lyndon Shanley，《17世纪英国政治思想中的婚姻契约与社会契约》(Marriage Contract and Social Contract in Seventeenth-Century English Political Thought)，见 Western Political Quarterly，第32卷，第1期(1979)，第81页；《诸国情报周刊》(Kingdoms Weekly Intelligence)，(1646年7月4日至11日)，引自 Lois Potter，《秘密仪式与秘密书写》(Secret Rites and Secret Writing: Royalist Literature, 1641—1660)(Cambridge: Cambridge University Press, 1989)，第102页。

但至 17 世纪 40 年代末,保皇党的悲惨情境呼召家庭与国家之间更严峻的类比。在 1648 年印刷的四篇"对话"中,创建一个经过改革的国家教会以取代英国国教会,这长达十多年的努力被比作怪异的分娩场景:议会小姐是一位娼妓,生出了一个没有头(即没有国王)的可怕怪兽,代表各类反叛罪恶的"谣言"围在一边助产。⑤ 同一年,一本保皇派小册子想象"国王先生与议会女士"即将到来的婚姻被"军队队长"阻挠。这位军人禁止发布结婚公告,以防国王的"地产可能留给正直的以色列子民,敬神友爱的党派"。作者写道,议会小姐是"一位举止轻浮、水性杨花、可能一事无成的女子"。⑥

不可反驳的是,弑君就是弑父,但丈夫的妻子在此场景中扮演怎样的角色? 在《胡迪布拉斯》(Hudibras)(1663,1664,1678)这部概要式寓言框架作品中,塞缪尔·巴特勒(Samuel Butler)把处于空位期的英国比作被清教徒求婚者追求的天真寡妇。⑦ 但英国,即丈夫的妻子也可能被比作弑君者。14 世纪惩治轻叛逆罪的法律规定:"如果仆人杀死自己的主人,女子杀死自己的丈夫,或世俗、宗教人士杀死自己本该顺从的教士,这就是叛逆。"1663 年,最后一次弑君执行后的一年,王座法庭(King's Bench)首席法官在裁定一位逃亡妻子的案件时评论道:"当妻子违背丈夫的意愿而离开时,她遗弃了他的管治,树立新的司法权,实施自我管理,如果不算违背上帝的律法与土地法律,也至少将其排除在外。因此,惩治

---

⑤ 四本小册子见 Lois Potter,《议会小姐的政治对话》(The *Mistris Parliament* Political Dialogues),见 *Analytical and Enumerative Bibliography*,第 3 期(1987),第 101—170 页。伦敦夫人充当助产士。传统上,全是女性的分娩室被视为女性隐私与集体性的特殊之地。参阅本书第 5 章,注释 43,图 4.12 与图 5.12。议会小姐小册子中的转义在复辟前夕的《著名朗普女士的生死悲剧》(*The Famous Tragedie Of the Life and Death of Mris. Rump. Shewing How She was brought to Bed of a Monster ··· her ugly, deformed, ill-shapen, base-begotten Brat or Imp of Reformation*)(1660)中重复出现。传统观点认为,生下怪物盖因怀孕母亲的欲望想象之故,参阅 Marie-Hélène Huet,《怪诞想象》(*Monstrous Imagination*)(Cambridge, MA: Harvard University Press, 1993)。

⑥ 《国王先生与议会女士的新婚》(*A New Marriage, Between Mr. King, and Mrs. Parliament. The Banes forbidden by Captaine army, with the Grounds and Reasons he gives for the same*)(1648),第 4 页。

⑦ 参阅 Richard Braverman,《阴谋与反阴谋》(*Plots and Counterplots: Sexual Politics and the Body Politic in English Literature, 1660—1730*)(Cambridge: Cambridge University Press, 1993),第 55—56 页。

这种过错的法律应将她置于家庭的小国家的相同苦境之中，法律把犯了
类似过错的臣民置于王国的大国家之中，这都是公正的。"⑧

复辟被颂扬为另一场君王与臣民的神圣婚礼，这种阐述如此之快，以
至于到 1667 年末，约翰·德莱顿还在宽慰伦敦城市民"君王或臣民从未
有更多彼此爱慕的共同理由，如果对任何一方而言，受难会让情感亲密的
话。你们看到的是一对不匹配的情侣一路经历众多困难。他，经历了长
期流放，遭受了各种命运摆布，众多敌人横加阻拦，把你从他那里夺走，残
暴蹂躏，扣押。当然，你也在这受难中算是咎由自取"。之后不到十年内，
约翰·艾洛夫(John Ayloffe)笔下的不列颠女神抱怨：

> 一群法国人占据宫廷
>
> ……
>
> 他们神奇地窃走国王，
> 调包换上了路易王。

路易把太阳王作为自己的模范，他的拟人化政权促使查理

> 品尝到君主权力的甘甜，
> 这场王权游戏摧毁整个王国。
> 我给您御榻献上三位无暇处女，
> 分别献给您，他们的神和国王。

在光荣革命前夕，埃莉诺·詹姆斯极力劝阻议会不要废黜詹姆斯二世：

---

⑧ 《曼比诉斯科特》(*Manby v. Scott*)(1663)中的罗伯特·海德爵士(Sir Robert Hyde)，引自
Susan Staves，《游戏者的权杖》(*Players' Scepters：Fictions of Authority in the Restoration*)
(Lincoln：University of Nebraska Press, 1979)，第 III 页。家庭被理解为"小国家"时，谋杀
头领就被定为"轻叛逆罪"。关于《叛逆法令》(Treason Act)，参阅 Frances Dolan，《危险的熟
人》(*Dangerous Familiars：Representations of Domestic Crime in England，1550—1700*)
(Ithaca，NY：Cornell University Press, 1994)，第 21 页，关于轻叛逆罪，参阅本书第 1—3
章。至 18 世纪末，对杀人犯的个人指控通常更被视为轻叛逆罪的公共指控。直到 1828
年，轻叛逆罪才被正式废除。参阅 William S. Holdsworth，《英国法律史》(*A History of
English Law*)，第 3 版(London：Methuen, 1922—1966)，第 3 卷，第 288 页。

"考虑到他被陌生人误导,正如众多男子会被陌生女子诱导一样,然而他们并不愿意看到妻子们会把自己关在门外,另嫁他人。"⑨

　　然而,于细致分析压力下保持这种习惯类比的困难,在议员对这术语进行性别重塑的意愿中更为明显。亨利·帕克认为,君王与父亲、君王与丈夫的对比"的确以比喻的方法阐述了君王的某种卓越之处,但必定不运用于所有事情……因为妻子在天性上低一等,就是为了辅助男子而被造……但这在男人与男人之间的国家关系中并不是如此"。为了给性别反转正名,帕克已求助于另一个传统修辞格(和这个一样,在其隐性运用中具有欺骗性的不言而喻):"政治头颅……它从身体那儿获得的滋养多过自己的给予,并从属于这个事实,即当身体消亡了,它也就不存在了……君王的命令不是纵容自己傲慢,而是使自己谦卑,不是意在自己的益处,而是将其放在次要地位,这与佛罗伦萨的可悲政治不同。"另一位支持弑君的作者简略地运用了这个新类比:"当我的妻子与人通奸时,我和她订立的婚约破裂无效。当我的国王成为暴君,并一直如此时,我和他订立的信约也同样无效。"就这一下,国王成为不忠的通奸妻子,议会和民众成为受辱的丈夫。⑩　　　115

---

⑨　John Dryden,《致伦敦,大不列颠都市,最著名与新近繁华之城》(To the Metropolis of Great Britain, The most Renowned and late Flourishing City of London),《奇异之年》(Annus Mirabilis)(1667)的前缀作品,见《约翰·德莱顿作品集》(The Works of John Dryden),第 1 卷, Edward Niles Hooker 和 H. T. Swedenberg Jr. 编(Berkeley and Los Angeles: University of California Press, 1956),第 48 页;John Ayloffe,《不列颠女神与罗利》(Britannia and Raleigh)(1674—1675),第 33—34、98—101 行,见《国务诗歌》(Poems on Affairs of State: Augustan Satirical Verse, 1660—1714),第 1 卷, George deF. Lord 编(New Haven, CT: Yale University Press, 1963),第 232 页(三位处女分别是英格兰、苏格兰与爱尔兰);Elinor James,《致公正尊贵的传统先生,尽管您有了新名》(To the Right Hon. Convention, Gentlemen, though you have a new name)(1688),引自 Paula McDowell,《格布拉街的女性》(The Women of Grub Street: Press, Politics, and Gender in the Literary Marketplace, 1678—1730)(Oxford: Clarendon, 1998),第 210 页。

⑩　Henry Parker,《论国王陛下新近回复与表述》(Observations upon some of his Majesties late Answers and Expresses)(1642),第 18—19 页,重印于《清教革命中的自由主题小册子》(Tracts on Liberty in the Puritan Revolution, 1638—1647),William Haller 编(New York: Columbia University Press, 1933),第 2 卷,第 184—185 页;N. T.,《问题解决人的持续工作》(The Resolver Continued: Or, A Satisfaction to some Scruples about the Putting of the Late King to Death)(1649),引自 Victoria Kahn,《玛格丽特·卡文迪什与契约传奇》(Margaret Cavendish and the Romance of Contract),见 Renaissance Quarterly,第 50 卷,第 2 期 (1997),第 533 页。关于父权制类比的机会主义性别重塑与国王两个身体的虚构命运对比,参阅 Michael McKeon,《英国小说的起源》(The Origins of the English Novel, 1600—1740)(Baltimore: Johns Hopkins University Press, 1987),第 179 页。

英国民众"离弃"詹姆斯二世政府的一年后,这些发展为约翰·洛克著名契约理论的运用提供了一个令人信服的语境,以驳斥行政官与父亲、丈夫之间的父权制等同。从国家与家庭之间关系的隐喻维度滑向转喻维度的诱惑中,甚至可以更微妙地看到显化的压力,以便促成运用类比与因果术语的相关理解。在约翰·弥尔顿的分析中,"全体公民承受的沉重暴政压迫,与这种家喻户晓的家庭不幸相差无几。国家真正改革的所有希望都消失了,而类似的罪恶正在家庭之中,不为人知,不被关注"。1654年,弥尔顿警告"英国民众":"如果你们介入战事,就会忽略和平的技巧……除非你能从自己的思想中摒除贪婪、野心和奢侈,是的,也从你的家庭中弃绝过度,那么你就会在家庭及自身内发现,你曾相信在海外及本地遇到的暴君如今甚至更加固执了。"弥尔顿借以反击查理一世死后圣徒传记的武器之一就是对这位国王与王后亨丽埃塔·玛丽亚(Henrietta Maria)关系的极度蔑视:"在性格柔弱,过度宠妻的行政官政府治下,国家会遭受何等损害与耻辱,这样的例子随处可见。这些行政官本人在家因女性的篡夺而被统治,被驾驭,无疑,远远缺乏统治整个国家的气势与权威。"国家的这位忠贞丈夫(或不忠妻子)被砍头的一年之后,即1650年,亨利·内维尔(Henry Neville)利用家庭实验着手写作。极端宗派在之前的十年内提出这个家庭实验,以讥讽身居冲突两边的贵族女性的政治抱负,这颠倒了弥尔顿的因果:

> 在英国,男人一度掌权,禁止女人享受自由,这给她们造成众多委屈与压迫。她们只限于在自己的家里及密室与人交谈……考虑到这些,各种其他的不便,受男人的专制压迫,如今的女人在她们最后的议会里快速发展,知道自己是这个国家的自由民众一部分,毫无异议地决定行使自己的自由,打碎被她们的主人与丈夫套上的,难以忍受的枷锁,在国内外投票让自己成为至高权威,并让自己保持自由国家的姿态,正如通过自己的实践而可能表现出的那样。⑪

---

⑪　John Milton,《离婚学说与训诫》(*Doctrine and Discipline of Divorce*)(1644),Lowell W. Coolidge 编,见《约翰·弥尔顿散文作品全集》(*The Complete Prose Works of John Milton*),第2卷,Ernest Sirluck 编(New Haven, CT: Yale University Press, 1959),第228—229页;John Milton,《为英国人民的第二次声辩》(*A Second Defense of the English People*)(转下页注)

　　1647 年的一本小册子以类似的方式深度戏仿了平民请愿的共和派语言,并通过使请愿者成为"纯粹公民"的方式来应对民怨,后者的极端主义结果不是在政治层面,而是在性别层面。这些贪婪女性的要求就是可以追求与任何令自己心动之人求欢的天生权利。这位作者暗指平等派领袖约翰·李尔本(John Lilburne),断言"对我们而言……既然李尔本上校已经注意到,针对臣民自由的严格标准是《大宪章》(Magna Charta)里规定的每一项豁免"。⑫ 将政治自由观点简化为性欲放纵,此举意在证明国家对家庭事务的腐败效果,但它也为受平等派启发的女性请愿申辩。这些请愿徒劳地设法将生而自由的公民概念延伸到女性身上。⑬ 类似动机隐藏在援引"女性议会"概念的多种素材之后,其易变性在于性欲简化常难从乌托邦政治的真实极端主义中加以分别这一事实。⑭ 图 3.1 是一本保皇派小册子的卷首插图,画中的女性在议会立法,这可能无心削弱了该书借以意在迎合女性议会概念的嘲笑效果。⑮

　　家庭与国家之间关系的因果分析尽管对相同的组成部分起作用,但它不可避免地将那些术语从因惯常类比而成为必要的示意必然相互性中脱离出来。罗伯特·索思(Robert South)在 1685 年(废黜危机之后,詹

116

(接上页注)(1654),Donald A. Roberts 编,Helen North 翻译,见《约翰·弥尔顿散文作品全集》,第 4 卷,Don M. Wolfe 编(New Haven, CT: Yale University Press, 1966),第 680 页;John Milton,《偶像的破坏者》(*Eikonoklastes: in Answer to a Book Entitled Eikon Basilike*)(1649),见《约翰·弥尔顿散文作品全集》,第 3 卷,Merritt Y. Hughes 编(New Haven, CT: Yale University Press, 1962),第 421 页;Henry Neville,《来自新交易所的新闻》(*News from the New Exchange, or The Common-Wealth of Ladies*)(1650),第 1—2 页。关于婚姻与性欲方面的极端宗派实验,参阅 Christopher Hill,《被颠覆的世界》(*The World Turned Upside Down: Radical Ideas during the English Revolution*)(New York: Viking, 1972),第 15 章。

⑫ 《伦敦女市民的抗议》(*A Remonstrance of the Shee-Citizens of London. And Of many thousands of other the free-borne Women of England. Humbly shewing their desires for the attaining of a free trade, for the Kings speedie coming to London, for the maning of their works, and for the redresse of their many other grievances, and burdens they now lie under*)(1647),第 3 页。

⑬ 关于请愿,参阅 Sharon Achinstein,《英国革命小册子文学中的女性主导现象》(Women on Top in the Pamphlet Literature of the English Revolution),见 *Women's Studies*,第 24 卷,第 1—2 期(1994),第 137—140 页;James Grantham Turner,《近代早期伦敦的浪子与极端分子》(*Libertines and Radicals in Early Modern London: Sexuality, Politics, and Literary Culture, 1630—1685*)(Cambridge: Cambridge University Press, 2002),第 88—96 页。

⑭ 关于相关实例与讨论,参阅 Turner,《近代早期伦敦的浪子与极端分子》,第 96—103 页。

⑮ 图 3.1 是取自小册子中的图像,它再现了废黜危机四十年之后的 17 世纪 40 年代的转义。

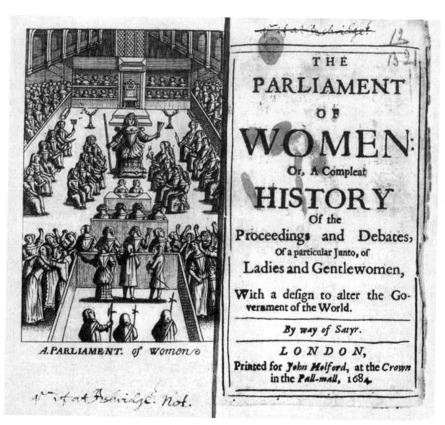

图 3.1　卷首插图与书名页,《女性议会》(*The Parliament of Women*)(1684)。承蒙美国加利福尼亚州圣马力诺(San Marino)亨廷顿图书馆(the Huntington Library)惠允。

图 3.2　卷首插图,《克里斯平补鞋匠驳斥本杰明·霍德利》(*Crispin the Cobler's Confutation of Ben H[oadley]*)(1709)。承蒙英国图书馆惠允。

姆斯二世被废黜之前)写作时,认为"有太多的抱怨,男人不是好丈夫,女人不是好妻子等等,正如他们在可憎的反叛之前那样,在最好的国王与最幸福的民众之间的婚姻纽带中率先撕开致命裂口"。图 3.2 将索思的忧惧延展到父亲与孩子身上。这幅图画利用了流行箴言"管好分内事",以此阐述书本知识可能是危险之事的主题。补鞋匠如此沉迷于类似本杰明·霍德利(Benjamin Hoadley)主教为抵制统治者的众臣民正名的极端政治理念之中(注意书架上的众多书籍),以至于自己的本业荒废。此外,这个教训从国家转到家庭:补鞋匠的儿子打父亲,因为后者未能养家糊口。然而,将确定性置于私人,而非公共经验之中,这就使相关预测可能更为有利:

婚姻会把浪子的劣习改掉,使这些民众性情稳定安宁:因为家庭是王国的缩影,自然地化身为没有规则与秩序就无法存在的政府……因为婚姻能做到所有这些,通过让人们考虑到,不需要来自妻子、孩子或仆人的假意顺从保证,而是置于我们栖身的政府保护之下就走得更远。可能他之前是权威的敌人,如今通过成为党派一员(正如他会在自己家庭拥有的那样,这会使他成为其中一分子),成为国家权威的皈依者,正如他预期成为自己家庭的主人一样。

117　私人经验的功效此处与公众的相对被动立场构成极大反差,如是强调的反转对本研究绝大多数主题极为重要。当公共领域被当作决定因素时,效果仍然是通过使之合理化的行为本身破除比喻的魔咒。有时,魔咒的破除不是通过因果论点的相对直率转喻,而是通过把推动所有王朝君主制的家庭转喻置于显著地位。当玛丽同意与自己的丈夫威廉共治国家

118　时,这就令王位蒙上家谱主权的光泽,同时发誓弃绝自己的君主权威。对某些人来说,她似乎是被夺去了威严,降格为女性私下交通的更为悲惨标记的地位:

> 可怜的摩尔偷丈夫王冠,
> 因为害怕丈夫皱眉生气。⑯

作为国家的家庭

诸如此类的证据说明,17 世纪英国国家的家庭危机日益引发对英国家庭本身状态的思考。然而,不仅是政治动荡使英国民众对他们的家庭

---

⑯　Robert South,《青年美德教育》(The Virtuous Education of Youth, the Surest, if not Sole Way to a happy old Age)(1685),见《若干场合的布道》(Sermons Preached upon Several Occasions)(Philadelphia, 1844),第 2 卷,第 282 页;《被推广的婚姻》(Marriage Promoted. In a Discourse Of its Ancient and Modern Practice)(1690),第 46—47 页,引自 Staves,《游戏者的权杖》,第 115,111 页。"墓志铭"(Epitaph on ABC or elegy on M. P. O.),牛津大学图书馆,Rawlinson poetry MS 181, fol. 16,引自 Rachel J. Weil,《政治激情》(Political Passions: Gender, the Family, and Political Argument in England, 1680—1714)(Manchester: Manchester University Press, 1999),第 116 页。

"等同物"敏感;家庭本身也处于转型过程中。为了在 17 世纪末理解家庭
-国家类比的易变性,也就是说,我们必须不仅关注政治领域,而且要关注
家庭领域的历史发展:不仅在国家主权理论与实践层面,而且在婚姻的法
律与实践层面。但首先要对近代早期"家庭"术语的包容性有所了解。⑰

　　当民众谈及此时的家庭时,他们可能会在脑中想起该术语的三层意
思中的一层(或更多),我们倾向于把这些意思予以区分。首先,也可能
最重要的是,"家庭"是一个根本性的空间指定术语,指的是那些在同一
个家宅中,生活在同一个屋檐下的所有人,承认其头领(通常为男性)的
权威。其次,"家庭"有时间拐点(temporal inflection),让人想起家系、宗
谱与血统,特别是"血缘"亲属的历时维度,但借助延展,让人想起那些财
富、威望与权力等方面,它们的共时聚合可能通过某人的家系而实现。
家系的意思可能易与家庭的意思共存。然而,此时期的一个重要发展就
是这两者之间日益增长的张力,我们看到它在结盟婚姻与爱情婚姻之间
的冲突中,也在我已于别处和针对贵族意识形态的批判相关联的出身与
价值分离之中得以表述。⑱ 第三,"家庭"语言被用来指涉家宅内外的亲
属圈。此时期的标准亲属术语与我们自己的那些类似,但这是具有欺骗
性的相似,因为近代早期的用法在运用中更为宽泛,把取决于特定使用
语境的更广,但易变的参照范围包括在内。然而,这些亲属术语的包容
性也在 17、18 世纪萎缩,经过这个时期,变得更具限制,更为明确。此
外,诸如"亲属"、"朋友"、"姻亲"的集体性亲属术语会在我们称为家庭与
非家庭的指涉之间摇摆,常常起到在不阐明其特别性质情况下指定基本
亲属关系的作用。我们自己的用法阐明,这些集体范畴也在现代时期从
家庭指涉中分离。

　　在随后关于国家统治的公共术语如何被用来探究、标示家庭性质的
讨论中,我聚焦婚姻行为与核心家庭,这是家庭组建,以及推动父亲与孩
子、丈夫与妻子之间权力争斗的家系问题的核心所在,君王与民众的类比

120

---

⑰　随后段落基于 Naomi Tadmore,《18 世纪英国家庭与友人》(*Family and Friends in Eigh-teenth-Century England*:*Household*,*Kinship*,*and Patronage*)(Cambridge:Cambridge U-niversity Press,2001)。更为密切地关注同时代的语言运用,以此重新思考近代早期家庭史,这是非常有启发的学术尝试。

⑱　参阅 McKeon,《英国小说的起源》,第 4 章。

借此得以展开。然而，同时代的人们并不通过自己的婚姻核心辨别家宅-家庭，承认这一点非常重要。⑲ 的确，把公共、政治范畴自觉运用于私人、家庭范畴的理解，这不仅有将国家从家庭分离，而且有把那些"家庭"含义分离的效果，我们在它们已嵌入其中的社会关系广泛网络中，视其为理所当然。

　　的确，已婚夫妇从原有家宅搬出，以创建新的家庭，这个英国风俗使核心家庭完整一致（如果是暂时的话）。但家庭服务如此寻常，以至于"四分之一至三分之一的家庭都有仆人"，因此那些创建新家宅-家庭的大多数人"也在其生命中的某一阶段与那些没有血缘的成员共处一家"。⑳ 家宅当然是按等级划分：主人家庭与仆人可能被区分为"大"家庭与"小"家庭，仆人分属"楼上"和"楼下"。㉑ 因此，在家庭的私人领域中，存在令人回想起家庭本身与国家之间的那种区别。的确，正如弥尔顿可能指责政治问题那样，理查德·阿莱斯特里也可以将仆人问题归咎于家庭无序："的确，当我们思考这种糟糕的家庭管理时，我们不必对如今普遍针对糟糕仆人的抱怨感到吃惊。"㉒主人-仆人关系把社会不平等的传统假定具化，如今通过其适应并支持新兴薪资劳动契约的不公平方式，仍然被赋予作为社会关系模式的"生命新篇章"。㉓ 如果家庭等级制度由统一与分化原则构成，此时社会发展的一般效果就是强调分化高过统一，正如每一场婚姻本身那样。一方面，家庭主人与主妇对自己的仆人们行使诸如雇用及训诫的"绝对""公共"权威，这个权威既反映在众家庭劳工的原始工会"联盟"同时代增长，又对此加以抵制。另一方面，众所周知，仆人私下或

121

---

⑲　参阅 Tadmore，《18 世纪英国家庭与友人》，第 39 页。

⑳　同上，第 35 页。

㉑　参阅 Lawrence Stone，《英国的家庭、性与婚姻》（*The Family，Sex，and Marriage in England，1500—1800*）(London：Harper，1977)，第 27—29 页；Randolph Trumbach，《平等主义家庭的兴起》（*The Rise of the Egalitarian Family：Aristocratic Kinship and Domestic Relations in Eighteenth-Century England*）(New York：Academic，1978)，第 129 页；Bridget Hill，《18 世纪英国的女性、工作与性别政治》（*Women，Work，and Sexual Politics in Eighteenth-Century England*）(Oxford：Blackwell，1989)，第 132—133 页。

㉒　Richard Allestree，《女性的两份职业》（*The Ladies Calling In Two Parts*）(Oxford，1673)，第 225 页。

㉓　Ellen Meiksins Wood，《资本主义的原初文化》（*The Pristine Culture of Capitalism：A Historical Essay on Old Regimes and Modern States*）(London：Verso，1991)，第 139 页。

公开知情他们雇主的秘密。在 18 世纪,关于已婚夫妇分居的法律程序已是常见,家仆在提供关于他们主人亲密行为的证词方面极为重要。这个证词是"公共的",不仅因为它是在法庭上呈供,而且因为与通奸有关的邪淫证据借助法庭记录及丑闻期刊出版而得到极大的公众关注。㉔

一 道 而 来

中世纪教会法(canon law)已把婚姻视为圣事,因此不可毁损。它赞同两种不同形式的婚姻。在贵族与上层家庭中,婚姻扮演令财产宗谱传承合法化的重要角色,要求的是公众与教士监督下的教堂仪式完全正规性。在普通民众中,教会法把"契约"婚姻(私下口头契约或伴随普通仪式的"婚礼")视为具有约束力的行为。新教宗教改革更改这些婚姻实践的程度根据国家文化而有所变化。从一个易于理解的视角来说,英国宗教改革只不过是反抗"父权制"(即罗马教皇)对离婚、再婚、生育合法继承人的控制,在这些方面,它对关于婚姻的教会法发起极为瞩目的挑战。然而,可能部分原因是它作为国家政策之事而得到如此明确的应对,并推进国家目的;英国宗教改革基本上没有触及中世纪婚姻,这与欧洲其他新教国家不同。的确,婚姻不再是圣事(尽管它继续是属灵行为,因此不可毁损),罗马天主教会权威被英国国教会权威取代。然而,除了短暂的空位期,英国婚姻继续从属于教会法及教会法院,直至 1753 年《婚姻法》(the Marriage Act)颁布。㉕

1563 年,在特伦托会议上(the Council of Trent),天主教会要求私人契约需借助公共教会仪式而生效,以此重申其对天主教国家婚姻的属灵控制与财权控制。在后英国宗教改革时期,教会法院极力强制在教堂举办公共婚礼,以便将关于契约婚姻的教会法与控制财产所有权的普通法和解,

---

㉔ 参阅 J. Jean Hecht,《18 世纪英国的家仆阶级》(*The Domestic Servant Class in Eighteenth-Century England*)(London: Routledge, 1956),第 3 章;Lawrence Stone,《离婚之路》(*Road to Divorce: England, 1530—1987*)(Oxford: Oxford University Press, 1995),第 211—230 页。关于法律层面的分居,参阅本章注释 67。

㉕ 参阅 Jack Goody,《欧洲家庭与婚姻的发展》(*The Development of the Family and Marriage in Europe*)(Cambridge: Cambridge University Press, 1983),第 168—182 页;Stone,《离婚之路》,第 7、11、19、53、56 页。

进而力求达到相似目的。此项政策取得真正成功，但它使如此腐败成为必要，以至于教会法院被称为"下流法院"，遭到恶意攻击。㉖ 内战废止了教会法院（1646）及根据英国国教会仪式而举行的婚礼（1653）。尽管这些又在 1660 年与君主制、主教制一并恢复，空位期的废止鼓励了婚姻与分居的非正式私人模式的相关实验，只是在随后世纪更受欢迎。至 1753 年末《婚姻法》颁布，任何没有履行正式公共程序的婚姻都被视为无效。㉗ 尽管公众智慧已把 1650 年惩治两性行为不检的法令理解为清教假道学的特别证明，历史学家最近以来把它置于可资比较尝试的悠久传统中（国家，而不是教会扮演的司法角色对此加以区分），并将它与"婚姻爱情及家庭生活普通且日益增长的理想化"联系起来。此举的核心，即对（女性）通奸的严厉惩治被视为公共犯罪（而不是私人伤害）的治疗法，也就是说，有损英伦三岛共和国（the Commonwealth）持续性与稳定性的犯罪。㉘

　　后英国宗教改革时期，在关于婚姻的辩论中，"公共/私人"对立有着多重不同意义，虽然可能重叠。在"契约"婚姻方面，它说明了正式仪式的属灵及世袭许可与流行风俗的非正式性之间的差异，教会与国家的利益在此区别中聚合，与自由的英国臣民利益对立。这在 18 世纪 60 年代前往南威尔士的访客报告中有所体现。这位作者发现"新近（1753）颁布的议会法令只是被视为针对矿区自由的残酷邪恶的限制……某些夫妇（特别是矿工夫妇）要么没有朋友参加，要么觉得这种公共婚姻过于麻烦，难以操作，这就导致一位男子用差不多两三大杯麦芽酒的钱私下婚娶"。㉙

㉖　参阅 Goody，《欧洲家庭与婚姻的发展》，第 148—149 页；Stone，《离婚之路》，第 54—55、68、69—70 页；Christopher Hill，《英国革命之前的社会与清教主义》，第 8 章。

㉗　参阅 Stone，《离婚之路》，第 66、71、79—80、97、123、149、308 页；Staves，《游戏者的权杖》，第 115 页。

㉘　Keith Thomas，《清教徒与通奸》（The Puritans and Adultery: The Act of 1650 Reconsidered），见《清教徒与革命者》（*Puritans and Revolutionaries: Essays in Seventeenth-Century History Presented to Christopher Hill*），Donald Pennington 和 Keith Thomas 编（Oxford: Oxford University Press, 1978），第 259 页。

㉙　Lewis Morris，引自 John R. Gillis，《更好更糟》（*For Better, For Worse: British Marriages, 1600 to the Present*）（New York: Oxford University Press, 1985），第 190、200—201 页。1753 年法令颁发前夕，亨利·盖利（Henry Gally）指出，任何改革婚姻的尝试"都会被视为对英国自由的侵犯而遭受抨击，因为'自由，甚至是错误的自由都是民众珍视之物'"。《对秘密婚姻的若干思考》（*Some Considerations upon Clandestine Marriages*）（1750），引自 Stone，《离婚之路》，第 121 页。

教会及国家许可的婚姻与契约婚姻之间的冲突因此可被视为君王的绝对意愿与臣民自由之间令人熟悉的象征冲突比喻。

"公共/私人"对立的一个不同意义可能在对契约婚礼的替代物，"秘密"婚姻的增长回应中显现。因为秘密婚姻不同于纯粹契约，是根据《共同祈祷书》(the Book of Common Prayer)，由牧师主持的仪式，它们与普通法财产权利相关，具有法律约束力。另一方面，秘密婚姻摒弃了正式结婚公告与许可(正如契约所为)，可以在除其中一方配偶的教区教堂之外的其他地方举行。这些条件强调了正是以此步骤之名宣告的隐秘动机的核心性。如果契约婚姻的"隐私"暗示不受教会或国家形式与利益管控的民间习俗，那么只要这并不危及此结合的重要隐秘，秘密婚姻的"隐私"会同意接受相关管控。亨利·米松(Henri Misson)在 17 世纪末环游英国时，吃惊地发现英国婚姻中隐秘动机的重要性。他发现，秘密婚姻对那些"和高贵出身毫不沾边"的大多数人有吸引力，他们不愿意"让自己的事情在公共场合向全世界的人宣布，他们可能花上一个几尼，秘密且毫无声响地办完事……他们秘密结婚的原因之一就是这样可以省下一大笔花费和麻烦，这是英国普遍常见之事"。[30]

如米松暗示的那样，保守隐秘的原因各不相同。大多数情侣预期婚姻会遭受来自某个"权威"(教区、雇主或是家庭)层面的阻力。然而，在文化想象中，也可能在现实中，秘密婚姻最常见的原因，就是挫败认为此桩婚姻不合适的父母及"朋友"的阻挠。契约婚姻把这针对自由契约的威胁置于教会与国家的权威之中，并把公共/私人对立视为公共领域与私人领域之间的冲突事宜。[31] 秘密婚姻将威胁之地从教会及国家转到家庭，并将公共/私人对立转而视为私人领域内的冲突事宜。1754 年之前，秘密婚姻是快速、便宜，相对容易操作之事，大多发生在伦敦舰队街附近。图 3.3 出版于 1747 年，描绘了一个小酒店公用房间的内饰，此时正在庆祝

---

[30]　Henri Misson，《英国之旅纪行》(*Memoirs and Observations in His Travels over England*) (1698,1719 翻译版)，第 183、351 页，引自 Peter Earle，《英国中间阶层的成型》(*The Making of the English Middle Class: Business, Society, and Family Life in London, 1660—1730*) (Berkeley and Los Angeles: University of California Press, 1989)，第 179 页；Bridget Hill，《18 世纪英国的女性、工作与性别政治》，第 208 页。

[31]　当然，婚姻契约也可能不为家人所知。参阅 Stone，《离婚之路》，第 57 页。

图 3.3　《水手舰队街的婚礼娱乐》(*The Sailors Fleet Wedding Entertainment*)
(1747)。英国博物馆理事会版权所有。关于此图完整文字说明，参阅本书整版插
图 12。

一场"舰队街式婚礼"。这位画家大量借鉴霍加斯的作品，包括悍妇游街
示众的那幅作品(参阅图 4.7)，并以霍加斯的方式(参阅图 3.5)在图下使
欢庆蒙上警示的阴影。1753 年的《婚姻法》令所有秘密婚姻无效，内有一
个条款，授权父母可否决 21 岁以下子女的婚姻。此后，父母出于利益考
虑拒绝正式承认子女爱情之时，子女唯一的方法就是前往苏格兰，特别是
来到紧邻边界的格莱特纳绿原(Gretna Green)，这里已因婚礼行当而闻
名。㉜ 在图 3.4 里，托马斯·罗兰森(Thomas Rowlandson)用大力挥舞
的手枪和马鞭强调父母权威与子女-臣民自由之间的冲突暴力，更不用说
父亲脸上显见的雷霆怒火。

　　不同于政治主权，婚姻总是明显基于某种同意形式。因此，用契约术
语理解婚姻总是貌似合理。此外，大多数近代早期作家们会把双方明确

㉜　参阅 Gillis，《更好更糟》，第 96 页；Stone，《离婚之路》，第 96—102、127 页。

图 3.4　Thomas Rowlandson,《孝顺,或格莱特纳绿原之旅》(*Filial Affection, or a Trip to Gretna Green*)(1785)。英国博物馆理事会版权所有。

同意视为婚姻的必要条件。㉝ 的确,婚姻的共识基础是诸如亨利·帕克等人手中的强大武器,他们反对政治责任的父权制理论,但并不必然反对父权制类比的更广泛逻辑:

> 婚姻有某种神圣之处……但这是推断无需个人赞同或一致赞同的理由吗？婚姻的神圣体系难道剥夺了之前的选择自由,或以某种绝对形式化决定各方命运吗？……如果女人是为男人之故而被造,难道不应该阻止对女性不利的那种婚姻神圣权利吗？那些为民众福祉而被造的君王们较少出于捍卫自己职责的神圣性而去挑战那些可能减损民众利益之事。

124

㉝　参阅 Margaret R. Sommerville,《性与顺从》(*Sex and Subjection: Attitudes to Women in Early-Modern Society*)(London: Arnold, 1995),第 174—175 页,第 7 章。参考玛丽·阿斯特尔的讽刺评论:"家庭君王是无争议地当选,条款与契约是相互的。"见 Mary Astell,《婚姻思考》(*Reflections Upon Marriage*)(1700),第 3 版(1706),见《第一位英国女权主义者》(*The First English Feminist: Reflections Upon Marriage and Other Writings by Mary Astell*),Bridget Hill 编(Aldershot, Hants. : Gower, 1986),第 76 页。

1644 年,帕克使家庭契约主义成为国家契约主义的明确模式。1680 年,威廉·劳伦斯(William Lawrence)未阐述后一种运用,不是因为他拒绝类比逻辑,而是因为他对转喻逻辑有信心。也就是说,他认为如果自己论证的极端婚姻契约主义将在王室盛行,其转喻的实现将确保政治统治与民众意愿的契合:"私人婚姻或性行为是两种类型,一个是没有公共见证人,另一个是完全没有见证人……英国法律使所有私人婚姻与性行为都没有公共见证人,私通……所有人应留有良知自由,公开或私下结婚,有没有见证人,只要这最能符合他们的情境与便利,只要这是所有其他公民契约中的运用与实践。"㉞

　　洛克提出著名论点,即君王是通过契约协议,而不是绝对王权进行统治时,据说他可能一方面驳斥了家庭与国家的类比,另一方面又予以证实。因为他的契约论点不是让君王模仿父亲,而是含蓄地模仿丈夫:在《政府论(下篇)》的别处,洛克阐述了传统观点——"男女之间的自愿契约成就了婚姻社会",他加了一句,"丈夫的权力远非绝对君主权力……在很多情况下,妻子有离开丈夫的自由"。㉟ 17 世纪宪法危机的严峻性确保了父权制类比的显化,绝大多数情况下涉及如是发问:国家(如何)与家庭类似? 洛克对一众问题中的最急迫问题的答复令人怀疑。但相关分析的要求也促使他提出一个推论问题,家庭(如何)与国家类似? 洛克对此推论的否定(虽然可能不完全)答复,即家庭并不像绝对主义国家,显然符合他关于公共政府性质论点的契约论目的。但他暂时使质疑的方向反转,以此着手同时代多数人也正开始进行的事情:他使家庭的私人管理成为首要问题。如果婚姻契约的传统理念为政治契约理论的兴起提供了模式与激励,政治契约理论反过来提供了

125

126

㉞　Henry Parker,《人民法》(*Jus populi*)(1644),引自 Shanley,《17 世纪英国政治思想中的婚姻契约与社会契约》,第 84 页;William Lawrence,《依据上帝道德律法的婚姻》(*Marriage by the Morall Law of God Vindicated Against all Ceremonial Laws*)(1680),第 101—102 页。劳伦斯观点的潜台词是设法确认查理二世与露西·沃尔特(Lucy Walter)的婚姻,因此他们的儿子蒙莫斯公爵(the Duke of Monmouth)合法,可以继承王位。参阅本书第 10 章,注释 77—86。

㉟　Locke,《政府论(下篇)》(*An Essay Concerning the True Original, Extent, and End of Civil Government*)(*The Second Treatise of Government*)(1690)第 2 卷,第 7 章,第 78、82 节,见《政府论两篇》(*Two Treatises of Government*),Peter Laslett 编,第 2 版(Cambridge：Cambridge University Press,1967),第 337、339 页。

令被隐性赋予传统婚姻"契约主义"的貌似有理之举显化,并予以阐释的刺激物。

　　并非父权制类比作为单行道而暗中运作;中世纪后期的轻叛逆罪法律使之足够明晰。在 17 世纪初期几十年,阐释家庭性质的国家统治话语运用并非闻所未闻。㊱ 仍然存在把斯图亚特王室复辟与其 1714 年被新家系取代之间这段时期,视为父权制类比历史中重要一刻的某些基础。我借此不是指类比的消亡(无疑它仍然与我们同在),也不是指公共领域的显化(这曾使之成为本研究有问题的客体),而是指其组成部分衡量时的变化。如果我们把这种类比视为阐释示意的练习,直到此历史时刻,家庭领域有被置于"能指"(signifier)地位的倾向,因此也就被实验性地用来阐释或解读国家性质。此后,这种关系在对立方向重新平衡:家庭取得了"所指"(signified)的地位,国家成为一种赋予其意义、理解家庭性质的重要方式。我们在众多公共领域话语,即诗歌、戏剧、散文、操行守则、书信中看到了这种重新平衡的证据,私人家庭在此是核心利益,公共国家被用来影响相关理解。我将重新回到示意平衡的重要转变这个问题,为的是在单个话语,即秘史的形式发展中加以研究。㊲ 我的观点就是,家庭话语地位的转型(即从存在于别处的意义能指到示意本身的具化),可以在文学形式层面体现。

　　我之前指出,秘密婚姻鼓励民众把一方面是教会与国家,另一方面是缔约夫妇之间实现的公共/私人对立内化,视为家庭私人领域之内的冲突事宜。在此内化过程中,最常见的是,教会与国家的专制以父母专制的面目重现。在托马斯·沙德韦尔(Thomas Shadwell)的《兰开夏郡的女巫》(*Lancashire Witches*)(1682)中,乡绅爱德华·哈特福特爵士(Sir Edward Hartfort)对促成自己小丑般的儿子迎娶当地法官女儿西奥多西娅(Theodosia)一事感到绝望,但他满怀希望地把年轻的蒂莫西·沙克赫德爵士

㊱　例如参阅 Shanley,《17 世纪英国政治思想中的婚姻契约与社会契约》。弥尔顿的《离婚学说与训诫》(1644)全面运用了这种质疑方式。参阅其献辞:"全体民众与恶政府的比例,恰如男子之于糟糕婚姻。如果反对任何权威、信约或法律的人们可能出于君王的仁慈法令而得赦免,那么这不仅拯救了他们的性命,而且确保了他们摆脱不义束缚的真实自由,他们也就可以反对任何私人信约。"见《约翰·弥尔顿散文作品全集》,第 2 卷,第 229 页。

㊲　参阅本书第三部分。

(Sir Timothy Shacklehead)物质层面的吸引力向自己的女儿伊莎贝拉(Isabella)——列举："我的孩子，你知道这桩交叉配对会强化并提高我们家庭地位。"这两位女性对各自的未婚夫只有轻蔑。伊莎贝拉对西奥多西娅说："我们决不会嫁给指派给我们的人，这是确定无误的。对我而言，我是位自由的英国女人，可以捍卫我的自由和财产选择权。"西奥多西娅表示同意："相信我，姐妹，我是站在你这边的反抗者。我痛恨强加给我的丈夫，这和罗马天主教会做的坏事没什么两样。"在托马斯·奥特韦(Thomas Otway)的《无神论者》(*Atheist*)(1683)中，波西亚(Portia)尽可能地使此法显化。她宣称自由是"英国女性与生俱来的权利"，并问道："难道我们的父亲、兄弟和亲人不常常借此之名，声称反抗君主是正义之举吗？我们为何不能以他们为榜样，合理地予以反抗呢？"就在几年前，理查德·利(Richard Leigh)写道：

> 在专横家庭里，
> 一切好似家庭专制，
> 父母好似暴虐的土耳其人……

玛丽·查德利夫人(Lady Mary Chudleigh)让笔下的梅利莎(Melissa)使用"束缚"与"自由"这样一种更具暗示性的语言，并从女儿们的观点详述了那些专制：

> 因职责之故，她们不幸福，
> 成为不幸婚姻中的伴侣；
> 出于她们父亲的贪婪或虚荣，
> 嫁给空虚的浪子或恶心的小丑；
> ……
> 但可以从这种束缚中摆脱，
> 那些没有限制她们自由的人；
> 没有残忍父母和多事友人，
> 出于私欲令她们痛苦不堪，
> 如果她们自己甘为蛮人之奴，

我就对此毫无同情怜悯之心。㊲

　　在这些选段中，我们看到公共事务适应私人事务所能达到的程度范围。有些选段公开揭示借助类比全面阐述的内化行为，而在其他选段中，公共领域继续以如是更具暗示性的方式为人所知，即权力与权威语言影响了对表面为私人关注之事的描述。㊳ 据说，这也可能是某些期刊散文。在某期《闲谈者》中，理查德·斯蒂尔笔下的比克斯塔夫先生"常对父母的野蛮行径感到吃惊，他们如此经常地利用自己的权威干预这件终身大事"。随后，他讲述了总是重复上演相同代际情境的，自家一位亲戚的事："父亲"挥霍掉三分之一的地产，迫使"自己的长子"为钱结婚，并"像个暴君"那样掌管全家直至自己死去，他的儿子接着如此，周而复始（《闲谈者》，第 185、189 期，1709 年 6 月 15 日与 24 日）。旁观者先生很快拓展了这个主题："迫使思想开明，聪慧灵巧的女儿嫁给小丑或傻瓜的父母，他们让女儿蒙受难以启齿的罪恶"（《旁观者》，第 437 期，1712 年 7 月 22 日）。在仍令人想起其他形式对峙（即臣民自由与君王绝对意志之间）的特殊文雅惯用语中，描述了伴侣选择与父母约束之间的此处对峙。

　　多罗茜·奥斯本（Dorothy Osborne）在空位期写给威廉·坦普尔爵

128

———

㊲　Thomas Shadwell,《兰开夏郡的女巫》(*The Lancashire Witches*)，第 1 场，见《托马斯·沙德韦尔作品全集》(*The Complete Works of Thomas Shadwell*)，Montague Summers 编（1927；New York：Blom, 1968），第 4 卷，第 109、111 页；Thomas Otway,《无神论者》(*The Atheist*)，第 2 场，第 379 页，引自 Staves,《游戏者的权杖》，第 113 页；Richard Leigh,《友谊联盟》(The Union of Friendship)，见《某时某人之诗》(*Poems upon several occasions, and, to several persons*)(1675), Hugh Macdonald 编(Oxford：Blackwell, 1947)，第 50 页；Lady Chudleigh,《女士之辩》(*The Ladies Defence*)(1701)，第 139—142、165—170 行，见《玛丽·查德利夫人的诗歌与散文》(*The Poems and Prose of Mary, Lady Chudleigh*)，Margaret J. M. Ezell 编(New York：Oxford University Press, 1993)，第 19、20 页。权宜婚姻与爱情婚姻之间的冲突已是詹姆斯一世时代喜剧惯例。其在复辟时期运用的不同之处在于它多少受内战时期盛行的绝对主义政治话语的影响程度。

㊳　笛福把那些因包办婚姻而牺牲的子女比作"奴隶"，以及"强奸"受害者，可在此看到更为微妙的暗示。参阅 Daniel Defoe,《婚内卖淫》(*Conjugal Lewdness; or, Matrimonial Whoredom*)(1727)，第 37、166 页。参考 Richard Steele,《闲谈者》，第 91 期(1709 年 11 月 8 日)，见《闲谈者》(*The Tatler*), Donald F. Bond 编，3 卷本(Oxford：Clarendon, 1987)："婚姻只是更庄重的卖淫，如果没有心性融合的话。"Joseph Addison,《旁观者》，第 311 期(1712 年 2 月 26 日)，见《旁观者》(*The Spectator*), Donald F. Bond 编，5 卷本(Oxford：Clarendon, 1965)，据说，成功的"财富狩猎"应与"强奸"同等惩处。也参阅《旁观者》，第 325 期(1712 年 3 月 14 日)(随后引用源自本版，并在文中圆括号内标示)。

士(Sir William Temple)的信中发现,事务的公共状态是她婚姻选择时个人困境的恰当修辞格。她那有钱的父亲支持查理一世,议会对他的地产予以惩罚性罚款,结果一贫如洗。多罗茜的家庭希望能获得比与威廉·坦普尔结亲所能提供的更多的财富。多罗茜已与威廉秘密订婚,如今问他自己是否可以解除婚约。在写给他的信中,她对自己的表亲为钱弃爱的决定感到悲哀,却又矛盾重重。她在回应威廉提出的问题,即如果他废止婚姻誓约,"我该如何处理好自己"时答道:

> 假如我能自己做主,你可以来到我的坟前,让自己得到慰藉。但悲伤本身不会置人于死地。我能说的就是,我只会用耐心让自己有所准备,抵制没有发生在我身上的事情,而不是去为自己不曾希望获得的东西而奋斗。我既没有目标,也没有打算,我的心做不了任何事情,只是像因内战而荒芜的祖国,两个敌对党派对各自的权利争议得过久,以至于最终自己的获胜不足为道,长期的纷争已摧毁这个国家,都荒弃到对谁都没有用处的地步了。⑩

多罗茜把自己的内心比作因"两个敌对党派"两败俱伤冲突而荒芜的英国,这让人想起沙夫茨伯里的训谕:"我们自己分为两个角色。"⑪但对他而言,自我划分是自知之明的动态策略,而她的则是在自己掌控之外的诸动原之间的灵异沟通。内战造成的公共毁灭既是转喻,又是隐喻;既在英国个人家庭意外摧毁中发挥作用,又是婚姻选择每日荒芜的象征,也就是说顺服他人的选择。

《闲谈者》中有几篇言辞犀利的事关上层人士求婚的文章,它们主要利用了斯蒂尔的朋友爱德华·沃特利(Edward Wortley)提供的,基于个人经验的笔记(《闲谈者》,第 199、223 期,1710 年 7 月 18 日与 9 月 12

---

⑩ 《多罗茜·奥斯本致威廉·坦普尔爵士的信》(1653 年 12 月 17 日或 18 日),见《多罗茜·奥斯本:致威廉·坦普尔爵士的信》(*Dorothy Osborne: Letters to Sir William Temple, 1652—1654: Observations on Love, Literature, Politics, and Religion*),Kenneth Parker 编(Aldershot, Hants.: Ashgate, 2002),第 160 页。写完此信后的一年,两人结婚。关于奥斯本家庭,参阅《多罗茜·奥斯本:致威廉·坦普尔爵士的信》,第 6—7 页。

⑪ 参阅本书第 2 章,注释 145—146。

日）。作为多罗茜·奥斯本与威廉·坦普尔爵士的后两代人，玛丽·皮尔
庞特（Marry Pierrepont）在写给爱德华的信中，记录了她对爱德华极为隐
秘、犹疑不决的求爱回应，此时她的贵族父亲已经开始张罗着把她嫁给有
钱的，但不被她所爱的贵族。通信充斥着绝对主义政治氛围与忧惧：

> 我无权做主。我当前的职责就是遵从父命……我的父亲可能做些
> 违背我意愿之事，但被动的顺从总是那些要求妻子与女儿接受的学
> 说。[42]……我会相信，如果是在允许的次数内，你的来信是件令人愉快
> 的事情。但你知道这是被禁的事，我做任何必须是秘密进行的事情时会
> 感到痛苦……我不认为自己有任何做主的机会。和我同处此情境的人
> 会像奴隶一般被卖掉，我不知道我的主人会为我出多少钱……我的家庭
> 决定用我憎恨的方式把我处理掉。我力所能及地做了所有反抗，可能我
> 过了头。无论怎样，事情已到了这地步，我确信自己身无分文，除非我顺
> 从……如果不曾有使我少女生活如在他们掌控下那般悲惨的确信，这个
> 威胁本不该迫使我同意，这就是如今我被迫顺从他们权力的原因。

尽管说了这些，玛丽与爱德华慢慢有了私奔结婚的想法并达成共识。玛
丽开始尝试爱情私语：

> 我首先需要抵抗我家人意愿的勇气，但我每天增添的惊惧最终让
> 我足够坚强，去做违逆他们的事情……娶一位不带来任何财富进益或
> 利益联合的女子为妻（情况正会是如此）的人可以名正言顺地获得她
> 的未来顺从……和你在一起，我可以舍弃除你之外的一切，仿佛我们
> 将被放到一个他人无法抵达的海岛，我愿冒可能遭受所有贫困罪恶的
> 风险……如果我们躲到乡村，你的时运与爱好需要某种程度隐藏……
> 你并不一定远离，如果你愿意这样做，因为我承认自己不能，而不是不
> 敢违逆我的父亲，我知道他有权让我做任何他喜欢的事情……我反复
> 读你最初的那些信，我自己想象着爱情与孤独的浪漫场景……我为我

---

[42]　此时（即 1710 年 8 月 20 日）的亨利·萨谢弗雷尔（Henry Sacheverell），作为被动顺服与不
抵抗绝对主义学说的狂热支持者，其声誉如日中天。

们正在做的事情战栗。你确信你会永远爱我吗？……一位违逆自己的家庭，与全世界为敌的女人冒着太大的风险。㊸

玛丽与爱德华在写下这最后一封信的四天后私奔。多年之后，她给自己的女儿写信："这位理查逊是个奇怪的人。我打心眼里鄙视他，但又急切地读他的作品，不，为他以最可耻的方式写就的作品啜泣。《克拉丽莎》(Clarissa)最初两卷打动了我，它非常近似我的少女时代。"㊹

劳伦斯·斯通独具原创的、影响深远的研究《英国家庭、性与婚姻》(The Family, Sex, and Marriage in England)近三十年前出版时，它引发了关于往日英国民众婚姻动机及其他事宜的，长期且富有成效的辩论。情感、陪伴与爱情仅在 18 世纪成为求爱考虑的核心吗？在现代性大分水岭之前，家庭与财产利益动机倾向于把更具个人化的情侣关爱本身排除在外吗？学者们质疑这种过于简单的英国婚姻史解读是正确的，特别是在更低社会等级甚或上层阶级间的例子中。斯通本人在新近研究中确认了传统英国文化中婚姻动机相互混合，难以区分的状态。㊺ 但如果 18 世纪在体验或区分爱情与利益婚姻动机方面没有独特性，尽管如此，它可能在如此决然地把它们分为对立冲突方面前所未有。如我们所见，"利益"这个新兴语言必然不仅使竞争利益概念，而且使利益的替代类型概念成为必要。此时期真正的新意之处似乎就在于其高度聚焦婚姻选择问题，聚焦爱情与金钱之间的基本对立范式，即以典型家庭（或纯粹个人）显要为具化。

当然，术语与强调有所变化。诸如《旁观者》报刊的重要文化来源记录了某些相关变化，对此予以关注有某种价值。在某篇文章中，一位友善（如果算谦卑）之人写道："让所有的考虑让位于财富，这是父母的方式（我让读

———————————

㊸ 《玛丽·沃特利·蒙塔古夫人书信全集》(Complete Letters of Lady Mary Wortley Monta-gu)，Robert Halsband 编(Oxford：Clarendon, 1965)，第 1 卷，第 54、64、123、133、140—141、151、157、159、162 页(1710 年 8 月 20 日至 1712 年 8 月 16 日)。

㊹ 《玛丽夫人致比特(Bute)夫人的信》(1755 年 9 月 22 日)，见 Robert Halsband，《玛丽·沃特利·蒙塔古夫人的一生》(The Life of Lady Mary Wortley Montagu)(Oxford：Clarendon, 1956)，第 28 页。

㊺ 参阅 Stone，《英国的家庭、性与婚姻》；Gillis，《更好更糟》，第 21—22、37、86 页；Bridget Hill，《18 世纪英国的女性、工作与性别政治》，第 185—186 页；Earle，《英国中间阶层的成型》，第 185—188 页；Stone，《离婚之路》，第 62、68 页。

者自己评断,这是何等公正)。出于这个考虑,我已把对自己所爱之人的炙热爱情隐藏。"(第 304 期,1712 年 2 月 18 日)在另一期中,"准女婿……拥有与权宜婚姻结盟,而非爱情婚姻考虑相关的一切"(第 164 期,1711 年 9 月 7 日)。别处也有"地产"与"本人"之间的差异,这并不完全是冲突:"如果让朋友们来做选择,他们首要考虑的是地产;如果是当事人自己选择,他们中的绝大多数会考虑本人"(第 261 期,1711 年 12 月 29 日)。另一方面,一位长子抱怨,他的父亲认为他"必须顺从他们的喜好,而似乎不是根据自己的意愿"(第 533 期,1712 年 11 月 11 日)。此外,一位女儿好奇"我是否应该受制于这虚荣的世界,以及我时常遇到的例子,或者倾听我爱人的声音,以及我内心深处偏向他的提议"(第 278 期,1712 年 1 月 18 日)。斯蒂尔更为公平地区分了"乏味的"与"幸福的"婚姻生活。在前者中,"对年轻女士本人的关注与对家族以及购入地产增益的关注差不多";"幸福婚姻就是两人相遇,自愿地彼此选择,并不主要考虑或忽略财富或美貌状况"(第 149 期,1711 年 8 月 21 日)。一位"没有耐性的绅士"身陷"一位年轻美貌但没有资产的女子"与担心"会完全毁掉我的声誉,因为我不慎重地娶了这样的女子为妻"这样的困境中,斯蒂尔简略地回复道:"你结婚是取悦他人,还是自己?"(第 254 期,1711 年 12 月 21 日)

威廉·霍加斯(William Hogarth)的著名系列组画《时尚婚姻,婚姻契约》(*Marriage à-la-Mode*,*The Marriage Contract*)(图 3.5)的第一幅,就是饱受痛风之苦的贵族之子与富裕的市政官兼银行家(或商人)之女的权宜婚姻或结盟极为微妙的图画再现。表明其财产的伯爵冠冕头饰随处可见,甚至两条拴在一起的狗的侧面都有,而这也是让一对年轻人强行在一起的反映。两个家庭混合且分隔:左边的两位父亲与右边的两位儿女构成平衡,但只有两位父亲围绕着财产交换文件,即伯爵那已被赎回的抵押及婚姻契约本身,显示出亲密接触的迹象。两位儿女在姿势上彼此背对,这象征着他们未来的彼此憎恶。与我们当前关注极有关联的是挂满伯爵屋内墙上的图画,用霍加斯阐释者的话说,它们优雅地散播着"暴力、折磨与殉难意象",这给随后的场景投以黑暗的影响。⑯

---

⑯　Ronald Paulson,《霍加斯》(*Hogarth*),第 2 卷(New Brunswick, NJ: Rutgers University Press, 1992),第 219 页。

图 3. 5 William Hogarth,《婚姻契约》(*The Marriage Contract*)。《时尚婚姻》(*Marriage à-la-Mode*)的第 1 幅,见 William Hogarth,《霍加斯版画全集》(*Hogarth：The Complete Engravings*),Joseph Burke 和 Colin Caldwell 编(New York：Abrams,1968)。普林斯顿大学图书馆。关于此图完整文字说明,参阅整版插图 13。

　　读者们会熟悉这普通主题的其他变体,在小说叙事中它尤其无所不在,我随后会重述其意义。当前,一些评论就足以说明,冲突从公共与政治向私人与家庭层面的退化如何调动了后一领域的冲突细分潜能。首先,爱情与金钱之间的冲突使曾看似足够近似的各类动机分离与对立(正如两类过度的热情)成为必要,以避免它们显性的脱离。我在别处评论道,18 世纪初期小说叙事的两个主要组成分别指引着针对淫欲与财欲的敌意。此外,近来有人论证,小说的发展取决于性欲从经济欲望逐渐分离的过程,并予以论述。[47] 其次,我当前论点的逻辑说明,在爱情与金钱之间的冲突中,可以说,我们看

132

---

[47]　参阅 McKeon,《英国小说的起源》,第 260—263 页；David Toise,《有罪的激情》(Culpable Passions：The Transformation of Desire and the Development of the British Novel,1720—1850)(罗格斯大学[Rutgers University]博士论文,1996 年)。艾伯特·赫希曼(Albert O. Hirschman)使激情与利益之间抵消关系的如是实例为人熟知,这与他将协调角色归于爱情而非经济利益的范式有所不同。参阅 Albert O. Hirschman,《激情与利益》(*The Passions and the Interests：Political Arguments for Capitalism before Its Triumph*)(Princeton, NJ：Princeton University Press,1977)。

到是臣民自由与绝对君王专制之间的公共对峙之私人版本。然而，在这公共竞争的内化中，已有两个重要调整。政治权力语言在私人范式中仍然重要，最为常见的是被父母、父亲、家庭或"朋友"形象拟人化。然而，一旦权力被"私人化"，也就有从经济而非严格政治方面予以重新思考的趋势。身心"奴役"的个人危险开始包括物化与商品化的危险。第三，伴随着从公共到私人冲突的转变，有机会对冲突在其上级与下级范畴中得以具化的方式进行详细说明。

在公共层面，专制就是专制，无论政体如何展现。然而，在私人层面，在父母（或父亲）身上具化专制就是选择与替代可能性对立。在这个世纪，越来越多的人意识到"家庭"范畴易受血亲与姻亲关系之间，以及出生降临的"旧"家庭与婚姻成就的"新"家庭之间的意识形态层面重要细分的影响。根据强调的程度，将专制与父母（即血亲）或"公共"关系联系，可能隐含一种姻亲或"私人"纽带的对应价值维持。⑱　在国家事务的公共冲突中，自由受威胁的臣民再次有中性性别化的倾向，因此可能在类别上算"男性"。在因婚姻选择而起的私人冲突中，男性常是父母专制的受害者，但存在女性主要扮演这个角色的倾向。由此，具有内在性气息的一套价值体系（个性、个人爱好、内心、自我、爱情）会尤其与适婚年龄的女性结合起来，尽管如此，这具有"政治"（即公共）示意的残留标记。

在 一 起

在我当前已引用过的文献中，家庭与国家之间的类比把我们的注意力集中在起源时刻：基于何种权威，契约选择或绝对法令是首先创立的制度？《旁观者》的某期聚焦只是变成极为不同之事的这一时刻。两位年轻人深陷爱河，他们会结婚，但得知这一情况时会感到沮丧："他的父亲是个非常顽固和傲慢的世俗之人，因此没理由相信他会轻易认为女性的品貌可平衡因不等财富而起的不利。"这位儿子"提出私下娶我，维持现状，直

---

⑱　关于 18 世纪英国两个亲属体系之间的冲突，参阅 Ruth Perry，《家中女性》（Women in Families：The Great Disinheritance），见《英国女性与文学》（*Women and Literature in Britain*，*1700—1800*），Vivien Jones 编（Cambridge：Cambridge University Press，2000），第 111—131 页。这个冲突对应着古希腊种族与家庭之间的冲突。参阅本书第 1 章，注释 14。

到他终有一天幸运地获得自己父亲的认可，或拥有他的地产"。他们举办了秘密仪式，出席者与见证人签署了证书，"奥克塔维亚"（Octavia）自己身居乡村，"内心期待未来的好日子"。但当证书无意被毁时，奥克塔维亚要丈夫重新申请一张："我发现我的证婚人们去世了，而我的丈夫在三个月的同居之后，已把自己顺从父命迎娶的年轻女子下葬了。简言之，他躲避我，不要我了。"奥克塔维亚发现，曾经接受的隐秘如今成就了自己的毁灭："我应该公之于众吗？我为自己无法明说的伤害要求怎样的补偿？"因此，"顽固"父亲与恋爱中的孩子之间最初的冲突演变成冷酷男性与柔情女性之间的冲突（《旁观者》，第 322 期，1712 年 3 月 10 日）。

托马斯·沙德韦尔提供了这个复杂情况的更早喜剧版本：一位年轻绅士长期忍受自己父亲的金钱"奴役"，最终希望娶一位别人的妻子而获得自己的地产。这位对自己吝啬、老朽丈夫不满的女人说道："在我年轻时候，我的母亲骗我陷入你这般年龄的人的奴役之中。"她告诉自己的丈夫："你的确答应过要向父亲般待我。你可能不是丈夫，也不是父亲，而是一位残忍的暴君。""难道这个暴政永远不会结束吗？我就必须一直这样没有自由吗？……我有英国臣民享受的自由。"她的丈夫答道，"那么我会行使自己的婚姻权威"，并把她关在房间里。她乔装成军官，要求他"归还她那份资产或确定遗产权"，并骗他签下一份分居抚养费协议。临近这部剧作结尾，一场新婚即将举行，这预示着双重解放：儿子摆脱了自己的父亲，妻子摆脱了丈夫。[49]

这两份文本在公共与私人社会、政治社会与家庭社会之间有意义类比的第一及第二阶段调停，从这层意义上来说，它们具备"过渡"性质。第一阶段事关社会的起源。如我们所见，它存在于冲突两个层面之间的类比：一方面是契约同意的消极自由与绝对意愿专制之间的对峙；另一方面是爱情选择的消极自由与"结盟"或"权宜"婚姻专制之间的对峙。类比的第二阶段与社会性质有关，一旦它成型，就以财产所有权之事为中心。在

---

[49]   Thomas Shadwell，《女队长》（*The Woman-Captain*）（1679），见《托马斯·沙德韦尔作品全集》，第 4 场，第 1 幕，第 21、27、28 行；第 2 幕，第 37、38 行；第 5 幕，第 77 行。根据父母的婚姻财产授予协定，孩子有权继承的父母资产份额就是嫁妆。未来寡妇地产权是嫁妆的替代品。参阅 Susan Staves，《英国已婚女性的独立财产》（*Married Women's Separate Property in England，1660—1833*）（Cambridge，MA：Harvard University Press，1990），第 4 章。

公共与政治领域中,我们遇到了绝对君王所有权与公民臣属绝对私人所有权之间的区别,也遇到了前者借以退化成后者的移位。何种程度上,在婚姻私人领域中发现这种现象? 一旦她成为妻子,女性的财产权怎样了?

如我们可能推测的那样,一旦聚焦于婚姻状态本身,而不是结亲过程,重视妻子与丈夫之间的姻亲纽带甚于子女与父母的血亲纽带的可能性就会大大降低,丈夫也就成为"暴君"称号的首要候选人。1773年,著名的女学者赫丝特·沙蓬(Hester Chapone)用父权制类比提醒秘密结婚的上层女性她们的"公共"职责。她用了似乎预示某种文化约束力的简短之言:"治家与治国相似,它越是人丁兴旺,繁华奢靡,得当治理就越发困难。"[50]这个许可并不是轻易获得。根据英国法律传统,已婚女性的地位从"单身女子"(feme sole)转为"已婚妇女"(feme covert)。根据法律,丈夫与妻子合为一体,彼此有别,但在法律层面不可分离。妻子没有独立的法律存在或人格,无权经手包括财产所有权在内的法律事务。当这种传统婚姻观点仍然普遍时,家庭生活在很大程度上出现了;其与隐私、消极自由原则出现的不一致,至少在妻子实例中无可辩驳。如威廉·劳伦斯(William Lawrence)评论所言:"如果法律规定不允许本国男女起诉他人,这会被人视为极荒谬和不义的。两性彼此之间会犯下何等可怕邪恶罪愆;但更为不义的是在家庭中制定这样的法律,比之更甚的是在男子与他们的妻子之间,随后在他们的家庭中制定这样的法律。因为在国家中,此类在某个城市被迫害之人可以逃到另一个城市。在家庭中,此类不喜欢其他人陪护且未婚之人可以在别的家庭中被接纳,受到保护。但男子和他们的妻子完全拴在一起,无法避免彼此的伤害,也无法补救。"用理查德·阿莱斯特里的话来说:"男子与其妻子之间的结合如此紧密,以至于法律把他们视为一人,因此他们没有可分的利益。"阿莱斯特里的语言让人回想起绝对主义把所有私人利益纳入公共君主制利益之下的举措。在这些情境下,丈夫与妻子的关系可能被比作绝对君王与奴隶的关系。如我们所见,这些是玛丽·阿斯特尔的话。"他拥有君王的权力,"她

135

---

[50]　Hester Chapone,《就思想提升事宜而致某位女士的信》(*Letters on the Improvement of the Mind Addressed to a Lady*)(1773),第 93 页,引自 Amanda Vickery,《绅士的女儿》(*The Gentleman's Daughter:Women's Lives in Georgian England*)(New Haven, CT:Yale University Press, 1998),第 158 页。

继续说道:

> 并没有重视反叛臣民被激怒的原因,但知道如何轻易征服,使自己得到遵从。但耐心与顺从是留给穷人的唯一慰藉之事,他们在专制中忍耐,除非强大到足以打破枷锁,废黜或迫使君王退位。我怀疑此处是否允许。在另一个实例中,对于任何可能被说成反对被动顺从之事,我推测没有人会非常喜欢这一点。无论王权专制如何不遭人喜欢,并不是弥尔顿本人向可怜的女奴呼求自由,或为抵制私人专制的合法性辩护。[51]

沙德韦尔在标志性的 1689 年所写的作品看似证明了阿斯特尔的观点。在他的《葬美》(*Bury Fair*)献辞中,他讥讽了"被动顺从与不抵抗学说",为"政府得以立基的契约破裂时"废黜国王一事辩护。但这部剧作以格特鲁德(Gertrude)的出场为结束,这位如今有着独立思想的女性说自己"曾认为不抵抗是适合所有妻子的学说,虽然不适合其他任何人",以此接受了可被改造的浪子怀尔迪什(Wildish)的求婚。根据理查德·利的说法:

> 每个家庭就是小国,
> 如土耳其宫廷统治。
> 妻子似乎没有官职,
> 只是丈夫的首要女奴。
> 她无权享有任何权利,
> 名字也不挂任何头衔。

在内德·沃德(Ned Ward)所写的一首诗歌中,类似的情绪是一位老奸巨猾的鸨母借以劝说一位年轻处女卖淫的方法之一:

---

[51]　Lawrence,《道德法婚姻》,第 71 页;Allestree,《女性的两份职业》,第 177 页;Astell,《婚姻思考》,第 101—102 页。婚姻法的条款通过与契约主义,而非绝对主义的公共模式对比而显化时,它的荒谬之处甚至更为明显。婚姻的"公民社会"为女性提供免于针对自己及其财产的,处于自然状态的他人侵犯的保护,她们需要为此付出自由与财产的代价。

136

> 丈夫作威作福，
> 可怜的妻子受罪顺服，
> 好似王国成为奴隶国，
> 用恐惧，而非爱驾驭臣民。

如阿斯特尔与沙德韦尔在光荣革命之后写作一样，查德利使公共与私人关系之间的不一致显化。她的人格化身梅利莎问道：

> 男人必须统治，我们只能服从吗？
> 仿佛就为专制统治而造，
> 出生的小君主如荷马笔下的神祇，
> 看到所有人臣服于他们高傲应许？
> ……
> 你强迫我们被动顺从，
> 我们必须在你错路上苦撑，
> 你弃绝的观点已经老旧，
> 如今是你的讥讽，只适合我们。

莎拉·菲吉·埃杰顿（Sarah Fyge Egerton）认为，"可怜的女性在任何状态下都是奴隶"，但大多数情况下是在婚姻中：

> 最终且致命的奴隶制降临，
> 丈夫运用侮辱人的专制，
> 可以用法律为恶行正名，
> 因为男人们合伙让妻子畏惧。
> ……
> 我们如被拴上脚链的落败国王那样屈服，
> 战争眷顾那些篡位者，
> 形式上屈从；但他们会控制我们的思想，
> 给平静的心灵套上枷锁。

在诸如此类的情绪中,约翰·克朗(John Crowne)将革命原则运用于反叛妻子的实例,这断然是少数人(虽然是机会主义层面的浪子)的观点。在《城市政治》(*City Politiques*)(1683)中,弗洛里奥(Florio)为罗绍拉(Rosaura)不忠于自己丈夫一事辩护,说道:"她是一位真正的辉格派,是因为你没有支付每晚侍寝薪资而反抗……我们的原则就是,他不是被视为有权统治之人,而是能最好满足统治目的之人。我比你更好地满足你妻子的意愿,因此我有权得到你的妻子。"当罗绍拉说"你得到我的同意"时,弗洛里奥添上一句:"所以,我也有臣民的声音。"[52]

正是因为妻子理论上完全顺从于自己的丈夫,17世纪的婚姻作家们倾向于把女性地位与奴隶地位区分。如约翰·威姆斯(John Wemyss)写的那样,妻子的婚姻顺从"与奴隶的顺服极为不同,因为他是为别人效力的奴隶臣民,而妻子不是为别人效力,而是为自己,因为她和她丈夫是一体的"。[53] 尽管婚姻通常被解读为完全的利益联合体,公共领域的封建土地保有的正式废除在私人领域内的改变中,在17世纪末、18世纪初的婚姻财产授予法律中存在某些推论方法。[54] 复辟时期上层家庭婚前"严格地产授予"的发展鼓励同时代的人们把那些组成部分,即继承人、妻子、长子、次子、女儿,以及非人格化的地产本身从"家庭"中分离出来,显性财产的不同关注程度如今似乎有了保障。[55] 这个发展可能被视为我们当前涉及的重要现象的前提条件,即婚姻选择中财产动机从爱情动机分离。当

[52] Thomas Shadwell,《葬美》(*Bury Fair*)(1689),"献辞",第5场,第1幕,John C. Ross 编(New York：Garland, 1995),第48、134页；Leigh,"友谊联盟",第49页；Ned Ward,《含沙射影的鸨母》(*The Insinuating Bawd：and the Repenting Hart*)(1700),第6页；Chudleigh,《女士之辩》,第64—67、95—98行,见《玛丽·查德利夫人的诗歌与散文》,第17、18页；Sarah Fyge Egerton,《竞争》(The Emulation),第4、7—10、15—18行,见《18世纪女性诗人》(*Eighteenth-Century Women Poets：An Oxford Anthology*),Roger Lonsdale 编(Oxford：Oxford University Press, 1989),第31页；John Crowne,《城市政治》(*City Politiques*)(1683),第5场,第3幕,第173—174、179—184行,John Harold Wilson 编(Lincoln：University of Nebraska Press, 1967),第134页。

[53] John Wemyss,《约翰·威姆斯先生作品集》(*The workes of Mr. J. Weemes*)(1633),第2卷,第17页,引自 Sommerville,《性与顺从》,第82页,大致参阅79—84页。

[54] 关于封建土地保有的废除,参阅本书第1章,注释41。此时期"继承"(settlement)一词可用于有产家庭的微观资产层面,也可用于英国的宏观资产层面。《王位继承法》(Acts of Settlement)(1662,1701)标志着查理二世复辟与安妮继位开启的新朝代。

[55] 参阅 McKeon,《英国小说的起源》,第153—154页；参考 Staves,《英国已婚女性的独立财产》,第202—203页。

前语境中,更直接的相关性是那些为已婚女性的独立财产提供的财产安排,尽管已有法律传统:主要有未来寡妇地产权(jointure)(在寡居情况下使用)与私房钱(在婚姻本身期间使用)。未来寡妇地产权与私房钱也可以在婚后缔结契约。尽管历史学家们热议这些创新的长期实用意义,对同时代的人们来说,它们似乎不仅在家庭,而且在婚姻本身的内在领域促使绝对私人财产从"公共"丈夫趋下流动到"私人"妻子手中。因此,现代"城市女性"的特征就是这样:"她反对丈夫如君主般的统治,拥有不明确的妻子特权……做自己所列之事,这是她的自由。独立的生活费是她的财产,根据她的原始契约享受。"⑤⑥

　　我们可能再次求助于报章散文。斯蒂尔是得当构想的"和谐"婚姻的坚定捍卫者,他可能用绝对主义政治语言讥讽那些丈夫们,他们担心婚姻暴露自己的"软弱"与"女人气",这导致他们寻求暴君的专制。渴望"在他们的朋友面前看似自由,为所欲为",他们"成为也许看起来像是主人的暴君。因为他们无法控制自己的行为,这就成为完全主权的某种标记,他们如此习惯于在强权面前退缩,甚至说是噤若寒蝉"(《旁观者》,第 236 期,1711 年 11 月 30 日)。但对斯蒂尔而言,一位妻子可能拥有自己的财产,以及随自己心愿可以将其让渡的绝对自由,这似乎有些过分。如父母安排的权宜婚姻一样,这有将情感转化为粗鲁的金钱结合的危险。的确,在斯蒂尔眼里,此处最明显的起因就是"父母的贪婪秉性"。斯蒂尔认为,与未来寡妇地产权及私房钱有关的问题是新近的发明,这使婚姻状态变得"可怕",使年轻人不相信婚姻,并有这样的暗示:"他们马上就要进入彼此为敌的状态……因此温柔毫不存在;极应关注的是,一对年轻夫妇开始彼此憎恨时,他们该怎么做?"对斯蒂尔而言,这似乎足以明确到可以把这种唯利是图比作"拍卖",或者说"出售我们的女性"(《闲谈者》,第 199、223 期,1710 年 7 月 18 日与 9 月 12 日)。⑤⑦ 但斯蒂尔简略地把婚姻状态想象

138

⑤⑥　《真实人物》(The true characters)(1708),第 9 页,引自 John Arbuthnot,《约翰牛的历史》(The History of John Bull)(1712),Alan W. Bower 和 Robert A. Erickson 编(Oxford: Clarendon,1976),第 lxxxvii 页。关于私房钱,参阅 Staves,《英国已婚女性的独立财产》,第 5 章。

⑤⑦　这些是爱德华·沃特利(Edward Wortley)所写的多篇文章。在 1712 年 8 月 6 日、11 日、12 日的信中,玛丽确认,爱德华知道她父亲已安排好的、涉及数目可观的私房钱和未来寡妇地产权的婚姻财产授予事宜,她不曾期待从爱德华那里得到这些。见 Montagu,《玛丽·沃特利·蒙塔古夫人书信全集》,第 1 卷,第 142、151、153 页。关于卖妻的平民实践,参阅本章注释 65—66。

成战争状态,并为这种私人偏差勾勒了一个独特公共隐喻,艾迪生会更全面地加以阐释。

艾迪生的方法就是让笔下的约西亚·弗里堡(Josiah Fribble)写下这样的抱怨,为了迎娶"一位富裕家庭的年轻女子",他不得不"缔结比伟大联盟(the Grand Alliance)时限更久的条约。在规定的相关条款中,有一条就是,她每年将有 400 镑的私房钱"。⑤⑧ 这个义务成为弗里堡先生的负担,他问自己的妻子他是否可以免除每季度的支付,她却威胁要将他抓起来。因此,弗里堡先生请旁观者先生"告诉我们,我们的祖先是否有此先例,或您是否在格劳秀斯、普芬多夫(Pufendorf),或任何其他民众那里听说过私房钱"。在艾迪生的诙谐虚构中,妻子对一点点财产自主的渴望把婚姻的自然状态转为战争状态。艾迪生马上间接提到一位寡妇,她对私房钱的唯利是图要求使追求者勃然大怒,认为"她把他当成了奴隶"(《旁观者》,第 295 期,1712 年 2 月 7 日)。根据洛克所言,"谁企图将另一个人置于自己的绝对权力之下,谁就同那人处于战争状态……凡是图谋奴役我的人,便使他自己同我处于战争状态。凡在自然状态中想夺去处在那个状态中任何人的自由之人,必然被假设为具有夺去其他一切东西的企图"。⑤⑨ 弗里堡先生向格劳秀斯、普芬多夫求助,以期发现自然法是否可能无视在私房钱要求中成为必要之选的致命侵犯,这种侵犯被比作公海上的两国战斗,洛克将其置于自然状态之中,不是因为顺从特定国家的实在法。⑥⑩

旁观者先生赞同弗里堡先生的观点,认为"给妻子提供私房钱,就是为她准备反抗自己丈夫的武器",因为这违反了自然状态的两个基本原则,即自由、平等。用洛克的话来说,"自然状态有对它起支配作用的自然

---

⑤⑧ 1701 年,英国、荷兰与皇帝约瑟夫一世(Joseph I)缔结针对法国的伟大联盟。"协议",以及"联盟"一般也用来指婚姻财产授予,但艾迪生也用上该术语的公共、国际之意。参考 Oliver Goldsmith,《世界公民》(*The Citizen of the World*)(1760—1761),第 114 封信,见《奥利弗·哥尔德斯密斯作品集》(*Collected Works of Oliver Goldsmith*),Arthur Friedman 编(Oxford: Clarendon, 1966),第 2 卷,第 440 页:"签订婚姻协议之前的各种仪式、延迟与失望一般和签订和平条约那样不可计数。"哥尔德斯密斯为文章反对 1753 年的《婚姻法》。

⑤⑨ Locke,《政府论(下篇)》,第 3 章,第 17 节,第 297 页。

⑥⑩ 关于构成自然状态的国际关系,参阅 Locke,《政府论(下篇)》,第 2 章,第 14 节,第 294—295 页。

法……教导着有意遵从理性的全人类：人们既然都是平等和独立的，任何人就不得侵害他人的生命、健康、自由或财产"。[61] 旁观者先生认为，可以保证私房钱，以抵消明显的婚姻不平衡，"但两人的年龄与情境极为相当，我不禁认为坚持要私房钱是非常不同寻常的事情……我可能希望他们宁愿称其为针线钱，这个能暗示辛劳家务意义的词"。艾迪生的说笑语调具有典型的自我保护性质。这明显荒谬的婚姻平等主张背后是苛刻的暗示，这只是针对令婚姻完整性失衡的妻子平等化条款。实际上，艾迪生的抱怨就是私房钱把隐性区别转化成显性分离。"在我看来，丈夫与妻子的独立财务如分居之床那样不自然。如果两人的愉悦、兴趣与利益不相同，那么他们的婚姻也就不幸福。"（《旁观者》，第 295 期，1712 年 2 月 7 日）

　　1641 年及 1688 年之后，承认不同利益的现实性与真实性已成为任何试图满足公共利益举措的必要理由。甚至在下一层，公共领域被重新视为家庭，该论点的逻辑似乎更为强大，如果其后果存在问题的话。然而，在已婚夫妇的微观层面，绝对主义的趋下流动性（悖论的是，其动态要旨就是限制任何人对他人的绝对权威）陷于停滞，至少对艾迪生等人来说如此。如果丈夫不能是自己家宅的绝对主人，那么他一定是奴隶，妻子则成为绝对主妇。或者，如果妻子坚持无条件拥有在别处被标示为自主隐私的财产，这必定被负面地重新评估为"辛劳家务"真实隐私的借口。尽管如此，家庭与国家之间的类比并不会在婚姻的微型层面毫无作用。更确切地说，其条款必定从公民社会转到民族国家之间的自然状态，所有人都可能在此假定为自由的、平等的，没有私房钱及其独特的好斗性。

　　在这期《旁观者》出版后的一周内，可能是对自己尝试提出的，针对已婚女性独立财产问题的解决方案并不完全满意，艾迪生刊发了另一封来自某位沮丧丈夫的信。约翰·安维尔（John Anvil），一位处于趋上流动状态的平民以废铁发家，并因自己的辛劳而受封骑士。他决定组建家庭，"让血脉延续"，因此他"向玛丽·奥德利小姐（Lady Mary Oddly），一位贫穷的上层年轻女子求爱。为了使婚姻条约简短些，我给她一张白纸，正如我们新闻报纸所说的那样，希望她写下自己的条款。她对自己的要求非常简单，只是坚持由她完全处置我的财产，管理我的家庭"。上一期已风

140

---

[61]　Locke，《政府论（下篇）》，第 2 章，第 6 节，第 289 页。

趣地提醒我们，白纸是"现代军事修辞"的术语之一，借助当时与法国的战争新闻报道为人所知（《旁观者》，第 165 期，1711 年 9 月 8 日）。因此，这场婚姻也是以比喻方式存在于陷入战争的国际自然状态。玛丽小姐很快就使私房钱的绝对性看似小菜一碟。她告诉约翰爵士如何经营自己产业；重新装修整个府邸；把他的仆人换成自己的；抚育他们的孩子，好似他们是她的专有；甚至改变她丈夫的姓氏。这位丈夫宣布，"我不再认为自己是约翰·安维尔爵士，而只是她的丈夫"（第 299 期，1712 年 2 月 12日）。简言之，妻子取代了丈夫的位置，并绝对掌控全家，这个世界颠倒过来。⑫

　　为应对已婚女性的独立财产挑战，斯蒂尔也做了相关尝试。一位通信者的妻子如今怀上了他们第五个孩子。这位丈夫恳求旁观者先生说服他相信，自己的妻子"不会生下与这个世界已有之事同等怪诞的孩子，因为他们说，孩子会有与母亲所想之事近似的特征"。⑬ 这不是写信之人第一次有这样的担心。在妻子前几次的怀孕中，她的"想象"每次如此"过分"，不仅包括"吃的、喝的"，而且还有"马车、家具及类似奢侈之物"。这位丈夫担心妻子不理性的愿望会把他的孩子变成怪物，于是买下这些东西，着手满足所有这些欲望。这基于一个未说明的理论，如果愿望实现，它的力量就会消失。然而，他现在开始失去信心，并想知道"是否可以设法通过理性与辩论制止这些狂热、无法解释的胡思乱想"（《旁观者》，第326 期，1712 年 3 月 14 日）。

　　这如何与独立财产问题有关？ 如玛丽·安维尔夫人一样，这位妻子威胁掌管全家。她的力量不在于外在财产，也就是说，在于想象的"内在财产"，这就使丈夫如是理解具有可替代性：如果他买了她想要的东西，想象的力量就会消解。仿佛是确定独立财产条款的婚姻财产授予已内化于思想，这就是丈夫的暗示之意，他抱怨"这超过私房钱的委屈，我想，在每一项婚姻财产授予中都该添上一个条款，父亲应该负责满足自己女儿的各类憧憬"（《旁观者》，第 326 期，1712 年 3 月 14 日）。古老的民间迷信

141

---

⑫　参阅《旁观者》，第 308 期（1712 年 2 月 22 日）。《旁观者》，第 522 期（1712 年 10 月 29 日）提供了一个更为积极的空白婚前协议实例。

⑬　关于近代早期的如是信仰及其转型的研究，参阅 Huet，《怪诞想象》。

重新被用来解释现代供需体系。关于妻子的修辞格将新类休闲女性及其双重"财产"讽喻化：源自异常被动的想象欲望，通过物质开支与消费来实现。私人与公共，家庭与国家，妻子与丈夫的关系在想象与理性之间的内心争斗中发现了最极端的内化。

在这一期，斯蒂尔把已婚女性的独立财产与想象生产及物质消费联系起来。在我最后的举例中，私房钱与写作、出版捆在一起。艾萨克·比克斯塔夫应召出差，他给自己同母异父的妹妹詹妮·迪斯塔夫（Jenny Distaff）写作并出版当天这期《闲谈者》的权力。此举的结果就是模棱两可地演绎了女性进入公共领域的重要性。詹妮希望利用艾萨克作为个人的特权，与公众中的其他男人一道出入，实际上就是借用她哥哥的自由、隐秘与财产。詹妮已被授权发布新闻时享有"以我自己方式说话的自由"，她也就可以自行处置"密室里的所有文件，哥哥此时已把门打开，任我使用"。随后的话语明确假定面向女性听众并谋求女性的特殊利益。詹妮一度抄写了自己认识的一位绅士来信，其琐碎与怠惰让这常归于女性之事相形见绌。她继续说道：

> 当然，如果我们女性有常去光顾公共场所、交谈的自由，我们会让这些试图抨击我们错误与愚蠢的对手们倍感羞愧。然而，我们很快就有多少与他们结识的快乐，因为我的哥哥艾萨克希望，运用我们的性别，精确描述所有主要政客的性格，他们光顾从圣詹姆斯街到变化街上的任意一家咖啡馆……对我们来说，这将是伟大的工作，我有权允诺关于他们的准确详细报道，我将它们出版，这样就能赚得私房钱。

也就是说，女性不必去咖啡馆，如果她们能进入印刷公共领域，这不仅像独立财产，而且也可以将其交换。的确，随后不久，詹妮弄坏了从哥哥文件中翻箱倒柜找出的一个拉丁文标签，我们想知道她允诺精准转录的咖啡馆内容是否可能与"以自己的方式说话"的决心冲突。然而，她很快转向自己的印刷任务，处理她哥哥的咖啡馆联系人用自己独特的"风格与措辞"所写的，关于国务的新闻邮包。这一期成功地以熟悉的匿名外国通信者"男性"语气结尾（《闲谈者》，第 10 期，1709 年 5 月 3 日）。这为詹妮的自由正名了吗？或这是把自由的缺失公之于众吗？在这两个例子中，她被公共领域的接纳勾勒出丹尼尔·笛福使之显化的性别反转（特别是与女性化的男性朋友对比时）："女性之间的所有交谈方式如今都在国务、战争与政府方面。闲谈的废话与中伤都转换到男性身上，并从盥洗室转到咖啡馆。"[64]

分 崩 离 析

政治与家庭社会的最初两个阶段关注它们的初期创建及当前存在。第三也是最后一个阶段与它们的终结有关。因为婚姻被认为不可毁损，无法通过教会法院实现离婚。对于那些没有财产的人来说，遗弃或私奔是实现实际分居的常见方式。当财产成为问题时，卖妻为那些社会底层之人提供某种公开及高度仪式化的方法，将社会内的财产转移合法化，如果不是同时在法庭解决的话。[65] 在很多人看来，夸耀式唯利是图动机将平民卖妻与贵族的包办婚姻联系起来。两者都可称为"史密斯菲尔德交易"（Smithfield bargains）（妻子在此被当作主要财产交易对象）。尽管卖妻的复杂象征与充斥父母包办的独裁绝对主义道德完全兼容，实际上这个仪式假定了所涉主要三方的同意。[66] 传统上，教会法院在通奸或极度残暴情况下裁定"从床帏灶台"（a mensa et thoro）的分居，并不允许再婚。17 世纪末期教会法院的普遍衰败引发了惩罚通奸现象的式微。普通法法院扩充了侵害行为，包括涉及引诱他人妻子（"犯罪交谈"）的民事诉讼，在某种意义上承袭了这种道德功能，但对法律分居的事件没有明确效果。然而，成功的"犯罪密谋"控诉在推动英国首例法律离婚过程中发挥了作用，这些案例诉诸允许再婚的议会私法法案。[67]

尽管第一个这样的法令可追溯到 1552 年，这个模式是在复辟后才真正建立起来。那些获得议会许可离婚之人的社会经济背景得到极为明晰

---

[64]　Daniel Defoe，《评论》（*Review*），第 7 期（1710 年 5 月 9 日），引自 McDowell，《格布拉街的女性》，第 281 页。

[65]　参阅 Stone，《离婚之路》，第 141—148 页。

[66]　参阅《闲谈者》，第 223 期（1710 年 9 月 12 日）；Bridget Hill，《18 世纪英国的女性、工作与性别政治》，第 219 页；E. P. Thompson，《共有的习惯》（*Customs in Common：Studies in Traditional Popular Culture*）（New York：New Press，1991），第 427—441 页。

[67]　参阅 Stone，《离婚之路》，第 231—233 页。

的确定,因为除 17 世纪 90 年代的某些诉讼外,其专有目标就是"在合法男性血亲中保留父系财产传承"。出于这个理由,其早期发展与后来的17 世纪公共政治,即斯图亚特王室的家庭危机紧密相联。1670 年,议会准许鲁斯勋爵(Lord Roos)再婚(因此也就是事实上的离婚),为的是生下一个合法男嗣。查理二世支持这一议案,因为他没有布拉干扎的凯瑟琳(Catherine of Braganza)生下的继承人。据说他匿名出席上议院的讨论,评断这个过程"比一出戏好看多了"。可以理解的是,王位的继承人,他的弟弟詹姆斯,反对这个议案。1692 年至 1700 年,诺福克公爵(Duke of Norfolk)基于相似理由向议会三次提交离婚议案,把自己相对薄弱的案例进一步强化,直至足以最终在后一个年份通过。[68] 首次尝试之后,一部匿名讽刺作品明确指出私人与公共"离婚"、诺福克诉讼与四年之前具有划时代意义的詹姆斯二世国王废黜之间的类比。在以下诗歌虚构中,辉格党人约翰·蒂洛森(John Tillotson),坎特伯雷(Canterbury)主教就诺福克的离婚事宜致信辉格党人吉尔伯特·伯内特(Gilbert Burnet),索尔兹伯里(Salisbury)主教:

> 一位睿智有德贵族,满心烦愁,
> 想着如何停妻另娶,
> 据我虔心观察,离婚之意已决,
> 没人可以否认这点。
> ……
> 我们的主人与夫人,[69]我们高兴的是,
> 我们为配偶、主教、国王自证
> 所有一切在过去都是借助婚戒力量,
> 没人可以否认这点。
> 国王与王冠的分离,我们称为逊位;
> 为了填补圣职空缺,我们新立主教;

---

[68] Stone,《离婚之路》,第 303—304、309—317 页。引用见第 321、311 页。历史手稿委员会报告(Historical Manuscripts Commission Reports),Rutland MS 22,第 2 章,第 14 页。

[69] 即威廉与玛丽。

　　　　一切都可复位，唯独离婚不能，

　　　　没人可以否认这点。⑦

貌似可信的是，17 世纪 90 年代，议会受理的离婚案短期增长很快，这不仅归结于诺福克案，而且在于詹姆斯二世与其"妻子"——英国民众，在宪法层面的公开"离婚"。然而，这些其他案子大多与鲁斯、诺福克的父系继承目的不同，有些是由平民与女性提交。随后，议会离婚的数量再次降低，他们的社会经济特点重回狭隘的贵族模式。⑦

　　令人瞩目的是，两类"离婚"都是议会的成就，私下否决公共统治的不可毁损性，公开否决私人关系的不可毁损性。类比在两个方向发力。如果婚姻法的发展有助于阐释詹姆斯废黜的宪法危机，那么 1688 年的革命意味着，分居可能是何等私人之事，如果不是"光荣的"，那么至少"是不流血的"。实际上，尽管婚姻一直都以某种近似字面意义的方式具有"契约"性质，只有在契约理论的政治虚构成功地公开实践，"比一出戏好看多了"时，"契约主义"才成为婚姻法中的积极力量。但革命的支持者谨慎地避免用这种方式倡导当前的议会离婚案例，以防激励詹姆斯二世党人指控辉格主义使家庭秩序的颠覆成为必要。一位如是作者认为，公开废黜詹姆斯二世的恰当私人类比并不是妻子离开自己危险丈夫的权利，而是任何人反抗强暴或谋杀的自卫权利。这位作者继续写道："我听过你把国王比作父亲与丈夫，把臣民比作孩子与妻子。这些比较可能在道德意义上使用，以履行两者之间的道德责任。但严格说来，正如我们现在经历的那样，这些都是错误的。"换言之，这个类比教导的是如何成为道德主体，而不是政治主体。诺福克离婚案与光荣革命同时发生，正是这种刺激可能已说服评论家们回避似乎由之引发的私人-公共类比，聚焦每个案例在努力与其他区分时的价值。⑦

144

---

⑦　"离婚"(The Divorce)，见《国务诗歌》(*Poems on Affairs of State：Augustan Satirical Verse，1660—1714*)，第 5 卷，William J. Cameron 编(New Haven，CT：Yale University Press，1971)，第 29—32、37—44 行，第 319—320 页。

⑦　参阅 Stone，《离婚之路》，第 317—322 页。

⑦　《就管理事宜而致某贵妇的信》(*A letter to a gentlewoman concerning government*)(1697)，第 13 页，引自 Weil，《政治激情》，第 126 页。关于此效果的其他证据，参阅该书第 5 章。

议会离婚被视为"私人的",因为这不是通过当时留存的任何竞争司法体系(教会法、普通法、衡平法院)而获得的。结束婚姻的最后方法,即私人分居协议大体出于同样原因而是"私人的"。这些协议包括分居抚养费契约,它旨在通过不同方式确保妻子在分居时获得财务支持,并免除丈夫支付妻子负债的责任。复辟时期的喜剧再次见证了国家契约理论可能象征、阐释家庭行为的方式。托马斯·萨瑟恩(Thomas Southerne)笔下的弗兰代尔夫人(Mrs. Friendall)对自己丈夫违背契约责任有这样的思考:"在婚姻状态中,也在公共场合,我们的确束缚了自己。但是,为了让我们的人身、财产、荣耀得到保护,我们接受那些限制其他方面行为的法律。极少有人愿意遵守,但要从管治中获益的话,就得如此。"约翰·范布勒(John Vanbrugh)笔下的布鲁特夫人(Lady Brute)宣称:"什么? 我做了怎样的誓言? 我想自己曾允诺对丈夫忠贞不渝。那么,他也曾许诺对我善待有加,但他没有兑现诺言。那么我也该予以免除。在我看来,这清楚的很。国王与民众之间的争论是有益的,丈夫与妻子之间难道就不是这样吗?"[73]

在这些自觉类比中,法律被视为从"公共"领域转移的"公共"工具,"公共"国王与"私人"臣民的协调是和"公共"丈夫与"私人"妻子的"私人"协调类似的原则。复辟时期与 18 世纪初期,分居协议日益增多。然而,至本世纪末,它们取得的成功已催生司法后冲力,反对这些针对婚姻体系本身的逻辑意义。[74] 如果妻子不是法律层面的个人,如果婚姻不可毁损,丈夫和妻子如何签署分居契约呢? 分居契约与独特的婚姻契约主义矛盾。1805 年,大法官艾尔登(Lord Chancellor Eldon)阐述这些原则时,也委婉提到这看似私人创新的类比公共风险,即"公众的大家庭"风险:

145

---

[73] Thomas Southerne,《妻子的借口》(*The Wives Excuse: Or, Cuckolds make themselves*)(1691),第 1 场,第 292 页,引自 Staves,《游戏者的权杖》,第 179 页;John Vanbrugh,《被惹怒的妻子》(*The Provok'd Wife*)(1697),Anthony Colman 编(Manchester: Manchester University Press, 1982),第 1 场,第 1 幕,第 69—75 行,第 59—60 页。关于 17 世纪 90 年代世人皆知的议会离婚案与此时期戏剧之间的主题、语言极度近似性,参阅 Paula R. Backscheider,《灵魂深处的无尽憎恨》("Endless Aversion Rooted in the Soul": Divorce in the 1690—1730 Theater),见 *Eighteenth Century: Theory and Interpretation*,第 37 卷,第 2 期(1996),第 99—135 页。

[74] 参阅 Stone,《离婚之路》,第 149、153 页;Staves,《英国已婚女性的独立财产》,第 6 章。

　　　　法律政策规则独立于婚姻契约本身效果，就是指契约应不可毁
损，甚至法律裁决也不能如此……民众应该理解他们不能订立这些
反复无常的契约。订立这神圣契约之后，他们应该认为，改善自己的
性情符合他们双方的利益……公认的是，凭借基于政策之上的已知
法律，为了维持个人家庭，构造公众的大家庭，就不该有源自床帏灶
台的分居，除非因残暴或通奸之故。⑦

　　然而，家庭与国家之间类比的辩证动力可在如是事实中感知：至18世纪
末，但在法国革命之前，英国民众思想已对"公众的大家庭"脆弱性重新敏
感起来，婚姻契约的"隐私"似乎正在抵制公共法律的侵入。"通奸不再成
为外遇史的一部分，而成为家庭悲剧，更多的是个人痛苦，更少的是公众
奚落（尽管仍然还会有）。"1788年，弗朗西斯·布勒（Francis Buller）法官
准备否决关于分居抚养费契约的诉讼，他说道："不论怎样，夫妻之间存在
纠纷是件非常不幸的事。当这成为第三方考虑的话题时，它们就非常令
人不快。如果这个案子要求对夫妻双方行为公开评论，对那些有机会对
此做裁决的人而言，这是极为艰难的事情。"借助这种新思维方法，婚姻的
极端"隐私"与类似的"公共"国家主权关系对立，即便"公共"法律的协调
目标之一本就是保护"私人"婚姻利益。⑦　况且，无论是不可思议秘密的
公开，还是私人亲密的公开，都会再次令人想起借助"第三方"中立的
表述。⑦

　　还有另一个促使夫妻分居可能发生的极端方式，那就是丈夫的死
亡。如果这是由妻子导致，那不仅等同于谋杀，而且也是家庭"小国家"
的"轻叛逆罪"。如果不是，无论如何，丈夫的死使妻子成为寡妇，恢复
了她单身女子的法律人格，这曾因婚姻而被牺牲掉了。寡居的上层女
性得以控制自己的寡妇遗产。丈夫曾为商人的中间阶层寡妇常常继续

⑦　《圣约翰勋爵诉圣约翰勋爵夫人》（*Lord St. John v. Lady St. John*）（1805）中的艾尔登勋爵
　　（Lord Eldon），引自 Staves，《英国已婚女性的独立财产》，第185页。

⑦　Randolph Trumbach，《性与性别革命》（*Sex and the Gender Revolution*），第1卷（Chicago：U-
　　niversity of Chicago Press，1998），第392页；《弗莱彻先生诉弗莱彻太太》（*Fletcher v.*
　　Fletcher）（1788）中的法官布勒，引自 Staves，《英国已婚女性的独立财产》，第228页。

⑦　参阅本书第1章，注释9。

经营自己丈夫的生意,并总体而言成为商业活动中的重要力量,特别是在伦敦。[78] 德莱顿与巴特勒对空位期英国求爱行为各有比喻,两者之间的重要不同就是,巴特勒把国家想象成寡妇,并让她绝对拥有自己的财产,赋予她积极抵抗的力量,以此应对似乎威胁其自身利益的所有诉讼。[79] 如果政治危机可被比作寡居,那么寡居可能反过来被比作政治危机——或胜利。纽卡斯尔公爵(Duke of Newcastle)威廉·卡文迪什(William Cavendish)用寡居主角傲慢夫人(Lady Haughty)所说的一番话作为剧作结尾。她描述了自己可以接受的理想类型,以此解释为何"我决定永不结婚":

> 我发现自己独身静坐,
> 拥有自由带来的胜利:
> 我永不困于婚姻枷锁,
> 继续在王座享受安宁,
> 我自己成为绝对君主。[80]

托利派女权主义与绝对主义的退化

威廉·卡文迪什用绝对君主的公共形象意指已摆脱婚姻枷锁的寡妇个人消极自由。这个意象不难让人想起如是转义,它通过对公共与私人现代关系,绝对主义退化的大多探究而反复出现。将王权绝对主义构想成"趋下流动",就是想象其从如此王权的可分开性,即整体、自主、本身具有目的的自足性概念从重要的、不可分的公共具化中悖论分离。诸如父权制主义、君权神授等绝对主义学说是不稳定的复合体,因为它们尽量明确传扬可能仅借助隐性习俗维

---

[78] 参阅 Earle,《英国中间阶层的成型》,第 166—167、171、173—174 页;Bridget Hill,《18 世纪英国的女性、工作与性别政治》,第 13 章。在伦敦,甚至已婚女性都可以独立于自己的丈夫经商,只要这经营本身是在获得单身女子商人地位之后,以不同商品形式进行。参阅 Earle,《英国中间阶层的成型》,第 159—160 页。

[79] 参阅本章注释 7、9。

[80] William Cavendish,《得胜的寡妇》(*The Triumphant Widow, or the Medley of Humours*)(1677),第 97、98 页。

系之事。[31]"绝对主义理论将等级理念从物质性质语境中搜出来,使之成为君王的意愿之事。"如公共领域实践一样,绝对主义的分离与再运用具备戏仿的双重性,实际上由模仿与批评组成。用安东尼·阿斯堪(Anthony Ascham)的话来说:"那些奋力使自己摆脱绝对权力之人,等到时机到来之时,将因此不得不自己承担绝对权力。"[32]

147　　　阿斯堪的箴言说明,在国务中,绝对性相对化了,每位成员轮流具备上级、下级的大等级性质。卡文迪什的用法暗示若干如此相对的绝对事物:摆脱有用的国家示意的家庭;摆脱法律保护的寡妇;还有"自我",其自由悖论地受到自我顺从主体身份的暗示,借助的是在私人自我从公共自我的反身分离中成为必要的释放。在这等级制度的低阶中,绝对主义的退化在揭示自主与隐私的内在领域,即自我的秘密范围过程中发挥作用。我们已看到,这种内在性发掘的重要动因之一就是新教决疑论的发展,以及良知(思想,如果不是言语或行动)的绝对自由理念。玛丽·阿斯特尔用绝对主义的公共修辞格示意更私人的情境,此举显然取决于如是新教发展:

> 因此,对我们而言,人们可能仍享受特权,我们不是打算侵扰他们的任何合法特权;[33]我们唯一的争议就是,他们可能在宣扬我们与他们共同主人荣耀时比不过我们。借助那些看似普通之物,在这事上并不与我们对立。我们不该以努力成为更好基督徒的方式激怒他们。他们可能让自己满脑子忙着国务,把他们的时间与精力用于向某位不明主人或更轻率的民众自荐的事上。我们唯一的努力应该就是成为自己内心的绝对君主。如果他们乐意的话,他们仍然可以对宗教争执不休,让他们给我们理解此事并加以实践的机会吧。

---

[31] 关于国王的君权神授不是王权绝对主义理论的论点,参阅 Glenn Burgess,《国王的君权神授再思考》(The Divine Right of Kings Reconsidered),见 *English Historical Review*,第 425 期(1992 年 10 月),第 837—861 页。

[32] J. H. Hexter,《都铎时期英国中间阶层的神话》(The Myth of the Middle Class in Tudor England),见《历史再评估》(*Reappraisals in History: New Views on Society and History in Early Modern Europe*),第 2 版(Chicago: University of Chicago Press,1979),第 114 页;参阅 Anthony Ascham,《论混乱与政府革命》(*Of the Confusions and Revolutions of Governments*)(1649),第 4 页。

[33] "权利"与"特权"是分别指向君主与议会权威,并因此构成混合君主制国家主权的政治技巧术语。

阿斯特尔的用法假定了某种自主隐私,这不是为了享受摆脱丈夫辖制的消极自由的寡妇们,而是为了那些一般身居男人世界的女性,她们完全被剥夺了直接参与公共领域的机会。查德利笔下的梅利莎依循此例:

> 你将成名,获利,受赞;
> 我们不抢你的酒和粮:
> 我们也不曾想统治你;
> 你将成为自赏的主人。
> 暴君可能仍占据王位;
> 我们自认将独自统治:
> 隐形帝国由我们影响,
> 我们仅私下效忠理性。

对女性而言,拥有思想或内心绝对隐私都不是源自束缚(诸如婚姻)的移除,后者借此剥夺了她们的自由。它来自如是洞见,缺失状态可能有助于辨识挖掘超越其管辖的隐私的内在"隐形"领域。[84]

148

　　如我们所见,绝对主义的退化是一个不均衡的发展,其过程、进步与影响根据广泛的因素而变化。德莱顿这位保皇派对同时代政治领域的相对化易变极为敏感,知道其对政治想象的影响。德莱顿笔下的曼苏尔(Almanzor)向国王博阿博德林(King Boabdelin)致辞,他满意地让其他人把自己的顺从恰当归于凯撒:

> 正如您的臣民顺从君主一样,
> 但要知道,我是自己的国王。[85]

---

[84]　Mary Astell,《致女士的严肃建议》(*A Serious Proposal to the Ladies*, *Part II*)(1697),第290页,见 Astell,《第一位英国女权主义者》,第179页;Chudleigh,《女士之辩》,第655—662行,见《玛丽·查德利夫人的诗歌与散文》,第34页。

[85]　John Dryden,《格拉纳达的征服》(*The Conquest of Granada*, *Part I*)(1672),第1场,第1幕,第205—206行,见《约翰·德莱顿作品集》(*The Works of John Dryden*),第2卷,George R. Guffey 和 Alan Roper 编(Berkeley and Los Angeles:University of California Press,1978),第30页。

如傲慢女士一样,曼苏尔的意思是,摆脱对他人的顺从就是顺从自己。德莱顿阐述了另一个更全面的绝对主义退化的私人化意义,我们可能想起来,他皈依罗马天主教后就被剥夺了公共主体身份:"良知是每位个人的王权与特权。他是自己内心的绝对主宰,无需对任何世俗权力负责,因为这只是上帝与他之间的事情。"作为一位生活在新教国家的天主教皈依者,德莱顿经历了极度外在剥夺,对英国女性来说,这是先天情境,显然深化了他作为从内掏空的虚拟空间的隐私感觉。但英国女性的先天经验绝不是整齐划一的。阿斯特尔与查德利在她们的公共缺失中找到某种类似正直的谨慎高兴之事。但对多罗茜·奥斯本而言,自我的反身性被内战氛围吸纳,私人能动性的潜能因看似普遍的公共缺失而失去斗志。极为不同诸公共缺失类型可能鼓励对私人内向性的忧惧。对沙夫茨伯里而言,这是出版通过人格扭曲激发自我学习的方式。对约翰·丹尼斯而言,这是抄袭的占有力量,以及认知自身的无形持久(无法被窃):"我常倾向于认为,人们独有自己思想与创造的绝对财产。我的思想属于自己,这不可改变,也无从让渡,永远都不会成为别人的。"⑧

⑧ 关于德莱顿,参阅本书第 1 章,注释 106;关于奥斯本,参阅本章注释 40;关于沙夫茨伯里,参阅本书第 2 章,注释 143—147;关于丹尼斯,参阅 John Dennis,《约翰·埃德加爵士的品性与操守》(*The Characters and Conduct of Sir John Edgar, Call'd by Himself Sole Monarch of the Stage in Drury-Lane*)(1720),第 1 封信,见《约翰·丹尼斯评论作品集》(*The Critical Works of John Dennis*),Edward N. Hooker 编(Baltimore: Johns Hopkins University Press,1943),第 2 卷,第 191 页。关于德莱顿敏感性的证据,参阅 Michael McKeon,《〈押沙龙与阿威托菲尔〉的历史化》(Historicizing *Absalom and Achitophel*),见《新 18 世纪》(*The New Eighteenth Century: Theory, Politics, English Literature*),Felicity Nussbaum 和 Laura Brown 编(New York: Methuen, 1987),第 23—40 页。德莱顿生前的一个世纪,罗马天主教的虚拟隐私可能是作为在神父密室中成为必要的剥夺而于现实中实现,恰如随后关于抓捕逃跑的耶稣会信徒埃德蒙·坎皮恩(Edmund Campion)的记述那样:搜查者们"人数不少,进来后,在屋内四处搜寻可以带回伦敦塔作证的各种东西。他们进一步搜查,来到接近屋顶的一个房间,里面非常简陋,只有一个巨大的架子,上面放着各种工具与器械……屋内的简陋让人难起疑心,他们就准备离开了。但有位搜查者无意中窥见木墙上有一道裂缝,这个架子就系在上面。通过这个裂缝,他看到有些光亮,就掏出匕首,凿出一个大洞,随后看到这后面还有一个房间。其他人都留下来,寻找入口。他们把架子放倒,发现有可供一人爬入的洞口。他们爬进后发现了耶稣会信徒埃德蒙·坎皮恩,以及神父约翰·彼得斯(John Peters)和托马斯·萨尔威尔(Thomas Saltwell),他们紧紧站在一起"。Anthony Munday,《埃德蒙·坎皮恩及其同党抓捕记》(*A Discoverie of Edmund Campian and his Confederates*)(1582),A6—7,见 Julian Yates,《寄生的地理》(Parasitic Geographies: Manifesting Catholic Identity in Early Modern England),见《近代早期英国文本中的天主教与反天主教》(*Catholicism and Anti-Catholicism in Early Modern English Texts*),Arthur F. Marotti 编(New York: St. Martin's, 1999),第 77 页。

威廉·卡文迪什的妻子玛格丽特大多数情况下把绝对君主的形象极为直接地用于自身,为的是描述青少年的如是经验:"使世界成为我的书本……我发现在我这个妙龄,以我的浅薄能力,太难理解这个世界。直到我结婚之时,我只可能读书信,理解里面的意思,但完全不知世界之意,直到我家大人成为我的主人而教导我,他通过自己的经验了解这一切……因此,我的想法就是成为绝对君主,独自统治我那像和平国家的思想。"卡文迪什作品中的这个著名隐晦与其同时从字面及比喻层面运用语言的雄心有关,这个雄心成就了王权绝对主义的变化,正如它极难顺从地退化到其"臣民"那里。预示个人思维统辖思想的缺失似乎是年少天真与无知的情境,并不是表面上的性别化,除非因卡文迪什的性别而恶化,并要求借"我家大人"和"主人"之力进行特殊说教干预。在另一选段中,卡文迪什用非凡之力描述了全体英国女性的民事剥夺,随后令人吃惊地改变了自己的立场:

> 至于管理之事,我们女性并不理解。然而,如果我们能够,就立即从相关干涉中摆脱出来,并几乎顺从于此;我们并不受制于或束缚于国家或君王。我们是自由的,并不宣誓效忠,也不发至尊誓言。我们不被立为国家公民,我们没有职务,也没有相关权柄。我们在和平时期不被视为有用之人,在战争时期不被认作征战之人。如果我们不是这个国家的公民,我就不知道我们有什么理由要顺从这个国家。真相就是,我们不是臣民,除非这是对我们的丈夫而言。我们也不总是顺从他们,有时候我们会篡夺他们的权柄,或通过恭维的方式让他们好心管理。但如果自然并没有让我们与美丽及其他美意恩典为友,以帮助我们自己逐步获得男人们的好感,我们应该比任何自然所造的其他之物更容易被束缚。但应该感谢自然,它对我们如此慷慨,正如我们更常奴役男人,而不是被男人奴役。他们看似统治世界,但我们才是真正统治世界,因为我们统治男人……可以说,我们用难以察觉的力量进行统治,只要男人没有看到他们如何被女性引导、带领与统治。[87]

---

[87] Margaret Cavendish,《混杂的世界》(*The Worlds Olio*)(1655),"第1卷第3部分"的"书信",第48页;Margaret Cavendish,《纽卡斯尔的侯爵夫人》(*The Lady Marchioness of Newcastle*, *CCXI Sociable Letters*)(1664),第16封信,第27页。

　　这听起来更像阿斯特尔和查德利的话，而不是其丈夫所言，卡文迪什把女性剥夺与如此公民生活，而非婚姻制度联系起来。成为英国女性就是如此彻底地被剥夺公共人格，以至于失去公民与教会主体的地位。然而，卡文迪什比其他那些女性更令人瞩目，她暗示政体中的女性整体剥夺如何使想象不同类型的主体身份，即道德主体，而非政治主体成为可能。在卡文迪什的分析中，女性通常体验的完全"隐私"，即政治共同体及其积极自由的纯粹缺失，是作为消极自由的现代隐私精神气质的关键所在："我们并不受制于或束缚于国家或君王，我们是自由的。"

　　但在这重要时刻，卡文迪什突然把自己的关注从国家转向家庭。卡文迪什并不是用直接方式尝试描述被政体中的女性消极自由限定的空间内容（例如，正如思想与创造的自主领域，或正如自我顺从的能力），她通过承认妻子顺从自己丈夫的方式修饰自己的否认（"我们不是臣民"）。这是积极自由，还是消极自由？是政治主体身份，还是道德主体身份？一方面，卡文迪什说，性别的天然不平等可能造就了绝对主人与奴隶的这种关系（威廉的寡妇，傲慢夫人避免的这类绝对君主制关系）。另一方面，两性之间的天然不同为女性提供进入男性内在"情感"的机会，通过使其具有比喻性与辩证性，改善主人-奴隶的关系：较之于男性奴役女性，女性的性吸引更能"奴役"男性。这也不仅是实际上基于性差异的身体特征的隐喻"权力"。清教神学家威廉・古奇（William Gouge）谈及夫妻之间的性关系时认为，自卑与顺从的常见情境在此被悬置："可能不仅存在友谊，而且在某方面存在平等（在那些于另一方面是下属、从属等人之间），正如拥有对方身体权力的男人与妻子之间那样：因为妻子（也和丈夫一样）在其中既是仆人又是主人，是交付自己身体的仆人，也是拥有丈夫身体权力的女主人。"⑧性和道德类似，但以不同方式使竞技场平等。

　　卡文迪什明显求助于令人厌烦的男性诗人彼特拉克（Petrarch）式奇喻，或求助于可能对我们来说看似男人身后的女人这类令人不满的转义，这不应该阻挠我们看到，婚姻主体身份的情境不是引导我们离开道德主体的消极自由探究，反而提供诸如运行的实验戏剧之事的方式。卡文迪什转向主体身份的比喻层面，这承认了提示父权制类比之差异的重要成

150

---

⑧　　William Gouge，《论家庭责任》(*Of Domesticall Dvties*)（1622），第 357 页。

分,即君主与丈夫之间的差异,这开启了男女之间的(自然)差异。政体中的剥夺提供了摆脱顺从的极端自由,而顺从在婚姻的相互性中找到了最接近的表述。婚姻提供了打开道德统治内在领域的绝对统治隐喻,权力在此不再只是物理存在,身体特征不再只是力量之事;字义层面的剥夺在此获得战略意愿,以及借用卡文迪什的自觉推测措辞,"可以说是用无感权力统治"的能力。一时之间,婚姻的小国家对女性而言至少看上去不是政体的微型版本,而像是其乌托邦形式,一种社会安排,它有益于阿斯特尔与查德利仅在公民生活缺失中构想的虚拟隐私类型。更概括地说,绝对主义的退化由所有三位女性分享,即作为极端虚拟化和内化的经验,从公共绝对主义的实际缺失向思想、内心、情感与性欲最深处隐私的转变,以及从主体身份向类似"主体性"之事的转变。阿斯特尔对专制顺从心理回报的评论在此处有其相关性:

> 比起能够心平气和、颇有耐心地忍受上层人士的轻蔑与不义对待,再没有什么可以充当一个高贵头脑——一个趋近完美的头脑——更为确切的标记。……一位上位者做了可鄙与不义之事时……然而这并不能激发其下位者拒绝奉行,这是他们在世间的地位所要求的,他们拥有的只是自己真实优越性的内在感觉,其他人并不自命如此,同时他们向他致以外在的尊重与顺从[89]

外在不义与内在自证之间的空间中绽放着道德主体内在化绝对性之花。

作为性别化现象的如是经验特定性极为重要。查德利的"隐形帝国影响",卡文迪什的"用无感权力统治",阿斯特尔的"内在优越感",在其向女性绝对主义退化中以特别无形、内在、隐喻、虚拟与道德的形式自我呈现,因为在女性的社会文化存在中,她们被剥夺了这种有形与实际自足性的潜能,而从必要向自由的发展取决于此,绝对主义的退化也可能借此得以记录。对于作为整体的男性而言,借用部分绝对王权的经验,之前只是隐性地为君主积累,并可能采用了得以提高的政治权威、经济所有权或社会权利等形式。对于作为整体的女性而言(如果也是为了受特定束缚或

---

[89] Astell,《婚姻思考》,见 Astell,《第一位英国女权主义者》,第 112 页。

151

具有诸如德莱顿、沙夫茨伯里、丹尼斯这类非凡洞见的特别男性），绝对主义的显化与传播可能只是在主观维度中得以体验，因此也就能够被体验。然而，它可能与这种性别化的特殊性同等重要；同样重要的是，我们认可其普遍性，即内在绝对性的"女性"经验参与更广泛且无性别化的绝对主义退化过程的方式，这在其作为"女性"独特品质分离之前。⑨

　　如我们所知，女性主体性成为现代思想中隐私领域的重要前哨站。关注其"前历史"的重要性（据说在其明确性别化之前）与开始被称为"托利派女权主义"现象的重要性有关联。⑨ 对我们而言，看似原始女权主义针对女性政治权利立场之事并不是支持"辉格派"契约主义信条，而是支持"托利派"君权神授原则、父权制主义与王权绝对主义，为何第一代女性作家如此界定？托利派女权主义似乎是反直觉的，因为女性拥有政治权利，这个女权主义的基本前提似乎需要一个政治关系模型，它类似承认公民主体自愿能动性的契约主义模型。拒绝这种关于政体思维方式的女性为何首先开始以这种关于女性地位的方式思考？

　　同时代的人们认为，17 世纪契约主义政治理论对女性政治地位没有特别意义，我们却并不这样认为。这有两个原因。首先，自然状态借以被废除，政治状态首先借以从公民社会分离的契约，被认为是在自然状态中获得并在公民社会延续的婚姻契约之后。提及堕落之前的"人类自然状态"，契约主义论者詹姆斯·蒂勒尔（James Tyrrell）写道："所有被假定的权威都可能是人类福祉与幸福的必要，可能仅是丈夫驾驭自己妻子的权威，或是父母之于子女，前者并不可能是绝对胁迫力量。"蒂勒尔坚信这一点。塞缪尔·普芬多夫（Samuel Pufendorf）与自然法理论家格劳秀斯一道是同时代人最常援引的作者，他写道："家庭中的父亲是公共政府体系

<hr>

⑨　参阅 Catherine Gallagher，《接受绝对》（Embracing the Absolute：The Politics of the Female Subject in Seventeenth-Century England），见 Genders，第 1 期（1988），第 24—39 页，该论文作者的有价值描述得益于这种语境化。南希·阿姆斯特朗（Nancy Armstrong）认为，现代个人主体首先是以性别化的女性出现，它是以与公共主体身份的政治话语显性分裂的方式实现。她的观点并没有证据支撑。参阅 Nancy Armstrong，《欲望与家庭小说》（Desire and Domestic Fiction：A Political History of the Novel）（New York：Oxford University Press，1987）。

⑨　关于综合研究，参阅 Sarah Ellenzweig，《女权主义与极端主义的托利派之根》（The Tory Roots of Feminism and Radicalism：English Literature and Politics，1660—1740）（罗格斯大学博士论文，2000）。

之前的首要统治者,并将之前对自己妻子、孩子、仆人的权力带入此政府之中。因此,这种不公比公民社会的建立更古老,无法将其原型归结于它们。公共政府也无法把这种权力给家中的父亲们,但可以把权力留在他们手中,正如他们发现的那样。"⑨

契约主义思想的谨慎反对者以如是方向探求其逻辑,以此戏仿,即看似女权主义,但真正预先假定婚姻契约取代所有政治契约这个隐性知识。用詹姆斯二世党人乔治·希克斯(George Hickes)的话来说:

> 基于这个假设,他们无法告诉我们至尊权力是否属于混杂在一起的所有人,即那些运用理性,不顾及性别与家境的人,或只是属于有资格的人,只属于男人,以及具备这种条件与境况的人。如果人们只有部分至尊权力,且对此有兴趣,通过哪种秩序与权威,或基于自然的萨利克法典(Salic law)哪条条款,女人被排除在外? 和男人一样,她们是国家的有用成员,是人类社会的必要。谁给了男人剥夺女人与生俱来的权利,并把她们置于一边,认为不适合参与管治? 历史告诉我们,女人也和男人一样,曾手握权杖。经验显示,女人的理解与我们的理解没有天然的差异,在她们认知事物方面没有任何缺陷,但教育造就了什么?

153

希克斯有理有据的论点,并非意在向读者揭示契约主义思想引发的难题,而是其错误前提导致在质疑剥夺女性权利的权威时的荒诞方式。同样地,约翰·阿巴思诺特"外遇原生权利学说"的巧智本质上取决于如是确信:至少在原生权利方面,婚姻契约与民事契约没有共同之处。约翰牛

---

⑨ James Tyrrell,《政治图书馆》(*Bibliotheca Politica:Or a Discourse By way of Dialogue, whether Monarchy be Jure Divino*)(1692),第 10、11 页;Samuel Pufendorf,《论自然法与国家》(*Of the Law of Nature and Nations*)(1672 年拉丁文版;1717 年翻译版),第 3 卷,第 2 章,第 ix、186 页,引自 Daniela Gobetti,《作为体系的人类》(Humankind as a System:Private and Public Agency at the Origins of Modern Liberalism),见《思想与实践中的公共及私人》(*Public and Private in Thought and Practice:Perspectives on a Grand Dichotomy*),Jeff Weintraub 和 Krishan Kumar 编(Chicago:University of Chicago Press, 1997),第 114 页。关于婚姻之于民事契约的优先权,一般参阅 Carole Pateman,《性契约》(*The Sexual Contract*)(Stanford, CA:Stanford University Press,1988)。

"某天在橱柜里找东西"时，发现了一张纸条，上面是妻子列出的个人原则："显然，婚姻基于某种原生契约之上，妻子借此放弃了基于自然法的随性交欢的权利，这对丈夫有利。丈夫因此获得妻子所有后代这笔财产。但责任是相互的，一方有违契约，另一方就不受约束。权利所在之处，必定有维系、惩罚失信方的权力。我确认这个权力就是原生权利，确切地说，是所有妻子都享有的，不可缺少的外遇责任。"[93]

　　然而，契约主义与女性权利无关，不仅是因为婚姻在政体之前，而且因为女性被认为天生逊于男性，这才是更关键的问题。把自然状态视为政治平等状态的契约主义观点并没有假设人们在形体与精神层面是平等的。女性通过婚姻契约自愿顺从男性，据信是因为她们认可这一点，接受婚姻予以的保护符合她们的利益。如所有女性一样，大多数男性天生逊于最出色的男性，后者形体与精神的优越性通过继承法而天然得到维系，并通过贵族或上层地位在社会层面得到认可。近代早期契约理论把是否拥有财产当作借以排除大多数人全面政治权利的标准。如那些同意婚姻契约的女性一样，出于自我保护的原因，次等男性被契约主义者理解成进入在基于理性理由的政治契约中成为必要的顺从状态。（婚姻中的）女性与（政体中的）男性的依赖是他们卑微的标记，也是他们顺从上层的正当理由。如是理解对斯蒂尔与艾迪生表达自己对未来寡妇地产权、私房钱极为不满的方式（就是把它们与战争的自然法状态联系起来）有所启发。约翰·特伦查德（John Trenchard）持相似观点（尽管没有用公开隐喻），认为当前婚姻财产授予的大体趋势"颠覆了婚姻的本来目的，使妻子独立于丈夫，儿子独立于父亲"。[94]

　　政治契约理论与女性地位的不相关可能有助于解释我们的假设，即"最初的女权主义者们"可能是辉格派的错误何在。但这会使为何她们就

154

---

[93]　George Hickes，《论主权》(*A Discourse of the sovereign Power. In a Sermon*)（1682），第 21 页，引自 Staves，《游戏者的权杖》，第 117 页；Arbuthnot，《约翰牛的历史》，第 26、25 页。法国、西班牙的萨利克法典排除了女性的王朝继位权。

[94]　John Trenchard，《加图的信》(*Cato's Letters*)，第 58 期（1721 年 12 月 23 日），见 John Trenchard 和 Thomas Gordon，《加图的信》(*Cato's Letters；or，Essays on Liberty，Civil and Religious，and Other Important Subjects*)（最初发表在《伦敦日报》[*London Journal*]，1720—1723），Ronald Hamowy 编（Indianapolis：Liberty Fund，1995），第 1 卷，第 399—400 页。前段得益于相关启发性论述，见 Sommerville，《性与顺从》，第 225—235 页，第 8 章。

应该是托利派,确切地说,她们为何应该是女托利派这个问题得不到回答,因为以此方式提出这个问题有些偏离相关回答。希克斯证明自己有能力和卡文迪什、阿斯特尔、贝恩(Behn)、曼利(Manley)一道对女性顺从进行批判性思考,那他与她们的区别在哪?⑨ 这些作家都没有直接明确地本着我们期待的女权主义宣扬的原则肯定女性权利。但希克斯在自己的评论中是以明确的戏仿方式,我们在其他人作品中感受到的间接性更多的是深度矛盾,不愿细究此事到底,而不是出于策略修辞目的。这是因为诸原则之间的冲突如此之深,以至于无法用自己的术语进行表述,我们只能通过由压抑的怨恨、激动的遗憾,开放式的讽刺混合而成的语调加以了解。希克斯不同于其他人之处就是这个事实:他是位男性,因此就缺乏女性在愤怒与不得不从他人那里谋求公开保护的谨慎之间思想分裂的长期经验基础。但因为公共限制的必要性也可能孕育未知个人自由的创造,这种思想分裂伴随着明显丧失与秘密获得之间的分裂,这在剥夺那些外在权威有所驾驭的(外在)自由过程中成为必要。对积极自由的否认可能提供消极自由得以滋养的土壤,因此,被比作言语与行动的思想,它的有形矛盾可能是良知、意识与无意识等非物质性现代发掘的前提。

将这些女性与希克斯联合起来的是,他们投身于这样一种社会等级愿景:在某个时刻,传统社会分层开始支持理性与实用的单向式探究。作为"托利派",托利派女权主义者对所失之事比较敏感,民众之间的不平等不再构成她们在社会结构中拥有的各类关系,卑微与优越的天然等级在社会层面以地位等级,以及下属与上级的差别来标示。但作为女性,托利派女权主义者也对性此时从社会分离的方式敏感,从作为自然差异独特标准的社会地位广泛同质性中剥离,不仅需要作为人格的重要决定因素而被保留,而且要得到认可。这是一个渐进的过程,其全面效果并不是开始在复辟至汉诺威王朝崛起的该世纪中叶为人所知,这界定了托利派女权主义的漫长一代。然而,甚至此时期末,同时代的人们正在尝试这个理念,血缘的自然标准不仅是有缺陷的社会区分物,而且性差异的自然标准不容忽视。普通民众对自己惯常的顺从动怒,可能从当前阐释出身与价值等同的社会箴言中得到安慰和鼓励。但恰在自然学说的标准被显化并

155

---

⑨ 我用贝恩、曼利取代查德利,这是因为她们是更明确、更直率的保皇派。

从社会学说中剥离之际，它正潜入性别学说。这些发展与日益增长的怀疑主义一致，后者事关把人类秩序视为优劣等级的有效性与合宜性。出身等于价值，这个信念为不公平正名，但日益式微，而性别是生理层面的决定，这个理念用据称针对自然差异的客观判断取代不公平，因此逐步发展。然而，自然性差异理念的到来已给未来带来重大的、未曾预见的后果。⑯

隐私与田园诗

　　公共与私人之间的关系一直是田园诗的一个方面。在近代早期田园诗中，假设公共-私人区别的重新评估类似我们已在其他近代早期话语类型中看到的发展，这可能有些作用。特别对 18 世纪作家而言，贺拉斯的第二抒情诗体中的"幸福的人"（beatus ille）是"最有权威性的章节"（locus classicus），因为它把区别视为一个明显的过程，从城市归隐乡间，个人就可完成。⑰ 把 17、18 世纪视为作者巩固作为积极能动性的田园归隐理念，不是纯粹个人存在（维持生计的天真淳朴）的被动"缺失"，而是选择孤独的消极自由，这貌似可信吗？ 当然，田园归隐的积极能动性很快成为此时期诗歌的常见之事，有时与女性（甚至可能是妻子）内心深处的欲望联系起来。安妮·芬奇提供了一个特别有说服力的例子，因为她也把自己的归隐视为"绝对之事"：

　　　　赐我恣意随性的命运！
　　　　在我辞世之前，
　　　　赐我甘美但绝对的归隐，
　　　　路径迷乱，大树参天，
　　　　世人永无可能侵扰，

---

⑯　关于近代早期性差异体系的出现，参阅 Michael McKeon，《英国小说的起源》（The Origins of the English Novel，1600—1740），15 周年版（Baltimore：Johns Hopkins University Press，2002），第 xxiv—xxix 页；以及本书第 6 章，注释 4—16。

⑰　在贺拉斯这篇诗作结尾，放债人决定推迟退隐乡间打算，这完全讽刺了退隐过程。18 世纪那些"幸福的人"的模仿者常常默默忽略这一点。

　　　无法穿过此等迷径林荫，

　　　成就我不可动摇的自由。

此外，这私人田园诗有公共维度。尽管芬奇笔下的言说者会与自己的"伴
侣"享受归隐，她想象着是由接受自己献诗的女性朋友，而不是自己的丈
夫充当这个角色。芬奇不仅把友人之爱与言说者的绝对个人归隐，而且
与她摆脱因绝对主义君主詹姆斯二世公开倒台和放逐而起的"黑暗湮灭"
联系起来。芬奇与自己的丈夫是詹姆斯二世的忠实追随者。[98]

　　临近私奔之际，年轻的玛丽·皮尔庞特已把自己的秘密婚姻比作远
离"世人"的个人田园归隐，更确切地说，远离其父唯利是图婚姻计划的绝
对主义。在生命尽头，玛丽早和爱德华分开，她满意地重新评估这个修辞
格，因此不是婚姻，而是单身成为贺拉斯式"归隐"的"孤独"前提条件。玛
丽如单身女子那样生活在自己的意大利式别墅中，以此表明本人及其乡
间地产的"提升"。她的田园风味如今使极具勤勉与生产力特点的农业美
德成为必要，这在没有外来干涉的情况下得到极大发展："六周以来，我都
是待在自己那连着花园的乳品储藏室里……我在这个农场宅院里给自己
收拾了一间房间……不到两年前，当我接手这个花园时，它还是个普通的
葡萄园，如今用去很小的花销，它成了一个花园……较之于肯辛顿
（Kensington）花园，我更爱这处……所有一切都在我的照看下欣欣向荣。
我的蜜蜂和蚕蛹都翻番了。我被告知，如果没有意外，我的资金会在两年
内翻番。"在这种情境下，家庭归隐的隐私与绝对私人财产的隐私融合。
用哈贝马斯的话来说，人类存在本身的亲密"显然摆脱了社会压力，这是
一种在竞争当中实现的私人自律的真正标记"。[99]

　　关于文化起源的自然法理论不可避免地受黄金时代与伊甸园式古代

---

[98]　Anne Finch，《绝对归隐的陈情》（The Petition for an Absolute Retreat *Inscribed to the Right
　　　Honble Catharine Countess of Thanet*，*mention'd in the Poem under the Name of Arminda*）
　　　（1713），第 1—7、106、163 行，见《温奇尔西伯爵夫人安妮·芬奇诗歌选集》（*Selected Poems
　　　of Anne Finch Countess of Winchilsea*），Katharine M. Rogers 编（New York：Ungar，1979），
　　　第 59—68 页。关于芬奇的政治，参阅本书第 2 章，注释 120。

[99]　《玛丽夫人致比特夫人（Lady Bute）的信》（1748 年 7 月 10 日，1753 年 1 月 28 日、3 月 6 日），
　　　见 Montagu，《玛丽·沃特利·蒙塔古夫人书信全集》，第 2 卷，第 403—405 页；第 3 卷，第
　　　25—28 页。参阅 Habermas，《公共领域的结构转型》，第 46 页。

田园诗传统影响，它也以自己的方式回答国家如何（以及借助何种权威）开始从公民社会分离这个问题。在阿芙拉·贝恩（Aphra Behn）的初期古典诗作中，天然自由就是性爱，最初不受束缚，但随后屈从于"荣誉暴君"的峻法。这些法律教导女性用"羞怯的轻蔑"的致命间接性取代欲望的直接性：

> 穿袍纨绔子弟当时不为人知，
> 自负之人用政治把人们束缚，
> 出于愚蠢错误创造此番罪恶，
> 我们生而自由，凭自然权利，
> ……
>
> 啊，该死的荣誉！你最初要
> 诅咒女人受制于羞耻的罪愆，
> 荣誉！你夺走了我们的勇气，
> 荣誉！你最先阻碍了全人类，
> 用爱情的永恒泉水满足爱欲。

157

贝恩向女性读者隐性致辞的急切性赋予其田园自由思想极大直率，直到我们在诗歌结尾发现这位言说者是位男性，他此番话语的真诚因其及时行乐动机的巧智婉转而复杂化（"那么让我们的西尔维亚[Sylvia]仍然睿智，/抓住每一个快乐时刻"）。我们曾认为是自然话语之言结果总是纯粹的惯例。[100]

玛丽·利帕尔（Mary Leapor）对基督教田园体诗作《人类君主》（Man the Monarch）的修改也是对父权制理论的修改：

> 我们读到自然早期阵痛，

---

[100] Aphra Behn，《黄金时代》（The Golden Age. A Paraphrase on a Translation out of French），见《阿芙拉·贝恩作品集》（The Works of Aphra Behn），第 1 卷，Janet Todd 编（Columbus：Ohio State University Press，1992），第 83、97、111—121、195—196 行，第 32—35 页。贝恩将塔索（Tasso）的《阿明塔》（Aminta）（1573）第 1 场合唱内容扩充。荣誉的呼语法与结尾的引诱背景是她增添的。

> 美丽天堂、沉重大地如何崛起；
> 未栽之树如何挂满枝叶；
> 野兽如何顺从人类暴君：
> 人如何被赋予专制权柄，
> 他的沉默兄弟战栗顺服；
> 上帝目睹他的无礼虚荣，
> 审查他傲慢统治的期限。

显然，"暴君"是泛指，他的"审查"指的是夏娃诱发的人类堕落，但这些假设的正确性都未得到证明。上帝赋予动物躲避"他无效怒火"的能力，以此限制人类的影响力："但是，无助的女人该逃向哪里？"作为自然的"钟爱之物"，女人被造时美丽但脆弱。自然

> 看那可怜人，她本想造女王，
> 她为所造软弱之物而流泪。

此时，言说者揭示，自然正把那些匿名可疑的无稽之谈向我们传授：

> 一位饶舌的妇人，无论在何地或与何人，
> 都与我无关，也不需要你
> 一度讲述这样的故事……

以下是一段反神话历史，与发生在伊甸园之事的男性官方表述版本对立。堕落的不是全人类，而只是女性，不是因为女性好奇，而是因为亚当的嫉妒而起：

> 他用嫉妒的眼光看着配偶，
> 他贪求权力，搂住摇摇欲坠的王位，
> 沉醉于他人的效忠，愿意独享大权；
> 为了更好地确保自己可疑的统治，
> 他翻了翻睿智的眼球，称她为傻瓜。

王室血脉经久流长；

158

陛下、兄弟、丈夫与统治的子嗣，

权杖指谁是谁，每家人都列出

一长串居家国王。

蒂勒尔把婚姻视为人类堕落前的制度，其契约主义观点的含义被利帕尔挑明。父权制权利是自然的天然偏差，是专制的诡计；家庭隐私植根于原始的政治篡夺中。⑩

　　这种极端修改类型与其说抨击了家庭与国家、私人与公共生活之间的类比，不如说抨击了其特定父权制运用，妻子的角色借此被理解成某种政治顺从。自然法理论为家庭绝对主义而不是如此家庭政治的替代物提供了权威认可。但是因为父权制模型的术语是那些类比自身首先在此可公开思考之物，它们常提供替代实验的基础。约瑟夫·艾迪生多次尝试这些实验。其中一个实验采用友好的仿英雄体形式。任性的"菲洛格莫斯"（Philogamus）写信给旁观者先生，称赞他"描绘了这么多关于婚姻的愉快场景"，继而声称"我把自己的家庭视为父系主权，我本人在此既是国王，又是牧师"。对菲洛格莫斯而言，这个明喻是滑稽的夸张，强调情感距离及结构相似性。他告诉旁观者先生自己"特别在施展自己管理时享受极大快乐"，指的是自己已到了时不时"评价"由孩子们组成的"我那支小部队"的地步（《旁观者》，第 500 期，1712 年 10 月3 日）。

　　在另一篇文章中，艾迪生用令人有共鸣的"小国家"这个古语描述婚姻田园归隐的孤独：

　　　　奥里莉亚（Aurelia）尽管是地位极高的夫人，但她喜欢乡村生活的隐秘，把绝大部分时间花在自己的乡间漫步与花园中。她的丈夫是自己的密友，孤独时候的伴侣，自两人认识起就一直相爱……他们的家庭如此有规律、有序，时间分别用在祈祷与就餐、劳作与休闲，这

---

⑩　Mary Leapor，《人类君主》（Man the Monarch）（1751），见《18 世纪女性诗人》，Lonsdale 编，第 1—8、23、50—52、57—65 行，第 202—203 页。

看似其本身之内的小国家。他们常常结伴出行,可能回来时带来比其他人更多的愉悦;有时候他们生活在城里,不是为了在此享受,随后厌倦,而是他们可能本身想更新一下乡村生活滋味。

艾迪生对田园诗与父权制联想的协调有复杂效果。他强调公共-私人的田园诗对立语域(作为选择孤独的消极自由的乡村生活),以此鼓励我们以相似方式思考小国家。选择乡村,而不是城市,就好似选择小国家,而不是大国家。然而,两个选择的幸福取决于在任意一个中保存遗漏之物积极本质的感觉,并使之内化。田园诗的"悠闲"(otium)包括了令人愉悦的农业"劳作"(negotium)。个人家庭由相互性而非主权构成,然而按照一个繁荣发展的公共政体极受管控的节奏运行。新兴家庭生活效仿大世界,将两个世界最佳之处合为一体。与奥里莉亚相反,富尔维亚(Fulvia)这位生活在城市的妇人把家庭生活视为纯粹的缺失,"把谨慎与辛劳家务视为小小的家庭美德……认为在自己的家庭中失去了生活,幻想着自己脱离这个世界"。对奥里莉亚而言,家庭生活有精心造就的小世界的尊严与重要性(《旁观者》,第 15 期,1711 年 3 月 17日)。

　　艾迪生对乡村生活及其勤勉劳作的描述呈现了浓缩于私人领域内的理想化公共领域。在 18 世纪,新政治经济科学将已被积极重新评估的家庭生活外向投射,从乡村国家投射到英国乡村。这个过程可能也被描述成某种"宏观田园体",家庭领域如今在此根据国际规模界定事物的规范中心。[102] 据亚当·斯密所言,"每个人都想把他的资本尽可能接近他家乡的地方,因而都尽可能把资本用来维持国内产业……投资经营消费品国外贸易,资本往往不在自己的监视之下,但投在国内贸易上的资本却常在自己的监视之下。他能够更好地了解所信托的人的品性和地位,即使偶然受骗,也比较清楚地了解他为取得赔偿所必须根据的本国法律……这样一来,如果我可这样说的话,本国总是每一国家居民的资本不断绕之流

159

---

[102]　关于宏观田园体,参阅 Michael McKeon,《田园诗革命》(The Pastoral Revolution),见《重绘革命》(*Refiguring Revolutions：Aesthetics and Politics from the English Revolution to the Romantic Revolution*),Kevin Sharpe 和 Steven N. Zwicker 编(Berkeley and Los Angeles：University of California Press, 1998),第 284—289 页。

通并经常趋向的中心"。[103] 斯密的这番话提醒我们,我们关于"家庭的"(domestic)一词的双重意思是一度有力的父权制类比无异议遗迹,如今被简化为比例性的常识逻辑:单一"家庭"之于其界限之外之事,恰如单一国家之于诸多外国。尽管这不是斯密自己观点的一部分,他可能已增添了这么一句,在新兴政治经济的殖民地实践中,大后方也是作为唯一领域而有所区分,自由贸易学说在此领域内真正运用。至于殖民地,家庭与都市中心保留一个坦率的重商主义或保护主义政策,贸易中天然自由的规范据此被更高层面的经济控制与剥削法律取代。我们在此可能感到一种相似,与女权主义思想必定视为契约主义政治理论不一致之事的相似,其天然权利规范被女性的天生卑微取代,并以婚姻契约的不公平为先。

160

　　本章的主要目的就是论证,父权制类比在 1650 年至 1750 年运用方式中的变化,如何意指自我意识,英国民众不仅借此重新思考国家,而且重新思考婚姻与家庭,以及因这些变化而暗示的"内在领域"日益发展的核心性,甚至规范性。我已论证,在拆分这个父权制类比时运用的这些实验成为使之前隐性知识显化的例证,而后者具备此时期的广泛特点。本历史过程的另一个伟大实例就是家宅与劳动世界,而非家庭与国家之间的传统及隐性关系经历之事。家庭生活的"秘史"是该范畴的历史,它从政治统治与经济劳动领域分离而出,并使之构成完全既有之事,以及借助其前所未有的分离方式而成为英国文化历史中新鲜之事。随后的两章旨在论证家宅如何成为家庭生活的私人领域。

161

---

[103]　Adam Smith,《国富论》(*An Inquiry into the Nature and Causes of the Wealth of Nations*)(1776),第 4 卷,第 2 章,R. H. Campbell, A. S. Skinner 和 W. B. Todd 编(Indianapolis: Liberty Classics, 1981),第 1 卷,第 454—455 页。

第四章　工作内外

　　"公共领域",哈贝马斯的这个用语具有重要隐喻性质的空间共鸣。如果我们探究公共与私人之间的空间区别,正如从字面术语层面解读那样,那么我们通常会遇到"内"、"外"这样的词汇。我们把咖啡馆视为公共领域交往的原型之地,但至 18 世纪中叶末,同时代的人们注意到如是程度,即涉及社会地位与性别差异的政治阐述和鼓动可在室外、户外体验到的程度。某种程度上来说,这没有什么新意。集体活动的图画表现常常营造、详述诸如公开行刑的传统社会仪式氛围。在图 4.1 中,威廉·霍加斯将公共正义与大众情感(国家与"民众")之间的对抗表现为一个巨大的圆形剧场或公共娱乐场,那里满是对具有娱乐性及教育性的罪与罚景象做出极为特殊化反应的平民。把这些形形色色的旁观者汇聚是常见的娱乐元素,无论是借助某个景象,还是因此而起;如是娱乐元素把这个集体场景更多地置于面包与马戏的古老传统之中,而不是公共领域的现代背景之中(除非常重要的女报贩外)。图 4.2 描绘的不是传统顺从,而是新兴主体身份,不是公共景象的被动消费,而是字面意义化的公共领域能动论(activism),各类民众在此因共同的意愿汇聚,臧否国家政策,辩争和平,并基于各自利益,用所在行业的特定惯用语讨论消费品的征税。如图中文字所示,"不列颠女神的各行业之子/如今都成了政客,真是神奇! /……/因此有涉及国务的/大胆指摘与争辩"。所有私人行业融合成政客的公共"行业";大街

图 4.1 William Hogarth,《懒惰学徒泰伯恩刑场就刑》(*The Idle' Prentice Executed at Tyburn*)。《勤与懒》(*Industry and Idleness*)整版插图 2 (1747),见 William Hogarth,《霍加斯版画全集》(*Hogarth：The Complete Engravings*),Joseph Burke 和 Colin Caldwell 编(New York：Abrams, 1968)。普林斯顿大学图书馆。关于此图完整文字说明,参阅整版插图 14。

图 4.2 《政客》(*The Politicians*)(1763),见 John Brewer,《普通民众与政治》(*The Common People and Politics，1750—1790s：The English Satirical Print，1600—1832*)(Cambridge：Chadwyck-Healey, 1986)。普林斯顿大学图书馆。关于此图完整文字说明,参阅整版插图 15。

已成为对抗的下议院。公共领域的虚拟性（民众个人因公共事件而"聚集"）此处被赋予一个实际户外空间化，声音语调是温和恼怒和真实仰慕的混合。

　　这些意象有助于引出因如是假说而起的问题：现代性以一方面是规范的集体，另一方面是个人的优先性，即决定性地位反转为标记。[1]　如果社会形态因此以个人为始，而非如传统那样成为先于个人行为并为之正名的基础；现代制度下的集体性谋求获得自己权威时，它是何面目？提及群氓、群众、公众这三分分类法可能有用。群氓最接近集体性的传统负面实例，是用任何限定符都无法区分的纯粹众人，除无目标行动这一事实之外。群氓拥有实际化身民众的纯粹集体性，而没有个体形态或除任意流动性、变化超动机能力之外的能动性。根据主导惯用语，那些少数拥有荣誉的个人是"贵族"；所有其他人是被剥夺所有品质（无论处于运动还是休止）的纯粹数量。1687 年，阿芙拉·贝恩将一出滑稽戏献给某位"贵族"，后者"通过所有拙劣演出及无聊内容明了此处特性，发现娱乐并不为民众而起，他们只能理解滑稽表演"。[2]　值得注意的是，近几十年来，乔治·吕德（Georg Rudé）与汤普逊（E. P. Thompson）等人特别提出如是理论：18世纪的平民或普通群众是一个更为复杂的社会形态，是以某种活跃的匿名、某类可能借以应对各类需求与情境的政治工具性为区分的众人集合。普通群众如群氓一样实际具化，但仍然使超越任何中肯目的或经验主义成分的现存策略潜能成为必要。公众（公众舆论，公共利益，公共领域，公共区域，阅读公众）将这种潜在性与过度延展到未具化的虚拟性。不同于群氓与群众，公众显然从其包括并取代的实际个人那里获得权威。公众可能被比作一种份额，以平均化特性量化的定性主体整体性，而不是一种流动或汇聚的整体性。如我们所见，这就是横跨广泛经验范围的现代生活中的集体性正面规范实例。

　　群氓、群众、公众的分类法按逐步升级的现代性顺序对 18 世纪"政治"集体性的核心模式命名。然而，为了承认另一个此时出现的，看似缺乏政治意义或目的的重要汇聚模式，我们需要放弃这种分类法的严格排

163

164

---

①　关于这个假说，参阅本书第 2 章，注释 148—160。
②　值得注意的是乔治·吕德（George Rudé）和汤普逊（E. P. Thompson）的观点。

列。18 世纪英国民众进入各类公共社交性的开放场所（特别是伦敦，外地也有），这是研究此时期学者熟知之事。大街、小径、广场、公园、集会地、娱乐场，这个大体发展是日益异质的公共空间之一。③ 将这些空间汇聚在一起的是不确定的、正进行的、无正式动机的公共场合前提：透气，散步，聚焦或忽略相似的、可熟悉了解的陌生人群中某位陌生人，暂时具化成公众的群众，无论如何，公众是不同的潜意识但永恒的存在。詹姆斯·鲍斯威尔在 23 岁第二次前往伦敦时，感受到了个人与群众之间，如此具有现代城市特点的完形振荡（gestalt oscillation）；独居与社交，匿名与出名，隐私与公开性，这些对立的价值观可借以如此迅速地交换场地，以至于一时具备彼此的特性。鲍斯威尔写道："无疑，伦敦是观察人类与风俗最为便利之处……巨大的人群，熙攘喧闹的各行各业和娱乐，众多的公共娱乐场所……让心灵激荡，欢愉和提升。此外，实施任何极为合宜的计划，不为他人得知与旁观，由此而来的满足感实在很好。"城中逗留一天后，鲍斯威尔回到家，心满意足地穿上自己的旧衣服，并在日记中写下给自己的一段话。"在我可于此自娱自乐时，我也必须安心独处。的确，乡间与伦敦的独处有着极大的不同，前者是你不得不如此，后者是你可在生活的繁忙与绚丽中静守一刻。"然而，鲍斯威尔出席在诺森伯兰府（Northumberland House）举办的盛大晚宴，他"在当晚感到有些不适，因为我几乎不认识屋内的任何人……我好奇地发现，每个人在这样的人群中会是多么无足轻重"。④ 没有哪个地方能比在公众人群中更能深刻体

---

③　关于某些近期研究，参阅 Peter Borsay，《英国城市的文艺复兴》（*The English Urban Renaissance：Culture and Society in the Provincial Town，1660—1770*）（Oxford：Clarendon，1989），特别是第 6 章，第 11 页；Penelope Corfield，《18 世纪伦敦城街游》（Walking the City Streets in the Eighteenth Century），见 *Journal of Urban History*，第 16 卷，第 2 期（1990），第 132—174 页；Robert Shoemaker，《英国社会中的性别》（*Gender in English Society，1650—1850：The Emergence of Separate Spheres?*）（London：Longman，1998），第 269—282 页；Amanda Vickery，《绅士的女儿》（*The Gentleman's Daughter：Women's Lives in Georgian England*）（New Haven，CT：Yale University Press，1998），第 6 章；Cynthia Wall，《复辟时期伦敦的文学与文化空间》（*The Literary and Cultural Spaces of Restoration London*）（Cambridge：Cambridge University Press，1998），第 5 章。沃尔（Wall）的论述指出，1666 年大火之后的伦敦重建需求迫使同时代的人们用前所未有的，关于公共空间应看似为何的自觉意识，对此思考，并予以相关便利。

④　《鲍斯威尔的伦敦日记》（*Boswell's London Journal，1762—1763*），Frederick A. Pottle 编（New York：McGraw-Hill，1950），第 68—69、96、71 页。

会到苦乐参半的独处隐私。

在图 4.3 中,格林尼治山(Greenwich Hill)上那令人愉悦的"假日嬉戏"舞蹈颂扬了公共社交性中一种没有政治动机的模式,然而图中文字宣扬庭院的替代物,适合集会与舞会的林荫道,这意味着对"汝等衣着光鲜时髦人"更直接的通俗谴责。表面上看,这是敦促把伦敦室内礼节的"陈腐呆滞愚行"换成郊区户外的天真享乐主义和纵情欢闹,我们感觉到,画中的这些先生们实际上坚信"如你们同等无趣"空间的恰当性。这个谴责在图 4.4 中得到极大强化,强壮的屠夫们将河岸街(the Strand)上的户外肉摊变成临时罪枷,惩罚一位自认为可在他们地盘上作威作福的"侏儒……花花公子"。如图中文字所言,这种领地侵犯是通过实现某种隐性的性别倒置来获得社会正义:花花公子那以地位为表现的女人气被所有"理智的女人们"蔑视,并通过将其在公共肉类市场,于她们面前展示的方式遭受嘲讽。图 4.5 描绘了类似反转。街上的民众把一位阻碍查令十字街(Charing Cross)"自由通行"的傲慢夫人的马车私人空间变成他们自己的公共通衢。"贵妇窘迫不已,急忙颤声。"⑤在此作刊印之前的一个世纪,亨利·皮查姆(Henry Peacham)声称,轿子"是适宜隐私与冥想所在,甚至在拥挤的人群中,在大街上,个人可在此阅读或学习……马车是贵族与平民之间的公开区分……它们是勇敢夫人,美丽处女的移动密室。出于常理,她们不适合在大街上行走,并被一位壮实的挑夫挤进狗圈"。⑥

这些不同材料意味着事关 18 世纪英国空间区别文化意义的两个概述。首先,如果若干社会等级此时经历了前所未有的公共融合,户外就被理解为平民,即民众、众人、群氓的领地,中上阶级设法把他们的室内隐私、特权及圈地之感强加于户外的公开性之上, 这些僭越者活该受辱

---

⑤　在本世纪更早时期,理查德·斯蒂尔对如是事实提出相似控诉:"我们这些女王忠实臣民中的大部分人只是因为需要钱的原因,而不是出于其他世间理由,并不平等共享女王陛下的大路……我们绞死一个可怜的家伙,只因他拿走我们行路时携带的小东西,却忍受有钱人把整个大路从我们手中抢走。"《闲谈者》,第 144 期(1710 年 3 月 11 日),见《闲谈者》(*The Tatler*),Donald F. Bond 编,3 卷本(Oxford: Clarendon, 1987)(随后引用源自本版,并在文中圆括号内标示)。

⑥　Henry Peacham,《马车与轿子》(*Coach and Sedan, Pleasantly Disputing for Place and Precedence. The Brewers-Cart being Moderator*)(1636),CIV,EIr.

图 4.3 《格林尼治山，或假日嬉戏》（*Greenwich Hill or Holyday Gambols*）（1750），见 John Brewer，《普通民众与政治》。普林斯顿大学图书馆。关于此图完整文字说明，参阅整版插图 16。

图 4.4 《浪子遭灾》（*The Beaux Disaster*）（1747），见 John Brewer，《普通民众与政治》。普林斯顿大学图书馆。关于此图完整文字说明，参阅整版插图 17。

图 4.5　《等候的车夫，或傲慢夫人咎由自取》(*Stand Coachman*, *or the Haughty Lady Well Fitted*)(1750)，见 John Brewer，《普通民众与政治》。普林斯顿大学图书馆。关于此图完整文字说明，参阅整版插图 18。

遭罚。[⑦]　但第二个概述就是，户外与室内之间的不同也被理解成大体基于性别之上。因此，在简略的空间分类之事方面，地位与性别标准彼此交错：尽管明言禁止女性在户外亮相的"常识"显然是极为过分之举，但关于户外与室内分别为男性与女性领地的表述在英国文化中有坚实的根基。

　　这里有明显的复杂化。首先，如果地位与性别标准彼此交错（如我所言），男性平民与女性贵族可能似乎已分别体验了某种与户外、室内对应的持续空间等同，而男性贵族与女性平民经历了更矛盾之事。这种持续性更多在概念层面，而非真实层面。假如纽卡斯尔公爵夫人玛格丽特·卡文迪什曾涉及这些，那么贵族圈地的回报可能早就与如是抱怨大有不同：女性"像鸟儿一样被囚禁在笼中，在我们家中蹦来跳去，而不是在外展

168

[⑦]　参阅 John Brewer，《普通民众与政治》(*The Common People and Politics*, *1750—1790s*; *The English Satirical Print*, *1600—1832*)(Cambridge: Chadwyck-Healey, 1986)，第 26 页。该书作者的收集与评论首次让我注意到这些印刷物中的大部分作品。

翅高飞".⑧ 对其他人而言,因为女性结婚时就进入具有隐喻性质,但极为重要的法律"庇护"之中,婚姻地位对女性空间等同的区分完全如社会地位那样:"织女"(spinster)这个术语,由于其超越家庭界限的市场劳动这一事实,演变成专指适婚未嫁女性。⑨ 近期关于"两分领域"(separate spheres)家庭意识形态的学术争议因这些散见于其他复杂化之中的观点而更为激烈。18 世纪英国两分领域的出现是因微妙稀疏的诸多倾向简化抽象而起的视觉幻象吗? 或者相反,是因拒绝看到英国文化总是两分领域之一而起? 甚至假定 18 世纪两分领域意识形态是作为规范勉励话语而出现,要说有什么的话,这会告诉我们怎样的社会实践? 这类混杂的历史如何可与我们对女性及私人之间的现代文化内的强大规范契约感匹配?

在我看来,意识形态与实践的定性变化似乎长久来说不可否认,但变化由渐增的不均衡改变组成;这些改变貌似合理地证明了连续性,正如证明间断性一样。⑩ 出于这个理由,两分领域的家庭意识形态可能特别对基于从区别关系到分离或分裂关系的近代早期转变模型之上的分析有反应,在这个变化的模型中,已隐性嵌入社会经验的文化知识的意识形态显化,既是相关劳动分工的起因,又是其结果。不是物质历史不足以讲述这个故事,相反,从封建主义向资本主义转变的这段抽象叙事需要在每个具体交织的关口加以理解,这包括并超越我们在"工业化降临"这个伞状概念中暗指的诸因素关联。⑪ 家庭意识形态的一个功能就是将日益普遍的女性道德优越性观点与她们持续的,甚至可能恶化的社会经济从属境况调和。⑫

---

⑧　Margaret Cavendish,《哲学与物质观点》(*Philosophical and Physical Opinions*)(1655),B2v。

⑨　参阅 Leonore Davidoff 和 Catherine Hall,《家庭财富》(*Family Fortunes：Men and Women of the English Middle Class, 1780—1850*)(Chicago：University of Chicago Press, 1987),第 273 页。

⑩　参阅休梅克(Shoemaker)的平衡视角,见《英国社会中的性别》,第 10、318 页。

⑪　参阅 Maxine Berg,《女性的工作、机械化与英国工业化的早期阶段》(Women's Work, Mechanization, and the Early Phases of Industrialization in England)中的清晰论述,见《工作的历史意义》(*The Historical Meaning of Work*),Patrick Joyce 编(Cambridge：Cambridge University Press, 1987),第 64—65、96 页。

⑫　参考 Davidoff 和 Hall,《家庭财富》,第 149 页。

　　在 18 世纪早期期刊文章中,我们发现对这些事宜日益普遍的坚持,即性差异事实(我将在本书第六章重新回到这个主题),以及性差异与公共从私人分离一事的关联。约瑟夫·艾迪生诙谐地讥讽时尚女性涉猎党派政治的方式,最后诉诸严厉朴实的文风:"女性美德具有家庭特点。家庭是女性个人能在此发光的恰当区域。"[13] 然而,正是在当下,家庭完全从国家分离出来,不仅可能被视为拥有规范的私人性质,而且还包括微妙独特的真正公共性质,这不可避免地因家庭与国家的概念纠缠而令人难以置信。[14] 为了理解现代家庭的重新评估如何发生,我们需要回顾古代家庭在现代世界中的双重命运,即家庭的命运和经济的命运。家庭与经济被视为与国家有关,是隐秘伴侣。家庭与经济被视为彼此有关,然而为私人与公共之间的对立提供了一个范例。我们可能开始把艾迪生文字中清晰浮现的具有欺骗性的两分领域简单意识形态,理解为这种辩证法的一个功能。[15]

家庭经济与家庭手工业

　　两分领域的家庭意识形态把日益增长的长期劳动性别分工(男性与

---

[13]　Joseph Addison,《旁观者》,第 81 期(1711 年 6 月 2 日),见《旁观者》(*The Spectator*),Donald F. Bond 编,5 卷本(Oxford:Clarendon,1965)(随后引用源自本版,并在文中圆括号内标示)。

[14]　根据理查德·阿莱斯特里的观点,"女士们在家有如此之多的事情可做时,她们不应对如何自娱自乐感到太多的茫然无措,也不该跑到外面追寻外国的浪漫消遣"。Richard Allestree,《女性的两份职业》(*The Ladies Calling In Two Parts*)(Oxford,1673),第 230 页。

[15]　参阅 Michael McKeon,《父权制的历史化》(Historicizing Patriarchy:The Emergence of Gender Difference in England,1660—1760),见 *Eighteenth-Century Studies*,第 28 卷,第 3 期(1995),第 298—300 页,以及使该分析复杂化的相关原始文献,随后几页都利用了该论文中的论述。此处应该注意的是,尽管我对家庭的论述大多是将其与家庭繁衍场所联系起来:"学校、学院、法院是字面与比喻层面的家庭。"文艺复兴时期的男孩"在一个对自己身份、传统甚至语言都极为敏感的全男性家庭中开始成熟"。Bruce Smith,《莎士比亚笔下英国的同性恋欲望》(*Homosexual Desire in Shakespeare's England*)(Chicago:University of Chicago Press,1991),第 84 页,引自 Wendy Wall,《上演家庭生活》(*Staging Domesticity:Household Work and English Identity in Early Modern Drama*)(Cambridge:Cambridge University Press,2002),第 238 页,注释 48。在这方面,同性社交经验对家庭文化做出重要贡献。明确的鸡奸经验也是如此,尽管是以更为居间的方式。关于强调同性与异性性行为及家庭生活之间复杂戏仿关系的文本阅读,参阅本书第 12 章,注释 61—74。

女性劳动的分离)空间化,分为在有偿劳动与无偿劳动二分层面彼此排斥的"外在"与"内在"劳动。这种区别如果不是分离,那它就是传统的。16世纪初,经济生产由历史学家冠以不同名称的"家庭体系"、"家庭经济"、"居家经济"之事主导;在此体系中,家庭是主要生产单位。基于区域与社会地位差异的家庭重要变化,挫败了对家庭经济如何在近代早期英国被削弱之事进行概述的诸多尝试。然而,据说在 1500 年,所有女性也是家庭妇女,她们从事以补贴家用及市场牟利为目的的相关生产。家庭经济根据简略的劳动性别分工(女主内,男主外)运行,在实践中灵活性很强,对更小规模的持有财产鲜有操作性。在如是经济中,丈夫行使一家之主的权威,而这个家庭是作为完整的工作关系而组建。[16]

家庭经济的崩溃,以及随之而来的女性从被视为经济生产的工作中退出,这是农业资本主义创新的极为直接后果。传统工作关系的灵活性取决于传统安排,以及资本主义改良使之无利可图的财产使用权。绝对私人财产的繁荣、圈地,以及大地产的巩固日益剥夺更多农夫家庭赖以生存的生计条件。不仅包括放牧,也包括收集燃料、拾丰收落穗在内的共有权的丧失剥夺了女性特有的传统劳动。农夫失去土地时,他们的妻子也就失去饲养奶牛,挤奶这类女性工作普通形式。结果,女性传统上从事的外在工作只是在更低的社会阶层消失了。在更高的社会阶层,对价格水平与市场需求日益增强的敏感性使挤奶工作边缘化,以支持更有利可图的生产,或将其转变为在受聘经理人监控之下的商业行为。[17]

在具有家庭经济特点的劳动性别分工中成为必要的灵活性与平衡

---

[16]　参阅 Susan Cahn,《虔诚之业》(*Industry of Devotion*：*The Transformation of Women's Work in England，1500—1660*)(New York：Columbia University Press，1987),第 33、80—81、89—90 页;Susan Dwyer Amussen,《秩序社会》(*An Ordered Society*：*Gender and Class in Early Modern England*)(Oxford：Blackwell，1988),第 43、68—69 页;Bridget Hill,《18 世纪英国女性、工作与性政治》(*Women，Work，and Sexual Politics in Eighteenth-Century England*)(Oxford：Blackwell，1989),第 35 页。

[17]　参阅 Hill,《18 世纪英国女性、工作与性政治》,第 36—37、50—51 页;Cahn,《虔诚之业》,第 38—39 页;K. D. M. Snell,《做工穷人的编年史》(*Annals of the Laboring Poor*：*Social Change and Agrarian England，1660—1900*)(Cambridge：Cambridge University Press，1985),第 22、62 页;Deborah Valenze,《首位产业女性》(*The First Industrial Woman*)(Oxford：Oxford University Press，1995)第 3 章与奶业有关,第 47 页概括了女性农业劳动的其他变化。Shoemaker,《英国社会中的性别》,第 150—159 页。

性,可以从家庭性别等级制度崩溃的传统表现或谴责中感受到。这是因为女性内外工作的工具在家庭失和的仪式化演绎中扮演重要角色。在悍妇游街示众的仪式中,村民们的喧闹游行会用令当事夫妻丢人现眼的方式惩戒失衡家庭的本地实例,通常是由邻居假扮,骑马游行;顺从的,且可能被外遇的丈夫倒骑着马,被盛气凌人的泼妇也就是他的妻子斥责、痛打。⑱ 图4.6描绘了下马的"悍妇"用漏勺痛揍自己的丈夫。塞缪尔·巴

图4.6 《悍妇痛揍亲夫》(*Skimmington beats her husband*)(17世纪中叶蚀刻画),见 David Underdown,《狂欢、喧闹与反叛》(*Revel, Riot, and Rebellion*)(Oxford: Oxford University Press, 1985)。普林斯顿大学图书馆。

---

⑱ E. P. 汤普逊举证,悍妇游街示众的闹婚(charivari)或"粗俗音乐"对众多婚姻罪恶予以惩罚,不仅是性别权威的倒置。参阅《共有的习惯》(*Customs in Common: Studies in Traditional Popular Culture*)(New York: New Press, 1991)第8章,第493页以下,第504—505页。

特勒笔下的人物"惧内男子"从悍妇游街示众中选取意象，并利用父权制类比为这种倒置的暴行增力：他"在马上坐在妻子身后，让她脚套马刺，手握缰绳……结婚时，他……和自己的妻子交换了性别……终其一生，他得到妻子的监护；没有监护人在场的情况下，他自己没有权力去做任何事情。他的妻子管着他，并用同等的权威管着他的地产，他在她好似高级官员的任性辖制与命令下生活"。[19] 如巴特勒所言，家庭绝对主义已退化到妻子身上。

巴特勒在《胡迪布拉斯》（1663）第二部分，第 2 篇，第 591—664 行的悍妇游街示众记述是对其形象化再现的权威章节，和其他艺术家一道，霍加斯两度创作相关插图。图 4.7 展示的是霍加斯所作的大型插图，画中的妻子挥舞着奶勺，丈夫温顺地解开纺纱杆上的缠线。[20] 就我们的直接目的而言，在这些女性意象中，首先吸引我们的是这么一个事实：它们描绘的不是简单的工具交换，而是向失和武器的转变，这通常意味着标准的家庭主妇外在权威。一位历史学家已指出，17 世纪英国悍妇游街示众的流行并不表明劳动性别分工的简单强化，相反，它表明借助市场经济增长的女性外在权威相对提升，以及男性对此提升的疑虑。本世纪初，杰维斯·马卡姆（Gervase Markham）就家庭主妇的日常饮食提出建议："让食物更多地来自自家门院的供给，随后是市场的供应；让食物因亲手耕种的熟悉感而更加得到尊重，随后才是从其他国家而来的新奇与多样。"马卡姆把市场与外国作物（不当）契合之举，强化了家庭及国家层面的家庭主妇与家仆的关联。[21]

---

[19] Samuel Butler，《人物》（*Characters*），Charles W. Daves 编（Cleveland，OH：Case Western Reserve University Press，1970），第 81—82 页。

[20] 关于霍加斯的小型插图，参阅《霍加斯版画全集》（*Hogarth：The Complete Engravings*），Joseph Burke 和 Colin Caldwell 编（New York：Abrams，1968），第 88 幅整版插图。关于巴特勒作品中描绘相同劳动工具选段的其他插图，参阅 Brewer，《普通民众与政治》，第 59 页。

[21] Gervase Markham，《英国家庭主妇》（*The English House-wife*）（1615，1631），第 4 页，引自 Wendy Wall，《上演家庭生活》，第 40 页。关于这位历史学家的建议，参阅 David E. Underdown，《责骂的驯化》（The Taming of the Scold：The Enforcement of Patriarchal Authority in Early Modern England），见《近代早期英国的秩序与无序》（*Order and Disorder in Early Modern England*），A. J. Fletcher 和 John Stevenson 编（Cambridge：Cambridge University Press，1985），第 135—136 页。

图 4.7　William Hogarth,《胡迪布拉斯与悍妇游街示众》(*Hudibras and the Skim-mington*)(1726),为塞缪尔·巴特勒的《胡迪布拉斯》(1663,1664,1678)所作 12 幅大型插图的第 7 幅,见 William Hogarth,《霍加斯版画全集》。普林斯顿大学图书馆。

　　未借助家庭而组织的那部分农业经济怎样了? 在 18 世纪,农业领域的女性雇用普遍下降,家庭之外的男女工作模式以各种方式分化。女性雇用越来越多地集中在诸如挤奶、产犊这类春季活动中,而男性劳动专注于对重体力技能要求更高的秋季谷物收割。此外,特别是在本世纪后半叶,男性实际薪资上涨,女性实际薪资却下跌。资本主义改良以限制半独立的家庭生产方式对日益被理解为"劳动市场"之事施加压力,为的是把女性投入与男性的竞争之中。这在秋季尤其如此,从事谷物生产的劳动者易受结构性失业影响时,这就促进了非收割工作的供应。男性在如是竞争中总是获胜,这既是作为主要男性收入的家庭收入概念发展的原因,又是相关后果。㉒

　　近年来,经济历史学家们已求助于"工业化原型"(protoindustrializa-tion)范畴,以此承认 18 世纪家庭手工业使家庭经济中的居家生产延展并转型的方式。㉓ "18 世纪工业扩张的显著方式不是建厂,而是将所谓

173

───────────

㉒　参阅 Snell,《做工穷人的编年史》,第 21—22、37、45、51、58—62、157—158 页。斯涅尔(Snell)的数据完全来自英格兰南部。关于斯涅尔作品普遍性的这种及其他限制,参阅 Shoemaker,《英国社会中的性别》,第 153—154 页。

㉓　参阅 Hans Medick,《原始工业家庭经济》(The Proto-Industrial Family Economy),(转下页注)

的家庭体系扩展。"㉔在某些方面，家庭制造似乎已经偏好女性工作，这表现在雇用比工厂更高比例的女性与儿童，利用借助劳动分工，被视为女性技能之事；女性工作可能甚至到了维系由女性、儿童独自组成的不同制造家庭的地步。图 4.8 描绘了女性从事纺线、卷线、蒸煮亚麻工作的家庭，为那些在工作中"多产的"人服务是与家庭繁衍（因此有炉火旁的男孩）同步的活动。1687 年，一项针对羊毛纺纱工的指控抱怨道："众多强健的年轻女性联合起来，同意在没有管控的情况下圈在一处，共同生活，拒绝丰收时的工作，极大滋长了淫乱。"包括女性在内的破坏机器的群众毁掉了更大型的工厂用詹妮纺织机，但留下了更小型的家用机器。㉕

174　　　　然而，制造工序的细分使劳动分为不同的且相对无需技能的步骤，女性的有偿劳动既得到提升，又"付出汗水"：被简化的技能水平导致了劳动的过量供应、薪资的降低，以及为谋生所需的工作时间延长。1775 年，理查德·阿克莱特（Richard Arkwright）申请了一系列为纺织准备丝绸、棉花、亚麻与羊毛的梳线、抽线、纺线的机器专利。图 4.9 呈现了临近普雷斯顿（Preston）的某大型工厂中一个被这些机器占据的房间。如图 4.8 中的亚麻女工一样，这些女劳工辛勤地散布在室内空间各个角落。但劳动的生产流程需要一个极为巨大并被深度加固的房间，以从家庭的"内

（接上页注）见《工业化之前的工业化》（*Industrialization before Industrialization：Rural Industry in the Genesis of Capitalism*），Peter Kriedtke 等人编，Beate Schempp 翻译（Cambridge：Cambridge University Press，1981），第 38—73 页；David Levine，《生产、繁殖与英国无产阶级家庭》（Production，Reproduction，and the Proletarian Family in England，1500—1851），见《无产阶级化与家庭历史》（*Proletarianization and Family History*），David Levine 编（New York：Academic，1984），第 87—127 页。关于亲属关系的原始工业化效果，参阅 John R. Gillis，《更好更糟》（*For Better，For Worse：British Marriages，1600 to the Present*）（New York：Oxford University Press，1985），第 116—121 页。关于相关评论，参阅 Rab Houston 和 K. D. M. Snell，《编史评论》（Historiographical Review：Proto-industrialization? Cottage Industry，Social Change，and Industrial Revolution），见 *Historical Journal*，第 27 卷，第 2 期（1984），第 473—492 页。相关概述，参阅 Maxine Berg，《制造的时代》（*The Age of Manufactures，1700—1820：Industry，Innovation，and Work in Britain*），第 2 版（London：Routledge，1994），第 3—5 章。

㉔　E. J. Hobsbawn，《革命的时代》（*The Age of Revolution*）（New York：New American Library，1962），第 55 页，引自 Berg，《制造的时代》，第 151 页。

㉕　参阅 Berg，《制造的时代》，第 140—141、149、150、159—160 页；Valenze，《首位产业女性》，第 11、80、87 页及第 6 章；Shoemaker，《英国社会中的性别》，第 160—171 页，特别是第 168—169 页。

SPINNING—REELING WITH THE CLOCK-REEL.—BOILING YARN.

图 4.8　《纺线—用时钟轴卷线—蒸煮纱线》(*Spinning—Reeling with the Clock-Reel—Boiling Yarn*)(18 世纪早期绘画)。玛丽·埃文斯图片馆(Mary Evans Picture Library)。

CARDING, DRAWING, AND ROVING.

图 4.9　《梳线、抽线与纺线》(*Carding, Drawing, and Roving*)(18 世纪末期版画),见 Edward Baines,《大不列颠棉花生产史》(*History of the Cotton Manufacture in Great Britain*)(1835; London: Cass, 1966)。普林斯顿大学图书馆。

在"空间中加以适应。这些女性从事的工作任务远比那些家庭亚麻女工的工作更有偏向性。从家庭产业演变而来的工厂产业也确保工厂中的女性薪资等级效仿家庭的不平等等级，这会比那些男性劳工的薪资更低。如在公民社会中一样，在市场中，基于性别的顺从预先由家庭中的顺从决定。[26]

　　将劳动分包给诸多家庭，这是手工业的核心特点，与同业行会体系的衰败并肩齐行；同业行会已通过将女性有效地排除在诸行业之外的方式（还有其他方式），密切管控手工业生产。正如在公民社会其他领域一样，此处国家保护主义的式微，以及向消极自由模式的转向允诺了一种更具包容性、更为广泛的参与。尽管同业行会体系的性别排外享有遗留到现代劳动市场的坚持，18 世纪女性的确得以进入各行业，成为学徒，尽管较之于男性，她们在数量上更少，周期更短。[27] 在 17 世纪与 18 世纪初，女性人口统计的变化（上升的结婚年龄，下降的结婚事实）创造了大型女性廉价劳动力蓄水池，她们得以在广泛的行业与职业中做学徒，谋就业。[28] 18 世纪后半叶的女性雇用降低与出生率的上升紧密相关，首要原因就是女性初婚年龄的相关下降，以及已婚女性人数的上升。将这些发展联系起来看似合理："正如女性雇用越来越不稳定，且薪资甚少，在更年轻之时嫁人，以此抵御失业，这成为明显的理由，也越发成为女性的宿命。"[29]

　　不同于公民社会的其他领域，市场扩张的消极自由遇到了两个方面

---

[26] 参阅 Berg，《制造的时代》，第 160 页；Valenze，《首位产业女性》，第 114 页。关于从家庭到工厂转移的技术要求，参阅 Edward Baines，《大不列颠制棉史》(*History of the Cotton Manufacture in Great Britain*)(1835; London: Cass, 1966)，W. H. Chaloner 撰写导言，第 184—185 页。

[27] 参阅 Shoemaker，《英国社会中的性别》，第 160、161、175、194—195、196—197 页；Davidoff 和 Hall，《家庭财富》，第 274—275 页；Anthony Fletcher，《英国的性别、性与顺从》(*Gender, Sex, and Subordination in England，1500—1800*)(New Haven, CT: Yale University Press, 1995)，第 240—250 页。

[28] 参阅 Berg，《制造的时代》，第 157 页和第 7 章；Hill，《18 世纪英国女性、工作与性政治》，第 6、9 章（学徒与职业）；Snell，《做工穷人的编年史》，第 5、6 章（学徒）；Peter Earle，《英国中间阶层的成型》(*The Making of the English Middle Class: Business, Society, and Family Life in London，1660—1730*)(Berkeley and Los Angeles: University of California Press, 1989)，第 6 章（女商人）；Paula McDowell，《格拉布街的女性》(*The Women of Grub Street: Press, Politics, and Gender in the London Literary Marketplace，1678—1730*)(Oxford: Clarendon, 1998)，第 1 章（女书商）。

[29] 参阅 Snell，《做工穷人的编年史》，第 53 页，注释 36，第 215—218、311—312、348—349 页（引自第 348 页）。

的强力抵制，一个在以家庭为体现的积极自由标准中（尽管存在"婚姻市场"），另一个在可能被称为性别"保护主义"之事的家庭当下伦理之中。性别与社会地位的双重体系在等级制度的传统隐性结构中彼此适应，一旦等级顺从模式开始在近代早期受到严重挑战，它就会失常。其中的一个恰当例子就是诸行业兴起多少一致性的轨迹受性别考虑影响的方式。在 17 世纪初，民众已经开始学会重视某个职业的相关技能，正如约翰·丹尼斯（John Dennis）后来把自己的思维能力视为一种比不动产更绝对"拥有"的可移动财产那样。威廉·珀金斯（William Perkins）解释道，"一份职业好似一块土地"这个流行谚语有实质内容，"因为土地可能会失去，但一份好职业的技能与劳动最终令人受益，因为它会在土地与所有事情失利的必要之时发挥作用"。㉚ 但正如新兴行业范畴可从地位中拆分成某个半自主占有，它也就不怎么为女性所得。在 17 世纪末，"本地店主与小雇主使用的行业标志内有男女名字的首字母，以及夫妇的姓，但至 18世纪末，只有男性的首字母保留下来"。㉛ 在关于社会描述的同时代文章中，阶级态度取代了地位（因此用自由的消极标准取代积极标准），这也大致与职业及行业诸多范畴日益增长的偏好相关。㉜ 尽管工作的男性日益与职业名称等同，工作的女性倾向于按婚姻状态分类。㉝（图 4.2 的目的就是表现职业的广泛性，女报贩为此规则提供了例外样例。）

　　17 世纪初，一位评论家建议男性避开"诸如酿酒、烘焙、烧煮之类的家政行业，因为这是女性与男性共有的技能"。此番告诫既承认女性工作的职业地位，又后知后觉地对此予以质疑。（"家政行业"的概念可能解释

176

㉚　William Perkins，《作品集》（Workes）（1612），第 1 卷，第 906 页，引自 Michael Roberts，《言女行男：近代早期英国工作与性别意象》（"Words they are Women，and Deeds they are Men"：Images of Work and Gender in Early Modern England），见《英国前工业时期的女性与工作》（Women and Work in Pre-Industrial England），Lindsay Charles 和 Lorna Duffin 编（London，1985），第 137 页。关于丹尼斯（Dennis），参阅本书第 2 章，注释 34。罗伯茨（Roberts）指出，穷人没有财产，这让他们更易流动："一位 17 世纪 80 年代萨福克郡（Suffolk）的游客看到女人们'和我一道同行，背着包，手里拿着纺纱杆，一路纺线'。"（135）历史手稿委员会报告，第 13 份，约第 2 部分（Portland MSS），第 266 页。

㉛　Davidoff 和 Hall，《家庭财富》，第 272 页。

㉜　参阅 Michael McKeon，《英国小说的起源》（The Origins of the English Novel，1600—1740）（Baltimore：Johns Hopkins University Press，1987），第 165 页。

㉝　参阅 Fletcher，《英国的性别、性与顺从》；Shoemaker，《英国社会中的性别》，第 148—149 页；Roberts，《言女行男：近代早期英国工作与性别意象》，第 138 页。

图 4.10　卷首插图与书名页，James Primrose，《普遍错误，或民众在治疗方面的讹误》(*Popular Errours or the Errours of the people in matter of Physick*)，Robert Witty 翻译(1651)。承蒙福尔杰莎士比亚图书馆惠允。

了令人困惑的不同证据，女性一度可能在"家庭主妇技艺"或"在家庭主妇职业"中做学徒。)[34]行业与职业的专业化改变了依据向专才开放的职业模式的旧有同业行会体系，其中的一个标志就是满足从事专业实践的个体需求的能力，而这已从专制地位特权，非理性化的"民间"知识的神秘中分离出来。图 4.10 及其释文说明需要借助文化工作使新兴的医生职业合法列为某类"技艺"，而不是归为江湖骗术。在患者的床榻旁，一位置身其间的天使"轻柔地"提升医生的专业技能，战胜出于好意，但错误治疗的民间术士。但这位术士也是位女性。较之于那些传统女骗子的过时"把戏"，她的衣着把自己更牢固地与医生的权威联系起来。这个意象以此将"民众的讹误"与女性的讹误合并，既承认女性专业化的可能性，又再次予

[34]　托马斯·鲍威尔(Thomas Powell)及其他无名出处，引自 Roberts，《言女行男：近代早期英国工作与性别意象》，第 141、142 页。

以否定。㉟

两分领域的经济基础

阶级成型的差异过程在更高社会层面引领女性与男性,他们从严格避开所有市场生产模式的层面,渴求重视女性闲散的"资本主义"首要文雅。在这样的家庭中,女性的工作日益指向"女性"成就,而低薪劳动构成一度为妻子内在工作之事的大部分。㊱ 在整版插图 1 中,内在家庭生活与外在劳动的分离通过油画的垂直分割得以表述。左边是男人、金钱与产业的世界;右边是妻子与母亲,身边环绕着孩子与仆从(男孩的画中位置大概意味着他是家庭财富的继承者,跨越了这个分割)。将外在工作世界框在里面的敞开窗户对应着把郊区别墅框在里面的画作提供的内在窗户。乔治·莫兰(George Morland)的这幅题为《早年勤俭之果》(*The Fruits of Early Industry and Economy*)的画作要我们注意劳动的比喻与字面成果。它也赋予了这个分裂的意象某种固有的时效性:如果右边通过左边的劳动而枝繁叶茂,我们可以认为,当前的一致性与整体性掩饰着一个更混杂的"原始工业化"的过去。在远逊于莫兰此处所绘殷实之家的家庭中,丈夫与妻子日益谋求有偿劳动,谋求家庭之外的工作。夫妻因此失去了界定在自己工作中成为必要的任务的传统自由,但劳动女性甚至正失去有偿劳动的机会。㊲ 历史学家们已记录了家庭,特别是女性在被恰当地称为"家庭企业"之事繁荣中所做的"隐性投资"。㊳ 但正如企业

177

178

㉟ 安德鲁·马维尔(Andrew Marvell)暗指普丽姆罗丝(Primrose)在进一步称赞西莉亚(Celia)之后就禁止女性之药,他带着讥讽的敏思写道:"但我会驻足/顺着俗潮犯错;/女人必定不在此施教:医生/限制她们喝粥、杏仁奶和汤(即通常的助产术所需)。"《致诙谐医生的可敬朋友》(To his Worthy Friend Doctor Witty upon His Translation of the "Popular Errors")(1650),第 27—30 行,见《安德鲁·马维尔诗歌全集》(*Andrew Marvell: The Complete Poems*),Elizabeth Story Donno 编(Harmondsworth, UK: Penguin, 1978),第 62 页。关于性别化语境中职业兴起的简短思考,参阅 Shoemaker,《英国社会中的性别》,第 179—187 页。

㊱ 参阅 Davidoff 和 Hall,《家庭财富》,第 286 页;Shoemaker,《英国社会中的性别》,第 201—203 页。

㊲ 参阅 Hill,《18 世纪英国女性、工作与性政治》,第 47—50 页;Cahn,《虔诚之业》,第 47、99、120、158 页。

㊳ 参阅 Davidoff 和 Hall,《家庭财富》,第 32 页和第 6 章。

更彻底地与市场生产关联那样，妻子们正在失去曾在家庭劳动中享有的灵活性，这正逐步成为"家务"，是女性的专有领域，不仅因其非生产性，而且因其无报酬日益遭贬。

用 18 世纪政治经济正在成型的术语来说，家务的非生产性使其与公共服务及诸职业没有什么区分。[39] 使家务有所区分的是其为无偿劳动这一事实。但为生产性与非生产性劳动之间的分析区别创建一个公认标准的困难，久而久之引导古典经济把该区别的含意转成市场与非市场劳动之间的区别术语，在英国人口普查的发展中可以看到这一过程。在 1851 年的人口普查中，女性职业类别包括非市场的家务，以及有偿职业。二十年后，这些类别相似，但有更矛盾的注解：妻子与母亲的"职业"被视为"崇高且重要的"职业，但工厂女工被视为从事"特定生产工作"。在 1881 年的人口普查中，妻子及其他尽家庭之责的女性被降为"无业阶级"，而在 1891 年，"家政阶级"仅限于那些受聘从事有偿家庭服务之人，而"无业阶级"已完全从职业评估中消失了，即便随之而来的评论承认，如果那些肩负家务之责的人不再工作，会对市场产生极大影响。[40]

历史学家们已尽力试图阐释现代家务的经济贬值，这可能已从家庭手工业的"原始工业化"中得到鼓励。[41] 当家庭生产主要为生计，而且也为市场之故时，我们或许可以推测，在质与量方面，在"私人"使用与"公共"交换层面相信事物的价值是相对容易的事。但当家庭暂时成为商品生产的主要场所时，面向市场的女性工作相对低的交换价值也就降低了此类女性工作的价值。如果货币量化日益成为评估生产力的必要机制，

---

[39] 参阅 Adam Smith，《国富论》(An Inquiry into the Nature and Causes of the Wealth of Nations)(1776)，第 2 卷，第 3 章，R. H. Campbell，A. S. Skinner 和 W. B. Todd 编(Indianapolis：Liberty Classics，1981)，第 330—331 页。1690 年，多尔比·托马斯爵士(Sir Dalby Thomas)认为，"勤勉民众"类别不包括"士绅、教士、律师、仆人与乞丐"，这些人"并不是完全受雇之人"，见《西印度殖民地兴起与发展史述》(An Historical Account of the Rise and Growth of the West-India Colonies)(1690)，第 2 页，引自 Joyce O. Appleby，《17 世纪英国经济思想与意识形态》(Economic Thought and Ideology in Seventeenth-Century England)(Princeton，NJ：Princeton University Press，1978)，第 133 页。

[40] 参阅 Nancy Folbre，《非生产性的家庭主妇》(The Unproductive Housewife：Her Evolution in Nineteenth-Century Thought)，见 Signs，第 16 期(1991)，第 470—473 页。

[41] 相关令人启发的评论，见 Cahn，《虔诚之业》，第 158 页；Hill，《18 世纪英国女性、工作与性政治》，第 104 页；Berg，《制造的时代》，第 162—163 页；Shoemaker，《英国社会中的性别》，第 145 页。

家务无生产性,当家庭手工业消退,面向市场的劳动必定集中在家庭之外时,这个结论得以强化。私人经济从公共王权政治分离是在其他层面可预见的复杂关系,好似市场的公共生产经济从家庭的私人非生产性经济分离而出,因为它作为价值的量与质标准之间的区分而"有意义";君主与女性因此成为既陌生又清楚的床伴。

179

内外工作之间灵活的性别化区别正逐步成为使用与交换、消费与生产、个人必需与公共自由之间僵化的性别化分离。至少在更低的社会地位等级中如此。我们仍然可能在这些本世纪中叶关于女衣裁缝的"技艺与神秘"的告诫话语中听到对未来的期待,即婚姻是对女性而言唯一安全的学徒经历。女衣裁缝,这个与女性有关的职业(如女帽)已在销售端获得了一个极为可疑的名声:

> 对女性而言,她们年少离家自谋生路时,难免身陷居心巨测的男性设下的重重陷阱,这是件不幸的事情……她们与生俱来的天真与善良使自己轻信他人,很快就被那些一心毁掉她们的男人装腔作势的叹息、虚情假意的誓言俘虏……那些已签约,让自己的女儿从事这个行业的父母一定不要认为已履行职责,根据习语,他们把这个行当送到女儿手中……父母应该关注女儿的成长,为未曾有过相关经历的女儿提供好建议。在把女儿置于某位睿智、勤勉、善良的男子保护之前,永远不要认为自己摆脱了做父母的责任。一位女性总是未到法定年龄,直到她在法律用语层面得到庇护。男孩一旦脑子里掌握了某项技能,他就可以在世间扬帆起航,没有太多溺爱的危险。但女孩是如此娇弱难养的植物,以至于不该允许她摆脱牵线,直到她有夫君在侧。[42]

因此,借助如是分析,工作从家务分离,"公共"生产劳动从"私人"家庭婚

---

[42] R. Campbell,《伦敦手艺人》(*The London Tradesman*)(1747),第 228 页。有这样的假定:"女帽工的名义工作"只是"淫荡女性与普通妓女的幌子。"参阅 1815 年的公共记录,引自 Tony Henderson,《18 世纪伦敦的娼妓》(*Disorderly Women in Eighteenth-Century London*:*Prostitution and Control in the Metropolis*,*1730—1830*)(London:Longman,1999),第 159 页。

姻分离,这是该过程的某项功能,市场逻辑借此缓慢但不可逆转地全面充斥公民社会价值观。的确,家务可能被视为类似该术语技能层面的资本主义剥削极限实例。在家务中消耗的劳动与其等价金钱之间的不等如此巨大,以至于成为绝对之事,并通过"剩余价值"的提取而得以表述。后者的计算超过了市场体系自身的力量。的确,女性工作也在家庭经济的前资本主义制度中相对贬值,这个过程的性别保护主义完全是传统的。但正如现代二分法通过有偿与无偿之间的绝对差异而得以表述那样,它的纯粹性提供了区别关系如何与分离关系既延续又间断的有利实例。㊸

180　　　　这并不是说家庭不再是有偿劳动之地。至 18 世纪末,对女性而言,家庭服务可能是仅次于农业的最重要职业;的确,在之前时期的大部分时间内,已经很难区分女性家庭服务与女性农牧服务,至少在乡村语境中如此。同样地,私人家庭、寄居寓所、公共房舍与旅店中女性服务的私人-公共延续性通过对小费的不一致态度得以体现,有的地方给小费是合适的,有的则不是。历史学家们达成一个共识,即家庭服务在本世纪"女性化"了。一份 1776 年男仆税单有效阻止那些从事农牧或身处学徒期之人从事家务,然而,女孩在家庭服务中的大规模雇用有将她们从学徒及其他职业培训排除出去的倾向。㊹ 1700 年左右,在两个富裕的伦敦城教区,女仆"占家仆的五分之四,超过四分之三的家庭只有女仆"。㊺ 如我们所见,家仆被视为家庭的组成部分,成立新家的妻子中的一大部分已在别人家里当过仆人。家庭薪资补充了为交换膳宿之故的劳动服务,这个事实至少在更低的社会等级中仅仅提升了把女孩、女仆、妻子当作单一家庭范畴

㊸　参考 20 世纪 70 年代的美国。根据统计,"现代家庭经济——包括食品供应、为孩子提供生活关爱、社区服务,以及诸如此类的一切——占国民生产总值近三分之一。这种生产成就大多是女性工作的结果,不用说,隐形于国民核算之中";"难以解释的是,为什么一家出租车公司拥有的车辆是资本设备,但在家庭中就算是消费者的便宜货"。Krishan Kumar,《家》(Home：The Promise and Predicament of Private Life at the End of the Twentieth Century),见《思想与实践中的公共及私人》(Public and Private in Thought and Practice：Perspectives on a Grand Dichotomy),Jeff Weintraub 和 Krishan Kumar 编(Chicago：University of Chicago Press, 1997),第 215 页,引用 Scott Burns,《家庭经济》(The Household Economy：Its Shape, Origins, and Future)(Boston：Beacon, 1977),第 53 页。

㊹　参阅 Hill,《18 世纪英国女性、工作与性政治》,第 125—126、128 页,以及第 8 章;Davidoff 和 Hall,《家庭财富》,第 299、390 页;Berg,《制造的时代》,第 137、160—161 页。

㊺　Earle,《英国中间阶层的成型》,第 218 页。

的可以区分但不可分离版本的可比性。在上层阶级中,区分更为尖锐,但重要的互补性也相似。[46] 因此,内外工作之间性别区分的逐渐僵化,在家庭内部空间中的性别内部基础上是相似和复杂的。同时,上层家庭的最私人化过程经历了在私人领域内公共-私人关系概括的过程,这个现象已成为本研究的熟悉特点:"那些完全脱离家庭经济的孩子们如今在自己的家中,借助家仆,发现了一个外部世界的微缩物。"[47]

作为管家的家庭主妇

对历史学家而言,两分领域的核心问题是说教话语严格规定与社会实践相对公允之间的关系,以及公认的不同。1737 年,一位男作家宽慰自己的读者:"女人不是为了全心关爱自己,而是为了抚慰我们而造;她们的温柔是我们为保全她们所付出之努力的恰当回报;与她们的交谈令人放松、愉悦,是我们消除诸事劳顿的理想方式。她们身陷狭小的家庭事务之中,当她们偏离此界时,便会行事古怪,结果毫无风仪可言。"[48]女性可能误入的一个极为知名的公共之处就是公开政治主张。本世纪初,艾迪生讥讽了女性的"拼贴"(在脸和身上贴美人斑),以及其他宣扬自己政治倾向的方式(例如《旁观者》,第 57、81 期,1711 年 5 月 5 日与 6 月 2 日),这广为人知。在 1784 年威斯敏斯特选举中,乔治亚娜(Georgiana),德文郡公爵夫人(Duchess of Devonshire)为查尔斯·詹姆斯·福克斯(Charles James Fox)拉选票。民众对此场景大多持敌视态度,图 4.11 描绘了其中的一种反应。《德文郡的娱乐》(*The Devonshire Amusement*)利用了悍妇游街示众的某些意象,把乔治亚娜及其丈夫放在不当的领域:她穿着被风吹乱的便服,浮夸地在户外助选;他独自一人坐在家中给孩子换尿布。福克斯对君主的公共权威,以及君主之于家庭权威的含意持否定

181

---

[46] 关于更高与更低社会等级家庭中的服务对比,参阅 Valenze,《首位产业女性》,第 9 章;Vickery,《绅士的女儿》,第 4 章。

[47] Davidoff 和 Hall,《家庭财富》,第 394 页。

[48] 《常识》(*Common Sense*)(1737 年 9 月 10 日),引自 Harriet Guest,《小变化》(*Small Change*: *Women*, *Learning*, *Patriotism*, *1750—1810*)(Chicago:University of Chicago Press,2000),第 37 页。

图 4.11 《德文郡的娱乐》(*The Devonshire Amusement*)(1784)。承蒙耶鲁大学刘易斯·沃波尔(Lewis Walpole)图书馆惠允。

态度,更古老的反父权制论述残余留存在这一事实之中,但私人领域内的两分领域更重要的意象将这些囊括在内。从政的女性实例可能被用来证明规定与实践之间的差距。然而,甚至限定话语都比此暗示更复杂。一本对户外室内的性别化意义持坚定态度的小册子也清楚地指出,内在工作是某个尽责"管治"的形式:"丈夫的职责就是管理所有外部事务,妻子负责所有内部事务。总之,我会说,丈夫的职责就是赚钱,妻子的责任就是管家。"[49]的确,家庭管治的传统语言可在文艺复兴时期操行手册中找到。[50] 但如果家庭主妇的家庭劳动"公共"地位按新兴的政治经济标准毫无价值的话,其文化地位以源自政治与商业的公共领域的比喻借用为表述,并呈上升状态。如玛格丽特·卡文迪什在前一个世纪中确认的那样,

---

[49]　《驭妻之术》(*The Art of Governing a Wife*; *with Rules for Batchelors*)(1747),第 29 页。

[50]　例如参阅 John Dod 和 Robert Cleaver,《家庭管治的神意形式》(*A Godly Forme of Household Government*: *for the ordering of private families*, *according to the direction of God's Word*)(1612),L6v—7r:"丈夫把自己的权利移交给妻子,以便管理、统治她的仆人:监督那些厨房与家务之事。"

"可以说,妻子是借助无形的力量管家"。[51]

用克里斯多佛・希尔(Christopher Hill)的话来说,家庭神化第一阶段就是"家庭的精神化",后宗教改革的规范权威从教会与牧师转移到清教男主人那里。第二阶段类似18世纪初期道德改良的公共机构(教会与国家)被诸如讽刺、期刊说教、移风易俗社团等私人机构取代的方式,哈贝马斯会称之为私人领域的公共领域工具。在这第二阶段,道德与金融的公共管理内化于妻子与母亲这样的家庭私人角色。无论这种内化是否公开得到承认,它都时常伴随这样的坚信,即国家主要仰赖于家庭。因此,弥尔顿把"家庭资产"描述成"必定从所有公共事业的精气神中繁荣发家"。理查德・阿莱斯特里认为,"共和国的资产完全取决于私人家庭,小型的君主制包括大众,并颁布法律"。他把这段评论归因于亚里士多德,并认为"显然,对家庭及所有家庭事务的处置主要在妻子身上"。尽管其长期影响力足够明确,"传统"父权制类比与相关的"现代化"反应之间的重要不同难以在诸如此类的本地用法中察觉。这是因为针对此类比(家庭与国家的分析性分离)的批判,常常为家庭领域内的公共与私人功能隐喻融合做足准备。第一阶段向第二阶段转变中的一个重要因素就是良知、婚姻与呼召的新教教义。1622年,威廉・古奇宽慰

182

183

　　某些良知软弱的人,他们认为如果自己没有公共职务,那就完全没有内心呼召……大多数妇女不曾获准担任教会或国家之职,如果这是好事,那么妇女打发自己的时间会有怎样的宽慰? 或者说,仆人、孩子及其他人完全从事家庭私人事务,这又会有怎样的后果?但……家庭责任的尽心履行关乎由此而来的后果与结果,可能会被视为公共之事……因此,如果她们没有公共呼召,她们就会在履行个人呼召职责时更加勤勉,她们也该封官进爵,好似身兼公职一样。[52]

---

[51]　参阅本书第 3 章,注释 87。

[52]　Christopher Hill,《革命前夕的英国社会与清教主义》(*Society and Puritanism in Pre-Revolutionary England*)(London: Panther, 1969),第 13 章;John Milton,《离婚的学说与训诫》(*Doctrine and Discipline of Divorce*)(1644),Lowell W. Coolidge 编,见《约翰・弥尔顿散文作品全集》(*The Complete Prose Works of John Milton*),第 2 卷,Ernest Sirluck 编(New Haven, CT: Yale University Press, 1959),第 247 页;Allestree,《女性的两份职业》,b2r—v;William Gouge,《论家庭责任》(*Of Domesticall Duties*)(1622),第 18—19 页。

　　考虑到父权制类比此时得以仔细分析，使家庭效仿国家的这个日益显性努力（而非隐性假定的反转模式）应该早就注意到了该类比的局限性，这并不令人吃惊。约翰·洛克认为，绝对君主的形象只与抚养幼子有关，甚至随后只与幼儿有关："我想象一下，每个人的孩子年幼之时都会把自己的父母视为主人，他们的专制管家等等，对他们充满敬畏，这是合情合理之事。孩子到了更成熟年龄，会把父母视为自己最好的，也是唯一可信的朋友，如此爱戴、尊重他们。"只有"当他是孩子时"，某人之子是"顺从的臣民"，这是"恰当的"。成年女孩可能另当别论，如果与塞缪尔·约翰逊通信的"贝拉莉亚"（Bellaria）意有所指的话。美丽的贝拉莉亚被关于提防男人注意的告诫弄得疲惫不堪，抱怨道，像自己母亲和两位姨妈这样的成年人"让可怜的女孩们牢牢困在保育室内，用极为可耻的方式压迫我们，用恐怖的故事充斥我们的想象，只是让我们安静顺从地生活，幻想我们只有在她们的庇护下才安全……漫步者先生，这些女士已经让我受其管治长达十五年半之久，一直极力描绘这种生活来骗我，如今我发现这并不是真的"。然而，我们会意识到，贝拉莉亚的绝对主义语言不是说出自己成长的真实情况，而是道出说服自己曾遭此欺骗的同等幼稚。关于绝对主义极端的怀疑论只是将质疑提炼为如是问题：母亲与家庭主妇的行为如何可能从国家的司法、行政与财政功能层面得以表述？同时代的人们发现，匿于已婚妇女地位之内的是仁慈行政官的职责，以及道德规诫的权威。㊟

　　"持家如治国，"赫丝特·沙蓬写道，"越人烟稠密，繁荣奢靡，就越难得当治理。"公认的是，家庭主妇管治的最重要所在就是她对孩子早期教育肩负的责任。"对孩子的爱护和教育涉及身心两面，这份责任天生就被赋予母亲，她们承受的比例远胜于父亲。"㊽但如果对这种安排事实达成

㊟　John Locke，《教育漫话》（*Some Thoughts concerning Education*）（1693），第 39、40 节，第 41—42 页；Samuel Johnson，《漫步者》（*Rambler*），第 191 期（1752 年 1 月 14 日），见《耶鲁版塞缪尔·约翰逊作品集》（*The Yale Edition of the Works of Samuel Johnson*），第 5 卷，W. J. Bate 和 Albrecht B. Strauss 编（New Haven, CT：Yale University Press, 1969），第 234—235 页。

㊽　关于沙蓬，参阅 Hester Chapone，《就思想提升事宜而致某位女士的信》（*Letters on the Improvement of the Mind Addressed to a Lady*）（1773），第 93 页，引自 Vickery，《绅士的女儿》，第 158 页；Chapone，《关于婚姻制度的思考》（*Considerations upon the Institution of Marriage*）（1739），第 6 页，引自 Patricia Crawford，《17 世纪英国的母性建构与经验》（The Construction and Experience of Maternity in Seventeenth-Century England），见《前工业化时期身为母亲的英国女性》（*Women as Mothers in Pre-Industrial England：Essays in Memory of Dorothy McLaren*），Valerie Fildes 编（London：Routledge, 1990），第 11 页。

共识,相关态度会有极大的改变,常常是以内外对峙的间接语言来表述。写出《撒旦的丰收之家》(*Satan's Harvest Home*)的这位危言耸听作者坚称"我们的先祖受训执笔拿枪……男孩……很早就被带离保育室,送去文法学校上学……上课时间结束……他就会要么在田野里,要么在城市的公共广场玩其他孩子们玩的游戏,以此使自己强壮,无惧风雨"。然而,如今"小主人呆在保育室,至少到五六岁才离开,随后被送去女子学校……他的全部活力因缺乏足够的锻炼而衰竭……因为等他去女子学校,他难以,或从未离开保育室"。约翰·奥布里早在七十五年前就讲述了一个极为不同的故事。故事中的男孩本该"在家精心抚养",直到十二岁送去学校。"如今,他已步入学校这个世界,从自己天真生活、细心关爱、父母溺爱中走出来,挨自己学校同学的揍,被人诬告,挨老师的鞭子,亲历老师的暴虐……在这里,他开始理解世界,以及这世间的悲惨、虚伪与欺骗。"⑤

　　18 世纪初期关于家庭操行的两部最重要论文可能是理查德·阿莱斯特里与哈利法克斯侯爵(the Marquis of Halifax)之作,两人都赞赏母亲教育能力的极度重要性。阿莱斯特里的阐述强调了经验主义认识论:"所有人都是女性制度的学生与门徒……当思想极易受教,准备接受外界印象时,这完全在母亲的关爱与操行掌控之中。"哈利法克斯教育女儿时说的话间或听起来好像是保育室里的马基雅维利。他强调政治投机主义:"你一定要很早就让他们爱戴你,这样他们就可能顺从你。在孩子身上,没有什么能比这种合而为一更为必要……你要在自己的孩子们中间严格管束自己,就好像置身于自己的敌人之中。"因为他们也曾是孩子,这种方法也可以用于丈夫身上。尽管"两性之间存在不平等……你加以掌控,不仅能解放自己,而且能制服你的丈夫,用和平的方法将他与生俱来的法律权威置于你的脚下……我们生活的第一阶段是在保育室,你在毫无竞争的情况下在此统治,大多事情都是顺从你意。借此方法,你有给孩子留下第一印象的便利,随后你会有更强的影响力。经营得当的话,你自己会拥有比我们男性所有假装与你为敌的特权、司法还要大的权力。你的外表

185

---

⑤　《撒旦的丰收之家》(*Satan's Harvest Home*)(1749),第 45、47、48 页;John Aubrey,《奥布里论教育》(*Aubrey on Education*),J. E. Stephens 编(London:Routledge, 1972),第 60 页,引自 Fletcher,《英国的性别、性与顺从》,第 307 页。

有更大的力量，那么我们是在法律中如此"。哈利法克斯把妻子对自己孩子的权力延伸到对自己丈夫的权力，这似乎可能有点像彼特拉克式恶意（Petrarchan bad faith），但玛丽·阿斯特尔提出更具说服力的相同观点。她说道：

> 我们在男人的孩提时代拥有影响力，这是件多么伟大的事情。如果此时的母亲行事谨慎，博学虔诚，她就有很多机会把这样的仪式与理性植入孩子的幼小心灵之中，这会在他一生的各个阶段达到良好效果……此外，一位善良谨慎的妻子会对不良品好之人有奇妙作用……较之于无人在家等待，无知大胆的奇人，她的丈夫无疑是更幸福之人，更有可能放弃自己所有不良嗜好……唯一的危险就是妻子懂的东西要比丈夫多。[56]

阿斯特尔忧惧的家庭领域危险与文艺复兴时期作家告诫的宫廷朝事别无二致：无所不能的朝臣为自己的君王效力，他如此精明能干，以至于已超越了君王本人的成就，由此产生了退化的问题。对我们而言，丈夫与君王之间的隐性相似不应该遮蔽阿斯特尔观点的另一个含意。尽管洛克援引孩子与成人之间极大的成长差异，为的是限制专横之人参与家庭教育实践的适应性，阿斯特尔的话如哈利法克斯的一样，指出母亲对孩子的教育影响与妻子之于丈夫的影响融为一体。对花花公子的家庭改造不亚于孩子至成人的社会化（或宏观社会的移风易俗），这在公民语域（civic register）中得当表述。因此，"忠贞的莱芙沃斯"（Chastity Loveworth）愤怒地向斯蒂尔发问，为什么"我们女性中那些行为更为失检之人……让单身男性耽于淫欲，我们结婚时就要承担改造男性的阴晦危险与灾祸？"她

---

[56]　Allestree，《女性的两份职业》，b2r—v；George Savile，《夫人的新年礼物》（*The Lady's New-Year's Gift：or，Advice to a Daughter*），第 2 版（1688），第 77—78、80—81、26、27—28 页；Mary Astell，《为提升女性真正且最大利益的谨慎建言》（*A Serious Proposal to the Ladies for the Advancement of their True and Greatest Interest*），第 1 部分，第 3 版（1696），见《第一位英国女权主义者》（*The First English Feminist：Reflections Upon Marriage and Other Writings by Mary Astell*），Bridget Hill 编（Aldershot，Hants.；Gower，1986），第 167—168 页。玛格丽特·卡文迪什曾写道，女性"可以说是借助无形的力量管家"。（参阅本书第 3 章，注释 87。）

的若干位追求者如此过分,以至于声称"所有理智的女人曾经是,将来也会是婚姻中的开明者;过去一直,将来也会对他们亵渎地称为婚姻良知自由之事妥协"(《旁观者》,第 298 期,1712 年 2 月 11 日)。与这种放荡行为对立的是一个新兴话语,它将父权制类比反转,并使之私人化,为的是将女性主导的内部空间改良力量与公共治理权威融合:

> 婚姻会矫正浪子的恶习,使这些国家的性情平和。因为家庭是王国的缩影,并自然地化为一个不依靠规则秩序就无法存在的政府,因此即便像猛兽那样的浪人,在外面惊扰四方,乱中求乐,但在自己的洞穴内也乐意静坐;他在酒馆里喧闹,但在自己家中就对此无法忍受……与贤妻的交谈的确可能常常带来和单身放纵交谈近似的纵情愉悦。

186

在巴特勒笔下惧内丈夫的传统主义人物中,妻子"监护着他"的事实是这则讽刺中的一个重要讥刺。被改造的浪子的渐进场景将定下这个标准。⑤

玛丽·渥斯顿克雷福特(Mary Wollstonecraft)作品中的极端力量大多取决于如是承认:在两性之间的权力平衡中,教育是核心问题。这个洞见反过来取决于性别范畴的显化,这是性的新兴生物学化的副产品。"性别"是"性"的社会建构,只能通过将性实体化,并与作为自然及不变恒量的性对立的方式而理论化。⑧ 渥斯顿克雷福特讽刺地说道:

---

⑤ 《婚姻的推广》(*Marriage Promoted. In a Discourse Of its Ancient and Modern Practice*)(1690),第 46—47 页。关于全能的朝臣,参阅 McKeon,《英国小说的起源》,第 184 页。人们也期待妻子管束家中"仆人们"的道德与行为。尽管仆人问题越发被视为社会劳动中难以驾驭的事宜,阿莱斯特里认为,这可能是对家庭虔诚信心监视的反应:"至于由女主人治家的好指南,我只知道,对她而言,要尽力让自己的仆人们也成为上帝的仆人,没有什么能比这更好、更全面的规则了……他们自己的良知是她能雇用的最好探子,可以借此了解真相与忠心,也是敦促他们勤勉的最好激励。"(《女性的两份职业》,第 224 页)其中一位受此家庭主妇监管的仆人就是"女家庭教师",她把这种"公共"职能延伸到下一层的私人家庭中。该术语的现代运用是此世纪的创新,《牛津英语词典》把斯蒂尔在《旁观者》第 314 期(1712 年 2 月 29 日)中的语言引作第一个实例。参阅 Hannah Woolley,《淑女指南》(*The Gentlewoman's Companion; or, a Guide to the Female Sex*)(1675),第 4—9 页。

⑧ 参阅本书第 6 章,注释 4—16。

　　我可能有机会比 J. J. 卢梭观察到更多的幼年女孩。我可以回忆自己的情感，并逐步环视四周。然而，我远非和他就女性性格的最初状态达成一致，我会冒昧地确认，女孩的心气并没有因静坐而低落，或因假意害羞而玷污纯真。她一直嬉闹，玩偶从未引起她的注意，除非把她圈禁，让她别无选择。简言之，女孩与男孩在一起玩耍毫无害处，如果早在自然有所区分之前没有讲授性的区别的话。⑲

　　渥斯顿克雷福特对"更着急地让女性成为诱人的情妇，而不是柔情的妻子，理性的母亲"(79)的操行手册予以批评，对家庭生活的明确赞同在此成为必要，这让现代女权主义者有时感到失望。但对渥斯顿克雷福特及众多同时代的人们来说，新兴的家庭生活概念，即成为妻子与母亲的实践可能允诺了一个与后期内涵极为不同的乌托邦式确定性。她已读过关于教育的书，也已"深深坚信被我的同胞们忽略的教育正是我为之哀痛的悲惨起源"(79)。但这个问题的所在也是解决之地。"很早接受被动顺从理念的女性有足够的品性来持家或教育孩子吗？"(119)接受得当教育的女孩会成为居家妻子和母亲，其扮演的重要角色就是把自己的经验复制到下一代。渥斯顿克雷福特以最大程度的乐观将当下设想为"引发女性行为革命的时代……让身为人类一部分的女性劳动，通过改造自身来改变世界"(132)。"我的意思是，通过个人教育……对孩子的这般关心，会随着他们的发身而慢慢让感官敏锐，塑造心性，驾驭激情，并在身体成熟之前运用理智。"(102)

187

　　家庭劳动以这种方式催生了最为人所知的成就。然而，正是渥斯顿克雷福特的社会学想象力可以超越乌托邦式乐观，使其对作为社会变革机制的零碎"个人教育"感到绝望："在很大程度上，男人与女人必须从生活的社会舆论与风俗中接受教育。在每个时代都会有势如破竹、席卷而来的大众舆论，可以说这成就了那个世纪的家庭性质。随后，我们可能合理推断，在社会重新建构之前，对教育不该报有太大的期待。"(102)这个

---

⑲　Mary Wollstonecraft，《女权辩护》(*Vindication of the Rights of Women：with Strictures on Political and Moral Subjects*)(1792)，Miriam Kramnick 编(Harmondsworth，UK：Penguin，1975)，第 129 页(随后引用源自本版，并在文中圆括号内标示)。

推断可能显见于威廉·葛德文（William Godwin）针对婚姻制度的辛辣抨击中，并在他就事关"财产的不当转移"提供"政治社会诸恶"之"内在家庭史"一事的批判中更为常见。⑩ 无论如何，对渥斯顿克雷福特而言，妻子与母亲个人负责的重大教育变化因此可能需要社会化变革，集体社会革命。加之家庭主妇私人劳动的公共效果在没有真正公共存在的情况下有可能存在这一点也不甚清楚："从所有国家历史来看，女性显然不能只被限于家庭追求，因为她们不会履行家庭责任，除非她们的思想有更广阔的空间。"（294）"但为了使她们的私人美德成为公众利益，她们必须在国家中有民事存在，无论是已婚或单身状态。"（262）换言之，女性必须被赋予男性的公共地位。

尽管渥斯顿克雷福特心有疑虑，但她可能一直关注女性地位及其直接前景；她并不把新兴的家庭生活体系视为问题，而视为教育可能性的领域。对于同时代的大多数人而言，妻子也被认为行使与家庭经济及管理有关的某种主权。阿莱斯特里在传播革命学说方面扮演重要角色，该学说将取代把女性视为只是男性低配版的传统观点。这是关于不同但平等的性别差异的学说：新兴的性别区分植根于它们终极平等（也就是说精神层面）的明确主张中："至于精神本质，神性之光不分性别……所有时代及国家都在男性与女性美德之间做了某些区别。"⑪如果性差异在公共与私人之间的区分中显现，斯蒂尔认为，它同时把"公共"行政权威的发现置于私人领域之内："男人与女人的心灵根据被造时的分配而极为不同。我认为，女士们会满意地评论，我们的心智特点与男人不同，不是比他们优越……管理好大家庭和从事伟大工作同样是有价值的能力证明。"（《闲谈者》，第 172 期，1710 年 5 月 16 日）一位通信者对鲜有足够睿智的男子找到一位"会谨慎简朴地管理他托付给自己的那份财产，勤俭持家，给他本人和家庭增光"的妻子而感到好奇（《旁观者》，第 268 期，1712 年 1 月 7 日）。 188

据汉娜·伍利（Hannah Woolley）所言，"持家是一项出色且有益的职业，没有什么能比一个经营得当的和睦家庭更美好的事情了"。关于家

---

⑩　William Godwin，《政治正义论》（*Enquiry Concerning Political Justice*）（1793），第 1 卷，第 3 章，第 14 页。在那些日子里，渥斯顿克雷福特与葛德文彼此熟悉，但并未彼此相爱。

⑪　Allestree，《女性的两份职业》，b3r，第 3—4 页。

务的手册也强调管钱是家庭"职业"不可或缺的部分。其中的一本手册序言列出予以指导的系列技能："在生活各阶段都极为有用的资质，特别对那些持家、管理家庭用度的人而言。"一本基本上属于厨艺之书的作者对女读者们说道，"谨慎管理家庭事务是你们的特别职责"，并向她们担保，"我在这类事情上有足够的经验，正设法制定一个标准，如此一来，辛劳家务与勤俭有道可能并肩齐行"。据莎拉·彭宁顿夫人（Lady Sarah Pennington）所言，"操持所有家务当然是女人的本职，可能会有诸如此类不入流的粗俗断言，无论地位有多高，知道如何教育子女，管理仆人，省钱地摆上一桌大餐，谨慎、有规律、有技巧地持家，这当然不失任何夫人的尊严"。的确，哈利法克斯已经告诫过自己的女儿："较之于身着所有华服的夫人，资深的持家者会在家庭中有更好的形象，如果她愿意抛开自己的头衔从事家务的话。"伊丽莎白·海伍德（Eliza Haywood）同样赞同妻子扮演的管家角色，并将之神化到完全的道德高位：

> 甚至现实生活中身处最高位的人也会极度受困于自身的情境与内心的宁静。当她本该成为女主人时，她却像住在家里的陌生人，可能和外人一样不知道自己身边的人和事。但假设她是位出色的管理者，在各方面都是世人所称的贵妇，在我看来，如果她具备其他良好品质，对家务有完美的理解，那么她的丈夫必然更为幸福。家庭女管家，或通常所说的持家者，假如她诚实谨慎，就会履行这份职责，恰如身为妻子那样。无疑，对自己明媒正娶，因而成为自己生命中一部分的女人，男人多少会抱有更多的期待：如果合格的话，她是，或应该是他最珍视之秘密的保守者，是他更凶猛激情的调和者，是他最焦虑关注的缓和者，是他更放松时刻总能带来愉悦的陪伴者。⑫

189

---

⑫　Woolley，《淑女指南》，第 108 页；《出色的家庭主妇》(*The Accomplish'd Housewife；or，the Gentlewoman's Companion*)（1745），AIV；《女士指南》(*The Lady's Companion；or，Accomplish'd Director in the whole Art of Cookery*)（都柏林，1767 年），AIr-v；Lady Sarah Pennington，《一位不幸母亲的忠告》(*The Unfortunate Mother's Advice*)（1761），第 27 页，引自 Vickery，《绅士的女儿》，第 127 页；Halifax，《夫人的新年礼物》，第 70 页；Eliza Haywood，《女观察者选集》(*Selections from the Female Spectator*)（1744—1746），Patricia Meyer Spacks 编（New York：Oxford University Press，1999），第 125—126 页。关于作为秘密保守者的妻子与秘书形象之间的比较，参阅本书第 5 章，注释 33—41。

这就是家庭主妇成为管家的发展远景令人信服之处，也可能转过来创建身为家庭主妇的管家这样一种远景。这也是威廉·华兹华斯（William Wordsworth）对拿破仑·波拿巴（Napoleon Bonaparte）失败的反省：

> 我们是从幼时，而非战场
> 培养必定睿智善良的管家，
> 用严谨的思维磨练其性情，
> 思想如慈母，温顺如女子。
> 智慧的确与绕膝小儿相伴。[63]

在"管理"、"雇用"、"事务"和"管治"这些语言中，不仅可能听到欣然承认家庭管理的规范职能，而且暗含这样一种认同：在新兴性差异体系及其创新劳动分工内，妻子正成为更古老的家庭经济中夫妻肩负之职责的主要责任人。这种对男女工作之间关系的思考方式使隐喻与转喻成为必要：女性的内在职责不仅类似男性的外在职责，而且她们使之成为可能。我们已在"婚姻会矫正浪子的恶习，使这些国家的性情平和"的声言中读到了这个观点。[64] 约翰·特伦查德强调自己对自由及财产的持续关注如何与家庭及公共生活政治相关。至于女性的事业，他写道：

> 自由的事业被调和，鲜有人会对公共福祉过多关心，除非他享有家庭幸福：公共福祉无非就是行政官保护拥有财产的个人，保护他享用财产。当然，在幸福快乐这一点上，个人利益任何时候都是与婚姻密切相关……我们的财富也的确在很大程度上取决于家庭的理解与和睦。"家和万事兴"这句谚语的确如此。因此，丈夫的一大部分资产必定在妻子的谨慎管理下得以保全。如果丈夫自己想发达、幸福，他就必须让妻子如此。

---

[63]　William Wordsworth，《1801》（1802），见《威廉·华兹华斯诗集》（*The Poetical Works of William Wordsworth*），E. de Selincourt 编，第 2 版，第 3 卷（Oxford：Clarendon，1954），第 III 页。

[64]　参阅本章注释 58。

特伦查德添上了熟悉且自相矛盾的推论：如果家庭生活与公共事务融为一体，那么两者也有所区分："使你在自己的家中处于不自在的状态，这是可悲的愚蠢。家本是摆脱你在别处遭遇的所有纷扰与失望的庇护所。"这个悖论是现代隐私原则将看似不同的体系联系在一起的方式的例证。哈贝马斯曾说过："物主在市场上的独立性和个人在家庭中的自我表现是一致的。家人间的亲密性显然摆脱了社会性限制，是一种在竞争当中实行的私人自治的真正标记。"在特伦查德观点的基础上，我们或许可以补充一句：对私人财产的保护是一种完全公私兼顾的劳动，属于睿智的行政官、尽心的妻子。妻子扮演的文化角色就是主管静谧雅处，让丈夫在此享受自己的消极自由，远离为个人自主而置身公众的奋斗，当她的职责以如是奋斗的较为温和甚至乌托邦式版本的方式来安排时。㉕

　　私人家庭成就与公共境界之间的转喻关系由若干层面组成。首先，18 世纪末期，用女性的成就来衡量某个文化的成就是常见之事："哪一个声名赫赫的时代或国家不曾从自己养育的，因其美德与才华而闻名的无数女性那里赢得部分殊荣？看看你现在生活的国家，它没有从女人写就的出色作品中获得极大名声吗？"更宽泛地说，女性学识、女性社交性与福祉开始被视为国家发展的标尺："我们发现任何国家的女性……她们的地位与情境在我们看来都是最精准的标示反映，是该国民众能够达到的公民社会规模的精确点。假如他们的历史完全对所有其他主题沉默，只是提到他们对待女性的方式，我们能够就此对他们行为的野蛮性或文化有一个还不错的评价。"㉖相反的观点则认为："女性

㉕　John Trenchard，《加图的信》(Cato's Letters)，第 58 期(1721 年 12 月 23 日)，见 John Tren-chard 和 Thomas Gordon，《加图的信》(Cato's Letters；or, Essays on Liberty, Civil and Reli-gious, and Other Important Subjects)（最初发表在《伦敦日报》[London Journal]，1720—1723)，Ronald Hamowy 编 (Indianapolis：Liberty Fund, 1995)，第 399—400 页；Jürgen Habermas，《公共领域的结构转型》(The Structural Transformation of the Public Sphere：An Inquiry into a Category of Bourgeois Society)(1962)，Thomas Burger 和 Frederick Law-rence 翻译(Cambridge, MA：MIT Press, 1989)，第 46 页。

㉖　James Fordyce，《女性的性格与品行》(The Character and Conduct of the Female Sex, and Advantages to be derived by Young Men from the Society of Virtuous Women)(1776)，第 1 部分，第 6 页；Wiliam Alexander，《女性古今史》(History of Women from the Earliest Antigui-ty to the Present Time)(1779)，第 3 版(1782)，第 1 卷，第 151 页，均引自 Guest，《小变化》，第 156 页。关于女性学识与家庭的爱国主义重要性，一般参阅 Guest，《小变化》，第 2、8 章。

的利益和优势不仅与行为的真实文雅等比同步提升，而且更稳定与永恒地得以确立。"⑥⑦

　　尽管作为国家文明抽象标杆的家庭美德意义重大，但它作为该情境的活跃决定因素而极为重要。家庭女性与国家福祉之间最明确的联系可在对国家人口稀少的日益（不必要的）关注及母性崇拜之间关系中显见。17 世纪与 18 世纪初，奶妈是中间阶层与精英阶层中流行的有偿家庭劳动模式。图 4.12 就是 17 世纪中叶一位奶妈的画像。她给婴儿喂奶，还照顾着其他小孩。这个场景还由其他人构成，一位在床边分娩，一位准备去药房，用这种方式来表现她们对作为空间共同延展的幼儿健康的普遍关注。大概在本世纪中叶，开始有旨在推动母乳喂养的活动，并取得如此成功，以至于到 18 世纪 70、80 年代末，喂奶大体从有偿劳动转为无偿劳动，从按阶级划分转为严格按性别划分的活动。⑥⑧ 这是双层意思的家庭化。为什么母亲的奶水开始超过奶妈的奶水而成为首选？其中的一个原因就是古老的忧惧，后者的喂奶方式可能把被外国及（或）种族他者污染的东西带入婴儿喝的奶水中（因此也就进入血液）。如早期学习"母语"一样，喂奶是最好由母亲着手的同化过程中的个人与国家经验。⑥⑨ 1756 年在弃儿医院（the Foundling Hospital）担任主管的乔纳斯·汉韦（Jonas Hanway）只是支持如是观点的要人之一：英国国家与帝国的伟大取决于人口的持续增长，其中母乳喂养被认为

191

---

⑥⑦　Alexander，《女性古今史》(1779)，第 2 卷，第 315 页，引自 Mark Salber Phillips，《社会与情感》(*Society and Sentiment：Genres of Historical Writing in Britain，1740—1820*)（Princeton，NJ：Princeton University Press，2000），第 164 页。

⑥⑧　参阅 Randolph Trumbach，《平等主义家庭的兴起》(*The Rise of the Egalitarian Family：Aristocratic Kinship and Domestic Relations in Eighteenth-Century England*)（New York：Academic，1978），第 197—224 页；Valerie A. Fildes，《乳房、奶瓶与婴儿》(*Breasts，Bottles，and Babies：A History of Infant Feeding*)（Edinburgh：University of Edinburgh Press，1986），第 153—155 页；Ruth Perry，《乳房的殖民化》(Colonizing the Breast：Sexuality and Maternity in Eighteenth-Century England)，见 *Eighteenth-Century Life*，第 16 期（1992 年 2 月），第 195—196 页。正是在 18 世纪末，19 世纪初，"母性"这个前所未有的范畴开始成为标准，与之而来的假设就是，那些生育孩子之人也是天然且标准的抚育之人。参阅 John R. Gillis，《她们自成的世界》(*A World of Their Own Making：Myth，Ritual，and the Quest for Family Values*)（New York：Basic Books，1996），第 152—153 页。

⑥⑨　参阅 Katie Trumpener，《吟游诗人的国家主义》(*Bardic Nationalism：The Romantic Novel and the British Empire*)（Princeton，NJ：Princeton University Press，1997），第 5 章；Wendy Wall，《上演家庭生活》，第 70—76 页。

图 4.12　卷首插图，J. S.，《儿童的内外疾病》(*Children Disea-ses Both Outward and Inward*)（1664），见 Wendy Wall，《上演家庭生活》(*Staging Domesticity: Household Work and Eng-lish Identity in Early Modern Drama*)（Cambridge: Cambridge University Press，2002)。普林斯顿大学图书馆。

极为有用："更多臣民，更多劳力；更多劳力，更多国家收入，个人更富裕。""光是增长就可以使我们在人力上的自然力量与我们在财力上的人工力量匹配，这都伴随着不列颠帝国的荣耀辉煌和开疆扩土。"这也开始成为随后世纪极为重要的纽带。(70)

因此，让已婚女性离开她们曾在家庭经济中享有的生产场所，这是使她们参与公共生活一事复杂化，而不是加以阻止。最后的一个相关实例可以在如是新兴理解中显见：中间阶层与精英阶层已婚女性在市场经济中甚至作为个人参与者扮演重要角色，例如慈善家和消费者。根据极具影响力的汉娜·莫尔（Hannah More）所言，"慈善是女人的呼召，访贫问苦是她的职业"。(71) 根据传统，大家庭里通行友好待客。至 17 世纪末，个人馈赠从内及外，从家庭到公共机构，这个转变"完成了对富人的好客与对穷人的施舍之间的区分，而这一直潜藏于家庭文化之中"。(72) 至随后的世纪末，女性成立并运营慈善组织已是极为常见之事。(73) 同时，管家的个人行为继续被认作家庭女性借以可能在家庭之外运用财务管理技能的方式。

近些年来，18 世纪英国消费者文化的增长，以及女性对此增长所做的重要贡献已成为众多学术研究的对象。如果家庭主妇的工作在市场 193
经济生产力方面扮演令人质疑的角色，她们作为消费者的显著重要性正为同时代的人们所见，同时，政治经济正发现如是辩证真相：消费是

(70) Jonas Hanway，《致塞克主教的备忘录》（Memo to Archbisop Secker）（1762 年 4 月）；Jonas Hanway，《深思》（*Serious Considerations*）（1762），第 26 页，均引自 James S. Taylor，《慈善与帝国》（Philanthropy and Empire: Jonas Hanway and the Infant Poor of London），见 *Eighteenth-Century Studies*，第 12 卷，第 3 期（1979），第 294—295 页。参阅 Perry，《乳房的殖民化》，第 186—187 页中的相关论述。伊丽莎白·朗兰（Elizabeth Langland）把维多利亚时期家庭主妇意象复杂化，将其比作"家中天使"。她尤其对妻子治家方式感兴趣，这使指导、应对家仆等"阶级管理"职责成为必要。参阅 Elizabeth Langland，《无足轻重之人的天使》（*Nobody's Angels: Middle-Class Women and Domestic Ideology in Victorian Culture*）（Ithaca, NY: Cornell University Press, 1995），第 45—49 页。

(71) Hannah More，《单身汉寻妻》（*Coelebs In Search of a Wife*），第 9 版（1809），第 2 卷，第 20 页，引自 Davidoff 和 Hall，《家庭财富》，第 429 页；参阅该书第 171 页，里面有作者认为的，政治公共生活中家庭女性发挥极具居间性但极为重要功效这一观点的详细论述。

(72) Felicity Heal，《近代早期英国的款待》（*Hospitality in Early Modern England*）（Oxford: Clarendon, 1990），第 393 页。

(73) 参阅 Vickery，《绅士的女儿》，第 254—257 页。

创造国家生产力的不可或缺因素。一方面，消费者的态度将已婚女性系在生存与必要的古老终端缰绳之上，或更糟的是，系在"奢侈"的全面邪恶之上。另一方面，消费女性对经济至关重要。如亚当·斯密所写的那样："消费是所有生产的唯一目的与意图。生产者的利益应该得到关注，只要这是推动消费者消费的必要之需。"据卡尔·马克思所言，"消费创造新的生产需求，也就是说，它为生产创造了理想的内驱动因，这是其预先的推测……生产就是消费，消费就是生产……政治经济学家们称之为生产性消费"。(74) 从谨慎的家庭生活立场来看，女性消费就是消费主义、购物、时尚；从政治经济的立场来看，这是公共生活机器中的重要机轮。19 世纪初，一位同时代的人用这个机器意象比拟私人家庭生活本身，而不是公共社会。确切地说（带着讽刺的正义）这个机器如今做着一度是妻子原型内在工作的事情："大家庭是一台复杂的机器，由众多单个与附属部件组成……它应该一直是像德比（Derby）的纺丝机轮那样的构造。任何一个部件出错，就得把它停下来维修，而不影响其他部件的运转。"(75)

妓 女 之 工

妻子扮演的文化角色完全取决于我们在何处见到她。如果婚姻稳定，她可以说作为小国家的主政者而明白易懂。相反，如果婚姻不幸，或处于结婚或离婚的婚姻过程中，她就会受制于行政权力，也就是说受制于政治与唯利是图的"奴役"，受制于极度矛盾的自由偶然性。事实上，居家家庭本身，作为对外部世界的缩影式模仿，与其说是公共危险的避难所，不如说是其滋生地。如是交往的一个关键就是家庭服务。18 世纪，绝大多数引诱，以及在切尔西（Chelsea）教区出生的私生子，都

(74) Smith，《国富论》，第 4 卷，第 8 章，Campell 和 Skinner 编，第 660 页；Karl Marx，《政治经济学批判大纲》（*Grundrisse: Introduction to the Critique of Political Economy*）（写于 1857—1858 年，1939 年出版），Martin Nicolaus 翻译（Harmondsworth, UK: Penguin, 1973），第 91、93 页。

(75) Elizabeth Hamilton，《关于教育基本原则的信札》（*Letters on the Elementary Principles of Education*），第 4 版（1808），第 2 卷，第 369—370 页，引自 Guest，《小变化》，第 325 页。在第 3 章中，该书作者讨论了关于女性消费的矛盾态度。

与住家仆人有关。(76) 据本世纪中叶的一本小册子所言，女性家庭服务与卖淫在相同的回路中几乎没有区别："城里充斥着太多的娼妓，这完全在于那些数量众多的女仆。她们不断地从世界各地涌入城内。几乎在所有收留她们的家庭中都会发生针对她们的放荡之行。主人、男仆、短工、房客、学徒永远都在图谋引诱……她们中的很多人像新马车那样奔来跑去，从一个地方到另一个地方，从妓院卖淫到住家做工，从住家做工再回妓院卖淫……因此实际上，她们既没有成为好娼妓，也没有成为好妻子或好仆人，这就是我们大街上妓女云集的主要原因之一。" 194

另一本提及娼妓、妻子与女仆的小册子暗指连接伦敦东区与西区的通衢大道上不间断的拉客卖淫现象，并把声名狼藉的、易受影响的女帽店女孩归入家庭劳动与淫荡的范围之内。这位作者在提到女帽店的学徒时声称"不得不在这些商店里服务的年轻女孩十分之九堕落毁掉了。我确信，如果对城里所有普通女性做个调查，那些在查令十字与舰队沟(Fleet Ditch)之间拉客的女性一大半都是女帽工出身，她们在自己的店里堕落，被人抛弃之后不得不在城里出卖自己求得温饱"。伯纳德·曼德维尔在梅毒的城市生存周期中看到了相关循环与交换模式："这个疾病完全源自公共卖淫，由此潜入个人家庭，因此它通过相同的途径获得源源不断的供应及新人。"(77)

---

(76) 《撒旦的丰收之家》(1749)，第3—5页，以《人间地狱》(*Hell upon Earth*)(1729)之名重印，见《人间地狱与撒旦的丰收之家》(*Hell upon Earth … and, Satan's Harvest Home*)(New York: Garland, 1985)；作者从笛福以安德鲁·莫尔顿(Andrew Moreton)之名写的《每个人的事是无名之辈的事》(*Every-Body's Business, is No-Body's Business*)(1725)作品中大量借用，在第9页中笛福也提及过着"双重生活"的仆人。关于切尔西教区，参阅 Randolph Trumbach，《性与性别革命》(*Sex and the Gender Revolution*)，第1卷(Chicago: University of Chicago Press, 1998)，第234—247页。

(77) Campbell，《伦敦手艺人》，第209页；Bernard Mandeville，《为公共妓院所做的中肯辩护》(*Modest Defence of Publick Stews: or, an Essay upon Whoring, As it is now practis'd in these Kingdoms*)(1724)，第20页。女性从事卖淫之后常常选择婚姻，这难有文字记载，但有此"可能"。Henderson，《18世纪伦敦的娼妓》，第49、50页。关于卖淫与女帽行业之间的关联，参阅同本书的第14—15页。Trumbach，《性与性别革命》，第120页描述了"流莺云聚的大街"的演变，街的两端聚集了众多妓院。这条大街恰好与蒲柏的《愚人志》里的大动作一致："把迟钝的王座从城里移到上流社会；恰如埃涅阿斯(Aeneid)把特洛伊(Troy)帝国移到拉丁姆(Latium)。"《马蒂纳斯·斯克里克勒斯论诗》(Martinus Scriblerus of the Poem)，《群愚史诗》(*The Dunciad Variorum*)(1728—1729)，见《愚人志》(*The Dunciad*)，《特威克南版亚历山大·蒲柏诗歌集》(*The Twickenham Edition of the Poems of Alexander Pope*)，第5卷，James Sutherland 编(New York: Oxford University Press, 1943)，第51页。事实上，1750年至1829年，"伦敦老城内进行的商业性交易的相对次数开始急速下降"，尽管绝没有完全西移。参阅 Henderson，《18世纪伦敦的娼妓》，第53页。

正是卖淫的公共属性令同时代的人们极为忧心。1650 年,杰里米·泰勒(Jeremy Taylor)写道,最有益的"精神施舍与怜悯功效"之一就是"将处女从卖淫与身体展示中解救出来"。一个世纪之后,桑德斯·韦尔奇(Saunders Welch)抱怨道,妓女

> 充斥这座都市街道,都到了这样的程度,妓院以如此开放公开的方式营业,成为我们公民政体的巨大耻辱,以至于一位外国人会认为这种行径得到司法机构的许可,而不是遭到禁止,会认为全城尽皆如此……当然,隐身藏匿的罪恶与光天化日之下的罪恶之间存在极大的不同。当外国人在几乎每条街道看到女人公开地在妓院窗边门旁暴露自己,如市场上公开出售的牲口一样,配以不堪入目的衣着、姿态以及不堪入耳的语言,当他们发现自己在坦普尔栅门(Temple Bar)与查令十字之间的街上受到一百名女子用不堪入耳的言辞引诱(可以说是侵扰)时,他们对我国政策有何感想?[78]

195　　卖淫的公共属性令人不快,部分原因是它看似暴露了公共与私人之间不确定但极为敏感的界限。这种不快的极端性就是作为从其他相关不快分离结果的相对近期发展。

最迟至 18 世纪初,"卖春"仍然是几乎所有婚外异性性行为的泛指。"谴责某位女人是娼妓就是指责她在性方面的不道德,并没有必然的报偿含意。"流莺、私通者、通奸者被视为大体相同。据信,伯纳德·曼德维尔评估卖淫动机时,他一直在区分性欲与金钱利益的过程中扮演重要角色。这个过程受到两方面的推动,首先是同时代的人们于道德哲学方面尝试在更多与更少邪欲之间进行区分,其次是人们日益倾向把女性视为天生恭谦,而非(根据传统)天生淫荡。至本世纪中叶,移风易俗社团的道德化态度正受到来自玛格德琳忏悔妓女收容医院(Magdalen Hospital for the Reception of Penitent Prostitutes)人道关怀的挑战,并从中得以补充。

---

[78]　Jeremy Taylor,《圣洁生活的规则与操练》(*The Rule and Exercise of Holy Living*)(1650),第 4 卷,第 8 章,第 304 页;Saunders Welch,《关于清除伦敦街道常见妓女之弊的建议》(*A Proposal … To remove the Nuisance of Common Prostitutes from the Streets of this Metropolis*)(1758),第 7、19 页。

这个妓女感化院控诉,妓女是经济剥削的受害者,而不是受内心淫欲驱动的加害者。[79] 这与如是观点相辅相成:妓女是公共人物,从事的是一种特别形式的外在工作,与纯粹淫荡的通奸者不同。借助这种思想方式,改造是新教勤勉工作训诫的特别类型,忏悔使从事可接受的生产劳动形式意愿成为必要。因此,约翰·菲尔丁(John Fielding)提议"设立一个公共洗衣店……以改造那些因贫困而流落街头的妓女,以及那些想重获美德,并通过勤奋劳动而诚实生活的流莺"。[80]

但这种思想也鼓励了针对女性个人(如处女及妻子)与公共女性(如妓女)共性的推测:如果她们有共同的羞耻感,她们之间的区别就是比钱财动机稍多一些的东西。的确,斯蒂尔与笛福敦促我们注意到可以买卖的妻子的私人公共性,是作为将要买卖的妓女的公共私人性的复杂对应物。[81] 妻子的"职业"在无偿状态下是反常的,这对国家经济至关重要。妓女的职业因其有偿而骇人听闻,是国家自我典范的诅咒。基于某种逻辑,妻子内在工作的市场贬值是妓女外在工作的市场估价的硬币另一面。妻子的经济非生产性通过婚姻生育而平衡,妓女的可耻生产力因淫荡的非生育性而平衡。妓女,本业为性的女性是作为已婚妇女的单身女子,这似乎是女性公开性与隐私极端化的标志。同时代的人们承认这种意有所指的不确定性,这反映在他们重叠且不一致的公共/私人公式运用中。

在复辟时期,卖淫如果被可笑地当作"行业"的话,那它最好大体留下享有自身卑鄙的消极自由(或,随着移风易俗社团的兴起,最好被当作一

196

---

[79] Henderson,《18 世纪伦敦的娼妓》,第 180 页、181—185 页。根据亨德森(Henderson)的观点,18 世纪末期对妓女的道德改造包括如是理念:大多数妓女源自那些"破落的上层阶级"(188)。关于激情与利益的区分,参阅 Albert O. Hirschman,《激情与利益》(*The Passions and the Interests*:*Political Arguments for Capitalisim before Its Triumph*)(Princeton, NJ:Princeton University Press, 1977)。关于女人贪婪性欲的传统观点,参阅本书第 6 章,注释 15。

[80] John Fielding,《保护与改造方案》(*A Plan for a Preservatory and Reformatory*,*for the Benefit of Deserted Girls*,*and Penitent Prostitutes*)(1758),第 10 页,引自 Miles Ogborn,《现代性的空间》(*Spaces of Modernity*:*London Geographies*,*1680—1780*)(New York:Guilford, 1998),第 47—48 页。菲尔丁有意把妓女改造成家庭主妇与家仆(参阅第 15 页)。

[81] 参阅 Steele,《闲谈者》,第 91 期(1709 年 11 月 8 日);Daniel Defoe,《婚内卖淫》(*Conjugal Lewdness*:*or*,*Matrimonial Whoredom*)(1727)。

种有罪行为，将依据法律的全面施用而受到惩罚）。(82) 复辟时期的早些年，伦敦的从业妓女名录定期公布。一份此类出版物证明了如是事实：借助纯粹放任的进取，这个行业已在其自身公共实践内对那些“公共”执业（例如在妓院）与那些“私人”执业（例如在大街上）之间的区分予以详述：“如今私娼已有在街角揽客的门道，因此我们所有人……无法……说服寻欢者入院……因此，这个公共行业被私人交通与行为毁了，之前我们印刷妓女名录时（即 1660 年至 1661 年）并不是这样。”(83)

图 4.13 和 4.14 是两幅源自老马赛拉斯·拉龙（Marcellus Laroon the Elder）的伦敦叫卖者版画作品的整版插图。这个作品集描绘了复辟时期在大街上用话语宣传自己商品的各类街贩。这两幅插图分别是描绘衣着时尚的流莺的《伦敦交际花》（*London Curtezan*），以及描绘一位著名老鸨的《克里斯韦尔夫人》（*Madame Creswell*）。这位夫人是随后讨论的《妓女的巧言》（*Whores Rhetorick*）中的对话者。这位交际花是“私人”行业高端性的例证。她的面具与扇子不仅将自己与放荡剧院联系，而且与那些可能在剧院及化装舞会出现的时髦女郎联系起来。面具仍然是易变的高等交际花的有力标识。在图 4.15 中，一位类似的娼妓在 18 世纪 40 年代臭名昭著的考文特花园（Covent Garden）区域被另一个夜间在外劳动的群体成员，即守夜人逮捕。这位看似贵妇的娼妓从化装舞会返家，却被人按住，一动不动，仿佛是在窗口展示的假人。优雅的交际花就是用假扮贵妇的方式招摇过市。1785 年，《泰晤士报》（*Times*）指出，禁止妓女出入公共场所的努力注定失败，因为事实上时髦女性喜欢模仿流莺的化妆

---

(82) 一本 1647 年出版的保皇派小册子戏仿了受平等派思想启发的女性，她好似性饥渴，渴望“得到自由交易许可”（即公共妓女）一样寻求公民的公共地位。参阅《来自伦敦女公民的抗议》（*A Remonstrance of the Shee-Citizens of London. And Of many thousands of other the free-borne Women of England. Humbly shewing their desires for the attaining of a free trade, for the Kings speedie coming to London, for the maning of their works, and for the redresse of their many other grievances, and burdens they now lie under*）（1647），第 4 页。

(83) 《流莺》（*The Wandring Whore*）（1663），第 6 部分，引自 Roger Thompson，《不堪入耳》（*Unfit for Modest Ears: A Study of Pornographic, Obscene, and Bawdy Works Written or Published in England in the Second Half of the Seventeenth Century*）（Totowa, NJ: Rowman and Littlefield, 1979），第 60 页。关于 17 世纪 60 年代早期流莺小册子，以及已出版的妓女姓名地址名录先例，参阅 James Granthan Turner，《近代早期伦敦的浪子与激进分子》（*Libertines and Radicals in Early Modern London: Sexuality, Politics, and Literary Culture, 1630—1685*）（Cambridge: Cambridge University Press, 2002），第 127—139、140—141 页。

图 4.13 Marcellus Laroon the Elder,《伦敦交际花》(*London Curtezan*)(约 1688 年),见《伦敦的叫卖者》(*The Criers and Hawkers of London*),Sean Shesgreen 编(Stanford, CA: Stanford University Press, 1990)。普林斯顿大学图书馆珍本特藏部平面艺术藏品。

图 4. 14　Marcellus Laroon the Elder，《克里斯韦尔夫人》(*Madame Creswell*)
(约 1688 年)，见《伦敦的叫卖者》，Sean Shesgreen 编 (Stanford，CA：Stanford
University Press，1990)。普林斯顿大学图书馆珍本特藏部平面艺术藏品。

图 4.15 《考文特花园妓女被捕》(*The arrest of a prostitute in Covent Garden*)(约 1740 年),见 Tony Henderson,《18 世纪伦敦的娼妓》(*Disorderly Women in Eighteenth-Century London：Prostitution and Control in the Metropolis，1730—1830*)(London：Longman，1999)。普林斯顿大学图书馆。

与衣着,以此看似风流可人。两年之后,《泰晤士报》报道"一位年轻的妓女"把"一位年轻的贵族小姐"误认作站街同伴;"这位处女在恼怒中被送回家,而妓女在狂怒中被拽到拘留所"。[84] 流莺,即私娼的吸引力以这种方式与接近自身假定的、更为绝对的私人对立面联合一体。这可能朝着使如此怪事合理化的方向做出某些尝试:在公共场合即大街上发生的拉客被称为"私人的",而在私人宅邸发生的拉客被称为"公共的"。另一个解释可能就是此处的"公共/私人"意味着"集体/个人"。

197　　　　曼德维尔在 1724 年为公共妓院所做的辩护也是基于如是理解:根据当前政策,"公共"正被"私人"利益牺牲。这本小册子提供了"私人的恶德,公众的利益"这一曼德维尔式逻辑的经典实例。他的观点是,卖淫应该得到公开支持,并接受国家管理,但不是出于常见的(日渐老旧的)保护主义原因。尽管是明显的过度淫乱,卖淫问题不是它享有了过于绝对的消极自由,而是它不够自由:它作为私人恶德而被定罪。如其他私人恶德一样,卖淫服务于社会需求,公共政策在惩罚时偶尔视而不见的态度有反社会后果;实际上,"公开卖淫本身不是如此有罪,私下卖淫也不是这样有害社会"。曼德维尔的公众-私人区别是卖淫与通奸之间的区别,他把妓女说成"执业的交际花",把卖淫说成某个"职业",提议它应该被赋予某种类似同业行会的地位,"不仅是设立公共妓院……而且是授予她们这种特权与豁免……如此可能最为有效地将普遍的淫欲之流引入这个共有的通道"。[85] 不用说,曼德维尔的建议没有被采纳。数年之后,1751 年的《妓院法令》(Disorderly Houses Act)意图取缔妓院。在某些人看来,此番尝试似乎因某些相关原因而被误导:"如果本土上的所有私娼与通奸者将在索尔兹伯里原野(Salisbury Plain)上集合,当那些共有夫人(即"公共"妓院里的妓女)要与自己的众多敌人作战时,她们的人数不比以色列军队大多少。"此处"私娼"问题明确包括通奸问题,并强化了曼德维尔的观点,即不给恶德提供一个正式公开许可与渠道,这将使其私下之害更甚。但其他人认为,1751 年的法令没有

――――――――――

[84]　《泰晤士报》(Times)的报道可能受弗朗西斯·伯尼(Frances Burney)的《伊芙琳娜》(Evelina)(1778)中著名情节的影响。书中的女主人公独自在伦敦公共娱乐花园"人群中",向"两位女士"寻求"保护,免受侮辱",结果这两人是妓女(第 2 卷,第 21 封信)。

[85]　Mandeville,《为公共妓院所做的中肯辩护》,第 2、12、18 页。

达到可预期的目的。尽管韦尔奇看到曼德维尔的安全阀论点，以及各类激情可能彼此对立的观点背后的逻辑，他的谨慎措辞似乎对自渎而非通奸感到忧虑：他并不“假定这完全在遏制卖春方面可行，假如可能实施的话，随之的后果可能深化已如此猖獗的可怕邪恶，尽管光是想到这个就让人不寒而栗”。(86)

实际上，娼馆或妓院执业的妓女（无论是否受老鸨操纵）在人数方面上不仅远逊于“私人”通奸者，而且也远低于“私人”流莺。(87) 尽管如此，妓院在大众想象中如此庞大，这可能归因于其撩人的家庭氛围，及其对“家务”的戏仿唤起。老鸨通常被当作自己“家庭”里的“母亲”。(88) 亨利·菲尔丁将妓院描述成好似本世纪中叶监护家庭宅邸的镜影：“在这个年代，妓院以某种方式成为教育学院，特别是那些年轻人，她们的出生成就了关乎未来 201
公共福祉重要后果的矫正体系，因为无论这些年轻人的教育可能如何，她们的思想与身体可能因邪恶、疾病而受到何等伤害及衰败，她们生而就是我们后代的监护人。”1749 年，菲尔丁因呼吁军队镇压河岸街连续三夜的妓院骚乱而受到公众批评。这场骚乱因詹金斯的耳朵战争（the War of Jenkins' Ear）之后被遣散的水手们而起。他们洗劫了一家妓院。他们中的一些人在此失窃，但妓院拒绝予以赔偿。图 4.16 描绘了这一幕：水手们用妓院里的家具与物品燃起大火。画中的细节，或许除了其特殊的阅读材料——一份布道，一份泰伯恩刑场忏悔，还有《自渎》（*Onania*）和曼德维尔的《为公共妓院所做的中肯辩护》（*Modest Defence of Publick Stews*）——

---

(86) M. Ludovicus，《关于艰辛的特别但忧郁的记述》（*A Particular but Melancholy Account of the Great Hardships … That … The Common Women of the Town, Are plung'd into at this Juncture*）（1752），未分页，引自 Vivien Jones，《可耻的女性特质》（Scandalous Femininity: Prostitution and Eighteenth-Century Narratives），见《界线的变化》（*Shifting the Boundaries: Transformations of the Languages of Public and Private in the Eighteenth Century*），Dario Castiglione 和 Lesley Sharpe 编（Exeter, UK: University of Exeter Press, 1995），第 64—65 页。Welch，《关于清除伦敦街道常见妓女之弊的建议》，第 19 页。

(87) 参阅 Henderson，《18 世纪伦敦的娼妓》，第 28、31、50—51 页；Tim Hitchcock，《英国人的性欲》（*English Sexualities, 1700—1800*）（London: St. Martin's, 1997），第 95 页。流莺有时用意大利式澡堂或配以临时私人休憩地的土耳其浴室，以及小旅馆作为临时住所，这与妓院没有什么区别。参阅 Henderson，《18 世纪伦敦的娼妓》，第 32、33 页。

(88) 例如参阅《格拉布街报》（*Grub-Street Journal*），第 12 期（1730 年 3 月 26 日），新近的罗切斯特伯爵（the Earl of Rochester）诗歌版本被当作好似某种家庭操行手册，“被特鲁利街（Drury Lane）的可敬老鸨母亲们在家使用”。

图 4.16 《水手的胜利或妓院遭袭》(*The Tar's Triumph or Bawdy-House Battery*)(1749)，见 Derek Jarrett,《霍加斯时代的英国》(*England in the Age of Hogarth*)(New Haven, CT：Yale University Press, 1986)。普林斯顿大学图书馆。

强调了妓院与普通家庭宅邸的近似。[89]

    的确，妓院不仅像家庭宅邸，它们可能就在此内部滋生。尽管在所有其他情况下，已婚妇女是法律上的非实在；在这些实例中，法律的智慧承认她的家庭"管理能力"，这足以使其与丈夫一道因经营妓院而受罚。或如菲尔丁所言，"虽然法律在很多案例中偏袒已婚妇女，然而在此例中，妻子同样可被控诉，可能与自己的丈夫同罪"。菲尔丁将这个评断基于如是法律权威：它裁断经营妓院是"对妻子于此有重要职责的家庭管理的冒犯"。[90]

---

[89]   Henry Fielding,《向大陪审团呈递的控诉》(*A Charge Delivered to the Grand Jury*)(1749)，第 49—50 页，引自 Henderson,《18 世纪伦敦的娼妓》，第 169—170 页。参考另一个"家庭手工业"女性从业者，即亚麻织女(图 4.8)的家庭财产(虽然更为简朴)。关于河岸街妓院骚乱，参阅 Peter Linebaugh,《反医生的泰伯恩骚乱》(The Tyburn Riot against the Surgeons)，见《英国的绞刑架》(*Albion's Fatal Tree：Crime and Society in Eighteenth-Century England*)，Douglas Hay 等编(New York：Pantheon, 1975)，第 89—102 页；关于《自渎》，参阅本书第 6 章，注释 30—42。

[90]   Fielding,《向大陪审团呈递的控诉》，第 46—50 页，举 R. Burn,《治安官与教区官员的正义》(*The Justice of the Peace and Parish Officer*)，第 2 版(1756)，第 1 卷，第 132 页为例，引自 Henderson,《18 世纪伦敦的娼妓》，第 169—170 页。

如职责就是确认并控诉诽谤的机构一样,那些以卖淫为惩戒之责的机构培养了分辨相关线索的专业技能,这些线索既隐藏又揭示外表为私人家庭住所的公共性质:"尽管它们没有特定标识,然而,用罐子挡门、它们特定的粉墙方式、百叶窗和窗帘,这些足以说明这类房子到底为何。"[91]复辟时期及18世纪初期的政治讽喻有时声称纯粹"浪漫史"的无罪,这曾被称为公共妓院的"感伤化"(包括其作为私人宅邸的自我表现)。在本世纪后期,它也可能藏有政治动机。[92] 据同时代的人们所言,可能玛格德琳感化院同样以"管理得当的私人家庭"为模板,男性创始人自称"父亲",女总管被视为"小家庭里的好母亲"。[93] 图 4.17 描绘了一位玛格德琳的忏悔者,她的姿态让我们想起在祈祷密室所见之事(见图 1.2)。女性臣民跪祷的神圣恩典之光如今明确地被表现为从外及内之光。直抵内心改造的《祈祷书》202 (the Book of Common Prayer)、医院的《饮食表》(Table of Diet)等文本辅助,以及女性的内部工作工具纺车取代了天使。

特别是在复辟时期,私娼与公娼之间的不同也可能意味着普通妓女(无论是住家还是站街)与真正交际花、诚实名媛、朝堂娼妓之间的不同。[94] 在 1668 年的复活节周,大群学徒攻击并捣毁众多妓院,相随而至的标语及象征将这场骚乱与对新近禁止信仰自由之立法的不满联系起来。难以对那些开始被称为妓院骚乱的动机进行分析。新近研究说明,它们的逻辑就是把反对不信奉国教的新教徒的现行法律与那些反对卖淫之人联系起来:如果政府有意执行前者,参与骚乱的人也就执行后者。在203 诸多小册子中,构成如此逻辑的一点就是控诉妓院里"可怜的卑贱妓女",颂扬成为"国王与主教密友的""最优雅妓女"时的虚伪与腐化。查理二世

[91] William Newman,《议会文件》(*Parliamentary Papers*)(1817),治安委员会第二份报告,第456 页,引自 Henderson,《18 世纪伦敦的娼妓》,第 156 页。关于诽谤者的技巧,参阅本书第2 章,注释 128—130。

[92] 关于"按家庭来组织的妓院",以及卖淫的"感伤化",参阅 Trumbach,《性与性别革命》,第175—176 页,以及第 6 章。

[93] J. Massie,《创建慈善院的方案》(*A Plan for the Establishment of Charity-Houses for Exposed or Deserted Women and Girls, and for Penitent Prostitutes*)(1758),第 23 页;John Fielding,《保护与改造方案》,第 23 页;《玛格德琳医院的兴起、发展与现状记述》(*An Account of the Rise, Progress, and Present State of the Magdalen Hospital*),第 4 版(1770),第20 页,引自 Ogborn,《现代性的空间》,第 72 页。关于玛格德琳医院,参阅本章注释 79—80。

[94] 关于该范畴的意义与语境,参阅 Turner,《近代早期伦敦的浪子与激进分子》,第 4—17 页。

图 4.17　卷首插图，Jonas Hanway，《关于玛格德琳医院方案的思考》
（*Thoughts on the Plan for a Magdalen House*）（1758），见 Miles Og-
born，《现代性的空间》（*Spaces of Modernity：London Geographies，
1680—1780*）（New York：Guilford，1998）。普林斯顿大学图书馆。

的情妇卡斯尔梅恩伯爵夫人（Countess of Castlemaine）芭芭拉·维利尔
斯（Barbara Villiers），这位新近皈依罗马天主教并被查理安排入住白厅
的女子，被视为这些国家公共妓女的代表。塞缪尔·佩皮斯（Samuel
Pepys）写道："但此处据说，这些闲人如何有信心说自己满意于捣毁小妓
院这样的恶事，而不打算把白厅里的大妓院扒倒呢？"因此，妓院有强大的

想象影响力，居于普通宅邸与王室宫殿之间，恰如它在私人家庭与公共国家一样。(95)

贯穿此时期卖淫话语的不仅是公共-私人含混线索，而且是剥除公共外表，以便揭示私人真相内在的动因，即便内在被认为与外在别无二致时。这个动因足以在两本关于流莺的小册子书名中显现：《巴托罗缪市集怪闻，或发现流莺，盒子被撬，秘密暴露，无遮无掩，四方皆知……彼得·阿雷廷著》(*Strange Newes from Bartholomew Fair, or, the Wandring-Whore Discovered, Her Cabinet unlockt, her Secrets laid open, unvailed, and spread abroad … By Peter Aretine*)(1661)与《流莺抱怨无业，只因罪恶之盒洞开，所有秘密外泄》(*The Wandring-Whores Complaint for W'ant of Trading Wherein the Cabinet of her Iniquity is Unlockt and All Her Secrets Laid Open*)(1663)。(96) 在乔纳森·斯威夫特的《美丽小仙女就寝，为女性荣耀而作》(A Beautiful Young Nymph Going to Bed. Written for the Honour of the Fair-Sex)(1734)诗中，言说者打开并系统洗劫的私人盒子是流莺自己肮脏的卧室，以及贴身留物。如此执意不懈的揭示部分从科琳娜(Corinna)之梦的悲怆，部分因我们的如是意识而得到缓和：斯威夫特的目标与其说是针对女性的公众虚伪，不如说是据信以女性荣耀之名写就的男性爱情诗歌。(97)

---

(95) 《可怜妓女的陈情》(*The Poor-Whores Petition. To … the Countess of Castlemayne*)(1668)，牛津大学图书馆 MS Don b. 8，第 190—193 页，引自 Tim Harris，《查理二世治下的伦敦民众》(*London Crowds in the Reign of Charles II: Propaganda and Politics from the Restoration until the Exclusion Crisis*)(Cambridge: Cambridge University Press, 1987)，第 84、85 页；Samuel Pepys，1668 年 3 月 25 日日记，见《塞缪尔·佩皮斯日记》(*The Diary of Samuel Pepys*)，Robert Latham 和 William Matthews 编，第 9 卷(London: HarperCollins, 1995)，第 132 页。关于骚乱的起因及妓院的古老陋习，也参阅 Turner，《近代早期伦敦的浪子与激进分子》，第 200、27—29 页。复辟数周之前，学徒预期向彭布鲁克伯爵(the Earl of Pembroke)新情妇召集的议会会议提出模拟陈情，即新议会大厦应被正式重名为“妓院”。《狂热的告密者》(*Phanatick Intelligencer*)(1660)，第 7—8 页，引自 Turner，《近代早期伦敦的浪子与激进分子》，第 189 页。

(96) 参考 Thomas Cranley，《皈依的交际花》(*The Converted Courtezan*)(1639)年中的语言，本书第 6 章，注释 42。

(97) Jonathan Swift，《美丽小仙女就寝》(A Beautiful Young Nymph Going to Bed)(1731)，见《乔纳森·斯威夫特诗集》(*The Poems of Jonathan Swift*)，Harold Williams 编，第 2 版(Oxford: Clarendon, 1958)，第 2 卷，第 580—583 页。这个关于斯威夫特讽刺目标的视角让我们看到他把流莺的拒绝与假意列举为虚假描写。

《妓女的巧言》

没有什么能比费兰特·帕拉维奇诺(Ferrante Pallavicino)的《妓女的巧言》(*La retorica delle puttane*)(1642)英文改写本(大多为意译)更敏锐地记录同时代的人们对卖淫态度的复杂矛盾性。我将对这本小册子予以更多的关注。(98)《妓女的巧言》(*The Whores Rhetorick*)(1683)自觉地被众多文学模式塑造,并从其意大利原创者那里保留了与秘密之书的重要联系,特别是"所有马基雅维利的狡猾,配上圭恰迪尼(Guicciardin)和博卡利(Boccalin)的睿智说明"。如《君主论》一样,《妓女的巧言》持极端怀疑观点:人类行为可能被简化为实用手段规则(国家理性,卖淫理性),妓
205 女顺从的唯一形而上权威就是无道德是非的马基雅维利式命运女神福耳图那(Fortuna)的权威。多萝西娅(Dorothea)是一位"极为美丽的年轻处女",她的父亲"血液里的高贵胜过口袋里的金钱"。这是因为他是在"最后内乱"中支持查理二世的骑士之一。这些骑士眼看着自己的家产随着他们国王的命运沉没,并吃惊地看到复辟之后,他们的忠诚没有得到回报。多萝西娅如今一贫如洗,看到"命运女神"应该和自己作对,这实在是恰当的讽刺:"是否正是在这难测的神意中,我们全体女性继续受咒诅,注定要顺服,并被另一半人称为轻浮、轻率、随性与易变?"但克里斯韦尔夫人,臭名昭著的伦敦老鸨在这部英文版的作品中被写成小册子中两位对话者中的一位。她宽慰自己这位拥有潜在美德的年轻信徒,告诉对方"诸多祝福静候着你;如果你用上勤劳机警的手,就会转动命运之轮随心所欲"。上了年纪的克里斯韦尔能够说出这番断言,因为她已着手给多萝西

(98) 关于意大利与英国文本的比较,参阅 James Grantham Turner,《〈妓女的巧言〉:叙事、情色作品与小说的起源》(*The Whores Rhetorick*: Narrative, Pornography, and the Origins of the Novel),见《18 世纪文化研究》(*Studies in Eighteenth-Century Culture*),第 24 卷,Carla H. Hay 和 Syndy M. Conger 编(Baltimore: Johns Hopkins University Press, 1995),第 297—306 页。也参阅 Bridget Orr,《妓女的巧言与爱之地图》(Whores' Rhetoric and the Maps of Love: Constructing the Feminine in Restoration Erotica),见《女性、文本与历史》(*Women, Texts, and Histories, 1575—1760*),Clare Brant 和 Diane Purkiss 编(London: Routledge, 1992),第 195—216 页。约翰·威金斯(John Wickins)因印刷《妓女的巧言》而被罚 40 先令。参阅 David Foxon,《英国的浪子文学》(*Libertine Literature in England, 1660—1745*)(New Hyde Park, NY: University Books, 1965),第 9 页。

娅留下"我心灵深处所有独到秘密,所有那些极佳秘方",任其支配的秘传知识,也就是说教她卖淫的秘术。[99]

马基雅维利笔下的君主用强力与欺骗取得成功。妓女无法获得强力,那就必须仰赖欺骗。因此,她主要仰赖被定义为"成就一位至尊雄辩家"的"修辞"。该书作者还把"修辞"与古老的诡辩术联系起来(22,20—21)。[100]如我们可能预期的那样,关于卖淫的马基雅维利式观点常常求助于私娼与公共行政官之间的对比。如伦敦其他老鸨们一样,克里斯韦尔夫人追随"爱情导师"的"国家政策"(74,41)。她"服务公众……向整个爱情之国的快乐、安慰与支持致敬"(38)。多萝西娅学得很快:"母亲,为什么我认为您有意让我成为女政治家,并深谙修辞规则? 我会极力效仿睿智的君王,在执掌我的国度时既不偏袒,又不怯懦。"(58)妓女的主宰在别处具有更绝对主义的色彩。甚至最卑贱的妓女"都在司掌世界",克里斯韦尔说道。"如果枢密院大臣、法官、市政官、医生、公爵、勋爵、上校、骑士、乡绅可能因这些愚蠢的荡妇而成为野兽,你想想,如果由有理智与见识的女性来驾驭的话,他们可能是怎样的呆子?"(45)其他的箴言恰好也是充满算计与绝对主义意图。"年轻男子新近落入老鸨或导师的掌控,妓女的伟大工作首先是赢得他们的心,而不是抓住他们的钱包,因为享乐在先,这让她有权利获得对后者的绝对主权。"(79)

公共-私人修辞格也是顺着宗教之轴解读,不只是强调卖淫与精神实践之间的宽泛类比,"一位妓女一定不要忘记她的床榻就是祭坛"(95),而且更明确地强调充斥同时代宗教争议的自由与顺从主题。妓女涉及教会各个范围:她像早期基督徒那样苦行禁欲,像一位年轻女孩那样开始修道院生活;多萝西娅是老鸨的"女修道院长"或"耶稣会神学院"的"年轻见习生",但妓女也是"爱情的自由主义者",如加尔文教派"蒙上帝拣选者"或在"秘密的非国教徒聚会"中相遇的家庭派成员,拥有"狂热牧师"的口才(13,59,160,101,94,71,113,68,136—141)。至于妓女的恩客,尽管在热衷于

206

---

[99]　《妓女的巧言》(*The Whores Rhetorick*, *Calculated to the Meridian of London and Conformed to the Rules of Art*)(1683;New York:Obolensky, 1961),第20、24、28、105、36页(随后引用在文中圆括号内标示)。关于秘密之书,参阅本书第2章,注释52—55。

[100]　关于妓女的修辞与演讲技能传统,参阅 Turner,《近代早期伦敦的浪子与激进分子》,第22、37—41页。这是更广泛的性别化技能,参考流言蜚语的修辞格。

诸如阿莱廷诺（Aretino）情色描述的“淫秽意象”方面，“所有男子都有天主教徒信念”，应该避开那些“已在维纳斯事业中成为烈士的人”，以便不要冒犯“带有日内瓦印记的信徒”，他们憎恨“被动服从”（127—128）。(101)

妓女自始至终都被当作“交易女士”，商业技巧术语充斥着这本小册子，有时候援引成问题的，借助自然法理论演变加以裁定的海外交往情境。因此，妓女允许“军舰”鲁莽地驶入她的“峡湾”，“最初没有支付常规税费……这会令其政府失信，令其政策遭疑，并鼓励每艘可怜的私掠船走同样的航线，以期取得类似的成功”。此处的妓女们接近直接行使国家公共权威。她们在别处被比作个体商人，摆脱自己的行业，组建一家贸易公司，作者本人诙谐地表示，自己希望非正式加入：“如果你不再满怀爱意地轻抚，（作者）保证约束自己……希望你会允许我有交易的自由，尽管我无法作为你政治之体从业，然而我会作为一位中间商而经营得当。”作者的加入明显从这本小册子著述中得以正名，这本技巧手册提供了“职业规则”与“行业秘密”。如我们所见，行业秘密不仅产生绝对主义政治“秘密”，而且产生“爱的艺术”（ars amandi）的共鸣，其隐秘在可耻的卖淫实践中翻倍（66—67，97—98，14—15，19）。

《妓女的巧言》更看似同时容纳众多职业类似物，而不是倾向于将卖淫与某个特定经济、宗教或政治实践联系。显然，作者意在把卖淫这个邪恶活动适应职业生活的标准，那些标准此时正被人斜眼质疑。然而，在这个明喻的清晰层之下，勾勒出另一个比较，对为卖淫所做的如此辩解予以不同阐释。作者谋求从伦敦妓女那里获得“交易的自由”，这不仅是因为他写到了她们的职业，而且因为她们的职业和自己相似（11，15）。和她们
207 一样，作者的工作就是“令所有人满意”（17）。正如克里斯韦尔一度向多萝西娅所说的那样，“你必须把这当作自己生命中的伟大事业，让他人快乐，让自己发财”（53）。在此程度上，《妓女的巧言》是新兴作家职业的间断讽喻。甚至可能据说是女性著述特别讽喻化，从而把著述与卖淫之间的关系阐述成类似（且独特）方式，女性借此可能从事一种公共职业。(102)

---

(101) 除预期的妓院“家庭化”之外，宗教亲近与爱情亲密之间的类比有着明显的戏仿特点（我将重回这一点），在与国务的类比中并不怎么明显。

(102) 参阅 Catherine Gallagher，《无足轻重之人的故事》（*Nobody's Story: The Vanishing Acts of Women Writers in the Marketplace, 1670—1820*）（Berkeley and Los Angeles: University of California Press, 1994），特别是第 1 章。

克里斯韦尔说到多萝西娅可能为同时与父子发生关系的妓女"开创可贵先例"时，后者回答道："我猜到了您的意思。这是可为一部小说提供素材的秘事。这部小说会部分模仿那些法国每日报刊译作里的丑闻。在我看来，这些更适合有需求的家庭，而不是密室"（135）。《妓女的巧言》出版后的一年之内，阿芙拉·贝恩的《一位贵公子与妻妹的情书》（*Love-Letters Between a Noble-Man and his Sister*）第一部分面世，这部有意成为从法国翻译而来的影射小说（roman à clef）作品充斥着这类不道德的贵族阴谋。作者用这种方式看似暗示关于妓女的叙事作品即将出版，且这部作品由一位常被指责为文学卖淫的女性所写。[103]

　　当然，作者关心的是把妓女的公共职业与妻子的私人地位进行区分。出于这个目的，妓女被视为某类反妻子（antiwife），对立的基本术语与同时代的人们将婚姻的基本对立动机析出尝试中的那些有效词相同：爱情与利益/金钱对峙。妓女"放弃所有那些令性软弱与可鄙的脆弱性"。爱情的脆弱性此处并不与性欲的脆弱性有明显区分：妻子的"首要幸福"在于"满足他们的肉体淫秽欲望。然而，妓女的利益与世俗钱财应该被视为她最初、最终，以及最重要的希望"。克里斯韦尔利用了那些在法律上死亡的已婚妇女地位，并建议多萝西娅像"在法律上死去的人"那样行事，"除去你身上所有的女性……软弱与胆怯"，"确信自己对所有法律而言已死，除了那些受你自己利益所限之事"。因此，妓女是单身女子，其作为法律上死亡的已婚妇女的掩饰为独特的放荡生活提供了保护（111—112，155，160）。

　　这样的生活有何独特？尽管单身女子的法律地位也为除妓女之外的其他人所有，这本小册子明确专指妓女："与已婚妇女、寡妇或肤浅的少女无关，她们不是遵从利益的指示，而是放任自己，仅为满足自己的淫欲。"（47）指责那些并非正式妓女之人卖淫的讽刺实在尖锐，但为什么不也把寡妇排除在外呢？考虑到作者笔下的自利妓女描述，与巴特

---

[103]　Turner，《〈妓女的巧言〉：叙事、情色作品与小说的起源》，第 303 页；Turner，《近代早期伦敦的浪子与激进分子》，第 324 页，注释 1 指出，和一位妓女同时发生性关系的父子是查理二世及其子蒙莫斯公爵（the Duke of Monmouth），这与贝恩的《一位贵公子与妻妹的情书》有关系，参阅本书第 11 章。

勒新近出版作品《胡迪布拉斯》中的寡妇详述之间的近似性，这也就不太令人吃惊了。[104] 一个特别的相似值得我们评论。克里斯韦尔建议多萝西娅以最大热情接受所有爱情十四行诗，这与如是普遍原则一致：妓女的话语必须充满"诡辩"，"是谎言与虚构的混合"（121）。克里斯韦尔的建议紧随这个指示之后，"你必须研究夸赞他所着任何服饰的特别方式"，这可立刻解读为诗歌描绘的戏仿反转：称赞"他的揶揄有趣，称赞他的手套流苏，他的蕾丝，他光滑的面颊，他红润的嘴唇，他剔牙时的优雅，他的额前假发"（120）。克里斯韦尔向多萝西娅讲授淫荡吻术时，戏仿爱情诗歌的印象随后在这本小册子里得到加强：

> 在说"我的心，我的命，我的灵魂，我要死了，让我们一道死去"等等时，你一定不要忘记用将死之人的自然重音。如果没有真实感情，那就意味着造假。你必须在这些话里添上些喊话、渴望、叹息、求情之语，以及此类媚言。你可能借此让对方相信你融化了，消解了，完全沉溺于快乐之中，尽管这行业的大多数女人是木石所造，不会被一个拥抱感动。（148）

这些选段令人瞩目，不仅因为它们承认男性爱情诗歌的虚伪，也因为它们吸引女性（强化了作者与妓女之间的关联）成就自己所知的表述。巴特勒笔下的胡迪布拉斯着手追求有钱的寡妇时，他最佳的彼特拉克式奔泻（Petrarchan flights）只是受到冷淡且透彻的质疑。"我无法在我被爱的状态下恋爱，"这位寡妇抱怨道：

> 爱的激情犹如寓言，
> 人们仍然借此言他：
> 尽管爱情是世间假象，
> 金钱具有神话意义，
> 是阴影的真正本质，
> 所有殷勤求爱皆为此。

---

[104]　关于寡妇，尤其是那些继承自己丈夫行业之人的经济状况，参阅本书第3章，注释78。

……

你会发现这是艰难篇章，
用诗歌狂喜打动我，
你的此类技巧
自我呈现，但非发自真心，
你也不会激发我内心炙热，
借用夸张的英雄空话：
用诗歌赢得的女人，
只是一张在上面写字的桌子；
男人们说到的她，只是
他们可以依靠的人而已。
有些人

……

如此野蛮卑劣地待她，
在磨粉机上研磨她的嘴唇，
直到仿宝石多面⑩
与押韵而非她的嘴唇相配；
她的嘴唇好似牡蛎，
一排珍珠镶嵌，而不是牙齿；
其他人用花束点缀她的面颊，
红色白色相间……⑩

如妓女一样，这位寡妇能够揭露爱情诗歌奇喻的真实面目：公认的唯心论的粗俗唯物论；貌似卑谦的自恋自夸，作为纯粹诗歌技巧的诗歌主题的物化，公开宣扬的细心残忍。⑩ 促使这种物质功利性暴露的立场，也是促使

---

⑩　研磨成多面的假珠宝。

⑩　Samuel Butler，《胡迪布拉斯》(*Hudibras*)，John Wilders 编(Oxford：Clarendon，1967)，第 2部分(1664)，第 1 篇，第 304、441—446、585—606 行，第 109、113、117 页。

⑩　参考 Mary Astell，《婚姻思考》(*Reflections Upon Marriage*)(1700)，第 3 版(1706)，见 As-tell，《第一位英国女权主义者》，第 100 页："男人既傲慢又虚荣……可能几天里会自称是她的奴仆，这只是为了让她成为自己随后一生的奴仆。""恭维者的话"的"本质"就是，"如果不是为了别的事情，你至少起到我才智运用的作用，无论你会因我说的话而膨胀，我因如此好地谈到这个不幸话题而值得称赞。创造偶像的我们，就是更伟大的神祇……因此你只是出于自己良好行为，可能只是我们愿意成就你的那个样子"。

卖淫作为彼特拉克式虚伪的职业（但主要按性别重塑）等同物发挥作用之事。如果妓女对金钱的虔诚超过了爱情，这表面上让我们想起父亲的父权制绝对主义，它更精确地与绝对私人财产，以及寡居的单身女子的退化绝对主义相关。

然而，在《妓女的巧言》中，我们对妓女独特性的质疑不仅因她和这位寡妇的可比较性而起。克里斯韦尔在论证拥有大量恩客的重要性时，她将其称为"仅依靠一个钱包的供应真是愚蠢至极"（56）。然而，她承认，事情可能有所发展，"其中一位你最爱的人会嫉妒他的情敌"，为多萝西娅提供一个好到不能拒绝的"轻松愉快的地位"，包括"在你有生之年都能安逸的稳定生活，无惧任何诸如你和他的决裂，他死去，以及移情别恋这类突发事件"（59）。克里斯韦尔极快禁止多萝西娅：

> 提高你的渴望预期，思考你如何最好让自己能享有未来丈夫资产的三分之一，如果你幸运地比他活得更久的话。律师们会用他们的行话称之为寡妇地产，并告诉我们，这是他们夫人最珍视的东西之一，是她眼中最珍贵的珠宝，仅次于生命与自由，她会把它戴在自己打皱起纹的脖子上。如果这些穿袍绅士会赦免这个渎职（我确信他们会这样误称），我会认为已婚女性的这个谨慎条款可能恰当地被称为丈夫享受亡妻所继承的财产的权利（courtesy of England）（59—60）。

210

论点中的特点还未定性，因为它鼓励我们不是对立，而是有益地看待公共妓女与家庭妻子之间的关系。婚姻是卖淫的未来，成为一位成功的妓女就是如此有利地追求个人利益攸关的自由，以至于接近妻子的地位。交际花的通奸"恩惠"与婚姻财产授予的普通法"恩惠"契合。⑱

不久之后，这位老鸨重提我们已学会对她有所预期的对立论述。但妻子与妓女这令人吃惊的契合并没有完全被遏制，而是令人瞩目地重现

---

⑱ 在普通法中，"恩惠"是丈夫的权利，或对妻子不动产的兴趣。它将在妻子死后成为丈夫的财产。参阅 Susan Staves，《英国已婚妇女的单独财产》（*Married Women's Separate Property in England，1660—1833*）（Cambridge, MA：Harvard University Press，1990），第 235 页。此处的寡妇地产被当作与妻子通过丈夫恩惠而获得的财产等同之物。

于小册子结尾之处，此时克里斯韦尔的怀疑论达到顶点。她说，这个世界满是欺骗。的确，"已婚女性每天发现虐待自己丈夫的新好方法"。多萝西娅回答道："我看到已婚女性同样有自己的国家政策。"克里斯韦尔夸夸其谈之后，为自己日益衰减的声音后悔，"否则我本可能对已婚女性的国家政策做比我之于《妓女的巧言》那样更长篇的论说"。的确，妻子与妓女可能通过她们分别对肉欲与财欲的敏感度而有所区分。但性欲与财欲之间的不同似乎在面对共同利益时显得无足轻重："女性的荣誉只是推动她们在更高的领域扮演妓女的角色。"（62，105，150，155）

　　这个反转影响了我们对整本小册子的阅读经验。公共妓女的职业滥交简化为妻子个人的"专业"通奸。爱情婚姻是利益婚姻更普遍策略中的一个重要战术。单身女子的自由效法已婚妇女那有争议的更大自由。妓女的巧言最终与妻子的巧言无甚区别：如《君主论》以新男性为读者，因此《妓女的巧言》也只是以新女性为读者。从某个角度来说，这可以被认作意大利式特别自由观点的厌女症，其具有腐蚀性的愤世嫉俗预言了与之同时代的，且被敏锐意识到的英国已婚女性单独财产法律创新的失败。然而，从另一个角度来说，这只是延伸并实现了私人主体自由的乌托邦政治，这在逻辑上是以已婚女性地位为基础，是通过父权制绝对主义内化实现的绝对私人权威的最后且最集中的实例。妻子的贫困，她的庇护监牢是其秘密生产力的前提。

211

第五章　内部空间的细分

从家庭手工业向工厂体系的转变在现代文化的萌芽中具有世人皆知的意义。用马克斯·韦伯的话来说,"没有商业从家庭的分离,并完全主导现代经济生活……资本主义事业的现代理性组织就是不可能的事情"。[①] 工业生产只是这种转变最明显的实例。各类职业的兴起不仅使各专业化技术实践,而且使各专业化工作场所的彼此分离成为必要。与家庭手工业及原始工业化一样,对此转变期间的"原始职业化"空间概述为现代公共-私人关系的某方面提供了洞见。

分离"科学"

可能近代早期所有知识分工中最重要的是,"科学"本着其现代意义分离,与如此传统知识意义的"知识"(scientia)分离,与艺术和人文分离,以及与对最严格经验主义认识论原则中立的所有实践分离。现代科学的发展与我们已开始称为"实验室"之物的发展同步,其家庭近似性使它们与修道院、剧院、祭坛、家庭厨房及密室等不同空间区分,各类"自然哲学

---

① Max Weber,《新教伦理与资本主义精神》(*The Protestant Ethic and the Spirit of Capitalism*)(1905),Talcott Parsons 翻译(New York: Scribner's, 1958),第 21—22 页。

家"在此习惯地运用自己的技巧。② 这些实践者们(炼金术士、占星家、药剂师、反自然的自然编史者、收藏家、庸医、古物研究者、艺术能手)有助于调停新兴现代"科学家"形象。在同时代关于他们实践的描述中，某特别且专业化空间的特殊性正是缺失之事。回头看来，这些意象共有的看似一个对更"传统"内部空间类型的寄生依赖，以及某些代表性的老生常谈，出于该原因似乎独自证明某个共同之举。

212

　　许多17世纪画家(主要是荷兰风俗画家)喜欢以工作中的炼金术士为主题。图5.1和5.2是17世纪中后期的画作。画家托马斯·维克(Thomas Wijck)与比自己年轻的同时代人理查德·布拉肯博(Richard Brakenburgh)通过描绘男性从事的炼金活动与女性家务及母爱关护，说明"公共"实验室与私人住所在一个共享室内的同等延展。在维克的画中，炼金术士被置于家人之后，身处一个有纵深但开放的内部空间的双穹顶建筑之中。他坐在书桌前读书，身边围绕着书籍与地球仪。这位好学沉思的人物头戴贝雷帽，身穿毛边斗篷，一身学者的行头。悬在天花板上的是爬行动物与海龟的标本，如我们将要看到的那样，它们的存在与摆放有助于界定原始科学不同从业者之间共同点的代表性惯例(参考图4.12中的药房入口)。在左边的前景中，一个炼金蒸馏器占据了炉子的部分位置。右边是这位炼金术士的妻子与两个孩子，儿子在帮母亲准备食物；女儿可能太小，不能从事实际工作，不过在模仿母亲的勤劳。桌子上是面包和水罐，地上是杂乱的炼金及厨房用具。光从能看到村子景色的窗户中照进来，落在前景之处。这是一个工作与家务和谐共处的家庭。

　　在布拉肯博的画中，类似元素的摆放达到了极为不同的效果。空间是漆黑的，但没有纵深，家具与就坐人群的模糊轮廓框定了背景的界限，这是其他荷兰风俗画家典型且熟悉的意象。画的前景被站立的炼金术士妻子的形象占据，其得体表现的受挫感成就了充斥自己所见场景的讽刺割裂感。一个小孩抱着她的裙子，她正和丈夫论理，右手指着在左前景的另外四个孩子：一个在地上扮演炼金术士，两个孤独地坐在一张小空桌旁，另一个指着空壁橱。房子的另一边，炼金术士眼中满是兴奋，他控制

---

② 参阅 John Shanahan，《精巧之作》(*Elaborate Works : Untangling Drama and Science in Early Modern England*)(即出)。

图 5.1 Thomas Wijck，《炼金术士》（*The Alchemist*），17 世纪油画。埃德尔曼（Eddleman）藏品 00.03.06，化学遗产基金会藏品（Chemical Heritage Foundation Collections），美国宾夕法尼亚州费城。

图 5. 2　　Richard Brakenburgh,《有玩耍孩子相伴的炼金术士工作坊》(An Alchemist's Workshop with Children Playing),17 世纪末油画。埃德尔曼藏品 00.03.11,化学遗产基金会藏品,美国宾夕法尼亚州费城。

着火,身边是一堆自己的工具。他身后的长子高兴地模仿父亲,操弄着炉子风箱杆打气。如某些人那样,炼金术士画作的常规与把它们解读成早期实验室空间"现实主义"再现的努力对立。③ 公共与私人空间,科学实验与家庭住所的交融仍然与我们从别的渠道得知的早期自然哲学实践之事一致。④ 然而,布拉肯博描绘的是对炼金术士形象的日渐怀疑,这本身在 18 世纪风俗画与其他文化评论中成为传统,并对这种空间共同延伸有

213

---

③　参阅相关有用解释,C. R. Hill,《图书馆图解》(The Iconography of the Laboratory),见 Ambix,第 22 期(1975),第 2 部分,第 102—110 页。

④　参阅 Steven Shapin,《17 世纪英国的实验间》(The House of Experiment in Seventeenth-Century England),见 Isis,第 79 期(1988),第 373—404 页。Deborah E. Harkness,《实验间的管理》(Managing an Experimental Household: The Dees of Mortlake and the Practice of Natural Philosophy),见 Isis,第 88 期(1997),第 247—262 页。

些影响。⑤ 这个核心讽刺与正逐渐被揭示为宏伟炼金野心的不切实际有关，并通过耽于幻想，无力用自己的劳动养活家庭的一家之主表现出来。但炼金术士的工作与其妻子的徒劳家务努力之间由此而生的割裂大体效果，取决于布拉肯博让我们感到两者在同一个家庭空间内不兼容的方式。

　　威廉·霍加斯为塞缪尔·巴特勒的《胡迪布拉斯》(1663)创作的大型版画插图(1725)中的一幅以占星家西德罗菲尔(Sidrophel)的房间为背景(图5.3)，画中的骑士拦住西德罗菲尔及其助手瓦赫姆(Whachum)，而拉尔夫(Ralpho)跑出去叫治安官(第二部分，第3篇，第1013—1070行)。如炼金术士画作那样，占星家的私室堆放着包括书籍、地球仪、悬挂的鱼与爬行动物标本在内的神秘随身用品。此外，画中的猫把这个充满自然神秘的场景置于更大的（如果是主要用来暗示的话）家庭背景之中（参考

图5.3　William Hogarth，《胡迪布拉斯挫败西德罗菲尔及瓦赫姆》(*Hudibras beats Sidrophel and Whacum*)(1726)，为塞缪尔·巴特勒的《胡迪布拉斯》(1663，1664，1678)所作的12幅插图的第8幅，见William Hogarth，《霍加斯版画全集》(*Hogarth：The Complete Engravings*)，Joseph Burke和Colin Cald-well编(New York：Abrams，1968)。普林斯顿大学图书馆。

---

⑤　关于这种趋势，参阅Lawrence M. Principe和Lloyd DeWitt，《转化》(*Transmutations：Al-chemy in Art*)(Philadelphia：Chemical Heritage Foundation，2002)，我已在这些图画的讨论中借鉴了相关评论。

图 2.4、4.8 与整版插图 1,在咖啡馆、亚麻织女、商业办公室这类家庭-工作空间中,家庭宠物的家庭化惯例)。图 5.4《西尔维斯特·帕特里奇博士的预言》(*Dr. Silvester Partridge's Predictions*)(1719)是更明显的家庭空间部分。占星家为自己的客户占卜,身边围着书籍、设备(其中有些是炼金术用的)以及悬挂的标本。

216

图 5.4　Elisha Kirkall,《西尔维斯特·帕特里奇博士的预言》(*Dr. Silvester Partridge's Predictions*)(1719),见 Charles Saumarez Smith,《18 世纪装饰》(*Eighteenth-Century Decoration：Design and the Domestic Interior in England*)(New York：Abrams,1993)。普林斯顿大学图书馆。

　　悬挂的标本的主题将这些部分嵌入家庭的炼金术士及占星家的表现，与近代早期自然哲学的第三次实践，即奇物壁柜联系起来。"壁柜"（cabinet）这个术语首先指的是有隔板及抽屉，可以收藏各类小型自然与文化珍品的壁橱。尽管它继续有这个意思，至17世纪末，该词可能也特指容纳此类壁柜的更大空间：密室或内室。⑥我们看到帕特里奇博士身后的墙体结构足以契合最初描述，但摆放的东西更多是用具，而非收藏品。并不让人奇怪的是，奇物壁柜是贵族与／或有钱人的奢侈品。壁柜是私人空间内的私人空间，把大世界浓缩在奇特幻妙的界限之内，并宣示主人是有博雅学识的绅士。公共博物馆的起源归结于这些装点文艺复兴时期贵族阶层宅邸及宫殿的私人收藏。图5.5是此类博物馆的首幅知名插图，画中的每一寸墙和天花板都充满了宇宙深奥秘密气息。主人药剂师费兰特·因佩拉托（Ferrante Imperato）之子为衣冠楚楚的访客指认某些珍稀标本，他们的脚下是两条已被驯化的哈巴狗，与头顶的野兽构成平衡，让我们想到这看似公共博物馆的地方是这位药剂师私人家庭宫殿的一部分。⑦

---

⑥　参阅 Marjorie Swann，《好奇与文本》（*Curiosities and Texts：The Culture of Collecting in Early Modern England*）（Philadelphia：University of Pennsylvania Press，2001），第2页。

⑦　参阅 Paula Findlen，《男性特权》（Masculine Prerogatives：Gender，Space，and Knowledge in the Early Modern Museum），见《科学的建筑》（*The Architecture of Science*），Emily Thompson 和 Peter Gallison 编（Cambridge，MA：MIT Press，1999），第35、36页。关于之后成为悬挂标本主题特点的壁柜-博物馆的意象，参阅 Oliver Impey 和 Arthur MacGregor 编，《博物馆的起源》（*The Origins of Museums：The Cabinet of Curiosities in Sixteenth- and Seventeenth-Century Europe*）（Oxford：Clarendon，1985），第10、51幅整版插图；Neil Rhodes 和 Jonathan Sawday 编，《文艺复兴时期的计算员》（*The Renaissance Computer*）（London：Routledge，2000），图45、46、49；《霍加斯版画全集》（*Hogarth：The Complete Engravings*），Joseph Burke 和 Colin Caldwell 编（New York：Abrams，1968），图195；Barbara M. Stafford，《巧妙的科学》（*Artful Science：Enlightenment Entertainment and the Eclipse of Visual Education*）（Cambridge，MA：MIT Press，1994），图172。该主题也同样得到文学表现。参阅 William Shakespeare，《罗密欧与朱丽叶》（*Romeo and Juliet*）（1594—1595），第5幕，第1场，第35—49行："好，朱丽叶，今晚我要睡在你的身旁。让我想个办法。啊，罪恶的念头！你会多么快钻进一个绝望者的心里！我想起了一个卖药的人，他的铺子就开设在附近，我曾经看见他穿着一身破烂的衣服，皱着眉头在那儿拣药草。他的形状十分消瘦，贫苦把他煎熬得只剩一把骨头；他的寒伧的铺子里挂着一只乌龟，一头剥制的鳄鱼，还有几张形态丑陋的鱼皮；他的架子上稀疏地散放着几只空匣子、绿色的瓦罐、一些胞囊和发霉的种子、几段包扎的麻绳，还有几块陈年的干玫瑰花，作为聊胜于无的点缀。"Mark Akenside，《大师》（The Virtuoso：in Imitation of Spencer's Style and Stanza）（1737），第6节，见《马克·埃肯赛德的诗作》（*The Poetical Works of Mark Akenside*），Robin Dix 编（Madison，NJ：Fairleigh Dickinson University Press，1996），第390页："角落里有一张富贵的写字台，／装满了珍宝／难得的艺术或自然珍品，／有序地填满每个抽屉；／排气泵和棱镜放在他的脚下，／孟菲斯人国王的木乃伊悬在头顶；／小药瓶里有大大小小的昆虫，／这里有达尔菲女仆站像；／上方的鳄鱼投下一大片阴影。"

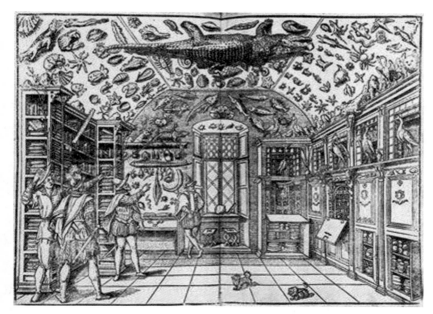

图 5.5　《费兰特·因佩拉托的那不勒斯博物馆》(*Ferrante Imperato's Museum in Naples*)(1599)，见《博物馆的起源》(*The Origins of Museums：The Cabinet of Curiosities in Sixteenth-and Seventeenth-Century Europe*)，Oliver Impey 和 Arthur MacGregor 编(Oxford：Clarendon, 1985)。普林斯顿大学出版社。

　　1666 年，皇家学会(the Royal Society)宣布博物馆"贮藏室"成立时，它被描述成这么一个地方：捐助者的赠礼会在此为后人保存，"可能是比他们自己私人壁柜更好且更安全的地方"。⑧ 近代早期"科学"从自然秘密的收藏向唯物知识广泛领域转变，可以在这些壁柜与约翰·洛克认识论家庭化(即作为充实思想壁柜，并使之熟悉化的过程)之间的关系中感受到些什么："感官在一起初就纳入一些特殊的观念来，以装备尚在空虚的那个小室。人心渐渐同它们有的相熟悉了，于是便把它

---

⑧　《皇家学会哲学汇刊》(*Philosophical Transactions of the Royal Society*)，第 1 期(1666)，第 321 页，引自 Michael Hunter，《体系化的壁柜》(The Cabinet Institutionalized：The Royal Society's"Repository" and Its Background)，见 Impey 和 MacGregor，《博物馆的起源》，第 159 页。奇物壁柜不仅以博物馆方式，而且作为大众娱乐具备公共形式。参阅 Richard D. Altick，《伦敦的展览》(*The Shows of London*)(Cambridge, MA：Harvard University Press, 1978)，第 1—2 章。关于私人奇物壁柜与话语素材"内幕"及"收藏"的印刷出版之间的关系，参阅 Danielle Bobker，《奥古斯都时期的内饰》(Augustan Interiors：Intimate Spaces and British Writing, 1660—1770)(罗格斯大学博士论文)。

们保存至记忆中,给它们定了名称。"⑨在洛克的"保存",以及随后"定了名称"之隐喻描述中,可能并不保证读出一个系统性与组织性的动机。尽管如此,我们可能猜测到,区分传统奇物壁柜与现代博物馆的不仅是公共性,而且是明确的理性化目标。奇物壁柜的主要雄心之一就是收集令人惊叹的物品,不仅在于怪异独特性,而且在于这种独特性因它们摆放的随意性而得以加强的方式。在根据地理、时间与文化标准对这些物品进行理性化解释时,现代博物馆反而强调集体性,而非独特性,甚至是(考虑到那些会被已知存在的未来样本填充,但尚未拥有的空白空间)虚拟集体性。

218

王　宫

工作场所与住所的分离是资本主义发展几近普遍性的特点,尽管这在不同地点以不同速度推进。如之前的客栈与酒馆一样,咖啡馆把食品消费的私人活动带入市场交易的公共领域。18 世纪咖啡馆的意象显示了家庭生活空间的痕迹,不仅有可能的厨房用具(如火炉、碗橱和餐台),而且有诸如绘画、镜子,以及顾客仍身着睡衣等较难预测的细节(参阅图 2.3 和 2.4)。1684 年,约瑟夫·莫克森(Joseph Moxon)写道:"他们说,这人已装置起一个印刷厂,他们只是借此意指他把之前家里的工具移走。"的确,国家对"不在管治视野内,在偏僻处和街角建起的印刷厂,竖起来的印刷机"的忧惧导致空位期的议会要求印刷工只能在"各自住所,而不是其他地方"工作。那么,家庭空间以这种特别的方式具备了公共空间的可见性:据莫克森所言,非法印刷工"不得不寻个秘密所在",他们可在此"更加隐秘安全地"印刷。⑩ 另一方面,在大的外省城镇中心,作为家庭赖以生活之地的上锁店铺并不常见,直到 19 世纪

219

---

⑨　John Locke,《人类理解论》(*An Essay concerning Human Understanding*)(1690),Peter H. Nidditch 编(Oxford:Clarendon,1979),第 1 卷,第 2 章,第 15 节,第 55 页。

⑩　Joseph Moxon,《印刷术手工操作大全》(*Mechanick Exercises on the Whole Art of Printing*)(1684);C. H. Firth 和 R. S. Rait 编,《空位期的法令》(*Acts and Ordinances of the Interregnum, 1642—1660*)(London:HMSO,1911),引自 Adrian Johns,《书籍的性质》(*The Nature of the Book:Print and Knowledge in the Making*)(Chicago:University of Chicago Press,1998),第 82—83、129 页。

中叶之后。⑪ 在图 3.2 中,我们对住所与工作场所的共同延伸在普通生活更低层面看似为何有了一个印象。

然而,工作场所与住所的分离,只是私人与公共在近代早期内部空间化分工方式最明显的表现。在 15 至 18 世纪上层社会住宅结构的发展中,对于公共与私人之间的区别关系向分离关系的长期转变,以及这种变化在私人领域内借持续的再发现推进的方式,以及进一步细分的能力,我们都作了形象的描述。这类概述的风险在于某个起点的方法论必要性,无论起始状态如何有启发性,它从未借助运行的本性经历复杂化的分析,后期阶段有计划性地顺从于此。我相信读者会将其理解为方法的形式结果,而不是针对中世纪内部空间不变性的实质主张,我既没有如此行事的动机,也没有相关知识。

在 17 世纪中叶,约翰·塞尔登(John Selden)回顾了这么个时期,当时的大厅"是大领主用膳之地(不然大厅为何如此之大?),领主在此看到所有身边的仆从与封臣。他并不处于隐蔽状态,除非生病之时。一旦他成为禁闭之物,他的所有伟大性也就被毁灭了"。在中世纪末期的宅邸里,伟大性的维系需要公开场景与展示,没有什么能比用膳仪式更能如此。但大宅邸的公开性与等级制度、顺从及社会地位的仪式化表述相伴而行,这需要标示不同地位的诸空间之间的区别体系,这也可渗透到社会整体性的基本原则之中。弗朗西斯·培根认同这些建筑区别中最重要之处,他写道:"除非你有两个不同侧翼,否则你无法拥有一个完美的宫殿;一个侧翼用于宴会……一个侧翼用于居家;一个用于宴请与庆功,另一个用于就寝。"⑫

---

⑪　参阅 Leonore Davidoff 和 Catherine Hall,《家庭财富》(*Family Fortunes*:*Men and Women of the English Middle Class*,*1780—1850*)(Chicago:University of Chicago Press, 1987),第 242 页。

⑫　John Selden,《桌边谈话》(*Table Talk*)(1689),Arthur Warwick 编(London:1890),第 62 页,引自 Alastair Fowler,《乡村宅院诗歌》(*The Country House Poem*:*A Cabinet of Seventeenth-Century Estate Poems and Related Items*)(Edinburgh:Edinburgh University Press, 1994),第 8 页;《耶鲁版霍勒斯·沃波尔与霍勒斯·曼爵士通信集》(*The Yale Edition of Horace Walpole's Correspondence with Sir Horace Mann*),Wilmarth S. Lewis,Warren Hunting Smith 和 George L. Lau 编,《沃波尔致曼的信》(1743 年 10 月 3 日),见《霍勒斯·沃波尔的信札》(*Horace Walpole's Correspondence*),Wilmarth S. Lewis 编(New Haven:Yale University Press, 1937—1983),第 18 卷,第 316 页;Francis Bacon,《论建筑》(Of Building),见《散文集》(*Essays*)(1625),《弗朗西斯·培根哲学作品集》(*The Philosophical Works of Francis Bacon*),Robert L. Ellis 和 James Spedding 编,John M. Robertson 修订(London:Routledge, 1905),第 789—790 页。参阅 Felicity Heal,《近代早期英国的款待》(*Hospitality in Early Modern England*)(Oxford:Clarendon, 1990),第 33、36、37、391 页;Norbert Elias,《宫廷社会》(*The Court Society*)(1953),Edmund Jephcott 翻译(New York:Pantheon, 1969),第 3 章。

但培根所做的区别并不与我们以果断方式对公共及私人进行区分的概念相关。图 5.6 揭示了这一点。在这幅大府宅的示意图中，宏伟房间与服务房间之间的基本区别和培根的分门别类相反。一方面，"公共"宴

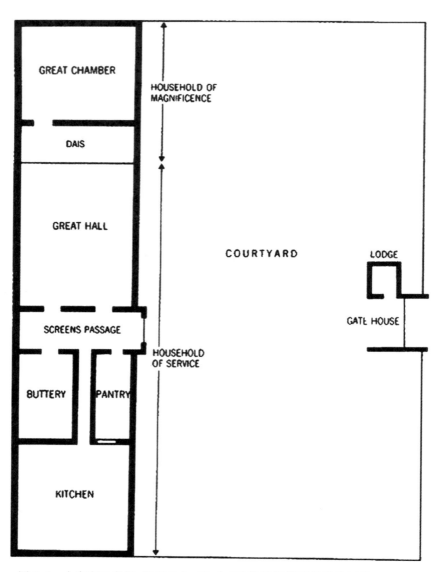

图 5.6　大府宅示意图，见 Felicity Heal,《近代早期英国的款待》(*Hospitality in Early Modern England*)(Oxford：Clarendon，1990)，图 21(第 28 页)。承蒙牛津大学出版社惠允。

会与"私人"住处分开。另一方面,大厅的宴会与为之准备的服务房间连通,并与居于大内室的领主及其核心家庭的隔绝气派有所不同。高台台阶标示这两处房间之间的屏障;但屏风标示另一种屏障,即那些获准进大厅与领主进餐的宾客,以及那些可能只是获准在仆从一道于此备菜的酒窖台前喝上一杯之人之间的屏障。屏风通道的终点是一扇房门,是府宅与庭院的第三道屏障,这是对在门房进行的更重要社会过滤行为的补充,是"领主区域的直接界限"。从这方面来看,大府宅是"线性房屋"模式的样例,其布局的核心目的就是把接近领主的渐进程度,绘制成"等级制度的视觉表述"。所有的区别都在促进社会服从这个目的,这包括内室与客厅,客厅与服务房间,宅邸与庭院,门房与外在区域之间的划分。⑬ 的确,"公共与私人"持续区别的不可用性甚至适用于这些划分,从其使用的基本含糊中显见(因此大内室的生活既使"宏伟"的终极公开性,又使远离公共展示的终极隐私成为必要)。"私人"与"公共"在此体系中拥有真实的,但具有本地可变的功效,其组织坐标更多地是由地位等级决定;为此,从我们对那些术语的理解层面而言,公共与私人之间的差异具有附属重要性。

一般而言,内室设计与用途的创新始于社会等级的最高层,并趋下过滤。在 15 世纪与 16 世纪初之间,领主、其家庭、其最直接宾客在内室,而非大厅用餐越发成为惯例。王宫中的这种演变,即从公共状态退为半隐私状态(可能同等地被视为从私人空间向半公共使用的调整)早在 14 世纪初就已发生。因此,至 17 世纪末,大厅借以从集体宴会之处,向某人初次进入宅邸本身的入门大厅的缓慢转变过程已经开始。一个世纪之后,亨利七世仿佛确认了这一点。他首次将大内室细分为仪式及其个人用途,后者包括密室或卧室,唯有相关仆从可能与国王有超过最正式接触的任何状态。如今,王宫的结构由三部分组成,即密室、内室和宅室。据某位历史学家所言,在随后的国王治下,"退憩与细化进入新阶段";亨利八世创设了一个新房间,即会见厅,以承载如今用来安置新成立的护卫侍从的老内室功能。同时,密室成为个人进餐与接见的房间,并用一个内隐的房间将国王寝室细分出来。图 5.7 是白厅宫殿里的国王套房示意图,这反

221

---

⑬ Heal,《近代早期英国的款待》,第 30、154 页,也参阅第 29—30 页。

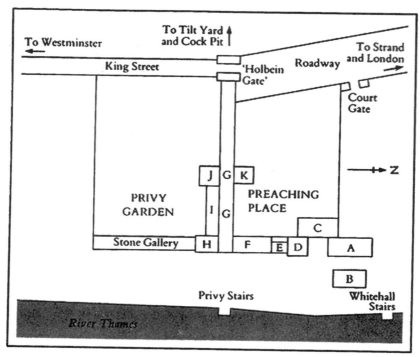

WHITEHALL: Block-plan of the king's apartments, c.1540–1640

A Hall	
B Chapel	
C Guard Chamber	Yeomen of the Guard
D Presence Chamber	Gentlemen Pensioners, Knights and Esquires of the Body, Carvers, Cupbearers, Sewers, Gentlemen Ushers, Grooms
E Closet (i.e. private chapel)	
F Privy Chamber	Gentlemen, Gentlemen Ushers, Grooms
G Privy Gallery	
H Withdrawing Room	
I Lesser Withdrawing Room, closets	
J Bedchamber	
K Council Chamber	Privy Councillors

图 5.7　国王套房平面图（白厅）（约 1540 年至 1640 年），见《英国宫廷》(*The English Court: From the Wars of the Roses to the Civil War*) (London: Longman, 1987)，David Starkey 等编。普林斯顿大学图书馆。

映了 1540 年至 1640 年这个世纪中的相关变化。⑭

　　一位复辟时期的炼金术作家用王宫内部的线性,将自己对神秘神学的理解家庭化为一个次第通过的严格仪式:"如在王宫一样,步入君王的会见厅之前,我们必须穿过众多房间与各类套房。因此,我们必须穿越以永恒状态呈现的各种黑暗形式,随后我们要经过火与水,进而可以来到爱火之前,神圣的三位一体已为自己的会见厅做了这个选择。"⑮然而,我们同时不难在这平面图里看到未来的标记。对后期内室设计会产生重要影响的一个普遍特征,就是房间的细化及多样化挑战线性房间结构及其日渐等级化表述的方式。的确,随后论及的建筑空间影响在其他类型的内在性中有其推断。约翰·洛克与上述炼金术作家处于同一时代。他也用王宫会见厅的形态来阐述我们从感官到理解的过程何等严格:"有些观念的通路只经过一个感官……这些器官以及各种神经(神经就是传达观念的沟渠,它们可以把观念由外面导入脑中的会见厅),只要有一种失调不能执行其职务,则各种观念并无旁门可以进入人心。"然而,为了客观陈述认知的实际复杂性,洛克不得不削弱这种统一线性模式(存在五种感官,而非一种),这种类比可能在不同方面传递了这一点。我们反而留下从某独特中心辐散四方的意象。⑯在此平面图中,未来之事的另一个预示就是秘廊(G),这是居间过道,原则上通过避免穿过其他房间,以便抵达某人选中目的地的需要来提升私密性。此平面图的第三个显著特点就是把密室用作某类扩增的退憩房间(H,I),此处的演变需要简述。

223

⑭　Mark Girouard,《英国乡村宅院生活》(*Life in the English Country House:A Social and Architectural History*)(New Haven,CT:Yale University Press,1978),第 110 页。也参阅 David Starkey,《英国宫廷》(*The English Court:From the Wars of the Roses to the Civil War*),序言,David Starkey 等编(London:Longman,1987),第 4、5 页;Heal,《近代早期英国的款待》,第 40、44 页。关于从就餐大厅向入口大厅的转变,也参阅 Lawrence Stone,《英国上层家庭的公共与私人》(The Public and the Private in the Stately Homes of England,1500—1990),见 *Social Research*,第 58 卷,第 1 期(1991),第 235 页。

⑮　John Pordage,《神秘神学》(*Theologia mystica*)(1683),第 149 页,引自 J. Andrew Mendelsohn,《英国炼金术与政治》(Alchemy and Politics in England,1649—1655),见 *Past and Present*,第 135 期(1992),第 58 页。

⑯　Locke,《人类理解论》,第 2 卷,第 3 章,第 2 节,第 121 页。

内阁与密室

　　奇物壁柜/珍宝阁只是满足新兴家庭密室的若干建筑潮流之一(祈祷密室可能被描述成只能通过线性"退憩"[17]而得以进入之地)，但它在此过程中扮演重要角色。的确，"密室"有被用来比照法语"内阁"的更佳术语的倾向，尽管后者也在英国家庭话语中足够常见。[18] 如珍宝阁一样，密室也是相对小的空间，内中有更小的房间，其内之物可能极为多样。在伊丽莎白时期的英国，贵族密室是私密空间，即可在此阅读十四行诗、欣赏小画像的精巧内室。约翰·邓恩(John Donne)将小房间与篇幅短小诗歌的私密联系，和葬礼、年表的话语公开性对比：

> 如果不适合坟茔与灵车，
> 我们的传奇就与诗相配；
> 如果年表无法让人心静，
> 我们用商籁体创建小屋。

尼古拉斯·希利亚德(Nicholas Hilliard)，小画像的伟大画家之一写道，描绘"是以小型卷本，以私密方式为极合适的贵族提供的服务"。"这是某种高雅绘画……它是私密的。"[19]

---

[17]　参阅本书第 1 章，注释 107—109。

[18]　参阅 Girouard，《英国乡村宅院生活》，第 129 页；Peter Thornton，《17 世纪英国、法国、荷兰的室内装饰》(*Seventeenth-Century Interior Decoration in England，France，and Holland*)(New Haven, CT：Yale University Press, 1979)，第 296 页(关于密室，一般参阅第 296—303 页)。参考 Eliza Haywood，《隐形探子》(*The Invisible Spy. By Exploralibus*)(1755)，见《伊丽莎白·海伍德小说戏剧选集》(*Selected Fiction and Drama of Eliza Haywood*)，Paula R. Backscheider 编(New York：Oxford University Press, 1999)，第 247 页。"说话者的神秘导师递给我一把钥匙，说道：'拿着这个，这样你就能进入除我本人之外没人曾进入的密室，我称之为我的珍宝阁'……他不再说话，但摇铃让仆人进来。根据他的命令，仆人领着我穿过狭窄蜿蜒的楼梯，来到屋顶，把我带到一扇小门边后就离开了。我用他之前给我的钥匙把门打开，发现自己置身于一个按角楼方式所建的正方形屋中：所有的家具就是一把老旧的柳条椅……边上摆着一张不是特别老旧，上有两个地球仪的桌子，还有一个墨水台及几本手稿书籍。"

[19]　John Donne，《封圣》(The Canonization)(1633)，第 29—32 行，见《约翰·邓恩诗歌全集》(*The Complete Poetry of John Donne*)，John T. Shawcross 编(New York：Anchor，(转下页注)

图 5.8 是与希利亚德同时代的罗伯特·斯迈森（Robert Smythson）为某密室所做的设计。这微小如蜂窝的空间显然用于谈事，因为这是以书桌、作品、散纸、墨水及地图为特点之处。1669 年，塞缪尔·佩皮斯（Samuel Pepys）记录道："随后与布龙克尔勋爵（Lord Brouncker）（海军专员及皇家学会会长）、默里爵士（Sir R. Murray）一道前往国王密室内的小实验室，一个非常小的地方，在那看到很多化学玻璃杯等物，但一个都不认得。"⑳1660 年，建筑师罗杰·普拉特爵士（Sir Roger Pratt）写道："9 英尺长，3 英尺宽，半英尺深……这是你能给密室设定的最小尺寸。"㉑如斯迈森的平面图揭示的那样，密室（如珍宝阁一样）也是保存书籍之地，这些书籍本身也常是稀有珍宝；这为在 17 世纪开始作为"书房"或"藏书房"而区分出来的家庭房间提供了样板。㉒ 在文艺复兴时期意大利商业贵族中，宅邸的所有组成部分都是妻子的领地，书房除外。悖论的是，一家之主在这里存放家族的"书籍及档案"。这看似悖论之处可从如是事实得以解释：这些"私人事务"是"家庭以外之事"，对父系继承至关重要，从这个层面来说这是家事，而妻子是重要但非实质的推动者。因此，在利昂·巴蒂斯塔·艾伯蒂（Leon Battista Alberti）绘制的理想平面图中，丈夫与妻子的各自卧室都对着藏书房及梳妆室。㉓ 在两个世纪之后的英国，密室与其说是无性别区分，不如说是同时服务男女。这个情境借助某个学术难题而得体表述，我们被告知，巴特勒笔下的胡迪布拉斯了解这一切：

225

————————

（接上页注）1967），第 98 页。Nicholas Hilliard，《论描写技巧》（*A Treatise Concerning the Arte of Limning*），R. K. R. Thornton 和 T. G. S. Cain 编（Ashington, Northumberland: Carcanet New Press, 1981），第 65、63 页，引自 Patricia Fumerton，《文化美学》（*Cultural Aesthetics: Renaissance Literature and the Practice of Social Ornament*）（Chicago: University of Chicago Press, 1991），第 78 页；关于伊丽莎白时期的十四行诗及小画像，一般参阅第 5 章。

⑳ Samuel Pepys，《塞缪尔·佩皮斯日记》（*The Diary of Samuel Pepys*），Robert Latham 和 William Matthews 编，第 9 卷（London: HarperCollins, 1995），第 415—416 页。

㉑ Sir Roger Pratt，《罗杰·普拉特爵士的建筑》（*The Architecture of Sir Roger Pratt*），R. T. Gunther 编（Oxford, 1928），引自 Thornton，《17 世纪英国、法国、荷兰的室内装饰》，第 297 页。

㉒ 参阅 Girouard，《英国乡村宅院生活》，第 166、169、174 页；Thornton，《17 世纪英国、法国、荷兰的室内装饰》，第 303—315 页。

㉓ Leon Battista Alberti，《文艺复兴时期佛罗伦萨的家庭》（*The Family in Renaissance Florence*）（约写于 1434—1437 年，1734 年出版），Renée Neu Watkins 翻译（Columbia: University of South Carolina Press, 1969），第 209 页；Leon Battista Alberti，《十卷本论建筑艺术》（*On the Art of Building in Ten Books*），Joseph Rykwert、Neil Leach 和 Robert Travernor 编（Cambridge, MA: MIT Press, 1988），第 149 页，引自 Findlen，《男性特权》，第 36 页。

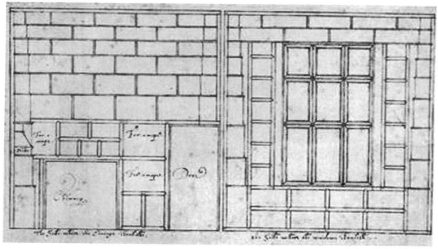

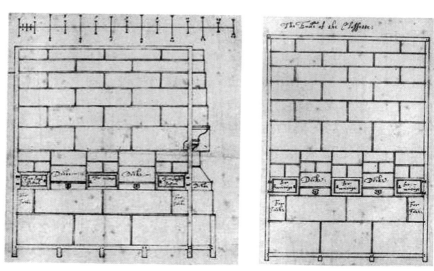

图 5.8　Robert Smythson，密室或谈事房间的设计图（约 1600 年）。上图是两面墙的立视图，显示了"一张书桌"，三处地方用于"地图"与"烟囱"；图例："烟囱所在之边"，"窗户所在之边"。右侧上图是一面墙的立视图，配有缩尺，显示两张书桌，以及摆放"作品"、"散乱纸张"及"墨水"之地。右侧下图是一面墙的立视图，显示两张书桌，以及三处摆放"作品"，两处"墨水"之地。图例："密室的尽头"。英国皇家建筑师学会（RIBA）图书馆绘画藏品，伦敦。

> 妻子从他这侧的她的密室走出，
>
> 此时的亚当梦到了什么……㉔

至随后世纪之末，密室、书房、内阁的功能已区分到足以在私人空间的普遍且大体无性别化庇护下混合。1700 年，威廉·康格里夫（William Congreve）笔下的米勒蒙特（Millamant）在订立婚姻条款时要求，她能够"随性就餐，心情不佳时，无需解释就在自己的梳妆室进餐。让我的密室不可侵犯，让我成为自己茶桌的唯一女皇；在没有事先请示的情况下，你绝不能擅自接近"。18 世纪末，塞缪尔·约翰逊评论道："那时的人们（指的是莎士比亚时期的英国）并不是在密室内被人研究……想理解莎士比亚的人一定不满足于在密室中对其研究，他必定有时在田间的嬉闹中，有时在店铺里的工匠之间寻求其意。""弥尔顿时代对书籍的吁求不同于今日，那时的阅读并不是普遍的娱乐……那时的女人并不渴慕文学，家家户户也没配备知识密室。"㉕

如今回到我对近代早期王宫创新特点的概述中来，我们此处为针对公共与私人的"现代"态度萌芽探究演变含意时需要谨慎一些，因为它们在此方面的意义完全取决于都铎及早期斯图亚特王朝君主们实际使用这些空间的不同方式。㉖ 王室与贵族家庭安排中的早期"退憩"术语仍然确

226

㉔　Samuel Butler，《胡迪布拉斯》（*Hudibras*），John Wilders 编（Oxford：Clarendon，1967），第 1 部分（1663），第 1 篇，第 175—176 行，第 6 页。

㉕　William Congreve，《如此世道》（*The Way of the World*）（1700），第 4 幕，第 1 场，第 219—223 行，见《威廉·康格里夫戏剧作品全集》（*The Complete Plays of William Congreve*），Herbert Davis 编（Chicago：University of Chicago Press，1967），第 450 页；Samuel Johnson，《威廉·莎士比亚的戏剧》（*The Plays of William Shakespeare*）（1765），序言，见《耶鲁版塞缪尔·约翰逊作品集》（*The Yale Edition of the Works of Samuel Johnson*），第 7 卷，Arthur Sherbo 编（New Haven，CT：Yale University Press，1968），第 88、86 页；Samuel Johnson，《弥尔顿》（Milton），见《英国诗人生平》（*Lives of the English Poets*）（1779，1781），Arthur Waugh 编（1952；London：Oxford University Press，1968），第 1 卷，第 100 页。参考本书第 2 章，注释 94—95 中旁观者先生的雄心。据马克·威格利（Mark Wigley）所言，艾伯蒂（Alberti）的图书室/书房发挥着私人"密室"的功能：参阅《无名》（Untitled：The Housing of Gender），见《性欲与空间》（*Sexuality and Spaces*），Beatriz Colomina 编（New York：Princeton Architectural Press，1992），第 347—350 页。关于文艺复兴早期佛罗伦萨的父系继承档案的父权制隐私，也参阅 Stephanie Jed，《纯洁的思考》（*Chaste Thinking：The Rape of Lucretia and the Birth of Humanism*）（Bloomington：Indiana University Press，1989），第 83—84 页。

㉖　参阅 Starkey，《英国宫廷》，第 8—10 页导言中的讨论。

保了猜测性的概括。在这些早期平面图中，"隐私"的普通元素就是从就餐仪规中气派仪式展示退憩的功能，这是公共"存在"的缺失（至16世纪末，其本身已分离为一个独立的空间），它并没有从中获得意义。随后两个世纪的家庭建筑演变可能被想象性地概括于退憩房间从负面空间向正面空间，从公共缺失到私人存在类型的转变过程中，这个过程在"退憩室"（withdrawing room）向"会客厅"（drawing room）正面化转变的习语用法中得以标示。

秘密与秘书

　　在我们离开王宫之前，考虑如是问题颇有启发意义，即这种猜测性概述如何可能通过更细致地关注君主及其最亲密顾问之间的关系本性而得以证实。当然，提及王宫并不是论及政府。至17世纪末，政府的核心执行层由君主、两位国务秘书及枢密院组成。王宫在英国政治生活中的极度重要性说明了英国主权的王朝性质。在17世纪，政府与王宫令人瞩目地糅合在一起。王宫的主要官员也是枢密院成员，而两位国务秘书常在宫中就餐。⑳ 1677年，安德鲁·马维尔注意到了下议院议员经历的利益冲突，他们也是"陛下王宫成员，或侍候国王本人，碰巧忘了民选投票，或在离开宫殿时忘了自己是国王的家仆"。在路易十四治下，大内阁演变成内阁更大规模的、更具公共性的版本，国王的内阁开始作为其内阁会议而发挥作用，路易的枢密院在此开会讨论国务。㉘

228

　　据说，约翰·弥尔顿以自己身为克伦威尔国务会议秘书的身份于1658年印刷了沃尔特·罗利爵士（Sir Walter Raleigh）的一部手稿，其名确定了如此实体在英国政治中的重要性及其作为绝对主义国家的国家秘密贮藏室的地位：《内阁会议：内含主要君权之术，国家秘辛；外泄的政治

㉗　参阅 Chris Cook 和 John Wroughton，《英国史实》（*English Historical Facts*，*1603—1688*）（Totowa, NJ: Rowman and Littlefield, 1980），第 21、25 页。

㉘　Andrew Marvell，《罗马天主教发展史及英国专制统治记述》（*An Account of the Growth of Popery*，*and Arbitrary Government in England*）（Amsterdam, 1677），见《安德鲁·马维尔作品全集》（*The Complete Works of Andrew Marvell*），Alexander B. Grosart 编（1875；New York：AMS, 1966），第 4 卷，第 327 页，关于路易十四的行政结构，参阅 Thornton，《17 世纪英国、法国、荷兰的室内装饰》，第 298—299 页。

与辩论警语……约翰·弥尔顿先生出版》(*The Cabinet-Council : Containing the Chief Arts of Empire , and Mysteries of State ; Discabineted In Political and Polemical Aphorisms ⋯ Published by John Milton , Esq.*)。罗利的小册子是辩论策略的样例。在 17 世纪,对迄今严守的国家秘密予以揭露或"外泄",出版个人之作,以自身交谈形式暗指本意要解开的政治秘事捆结,这已是极为常见之事。㉙罗利写道:"无论各国特性如何,秘密或内阁会议都是极为必要的……不听从相关建议,没有哪个王国、国家或个人家庭可以立存。"㉚查理二世热衷公共集会。至此,马维尔一直在提醒公众注意查理政府及其王宫之间的纽带,国王的退憩室已经极为公开,甚至国王通常举行每日晨会的寝室都向国家的主要官员及枢密院大臣开放。因此,他更真实的独有密室(或内阁)就是其内阁会议举办地。17 世纪中叶的诗人托马斯·伦道夫(Thomas Randolph)奇幻地把自己的身体想象为一处村宅,并向读者发出这样的邀请:"在我大脑的更深密室之内/我更高贵的随从在此伺候。"㉛也是在这里,国王与各类人秘密会见,后者通过暗梯,经由身为暗梯首席侍从及国王内阁密室管家的威廉·希芬奇(William Chiffinch)安排而得以秘密进入。㉜ 至 18 世纪初期末,私人领域的最大隐私,即家庭最内在空间的亲密已将其名移交给公共领域最独有的权利圈,即内阁的隐私。

国王及其重要秘书之间的关系既有充斥文艺复兴宫廷文化的朝臣特质的特点,又有荣耀化的家庭劳动服务类型特点。秘书是某类特殊朝臣,其肩负的职责得到同时代人们的密切关注。安吉尔·戴(Angel Day)是这个专题最具影响力的权威,并坚持"秘书"头衔的词源意义:

在此处服务之人的手中,才会涉及诸如秘密、信任与确信之事,　　229

㉙　关于更多此类话语,参阅本书第 3 部分。

㉚　Sir Walter Raleigh,《内阁会议》(*The Cabinet-Council : Containing the Chief Arts of Empire , and Mysteries of State ; Discabineted in Political and Polemical Aphorisms ⋯ Published by John Milton , Esq.*)(1658),第 15、33 页。

㉛　Thomas Randolph,《论沉思中的无价内容》(*On the Inestimable Content He Enjoys in the Muses : To Those of His Friends that Dehort Him from Poetry*)(1638),第 47—48 行,见 Fowler,《乡村宅院诗歌》,第 138—142 页。

㉜　参阅 Girouard,《英国乡村宅院生活》,第 130、135、149 页。

他们最初被赋予的名称就是秘书，正是借助自身的词源，它听起来就像真正推测一样，即被托付以秘密，并尽力保护和捍卫之人。

出于这个原因，我们的确把家中最秘密之处称为密室，这适合我们自己的私人书房，我们在此休憩，深思我们所有最重要的事情。就其真正意图与意义而言，密室是一个我们重要行事在此封存之地，只属于我们自己的特殊房间。一般而言，我们身边的每位新仆人都可以进入府宅的所有其他房间。但在此处，我们只让自己单独进入，锁上，自己保管好钥匙。因此，其用处只适合我们自己。㉝

在世俗语域中，如是理解显然与密室的祈祷功能一致。约翰·班扬的讽喻将两者融为一体。就在女基督徒踏上天路之前，上帝的"信使"来访，我们把他认作上帝的秘书："我叫奥秘，和居高处之人同住……女基督徒啊，那位满怀怜悯的人差我来告诉你，他是一位乐于赦免的神……他还要让你知道，他要邀请你到他面前，坐在他的席上，用家中上好的食物招待你。"㉞罗伯特·比尔（Robert Beale）是枢密院秘书，在伊丽莎白时期一度是首席秘书。他认为，"秘书一定要有特殊的壁柜，自己可在此保存钥匙、小印章、密码和秘密情报，并用字母，而不是用国名、地名将各盒子或抽屉区分。这样仅为他本人所知，因为名字可能点燃将其据为己有的欲望"。㉟

因此，秘书的壁柜与收藏家的一样内有部分因其地理特性而令人好奇之物。然而，与收藏家不同，秘书是为他人辛劳，始终不得不牢记自己所有与主人所有之间的差别：

在收集过程中，我会希望在公物与私物之间有所区别。也就

㉝　Angel Day，《英国秘书》（*The English Secretorie*）（1586），第 2 版（1599），第 102—103 页。

㉞　John Bunyan，《天路历程》（*The Pilgrim's Progress*，*Part Two*）（1684），N. H. Keeble 编（Oxford：Oxford University Press，1984），第 150、147 页。

㉟　Robert Beale，《首席秘书训示》（Instructions for a Principall Secretarie）（1592），见 Conyers Read，《秘书沃尔辛厄姆先生与伊丽莎白女王的政策》（*Mr. Secretary Walsingham and the Policy of Queen Elizabeth*）（Oxford：Clarendon，1925），第 1 卷，第 428 页。

是说,在那些是女王陛下名下拥有之物与秘书通过个人勤勉而获得之物之间有所区分。因此,在亨利八世末期,威斯敏斯特里有一个房间存放着这些东西,但不由秘书个人保管……我会希望秘书把这些东西分别放入库房或某处,不与他自己的东西混在一起。㊱

一方面,内心密室界定了公共效忠的私人典范。另一方面,秘书的隐私甚至比君主的隐私更私密。我们可能在此感受到了让人想起朝臣及家庭主妇无所不能的张力。戴勾勒出秘书与密室之间的某种"类比或比例",以此表述秘书对自己"主人""专制方向"的完全顺从:"既然秘书是秘密的保守者和捍卫者,那么他只顺从自己的主人,不效忠于他人。门、锁、钥匙必然属于密室;诚实、体贴与忠诚偶然属于秘书。"但秘书的顺从在显化时代并不是完全绝对化,正如戴在其谨慎承认中暗示的那样,秘书"对自己的主人恭顺。在受此服务期间,主人是否被尊重及遵从取决于本人"。㊲戴在该书此章余留处详述秘书既作为主人朋友,又顺从主人的能力,这种关系明确模糊了地位等级之间的界限。

230

对戴的同时代人而言,将秘书的权威描述成某种类似主人权威的自主化及内化占有之物,这似乎是准确的。秘书被称为"自己人"。尼古拉斯·方特(Nicholas Faunt)把秘书视为自己主人"手中的笔,是他的嘴巴与眼睛,是他最秘密内阁的保护者,令其安心"。伊丽莎白统治后期的首席秘书罗伯特·塞西尔(Robert Cecil)认为,秘书是"自生自长"。㊳此类语言让人想起绝对主义退化的简略情境,即由顺从主体身

㊱ Robert Beale,《首席秘书训示》,第 431 页。

㊲ Day,《英国秘书》,第 2 版,第 103、104 页。

㊳ Nicholas Faunt,《尼古拉斯·方特论国家首席秘书职责》(Nicholas Faunt's Discourse touching the office of Principal Secretary of Estate),见《英国历史评论》(*English Historical Review*)(1905),Charles Hughes 编,第 500 页;Robert Cecil,《国务秘书地位状态与尊严》(The State and Dignity of a Secretary of State's Place, with the Care and Peril thereof),见 *Harleian Miscellany*,第 5 期(1810),第 167 页;引自 Richard Rambuss,《斯宾塞的秘密职业》(*Spenser's Secret Career*)(Cambridge: Cambridge University Press, 1993),第 47、37 页。关于"自己人",参阅 Florence M. Grier Evans,《首席国务秘书》(*The Principal Secretary of State: A Survey of the Office from 1558—1689*)(Manchester: Manchester University Press, 1923),第 2 页,引自 Rambuss,《斯宾塞的秘密职业》,第 48 页。

份至顺从主体性的转向，我们已将其与公民主体、妻子与寡妇联系。当前语境为此情境提供了空间类似物，即君主从公共展示退隐到秘书的完全隐私，这使在场缺失成为必要，秘书服务自己主人的同时也是服务自己，甚至建构自己。

　　在主人与秘书的辩证关系中，我们可能被人提醒已在本研究中出现的各种关系，诸如沙夫茨伯里伯爵描述的读者与作者之间的关系：作者极为恭谦地向自己的读者"提出私下建议"，这不仅有本着自身优越性的密友特点，而且也通过认真的自我阅读，其自信心得以正名。[39] 如沙夫茨伯里伯爵笔下的作者一样，秘书的形象是一个新生的道德主体，因为他已将主权与顺从的辩证关系在自身存在中内化。秘书拥有艾迪生笔下旁观者先生的那种克己有用性，特别是在多比亚斯·斯摩莱特（Tobias Smollett）笔下的厌世之人身上得以反面重新具化："如今，我在这世上不是作为任何社会成员而出现，或作为可被称为社会产物之人，而只是作为旁观者……我自己装作耳聋，这是权宜之计，我……借此成为一千个小秘密的主人，它们每天于我在场的情况下轻声传递，从不疑心被人偷听……因为我的地位与品性，我得以自由接近贵妇，并在她们那儿得到丑闻录的称号……她们在我面前毫无顾忌地交谈，我的耳畔充斥着令感官满足的各类怪事，……这能写就一部奇特的秘史之作。"但秘书与妻子的形象有共同之处，用伊丽莎白·海伍德的话来说，在与丈夫的关系中，妻子因是"丈夫最珍视之秘密的贮藏室"而被赋权；用玛丽·阿斯特尔的话来说，是"妻子自身真正优越性的内在感知"而如此。[40] 然而，作为某劳动类别，秘书在现代经历了性别分化。在更高的公共（即国家）职业化层面，秘书仍然主要是男性形象，在更低的私人（即公司）有偿劳动层面，秘书工作相对卑微，因此也相对由女性承担。的确，秘书的不稳定性既有性别，又有社会的维度。在 17 世纪如是社交互动层面男性友谊的同性社交亲密中，存在某种情欲成分，这与爱情力量相当，新兴的爱情婚姻模式借此挑战了传统的王朝结盟婚姻模式。同时代的话语也越发倾向于把这种相似视为某种

---

[39]　参阅本书第 2 章，注释 146—147。

[40]　参阅本书第 4 章，注释 62，第 3 章，注释 89。参阅 Tobias Smollett，《匹克尔传》(*The Adventures of Peregrine Pickle*)(1751)，第 77 章，James L. Clifford 和 Paul-Gabriel Boucé 编(Oxford：Oxford University Press, 1983)，第 387 页。

图5.9　《一位英国贵妇的卧室》(*An English lady's bed-chamber*)(约 1640 年),见 Peter Thornton,《真实的装饰》(*Authentic Decor：The Domestic Interior，1620—1920*)(New York：Viking,1984)。普林斯顿大学图书馆。

竞争。[41]

贵族与上层家庭

在王宫与贵族府邸中,较之于男性,女性的晨会并非为政治或事务而做的正式安排,它是在卧室或梳妆室举行。后者的空间似乎已成为英语的文雅(该词在 17 世纪中叶进入语言),可能因为不同于法国,英国夫妇倾向于共用一间卧室。图 5.9 罕见地呈现了早在 1640 年的 17 世纪英国

---

[41] 关于《和谐婚姻与男性友谊的对峙》(Companionate Marriage versus Male Friendship：Anxiety for the Lineal Family in Jacobean Drama)中丽莎·贾丁(Lisa Jardine)的启发性观点,见《近代早期英国的政治文化与文化政治》(*Political Culture and Cultural Politics in Early Modern England：Essays Presented to David Underdown*),Susan Dwyer Amussen 和 Mark A. Kishlansky 编(Manchester：Manchester University Press, 1995),第 234—254 页。贾丁对此竞争关系的讨论,见 Thomas Middleton 和 William Rowley,《低能儿》(*Changeling*)(1622)。关于类似的生动讨论,参阅本书第 11 章阿芙拉·贝恩(Aphra Behn)的《一位贵公子与妻妹的情书》(*Love-Letters Between a Nobleman and his Sister*)(1684,1685,1687)内容。关于主人-秘书关系中的同性恋元素,参阅 Alan Stewart,《近代早期密室揭秘》(The Early Modern Closet Discovered),见 *Representations*,第 50 期(1995),第 76—100 页,修改稿见 Alan Stewart,《亲密读者》(*Close Readers：Humanism and Sodomy in Early Modern England*)(Princeton, NJ：Princeton University Press, 1997),第 5 章。当然,老板与秘书关系的现代想象中存在强烈的异性恋元素。

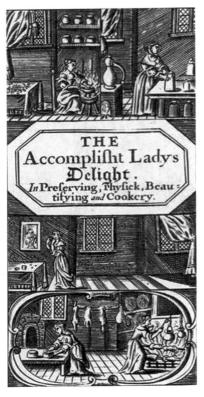

图 5. 10　卷首插图，Hannah Wooley，《出色女人的愉悦》（*The Accomplisht Ladys Delight*）（1675）。普林斯顿大学图书馆珍本特藏部。

内饰，描绘了一位英国贵妇的时尚卧室，包括蒙着台毯的梳妆台，以及用亚麻布和蕾丝做成的罩布，桌上放着有内置镜子的梳妆盒。正是在这个时期，古老的女性化妆术从厨房语境中分离出来，并被赋予越发专业化的地位。1675 年，贵妇在"腌制、配药、美容与烹调"方面的成就可以说仍然是家庭专业技能的单一领域组成部分，在不同空间中说明了这些（图 5.10）。复辟时期针对女性梳妆室过度奢华的批判遭到如是反驳："男人的普遍愿望就是自己的妻子应该持家，因此，妻子尽可能地让家赏心悦目是合理之举。"在 18 世纪，梳妆室常发挥私人起居室的功能，如密室一样包括一张写字用的桌台，可能比卧室本身更大一些。法语单词"衣橱"（garde-robe）被用来意指梳妆室时，特指一个与卧室隔开的更小密室。否则，它会被称为衣柜或有盖便桶放置地。

在 17 世纪，分开的浴室并非寻常所见，尽管汉姆屋（Ham House）和查茨沃思（Chatsworth）有这些，前者是在"退憩室"内。大多数人常在安放于梳妆室内的专用澡盆里依次洗。图 5. 11 名为《宽衣沐浴的贵妇》（*Femme de qualité déshabillée pour le bain*），画的就是一位女性和自己的哈巴狗一道坐在 1685 年流行的躺椅上，在紧靠香炉的容器里洗脚，而访客造作的礼貌姿态恰到好处地让他目睹了这私密场景。夜壶在卧室内，在床下或床边，不使用的时候或在临近的柜子里。更实质的有盖便桶可能是精心制作，如斯威夫特的《贵妇的梳妆室》（The Lady's Dressing Room）（1732）诗中的"橱柜"一样，其"虚假……掩饰"使此委婉语触手可及。有盖便桶也可能如斯威夫特诗中那

图 5.11　《宽衣沐浴的贵妇》(*Femme de qualité déshabillée pour le bain*)
(1685)，见 Peter Thornton，《17 世纪英国、法国、荷兰的室内装饰》(*Seven-teenth-Century Interior Decoration in England，France，and Holland*)(New Haven, CT：Yale University Press，1979)。普林斯顿大学图书馆。

样完全为人所见，但它们常常被秘密放置在另一个小房间或隔间，或者"洗手间"（18 世纪前，有盖便桶往往放在仆人的房间）。斯威夫特对有盖便桶的造型描述（erkphrasis）如其所为那样暗指构成其中组成部分的，更大范围的诗歌封闭，这恰当地描绘了具有这些女性房间特点的丰富提喻，无数的容器在此似乎是另一方大大小小的变体。㊷

孩子临盆之际，卧室暂时（长达一个月）转化为另一类女性房间——分娩室，孩子出生的仪式在此举行。仪式及其空间化深植于英国传统文化之中，并继续主宰各社会阶层的社会生活直至 18 世纪末，男助产士专业技能得以巩固。这是一个"私人"活动，但也是需加以强调的集体活动。卧室与外界隔开，室内空气被上锁的钥匙孔隔开，用厚厚的窗帘隔开日光。家庭主妇不再从事自己日常的体力劳动及提供性服务，在床上与助产士（女性有偿家庭劳动的独特类别），以及若干流言蜚语为伴（这源自"教会姐妹"，一位受邀为后期洗礼之故目睹孩子出生的女性）。图 5.12是一本畅销的 18 世纪助产士手册卷首插图，画中的母亲躺在一间舒适卧室内有遮蓬的四柱床上，用火光照明，并布置了一张梳妆台，一幅带框绘画，以及常见的家庭宠物与夜壶。六位女性精心照顾着她，用传统粥汤给

㊷　《花花公子的世界》（*Mundus Foppensis：or，the Fop Display'd. Being the Ladies Vindication，In Answer to a late Pamphlet，Entituled，Mundus Muliebris：Or，The Ladies Dressing-Room Unlock'd*）（1691），A2r-v；Jonathan Swift，《贵妇的梳妆室》（The Lady's Dressing Room），第 70、76—77 行，见《乔纳森·斯威夫特诗歌全集》（*Jonathan Swift：The Complete Poems*），Pat Rogers 编（New Haven，CT：Yale University Press，1983），第 450 页。参阅 Girouard，《英国乡村宅院生活》，第 138、149—150、206 页；John S. Fowler 和 John Cornforth，《18 世纪英国装饰》（*English Decoration in the Eighteenth Century*）（London：Barrie and Jenkins，1974），第 80—81 页；Peter Thornton，《真实装饰》（*Authentic Decor：The Domestic Interior，1620—1920*）（New York：Viking，1984），第 36 页；Thornton，《17 世纪英国、法国、荷兰的室内装饰》，第 301、300、299、325、316、321、324—325 页。理查德·斯蒂尔（Richard Steele）笔下的威尔·霍尼库姆（Will Honeycomb）对鄙视自己的心上人予以报复。他收买对方的侍从，从而让自己"一早躲在女主人的梳妆室的悬帘背后"，在她化妆到一半时候出现。《旁观者》，第 41 期（1711 年 4 月 17 日），见《旁观者》（*The Spectator*），Donald F. Bond 编，5 卷本（Oxford：Clarendon，1965）。

　　在理解斯威夫特对女性微妙的矛盾时，"厌女症"是一个过于笼统的措辞，我不是第一位这样想的读者。不同的启示话语主题（将内在至外在视角）充斥着他的"女性诗歌"，并使之复杂化。其反身性迫使我们把它们视为"诗歌之诗"，戏仿了彼特拉克式理想主义的伪善，特别是描绘及其组成部分的详录。关于其他描绘戏仿，参阅塞缪尔·巴特勒之作，及《妓女的巧言》（*The Whores Rhetorick*），本书第 4 章，注释 104—107，及本书第 11 章，注释 33—34；本书第 13 章，注释 30—31。

她喂食,包好新生婴儿。(图 4.12
是一个贫寒家庭,分娩的空间可能
仅限于床本身。)分娩仪式可能被视
为女性居首的仪式,具有正面性,而
悍妇游街示众则具有负面性,因为
此处的性别反转并不是通过形体与
言语主导,而是在仅把男性排除在
外的自足女性家庭的氛围中来表
述。然而,这可能更过分:在 1683
年的小册子中,作者让笔下的丈夫
这样说道:"对于在分娩时遇到的流
言,即便不说,你还是加固伦敦塔桥
拱洞,以此阻止此时的悠悠众口为
好。这是自由时刻,女性如议员那
样有谈论轻叛逆罪的特权。"㊸

　　男助产士取代女助产士的权
威,如是著名的取代,近期已因学者
们的诸多研究而复杂化。在 18 世
纪末此发展之前,男助产士为人所
知且被人接受的形象,通常是在出
现死婴,需要借助医学专业知识进
行产科手术时被请来,对女助产士

图 5.12　卷首插图,《亚里士多德的完
美老练助产士》(*Aristotle's Compleat
and Experienc'd Midwife*)(1733)。
伦敦韦尔科姆(Wellcome)图书馆。

扮演的监管角色予以补充。男助产士被擢升为监管角色,一个职业化的
男性取代女性的传统内在工作,这之所以可能,是因为其服务为趋上流动
性的妻子们提供了对社会威望的阶级志向。威廉·亨特(William Hunt-

㊸　《女性的辩护者》(*The Woman's Advocate*)(1683),引自 Anthony Fletcher,《英国的性别、性
　　与顺从》(*Gender, Sex, and Subordination in England, 1500—1800*)(New Haven, CT:
　　Yale University Press, 1995),第 187 页。Adrian Wilson,《分娩仪式及其阐释》(The Cere-
　　mony of Childbirth and Its Interpretation),见《前工业化时期身为母亲的英国女性》(*Women
　　as Mothers in Pre-Industrial England: Essays in Memory of Dorothy McLaren*),Valerie
　　Fildes 编(London: Routledge, 1990),第 82 页;也参阅第 71、72—73、73、75、81、87—88 页。
　　关于轻叛逆罪及女性议会的转义,参阅本书第 3 章,注释 9、15。

er)是最受追捧的男助产士之一，是第一位完成胎盘解剖的人。他抵制用产钳进行分娩干预，当时大多数助产士都这样做。他对孕妇报以极大的同情心，并起到某种私人秘书的作用：

> 的确，因我有足够的机会去了解众多女性品德而得到世人的称赞。我见过私下，以及公开的美德，各类女人私下，以及更公开的脆弱。我洞悉她们的秘密，是她们身心遭受最大痛苦时的顾问与建言者。她们准备让自己直面危险时，我是她们私人操行的见证人；她们确定自己只能活几个小时之际，我听过她们最终且最严肃的反省。

亨特为"女性品德"提供类似自由间接叙述的医学等同物，他在由分娩室、子宫、身心神秘隐私组成的女性内在良性但不可调和的探索中是一位出色的先驱。[44]

对家庭隐私的研究"采取了各类形式，这取决于为了达到这一目的，谁把谁排除在外"。[45] 家庭寻求隐私，避开家仆；男性与女性越发被认为需要彼此隔离。如果孩子不能完全与成人分开，他们不得不处于可分开的状态。读书、写作、思考以及排泄需要个人隐私。所有家庭成员都在寻求隐私，避开由不请自来访客带来的外部世界。在王宫的顶点之下，英国家庭设计的线性模式在 17 世纪遭到来自对称模式的成功挑战，后者至少部分借助安德烈·帕拉蒂奥（Andrea Palladio）极受欢迎的事实而增势。如我们所见，在线性模式中，两间延长的套间相对排列（在英语用法中是"成行的房间"），由核心大厅向对立方向延

---

[44]　William Hunter，《论谋杀痕迹的不确定性》（On the uncertainty of the signs of murder, in the case of bastard children. By the late William Hunter … Read July 14, 1783），见 *Medical Observations and Inquires*，第 6 期（1784），第 269 页（作者在出版的前一年去世），引自 Adrian Wilson，《男助产士的成型》（*The Making of Man-Midwifery：Childbirth in England，1660—1770*）（London：University College of London Press, 1995），第 181 页；一般参阅第 13、14 章，特别是第 175—176 页。亦参考 William Hunter，《妊娠子宫解剖》（*Anatomy of the Gravid Uterus*）（Birmingham, UK, 1774）。关于小说叙述中的自由间接话语，参阅本书第 15 章，注释 48—56。

[45]　Stone，《英国上层家庭的公共与私人》，第 233 页；随后是斯通提及的范畴，第 233—234 页。

展。罗杰·诺斯（Roger North）认为这样的平面图"适合学院或医院，可以分隔为小房间，彼此独立，但不适合住宅。因为住宅需要连接与统一，不是从某部分到另一部分往返横穿"。托马斯·富勒（Thomas Fuller）简述道："不让共用房间分为若干间，也不让若干间房共用。"对称取代了线性，这主要通过使用双层平面图来实现。这就把空间压缩成一个更深的长方形，因此能让人选择穿过房间的路径，为流动与隐私提供便利。⑯两个模式之间的基本不同如图5.13中所见，这是若干英国乡村宅院的简化版平面图。约建于1595年，位于林肯郡（Lincolnshire）的多丁顿（Doddington）（A）是更老的线性模式图示。建于1607年至1612年，位于肯特（Kent）的查尔顿宅邸（Charlton House）是线性模式的改良版。其他的图示是双层平面图的变体。有些是通过使用三层的方式拓展空间，以便解决因两层极度压缩而引发的问题，也在流动方面创造了新的困难。

　　位于牛津郡（Oxfordshire），也就是之前伯克郡（Berkshire）的科尔希尔（G）由罗杰·普拉特爵士（Sir Roger Pratt）设计，建于1657年至1662年。它是"双层形式的非典型最佳样例"，运用了服务楼梯、密室，还特别用了达到最大程度效果的走廊或过道。⑰图5.14提供了科尔希尔更详细的视图。大厅有两层楼高，装有主楼梯。它不是发挥作为之前的就餐区域功能（领主的气派于此处进行的服务仪式中得以公开展示），而是作为进入宅邸的优雅门房。走廊及两部暗梯确保家庭、客人与仆人隔开。仆人们在地下室分开就餐，厨房及食物准备也已移至此处。卧室、退憩室、由一大两小房间构成的若干密室，如此安排的室内空间意在使用的便

238

---

⑯　Roger North，《论建筑》（*Of Building：Roger North's Writings on Architecture*），H. M. Colvin和J. Newman编（Oxford：Clarendon，1981），第32页；Thomas Fuller，《神圣国家》（*The Holy State*），第2版（1648），第156页，引自John Bold，《隐私与平面图》（Privacy and the Plan），见《英国公共与私人建筑》（*English Architecture Public and Private：Essays for Kerry Downes*），John Bold和Edward Chaney编（London：Hambledon，1993），第113、109页。也参阅Heal，《近代早期英国的款待》，第158页；Girouard，《英国乡村宅院生活》，第120页；Bold，《隐私与平面图》，第112、113—114页。然而，爱德华·韦滕霍尔（Edward Wettenhall）在自己关于祈祷密室应该如何布局的描述中，认为各房间之间的走动经验本身就有益于隐私。也参阅本书第1章，注释107。关于英国用法，参阅Stone，《英国上层家庭的公共与私人》，第231页。

⑰　Bold，《隐私与平面图》，第116页。

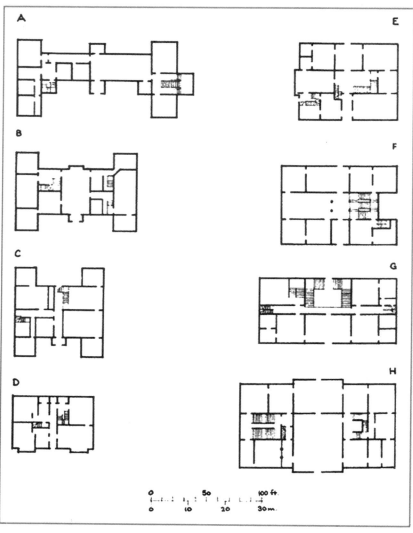

图 5.13   17 世纪英国乡村宅院简化版平面图：(A)多丁顿；(B)查尔顿宅邸；
(C)斯维克莱(Swakeleys)；(D)荷兰府(The Dutch House)，位于伦敦克佑
(Kew)；(E)麦尔登警署(Melton Constable)；(F)特林(Tring)，雷恩(Wren)建；
(G)科尔希尔(Coleshill)，普拉特(Pratt)建；(H)霍斯希斯(Horseheath)，普拉
特建。约翰·莫里(John Morrey)绘制。见 John Bold，《隐私与平面图》(Priva-
cy and the Plan)，见《英国公共与私人建筑》(English Architecture Public and
Private：Essays for Kerry Downes)，John Bold 和 Edward Chaney 编(London：
Hambledon，1993)。普林斯顿大学图书馆。

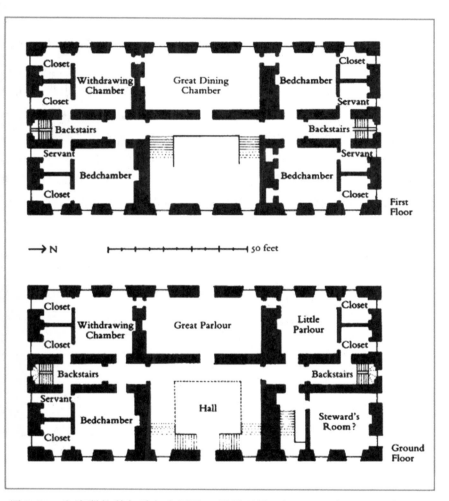

图 5.14 牛津郡的科尔希尔底层及一层平面图（建于 1657 年至 1662 年），见 Mark Girouard,《英国乡村宅院生活》(*Life in the English Country House: A Social and Architectural History*)(New Haven, CT: Yale University Press, 1978)。耶鲁大学出版社版权所有。普林斯顿大学图书馆。

捷性。㊽

　　普拉特认为，每间卧室"必须有个密室，以及带烟囱的仆人住处。可以将房间某端的宽度划分为两个房间，这样就能轻易达到目的。这很便利，仆人房间应该临近两部暗梯……如此设计……这样一来，普通仆人可能从不因服务之故而往返公开出现"。诺斯相信在这样的乡村宅院中，主人口"一定不能是面向所有人的共用过道，你的朋友及有名望的人进入时不会因看到失礼的人或事而闹心，这些一定，也将会在得体安置的大宅某处进行……对楼梯也有类似的话。对主人而言，他一定不能因令人厌恶之物而烦心，而是要通过暗梯将它们处理掉"，因为尽管"对英国绅士而言……看到自己的仆人与交代的事情在日常时刻进行，这并不是不当之事……如果我们考虑到便捷，就必须有若干个通道及能上栓的门洞"。㊾　然而，诺斯瞧不起为贵族建房的那些城市建筑师，即便他们运用小空间不仅出于谋利动机，而且出于保护隐私的目的（这是诺斯在乡村大宅中赞赏的一点）而得以正名。的确，诺斯对贵族城市宅邸职业化建筑的抨击也可能适用于科尔希尔。他嘲讽"适合小门小户的各种设计，所有适合贵族的气派都借此被放置一边。当贵族建造自己的房间时，大房间、大桌子、大镜子、宽敞的烟囱、大气的悬挂物都无处可寻。不，邪恶四散开来，以至于有名望与身价的乡村绅士们在自己新建的住宅里顺从这些城镇建房人的小气，下令自己的正方形双层房子如郊区住宅一样"。㊿

　　将诸如科尔希尔宅邸区分的不只是服务楼梯，以及之前就已存在的走廊，而是它们使用的明确性，"对它们的需求表述，以及相关匹配的整体

㊽　相关细节，参阅 Girouard，《英国乡村住宅生活》，第 122—123 页。关于地下室的平面图，参阅 Colin Platt，《都铎与斯图亚特时期英国的伟大重建》(*The Great Rebuildings of Tudor and Stuart England：Revolutions in Architectural Taste*)(London：University College of London Press, 1994)，图 12，第 38 页。用暗梯把仆人与家庭成员及客人分开，这种在随后两个世纪常见的家庭生活安排特点，确保了一种不同类型的隐私保护，这因国王在王宫中使用暗梯而成为可能（参阅本章注释 32）。

㊾　Sir Roger Pratt，《建筑简要笔记》(Certain Short Notes Concerning Architecture)，见 Pratt，《罗杰·普拉特爵士的建筑》，第 64 页，引自 Girouard，《英国乡村住宅生活》，第 138 页；Bold，《隐私与平面图》，第 116 页；North，《论建筑》，第 122—123 页，引自 Platt，《都铎与斯图亚特时期英国的伟大重建》，第 157—158 页；Bold，《隐私与平面图》，第 115 页。

㊿　North，《论建筑》，第 25—26 页，引自 Platt，《都铎与斯图亚特时期英国的伟大重建》，第 136 页。

形式",目的就是将维护宅邸的劳动与居住于此的休闲进行区分。[51] 将大厅与仪式化宴请进行区分的倾向(之前已有先例),以及将厨房从住处移除的倾向(之前没有)以相关的方式表述了一个日益达成的共识,即共同就餐不再是社会地位等级的典范仪式,食物的生产应该与其消费分开。[52] 在传统的线性平面图中,服务房间把整个地位等级范围包括在内,即得到良好校准的社会程度延续性,在大厅里就餐的展示于此只是最重要的区分仪式。在如是系统中,独有的重要不同介于贵族的绝对气派与不同程度仰赖于此之人提供的服务之间。在新现的平面图中,持续的、按等级划分的社会区别已被一个复杂的社会空间网络取代,地位差异的渐进梯级在此已被简化成公共与私人、生产与消费、劳动与针对家庭休闲的资本之间的二分法:在那些家中劳动之人与那些无论是以家人或客人身份居住于此之人之间的区别。劳动包括家仆的内在工作,以及被带入家中的"事务"外在工作。[53] 公共与私人之间的分离屡次但时断时续地在整个家中显现,这暗示了新兴的阶级冲突术语,抽象范畴"劳动"[54]在此既生产家庭空间,又在其缝隙中秘藏。隐私是绝对财产,以及作为消费者的生产方式拥有者的依靠。然而,社会诸范畴之间的相对流动性便利构成社会关系的阶级体系特点(在近代早期秘书的不确定性中得以预示),并确保那些充斥生产与消费、劳动与资本对立范畴的现实之人的社会身份将会高度可变。

---

[51] Bold,《隐私与平面图》,第 115 页。关于仆人的隔离,也参阅 Heal,《近代早期英国的款待》,第 155 页;Girouard,《英国乡村宅院生活》,第 136、143 页。

[52] 关于大厅与就餐分开的早期实例,参阅罗伯特·斯迈森(Robert Smythson)绘制的哈德威克大厅(Hardwick Hall,位于德比郡,建于 1590—1596 年)平面图,见 Heal,《近代早期英国的款待》,第 161 页。关于将厨房移除的趋势,参阅 Girouard,《英国乡村宅院生活》,第 151、211 页;Davidoff 和 Hall,《家庭财富》,第 383 页。然而,明火与灶台一直保留到 19 世纪,当时的技术早就能使做饭用的炉子与供暖的壁炉有效区分开,至少部分原因是传统的安排让人想起原始的、未分开的家庭生活意象。参阅 Davidoff 和 Hall,《家庭财富》,第 380—381 页。

[53] 家庭服务范畴内的内外工作界限具有渗透性。在 17 世纪,男仆的地位更低,用工价格更便宜,因此开始进入家庭,在桌边服侍。至本世纪末,他们已经取代了绅士与自耕农侍者。参阅 Girouard,《英国乡村宅院生活》,第 141—142 页。

[54] 参阅 Karl Marx,《政治经济学批判大纲》(Grundrisse: Foundations of the Critique of Political Economy)(写于 1857—1858 年,1939 年出版),Martin Nicolaus 翻译(Harmondsworth, UK: Penguin, 1973),第 100、103—105 页。

枕边训话

这种阶级分离体系与地位区分体系如此不同,也与日益僵化的劳动性别分工不同,公共与私人之间的平等二分分离在此有了一个基本性别化的结构。性差异的不同但平等的意识形态已在这些年内渗入英国文
242 化,并对家庭内部行为有着某些熟悉的影响,如英国餐后惯例,这似乎在复辟时期已经开始,并曾在欧洲大陆被视为野蛮人之举:女人们撤到会客厅,留下男人们在餐厅喝酒抽烟。(55) 但如我们已在家庭主妇实例中所见,两性的现代分离与女性借此将曾为男性性别化的权威内化的放权过程一致。如是过程的复杂实例可在17世纪家庭表现传统中显见。我们想起来,悍妇游街示众是引发生动描绘的混乱家庭的仪式再现(参阅图4.6和图4.7)。在新兴的性别差异制度下,根据巴特勒的暗示,把妻子视为导师、经理和管家的悍妇游街示众式图景,已逐步从负面抨击向规范认可转变。(56) 这种转变借助某个意象来调节。该意象以多个版本存在,可能被视为悍妇游街示众的字面家庭化。针对此意象描述之事的最常见之名就是"枕边训话"(curtain lecture),约翰逊的《字典》(*Dictionary*)(1755)将其定义为"妻子斥责共寝的丈夫"。(57)

如是意象的版本在图5.15中出现,成为托马斯·海伍德(Thomas Heywood)的《枕边训话》(*A Curtaine Lecture*)(1637)卷首插图。丈夫与妻子并排躺在华丽的四柱床上,遮篷及床帘进一步盖住现有亲密封闭场景。一个沙漏、一支蜡烛以及一张台毯在床头桌上,一个枕头和一个夜壶

---

(55) 参阅Girouard,《英国乡村宅院生活》,第204页。辛西娅·沃尔(Cynthia Wall)认为,"过去共有空间日益独有化,作为交换,女性被给予(或承担)一个独立(但同等?)的个人空间。"《房间的性别化》(Gendering Rooms: Domestic Architecture and Literary Acts),见*Eighteenth-Century Fiction*,第5卷,第4期(1993),第350页。然而,男女就餐时分开而坐的中世纪习俗仍然在18世纪早期得以保留,即便只是零星存在。参阅Girouard,《英国乡村宅院生活》,第148页。

(56) 关于巴特勒(Butler),见本书第4章,注释19。

(57) 艾迪生(Addison)提到"受枕边训话之诫",见《闲谈者》,第243期(1710年10月28日),见《闲谈者》(*The Tatler*),Donald F. Bond编,3卷本(Oxford: Clarendon, 1987)。在1959年迈克尔·戈登(Michael Gordon)导演的电影《枕边谈话》(*Pillow Talk*)中,多丽丝·戴(Doris Day)与洛克·哈德逊(Rock Hudson)的对手戏是相关意象的最佳现代演绎。

在床的侧板上。新月表明时间已晚。妻子支着身，俯身面对自己卧倒的丈夫训话："我说的是真话。"她的睡袍上写着"她的夜训"，这个用来指睡袍的词是对其训话的双关语。丈夫说的是："不要相信女人。"夫妻两人的姿势高度复制了悍妇游街示众时的夫妻，但此处女性居首的场景是私人的、居内的，通过把场景设置在一般而言为妻子领域之处的方式而充满意义（海伍德的卷首插图用相关的方法，以印刷的方式，把通过仪式再现而广泛刊行的悍妇游街示众之事出版。图中文字是这样说的："妻子规诫，这不在丈夫的权限内／让她的斥责在一小时内结束／如果他有耐心直到她讲完／在用两次沙漏之前她不会结束。"

第二个版本（图 5.16）是理查德·布拉思韦特（Richard Brathwaite）的《丈夫睡着了吗？激励之言》（*Ar't asleepe Husband? A Bovlster Lecture*）（1640）卷首插图，与第一个版本极为近似。床有床帘和遮蓬，床边地板上有夜壶和拖鞋。妻子半坐着，几乎相同地俯身面对丈夫，丈夫转过身去好似睡着了。妻子愤怒地质问道："你过来，我说话的时候你就哑巴了？"丈夫充耳不闻："你这是对聋子说教。"图中文字是这样说的："妻子想继续这样喧闹，／丈夫看似睡着但没入睡：／但她可能让自己的训斥平息，／因为一个耳朵进一个耳朵出。"如果枕边训话可以被恰当地视为悍妇游街示众的字面上的驯化，它也缓和了如此遭遇的激烈性，并诉诸教化（"说教"），以符合其场景：妻子没有武器，只有舌头，这就将吵闹的"喧闹"内化，丈夫的顺从只是以其忍受的姿势与被动的抵抗为表现。

图 5.15　卷首插图，Thomas Heywod，《枕边训话》（*A Curtaine Lecture*）（1637）。承蒙英国图书馆惠允。

243

图 5.16　卷首插图，Richard Brathwaite，《丈夫睡着了吗？激励之言》（*Ar't asleepe Husband? A Bovlster Lecture*）（1640）。承蒙福尔杰（Folger）莎士比亚图书馆惠允。

枕边训话的第三个版本尽管没有配以图画说明，但也因主要通过政治特定性而使交锋语调复杂化的方式而值得注意。1659年，护国时期（the Protectorate）最后几日出版的《枕边会议》（A Curtain-Conference）是一位保皇派写的檄文。该作的前提是，陆军少将约翰·兰伯特（John Lambert）是克伦威尔手下有影响力的人物，如今他和自己的妻子躺在床上悲戚哀叹自己从万众瞩目一落千丈。形式反映了以私人话语出版的内容，而这记录了一位公众英雄如何成为个人丑角的过程。[58] 可能没有比这更好的理由，这是对一个被憎恨的敌人所做的仿英雄体讽刺，妻子及其家庭化的欲望以同情的方式发生。以下对话由兰伯特夫人开始：

> 哦，我的心肝，我的爱和快乐所在，我最心爱的约翰尼，你为什么这么难过？
>
> 兰伯特：约翰尼！你这样称呼我是对的，因为在所有世人看来我就是约翰尼，因为我被认为是一位伟大的政治家。
>
> 兰伯特夫人：请你高兴起来，我亲爱的查克，从你亲爱的妻子拥抱中得到一些安慰。你这位妻子好似孤苦的寡妇，很久以来为没有得到这样的拥抱而悲痛。
>
> 兰伯特：心爱的约翰尼，亲爱的查克，等等。我还不足够悲痛吗？但你……必须像约伯（Job）的妻子那样，用诸如约翰尼、查克这种可笑的头衔来指责我，增添我的痛苦，在普通英语中，它们不就是傻瓜或懦夫的意思吗？

如果此处的女性居首，这是通过拥护社会模式（家庭情感和陪伴）来实现，这比大多数普通人渴望的更持久。丈夫在悍妇游街示众中蒙受的耻辱也就是无能的被外遇之人和/或醉汉的耻辱。兰伯特不是作为公众英雄，而

---

[58] 该书全名是《枕边会议》（A Curtain-Conference, Being a Discourse betwixt [the Late Lord Lambert, now] John Lambert Esq; and his Lady, As they lay a Bed together one night at their House at Wimbleton. Related by the Lady Lambert to Tom Trim, her Gentleman Usher, [one well acquainted with all her Secrets] and now by him Printed for publick satisfaction）。

是作为纯粹的个体爱人而被戏仿。⑤⑨ 在枕边训话的最后一个版本中（图5.17），托马斯·德菲（Thomas Durfey）所写的文字配上音乐，并约于1685年印出，情调和悍妇游街示众术语已被倒置。丈夫是一位自以为是、气势汹汹的浪子，他的佩剑和鞭子不祥地躺在桌上。他站在卧室中央，穿戴整齐，醉醺醺地斥骂。他的妻子耐心地躺在床上，温柔地试图劝他重回自己的婚姻床榻，回到她的身边。丈夫"四处舞刀弄剑"与妻子的"做针线的女仆"和"闲言碎语"对立。丈夫会"离家一个月"，妻子本可以让他在家"休息"。在这些情境下，题名看似讽刺；这是急需改造的浪子。⑥⓪

迄今为止，我已对家庭内部建筑的历史转变进行简要概述，这必然会掩盖其不均衡性。首先，乡村宅院的生产与消费历史分离并非不可阻挡。1786年，彭布鲁克伯爵（the Earl of Pembroke）在位于威尔特郡（Wiltshire）的威尔顿府宅（Wilton House）里想到："家里的管家工作会是非常令人头疼的事。他时刻都要与说着各类话、有各种需求的人打交道。"然而，几个月内，他已"被说服，一位地产管家是绝对不可或缺的必要。他只为我工作，吃住在家里，以我的名义处理所有事情"。⑥① 显然，所有权的愉悦可能通过劳动的私人化去除，以及公开展示的方式来享有。更笼统地说，如果适合帕拉蒂奥及意大利古典风格的方式强化了17世纪早期英国建筑中公共从私人分离的本土趋势，本世纪中叶，法国形式的公寓日渐流行，线性模式得以重生，但与更传统的英国布局有所不同，也的确如此。一方面，形式平面图反映了法国（改良化的英国）绝对主义对借助一系列房间，逐渐实现独有性之举的热衷。另一方面，法国平面图偏好对称效果。这可能不是通过双层平面图，而是通过使两个大套间在中央结构中保持平衡来实现。法国平面图的主要吸引力是将房间优雅地相对排列，

---

⑤⑨ 对比理查德·拉夫雷斯（Richard Lovelace）的著名骑士诗歌中卢卡斯塔（Lucasta）的爱人，参阅本书第8章，注释31。

⑥⓪ 这首歌被重印，但没有配音乐，见《机智与欢乐，或去除忧郁的妙药》（*Wit and Mirth or Pills to Purge Melancholy*），第2卷（1700），Henry Playford 编，Thomas Durfey 修订（1719—1720）。

⑥① 《彭布鲁克的文件》（*Pembroke Papers* [1780—1794]: *Letters and Diaries of Henry*, 10th *Earl of Pembroke and His Circle*），Herbert, Earl of Pembroke 编（London: Cape, 1950），第299、304页，引自 Girouard，《英国乡村宅院生活》，第206页。

图 5.17　《枕边训话》(*The Curtain Lecture*)(约 1685 年),托马斯·德菲(Thomas D'Urfey)配文,见 Charles Saumarez Smith,《18 世纪装饰》。普林斯顿大学图书馆。

这特别被推崇，并作为英国乡村宅院的那些大礼堂布局的模式。大礼堂被改造成占据大部分或整整一层房间的独立套间，气派地接纳来访王室。(62)

位于萨里郡(Surrey)的汉姆屋(图 5.18)建于 17 世纪 30 年代，在 17 世纪 70 年代通过将原有结构的核心区域扩充一倍的方式而变成相当于两层的宅邸形式。这为劳德戴尔公爵夫妇(the Duke and Duchess of Lauderdale)在宅邸的底层创建了匹配的套间。在第一层，新建的房间构成一个单独大礼堂，其顺序包括原有的楼梯(a)，大餐厅(b)，退憩室(c)，走廊(d)，以及新增加的前厅套间(e)，大卧室(f)，带壁龛的密室(g)。在德贝郡(Derbyshire)的查茨沃思(图 5.19)，大礼堂位于南面的二层。伊丽
246 莎白时期的设计为该宅在 17 世纪 80 年代的改造提供了便利。此番改造

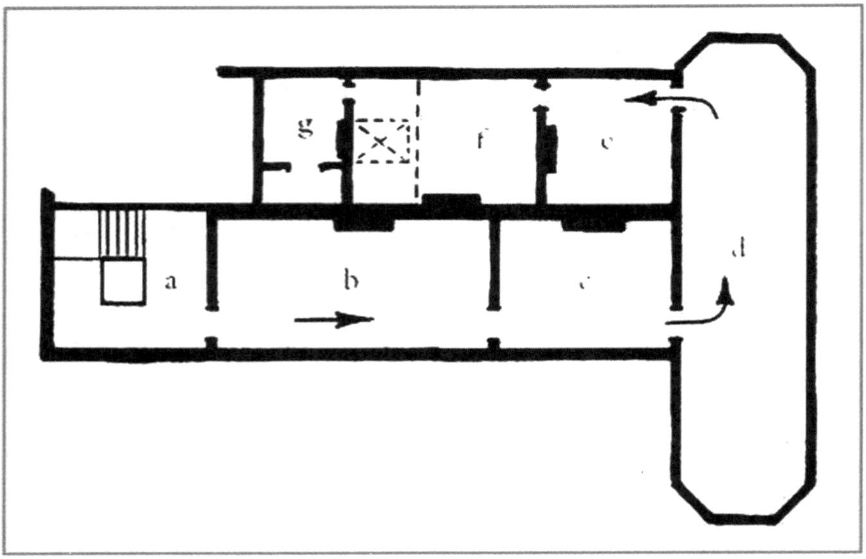

图 5.18 汉姆屋(Ham House)第一层平面图，萨里郡(Surrey)，17 世纪 30 年代建，见 Peter Thornton，《17 世纪英国、法国、荷兰的室内装饰》。普林斯顿大学图书馆。

(62) 参阅 Heal，《近代早期英国的款待》，第 163 页；Girouard，《英国乡村宅院生活》，第 145—146 页。

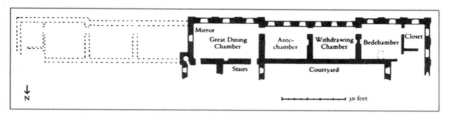

图 5.19 （下图）查茨沃思（Chatsworth）南面第二层大礼堂改
造，德贝郡（Derbyshire），17 世纪 80 年代，运用镜子的障眼法；
大礼堂的平面图（上图）；见 Mark Girouard，《英国乡村宅院生
活》。普林斯顿大学图书馆。

强调了从大餐厅到前厅、退憩室、卧室与密室的大顺序行进礼节。但原来的设计禁止通过重建的方式实现理想的对称,所以就在餐厅墙上装了一面大镜子,反射现有房间各扇门的顺序,仿佛是一个由“成行的房间”构成的完美平衡大厅,用这种障眼法技巧反而达到了效果。(63) 七十五年后,这种技巧,或可能是线性平面图本身已失去魅力。1763 年,菲利普·约克(Philip Yorke)认为,查茨沃思的大礼堂房间“毫无用处,只是供人行走而已”。(64) 形式平面图的线性在众多 18 世纪宅邸中被改造,以创建呈环形的接待室,这保留了进入内室的那种气派行进感,但使之相对化。1756 年,在伦敦新建的诺福克府(Norfolk House)(图 5.20)入口集合处,客人在纵深的三层空间的第一层盘桓,穿过不同色调和装饰的房间,从前厅一直到某位客人所言的,“充满无数珍宝的”密室,然后再次回到前厅。如果别处没有的话,那么在诺福克府,半公开集合的仪式功能比所有隐私考虑更重要,梳妆室、卧室与密室可能很少被某个人使用。诺福克府的平面图成为之后数十年伦敦宅邸的标准。(65)

我们对 19 世纪之前的王宫与府邸进行了简短浏览,当然,提供有效公共集合的能力并不是从中得出的最广泛心得。此心得通过与位于威尔特郡的郎利特庄园(Longleat House)多张平面图的比较就可简洁概述。这座庄园约建于 1570 年,在 19 世纪初期被改造(图 5.21 和图 5.22)。(66) 在约 1570 年的平面图中,无证据显示公共与私人空间的区别:没有走廊,私人房间可能被隔离,宅邸的左右翼被排序,弄成成行的房间;仆人和家庭成员共享相同的生活空间;没有提供排泄隐私的盥洗室或暗室;大厅发挥为所有家庭成员与客人提供普通就餐地点的功能。

---

(63) 参阅 Bold,《隐私与平面图》,第 113 页;Girouard,《英国乡村宅院生活》,第 151—152 页;Thornton,《17 世纪英国、法国、荷兰的室内装饰》,图 59,第 60 页。

(64) 参阅 Joyce Goodber,《瑞斯特庭园的女侯爵格林》(The Marchioness Grey of Wrest Park),见 *Bedfordshire Historical Society*,第 47 期(1968),第 162 页,引自 Fowler 和 Cornforth,《18 世纪英国装饰》,第 60 页。

(65) Desmond Fitz-gerald,《诺福克府宅的音乐房间》(*The Norfolk House Music Room*)(London: Victoria and Albert Museum, 1973),第 49 页,引自 Girouard,《英国乡村宅院生活》,第 197 页,参考 194—197 页。关于集会房间的使用,也参阅 Fowler 和 Cornforth,《18 世纪英国装饰》,第 76—78 页。

(66) 在随后的比较中,我借鉴了 Stone,《英国上层家庭的公共与私人》,第 237—238 页中的相关论述。

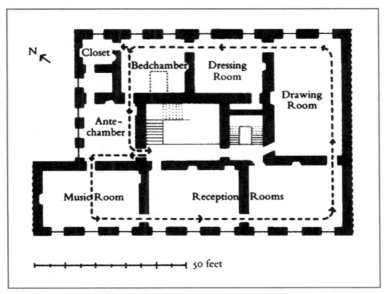

图 5.20　诺福克府（Norfolk House）底层平面图，伦敦，1756 年建，见 Mark Girouard，《英国乡村宅院生活》。普林斯顿大学图书馆。

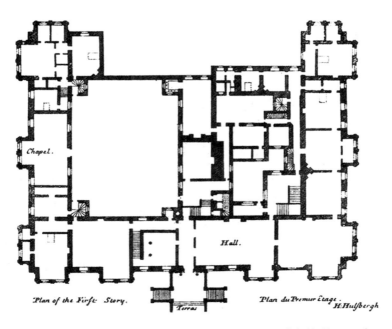

图 5.21　郎利特庄园（Longleat House）底层平面图，威尔特郡，1570 年建，见 Colen Campbell，《不列颠建筑》（*Vitruvius Britannicus*，*or The British Architect*）（1717），第 2 卷，第 69 页。普林斯顿大学图书馆。

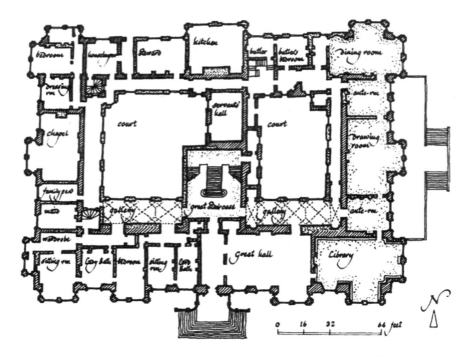

图 5.22　郎利特庄园底层平面图，威尔特郡，约 1809 年改造，见 Derek Lin-
strum，《国王的建筑师杰弗里·威雅维尔爵士》(*Sir Jeffry Wyatville*, *Archi-
tect to the King*)，牛津艺术与建筑史研究(Oxford: Clarendon, 1972)，图 1(第 57
页)。承蒙牛津大学出版社惠允。

　　约于 1809 年的现代化改造为整个底层提供了呈长方形的走廊与
249　过道体系，既允许秘密进入提供饮食的外部房间，又将在房间外边的
左边与正面的家庭房间，与留作仆人生活空间的内部与后面区域分
开。如此划分的例外就是女主人女仆的房间，这个隐蔽的房间紧邻家
庭套房，为其提供服务。同样为家庭成员与仆人提供了各自的盥洗室
和楼梯。大厅不再发挥作为家庭成员或仆人共同就餐之地的功能。
250　1871 年，罗伯特·克尔(Robert Kerr)比较了郎利特庄园新旧平面图，
他评论道："老的平面图混乱不堪……房间没有特殊目的，彼此之间没
有聪明的安排，连通的方式极有缺陷；但在新的平面图中，所有这些可
恶之处神奇地消失了……找不到类似之处……甚至在 18 世纪最好的
府宅中都找不到。"然而，宅邸的未来性在于公开性和隐私性。至 18
世纪中叶末，将英国宅邸改造成针对旅游消费的展示宅院的著名活动

已在进行。这更多地涉及文化重建，而非物理改造。公众对"另一半"如何生活的好奇心仅仅被贵族的气派吸引，正是通过内在性的出色复杂，贵族对隐私的渴求此时已得到满足。[67]

中间阶层的住宅

菲利普·阿利埃斯（Philippe Ariès）写道："历史学家很久之前就教导我们，国王从不独自落下。但实际上，直至 17 世纪末，没有人曾被独自落下。"[68]我已论述，室内设计的创新依循滴入式模型，但没有回答这个问题，即中间社会秩序之间对隐私的追求是否主要受地位或阶级抱负动机的推动。无疑，在贵族与中上阶层的地位层面之下，富裕的自耕农与商人复制了家庭建筑中的众多改变，我们已经本着他们效法上层的同化精神予以讨论。[69] 但那些群体内的建筑差异确认，不是地位等级的定性准则，而是定量的，基于阶级的收入标准决定了创新如何产生滴入式影响。也就是说，物理隐私的动因被当作普遍的人类价值来体验，而不是只适合社会上层。最初是某位精英从集体在场中隐退，如今此举已成为新兴个人主义规则的建筑表述。

1724 年，一位不知名的布里斯托尔（Bristol）建筑师为将由商人入住的几座城市住宅准备了平面图与立视图。最大的平面图（图 5.23）是为商人的员工也会在此生活和工作的房子而绘制，并配有长长的注解，证明已为人熟知的隐私考虑的重要性。此房的每一层都有允许个人进入每个

⑥⑦　Robert Kerr，《绅士的宅邸》（*The Gentleman's House：or how to plan English residences from the parsonage to the palace*）（1871），引自 Derek Linstrum，《国王的建筑师杰弗里·威雅维尔爵士》（*Sir Jeffry Wyatville，Architect to the King*），牛津艺术与建筑史研究（Oxford：Clarendon，1972），第 58 页。关于旅游，参阅 Stone，《英国上层家庭的公共与私人》，第 248—249 页；Carole Fabricant，《家庭旅游文学与私人财产的公共消费》（The Literature of Domestic Tourism and the Public Consumption of Private Property），见《新 18 世纪》（*The New Eighteenth Century：Theory，Politics，English Literature*），Felicity Nussbaum 和 Laura Brown 编（New York：Methuen，1987），第 254—275 页；Ian Ousby，《英国人的英格兰》（*The Englishman's England：Taste，Travel，and the Rise of Tourism*）（Cambridge：Cambridge University Press，1990），第 2 章。

⑥⑧　Philippe Ariès，《幼年的世纪》（*Centuries of Childhood：A Social History of Family Life*），Robert Baldick 翻译（New York：Vintage，1962），第 398 页。

⑥⑨　参阅 Platt，《都铎与斯图亚特时期英国的伟大重建》，第 150—153、157 页。

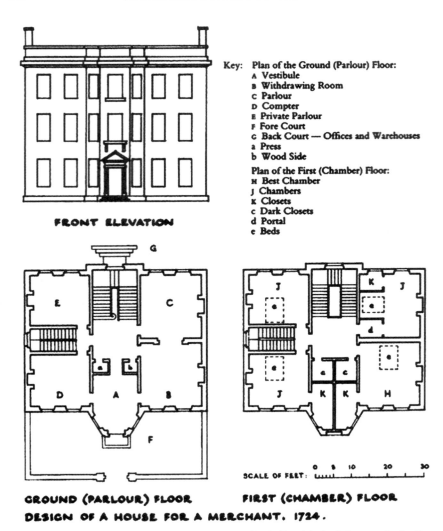

FRONT ELEVATION

Key: Plan of the Ground (Parlour) Floor:
A Vestibule
B Withdrawing Room
C Parlour
D Compter
E Private Parlour
F Fore Court
G Back Court — Offices and Warehouses
a Press
b Wood Side

Plan of the First (Chamber) Floor:
H Best Chamber
J Chambers
K Closets
c Dark Closets
d Portal
e Beds

GROUND (PARLOUR) FLOOR   FIRST (CHAMBER) FLOOR

SCALE OF FEET: 0 5 10   20   30

DESIGN OF A HOUSE FOR A MERCHANT. 1724.

图 5.23　布里斯托尔商人之宅的正面立视图和底层、第一层平面图，1724 年建，见 John Bold，《1724 年的商人之宅设计》(The Design of a House for a Merchant, 1724)，见 *Architectural History*，第 33 期 (1990)。普林斯顿大学出版社。

主房间的中央大厅。"在入口处，你会发现一个门厅（A），这为在场的平民提供了方便，他们可在此等候直到有机会被问话；或是陌生人的仆人在此等候，因此就与大楼梯分开，这样他们不能随意走动，家庭成员可以私下讨论自己的事情。"半六角形状的门厅将前门与邻近的会客室、退憩室隔开，这样省去了住户因进门而带来的"任何不便"。退憩室（B）旨在"为家中的女主人招待客人"用，因此有"一扇通往楼梯的密门，她的仆人可以把任何东西带来(而不被可能在门厅等候的人们看见)”。后方的独立接待室(C)主要是“餐厅”,也可被用来安置更多的客人或“展示”。既然底层的右半边仅为核心家庭及款待他们的客人所用,因此左半边就留作工作用途。(70) 会客室(D)“的暗梯边有一扇密门,可以在此撤离而不被来访
的人看到,也可以借此传递任何不该被人看见的东西:边上就是暗梯,年 253
轻人可能晚上借此回房睡觉,早上开始忙自己的事情,而不打扰府上的大多数人或弄脏大部分地方。暗梯之后是一个私人客厅,主人可能在此款待任何商人”。(71) 因此,员工的劳动可被比作仆人的劳动。不过,作者推荐,在就餐安排上,应让员工“鲜有机会与普通仆人可能混在一起,与之交流,他们很少能从中得到什么益处”。这样保护家庭免受流言蜚语之伤。从我们对乡村宅院的研究来看,该平面图的其他特点也为我们熟知。四间最好的卧室(H,J)中的三间都在第一层,都配以“有光的密室”(K),两间正面的卧室拥有“完美的隐私”。正面的卧室也有“大暗室”(c),“可以极方便地在此摆放有盖便桶及众多其他家庭必需品”。独立的厨房与相
关的办公室在后院,下面是独立的仆人睡觉之处。(72) 254

负责此平面图的建筑师本人也为商人们设计了三座更适度的城市住宅,紧挨各边大房间的是两个小单元。(73) 此三张平面图(图 5.24)与我们刚探讨过的最大城市住宅平面图的比较,提供了一把隐私刻度尺,统一处于单一地位群中,各自的不同并不取决于地位效法的程度,而取决于可利用的空间与金钱这一量化标准。图 5.24 核心平面图的底层如图 5.23 一样,有四间房、一部主楼梯和一部暗梯。(74) 主楼梯区域内的更小大厅空间仍然把家庭成员与“平民”及“陌生人的仆人”区分开来,否则他们会在宅邸的前方相遇。但缩水的大厅空间为仅有的两间后房提供了独立的入

---

(70) 参考乔治·莫兰德(George Morland)《早期勤俭之果》(*The Fruits of Early Industry and Economy*)(本书第 1 幅整版插图)中的构图。

(71) 员工睡在第二层的房间里(图中没有显示)。

(72) 《为商人设计的住宅草图说明》(Explanation of the Draughts of a House Proposed for a Merchant)出现在《约翰·范布勒爵士的金韦斯顿设计图》(*Sir John Vanbrugh's Designs for Kings Weston*)书末,印于 John Bold,《1724 年的商人之宅设计》(The Design of a House for a Merchant, 1724),见 *Architectural History*,第 33 期(1990),第 78—81 页。

(73) 原始平面图重印于 Kerry Downes,《金韦斯顿图集》(The Kings Weston Book of Drawings),见 *Architectural History*,第 10 期(1967),第 77—78 页,图 76、77。

(74) 这三张平面图中,只有底层楼层被重印,且没有配上说明。

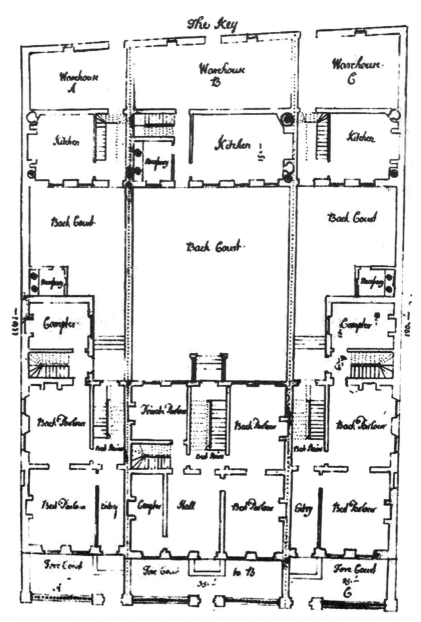

图 5.24　三位商人宅邸的底层平面图，布里斯托尔王子街（Prince Street），约建于 1725 年，见 Mark Girouard，《英国城镇》（*The English Town*）（New Haven, CT：Yale University Press，1990）。普林斯顿大学图书馆。

口。必须穿过此处被称为“大厅”的地方才可以进入前房。大厅发挥自身与图 5.24 的前厅功能。商务与家务的分离得以保留，尽管并不是足够充分。经由大厅前往的会客室与最佳会谈室呈对角安置，彼此对望，相隔甚远。然而，这就使会客室失去了“暗梯边上的密门”。结果，员工能从前门轻易进入会客室，但他们也与前往最佳会谈室的客人及访客混在一起。女主人也失去了“通往楼梯的密门”，这是为其仆人准备，以避开在大厅等待的人们。在两张最小的平面图中，隐私继续得到保护，并因空间局限而有所妥协。两张平面图中的这些镜子反射将房间数减掉了一个，并继续从前面家庭房间到后面会客室的线性模式。入口大厅提供了前往最佳会谈室与楼梯的不同入口，但从后者来看，人们只能横穿前往两间后房。外面的人流与家庭及仆人事务混在一起，尽管已成功借助临近的暗梯把员工分开。(75) 厨房及仆人的住处仍然与主宅分开。

隐私的不同程度保护在中上阶级水平之下的不同收入水准的住宅比较中显而易见，这也可能被视为具有年代性。约克郡(Yorkshire)某位成功自耕农-织布工的农舍也在 16 及 17 世纪初以此种方式重新改造。位于约克郡谢尔夫(Shelf)的高宾利(High Bentley)约建于 1500 年，并拥有线性结构。其带通道的大厅具有西莱丁(West Riding)哈利法克斯(Halifax)区域特点(图 5.25)。在中世纪末期的大宅(参阅图 5.6)中，与屏风通道对应的过道将大厅、房间与工作场所隔开。一个世纪之后，工作场所的空间翻了不止两倍，创建了一个与私人房间空间平衡的侧翼。1661 年，消费与生产空间的分离通过若干策略完成。食物准备与仆人都移到 256
配有独立灶台的新厨房侧翼。原有的过道移到新增的店铺侧翼墙边，原有的店铺改成家庭用房。大厅进行现代化改造，以供家庭使用与娱乐。曾通向过道的前门移到侧边，以创建一个独立的大厅入口。(76)

穷人应该在哪生活

丹尼尔·笛福于 18 世纪 20 年代巡游约克郡乡村时，他不仅对“工厂

(75) 后院的近处被“必需品”占用，但这些大概是为员工，而非家庭成员使用，有盖便桶更隐秘地放置在最大的城市住宅里，在第一层最佳房间的暗室之内。

(76) 参阅 Platt，《都铎与斯图亚特时期英国的伟大重建》，第 155—157 页。

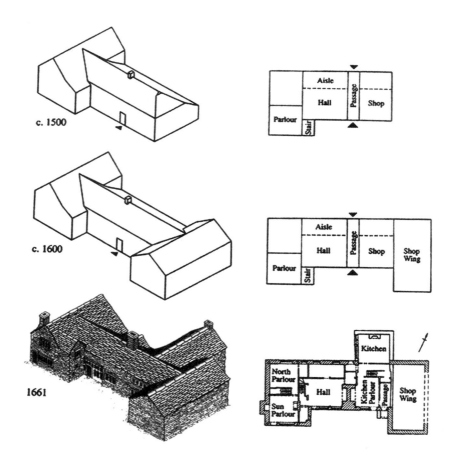

图 5.25　高宾利（High Bentley）立视图与底层平面图，约克郡谢尔夫（Shelf），约 1500 年，约 1600 年，以及 1661 年。见 Colin Platt，《都铎与斯图亚特时期英国的伟大重建》（*The Great Rebuildings of Tudor and Stuart England：Revolutions in Architectural Taste*）（London：University College of London Press，1994），图 67（第 156 页）。普林斯顿大学图书馆。

主住房"，也对"大量的村舍或小住所"的繁荣与勤勉留下深刻印象。"受雇工人在此居住，他们的女人和孩子总是忙着梳毛、纺线等等，因此没人闲着，所有人都能赚得自己的面包……这就是我们看不到几户人家没有房门的原因。"[77]在五十年后的建筑师约翰·伍德（John Wood）看来，现有

---

[77]　Daniel Defoe，《不列颠全岛纪游》（*A Tour Thro' the whole Island of Great Britain*）（1724—1726），G. D. H. Cole 编（Cambridge：Cambridge University Press，1927），第 2 卷，第 602 页。

工厂主的村舍条件看似更为凄惨。伍德这位人道主义者相信,“在最简陋茅屋与最宏伟宫殿的平面图之间存在有规律的渐变。宫殿只是提升版的村舍,可以说,后者的平面图是前者的基础”。然而,当他调研不仅从事农牧业,而且位于“工厂郡县”的劳力村舍时,他发现它们“已破烂不堪,肮脏不便,是不适宜居住的陋室,难以提供免受林中野兽侵害的庇护”。伍德受同时代情感与感伤思潮影响,决意使之改变。他不愿意只做如此场景的“忧郁旁观者”,认为“对我而言,有必要如村民本人那样感同身受……除非建筑师理想地将自己置于设计对象的情境中,否则他不能绘制实用的平面图”。因此,他调研村民的看法,以及他们的住所,发现除其他抱怨外,他们的住处“因房间的不足而不便”。伍德将其解读为不只是空间,而且是独立空间的问题,并决定,基本原则就是“应该有一个栖身房间供父母使用,另一间为家中女性,第三间为男孩们使用”,至少是那些 9 岁以上的孩子。伍德为四类村舍设计了平面图与立视图,它们的不同严格取决于将在此居住的人数。村舍是为威尔特郡巴思(Bath)的东部区域而建,依循建造时的封闭经济,极有可能用“教区的资金”建造。(78)

根据同时代的居住标准,伍德的适度计划是乌托邦。巴思侯爵(the Marquis of Bath)的管家写道:“一位勤劳的劳动者带着妻子,以及五六个 259

---

(78) John Wood,《系列平面图》(*A Series of Plans, for Cottages or Habitations, of the Labourer, Either in Husbandry, or the Mechanic Arts*)(1792),第 1—6、35 页。宫殿与村舍的相对化比较是一个常见的转义。参阅 Samuel Johnson,《漫步者》(*Rambler*),第 168 期(1751 年 10 月 26 日),见《耶鲁版塞缪尔·约翰逊作品集》(*The Yale Edition of the Works of Samuel Johnson*),第 4 卷,W. J. Bate 和 Albrecht B. Straus 编(New Haven, CT: Yale University Press, 1969),第 126 页;Adam Smith,《道德情操论》(*The Theory of Moral Sentiments*)(1759),D. D. Raphael 和 A. L. Macfie 编(Indianapolis: Liberty Classics, 1982),第 50 页;Hannah More,《庄稼汉的小曲》(The Ploughman's Ditty),第 37 行,见《廉价宝库册》(*Cheap Repository Tracts*)(1795)。关于伍德(Wood)有把“自己置于设计对象的情境中”的雄心,参阅本书第 7 章,注释 110—111 中亚当·斯密的评论。村舍的清晰设计只是在 18 世纪中叶开始出现,并伴随着创新的“舒适”标准。这成为建筑平面图要达到的标准,居于更传统与对立的“必要”及“奢侈”之间。参阅 John Crowley,《从奢侈到舒适,再到奢侈》(From Luxury to Comfort and Back Again: Landscape Architecture and the Cottage in Britain and America),见《18 世纪的奢侈》(*Luxury in the Eighteenth Century: Debates, Desires, and Delectable Goods*),Maxine Berg 和 Elizabeth Eger 编(Basingstoke, UK: Palgrave Macmillan, 2003),第 135—150 页;也参阅 John Crowley,《舒适的创造》(*The Invention of Comfort: Sensibilities and Design in Early Modern Britain and Early America*)(Baltimore: Johns Hopkins University Press, 2001)。

孩子不得不住在，确切地说活在一间 10 至 12 平方英尺、没有地板的恶劣潮湿阴暗房间里，人们想到这点就不寒而栗。但凡有普通体面的人一想到在这个恶劣住处，只有一间房间，来为这个悲惨家庭提供小得可怜的容身之床，都不免感到反胃。"[79]

尽管空间的水平细分为探求中间与上层地位群体之间的隐私提供了某些最佳证据，乡村与城市住宅也共享对垂直分层模式的广泛承诺，仆人的住处与家庭生产在此被降格安置在住宅的顶端或底端。穷人的城市共同房屋表明了某种可资比较的模式：最穷的人住在阁楼和地下室，那里的拥挤与肮脏甚至比中间楼层更甚。一位 18 世纪末的医生评论道："最底层阶级的人一年内都无法铺上三次干净床单……不同年龄段的三到八人常常睡在同张床上。每家只有一间房，一张床……所用的房间要么是几乎不见光，没有空气流通的深层地下室，要么是低屋顶小窗户的阁楼，上去的过道狭窄黑暗，不仅充斥着污浊空气，而且有从楼梯底部的拱顶传来的排泄物恶臭。尽管这一切确实是真的，但看上去仍然难以置信。"另一位医生确认，"在大多穷人住宅里，一栋房子容纳住在一间房里的众多家庭"。普通住所也类似。据米德尔塞克斯（Middlesex）法官所言，"在城里的极端恶劣区域，把陌生人迎入自己的住处，不顾及性别或年龄，只要能每晚付上一个便士或以上的钱就可在这种无床无被的房间睡觉，如今这已是惯例……在这样的住处里，十五人或二十人或更多的人躺在一个小房间里是常见之事"。1826 年，工人阶级改革家弗朗西斯·普雷斯（Francis Place）回顾道："难以置信的是，此后的若干年，大量的房屋在狭窄的庭院和街巷中建起。每栋房至少有三层楼，许多是在底层之上再有四层楼。在这些庭院与街巷里，灰土和污物成堆，很少清运。这些大楼大多每层有二三个房间，有时是四个。从阁楼到地下室，每个家庭在自己的房间里生活或挨饿。"[80]

---

[79] 引自 Roy Porter，《18 世纪英国社会》（*English Society in the Eighteenth Century*）（Harmondsworth，UK：Penguin，1982），第 233 页。巴思侯爵（the Marquis of Bath）是郎利特庄园（Longleat）的主人（参阅图 5.18 与图 5.19）。

[80] Dr. Wilan，《伦敦的疾病》（*Diseases in London*）（1801），第 255 页；T. A. Murray，《论大都市穷人境况》（*Remarks on the Situation of the Poor in the Metropolis*）（1801），第 5 页；《米德尔塞克斯记录》（*Middlesex Records，Orders of Court*），第 153 页；Francis Place，BL. Add. MSS 35147，fol. 230，引自 M. Dorothy George，《18 世纪的伦敦生活》（*London Life in the Eighteenth Century*）（New York：Capricorn Books，1965），第 86、87、88、106 页。

穷人的生活环境迫使我们注意空间隐私标准,在更高阶层之中,这种迫切性相对不怎么明显。在更高的社会层面,空间隐私的恩惠是在贵族与平民、家庭与仆人、个人彼此之间的物理隔离中寻求。关于穷人的这些描述强调的,要比贵族、中上阶级及中间阶层之间的有盖便桶、盥洗室的事例更残酷,这是存在于将个人自身与他人的身体排泄物分离时的标准。的确,健康标准、干净度以及优雅有自己的历史,不能简单地等同于隐私标准。但把对身体及身体排泄物的接近的日益不耐受,视为现代个人主义与自主性(从这个意义上来说,是隐私)日渐规范的标尺,确有某些可取之处,尽管"厕所"(privy)一词自 14 世纪起就在使用。这件事当然既关乎外在,又关乎内在。18 世纪中叶,人们根据一系列公共法令排干了死水潭,用路边的排水道取代了路中间的沟渠,并填埋了肮脏的露天垃圾下水道。[81] 对穷人而言,他们住在外面事实上与住在房间里一样,这些改革所体现的,近乎等同于在更气派的房子里用独立的有盖便桶取代夜壶。如我们将要看到的一样,伍德的平面图仍然对这些内在需求敏感。

最穷之人层面的隐私追求,特别是事关公共(如教区)政策时,严格地检验着伍德满怀希望地称为宫殿与茅屋之间"有规律的渐变"之事。至少在后者内,费用与隐私之间的关系中存在严格的等值。这种等值要比我们一直在研究的乡村宅院更少变通:更多金钱,更大空间;更大空间,更多房间。尽管如此,伍德在其设计中显示了超凡的独创性。图5.26 是他为一间房的村舍绘制的平面图之一。两座这样的村舍连为一体,它们背靠背的烟囱为"两边安放碗柜或搁板提供了极大的便利,也省下不少材料"。不用说,碗柜和奇物壁柜尽管物理上近似,但意味着极为不同的存在模式。食品室用 C 字母标示。厕所连着小屋,与生活空间分开,但其住户能相对方便地使用。"这些村舍有花园用地,将服务于⋯⋯两位女人,或夫妇两人,要么没有建立家庭,要么有一到两个孩子的家庭。"[82]

图 5.27 在提供基本的两房平面图的四种变体时说明,对床的摆放的敏感度是重要的隐私标准。在第 1 幅中,单人床在卧室内(C)。在第 2

81　参阅 George,《18 世纪的伦敦生活》,第 2 章。关于"厕所"(privy)词条,参阅《牛津英语词典》。

82　Wood,《系列平面图》,第 24 页。

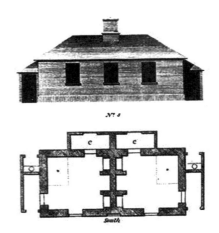

图 5.26 　两座一房村舍的立视图及底层平面图，威尔特郡巴思，见 John Wood，《农牧业或机械行业劳工村舍及住所系列平面图》(*A Series of Plans，for Cottages or Habitations of the Labourer，Either in Husbandry，or the Mechanic Arts*)(1792)。普林斯顿大学图书馆珍本特藏部。

幅中，"门廊"（A）成为"内门廊"（即门厅），其建造"形成了对床而言非常方便的壁龛（E），在这个样板中面向带床房间（C），并有效将其扩大。这是对小孩而言最合适的放床之地"。第 3 幅在"成人睡觉之地"的另一间房（B）中实现了相同的壁龛效果，其合宜性及便捷性与孩子们的有所不同。这种不同在第 4 幅中得到进一步探讨，壁龛扩大，用隔断更完全地封闭。伍德设计时意识到："一定要有扇窗户"，这反过来要求将小屋分为食品室（E）和柴房/厕所（F）。[83] 图 5.28 中的第 1 幅只有非常少的多余空间可用来设计三房村舍，床的壁龛在此获得了带窗户的卧室地位（F），这主要通过将其从其他某间房（B）（如图 5.27 中的第 4 幅）的入口移到"过道"（C）的方式来实现。壁龛所在的那面墙成就了过道，并让人能够私下进入三间房中的任何一间。第 2 幅用了额外的 4.5 英尺长度将前门从门廊移到自己独立的东入口。在第 1 幅中，门廊共用储物（B）与厕所空间。

261

---

[83] 　Wood，《系列平面图》，第 27—28 页。

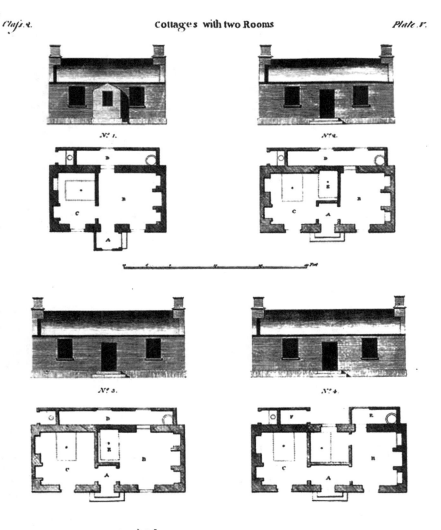

图 5.27　两房村舍的立视图及底层平面图（四种变体），威尔特郡巴思，见 John Wood，《农牧业或机械行业劳工村舍及住所系列平面图》（1792）。普林斯顿大学图书馆珍本特藏部。

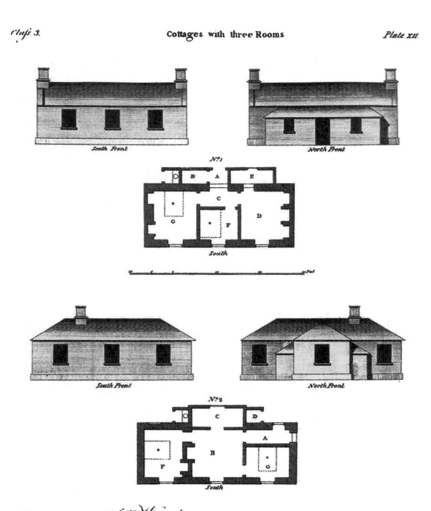

图 5.28　三房村舍的立视图及底层平面图（两种变体），威尔特郡巴思，见 John Wood，《农牧业或机械行业劳工村舍及住所系列平面图》（1792）。普林斯顿大学图书馆珍本特藏部。

图 5.29　两座小农舍的立视图及底层平面图，见 William Halfpenny,《21 种建造牧师住宅、农舍及旅店新设计中的有用建筑》(*Useful Architecture in Twenty-one New Designs for erecting Parsonage-Houses , Farm-Houses , and Inns*)(1752)。承蒙英国图书馆惠允。

然而，前门朝向的过道(A)牺牲了去其中某间房间(G)的秘密通道。[84]　　262

　　"将家庭生活与生产分离，为此，农场提出最大的挑战。"[85]1785 年，托马斯·斯通(Thomas Stone)认为，"关于要在任何农场上建的房子，会谈室、厨房、鸡舍、奶牛场及地窖都是绝对必要的。在大农场上要建房间与阁楼，屋顶中的房间之下是小房间"。[86] 18 世纪 50 年代，威廉·哈夫佩尼(William Halfpenny)设计了众多农舍，他和伍德一样极为关注成本。图 5.29 是两座小房子的平面图。第 1 幅主要忽视了将家庭生活空间与生产工作空间区分的挑战，为的是把厨房(C)置于房屋中间，这样既能通往食品室或碗橱(D)，又能前往过道(B)及正门(A)。（注意，哈夫佩尼的

84　Wood,《系列平面图》，第 31 页。

85　Davidoff 和 Hall,《家庭财富》，第 367 页。

86　Thomas Stone,《论农业》(*An Essay on Agriculture , with a view to inform Gentlemen of Landed Property , Whether their Estates are managed to the Greatest Advantage*)(1785)，第 243 页。

平面图把第 1 幅及第 2 幅的顺序颠倒了。）为了方便起见，厨房也直接与
265 "挤奶房"（E）及地窖（F）连通，彼此紧邻，尽管不是连通有类似安排的农
牧小屋（G），仅凭这个细节，它就决然与邻近的厨房分开了。在第 2 幅
中，将生活空间与工作空间分开的挑战再次大体避开，因为也可能作为牧
师住宅的房子只有一间"挤奶房"（E）及地窖（F），并将其与从事生产的农
场劳工联系起来。相反，这两间房被用来在房屋的家庭空间内，区分厨房
（G）的生产劳动与会谈室（C）、密室（D），以及第一层卧室的休闲消费，这
些都通过楼梯来实现。四间主房没有一间可以从别处进入，所有房间都
用秘密的过道（A，B）连通。⑧⑦

在另一部出版物中，哈夫佩尼为农舍提供了新的设计图，将它们置于
农场及生产设施的完全语境之内。在这些平面图中，他用房间的布局，特
别是进入方式，在若干畜牧类型之间进行微妙但重要的区分，因为它们与
房屋的家庭核心保持空间关系。在图 5.30 中，中心会谈室（D）包括通往
第一层卧室的楼梯，与过道相通（B）。过道也提供了前往厨房（C）（与会
谈室共用烟囱，但不共用门）、食品室（E）、前院（A）、"奶牛房"（F）的秘密
通道。尽管马厩（G）与过道及会谈室楼梯紧邻，只可能穿过谷仓旁场地
（I）或后院（L）而从外入内。包括（户外）厕所（O）在内的后部空间可以穿
过厨房、会谈室或马厩抵达。这反过来与更独立的"猪圈"（P）、小屋（N）
及"牛犊舍"（M）等区域连通。谷仓（K）、"母牛舍"及粮仓（H），以及牲畜
和大车安放的棚子（Q）完全与家庭住所分离，位于谷仓旁场地的四个角
落。这个效果意味着水塘的同心圈涟漪。无疑，它们与会谈室的相对距
离不仅受劳动效率问题，而且受对隐私的合宜屈折变化思考的影响。⑧⑧

我们注意到，内部空间设计中的分化与细化逻辑需要一个基本的结
构原则，而不是一个可预测的持续结果实体。例如，我们可以概括从线性

---

⑧⑦ William Halfpenny，《21 种建造牧师住宅、农舍及旅店新设计中的有用建筑》（*Useful Archi-tecture in Twenty-one New Designs for erecting Parsonage-Houses，Farm-Houses，and Inns*）（1752），第 63、65 页。

⑧⑧ William Halfpenny，《12 种美丽农舍设计》（*Twelve Beautiful Designs for Farm-Houses*）（1750），第 25 页。

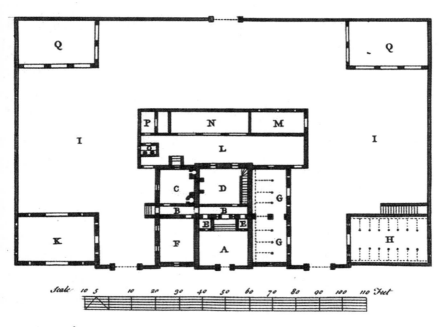

图 5.30　农舍与庭院立视图及底层平面图，见 William Halfpenny,《12 种美丽农舍设计》(*Twelve Beautiful Designs for Farm-Houses*)(1750)。承蒙英国图书馆惠允。

等级模式到分离与差异模式的笼统转变，只要我们继续对如是简单抽象包括的特别变体有所反应。同时，重要的是看到这些变体的特殊性（甚至如此的可理解性）取决于抽象能力，以把既包容又排斥它们的场域包括在内。该场域密度中的一个因素就是外在及（特别是）内在空间扩展中地位与性别标准的复杂对位法。但这些标准本身就处于变化中，可引入在理解空间布局史时发挥作用的相同模式——特殊化分析及普遍化抽象，对它们施加影响，以此阐明相关变化方式。至于性别实例，我显然在第四章中努力探讨著名的"两分领域"假说与如是理念的联系："性差异"如果从最宽广的角度来看，是人类文化的假定事实；从更聚焦的视角来看，是现代文化的重要发展。随后一章将更细致地研究与更传统及等级化的性别概念对立的性差异现代性证据，也将研究从地位向阶级体系转变的社会分类标准的长期变化假说。

正如事关公共与私人的新兴现代态度是一个渐进而非快速的历史过程，其贡献元素（即社会与性别分类体系）也表现出一种类似的改变模式。我已在本研究中用过的如是模式的最全面抽象，就是从区别关系向分离关系转变的抽象。我已强调了如是可能性，即在诸如此等变革时期，可能被概述为"之前"及"之后"的事宜证据将具有重叠性与同步性。亚历山大·罗斯（Alexander Ross）于 1651 年写的小册子《微观世界的秘密：或人体秘辛揭秘》（*Arcana Microcosmi：or, the hid Secrets of Man's Body disclosed*），其题名指向两个方向：往后看，把宇宙视为更加伟大与更加渺小，彼此内外版本之间对应的无限延续；往前看，通过绝对主义退化的揭秘力量，借助使隐性对应显性，以此发现之前假定的相似性的隐微差别。1639 年，威廉·奥斯丁（William Austin）在相关结尾用上了对应的语言。在一本关于"女性出色创造力"的书中，奥斯丁评论道："女性身体内不仅有男性身体的所有房间与划分，而且有男性没有的众多其他划分……因此她大体是用比肌肉材料更多的房间所造，因为她必须容纳自己体内的另一栋房子，里面有一个任性的客人，并有为他准备的所有必要食物。"⑧⑨奥斯丁论点的矛头拥有彼此区分而非分离的传统主义力量：男性与女性

---

⑧⑨   William Austin，《此人》（*Haec Homo：Wherein the excellency of the Creation of Woman is described*）（1639），第 92—93 页。

如房子与身体，更大与更小的空间。然而，他在男女身体之间所做的区分尽管利用了解剖差异知识，这为传统思想熟知，且容易因此与事物的形态性延续信念妥协。这个区分也把玩了日益扩散的家庭内部修辞格，以此暗示在女性身体内有组合及内在性的能力，在未来的日子里，这似乎越来越多地不仅预示一个清晰的，而且预示一个不同的存在类型。

268

第六章　性与性书

随着我们在研究中向内推进,关于公共与私人领域如何在近代早期明确分离,我们继续遇到集体与个人之间的对立,这最初在国家从公民社会分离中得以暗示。当我们的看法适应了日益内化的对立结构时,我们发现,对立的术语已在后一极内得以概述。的确,个人的"隐私"可能被认为不仅由与其他私人个体及制度(如财产所有者或家庭主妇的规范经验)的相互关系,而且由在任何单一个体内存在的内在关系组成。我们已经看到沙夫茨伯里伯爵三世如何把这种对立的内在概述视为个人内在化的"作者"与"读者"之间的微型对话。[①] 伯纳德·曼德维尔把这种内在动力视为对个体的两种不同但互补视角之一。一方面,个体可能被视为服务更大整体的目的,而它正是其组成部分;另一方面,个体可能被视为一个完整且自足的整体,反过来由自己的组成部分构成。然而,如沙夫茨伯里一样,曼德维尔发现公众与个人的语言在表述这种辩证关系中颇有成果:

> 为了不偏不倚地评断,我们应该从各个方面考虑事物……所有人应该从两种不同方式加以了解。
>
> 首先是要么出于个人选择,要么由于生活所需让他们从事的职

---

① 参阅本书第 2 章,注释 142—148。

业,所处的生活状态。我们在此主要关注他们职业的有用性与体面,他们的能力与自己职能的运用或履行所需的所有资格匹配。从这点来看,我们不考虑个人本身,而仅仅考虑他们可能给公众带来的益处,如果他们乐意且其服务为人所需。因此,他们只是被当作整体社会的组成部分和成员。

其次,每个人会被视为一个完全的个体,一台出色的机器,赋有思想,以及独立于任何外界有形之事的意愿。从这点来看,我们把个人当作需求的存在,需要解决饥饿、口渴,需要满足各种激情;同时需要在广大的区域或更小的世界里拥有主权,内设法庭,拥有完全从公众利益提炼而出的私人福祉及思想独立。②

曼德维尔的论述对建构等级对应传统认识论的区别关系有某种暂时的、欺骗性的相似。在那种关系中,"更小的世界"本质被理解成对更大的世界本质的暗中效仿及相关延伸。然而,曼德维尔能借以将个人划分为"公共"与"私人"组成部分的特殊性,取决于个人与集体的优先分离足以清楚到允许相关重新表述的程度。仅仅因为"更小的世界"被认为主要从更大的世界分出,后者的术语可被隐喻地用来暗示前者的结构,"个体本人"范畴由其从集体分出之举构成,因此可被置于与"整体社会"的关系之中,所用的方式不能从诸如国家(the body politic)、政府(the ship of state)、家国(the state as a family)等传统类比中解读而出。这些类比严格地把个人定位为结构化整体的组成部分,而非结构化的"个体本人"。我用"传统的"、"现代的"认识论这类概括性语言意指决定性的历史及文化趋势,而非明确的能力。沙夫茨伯里的古代导师苏格拉底是质询的显化模式的大师(因此有灵魂与国家之精心类比,使《理想国》得以建构),他的现代追随者也加以运用。沙夫茨伯里在自己的沉思笔记中,勉诫自己使思想意象显化,付诸文字:"让它们说出来,自行解释,可以说是口述,而不是沉默不语或喃喃

---

② Bernard Mandeville,《宗教、教会与国民幸福随想》(*Free Thoughts on Religion*, *the Church*, *and National Happiness*)(1720;第 2 版,增补版,1729),第 282—283 页。

自语。"③

"私人"人格拥有一个体系结构,这个理念聚合与"如此"之性的范畴聚合之间的关系如何? 在过去的二十多年来,若干学术研究领域积累的证据表明,17 世纪末与 18 世纪在性欲态度方面经历了重大的再定位。如我迄今讨论过的大多材料一样,这是一个长期且不均衡的过程。我们把 16 与 20 世纪英国人引入性事的日常设想进行比较时,这种改变的发生在宏观层面极为明显。这曾是一种多样的改变,从无法指明对此至关重要的那些因素及时刻,以及如是事实中显见:直至过去数十年,这类极度复杂化类型的历史研究认为,在缺乏如此假设情况下理解此时期是件貌似可信之事(如当前众多学者继续研究的那样)。只有额外的性欲史研究可以提出这样的证据,即能让这种假说对近代早期研究学者的共识具有说服力。随后,我将引证自己在此方面的学术贡献。但这也可能至少暗示,在我一直于本书探讨的历史变革扼要理解语境下考虑这个假说。因为在该语境中,性欲假说与其他不同类群(事关政治、社会关系、宗教经验、认识论及文学)共同立足,所有的这些共享在区别关系向分离关系转变中成为必要的重要结构。

当然,英国民众一直对性在意。但"性"的隐性范畴在此期间变得前所未有地显化,因为它从社会文化、经济与宗教之基中剥离出来,因此这使"它"在"其他"术语(现代思想已开始将之视为可分之物)中发挥作用,意有所指。英国民众总是把男女之间的不同理解为他们俗世经验的关键。但在共有的普通范围内,性别之间的习惯区别在此时期被如是趋势取代,即把两性视为基本不同,视为不同的存在方式,其不同以异性偏好为主要标示,并且主要通过反过来偏好同性者这类人的存在调和。根据定义,历史变革具有历时性。但这种由"传统"向"现代性"的转变,其复杂性已从学者的认可中得以强调;顺着某种大体对应首要历时差异的社会与区域差异的线索,待研究的时期在性态度及实践中因共时差异而得以划分。把这种历史与共时叠加的丰富性及深度性比作在阐释口述向文字

---

③　PRO,30/24/27/10,第 97 页,引自 Lawrence E. Klein,《沙夫茨伯里与优雅文化》(*Shaftes-bury and the Culture of Politeness*: *Moral Discourse and Cultural Politics in Early Eigh-teenth-Century England*)(Cambridge: Cambridge University Press, 1994),第 88 页。

或印刷文化"转变"中必须理解之事，这可能有所裨益。的确，这种共时多样性的因素（平民与中上阶级习惯的对峙，英国实践与那些据说在美洲获得的习惯的对峙）在同时代的人们自身学会将性与性别从其默示特定性内提炼而出的方式中扮演重要角色。随后的讨论为当前处于成型发酵期间的研究领域发现提供了一个极为概括的总结，它强调了似乎对公共与私人之间关系有特定影响的证据，而这是本研究的核心内容。

271

性

在我们研究的世纪初期，特别在平民层面，聚焦夫妻之间、涉及阴道插入的性行为有与婚姻及繁衍密切关联的倾向。否则，更常见的是，性可能是一个更集体、半"公共"的事情。甚至自渎，更不用说抚摸、爱抚、和衣同睡等广泛的非插入行为，现代话语倾向于将它们纳入"前戏"范畴，但这在传统上被当作性行为完全组成部分而得以体验（无疑，节育于此发挥部分作用）。对两性而言，性涉及身体的不同器官，性器官的结合仅在生育这特定目的中至关重要。将性行为与特定的插入，以及可见的阴茎射精事实联系的现代倾向使性不是在（总是明显的）生殖，而是在对男女解剖之间自然差异的全力关注意义上更明显"自然"。④

前现代医学思想的主导流派对此有不同看法。根据盖仑（Galen）及体液理论，生殖器解剖依着等级延续而有所不同。因为女性体温比男性低，她们的性器官在形态上是男性的未成熟版（内向化及内化），女性的相对淫荡从如是事实中得以解释，即她们意图通过交媾提高自己的体温。文化变革的年表如我们当前话题的年表同样重要，不可避免地难下结论。尽管如此，在 17 世纪，传统的"单性"解剖模式没有完全遭受来自现代"双

④　参阅 John R. Gillis，《更好更糟》（For Better, For Worse: British Marriages, 1600 to the Present）（New York: Oxford University Press, 1985），第 1 章；Lawrence Stone，《英国的家庭、性与婚姻》（The Family, Sex, and Marriage in England, 1500—1800）（London: Harper, 1977），第 11、12 章；Lawrence Stone，《离婚之路》（Road to Divorce: England, 1530—1987）（Oxford: Oxford University Press, 1995），第 2、3 页；Tim Hitchcock，《18 世纪英国性的再界定》（Redefining Sex in Eighteenth-Century England），见 History Workshop Journal，第 41 期（1996），第 79—80 页；Tim Hitchcock，《英国人的性欲》（English Sexualities, 1700—1800）（New York: St. Martin's, 1997），第 11 页。

性"模式的挑战，并被其取代，据此，两性之间的差异不是沿着共同的斜面予以区别之事，而是基于重大生理差异的极端分离。这些说法似乎有些根据。女性不是男性的未成熟及附属版；她们在生理上与生俱来地与"异"性不同。⑤ 不用说，在空间语言中有某种醒目的一致，各类工作与各种身体之间的隐性区别借此得以描述。但是，鉴于两分领域的现代意识形态强化到内外区别两分法程度，在现代两性模式中成为必要的分离也以空间形态的代价而实现。

272

　　关于西方文化中的性欲态度从传统到现代的转变的这样一种概述，与我之前时不时援引的长期变革一致，即在孕育个人与社会之间规范关系时，从积极向消极自由模式转化的变革。根据传统观点，身心健康通过节制来实现，这种已实现的平衡状态取决于个人能力，以及控制自己激情的意愿。根据这一理解，个性在很大程度上是自我控制的功能。⑥ 近代早期开始抵制这个规范之事就是日益坚信，自由需要激情从控制中解放出来，无论是自我或诸如国家这类外在制度的解放。换言之，个性使个人主义成为必要。这些是具有本地多样性与变化性简略特点的广泛概述。我认为，最好将其视为它们概念性功效与力量的根基，而不是概念性弱点或危险。

　　近代早期对经验主义知识的评价赋予"自然"前所未有的物质基础与感知途径，它鼓励这样的观点：性是"自然的"，因此其本身就是一件事情。"性"，这个词本身就是从"分别区分为男性与女性的两个器官"这个特定指涉中概括而来，并也被用来更抽象地意指"有关这些区别的现象类别"。作为这种语言抽象概述的结果，该词不仅可能用于"男性"或"女性"，而且可能用于如此之"性"的书写。⑦ 然而，在此宏大抽象概

----

⑤　参阅 Anthony Fletcher，《英国的性别、性与顺从》(*Gender, Sex, and Subordination in England, 1500—1800*)(New Haven, CT：Yale University Press，1995)，第 2、19 章；Hitchcock，《英国人的性欲》，第 4 章。关于从"单性"向"双性"模式转变的极具影响力论点，参阅 Thomas W. Laqueur，《性的制造》(*Making Sex：Body and Gender from the Greeks to Freud*)(Cambridge, MA：Harvard University Press，1990)。

⑥　关于有价值的讨论，参阅 Michael C. Schoenfeldt，《近代早期英国的身体与自我》(*Bodies and Selves in Early Modern England：Physiology and Inwardness in Spenser, Shakespeare, Herbert, and Milton*)(Cambridge：Cambridge University Press，1999)，第 11、15 页。

⑦　参阅《牛津英语词典》(*OED*)，"性"(sex)词条(其释义 1. a 的最初用法引用是 1382 年；释义 3 的最初用法引用是 1631 年)。学者们常以提及现代"性欲"的方式承认这种抽象概述。

述内已成为必要的是类似的抽象概述,这存在于借助生理的确定性,把男女两性视为"器官不同",把"男性"与"女性"从社会及法律地位的复杂经验脉络中剥离,以便将两性各方隔离为重要且特定的生理身份的过程中。明确的解剖差异的科学"发现"与其说是思想层面如此变革的起因(受此影响的人们完全没有意识到),不如说是众多文化转型起因中的某一个。如我们所见,后者具有面向分离与显化的多因素决定的倾向特点。新兴科学方法与分离的、私人的性领域新近揭秘之间的紧密联系借助 16 世纪解剖指南中的语言得以阐述:"努力把神秘自然的密室之门打开";也在某位 17 世纪狂热分子的语言中得以论述:他"偶然发现自然哲学的常青幽径(并不是所有人能踏入,也不是所有人获准进入,只有学生凭着他们的特权和特许能如此),在此(带着一只好奇的眼睛)合法抵至她的秘密深处(如我能说的那样),我无限喜悦地进入她的秘密之内,打开她的密室,发现里面满是珍宝,可以自由取走我认为合适之物"。⑧

　　性别差异的长期二分法也从作为界定某类原始"同性恋"身份的鸡奸行为的同时代抽象概述中得以强化。尽管是在很久之后才创造出"同性恋"与"异性恋"相关术语,新近研究揭示,18 世纪初伦敦的"娇男"(molly)亚文化沿着与功能相关的男女性别生物化聚合,成为由专有的男性鸡奸者构成的"第三性"。在单性制度内,鸡奸被判定为罪行,众多男性可能纵情于此。实际上,标准的贵族男性特质由上层权力这个重要事实界定,这可能使与女性,以及年轻男性平民的性关系成为必要。根据某种差别,后者似乎基于年龄与社会地位,而非性别,尽管性别差异是基于等级延续而建构,平民男孩的生理未成熟也使他们归为女性。在这种传统制度内,界定男性特质的条件最终不是性能力,而是粗暴行为的能力,无论这是指向其他男性,还是指

273

---

⑧　John Banister,《男人的历史》(*The Historie of Man*)(1578),B1v,引自 Janet Adelman,《使缺陷完美》(Making Defect Perfection: Shakespeare and the One-Sex Model),见《文艺复兴时期英国舞台的性别演绎》(*Enacting Gender on the English Renaissance Stage*),Viviana Comensoli 和 Anne Russel 编(Carbondale: University of Illinois Press),第 28 页;Robert Basset,《珍宝》(*Curiosities: or The Cabinet of Nature Contayning Phylosophical*, *Naturall*, *and Morall questions fully answered and Resolved*)(1637),A5r-6r。当然,知识与性认同之间的密切关系如《创世记》一般古老。

向女性。⑨ 相反，在新兴的双性制度内，男性特质开始只与解剖层面的、基于性别的差异一致，并以性行为来界定。的确，我们可能推测，"只有通过这种新性别角色的兴起，两类'正统'性别同时作为标准的差异选择而成型，并通过相同性的可替代否定选择而明白易懂……鸡奸的原始同性恋……在性欲体系内发挥作为结构性异常的功能，赋予男性特质与女性特质之间的差异某种规范一致性，这通过既是两者，又不是两者的介入术语而实现"。⑩

---

⑨　关于此点，参阅 Susan Dwyer Amussen，《"男基督徒的气概"》（"The Part of a Christian Man"：The Cultural Politics of Manhood in Early Modern England），见《近代早期英国的政治文化与文化政治》（*Political Culture and Cultural Politics in Early Modern England：Essays Presented to David Underdown*），Susan Dwyer Amussen 和 Mark A. Kishlansky 编（Manchester：Manchester University Press，1995），第 213—233 页。

⑩　Michael McKeon，《父权制的历史化》（Historicizing Patriarchy：The Emergence of Gender Difference in England，1660—1760），见 *Eighteenth-Century Studies*，第 28 卷，第 3 期（1995），第 308，312 页。我会很快说明阐释此时期性别差异与性欲出现的不同但大体互补的方式。其中不得不触及的不是娇男亚文化，而是变宠的社会政治地位。关于 17 世纪末、18 世纪初英国鸡奸亚文化的发展，最重要的研究参阅 Alan Bray，《文艺复兴时期英国的同性恋》（*Homosexuality in Renaissance England*），第 2 版（London：Gay Men's Press，1988）；及以下同作者的系列论文：Randolph Trumbach，《伦敦的鸡奸者》（London's Sodomites：Homosexual Behavior and Western Culture in the Eighteenth Century），见 *Journal of Social History*，第 11 期（1977），第 1—33 页；《鸡奸亚文化、鸡奸角色与 18 世纪性别革命》（Sodomitical Subcultures，Sodomitical Roles，and the Gender Revolution of the Eighteenth Century：The Recent Historiography），见《天性之错》（*'Tis Nature's Fault：Unauthorized Sexuality during the Enlightenment*），Robert Purks Macubbin 编（Cambridge：Cambridge University Press，1987），第 109—121 页；《女王的诞生》（The Birth of the Queen：Sodomy and the Emergence of Gender Equality in Modern Culture，1660—1750），见《历史之匿》（*Hidden from History：Reclaiming the Gay and Lesbian Past*），Martin B. Duberman，Martha Vicinus 和 George Chauncey Jr. 编（New York：New American Library，1989），第 129—140 页；《18 世纪伦敦的鸡奸攻击、性别角色与性发展》（Sodomitical Assaults，Gender Role，and Sexual Development in Eighteenth-Century London），见《鸡奸的追求》（*The Pursuit of Sodomy：Male Homosexuality in Renaissance and Enlightenment Europe*），Kent Gerard 和 Gert Hekma 编（New York：Harrington Park，1989），第 407—429 页；《现代文化中的性、性别与性身份》（Sex，Gender，and Sexual Identity in Modern Culture：Male Sodomy and Female Prostitution in Enlightenment London），见 *Journal of the History of Sexuality*，第 2 卷，第 2 期（1991），第 186—203 页。相关研究会在即将出版的同作者专著《性与性别革命》（*Sex and the Gender Revolution*）第 2 卷中得以巩固，尽管其中一些已被纳入第 1 卷《启蒙时期伦敦的异性恋与第三性》（*Heterosexuality and the Third Gender in Enlightenment London*）（Chicago：University of Chicago Press，1998）。特朗巴赫（Trumbach）评论道，原始"同性恋"身份的明确大体与卖淫行为及相关态度的改变同时发生（包括"妓女"意义的明确，见本书第 4 章，注释 78—79），并辩称这不应该被视为巧合，而应该被视为功能关系，依据如下："对（转下页注）"

　　尽管这与我当前关注的近代早期性的剥离并不完全相关，此刻简要提出一个对我主要关心的公共-私人关系重要的问题有其合理之处。如果对现代西方文化而言，生物化的性差异成为个人身份唯一的、最明确的决定性，它把什么取代了？对此问题的明显回答就是，它没有传统等同物，因为个人身份概念假定了一个有异于前现代文化的抽象化、个体化的自主条件。然而，社会地位的自然决定标识的理念的确在主导大多数传统文化的家系体系中扮演重要角色。在英国，先于 18 世纪末与 19 世纪发展的阶级意识的最重要社会差异能指就是拥有荣誉与否，这被理解为在血缘中成为必要，可作为宗谱继承的生物方面传给后代的继承实体。当然，前现代的英国民众也和我们一样知道区分天性与教养，也知道推测它们之间的互动。如德拉瑞维尔·曼利（Delarivier Manley）评论所言，"判断为何贵族总比那些下层人更具洞察力、更有活力与锐气是件容易的事情。因为……好的营养、美味肉食的汁液与血液及其他身体体液融在一起，从而使他们心性敏感，使他们更得当地运用自然予以的禀赋"。[11] 但因为民众把天性与教养之间的关系更多地视为区别关系，而不是分离关系，他们不费劲地使社会确定的证据与自然"社会本质"的信念和解。对王室继承热切细致的倾力关注是本研究如此经常的瞩意所在，这只是卓越血统信仰的最明显标示，也是该信仰日益脆弱的标示。

　　在近代早期经验主义革命的庇护下，贵族天具禀赋信念遭到广泛

（接上页注）男性而言，鸡奸者的角色一如妓女之于女性……大多数 18 世纪的男性……避开鸡奸者的角色，以此建构自己的男性特质。当然，他们反而狂热追求身为妓女的女性。"《〈范尼·希尔〉中的现代卖淫与性别》(Modern Prostitution and Gender in *Fanny Hill*: Libertine and Domesticated Fantasy)，见《启蒙时期的性阴间》(*Sexual Underworlds of the Enlightenment*)，G. S. Rousseau 和 Roy Porter 编（Chapel Hill：University of North Carolina Press，1988)，第 74 页。关于女性卖淫与独有的男性鸡奸之间对立社会互惠性，参阅 Trumbach，《现代文化中的性、性别与性身份》，以及《性与性别革命》，第 1 卷，第 9、69—70、184—185 页。特朗巴赫对此互惠性阐释的最具争议之处就是如此观点：新兴"异性恋"男性对被认作新兴"同性恋"，或独有的男性鸡奸者的焦虑使男性日益从事婚外异性活动（包括但不局限于和妓女的性行为）。这个观点独立于且不应该与在我看来似乎较少争议且更重要的论点混淆，即作为重要不同身份的两性之间的现代分离，与不仅作为可鄙行为而且作为可鄙身份的男性鸡奸的现代剥离，具有对立的社会相互性。

[11]　Delarivier Manley，《扎拉女王秘史》(*The Secret History of Queen Zarah , and the Zarazians*) (1705)，第 2 卷，第 126 页。

（如果不是普遍的话）摒弃，如是观点的揭秘大致与性别差异实际上如此根深蒂固的发现一致。大体而言，我们可以看到在 17 与 18 世纪英国，自然决定论的接力棒从身世传到性别，从社会地位体系传到性别身份体系。现代对天性与教养之间的区分的强调，比德拉瑞维尔·曼利所表明的更严格，这确保我们对"性是自然的"之坚信，取决于我们在坚信与其表象——看似自然的，但其实是文化的——之间划线区分的能力。这就是与曼利同时代的法国人弗朗索瓦·普兰·德拉巴尔（François Poullain de la Barre）的雄心，他是新兴性别差异论点最具影响力的提议者之一。他对"某些医生"有这样的评论："当他们看到两性事关公民功能，比特定的功能更具特殊重要性，他们自我想象，应该如此行事。他们并没有足够精准地区分来自习俗及教育之事，与源自天性之事之间的不同。他们将其归于自己在社会中看到的某个相同原因。想象一下，上帝造男人和女人时，他用如此方法行事，这样就能造出我们看到的，两性之间的所有区别。"[12]

　　大谈性/性别体系，用"性别"指明实际在社会层面建构的"性差异"，在此趋势中，如是辩证关系得以承认，这是 20 世纪末女权主义运动的产物。借助如此思维方式，前现代文化表明的是性别体系，而不是性/性别，因为生物性欲传统上嵌入其社会文化根基到如此程度，以至于排除了性与性别的二分化。[13] 将生物的性具化，因此使自然的性与文化的性别之间的区分显化，现代体系借此既提升了作为性的性别具化，又使作为性别的性的揭秘过程复杂化。在乔治·利洛（George Lillo）笔下的家庭悲剧中，引诱者米尔伍德（Millwood）面对"把你称作女人，这好似阴阳颠倒"的指控时，她的反应说明了关于古老现象的明确现代理解："那个想象的

275

---

⑫　François Poullain de la Barre，《和男人同等出色的女人》（The Woman As Good as the Man；Or，the Equality of Both Sexes）(1673)，A. L. 翻译(1677)，Gerald M. MacLean 编(Detroit：Wayne State University Press, 1988)，第 132 页。参考 Bernard Mandeville，《蜜蜂的寓言》（The Fable of the Bees）(1705, 1714)，F. B. Kaye 编(Oxford：Clarendon, 1924)，第 1 卷，第 69—72 页，引自 McKeon，《父权制的历史化》，第 302—303 页。

⑬　参阅 Laqueur，《性的制造》，第 8 页。关于近代早期英国社会地位体系与性/性别体系间关系的更全面论述，参阅 Michael McKeon，《英国小说的起源》（The Origins of the English Novel，1600—1740），15 周年版(Baltimore：Johns Hopkins University Press, 2002)，第 xxiv—xxix 页。

存在是你受咒诅的所有女性象征,是一面每个特定的人在此可以看到自己及所有人相貌的镜子。"⑭

应该明确的是,说生物性欲传统上嵌入其社会文化之基,并不意味着"嵌入之基"是独特且一成不变的。一个恰当的例子就是文艺复兴时期的宫廷娈宠制度。⑮ 娈宠指的是同性性行为,需要在诸参与者之间的辈分、权力与地位方面有决定性的不同,并且如恩庇侍从关系一样,通过一方对另一方权力的依赖表现起到巩固上下属等级关系的作用。从现代视角来看,这绝对是"性"行为。然而,在近代早期文化中,娈宠被当作依赖与赋权的政治关系来体验,至少在这方面被比作妻子顺从丈夫权力的"性"从属实例。在我时不时援引的政治变革概述中,当区别变成分离,对另一方顺从的绝对隐性条件作为诸绝对主体性之间关系而显性易懂时,消极自由意识形态变得可以想象。我们可能推测,因为绝对主义的退化使政治主体成为道德主体,所以它将日益老旧的娈宠政治实践在鸡奸的普通范畴内重新定位,这种"性"实践继续在道德层面令人憎恶,但在政治层面则是中性的。的确,这种思路可能暗示具化如是假说的方式,即正是在此期间,同性与异性行为分离,彼此对立。如果对同时代的人们而言,娈宠不是表示一般意义上的"鸡奸",而是等级顺从的绝对主义秩序,性别差异的主观互惠与对鸡奸的摒弃(更准确地说是对娈宠的摒弃)联系在一起,并作为对王室贵族绝对主义的反抗而明白易懂。在这些术语中,婚姻可能被视为对主体私人自由的确认,即使如我们所见,它也可能包括"公共"男性专制与"私人"女性主体之间的抗争。

这些变革的一个后果事关女性及世代。借助这种老旧思维方式,生

---

⑭　George Lillo,《伦敦商人》(*The London Merchant*：*or*,*The History of George Barnwell*)(1731),Lincoln Faller 编,第 4 幕,第 2 场,见《布罗德维尤版复辟时期与 18 世纪初期戏剧选集》(*The Broadview Anthology of Restoration and Early Eighteenth-Century Drama*),J. Douglas Canfield 编(Peterborough, ON：Broadview, 2001),第 318 页。

⑮　Thomas A. King,《性别与现代性》(Gender and Modernity：Male Looks and the Performance of Public Pleasures),见《理性的怪幻之梦》(*Monstrous Dreams of Reason*：*Body*,*Self*,*and Other in the Enlightenment*),Laura J. Rosenthal 和 Mita Choudhury 编(Lewisburg, PA：Bucknell University Press, 2002),第 27—28 页。本段基于此文献中提示性观点,并由此推导而出。

育主要依赖女性心智及意识：女性在性方面是贪婪的，因此热衷交媾；怀孕让女性体验到高潮愉悦；孕妇思想中的意象可能印在她孩子身上。事关世代的更严格生物观点的转变，排除了这些对女性思想状态构想重要性的信念，这一方面有助于将女性视为相对谦虚、被动与冷静的现代观点，另一方面有助于将女性差异等同于生殖器官，将女性身份等同于母性的现代观点。⑯ 关于"女性本质"的身体概述表面上和思想概述同样抽象化，然而，我们或许可以合乎情理地假定：身体基础的新兴坚信鼓励了对女性本质更自信与笼统的抽象概述。汉纳·伍理（Hannah Woolley）在写于 1675 年的简明手册中流露出这样的雄心，即无视并"驾驭"社会、宗教与世代多样性的所有具体偶然性，以此写出"这样一本面向处于不同关系、行业、情境，以及从孩提至暮年的生命状态，从宫廷贵妇到乡间厨娘，可能是女性通用的指南手册"。⑰

《亚里士多德的杰作》

　　然而，伍理与曼利、普兰一道引证的此类证据存在的问题也足够明显。我们关注的这种转型的年表与不均衡就是如此，以至于对任何指定时刻而言，新旧观点的证据可能存在。令人信服的历时差异文献证明可能在这长期转变的两端之一找到，但中间段找到的则是叠加与混合。某种程度来说，这不仅反映了长期变革的本质，而且反映了我们为了解它而依靠的媒介。"文化调适迟缓"（cultural lag）植于印刷文化起源之中。"印刷的出现改变了文本得以生产、流通与消费的条件。但这是以极具欺骗的方式完成，不是以抛弃抄写文化产品，而是用比以往更大量予以复制

---

⑯　参阅 Robert B. Shoemaker，《英国社会中的性别》（*Gender in English Society*，*1650—1850*：*The Emergence of Separate Spheres*?）（London：Longman，1998），第 62—63 页；关于母亲的想象，参阅 Marie-Hélène Huet，《怪幻想象》（*Monstrous Imagination*）（Cambridge，MA：Harvard University Press，1993）。关于母性膜拜，参阅本书第 4 章，第 67—70 页。女性与激情之间关系的对立意义可能在守纪律的"家庭主妇"与放纵的"荡妇"的成对物中得以反映。参阅 Wendy Wall，《上演家庭生活》（*Staging Domesticity*：*Household Work and English Identity in Early Modern Drama*）（Cambridge：Cambridge University Press，2002），第 17 页。

⑰　Hannah Woolley，《绅士的伴侣》（*The Gentleman's Companion*：*or，a Guide to the Female Sex*）（1675），献辞，A3v。

的方式。书写的艺术首先是复制的过程。"⑱出于这个原因,近代早期文化中"如此之性"的聚合可能不仅事关内容,而且事关形式:不仅是对性的新态度,而且是对性的定量显化,在关于"它"的文本出版、传播与消费中激增。⑲

一个恰当的例子就是关于 18 世纪及之前性解剖及行为的最畅销英语手册。尽管在书名与内容方面有各种变化,《亚里士多德的杰作》(Aristotle's Master-piece)一书在该世纪屡次重印,学者们日益将其描述成关于性与性别之态度的分水岭,然而它倾向于对这些事情的传统思维方式,而非创新思维方式予以更多支持。⑳ 的确,如果阴道插入对前现代性文化与实践的重要性弱于其已成之样,那么《亚里士多德的杰作》聚焦怀孕而非性,根据现代标准显然也是如此。贯穿该书所有编辑版本的是对产品而非过程,对生育子嗣(或避孕)而非造就愉悦的首要兴趣,因为该书传递的知识也可能被用于避孕目的。㉑ 然而,该书若干版本所配的卷首插图比较提供了相关思考,即其生育的核心兴趣如何可能得到各种解释。

《亚里士多德的杰作》可归于生育及助产术手册类别之内,书里的大多内容可为此正名。该书有时以小册子形式印制时已是如此(参阅图5.12)。㉒ 该书的有些版本以表述对因想象而起的怪物出生之焦虑的卷首插图为特点。在图 6.1 中,一位以户外为背景的裸体女子身边站着一

---

⑱　Elizabeth L. Eisenstein,《作为变革动因的印刷机》(The Printing Press as an Agent of Change: Communications and Cultural Transformations in Early-Modern Europe)(Cambridge: Cambridge University Press, 1979),第 168 页。

⑲　关于印刷在传奇向条理清晰的经典转型中扮演的角色,以及相关效果的论述,参阅 McKeon,《英国小说的起源》,第 45 页。

⑳　参阅 Roy Porter 和 Lesley Hall,《性知识》(The Facts of Life: The Creation of Sexual Knowledge in Britain, 1650—1950)(New Haven, CT: Yale University Press, 1995),第 33—35 页,了解《亚里士多德的杰作》举证的传统建议、操行与信息类型的概述。

㉑　参阅 Angus McLaren,《生育仪式》(Reproductive Rituals: The Perception of Fertility in England from the Sixteenth to the Nineteenth Century)(London: Methuen, 1984),第 62—63 页。作者引用 1772 年版本中的选段,使其避孕方法为人所知。

㉒　《亚里士多德的全面老到的助产士》(Aristotle's Compleat and Experienc'd Midwife... A Work far more perfect than any yet Extant; and highly Necessary for all Surgeons, Midwives, Nurses, and Child-bearing Women. Made English by William Salmon, M. D. The Sixth Edition)(1733)。

The office of a Maid all Hairy, and
and I fear this was black b, the ima-
gination of their Parents.

Jovis:

图 6.1　卷首插图，《亚里士多德的杰作》（*Aristotles
Master-piece，Or The Secrets of Generation dis-
played in all the parts thereof*）（1684）。耶鲁大学
哈维·库欣/约翰·黑·惠特尼（Harvey Cushing/
John Hay Whitney）医学图书馆。

个黑小孩,下面的图中文字说的是"一位全身长毛的少女,以及因父母想象之故而全身黑色的婴儿画像"。[23] 其他的版本描绘了这位女性与孩子的相似摹本,但没有解释说明,姿势与图 6.1 近似,但如今在一个变化了的背景中,其表达的意思是,他们已从仍然可见的户外步入自己站立房间的相对隐私之中;一位博学的医生坐在自己书桌边写字,书房里摆满了书。这位女性的私处如今有花的图样覆盖(图 6.2)。[24] 两幅图像的人为并置可能让人想起图 4.10 讲述的故事。如天使般的男医生偏好女性;两位医生的衣着非常近似,好似图 5.1 中维克笔下的学者型炼金术士。如果该卷首插图的确描绘了"现代化"的一幕,关于女性的平民家庭常识在此被男性专业人士的特殊知识取代,图 6.2 中医生的出现可能为本版《亚里士多德的杰作》营造了相似的氛围。

　　然而,该印象从图 6.3 另一版本的卷首插图中得以强化,画中的裸体女子适当地(如果算部分的话)遮盖身体,也没有如怪物般的体毛。她置身于满是书的书房内,站在伏案写字的医生面前,但不同于图 6.2,医生也注视着这位女子,似乎在向她说话。[25] 更具暗示性的仍然是房间本身。医生的书桌上摆着很多书,以及一个星盘,墙上与天花板上悬挂着异国爬行动物标本。这些装饰将房间与我们已讨论过的大量"原始科学"空间联系起来:药店、珍宝阁、博物馆、炼金术士以及占星家之宅(参阅图 4.12、5.1、5.3、5.4、5.5)。这些自然秘密专家的服装与坐姿之间有家庭的相似性,但在医生的书房里,占星家周遭的天上、地下、水中奇物的自然艺术品因女性身体的主导存在而被降格为装饰地位,她的私处静待私人揭示与检查。周边空间大概是家庭空间,如果我们想起艾伯蒂的理想书房之后的性别化专有性,我们仿佛在此看到这些术语,可能借此获准突破该原则:如果女性主体被表现为自然的研究客体。我们可能同样假定,图 4.10 中,女性与她们的民间治疗如天助般被排除在外,由此引发的问题

278

㉓　《亚里士多德的杰作》(*Aristoteles Master-piece*, *Or The Secrets of Generation displayed in all the parts thereof*)(1684),有记录的首版。

㉔　《亚里士多德的杰作大全》(*Aristotle's Compleat Master Piece … The Twenty-Ninth Edition*)(1772)。

㉕　《著名哲学家亚里士多德作品集》(*The Works of Aristotle, the Famous Philosopher*)(约1810 年)。

图 6.2　卷首插图,《亚里士多德的杰作全集》(*Aristotle's compleat master-piece*),第 12 版(1722?)。伦敦韦尔科姆(Wellcome)图书馆。

在图 6.3 中得到回答：她们被允许
重回家庭内部，假如她们像脱自己
的衣服一样撇去权威的话。㉖

　　这些有倾向性的意象并列目的
不是去论证《亚里士多德的杰作》之
后版本中的叙事发展（卷首插图的
混合年表本身就抵消了这种解读），
而是释放或提升某些置身于每个意
象之内、彼此孤立的语义潜能。在
图 6.3 中，我们可能希望得出这样
的结论，"女性"与"性"的隐私已经
通过原始科学显化的抽象力量而分
离出来。最后的一幅卷首插图既支
持又驳斥这种解读。图 6.4 描绘的
是与图 6.2 所示近似的户内户外关
系，但此处从门而过的视角显示了
正被打理的花园，而在更全面家庭
化的室内场景中，医生坐在桌边，手
中握杯，由一位全身着装的家庭主

图 6.3　卷首插图，《四部本的亚里士
多德作品》（*The works of Aristotle in
four parts*）（1777）。伦敦韦尔科姆图
书馆。

妇或仆人伺候着。以占星术、炼金术及希伯来文符号为装饰的云帘成为
全景的中心。卷首插图之下的诗文如下：

　　　　我已读过这本有用小册，从中找到
　　　　亚里士多德思想的神来之笔：
　　　　那些有理解能力的读者，
　　　　会认为这的确是本杰作。

㉖　然而，图 6.3 中几近全裸的女性只是众多版本中的变体之一，在另一幅几近相同的卷首插
　　图中，女性是着装的。参阅《亚里士多德作品集》（*The Works of Aristotle. A new edition*）（约
　　1800 年），英国图书馆，书架号 1578/3732；《18 世纪简名目录》（*Eighteenth Century Short
　　Title Catalogue 1990*）（London：British Library，1990），第 3874 微缩卷，第 3 号。关于艾伯
　　蒂（Alberti），参阅本书第 5 章，注释 23。

I'Ve Read this Useful Tract, and therein find
The lively Strokes of Aristotle's Mind :
And they that do with Understanding Read,
Will find it is a Master-Piece indeed :
For on this Subject there is none can Write,
(At least so well) as that Great Stagyrite.
He Natures Cabinet has open laid,
And her Abstrusest Secrets here display'd :
Here modest Maids and Women, being Ill,
Have got a Doctor to advise with still :
Where they mayn't only their Distempers see,
But find a Sure, and Proper Remedy
For each Disease, and every Condition ;
And have no other Need of a Physitian :
For which Good End I'm sure it was design'd ;
And may the Reader the Advantage find.

W. Salmun.

图 6.4　卷首插图，《亚里士多德杰作大全》(*Aristotle's Master-piece Compleated*)(1702)。承蒙英国图书馆惠允。诗文作者是威廉·萨尔姆(William Salmun)。

因为就此主题，没人可以

如伟大剧作家这样写，至少没这么好，

他已把自然的密室打开，

最深奥的秘密于此展现：

端庄的少女与妇人染疾，

在此有医生问诊建议，　　　　　　　　　　281

不只是在此看到她们的坏脾气，

而且有每个疾病，每种症状的

可信得体的治疗；

没有其他医生的需求，

我确信这只是出于善意，

读者可能发现益处。㉗　　　　　　　　　　282

　　这些诗文把《亚里士多德的杰作》置于秘密之书的广阔领域中：如在其他作品中那样，"亚里士多德"在此打开了自然的密室，揭示了深奥的秘密，这不是治国术，也不是经商秘术，而是女性身体的秘密。但书名页用"女性的私人窥镜"这样的词描述该书的"第二部分"，这鼓励我们更认真地阅读相关诗文。它们的含义就是，《亚里士多德的杰作》的私密之处不仅是其女性内容，而且也是女性读者的可理解性。诗文与其说是证明了"亚里士多德"学识的精通，不如说证明了其之于"有理解能力的读者"的易读性。㉘ 也就是说，诗文设想的过程不是顺从，而是内化的过程：不是女性客体顺从男性主体的客观权威，而是书中的男性权威内化，这在印刷层面从任何实际的、性别化的说教场景概述而出，可能借助阅读场景的隐私与虚拟性中的女性主体而内化。女性读者需要的不是"医生"，而是这本书，她们可能进一步自我检查，自我治疗。

　　近代早期如此之性的自主化受众多因素影响，这些因素本身可能已经

㉗　《亚里士多德的杰作大全》(*Aristotle's Master-piece Compleated*)(1702)；此诗归于威廉·萨尔姆(William Salmun)名下，其名出现在众多此类小册子中。

㉘　参考 John Bunyan，《天路历程》(*The Pilgrim's Progress from This World，to That which is to come*)(1678)，N. H. Keeble 编(Oxford：Oxford University Press，1984)，第 134 页的第 1 部分结尾的诗文，这有公共领域及新教自助的类似语调："好了，读者，我已将梦告知于你，/看你能否为我做出解释，/也可向你自己或对邻居讲讲。"

彼此不一致。在关于《亚里士多德的杰作》的讨论中,已经强调了生育从自然奇观的好奇中剥离,但也从外在实践者的专业知识中剥离。伴随着母性崇拜,以及更分散的前现代性行为集中在阴道插入及高潮终极目的,这可能似乎确认,"性"的显化与聚焦如此之生育的现代倾向携手并进。㉙ 然而,生育本身也可能被理解成一个根基,关于性的传统思考习惯性、隐性地嵌入其中。那么,将卖淫、鸡奸、自渎、私通、通奸等被禁性行为的广泛领域联合起来(某种程度上仍然如此)的因素就是生育目的的缺失。娼妓的形象在此领域扮演了关键角色:近代早期对娼妓的着迷尽管过于武断,但这部分源自看似剥离逻辑依据的交媾之性的化身这一事实。当然,其他的逻辑依据仍然存在。一方面,妓女因为钱而非生育这个错误原因行房而受谴责,甚至如我们所见,已婚女性易受"婚内卖淫"的指控,如果她们的婚姻(因此她们的性行为)似乎要么出于金钱,要么出于过于严格的淫荡动机。另一方面,妓女因在唯一得当理由缺失下交媾而受谴责。此处的相关范畴不是婚姻的娼妓,而是"男性娼妓"这种独有的男性鸡奸者,他的性行为可鄙地藐视了生育的社会美德,以及家系的永续。㉚ 我们可能推测,如此之性的出现要求,作为罪愆的非生育之性的全面禁止,与其说是(至少最初)被非生殖交媾的更高容忍推动的更密切探究取代,不如说是被区分这些因自身特殊性而受各种斥责之行为的显化动因取代。

《自　渎》

如《亚里士多德的杰作》一样,18 世纪关于自渎的最畅销作品把传统

㉙　关于如此倾向的某种假说,以及我对此的保留意见,参阅 Henry Abelove,《关于"漫长的 18 世纪"英国"性交"史的某些沉思》(Some Speculations on the History of "Sexual Intercourse" during the "Long Eighteenth Century" in England),见《民族主义与性欲》(Nationalisms and Sexualities),Andrew Parker,Mary Russo,Doris Sommer 和 Patricia Yaeger 编(New York: Routledge, 1992),第 335—342 页;McKeon,《父权制的历史化》,第 318 页,注释 45。

㉚　关于俚语("男娼"、"娇男"、"女王"等)从妓女向鸡奸者的转变,参阅 Trumbach,《女王的诞生》,第 137 页。关于鸡奸与卖淫之间的联系,以及鸡奸者对生育与父系家族的藐视,也参阅 Paula Findlen,《文艺复兴时期意大利的人文主义、政治与情色书》(Humanism, Politics, and Pornography in Renaissance Italy),见《情色书的发明》(The Invention of Pornography: Obscenity and the Origins of Modernity, 1500—1800),Lynn Hunt 编(New York: Zone Books, 1993),第 59、93、107 页;McKeon,《父权制的历史化》,第 309—312 页。

单性模式的各方面永存下来,正当该书对俄南(Onan)所犯的古老原罪予以前所未有的医学化抨击之际。《自渎》(Onania)据称于1710年首印,并通过后续印刷,篇幅增长了三倍,最终新增内容篇幅与原文本身几乎等同。这种现象级增长显然证明该册子的受欢迎程度,特别因为它通过把之前版本读者的来信及相关回信一并纳入而取得,这个策略给《自渎》某种寻求医学自助的期刊文章地位,并确定了作为秘密的自渎公共领域地位,每个人不仅知道这个秘密,而且知道人尽皆知。自渎的虚拟集体性确定了其多种现实性。如《自渎》的作者一度所言,"我的主人罗彻斯特勋爵(Lord Rochester)视之为不仅普遍存在,而且永不终结的诸事之一"。㉛

　　《自渎》以简明概括其主要关注所在的一句话为始:"手淫是一种不自然的行为,世间男女可能借此在无他人协助下玷污自己的身体;迎合肮脏想象的同时,他们设法模仿,或为自己获得此种感觉,即上帝定下的,伴随为延续我们人类之故而两性肉体交合的感觉。"(1)可能,最能立刻受人瞩目的是如是事实:尽管手淫绝不是孤独行为,《自渎》一直视之为如此,好似将其挑选出来,引起关注的用意部分在于将其理解为独特行为。实际上,"他们自己"与"其他人"、"两性之一"与"两性"之间的对比与对"手淫"的强调同步,并在开篇之句中多少对该行为进行辨别;该行为不自然之处不只是非生育性,而且特别是自主性。一位通信者也类似地提到自己作为"有罪的自我对话"的"有害秘密"(108,109)。附录的书名页谴责"一个人的肮脏性交";一位通信者承认"我自己的犯罪知识",该书作者将手淫区分成"不洁行为的一种,在没有目击者的情况下,可能本人亲身而为"(96,48)。

　　自渎的自主性与隐秘性相互强化。作者提议"讨论属于此罪愆,鲜为他人所有的那些特殊原因",并提到了第二个原因,"隐秘性,手淫可能借此

285

㉛　《自渎附录》(*A Supplement to the Onania … to be bound up with either the 7th*, *8th*, *9th*, *or 10th Editions of that Book*),第19页,附于《自渎》(*Onania*; *or*, *the Heinous Sin of Self = Pollution*, *and All its Frightful Consequences*, *in both sexes*, *Consider'd … The Eighth Edition*)(1723),摹本(New York: Garland, 1986),分别标注页码(随后引用源自本版,并在文中圆括号内标示)。新近研究认为,作为邪恶病理学实践的手淫观点是始于《自渎》出版与传播的现代现象。参阅Jean Stengers和Anne Van Neck,《手淫》(*Masturbation*: *The History of a Great Terror*),Kathryn Hoffmann翻译(New York: Palgrave, 2001);Thomas W. Laqueur,《孤独的性》(*Solitary Sex*: *A Cultural History of Masturbation*)(New York: Zone Books, 2003)。

得以进行：所有其他不洁行为一定会有一个目击者，而这不需要……该罪愆的隐秘性已诱众人身陷于此，他们本难被他事诱惑"(11)。㉜ 该行为的隐秘性使对应的出版匿名性成为必要："我请求您就此事尽可能保密"，一位通信者写道。两个手淫的孪生子在提及自己的罪愆及身体后遗症时坦承："迄今为止，我们保守秘密，没有让任何人知晓此事……我们的名字一定不能公开。"(《自渎》，46，字体反转；关于隐秘与隐私，也参阅101，104，151；《附录》，90，91) 姓名的首字母、名字缩写、假名，这些是为此目的而最常使用的手段。作者对隐秘之事敏感，并用一定的篇幅驳斥关于他"泄露我病人秘密"的指责："至于泄露秘密，将病患公之于众，辜负他人的信任……这个控诉实在荒谬……从这些信件来看，没有伤害任何人，里面揭示的，收集之事与任何医学或手术实用手册中讲述的每个案例及故事相比，在这些信件中并不能更多地发现和找到对任何人的伤害。"(《附录》，v，52—53)

因此，《自渎》的作者在公之于众的秘书传统中写作。关于自渎的书写诉诸某些诽谤话语所用的相同文学手法，因此也泄露了对出版私事的相似敏感。㉝ 换言之，《自渎》如现实主义一样，致力于决疑论的"个案史"，这把何为"类历史"的具体特殊性，从何为历史真实的实际特殊性分离。㉞ 然而，在某种程度上，一位通信者提出了一个问题，这类似关于侵犯隐私的问题，但也证明其较难驾驭。它也是手淫话语如何有助于使性的范畴临近显性的例证。通信者 C. T. 质疑，成就手淫的"肮脏想象"是否比手淫本身更为可耻："我认为，不洁想象常常伴随手淫行为，并总是促其发生，它包括了有罪性的最大部分。假如意识到我可能让自己身陷

㉜ 对伯纳德·曼德维尔而言，手淫与卖淫是替代行为。"手淫"是"男孩们学到的第一个淫邪技巧……他们一旦深谙于此，就难以戒除，直到自己开始与女性真实交合：安全、隐秘、便捷、便宜的满足是热衷此行为的强烈动机"。然而，公共妓院会提供女人，帮助"这些秘密行为"的"个人实践者""如在别人身上那样享受同等的便捷、安全与隐秘服务"。《为公共妓院所做的中肯辩护》(*A Modest Defence of Publick Stews ; or, an Essay upon Whoring , As it is now practis'd in these Kingdoms*)(1724)，第30、31、32页，奥古斯都重印协会影印版，第162期，Richard I. Cook 编(Los Angeles：William Andrews Clark Memorial Library，UCLA，1973)。

㉝ 不同于诽谤，手淫话语不在任何特定法律禁忌之内，至少在1710年左右《自渎》首次出版的时候是如此。关于1728年《淫秽诽谤法》的论述，参阅本章注释93—100。关于秘密之书，参阅本书第2章，注释51—55。

㉞ 参阅本书第2章，第158—159页。

于此,我就会把该行为与通常伴随之事分开,我已经亲历过此事,这是非常有可能的。"这与如何防范通过公布真实姓名的方式侵犯隐私的问题类似,因为它也涉及实际特殊性(在此例中是手淫行为)与虚拟(该行为的想象)的具体特殊性的可分性。作者赞赏如是实验背后的动因,但他质疑其可行性。思想的确比行为更邪恶,他认同这一点,"但你可以将此行为与那些通常伴随之事分开,尽管如你断言的那样,我不能轻易相信"(108—109,120)。

当然,这个疑问与如何抵消诽谤的问题之间的差异显而易见,正如它们之间的相似一样。极为重要的是,这个类比涉及极端内化:通信者关注的不是公共领域事件,不是使某些人或某人的秘密公之于众,为众人所知,而是至少根据诽谤问题的设定条件,严格在个人主体的私人领域内发生的行为。此外,一旦转入内在领域,具体虚拟性的地位随之改变。在宏观实例中,虚拟改进了现实:那儿所想之事是诽谤向讽刺或现实主义转型的道德积极产物。然而,在微观实例中,所想之事是原始的,在道德层面是消极的。最终,作者相信将实际特殊性与具体特殊性分离的公共领域可能性在个人主体的私人领域内受挫,可能因为太过亲密的约束。这种信念只是强化了自渎的自主性、孤独性、私密性、隐私性,伴随着不可缩减的虚拟内在性氛围。

想象之工与个人出版之间的无声缺陷类比怎么阐明,手淫如何有助于使如此之性显化?作者早前提醒自己的读者当前任务的极度谨慎之时,这个类比几近提及。的确,这个提醒超越了类比,它意味着,微观与宏观实例,出版问题与想象问题,不仅在隐喻层面,而且在转喻层面都是相关的:

> 我会让读者思考我所言及之事,这与其他道德观点大为不同。因为在谈及其他话题时,人们可能稳妥地说任何对自己意图极为有利的话……但在反驳不洁,特别是此类于所有之中最令人厌恶的不洁之事时,不应该拥有相同的自由,而是人们应受极大限制,不得不以最大程度的慎重与小心自我表述,以免侵犯得体言行。如我承诺的那样,我不会对此感到愧疚,我会以最大程度的严谨评论,因为我知道自己不得不说出某些事情,这可能让我的读者想起那些他们本

该永远忘记的事情，他们因此不能谨慎提防自己的思想与幻想，但某些邪恶的或肮脏的欲望出于恶意而悄然而至。其相关的最细微想象都会使它们在上帝的眼中成为可憎之事。上帝洞察人心，只悦纳那些纯洁正直之人。我心怀歉意，希望这足以解释为何我出于愧疚而予以的省略及隐晦，并以此结束本章。（14—15）

作者出版与读者想象之间的转喻关系取决于如是事实：作者此处的"命名"危险不是关系到本名（因此会有诽谤的风险），而是与理念及意象等"事情"有关，相关风险在其肮脏之处：如果作者在其出版的作品语言中过于细节化，读者的想象就有被腐蚀的危险。在描述如是腐蚀的方法时，《自渎》的作者发现，新教良知语言只能支持自己到如此地步。的确，它能让作者到某种程度：在读者想象的微观实例中，作者出版的读者身份等同物是上帝（的内化），是神圣使命的被动接受对应物，因为自渎行为在最原始与最无形构想中已是罪孽。[35] 上帝读到的是读者的良知，也就是说是读者最隐秘的再现：不是其行为或言语，而正是其思想。作者对公开"自我表述"的谨慎与读者"对自己思想与幻想的私人防范"构成平衡：思想比言词更私密，即便如此，思想与幻想也不足以私密到可以不受"上帝目光"的洞悉。此外，正是作者表述时的谨慎至少在某种程度上决定了读者防范自己思想受上帝裁断影响的能力。[36]

　　然而，新教良知的语言明确意在放空意识的内在空间，并在关口遽然停止，因为它并不是装备好来探测更远之处的领域，探测无意识领域。如我们所见，至此在众实例中，分离的过程是辩证的。一方面，各范畴的彼此分离是将之前已连之物中断。另一方面，分离使之前过于同步，以至于无

---

[35]　在梦遗的情况下，或如果手淫及其幻想是在梦中发生的时候，这种内疚通常得以减轻。较之于《自渎》的作者，罗彻斯特对手淫远没有那么多顾忌，他在自己仿田园诗的克洛琳斯（Cloris）故事中划了一条既清晰又模糊的线："她惊醒了，在清醒中战栗：/上天因此仁慈地抚慰了她；/在被咕噜咕噜叫的猪惊扰的梦中，/她自己的拇指夹在两腿之间，/她既天真，又满足。"《美丽的克洛琳斯躺在猪圈》（*Faire Cloris* in a Pigsty lay），第36—40行，见《约翰·威尔莫特罗彻斯特伯爵作品集》（*The Works of John Wilmot Earl of Rochester*），Harold Love 编（Oxford: Oxford University Press, 1999），第40页。

[36]　关于新教良知，即使命，胜过言语与行为的，更隐秘的思想真实性，以及同时是"法律"与"舆论"的良知地位，参阅本书第1章，注释93—106。

法容许的关系之间的连接成为可能。在无意识范畴的缺失下，作者反而依赖记忆官能，及其把一度存在，但当前消失之事想起的神秘能力。㊲ 在此分析中，读者的立场不是通过上帝（甚至是其内化），而是由世俗主体本人，或更确切地说，由"公众"（即该主体的想象方面）来假定，其"私人"想象通过实际上是审查过程之事的失败而为人所知。此处腐蚀的危险不只是源自外部的思想渗透之一。相反，正是作者对某些事情的不慎重命名，从外部导致了对之前深植于此，并应该永远遗忘之事的回忆。这种回忆反过来损害了思想的"谨慎防范"行为，这让肮脏欲望潜入想象之中，不是源自外部，而是来自记忆，这个"内部"甚至对思想本身的"内部"都是内在的。

288

　　因此，整个体系事关两个层面的审查。首先，在出版的宏观实例中，作者意在通过自己有意的"省略与隐晦"而将出版前的审查强加于自己的书写之上，某些事情借此无名可称。1712 年《印花税法》（Stamp Act）的目的就是迫使作者进行此类的自我审查。其次，在微观实例中，读者通常将某种审查或谨慎防范强加于自己的思想与幻想之上，以此确保邪恶或肮脏的欲望不会达到"最细微想象"的程度，也就是说，不是潜入源自"私人"回忆范围的"公共"想象。在出版的宏观实例中，也存在第三层的潜能，一种介于这两者之间的出版后审查，它规范化地禁止已躲避作者出版前审查的那些冒犯之作的流通。这是 1662 年《印刷法》（Printing Act）的目的，它于 1694 年失效。㊳

　　作者用以描述读者本人内在防范的语言世俗性，不仅由新教主义深度心理学的如是术语不可用性来决定，而且由其反而暗示我们比想象更深程度地了解那些上帝本人都看不到之事的事实来决定。然而，大多数情况下，这些内在审查机制的原始心理分析表述足以与宗教良知的语言匹配。《自渎》的作者已刊印一封来自佩达格古斯（N. Pedagogus）的信，并告诫："如你所愿，为了回答这封来信，我必须有检视并探入你内心情感的自由，去发现似乎介于美德与激情之间的争斗……继续延续你已陷于此的罪愆行为，你与你自己的理性决断为敌，引发将你本人与你自己的恐

㊲　参考沙夫茨伯里用使我们思想的"淫秽含蓄语言""表述"出来的方式，克服源自出版的作者非人格化欲望，参阅本书第 2 章，注释 144—145。

㊳　关于 1712 年《印花税法》及 1662 年《印刷法》，参阅本书第 2 章，注释 30—31、117—118、123—124。

惧隔离的相关争议"(152,154)。新教的内疚决定了对作为罪愆与救赎标记的个人内心所想的持续且谨慎的警觉。无疑,这部分是因为《自渎》坚持把手淫视为孤独行为,并充斥着对自察、自我实验的新教动因,这有助于调动显化动机。该书焦虑雄心的明显动机就是将这种与那种私密或隐私,实际与具体特殊性,直率与合理化,有罪与无辜激情和愉悦拆开。

289　　　　这种显化动机也在作者本人,以及与作者通信之人身上显见。佩达格古斯在自己的长信中一度提及自己的相识,一位手淫的牧师,他是"虔诚的样板",然而"比起享受与自己妻子为伴及交流,他并不更加担心对自己感官本身的满足……我非常确信,如果他认为这是罪愆的话,他不会如此行事"(142—143)。一位女性通信者和该书作者一样认为,手淫是"创造力的滥用",她说道:"就其本身而言,这是邪恶的,婚姻无法弥补,因此我认定婚床被玷污了,丈夫与妻子都犯了罪,不能为了获得这种感觉而实现如此目的。因为尽管男人任何时候都可以繁衍,而女性则不是。"在此情境下,婚姻交媾"在我看来与手淫、鸡奸等同。"(86)另一位通信者考虑到,"为防止你似乎更愿与异性做不洁之事,在与本人行不洁之事之前,应该引诱某些从不知晓除后者之外的任何其他不洁之事的年轻人,以此换下更大的私通罪愆"(106)。换言之,如新教救赎决疑论那样,手淫的决疑论不仅将质疑的主体细分为内在化官能与利益的心灵冲突,而且将看似直接的贞节规则本身细化为变量与资格的聚集。在将私通、通奸、婚姻避孕交媾、鸡奸、手淫之间的道德差异剥离时,实验性调研盘旋划圈,朝迄今未阐明的范畴逼近,其语言驾驭了性本身,即为这些差异提供了作为变量的地位的"常量"。似乎看来,手淫为此实验做出重要贡献,因为将其解读为孤独行为的努力看似把那些最终外在因素清除了,它们是因其他人的在场及参与而被引入的。

　　　　新近研究已认识到道德内省与这样一种性的出现之间关系的重要性。米歇尔·福柯(Michel Foucault)认为,现代"性话语"得益于宗教忏悔技巧。"将其融入科学话语的初始,19世纪借此改变了忏悔的范围。它不再有只是关注主体有意藏匿之事的倾向,而是关注从其本人匿形之事,那些除非通过忏悔之工慢慢获得,否则无法为人所知之事,提问者与被问者在其中有着各自需要扮演的角色。"福柯的追随者们已将此洞见延展,以解释情色话语的兴起,并用如此之性的话语论述其出现,不仅是其

公开显露的，而且直达其存在："关于个人之性的真相是匿形的，向个人讲 290
授这些是使他们为此寻求，并在寻求过程中，使他们的自我更多接受校正
的一种方式……忏悔的技巧不是向知识揭示性欲存在的方法；它是把性
欲与其在此必被揭示的知识方法联系，以此使西方性欲存在的方式。"⑨

　　之前关于《自渎》的讨论说明，福柯的观点既需要回溯，又需要改造：
良知与决疑论特定的新教发展对此过程至关重要，即性在近代早期借助
其总是在此作为"常量"，暂时被遗忘的回忆而成型。⑩ 提及如此之性的
兴起，就是标记传统观点与现代观点之间的不同，前者将淫欲视为摆动且
瞬息之事，后者将性欲视为稳定恒持的个性状态。新教对良知自察、律
己、自制（自有自治）的训谕，预先假定并强化了训诫活动，以及被训诫之
事活动的整体性与持久性。福柯对"压抑假说"（即现代文化对性的禁止、
否定、消声的理念）的批判最具成果，当其被视为坚持压抑与促进的辩证
真相，而非对立（"东拉西扯地"促进的现代的性）。对性的交互压抑与促
进因此成为辩证原则的例证，这在个人出版中更广泛地成为必要。不是
在中世纪忏悔之中，而是通过新教良知及其控制倾向动因的内省力量，性
成为"匿形的"、"秘密的"实体。只有当性是瞬息之时，它才会有时候缺
失。实体的恒定，历时久存，这肯定了如此整体性与存在。"从现代视角
来看……性欲只是看似缺失，因为它必定总在（真正）发挥作用。现代男
女因此假定，当性不在场时，它是匿形的，而不是缺失的。这就使性从根
本上说是神秘的……正是因为新的良知，性在人类精神中神秘地位的新
感知才出现。良知远非只是压制性，它也创造了性。"⑪

　　良知隐私与性隐私之间的辩证及近似在 17 世纪中叶的皈依叙事中
得到恰当表述。言说者，即舰队街的一位囚徒观察到，街对面建筑里的一

---

⑨　Michel Foucault，《性史》（*The History of Sexuality*），第 1 卷，Robert Hurley 翻译（New
York：Vintage，1990），第 66 页；Ian Hunter，David Saunders 和 Dugald Williamson，《论情色
书》（*On Pornography：Literature，Sexuality，and Obscenity Law*）（London：Macmillan，
1993），第 29—30 页。

⑩　本段剩余部分得益于 Edmund Leites，《新教良知与现代性欲》（*The Puritan Conscience and
Modern Sexuality*）（New Haven，CT：Yale University Press，1986），特别参阅其结论部分。
然而，在《论情色书》中，三位作者的确承认历史进程中新教思想所扮角色的重要性，参阅该
书第 35、43 页。

⑪　Leites，《新教良知与现代性欲》，第 143—144 页。关于压抑假说，参阅 Foucault，《性史》，第 1
卷，第 2 部分。性的忠贞可能是现代文化中所有欲望的条件。参阅本书第 1 章，注释 83—85。

位女子让自己及其家庭空间接受他的道德化监视。这位囚徒发现对方是位妓女。他写诗给她：

> 让她悲伤的是，我已知道，
> 甚至我已探入她的秘密过道，
> 用警惕的眼睛观察到，
> 诸如找她的目的，
> 理解他们的秘密信息。
> 我知道他们的着装，常去的地方。
> 看到毁灭在静候着他们。

291

如此对话之后，这位名叫阿曼达（Amanda）的妓女确定自己从以谨慎语言招揽性侵之人的职业皈依，如果我们没有更好理解的话，此番话语可能似乎反而承受这种招揽：

> 洗劫我的箱子、盒子、柜子，
> 拿走里面所有的东西，你会发现，
> 这些东西远远不适合妓女，
> 它们不再和我的思想匹配。㊷

　　如果我们现在重回通信者 C. T. 提出的那个问题，我们可能对为何于他及作者而言，想象可能似乎比手淫行为本身更可憎有更好的理解。讽刺与现实主义的想象虚拟性，其具体特殊性是从真实民众的实际特殊性推论而来，并在道德层面使之高过诽谤。然而，适于手淫的想象在此行为之前，并促其发生；它的肮脏标记着其与内心的隐秘罪恶（用宗教术语来说）或性本身的神秘贮藏（用世俗术语来说）的亲密。也就是

㊷　Thomas Cranley，《皈依的交际花》（*The Converted Courtezan，or，The Reformed Whore. Being a true Relation of a penitent Sinner，shadowed under the name of Amanda*）（1639），第 22、76 页。关于此小册子的讨论，参阅 Cecile M. Jagodzinski，《隐私与印刷》（*Privacy and Print：Reading and Writing in Seventeenth-Century England*）（Charlottesville：University of Virginia Press，1999），第 138—147 页。

说,讽刺与现实主义想象的虚拟性是升华过程的产物,它反过来产生的是讽刺与现实主义的具体特殊性(即非物质性)。然而,可能由外在的意象与想法催生的手淫想象虚拟性反过来成就了手淫本身的肮脏物质性。[43]

　　《自渎》最令人瞩目的特点及其表现的创新思想之一就是前所未有的对手淫的医学化,倾力关注如是论点,即不仅用罪愆这类道德术语,而且用疾病这类身体术语论证手淫对你"有害"。如我暗示的那样,如此之性的现代兴起很大程度取决于其生物化。在此话语中协商的性的身体与心理道德方面之间的关系如何?性是身体或心灵现象吗?此时性的聚合似乎引发了关于心灵/身体问题的阐述,这与如是事实有关,即它显著地具有某种程度上渗入所有经验主义知识的"感官"模糊性。性是"不能为了达到这种感觉而实现如此目的"(86)时仍然留存的东西,是剥离了理想生育终极目的的有形感知,但正是通过那种剥离,我们对如此事物有感知:沉思知识的客体,以及无形的欲望。

　　崇高理论为心灵/身体问题提供了某种回答。朗基努斯(Longi-nus)的古老论述通过经验主义认识论的滤镜进入 18 世纪。根据约翰·洛克的观点,"人心以外的印象在感官上先印了一些印象。至于由人心本身的内在能力所发生的各种作用,则在人心反省这些作用时,亦能成为思维的对象……一切知识的起源……人类在发现各种东西时,便以接受印象为第一步,他后来自然所有的一切观念,亦是建立在这个基础上的。一切崇高的思想虽然高入云霄,直达天际,亦都是导源于此,立足于此"。[44] 在乔纳森·斯威夫特众所周知的表述中,

292

---

[43]　然而,不是所有的同时代人认为有必要赞同想象其他产物的虚拟性与手淫物质性之间这种区别的逻辑。参阅本书第 15 章关于范妮·希尔对"愉悦本身"的抽象概述。18 世纪作家们开始把想象理解成一种植根于"私人"可感现实性,但有益于虚拟性的"公共"领域的官能,关于这点,参阅本书第 7 章。拉克尔(Laqueur)在《孤独的性》中对手淫现代态度起因的探讨,也使他聚焦手淫的想象力量,自主性、隐秘性与孤独性的这些特点使其开始日益致力于个人自由,但对看似完全易受外部控制影响的活动可能性警惕的世界里具有危险性。斯滕格斯(Stengers)和范奈克(Van Neck)在他们的《手淫》一书中不怎么有意直接提大的因果问题,而是倾向于强调手淫主题的第一批开创者——《自渎》作者与塞缪尔·奥古斯特·大卫·蒂索(Samuel Auguste David Tissot)的营销才华。

[44]　John Locke,《人类理解论》(An Essay concerning Human Understanding)(1690),第 2 卷,第 1 章,第 24 节,Peter H. Nidditch 编(Oxford:Clarendon,1979),第 118 页。

圣灵的机械运转，"将心灵或其官能提升到物质之上"是所有伟大人类成就的普遍伴随物。"起源或本原是物质本性，已把人类置于隐形之物的视觉之上。""人类理解位于大脑之内，一定受困于从更低官能处升起的郁气，并因此而四散，以此激发创新，使之富有成效。"我们在宗教启示中看到了这一点，这归功于"某种风的地下恶臭"，特别是在女牧师身上，"产生了某种荒淫。借助得当管理的方式，这种荒淫从肉体之欢提炼为精神狂喜"。此外，"正是相同的本原促使恶霸砸坏讥讽自己的妓女家的窗户，他自然也惊扰伟大君王把强大军队调集过来"。正如促生了法国亨利四世那因谋杀而阒然终止的各类雄心那样，"何等秘密的转轮，何等隐秘的发条能让如此出色的机器运转起来"？"随后发现，这整部机器的运转正是由擅离职守的女人操作，她的眼睛已让"那位著名君主身体某个部位"突起"。"如今，我高兴地得知，在不求助我的郁气的情况下，解释发生在这些特定人物身上的如是想象是可能的。郁气从更低官能处腾起，影响到大脑，因此也融入观念之中。"[45]

这些断言本身是对某类文学风或狂热的戏仿，为多种讽刺目的服务。但它们也提供了该时代极为出色的记述，把人类文化解读为性欲系统，其最多样类型的成就可能在此追溯到性本质，并通过相关指涉得以解释。性本质由郁气、恶臭、风、气息、呼吸组成，深藏于我们体内，既不是物质，也不是精神，而是两者兼而有之。如压抑假说一样，崇高假说同时指出两个方向，对现实与性欲力量既否定，又肯定。正是其缺席意味着更深层次的在场；其"公开的"控制意味着"私下的"自由。促使手淫的想象是肮脏的，因为它是性本身的思想表现；某种性风或郁气假如没有引发手淫的有形活动，可能反而源自以洁净身体的想象为形式的思想。生物学证明了性差异的自然性；良知确认了性的恒久性；崇高培育了铺就所有人类成就之基的性土壤。在《木桶的故事》导言中，斯威夫特描述了"三种方式"，借以"满足在人群中得以聆听的雄心"，以此

㊺　Jonathan Swift,《木桶的故事》(*A Tale of a Tub, To which is added The Battle of the Books and the Mechanical Operation of the Spirit*)(1704，1710)，A. C. Guthkelch 和 D. Nichol Smith 编，第 2 版(Oxford: Clarendon, 1958)，第 266、287、163、157、165、164、167 页(随后引用源自本版，并在文中圆括号内标示)。

预期崇高过程中的这种偏离。不
信奉国教的新教徒讲道坛、泰伯恩
刑场的罪犯楼梯、江湖骗子的舞台
是三种"演说家的方式",第一种在
为《木桶的故事》绘制的原始草图
中得以再现:听众在非国教徒的秘
密聚会点里坐着,一位清教圣徒布
道,他在自己的桶中,远高过听众,
但他自己被四股风监视,风吹动着
室外的树,并通过大窗户渗入房间
(图 6.5)。风在所有三个层面的
明显排放在此起到将不同等级活
动转变为相同之事的作用,这也是
崇高理论的本质。我们的作者,格
拉布街的圣人就此予以阐述,重要
的是,他告诉我们"在这一物理-逻
辑系统的演说容器或设备中包含
着一个巨大的秘密,它是一个典
型、一个标志、一个象征、一个影
子、一个符号,它和幅员辽阔的作
家共和国以及将他们拔高到滚滚
红尘之上的方法十分相似"(55,59,61)。

图 6.5 导言的整版插图原始设计,见
Jonathan Swift,《木桶的故事》(*A Tale
of a Tub*, *To which is added The Bat-
tle of the Books and the Mechanical
Operation of the Spirit*)(1704,1710),
A. C. Guthkelch 和 D. Nichol Smith
编,第 2 版 (Oxford: Clarendon,
1958)。普林斯顿大学图书馆。

性　　书

　　无论手淫实践的实际情境如何,它有独特的存在特质;无论是否为孤
独行为,它终究是自淫活动。《自渎》的开篇句暗示了这种区别的重要性。
自渎者以"迎合肮脏想象"的方式,"设法模仿,或为自己获得"与他人"肉
体交合"的感觉(1)。此话说明,如果手淫想象少见地具备物质性特点,手
淫中的心灵/身体互补含意可能也得以反转。也就是说,不仅是有利手淫
的想象,甚至行为本身就是"想象的"、虚拟的,因为这是对现实性的替代,

如亚里士多德的悲剧一样，是"对行为的模仿"，而非行为本身。[46] 因此，曼德维尔把手淫的"淫荡的把戏"与"女人的实际交合"区分开，怀疑任何男人会"更喜欢这种孩子气的个人愉悦，而不是和美丽女子的真实拥抱"。[47] 塞缪尔·佩皮斯本着这个精神，说道："自我妻子离开后，我新近294 习惯了滥用自己和任何心仪女子的想象，我为此羞愧，会尽力不再如此。"[48]在这些话语中，手淫不仅因为无法生育子嗣，而且因为是社交性的孤独替代而属于反社会。的确，如佩皮斯所言暗示的那样（"任何心仪女子"），手淫的允诺就是交付某些社交性的奖赏，而没有相关的不便及消极后果。这种表述不仅让我们意识到手淫与亚里士多德式想象愉悦的关系，也让我们意识到其与使政治契约、商业市场、公共领域联结的虚拟性之间的关系。[49]

　　表面看来，这可能看似古怪，因为契约、市场及公共领域只是社会性的。但它们社交性的不言而喻是现代经验难以取得的成就，因为所有三者皆为如是问题的解决方案，即近代早期私人从公共，个人从社会的分离，以及社交性的传统标准无视大多数个人利益的如是发现一道提出的问题。因此，所有三者因为反社会，也就是说，对从传统集体性剥离的个人过于关注（的确，因为要支持个人的存在）而遭受持久批评（手淫也是如此）。在市场的实例中，这可能极为明显。17世纪的市场虚拟化为18世纪政治经济及其悖论奠定基础：当个人自利行事时，不仅社交性，而且物质生产力都得以最佳运用。现代经济正统详述流通与交换价值理论，以此验证如是悖论。关于手淫的现代态度全无这种可能性，在少数赞同，与多数对此自恋、唯我邪恶的谴责之间左右摇摆。[50]

---

[46]　Aristotle，《诗学》（*Poetics*），1449b。

[47]　Mandeville，《为公共妓院所做的中肯辩护》，第30、31页。

[48]　Samuel Pepys，1663年6月29日，《塞缪尔·佩皮斯的日记》（*The Diary of Samuel Pepys*），Robert Latham和Williams Matthews编，第4卷（London：HarperCollins，1995），第204页（随后引用源自本版，并在文中圆括号内标示）。

[49]　参阅本书第2章，注释148—158。

[50]　孤独的手淫与政治契约、市场交换、公众舆论之间类比的貌似有理取决于如是理念：如其他这些现代实践，又不同于传统的"面对面"、人与人之间的交媾实践，手淫是非个人的虚拟关系；但出于独特原因，其虚拟社交性是内在的。拉克尔认为，"投机者和手淫者都在用相同的说服手法，但每位通过只多买一件，从而幻想满足的人都是如此……手淫对诸如自私欲望如何可能社交化等所有观点构成终极挑战，并为其提出的挑战提供有限实例（转下页注）

　　《自渎》的多种出版与想象愉悦的理论化同步,后者之后会被称为"美学"效果,其作者对手淫与"文学"文本无声阅读之间因果联系的意识是敏锐的。这不仅在与该联系的明确参照(例如参阅 10,163;《附录》,153)中,而且在我们已于该书中看到的,作者对本人"谨慎与小心"的防范性中显见(15)。为了提防邪恶,却冒了将其引发的风险:"我应该被迫用上本章中的某些表述",他承认,"尽管说话时的用意与猥亵相隔万里,但可能起到相反作用,用那些不洁之事满足了愚民的幻想"(16—17)。决疑论作品中特别忧惧这种反转,其说教与具体实例讲授有关。的确,博学的杰里米·泰勒(Jeremy Taylor)教士写道:"有些人的灵魂如此抗拒神,有些人完全被不洁的灵魂占据,他们把最谨慎、最纯洁的话语变成污秽肮脏的理解:如胆汁充盈的胃会将其中的补品和药物转成苦物一般;从字面意思来说,是把上帝的恩典降为淫荡:他们研究肉欲罪愆中的良知实例,不是去加以避免,而是学习如何冒犯上帝、玷污自己灵魂的方式,用可能照亮所有污秽角落的阳光查照自己的房间。"[51]因此,早期小说只是因出版激发,而非平息性欲淫荡意象而受评判的文类之一。[52] 有些事情不得不发生,在这可能不是作为无意反转,而是坦率算计的书写意图出现之前,我们可能期待这个出现与如此之性的范畴出现相关。我们给此类书写冠以的名字当然是"情色书"(字面之义就是"关于妓女的版画或作品"),这个词在 19 世纪末进入英

296

（接上页注）及样板实例"(《孤独的性》,第 280、291 页)。拉克尔也在别处比较了近代早期关于手淫与卖淫的态度,把它们比作两种互补的"非社会化之性"的模式,这两种模式分别向内、向外地从家庭的社会单位中分开。参阅《社会邪恶、孤独恶德与倒茶》(The Social E-vil, The Solitary Vice, and Pouring Tea),见《孤独的愉悦》(Solitary Pleasures: The Histori-cal, Literary, and Artistic Discourses of Autoeroticism),Paule Bennett 和 Vernon A. Rosa-rio II 编(New York: Routledge, 1995),第 155—161 页。我当前关注个人的现代领域如何把公共与私人之间关系内化,这可能意味着同时代的人们应对以手淫为典范的挑战的方式就是开始把个人内在性领域视为微型社会环境(社会心理、心理分析),而不是视为反社会,社交性的某些最急切问题在此可能得到解答。

[51]　Jeremy Taylor,《圣洁生活的规则与实践》(The Rvle and Exercises of Holy Living)(1650),第 80 页;《自渎》的作者引用了此段。

[52]　关于小说阅读道德与社会效果的理解概述,参阅 Michael McKeon,《散文体小说》(Prose Fiction: Great Britain),见《剑桥文学批评史》(The Cambridge History of Literary Criti-cism),H. B. Nisbet 和 Claude Rawson 编,第 4 卷(Cambridge: Cambridge University Press, 1997),第 248—249 页。

语话语之中。[53] 妓女的性行为借助这种词源逻辑，为如此之性行为提供了提喻。为什么会这样呢？

在 17 世纪，女性仍然拥有与过度性欲望有关的传统联想。她们与"浪漫"爱情端庄纯洁的现代规范联系早在 18 世纪末之前就已确定。根据现代标准，《妓女的巧言》这部 17 世纪末文本在其刻画一位对"爱情"及"淫荡欲望"的虔诚难以区分的（至少是老套的）妻子的意图时令人困惑。根据这种思维方式，爱情与性欲联合起来，与妓女"利益"的替代激情对立。一百年后，妻子的"爱情"会与妓女的"谋利性欲"鲜明地区分开。这种转型对现代性别意识形态至关重要。但它标示的断然中止不应该遮蔽同等重要的延续线索。传统女性的淫荡，现代女性的纯洁都与为出于生育目的，并在婚姻之内进行的性行为正名的如是信念保持一致。同样地，无论是"传统的"还是"现代的"妓女都遭斥责，因为她们的性行为缺少这种正当目的。"情色书"作为涉性作品的公认术语出现，这当然难以借助任何单一因素予以解释。此外，卖淫与性书写仍然和作为经验范畴的如此之性及两者的明显聚合而联系，这个经验范畴可能与其在更大目的中的习惯介入分离。

当然，性与更普通的女性范畴的联系在此时期得以强化。的确，女性在传统上被认为是繁殖之基，且出于在现代人看来必定看似如此之性的同等外在原因，而被认为爱欲过强。但新教内省习惯中的性存在与良知警惕的彼此交错深化了现代的性与女性的关联。我已表明，内省如何断定性的恒久，因此存在对其恒久控制的需求。我也探讨过，在（现代家庭）内在性的次终极舞台上，道德控制的"公共"能动性（治理、管理、雇用）开始与妻子、母亲，以及小国家的行政官相关。然而，她的职责的确不是控制，而是自制的说教。女性通常与命运的跌宕起伏有关，出于这个原因，女性习惯上被禁止遵从恒久性的规则。但传统文化（尽管是"性"文化）要

297

---

[53] 参阅 Ian F. Moulton，《情色书之前》(Before Pornography: Erotic Writings in Early Modern England)(Oxford: Oxford University Press, 2000)，第 5、8 页。妓女的生活类型被认为源自卢西恩(Lucian)的《交际花的对话》(Dialogues of the Courtesans)。参阅 Findlen，《文艺复兴时期意大利的人文主义、政治与情色书》，第 53 页。尽管如此，我会遵循芬德伦(Findlen)及日益众多的学者们的观点，他们把"情色书"与"情色诗"的普遍性区分视为近代早期特别出现之事。

求的恒久性与在现代持续并取而代之的恒久性极为不同。作为贞节的女性忠贞的父系规则将性欲置于社会性之中，并沿着历时轴监督家庭谱系的纯洁性。现代女性忠贞为诸个人道德主体的纯洁性提供模式，这些主体构成现代家庭的共时单位。(54) 现代"忠贞文化"坚持如是承诺："借助比之前相信的更彻底的方式，民众可以成功地控制自己的行为与情感。"(55)现代已婚女性教授丈夫、孩子自制技巧的新责任为新的性纯洁正名，并予以支持。她的丈夫、孩子以自身的具化象征她自己受控的性欲。尽管她的纯洁性因此与从"淫荡欲望"剥离的"爱情"一致，这不是她非性欲化或反性欲化的标志，而是她成为性欲的道德规范者的标志，(再次)如妓女一样，以自己的方式从事"性工作"。这种理解可能使如是令人惊诧的用法更好理解，即在整个 18 世纪，女性一般借此被当作"此性"(the sex)。(56)

情色书的阅读(及书写)被广泛认作对肮脏想象(手淫取决于此)有极大价值的刺激物，且源自此类阅读经验的非生育消耗只是强调了所有文学想象的脆弱性，它们被指控引发了取代现实的宣泄。该世纪末，情感小说会因反社会的替代性而受指责，在完全想象与虚构的背景内，唤起且消耗仁善情绪之举使这种替代性成为必要。(57) 正是在这方面，新近研究已把情色书描述成"性-书的自淫技巧"。(58) 当然，手淫与情色书不是需要彼此，而是它们的联合强化了与孤独之性及无声阅读关联的极度隐私。一位"端庄的年轻小姐"在塞缪尔·理查逊的《帕梅拉》(*Pamela*)(1740)中
发现自己读到了温暖的选段："如果天性应该过于强大的话……尽管羞 298
耻，以及世人的谴责可能会阻止她公开满足犯罪思想，然而她可能私下寻求补救，这可能让她去做最不正常的极端之事。"(59)某位读者对这位小姐

(54) 关于女性贞节规则在此时期重构的方式更全面的讨论，参阅 McKeon，《英国小说的起源》，第 156—158 页。

(55) Leites，《新教良知与现代性欲》，第 146—147 页。

(56) 参阅《牛津英语词典》，"性"(sex)词条。关于该词用于男性，参阅 Mary Wortley Montagu，《致安妮·沃特利(Anne Wortley)的信》(1709 年 8 月 21 日)，见《玛丽·沃特利·蒙塔古夫人书信全集》(*The Complete Letters of Mary Wortley Montagu*)，Robert Halsband 编(Oxford：Clarendon，1965)，第 1 卷，第 10 页。

(57) 参阅 McKeon，《散文体小说》，第 257—258 页。

(58) Hunter，Saunders 和 Williamson，《论情色书》，第 xi 页。

(59) 《被非难的帕梅拉》(*Pamela Censured*)(1741)，第 24 页，Charles Batten Jr. 编，奥古斯都重印协会，第 175 期(Los Angeles：William Andrews Clark Memorial Library，UCLA，1976)。

的忧惧也一目了然。

　　佩皮斯的《日记》中最出名的手淫场景之一发生在他买了人尽皆知的《女子学校》(*L'escolle des filles*)(Paris,1655)之后。该书"普通装订"，是"一本极为淫荡之书，但对稳重的男子而言，偶尔翻阅，让自己了解世间的邪恶，这不为过"。佩皮斯在自己河岸街的书商那里买到此书后就放在一边，直到第二天早晨。随后，他用惯有的精准记录自己的活动，这让我们用杰里米·泰勒笔下的阳光查照他的房间，以便发现其污秽的秘密角落。自1660年以来，佩皮斯一直生活在伦敦城里一座工作、居家兼顾的布局零乱的建筑中。这栋名为海军办公室的大楼也是其主要官员的寓所。在一个日期不确定的早晨，他把时间分摊于自己家庭寓所的私人房间，以及大楼公共区域的办公室，"一边办公，一边阅读"自己新买的书，读了不少内容。晌午时分，他从办公室回到寓所，和旧友共进午餐。随后，男人们"移步至我们的餐厅"，在那里打发了下午，唱歌，饮酒。客人离开后，佩皮斯再次回到自己的房间密室，在那里读完整本书，让自己射精，随后把书烧了；"吃完晚饭，上床睡觉"。为了叙述这次重要事件，佩皮斯恢复使用自己为私密之事专用的英语-法语混合语，如其他日记作者，以及那些避免控诉的诽谤者们采用的技巧一样，这是借以同时隐藏与揭示的方法(《日记》,1668年2月8日至9日,第9卷,1668—1669,57—59)。⑥⓪

　　整版插图2将其关注点局限于私人房间本身。佩皮斯记录自己阅读法国情色书一事的一百年后，法国水彩画家皮埃尔-安托万·波杜因(Pierre-Antoine Baudouin)描绘了一位端庄的年轻小姐中断阅读的一刻，她可能读的是《帕梅拉》，或是臭名昭著的《范妮·希尔》(*Fanny Hill*)。画景是多个封闭与后退内饰之一。小姐密室的圆孔从外面封了两层，房门与窗户被带装饰的屏风和窗帘遮住，与这位小姐所穿的便装呼应，她的右手在自己蓬乱的裙子下触探。⑥① 在她的右边远处，写字台上堆满了各种

⑥⓪　关于佩皮斯在海军办公室大楼的寓所，参阅 Pepys,《塞缪尔·佩皮斯的日记》,第10卷,第29页。

⑥①　波杜因也对此场景有另一番演绎：画中的小姐衣服提到自己的腰间，其手淫过程完全暴露出来(关于此图像，参阅 Laqueur,《孤独的性》,第349页)。对欣赏者而言，更直白的情色书也可能在唤起我们看到的那位小姐体验到的，情色书阅读的勉强感受到的虚拟性方面效果有限。

书籍，有大部头的书卷、地图和地球仪，为这位读者小姐提供借以了解世界的可能。其中一本书的书名显明是游记。在她的左边，一小型十二开卷本从小姐的手指中滑落，落在一只小狗在此休憩的小屋顶部。如它的女主人一样，小狗的腿心不在焉地撒开着，沉入显而易见的幻梦中。

从熟悉的侵入式有利视角来看，我们可能易于把人物形象比喻成介于智力与兽性、精神与感官（吉他和饱腹的小狗）、心灵与身体之间的倚 299
靠。但更可信的是，她正处于两种阅读、外在与内在愉悦的两种虚拟空间、外在发现与自我探索之旅之间。这种手淫描述与因《自渎》激昂焦虑而想起的描述大为不同，不是控制的丧失，而是控制的精妙校准。的确，与图 6.3 的对比可能有所提示，那幅画描绘的是另一个自然世界知识的专有密室。但此处的亚里士多德式医生被女性本人取代，是一幅沉思自学之画，待检查的客体转而成为主体。一方面，情色书将科学实验主体化；另一方面，它把良知内省有形化。此处的手淫位于感官的入口，用想象首先趋上移动，随后趋下进入自知之明，以此避开医学化与道德化的孪生命运。

性书的证据说明，性远非初始最“亲密”的关注所在，此外，在其现代私人化过程中，得到印刷技术及孤独消费的帮助。我们可能会说，现代之前，性要么是“公共的”，要么是（更准确地说）“非私人的”，前者是从服务使家庭与种族永续的伟大集体目的的意义上来说，后者是从与这些伟大目的同步，而非分离的意义上来说。在此情境下，性的话语如其在笑话书、小本故事书、大幅单面画等等出现的那样，拥有一个共享笑话的地位，而非私人满足。它比情色书更淫秽；较之于感官刺激，它更关注社会评论与惩戒。(62) 当然，复辟时期及 18 世纪初，性的经验与景象比后期更公开；正是从这层真实意义来说，包括“前戏”与插入在内的性行为在公共场所更常见，更易进行。(63)

我们将注意力转向 17 世纪英国性书写特点时，发现对如此之性的全

---

(62) 参阅 Hitchcok，《英国人的性欲》，第 14、17 页。

(63) 参阅 Roy Porter，《混合的情感》（Mixed Feelings: The Enlightenment and Sexuality in Eighteenth-Century Britain），见《18 世纪英国的性欲》（*Sexuality in Eighteenth-Century Britain*），Paul-Gabriel Boucé 编（Manchester: Manchester University Press, 1982），第 8—9 页。

心专注非常难以捉摸。(64) 如果我们意在刺激性欲，产生具有与如此之性相关的明确形式的性愉悦，如此形式的稳定化在欧洲被某些学者列为随后世纪后半叶的事情。(65) 彼得罗·阿雷蒂诺(Pietro Aretino)，他的同行及追随者们奠定的文艺复兴基础如何呢？对此问题的答复可能从对英国“自由思想”(libertinism)一词(与情色书的兴起有某种关联性)的历史语义简要深思概括中有所预期。16 世纪至英国内战，“自由思想”主要指宗教的唯信仰论(antinomianism)，并因日益激进的加尔文派得救预定论评
300 判而恶化。(66) 其政治-哲学及性的参照是一种显著但但居次的成型。至复辟时期末，及 18 世纪最初数十年，该词的政治-哲学及性的意义与聚焦于自然神教运动的宗教感知平等竞争，因此，“浪子”此时拥有广泛的暗示及多义的参照范围。此后进入 19 世纪，该词的历史就是稳定的特殊化过程，性的含意借此逐渐成为主导，宗教与政治-哲学含意相应边缘化了。(67)

原始情色书：性与宗教

开始被称为“情色书”的书籍，其宗教意义既深远，又复杂。在某些

---

(64) James Grantham Turner，《近代早期伦敦的浪子与激进者》(*Libertines and Radicals in Early Modern London: Sexuality, Politics, and Literary Culture, 1630—1685*)(Cambridge: Cambridge University Press, 2002)中关于“情色讽刺”的研究记录了这一点。

(65) 参阅 Peter Wagner，《爱神重生》(*Eros Revived: Erotica of the Enlightenment in England and America*)(London: Secker and Warburg, 1988)，第 6 页；Lynn Hunt，“导言”(Introduction: Obscenity and the Origins of Modernity, 1500—1800)，第 10、18、36 页概述了比较文学学者们的学术发现，这些是对《情色书的发明》一书的学术贡献。例外的是，Wijnand W. Mijnhardt，《17 与 18 世纪荷兰共和国的政治与情色书》(Politics and Pornography in the Seventeenth-and Eighteenth-Century Dutch Republic)，第 292 页：“情色书始于 17 世纪末，不仅被其生产者与消费者，而且也被官方权威视为不同范畴。”Moulton，《情色书之前》，导言与第 38—39 页。

(66) 参阅 Christopher Hill，《被颠倒的世界》(*The World Turned Upside Down: Radical Ideas during the English Revolution*)(New York: Viking, 1972)，第 9、10 章；Christopher Hill，《克里斯多佛·希尔文集》(*The Collected Essays of Christopher Hill*)，第 2 卷(Amherst: University of Massachusetts Press, 1968)，第 10 章。

(67) 参考 David Foxon，《英国的浪子文学》(*Libertine Literature in England, 1660—1745*)(New Hyde Park, NY: University Books, 1965)，第 50 页：“对权威的反抗似乎首先采用的是异端，随后是政治，最后是性自由形式；显然情色书与此反抗密切相关。”另一方面，福克森(Foxon)把“如此”情色书的出现置于 17 世纪中叶欧洲大陆伟大作品之中(48)。关于自由思想的有趣且极为不同的论述，参阅 James Grantham Turner，《自由思想的性质》(The Properties of Libertinism)，见 Macubbin，《天性之错》，第 75—87 页；Trumbach，《性与性别革命》，第 3 章。

17 世纪英国祈祷模式中显见的完全性欲化灵性或"神圣的性本能"植根于更早期的基督教实践中。[68]《妓女的巧言》与大多早期情色书采取的对话形式继承了阿雷蒂诺的《合理谈判》(*Ragionamenti*)(1534—1536)的行文,经验老到的老鸨和天真新手之间的说教互动在此深度利用了基督教会的忏悔及决疑论技巧。[69] 新兴情色书得益于宗教形式与知识,这在多种方式范围内显见:如此的自主性,即激发性欲,产生性愉悦的目的因首要宗教目的而妥协。这些目的可能是所有宗教自由思想的产物,尽管如此,仍覆盖了很大的范围。如业余爱好者协会(the Dilettanti Society)一样,在此范围的某端是揭示异教徒与基督徒崇拜的重要性,借此提升性欲,以及为此详述宗教特质及上层结构的尝试。[70] 在此范围的另一端是反教士、反宗教讽刺的消极目的,这如此全面地充斥 17 与 18 世纪的情色书,以至于有时候两者看似密不可分。[71] 这种浪子讽刺作品通过描述主要为肉体追求而行事的宗教人士,以及举行的属灵仪式,以此抨击宗教虚伪,即肉体超凡的内在道德权威谎言。

　　这可能采取粗俗淫秽的直接形式,即一位好色僧侣的阳具勃起,或采取模棱两可的间接诙谐方式。在此论证的更早阶段,我评论了安德鲁·

---

[68] 参阅 Richard Rambuss,《密室祈祷》(*Closet Devotions*)(Durham, NC: Duke University Press, 1998)。

[69] 关于阿雷蒂诺在英国的影响,特别参阅 David O. Frantz,《节日之欢》(*Festum Voluptatis: A Study of Renaissance Erotica*)(Columbus: Ohio State University Press, 1989),第 5—8 章; Moulton,《情色书之前》,第 2 部分:"如果卡斯蒂利奥内(Castiglione)写了《朝臣之书》(*The Book of the Courtier*),阿雷蒂诺就会在《合理谈判》中写交际花之书。"(第 130 页)Turner, 《近代早期伦敦的浪子与激进者》,第 75、124 页,他关注意大利文化的延承与英国本土文化的杂糅。

[70] 关于业余爱好者协会,参阅 Shearer West,《业余爱好者协会画像中的自由思想与男性友谊意识形态》(Libertinism and Ideology of Male Friendship in the Portraits of the Society of Dilettanti),见 *Eighteenth-Century Life*,第 16 期(1992 年 5 月),第 76—104 页;Randolph Trumbach,《启蒙时期英国的情色幻想与男性自由思想》(Erotic Fantasy and Male Libertinism in Enlightenment England),见 Hunt,《情色书的发明》,第 271—282 页。借助后者的学术成果,比较鸡奸者对婚姻圣礼的模拟戏仿,见 Trumbach,《女王的诞生》,第 137—138 页。

[71] 参阅 Roger Thompson,《不堪入耳》(*Unfit for Modest Ears: A Study of Pornographic, Obscene, and Bawdy Works Written or Published in England in the Second Half of the Seventeenth Century*)(Totowa, NJ: Rowman and Littlefield, 1979),第 4、8 章;Peter Wagner,《爱神重生》,第 2 章;Peter Wagner,《18 世纪英国的反天主教情色书》(Anticatholic Erotica in Eighteenth-Century England),见《情色书与启蒙运动》(*Erotica and the Enlightenment*),Peter Wagner 编(Frankfurt-am-Main: Peter Lang, 1991),第 166—209 页。

马维尔对英国国教神学家塞缪尔·帕克（Samuel Parker）出版的反不信奉国教争辩之书的复杂回应。早期在此回应中，马维尔叙述了帕克作为坎特伯里主教吉尔伯特·谢尔登（Gilbert Sheldon）家的牧师进入神职界，不久获任的过程，他举了一个间接方法的例子：

301 不久，他巧妙地使自己赢得恩主的好感，靠的是简短的谢恩祷告和布道，以及模仿取笑清教徒的方式，他知道这会在小教堂和餐桌上用到。他也同样地在所有家仆中拥有极大权威……他有一张多情的脸，（如我告诉你的那样）发现自己是家中公鸡般的牧师，拥有公鸡般的巧智，因而他行使在母鸡中行走的特权……他们看到他是一位早起之人，与人愉快交谈，将自己与他们在一起的时间分为祈祷时间，时而读主祷文，时而读随身大量携带的故事书。牧师与妇人各自所穿的绸缎之间开始互有感应，黑色圣带和衬裙彼此吸引。天真的贵妇们思绪难安，难以区分这是爱情还是祈祷……他只是为了升迁而领受神职，直到他用尽各类浪子手段后，如今他为自己职责的神圣性而激动，甚至狂喜。(72)

马维尔用了我们熟知的，源自国家与家庭类比的转述模式，如今除了国家之地被宗教专业职责占据外，公共与私人的类比因其与神圣、世俗对立的匹配而有意废止。帕克徒劳地设法使主教制度适应家庭生活，小教堂适应餐桌，主祷文适应故事书，黑色圣带适应衬裙，博爱适应爱情。受马维尔的讽刺之作启发，斯威夫特将其改编成对清教圣徒竞争宗教性的批判，并使之成为名作："某天，他在邪恶之人的礼拜堂里夸夸其谈时，感到外面的人让自己陷入奇怪的混乱之中，并受里面的人奇怪的刺激前进：这是受启发的现代人极为常见的效果……圣徒感到自己的容器向各处完全膨胀（这是强烈启发的极为自然的效果）。时间、地点如此不幸地不凑巧，以至于他没有通过重复、祈祷或阅读的方式向上放空的便利，于是被

(72) Andrew Marvell，《被调换的彩排》（*The Rehearsal Transpros'd：Or，Animadversions Upon a late Book，Intituled，A Preface Shewing What Grounds there are of Fears and Jealousies of Popery*），第 2 部分，（1672—1673），D. I. B. Smith 编（Oxford：Clarendon，1971），第 30—31 页。

迫打开下层的发泄口。简言之，他和自己的肉体争斗如此之久，最终将其制服。”(73)如我们所见，斯威夫特的宗教讽刺勾勒出崇高理论，它将如此之性欲隔离成宗教启发的“私人”表述及其不可削减的根基。《妓女的巧言》作者从伦敦妓女寻求启发时，已经运用了该理论的，仍具明显炼金术士特点的阐述版本：“你往你情人的小便之中稍微激发那么点东西，这会给我的月事带来无尽的好处……将我的幻想升华，超越肮脏渣滓之物，当前，这的确奇怪地阻碍了进展。”(74)性是迄今未明，且强调宗教性的物质，这多少通过表面对立的信仰活动暗中标示。

由此来看，情色书内化于淫荡的宗教讽刺之中，它可能被理解成一种方法，即以蓄意削弱的方式使“公共”与“私人”成为类比。因此，两者之间 302 的近似也因它们的差异而饱受抨击。的确，这种不稳定性，这种类比的蓄意失效可能对如此之情色书机制至关重要，即借助恶名昭彰的不合宜刺激。性是我们公共职业、共享的笑话或隐藏秘密的神秘化身。一旦公共动机与目的可疑地被剥除后，这个隐藏秘密就泄露了。因此，宗教讽刺的消极、(反)宗教目的有调整为积极、自足情色目的的倾向。情色书的这种重要结构性矛盾也因《妓女的巧言》中的这个描述阿雷蒂诺式态度的选段而起：“我看过足以匹配此场合的某幅画作草图，它可能支起来，以某种方式悬在某处教堂里，但其背面能引诱宗教隐士，激发淫秽的想法。它可能有这样的模型，并且不费劲地公然在你的寓所出现。有时轻易把画调个头，淫画就出现了，且有让人血脉喷张、激发兽欲的力量……这种怡人的场景一定会明显影响视觉器官，因此根据眼睛发现的多样性来翻页，极美妙和谐的不协和音因此响起。”(75)

原始情色书：性与政治

如果情色书始于对宗教自由思想的服务，它也很快显示与针对政治

---

(73) Jonathan Swift，《论圣灵的机械运转》(*A Discourse Concerning the Mechanical Operation of the Spirit. In a Letter To a Friend. A Fragment*)(1704)，见《木桶的故事》，第 280—281 页。关于马维尔的先例，参阅第 10 页。

(74) 《妓女的巧言》(*The Whores Rhetorick, Calculated to the Meridian of London and Conformed to the Rules of Art*)(1683；New York：Obolensky，1961)，第 15 页。

(75) 《妓女的巧言》，第 129 页。

绝对主义的自由批判的密切关系。如我们在本书第三章所见，国家秘密不仅可以作为家庭秘密，而且可以作为性秘密而被轻易戏仿重构。淫荡规则的秘密真相驱动公共政策，并予以解释。如隐秘一样，性知识深植于内部。在文艺复兴时期末，情色书生产的领袖地位从意大利移到法国，典型的绝对主义政权。英国情色书完全仰仗法国模式与翻译，至少直到约翰·克莱兰(John Cleland)的《欢场女子回忆录》(*Memoirs of a Woman of Pleasure*)(1749)的出版。然而，复辟时期的文学提供了原始情色书植根于政治争论的良好实例，如同其他任何地方可以发现的那样。(76)

当然，这多少算自明之理。英国国教徒与不信奉国教的新教徒、托利派与辉格派、禁欲者与淫荡者，所有人都认为斯图亚特君主制，以及查理二世的“自然之体”的回归开启了一个道德败坏的统治时期。王权政治最终是王朝政治，在结构上与“性欲”之事不可分，也就是说，与发生在公共场合的怀孕、生育、通奸及私生子之事的倾力关注不可分。复辟时期最初
303 三十年里，宫廷生活的一般趋向在鼓励抨击查理统治方面扮演特殊角色，因为允许将公共简化为私人，将政治简化为性：因为父权制类比瓦解成放纵的身份。

约翰·威尔莫特(John Wilmot)，罗彻斯特伯爵(Earl of Rochester)的作品足以记录这个发展。以下是其声名狼藉的诗作三分之二的内容，据说他因此于1674年暂被驱逐出宫廷：

不列颠岛自古就因
孕育基督教徒中最出色的阴门而闻名，
近来因最放纵的国王，最有教养之人
统治而出名(愿他长命百岁)。

---

(76) 参阅本书第11—13章关于贝恩、曼利及其他作家作品的内容。也参阅 Paul Hammond，《国王的两个身体》(The King's Two Bodies: Representations of Charles II)，见《英国文化、政治与社会》(*Culture, Politics, and Society in Britain, 1660—1800*)，Jeremy Black 和 Jeremy Gregory 编(Manchester: Manchester University Press, 1991)，第13—48页；Rachel J. Weil，《有时候权杖只是权杖》(Sometimes A Scepter Is Only a Scepter: Pornography and Politics in Restoration England)，见 Hunt，《情色书的发明》，第124—153页；Harold Weber，《纸子弹》(*Paper Bullets: Print and Kingship under Charles II*)(Lexington: University of Kentucky Press, 1996)，第3章；Turner，《近代早期伦敦的浪子与激进者》，第4—6章。

他没有成名的野心，
不像那位让臣民挨饿，危及王位，
但仍然上蹿下跳的法国傻瓜。
和平是他的目的，他的温柔就是如此；
他爱爱情，因为他如此热衷行欢，
他的高尚欲望并不高过个人能力：
他的权杖和阳具同长，
支配阳具的女人也在把玩权杖，
这让他比自己的哥哥聪明不到哪里。
对君王而言，阳具好似宫廷弄臣，
的确驾驭我们，因为它们让我们快乐。
他是最热衷行欢之人，
有着世上最骄横的阳具：
安全、法律、宗教、生命，
统统不会排除一切来到阴门面前。
他不知疲倦地在妓女堆里滚来爬去，
总是让走狗和私生子开道，
快乐的君主，可耻且可怜。(77)

这首诗以运用进出重音或“歌谣”律的大体抑扬格为特点，并以此为结尾：“我憎恨所有的君主，以及他们安坐的王位，/从法国的恐吓到大不列颠的欺骗。”罗彻斯特因此认可精英的粗俗印象，以及社会结合的混杂声音，它是在对可耻王室行径的极端回应中联合。查理以相关的方式，既在绝对主义强度方面（与路易十四“法国傻瓜”对比）不足，又在自己的，难算自愿的绝对主义类型中逾度。查理完全没有政治“野心”，然而会践踏“法律”和“宗教”，让自己在性方面恣意行事。因此，查理与路易之间的差别不是最初看似的那么巨大。约翰·伊夫林（John Evelyn）告诉佩皮斯：“法国国王有自己的情妇，但嘲笑我们国王让自己私生子为侯……让自己 304

(77) John Wilmot，《讽刺》（A Satyr）（1673），第 1—22 行，见 Rochester，《约翰·威尔莫特罗彻斯特伯爵作品集》，第 85—86 页。

的情妇成为自己主人的愚行。"(《日记》,1667 年 4 月 26 日,第 8 卷,183)
当然,这不完全是查理本人,而是他职权的象征。权杖的提喻代表着王权
的"政治之体",与国王的"自然之体"区分。查理的替代提喻,他的阳具确
切地说是代表自身的"私处",[78]假扮为政治之体的自然之体。在一篇与
罗彻斯特诗作同时代的作品中,查理的"阳具吐口沫,发誓自己会是绝对
之君"。[79] 更准确地说,查理的阳具代表着彼此对立的自然人身体某部
分。绝对权力已从权杖的世界退化为阳具的世界,从公共领域退化到私
人领域,在心灵冲突层面,它"驾驭"国王的理性。然而,作为此替代的结
果,不仅是查理,而且他的臣民都受皇家性欲的驾驭。

　　"和平是他的目的":据 1667 年佩皮斯的联系人之一所言,就在第二
次英荷战争(the Second Anglo-Dutch War)结束后不久,"民众对此变化
的喜悦之情,我完全没有感受到,确切地说,是变得更糟了。他们把它视
为仅暂时保护耽于淫逸的国王而缔结的和平条约,牺牲贸易及其王国只
为自己的享乐……议会担心国家处于某种毁灭状态中,而他们看到,国王
只受自己的淫欲,以及身边妇人、流氓驾驭"(《日记》,1667 年 7 月 27 至
28 日,第 8 卷,354—356)。此外,如佩皮斯与罗彻斯特指出的那样,国王
的阳具可能最终不是绝对的,目的存在于本身的权力,而是邪恶顾问与娼
妓手中的工具。约翰·雷斯(John Lacy)用反映绝对主义落魄的寻常词
语这样发问:"君王的灵魂何曾如此可鄙可怜,/以至于被每个小娼妓奴
役?"这可能过于宽泛。内尔·格温(Nell Gwynne)新近被挑选出来,作
为一位可以辨析阳具与权杖之间不同的皇家娼妓:

> 叫内尔的荡妇在帕尔街(Pall Mall)艰难度日,
> 国王查理二世收留了她。
> 她有操弄其阳具的技巧,
> 但从未染指他的权杖。
> 她内心的确憎恶所有国事,

---

[78] 《牛津英语词典》中"私处"(private part)一词首次列入的时间是 1634 年,然而引用数是最少
　　的。更标准的是"privities"一词。

[79] 《论朴次茅斯公爵夫人》(On the Duchess of Portsmouth),引自 Weil,《有时候权杖只是权
　　杖》,第 143 页。

让政治婊子来处理。
这娼妓合情合理，她的愉悦
就是在发痒之处瘙痒。(80)

看似类比瓦解成身份，公共政策瓦解为性亲密之事主要取决于斯图亚特君主制的王朝本质。查理的职责让我们不仅关注他像一个父亲-丈夫的方式，而且关注他是一个父亲-丈夫的方式。他的家庭行为方式并不令他受欢迎：查理是滥交而出的众私生子之父，有着可耻的“女性气质”，受女性性欲奴役，从仍然活跃的意义上来说如此。(81) 换言之，查理至少在 305
这方面是反家庭的“浪子”。尽管性与政治的自由思想原则上互补（既规避权威的约束，又予以驾驭），在斯图亚特王权实践中，它们彼此之间似乎有更矛盾的关系。一方面，性与政治的自由思想是对立的，因为查理的阳具取代了权杖：正是他自己的淫荡，使其放弃奴役臣民的绝对主义野心。另一方面，它们是结盟的，因为查理的阳具是自己的权杖：他的淫荡在政治层面有绝对主义后果。(82)

国王的性绝对主义的这些辩证含意可能在不完整的密室戏剧《所多玛与蛾摩拉》（*Sodom and Gomorah*）中得到最无情的揭示。这是写于 17 世纪 60 年代的英雄体戏剧深度嘲讽之作，与关于查理二世的罗彻斯特的《讽刺》（Satyr）有明显关系。(83) 国王博洛西尼亚（King Bolloxinian）这样说道：

让其他手拿权杖的君主，

---

(80) John Lacy，《讽刺》（Satire）（1677），第 7—8 行；《内尔·格温》（Nell Gwynne）（1669），见《国务诗歌》（*Poems on Affairs of Satire*：*Augustan Satirical Verse*，*1660—1714*），第 1 卷，George deF. Lord 编（New Haven，CT：Yale University Press，1963），第 426、420 页。

(81) 关于“女性气质”，参阅 McKeon，《父权制的历史化》，第 308 页。

(82) 参阅 Weil，《有时候权杖只是权杖》，第 142—151 页。我得益于此作者就这些问题的有趣论述。

(83) John Wilmot，《所多玛与蛾摩拉》（*Sodom and Gomorah*）（约写于 1673 年至 1678 年），见 Rochester，《约翰·威尔莫特罗彻斯特伯爵作品集》，第 302—333 页。哈罗德·拉夫（Harold Love）更愿意把克里斯多佛·菲什本（Christopher Fishbourne）当作该剧的可能作者，但无法把罗彻斯特排除在外。参阅 Rochester，《约翰·威尔莫特罗彻斯特伯爵作品集》，第 497—498 页。随后引用源自本版，并在文中圆括号内标示。

用恐惧统御不怎么敬畏自己的臣民，

成为王冠的奴隶，我的国家就会自由：

我的阳具只是我的权杖。

我的法律会带来更多的快乐，

我会用阳具与命令统治全国。（303）

但不同于罗彻斯特的《讽刺》，《所多玛与蛾摩拉》不是把查理嘲讽为交际花的热衷者，而是皇家鸡奸者。更早的时候，我评论过，作为规范标准的异性行为的出现与同性行为的消极标准对立，这可能支持了社会政治解读，如果我们在当时日益对"鸡奸"的敌视中看到更聚焦的，反对娈宠、绝对主义顺服的"性欲化"法规的话。《所多玛与蛾摩拉》引发如是解读了吗？

这出不完整的戏剧主要表演在"开场白"中得以概述：

万能的阴门，博洛西尼亚在此

乐此不疲，也的确解雇了司库；

他让自己的阳具由此至臀游荡，

认为抬眼看一位侍女就是叛国。（302）

尽管从未完全指明，异性行为的政治似乎不是博洛西尼亚-查理已宣布的叛国之行，而是直到如今，其同性替代的绝对禁止已执行了。至少，这是此事实的含意：国王如今用语言坚称自己的皇家特权。这番语言让人想起查理于1672年颁布的《信教自由令》（Declaration of Indulgence），该法令废除了由十年前的保王党议会（Cavalier Parliament）颁布的，针对罗马天主教徒及不信奉国教的新教徒的刑法。博洛西尼亚-查理对自己的某位朝臣下令，其在剧中的角色是"尊贵的娈童"：

我必须回报那些让我快乐的人，

因此博拉斯特斯（Borastus）让全国自由：

让良知拥有自由的力量。

我的确宣布鸡奸全国合法，

306

因此阴门不会遭受辱骂。（305）

　　我们如何理解国王对罗马天主教与娈宠放纵之间的含蓄类比？首先，对鸡奸的日益公开的反对在何种程度上是反对娈宠的方式？历史阐释的当前问题使如此之事充满不确定性，即我们要如何解释博洛西尼亚-查理会沉溺其中的同性行为的文化意义？一方面，此类皇家法令面向“全国”的国家范围，因此看似一般指男性鸡奸。另一方面，法令的精神（“我必须回报那些让我快乐的人”）更明确地指向娈宠，这也适用于贯穿这部宫廷背景戏剧中得到丰富表现的此类鸡奸。1672 年的《信教自由令》被广泛视为一种伪善的策略，用针对新教异议的自由化宗教政策的借口鼓励英国天主教，以及与法国绝对主义的秘密媾和。[84] 可能，博洛西尼亚-查理用类比的方式把自己对朝臣的娈宠式恩顾表现为对良知的个人自由的打击，对公共（即议会）绝对主义的反抗，以及对婚姻疲倦与专制的，放荡且符合自然法的抵制。[85]“阴门不再是我仰慕之物”，这位国王抱怨道：“勤政已消殆了我的欲望。”（304）这部分是习惯之事，部分是生育的功能（“生育毁了阴门”[325]），部分是微型绝对主义的难以忍受的顺服：

　　　　外表可能会变，但阴门仍然是阴门，
　　　　他仍是女人意愿的奴隶，恣意寻欢。（323）

另一位“国王的娈童宠儿”这样说道：

　　　　旧时的好色何等简单，
　　　　何等满是羞耻，何等软弱与冷漠，
　　　　限于法律的拘谨，

---

[84]　关于 1670 年查理二世与路易十四签订的《多佛秘密条约》（Secret Treaty of Dover），参阅本书第 10 章，注释 70—75。

[85]　此处赋予娈宠，将同性提升高过异性活动的语言，以及罗彻斯特在相似主题诗歌《献给女性的爱》（Love to a Woman）（Rochester，《约翰·威尔莫特罗彻斯特伯爵作品集》，第 38 页）中使用的语言，两者之间的近似性可能支持将《所多玛与蛾摩拉》归于罗彻斯特名下的观点，恰逢它指出了如是不可能性，即关于娈宠的如此不同态度可能已由同一个人表述。

当妇人从未见过丈夫的阳具时，
但当驾驭淫欲，或出于责任让他拔出，
并用同等的快乐交合时，
仿佛这是恶毒违背意愿；
先是摩擦，后是射出，然后欢吟整晚。
307　　我们追求的是自己感官决定之事：
我们研究快乐，并找到新的方式。（323）

　　因此，严格的新教教义之于罗马天主教义，恰如异性行为之于同性行为。天主教阴谋（the Popish Plot）发生之前，反天主教是英国政治中最流行的纲领，罗马教会与专制、绝对主义的联系广为人知，这说明对读者的普遍性而言，博洛西尼亚关于此类比的观点何等缺乏说服力。当然，昆蒂格蕾西娅王后（Queen Cuntigratia）对此皇家法令有不同看法。她的未婚侍女之母警告：

成婚当天你会懊悔，
因为他既不和你交欢，又不折磨你。
阴门。那个暴政极大让我悲痛：
我能驾驭一切，但让我的阴门舒缓除外。（307）

她告诫自己的丈夫：

你如果长时间远离我
摆脱了阴门的愉快困境。
你要在家，就该如善良的丈夫那样上我，
我不会用卑鄙的方式玷污你的血统。（312）

一位侍女敦促昆蒂格蕾西娅把自己，而不是把她的国王丈夫视为顺从不义专制，并加以反抗之人。

尽管他是您荣誉的暴君，

您的阴门可能主张臣民自由。(315)

昆蒂格蕾西娅决意寻求"种马",即巴格兰西斯将军(General Buggeran-thes),并因此获得自己自主主体身份(315)。但国家很快受"传染性的"性抱怨影响,博洛西尼亚-查理最终询问皇家医生,"哲学家"(329)如何应对这些邪恶之事:

> 使他们所有的权利重回爱与天性:
> 与妇人行欢,不再有龙阳之好。
> 这种可能结果的确会毁掉
> 天性赋予我们的享受愉悦。(330)

在一位交际花所说的"收场白"中,这种天性权利道德得以扩展:

> 尽管后庭的火炙烈无比,
> 但它能比阴门的不朽之火更销魂?
> ……
> 告诉我哪一个最能助你坚挺!
> 体毛席卷之地
> 在纯爱中弯曲,滴入每个人心灵。
> 我们得以怀孕
> ……
> 我们裸身伺候着你,
> 你会忘记男人那野兽般的后庭。(332)

308

　　《所多玛与蛾摩拉》所用的语言具有如此滥交与古旧之意,以至于它不能被明确解读为抨击宫廷变宠的讽喻。读者可能的确发现,话语方式已成为目的:正是描述细节的力度将其置于从淫秽政治讽刺到情色书的标尺上的高级地位。但天主教与同性行为之间的对比如此显著,以至于它鼓励我们通过上属、下属等级的共有主题,把对变宠的明确抨击,而不是对鸡奸的泛泛抨击视为国家中的绝对主义顺从的"性"表述。实际上,这个对比把"新教徒"、"天主教徒"等显化的，且完全明白易懂的范畴用于较少被开发的性行为场域，可能借此确保读者会把性差异视为易受相似明确理解影响之事。我们习惯于把 17 世纪"宗教"本身视为不完全从"政治"分离之事。在《所多玛与蛾摩拉》中，天主教与娈宠之间的对比让同时代的人们不仅意识到"性欲"当时如何深植于"政治"之中，而且也意识到它们可分性的术语。该剧的放荡虚无主义（里面的人物都没有好结局），以及萦绕其道德的轻率机会主义氛围，使读者再次极难把《所多玛与蛾摩拉》当作性别差异与性欲的新兴私人规范简要来阅读。然而，我们在《夺发记》(*The Rape of the Lock*)(1714)及其本身添加的结尾中寻找一个可资比较的，如果是更有条理的，源自更公开根基（现代性会将其视为家庭生活的隐私）的抽象概述，那么这可能更糟。⑧⑥ 可能，这就是"和谐婚姻"看似之事，正如早期从父权血统根基中剥离的过程那样："你要在家，就该如善良的丈夫那样上我，/我不会用卑鄙的方式玷污你的血统/……体毛席卷之地/在纯爱中弯曲，滴入每个人心灵。/我们得以怀孕。"

　　在文艺复兴时期的意大利，国家的绝对主义技巧通过理性从国家理性，道德、美德研究从政治、"美德"(*virtù*)研究分离而成型。⑧⑦ 从政治视角来看，国家理性是上层理性形式，剥除了非理性的道德唯心论。从道德视角来看，国家理性完全不是理性，而是激情或利益。在复辟时期英国的王朝政治中，绝对主义国家理性的合理性令人质疑，当其从道德唯心论分离变得可疑之时：不仅因为绝对主义对诸如君权神授等学说的非理性依赖，也不仅因为它非理性地支持国王的利益，反对明显更重大的国家政权利益，而且因为斯图亚特绝对主义似乎为性放纵牺牲了国家理性，将如此之政治让位于如此之性。因此，文艺复兴时期道德从政治的分离在另一个层面，被扼要重述为复辟时期政治合理性从性欲非合理性的分离。

　　当然，对性浪子而言，这只是两种不同类型的激情。查理二世的问题不仅是他极力将两者联合起来，而且是在选择的必要性下，他似乎并不确定哪一种放纵更高贵，更有利。罗彻斯特甚至倾向于把术语反转过来（即

---

⑧⑥　关于这几行《夺发记》(*The Rape of the Lock*)的简要解读，参阅本书第 8 章，注释 70—74。

⑧⑦　参阅本书第 1 章，注释 6。

“伟大”与“渺小”对峙)，公共与私人事务的比较评价借此依据习惯而成。在给亨利·萨维尔(Henry Savile)的信中，他写道：“李维(Livy)的书籍以及疾病让我有些倾向于政策。当我进城时，我毫无疑问地丢掉那种荒唐，为了一些不那么荒唐的东西，无论是酒还是我不知道的妇人……在我看来，那些在我们小政府里的大人物和上学孩童同等可笑，后者竭尽所能，甘冒风险爬上山楂树，为了连肥猪都会鄙夷，如果不是肚饿，绝不会吃的那些果子冒生命危险。”在英国因国王绝对主义激情而将其驱逐之前的数月，约翰·埃瑟里奇爵士(Sir George Etherege)说道：“较之于在宫廷花时间窃窃私语，发现君王的野心计划，在寒酸的马车里翻滚，发泄城里的无害淫欲是更让人愉快的事。”(88)

对复辟时期英国的情色书问题而言，这些情感的含意为何？查尔斯·沃尔斯利(Charles Wolseley)为罗彻斯特反驳马尔格雷夫伯爵(the Earl of Mulgrave)(匿名)批评做辩护，并被迫细数众多区别，这导致了与现代人倾向意指之事的有效分离，当他们把文本称为“情色书”之时。马尔格雷夫暗指罗彻斯特于1681年临终皈依的谣言，并由此认为对方的诗作极为低劣：

> 如所有其他的一样，此处最不恰当的
> 就是公然的淫语假以巧智的可怜借口，
> 正如新近皈依者所做的恶心诗作，
> 这恰当地称为对他的阴暗谴责。
> 不是让人心醉快乐的温暖思想，
> 可以令最贞洁或最善良的人震惊，
> 而是淫秽之语，太恶心以至于无法调动情欲，
> 正如燃物的堆砌只是让火熄灭。

(88) 《致亨利·萨维尔(Henry Savile)的信》(1676年春)，见《约翰·威尔莫特罗彻斯特伯爵书信集》(*The Letters of John Wilmot, Earl of Rochester*)，Jeremy Treglown 编(Chicago: University of Chicago Press, 1980)，第117、119页；《乔治·埃瑟里奇爵士(Sir George Etherege)致威廉·杰夫森(William Jephson)的信》(1688年3月8日)，引自 Harold Weber，《复辟时期的浪子-英雄》(*The Restoration Rake-Hero: Transformations in Sexual Understanding in Seventeenth-Century England*)(Madison: University of Wisconsin Press, 1986)，第49页。

这位作者的名字不值得颂扬，
他让本意调动的欲望为人所厌。(89)

沃尔斯利首先挑战马尔格雷夫对诗歌形式与内容的混淆，也就是说，相信
310 “诗人的巧智将通过自己主题的价值来衡量……在所有真正的诗歌中，让诗歌主题或事由就其本身而言既不如此伟大，也不如此高尚，这仍然是成就价值的方式”。(90) 其次，沃尔斯利从道德问题转到不同的巧智问题：“巧智本身，正如其有时候可能不合时宜、离题那样，因此在别的时候，它也可能是放纵的、不义的、不感恩的、完全不道德的，然而它仍然是巧智。”(24)第三，他认为，这种区别要求我们知道诗歌的目标读者：罗彻斯特无意“让那些马尔格雷夫感到被冒犯的诗歌成为在国王的小教堂唱的赞美诗，他的其他淫秽作品（然而它们可能已被滥用了）也不是为贵妇的内室、教士的密室而作，不是为了任何公众或平民娱乐而作，只是为那些他常以相伴而增魅，以友谊来添光的，为数不多的快乐知己私下消遣而作”(25)。换言之，遗腹之作的出版已将罗彻斯特的作者身份非人格化，将他的私人作品在整个公共领域无差别地传播，这包括他本人小圈子之外的私人场所，他无意让自己的诗歌被听到的，以及显然不合适的那些人。

沃尔斯利的前两个观点可能让我们想起遭受杰里米·柯里尔(Jeremy Collier)抨击的那些剧作家，他们会很快开始使阅读的隐性及共识的惯例显化，以此为自己辩护：作者在道德层面不与自己笔下的人物同步。(91) 沃尔斯利的第三个观点尽管也有将作者当作自主道德主体与动因而剥离的倾向，但它可能比之前的两个观点更需要特定的情境，即成熟的印刷文化聚合成批评经典。无论如何，正是在当前，沃尔斯利做出对如此之情色书的显化至关重要的区别。沃尔斯利评论道，马尔格雷夫指责罗彻斯特不是因为淫秽，而是因为“公然的淫语”：淫秽“太粗

(89) John Sheffield，《论诗》(*An Essay upon Poetry*)(1682)，第 22—31 行，见《17 世纪评论文集》(*Critical Essays of the Seventeenth Century*)，J. E. Spingarn 编，第 2 卷(1908—1909；Bloomington：Indiana University Press，1957)，第 288 页。

(90) Charles Wolseley，《瓦伦提尼安》(*Valentinian，a Tragedy，as 'Tis Alter'd by the Late Earl of Rochester*)(1685)，见 Spingarn，《17 世纪评论文集》，第 3 卷，第 15、17 页(随后引用源自本版，并在文中圆括号内标示)。

(91) 参阅本书第 2 章，注释 137—142。

俗”，以至于达不到作者“本意”，即“激发欲望”的目的。沃尔斯利问道：“他认为，所有类型的淫秽诗歌都是意在激发欲望吗？他不知道淫秽的讽刺有完全不同的目的，远非意在激发欲望，全部力量一般转而约束欲望，将其控制在恰当范围之内，以此非难不义意图，遏制那位无法无天的暴君过分之举吗？这些淫秽讽刺的本质就是我的罗彻斯特大人的大部分淫秽作品，特别是他的那些诗歌。”（27—28）如果马尔格雷夫希望体验自己想象罗彻斯特本意为此的那种淫秽，“让他去读《女子学校》（即佩皮斯为此手淫的作品）；如果他在此读到的那些淫秽词语及描述不能激发他的欲望，全世界会恰当地认定，它不仅非常无趣，而且绝对无效”（29）。沃尔斯利将淫秽诗歌范畴分为两个次范畴。首先，淫秽讽 311
刺旨在批判最终源自欲望许可的邪恶。其次，我们已经学会称为（淫秽）情色书之物意在激发性欲，产生性愉悦。

在将光荣革命与法国革命分离的这个世纪，情色书通过学习将关注度集中在性激情的激发，而不是宗教与政治激情约束的方式，开始成为一个独立的文类。这不是一个简单的过程。后世学者把政治自由思想既视为性自由思想的赋能工具，又视为日益缩小的专业化中的重要力量。情色书作者们在叙事中追求如是原则，即在无视政治、社会及性差异情况下，身体应该为人所得，可以互换，由此使对权利与获得的普遍性信仰适应善事。萨德侯爵（the Marquis de Sade）将所有更特定的对立纳于主仆抽象对立之下（从迄今为止把绝对主义政治的特定之事普遍化的意义来说，这是抽象的），他借此既把这原则发挥到逻辑的极致，又参与了情色书的非政治化过程。至 19 世纪初，伦敦激进分子正从政治（在政治层面具有情色书特点）出版向公认的现代情色书标记转变，性欲的唤起，以及性愉悦的产生在此作为自身目的而得以探求。(92)

---

(92) 参阅 Hunt，“导言”；Margaret C. Jacob，《情色书的唯物论世界》（The Materialist World of Pornography）；Kathryn Norberg，《放荡的娼妓》（The Libertine Whore: Prostitution in French Pornography from Margot to Juliette）；Lynn Hunt，《情色书与法国革命》（Pornography and the French Revolution），均见 Hunt，《情色书的发明》，第 44、45；182；250—251；326、329、330—332、335—338 页。这些学者也强调此时期情色书中性别差异的消除是相关现象。也参阅 Iain McCalman，《激进的下层社会》（*Radical Underworld: Prophets, Revolutionaries, and Pornographers in London, 1795—1840*）（Cambridge: Cambridge University Press, 1988），第 10 章。

《淫秽诽谤法》

情色书在 18 世纪英国作为一个独特实体开始成为众人关注的焦点，不仅通过诸如沃尔斯利等读者们的敏锐，而且通过疏导、抑制其奇特"隐私"的"公共"努力方式。然而，在情色书的实例中，国家管理的术语于现有英国法律内并不是立即存在，因此它们来自普通法与教会法的两个不同领域。《淫秽诽谤法》(the Law of Obscene Libel) 得以成型的实例就是臭名昭著的情色书作者埃德蒙·柯尔 (Edmund Curll) 的事例 (1725—1728)。[93]

在 18 世纪初对禁止淫秽与情色书出版的法律进行合理化阐述中，我们可能看到将性欲隐私视为与个人独特性的隐私相关但不同之事的尝试。沃尔斯利声称，罗彻斯特的诗歌"目的"或"意图"可能通过辨识自己最初创作的特定私人读者来评断，这已证明了文学批评中的一个重要方法。然而，对法律而言，需要不同的评判标准。诽谤法根据保护私人财产的法律模式界定了个人名誉的隐私，[94]但在出版性话语隐私时的冒犯与特定受害者的个人名誉无关。因此，融合性的《淫秽诽谤法》既利用诽谤法律模式，又从教会法领域中寻求真实受害者、公众本身可能借以从性隐私知识中获得保护的模式。

与婚姻法一样，淫秽法的演变使教会法院与普通法之间的管辖争议成为必要。两者之间含糊不清的叠覆，英国法律传统的甚至定义性的特点，正变得更难宽容，而宗教与世俗关注之间的区别日渐因它们发展中的可分性观念而恶化。1676 年，首席大法官马修·黑尔 (Matthew Hale) 辩称："基督教是英国法律的组成部分，因此指责基督教就是用话语颠覆法律。"正式出版前的许可被废除的四年后，《亵渎治罪法》(Blasphemy Act) (1698) 已明确谋求指明可依据普通法予以起诉的"宗教"亵

---

[93]　关于柯尔案子的有价值论述，参阅 Donald Thomas，《长时燃烧》(A Long Time Burning : The History of Literary Censorship in England) (New York：Praeger，1969)，第 78—84 页；Hunter，Saunders 和 Williamson，《论情色书》，第 50—56 页。

[94]　关于旨在惩罚曝光真实人物的诽谤法，参阅本书第 2 章，注释 114—116；关于作为私人财产的个人名誉，参考马维尔所言，本书第 2 章，注释 109。

渎范围。⑮

　　1725 年至 1728 年的三年内,柯尔的案例引发争议。⑯ 1725 年,柯尔被带上王座法庭,主要原因是他在前一年出版了《修道院里的维纳斯,或身着罩衫的修女》(Venus in the Cloyster, or the Nun in her Smock)(1683)新英文版。该英译版最初与让·巴兰(Jean Barrin)的法文原著同年出版。尽管柯尔很快被判有罪,判决在管辖理由方面搁置。柯尔的出版是否应该被起诉,此事并没有异议。用持异议的福蒂斯丘法官(Justice Fortescue)的话来说:"我承认,这是极大的亵渎,但我也知道我们没有可以对此进行惩罚的法律。"(159)存在几个问题。的确,亵渎的方式决定了针对诽谤罪的时效起诉:"宗教法庭只是惩罚以言辞为方式的个人精神中伤;如果这沦为书写,它就是有时效的冒犯……没有简化为书写或印刷的,宗教法庭从中干涉的实例。"(156,158—159)然而,"诽谤"是"技术词":"这是印刷并不影射任何人的淫秽作品:诽谤一定是针对某特定人或众人,或针对政府,是不适合公开提及的东西。"(159,157)也就是说,如《自渎》一样,《修道院里的维纳斯》不是"指明"实际的人,而是肮脏的想法或意象。因此,在福蒂斯丘法官看来,该书远不符合关于诽谤的经典描述,"更确切地说,它是为了揭发罗马教士、忏悔神父及天主教的目的而出版"(158)。福蒂斯丘的解读借此也说明《修道院里的维纳斯》在现代词语中更多地是作为"淫秽"而非"情色书"为人所知,其性自由思想至少通过这位读者而被认为嵌入宗教自由思想之中。对此判决进行辩护之人挑战了如是观念:诽谤必然有特定(可能是个人)的参照。相反,"它受这个新增添的表述词语的辖制……假若如此,它可能作为淫秽的小书而立足"(159,157)。

313

---

⑮　《R. 诉泰勒》(R. v. Taylor)(1676),引自 Thomas,《长时燃烧》,第 66 页;关于《亵渎治罪法》,参阅第 67 页。关于这些事宜中宗教与世俗法庭之间的关系,也参阅本书第 1 章,注释 111—114。

⑯　《R. 诉柯尔》(R. v. Curll)(1728),见《柯贝特国家判决全集》(Cobbett's Complete Collection of State Trials),Thomas B. Howell 编(London:Hansard, 1809—1826),第 17 卷,第 153—160 栏(随后引用均在文中圆括号内标示)。豪厄尔(Howell)把三年内试图对柯尔定罪的若干阶段的观点囊括在内。在随后关于柯尔案子的记述中,为了方便起见,我常常并不对它们进行年表区分,对相关讲述者也是如此。豪厄尔也把涉及当时与柯尔案子相关的其他案子的观点素材包括在内。

　　为给这种宽泛解释正名，惩罚柯尔的判决辩护者们不得不反驳第二个紧密相关的异议，这事关在王座法庭审判柯尔的合宜性。根据他们心存怀疑的同僚所言，《修道院里的维纳斯》不是有时效的非法行为，而是精神不道德之举。这是"'违逆善行'的冒犯"，"无论有怎样腐蚀民众道德的倾向，都应该在宗教法庭遭受谴责"(153)。针对这一点，相关回复是，王座法庭也处理"违逆善行"的冒犯。根据总检察长所言，柯尔的出版削弱"政府"、"宗教"或"道德"，"也是扰乱国王的治安"(158,154)，是"对普通法的冒犯，因为它有腐蚀国王臣民道德的倾向"。但我们如何将有时效的冒犯与精神冒犯区分？"我并不是坚称每个不道德行为都是可起诉的，"总检察长继续说道，"恰如说谎等事：但如果它对一般的道德具有毁灭性；如果它的确或可能影响国王的全体臣民，那么它就是具有公共性质的冒犯。根据这种区分，特定的私通行为在世俗法庭就不可惩罚，妓院也是如此"(155)。雷诺兹法官(Justice Reynolds)阐明了"这种理性的区分"：诸如私通，以及其他这类"荒淫冒犯"等"不道德行为"公认"只是心灵领悟；但那些是特定行为，起诉在此是对冒犯者的灵魂救赎，而不是在它们具有普遍的不道德倾向的处境中"(158,155,159)。普通法在开始针对妓院时，借此含意起诉普遍行为，而非特定行为。之所以这样做是为了普通公众的健康，而非特定冒犯者的健康。

　　世俗法庭承担保护公众道德健康的职责，为了支持这个观点，总检察长举了之前的查尔斯·塞德利爵士(Sir Charles Sedley)案例。1663年，浪子塞德利不是因诽谤，而是因扰乱国王的治安的不端行为被定罪。查尔斯爵士"在考文特花园的阳台上，面对大批民众赤身露体"，他也向民众投掷许多灌满尿液的瓶子(155)。这如何作为与针对柯尔的判决相关的先例呢？持异议的福蒂斯丘法官辩称，塞德利因扰乱治安而被定罪，这取决于其"向民众头顶投掷瓶子"时的体力，而在柯尔的案子中没有使用体力。然而，针对此点，有人坚称，"实际力量"的使用不是因扰乱治安而定罪之所需；况且，"显然，塞德利案子中使用的力量只是法庭判决中的极小成分"。相反，有人声称，在起诉塞德利时，王座法庭主要充当"国王臣民的监护人"，是民众道德福祉，而不是身体健康的监护人。此处争议的不是肉体层面的危险瓶子，而是不道德的裸露展示。的确，如雷诺兹法官所言，根据这个标准，柯尔的案子"的确比查尔斯·塞德利爵士的案子更恶劣,后者只是将自己向在场民众裸露,民众可以选择自己是否会看他;这本书则是传遍全国"(159—160,154,155—156)。1728 年,判决再次提起之际,福蒂斯丘已被另一位法官取代,原有的裁决得到一致认同。"淫秽诽谤"的犯罪行为以这种方式进入英国法律。

　　伴随柯尔案子的相关论点说明,"淫秽诽谤"是属灵与属世思考的集合,是作为属世犯罪而被塑造,但承受重要的属灵关注。至于管辖领域,它借鉴了某些特点,同时也抛弃了其他。但在所有这些行动中,共同的首要目的显然就是强调普遍性,并将该罪行的特殊性最小化。"淫秽诽谤"保留了源自属世领域的,书写或印刷形式的基本事实,这强调了此罪行受害者,即读者民众的广泛普遍性,并因此构成其严重性的重要因素。然而,它也同样拒绝世俗领域对(可能个人的)诽谤罪受害者的特殊性聚焦。"淫秽诽谤"保留了其关注的,源自属灵领域的道德问题的普遍性。也就是说,其兴趣在于公共道德,在于对公众所犯的不道德,而不是如在普通诽谤观念中,对某特定个人或机构所犯之事。淫秽诽谤同样拒绝通过精神谴责进行医治之个人的特殊性,无论是"荒淫的"个人,或是罪人。

　　从现代视角来看,"不适合公开提及的东西"看似一个恰当的描述,大多数民众通过淫秽书或情色书意有所指。然而,对福蒂斯丘而言,这明确地把"下流东西"排除在外,反而暗示诽谤的观点是在预先推测某特定受害者的隐私:只有特定个人如名誉"财产"一样不适合成为公开普遍之事。柯尔的案子使个人的犯罪出版与其受害者及内容的特殊性分开成为可能:因此,把尽管是私人的,但没有特殊性质之事公之于众可能是犯罪之举。在已经过数十年演变的诽谤模式中,一般而言,公之予众的就是作为特定的个人。是作为特定的个人。如果隐私(不应该公开提及的东西)与特殊性分开,个人的知识并不必然是关于特定个人的知识,而是本性上自身就被视为私人的知识。此外,与这种个人知识联系的损害不仅由知识客体,而且也由知识主体承受,不是由借此知识而被人所知的特定个人,而是由知晓此事的民众。因此,损害不是中伤,而是腐蚀。

　　因此,《淫秽诽谤法》对公共与私人的现代表述做了若干重要贡献。首先,它强调了我们已在别的领域研究过的如是观点,即隐私与实际特殊性是可分的。其次,它强化了读者公众的虚拟存在,其影响力可能要比诽谤法的影响力大得多。尽管两部法律要求"读者的普遍性"标准应该由法

315

院决定，以此为受质疑文本的语义评断提供基础，《淫秽诽谤法》也把"公众"具化为此罪行几乎明显的受害者。⑨ 此外，作为一个独特的法律范畴，淫秽诽谤的出现有助于协调如此（特别是作为私人知识的特殊类型）之性的出现。情色书作为旨在激发性欲，产生性愉悦的话语类型聚合，并将如此之性的隐私与其公共（其宗教、政治与生育）的嵌入隔开。通过出版性知识隐私的方式对公众造成的损害，以及可能通过出版而获得的私人知识范围的方式对特定民众造成的损害，《淫秽诽谤法》借此两者的分离承认并反映了这种发展。性知识的后果就是腐蚀：不是知识的组成部分，而是不道德层面知晓的内在倾向。在这方面，撒旦是首位淫秽诽谤者。然而，反抗其力量的《淫秽诽谤法》设法调动大战中的国家力量，同时代的讽刺与道德改良运动有时视之为完全不受法律支配的抗争。

　　在有自己名字的判例背景案子中，柯尔本人因其角色而受最小程度的苦。⑱ 若干年后，他在再现印刷厂劳动场景的三幅一联雕版画中成为漫画人物，达到自己的权力高峰，这也回报了我们的关注（图6.6）。这幅画于1732年在《格拉布街报》（*Grub-Street Journal*）出版，"印刷技巧与秘密得以象征性再现"，并配以让人想起斯威夫特笔下《木桶的故事》里的格拉布街圣人的相关"解释"，为这幅画的神秘感提供了足足五倍的解读，唤起了具有同时代诽谤及起诉特点的阐释过度与欺诈。⑲ 阐释者说，最"明显"或"自然的"解读是该画描绘了印刷本身的行业"秘密"，这些动物从事的不同阶段工作反映了被赋予相关任务的技术别称。例如，对"印刷工的切碎机"（printer's devil）的视觉双关语。作者坚称，"从这个自然解释来看，显然，所有的形象意在表现性格，而不是任何特定人物"。尤其是

316

---

⑨　关于诽谤法中"读者普遍性"的标准，参阅本书第2章，注释131。

⑱　根据《柯贝特国家判决全集》中的记述，柯尔用印刷的方式把性知识重新嵌入政治语境，以此在公众的手中躲避对其淫秽诽谤的惩罚："这位埃德蒙·柯尔（Edmund Curll）站在查令十字街的颈手枷上，但没有被扔东西，也没有遭受虐待。他是一位奸诈狡猾（尽管邪恶）的家伙，并竭力让刊印的报纸在查令十字街四处散发，告诉民众，他站在那里是为安妮女王的回忆辩护。这对群氓产生如此的效果，以至于甚至反驳柯尔都是件危险的事情。把他从颈手枷扶下来时，群氓好似获胜一般地抬着他，进了临近的酒馆。"(160)

⑲　此三幅一联画最初印于《格拉布街报》（*Grub-Street Journal*），第147期（1732年10月26日）。相关解释刊于第148期（1732年10月30日），同期重印该画（随后引用在文中圆括号内标示）。

图 6.6　书名页,《格拉布街报》(*Grub-Street Journal*),第 147 期(1732 年 10 月 26 日)。牛津大学图书馆。

两面的印刷师傅:"将此形象运用于要么在场,要么之前曾是印刷工的任何特定人物,这一定是要么无知,要么邪恶,要么两者兼而有之的效果。"但这幅画也有"政治解读":驴子是告密者,中间那幅画中的三只野兽是"贵族",象征着他们不同的邪恶。雅努斯(Janus)的形象是一位"伟大政治家","印刷机表现的是对民众的压榨"。通过如是解读,此画显然意在"叛国",但这种解读也有弱点,因为这是"演说家"约翰·亨里(John Henley)的作品,他为把亨里本人当作画中两面人物的第三种解读予以报复性论述。第四种解读由"咖啡馆里的巧智"而起,将此场景运用于"慈善公司",在此直率地表现为当铺:驴子正在把值钱的东西典当,"两面绅士"象征的是虚伪的老板,印刷机是慈善的"敲诈和残忍工具",看似报纸与书籍之物实际上是来自东印度的被典商品,我们把画倒置,解密书名时,这就显而易见了,因为"所揭示的文字并不完全比东印度商品名字奇异多少,我们时不时地在报纸上读到过"。⑩

317

---

⑩　《格拉布街报》,第 148 期(1732 年 10 月 30 日)。谈及亨里之处,阐释者让我们参考蒲柏的《群愚史诗》(*The Dunciad Variorum*)(1728—1729),第 3 卷,第 195 行的注释。

但第五种解读由阐释者本人提供，柯文牵涉进画家意图之中，实际上把第一个解读中的印刷师傅的普通"讽刺"诠释转为对某位真实"书商"的特定诽谤参照。这个场景仍然是印刷厂，但如今野兽们被解释为代表印刷工或作者类型，书商对他们予以指导。在此解读中，雅努斯脸的书商此时也只是某种类型，某类"常常自己做主印刷宗教的与不敬的、属灵的与淫秽的书"。但阐释者转向第三幅画，认为"魔鬼似乎象征某位特定书商，剥去了他所有自吹自擂的虚假装饰、广告及书名页，在自己的资料室内放上本人及其他人的作品副本、书籍，有些是虔诚的祈祷书，有些就是淫秽的消遣书"（《格拉布街报》，第 148 期，1732 年 10 月 30 日）。三个连续的画名证实了这种盗版与道德含糊的多面双重性：《自渎》《罗彻斯特的诗歌》（*Rochester's Poems*）及《祈祷手册》（*Manual of Devotion*）。"印刷技巧与秘密得以象征性再现"既是形象意图，又是文字阐释，涉及了众多对淫秽诽谤范畴之出现至关重要的问题，这是作为侵犯公众非人格化虚拟性的性欲非人格化隐私出版而出现。

本章结束了本书第一部分，相关研究已从众多话语与实践中论述了近代早期公共从私人的分离。如此论述的广泛逻辑已从分离的宏观条件转向微观条件，从公共领域转向私人领域，并一路承认每个转向阶段的趋势，以此在更内化维度中扼要概述更外在的，也构成组成部分的公共/私人结构对立术语。情色书的分离为随后第二部分的论述提供了有用的过渡。我们已开始称为家庭小说之事在 18 世纪英国出现，大体与情色书的出现平行。两个共有的范畴与更具包容性的，本研究重点关注的"家庭生活"范畴密切相关。情色书与家庭小说显然在内容层面共享众多特色。在第二部分中，我将把自己的关注转向形式之事，在第一部分的某些理念上构想家庭化的理念、家庭的形式对应物。"家庭化"是某个过程，某个理解的说教与阐释技巧的命名，后者在传统与近代早期文本的多样范围内为人所知。如我有意使用那样，家庭化与作为形式，以及作为内容的家庭有关，而且也如过程之于结果一样：家庭化之于家庭好似方式之于结果。然而，如我们将要看到的那样，存在一个更精确与重要的意义；从这个意义来说，家庭化过程是以家庭为始，而不是以家庭为终；从这个意义来说，当家庭内容,已实现的说教与阐释功能让位于他事时,家庭化便实现其目的。从这个术语意义来说,"家庭生活"作为文化规则而成型,当家庭化本身,即用家庭达到其他目的的的过程成为文化过剩之时。 319

第二部分　作为形式的家庭化

第七章　家庭化的动机

知识分工的生产力

在之前已是我最广泛研究主题的现代知识分工中，我们能观察到三个影响公共与私人领域之间关系的原则。第一个是明确的分离原则，存在于区分公共与私人之间的传统默示习惯逐渐集中于将两者分离的明确动机的方式中。尽管这已在之前的区分中被全面断定，公共与私人的分离必然使两者成为不仅是新近分开的，而且因此是全新的范畴：就它们独立的完整性而言，它们因任何传统分配而前所未有。这个第一原则虽然可能看似绝对，却因辩证概述的第二原则而系统性复杂化。这个第二原则为如是方法命名：范畴分离的动力延伸到结果之上，每个新近构成的隐私领域内，持续发现旧有区别与新生分离的组成部分，以此将公共与私人之间的区分相对化。这种概述在我称为绝对主义退化或趋下流动之事中极为明显。大致说来，不是按时间来论，这始于国家从公民社会的分离，并将"公共"权威从更大领域传送到更小领域：从政治到经济，从经济到家庭，从家庭到女性、主体性与性的范式。显然，"私人化"过程也是某种"内化"过程，在这个范围内，对更大领域问题的阐明或解决是在更小领域内按计划寻求的。

现代知识分工中起作用的第三原则对前两个原则有互惠关系。如果

323

现代性涉及私人实体，即权利、观点、利益、欲望、道德主体性与性别的系统倍增及许可，它同样不得不重构公共领域的性质，恰好可以通过其非人格性承认、理解这种模糊的私人实体潜能。如今，我说的不是"国家"——政府及其机构制度化、官僚化的公共领域——而是公共性范畴，它与因自己成型而被囊括在内的、日益激增的隐私体系同样前所未有。如是公共性范畴需要的，就是将无限且永久变化的众多组成部分容纳之整体的动态灵活性。现代公众能这样做，是因为它从组成部分中获得自己的虚拟实体。其主要界限既不是由空间，也不是由时间、神祇权威界定，而是由个体组成部分的反身自我依附界定。这些组成部分是人，构成虚拟人口的现实个人，构造根据参与、流动，以及通过现代生活辩证概述（公共-私人差异）体系推动组成部分流通的模式而不断变化。

　　在前现代文化中，知识始于宏观整体的假定，假定的社会政治与道德认识论整体性。这个整体对应的名字包括上帝、神父、公众，其最初整体性以很多方式——在彼时（in illo tempore）、创造和伊甸园——被构造，并且一般借助对这个或那个缺失的、局部的组成要素的隐喻性比较，暗中唤起完整性。通过如是范式的某一神论版本，只有造物主可以创造，他所造的也可被互换称为人类与人类社会。被造者通过现代性的替代范式，迄今也如此具有创造性，以至个人与社会是通过它们的不同而得以界定，个人优先于社会，正如自然优先于文化。在现代观点看来，知识始于私人微型整体的不确定数量，其自主性通过原始的自然状态，或认知的白屏等修辞格得以表述。关于公众的知识紧随这些关于先前存在的私人实体的知识，其丰富性提供了公众虚拟领域的模糊包容性得以建构的基础。这也用来描述积极与消极自由模式之间的不同。

　　用这些术语论述，意味着公共与私人之间的现代分工最好能被理解成借以思考的工具，而不是相互排斥。这种工具性隐喻可能因知识分工与劳动分工之间的近似性而得以保证。亚当·斯密以如是评论开启《国富论》（1776）：劳动分工为"劳动生产力的最大提升"负责。的确，用这种方法，可能更少看到的是拥有自身伟大性，自身"重要性"的"微不足道"。这实际上是斯密关于"饰针制作行业"的著名记述中的一课。如隐私的更远壁龛一样，饰针制作行业因其确实存在而取决于系列分工与分离。显然"非常微不足道的制作"一旦被认为可以"分为18道不同工序"，用斯密对此感到好笑的夸张话来说,这个行业就作为"饰针制作的重要生意"而明白易懂。①

　　本研究的第一部分为同时代人们的如是意识提供了足够证据:物质劳动的生产力提高是混合的善,而知识领域的"生产力"难以作为概念而得以探测,更不用说作为分工的后果而得以评价。② 然而,劳动与知识之间的比较令人信服,部分因为这意味着知识的公共/私人分工大体被构想为超越个人能动性的历史之举,尽管如此也有类似从策略层面推动的维度之事,使知识更具有效"生产力"的雄心。可论证的知识分工与明确的劳动分工(如家庭与工作场所之间的分离)因果关联之处,也是最直接成就这个实例之地。别处可能这样提过,现代对被视为家庭之外的生产劳动之事的专注,如斯密笔下的饰针行业,是物质层面的生产发展。伴随这种劳动分工的性别分工概念在何种意义上是文化层面的生产发展?

　　我们在回答这个问题时遇到的困难不得不与诸术语的彼此不相称有关:我们用何种语言阐释物质提升的定量措施与文化提升的定性措施之间的转化? 换言之,劳动与知识以此方法彼此适应面临的障碍存在于量与质两个原则之间的不可和解性,它们的分离借此也在历史层面得以界定。③ 的确,劳动与知识的适配无声且必然地把后者的特殊化定性标准纳入前者的普遍化定量与匹配标准之内。至少,这是同时代人们如是讽刺观点的含意:小说写作被视为把差异等同于相似的商品生产模式。一位18世纪末评论家以此番评论开场:"对工人而言,当制造持续到足以达到普遍熟练程

---

① Adam Smith,《国富论》(*An Inquiry into the Nature and Causes of the Wealth of Nations*)(1776),第1卷,第1章,R. H. Campbell,A. S. Skinner 和 W. B. Todd 编(Indianapolis:Liberty Classics, 1981),第1卷,第13—15页(随后引用源自本版,并在文中圆括号内标示,列于原卷数及章节数之后)。

② 关于这个方面的尝试,参阅 Adam Ferguson,《公民社会史论》(*An Essay on the History of Civil Society*)(1767),Louis Schneider 编(New Brunswick, NJ:Transaction, 1980),第25—31页。

③ 我在此处一直特别思考近代早期的古今之争。争议的一个结果就是根据成就诸标准之间的差异(即是否使持续积累进步的概括标准成为必要),对"科学"与"艺术"或"人文主义"等知识模式进行区分。参阅 Douglas Lane Patey,《古与今》(Ancients and Moderns),见《剑桥文学批评史》(*The Cambridge History of Literary Criticism*),H. B. Nisbet 和 Claude Rawson 编,第4卷(Cambridge:Cambridge University Press, 1997),第34—36页。雷蒙·威廉斯(Raymond Williams)已经说过,物质数量与文化质量之间的新兴不可和解性在18世纪"提升"(improve)与"利益"(interest)两词用法引发共鸣的矛盾中得以体现。参阅《关键词》(*Keywords:A Vocabulary of Culture and Society*)(New York:Oxford University Press, 1976),第132—133、143—144页。随后,我会重新讨论古今之争的特殊认识论后果。

度,产品的统一性会使之难以判定哪一个会比其他更好。这必定是未能进
325 入我们如今面临的小说功绩讨论的辩解,同时,这没有展示令我们情感为
之一惊的事,没有提供在材质或工匠水平方面引发特别关注之事。"④

　　探讨知识分工生产力的更有前途的方式因此可能要求我们转变质
询,从诸如"劳动与知识分工在哪里支撑密切关系?"等实例转到"作为独
特活动而更明白易懂的知识发展在哪里可能被视为用它们自己的术语成
就'生产力'观念?"等实例。我们此处可能求助于诸如国家与家庭之间近
代早期父权制类比的传统用法,更大与更小之间的关系尽管在此临近分
离边缘,但仍然被构想成以可能性为信息根据的区别。用我引过的弗朗
西斯·培根的话来说,诸如家庭的"中等及微小事物"可能被有效用来发
现诸如国家性质等"伟大之事"。⑤ 小与大之间的关系有阐释及说教方法
的实际效用。⑥ 尽管根据我在本研究中一直探寻的原则,"分工"语言不
适合主导父权制类比效用的区别关系,我们仍然在此有如是洞见,即知识
分工如何可能被认为在该术语的定性,而非定量意义上有成效。

　　再如约翰·奇克(John Cheke)所言,"我们在小家庭看到的争执,可
能因此也成为大国家的样例……因此学会用看到的小事裁断未知的大
事"。托马斯·加塔克(Thomas Gataker)认为,"邪恶在更接近,更内在
之时,也就更严重","家庭的邪恶最令人烦扰。""箴言规诫我们应该怎么
办时,样例更有效";"家庭的样例是所有其他实例中最有说服力的"。⑦

----

④　John Noorthouck,对汤姆森夫人(Mrs. Thomson)的《生命迷宫》(*The Labyrinths of Life*)
　　(1791)的评论,见《每月评论》(*Monthly Review*),第 2 卷,第 5 期(1791 年 7 月),引自《小说
　　与传奇》(*Novel and Romance*，*1700—1800：A Documentary Record*),Ioan Williams 编
　　(New York：Barnes and Noble,1970),第 373 页。关于此观点的其他实例,参阅 Michael
　　McKeon,《散文体小说》(Prose Fiction：Great Britain),见《剑桥文学批评史》,第 4 卷,第
　　244—246 页。本观点的标准引用来自亚历山大·蒲柏的《诗歌沦落之法》(*Peri Bathous*)
　　(1727),且用于诗歌与戏剧,而非小说的创作。参阅本章注释 119—126。
⑤　参阅本书第 1 章,注释 25。
⑥　特别是,在区分濒临分离的历史时刻,渺小与伟大之间的关系自觉地用伟大的权威使渺小
　　合法化,而非用渺小的熟悉程度使伟大明白易懂,以此也可能更多达到意识形态的目的,而
　　非认识论的目的。
⑦　John Cheke,《反叛之伤》(*Hurt of Sedition*)(1549),K3r,和 Thomas Gataker,《上帝所赐的
　　好妻子》(*A Good Wife，God's Gift*)(1620),A3v-4r,引自 Lena Cowen Orlin,《后宗教改革时
　　期英国的私人事务与公共文化》(*Private Matters and Public Culture in Post-Reformation
　　England*)(Ithaca，NY：Cornell University Press,1994),第 88、77 页。

然而,我们可能认为,在这些父权制类比阐述中,还有更多正在形成的。奇克与加塔克阐明,方法可能从家庭经验脱离,并以类似其他同时代的人们之于知识生产的方式加以运用。其中之一就是如是格言:具体实例引　　抽象规诫。的确,加塔克之言的含意不仅是最接近的样例即为最好的　　导,而且是家庭领域本身拥有独特的示范性,改进了抽象规诫的晦涩。　　,这确实是有用的评论,因为它使我们看到,在诸如用样例理解规诫　巧中,"家庭化"的形式活动在此发挥作用,并在父权制类比中,于内　　加倍。毕竟,动词"家庭化"的一个普通比喻意义就是通过渺小的、　　、本地的、熟悉的或本国的媒介"带回家",以此使伟大的、遥远的、　　、奇异的或异国的"归化",或"熟悉化"。

326

例说明规诫是本着该术语形式意义的"家庭化"模式,但父权制　比　种方法与本质上也是家庭的样例联合起来。为了使之转变,家　的　显然不仅是社会的实践,而且也同时是认识论的实践。我们可　说,　的社会政治功效通过熟悉的认识论功效而得以确认。但承认　　类比的双重特色,也就是看到它涉及在形式的认识论层面,以　内　社会政治层面的"家庭的"观念,意味着对可分性的承认,从而　种　该类比的现代祛魅奠基。家庭从国家,私人从公共的长期现　显　意味着此合伙关系的终结。家庭生活的分化而出,促成了对　其　新　介,从方式到目的,从工具性的能指向自足的所指。在所指范围　　庭化可能与得以提升的效率并进(或如此许诺)。这意味着对知　产力问题的简单回答。家庭从国家的分离的确是"有成效的",因为它使它们的比较成为可能,并将我们对家庭与国家之间定性差异的观点集中,结果就是对每个"用自己语言"的相关术语的现代理解成为可能。

　　本章的目的就是研究有些是"话语",有些是"文学"的多种模式。这些模式运用了形式家庭化,常常,但不总是与实质的家庭生活为伴,尤其是在公共与私人之间的传统区别正引发现代分离,因此隐性区别的生产力正被显性分离的生产力替代的历史时刻。在随后几章中,我会在当时作为特别叙事现象的诸文类范围中探求这个过程;其中一个问题将关注对普通知识分工(即为英国文化增添家庭小说)而言的特殊生产力。

作为阐释的家庭化

　　形式家庭化与《圣经》阐释有明显关系，特别是基督教的适应教义。约翰·弥尔顿对此教义予以简洁清晰的阐述："我们的理解不能在此物本身，而是在可感之事上实现，也不是如此清楚地理解上帝及隐形之事的知识，只能通过对有形低等动物的有序熟记。"[8]正如亨利·沃恩（Henry Vaughan）的发问："各种鸟儿……我们常见之物，以及诸如蚕、大黄蜂等其他更卑微的动物，它们不是如此可鄙，而是可能为伟大实例而服务我们。我们在它们身上不是看到活的圣灵吗？"[9]新教反偶像崇拜更新了如是两者的允诺与危险，即阐释适应，及其为超越感官领域而对"可感之事"的策略依赖。[10] 随后，我的目标就只是针对形式家庭化的理念，如何可能以将其构想为阐释技巧的方式而突显，提出一个意见。

　　阐释学的调解，与我们在家庭与国家之间的父权制类比中所见的家庭化类型，彼此之间是一种形式关系：如低可能有助于我们知道高，以小见大，以私人见公共，因此世俗的"卑微有形被造物"可能让我们得见神圣"无形"造物主。约翰·班扬将他在《天路历程》（1678，1684）中的讽喻方式与基督的寓言教义联系起来，他知道："一个隐秘的比喻／更能将想象力占据，／更会牢固地镌刻在心灵和头脑里；／不用借喻的事物无法与之相比。"[11]家庭化位居基督教道成肉身与受难剧的核心，造物主在此让自己

---

⑧　John Milton，《论教育》（*Of Education. To Master Samuel Hartlib*）（1644），Donald C. Dorian 编，见《约翰·弥尔顿散文作品全集》（*The Complete Prose Works of John Milton*），第 2 卷，Ernest Sirluck 编（New Haven, CT：Yale University Press, 1959），第 368—369 页。

⑨　Henry Vaughan，《橄榄山》（*The Mount of Olives*），第 24 章，第 12 首诗，见《亨利·沃恩作品集》（*The Works of Henry Vaughan*），L. C. Martin 编，第 2 版（Oxford：Oxford University Press, 1957），第 177 页。

⑩　关于新教阐释的易变，参阅 Michael McKeon，《英国小说的起源》（*The Origins of the English Novel, 1600—1740*）（Baltimore：Johns Hopkins University Press, 1987），第 74—76、194—195 页，第 2 章。

⑪　John Bunyan，《天路历程》（*The Pilgrim's Progress from This World, to That which is to come*）（1678），N. H. Keeble 编（Oxford：Oxford University Press, 1984），《作者赠别〈天路历程〉之二》（The Author's Way of Sending Forth his Second Part of the Pilgrim），第 139 页；关于寓言，参阅"作者为本书辩白"（The Author's Apology for his Book），第 4—6 页（随后引用源自本版，并在文中圆括号内标示）。

适应普通被造物的地位及苦难，并在"谦卑文字"的文学文体发展中得以表述，与其卑微但高贵的本质对应。⑫

但英国新教教义的特殊性质与发展使形式家庭化及家庭内容之间的交互，在新教阐释中比之前在宗教改革中的交互更持续。借助对基督教思想至关重要的人类物质性（或样例），圣灵（或规诫）的形式适应，通过新教对内化与私人化的意愿，在内容层面被赋予乐观强化。新教的恩典神学将救赎作为私人坚信（无论是否与经济个人主义及利益的隐私结盟）之事而个体化。宗教改革历史的长期遗产使绝对权威从教皇至国王，再到圣灵化的家庭及个人良知的退化成为必要。考虑到这个轨线，并不令人吃惊的是，新教徒倾向于对最卑微的（"最卑下的"、"最卑贱的"、"最平凡的"）恩典的能指予以特殊重视。在罗马天主教教义中，被拣选的少数人在禁欲自制生活中找到谦卑的祝福；在新教教义中，所有基督徒可能在自己日常生活的卑微呼召中发现谦卑的祝福。约翰·多德（John Dod）与罗伯特·克利弗（Robert Cleaver）写道："无论我们的呼召是怎样，我们都在此中侍奉主基督……尽管你的工作卑微，然而在此侍奉这样的主人并不是卑下之事。"威廉·珀金斯（William Perkins）相信，"每个呼召的工作……都是在信心与顺服中完成，是为上帝的荣耀而令人瞩目地服侍，每个呼召从不如此卑下……呼召的卑微并不减损作工之善"。据约瑟夫·霍尔（Joseph Hall）所言，"我们在诚实呼召中能做的最平凡侍奉，尽管可能只是去耕地或翻土，如果是在顺服中完成，谨守上帝的诫命，那它就被冠以丰沛的恩赏"。⑬

确切地说，因为约翰·福克斯（John Foxe）的《殉道者书》（Book of

---

⑫　参阅 Erich Auerbach，《摹仿论》（*Mimesis：The Representation of Reality in Western Literature*），Willard Trask 翻译（1953；Garden City，NY：Anchor，1957），第 63 页；Erich Auerbach，《古拉丁末期与中世纪的文学语言及其公众》（*Literary Language and Its Public in Late Latin Antiquity and in the Middle Ages*），Ralph Manheim 翻译（New York：Pantheon，1965），第 1、2 章。

⑬　John Dod 和 Robert Cleaver，《上帝晚餐的十次布道》（*Ten Sermons … of the Lords Supper*）（1609），第 82 页；William Perkins，《作品集》（*Workes*）（1612），第 1 卷，第 758 页；Joseph Hall，《作品集》（*The Works*）（1628—1662），第 1 卷，第 137 页，均引自 Charles H. George 和 Katherine George，《英国宗教改革的新教思想》（*The Protestant Mind of the English Reformation，1570—1640*）（Princeton，NJ：Princeton University Press，1961），第 130、138 页，以及第 139 页，注释 68。

Martyrs)(1563,1570)并不是以严格意义上的讽喻形式成书,它让我们看到形式家庭化的,带有希望的逻辑如何可以唤起、充斥其实质对应物。在福克斯笔下的新教圣徒传记中,平凡的细节充满着总体上是宗教改革历史的范式氛围,救赎故事的家庭化使向卑微平民讲述卑下可感之事成为超验真相的钥匙。这种叙事策略有自身的复杂性。正是在"家庭化"与私人化的过程中,亨利八世将权威从罗马那里夺回来,并使宗教事务顺从英国国家的公共权威。这种矛盾极大程度上仍潜伏于玛丽女王(Queen Mary)迫害期间,福克斯得以将罗马天主教的绝对主义与国家绝对主义两者的公开性叠加,以此将英国圣徒的私人权威置于明确突显的位置。这种道德对立因社会标准而强化时最为清楚,恰如爱丽丝·德赖弗(Alice Driver)的实例,这位平民女性是"一位诚实的穷人之女,从未在大学就学……但我在父亲面前耕过很多次地"。德赖弗缺乏传统的书本学识,这令她对经验主义主体有文化的独立性。这位未曾受教的女人根据字面意义的严谨标准阅读、阐释《圣经》,这令审问她的人的自私阐释窘困。她抵制对经文的圣礼解读,并驳斥基督的"面包"及其"身体"的"符号"与"所指"身份,支持简单意义的语义,这让她的天主教审问员哑口无言。[14]

罗杰·霍兰(Roger Holland)也类似地摆脱传统权威,承认:"我不曾进学,不会用以转圜自己理由的诡辩。但我相信自有的真相,无需绘制的色彩使之夺目……一位年轻人在何处应当仅按上帝的话指引自己的路?然而,你会用陌生的语言不让我们知晓上帝所言。"皈依之前,霍兰是一位纵情于"淫荡自由"的学徒,这对应着"在你耳语忏悔之下的自由,我对罪愆毫无顾忌,只是相信神父的赦免"。在不久迎娶的"一位家中女仆"改造下,他把淫乱换为自律,"放荡形骸"换为家庭生活,体制的赦免换为个人良知的私人绝对主义(8:473—476)。但家庭化的退化动力并不要求平民的卑微。"乔伊斯·刘易斯小姐(Mistress Joyce Lewes)家世高贵","成长期间受"上层阶级世俗愚行的影响,直到她开始"对尘世渐生倦意",并

329

---

[14] 　John Foxe,《约翰·福克斯的行传与丰碑》(*The Acts and Monuments of John Foxe*)(1563年,1570年增补版),Stephen R. Cattley 编(London:Seeley and Burnside, 1839),第 8 卷,第 493—495 页(随后引用源自本版,并在文中圆括号内标示)。参考奥利弗·海伍德(Oliver Heywood)的建议,当我们读到马太的指示"进入密室"时,尽管他的意思无疑是指精神层面,"我们不会用如此借用的意思来诠释这个朴素之词"(参阅本书第 1 章,注释 107)。

通过自己的坚信"被选中享得永生"而重生为一位蒙受恩典的尽责贵族。在直面两位神父"前来聆听自己忏悔"的体制调停时,刘易斯自足地回答,她已"向基督,她的救主忏悔"。她被自己的丈夫出卖。"如一位谋害自己妻子之人……把她带到嗜血的主教前",最后因她全面藐视父权制绝对主义而被处死,但不是在她对自己及朋友、邻居,以及"特别是那些的确和她一道喝酒的城里女人"一度身为"偶像崇拜民众"的戏仿否定("我向所有那些由衷热爱耶稣基督福音的人敬酒,希望废除天主教")之前(8:401—405)。

在罗马天主教圣徒传中,个人对世俗权力的抵制最终可能折回到教会与宗教等级制度的总体规划之中。在新教救世神学中,圣徒个人的榜样生活被具化,并如此断然地分离,以至于它可能至少有自立自主的假象。《天路历程》可能是我们此类现象最瞩目的实例,这个讽喻的"字面意义"将其喻意充分家庭化,冒了自身成为自足所指的风险。班扬的救赎故事被比作物理与社会流动性的叙事,不仅是一位孤独的平民男子从家、家庭以及邻居那里逃离,而且是他从封建习俗的不同专制到现代民族国家的集权式官僚制度的崛起。[15] 如我们所见,近代早期文化的一个成就就是假定男性进取心不仅是家庭生活女性领域的公共对立,而且是其私人对应。如果对王权绝对主义的指责由如是极端退化的坚信给予,即只有个人拥有绝对权威,家庭生活通过暗示现代世界中的绝对权威终极场所可能是家庭,以此支持该指责,并使之社会化,这就锚定了受居家个人权威监督的道德集体内的流动个人。班扬创作之时,宗教改革的家庭圣灵化还没有到终极阶段,尽管如此,它用宗教训诫的首要责任鼓舞私人家庭。结果,《天路历程》涉及形式与内容层面的家庭化。

通过大多的天路之旅,班扬在我们与基督徒面前,保留已被置于身后的深切家庭回忆(17—18,21—22,42—43)。他用该术语的最大程度字面意义勾勒家庭化,以此写下关于家庭与家族潜能的矛盾情节,穿插到天路之旅中。这些情节包括修行村(Village of Morality),基督徒在此得到鼓励,并听到:"你可以把妻子、儿女都接到这个村子来。目前那边还有一些

---

⑮　关于班扬的文字叙事记录近代早期民族国家融合的延展观点,参阅 McKeon,《英国小说的起源》,第 8 章。

空房子，你们可以出个好价钱租上一栋。"但结果，他被提及的全家处于致命的奴役之中。基督徒的天路之旅也包括极具关联的释道者（Interpreter）家。释道者领着基督徒从一间屋到另一间屋（"密室"，"大厅"，另一处"小房间，里面坐着两个小孩"），每间屋都向基督徒呈现阐释谜语（在大厅里，福音对律法的做工是以洒水有助除尘的方式家庭化）。在疑惑城堡（Doubting-Castle），基督徒与主内"兄弟"盼望（Hopeful）因擅闯领地而被绝望（Despair）及其妻子自疑（Mrs. Diffidence）惩罚。这对夫妻晚上的枕边训话关乎被他们囚禁在地牢里的两位囚犯的性命。⑯ 相比之下，华美之家（the House Beautiful）住着与基督徒交谈的少女们，并"带他去见全家人；他们中有很多人已经到门口迎接他来了……进屋落座之后，他们给他递上喝的"（16—19，23—25，93—95，38—39）。

在某种程度上，这些情节的系列矛盾说明了传统基督徒思想中家庭化家庭的矛盾地位。耶稣说："凡遵行我天父旨意的人，就是我的弟兄姐妹和母亲了……凡为我的名撇下房屋，或是弟兄、姐妹、父亲、母亲、儿女、田地的，必要得着百倍，并且承受永生。"⑰家庭血缘关系纽带是那些卑微可感诸事之一，它们既界定了基督徒必须舍弃之事，又塑造了基督徒非此即彼的目的地。《天路历程》第一部面世六年后，班扬出版了第二部。较之于前者，家庭生活更彻底地进入第二部的讽喻内容，因为它讲述的是，基督徒的孤独天路之旅如何通过其妻女基督徒与四个儿子的旅程而得到概述。女基督徒得知自己的丈夫"还有房子供他居住"；"那个地方的王也派人叫我去了"；"他要邀请你到他面前，坐在他的席上，用家中上好的食物招待你"；"如果让他们听到你跨过天父家门槛的脚步声，他们会非常高兴的"（150，147）。

女基督徒和自己的孩子们离家以归家，是在不同版本之间转圜的家庭生活集体人格化。从"这个世界"逃离，也是逃入"在门口驻足的"世界。班扬把《天路历程》第二部的出版比作女基督徒的天路历程，以此令人瞩目地标明公之于众的行为："去吧，我的小书，往所有的地方去，/往我的第一位天路客露过面的每一处；/把他们的门叩响。若有人问：是谁啊？/你

---

⑯　关于枕边训话，参阅本书第 5 章，注释 56—60。

⑰　《马太福音》，第 12 章，第 50 节；第 19 章，第 29 节。

就回答:是女基督徒呀。/……/告诉他们,这些人都已舍下房屋亲友,/成为天路客,为把将来的世界寻求。"在第一部中(她告诉自己的儿子们),女基督徒留在家中,因此辜负了孩子们的"父亲":"我犯了大罪,失去了你们的父亲,他走了。本来他要我们和他在一起的,我不仅自己不愿意,还拦阻你们去获得生命。"然而,通过出版她自己的经历,女基督徒的书完成了她丈夫刚开启之事,恰如新约完成了旧约。班扬说道,"此外,我的第一位天路客仍隐藏着的事情,/你,我勇敢的第二位天路客已经将它显明;/基督徒临行前紧锁的门扉里的东西,/可爱的女基督徒已用她的钥匙开启"(152,135,146,139)。

　　班扬的作品于1678年首次出版时,就暗中(以主角本身的名字)有意在示范性中提供通行的讽喻化。回过头来看,第二部的面世使该成就合格:女性集体化家庭生活的隐私在(如今我们可能视为)女基督徒个人男性历险开启的公共之工中延续。如果基督徒是我们的典范代表,那么女基督徒及她的孩子们使救赎成为家系、家庭事务,以此具化他那相对抽象规诫的样例。如该犹(Gaius)所问:"你就是基督徒的妻子,你们都是他的孩子?我认识你丈夫的父亲,还有他父亲的父亲。这个家族出了不少好人……听说你丈夫有好多亲人都为真理的缘故饱经磨难……这些人是你丈夫这一族的先祖。"至于基督徒的儿子们,大勇(Greatheart)说:"看来他们已经真心实意地选择了父亲的道路。"该犹继续说道:"'要让女基督徒为她的儿子们寻找几位合适的姑娘,结婚成家,使他们父亲的名和他们先辈传下来的家业永远铭记在世人中间……我可否出个主意,让怜恤(Mercie)跟你亲上加亲。如果她愿意,就把她许配给你的长子马太(Mathew)吧,这样就能为你们在世上传宗接代了。'亲事就这么定下来,后来他们成婚了。"(216—217)这位如今是单身女子的家庭主妇因此安排了这桩也是爱情结合的婚姻,她的后代不仅在未来世界繁衍,而且首先是在整个世界繁衍。[18]

　　在班扬表述的女基督徒的钥匙意象中,实质的"家庭化"可能是作为实现超越本身之目的的卑微方式而发挥作用,甚至更极端地说,是作为本

---

[18] 第二部的最后结尾告诉我们,"至于女基督徒的后代,就是女基督徒一手带大的四个儿子和他们的妻子、儿女,我没等他们过河就离开那地方了。我走后,听人说,他们还活着。这样,在他们曾经住过的那一带,教会必定会兴旺蓬勃地发展"(261)。

身就是目的的类型完善。评论家们已假设了 17 世纪的"新教诗学"，区别（其中）就是在多个维度把基督教象征论与救世神学"家庭化"。旧约犹太国与现代"以色列裔"的英语民族（把外国"归化"为"本土"）日益常见的等同是一个明显例子。借助这类"历史"讽喻化，英国历史的当下性，甚至圣徒个人历史，都成了救赎的抽象宇宙戏剧得以投于此的屏幕。[19] "我的确向迦南（Canaan）走去，/但如今我/被带回红海，这耻辱之海。/因为古时犹太人遵照上帝诫命/行进至此，四顾茫茫。/如今每位基督徒都让自己的旅程遍及各处，/他们的故事把我们写入其中。"[20] 乔治·赫伯特（George Herbert）笔下言说者的明显谦卑隐藏了两处讹误：新约对旧约律法之允诺的天真简化（这是诗人的告诫部分），徒劳的国家化与个体化（《圣经》象征论借此在英国圣徒身上实现，但事实并非如此）。在约翰·德莱顿（John Dryden）笔下的《押沙龙与阿戚托菲尔》（*Absalom and Achitophel*）（1681）中，旧约历史似乎与英国历史有关，恰如能指之于所指。[21]

可能赫伯特是我们在表述新教家庭化的矛盾、阐释力量，以及伴随那些力量而来的风险方面的最佳能手。在他的诗作《救赎》（Redemption）中，他利用了基督徒"权力"的两面性，正如班扬之于基督徒"家庭"一样，以此适应作为社会经济改良有益机会的基督受难：

> 长期以来是某位财主的佃户，
> 没有发家，我决心鼓足勇气，
> 向他提出请求，这样获得

---

[19]　参阅 Barbara J. Lewalski，《新教诗学与 17 世纪宗教抒情诗》（*Protestant Poetics and the Seventeenth-Century Religious Lyric*）（Princeton，NJ：Princeton University Press，1979），第 129—140 页。

[20]　George Herbert，《这串葡萄》（The Bunch of Grapes）（1633），第 6—11 行，见《乔治·赫伯特：英国诗歌大全》（*George Herbert：The Complete English Poems*），John Tobin 编（Harmondsworth，UK：Penguin，1991），第 119—120 页。

[21]　如果父权制类比提供了"政治讽喻"的理由，私人家庭意味着公共国家，那么德莱顿的诗歌引来作为"模仿政治讽喻"的描述，私人与公共之间的示意关系在讽刺反转的边缘达到平衡。关于相关全面讨论，参阅 Michael McKeon，《〈押沙龙与阿戚托菲尔〉的历史化》（Historicizing *Absalom and Achitophel*），见《新 18 世纪》（*The New Eighteenth Century：Theory，Politics，English Literature*），Felicity Nussbaum 和 Laura Brown 编（New York：Methuen，1987），第 25—29 页；关于新教诗学与评论家，参阅第 26 页，注释 12、13。

一份新的小额租契，取消旧的。

我去他天堂庄园里求见：

他们告诉我他在那，他新近

去了那个地方，早在地上的时候，

他已花大价钱买下，成为个人财产。

我直接前去，知道他出身高贵，

因此在伟大之处把他寻找；

城市、剧院、花园、公园和宫廷，

最后我听到刺耳喧闹，看到

窃贼和凶手满心快乐。在那里我找到了他

他直接告诉我，许可你的请求，说完辞世。⑫

　　像班扬笔下修行村里如今空置的房子，言说者的租期和法律的约束相差无几。在寻求新的恩典租契时，他把基督教历史的核心事件浓缩在自己的本地救赎故事中。基督本人被比作某位改良的"庄园"（地）主，对此适应安排自有决断。他前所未有地降为谦卑且有感知的人形，对应着作为对某份农业不动产租契依赖的，言说者本人罪愆的家庭化。言说者被自己讽喻的具化力量引诱，在富裕之地寻找自己的"财主"，我们对他的双重讹误感到震惊。在寻求"伟大"时，他定下的目标既过高又过低，过高的是，财主与卑微平民结交；过低的是，他的统治是不可感知和永恒的。

　　赫伯特的诗是家庭化的象征，可能在交换对基督受难的理解（其家庭生活对此既描述，又掩饰）中得到弥补。赫伯特小心翼翼地梳理自己救赎隐喻的多个层面，并精心把简洁规诫比喻融入与其说是终结，不如说是消失的遗产处置的样例故事中。乔纳森·斯威夫特的《木桶的故事》（1704，1710）中的遗产处置讽喻并没有提供自动消失的可能性，因为此处最微不足道的观点就是展示模糊的可理解性的阐释之恶，这也是其主题。斯威夫特的基督教会公共历史讽喻也是根据大体在复辟时期伦敦的三位兄弟，执意将亡父遗愿变为自己私利的家庭故事比喻而成。它是这样开始的："从前，有一对夫妇同时产下三个男婴，连产婆也分不清谁是老大。"威

333

---

⑫　George Herbert，《救赎》（Redemption），见《乔治·赫伯特：英国诗歌大全》，第 35—36 页。

廉·沃顿（William Wotten）认为这是亵渎神明的"闹剧"，有流言蜚语，或"无稽之谈"的味道。斯威夫特就着班扬式普通传奇风格扼要且不耐烦地继续道："他们游历多国，邂逅了大批巨人，还几度亲手屠龙。"随后将自己的故事向此时此地彻底家庭化："他们写作，打趣，作诗，唱歌，说话，说了半天什么也没说；他们喝酒，打架，嫖娼，睡觉，发誓，吸鼻烟；他们看新戏的首演，泡巧克力屋，殴打巡夜人；他们乘出租马车不给钱，欠店老板们的钱。"沃顿可能早就抱怨过斯威夫特，正如克拉伦登（Clarendon）抱怨霍布斯（Hobbes）一样："将合宜且重要字词翻译成通俗常用语的观念里……他的确把基督教的全部计划诽谤成一出嘲讽。"㉓

　　然而，正是在经文适应的本质中，翻译与亵渎之间的界限难以划分，基督教家庭化的合宜性不能提前裁断。在《失乐园》（*Paradise Lost*）（1667）第 5 卷中，弥尔顿提供了适应的实例，它因把明确家庭背景中的认识论关注（并借此）主题化的方式而令人瞩目。夏娃（Eve）预期炽天使拉斐尔（Raphael）来访，从伊甸园里采摘了大量"可口果子"，准备了"甘美之饮"，以此在他们的"林中憩所"备下"晚餐"，"我们的天使贵客，他/看着所有这一切，坦承在这世间/上帝赐予的丰厚恩典如天堂等同"。㉔ 夏娃的热切比较成为晚餐桌边谈话的话题。这是"不可口食物，可能/是为灵修之故"，亚当（Adam）怀疑地说道。拉斐尔答道，"聪明的"被造物可以幸福地享用"理性的"被造物的食物，因为他们能够"把有形化无形，肉化为灵"（第 5 卷，第 401—402、408、409、438、413 行）。亚当饱腹之后，如今开始谋求满足自己"知晓/世界所有之事"的渴望，天使进而讲述创造如何逐步进行的规模宏大之工，"只是程度的不同，实际是同类"。食物与理解，物质与精神在变体的逐步但完整的过程中聚合：

334

㉓　Jonathan Swift，《木桶的故事》（*A Tale of a Tub, To which is added The Battle of the Books and the Mechanical Operation of the Spirit*）（1704，1710），A. C. Gutchkelch 和 D. Nichol Smith 编，第 2 版（Oxford：Clarendon，1958），第 73、74—75 页（随后引用在文中圆括号内标示）。William Wotton，《关于古今学识的思考》（*Reflections upon Ancient and Modern Learning*）（1705），第 529 页；Edward Hyde，《霍布斯先生名为利维坦之书对教会与国家的危险有害讹误简述》（*A Brief View and Survey of the Dangerous and pernicious Errors to Church and State, in Mr. Hobbes's Book, Entitled Leviathan*）（Oxford，1676），第 2 页。

㉔　John Milton，《失乐园》（*Paradise Lost*），第 5 卷，第 304、306、377、396、328—330 行，见《约翰·弥尔顿诗歌全集及重要散文》（*John Milton: Complete Poems and Major Prose*），Merritt Y. Hughes 编（New York：Odyssey，1957）（随后引用在文中圆括号内标示）。

将来会有一天，人和天使同吃，

而不觉得那些食物太轻，不习惯。

而且，你们由于那些食品的滋养，

时长日久，会使你们的五体变得

轻灵起来，终于全部化灵……

（第 5 卷，第 454—455、490、493—497 行）

这同时是本体论调节与阐释适应的行为，并与其他方式对应，伟大可能借这些方式由卑微而家庭化，正如精神由物质，知晓由饮食，本体论由家庭生活，神学由诗歌。四十年后，理查德·斯蒂尔着手将弥尔顿立时成名的经典作品晦涩之语适应新兴中间阶层文化的文雅惯用语。斯蒂尔写道，亚当与夏娃被逐出伊甸园后的争吵，"在现代人看来，只是看似婚姻不和的极其轻微之事"。弥尔顿的诗文"从英雄体中翻译而出，并放入家庭文风之中"，这反过来经历了自身戏仿的家庭化，成为喜剧-新闻-小说散文，既会取代现代世界中的史诗，又会使之延展。因此，亚当说道："夫人，当那个奇怪的闲逛欲望今早主宰你的时候，如果我的建议对你有任何权威，那么我们现在都会快乐。"如斯蒂尔所言，夏娃激烈地自辩，反驳她受撒旦影响而导致他们犯下致命过错的指责："让时间来改善……让他受相同的刺激，仿佛她称他为被外遇之人。"人类的堕落以这种方式适应床帏闹剧，被逐出伊甸园成为悍妇游街示众。㉕

斯蒂尔的翻译让我们想起文艺复兴时期古老学识的再发现，文本阐

㉕ Richard Steele，《闲谈者》，第 217 期（1710 年 8 月 29 日），见《闲谈者》(*The Tatler*)，Donald F. Bond 编，3 卷本（Oxford：Clarendon，1987）（随后引用源自本版，并在文中圆括号内标示）。斯蒂尔把《失乐园》里的场景家庭化，目的就是阐释男性"欺凌"，女性"斥责"两种类型。关于悍妇游街示众，参阅本书第 4 章，注释 18—21。

　　斯蒂尔对弥尔顿作品进行现代化改造，此举在可笑的边缘达到微妙平衡。两个世纪之后，塞缪尔·巴特勒对班扬作品的现代化改造自信地投入其中。巴特勒笔下的叙述者"也把《天路历程》戏剧化，使之成为一出圣诞哑剧。以著名的名利场为场景，大勇先生、亚玻伦（Appolyon）、女基督徒、怜悯与盼望为主要角色……大勇先生非常强壮，鼻子红红的，穿着宽大的衬身服，以及前襟中间有一大块褶边的衬衫。盼望能胜任我赋予他的各种恶作剧。他穿着当时年轻时尚人士的服装，口里咬着根雪茄，总是吞云吐雾。女基督徒没有太多的服饰"。见 Samuel Butler，《众生之路》(*The Way of All Flesh*)（写于 1873—1884 年，出版于 1903 年）（New York：Modern Library，1998），第 122 页。

释对现代史学有影响。那就是，通过物质适应精神的基督教阐释古老尝试为同时代人们的努力提供了一个模式，"允许时间的改善"，通过现代实践适应古时成就，甚至通过现代基督教诗学方法适应异教徒。此处令人困惑的界限居于翻译与或多或少自觉的时代错误之间。这些尝试也可能作为本着该术语形式与实质意义的家庭化行为而得以阐释，如果我们在后者内包括陌生、异国与遥远"归化为"熟悉、本土与当前的过程。在《诗歌沦落之法》（*Peri Bathous*）（1727）中，亚历山大·蒲柏把这类家庭化纳于"活泼文风"名下。不用说，他可能对此仅有讽刺的称赞："但它的美与能量从未如此显著，正如它被用来对古人之作进行现代化改造，使之适应当前的品味。我们恰当地说，把它们翻译成英语，使它们成为英语的。伟大合宜性的两种表述其中一个意味着，我们对其如何得以出现的方式予以忽略，另一个意味着它借以出现的力量与强制。正是借助这种文风，塔西佗（Tacitus）说起话来好似咖啡馆里的政客，约瑟夫斯（Josephus）好似《英国新闻》（*British Gazeteer*）记者，塔利（Tully）和塞涅卡（Seneca）或阿斯吉尔先生（Mr. Asgill）（议员，小册子作者）一样简短睿智，马尔克·奥列里乌斯（Marcus Aurelius）擅于机智应答，而诚实的托马斯 - 肯比斯（Thomas a Kempis）和所有宫廷讲道者一样庄重有礼。"㉖

在最著名的反传奇故事中，查尔斯·索雷尔（Charles Sorel）让自己笔下的诸人物争辩历史化观念："我们必须允许古人对自己的模式痴迷。如果我们以自己的方式漫不经心地说话，让我们适应自己的时代，如他们所为那样，我们一定会让上帝坐在马车或轿子里，而不是在战车上。我们会假装丘比特用手枪向我们开火，而不是射箭，这样的虚构会更自然。"㉗弥尔顿从索

㉖ Martinus Scriblerus（Alexander Pope），《诗歌沦落之法》（*Peri Bathous：Of the Art of Sinking in Poetry*）（1727），第 12 章，见《亚历山大·蒲柏的文学批评》（*Literary Criticism of Alexander Pope*），Bertrand A. Goldgar 编（Lincoln：University of Nebraska Press，1965），第 76 页（随后引用源自本版，并在文中圆括号内标示）。

㉗ Charles Sorel，《奢侈的牧羊人》（*The Extravagant Shepherd；or，The History of the Shepherd Lysis. An Anti-Romance*）（1627—1628，1633—1634），John Davies 翻译（1654），第 13 卷，第 60 页。在培根的《古人的智慧》（*The Wisdom of the Ancients*）（1609）中，"归化"采用了揭示自然参照的字面意思。因此，他把丘比特融为"原子的自然运动：这的确是构成源自物质的万物，并将其塑形的原始独特力量"。见 Francis Bacon，《弗朗西斯·培根哲学作品集》（*The Philosophical Works of Francis Bacon*），Robert L. Ellis 和 James Spedding 编，John M. Robertson 修订（London：Routledge，1905），第 840 页（随后引用在文中圆括号内标示）。出于这个理由，培根的方法更多的是神话即历史论解密，而不是阐释适应。

雷尔的书中取下一页,之前从阿里奥斯多(Ariosto)的书中也是如此。弥尔顿让拉斐尔提出适应的问题,问道:"对人类的感性,/怎么能讲解不可见的战斗天使的业绩呢?"他对这个辞藻华丽的问题是这样回答的:"依照人类感官/所能理会到的,用俗界有形的东西/来尽量表达一下灵界的事。"于是,拉斐尔满怀信心地把大炮的发明归于撒旦(第5卷,第564—566、571—573行;第6卷,第470—493行;关于阿里奥斯多,参阅注释335)。弥尔顿对《失乐园》中此类问题的纲领性回应当然是否认《圣经》适应与现代史学问题之间的类比。假定的古代学识胜过现代学识,这并不是与异教明显劣于基督教的信仰混淆,在整篇诗作中,诗人坚称,他的观点"不稍逊于阿基琉斯(Achilles)的盛怒,/而更显英勇"(第9卷,第14—15行)。

　　根据《押沙龙与阿戚托菲尔》中的政治讽喻策略,德莱顿反而把大炮的发明归于旧约显要:"有人认为,上帝膏立之人意在/用枪炮杀戮,自很久以来就已发明:/我们的作者发誓不是如此,但谁能知道/魔鬼与耶稣会的人能走多远?"德莱顿在别处摆脱了这种策略目的,也能够带着某种自信预期基督教对异教徒方法的适应:"细读但以理(Daniel)预言中的某个章节,适应他们借如今已被基督化的柏拉图哲学原则而在此的发现,这会让天使的职责在我们的宗教中激发英雄体诗歌,并且和古人用他们所有神祇寓言调动的诗歌一样强烈。"然而,一年之后,德莱顿对这类家庭化的功效更悲观:"如果我着手翻译维吉尔的作品,我能做的微薄之事就是揭示,至少没人适合在他之后用粗俗的现代语言写作。他的方法对基督徒诗人而言没有任何帮助……如果我们只是使他笔下的神祇成为恶魔,这就是过于愚蠢的使用。例如,如果我能引发风暴,就会用上埃俄罗斯(Aeolus),仅有的不同就是称其为风王。我的何种发明会栖身于此?谁不会通过我的作品看到维吉尔?这只是一位笨手笨脚的变戏法者一再使用的相同花招。"㉘1712年,艾迪生发布"公

336

㉘ John Dryden,《押沙龙与阿戚托菲尔》(*Absalom and Achitophel*)(1681),第130—133行,见《约翰·德莱顿作品集》(*The Works of John Dryden*),第2卷,H. T. Swedenberg Jr. 和 Vinton A. Dearing 编(Berkeley and Los Angeles: University of California Press, 1972),第9页;John Dryden,《论讽刺的起源与发展》(*A Discourse concerning the Original and Progress of Satire*)(1693),《德莱顿致约翰·丹尼斯(John Dennis)的信》(1694),均引自《论戏剧诗及其他批评文章》(*Of Dramatic Poesy and Other Critical Essays*),George Watson 编(London: Dent, 1962),第2卷,第88—89、178页。

告"，禁止基督徒诗人使用"异教神话"和"异教教义"，特别是，"我不会允许命运涉足新近于（西班牙王位继承）战争中被屠戮的数万人之死，不会认为所有这样的死亡可能通过火药与炮弹的基督教体系而得以很好地解释"。㉙

　　之前，我已介绍过形式家庭化观念，一方面通过将其比作《圣经》阐释的方法；随后，通过延伸的方法，求助史学，缩小古代与现代性、经典与通俗语言之间的裂缝，一旦文艺复兴思想已使它们的分离在所难免。在之前的某些样例中，形式家庭化伴随着实质家庭生活。在其他样例中并非如此。基督教适应的矛盾情绪，它能实现其目的的不确定性是该形式的本质特色。然而，特别在那些形式借助内容而得以强化的新教论述中，我们可能开始看到普通及卑微如何可与权威联系起来，不仅是方式的权威，而且是目的本身的权威。在随后的部分，我会讨论其作为说教方式的用法，以此扩大形式家庭化的含意。

作为说教的家庭化

　　在本章开篇，我引用了一些父权制类比支持者的观点，其中的说教动机足够明显。其他人阐明，这种方法的功效从如是事实中得以佐证，即至少在此实例中，说教方法通过说教经验得以提升：家中的生活教育民众如何在国家中生活。据威廉·珀金斯所言，家庭是"所有其他社团的发源地……因为首个社团，可以说是学校，在那里被教育，而且学会权威与顺从原则"。珀金斯的追随者们赞同此观点。威廉·古奇（William Gouge）写道："此外，家庭就是个小教会，小国家，至少是其真实的再现……确切地说，是在学校里学到了关于统治与顺从的首要原则及理由：人们借此适应教会或国家中更伟大之事。"约翰·唐纳姆（John Downame）邀请自己的读者"把家庭当作教会与国家的发源地，是一所私人学校，孩子们和仆人们在此适应公共集会，可以说，当他们集合，在此履行所有敬拜、服侍上

337

㉙　《旁观者》，第 523 期（1712 年 10 月 30 日），见《旁观者》（*The Spectator*），Donald F. Bond 编，5 卷本（Oxford：Clarendon，1965）（随后引用源自本版，并在文中圆括号内标示）。

帝的宗教职责时,这就成了大学"。[30]

　　一个熟悉的家庭化说教实例存在于言传身教之中,这是示范性的修辞,正如它被近代早期历史学家们广泛实践一样。这是与家庭的实质领域没有任何关联的形式家庭化。也就是说,示范性从本土实例转向普遍运用,但其样例是有效的,因为它们不是从中等、微小的领域,而是从伟大性的公共范围而来:只有著名男性与女性的生平可以传授美德范式。历史与传记书写之间的区别尽管在传统上被当作聚焦公共与私人生活之间的区别来理解,它也同样想当然地认为:"私人"生活的样例会是伟大之人,公众显要。在 18 世纪,传记示范性经历了用家庭样例取代名人实例的革命。这鼓励了同样利用实质家庭生活示意甚至解释力量的形式家庭化方法。如麦考利(Macaulay)所言:"因为国家历史一般都是书写而成,最伟大且最重要的革命似乎如超自然苦难,毫无警示和缘由地突如其来。但事实是,这些革命几乎总是道德变革的后果,逐渐传递给社会民众。在这些革命的进步以任何公开措施指明之前,它们一般早就推至远方。因此,对预判政治事件而言,深入了解各国家庭历史绝对必要。"[31]

　　更极端的是,传记示范性中的革命导致了如是发现,即家庭领域是自足的所指,不是公共历史,而是如此历史的钥匙。据塞缪尔·约翰逊所言,"传记作者的职责是经常稍微避而不谈那些产生粗俗伟大性的行为和事情,将思想引入家庭隐私中,展示日常生活的细枝末节,外在附加物一旦在此被抛开,人们只能凭借审慎与美德彼此竞优"。这与虚构作家的职责有些关系。"在之前写就的传奇中,每个情节,每份情感都如此远离人们日常实情,以至于读者丝毫没有使之运用于自身的危险。"如今,"那些熟悉的历史""可能比宣称的道德庄重有更大的使用价值,比格

338

---

[30]　William Perkins,《基督教经济》(*Christian OEconomie*)(1609),3r-v,引自 Wendy Wall,《上演家庭生活》(*Staging Domesticity: Household Work and English Identity in Early Modern Drama*)(Cambridge: Cambridge University Press, 2002),第 1 页;William Gouge,《论家庭责任》(*Of Domesticall Dvties*)(1622),第 18 页;John Downame,《信仰指南》(*A Guide to Godliness Or a Treatise of a Christian Life*)(1629),第 329—330 页,引自 John Morgan,《神学》(*Godly Learning: Puritan Attitudes toward Reason, Learning, and Education, 1560—1640*)(Cambridge: Cambridge University Press, 1986),第 142—143 页。

[31]　Thomas Babington Macaulay,《历史》(*History*)(1828),见《评论、历史与杂文集》(*Critical, Historical, and Miscellaneous Essays*)(New York: Sheldon, 1860),第 1 卷,第 431—432 页。

言与定义更有效地传递善恶知识"。不是约翰逊不尊重道德或公共生活的庄重；确切地说，他相信道德规诫最可信赖地从私人生活的道德样例中学得："战斗和公差是否成功，这将自身延展到家庭生活的微小部分：我们都有好坏善恶。较之于公共失败或成功的微小部分，我们对此更能明显感受到。"㉝提及当前熟悉的历史时，约翰逊可能一直在描述多比亚斯·斯摩莱特的实践。在《蓝登传》（*Roderick Random*）（1748）的序言中，斯摩莱特暗示，古老传奇的"遥远性"等于某种文化"掩饰"。尽管他预见"有人读到他陷入一些下流的场合时会感觉不快，但是我相信，有判断力的读者……在浏览这一部分生活的时候也会发现一些癖好和欲望往往披上正当的喜好、礼节或者教养的外衣，因而感觉好笑；此外，他的脾气中的一些怪癖之处我是这样处理的：他是怎样我便怎样把它表现出来"。㉝　正如清教神学家提醒我们的那样，"家庭之事"就是"卑微诸事"的缩影。㉞

　　其他人赞同约翰逊对传记作者职责的评价。据奥利弗·哥尔德斯密斯所言，"伟大事件的讲述可能的确令人吃惊。它们可能被酌情用来教导那些统治百万下属的极少数之人，但人类的普遍性从与普通生活表面齐平的叙述中发现最真实的提升，这不是告诉人们如何学会征服，而是他们如何设法生存"。至该世纪末，约翰·班尼特（John Bennett）以类似的话就传记话题向"某位年轻女士"致信："它呈现的不

㉝　Samuel Johnson，《漫步者》（*Rambler*），第 60、4 期（1750 年 10 月 13 日与 3 月 31 日），见《耶鲁版塞缪尔·约翰逊作品集》（*The Yale Edition of the Works of Samuel Johnson*），第 3 卷，W. J. Bate 和 Albrecht B. Strauss 编（New Haven, CT: Yale University Press, 1969），第 321、21—22 页；《约翰逊致约瑟夫·巴雷蒂（Joseph Baretti）的信》（1762 年 12 月 21 日），见 James Boswell，《约翰逊的一生》（*Life of Johnson*）（1791），R. W. Chapman 编（Oxford: Oxford University Press, 1980），第 269 页。参考 Plutarch，《亚历山大》（Alexander），见《亚历山大时代》（*The Age of Alexander: Nine Greek Lives by Plutarch*），Ian Scott-Kilvert 编译（Harmondsworth, UK: Penguin, 1973），第 252 页："我正在写传记，而不是历史。真相的事实是，最辉煌的功勋常常并不告诉我们成就伟业之人的美德或恶德。另一方面，偶然所言或笑话比在数万人牺牲的战场上获胜或统领大军或围城等纯粹事实更能揭示某人的品性。"

㉝　Tobias Smollett，《蓝登传》（*Roderick Random*），David Blewett 编（Harmondsworth, UK: Penguin, 1995），第 5 页。

㉞　John Dod 和 Robert Cleaver，《家庭管治的神意形式》（*A Godly Forme of Household Government: for the ordering of private families, according to the direction of God's Word*）（1612），L7r。

是战争、围城、得胜或伟大成就,这并不太在女人所处的领域内,而是那些家庭轶事或事件。它们更有力地贴近她的内心和好奇。"内在性的熟悉语言("贴近她的内心")在私人情感的终极特殊性中,揭示了人性的普遍性,这足够令人瞩目。另一位传记作家写道,无论民众的外在差异如何,"然而仔细观察他们,并一道进入他们的密室,或更进一步深入他们的个人思想,他们思考的暗处,我们会发现他们几乎在同一水平"。[35]

在这些评论中,我们看到形式家庭化如此专注地聚焦私人与家庭的实质领域,以至于它在父权制中扮演的这类示意角色(通过私人能指,唤起公共所指)已经完全消失了。或者,我们可能会说,示意的目的已在私人领域中内化了,"卑微"的家庭内容日益发现能在此做这种认识论工作,之前它似乎需要公共领域中的说教实现。这些评论中已经明确的就是,我们不是本着社会政治的伟大性,而是道德认识论普遍性的意义进入"公共"维度时,家庭化的示意目的得以实现。在之前引用的某期《漫步者》选段中,约翰逊因为传记宁选"家庭隐私",不要"粗俗的伟大性"一事而大加赞赏,因为归于"外在附加物"的差异在此被"抛开",我们更直接地面对"审慎"与"美德"的道德领域,我们所有人共同栖身于此。约翰逊在更早的几行文字中阐明,传记特殊化的目的就是概括能力:"如果抛开偶然可分的装饰及掩饰来思考的话,人类的状态存在如此统一性,以至于鲜有任何好坏可能性,只有人类共同之处。"的确,"共同"是同时代的人们对"私人"转向"公共"的沉思中富有成效之词,因为其语义的丰富性在私人领域的社会政治意义,与普遍性的认识论成果之间调解,后者在传统上只是通过公共领域的社会政治意义而看似为人所知。一方面,共同指的是(正如此处)人性的统一,对我们所有人而言的普遍共同,虽然公共领域使信息"普遍性共通"。另一方面,

339

---

[35] Oliver Goldsmith,《理查德·纳什的一生》(*Life of Richard Nash*)(1762),第 2—3 页;John Bennett,《致一位年轻女士的信》(*Letters to a Young Lady*)(1789),第 184 页;《托马斯·德韦尔爵士生平与时代回忆录》(*Memoirs of the Life and Times of Sir Thomas Deveil*)(1748),第 1 页,引自 Mark Salber Phillips,《社会与情感》(*Society and Sentiment: Genres of Historical Writing in Britain, 1740—1820*)(Princeton, NJ: Princeton University Press, 2000),第 135、133、136 页;关于相关事宜,大致参阅第 5 章。

共同存在于"家庭隐私"及"日常生活细枝末节"中，我们借此能更多地了解某人，"通过与他的某位仆人简短交谈"，所了解的"可能胜过从公共报纸收集的信息"。㊱

约翰逊此处的观点是，平民的生活，以及普通仆人的证词都不是将普通从特殊筛选出来的特别方法。然而，两者的含意似乎左右他的感官，并为他评断过去的英雄传奇与流行于"当代"的喜剧传奇之间的差别提供资讯："我们当前作家的任务极为不同；它需要……必须源自普通交往，以及对当下世界精准观察的经验……除了出于学识之恶意的那些，其他作品是安全的，但它们处于每一位普通读者带来的危险之中；正如做的不好的拖鞋要被鞋匠责备，他恰好就在去阿佩利斯（Apelles）的维纳斯路上因此停下来。"如普通鞋匠一样，"普通读者"有认识论优势，这与其社会政治地位有某种关系。因为同时代的虚构主角"向世上其他人说实话"，因此，处于优势地位的此类虚构读者是最小公分母，世上其他人已与其地位相同。㊲ 如"共同"理念一样，约翰逊与哥尔德斯密斯（"与普通生活表面齐平的叙述"），以及匿名的传记作家（"发现他们几乎在同一水平"）共有的平等派语言指向两个方向。一方面，被平等的是成为普遍意义上的共同；另一方面，被平等有社会政治共同性，或借助其没有区别而成为普遍的"卑微性"。

如埃德蒙·伯克（Edmund Burke）所言，借助辩论的公开性："在自由

㊱ Johnson，《漫步者》，第 60 期（1750 年 10 月 13 日）。参考 Samuel Johnson，《拉赛拉斯》（*The History of Rasselas, Prince of Abyssinia*）（1759），第 29 章，见《耶鲁版塞缪尔·约翰逊作品集》，第 16 卷，Gwin J. Kolb 编（New Haven, CT: Yale University Press, 1990），第 109 页；妮克娅（Nekayah）此处提到"所有的家庭琐事"。关于公共领域的选段，参阅本书第 2 章，注释 45。关于"共同"（common）一词，参考其原始意思，即作为所有人都有使用权的农业土地"共有"，以及其第二个意思，即此权利与平民而非上层地主有关（关于使用权，参阅本书第 1 章，注释 38）。正如我们将在沙夫茨伯里和艾迪生的例子中看到的，约翰逊此处对"通俗"（vulgar）一词的使用，其主要含意并不在于社会政治意义方面。

㊲ Johnson，《漫步者》，第 60、4 期（1750 年 10 月 13 日与 3 月 31 日）。约翰逊此处暗指普林尼（Pliny）的《自然史》（*Natural History*）。纳撒尼尔·兰卡斯特（Nathaniel Lancaster）在贬低"小绅士"类型时，谨慎地把社会地位与普遍性之间的互动扩充，把性别差异与性欲领域包括在内："小绅士当然是在平民的不同模子中成型，并用更纯的火焰锻造。整个体系有更好的特点，上好的材质精确度，由此看上去仿佛自然在犹豫，应该将之赋予哪个性别。"见 Nathaniel Lancaster，《小绅士》（*The Pretty Gentleman*）（1747），Edmund Goldsmid 编（Edinburgh: Bibliotheca Curiosa, 1885），第 25—26 页。

国家（如英国），商铺工厂里的真正公众智慧与聪慧常常比那些没人敢发表意见，直至君王莅临到场的国家内阁要多得多。"[38]聪慧，或公共领域理性是其自由辩论，其利益的公开争论的功能，因为由此辩论而出的问题是公众舆论，非功利性的集体类型。这是伯克相对而言不为人所知的一面，他在作为布里斯托尔成员当选英国议会议员之后的第三年，也是他报以同情的事业，即北美殖民地宣布独立，摆脱英国统治后的一年写下这段文字。伯克用约翰逊的普通读者与普通鞋匠之间的类比，称赞"商铺工厂里的公众智慧与聪慧"，这不仅暗示（如我们听到的）公共事务必须家庭化，为的是被普通民众理解，而且普通民众可能是公共政策阐述的工具钥匙。至1777年末，对大多数民众而言，虚拟与自我授权的公共领域理念如其之于伯克那样，已成为承认公共领域现实的强制方式，民众的集体意愿构成公共领域，并被假定高过国家机器的制度化公共性。一百年之前，这个理念仍然处于成型阶段。普通民众的集体共同聪慧何时首次可行呢？

威廉·戴夫南特（William Davenant）提及，寓言是某类"以家庭及国家为外衣的诗歌"。他从作为内容的家庭生活方面描述作为形式的家庭化：寓言"使理性与感官相熟，从最微小、最家庭的暗示中获知最严峻、最可观的真相"。受众的某类水平在此并不明确。家庭化特别与粗鲁、质朴、未教化之人有关："人类的普遍性只在他们的感官中得以教导，借助特定物体的直接印象，回顾、敏锐的检查从不让他们头脑发昏。"然而，戴夫南特发现，对感官的诉求在事关"普通民众"，以及爱刨根问底的、博学多才的"专家"时有效。[39]培根也有类似评论，对可感样例的寓言诉求在"古

---

[38]　《致布里斯托尔贝尔俱乐部（Bell Club）的信》（1777 年 10 月 13 日），见《伯克的政治》（*Burke's Politics: Selected Writings and Speeches of Edmund Burke on Reform, Revolution, and War*），Ross J. S. Hoffman 和 Paul Levack 编（New York: Knopf, 1949），第 2 卷，第 119 页。

[39]　William Davenant，《为道德提升进言》（*A Proposition for Advancement of Moralitie, By a new way of Entertainment of the People*）（1654），第 17—18、9—10 页，重印于 James R. Jacob 和 Timothy Raylor，《歌剧与顺从》（*Opera and Obedience: Thomas Hobbes and A Proposition for Advancement of Moralitie by Sir William Davenant*），见 *Seventeenth Century*，第 6 卷，第 1 期（1991），第 245、244 页。埃德蒙·斯宾塞（Edmund Spenser）赋予这些术语不同但相关的意义，并认为自己的讽喻或"历史虚构"与"这些日子的运用，根据外在表现看待所有事物，对万事无敬意，对共同感知毫无兴趣和愉悦"兼容。"致作者的信"，附于《仙后》（*The Faerie Queene*）（1590），见《埃德蒙·斯宾塞诗选》（*Edmund Spenser's Poetry*），Hugh Maclean 编（New York: Norton, 1968），第 1—2 页。

341　代流行……人类的理解因此是原始的，对所有不直接与感官有关的微妙毫无耐心"，如今仍然需要它，"如果任何人希望让照射万物的新光进入人类思想的话"。⑩ 可以承认的是，这不仅是某个旧有示范性，而且是新哲学的语言。也就是说，因为言传身教的旧论点受感官印象的正面原始科学再评价影响，其对抽象唯理论的摒弃证明了对简单心智的传统主义及修辞导向的顺从，以及对经验主义认知的新兴认识论导向的倡导。家庭化的"粗鲁性"与"卑微性"在范式层面是向卑下的普通民众提及低等可感之事，并日益被低等性的认识论价值信念改变。

在 18 世纪，非功利性范畴开始在若干知识领域中指定某种判断模式，同时代的人们将其视为"公共的"，因其概括力量，超越本地与"私人"情境的能力，知识在此萌芽，确定了可能被恰当称为可靠的普通知识领域之事。阐释与说教是家庭化的古老动机。在此时期，就在这些动机逐步被人发现时，人们意识到它们把目的包含在内，而之前这个目的曾被认为只是方法而已。"非功利性"范畴的现代聚合与这种历史危机同时发生，并紧密相关。在历史危机中，形式家庭化是在家庭生活里发现了它的完成。非功利判断的理念，即从特殊到普遍的概括能力早些时候被发现栖身于"卑微"、"卑下"平民，以及其他社会群体中，我希望证明这一点。

从社会地位中剥离认识论

这个希望看似与盛行的学术共识背道而驰。新近政治与社会思想、科学与美学史学家们已论证，在 17 与 18 世纪英国文化中，知识能力一般被认为与非功利性有关，且仅为拥有上层社会地位的独立男性地主所有。⑪ 为了评价这个论断，我们需要理解为何非功利性问题首先成为英

---

⑩　Francis Bacon，《古人的智慧》，作者序言，第 823—824 页。

⑪　参阅本书第 1 章，注释 66。有地产的绅士独立性据说首先从其对自己财产的绝对永久所有权中得以保证。也就是说，借此独立于君主与市场。关于社会政治事宜中的上层非功利性的公民人文主义论点概述，参阅 John Barrell，《历史中的英国文学》(*English Literature in History*，*1730—1780*：*An Equal*，*Wide Survey*)(London：Hutchinson，1983)，第 31—40 页。在我看来，显然从随后论述中说明，巴雷尔(Barrell)的波科克(Pocock)式解读将远比貌似可信更规范及更明确的角色归于非功利性的公民人文主义标准。对巴雷尔而言，"共和思想传统"(32)有效地决定了把非功利性理解成身为上层阶级之条件，直至这个（转下页注）

国民众被触动而提出的问题。

17世纪"非功利性"话语的零散出现,与伴随着该世纪中叶内战经验的"利益"、"公共利益"理念的显化结合在一起。[42] 概括地说:内战之前,公共利益与国家利益,国家利益与君主利益,君主利益与权威的先验源泉有着隐性等同。内战催生了家庭化危机。也就是说,内战迫使英国民众对如是习惯假定持批判与质疑态度:我们在人类君权中体验到了神性的适用。这种假定不是君权神授的明确教义,而是更强大的敬崇上帝固有氛围,王权借此通过神圣的前基督教王权仪式及神秘而充满了这种氛围,并使君主"非功利性"问题不是毫无相关,而是难以理解。1649年,国王的自然之体与政治之体的分离是象征行为层面最重要的国王氛围去神秘化。然而,在更低层面,内战有助于国家从公民社会分离,使在评估公共利益时不得不考虑的多种私人利益存在显化,以此也令公共利益理念复杂化。

我们可以推测,公民非功利性理念作为取代君主权威的假定中立性与全面性的尝试而成型,它与公共利益同步,借助最临近可得的等同物,一旦君主的隐性"非功利性"(或全面利益)通过显化而受挑战。把人类权威理解成对神圣之事的亵渎能指,以及抽象律法的具体样例,家庭化的这

(接上页注)观点受到挑战。首先是,至18世纪初,将绅士理想现代化的努力;其次是,至18世纪末的领悟,即劳动的大量分工已使从任何单一角度可以客观看待整体的理念不可持续。在我的解读中,非功利性规则首先随着17世纪中叶君主中立性的明显缺席出现。伴随这个缺席的众多利益与职业的认可催生了关于如是非功利性判断理由的公共辩论:公民人文主义在此只是其中一个参与者。这在17世纪末就已很明显的了,当时的人们明确把支持公民人文主义意识形态的地主当作"地产利益"。参考 W. A. Speck,《斯图亚特王朝后期英国的社会地位》(Social Status in Late Stuart England),见 *Past and Present*,第34期(1966),第127—129页;W. A. Speck,《社会冲突》(Conflict in Society),见《光荣革命之后的英国》(*Britain after the Glorious Revolution*),Geoffrey Holmes 编(London:Macmillan,1969),第145页。至18世纪初,上层阶级的激进重新概念化已经在英国进行了一个世纪。参阅 McKeon,《英国小说的起源》,第156—167页,第5章。

关于此时期非功利性与相关问题的微妙论述,以及与我大致殊途同归的学术发现,参阅 Mary Poovey,《现代事实史》(*A History of the Modern Fact:Problems of Knowledge in the Sciences of Wealth and Society*)(Chicago:University of Chicago Press, 1998),第4章。

[42] 参阅本书第1章,注释50—65。根据《牛津英语词典》,"非功利性"(disinterestedness)是17世纪用语。非功利性概念和禁欲主义同样古老。我此处的有限雄心就是暗示,其在我们时代的再思考程度不仅取决于古代文本的影响,而且显著地取决于现代智识、政治与社会变化。

个论点仍然可行吗？为克伦威尔及查理二世正名的努力广为人知，那些努力的强势，以及它们不足以胜任革新隐性知识的无望之工，两者之间的关联也是人尽皆知。相反发生的是，公共与私人传统协调的取代，正如国王的两个身体学说一样，借助可能对其构成威胁的公共之善与私人利益之间的对立分离，包括国王的两个身体的对立分离。[43] 长期以来，人们认为所需之事就是把权威解释成由低层，而非高层而来：不是从比君权更"公共"领域的趋下家庭化而来的观点，而是从公共的低层及私人区域趋上改进而来的观点。家庭化是在整个时期继续活跃的传统适应模式。我所称的改进，即作为非功利性基础的经验主义利益本身的授权大体与包括骄傲、自足、创造力及世俗在内的态度集合一致。这些态度也是传统的，但只是通过被认为对人类社会起到破坏作用的方式。此时期的新意因此不是改进，而是放纵。因此，对非功利性的貌似可信原则的寻求最终采用了类似我在阐释与说教动机发展中描述的形式，从家庭化转向家庭生活。[44]

在复辟的数十年间，问题就是，君主曾经隐性的"非功利性"斗篷可能落在谁身上？宣称此方面公认的智慧就是公民人文主义，即上层男性地主的智慧，这个主张有多少可信？必须顺便说下，即便以这些中肯历史术语提出这个问题，它也引起了困难，因为公民人文主义的学术倡导者并不完全与如是事实妥协，即英国作为君主制国家已经拥有不可腐蚀之权威的政治模型，比罗马共和主义提供的模型更令人信服；当君主制模型不可行时，公民人文主义只是非功利性荣誉竞争者之一。[45] 尽管如此，它在一

---

[43]　然而，如我们可能预期的那样，复辟之后的一段时间，习惯继续通过日益公式化的陈词滥调"国王不会出错"来灌输君主非功利性的观念。

[44]　此处的"改进"（refinement）一词可能首先看似反直觉。特别是在社会语境中，我们倾向于把改进视为将相对偏高的地位朝预期方向调整。但如果我们关注改进的全面过程，不仅是其意在何处，而且是其始于何处；我们看到，它也使更低的地位合法化，拥有牢固到足以支持地位中改造型提升的基础。在社会语境中，改进是针对同化性"中间阶层"的趋上流动性的工具。对贵族而言，这不值一提。家庭化从对立方向推进。这不是改造，而是适应的工具。更低地位的价值在于它是从上层赐予而来的事实。改进就是将上层阶级举止内化的商人行为。家庭化是这样的故事：我们的"主人"在重回其父宫廷辉煌之前一度成为我们的朋友和老师。用"改进"的可理解性与社会流动性的吸纳及滞留模型的对立含意比较，参阅McKeon，《英国小说的起源》，第 159—162 页。

[45]　我把最极端的回应（例如伯纳德·曼德维尔的观点）转到这个问题上：谁承担因君主制而丧失的非功利性？没人能够。也就是说，对某些人来说，因君主制"非功利性"的（转下页注）

段时间内是重要的竞争者,拥有土地的男性上层阶级的权威非功利性不是受限于公民判断中的客观性之事,它也延伸到自然哲学与美学品味领域。

尽管非功利性的公民、科学与美学类型可以彼此区分,但它们在早期发展中紧密交织。早些时候,我们在这三者能力方面归于非功利性的道德-认识论意义(尽管有明显变体)常有政治社会特色。对上层阶级的呼求需要从其修辞维度加以理解。在复辟之后的数十年里,上层阶级语言仍然是作为成就何为首要认识论与道德属性之事的方式而发挥作用,因为根据现代标准,后者仍然相对不能从社会地位中分离。的确,知识分工已推进到某种程度。至 18 世纪初期末,"绅士"范畴已经失去了其指示性的社会经济特征。如迪恩·巴特利特(Deane Bartlett)于 1713 年所言,"这是绅士应被提升为机械工的清晰明确点。但谁是绅士,谁是机械工,需要加以解释"。⑯ 或许有理由认为,同时代的人们在试验性地使用传统社会地位词汇,以此致力于让新兴价值体系明白易懂。例如,在书商-译者弗朗西斯·柯克曼(Francis Kirkman)运用 1673 年印刷属性力量的方式中可以感受到这一点。⑰ 柯克曼并不假定自己会被读者误认为拥有上层阶级及贵族荣誉。他使这些术语适应小说,看上去类似,但实际上是极为不同的公共证明机制,不是纹章院(the Heralds Office),而是印刷机。

(接上页注)揭秘而起的动能很快克服如此非功利性的貌似可信。也参考 Thomas Gordon,《加图的信》,第 40 封(1721 年 8 月 5 日),见 John Trenchard 和 Thomas Gordon,《加图的信》(*Cato's Letters：or，Essays on Liberty，Civil and Religious，and Other Important Subjects*),Ronald Hamowy 编(Indianapolis：Liberty Fund, 1995),第 1 卷,第 279 页:"人类拥有的每份激情,每个观点都是某种程度的自私,但当在实施与后果方面对公众有益时,它可能被恰当地称为通常意义上的非功利性。因此,当我们称任何人非功利时,我们只是借此意指他的思想转向公众,他只把自己的个人荣耀与愉悦置于服务公众之中。效忠自己的祖国是他个人愉悦,人类是他的情人。他用让自己满足的方式而有利于他们。非功利性在此之外的任何其他意义中并不存在。"

⑯ Deane Bartlett,《卫报》,第 130 期(1713 年 8 月 10 日),见《卫报》(*The Guardian*),John C. Stephens 编(Lexington：University Press of Kentucky, 1982),第 433 页。巴特利特(Bartlett)进一步将区分基于如是两者差异之上,即"其职业是运用自己理性官能"之人,以及"受雇使用自己身体某器官部分"之人。这个定义让他把所有将时间用在眉目传情、打情骂俏、奴颜婢膝、搔首弄姿、沐猴而冠的人排除在外,那些有地位的上层阶级宁愿"雇用在追求知识,践行道德方面有思想天赋的人,这些人对自己的地位感到知足,并以自己的道德与智力成就而与别人区分开来"(433—435)。

⑰ 参阅本书第 2 章,注释 100。

344 同时代的人们同样把绝对财产所有权，因此也把上层阶级，视为作为表述心智独立的非功利性概念的方式，这似乎也可通过其他方式得到。㊽

　　道德-认识论从将要完成的物质独立中分离并没有花很长时间。但我们也需要顺便注意到，同时代的人们意识到了除上层阶级之外的物质独立前提。例如，旁观者先生拥有土地的独立性是对非功利旁观的要求，这对他在城市里的存在至关重要，由此大体说明了相关之事："这样，我在世上生活着，与其说是人类的一员，不如说是人类的旁观者。靠着这种办法，我把自己培养成为一个理论上的政治家、军人、商人、工艺家，但对于任何实际事务我全不插手。我也精通做丈夫、做父亲的道理，对于别人在持家、办事、娱乐当中的毛病，看得比他们自己还要清楚。"㊾然而，旁观者的中立态度对那些财务独立得益于自己有地产的上层地位之人而言并不特别。艾迪生在随后一周描述了自己首选，且志趣相投的读者，他们共同的闲散有众多缘由。这些人当中存在"旁观者的友谊"，明显包括"深思的商人"，"他们在世间生活，无所事事，这要么因为拥有巨额财富，要么因为心性怠惰，与其他人没有瓜葛，只是观察着他们"。旁观者先生吸引这些人成为自己的读者，这种舒适闲散的另一个类别包括了"女性世界"的居民，"她们手上有大把时间"，他诙谐地把她们的琐碎休闲追求描绘成"事务"、"生意"、"工作"及"职业"，以此强调她们的资格（《旁观者》，第 10 期，1711 年 3 月 12 日）。

　　作为在团结与讽刺之间实现微妙平衡的此选段，它是在启发我们不仅把沉思的商人，而且把休闲的女性看作享受某种非功利性之人吗？㊿

㊽　用传统的上层阶级及贵族标准适应新兴的社会类别是近代早期英国文化的常见现象。一个特别清楚的样例就是，基于阶级定量标准绘制人口图表的实验努力在某些方面，被地位群体更熟悉的定性措施渗透。参阅 McKeon，《英国小说的起源》，第 165 页。关于贵族与鸡奸的概念巧合，参考 Michael McKeon，《父权制的历史化》(Historicizing Patriarchy：The Emergence of Gender Difference in England，1660—1760)，见 *Eighteenth-Century Studies*，第 28 卷，第 3 期(1995)，第 309—312 页。

㊾　《旁观者》，第 1 期(1711 年 3 月 1 日)，见 Bond，《旁观者》。也参阅本期关于旁观者先生"继承的不大家业"的内容（随后引用源自本版，并在文中圆括号内标示）。关于地产的重要性，参阅 Barrell，《历史中的英国文学》，第 35 页。

㊿　参阅罗斯·巴拉斯特(Ros Ballaster)对此批评的深刻评论，见《男(曼利)形式》(Man[ley] Forms：Sex and Female Satirist)，见《女性、文本与历史》(*Women，Texts，and Histories，1575—1760*)，Clare Brant 和 Diane Purkiss 编(London：Routledge，1992)，第 236—237 页。

艾迪生称赞皇家交易所交易员从贵族侍从身份解放,转而服务"共同利益"的"私人"时,他有效地确认,至 17 世纪末,被公民人文主义霸占,仅为有地产的上层阶级享用的物质独立已成为普遍可能(《旁观者》,第 69 期,1711 年 5 月 19 日)。斯蒂尔已向女性读者推荐了《闲谈者》:"向启发我想出此报名的女读者致敬。"因而,他热切地把女性的"闲谈"休闲活动变成自己的,在大多数语境中,它独有鄙视的涵义。这难道不也是那种因摆脱"生意"的自由所促成的心智自由吗?(《闲谈者》,第 1 期,1709 年 4 月 12 日)⑤

　　当然,商人或有地产的绅士,与有闲家庭已婚妇女之间基于财产的非功利性有明显差异。前者源自财产独立条件,后者源自财产依赖条件,无论休闲能成就怎样的假定非功利性。然而,两者似乎使从被当作伟大世界事务与利益之事的轻易脱离成为必要。塞缪尔·约翰逊用暗示的方法使这种比较复杂化。约翰逊朝着更心理分析化的方向探讨曼德维尔关于非功利行为可能性的社会学怀疑论,并在拉赛拉斯身上创立了这样的模范:他证明私人生活中的物质独立,与公共生活中的非功利性判断的公民人文主义结合是假的。准确地说,因为这位阿比西尼亚王子(the Prince of Abyssinia)已经没有所有(私人)物质需求,只是受困于(私人)想象的欲望。在《拉赛拉斯》(*Rasselas*)中,约翰逊的悖论话题就是,"什么都不缺的遗憾"。他笔下的主角发现了约翰逊在《漫步者》中简化的一个普遍真理:"满足需求不可能像闲散想象能使之成型那般快。"约翰逊在这篇散文中的观点就是,不幸福源自需求未满足之感,这是人类情境之常事,对地主、商人、有钱的吝啬鬼、文雅的智者、年轻的情侣以及他们麻木的长辈而言都是如此,因为无论我们的情境为何,实际需求的满足只是创造想象的,以及贪得无厌的需求的前提。如是真理的真正考验不是来自地主绅士(约翰逊假定适用于他们),而是来自有闲贵妇的极端案例,"生而免除关爱忧伤之劳……岁月迭至,只是增添荣誉,积累豁免",然而受"无尽无休的焦虑所困"。在论证有闲

345

---

⑤　参考玛格丽特·卡文迪什(Margaret Cavendish)把(不只是已婚)女性缺乏政治主体身份的积极自由重新评估为她们拥有类似道德主体性之事的消极自由:"我们不依附于国家或王冠,我们是自由的"(参阅本书第 3 章,注释 87—88)。

贵妇难免的倾力关注时，约翰逊也暗示有财产的绅士关注所在，他们的物质独立并不是其思想独立的保证。[52]

　　由此而来的推论就是如此认可：平民的物质依赖可能与非功利性的能力兼容，如果他是真正的道德主体。威廉·阿诺尔（William Arnall）写道，弃绝奢华，重归"更容易，更自然的国民勤勉方式"，民众可能因此变得"诚实，正直和非功利"，避免"伴随奴隶制与放荡而来的各种不幸"。公民人文主义将非功利性限于独立的上层地主身上，这意味着该学说最传统的隐性版本，精神丰沛与该地位群体的重要同步在此并不需要合理化。有地产的男性上层阶级不言自明地独自需要"公共美德"。然而，一旦功利性问题开始明确提出，某些评论者们学会以更理性切入教育的术语解释独立地主的非功利性：精英地主把自己的非功利性能力不是归于他们私人所有权的事实，而是归于伴随独立于生存劳动而来的知识。当然，一旦这扇门打开，一旦非功利性被视为是经验，而非出身或特权的功能，认识论从社会地位的分离就开始进行了。根据惯例，权威看似等级的自动条件，但可能被松开，拆下，用于别处。因此，约翰·洛克论证，"顺服"的社会政治条件在认识论方向有比喻延伸时，它具备更真实的意义："至少这值得那些自称为绅士之人的思考。无论他们可能如何思考伴随自己出身与命运而来的信用、尊重、权力和权威，他们会发现所有这些仍然远离了自己，由那些在知识层面超越他们，地位低于他们的人取得……他当然是最为顺服，最受奴役，在自己的理解层面亦是如此。"[53]

科学非功利性

　　可能自然哲学中非功利性与男性上层阶级独立关联最具说服力的证

---

[52]　Johnson，《拉赛拉斯》，第 3 章，见《耶鲁版塞缪尔·约翰逊作品集》，第 16 卷，第 14 页；《漫步者》，第 128 期（1751 年 6 月 8 日）。我认为巴雷尔（Barrell）误读了《漫步者》第 99 与 173 期（1751 年 2 月 26 日与 11 月 12 日）里的相关论述，并据此得出这样的结论：约翰逊肯定绅士独有的"理解并描述""社会整体"的能力。参阅《历史中的英国文学》，第 34 页。如《漫步者》第 128 期一样，这些文件实际上没有提供绅士从普通情境中摆脱的证据。

[53]　William Arnall，《英国日报》（*British Journal*），第 74 期（1729 年 5 月 31 日），引自 Shelley Burtt，《被改造的美德》（*Virtue Transformed：Political Arguments in England，1688—1740*）（Cambridge：Cambridge University Press，1992），第 117—118 页；John Locke，《人类理解论》（*An Essay concerning Human Understanding*）（1690），Peter H. Nidditch 编（Oxford：Oxford University Press，1979），第 4 卷，第 20 章，第 6 节，第 711 页。

据来自罗伯特·波义耳。他回忆道："身为单身汉,出于上帝的慷慨而拥有足够配上弟弟的地产,且没有给自己的继承人留下丰厚遗产的野心,我本没有必要去追求那些有利的实验……但我有某种野心,能够说,我本着非功利的精神发展了化学,为此我才会如此热衷那些令人启发的实验。"[54]但上层阶级与非功利性关联的如是证据并不必然代表同时代自然哲学家们的普遍观点。据某位科学史学家所言,"为机械技巧所做的辩护反驳了卑贱性的指责……暗示着……拒绝把科学概念……当作非功利的真相思考,当作开始出现,且仅在关注生命必然之事后进行的调研"。用更正面的术语来说,科学非功利性的认识论条件很快从社会地位问题分离。[55]

波义耳的平民助手罗伯特·胡克(Robert Hooke)和自己雇主都认同自然哲学家应该将自己奉献于"有启发的"实验,但他也坚持为如此工作的潜在"卑贱性"辩护,所用之言有社会平等的含意:"那些被其他人认为幼稚愚蠢之事,他可能有理由认为值得自己最留心、最认真与严肃的思考……其他普通人认为奇技淫巧之事,他会发现是实现自己意图目的的最简短、最便捷的途径……从麦秆的转动中,他可以预见空气大洋中的变化。因此,他不应该把任何境况当作琐碎或幼稚或卑贱及卑微等事而忽略或无视。"胡克的所言之意是在努力阐述科学方法的规则,不是从任何社会平等的学理意义层面,而是从方法论意义层面"平等化",宣布所有关于什么适合或值得关注的习惯及社会层面间接表述的成见,与客观评论

347

[54] Robert Boyle,1689 年信函,见《罗伯特·波义耳大人作品集》(*The Works of the Honourable Robert Boyle*),Thomas Birch 编,第 2 版(London：J. and F. Rivington,1772),第 1 卷,第 cxxx—cxxxi 页,引自 Steven Shapin,《真相的社会史》(*A Social History of Truth：Civility and Science in Seventeenth-Century England*)(Chicago：University of Chicago Press,1994),第 176 页。关于自然哲学中上层阶级的非功利性,一般参阅 Shapin,《真相的社会史》,第 83—86 页,第 3 章。四十年前,当皇家学会仍然只是梦想时,波义耳用非常不同的语言称赞了"哲学学会"成员,他们是"胸怀如此宽广,如此富有探索精神的人……尽管他们有为了任何高洁的意图而引路的雄心,但他们是如此谦卑可教的天才,既然他们防范不被引向最卑贱之事,因此他能够为自己的观点陈情理由"。《波义耳致弗朗西斯·塔伦茨(Francis Talents)的信》(1647 年 2 月),见《罗伯特·波义耳大人作品集》,第 1 卷,第 xxiv 页。关于波义耳对商人证言的积极态度,参阅 Poovey,《现代事实史》,第 115—116 页。

[55] Paolo Rossi,《近代早期哲学、技术与艺术》(*Philosophy, Technology, and the Arts in the Early Modern Era*),Salvator Attanasio 翻译,Benjamin Nelson 编(New York：Harper,1970),第 ix—x 页,一般参阅第 1 章。

标准的对立。我们读到他令人眼前一亮的建议：科学观察者应该采用极端的自我疏远技巧，它旨在抵制任何可能是他们常见的，无论是社会的、职业的、国家的或大体为实验的假定。至少，此时似乎已足够清楚。

　　　　观察者应该竭力把如此实验与观察当作更普通之事，自己早就习惯于此，仿佛它们是最伟大的珍品，想象自己是来自异国或从事其他行业的人，自己之前从未听过，或看过类似的事情。为此目的，思考那些已经习惯的，非常容易被略过或轻视的现象及效果，去看看对它们的更认真思考是否会有重要发现，因为寻常之事常被忽略。因为我非常恰当地认为，如果采取了这个方法，较之于以往，我们应该有更伟大的自然发现。因为我发现，对商人或熟稔大多事情的此类人而言，为此目的而对被观察事物予以最糟糕的描述是极常见之事。如果他对此事完全无知或陌生，但有足够的好奇与兴趣，就会对此以最完美全面的描述。行至异国时，也可能有类似的观察。他们对某地的描述要比生活于此的本地人更好。对那些通常因为新而看似奇的所有事物的观察者而言，本地人会因为对此习以为常而忽略这些。我认为，本地人，或对某事某地已经习惯且熟稔之人，能更好地回答提出的各类相关问题，而陌生人则最擅长提出疑问。[56]

胡克等人为界定科学非功利性理由所做的努力，对我们理解公共与私人的范畴如何进入同时代关于认识论的话语具有极大的启发性。此处的胡克不是呼吁教育，而是去掉教育，除去习惯假设的思想状态。他认为，这是所有观察者理论上能实现的陌生化过程，无论假定习惯性嵌入其间的特定"家庭"为何。他在别处提到，他倡导的"哲学改良"并不需要"任

56　Robert Hooke，《基本方案》(A General Scheme, or Idea of the Present State of Natural Philosophy) (1668)，见《罗伯特·胡克的遗作》(The Posthumous Works of Robert Hooke)，Richard Waller 编 (1705)，第 63、62 页；摹本重印版，Theodore M. Brown 编 (London: Cass, 1971)；关于有启发的实验，参阅第 21 页。胡克预期了借助利立浦特国 (Lilliput) 主人搜查格列佛口袋东西的严谨陌生化记述。参阅 Jonathan Swift，《格列佛游记》(Gulliver's Travels) (1726)，第 1 部分，第 2 章，《乔纳森·斯威夫特散文作品集》(The Prose Works of Jonathan Swift)，Herbert Davis 编，第 11 卷 (Oxford: Blackwell, 1941)，第 18—20 页。关于胡克为"琐碎、卑下与卑微"所做的辩护，比较本书第 2 章，注释 56 的同时代评论引文。

何想象的力量，方法的精准，思考的深度……用真诚的手，忠实的眼睛去观察、记录事物本身出现的状态……来自各行业的人，以及世界各地的信息不会被轻视”。(57) 所寻求的是“事物本身”的普通经验主义措施从习惯偏见的分心多样性剥离。托马斯·斯普拉特，皇家学会的首位历史学家就倡导“普通”一事所做的阐述，在社会平等化方向比胡克所言更进一步：“如果我们对那些深谙满足于此的所有上帝及人类事物之人（此为哲学家的古老定义）没有充分选择，如果他们中的很多人只是朴实、勤勉、辛劳的观察者，尽管这类人没有带来太多的知识，然而把带着未受误导的双手和眼睛回来，没有让自己的大脑受假象的影响”。(58) 348

不是斯普拉特与波义耳的意见相左，绅士的“自由且无限制”的情境在确保有启发的实验支配有利的实验方面极为重要。相反，他也“将工作托付给这样的人，即拥有教育的自由，丰厚的地产，贵族常有的慷慨，他们可能被认为极厌恶这样的卑鄙思考”。然而，如众多他人一样，斯普拉特也对“那些指导大人物子嗣教育之人的普遍抱怨”颇为敏感，这些人的大脑里“充斥着难以理解的困难理念，既没有给自己带来学识的快乐，又没有在牢记时令自己获益……他们当前的荣誉并不是通过无节制的愉悦或浮华炫耀而维系，而是通过真正的辛劳和勤勉的美德”。一方面，上层阶级与将认识论能力问题纳入社会等级庇护之下的传统习惯一致，可能貌似可信地被赋予物质独立的智识自由。另一方面，随着习惯与教育的社会化影响在这几十年内日益明显，智识自由开始被理解成不只是公共与物质功能，而且更微妙且更深远地成为私人与文化独立的功能。(59)

---

(57) Robert Hooke，《显微术》(*Micrographia*)(1665)，序言，a2v，b1r。

(58) Thomas Sprat，《伦敦皇家学会史》(*The History of the Royal Society of London, for the Improving of Natural Knowledge*)(1667)，第 72 页。参考奥利弗·克伦威尔(Oliver Cromwell)对共和军队的招募一事评论道：“我宁愿要一位知道自己为何而战，热爱自己所知，穿着朴实土气的军官，也不要你所称的，一无是处的绅士……的确，世家子弟已经进入这个行当，但为什么他们不出现呢？谁妨碍了他们呢？看到这些事情必须要推进，也是当下所急，有普通人总要好过没有人，但最好是让那些对自己所需有耐心，能在这个行当尽忠职守的人承担。”《克伦威尔致萨福克(Suffolk)郡委员会的信》(1643 年 8 月 29 日与 9 月 28 日)，见《奥利弗·克伦威尔作品与演讲集》(*The Writings and Speeches of Oliver Cromwell*)，Wilbur C. Abbott 编(Cambridge, MA: Harvard University Press, 1937)，第 1 卷，第 256、262 页。

(59) Sprat，《伦敦皇家学会史》，第 67、68、409—410 页。

　　斯普拉特的话让人想起培根的著名"幻象学说"，后者把经验障碍构想成关于阻碍恩典的罪恶类比的世俗理解，以此直面功利性问题。培根认为，对两种情境而言，对谬误的否定性、前瞻性的辨识与清除，与积极习得真理，都同样必要："当下占据人类理智并已根深蒂固的幻象与谬见，不仅严重困扰了人类思想以致真理难入其内，而且即便真理得以被接纳，它们仍会在各门科学的建立过程中骚扰我们，除非预先受到这一危险警告的人采取一切可能的防御措施，以防这些幻象和谬见的侵袭。"借助这种思维方式，家庭化的说教可能是将传统教育造成的损失反转的反说教。

349　理解需要我们舍弃自己所知之事："关于各类幻象及其与之相匹配的表现就谈到这里：所有这一切都必须严肃坚定地加以抛弃，这样人类的理智才会毫无羁绊并得以净化；进入以科学为基础的人类王国与进入天国的道路基本上并无二致，除了作为一个孩童外，无人能得其门而入。"培根对文化适应的初期批判鼓励了这种先在斯普拉特，后在斯摩莱特身上体现的极端理念，即"精英"社会地位可能对理解起到腐蚀、感染，而不是引发与提升的作用，这是招致认识论平等化语言的理念，其社会含意晦涩难懂，但引人联想："我为科学发现提出的方法就是不太关注心智的敏锐性与能力，但把所有的心智与理解几乎放在同一层面。"[60]

　　如普通读者一样，普通观察者的普通性意味着普遍性及社会政治的卑下性。对培根而言，不是非功利性必然要求未受教育的平民如白板一般，而是"获得自由的"理解是严格的认识论独立，而非物质或传统文化独立之事。这也是自然神论者约翰·托兰(John Toland)的含意，他把旧约的曲折诠释与耶稣的比喻训诫对比："那些被认为不理解哲学体系的可怜人很快明白基督质朴且令人信服的教导，与复杂且无效的经文雄辩之间的差别……如果非功利的普通类型，以及统治者中更率直之人的确弃绝这些无稽之谈的迷信，这并不令人奇怪……为什么通俗不能同样成为事物真实感知的裁判呢？"[61]阅读自然的非功利方法可能以这种方式被感到

---

[60]　Francis Bacon，《新工具》(*Novum Organum*)(1620)，见《弗朗西斯·培根哲学作品集》，第264、263、270、274页。1667年，理查德·阿莱斯特里(Richard Allestree)把利益本身等同于"世人为之折腰的伟大幻象"。参阅本书第1章，注释88。关于斯摩莱特，参阅本章注释33。

[61]　John Toland，《基督教不神秘》(*Christianity not Mysterious*)(1696)，序言，第 xxi、xxii、xx页。

与在普通层面阅读经文的那些方法融合。

因此，非功利性观察的目标是通过对平等化理解的个人观察者的理想而开展，这个理想允诺理解某类普通之事，其普通性也可能被认为暗含某种"通俗性"。但对如何实现科学非功利性的质询也探求不同的策略，把个人与群体的功利性当作某种已知事实，但旨在通过集体概括法抵消这种偏见。考虑到社会化、非功利性的力量（免于私人利益腐蚀的自由）可能最好通过如是方法实现，即不是请教舍弃令人困惑之利益的个人或是特定人群，而是在社会及职业层面多样化的民众范围。斯普拉特写道，皇家学会"全力关注的不是局囿于个人，也不是同一思想的群体"。通过

各行各业的平等均衡，不会有某特定个人比另一人更重要，或让圣贤只说他们自己的私人感受……对各阶层的人们而言，有自己主要关注的心爱之事是非常自然的……对处于各种境况的人们而言亦是如此，学者中那些被称为迂腐之人，只是对某种私人生活形式报以固执的痴迷，毫不关注普遍情况。因此，皇家学会运用接纳所有协助的自由，这对他们最为有利。更令人瞩目的是，所有特异之才尽管从事普通行业，但他们辛勤搜寻，设法加入……所有地方与角落如今都在忙碌，为这项工作准备。我们发现很多每日呈交的珍品不仅来自博学的专业哲学家之手，而且来自各行商铺，商人的旅行，农夫的犁田，绅士的娱乐场、鱼塘、公园和花园。[62]

这个思路与斯普拉特的另一观点有某种关联，即不是通过个人与自己习惯之事疏离的方式，而是使个人熟悉其他人经验中的习惯之事广泛范围，以此实现非功利性："我知道可能在此提出这个建议，即他们在外面为学习他人的评断而忙个不停，但在自己所想之事方面无法不偏不倚。这不是了解，而是对其他信条的专横沉迷，使理解变味和扭曲。更进一步说，完全熟悉各类观点的人更不大可能固执地坚持任何特定观点，否则，他的脑子里仅充斥同一种观点的思想。"实际上，斯普拉特提出这个洞见时，他似乎从心理语域转到社会学语域，把非功利性重构为通过将个人聚

---

[62]　Sprat,《伦敦皇家学会史》，第 73、66—67、71—72 页。

集而实现丰富性之事,而不是使个人丰富之事。他继续说道:"如今,假定这种普遍收藏是如此必要,它并不比整个皇家学会的协作劳动好到哪里……在如此之多的人中分享这个任务,这与快乐的事情相差无几。"[63]

　　斯普拉特在这些引文中阐述了科学方法的重要原则,即实验可重复性的理念,改进了不可控风险过程,众人经验的不同利益借此得以集体聚合,以便彼此抵消。实验有条不紊地限制("控制")各种利益的能力("变量"),以影响因此可能被理解为自然衡量之事,以此使这种经验概括形式化。但实验并不完全,除非它在无限概括如是有条不紊控制过程的情境中重复。如胡克所言,"在所有观察或实验的进行过程中,应该有大量的

351　细心,要注意每一个最难以察觉的情况,它似乎要么在推动,要么在阻挠方面或任何影响该效果的方式中有重大意义。为此目的……最理想的是,观察与实验应该在身心不同时间重复,在多个季节,以及多个场景,在时间、地点、工具以及材料等不同状态重复"。在这个普遍性层面,非功利性的定性评估,无论是按社会地位,或是按其他标记,已被降格为必须被控制的变量条件,如果自然的不变恒量成功地分离出来的话。

　　实验始于普通感官印象的本地、特定及"私人"领域,终于自然"公共"法则中具化的普遍与普通定量抽象。这些是"自然可能得以描述的方式,我们能够借此发现不同效果的物质有效及工具原因,这并不太超越我们的感官范围,与我们感官更重要与明显的如是效果相差不大"。胡克描述的这种超越是从感官印象的实际特殊性到关于因果的概括虚拟性,并把与概括对立的可变"利益"抛在身后。[64] 在两个方面,它等于该过程的方法论形式化,非功利性的道德-认识论内核借此从其社会内核的外围介入中分离。首先,胡克的科学方法尝试类似相关分离:超越感官范围的因果关系去除就像超越社会地位范围的非功利性去除。其次,也是更重要的是,胡克的方法成为如是去除结果的示范,即概括过程是在起作用的道德

[63]　Sprat,《伦敦皇家学会史》,第 97 页。在斯普拉特的《伦敦皇家学会史》出版前一年,皇家学会已经建立了自己的珍宝"贮藏室",在这些收藏中引人注目的是,为其恩主及捐赠人提供了一份不按等级排序的清单。参阅 Marjorie Swann,《珍宝与文本》(*Curiosities and Texts：The Culture of Collecting in Early Modern England*)(Philadelphia：University of Pennsylvania Press, 2001),第 83—90 页。

[64]　Hooke,"基本方案",第 61—62 页。

一认识论的虚拟领域内成为必要。

胡克关于因果关系的科学概括观点很快就因大卫·休谟的如是公理而复杂化:"各种物象之间并没有可以发现的联系,而且我们由此及彼的一切推测,都只是建立在我们体验到的它们恒常而有规则的会合上。"我们的原始素材只是经验而已:不是外在物象,而是我们对它们的内在感官印象。我们对它们会合的经验越恒常有规律,就越可能概括出各物象自身之间的联系。休谟的方法把对变量的控制提炼成定量聚合的精髓。"利益"与不能简化的单一性同步。知识的非功利性是数学命题,这在平等部分取决于实例的无限增加,以及源自它们独有特殊性的概括抽象。[65]

如我们所见,涉及科学方法的早期作家试用了实现非功利性的多种方法:在个人层面,请教那些独立于物质需求或封闭教育之人;在集体层面,通过合作、重复、出版从个人的实际感官印象中抽象概括,以便建立可能性领域,实际变量已从中提取出来。[66] 我们在所有以经验主义为基础的方法必须启用的地方开始,以感官的实际特殊性为开始,并变形为可能的(不是尽管如是事实,而是)实际经验概括,因为虚拟领域已经取代了真实领域。科学概率的虚拟领域通过从特殊到普遍的变化而构成,因此可能被比作另一方法的虚拟产品,同时代的人们借此重构"私人"特殊与"公共"普遍,民族国家之间的关系。与公共领域一致,契约理论本身就是使非功利性体制化的策略。

公民非功利性

把有利的劳动排除,确保自己有启发的活动的非功利性,波义耳的这个信念大体等同于公民人文主义的如是坚信:政治权威需要的非功利性是物质独立的功能。科学非功利性相反是定量成就,众多私人利益借此

---

[65] David Hume,《人类理解研究》(*An Enquiry concerning Human Understanding*)(1748),第10编,第1部分,第3版,L. A. Selby-Bigge 和 P. H. Nidditch 编(Oxford:Clarendon,1975),第111页。休谟也将这些原则用于如何在美学评断中确立非功利性的问题。参阅《论品味的标准》(Of The Standard of Taste)(1758),见《道德、政治与文学论文》(*Essays Moral*,*Political*,*and Literary*),Eugene F. Miller 修订(Indianapolis:Liberty Classics,1987),第226—249页。关于休谟与约翰逊对借助持久性的量化(233)观点,参考本章注释105。

[66] 关于实验可重复性及出版,参阅本书第2章,注释61—62。

互惠性地被抵消，或被驾驭，如是理念同样与 17 及 18 世纪为"民"有、"民"治、"民"享政府的政治体系理论化所做的尝试有明显关系。斯普拉特对"完全熟悉所有观点之人"的欣赏让人想起"公众舆论"这个范畴，其长期的酝酿涵盖了我在本研究中主要关注的时期。因此，一方面，公民非功利性的现代论述追溯到 17 世纪 40 年代的如是辩论，即质或量，社会地位或署名人的数量是否正是验证公众向国王及议会陈情的标准。[57] 另一方面，它前瞻了 18 世纪 80 年代美国革命后的如是辩论，即如何最佳防范民主政府体系中的毁灭性派别力量。

　　派别将"激情或利益的普通成因"与更大的共同价值，"其他公民的权利"，或"社会的永恒集体利益"对立。众人皆知的是，詹姆斯·麦迪逊（James Madison）宁选"共和代表"，也不要作为"驾驭派别效果"方法的"纯粹民主"，其理由与科学方法驾驭自然规律恒量的方式有某种类似。

353　首先，通过把政府授权给"由其他人选出的少数公民"，共和代表能够"通过选定的公民团体媒介进行传播，以此改进、扩大公共观点"。这些公民团体部分出于爱国原因，部分出于结构原因，能够对那些超越"时效或局限考虑"的观点进行更好的概括，胜过本身可能着手如此的民众。其次，代表体系预先假定的"更大"公民数量包括了"更多党派与利益"，这就使足以伤害全体的"共同动机"赋权某一派别的"可能性降低"；而更可能的是，代表团体能够抵制这样的赋权。[68]

　　尽管如此，科学与政治方法之间的明显差异允许某种类比，它位于对特殊与普遍之间裁定的普通尝试的抽象层面。麦迪逊描述了这个过程：作为某种筛子的"政府授权"将"时效或局限"考虑筛除，因此公众舆论既得到"改进"，又得到"扩大"，严格的私人利益得到更全面的净化，并因此被提取为更全面的公共普遍性。共和代表那起到改进作用的筛子可能被比作实验过程，在任何单独本土经验中获得的"时效或局限考虑"（胡克称

---

[57]　参阅 David Zaret，《民主文化起源》(*Origins of Democratic Culture：Printing，Petitions，and the Public Sphere in Early Modern England*)(Princeton，NJ：Princeton University Press 2000)，第 257—259 页；参阅本书第 2 章，注释 68—72。

[68]　James Madison，《联邦党人》(*Federalist*)，第 10 期，见 Alexander Hamilton，John Jay，James Madison，《联邦党人》(*The Federalist*)(1787—1788)，George W. Carey 和 James Mc Clellan 编(Indianapolis：Liberty Fund，2001)，第 42—49 页。

之为"身心不同时间重复,在多个季节,以及多个场景,在时间、地点、工具以及材料等不同状态重复"的变量)借此不是"太过遥远",或用麦迪逊的隐喻,通过建构形式实验本身的控制机制,以及重复实验的筛选效果两种方式筛选而出。如科学方法一样,共和方法以代表性原则从社会等级原则严格分离为前提。这些过程以此为开始的特殊元素(个人投票的公民,以及个人经验)与它们各自的过滤机制(被选公民与实验)扮演自己的角色,无视地位考量,这个事实让我们想起非功利政府的这种共和模型与公民人文主义传统的"共和主义"相距何等之远,为此,认识论的非功利性不是通过这种过滤机制进行协调,而是社会地位,也就是说土地所有权的直接功能。

　　然而,唤起公民非功利性现代意义的这种举措要求,我们也应该承认与《联邦党人》(Federalist)文件同时代政治思想不同派别的力量。这就是现代保守主义理论,埃德蒙·伯克在自己的《法国大革命反思录》(*Reflections on the Revolution in France*)(1790)中对此予以最热切阐述。难以想象的是,两份文本在它们的公民原则方面的对立要远胜于这些文本,我并不是有意断言麦迪逊与伯克在如是问题方面的密切关系,即政治判断的权威如何可能从量化抽象方法中得以确保。的确,对伯克而言,"诡辩者、经济学家、算计者"的量化不是解决方法,而是问题所在。[69] 伯克的保守主义与现代非功利性理念的相关性不在于对政治判断权威源自何处的分析记述,而在于对赋予政治判断权威性并因此在相关主体的内心中产生效果之事的情感解释。尽管伯克本人是启蒙思想者,但他认为,法国君主制的合法性在其存在本身,而不是其本质。传统权威的神圣不是内在美德,而是历史产物,其政治功效取决于我们与其有足够的距离,以此带着自觉超脱的非功利性予以评价。我们相信贵族,尽管我们与其保持认识论的超脱,这正是因为我们与它的历史

354

[69] Edmund Burke,《法国大革命反思录》(*Reflections on the Revolution in France*),Thomas H. D. Mahoney 编(Indianapolis:Bobbs-Merrill, 1955),第 86 页(随后引用源自本版,并在文中圆括号内标示)。随后关于伯克的论述部分来自 Michael McKeon,《隐性知识》(Tacit Knowledge:Tradition and Its Aftermath),见《传统问题》(*Questions of Tradition*),Mark Salber Phillips 和 Gordon Schochet 编(Toronto:University of Toronto Press, 2004),第 171—202 页。

超脱。"先生，如您所见，在这个启蒙的时代，我竟然胆敢承认我们就总体而言是怀有天然情感的人；此外，我们不但没有抛却我们旧有的偏见，反而还非常珍视；可以大言不惭地说，我们珍视这些偏见恰恰因为它们是偏见；它们存在得越是久远，流传得越是广泛，我们就越珍视它们。"（98—99）作为把特殊转化为普遍的代表性方法的量化失效了，开始作为历史时效的原则而自立。

贵族对如此传统的敬畏，对传统的情感与社会功效的保守敬畏，两者之间存在正在扩大的显化鸿沟。伯克的任务是从显性的角度称赞隐性，这也用如是迟来的知识称赞积极自由原则：看似只是不同之事却是真正可分且不同的权力。为了完成这项任务，他求助了封建主义的概念范畴及其过时的逆喻："我们永远、永远都无法再见到对等级和性的慷慨忠诚，再也无法见到恭顺中有骄傲、顺从里有尊严，以及即便本身处于奴役的地位，那颗从仆之心中依然鲜活地保留着崇高的自由精神……正是这一点，才能在不混淆等级的情况下，创造出一种高贵的平等，并通过社会生活中的所有阶层等级传承下来。正是这种观念，让国王屈尊为国人的同胞，同时也把个人提升为国王的同胞。"如果在现代性的冷光照射下，借助私人生活的公共生活渗透性是个幻觉，它就是令人愉悦的幻觉："但是现在，一切都变了。所有这些使权力变得柔化、使服从带有自由、使不同生活差别变得和谐，通过温和的同化作用，将能够美化和柔化私人社会的情感融入政治中的美好幻觉，都被光芒和理性这个新征服者的帝国瓦解了。生活的所有体面之幔都被粗暴地撕去了。"（86—87）

然而，伯克的悲伤语调被如是意识掩饰：在贵族、王权不可得的非功
355　利性与政治数量词的虚假非功利性之间存在一条中间道路。借助这个中间道路，实用的社会功效在失去自身隐性社会功效时成为信仰所得。实际上，我们与旧制度古老政治的历史距离赋予了后者影响我们，并催化实用功效的想象力。我们非功利性地珍惜传统，不是因其重要价值，而是因它给予我们如此行事的愉悦，并在我们对其令人愉悦的幻觉所做的情感回应中，存在社会功效的根基：不是文化嵌入的直接一致性，而是自觉重新制定的介入的愉悦。现代保守思想植根于这种怀疑态度中，这涉及对在诸公民机制持久性中得以表明与永存的非功利性承诺。这与通过以政治代表方式筛选实际特殊性，实现非功利性的自由主义承诺对立（或如在

伯克的实例中,通过公众舆论的概括而同情美国之人)。⑦

传统社会等级与美德有除了"偶然"之外的任何关系,约翰逊对此观念嗤之以鼻。他告诉鲍斯威尔:"我会剥夺贵族应有的尊敬,同样会剥夺他的财产。我认为自己在伟大社会体系中扮演一个角色……假如我是贵族,他是塞缪尔·约翰逊,我会以我期待他将如何待我的方式待他……先生,永远存在关于优先的争斗,假如没有固定不变的等级区分规则,这不会产生嫉妒,正如它被允许是偶然发生的一样。"⑦约翰逊的观点,"在伟大社会体系中扮演一个角色"附和了伯克的主张:"每个国家都应当有一套让每个博识的心灵都喜欢遵守的礼仪风俗制度。要让我们热爱我们的国家,我们的国家就应该是值得爱的。"(88)我们生活在一个虚拟的"社会"与"国家"中,它可从我们日常生活中提取出来,足以当作"系统"来体验。这是约翰逊与伯克两人用来表述独立非功利性的语言组成部分,对我们而言,我们的社会参与借此明白易懂。

如我们将要看到的一样,伯克与约翰逊的公民非功利性理念通过自己关于审美非功利性的作品而取得了连贯性。但两个概念的同步也可以在那些写出反对保守主义作品之人的语言中显见。威廉·葛德文(William Godwin)和伯克一样对代表筛子的公义持怀疑态度。尽管如此,他也在反驳伯克对"有益偏见"的抗辩时说了一些好话。"政治欺骗的体系把人们分为两大阶级。"其中一个对另一个是这样理解的:"我们应该通过他们的感官媒质掌控他们的判断。"葛德文愤慨的是,后者应该被剥夺"新增智慧的机会,这源自更多用于质询的心智,源自可能预期与之相伴的非功利性客观精神"。但他从如是洞见中得到安慰:显化是软弱,而非强硬的符号,用美学信念的(前)柯勒律治(Coleridge)式语言来描述,并摒除伯克保守主义策略:"但同时,他告诉我们,我们需要把错误当作错误,把偏见当作偏见来珍惜。他自己正在揭开面纱,摧毁自己的系统……一旦他们开始写书,劝说我们应该愿意被欺骗,可以推测的是,他们的体系正在衰败。"⑦

---

⑦　参阅本章注释 38。

⑦　Boswell,《约翰逊的一生》,第 316、317 页。

⑦　William Godwin,《政治正义论》(*Enquiry concerning Political Justice*)(1793 年,1798 年修订),第 5 卷,第 15 章,第 140、132—133、137 页。

审美非功利性

关于 18 世纪英国美学兴起的公认智慧，会让我们以沙夫茨伯里伯爵三世的研究为始。根据这个思路，审美非功利性首先出现，通过绝对土地所有权而与社会政治非功利性的假说不可分离。这种联系的脱开只是始于 18 世纪末。在我看来，这种断言似乎在几个方面易受影响。美学理论的公民人文主义版本主宰了 18 世纪话语，如是论点被威廉·霍加斯的单一主导样例掩饰。[73] 在约翰逊对托马斯·格雷（Thomas Gray）的《墓园挽歌》(*Elegy Written in a Country Church-Yard*)（1751）勉为其难的称赞中，我们可以听到霍加斯的某些看法，作为普遍的普通标准可能在此被认为也意味着作为平民的普通标准："在《墓园挽歌》品质方面，我非常高兴与普通读者有共同观点；借助未被文学偏见腐蚀的读者普通感知，毕竟所有微妙的改进，以及学识的独断论必定最终决定所有关于诗学荣誉的主张。"[74] 约翰逊的称赞在格雷的如是想象中得到了主题上的确认：

> 在某个村里，汉普登（Hampden）用自己
> 无畏的胸膛抗拒自己田地上的小暴君。[75]

在别的语境中，可能是从公共政治到乡村生活琐事的明确不充分的家庭化之事，此处有自足的意义。因汉普、查理一世这些对立能指而起的、未如愿

---

[73]　关于这个论点，参阅 John Barrell，《绘画的政治理论》(*The Political Theory of Painting from Reynolds to Hazlitt*)(New Haven, CT: Yale University Press, 1986)。关于以霍加斯作品为特色的反论点，参阅 Ronald Paulson，《美、新、异》(*The Beautiful, Novel, and Strange: Aesthetics and Heterodoxy*)(Baltimore: Johns Hopkins University Press, 1996)；关于公民人文主义阐释，参阅第 xv—xviii 页。参阅 William Hogarth，《美之分析》(*The Analysis of Beauty*)(1753)，序言，Ronald Paulson 编(New Haven, CT: Yale University Press, 1997)，第 17—20 页。

[74]　Samuel Johnson，《格雷》(Gray)，见《英国诗人传》(*Lives of the English Poets*)(1779, 1781)，Arthur Waugh 编(1952; London: Oxford University Press, 1968)，第 2 卷，第 464 页。当然，格雷的著名诗歌本身就关注穷困平民的命运与众生共同命运的一致。

[75]　Thomas Gray，《墓园挽歌》(*Elegy Written in a Country Church-Yard*)(1751)，第 57—58 行，见《格雷、柯林斯与哥尔德斯密斯诗歌选》(*The Poems of Gray, Collins, and Goldsmith*)，Roger Lonsdale 编(London: Longman, 1969)，第 127—128 页。

的平民感伤,是唤起我们共情、具有完全意义的所指。年轻的埃德蒙·伯克提供了与约翰逊类似的情感,并在平民化经验主义中,让人想起其就美国革命时期公众舆论所阐述的观点:"艺术的真正标准由每个人掌控。对最普通,有时是最卑微的自然事物的简单观察都会有最真实的洞见,忽略如是观察的最伟大智慧和勤勉,一定让我们毫无所获。"[76]但如果我们谋求如是公民人文主义信念的替代物,即非功利性预设了社会等级与财务独立,我们不应该等到本世纪中叶。的确,沙夫茨伯里本人的作品提供了这个替代物。

無疑,《人、风俗、意见与时代之特征》一书四散但遍布的社会氛围就是文雅有礼的氛围。然而,对沙夫茨伯里而言,非功利性的示范实例不是社会层面的,而是宗教层面的。他写道:"我禁不住会想,一些最崇高的美德在我们的神圣宗教中之所以无人理会,原因在于我们完全没有考虑到非功利性这一点,如果这些美德有权分享上帝通过启示分配给其他义务的无限回报的话。"[77]"非功利性"存在于"为了上帝或美德本身而对上帝或美德的爱"(2:272;2:153)。在这些论述中,受预期回报驱动的功利性美德完全没有美德。然而,宗教的示范实例的确允许社会应用。沙夫茨伯里知道,"普通人"谨知"在社交中的礼仪要在未来遭受赏罚",但"自由、高雅、风流之辈的本性"有更非功利性的行为标准(3:177;3:108)。再次,"普通百姓在面对绞刑架的时候,需要的往往就是这种能够警戒人心的对象。不过我不相信,接受过自由教育或向来真诚的人仍需要求助于他们心中的这种观念"。

---

[76] Edmund Burke,《对我们关于崇高与美的理念之起源的哲学探究》(*A Philosophical Enquiry into the Origin of our Ideas of the Sublime and Beautiful*)(1757),第 1 部分,第 19 节,J. T. Boulton 编(New York:Columbia University Press,1958),第 54 页(随后引用源自本版,包括部分、章节以及页码皆在文中圆括号内标示)。

[77] Anthony Ashley Cooper,沙夫茨伯里伯爵三世,《人、风俗、意见与时代之特征》(*Characteristicks of Men, Manners, Opinions, Times*)(1711 年,1732 年修订版),第 1 卷,第 98 页,Douglas Den Uyl 编(Indianapolis:Liberty Fund,2001),第 1 卷,第 62 页(随后引用在文中圆括号内标示,并保留原始边角页码;引用首先对应的是 1732 年版本,之后是 2001 年版本)。

沙夫茨伯里把犹太教描绘成在教义上引发非功利性的信仰,这并没有阻止他对旧约中的普通犹太人辛辣嘲弄:"当最好的教义由于无人理会而得不到传播,最忠实的门徒一心只想着填饱肚子的时候,他们往往从食欲意义上解释每一句圣言……所以,人们必定承认,为了纪念他们神圣的立法者、爱国者和导师,他们的善良和慷慨超过了所有人,因为他们能一如既往真正地爱自己的民族和同胞,对于那些自私自利、令人厌恶的人,他们也给予慷慨无私的关怀。"(1:282—283;1:175—176)

沙夫茨伯里在“普通”、“风流”与“自由”之间进行区分的社会政治意义为何？这个区分表面上是认识论与道德层面的。这是(一方面)虚假“哲学”与(另一方面)真实哲学之间的区分：对前一种哲学而言，价值标准就是“感官快乐的丰富精细程度”，“除非能拿这生命换回相同数量的金币，并在交易中获益”时，才可抵制相关的舍弃；在后一种哲学中，“价值和功绩是实在的，绝不会随人的兴趣或意愿而变化，荣誉不管是被人看到、受全世界的称颂，还是默默无闻、自行其是，都不会变质”。尽管“普通”可能在我们听来充满社会政治的诽谤，其含意因如是事实而无效：沙夫茨伯里自在地把此处自利的普通百姓指为“绅士”(1:123—126;1:77—79)。

社会政治的共鸣在别处可能看似更唾手可得。沙夫茨伯里写道：“一个具备良好教养的人，无论他还有什么其他品质，是绝不可能粗鲁野蛮的。他绝不会有意为恶，或处心积虑根据自我利益的标准来思考事情。”如我们所见，对沙夫茨伯里来说，真正的哲学是非功利性的思考与行动。他继续
358 写道：“从其正确的意思上理解，去研究哲学不过是把教养提升到更高的层次。因为教养的完善就是去学习交往中的礼仪和艺术中的美。”(1:129,3:161; 1:81,3:99)此处重要的词就是“教养”。但当它开始声称社会等级或财务独立是教养的特征时，值得注意的是，沙夫茨伯里对此保持沉默，该词本身在同时代用法中是模棱两可的。尽管教养暗指“良好出身”的内在天然优势，它也意味着更接近良好抚育或培养之事，在沙夫茨伯里对其描述中作为可能是“博学”之事而得以暗示。的确，使任何当前方式所需之事成为必要的该词敏感性是艾迪生为区分城市与乡村生活所做的幽默尝试的一个话题(参阅《旁观者》，第119期，1711年7月17日)。

至少我们需要承认，如“敏感性”及“品味”的隐喻范畴，“教养”是18世纪作家创造的那些准躯体术语之一，以在如是文化内取代传统上区分那些贵族出身之人的荣誉，即日益质疑贵族的字面与肉体先天性，但越发赞同源自天性的论点。(78) 对沙夫茨伯里而言，非功利性存在于道德坚信，

(78) 18世纪末，良好出身与良好教养之间的差异不言自明。伯尼(Burney)笔下的伊芙琳娜(Evelina)对奥维尔(Orville)与莫顿(Merton)两人的差异感到吃惊，沉思道：“在众生等级与状态中，品行与举止是何等奇特地不同！奥维尔大人文质彬彬，不知懈怠，平等待人，谦逊庄重，仿佛他从未结交过大人物，并完全无视自己拥有的每一项资历。另一位大人尽管不吝恭维和巧语，在我看来，他似乎完全是真正教养的门外汉。”见 Frances Burney，《伊芙琳娜》(*Evelina, or, the History of a Young Lady's Entrance into the World*)(1778)，第1卷，第23封信，Edward A. Bloom 和 Vivien Jones 编(Oxford: Oxford University Press, 2002)，第114—115页。

即不仅美德,而且真理与美丽都是它们自身的回报。出于这个原因,它们更多的时候是在物质所有权缺席,而不是在与之联系情况下为人所得。威尼斯总督"被大海的美吸引",想着"如何驾驭它",因而"在婚礼仪式上迎娶海湾",这样可以说"真正归我所有"。然而,在此过程中,他"占有的东西并不比贫穷的牧羊人更多。这牧羊人躺在高悬的石头上或者海岬上,忘记了吃草的羊群,赞叹着大海的美"。通过提到欣赏美丽风景的人"为了享受这片风景,要拥有对这片土地的所有权或支配权"会是如何"可笑",沙夫茨伯里指出了寓意所在(2:396—397;2:221—222)。如在科学非功利性的论述演变中一样,沙夫茨伯里将非功利性美德的抽象完整性从对实际奖惩的期待分开的努力,与其将道德认识论的虚拟标准从其看上去可能的实际社会政治基础剥离的努力密切相关。

在沙夫茨伯里非功利性理念的如此(人为建构的)发展中,我们已从其内隐心理的负面观点转向正面观点。也就是说,我们已把非功利性当作任何缺乏对有形回报的预期来理解,转向把它当作使某种无形"回报"成为必要的观点,其价值基于无形性的事实。美德、真理与美丽的"自身性"与它们的不可感知性及虚拟性结合在一起。我们可能想起沙夫茨伯里把虚假"哲学家"描绘成"用感官快乐的丰富精细程度评价人生"之人。当然,把享受某处美丽风景理解成与"感官快乐"有关之事也足够简单。但沙夫茨伯里的语言暗示,他意在更精确地对可感知与不可感知愉悦进行区分。在《人、风俗、意见与时代之特征》的别处,他提到,从事数学研究的某人,尽管"只是发现了推测的真理",但"获得了超越感知的愉悦和快乐"。在自然哲学"科学"作者们强调定量概括语言之处,沙夫茨伯里倾向于选择净化抽象的语言。这些是阐述,非功利性如何大体被理解成要求"趋上"运动,"去除"(用胡克的话)感官及社会政治领域实际特殊性的相关方式。我已阐述,在形式家庭化的传统、阐释、说教动机中,我们此时可以看到对如是理念的复杂但重要的适应,即家庭化的"趋下"策略可能不仅是实现"趋上"目的的方式,而且是目的本身。这些表面对立的行动实际上是互补的。实现非功利性的目标鼓励同时代的人们在私人领域中发现前所未有的权威之源。传统上已被限制为社会政治等级地位的公共范围之事,在私人领域内聚合成道德认识论自发转型。形式家庭化趋下成为"普通",这日益被认为借此促进了趋上概括行动,或抽象为"普通",这

359

种重要性的独特(如果是隐喻层面的)"公共"类型充斥了私人领域。

　　沙夫茨伯里对感官愉悦与推测愉悦的区分,很可能让我们想起艾迪生在《旁观者》第1期关于想象愉悦的文章的观点。的确,沙夫茨伯里与艾迪生、斯蒂尔就审美非功利性发表的文章完全算同时代,是对这些事的广泛共识。然而,一个重要差异就是,沙夫茨伯里欣赏从感官到推测的认识论趋上转变,完全绕开想象的中间地带。在他看来,这个中间地带也被引发可靠改进的感官过度污染。结果,沙夫茨伯里身上的非功利性协商没有中间人,我们留下这样的感觉,尽管存在经验主义,成为他目的地的中间地带是推测的郊区;较之于对之下事宜的改进,对超越我们事宜的新柏拉图式家庭化是更有效的抵达方式。然而,艾迪生把自己的关注聚焦想象官能,并以某种可能对审美非功利性阐释至关重要的方式发展了相关质询。感官愉悦尤其是功利性的。如自己洛克式经验主义中的沙夫茨伯里一样,艾迪生也把所有知识理解为植根于感官经验之事。但艾迪生更多以经验主义者胡克的方式关注对某类知识性质的界定,它是隔开的,"这并不太超越我们的感官范围",不仅从感官经验及本质功利性的不可简化土壤抽离,而且植根于此。

　　然而,这不是胡克的"科学"知识(也不是沙夫茨伯里实例中的数学知识),而是令艾迪生忧心的想象知识。艾迪生用把想象确立为调停官能的三分法——它本身就足够传统,可能除了在根据它们不同类型的"愉悦"进行官能区分方面外——开始自己的讨论:"总体来看,想象的愉悦既不如感官的愉悦那么粗糙,也不如理解的愉悦那么精细。"[79]我们可能推断,艾迪生的理解官能大致对应胡克谋求获得的知识领域。因此,较之于胡克,艾迪生的目标、想象甚至不怎么"太超越"感官范围。然而,艾迪生的计划的确要求那些对更多及更少引发想象愉悦的感官之间的区别。在这一点上,艾迪生宁选目睹,而非情感,(部分)原因就是其调解性质,因为它"与最遥远距离的事物交谈"。因此,他确认,正是所有幻象感知的大部分"用其理念丰富了想象",并以此开始自己的论述。但情感之于目睹,恰如

360

---

[79]　后康德思想已开始根据其缺乏工具目的这一事实对美学判断与理性判断进行区分。但艾迪生将工具性,即愉悦的产生归结于他思考的所有三个官能。区分想象的是,愉悦不是可感知的,而想象在愉悦产生中扮演工具性角色。

直接感官本身之于想象。可感之事未减轻的粗鲁被构想为一种极端情境，其"粗俗"与潜在"犯罪"愉悦要求想象的缓和距离。艾迪生的此处所言暗示着道德拐点，这让人再次回想起沙夫茨伯里善与美的原则性关联，这要求我们不仅从认识论，而且从道德方面看待非功利性的社会政治层面嵌入观念的新兴替代物："个人应该尽力……使自己天真愉悦的领域越宽广越好，他就可能安全地栖息其中，并在那里得到睿智之人不会羞怯于此的满足。想象的愉悦就是这个特性。"(《旁观者》，第 411 期，1712 年 6 月 21 日)[80]

但与感官印象功利性粗俗的距离只是想象参与其中之过程的一半而已。感官的另一极端是完全"高雅"的理解之愉悦，就作为全面过滤感官印象的粗俗与功利性愉悦这样一个过程的结果而言，它是高雅的。艾迪生承认，理解的愉悦最终"更合意"，但"想象的愉悦与其他同等伟大，令人激动……此外，想象愉悦有超越理解愉悦的优势，且更明显，更容易实现"。它们并不"需要如此思想倾向"，如体验理解愉悦所需的如此"劳动"与"困难"的极端性(《旁观者》，第 411 期，1712 年 6 月 21 日)。艾迪生此处所言不禁让我们想起推动形式家庭化的阐释与说教动机。如果他对想象如何改进感官的问题的论述最终更具创新性，想象成就的意象也是通过理解的家庭化获得，艾迪生对此方式予以相应的关注。在某种程度上，这是用比喻表达法消解极度改进的过程，理解借此已将其可感原始素材

361

---

[80] 关于科学实验中发现的"可感愉悦"，即"天真的"，可以"毫无内疚或悔恨"享有的愉悦，参考 Sprat，《伦敦皇家学会史》，第 344 页。如胡克与斯普拉特这些早期科学方法解释者一样，约瑟夫·格兰维尔(Joseph Glanvill)借助道德化语言，描述科学实验中将要获得的愉悦，正如斯普拉特的语言预示了艾迪生的语言，尽管格兰维尔增添了戏剧，以及天真情色元素。然而，考虑到主题，格兰维尔论述拥有的不是将美学从科学非功利性区分的效果(如艾迪生那样)，而是将前者纳入后者的效果。格兰维尔写道，皇家学会的追随者们会"发现，所有用来理解胜利、多样与惊喜的天真满足都是我们最佳体验之愉悦的常见来源。可能人性很少遇到更甜蜜可人且纯净的喜悦，以及那些源自成功试炼的幸福结果。是的，它们是否继续满足自然主义者的特定目的；看到这种变化是何等令人快乐的景象，当用细致及得当操作的实验，探究痛苦的自然的扭曲与无法预期的波谲云诡时。源自这些更高贵娱乐的快乐就是这样，正如我们冷静多思想无须对此感到汗颜。随后紧随的不是诸如此等的悲惨后续，即那些只达到幻想与感官高度的兴奋产物"。《科学的怀疑》(*Scepsis Scientifica*)(1665)，"致皇家学会"(To the Royal Society)，b2v-3r。参考胡克关于自然如何被"描摹"，而不是被探索的更纯洁记述，本章注释 62—64。对比格兰维尔分析中情色实验想象的天真与伴随自渎之想象的极度堕落。参阅本书第 6 章，注释 30—34。

转化为纯粹思维能力。因此，在关于想象愉悦的最后一篇文章中，艾迪生将想象愉悦与"比喻、隐喻、讽喻"的运用联合起来："通过这些暗指，可以说，想象反映了理解中的真相。我们能够看到观念中诸如色彩、形状等事，并发现借助事物描绘出的思想方案。此处的思想获得极大的满足，并同时让自己的两项官能得以满足，而幻想忙于复制理解，将源自智识世界的理念转化为物质。"（《旁观者》，第 421 期，1712 年 7 月 3 日）既然想象之工提升感官，使之也在认知层面为人所知，因此它们将理解家庭化，使之在比喻层面为我们的物质性所得。的确，这不是两个类似过程，而是同一过程的两个方面。

　　因此，旁观者先生的旁观行为"美学"特质，与想象的美学愉悦的关联性似已足够明确。[51] 如艾迪生提供的众多样例之一那样，"沉思的商人"似乎取得"活在世间，无事可做的旁观者兄弟会"成员的资格，不是因为他没有社会功利性，而是他与之保持认识论距离的能力。沉思的商人，这个友好的逆喻强调了不是物质独立产物，而是在功利性背景中鲜明突出的非功利性。斯蒂尔在后来的某期再次提到这个话题，并以沙夫茨伯里的方式把旁观行为描绘成"仅为那些转而沉思之人所知的快乐。不但如此，享受于此的人必定只是把事物当作沉思对象来重视，没有由此为自己带来任何世俗进益"。旁观者先生写下这篇序言，进而叙述新近之事的后果：他"决心在随后的二十四小时内借车船之便游荡，直到必定遇到的众多新奇事物让自己的想象疲倦"。此次漫游结束之际，他发现自己来到皇家交易所，在忙碌的真实交易员中扮演一个沉思的虚拟同行："我身边人群中的其他人对自己的希望与议价满意，我在对他们的观察，以及对他们不同利益的关注中找到解释。我的确把自己当作那天在交易所信步的最富裕的人，因为我的善意让我分享了每笔成功交易的获益。"（《旁观者》，第 10 期，1711 年 3 月 12 日；第 454 期，1712 年 8 月 11 日）[52]

362

---

[51]　参阅 Michael G. Ketcham，《透明的意图》（*Transparent Designs*：*Reading*，*Performance*，*and Form in the Spectator Papers*）（Athens：University of Georgia Press，1985），第 74—81 页。

[52]　艾迪生的另一个逆喻是"名义上的医生，皇家学会成员。不热衷争辩的律师，以及失业的政治家。简言之，每个人认为世界是剧场，并渴望对那些站在舞台上的演员进行恰当的评价"。

斯蒂尔对"speculation"一词视觉、沉思与金融意义的明显把玩让我们想起沙夫茨伯里对感官愉悦与推测愉悦的区分,并使之扩展。㉝ 这篇文章强化了我们的普遍印象,即在审美非功利性的理念中,争议的是物质利益的直接性与由此解放的能力之间的微妙不同,不是借助自由保有地产的绅士,而是借助沉思的商人最敏锐人格化的不同。同时,旁观者先生求助于"解释"与"富裕"隐喻词汇,这表明作为字面与喻意、现实与虚拟之间变化的积极与沉思两者的如是不同。世俗活动(无论是有地的、经商的、有钱的)在此扮演复杂角色,用成为对立面的方式负面界定非功利性活动,这正是为通过比喻表述而取得的否定,提供字面模型的极为特殊意义。审美的相对非功利性从可感经验中脱离,正如隐喻从字义脱离,两者逃避了其与感官印象功利性的联系,又予以承受。但我们刚才得知,比喻表述,"比喻、隐喻、讽喻"如何也是借此"想象可以说反映了理解中的真相"的技巧,"将源自智识世界的理念转化为物质"。想象成就构成两者比喻,但无法进行简化的示范隐喻,以此避免对高雅感知理解的过度抽象,也避免字面与真实理解的抽象不足。想象从这个虚拟理解的方向改进相关感官,这也将现实方向的理解家庭化,两者在既是卑微,又是普遍的"共同"之地相遇。

至此,显而易见的是,在与诸如"品味"等美学范畴的常见联系中,18世纪的"高雅"一词指的不是社会政治地位(拥有高雅品味是身为上层阶级的前提),而是道德-认识论过程,判断借此通过虚拟化而剔除可感的粗俗性(因此对麦迪逊而言,"高雅"尽管是社会政治过程,它也是社会政治偏好可能借此中立化的方式)。㉞ 这不是简单的任务。的确,它要求某种实践,泛读与交谈,对不同生产的对比,以及对之同情的能力,这在场景层面让上层比平民更易获得。㉟ 但范畴前提与促成因素之间的差异在此语境中是重要的,此处的高雅意义可能从艾迪生的著名选段中得以证实,它让我们回想起已在沙夫茨伯里作品中讨论过的内容。的确,这个选段可

363

㉝　"明显",是因为《牛津英语词典》引用的"speculation"一词金融意义的最早使用将此引文推后了六十年。

㉞　参阅本章注释 68。

㉟　参考 Joseph Addison,《旁观者》,第 409 期(1712 年 6 月 19 日),见 Bond 编,《旁观者》;Hume,《论品味的标准》,第 226—249 页。

能首先似乎确认了非功利性与上层阶级之间的特殊关系，因为它解释了"文雅想象之人如何能进入俗人难以感受的众多愉悦之中"。然而，艾迪生对"雅"与"俗"的区分更多地谋求适应新兴的道德-认识论差别，而不是确立社会对立。前者是那些把控文雅想象，有品味的精英与其他众人（不是平民，而是能力普通之人）之间的差别，后者是"字面意义上的"上层与平民的对立。

艾迪生的"文雅想象"观念让人回想起他对"教养"的论述，区分是在文化，而不是社会术语中得以最佳展示。"雅"与"俗"之间的差别被当作思考风景与拥有风景的那些人（参考沙夫茨伯里把"普通人"描述成"绅士"）之间的不同而得以阐述时，这也很快就显而易见了："文雅想象之人……在此描述中感到了某种秘密的清爽，常常在远眺田野与草地时比拥有者有更大的满足。的确，它给自己所见诸事带来某种财产，并让自然最淳朴的未开化之处迎合自己的愉悦。可以说，他从另一个角度审视世界，并在此中发现诸般魅力，它们把自己匿形于人类普遍性之外。"（《旁观者》，第411期，1712年6月21日）与沙夫茨伯里的情感对比再次接近。非功利性的能力以绝对"财产"的隐喻性质为标示，某种改进纯粹可感粗俗性的"占有"，与实际拥有"不动"产的淳朴未开化的字面性及功利性有关。换言之，想象的文雅运用标记着合宜行为的"合宜性"从在占用事物中成为必要的"合宜性"分离，这因此也会有自身的名称——"财产"。⑧⑥

如精英教育一样，物质占有是根据非功利性"品味"的功利性障碍塑就，其与感官印象领域的隐喻距离与其之于该领域的隐喻临近同等重要。如果有什么的话，丧失自由保有地产的"普通性"将其从"人类普遍性"中解放出来，并获得"文雅想象之人"的特殊地位。艾迪生对《旁

364

⑧⑥ 参阅《牛津英语词典》"合宜性"（propriety）词条，了解18世纪之前该词的这些观念纠缠在一起时的意义。詹姆斯·鲍斯威尔后来是这样解释相关变化的："在现实中，有一点资产的人只是对生活有相同观点，也只是和其他人一样，他们不会喜欢伦敦。但有想象和情感的人，正如旁观者精妙描述的那样，会从目睹外在事物，毫不顾及财产所有中获得最丰沛的快乐。无疑，伦敦是人类与风俗可能在此得到最佳展示之地。"鲍斯威尔后来在日记中描述了朋友乔治·邓普斯特（George Dempster）的艾迪生式观点，即如何获得幸福："他把人的思想比作房间，并因装饰的图画要么令人满意，要么令人不悦。外在的环境于此目的而言不值一提。我们伟大的观点就是拥有令人愉悦的内心图画。"《鲍斯威尔的伦敦日记》（*Boswell's London Journal*，1762—1763），Frederick A. Pottle编（New York：McGraw-Hill，1950），第68、203页。

观者》第 411 期中隐秘与隐藏的强调让我们想起人类普遍无能与少数人的特殊才能之间的区别，这也是公共与私人愉悦之间的区别。如果非功利性的能力得以发展，并代表了君主与公共利益（因为他如今摆脱私人偏见的声名狼藉自由）的同步，其作为摆脱"公共"物质性与唯物论的"私人"独立的比喻表述就存在某种逻辑性。最初是明确的分离，其次是辩证的概述。一旦私人领域从公共领域分离，它就细化为两个私人活动领域，绝对财产所有权与绝对想象，因此它们分别被重构为公共与私人的独有区域。⑧⑦

在沙夫茨伯里与艾迪生的审美非功利性特别地形比喻表述背后，存在丰富的使用传统。在托马斯·伦道夫（Thomas Randolph）对乡村宅院的出色虚拟化诗歌中，他有条不紊地把乡村上层阶级的物质描述与占有内化。如诗名所称，伦道夫的诗是为诗而辩，其对实质家庭生活的蔑视从形式家庭化的诗歌之源中汲取力量。该诗诙谐地谴责了婚姻市场，赋予孤独乡村隐居的"幸福之人"转义新意，并以此为结束。⑧⑧

尽管引起共鸣的花园意象不是伦道夫强调之处，但它已在审美非功利性的论述中扮演重要角色。其极为重要的虚拟性由数世纪的古典与基督教用法这样的多重因素决定。安德鲁·马维尔称赞田园休闲的著名诗歌把伦道夫的强调搁置一边，并作为关于想象愉悦及其非功利性的话语早期贡献而聚合：

同时，思想从较少的愉悦中隐退，
转而进入幸福：
……
湮灭所有成型之物，

---

⑧⑦　关于艾迪生对土地的美学虚拟化，比较乔治·伯克利（George Berkeley）的艾迪生式期刊《卫报》（*Guardian*），第 49 期（1713 年 5 月 2 日）。

⑧⑧　Thomas Randolph，《论沉思之人享受的无价所得》（On the Inestimable Content He Enjoys in the Muses: To Those of His Friends that Dehort Him from Poetry）（1638），见《乡村宅院诗歌》（*The Country House Poem: A Cabinet of Seventeenth-Century Estate Poems and Related Items*），Alastair Fowler 编（Edinburgh: Edinburgh University Press, 1994），第 138—142 页。关于"幸福之人"的转义，参阅本书第 3 章，注释 97。关于乡村宅院诗歌，参阅本书第 8 章，注释 88—93。

　　为了在绿茵有新思。⑧⑨

　　在他对戏剧技巧的评论中，约翰·德莱顿既与马维尔观点一致，又抢在艾迪生之前："优秀作家的文字对此生动描述。当他似乎在我们面前倒地身亡时，较之于演员的表演，文字会让我们对此有更深的印象。恰如描绘一处美丽花园或草地的诗人，他给我们带来的想象愉悦远比此地本身可能带给我们的悦目多得多。"⑨⓪

　　查尔斯·科顿（Charles Cotton）对地形勘察文类（"当前状态"）的情色戏仿把女体想象成精美"风景"可在此绘制的美丽乡村，尽管此处的虚拟图画逊于现实，且几乎并不无邪，因为其价值在于作为阿雷蒂诺（Aretino）式自渎刺激而发挥的作用："贝蒂（Betty）国全境向你展示极为美丽的景色，平躺的大地越裸露，就越令人心旷神怡。它成就了世间最美好的风景，如果能最大程度赏鉴的话。你们中不少富裕的农夫在自己的床边挂上这些画。特别是那些没有自己农场的人，他们可能似乎只是享受自己未有之物。其中一些人如此深信自己可以根据画影而拥有实质，以至于他们开始用想象的力量在这幅画里耕地施肥。可以一百英镑对一便士的赔率打赌，他们不会用自己的农具把画糟蹋了。"⑨① 约翰·戴尔（John Dyer）从格伦哥山（Grongar Hill）山顶俯瞰风景，将眼前景色道德化：

　　　　哦，愿我自得心意，

——————————

⑧⑨　Andrew Marvell，《花园》（The Garden）（约写于 1668 年），第 41—42、47—48 行，见《安德鲁·马维尔诗歌全集》（Andrew Marvell：The Complete Poems），Elizabeth Story Donno 编（Harmondsworth，UK：Penguin，1978），第 101 页。

⑨⓪　John Dryden，《论戏剧诗》（An Essay of Dramatic Poesy）（1667），见《论戏剧诗》（Of Dramatic Poesy），第 1 卷，第 51 页。利西德伊斯（Lisideius）是言说者。关于此戏剧建议的常用引文，参阅 Aristotle，《诗学》，1454b，1460a。

⑨①　Charles Cotton，《贝蒂国的现状》（The Present State of Betty-Land）（1684），第 14—15 页。科顿的精巧反身奇喻涉及比喻表述的形式依赖（用农业农牧替代性农牧），其主题是真实的不充分比喻替代（用图画替代现实）。关于阿雷蒂诺式态度及自渎想象，参阅本书第 6 章，注释 30—42、69、75。达比·刘易斯（Darby Lewes）已经创造了"somatopia"一词来命名以科顿为示例的这类讽喻再现。参阅《源自乌有之乡的裸体》（Nudes from Nowhere：Utopian Sexual Landscapes）（Totowa，NJ：Rowman and Littlefield，2000）。

图 1　George Morland，《早期勤俭之果》（ *The Fruits of Early Industry and Economy* ）（1789 年），
术博物馆（ Philadelphia Museum of Art/Art Resource ），美国。

整版插图 2　Pierre-Antoine Baudouin，《阅读》（ *La Lecture* ）（约 1760 年），水粉画，装饰艺术博物馆（

des Arts décoratifs ）， 法国巴黎。

图 3　Pieter Aertsen，《基督在马大和马利亚的家中》（ *Christ in the House of Martha and Mary* ）（ 1553
博曼斯美术馆（ Museum Boymans van Beuningen ），荷兰阿姆斯特丹。

图 4　Joachim Bueckelaer，《基督在马大和马利亚的家中厨景》（ *Kitchen Piece with Christ in the*
f Martha and Mary ）（ 1565 年 ），国家美术馆（ the National Museum of Fine Arts ），瑞典斯德哥尔摩。

整版插图 5　Vincenzo Campi，《基督在马大和马利亚·马格达伦的家中》（*Christ in the House of and Mary Magdalen*）（16 世纪末），埃斯滕斯美术馆（Galleria Estense），意大利莫德纳（Moden

整版插图 6　Jacopo Robusti Tintoretto，《基督与马利亚、马大》（*Christ with Mary and Martha*）（约 15 老绘画陈列馆（Alte Pinakothek），德国慕尼黑。

整版插图 7　Diego Rodriguez Velázquez，《基督在马大和马利亚的家中》（*Christ in the House of Martha and Mary*）（1618 年），国家美术馆（National Gallery），英国伦敦。

整版插图 9　Joseph Highmore，《昏厥中的帕梅拉》（*Pamela Fainting*）（1743—1744 年），塞缪查逊之作《帕梅拉》（1740 年）12 幅场景油画中的第 4 幅，维多利亚国家美术馆（National Ga Victoria），澳大利亚墨尔本。

图 8　Johannes Vermeer，《基督在马大和马利亚的家中》（ *Christ in the House of Martha and Mary* ）（约
），苏格兰国家美术馆（National Galleries of Scotland），爱丁堡。

整版插图 10　Joseph Highmore，《准备回家的帕梅拉》（*Pamela Preparing to Go Home*）（1743—174
塞缪尔·理查逊之作《帕梅拉》（1740 年）12 幅场景油画中的第 4 幅，维多利亚国家美术馆，澳
墨尔本。

图 11　Joseph Highmore, 《与朱克斯太太、B 先生同在一卧室的帕梅拉》(*Pamela in the Bedroom*
s. Jewkes and Mr. B.) (1743—1744 年), 塞缪尔·理查逊之作《帕梅拉》(1740 年) 12 幅场景油
第 7 幅, 泰特美术馆 (Tate Gallery), 英国伦敦。

整版插图 12　《水手舰队街的婚礼娱乐》（*The Sailors Fleet Wedding Entertainment*）（1747 年）。英国博物馆理事会版权所有。

图下文本为：

"发横财的杰克（Jack）今日成婚，　　老鸨如今卸下管教自己女儿之责，　　律师们咧嘴大笑，佩格（Peg）恣意打视，　　好似一出毕生街头示众。山姆（Sam）

图 13　William Hogarth，《婚姻契约》（ *The Marriage Contract* ）。《时尚婚姻》（ *Marriage à-la-Mode* ）
福，见 William Hogarth，《霍加斯版画全集》（ *Hogarth: The Complete Engravings* ），Joseph Burke
Caldwell 编辑（ New York: Abrams, 1968 ）。普林斯顿大学图书馆。

约文本分别为：家庭树卷，"诺曼底的威廉公爵"；窗下的书页名，"尊敬的某大人的新府邸平面图"；站立之人的手中书页名，
桌子右边书页名，"尊敬的斯宽德尔菲尔德子爵大人（ Lord Viscount Squanderfield ）的婚姻协议"。

The IDLE PRENTICE Executed at Tyburn.

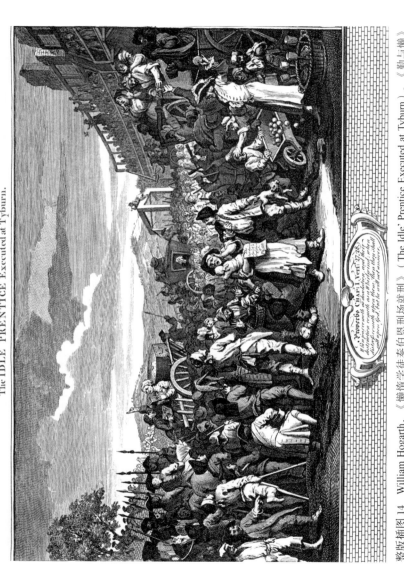

整版插图 14　William Hogarth，《懒惰学徒泰伯恩刑场就刑》（The Idle' Prentice Executed at Tyburn）.《勤与懒》（Industry and Idleness）第 2 幅整版插图（1747 年）.见 William Hogarth，《霍加斯版画全集》（Hogarth: The Complete Engravings），Joseph Burke 和 Colin Caldwell 编辑（New York: Abrams, 1968）。

文本为：中间，"懒惰学徒的临终之言与忏悔"；底部《箴言》第 1 章，第 27、28 节。"患难临到你们，好像狂风，灾难来到，如同暴风。＆

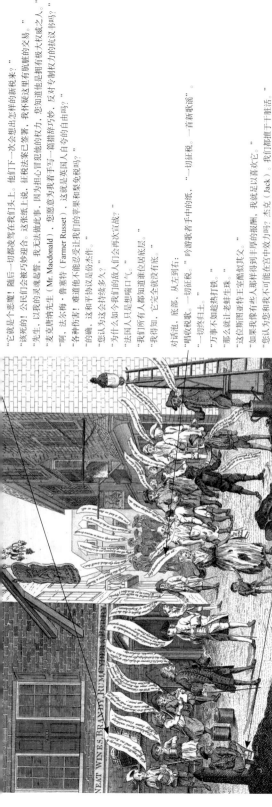

图下文本为：

"不列颠女神的各行业之子……
如今都成了政客，真是神奇！
诗人，牧师，律师，医生，
甚至低贱的工人也安称……
对他们无法修补之事贵骂"

缝衣难的裁缝不再
指责我家税大人（Lord Excise），
补靴匠也会离开自己的摊子……
他的瓶罐上方是那位苏格兰人的大炮，

那个家伙也在修剪你的灯芯，
会畅谈舰队和军营，
捍卫皮特（Pitt）和英格兰的权利，
希望他们的把戏公之于众，

因也有涉及国务的
大胆指摘与军语……
猫儿也可以看国王，
这个谚语让他们抗辩"

整版插图15 《政客》（The Politicians）（1763），见 John Brewer,《普通民众与政治》（The Common People and Politics, 1750—1790s: The English Satirical Print, 1600—1832）（Cambridge: Chadwyck-Healey, 1986）。

"它就是个恶魔！随后一切都将驾驭在我们头上。他们下一次会想出怎样的新税来？"

"该死的！公民们会被巧妙迎合，这张纸上说，征税法案已签署，我怀疑这里有肮脏的交易。"

"先生，以我的灵魂起誓，我无法做此事，因为担心冒犯他的权力。您知道他是期待有极大权力之人。反对专制权力的抗议书吗？"

"麦克唐纳先生（Mr. Macdonald），您愿意为我着手写一篇措辞巧妙、反对专制权力的抗议书吗？"

"啊，法尔梅·鲁塞特（Farmer Russet），这就是英国苹果和梨免税的自由吗？"

"各种伤害！难道他不能忍受让我们的苹果和梨的自由吗？"

"的确，这和平协议是份杰作。"

"您认为会持续多久？"

"为什么如今我们的敌人们会再次言战？"

"法国人只是想通口气。"

"我们知，它完全就没有底。"

对话泡，底部，从左到右：

"唱收税歌，一切征税，一首新歌谣"

"一切皆归主。"

"万事不如趁热打铁"

"那么就让老鼠生蛆。"

"这位斯图亚特王室酷似其父。"

"如果我像有些人那样得到丰官中收力吗？杰克（Jack）。我们那撒于手肮脏。"

"您么这应为苏格兰人决意完成此事？"

"我正要给我们的副监陈长刻废，会在那儿听到所有一切，"

"我家大人已全我们手中的纸，"

跨坐在地上之人手中的纸，《大宪章》

整版插图 16 《格林尼治山，或假日嬉戏》（*Greenwich Hill or Holyday Gambols*）（1750 年），
Brewer，《普通民众与政治》（*The Common People and Politics, 1750—1790s: The English Satiric*
1600—1832）（Cambridge: Chadwyck-Healey, 1986）。普林斯顿大学图书馆。

图下文字为：

"汝等雅致绅士，厌倦嬉闹，　　　　　这儿更令你们狂喜，永无倦怠，

以及舞厅或庭院的乏味愚行；　　　　你们会拥有集会与舞场的快乐，

离开帕尔街，来到格林尼治山，　　　永远不会让你们身心无趣烦厌。"

Yr. Smarts, whose Merit lies in Dress,
Side morning by a Bemar Distrest,
Whose Pigmy Tye's ill twist'd Page
Venturd with Butchers to engage:

But they unus'd different to brook!
Have hung poor Brittle on a Hook.
While, put Disgrace, expos'd in Air,
The Butchers shout, & Ladies stare.

Sobz in strong ye, tyes must strike you
How can, you think y'Fair will like you,
Women of base, in, Men despise
The Vehicle, they in, Rankeys prize.

整版插图 17 《浪子遭灾》(*The Beaux Disaster*)(1747 年),见 John Brewer,《普通民众与政治》。

普林斯顿大学图书馆。

图下文本为:

"汝等衣着光鲜时髦人,

当以遭灾的浪子为戒。

佻薄形体,冲天怒气,

敢在屠夫们身上发泄。

他们不容忍如此冒犯,

把这小丑挂在肉钩上。

当众羞辱,讥讽嘲弄,

理智妇人们必当鄙视

猴子般的滑稽可笑事。"

何等讽刺,汝等公子,

当靓佳人如何青睐你?

整版插图 18 《等候的车夫，或傲慢夫人答由自取》（*Stand Coachman, or the Haughty Lady Well Fitted*）（1750 年），见 John Brewer，《普通民众与政治》。普林斯顿大学图书馆。

图下文本为：

"前两天，查令十字街某玩具店外，
贵夫人的马车横在人行道上；
有人礼貌地请车夫把车挪开，
好让自己穿行而过；

但驾车的约翰，车内的贵女，
极为粗鲁地不肯予以方便。
这位绅士发现好言好语无用，
他打开车门，轻缓地穿过去。

暴民眼见如此，齐笑这奇想，
誓言自己有相同的穿行权利。
因此他们相互托举，像滚污
四方的船员一样，开始穿行；

贵妇窘迫不已，急忙溜片
今车夫赶紧离开，
希望女士们由此谨记
勿以如此傲慢停车行道上。"

永不觊觎所见之物。[32]

至 18 世纪中叶末，爱德华·杨(Edward Young)可以带着纲领性的信心，用想象花园的转义使田园家庭生活家庭化。只要作品服从于"美德的神圣利益，以及真正的人类服务"，它就能提供"温馨的庇护所"，"在这个忙碌与无聊世界的喧闹中开一扇后门，进入处处是道德与智慧果实及鲜花的甜美花园……我们要带着怎样的趣味回到我们密室里非功利、永恒朋友们身边？……如果在这个微小但多产的创世小世界里，每天结识心性相同的新朋友，让自己快乐，且有进益，那么他是何等独立于俗世啊！"[33]杨笔下的温馨精神庇护所是隐喻空间，其具体性证明了抽象化与过度非功利性书写的示范适应，以及实际与过度功利性的感觉的提炼升华。

如我们所见，根据艾迪生的观点，想象得以生成最伟大愉悦的条件是借助提炼过程(至少部分是)而得以确立。这个过程将美学反应与感官知觉的经验主义之基隔开。在描述此过程中，他有条不紊地穿过三个逐渐极端的脱离阶段。首先，艾迪生把视觉指定为我们"最令人愉悦"的感官，因为它"与最远距离的事物交谈"。其次，他对视觉想象的"首要"与"次要"愉悦进行区分，前者是"完全源自我们眼前的如是事物"，后者是"源自可见事物理念，这些事物并不实际在眼前，而是从我们的回忆中唤起"。艾迪生发现后者及虚拟愉悦"与所见结合时，它有更广阔及普遍的性质"，原因是"对源自语言的理念与源自事物本身的理念进行比较的思维活动"。最终，艾迪生偏好那些"从源自语言或描述的理念发展而来的"虚拟愉悦，"比绘画"或戏剧表现的壮观场面"更能进一步表现相关事物"(《旁观者》，第 411 期，1712 年 6 月 21 日；第 418 期，1712 年 6 月 30 日；第 416

366

---

[32]　John Dyer，《格伦哥山》(Grongar Hill)(1726)，第 129—130 行，见《新版牛津 18 世纪诗歌集》(The New Oxford Book of Eighteenth-Century Verse)，Roger Lonsdale 编(Oxford：Oxford University Press，1984)，第 170 页。

[33]　Edward Young，《试论独创性作品》(Conjectures on Original Composition. In a Letter to the Author of Sir Charles Grandison)(1759)(Leeds，UK：Scolar Press，1966)，第 54 页。在《旁观者》第 606 期(1714 年 10 月 13 日)中，托马斯·蒂克尔(Thomas Tickell)颂扬"值得称赞的刺绣秘密"，并这样说道："对女性而言，这一定是令人愉快的娱乐……抛开公共事务，打发自己的时间……把自然的所有美丽移植到自己的衣服上，或在自己的密室和寓所里开始新的创作。"

期,1712 年 6 月 28 日)。实际上,艾迪生对文字描述的偏好胜过视觉表现,在这方面它是如此之强,以至于当他提及悲剧愉悦时,他心中想的似乎不是观赏经验,而是阅读经验:"它并不是如此恰当地源自关于恐怖之事的描述,而是来自我们阅读时自己的思考。"(《旁观者》,第 418 期,1712 年 6 月 30 日)

　　这种面向想象经验最超脱(也就是说最非功利性)条件发展的显著进程意味着,想象愉悦如此深植于可感愉悦之中,以至于需要分离的若干阶段以允许其"如此"发展。这些分步阶段实现的,就是实际阶段的虚拟化,它强大到足以允许如是反身性,即在我们如今通过再现体验到的事,与我们通常在事物的实际存在中体验到的事之间的差异比较与欣赏中成为必要的反身性。我们拥有由语言描述提供的极端超脱时,虚拟化大行其道。这个最后观点让我们想起沙夫茨伯里通过作者与读者之间关系,使公共与私人之间虚拟及反身关系显化之举。[94] 与"描述"阅读及写作经验提供的可感事物的脱离是一个主要方式,读者与作者的脱离,以及在作者自身之内,作者双"方"彼此脱离由此成为可能。在这两个方面,脱离使一般隐性相联的诸范畴的明确分离成为必要,结果就是主体与知晓客体本身的形式步骤,与因此为人所知的那些实际客体一道,作为具体虚拟知识客体而为人所得。这种脱离是非功利性判断借此得以实现的机制。但它是一个内在过程,不是超然产物,是通过实际或私人,与虚拟或公共经验之间进行的辩证互动而实现。因此,源自我们通过想象或美学反应意指之物的实际之工几近彻底地在与叙事印刷品,以及开始被称为"现实主义"之事方面发生,这并不令人吃惊。然而,美学反应接受了其与戏剧相关的首次理论化,应该注意的是,它是作为独立于社会政治地位问题的道德-认识论质询。随后的论述可能只是强调了戏剧理论中如是重要情节最重要的特点。

美 学 反 应

　　我们回想到,胡克求助实验的可重复性原则,以此阐述自己关于科学

---

[94]　参阅本书第 2 章,注释 142—147。

非功利性的观点，这使他通过控制"人物、时间、地点、工具与材料"变化，防范功利性偏见。关于时间与地点统一的伪亚里士多德观点的辩论，以相关方式成为最早语境，思想的美学框架在此被发现涉及与实施情境的实际特殊性的脱离类型，它是通过重复与虚拟见证而在实验层面得以实现。保护时间与地点统一之必要性的标准基本原理就是可信性。在此论点的最极端版本中，如果用来再现戏剧的时间量，与在剧中得以再现的时间量之间存在差异，或如果剧中得以再现的空间范围与舞台本身的物理维度不同，观众就不会相信舞台上的表演。在英国，关于两者统一的怀疑论至少和菲利普·锡德尼（Philip Sidney）的观点一样古老："诗人，没有确认任何事情，因此也就从未说谎。""开始独立玩耍的孩子，看到一扇旧门上用大字所写的底比斯（Thebes），会相信这真是古城所在吗？"[95]

　　锡德尼的怀疑论使如是隐性洞见成为必要，即我们渴望和期待的戏剧再现的特殊性是具体的，而不是实际的；我们愉悦的经验主义根基介于通过我们感官印象而得的字面现实，与为我们的理解所得的概念抽象之间的某处。但如果这个洞见是隐性的，关于两者统一的文艺复兴辩论有助于促成实际与具体特殊性从那些元素中分离，其可分离性取决于对经验主义与美学判断之间差异的明确认可。我们对无法将经验主义从美学判断分离之后果的最持久意象就是与锡德尼同时代的米格尔·德·塞万提斯（Miguel de Cervantes）的如是创作，堂吉诃德（Don Quixote）挥舞着出鞘的剑恶狠狠地闯入贝德罗师傅（Master Pedro）的傀儡剧场（图 7.1）。堂吉诃德的疯狂，他对真实与虚构的混淆是此时代的范例，即经验主义真实性的权威已经达到如此境界，以至于虚拟的权威将不得不作为既非疯狂，又非现实性，而是美学经验的明确性而得以理论化。

　　德莱顿踏入锡德尼作品面世后七十年的那场辩论时，他对这些问题的应对方式受关于科学实验认识论的同步辩论影响。[96]　对某些同时代的 368

---

[95]　Philip Sidney，《诗辩》（A Defence of Poetry）（1595），J. A. Van Dorsten 编（Oxford：Oxford University Press，1966），第 52、53 页。

[96]　关于科学辩论，一般参阅 Steven Shapin 和 Simon Schaffer，《利维坦与空气泵》（Leviathan and the Air-Pump：Hobbes，Boyle，and the Experimental Life）（Princeton，NJ：Princeton University Press，1985）。

图 7.1 《堂吉诃德与贝德罗师傅的傀儡剧场》(*Don Quixote and Master Pedro's Puppet Theater*)，海曼(F. Hayman)设计的铜版画，见《堂吉诃德》(*The History and Adventures of the Renowned Don Quixote. Translated from the Spanish of Miguel Cervantes Saavedra ⋯ by Tobias Smollett*)(1775)。普林斯顿大学图书馆珍本特藏部。

人来说,唯一权威的"实验"就是经验;对他们而言,实验背景及其特殊化工具的虚假性使实验易受"不自然,因此不确定"这样的指责。德莱顿笔下的克莱茨(Crites)对莎士比亚历史剧的"实验"性质提出相关控诉:"如果你考虑莎士比亚的历史剧,它们更确切地说是如此之多的国王年表,或把三十或四十年之久的事情压缩在两个半小时的再现之中,这不是模仿或描绘自然,准确地说是用缩图绘制自然,小规模地利用自然,从类似望远镜视角的错误一端审视她,所获得的意象不仅远逊于现实,而且比现实更不完美。这不是让剧作赏心悦目,而是使之滑稽可笑。"克莱茨指控形式家庭化的地点与时间再现压缩,其使之成为必要的简化扭曲令说教目的受挫。然而,如在科学实验中的那样,戏剧表现中"不自然"引发的问题不是不确定,而是滑稽可笑的问题,是不相信所表现之事的问题。利西德伊斯(Lisideius)补充道:"较之于用鼓和背后的五个人表现一支军队,还有什么比这更滑稽可笑的呢?"这个问题以此方式从时间与地点拓展到如此戏剧再现。内安德(Neander)很快在更宽广的层面答复道:"为什么我们的想象不能与剧中的其他事物一道,使自己承受其可能性的欺骗? 对我而言,我可以极为坦然地让自己相信,挥拳击打如我所能那样实实在在,击打之人是国王或君王,抑或那些他们演绎之人。"[37]

艾迪生捡起德莱顿笔下内安德留下的亚里士多德式思路:

> 诗歌更严谨部分极力在我们身上激发的两个首要激情就是恐惧与怜悯……但我们发现在从任何其他场景承受的惊惧或悲痛中存在如此多的担忧时,会在因描述而起的恐惧或沮丧中感到快乐,这是如何发生的呢? ……我们观看如此可憎事物时,一点也不高兴地认为自己摆脱了它们的危险。我们同时把它们视为可怕但无害,因此它们外表越可怕,我们从自身安全的感官获得的愉悦就越大……

> 然而,我们看到某人真正遭受曾经读过的酷刑时,就无法获得此类愉悦,因为在此实例中,事物太过于压迫我们的感官,如此强地压迫我们,以至于它不给我们时间或休闲思考自己。(《旁观者》,第

㊲　Dryden,《论戏剧诗》,第 1 卷,第 47、51、62 页。

418 期,1712 年 6 月 30 日)

如果德莱顿将时间与地点的论述拓展到戏剧再现,艾迪生就用三种愉悦之间更早的区别进一步拓展此论点,以便把所有想象产物包括在内。

塞缪尔·约翰逊在自己编撰的莎士比亚作品版本序言中,开始提及两者统一的问题,他此时写道:"评论时间与地点统一的必要性源自假定的,使戏剧可信的必要性。"但这是"错误的,任何再现都被误认为是现实,任何实质性内的戏剧寓言都是可信的,或在某个时刻曾被人相信……如果幻觉能被承认,那它就没有某种限制……悲剧的快乐来自我们的虚构意识。如果我们认为凶手和叛逆是真的,它们就不再令人快乐。限制产生了痛苦或愉悦,不是因为它们被误认为是现实,而是因为它们让人想起现实"。[98] 约翰逊评论道:"所读的剧本如所表演的剧作一样影响心智。因此,显而易见的是,表演并不被认为是真实的。它遵循的是,场次之间可能得以允许的或长或短时间,戏剧观众将要感受的空间或时间演绎和某故事读者感受的一样,在他们面前可能半小时内上演一位英雄的一生或一个王朝的轮回。"[99]尽管 20 世纪批评通常把近代早期的两者统一学说视为表述对古代规诫的(被误导的)忠诚,更明显的是对天真经验主义的明确现代规诫,以及在历史真实性的叙事主张中也显见的写实主义的忠诚。将此时期快速但有力明确的两个立场联合起来的是它们对艾迪生在感官愉悦之下的想象愉悦的普遍囊括。它们主张,我们理解美学信念的需求与我们理解经验主义信念的需求相同。

在本书更早的某章,我评论过亨利·菲尔丁在把诽谤与讽刺,因此也是把实际特殊性从具体特殊性分离过程中,在其表述叙事现实主义学说中扮演的角色。[100] 尽管这些不是现实主义学说得以阐述的主要语言,菲尔丁(也是剧作家)从时间与地点的经验主义规约方面立案。我们回想

---

[98] Samuel Johnson,《威廉·莎士比亚戏剧集》(*The Plays of William Shakespeare*)(1765),序言,见《耶鲁版塞缪尔·约翰逊作品集》(*The Yale Edition of the Works of Samuel Johnson*)第 7 卷,Arthur Sherbo 编(New Haven, CT：Yale University Press, 1968),第 76—78 页。

[99] Johnson,《威廉·莎士比亚戏剧集》,序言,第 79 页;参考 Aristotle,《诗学》,1453b。约翰逊因此运用了艾迪生的观点,即语言描述比视觉表现更能使我们产生距离感,然而没有到美学失效的地步。

[100] 参阅本书第 2 章,注释 135、159—160。

到,在《约瑟夫·安德鲁斯》(*Joseph Andrews*)中,菲尔丁意在描写的"不是人,而是风俗;不是个别的人,而是一个种类"。因此他是位"传记家",而不是"地志学者"或"地方志编撰者",对自己叙事的空间或时间真实性谨慎小心的地点或时间历史学者,"但是一牵涉到人物的行为和品格,他们的作品便不怎么正确了……说起我们传记家,情形便不同了;我们提供的事实是靠得住的,尽管我们往往把发生的年代和国度搞错"。如他使用的"事实"一词所暗示的,菲尔丁坚称,自己的叙事和地形学及地志学一样都是"历史":"因为后者只局限于某特定时间或某特定国度,前者却是一般性的世界史。"菲尔丁的"一般"真实性并不局限于时间与地点的"特殊"细节,而是具体特殊性的实例。这不仅使之与其他类型的历史学家的实际特殊性区分,而且与"传奇"区分,"他们不需要自然或史迹的帮助,便能记载从来没有过、往后也不可能有的人物和事实"。菲尔丁叙事的特殊性是虚拟的,也就是说,它在传奇的实际与唯心论(艾迪生的"理解"负面对应物)根基之间调停,并占据自己的"真实性"领域。[101] 如在其他同时代作家所写的,关于传记的作品中一样,菲尔丁的"传记"有个人生活的特殊性与隐私,与我们借以衡量公共生活现实性的时间及空间语域分开。但在其用法中,传记也有概括超越实际特殊性时间与空间界限的人类品行能力,因此它主张成为某类公共知识。

371

美 学 判 断

在把理解愉悦从想象愉悦分离时,关于戏剧理论的争论致力于知识的实验分工,其最重要的形式就是近代早期科学与艺术之间的分工形式。[102] 古今之争的表面效果就是对古代,与争议将其作为假说的现代性之间时间顺序分工的合理化,并使之强化。然而,这个效果是通过另一个意外知识分工而取得,其"生产力"将难以遭到质疑。人们发现,某类古代

---

[101]　Henry Fielding,《约瑟夫·安德鲁斯》(*Joseph Andrews*)(1742),第 3 卷,第 1 章,Martin C. Battestin 编(Middletown, CT: Wesleyan University Press, 1967),第 185—188 页。为了清楚起见,我在本章将"传奇"一词的使用简化,以此擅自稀释了菲尔丁的反讽力量,因为我自信这没有曲解其意。

[102]　参阅本章注释 3。

知识易受基于现代证据的批评影响。现代证据是古人难以企及的，显而易见也是优于古人的，而其他类型的古代知识尽管顺从批评，但不受此类证据的影响，明确的真理或价值判断可能借此得以成就。德莱顿笔下的克莱茨说道："在距今的数百年间，哲学研究已成为基督教世界所有学者的工作时，一个新自然几乎已向我们揭示，这还不够明显吗？较之于从亚里士多德至今的所有那些轻信且顺从的时代，我们不是察觉了更多的学派讹误，做了更有用的哲学实验，发现了光学、药学、解剖学与天文学更高贵的秘密吗？一旦科学得到恰当且普遍的培养，没有能比它的传播速度更快的东西，也的确如此。"[103]此番话可能不适合"艺术"，因为科学成就的标准是定量的，而那些艺术有效标准是定性的。尽管这些并不是自己所言，约翰逊在序言中首先承认这个重要差别，以及它给那些评估艺术价值之人提出的难题，并提议解决如是难题的方案。在当前语境中，约翰逊的序言论述有助于我们看到，对因古今之争而起的问题而言，美学现代范畴的出现是有希望的解决方案，是针对艺术判断标准明显缺失的反应。纯粹"定性"的判断标准如今应该被视为不充分，这既证明了在过去的一个世纪给经验主义认识论带来的非凡权威，又证明了关于定量措施允许个人所做之事的，随之而来的思想老练。

约翰逊写道："较之于持续的时长，以及尊重的延续，没有其他的评测可以用于如是作品中，即那些出色程度并非绝对和确定，而是逐步且对比的作品；那些不是基于可论证的，科学的原则，而是完全诉诸观察与经验的作品。他们经常研究、比较人类长久拥有之物，如果他们继续重视自己拥有之物，这是因为经常的比较已经确认了对其有利的观点。"约翰逊为"艺术"之工谋求可能被称为"科学"之工可得的判断标准最近似等同物，他在经验主义与美学经验都易受影响的可定量状态中找到了它。"如在自然之工中，没人能在不了解众多山峦大河情况下准确地说出河有多深，山有多高。因此，在天才的创作中，什么都不能称为卓越，直到与同类其他作品比较之后。"[104]但定性层面的不同事物的比较本身无法产生美学价值标准，因为根据定义，质的不同是无法比较的。所需要的是量化机制，

---

[103]　Dryden，《论戏剧诗》，第 26 页。

[104]　Johnson，《威廉·莎士比亚戏剧集》，序言，第 59—60 页。

定性层面的不同之工可借此得以比较的标准。约翰逊在时间的考验中，发现了自己从贺拉斯那里借鉴而来的这个标准（参阅《书信》[*Epistles*]，2.1.39），但以显著的现代方式运用。莎士比亚

> 早就活过了自己所在的世纪，他的语言一般作为文学功绩的考验而固定下来。无论他可能一度从个人暗示、本地风俗或一时之言中获得怎样的优势，多年来，它们都遗失了……偏爱与竞争的效果都已结束。他的友情与敌意的传统都已殆尽。他的作品不再用论据支持观点，也不再用谩骂催生内讧。它们既不纵情虚妄，也不让邪恶称意，人们只是出于获得愉悦的愿望读这些作品，因此也只是因为令人愉悦而对此称赞。然而，就是在这种没有功利性或激情的协助下，它们已历经品味与风俗的变化。它们代代流传时，已在每一次的传播中获得新的荣誉。[105]

在约翰逊的分析中，时间的考验使美学价值的判断成为可能，因为它使概括性的抽象成为必要，这与艺术及科学非功利性标准借此会合的抽象类似。在胡克的科学方法中，实验的重复将实证知识的恒量从"多个场景、思想和人物、时间、地点、工具以及材料等不同状态"中剥离出来。在麦迪逊的公民方法中，"控制派别的效果"，即民众的"各类派别和利益"，他们的"时效或局限"关注，要求共和政体"通过选定的公民团体媒介进行传播，以此改进、扩大公共观点"。[106] 在菲尔丁的"传记"中，定性层面的不同事物的实际特殊性得以概括，把时间与地点的"事实"从行动与人物的"事实"中筛除出来，以此转化为代表类型的具体特殊性。约翰逊将此原则从其在界定我们对虚构再现予以之信念的美学性质用法，拓展到其在评价如此再现的美学价值时的用法。我们判定莎士比亚是出色的，因为纯粹时效性的筛除效果（时间之风借以把"个人的"、"本地的"及"时效的"特定"优势"，以及"观点"、"派别"、"功利性"与"激情"的效果逐步湮灭）留下的观赏或阅读其剧作的动机只是普通的"愉悦愿望"，不是该动机的结果，而

---

[105]　Johnson，《威廉·莎士比亚戏剧集》，序言，第61页。

[106]　参阅本章注释63—64、67—68。

是如此"愉悦"的普通经验：艾迪生笔下"想象的愉悦"。约翰逊特此抢在伯克的时间量化之前。本着纯粹偶然性，即特殊性与差异的本身标准，历史真实性在此期间也是特殊性可能借此得以概括，差异得以相似的方式。正如自己论及"传记"一样，约翰逊此处认为，正是通过作为特殊的普通，我们获得作为普遍的普通，"抛开偶然可分的装饰及掩饰来思考"，因此为"人类之普遍"。[107]

　　约翰逊也抢在威廉·华兹华斯对浪漫诗歌理论的界定行为之前。《抒情歌谣集》（*Lyrical Ballads*）（1800，1802）出版时，华兹华斯写道："选择处于生动感觉状态中的人们的真实语言，适配格律安排，以此确定此类愉悦，及愉悦程度能传递的广泛，诗人可能理性地致力于此。我希望作为一项实验，它可能对此有所裨益。"因为"所有人会对长久持续令自己快乐的事物心存习惯性的感激：我们不仅希望被满足，而且希望以让我们习惯被满足的那种特殊方式得到满足"。如约翰逊一样，如果不是如此明确，华兹华斯写的时候就心系知识分工。《抒情歌谣集》是"实验"，其目的就是生成作为确定实体的"愉悦"，不仅在质，而且在"量"的层面为人所知，通过生成愉悦的此类事物及过程的持久标准而为人所知。的确，"诗人与科学家的知识就是愉悦"，华兹华斯在感官印象的经验主义层面开始自己的诗歌实验："我已希望让读者以血肉为伴……始终努力持续看着自己的实验对象。"他已选择以"谦卑纯朴生活"中"人们的真实语言选择"为再现的，"源自普通生活的事件和情境"作为自己的实验对象。这就是提及卑下、可感事物，"因为在该境况中，内心的主要激情有更好的土壤"，"乡村生活的风俗从那些原始情感中萌芽"。此外，乡村平民生活可能提供了一种普通语言，"因为从他们的社会等级，以及交往的相同且狭窄的圈子而言，他们更少受到社会虚荣的影响。他们用质朴无华的措辞表达自己的情感与观点"。华兹华斯用我们熟知的，源自前辈的术语描述了审美非功利性的新兴能力。如果他冒着被指控"思想与语言都是琐碎且低劣"的风

374

---

[107] 参阅本章注释 37。关于伯克与持续时间，参阅本章注释 69—70。反对时间与地点统一之论点的逻辑意味着约翰逊的时间考验是概括特定反应的两种可用方法之一。可能因为此论点的语境是古今之争及其对历时差异规模的关注，然而，概括的替代共时方法是跨文化证明，即莎士比亚当前受读者喜爱，且超越了特定的区域、国家和社会的不同，但它更少受到同时代人的关注。参阅本章注释 121—122。

险,他也相信此类语言的抽象普遍性,"源自重复经验及常规情感,比常被诗人予以取代的语言更永恒,且更具哲思"。[108]

然而,为了实现这些目的,诗人必须是实现自己谋求在读者心中营造作为自觉感情的美学距离与虚拟性效果的能手。如果他在"人们的真实语言选择"中描述普通事件,他也必定"使之蒙上某种想象之影"。诗人必定拥有"唤起自身激情的能力,这的确与真实事件产生的激情完全不同,然而……较之于他们自己内心所想的任何事,这更近似真实事件生成的激情,其他人习惯于自己感受"。的确,"诗人的希望就是把情感贴近自己描绘的那些人的情感,短时间内可能不会让自己陷入完全的幻觉,甚至不会让自己的情感与他们的情感混淆,等同"。然而,胡克会针对自己的客体采取一个概括性视角,它"并不非常超越我们感官范围"。如胡克一样,华兹华斯会让诗人选择在"去除否则在激情中痛苦或恶心之事"时有效的语言,语言"会完全把作诗与普通生活的粗俗及卑微分开"。他把自己的时效话语("短时间内")延展,明确诗人维持与诗歌研究客体脱离的需要。因为诗歌"源自在宁静中回忆起的情绪。情绪借助某种重新演绎而得以沉思,直到宁静逐渐消失。与沉思主体之前的情绪同类之物逐渐生成,并的确自己已在思想中存在"。实际上,从其允许读者与过于直接的真实经验保持距离的方面来看(如艾迪生所言,当"事物太过于压迫我们的感官"时),华兹华斯为诗歌与格律所做的著名辩护得到类似表述。这让我们想起更早的观点,即诸如违反两者统一的戏剧诡计远非损害美学反应,而是对其愉悦至关重要。因为"从格律的倾向到在某种程度上剥除语言的真实……无疑,只有更可悲的情境与情感,也就是说,较之于散文,格律创作,特别是押韵可能承受与之相关的更大程度痛苦"。[109]

社会心理学与政治经济学

华兹华斯将同情等同的特殊能力置于诗人形象中,诗人因此是美学

---

[108]　William Wordsworth,《抒情歌谣集》(*Lyrical Ballads*)(1800),序言,第 2 版(1802),见《威廉・华兹华斯散文作品集》(*The Prose Works of William Wordsworth*),W. J. B. Owen 和 Jane Worthington Smyser 编(Oxford:Clarendon,1974),第 1 卷,第 119、157、141—142、131、133、123、124、125 页。

[109]　同上,第 123、138、138—139、137、149、145、147 页。

效果与美学自觉感情的化身。但如我们已在科学与公民非功利性实例中所见，具有审美特点的个别与一般、感官与理解、私人与公众之间的认识论辩证法也是其他知识体系的雄心。的确，"社会想象"的理念表述了筛选趋上改进行为，如果不也是至少当时得以阐述的形式家庭化趋下行为。⑩ 对社会理论而言，详述"趋上"与"趋下"行为辩证法（可比作美学理念阐述的辩证法）最成功的尝试当属亚当·斯密的《道德情操论》（*Theory of Moral Sentiments*）（1759）。斯密称之为道德哲学，但我们利用把自己与启蒙时期区分开的，更高度分化的知识分工，可能称之为社会心理学。如美学理论一样，斯密的基本工作方面是想象。他写道："由于我们对别人的感受没有直接经验，所以除了设身处地的想象外，我们无法知道别人的感受。当我们的兄弟在受拷问时，只要我们自己自由自在，我们的感觉就不会告诉我们他所受到的痛苦。它们从来没有也绝不可能超越我们自己所能感受的范围，只有借助想象，我们才能形成有关我们兄弟感觉的概念。"斯密思考了戏剧经验的影响，并把因此与他人等同之人称为"旁观者"，并认为，其他人的感受是通过"当事人"的旁观者想象而成。斯密笔下的旁观者因此是华兹华斯笔下诗人的概括。⑪

在美学理论中，想象和理解一样，是我们借以使自己改进感官印象，或与之保持距离的方式。在斯密的道德情操理论中，想象是我们克服我们自己与他者感官印象之间距离的方式。所有（经验主义）知识预先假定知晓的主体与知识客体之间的脱离。想象同情的目的就是借助对脱离的承认和利用，将其击败。"社会"的虚拟现实是由同情的想象行为生成，这将他者的实际特殊性转变为作为我们自己的他者的具体特殊性，这些他者因此受集体概括的影响。但在斯密的思考中，他者的实际特殊性也在美学中获得了理解占据的位置，这片域外之地对我们而言只会难以抵达。斯密相应地常把这个思维过程比作某种家庭化，旁观者"设身处地"的想象行为承受了与我们对死者同情有关的，最显著的运用："当我们以这种方式在内心深切体会他的处境，这时，就像在许多其他场合一样，我们会

---

⑩　参阅本书第 2 章，注释 148—158。

⑪　Adam Smith，《道德情操论》（*The Theory of Moral Sentiments*）（1759），D. D. Raphael 和 A. L. Macfie 编（Indianapolis：Liberty Classics，1982），第 9 页（随后引用源自本版，并在文中圆括号内标示）。

感受到一种当事人不可能感到的情绪,然而这是通过对他的一种想象的同情感受到的。"斯密说,死者以这种方式"萦绕着"活者的内心(10,71)。但如果我们把对死者的同情的极端样例理解成死者有意如此,我们必须看到,如此之事是一种被他人缠住的不可思议经验,一种想象实践,即让我们"私人"自我设身处地感受,来自我们自己存在维度之外的"公共"领域的幽灵。

在这个重要层面,同情因此是身为社会动物的"人类"难以逃避的官能。但同情也可以好的或坏的方式实现。斯密理论的道德维度取决于旁观者与当事人调节自身情绪的相互努力,即分别提高、"降低"他们的"激烈"程度,以便彼此接近,折中实现"社会和谐"。斯密认为,以这种方式调节情绪的能力成就了"两种不同美德":"人性"社交的、女性的"和蔼美德",以及自治的、男性的"自谦美德"。斯密坚称,这些性别化美德是辩证关系,而非彼此对立关系。⑫ 因为"如同天性教导旁观者去设想当事人的各种境况一样,天性也教导后者在一定程度上去设想旁观者的各种境况"。同情等同的相互性使我们轮流既是旁观者,又是当事人(22,23;也参阅 190—191)。社会和谐理论,斯密的论点因此也是个人或心理和谐理论:旁观者与当事人之间的关系显而易见已为我们熟知,成为趋上改进的"私人"感官与趋下家庭化的"公共"理解之间的关系。

实际上,有道德的旁观者需要将这种社会辩证法内化,通过把自己视为当事人的方式"使自己的自爱傲慢谦卑下来",只有在这个时候,斯密的哲学才是作为道德哲学而得以完善。这是社会和谐与自知之明的路径:只有我们同情地将社会他者内化,我们才认识自己。回想起胡克倡导的"不太超越我们的感官范围"外在世界的非功利性研究,这种自我疏离模式,斯密写道:"如果我们不离开自己的地位,并以一定的距离来看待自己的情感和动机,就绝不可能对它们作出全面的评述,也绝不可能对它们作出任何判断。"一旦把自然人"带入社会,他就立即得到了在此之前缺少的镜子。这面镜子存在于同他相处的那些人的表情和行为之中"(83,110)。一旦"自然人"及其先天缺失被置于社会存在的公共性中,道德隐私的必

377

---

⑫ 此处及别处都让人把斯密作品与埃德蒙·伯克的《对我们关于崇高与美的理念之起源的哲学探究》(1757)进行富有成效的比较。这也与我们关注的想象非功利性有极高的相关性。

要条件就得以确立，因为它使之成为可能：同情地把他者作为某个人自我的某种公共版本而内化。"在某种程度上，这是我们能用别人的眼光检查自己行为合宜性的唯一镜子……我仿佛把自己分成两个人：一个我是审察者和评判者，扮演和另一个我不同的角色；另一个我是被审察和被评判的行为者"（112，113）。斯密此处用"我"，或"旁观者"、"代理人"或"我恰当地称为自己之人"这样的词语分别指明自我的公共与私人"人物"（113）。他在别处将这种内化的旁观者与"我本人或我邻居""没有特别关系的第三方"（但他"会公允地在我们之间进行裁决"）的脱离联系起来（135；也参阅191）。值得一提的是，这两种用法从唤起文学观点的方面，描述了将公共观点内化的辩证且为文学之外的过程。⑬

在斯密的习惯用语中，实现与当事人同情等同的旁观者有着不同的"公正"和"客观"，但不是"非功利性"，因为斯密提出的前提就是，我们不是以逃避难免的自利，而是用加以利用的方式对他者进行更好判断。社会不是从"慷慨与非功利动机"（86）聚合，而是因为我们把自我的意象投射在他者身上，并在自我内部内投一个他者的意象。对斯密而言，为人准则（the Golden Rule），"基督教的重要规则"（25）表述了自我与社会的重要辩证法，他自己的理论谋求使之复杂化，并把"良知"描述为某种"意识"。把作为公共关注的私人阐述的"社会镜子"公共功能内化，似乎使意图成为必要，然而实现了证明某种更高类型能动性的目的（86—87，134）。"它是理性、道义、良知、心中的那个居民、内心的那个人、判断我们行为的伟大法官和仲裁人……只有从他那里我们才知道自己确是微不足道的。"（137）最普遍的"社会和谐"因此通过将自我不可简化的特殊性抽象化来实现。通过自尊的特殊性，我们发现"内心的那个人"，从而是他者的虚拟多样性，并借助此法，我们"知道自己确是微不足道的"。

如今，如果微观辩证法是宏观辩证法的内化，那么公正旁观者的另一个名称就必定是想象，那个调整旁观者与当事人分别趋上趋下行为，并在

---

⑬　这远在旁观行为本身的明确戏剧起源之前。一方面，我们可能回想起如是方式：移风易俗运动强化了对作者与人物道德之间差异的坚持，把被杰里米·柯里尔（Jeremy Collier）集体当作"作者品格"之事区分开来。甚至更直接的是，我们被提醒，沙夫茨伯里把作者自我分为"作者"与"读者"（参阅本书第2章，注释137—147）。另一方面，斯密的第三人称语言唤起第三人称叙述中的实验，这在家庭叙事发展中扮演重要角色（参阅本书第三部分）。

此汇聚的思维官能。尽管想象是斯密道德哲学中的某个(可能是唯一)重要力量,他不会如艾迪生那样,将之用作各感官[14]与理解之间的调解者,用作在斯密分析中扮演最卑微角色的词语。作为分析范畴,斯密的想象已从其官能心理学的严格功能中脱离,并已成为同情的自由原则。在社会与心理学中,这个原则命名了意象塑造力,即把人类生活所有维度中的高与低、外与内、公与私彼此适应。换言之,尽管斯密在《道德情操论》中的主要关注与社会互动有关,从方法论层面来说,他以个人心理学及其想象力为始,这提供了发展社会同情理论的模型。结果,斯密随意让感官与理解的范畴相对彼此毫无差别。即使当社会同情的模型作为心理关系的三部分体系而重新内化时,我们在艾迪生那里发现的,原始感官的想象趋上"改进"与崇高理解的想象趋下"家庭化"之间的差异,对斯密来说并不重要。这些不是实质的不同官能,而是结构上的不同自我。我们在如是事实中看到了这一点,即斯密不仅满意地把趋下,而且把趋上活动当作某种家庭化来描述(参阅 21)。这个"设身处地"的过程同等适用于旁观者与当事人,因为两者之间的唯一重要差别也就是他们的相同性,即彼此都是对方的另一个如是事实。斯密可以写一篇关于社会关系的论文,自由但随意地从官能心理学中有所借鉴,因为心理(与身体)及其组成官能(与彼此)的分离,足以高深到允许作为心理微观功能的想象官能抽象化,它可能用于众多心理学的宏观分析中,也就是说,用于理解社会同情。

更"公共的"社会形态研究以这种方式从更"私人的"官能心理学研究中发展而来。最初可能彼此分离的诸范畴随后作为社会心理学学科而合并。斯密在创立政治经济学科时扮演的角色也大体类似。[15] 作为内在的公正旁观者的良知理念有助于调停超个人的"公共"系统性宗教与世俗理解之间的差距。个人意愿既参与,又脱离这个系统性。在《国富论》中,斯密用著名的"看不见的手"这个比喻在超越人类理解的传统天意系统观念,与其世俗轮廓之间进行可资比较的调停:"我们期待的晚餐并非来自屠夫、酿酒师和面包师的恩惠,而是来自他们对自身利益的关切。我们不

---

[14] 不要与此处的确有某种重要性的道德感混淆。

[15] 如"社会心理学"一样,"政治经济学"一词本身就有复杂的历史,即政治与经济以前顺从分离,以示区分,随后又合为一体。两者的不同之处就是,在《道德情操论》中,斯密对当时还未命名的现象运用了合并方法。

是向他们乞求仁慈，而是诉诸他们的自利心。我们从来不向他们谈论自己的需要，而只是谈论对他们的好处。"（第 1 卷，第 2 章，第 26—27 页）对自利优先性的微观经济洞见可在宏观经济层面作为国内产业的天然偏好而得以表述：

> 每个人都想把他的资本尽可能接近他家乡的地方，因而都尽可能把资本用来维持国内产业……每个人都在不断努力为自己所能支配的资本找到最有利的用途。当然，他所考虑的是自身的利益，而不是社会的利益。但是，他对自身利益的研究自然会，或者毋宁说必然会引导他选定最有利于社会的用途……确实，他通常既不打算促进公共的利益，也不知道他自己是在什么程度上促进那种利益。由于宁愿投资支持国内产业而不支持国外产业，他只是盘算自己的安全；由于他管理产业的方式目的在于使其生产物的价值能达到最大程度，他所盘算的也只是他自己的利益。在这场合，如在其他许多场合一样，他受着一只看不见的手的指导，去尽力达到一个并非他本意想要达到的目的。（第 4 卷，第 2 章，第 454、456 页）⑯

　　在斯密的分析中，社会心理学与政治经济学是对个人与社会、特殊与普遍进行调和的互补方法，是从对立方向使常识明白易懂的方法。看似社会之事植根于自我限制；看似自利之事服务于社会。自我特殊性从社会普遍性的分离是它们融合的发现方法之前提，允许从定性差别的实际领域向定量可比性的虚拟领域发展的方法，个人以自己的身份参与前者，后者则界定了他们的社会存在。斯密在《道德情操论》中写道："一个人的各种官能是用来判断他人相同官能的尺度。"如同旁观者"经常考虑如果自己是实际受难者会有什么感觉那样，当事人也经常设想如果自己是他处境唯一的旁观者的话，他会如何被感动。如同旁观者的同情使他们在一定程度上用当事人的眼光去观察对方的处境那样"（19，22）。

　　经济体系中的同情等同物，也就是说，将定性差别向定量可比性转变的"衡量"机制，是市场将消费品和使用转化为流通与交换品，或商品的能

---

⑯　斯密也在《道德情操论》中运用了"看不见的手"这个比喻，参阅该书第 184—185 页。

力。交换价值的"真实尺度","所有商品的真实价格"是"含有一定劳动量的价值,我们用以交换其他当时被认为有同量劳动价值的物品……劳动虽是一切商品交换价值的真实尺度,但一切商品的价值,通常不是按劳动估定的",结果就是"不是按任何准确尺度来作调整,而是通过市场上议价来作大体上两不相亏的调整。这虽不很准确,但对日常买卖也就够了"(第1卷,第4—5章,第46、47—48、49页)。一旦被转化为概括性的交换尺度,定性的不可比较使用价值就具备定量的可比较性和可交易性。因此,私人消费品向公共共享品(或商品),真实价值向虚拟价值的市场调整是特定自利向普遍社会利益借此得以实现的经济机制。正是在此意义上,市场如同情一样,是非功利性的尺度。斯密写书之前的一百年,一位受欢迎的作者说了这番话:"市场价格一般是最可靠的规则,因为它被假定比人类欲望更中立。"[117]在政治经济学体系中,市场对应着社会心理学的同情机制,私人情感借此受想象等同过程的影响。[118]

美学价值与交换价值

我们已学会称为美学理念之事始于近代早期戏剧理论辩论,并可能被视为将定性差异向定量可比性调整的原型,或操作模型,这与(我们学会称为)科学方法、政治理论、社会心理与政治经济学有极大相关性。当然,美学经验分析为同时代的人们提供越过个人与社会、私人与公共之间日益扩大裂隙的令人信服的技巧。一方面,美学作为植根于感官印象实际特殊性的信仰模式而明白易懂,但在想象层面摆脱了它们的经验主义责任(用艾迪生的话来说,是它们字面的、物质的、违法的粗俗性);另一方面,美学提供了判断基于个人反应多样性的人类产品价值标准,但清除了所有令人困惑的混合物(用约翰逊的话来说,是它们个人的、本地的与时

381

---

[117]　Richard Steele,《商人的使命》(*The Trades-man's Calling*)(1684),第107页。

[118]　我在此处关注斯密作品中同情体系与商品交换之间的对应,或隐喻关系。《道德情操论》也成就了与此关系有关,可能被称为转喻论点之事。也就是说,财富在产生模式方面不仅类似同情,而且拥有财富也构成同情反应的某个重要动因。参阅第50—61页。我们在此处可以看到两者之间的联系:一方面,斯密把对等级区分的坚持与影响归结于"大多民众"(53)感到与富人有脱离,但令人愉快的等级这个事实;另一方面,我在之前已经把某些观点称为伯克与约翰逊的"美学"保守主义。

效的优势）。同时代的人们心知肚明地将美学与这些其他新兴实践中的某些联系在一起，这从亚历山大·蒲柏的评述中显见。

《诗歌沦落之法》是蒲柏对朗吉努斯（Longinus）的古代文本戏仿，有着更特定的雄心，意在阐明升华过程，直接的物质经验借此在想象的蒸馏器中提炼。想象与物质性之间关系升华假设的本质为何？[119] 我们已经讨论过斯威夫特为回答此问题所做的尝试。我们回忆道，据他笔下的言说者所言，人类成就的多样性可能被简化为单一身体机制的强大影响。[120] 蒲柏笔下的言说者是斯威夫特笔下那位同在涂鸦社（the Scriblerus Club）的表兄，他在第三章承认植根于生物层面的论点力量。但可能因为他的话题比斯威夫特的更特定（不是所有人类成就，而特别是诗歌），他对物质因的探究也相应地更聚焦。这引导他不是走向肉体唯物论，而是走向同时代戏剧与文学生产的政治-经济唯物论。蒲柏笔下的言说者将贺拉斯的要求，即诗歌应该甜美有用（dulce et utile）进行量化，并表明，“如果所有诗歌的意图都是娱乐及教诲，那么首选的当然就是娱乐、教诲最大多数人的那类”（391）。明显的样例就是当时流行戏剧娱乐的成功，“民众每天的满堂喝彩都要献给我们舞台上令人称赞的小丑和魔术师表演”（395）。

蒲柏对量的强调证明了他对文化生活中公众品味日益增长权威广为人知的，如果算自相矛盾的焦躁。因此，他的言说者断言：“较之于个人，公众是何为体面一事的更好裁决者。”（431）[121]然而，在当前语境下，他的强调也阐明了从质到量，从特殊差别到普遍可比性的适应，后者是更早美学思想的标志。如果斯威夫特把我们指向现代心理学唯物论中我们如此熟悉的身体升华理论，那么蒲柏则把该理论转至社会经济方向，这不仅成为历史唯物论，而且也是普遍社会科学的基础。在这两个理论中，文化发展的决定性力量是卑微的、卑下的、平凡的，是人类需求与欲望的最小公分母。美学改进是这种社会升华过程的个人对应物，其理想成就的表面提升深度确认了物质的基本优先权。

382

---

[119]　在随后的解读中，我会认真阐释蒲柏讽刺之作里的概念含意，可能会似乎错失其幽默自在轻巧之处的风险。我认为，这两者是兼容的。

[120]　参阅本书第 6 章，注释 42—43。

[121]　关于蒲柏的矛盾情绪，参阅本书第 2 章，注释 41—42、134。

　　例如,会有几代消费者获得"纯粹愉悦"? 根据这个问题,约翰逊的时间考验就成为我们借以评断诗歌成就的方式。蒲柏关于"我们更睿智的作者"的评述对此有戏仿阐释:"他们的真实意图就是谋利或获益。为了实现这一点,有必要让读者感到愉悦,以此赢得掌声。"(391)约翰逊的量化机制就是时效性的筛选效果,"持续的时长,以及尊重的延续"。蒲柏的评述是空间扩展中更投机的计划:"1. 建议,特鲁里街(Drury Lane)和林肯律师学院广场(Lincoln's Inn Fields)的两家剧院合为一家公司;皇家音乐学院作为管弦乐队加入进来,并允许菲格先生(Mr. Figg)与自己的职业拳击手,薇奥兰特(Violante)与走钢丝者合作。2.应该动用公帑建一栋至少能容纳一万观众的大楼,随着新娱乐的增添,众多孩童和奶妈都将成为观众,这也就绝对必要。"蒲柏的计划是比当前的特鲁里街剧院大五倍,可能在萨默塞特宫(Somerset House)地址上建造,或设在威斯敏斯特大厅(Westminster Hall)内,如果排除新建筑需求的话。实际与虚拟普遍性如何可能源自特殊性,政治体制对蒲柏就如是问题思考一事的影响在两个方案中得以体现,一个是为议会两院、法院、伦敦市议员提供剧院坐席,另一个是"六人委员会坐下来,详论剧作的价值。多数人的意见对争议有决定权。如果各边的意见都是三比三,那么主席就有关键一票"。六人委员会坐在"剧场的显要位置,在得出一致定论之前,可能给出厌恶或赞许的手势。根据这些手势,全场的观众都要求鼓掌或嘘场,这样全城的人都能确定自己该在什么时间段会感到快乐,以及能到何种程度"(437)。

　　蒲柏对借助剧场反应集体化的诗歌量化记述,在这些方面似乎利用了代表性政府的腐败,并予以讽刺。相同的话可能也适用于《诗歌沦落之法》第 15 章《炮制史诗的诀窍》。蒲柏在此借助秘辛之作的传统,讽刺诗歌创作的现代机械化(84—87)。⑫ 然而,在论文的别处,经济生产的量化方法显然是他的模型:

383

　　因此,恭谦提议,所有文字陈腐的个人都应该加入协会,组建一个常设实体,每位成员,甚至是最卑微的成员都可在此以某种方式做

---

⑫ 秘密之书尽管与政治的国家秘密有关,但它与科学的自然秘密有更直接的关联。参阅本书第 2 章,注释 51—57。关于食谱的演变,参阅本书第 10 章,注释 38—41。

出贡献，支持这个集体。正如最纤弱的芦苇以类似的方式拧成捆束后，它们就坚固难折了。出于这个目的，我们的艺术应该与此时期其他艺术形式平起平坐。当今制造业的大幅提升源自它们被分为若干分支，并分配给相关行业这一事实。例如，在钟表制造业，一位工匠制作摆轮，一位制作发条，一位制作冕形齿轮，第四位制作外壳，首席工人则把这些拼起来。我们把当今钟表的完美归结于这个体系。无疑，我们也可能对自己当下诗歌与修辞如此，用相同的方法把若干分分出去。⑬

　　形形色色的人各自对某些特殊转义或比喻的形成有强烈的倾向，这并没有其他令人瞩目的方式，也没有什么能比此更明显的事情……如今，每个人都把自己全部时间与才智用于自己特殊的比喻中，无疑，这会臻于完美。每个人被纳入这个学会，并誓死效忠时……诗人或演说家就无事可做，只是将其送入每个行当的具体从业者……我因此建议，应该动用公帑设计极便利的分发台，即有三层抽屉的修辞箱……每个抽屉会再次分为若干小格子，类似奇物壁柜那种……很快教会每位创作者如何使用这个箱子（428—429）。

所以，劳动分工的生产力直接与知识分工的生产力结合，巧妙之处在于只是强调不相称性，量借此与质适当，科学技术成就与文学艺术成就适当。⑭ 的确，美学价值从交换价值分离而出，在定性层面是有效的，因为它允许我们把这两个实体视为定性层面的不同（即不只是彼此是否更伟大、更渺小的版本），因此视为更精准的"如此"可想之事，而不是由与相同实体同步方面的特性构成。此外，分工的力量就是把如是特性归于美学

---

⑬　蒲柏对此样例的引用可能源自 Bernard Mandeville，《蜜蜂的寓言》（*The Fable of the Bees*）（1705，1714），F. B. Kaye 编（Oxford：Clarendon，1924），第 6 对话，第 2 卷，第 284 页。

⑭　在《文学信札》（*Letters of Literature*）（1785），第 483 页中，约翰·平克顿（John Pinkerton）为约翰逊式时间考验编撰了一个谐趣指南，即"一个必须超越不同作品，之后才能盖上恒久价值章的时间表"。其幽默也抨击了文学与物质生产力（及可消费性）之间成问题的对应。时间表按文类对文学进行划分，"史诗"的必要时间是"100 年"，"赞词"是"1 小时"，"田园诗"是"5 分钟"。平克顿写道："之所以最后两个的时间间隔短，就是因为它们的易腐特性，这就使得在被吃掉之前，长时间保存它们不是件安全之事。"引自 J. E. Congleton，《英国田园诗理论》（*Theories of Pastoral Poetry in England*，*1684—1798*）（Gainesville：University of Florida Press，1952），第 150 页。

价值,即将其(精准)描绘成定性价值的标准,与由交换价值裁定的定量标准对立。但蒲柏的笔锋直面自身当下,以及我们当下。一方面,他对现代先分后合之趋势的讽刺利用了之前已吸引我们关注的众多近代早期发展,诸如同业行会的自由化、秘密之书的演变,以及私人奇物壁柜的公共功效。另一方面,蒲柏凭着如今看似出色的先见,不仅预期了政治经济学,而且在政治与经济完全实现合并之前的五十年,预期了相关批判。作为批判的《诗歌沦落之法》勾勒了现代艺术之工与商品、美学价值与交换价值之间的密切关系。这是一个历史时刻,美学语言与交换语言,即当前将实际特殊性向具体虚拟性转变理论化尝试的联合产物,有更多的共同之处,而不是相互矛盾。[125]

后世会接受这个观点,把艺术与商品视为对立,无论这个分离有多大成效,它都在分工的两边留下重要的事情。看似绝对在我们自己时代如此熟悉的美学演变形式中迷失之物(对蒲柏来说,已经如此)正是调整的感官,现实与虚拟,特殊与普遍之间的持续动态摇摆,这界定了此时期私人与公共之间的新兴关系。主导现代美学理念之事反而是此辩证法的某一极,因此是作为单体的、自立的,虚拟的,然而多少用无需主观刺激的理想化客观性予以假定的具体虚拟性的冰冻感官。蒲柏的讽刺让少数人耳目一新,但处于新公共性的核心。他提醒我们注意作者、读者/旁观者,以及"提供给"消费者的愉悦统一量的概括性非人格化,借此提出如今已是老套的,关于文学作品商品拜物教的洞见。已经消失的是作者与读者的互惠私人化、自我创作的反身自我意识,以及实际与虚拟组成部分始终变化之体系的不可预测性。我已暗示,现代美学阐述应该被视为对近代早期艺术与科学分工的反应与补偿,这决定了新构成的知识体系中某一个是有缺陷的,正是根据催生分工本身的经验主义合理性的标准。文学美学假定的对立价值观,与经济交换之间的类似无可辩驳,且对两个范畴的系谱有极深的启发性。但在我看来,这个关系似乎具备最有力

384

---

[125]　关于此历史时刻的新近阐释,参阅 Jonathan Brody Kramnick,《成就英国经典》(*Making the English Canon*: *Print-Capitalism and the Cultural Past*, *1700—1770*)(Cambridge: Cambridge University Press, 1998),特别是第 33—39 页。

的解释，当它不仅被理解为因果互惠性，而且作为本研究主题的更大历史现象中某个组成时。⑫⑥

回顾 17 世纪初期数十年，我们看到一系列社会实践，其坦率的主导似乎表述了文化对积极自由原则的热衷：绝对国家、经济保护主义的重商主义政策，以及贵族意识形态。然而，这些实践的可见性，即它们明确被理论化，且只在此时得以广泛传播的事实意味着如是另类观点：积极自由原则处于危机之中。这个观点从对社会契约学说、公共领域、商品交换，以及（稍微后期的）同情等同美学的日益迷恋证据中得以佐证。

在本章之前的论述中，我们已经评论了 17 与 18 世纪非功利性理念发展的某些方面。对非功利性所需条件的同时代理解借助这个分析，可能大体据称从社会经济转到认识论的强调，所用之法反映了积极自由范式向消极自由范式的大体转变。当然，非功利性只是认识论现象。经验主义认识论的基石是知识客体，而对知识主客体分离的坚持把认识论本身，从其传统的哲学基础中古老栖居之地剥离出来。"非功利性"是皇家本体论的奇特能力，这个默示推测在若干方面遭受挑战，其作为严格的认识论能力的地位越发明显。借助平民实例（在更少程度上是女性）而对贵族非功利性构成的挑战主要不是由社会仇恨推动，而是由日益接受的如是承认推动："功利性"不仅是物质依赖功能，而且是更广泛的教育、同化和经验的功能。

家庭化的阐释与说教动机远非失去自己的传统功效，而是逐渐摆脱

---

⑫⑥　我已论证，美学及其特殊价值类型的范畴首先在文化意识中聚合，正如它不是从经济交换价值，而是从感官印象的严格经验主义反应的字面性与本地性分离一样。约翰·吉约里（John Guillory）已为前者叙事提供了一个有力的实例，作为更大论点的一部分，以此反驳"美学价值问题是永恒的"这个观点。参阅《文化资本》（*Cultural Capital：The Problem of Literary Canon Formation*）（Chicago：University of Chicago Press，1993），第 303—340 页。吉约里把自己的关注转向政治经济学的形成时期，把这个重要问题视为艺术之作的生产。在我的分析中，美学理念是作为关于反应，而非客体，关于消费认识论，而非消费生产的问题而出现。如是出现的重要语境不是 18 世纪末期及政治经济学话语的兴起，而是 17 世纪末，18 世纪初，以及它们关于戏剧反应理论的争议，更广泛的是近代早期的古今之争。我赞同吉约里的观点，美学价值问题并不总是与我们为伴。参阅 Michael McKeon，《美学价值的起源》（The Origins of Aesthetic Value），见 *Telos*，第 57 期（1983），第 63—82 页。

它们与向卑微平民讲述卑下、可感之事的联系，并作为生产普通知识的技巧而为人所得，即知识独立于特殊地位、阶级或性别联系。人们发现，在特定社会群体的（不可避免的）功利性中寻求非功利性判断的脆弱性，可能通过有条不紊地请教、协调定性层面不同社会群体而得以克服。通过延展，非功利性知识的成就可能最好通过集体概括的定量方法得以实现。但非功利性的标志是源自利益的抽象表述，这不是产品，不是如积极自由及其独立地主模型中那样的利益缺失，而是过程：知识的虚拟集体性从功利性个人的实际知识中概括。美学经验为同时代的人们提供了这个过程令人信服的模型。然而，社会、民族国家、市场、美学经验领域已经在 19 世纪作为虚拟集体实体而得以确立，至此，只有美学经验领域完全保留其想象的氛围。的确，我们可能假设，文学与艺术的典范（后者是作为如今已被整理过的美学经验贮藏室）是那些作为可用经验主义现实性领域体制化的必要补充。现代文化为这种学科极化付出沉重代价。一方面，19 世纪社会、政治、经济探究在"社会科学"庇护下聚合，预示着通过感官与理解之间的调停获得"积极"知识的雄心，而理解将完全绕过想象调停力量。另一方面，同一时期美学领域的发展如此偏好想象一极，而不是另一极（虚拟普遍性胜过实际特殊性，文本反身性胜过语境反省），这遮蔽了对两极之间持续活跃摇摆的美学反应、判断、价值的依赖。贝尔托·布莱希特（Bertolt Brecht）不得不在 20 世纪予以理论化及实践的"陌生化效果"在 18 世纪被认为将融于美学本身。

386

387

第八章　混合的文类

如我们开始理解的那样,形式家庭化以在"普通"的概括层面进行阐释与说教的雄心为动机。它在我们时代的历史物力论,对卑微、卑下的示意求助借此学会在自身意义中实现的动力,也可能大体被视为形式的主题化,从家庭化到家庭生活的长期转变。在前一章中,我的目的是用认识论术语把这个过程阐释为关于知识问题态度的发展;为了将其实现,需要认识论本身范畴从传统社会政治底层分离。我也在别处论证,作为独立文类的小说起源在形式主题化方面,根据这种广泛的模型而得到令人信服的理论化。[①] 在本研究的第三部分,我将转向叙事形式,并在某种程度上转向小说文类,为的是论述家庭小说的出现源自更不同的,且常家庭化的秘史领域。我在本章的目的就是提供简单,且高度选择性的如是记述,即某些其他传统文学文类的发展如何成为家庭化与家庭生活之间辩证互动的范例。我此处的特别关注指向结构的精致和敏锐,作者们借此协商从传统区别关系形式向分离关系形式的转变。这个转变特别唤起对文类混合的反身意识,但有时候也促进了范畴分离使之成为可能之事,即形式融合的反身实验。如图画构思一样,语言话语的形式结构提供了一个看

388

---

① 参阅 Michael McKeon 编,《小说理论》(*Theory of the Novel：A Historical Approach*)(Baltimore：Johns Hopkins University Press, 2000),第 179—183、265—269、317—320 页。

似有形的概念世界语域。的确,对现代性开始称为"文学"形式的自觉实验化与现实的概念化,而非作为样例之于规诚那样有关系。因此,形式反身性远非与超越的历史真实性无关,而是提供了一个对此发挥作用的纲要钥匙。

悲　喜　剧

斯蒂尔把《失乐园》中的花园争吵家庭化,[2]他笔下的快乐精神似乎更接近文类形成之世俗实验的快乐,而非基督教适应的惯常严肃。就这点而言,它引发了与斯蒂尔另一实验的比较:"不幸的大灾难构成君王及显贵历史的一部分,或用动人的语言加以再现,穿插悲剧场景时,它们总会令我们感到惊惧。但随后,它们只会以短暂的方式影响我们,并通过我们的想象,被当作一个小插曲,我们的命运在此太卑微以至于不被人关注。"这是新兴美学如今令人熟悉的语言,斯蒂尔用它提及面向人性共同经验的,更具平等化方式的可能性。他继续写道:"我并不热衷这些高谈阔论,一直在想(如果任何人能理解这一点的话),把发生在比普通人的地位高不了多少之人身上的历险呈现在世人面前,这可能有极大作用。我认为,这能更好规劝普通人,他们相信……如果没有发生在类似自己这样的生活中,它们就与自己毫无关系。"斯蒂尔进一步叙述了一个"精彩的悲剧",它发生在"住在远离自己其他家人的一处孤寂乡村宅邸的"夫妇身上。他的编辑认为,"斯蒂尔此时期待'资产阶级悲剧'"。[3] 斯蒂尔也回顾了"悲喜剧"这个混合文类,它植根于古代,但在文艺复兴时期与讽刺剧混合形式关联中长足发展。[4]

我们预先假定悲喜剧是悲剧与喜剧之间的明确对立,近代早期"悲喜剧"的繁荣让我们想起,在某些重要实例中,区别关系借以成为分离关系

---

[2]　参阅本书第 7 章,注释 25。

[3]　《闲谈者》,第 172 期(1710 年 5 月 16 日),见《闲谈者》(*The Tatler*),Donald F. Bond 编,3 卷本(Oxford: Clarendon, 1987);关于此书编辑的评论,参阅第 2 卷,第 445 页,注释 3。随后引用源自本版,并在文中圆括号内标示。

[4]　参阅 Marvin T. Herrick,《悲喜剧》(*Tragicomedy: Its Origins and Development in Italy, France, and England*)(Urbana: University of Illinois Press, 1962),第 1 章。

之一的知识分工本身是古老现象。悲剧与喜剧的实验融合也并非不得不等待文艺复兴：斯蒂尔令人震惊的花园争执喜剧适应本身是通过基督教史学的幸福之过（felix culpa）而得以适应和弥补。有一个著名的论点就是，现实主义催生了源自把低俗与喜剧表述重新构想为受高尚与严肃表述影响一事的悠久历史。⑤　在斯蒂尔同时代与现代评论家们手中，"悲喜剧"是一个松散的范畴，包括其所指文类混合在此得以记录的若干方式。极为明显的是，悲喜剧可能把严肃与喜剧情绪混为一处。在斯蒂尔想象的这类"资产阶级"或"家庭"悲剧中，平民承受高尚激情之苦。⑥　在双重情节剧中，低俗喜剧情节通常是高尚悲剧情节的陪衬，尽管不是在形式家庭化中成为必要的那种明确示意关系。⑦

　　现代评论家们倾向于把悲喜剧的情感与形式方面并置，尽管它们并不总是赋予后者，即分裂的情节结构悲喜剧地位。⑧　众所周知，复辟时期的改编者们倾向于把莎士比亚戏剧适应当下品味，并发现莎剧中活跃的情感与形式元素。他们常常如此修改，以便把悲喜剧的莎士比亚突显。⑨　托马斯·贝特顿（Thomas Betterton）把自己于1700年对亨利四

---

⑤　参阅 Erich Auerbach，《摹仿论》（*Mimesis：The Representation of Reality in Western Literature*），Willard Trask 翻译（1953；Garden City，NY：Anchor，1957）。

⑥　关于"家庭悲剧"，参阅 Lena Cowen Orlin，《英国宗教改革之后的私人事宜与公共文化》（*Private Matters and Public Culture in Post-Reformation England*）（Ithaca，NY：Cornell University Press，1994），第 8—9 页。

⑦　文艺复兴的双重情节及公共-私人悲喜剧易受叙事化影响。参阅 Thomas Deloney，《雷丁的托马斯》（*Thomas of Reading*）（1600），见 Michael McKeon，《英国小说的起源》（*The Origins of the English Novel，1600—1740*）（Baltimore：Johns Hopkins University Press，1987），第 234—237 页。

⑧　参考 Herrick，《悲喜剧》；Eugene M. Waith，《博蒙与弗莱彻的悲喜剧模式》（*The Pattern of Tragicomedy in Beaumont and Fletcher*）（New Haven，CT：Yale University Press，1952）；Lois Potter，《秘密仪式与秘密书写》（*Secret Rites and Secret Writing：Royalist Literature，1641—1660*）（Cambridge：Cambridge University Press，1989），第 3 章；Nancy Klein Maguire，《弑君与复辟》（*Regicide and Restoration：English Tragicomedy，1660—1671*）（Cambridge：Cambridge University Press，1992），该书作者提议，我们应该把复辟时期最初十年的戏剧作品视为容纳两种"悲喜剧""次文类"之事，即"分裂的悲喜剧"与押韵的英雄剧（参阅第 3 页）。

⑨　参阅 Michael Dobson，《造就国家诗人》（*The Making of the National Poet：Shakespeare，Adaptation，and Authorship，1660—1769*）（Oxford：Oxford University Press，1992），第 185 页："此时期改编作品的本身性质，以及它们对把莎士比亚与严格家庭的，因此也是私人的合宜性等同的强调，有助于使作品的公共演绎日益与其在英国文化中的地位无关。"该书作者借助"家庭的"合宜性，意指国家与家族的合宜性。

世系列作品的改编命名为《国王亨利四世，配以约翰·福斯塔夫爵士的幽默，悲喜剧》(*K. Henry IV. with the Humours of Sir John Falstaff. A Tragi-Comedy*)。[10] 但观点的范围宽广。尽管艾迪生承认，莎士比亚的多部最伟大悲剧可能被描述成悲喜剧，他仍然相信，悲喜剧是悲剧的独有模式，是"英国戏剧的产物，是从此进入诗人思想的最怪异发明之一……针对悲喜剧的相同异议可能在某些程度上运用于所有具备双重情节的悲剧"。[11] 乔治·利洛(George Lillo)是 18 世纪最具原创性，且最成功的"家庭悲剧"的作者，他避开分裂的情节，但接受了为自己在适应方面的实验正名的莎士比亚式先例："悲剧远非通过适应人类普遍性的情境而丧失自己的尊严，根据其影响范围，及恰当受其影响的数量，它的确更令人敬畏。"结果就是，先于亚瑟·米勒(Arthur Miller)两百年，"平民"悲剧通过将形式家庭化与实质家庭生活的结合，涉及了"平民"的定量及社会方面：

> 那么原谅我们，如果我们试图
> 用笨拙笔调讲述个人悲剧传说。
> 一位堕落的伦敦学徒成为主题[12]

同时代的评论家们根据统一性、合宜性、规范性标准就悲喜剧的功绩而争执。探究作为"混合文类"的复辟时期悲喜剧，即形式家庭化实验的意义有用吗？通过彼此对立而得以界定的元素自觉融合，这能达到什么

---

[10] Frank H. Ristine，《英国悲喜剧的起源与历史》(*English Tragicomedy，Its Origin and History*)(1910；London：Russell and Russell，1963)，第 216 页。

[11] 《旁观者》，第 40 期(1711 年 4 月 16 日)，见《旁观者》(*The Spectator*)，Donald F. Bond 编，5 卷本(Oxford：Clarendon，1965)(随后引用源自本版，并在文中圆括号内标示)。

[12] George Lillo，《伦敦商人》(*The London Merchant：or，The History of George Barnwell*)(1731)，献辞与开场白，第 19—21 行，见《乔治·利洛戏剧作品集》(*The Dramatic Works of George Lillo*)，James L. Steffensen 编(Oxford：Clarendon，1993)，第 151、154 页。斯特芬森(Steffensen)指出，利洛的创新延展到自己独有的悲剧散文使用方面，以及自己使新教学说运用于"天命与作为悲剧行为有效力量的个人责任"之间冲突方面(113，119)。在这方面，利洛笔下的乔治·巴威尔(George Barnwell)与约翰·福克斯(John Foxe)笔下的罗杰·霍兰德(Roger Holland)提供了新教悲喜剧截然对立的学徒模型。关于福克斯，参阅本书第 7 章，注释 14。

目的？当然，这个话题要求延展论述。我在此仅局限于自己对此类两个
截然不同样例的思考。

德莱顿笔下的内安德（Neander）认为，在喜剧中，"人物只是平民，
他们的行事只与自己有关，并没有因严肃戏剧中的激情，或崇高事情而
得以提升"。但德莱顿也颂扬自己的"悲喜剧"，借此意指双重情节戏
剧，"在严肃部分如此感人，在喜剧部分如此怡人，恰如可能在两者之中
值得超出寻常的关注"。⑬ 他的《摩登婚姻》（Marriage à la Mode）
（1672）⑭对我们的目的有提示性，因为高尚与低俗情节之间的严格形
式分工得到严格"文体分离"微型形式性的支持（高尚情节贵族那被提
升的"公共"五音步诗与复辟时期朝臣的低俗"私人"散文的对峙），但只
是为它们强劲的持续融合提供了舞台。不是德莱顿笔下高尚与低俗人
物涉足于任何持久互动中。实际上，在它的确发生的两个场合中，其效
果就是强化"高尚"与"低俗"之间极端社会差距的基本意义。⑮ 双重情
节的契合不只是发现两者倾力关注婚姻如何得到准予这个问题。它甚
至不只是双重情节用让人产生对公共国家与私人家庭之间父权制类比
共鸣的词语（结盟与爱情对峙、绝对权威与契约选择对峙）来理解婚姻
问题。《摩登婚姻》中最令人瞩目的是这个事实，即如果有什么的话，那
么我们可能预期在每个情节之中发现的意识形态强调，带着某种一致
性而被反转了。

例如，正是英勇的李奥尼达（Leonidas）对自己假设的父亲如此坚持：
"先生，我不会结婚；我要结婚时，/我希望您给我做选择的自由……责任
只是名字，爱情则是实事。"正是浪子帕拉梅德（Palamede）承认："我怕失

---

⑬　John Dryden，《论戏剧诗》（Of Dramatic Poesy：An Essay）（1668），《西班牙托钵会士》（The
　　Spanish Friar）（1681），序言，见 John Dryden，《论戏剧诗及其他评论》（Of Dramatic Poesy
　　and Other Critical Essays），George Watson 编（London：Dent，1962），第 1 卷，第 74、274 页。

⑭　关于随后简短评论的展开，参阅 Michael McKeon，《马克思主义批评与〈摩登婚姻〉》（Marx-
　　ist Criticism and Marriage à la Mode），见 Eighteenth Century：Theory and Interpretation，
　　24 卷，第 2 期（1983），第 141—162 页。

⑮　参阅 John Dryden，《摩登婚姻》（Marriage à la Mode），Mark S. Auburn 编（Lincoln：Univer-
　　sity of Nebraska Press，1981）（随后引用源自本版，并在文中圆括号内标示），第 5 幕，第 1
　　场，第 80—125 行，帕尔米拉（Palmyra）公主把有社会野心的梅兰萨（Melantha）蔑称为"无礼
　　之人"，第 438—452 行，罗德菲尔（Rhodophil）和帕拉梅德（Palamede）用急着为其辩护的方
　　式向自己"失联很久的国王"李奥尼达（Leonidas）表示恭敬的"忠诚"。

去继承权而同意这桩包办婚姻,然而不知道自己将迎娶哪类女人。"此外,尽管德莱顿的英雄高尚情节基于身世揭秘这受人尊重的贵族家庭传奇传统,内在价值与外在出身之间的关联带着如此受质疑的不一致而得以驾驭,即更多的是转义的惯例,而不是正直让我们留有印象。的确,在把"妻子"与"情妇"相互排除的放荡剧中,喜剧低俗情节一开始就具有此类怀疑论。然而,帕拉梅德和罗德菲尔(Rhodophil)聪明地利用了模仿欲望的想象机制,以此学会带着审美非功利性爱自己的妻子,仿佛她们是妓女,从而把爱情与婚姻的旧有典雅分裂缝合成一个整体(2.1.286—287,4.4.46,1.1.107—109)。

换言之,形式上框定《摩登婚姻》的公共与私人之间的炫耀分离是在每个领域内发现该分离之重复的前奏,每个可能预期强化的价值观框架借此被遮蔽,如果不是对立的话。这不是形式家庭化的实例:德莱顿的双重情节戏剧结构在任何地方都不意在提供明确的示意体系,低俗在此用于阐释高尚,渺小用于阐释伟大。然而,它们矛盾关联的效果就是辩证概括的可辨别之处,因范畴分离而生的理解在此把它们的不可分性之事包括在内。

如果我们发问,在它们的分离已为我们于《摩登婚姻》所见的此类实验融合奠定基础之前,公共与私人领域之间的区别如何在形式上戏剧化? 一个回答可能就是宫廷化装舞会。当然,这种"之前"更多的是文化层面,而非年表层面,尽管如我们所见,在英国经验中,内战的确构成划时代的分水岭。[16] 在詹姆斯一世及卡洛琳(Caroline)时期的化装舞会中,我们看到具有非凡结合性,并得到巧妙维系的亚文化产物,公共/私人区分某些最令人熟悉的标记(国家与公民社会、上层阶级与平民、观众与演员、政治与家庭的对峙)在表象与现实的流动持续性内最为明显。宫廷化装舞会越发颂扬绝对君主制,并把皇家气派的不可分性作为自己的主题。因为君主制同时拥有"自然"与"政治"之体,因此参加化装舞会的王室或贵族同时是现实与再现:用本·琼森(Ben Jonson)的话来说是"顺从感官"与"顺从理智"、"外

391

---

[16] 麦圭尔(Maguire)在《弑君与复辟》中认为,斯图亚特宫廷化装舞会在复辟时期的最初十年,是作为斯图亚特韵文英雄体剧而延续,她也称其为"韵文英雄体化装舞会"(第3页)。

在展示"与"内在组成"，"当下偶发"与"持久神秘"，"扮演者"与"个人"，演员与行动者。[17] "17 世纪 30 年代见证了英国宫廷内成就不同知识领域之间甚少分离的思想习惯的最后实践运用。"[18]当然，王权绝对主义远非 17 世纪上半叶的"不可分"之事，且已经开启了漫长的退化过程，公共领域的权威开始似乎借此可转移到私人实体。近来，宫廷化装舞会以自己的方式被重构为再现政治冲突的手段。[19] 然而，公共与私人、戏剧演员与个人之间的张力因内战的全面危机而极大恶化，并与因 17 世纪 90 年代道德危机而强化的公共与私人、戏剧人物与作者之间的分离对应，且得以延伸。[20]

仅在《摩登婚姻》首演的前一年，弥尔顿为世人献上极为不同的悲喜剧。的确，《斗士参孙》（Samson Agonistes）（1671）的序言予以明确谴责："诗人们错误地把喜剧的成分掺杂在悲剧的肃穆和严峻里面；或者引进浅薄庸俗的人物，一切明眼人都认为这是荒谬的。"[21]弥尔顿并不像德莱顿

---

[17] 参阅 Rosemond Tuve，《〈面具〉中的意象、形式与主题》（Image，Form，and Theme in A Mask），见《勒德洛的面具》（A Mask at Ludlow：Essays on Milton's Comus），John S. Diekhoff 编（Cleveland，OH：Case Western Reserve Press，1968），第 131 页；Stephen Orgel，《权力的幻觉》（The Illusion of Power：Political Theater in the English Renaissance）（Berkeley and Los Angeles：University of California Press，1975），第 39 页；Erica Veevers，《爱情与宗教的意象》（Images of Love and Religion：Queen Henrietta Maria and Court Entertainment）（Cambridge：Cambridge University Press，1989），第 9—10 页。也参阅 Ben Jonson，《许门的假面》（Hymenaei）（1606），序言："顺从理智的万事也有与感官对立之事，一个只是短暂的，只是有害的，另一个是令人印象深刻，持久的，这是高贵与正义的优势……这就是成就最无上君王，以及最伟大人物的原因，他们通常是这些行为的扮演者，不仅对财富，而且也对外在仪式或展示的辉煌孜孜以求……但对最高及最热衷的意图寻求之后，开始填补内在需求……尽管他们的声音应该在此景此刻听到，他们的感官，或应该总是对更成型的秘密有所影响。"见《本·琼森》（Ben Jonson），C. H. Herford，Percy Simpson 和 Evelyn Simpson 编（Oxford：Clarendon，1941），第 7 卷，第 209 页。Jonathan Goldberg，《詹姆斯一世与文学政治》（James I and the Politics of Literature：Jonson，Shakespeare，Donne，and Their Contemporaries）（Baltimore：Johns Hopkins University Press，1983），第 56—65、69—72 页暗示琼森的化装舞会是绝对主义国家秘密的形式概述。

[18] Veevers，《爱情与宗教的意象》，第 ix 页。

[19] 参阅 David Bevington 和 Peter Holbrook 编，《斯图亚特宫廷化装舞会的政治》（The Politics of the Stuart Court Masque）（Cambridge：Cambridge University Press，1998），导言。

[20] 参阅本书第 2 章，注释 137—142。

[21] John Milton，《论被称为悲剧的此类戏剧诗》（Of that sort of Dramatic Poem which is Call'd Tragedy），《斗士参孙》（Samson Agonistes）（1671），序言，见《约翰·弥尔顿诗歌全集及重要散文》（John Milton：Complete Poems and Major Prose），Merritt Y. Hughes 编（New York：Odyssey，1957），第 550 页。（随后引用源自本版，并在文中圆括号内标示。）弥尔顿的序言也提及自己的戏剧"从未有意"公演。关于在戏剧口述演绎与文字阅读中成为必要的不同"出版"模式，参阅德莱顿与西伯（Cibber），本书第 2 章，注释 2、109。

那样偏好双重情节。但《斗士参孙》如《失乐园》一样，是从幸福之过的基督教原则那里得到极大提示，这是因为基督教历史的救赎决议，而将喜剧嫁接到弥尔顿悲剧观点的谨慎古典风格之上。如果弥尔顿的私人密室戏剧的主题是参孙在宇宙基督教情节中的象征角色，诗歌通过多种类型的家庭化适应这种高尚之事。正如大多数读者间歇性地意识到，《斗士参孙》暗示性地与其作者的个体化，甚至自传性的救世神学，以及英国人，上帝拣选之人的历史与民族命运有关，以此运用"新教诗学"。此外，这些形式家庭化通过与家庭、国家、宇宙计划之间成问题关系有关的情节而主题化：不仅是渺小与伟大之间的公认类比，而且是其复杂化的转喻。实际上，弥尔顿问了洛克的问题："行政官对自己属民的权力"与"丈夫之于自己妻子的权力"，以及造物主之于自己被造物的权力之间的关系为何？㉒

如德莱顿笔下的李奥尼达一样，弥尔顿笔下的参孙已经拒绝了自己父母的婚姻权威。如其父玛挪亚（Manoa）所言，"儿啊，我对你的婚姻选择/不能赞一辞，可以说根本不赞成"（第 420—421 行）。但儿子对父亲"公共"权威的违逆以爱情的隐私为动机，同时被比作以对天父之顺从为动机的个人良知行为。参孙是这样说起自己初婚的："她使我喜欢，但我的父母/不喜欢我同异教徒成亲，/他们不知道我的请求正是/上帝的意思；我从内心的冲动中知道这点，便催促婚事的进行。"参孙用这种方式表明，自己尽管"是一位个人"，然而"其实我不是私下，而是受天之命，/得到了天赐的力气，来解放祖国"（第 219—224、1208、1211—1213 行）。㉓ 然而，参孙的受辱同样也威胁到了同时是家庭、公民与上帝的"宅邸"及"家"（参阅第 447、515—517、633—634、1733 行）。

参孙的"内心冲动"指的是爱情与职业的内在性，是与父系权威有关的消极及积极自由。参孙指责达丽拉（Dalila）犯下"婚姻背叛"（第 959

㉒ 关于洛克，参阅本书第 1 章，注释 28。约翰·吉约里（John Guillory）把《斗士参孙》视为"资产阶级职场戏剧原型，根据传统把丈夫的职业与家庭主妇的需求对立"。John Guillory，《达丽拉的家》（Dalila's House：*Samson Agonistes* and the Sexual Division of Labor），见《重写文艺复兴》（*Rewriting the Renaissance：The Discourses of Sexual Difference in Early Modern Europe*），Margaret W. Ferguson，Maureen Quilligan 和 Nancy J. Vickers 编（Chicago：University of Chicago Press，2000），第 110 页。参考斯蒂尔对《失乐园》的解读，见本书第 7 章，注释 25。

㉓ 关于"公共人物"的新教概念，参阅本书第 1 章，注释 95。

行）时，他既依赖父权制类比（家庭像国家一样），又涉及她对犹太人事业的非利士人式实际背叛。也就是说，达丽拉摒弃已婚妇女的私人顺从，而支持政治与公共主体身份："你当初为什么接受我做你的丈夫？／在那以前，谁不知道我是你国的敌人？／既然嫁给我，你就该脱离／你的父母和祖国；我也不是他们的／臣民，也不受他们的保护，／我只能自卫；但你是我的，／不是他们的。"（第882—888行）参孙赞同副歌部分对"家庭之善"的构想："上天定下一条万国的通法，／给男人以专政的权力，／用以使他的女人敬畏……才不会／受到女人的夺权而狼狈沮丧。"达丽拉在家庭领域篡权，她不仅迫使自己的丈夫处于家庭领域内最具否定性的隐私状态中（"当我必须听老婆的话完全像个／奴隶时"，"只能回家／闭门闲坐，做一只懒散的雄蜂"），而且（也因此）承担异常的公共权威（第1048、1053—1055、1059—1060、945—946、566—567行）。㉔ 具有公共思想的达丽拉对参孙发起军事围攻（第402—405行），并从他那儿获得犹太人的国家秘密，"上帝的秘密恩赐"，"他的神圣秘密"，她担保这些将向敌人"公布"（第201、497、498行）。㉕

　　达丽拉对自己公之于众的决定持更同情的观点。一方面，她的决定是男性专政的两种类型之间站不住脚的选择：非力士人的"行政官"、"君王"、"祭司"，所有人都迫使她背叛自己的丈夫，理由就是"克己奉公，／以国家利益为重"（第850、851、857、868—869行）。但无论如何，对她来说，成为公众英雄的已婚妇女更看似未婚女子的孤独自由："我知道，你在外自由放浪／会招来飞灾横祸，我在家／独守空床，怀抱无限的忧虑"。参孙眼瞎，并被制服，如今可能体验到妻子合作者的内化行政官职责，"在家清闲自在／……重温旧情，／我要加倍关心你、照料你、侍候你到老"。不是公共结盟或权宜，而是婚姻与家庭之爱已成为她真正的动机（第803—806、917、923—925行）。参孙的回复是犀利的讽刺："说爱情害了你，／倒不如说疯狂的贪欲／坑了你"，只是为了"非利士人的黄金"。达丽拉的私人，以及公共身份都被腐蚀了，宁选金钱，勿要爱情；宁选寡妇的功利性地位，勿

㉔　关于丈夫顺从的记述，比较弥尔顿对查理一世顺服一事所用语言，参阅本书第3章，注释12。

㉕　参考玛丽·阿斯特尔（Mary Astell）承认自己出卖了男性的"国家秘密"，并公之于众。参阅本书第2章，注释118。

393

要妻子的职分："用这笔出卖你丈夫的金钱/去好好过你小寡妇的生活吧！"对参孙来说，这等同于笛福笔下的"婚内卖淫"（第 836—837、831、958—959 行）。㉖

传　　奇

德莱顿与弥尔顿的"悲喜剧"可能有助于说明同时代的人们用混合的戏剧形式，借助自觉的混合以探究公开性与隐私若干叠加领域之间关系的方式范围。在传奇模式中，这种借助形式术语之混合的最炫耀样例是 17 世纪的"政治/讽喻传奇"，㉗通过虚构，以及或多或少透明的"传奇"叙事而有计划地将高尚的国家事务家庭化。对如是叙事，以及家庭小说兴起含意的论述将留给之后的章节。此刻，我想思考"传奇"本身的混合性质，视之为如是方式的样例，即近代早期的形式混合可能有时候不是从自觉的实验活动，而是从这个发现中出现：传统独特模式总是把隐形异质性包括在内，在日益显化的现代情境下，这个异质性如今开始看似自相矛盾。

我已在别处论述："印刷促使传奇向某种自觉的经典转型。但它也有助于将传奇作为一种'中世纪'产物，作为当代（起到框定作用的古代对立面）自我界定为反对之物而进行'时代划分'。我们的'历史'与'传奇'前身以悬浮液形式共存于其中的中世纪传奇成为'中世纪传奇'，成为更早期的产物，日益成为已从'历史'与印刷的文献客观性中剥离的纯粹'传奇'元素集聚地。中世纪传奇因此将其诞生及瞬间过时归功于印刷技术，至少部分如此。"㉘前现代"传奇"因此与"历史"区分，但不可分离。现代初期"传奇"与"史诗"之间的关系比此更复杂，但有着某些相似性元素。现代性易于将极对立的爱情与战争的关注分别归功于传奇和史诗，对中世纪思想来说，这实在是陌生的。文艺复兴时期学者开始把亚里士多德式史诗的形式标准运用于传奇，并发现后者的缺失，结果不是确定的分

394

㉖　关于笛福，参阅本书第 1 章，注释 36。达丽拉被弥尔顿擢升到妻子的地位，并暂时被悔悟的参孙降格到"骗人的婢妾"（第 537 行）的地位。

㉗　参阅 Paul Salzman，《英国散文体小说》（*English Prose Fiction*，*1558—1700*：*A Critical History*）（Oxford：Clarendon，1985），第 11 章。

㉘　McKeon，《英国小说的起源》，第 45 页。

离，而是"英雄体诗歌"范畴的详述，最佳史诗与传奇可能在此并肩而立。㉙ 然而，在 17 世纪，读者日益倾力关注传奇与史诗、爱情与战争之间的，以内容为基础的张力，这也影响了彼特拉克式爱情奇喻的可行性。

在此世纪的最初期，莎士比亚的《特洛伊罗斯与克瑞西达》(*Troilus and Cressida*)阐述了具备无比力量的新兴问题，并把爱情的原始战争，即特洛伊战争视为其场景。俄底修斯(Ulysses)说道，如果国家像家庭，当"这宇宙间的和谐"被动摇时，"一切都是互相抵触……没有了是非之分"。爱情与战争被推到戏仿等同的地步，彼此吸纳、腐蚀与否定。一方面，潘达洛斯(Pandarus)为海伦(Helen)和帕里斯(Paris)唱歌：

> 爱情，爱情，只有爱情是一切！
> 爱情的宝弓，射雌也射雄；
> 爱情的箭锋，射中了心胸，
> 不会伤人，只叫人心头火热。
> 那受伤的恋人痛哭哀号，
> 啊！啊！啊！这一回性命难逃！
> 等会儿他就要放声大笑，
> 哈！哈！哈！爱情的味道真好！

另一方面，忒耳西忒斯(Thersites)简洁地概括了希腊人的因由："为来为去不过是为了一头王八和一个婊子，弄得彼此猜忌，白白流了多少人的血。"㉚在内战已使看似统一的国家分裂之后，且国王的政治之体与自己的自然之体分离之际，理查德·拉夫雷斯(Richard Lovelace)在该世纪中叶写下这部作品，以英雄主义的微妙辩证法把爱情与战争结合在一起：

㉙　参阅 Joel E. Spingarn，《文艺复兴时期的文学批评》(*Literary Criticism in the Renaissance*)，第 2 版(New York：Columbia University Press，1912)，第 112—124 页；Bernard Weinberg，《意大利文艺复兴时期的文学批评史》(*A History of Literary Criticism in the Italian Renaissance*)(Chicago：University of Chicago Press，1961)，第 2 卷，第 19、20 章；Alban K. Forcione，《塞万提斯、亚里士多德与贝尔西雷斯》(*Cervantes，Aristotle，and the Persiles*)(Princeton，NJ：Princeton University Press，1970)，第 1、2 章(关于"英雄诗歌"，第 23 页)。

㉚　Shakespeare，《特洛伊罗斯与克瑞西达》(*Troilus and Cressida*)(1603)，第 1 幕，第 3 场，第 100、110—111、118 行；第 3 幕，第 1 场，第 116—123 行；第 2 幕，第 3 场，第 74—76 行。

一

亲爱的，请告诉我，我不是无情之人，

从你纯洁胸膛的女修道院

离开，心绪平宁，

飞奔战场，拿起武器。

二

的确，我如今在追求新结识的小姐，

战场上的首位仇敌；

带着更强的信念，我拿起

刀剑，骑上骏马，拾起盾牌。

三

然而，寡情薄义就是如此，

正如你也会爱慕的那样，

我不会如此深爱着你，亲爱的，

曾经爱过，但不能给予更多荣誉。③

战争可以被家庭化为爱情，且是爱情"更强"的版本，这两者取代了爱情，并把它在更高层面保留。爱情被升华到贞洁的更高水平，并成为无爱，在作为荣誉之爱的非战争升华中加入战争。男性荣誉在婚姻中从女性贞洁内得以支持，在战争中通过自身的无性献身形式而支持爱情。

　　复辟之后，传奇与史诗、爱情与战争的英雄关联长期受人质疑。令人争议的是，此时期这方面的伟大英雄体诗歌丰碑是《胡迪布拉斯》(1663—1664，1678)，而不是《失乐园》(1667)，因为巴特勒的关注比弥尔顿那成问题的爱情与战争同步更明显。③ 尽管巴特勒受益于斯宾塞和塞万提斯，他称自己的诗歌为传奇。尽管他在该形式中发现了标记"英雄体诗歌"的

---

③　Richard Lovelace,《致上战场的卢卡丝塔》(To Lucasta, Going to the Wars)(1649)，见《17 世纪英国诗歌》(English Seventeenth-Century Verse)，第 2 卷，Richard S. Sylvester 编 (New York: Norton, 1974)，第 552—553 页。

③　弥尔顿的确思考我们会认作"骑士传奇"之作，他此时只是在"英雄体歌"的普通范畴下将其与爱情、战争联系起来："至此，只有观点/被视为是英雄的"，他费力论证的也包括人类首次叛逆的基督教之事。参阅《失乐园》，第 9 卷，第 25—41 行(引自第 25, 28—29 行)，见《约翰·弥尔顿诗歌全集及重要散文》，第 379 页。

相同混合，这种区别已成为诸文体的形式分离。在《胡迪布拉斯》的第一部分，巴特勒评论道，如恩贝多克（Empedocles）声称的，世界"由战争与爱情构成：/传奇也是如此，如果没有/爱情和战斗，那还有什么呢？/我们对前者没有太多可说，/但对于后者可把世界相连"。然而，他这样开启第二部分："但如今观察传奇技巧，/让生锈的刀剑一会儿入鞘；/所有那些杜刑/刺耳呱噪之声，切口与伤口/都换成爱情更温柔的风格，/让我们的读者喘口气。"㉝

396

然而，巴特勒已大张旗鼓地从战争转到爱情，不仅证明了两者的秘密融合，而且也证明了完全的怪异性。诗中的寡妇起到杜尔西内娅（Dulcinea）之于胡迪布拉斯的堂吉诃德作用，在探望带着手枷的他时，只是发现自己听从关于被爱之人残忍无情的彼特拉克式教诲："人类柔弱的躯体与血气难以/抵御爱情如此伟大力量。""为什么你如此美丽，只是引诱我们/来爱你，你却可能鄙视我们？"（第2部分，第1篇，第349—350、329—330行，第111、109页）寡妇回答道："爱情-激情好似寓言，/人们用它另有所指。"（第2部分，第1篇，第441—442行，第113页）这些寓言的讽刺就是，它们卑下可感的描述不会揭示抽象真理，只是把更卑下的"其他的事情"隐藏。寡妇所指之事，部分是对金钱的激情：她是富裕的单身女子，此篇诗文的主要内容是，胡迪布拉斯未能如愿使她的地产转让对自己有利。但寡妇也指的是另一类可感激情，即在彼特拉克式爱情诗人的形而上痛苦背后的东西。这在此场景中显而易见：胡迪布拉斯开始描述纹章，将其喻意的残忍解读为爱情献身的伪装时，寡妇打断了他，并予以否认。㉞男性爱情诗歌的虚伪把男性激情的残忍真相隐藏，正如诗歌之于散文的"纯朴"一样："有人已经这样做了，/那些押韵在行的人会在散文里摆弄；/在那些戏弄中悬置/他们会唱动听的歌……但我的确好奇你会选择/这种用你的思考抨击我的方式。"（第2部分，第1篇，第481、639—640行，第114、118页）在彼特拉克式诗人的比喻受虐狂背后是父系暴君的字面施虐狂。

㉝ Samuel Butler,《胡迪布拉斯》(*Hudibras*)，第1部分(1663)，第2篇，第4—8行；第2部分第1篇，第1—6行，John Wilders编(Oxford: Clarendon Press, 1967)，第29、100页(随后引用在文中圆括号内标示)。

㉞ 引自本书第4章，注释106。

巴特勒在"爱情"核心揭示"战争",这引发了一方从作为融合性去升华作用的另一方(只是带有明显的悖论)分离。因为如果爱情与战争彼此密不可分,它们不是以隐性区别的方式如此,而是因为肢体暴力(卑下可感之事)是爱情唯心论对立的,但真实的根基与意义。如果我们现在回想起,《胡迪布拉斯》是空位期的讽喻,即把国家家庭化为因弑君而寡居的妻子,[35]这种家庭化的适当性就显而易见。对彼特拉克式虚伪的批判在求爱的私人层面把宗教战争的公共虚伪付诸比喻表述。《胡迪布拉斯》是对内战的综合控诉,是把内战当作新教对适应力量信心的可笑扩大化。英国内战为作为实现崇高精神目标的卑下可感手段的肢体暴力正名,巴特勒从"家庭化"一词的相关意义层面把博爱降格为娼妓对权力的淫欲,以此使之去升华:

397

> 国内怒火最初高涨之际,
> 人们无由来地彼此失和,
> 当嫉妒与恐惧这些难词
> 让民众聚集,洗耳恭听,
> 让他们战栗,如疯如醉,
> 对女士而言,宗教之于妓女,
> 她们的确起誓对此忠贞,
> 尽管她们无人知道为何。
> 福音的号手被圆头长耳
> 的愚民围住,奔赴战场,
> 敲着教会锣鼓的教皇
> 被一拳打倒,而不是被一棍掀翻,
> 随后骑士老爷逃离府宅,
> 策马逃到殖民地。
>
> (第1部分,第1篇,第1—14行)

巴特勒对英国文化的去升华是冷静且具腐蚀性的怀疑诊断,它把宗

㉟　参阅本书第3章,注释8。

教与战争政治融合，以便揭示它们令人震惊的不一致，以及它们不可避免的分离。㊱ 然而，这种实质主题通过形式家庭化技巧而得以确立，后者假定私人与公共地产转让、家庭与国家、宫廷"爱情"与国内"战争"之间令人信服的一致性。这种矛盾把《胡迪布拉斯》置于复辟时期探究私人与公共之间界限之努力的核心位置。这个矛盾也在文学形式的另一个层面显见：在巴特勒的"胡迪布拉斯体"打油诗的纯朴中，也是以相同的态度对诗歌的流畅与规范提出主张，并予以反驳。"纯朴"此处作为私人的直率而被编码。如寡妇告诉骑士那样："我更喜欢纯朴，/而不是虚假的仿激情、言辞或书信。"（第 2 部分，第 1 篇，第 481—482 行，第 114 页）如我们的言说者告诉我们那样，传奇理想化了；"但对我们而言，我们会讲述/赤裸的真相"（第 1 部分，第 2 篇，第 35—36 行，第 30 页）。巴特勒用词的散文低俗与其四音步诗的粗糙同时唤起，并规避盛行的"政治"话语（"难词"）的术语化不雅，以及传奇与彼特拉克式话语诱人的淫荡。㊲

　　在众多延续巴特勒研究的诗人当中，我将选择罗彻斯特（Rochester）的诗来结束对作为混合形式之传奇的论述，不是因为他写了传奇，而是因为他对爱情与战争之间关系的诗歌表述和任何人一样令人信服。罗彻斯特把彼特拉克式爱情诗歌（作为战争的爱情）的理想化惯例延展到足够让我们看到第一次自动去升华行为以令人吃惊的速度及势头滑入第二次行为。在《圣詹姆斯公园漫步》（A Ramble in St. James's Park）中，受苦的情人直面他所爱的专横女人的负心，在戏剧化的自怜自恋与野兽的凶残虐待中左右为难：

398

> 　　诸神！ 我所钟爱的，
> 　　却是如此不堪的品味。
> 　　⋯⋯

㊱　在平息针对作为政治野心面具的宗教话语的批判中，巴特勒和复辟初期的大众观点一致。关于其他样例，参阅 Michael McKeon，《英国复辟时期的政治与诗歌》（*Politics and Poetry in Restoration England：The Case of Dryden's "Annus Mirabilis"*）（Cambridge，MA：Harvard University Press，1975），第 192—194 页。

㊲　关于打油诗传统的自觉诗学，参阅 David J. Rothman，《打油诗传统中的〈胡迪布拉斯〉》（*Hudibras in the Doggerel Tradition*），见 *Restoration*，第 17 卷，第 1 期（1993），第 15—29 页。

忘恩负义！为什么这种背叛

会降临谦卑、深爱且轻信的我？

……

愿恶臭充斥你的子宫，

正如你依靠的那些男人一样；

……

愿没有女人能对我交媾的

阴户大胆冒犯。㊳

我们已经看到罗彻斯特如何用查理二世比喻性政治的乱伦式相互排斥：性腐蚀政治，政治腐蚀性。㊴　在匿名的《向画家提的第五条建议》(Fifth Advice to a Painter)(1667)结尾出现的，对查理二世的拉丁呼语法归结于罗彻斯特："随后的文字是在国王寝宫门口发现，由某位不知名的闲散恶棍所写：'你当躲避战争，追逐佳丽，憎恨战争之事，在床上开启你的战斗。热衷和平的你会热爱弱者。你只在爱神维纳斯(Venus)作品中看似勇猛战神马尔斯(Mars)，但更像马尔斯怀里的维纳斯。'"㊵爱情与战争之间的矛盾交换在这种形式中令人想起关于战争中公共人物因私人爱情而"女人气"的担忧，这也是枕边训话转义采用的方向之一。㊶《无能的纵欲者》(The Disabled Debauchee)是此交换更轻度表述，是一首用史诗明喻组织的英雄体诗节，把言说者从纵欲生活中苦乐参半的归隐比作"某位被褫夺军队的/旧时沙场英勇骁将"(第1—2行，第44页)。明喻通过这种微妙的并置首先得以确立，之后在性自制与怀旧的主导叙事内封存。如是并置

㊳　John Wilmot,罗彻斯特伯爵,《圣詹姆斯公园的〈漫步〉》(A Ramble in St. James's Park),第89—90、107—108、133—134、165—166行,见《约翰·威尔莫特罗彻斯特伯爵作品集》(The Works of John Wilmot Earl of Rochester),Harold Love 编(Oxford：Oxford University Press, 1999),第76—80页(随后引用在文中圆括号内标示)。罗彻斯特在爱情诗歌的去升华方面最直接的继承者是斯威夫特笔下的施特冯(Strephon)和卡西乌斯(Cassinus)。参阅《贵妇的梳妆室》(The Lady's Dressing Room)、《才子佳人》(Strephon and Chloe)和《卡西乌斯与彼得》(Cassinus and Peter)

㊴　参阅本书第6章,注释77。

㊵　参阅《国务诗歌》(Poems on Affairs of State：Augustan Satirical Verse, 1660—1714),第1卷,George deF. Lord 编(New Haven, CT：Yale University Press, 1963),第152页。

㊶　关于枕边训话,参阅本书第5章,注释55—60。

出色地强调了位居诗歌核心的否认：爱情与战争在终止之时，两者极为相似。这位男性言说者对自己性战场上的前任伴侣克洛丽丝（Chloris）这样说道，并以为她当前所为提供深思建议的方式大度总结：

> 因此，像政治家一样，我会傲慢强行，
> 并安全地提出勇敢建言：
> 在无能中躲避，鼓励你承受打击，
> 只是为你好，让你聪明。

399

（第 45—48 行，第 45 页）

明喻目的的替代策略就是快乐的翻案诗《内斯特》（Nestor）。源自《伊利亚特》（*Illiad*）的内斯特杯子在此成为反杯子的模型，"在它的面颊上没有刻上战争印记／我并没有想用战争如此"，在这种好奇的设计中，战争最终被内在化的"家庭化"取代：

> 我的圣人是丘比特和巴克斯（Bacchus），
> 愿酒和爱仍然统治。
> 我用酒冲走我的关爱，
> 然后再去与女人交欢。

（第 9—10、21—24 行，第 41—42 页）

　　至 1670 年末，一篇重要的论文能够断言，史诗"使某些军事行动，或政治行为成为主题，只是随性畅谈爱情；传奇则相反，以爱情为首要主题，并不关心战争或政治，只是偶尔涉及"。㊷ 爱情与战争的分离标志着彼特拉克式奇喻与"英雄体诗歌"的有效死亡。在某期《闲谈者》中，艾萨克·比克斯塔夫（Isaac Bickerstaff）研究了某位年轻女性的控诉："写给她的爱情书信里所用的那些表达纯粹只是文字，她总是准备着嫁给任何会说为

㊷　Pierre Daniel Huet，《传奇史》（*The History of Romances*）（1670），Stephen Lewis 翻译（1715），见《小说与传奇》（*Novel and Romance，1700—1800：A Documentary Record*），Ioan Williams 编（New York：Barnes and Noble，1970），第 47 页。

她而死的某个男人，但这些男人一旦发现自己被人同情，或有人相信，顿时逃之夭夭。"（《闲谈者》，第 110 期，1709 年 12 月 22 日）[43]但将旧形式的死与新形式，即情色作品的生联系起来，这也可能是貌似可信的。只是当性与其对王朝、政治及宗教目的的从属依赖脱离（只有当性作为"如此之性"而分离）时，它的确可能自觉地以这种方式将性与（政治-好战-修辞）暴力融合，以此通过我们开始称为"受虐狂"和"施虐狂"的复杂反应网络，而达到实现性欲望和愉悦的目的。

仿 古 史 诗

论及此时期传奇与"英雄体诗歌"的形式易变就不可避免地提到反传奇与仿英雄体主题。文学史恰当地把 1660 年至 1740 年这几十年视为共享基本戏仿或讽刺动机的各种混合形式，即仿古史诗、滑稽讽刺、滑稽模仿与嘲讽并置的伟大时代。同时代的人们倾力关注戏仿反转现象。有些人如斯普拉特一样评论道，修辞用法本身有潜力："所有事情都能在它们可借以称赞的相同主题中滥用。"其他人像巴特勒那样，把问题归结于文类惯例："英雄体诗歌用形式上严肃且不自然的方式处理世上最微不足道，最鲁莽无礼的愚行；喜剧和滑稽讽刺是在嬉戏和快乐幽默中最严肃的。"斯威夫特认为有必要提醒读者如何正确解读讽刺与戏仿。[44]

此外，称赞与责难、严肃与滑稽之间易变关系在现代已经恶化，这已达成某种共识。这隐藏于斯威夫特假冒近代早期雇佣文人过程中。这位文人用机灵的愚蠢解释了为何民众倾向于被赞颂侮辱，并从讽刺那里加以证实。这也在沙夫茨伯里伯爵三世的相关论述中显见："居心叵测的谀

400

[43] 在《牝鹿与豹》（*The Hind and the Panther*）的序言中，德莱顿提及，尽管他已在第 1 部分赋予诗歌"英雄体诗歌的华丽措辞"，但第 3 部分"有更多的家庭对话特性"。詹姆斯二世相应地被比为一位农夫，罗马天主教则为"家禽"，带有仿英雄体含意。参阅《约翰·德莱顿作品集》（*The Works of John Dryden*），第 3 卷，Earl Miner 和 Vinton A. Dearing 编（Berkeley and Los Angeles：University of California Press，1969），第 122 页；第 995 行，第 190 页。

[44] Thomas Sprat，《皇家学会史》（*The History of the Royal Society，For the Improving of Natural Knowledge*）（1667），第 418 页；Samuel Butler，《散文评论》（*Prose Observations*），Hugh de Quehen 编（Oxford：Oxford University Press，1979），第 278 页。关于斯威夫特，参阅本书第 2 章，注释 140。

颂奉承是最恶劣的讽刺……因为，现代颂诗的内在实质实际上就是一种乏味的讽刺……这些赞颂者就是如此不学无术！除了诋毁之外，他们不知道如何去表扬。如果要赞美一位美人，海伦必须相形见绌，维纳斯也要蒙羞。如果要歌颂一位现代人，就必须牺牲某些古人。"蒲柏借用沙夫茨伯里的表述以锚定自己对乔治二世致辞的生硬直率："唉，陛下您藐视诗文；/我又不习惯颂扬笔调/……此外，命运静候我写到的所有人；/我意在称赞时，他们说我在抨击。/居心叵测的谀颂奉承却是加倍讽刺。"他也借用了斯威夫特的隐性方式，以至于他写的诗歌是对现代乔治·奥古斯都（George Augustus）有意的居心叵测谀颂，而这又是基于贺拉斯对自己标准古代原型屋大维·奥古斯都（Octavius Augustus）的颂扬。[45]

　　如果古代美德投下的斜长阴影有助于模糊对同时代人而言的称赞与指责之间的界限，地位不一致的经验也是如此。[46] 一旦整体美德的同步组成部分，即地位、财富、身份、权力已开始系统地因社会变革而分离，内在"美德"与外在"伟大"的关联受制于日益增多的质询和批判。结果，将"高尚"擢升超过"低俗"，"公共人物"超过"私人"的假定道德基础遭受质疑。托马斯·戈登（Thomas Gordon）写道："平民一般认为大人物有伟大的思想，且鄙视卑贱行为。这个判断非常错误，所有最卑贱、最恶劣之事都是这些大人物所为。可能他们没有偷过个人的钱包，但他们的所为更恶劣。他们常常扰乱世界，欺骗世人，洗劫他人。能造成最高层面伤害之人也能够行最卑劣之事。把一个国家百万资产洗劫一空的人，在合适的情境下也会偷一把银勺。窃国，洗劫的征服者也会在命运不济之时抢劫一个旅行包，

---

[45] Jonathan Swift，《木桶的故事》（*A Tale of a Tub，To which is added The Battle of the Book and the Mechanical Operation of the Spirit*）（1704，1710），A. C. Guthkelch 和 D. Nichol Smith 编，第 2 版（Oxford：Clarendon，1958），第 51 页（随后引用源自本版，并在文中圆括号内标示）；Anthony Ashley Cooper，沙夫茨伯里伯爵三世，《论人、风俗、舆论和时代的特征》（*Characteristicks of Men，Manners，Opinions，Times*）（1711，1732），第 1 卷，第 226、266—267 页，Douglas Den Uyl 编（Indianapolis：Liberty Fund，2001），第 1 卷，第 140、165 页；Alexander Pope，《仿贺拉斯第二本书第一篇诗札》（*The First Epistle of the Second Book of Horace，Imitated，Epistle to Augustus*），第 404—405、408—410 行，见《仿贺拉斯之作》（*Imitations of Horace*），《特威克南版亚历山大·蒲柏诗歌集》（*The Twickenham Edition of the Poems of Alexander Pope*），第 4 卷，John Butt 编，第 2 版（London：Methuen，1953），第 229 页。

[46] 关于此现象的讨论，参阅 McKeon，《英国小说的起源》，第 171—173 页，第 4 章。

或一处果园。"正是这个常规成为此时期诸如约翰・盖伊（John Gay）的《乞丐歌剧》（*The Beggar's Opera*）（1728），亨利・菲尔丁的《江奈生・魏尔德》（*Jonathan Wild*）（1743）等最尖锐政治讽刺作品的基础。㊼

在自己叙事的序言中，菲尔丁用具有暗示性的家庭用语将上层与下层，公共"政治家"与"小偷"个人融合在一起："我没有想过新门监狱只是一处摘下面具的人性之地……我认为，我们可能因如此怀疑而得以谅解：大人物的壮丽宫殿常常只不过是戴着面具的新门监狱而已……同样一批人在这个地方有所有可以想象得到的悲惨和耻辱为伴，在另一处却享受着顶级奢华和荣耀。"简言之，"上流社会和下流社会生活中间的共同之点远多于一般人所想象的"。然而，如我们可能预期的（借助其论点的本身逻辑），菲尔丁把公共与私人的道德融合之举基于它们的道德分离之上。更确切地说，公共与私人"伟大"的道德融合取决于公共"伟大"与个人"美德"的道德分离："真相就是，我担心的，我们常常把伟大与美德的理念混淆，更确切地说，把前者纳入我们的后者理念之中。"为了给前者示范，菲尔丁求助于另一条家庭规则，即托马斯・哈特弗利（Thomas Heartfree）的高尚家庭生活。菲尔丁用讽刺方式责备他"娶了一位很贤淑的女人，两人感情很好……他的太太是个怯懦、寒伧、好料理家务的下流动物。她的心思大部分都放在家务上，把照顾丈夫和孩子当作自己的幸福，一点也不讲究衣着，不喜欢玩儿，很少出大门。"㊽

㊼　Thomas Gordon，《加图的信》（*Cato's Letters*），第 33 封（1721 年 6 月 17 日），见 John Trenchard 和 Thomas Gordon，《加图的信》（*Cato's Letters：or，Essays on Liberty，Civil and Religious，and Other Important Subjects*），Ronald Hamowy 编（Indianapolis：Liberty Fund，1995），第 1 卷，第 238 页。关于复辟时期流行诗文中上流/下流社会混合的性别化，参阅 James Grantham Turner，《近代早期伦敦的浪子与激进分子》（*Libertines and Radicals in Early Modern London：Sexuality，Politics，and Literary Culture，1630—1685*）（Cambridge：Cambridge University Press，2002），第 150—163、242—251 页。

㊽　Henry Fielding，《大伟人江奈生・魏尔德先生传》（*The Life of Mr. Jonathan Wild the Great*）（1743），第 1 卷，第 4 章；"序言"；第 2 卷，第 1 章，David Nokes 编（Harmondsworth，UK：Penguin，1986），第 52、30、31、84—85 页。参考菲尔丁的仿英雄体明喻家庭化表述："现在那位好主妇西提斯（Thetis）开始烧菜煮饭，来慰劳那位辛苦了一天的好人腓白斯（Phoebus）。用通俗的话来说，约瑟夫奉命去看夫人的时候已经是傍晚了。"《约瑟夫・安德鲁斯》（*Joseph Andrews*）（1742），第 1 卷，第 8 章，Martin C. Battestin 编（Middletown，CT：Wesleyan University Press，1967），第 38 页。关于菲尔丁把大伟人的宫殿与新门监狱讽刺融合，比较约翰・伍德（John Wood）的人文主义箴言："宫殿只是提升版的村舍。"参阅本书第 5 章，注释 77—78。

如许多同时代作品一样,《江奈生·魏尔德》是极端的仿英雄体,因为它超越了这种方式:用古代的英勇作为针对现代恶行的批判准则,也以此根据美德的标准评论古代伟大标准。⁴⁹ 然而,嵌入这类道德批判的是直抵事物核心的,更中立的雄心,这从新哲学对各层面的同化且详细知识的急迫中汲取大多力量。托马斯·戈登对"命运"随意性的强调让人回想起斯威夫特在《木桶的故事》(1704,1710)中对疯癫题外话的深度矛盾情绪。如《诗歌沦落之法》(1727)中的蒲柏,但又出于不同目的,斯威夫特此处去升华行为:文化成就植根于最卑微的公分母,身躯,幸运情境是将英雄与疯子分开的原因。⁵⁰

斯威夫特笔下的言说者担心,对这类揭秘至关重要的是愿意超越感官肤浅性的科学方法,理性的官能"好管闲事,使用删除、揭示、糟蹋、洞察等工具,证明它们并非表里如一……昨天,我下令把一位花花公子的尸体当着我的面剥光,没想到在衣服下面有那么多缺陷,我们看得目瞪口呆"。

402　当然,斯威夫特是在嘲讽现代人缺少此类理性物质"解剖"的胆量。但他也讥讽同样是现代的野心(三位兄弟的讽喻迫使我们也展示):"透过事物的表象",以此解剖"我们社会的主要作品……在幽暗深邃之处蕴含了一套妙到毫巅的体系,囊括了全部科学和艺术。我毫不迟疑地把它们的奥妙打开或解开,或者从底下打捞上来,或者切开一个口子,展示给大家看"(173,66—67)。格列佛告诉拉格多科学院(the Grand Academy of Lagado)的教授,"在垂不尼亚(Tribnia)王国",借助字谜及其他方式"找出文件中词、音节和字母的神秘意义"已经在"当地人管这个王国叫作兰敦(Langden)"的地方成为可笑的全国着魔行为。这让读者面临站不住脚的选择,要么尊重如此批判,接受自己的浅薄,要么通过将"垂不尼亚"、"兰敦"分别家庭化为不列颠和英格兰,以此确认其准确性。⁵¹ 此时期以"表面"与"深层"分离为标记,轮流对两者抱有愧疚。

---

⑭　参阅 McKeon,《英国小说的起源》,注释 383—385。

⑮　关于斯威夫特,参阅本书第 6 章,注释 42—43 注释;关于蒲柏,参阅本书第 7 章,注释 119—121。

⑯　Jonathan Swift,《格列佛游记》(*Gulliver's Travels*)(1726),第 3 卷,第 6 章,见《乔纳森·斯威夫特散文作品集》(*The Prose Works of Jonathan Swift*),Herbert Davis 编,第 11 卷(Oxford: Blackwell, 1941),第 175 页。

　　表层与深层之间的关系要求现代思想中的规范特性要比斯威夫特表述的更稳定，它能处于伟大与渺小之间关系的复杂类似中。两者都对仿英雄体的讽刺机制，以及新哲学方式至关重要。的确，此时出现的，人们熟悉的深层高过表层的论述可能有助于我们理解渺小之于伟大的关系如何在现代性情境中微妙改变。在普世对应的传统方案中，渺小与伟大（例如家庭与国家）在隐性区别的等级持续中构成关系，每个层面在其卑微性中阐释对方的优越性。我们已经看到培根对此类微观世界与宏观世界对应兴趣的证据，但这层关系也易受其他论述的影响："那些卑贱的，甚至污秽的事物……必须容纳在自然史当中，这不亚于那最华美最贵重的事物……凡值得存在的东西也就值得为人所知……从卑贱可鄙的事例中有时也会发出最好的光亮和消息。"在这个关于渺小知识的论点中，阐释的许诺是相对开放式的：将要收集的"信息"并不由与伟大有关的假定关联主宰。在颂诗《致皇家学会》（To the Royal Society）中，亚伯拉罕·考利（Abraham Cowley）从类似的角度这样写道：

> 自然的伟业无惧迢迢相隔，
> 微小不能固定自然近距物，
> 你教会好奇的眼睛
> 迫近自然细微渺小之处的
> 最隐秘的所在。
> ……
> 你学会把住她最细小的手，
> 开始理解她最深处的感官。㊿

403

　　在考利的颂诗中，表层之上的深层显性论述（"最深处的感官"）并不控制我们对细微与伟大关系的观点，但它支持从凭其自身而具备潜在重要性的渺小中分离。大体而言，这是现代观点。形式家庭化的技巧与对

㊿　Francis Bacon，《新工具》（Novum Organum）（1620），第 120 格言，见《弗朗西斯·培根哲学作品集》（The Philosophical Works of Francis Bacon），Robert L. Ellis 和 James Spedding 编，John M. Robertson 修订（London：Routledge，1905），第 296 页；Abraham Cowley，"致皇家学会"（To the Royal Society），第 7 诗节，为 Sprat，《皇家学会史》序言。

应的传统方案一致。形式家庭化与内容层面的家庭生活结合时，微型的内在性开始作为"客观"创新发现的空间，凭其自身为人所知。然而，私人隐秘的可分自主性也预示"科学的"脱离，足以完全在渺小的自立领域内揭示其与伟大领域关系的辩证概述。新哲学与清教沉思于此在共同点相聚。约翰·弗拉维尔（John Flavell），最受欢迎的新教传道者之一，设想自己的家常话题"会被我的某些读者称为沉思的最无足轻重，最琐碎的主题"。然而，"很早就有人评论道，地下世界是了解地上世界的镜子，尘土是面窥镜。"弗拉维尔希望"对你日常感官所知的所有这些世间事物予以神意改进，使之向你宣告、传达上帝与天界秘密"。[53] 新哲学家罗伯特·波义耳是《若干问题的偶思》（*Occasional Reflections upon Several Subjects*）（1665），关于新教沉思的最具影响力论文之一的作者。当他们的实验以如是假设为动机时，即渺小可能凭借自身就足够重大，新哲学家们继续在可能看似证实渺小与伟大等级关系的普遍对应中找到证据："一滴直径不超过一英分的水，可能就是一片海，不仅因为如日常经验显示，因其拥有容纳、滋养数百万动物之力，而且在相似层面，正是这些动物可能与创世之时某些已知类型有关，这是我们裸眼观察的目标……某些事物的特别类型常常彼此极为近似，尽管在大小上面有天壤之别。"[54]

此类评论支持物理神学家的努力，他们将科学数据融入基督教关于创世统一的理念之中。然而，为神学目的而用实验方法的世俗揭秘策略有其代价。威廉·佩利（William Paley）对目的论论证（the argument from design）的阐述，聚焦在创世微型部件的结构设计中经验主义可核实

404

---

[53] John Flavell，《灵性化的农事》（*Husbandry Spritualiz'd：or，the Heavenly Use of Earthly Things … Directing Husbandmen to the most Excellent Improvements of their common Imployments … 7th edition*）（1705），"致聪明的乡村读者之信"（The Epistle to the Intelligent Countrey Reader），B2r-v，以及"献辞"（Epistle Dedicatory），A2r，A6r。如这些题名所示，弗拉维尔和其他人一道共享我们已读到的，倾力关注让平民从事普通兴趣之事。参阅本书第7章。

[54] John Turberville Needham，《新显微镜发现记述》（*An Account of Some New Microscopical Discoveries … Dedicated to the Royal Society*）（1745），第1—3页，引自 Marjorie Nicolson，《科学与想象》（*Science and Imagination*）（Ithaca，NY：Cornell University Press，1956），第221页。关于波义耳与"偶思"的实践，参阅 J. Paul Hunter，《小说之前》（*Before Novels：The Cultural Contexts of Eighteenth-Century English Fiction*）（New York：Norton，1990），第200—208页。

之事上面，并放弃了如是证明，即设计也在普遍对应的宏观结构中显见：
"证据不是推理链条末端的结论。此链条的每个构件组成只是其中一环。
如果一环失效，整个就瘫痪。但这是由每个不同样例分别提供的论
点……每个样例中的证据是完整的，因为当此部分的设计，及其对设计结
构有益性得以揭示时，思想可能自行休息了。"⑤奥利弗·哥尔德斯密斯
笔下的中国访客已摒弃这类源自微小的世俗阐述："我常常把博学之人的
理智比作他们自己的显微镜。他们的视野太局限，以至于不能看到整体，
只看到细枝末节。他们一点点地细究自然，一会儿用鼻子，一会儿用触
角，一会儿用耳朵，像个跳蚤一样……他们这样在琐碎之事中艰苦推进，
总是实验，心无旁骛。恰当地说，知识独自可能借此提升。"⑤目的论论证
越发是因显性分离而有效的自觉融合的表述，而不是具有传统分类法特
点的隐性区别的表述，并最终在如进化论的世俗与反创世论的自然统一
观点上触礁。⑤

　　对于借助显微镜而获得的新发现，艾迪生的态度在狂热与信念之间
摇摆，即求证对应的狂热，以及渺小只能引导我们偏离伟大的信念。在某
期《闲谈者》中，他说道："哲学已经覆盖所有可见创世，开始寻求研究的客
体，当前显微镜的发明打开了一个全新无穷的宝库。"艾迪生随后想象盖
伦（Galen）称赞显微镜，并向他保证"我们在这些小动物身上看到了不同
的自然、本性与生活方式，这与你在更大尺寸的被造物身上观察到的对
应"。然而，在另一期中，尽管"不会劝阻任何探入最微小、最不重要的创
世部分研究"，艾迪生讥讽科学大师在"自然垃圾"中展示的兴趣："这类观
察易于把我们与世界知识大幅度隔开，并让我们对琐事仔细认真……在
普通世俗观念中，任何看似琐碎或猥亵之事在大师眼里都是严肃，且具有

---

⑤　William Paley，《自然神学》(*Natural Theology: or, Evidences of the Existence and Attributes of the Deity, Collected from the Appearances of Nature*)(1802；Boston，1837)，第 6 章，第 45 页，关于佩利（Paley），参阅 Colin Jager，《上帝之书》(*The Book of God: Secularization and Design in the Romantic Era*)(Philadelphia：University of Pennsylvania Press，2007)，第 4 章。

⑤　Oliver Goldsmith，《世界公民》(*The Citizen of the World*)(1760—1761)，第 89 封信，见《奥利弗·哥尔德斯密斯作品集》(*Collected Works of Oliver Goldsmith*)，Arthur Friedman 编 (Oxford：Clarendon，1966)，第 2 卷，第 360 页。

⑤　参考 19 世纪箴言："个体发育是系统发育的概述。"参阅 Stephen Jay Gould，《个体发育与系统发育》(*Ontogeny and Phylogeny*)(Cambridge，MA：Harvard University Press，1977)。

哲学意义的。"(《闲谈者》,第 119 期,1710 年 1 月 12 日;第 216 期,1710
年 8 月 26 日)艾迪生的评论使我们接近仿古史诗的态度。对此态度的最
著名新哲学激励之一(当然就是培根所说的"卑贱或肮脏"某物)就是罗伯
特·胡克在《显微术》(*Micrographia*)(1665)中放大版虱子的插图,其仿
英雄体的可能性即刻为安德鲁·马维尔所用,与同时代及现代的其他事
物一道很快被人注意到。[58]

405　　　　显微镜的发明激发了英国人的想象。在其揭秘的神学功效方面,胡
克如任何人那样能言善辩。他写了一个被放大的蚊子:"最后,总体看来,
这个生物因美丽与好奇的发明而可能和地球上最大的动物相比。造物主
也不总是似乎在其组织中,比那些似乎最显要的事物显示更少的关爱与
天意。"仿英雄体的可能性在这个选段中是真实的,但无声的,在胡克更直
接聚焦微观世界本身时,它就不怎么清楚地为人所知:"借助显微镜的帮
助,没有小到能逃避我们研究的东西。因此,这让我们开始理解一个被揭
开的,新的可见世界……在每个微小组成部分中,我们如今看到了几乎与
被造物同等的多样,我们也能够在整个宇宙自身中进行研究……我们可
能无法察觉自然的所有秘密之工。"[59]

　　然而,微观世界日益用自己的术语得以正名时,对应的旧有模型回归,

---

[58]　参阅 Andrew Marvell,《给画家的最后指导》(*The Last Instructions to a Painter*)(1689),第
15—18 行:"如果划去我们简要的名望,/那就和胡克一道用显微镜瞄准,/如新任监督官托
马斯·克利福德爵士(Sir Thomas Clifford)那样,众人/笑看一只高大的虱子挥舞着白杆。"
见《安德鲁·马维尔诗歌全集》(*Andrew Marvell：The Complete Poems*),Elizabeth Story
Donno 编(Harmondsworth, UK：Penguin, 1978),第 157 页。参考 John Willis 和 Thomas
Brown,《滑稽颂词》(A Comical Panegyrick on that familiar Animal, by the Vulgar call'd a
Louse)(1707),它被列为"滑稽讽刺诗歌语域"中的仿英雄体,见 Richmond P. Bond,《英国滑
稽讽刺诗》(*English Burlesque Poetry, 1700—1750*)(Cambridge, MA：Harvard University
Press, 1932),第 254 页。约瑟夫·罗奇(Joseph Roach)写道,胡克的载物片"在仿英雄体的
文学文类方面可为荣誉而争"。罗奇在此文中的目的就是"把奥古斯都戏剧当作某种工具
来阐释,即极类似同时代的光学工具,特别适合行为的放大"。《人造之眼》(The Artificial
Eye：Augustan Theater and the Empire of the Visible),见《权力的表演》(*The Performance
of Power：Theatrical Discourse and Politics*),Sue-Ellen Case 和 Janelle Reinelt 编(Iowa Cit-
y：University of Iowa Press, 1991),第 131,143 页。

[59]　Robert Hooke,《显微术》(*Micrographia*)(1665),第 78 页,a2v。关于同时代的人们对显微
镜及其他光学仪器的评论,参阅 Nicolson,《科学与想象》;Barbara M. Stafford,《身体批评》
(*Body Criticism：Imagining the Unseen in Enlightenment Art and Medicine*)(Cambridge,
MA：MIT Press, 1993),第 1,5 章。

并作为内在化现象而变型。胡克对构成苍蝇复眼(参阅图8.1上图)的众多"半球"反射力的评论暗中大体勾勒了这个回归:"至此在这每一个半球中,我能够发现窗前的那些事物之景观,其中有棵大树,我能大致看到它的树干与树冠,正如我也能看到窗户其他部位,我的手和手指,如我在窗户与物体之间拿到的一样。它们出现在更大的放大镜下,反射我房间两扇窗户的图像时,只够构成一小部分的19个半球在23个方案的第3个图形中描绘出来"(参阅图8.1下图,进一步放大)。[60] 在放大的第一层,发现了看似多样但统一的浑浊表面之物,它是在更高放大层面的极端内部,充满被反射的外在性,"风景"意象。在苍蝇的小眼睛里,房间的窗户在此闭合,在这只昆虫数量更少眼睛里内化的家庭眼睛将外在与内在,容纳与被容纳之间的关系倒置。这让人想起德贝郡的查茨沃思家庭内室幻影,用艺术性放置的镜子把浑浊转化为透明幻觉,除了此处的效果不是使内在性的单一维度深化,而是使之多维度。[61] 仿英雄体不一致的动力总是在微观放大内有潜力,并通过内在化过程转变为正面的相互性。我们可以在埃德蒙·伯克的如是承认中看到这一点:微小与伟大之处皆有崇高:

　　维度的伟大之端是崇高,因此渺小的最终极端在某些方面也是崇高。我们关注事物的无限可分性;我们在这些逃避感官最细致细究的极微但有组织体系事物中探求动物生活;我们趋下推进自己的发现,思考那些在众多程度上更微小的被造物,以及仍然于存在规模上萎缩的事物。我们在描述想象与感官失效时,对微小奇观惊叹且困惑。我们也无法有效地把这渺小的极端与宏伟设计本身区分开。[62]

406

---

[60] Hooke,《显微术》,第175—176页。

[61] 关于查茨沃思,参阅本书第5章,注释63及图5.19。胡克的"发现"及与"我的手与指"并列的,对"大树"、"窗户"的描述让人想起利立浦特(Lilliput)的格列佛。参阅Swift,《格列佛游记》,第1卷,第2章,第13、31页。

[62] Edmund Burke,《对我们关于崇高与美的理念之起源的哲学探究》(*A Philosophical Enquiry into the Origin of our Ideas of the Sublime and Beautiful*)(1757),J. T. Boulton 编(New York: Columbia University Press, 1958),第72页。伯克在1759年第2版中增添了此选段。关于渺小的崇高,参阅 Kristin Girten,《沉思、反思与渺小的崇高》(Meditation, Reflection, and the Sublime of the Small)(罗格斯大学博士论文)。

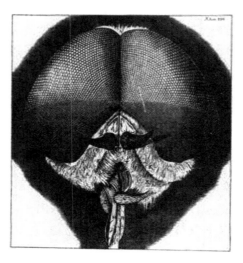

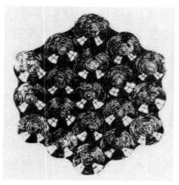

图 8.1　两个放大层面的苍蝇复眼，见 Robert Hooke，《显微术》（*Micrographia*）（1665；摹本重印，New York：Dover，1961）。普林斯顿大学图书馆。

从另一层意义上来说，仿英雄体（确定且无意向性的）精神在致伊丽莎白·海伍德（Eliza Haywood）的《女旁观者》（*Female Spectator*）一封充满同情的长篇书信之边缘游弋，其目的是劝女性读者在野外步行：

> 对那些心性易变的女性而言，这是极为妥当的方法。她们没有耐心阅读卷帙浩繁的书籍，而这是理解所有其他科学之必需……但所有那些好奇只是凭借裸眼发现，对那些之外的事物则毫无所

知……放大镜和鼻烟壶一样方便携带，给我们带来极大满足。我吃惊地看到，女士们在野外、草地和花园漫步时并不过多地使用它……自然为愉快的交流提供了谈资，特别是对那些并不总是对衣服话题有话可说，或者重复她们敬重之人对自己所说妙事的女性而言……女士们常常三三两两地在乡间漫步时，如果她们每个人都带上放大镜，她们会有多么好的，围绕各自新发现的竞争？每位女哥伦布用自己的观测对存在的新世界有所发现，皇家学会可能受益于此。

此处的仿英雄体效果是"家庭化"之一，这是从该术语的完全实质意义而言；它不是如其所为那样取决于渺小的显微镜式放大，而是取决于女性的恩惠式提升，取决于她们对"女哲学家"这一相对伟大角色的"渺小"程度的关注。然而，家庭化是道德的，不只是处于萎缩状态。作者的前提是，女性生来适合比"戏剧、歌剧、化装舞会与舞会"更严肃的追求，"使她们的名字流传于世……皇家学会的回忆录及汇刊会赞赏这为人称道的雄心，更加增添她们的魅力，胜过她们率先行事而获得的名望"。[63]

　　显微镜与鼻烟壶的转喻意味着我们在《夺发记》所涉区域中。然而，在转向蒲柏的仿古史诗圆满形式之前，我会简略评论德莱顿把赞赏话题转为戏谑时的示范行为，这也恰如斯普拉特所言。《麦克·弗莱克诺》（Mac Flecknoe）的仿英雄体方法将用古典与基督教的英雄主义话题称赞那些无法承受自己基本的预表性重任的人物。[64] 这是交接和继承的史诗，解决维吉尔式权力与基督教应验的"国家继承问题"（第 10 行，第 54 页），其话题被用来适应英国整脚诗歌的家庭史。但这样说就是承认德莱顿的仿古史诗也是明确的、意义重大的"仿政治讽喻"，私人与公共之间的常见示意关系在此被反转：《麦克·弗莱克诺》特别用罗马国家继承（神圣绝对君权）的公共故事适应文学"继承"的私人故事。换言之，德莱顿的诗歌是权力交接（translatio imperii），在自身转入知识传承（translatio stu-

408

───────────

[63]　Eliza Haywood，《女旁观者》（The Female Spectator）（1744—1746），第 15 卷，第 155、147、148、153—154、142、154、155 页。

[64]　John Dryden，《麦克·弗莱克诺》（Mac Flecknoe）（1682），见《约翰·德莱顿作品集》（The Works of John Dryden），第 2 卷，H. T. Swedenbrg Jr. 和 Vinton A. Dearing 编（Berkeley and Los Angeles：University of California Press，1972）（随后引用在文中圆括号内标示）。

dii)中实现,并在晦涩的前"文学"事务的缺失中,用熟悉的国家事务公共素材揭示新兴的家庭(国家)戏剧经典。

德莱顿在这篇具有欺骗性的不重要诗歌中最具雄心的工作就是把"文学"建构为历史实体。尽管已在"桂冠诗人"的标准体系中给定了相关基础,文学史可能只是消极出现,因此仿古史诗的功效也是如此,这个事实标记此举的困难性。文学继承首先被比作戏仿缺失,本着德克(Dekker)-海伍德(Haywood)-雪莉(Shirley)-弗莱克诺-沙德韦尔(Shadwell)(第87、29行,第56、54页)的系谱,只是通过否定定义而变成弗莱彻(Fletcher)-琼森-塞德利(Sedley)-埃瑟里奇(Etherege)(第79—80、151、163行,第56、58页)的标准体系。至少在本诗中,文学高尚文化的连贯概念伴随着格拉布街低俗文化的聚合,这非常精准地定位于伦敦,以及作者、出版商、书商的汇聚之中,太多的书在此堆积,"几乎占据了整条道路"(第103行,第57页),以及所有广泛和迅速发展的印刷文化组成部分。因此,文学的美学隐私与更世俗活动的公开性分离时,文学领域被细分为高尚"私人"及低俗"公共"次领域,后者通过它们对公开性与出版的沉迷而得以区分(第94—105行)。德莱顿诗歌得以建构的,文学与国家事务之间的适应性区别,看上去非常类似因它们当前分离而成型的文学与国家事务的戏仿融合。⑥

《麦克·弗莱克诺》不仅是"仿政治讽喻",而且也是政治讽喻吗？ 也就是说,古罗马国家事务的比喻框架也适应现代英国国家事务吗？ 尽管《麦克·弗莱克诺》出版于1682年,人们知道它创作于1676年,正值天主教阴谋(the Popish Plot)爆发的势头逐渐加剧之际。约翰·丹尼斯(John Dennis)后来认为,匿名的《麦克·弗莱克诺》是"被当作讽刺的诽谤"之一;⑥⑥有人把它读作对国家要人的诽谤吗？ 在辉格派的运命上升之际创作并传阅这首诗,德莱顿可能认为将自己仿古史诗最终所指藏于"文学"

讽刺的讽喻表象之下是合适的。⑥⑦ 通过这种解读,《麦克·弗莱克诺》成

---

⑥⑤　关于国务诗歌在诗与政治分离中扮演的角色,参阅 Michael McKeon,《国务诗歌曾为何?》(What Were Poems on Affairs of State?),见 *1650—1850：Ideas, Aesthetics, and Inquiries in the Early Modern Era*,第4期(1997),第363—382页。

⑥⑥　参阅本书第2章,注释127。

⑥⑦　关于此可能性的深度研究,参阅 Patrick J. Daly Jr.,《罗马的其他希望》("Rome's Other Hope"：Charles, Monmouth, and James in the Summer of 1676),见 *ELH*,第66卷,第3期(1999),第655—676页。

为《押沙龙与阿戚托菲尔》的喜剧前奏，其双重面具（“文学”叠加于上的象征）允许该诗对查理自我放纵激情（对自己私生子蒙莫斯公爵，以及宫廷娼妓的激情）的批判要比德莱顿允许自己在此诗中如此更为坦率。(68)

无疑，蒲柏最伟大的仿古史诗是《愚人志》(1728，1729，1742—1743)，在很多方面是形式家庭化的练习。蒲柏追随德莱顿，将古罗马的公共权力交接家庭化为现代英格兰的私人知识传承："《愚人志》所为是把沉闷的王室之座从伦敦移到文雅世界，正如《埃涅阿斯纪》(*Aeneid*)所为是将帝国从特洛伊(Troy)移到拉丁姆(Latium)。"(69)如德莱顿一样，蒲柏把这个现代行为设想为印刷现象及文化的商品化，这个聚焦因1742年版《愚人志》中用臭名昭著的戏剧承包商科利·西伯(Colley Cibber)取代刘易斯·西奥博尔德(Lewis Theobald)，成为群愚之王而得以完美，并因蒲柏的如是断言而深化：诗歌因印刷的发明，以及出版的自由而起(《马蒂努斯·斯克里布莱拉斯论诗》[Martinus Scriblerus, of the Poem]，49)。蒲柏把荷马在创作后来亡佚的喜剧史诗《马尔吉斯特》(*Margites*)——"第一部《愚人志》"与"首部史诗"(48)——的目的家庭化为此情境。1743年，蒲柏把此仿古史诗的家谱调整为渺小与伟大的家庭化关系。《奥德赛》(*Odyssey*)、《伊利亚特》(*Iliad*)、《埃涅阿斯纪》是"更伟大史诗"的样例，而《马尔吉斯特》和《愚人志》是"小史诗"。"两首诗的英雄之间一定仍然存在某种类比，如果不是品质近似的话，这是为了承认现代评论家们所称的戏仿之作，即小史诗最活跃的演绎之一。"(《理查德斯·亚里斯德斯论诗歌中的英雄》[Richardus Aristarchus of the Hero of the Poem]，

(68) 关于对蒙莫斯的激情，参阅第175行，第59页，弗莱克诺-查理(Flecknoe-Charles)对沙德韦尔-蒙莫斯(Shadwell-Monmouth)说道："你有我的血脉，约翰逊-约克没有。"关于对宫廷娼妓的激情，参阅第70—73行，第56页；关于巴比肯(Barbican)："妓院从这古老废墟中崛起，/淫邪之爱，有毒之欢的场景在此上演；/老鸨把持着他们偌大的宫廷，/在无巡夜人打扰下悄然入睡。"也参阅第122—123行，第57页，弗莱克诺对沙德韦尔的加冕："他的确让爱情的王国顺从其意，/他的权杖和自己的统治。"这可能呼应罗彻斯特的《查理二世讽刺诗》(Satyr on Charles II)第11行："他的权杖和阳具同长。"关于此语境，参阅本书第6章，注释77。德莱顿创作此诗时，罗彻斯特的诗已以手稿形式流传。

(69) 《马蒂努斯·斯克里布莱拉斯论诗》(Martinus Scriblerus, of the Poem)，见《群愚史诗》(*The Dunciad Variorum*)(1728—1729)，见《愚人志》(*The Dunciad*)，《特威克南版亚历山大·蒲柏诗歌集》，第5卷，James Sutherland编(New York: Oxford University Press, 1943)，第51页(随后引用源自本版，并在文中圆括号内标示)。

254—256）

但如果《愚人志》成为形式家庭化技巧的示范，诗歌的内容尽管因为是“文学的”而成为私人的，但并不是家庭的。《夺发记》（1714）不仅揭示这种双重家庭仿古史诗可能看似为何，而且揭示《愚人志》如何可能已经定型，假如它更全面地利用《伊利亚特》的先例。如《胡迪布拉斯》一样，《夺发记》全面利用了这个先例，该诗如此开篇：

> 什么可怕的过失能从爱慕中起因，
> 什么巨大的斗争能在琐碎里产生，
> 是我所唱……(70)

蒲柏称自己的诗为“英雄喜剧”（139），并做了初步的文类分类，只能通过细读而实现阐释的改进。从仿古史诗的传统意义上来说，诗歌是“混合文类”吗？混合在仿古史诗中是古代伟大史诗模式与现代性琐碎之事
410 结合的结果，还是从极端意义上来说，在古代史诗本身中找到隐藏的混合，将其元素拆开，形成显性分离的张力？蒲柏用这种在开篇暗指《伊利亚特》的方式，邀请我们用后者的术语把他的诗视为古代行为的现代模仿，而这本身就是伟大与琐碎、战争与爱情的混合。从我称之为传统意义的层面上，仿英雄体戏仿通过渺小而使伟大（通过现代而使古代，通过私人而使公共）家庭化为一种缺失，一种匮乏：你不能由此至彼。但通过在古人的公共领域中揭示这种缺失，极端仿英雄体进入古代史诗，使之成为塑造作为积极隐私之消极缺失的新兴重构源泉。这种把积极“新史诗”从仿古史诗的传统消极性中极端排出之举是一个重要文学方法，现代性借此实验性地把内在性的积极空间留出来，也就是说，自由在这个空间内被评价为关系的消极自由，在此实例中，是使关系顺从古代权威。

《夺发记》再现了消极自由的现代性长期概念化时刻。蒲柏的仿古史诗仍然通过复杂的形式家庭化关系而与古代史诗有关，但他也用家庭生

(70) 《夺发记》（*The Rape of the Lock*），第1篇，第1—3行，见《〈夺发记〉与其他诗歌》（*The Rape of the Lock and Other Poems*），《特威克南版亚历山大·蒲柏诗歌集》，第2卷，Geoffrey Tillotson编（London: Methuen, 1940），第144页（随后引用源自本版，并在文中圆括号内标示）。

活的实质意象做实验，为隐私假定一个（消极地）摆脱纯粹缺乏（sheer privation）的贬值的积极价值。(71) 实际上，实质家庭生活在形式家庭化内具有潜力，并由此而出。如蒲柏在自己致阿拉贝拉·弗莫尔（Arabella Fermor）的献辞中这样写道："古代诗人在一个方面同很多现代女士相像：即使是本身再平凡不过的一件事，他们也总要使它显得极其重要。"（142）蒲柏此处提及史诗的超自然情节，其与现代女士的隐喻关系在诗歌本身中被揭示为完全的转喻升华。对蒲柏的仿古史诗超自然情节而言，气精（the sylphs）只是卖弄风情女子的亡灵，其职责就是捍卫那些活人的荣誉（第 1 篇，第 51—78 行，第 149—151 页）。适应古代形式之举使假定现代"女性特质"成为必要。(72)

这是主宰《夺发记》的家庭生活意象："女性化"现代上层阶级的闲散追求，其无止休的活动就是通过伦敦时尚界的优雅、复杂、精细仪式而进行的性别战争："豪华的神圣仪式"，贝琳达（Belinda）借以使自己配以"美容的神灵"（第 1 篇，第 128、124 行，第 154 页）；男爵搭建祭坛柴堆，献祭以取悦爱神（第 2 篇，第 35—46 行，第 159—160 页）；奥伯尔（omber）牌戏（第 3 篇，第 19—100 行，第 168—172 页）；夺发行动本身（第 3 篇，第 147—154 行，第 176 页）；深入司脾灵洞穴（the Cave of Spleen）（第 4 篇，第 15—88 行，第 181—187 页）；彼特拉克式战斗高潮："狠心的美人，我是虽生犹死啊！"/荡不回（Dapperwit）叫毕，在他椅子边瘫下。/福不灵（Fopling）悲悲切切仰面看一眼，/"那目光颇具杀伤力"是其遗言（第 5 篇，第 61—64 行，第 200 页）。这些仪式透露的家庭内饰有着琐碎隐私的 411

---

(71) 参考塞缪尔·约翰逊对《夺发记》的赞赏："该诗主题是普通生活中普通事故之下的事件，诗中没有引入任何真实之事，它如此不常为人所见，以至于人们不再予以考虑。然而，女性生活的全部细节在此呈现于我们面前，里面有很多关于化妆技巧的内容，尽管没有任何掩饰，但每件事都令人瞩目。我们对无数次挑剔打发而过的事情报以所有好奇心。""蒲柏"（Pope），见《英国诗人传》（*Lives of the English Poet*）（1779，1781），Arthur Waugh 编（1952；London：Oxford University Press，1968），第 2 卷，第 316—317 页。蒲柏的实验要早于 18 世纪。参考 Wendy Wall，《上演家庭生活》（*Staging Domesticity：Household Work and English Identity in Early Modern Drama*）（Cambridge：Cambridge University Press，2000），第 2 章关于《葛拉默·格尔顿的针》（*GrammerGurton's Needle*）（1550—1560）的解读。该作讲述这样的一个故事："丢失的针如何导致了社会关系的完全崩溃……英国喜剧不只是源自在伟大形式中安放纯朴真相的不合适之感，因为该作的'琐事'结果对身体、性欲、社会与性别的维系至关重要。"（63，86）

(72) 关于其他使古代诗歌超自然情节家庭化的尝试，参阅本书第 7 章，注释 26—29。

矛盾性，然而这有把公共世界包括在内的意图，特别在贝琳达的梳妆台女性隐私中显见："世上的各种祭品全展现出来。"（第1篇，第130行，第155页）然而，如蒲柏的陈腐彼特拉克式表述阐明的，无论家庭生活如何现代，它仍然固守英雄虚构，即爱情是假以它词的战争，反之亦然。

从这个角度来说，蒲柏在1717年为第5篇增添了卡丽莎（Clarissa）的演讲。这是为说教之故，他后来说道："使这首诗的寓意更清晰。"此举有提出家庭生活的第二个且更全面现代化阐释的目的，强奸海伦（Helen）和特洛伊战争借此被家庭化，融于现代英国文化中（第123页；第5篇，第7行，第195页）。换言之，家庭生活的私人领域一旦从公共领域分开，它就经历了自己的改进细化，分为一方面是相对公共的时尚界，另一方面是居家家庭的亲密内在性。后者的种子在前者中休眠。男爵取悦的"爱情"是"法国传奇"的传统通奸恋情（第2篇，第37、38行，第160页）。卡丽莎献上致命的剪刀，以爱情战斗的史诗明喻为结束："传奇中的贵妇也总是这样，/战斗前用矛把她的骑士武装。"（第3篇，第129—130行，第175页）然而，埃里尔（Ariel）在贝琳达身上察觉到的爱情，即秘密的内在情绪似乎是不同类型：

> 便倚在贝琳达胸前那束花里，
> 看各种念头在她的心中冒起，
> 她虽善于掩饰，埃里尔仍看见
> 她有个尘世情人隐藏在心间。
> 他惊慌之余，知道已丧失法力，
> 只得在认命退出时叹了口气。
> （第3篇，第141—146行，第176页）

假如需要的话，男爵爱情的去升华会揭示植根于性欲望隐秘中的典雅唯心论，这广泛存在于其基础唯物论中，配以蒲柏在《诗歌沦落之法》中揭示的以市场为基础的去升华，这在《夺发记》耀眼的物品中随处可见，虽然带有更大程度的宽容。但埃里尔的亲密洞见似乎察觉了拥有更具情感真实性的秘密，如果这是有形的（"尘世的"）。迄今为止，贝琳达因自己的爱情"想法"而仰赖超自然气精（因此该诗以情色的"晨梦"为始，第1篇，第 22 行,第 146 页),她在此表明埃里尔教授的肤浅卖弄风情之术,与现代性已开始称为"浪漫"爱情之事的深度真实性之间的不同。

412

　　蒲柏对秀发的浮夸且执拗的能指链贯穿全诗,秀发的劫难是他的主题,这有将那些外在与内在、事物与精神等元素分开的效果,示意的连续性只是意在区分:头发-发髻-监狱-卫士-贞洁-荣誉-美德(第 2 篇,第 19—24 行,第 1 页;第 67—78 行,第 3 页;第 103 行,第 4 页;第 105—112 行,第 159、150—151、172、188—189 页)。针对此划分的新兴现代解决方案将是前所未有的内在与外在融合:爱情与婚姻。蒲柏声称,他写《夺发记》,是为了克服因实际秀发劫而起的两大贵族家庭的疏远,这两家人已经通过多次结盟婚姻相互融合。蒲柏希望"哄然一笑,重归于好",在家庭层面的做媒之举似乎可能通过另一次("公共")王朝结盟婚姻而弥补"贝琳达"与"男爵"之间的隔阂,这会是自由选择与爱情的("私人")婚姻吗?[73]

　　卡丽莎的演讲没有提及爱情。但它的确设法描绘某"现代女士"类型,不像"古代诗人",知道"琐碎"与"重要"之间的差别。卡丽莎质疑彼特拉克式唯心论("被唤作天使,又像天使受崇拜?",第 5 篇,第 12 行,第 196 页),并把表层与深层之间的标准对立("美丽"与"理智","美貌"与"美德",第 5 篇,第 16、18 行,第 196 页)和主导的、她自己的家庭生活阐述之间的对立结合起来,以此指出寓意。也就是说,卡丽莎的明确选择在彼特拉克式卖弄风情"能力"与家庭主妇无偿生产力的功利能力之间:[74]

> 如果说,整天打扮和整夜跳舞,
> 能刬掉天花,能叫人青春常驻,
> 节俭的效果谁还会放在眼里?
> 世上有用的本领谁还愿学习?
> ……
> 可是呀,脆弱的美必然会衰败,

---

[73]　关于此主张及婚姻联盟,参阅蒲柏,《夺发记》,第 83、349 页。"贝琳达"与"男爵"之间的媒约不可能是蒲柏的用意,因为后者彼得勋爵(Lord Petre)已于 1713 年去世(参阅第 196 页,注释 20)。

[74]　关于家庭主妇的无偿生产力,参阅本书第 4 章,注释 37—41。

　　烫卷或烫直的秀发都得变白，

　　化妆的和不化妆的，都得老去，

　　看不上男人，到死也是老处女；

　　所以任失去什么，还是要牢记：

　　保持好心情，用好剩下的能力！

（第 5 篇，第 19—22、25—30 行，第 196—197 页）

卡丽莎的寓意很快被仿英雄体的尚武精神比喻的喧嚣盖住，这只是强调
413 了如是超前性：家庭生活将摆脱其对形式家庭化的依赖。

田　园　诗

　　我在之前某章评论过，18 世纪田园诗经历了与此预期有关的发展。我曾指出，归隐的隐私从标准但纯粹被动的缺失向积极能动性的地位转变中得以重新评估，即可能甚至采用被选婚姻形式的被选孤独的消极自由。田园诗是最后的诗歌"混合文类"，我将在本章中进行论述，尽管此范畴的适当性可能看似令人生疑。毕竟，田园诗混合的易变是文类的先天条件，其构成目标的功能就是艺术性地描绘自然，以及对应艺术与自然对立分离的融合目标，田园诗传统也采用它作为自己的前提。针对公共与私人、城市与乡村、高尚与低俗⑦之间关系的目标含意和我们对家庭化形式及家庭生活内容的关注有特殊关联。

　　如果大多形式家庭化假定向卑微平民提及卑下可感之事的态度，田园诗显然满足这些条件中的第一个，而不是第二个。文艺复兴时期田园诗的大体趋势就是使这明显的失衡成为田园诗形式家庭化的钥匙，所用之法就是把文类视为社会政治与文化讽喻，通过渺小适应伟大，通过粗俗适应典雅，通过"朴素"适应世故，通过具体特殊性适应实际特殊性。这个

---

⑦　关于此概述，参阅 Michael McKeon，《田园诗革命》（The Pastoral Revolution），见《重绘革命》（*Refiguring Revolutions：Aesthetics and Politics from the English Revolution to the Romantic Revolution*），Kevin Sharpe 和 Steven N. Zwicker 编（Berkeley and Los Angeles：University of California Press，1998），第 267—289 页。将田园诗与农村视为延续的，而非对立形式的观点，为此所做的辩护，参阅第 268—272 页。

重要的田园诗比喻表述的目的被视为完全说教的、阐释的。乔治·帕特纳姆(George Puttenham)认为,维吉尔《牧歌》(*Eclogues*)的创作目的"不是仿造或再现爱情与沟通的纯朴方式,而是在朴素人物的面纱下,以粗俗的语言暗示且简略提及更伟大之事,可能这样一来,从维吉尔的《牧歌》来看,以任何其他方式揭示就不妥当,更伟大重要性的比喻事宜在此得以表述,随后就是蒂蒂乌斯(Titirus)和科里顿(Corydon)的爱情。这些牧歌追求包括、容纳道德训诫,旨在校正人类行为"。⑦

　　至17世纪末,家庭化计划中的革命正在进行。田园诗人们受诸如雅各布·桑纳扎罗(Jacopo Sannazaro)的渔业牧歌大胆计划激励,越发对家庭化中的不同问题倾力关注。例如,托马斯·蒂克尔(Thomas Tickell)受促动,探究把现代与英国方向的牧歌归化及国家化,诗歌借此可"在合法偏离古人"的路上走多远。此外,在《卫报》著名系列文章某篇中,他着手"把我们所在的岛国推荐为遵照某些规定的田园诗合适场景,将满足我那有土地利益的文雅读者"。⑦ 因为这种探究不是与真实朝臣,而是与现实主义乡村背景及民众的再现有关,它鼓励田园诗把乡村生活更多视为其自身的所指,易受客观的,甚至显微镜式检视影响的可感物质现实,而不是典雅所指的能指。蒂克尔认为,尽管我们并非不得不把它们再现为"沉闷愚钝",牧羊人的思想"必定被假定为如此粗俗,无教养,以至于只有朴实不造作之事源自他们"。这一点让我们想起新哲学断言,即非功利性描述可能预期来自平民(《卫报》,第23期,1713年4月7日)。长期以来,田园诗放弃了文艺复兴时期对形式家庭化讽喻结构的关注,⑦并接受了作为本身目的的乡村生活与家庭生活的主题描述。蒂克尔从该术语的国家化意义层面吁求田园诗的家庭化,这与约瑟夫·沃顿(Joseph Warton)对如是问题的示

414

---

⑦　George Puttenham,《英国诗艺》(*The Arte of English Poesie*)(1589)(Menston,UK：Scolar Press,摹本复印,1968),第1卷,第18章,第30—31页。

⑦　《卫报》,第30期(1713年4月15日),见《卫报》(*The Guardian*),John C. Stephens 编(Lexington：University Press of Kentucky,1982)(随后引用源自本版,并在文中圆括号内标示)。蒂克尔对土地利益规则的滑稽影响应该在斯蒂尔提供的更早信息语境中解读：从《卫报》的视角来看,土地与贸易利益是极为互补的。参阅《卫报》,第6期(1713年3月18日)。

⑦　蒲柏与菲利普斯之间的田园诗竞争至少部分是托利党与辉格党政治之间的间接争论,关于此观点,参阅 Annabel Patterson,《田园诗与意识形态》(*Pastoral and Ideology：Virgil to Valery*)(Berkeley and Los Angeles：University of California Press,1987),第206—214页。

范性"前浪漫"回复相差不远:幻想可以在现代的何处寻觅?"把你的思想内转,只需看着家庭,你会很快发现自己不必远涉非洲或亚洲来寻她。"⑦

　　这种转向的迹象可能已在若干《卫报》期刊文章中找到,其中一个次文本就是关于亚历山大·蒲柏与安布罗斯·菲利普斯(Ambrose Philips)比较田园诗人美德的争论。蒂克尔写道:"为何应该对这些源自古人的变化进行介绍,原因显而易见,即诗歌是模仿……我们必须选用对当前读者而言最熟悉,或最广为人知的习俗,因为没人会被自己一无所知的事情欺骗,或以此为乐。"(《卫报》,第 30 期,1713 年 4 月 15 日)爱迪生正是为这样的家庭化而称赞菲利普斯:"人们本以为,对这类诗歌而言,在没有小鹿、萨梯、山林水泽的仙女的情况下,全部靠乡村神祇维系是不可能的。但我们看到,他已在这些古老寓言发生之地替代我们自己国家牧羊人之间盛行的迷信神话,以此赋予这种创作方式新生命,以及更自然的美。"(《旁观者》,第 523 期,1712 年 10 月 30 日)蒲柏戏仿蒂克尔,回忆道,"在关于我们国内某处场景的描述中,介绍异国水果鲜花"被视为"重大失误"。他的目的就是蔑视菲利普斯,因为后者"在自己第一首田园诗中描绘了英格兰狼群"(《卫报》,第 40 期,1713 年 4 月 27 日)。⑧ 然而,蒲柏绝非田园诗中现代或英国家庭化强烈倡导者:"因此,我们不是把我们的牧羊人描绘成他们今日真实的样子,而是他们曾经可能被当作的那样。"甚至斯宾塞把狄奥克里塔(Theocritus)笔下的"单纯"归化向"质朴"过度推进,他的"纯朴"文风太近似"滑稽"。希腊的多利斯方言(Doric dialect)有自己的合宜性,"古英语与斯宾塞的乡村习语要么完全过时,要么只是由最卑下的民众使用"。尽管如此,蒲柏小心地在自己的冬季牧歌中将古代的月桂树家庭化为英国的"垂柳"。⑧

---

⑦　引自 Richard Wendorf,《威廉·柯林斯与 18 世纪英国诗歌》(*William Collins and Eighteenth-Century English Poetry*)(Minneapolis: University of Minnesota Press, 1981),第 32 页。

⑧　狼的形象为文艺复兴时期至启蒙时期田园诗转型过程中发生之事提供了某种索引。斯宾塞笔下的迪贡(Diggon)已在讽喻层面使用了狼,写实主义的霍比诺尔(Hobbinol)只是把狼放在了英格兰,以此校正:《牧羊人的日历》(*The Shepheardes Calendar*)(1579),"九月"(September),第 147—155 行;众所周知,弥尔顿已在《利西达斯》(*Lycidas*)(1638,1645)第 128—131 行中延续了这个宗教讽喻。

⑧　Alexander Pope,《论田园诗》(*A Discourse on Pastoral*)(1709);Alexander Pope,《冬季》(Winter: The Fourth Pastoral, or Daphne),第 14 行,见《田园诗与评论文》(*Pastoral Poetry and the Essay on Criticism*),《特威克南版亚历山大·蒲柏诗歌集》,第 1 卷,E. Audra 编(London: Methuen, 1961),第 25、32 页。

据蒂克尔所言,桑纳扎罗在田园诗家庭化中超越了"合法偏离"界限,他"将此类田园诗中的风景从森林草地改为贫瘠的沙滩和无垠的大海"(《卫报》,第 28 期,1713 年 4 月 13 日;关于桑纳扎罗,也参阅第 32 期,1713 年 4 月 17 日)。然而,斯威夫特的确已在显微镜式精准方面超越了桑纳扎罗,他的著名田园诗行文在斯蒂尔的口中"将事情精确定位下来,正如它们发生的那样……它们是关于早晨,不,是关于城中早晨,不,是关于城中尽头早晨的写景"。斯威夫特的《晨景》(Description)最初由斯蒂尔发表于《闲谈者》,通过明确的定位及特指而将古代田园诗家庭化为伦敦市:乡村成为城市,牧羊人成了狱卒,晨曦破晓的自然标记成为放纵与劳动的文化狂乱。斯蒂尔称这首诗如其相似之作《城市阵雨写景》(Description of a City Shower)一样,是"本地诗歌"的样例。后一首诗特别描述了与其形式同样混合的场景:"各行各业"的人被大雨赶到一处,古人和现代人通过史诗明喻而融合。在"史诗"演绎的高潮,带着"各种颜色和气味"的大洪水一路向西,从史密斯菲尔德市场(Smithfield)冲到霍尔本桥(Holborn-Bridge),自然之力在一视同仁的洪水(以及结尾的三行联句)中淹没了所有文化差异。"仿田园诗"在此有仿古史诗的一切复杂性。正如《夺发记》声称微型化和恢复性史诗的地位,因此人们在诸替代范畴之间设法认清斯威夫特在自己《晨景》中所取得成就的性质:仿田园诗、反田园诗、城市田园诗、反向田园诗、新田园诗(《闲谈者》,第 9 期,1709 年 4 月 30 日;第 238 期,1709 年 10 月 17 日)。

斯威夫特作品中的这种启发性成就在约翰・盖伊(John Gay)的《牧羊人的一周》(Shepherd's Week)(1714)中完全纲领化。[82] 家庭化动因早在盖伊的诗名中就显见,它将斯宾塞的十二个月日历集中,并微型化为六天一周。在序文中,盖伊戏仿了斯宾塞笔下的 E. K. 的《献辞》,以及菲利普斯为本人田园诗所做的序言,文中的经济情境允许对"乡村"古物研究的讽刺,与盖伊对(我们会称为)英国通俗文化的"纯朴"特定性(他的诗歌有效地颂扬了这一点)的明显赞赏共存。[83] 盖伊向我们允

---

[82]　参阅 John Gay,《诗歌与散文》(Poetry and Prose),Vinton A. Dearing 和 Charles E. Beckwith 编(Oxford: Clarendon, 1974),第 1 卷,第 90—126 页(随后引用源自本版,并在文中圆括号内标示)。

[83]　关于贯穿本诗及导言材料,有用的盖伊影射注解,参阅 Gay,《诗歌与散文》,第 2 卷,第 515—540 页。

诺一个英国化及"归化"的家庭化，"我们自己诚实勤劳的农夫举止"的"真正本土品味"，"这和西西里（Sicily）或阿卡迪亚（Arcadie）一样确定不值得英国诗人的模仿。此外，尊敬的读者，我的目的就是在您面前某416 种程度上呈现一幅画，更确切地说您自己国家的鲜丽风景，恰如您在合宜季节于野外漫步可能所见一样"。家庭化轻易地引向家庭生活："您不会看到我的牧羊女悠闲地吹着橡木簧片，而是在给母牛挤奶，扎好滑轮；如果猪儿们到处乱跑，就会被她赶回猪圈。"（《序文》，第 1 卷，第 90—91 页）

的确，在某些方面这听起来比其之于新兴家庭生活更接近旧有家庭经济。盖伊对"通俗文化"的卑下可感之事的倾力关注并没有在社会经济粗俗性与年代传统性之间清楚区分，它们此时仍然密合于乡村之中。尽管这只是复杂人格面貌的维度之一，盖伊有时候本着文化与历史保护主义者的精神处理自己的素材。因此，家庭主妇的工作此处有综合的，内外的"家务"广度。[84] 在挽歌《星期五》（Friday）中，本基内特（Bumkinet）回想起自己所爱的布卢兹琳达（Blouzelinda）：

> 有时她如蜡般摆弄黄油，
> 或用木质百合印制池塘。
> 我见她把凝固奶油撇去，
> 从海绵般凝乳中挤牛奶。
>
> （第 59—62 行，第 1 卷，第 115 页）

格鲁比诺尔（Grubbinol）讲述了布卢兹琳达的死：

> 她说，母亲，不需要家禽，
> 给鹅一个可以抚育幼子的地方，
> 让我的妹妹照顾，每天早晨
> 在那群小鸭里撒播谷物；
> 让生病的牛犊入棚，得到照顾，

---

[84] 关于家庭经济中女"主内"男"主外"劳动之间的弹性区别，参阅本书第 4 章，注释 16—21。

给它喝奶，不让寒气上身。

（第113—118行，第1卷，第117页）

盖伊田园诗的诉苦在别处不是以失恋的情郎，而是以失恋的女仆为特点，她们的家庭技能只是强调了自己困境的不义。在《星期二》（Tuesday）中，玛丽安（Marian）控诉：

啊，科林（Colin）！你可以离开真心爱你的人，
西塞琳（Cicely）会像我那样为你付出吗？
她会洗你的内衣或补你的袜子吗？
用她自己纺的线给你织双手套吗？
会用做家务的手供你一日三餐吗？
每个星期天早晨给你折好围巾吗？

（第31—36行，第1卷，第102页）

在《星期三》（Wednesday）中，斯帕拉贝拉（Sparabella）藐视自己的对手：　417

她永远转不动干净的压酪机，
笨拙手掌永远拨不动搅乳器，
如果她酿酒，春雷滚滚之前，
她所酿的酒儿直接变味发馊。
这位懒散的婆娘不懂做家务，
总而言之，她只是伶牙俐齿。

（第41—46行，第1卷，第106页）

当然，颂扬乡村生活的谦卑天真是传统田园诗的工作。盖伊的牧歌尽管不是维吉尔牧歌的持续模仿，但极大地受益于此。尽管如此，区分盖伊与传统的是既算古风，又算道德的目的意识。对黄金时代的怀旧回顾在时间维度内影响田园诗，[85]在盖伊那里成为活跃的恢复计划（深度细节

85　参阅 McKeon，《田园诗革命》，第272—275页。

化的风俗、习惯、信仰、口述传统），他的诗歌结尾配有"按名字、植物、鲜花、水果、飞鸟、野兽、昆虫，以及这些田园诗中其他实物的字母顺序排列的目录"（第 1 卷，第 123—126 页），以此得以形式化。⑧ 盖伊简略回顾了只是部分讽刺意义的斯宾塞笔下的 E. K.，说道，这个目录的使用可能"在这些字词随着短暂事物共同消亡时"出现，其他人可能"将我的这些牧歌变为这种现代方言，这样就能被人理解"（《序文》，第 1 卷，第 92 页）。如盖伊已使维吉尔家庭化一样，因此某位未来诗人会使盖伊家庭化（正如斯蒂尔近期已将《失乐园》家庭化一样）。尽管他的兴趣是在极为宽泛的文化层面，盖伊似乎在女性及她们的工作中（也就是说在原始家庭生活领域）找到田园诗心系之事的核心记录。

　　有鉴于斯宾塞在自己戏仿计划中的重要性，盖伊难以无视提供田园诗之前时期的讽喻前提。他对这种形式家庭化是怎样的态度？在《序文》中，盖伊简要地贬损充斥这种田园诗的"宫廷小丑，或小丑朝臣"（第 1 卷，第 91 页）。但在"序言"中，他将《牧羊人的一周》献给此时政治权力如日中天的亨利·圣约翰（Henry St. John），博林布罗克子爵（Viscount Bolingbroke），并通过与自己牧歌中的虚构显要的明显对比，进一步颂扬博林布罗克和安妮女王（Queen Anne）的宫廷侍女。至少我们视之为该诗更高尚的"公共"意义的钥匙，然而，盖伊向博林布罗克总结道：

> 看！您已有我写的美丽牧歌，
> 但不要让您的耳朵流连于此。
> 不要让国务和国王使命耽搁，
> 我们的鲍兹博斯（Bowzybeus）在此吟唱。
> （《序言》，第 87—90 行，第 1 卷，第 95 页）

---

⑧　从这个视角来看，威廉·柯林斯的《苏格兰高地的大众迷信颂》（Ode on the Popular Superstitions of the Highlands of Scotland，Considered as the Subject of Poetry）（1750）可能被视为将盖伊在《牧羊人的一周》（The Shepherd's Week）中的计划延展到恢复"大众迷信"的程度。关于相关简短论述，参阅 Michael McKeon，《文化边界的检视》（Surveying the Frontier of Culture：Pastoralism in Eighteenth-Century England），见《18 世纪文化研究》（Studies in Eighteenth-Century Culture），第 26 卷，Syndy M. Conger 和 Julie C. Hayes 编（Baltimore：Johns Hopkins University Press，1998），第 12 页。

普通家庭经验的"实物"没有和公共领域混淆，它们由此处于被最终分离的过程中。甚至在其模仿维吉尔的第四首牧歌，田园诗讽喻原型时，盖伊没有实现形式最初允诺之事：

> 更崇高的语调，哦，乡村缪斯（Muse），准备好：
> 忘了谷仓和牛奶场的辛劳；
> 您的质朴声音让更高尚的众人听到……
> （《星期六》[Saturday]，第1—3行，第1卷，第119页）

在维吉尔进一步预言某位伟大罗马执政官千禧胜利之处，盖伊用谚语、民间传说，以及歌手鲍兹博斯的歌谣（乡村与平民智慧的百科全书式规则手册及指南）来款待我们，以及他的乡村听众。[37] 诗人为升华，上升到高尚领域（其意义与荣耀为这俗世正名）做准备，并发现乡村的家庭生活可能就是它自己的辨明。

在菲利普斯与蒲柏、斯威夫特与盖伊的实验之后数十年，田园诗继续经历转型，至本世纪末，它将更接近把"公共"外在自然的经验主义记述，与后人称为"浪漫主义"的"私人"内在主体性的构成力量结合起来的计划。在另一个语境中，我已表明，这个过程如何可能大体被视为对田园诗"归隐"的可理解性的探究。在18世纪英国田园诗中，有地产的绅士从城市与宫廷生活的纷扰中归隐，这个值得尊重的传统主题退化为一个新的经验范围：女性；劳动阶级原型；"宏观田园诗"的殖民主义；城市内在性；当然还有内化的"微观田园诗"思想图景。然而，田园诗的一个创新对我当前的关注至关重要。至上个世纪末，它已达到很多人视为其发展顶峰之处。我将简

---

[37]　盖伊的编评论道（《诗歌与散文》，第2卷，第535页），盖伊事实上以对维吉尔第4首牧歌的滑稽讽刺为"星期六"（Saturday）的开篇，只是开始模仿第6首牧歌，其本质是从享乐主义视角对创世及世界转型的描述。维吉尔用自己的谦卑故事介绍了在诗中所做的初次尝试："但我尝试用她温柔，太幼稚的声音，/歌唱奋战的国王和流血的战斗，/阿波罗制止了我的骄傲，令我/把自己的羊群喂肥，不要闯过芦苇地。"第6首牧歌，第3—6行，见《维吉尔作品集》（*The Works of Virgil*），John Dryden翻译，James Kinsley编（Oxford：Oxford University Press，1961），第24页（随后引用在文中圆括号内标示）。因此，盖伊反维吉尔式羞怯本身就是维吉尔式，但极为不同的是，维吉尔并不是反映如是确信：军事政治优于农村隐私，它在此处隐形于维吉尔的文字中，但在维吉尔从田园诗到农村至史诗的经历中显形。

短地谈及乡村宅院诗歌，以此结束作为"混合文类"的田园诗论述。

　　就在不久前，评论家们已把乡村宅院诗歌文类视为一个定性层面显赫，但定量层面受限的形式，在时间顺序上以本·琼森的《致彭斯赫斯特》（To Penshurt）为原型，由此向 17 世纪初期发展，安德鲁·马维尔那首内容丰富且融合的诗，《颂阿普尔顿宅》（Upon Appleton House）位居其间。然而，新近对此形式的重新思考已把 37 首诗歌或诗歌摘录纳入，它们横亘整个世纪，暗示之前及之后的相关文本，更不用说其他国家文化中的文本。⑧ 基于这个合集的证据，对该形式拟定的发展启发性地阐明了家庭化与家庭生活话题。三个阶段已被区分。从起始约到 1640 年，第一个阶段大体全面为此争议正名：此形式不应被称为乡村宅院诗歌，而是地产诗歌，因为它自身更关注周边的地产，特别是其花园（1），而不是大宅院本身。在该形式发展的这个阶段，地产被视为其主人的象征。该形式的一个核心关注就是家务与款待的式微。1640 年至 1660 年，这种关注被归隐、隐私主题取代，这表露了空位期保皇派经历过的被迫隐居，如果不是完全的相关功能的话。在第三及最后阶段，自复辟时期以降，地产成为"不可缺少的道德关联"。其作为主题的微型世界的角色与民族国家有关，迄今为止是"隐性的"；随着乡村话题被用来把少数社会精英的关注延展到国家与国际维度，它也越发"显性"。同时，地产诗歌的焦点日益事关建筑，以宅邸为中心。尽管合集以蒲柏为结尾，正是在奥古斯都时期，"地产诗歌开始盛行。18 世纪的样例远比 17 世纪的更丰富"（18—24）。

　　对乡村宅院诗歌的简述说明了一个大体与辩证法（从诸范畴的区别，到分离，再至融合）一致的模式，这已主导了我在本研究中的大多分析。"地产诗歌"描绘了这样的论述：地主、宅院、地产、国家彼此之间存在隐性关系，"封建末期"政体的等级与互惠社会关系仍然是主要关注所在。"乡村宅院诗歌"可能成为此形式后期样例更合适的术语，它表述了地产与国

419

<hr/>

⑧　Alastair Fowler 编，《乡村宅院诗歌》（*The Country House Poem*：*A Cabinet of Seventeenth-Century Estate Poems and Related Items*）（Edinburgh：Edinburgh University Press，1994）（随后引用在文中圆括号内标示）。此形式的扩展在福勒（Fowler）重要干涉之前，已以更适中的速度进行，从伊米莉亚·拉尼尔（Emilia Lanier）的《蒸火腿记》（Description of Cookeham）（1611）的再发现到乔纳森·斯威夫特关于自己爱尔兰宅邸之诗的再解读，后者见 Carole Fabricant，《斯威夫特笔下的风景》（*Swift's Landscape*）（Baltimore：Johns Hopkins University Press，1982）。

家,宅院与地产的分离,前者足以鼓励它们显性和实验融合,后者足够强调拥有语义自主程度的家庭外在与内在。⑧

　　此发展极度简略,不能承受深度运用之重。⑩此外,它描述的变化不应该遮蔽此变化仰赖的连续性。我们已在维吉尔的第一首牧歌中听到这个重要比较,它依次是隐性区别、显性分离,以及实验融合。"因此,我用渺小评断伟大",牧羊人泰特鲁斯(Tityrus)提及自己天真的期待,即伟大的罗马会像自己家乡曼图亚(Mantua)一样(《第一首牧歌》,第23行,德莱顿翻译,第4页)。泰特鲁斯充满希望的家庭化在最广泛的含意层面,萦绕着田园诗对更伟大与更渺小、城市与乡村之间关系探究的历史。的确,该选段紧随泰特鲁斯对某人的含糊影射,此人确保了自己的乡村悠闲,因此无法被视为"逊于神祇"(《第一首牧歌》,第8行,德莱顿翻译,第3页),这个影射此处指出,维吉尔关注内战之后土地重新分配的政治,且借助政治讽喻的公共-私人氛围,与以更渺小见更伟大的田园诗家庭化媲美。⑪

420

---

⑧　我此处略过为此辩证法提供某些阐释连贯性的社会经济语境。关于这些因素的意识,参阅Fowler,《乡村宅院诗歌》序言;关于与乡村宅院诗歌有关的这些因素古代表现,参阅Raymond Williams,《乡村与城市》(*The Country and the City*)(New York: Oxford University Press, 1973),第3—6章。此语境的相关方面在当前研究的之前章节已有一些篇幅论述。

⑩　如果我们把诸如《爱情之屋》(Love's Tenement)(1661)这样的淫诗纳入乡村宅院诗歌文类中,时代划分,以及象征论会因一首空位时期诗歌而复杂化,它将内外之间的类比更进一步内在化,因此它成为宅邸与女人身体、乡村宅院与科尼大厅(Cony-Hall)(第8行)的类比。参阅《淫诗》(*Bawdy Verse: A Pleasant Collection*),E. J. Burford编(Harmondsworth, UK: Penguin, 1982),第136—137页。

⑪　参阅John S. Coolidge,《伟大与渺小之事》(Great Things and Small: The Virgilian Progression),见*Comparative Literature*,第7卷,第1期(1965),第8—9页。柯立芝(Coolidge)更广泛地论证,维吉尔的经历是"因此,我用渺小评断伟大"的敷衍,它把田园诗、牧歌以及史诗比作更迭与应验的辩证关系;弥尔顿胜任基督教历史,以及自己作为基督教诗人之行为的象征观点,其谦卑的史诗既将异教模型的伟大性家庭化,又加以超越。关于弥尔顿对拉丁语标签的使用,参阅《失乐园》(1667),第2卷,第921—922行;第6卷,第310—311行;第10卷,第306行。参考《复乐园》(*Paradise Regained*)(1671),第4卷,第567—568行。
　　上述发展的简略特性可以在蒲柏的《温莎森林》(Windsor—Forest)(1713)的样例中看到。在这首时间相对晚的乡村宅院诗歌实例中,宅院本身不起作用,更渺小与伟大之间的区别只是遥不可及。蒲柏的史诗明喻把自己的主题(猎鹬鸪)与英国尚武精神对比,并用维吉尔的这行诗"以此(如果我们可以用伟大与渺小之事比较)"织在一起。也就是说,此处的伟大被用来阐述渺小,形式家庭化令人吃惊的倒置,直到我们回想起在由《温莎森林》组成的复杂且自觉的重叠中,狩猎已经起到战争隐喻能指的作用。这种反转不仅在"成熟的"乡村宅院诗歌中常见,而且(如我们所见)在它们与之同时代的众多话语中,具有此知识分工阶段特点。各范畴的分合在此阶段作为一个功能性概念单位的对立部分共同作用。但这些诗歌的显著连续性连同它们的维吉尔式模型提醒我们,家庭生活既解决又重构的形式家庭化问题和公共与私人本身之间的区别同样古老。

　　维吉尔那引人共鸣的诗句在乡村宅院诗歌更简略的历史中回响。提及宅院和诗歌，修女阿普尔顿与《颂阿普尔顿宅》，马维尔宣告：

> 谦卑独自成就了
> 那些短小称绝诗句，
> 更伟大之事借此受
> 更少约束，放松，自由。
> （第 41—44 行）

　　马维尔的乡村宅院诗歌开场白与对家庭化及其力量的乐观观点相符，并满意地反思 17 世纪家庭（及诗歌）创新的宏伟性："在稳重构造内期待/本国设计师作品"（第 1—2 行）。⑨² 但对"空寂宫殿"（第 19 行）的过度自豪受言说者如是相互关注的调和：宅院（及诗歌）的朴实可能极力将其主人费尔法克斯勋爵（Lord Fairfax）包括在内：

> 然而，不堪负重的宅子摇摇欲坠，
> 难以承受此家赫赫有名的主人，
> 但凡他行经之处，被撑大的大厅
> 在战栗，方砖被踩成了圆球。
> （第 49—52 行）

　　马维尔担心，自己的诗歌内容限定可能不足以满足其目的。他的担心是一种幻想，有助于把诗歌对"仿英雄体"效果，以及在自觉形式创新方面发挥作用的戏仿意义的坚持理性化。但家庭化的含糊不清也是马维尔对此问题敏感性的关键所在：宅院被唤来用于何事？新教住所是前天主教修道院完全正面的世俗化吗？费尔法克斯的公共伟大性足以从家庭归隐的隐私得以适应吗？一方面，如果主人选定的归隐乡村象征内战之前的英

---

⑨²　关于 17 世纪家庭建筑，参阅本书第 5 章。随后关于《颂阿普尔顿宅》的思考，得益于 Donald M. Friedman，《随意堆放与得体秩序》（Rude Heaps and Decent Order），见《马维尔与自由》（*Marvell and Liberty*），Warren Chernaik 和 Martin Dzelzainis 编（New York：St. Martin's，1999），第 131—135 页。

格兰纯朴恩典,归隐至自己的花园可以被想象成以正义为动机的良知
实例:

> 因为他的确,竭尽所能
> 清除野心,但良知尚存。
> 良知,上天呵护的幼苗,
> 是我们世间花园的所需。
> (第 353—356)

另一方面,言说者并不完全遏制自己深度怀疑,即费尔法克斯的家庭化只
是用更渺小取代更伟大,用私人"想象"取代公共行动:

> 那个人漫步走在草地上,
> 如果这让他和上帝满意,
> 可能立刻让我们的花园,
> 如他自家那样繁花似锦。
> 但他宁愿选择五港同盟(the Cinque Ports),
> 这五个想象虚构的要塞。
> (第 345—350 行)

然而,之后很久,言说者的"缓缓视察"(第 81 行)已引领我们从宅院来到
花园、草地、洪水,进而到最深的林中秘处,在此让"我的思想扎营"(第
602 行)时,我们遇到了玛丽亚(Maria),费尔法克斯的女儿和继承人,她
是家庭化更具示范性的模型。她的未来确定了彼特拉克式世俗化的正面
性,因为玛丽亚

> 一开始就在
> 家庭天堂中抚育,
> 在费尔法克斯的
> 严苛训诫及星光下成长;
> ……

蒙受更神圣的恩典

她奉上超越性别的诗句

（第 721—724、737—738 行）

费尔法克斯伟大性的家庭化，他从公共国家英格兰的将军大人转向修女阿普尔顿私人地产的所有人，这是"更为漫长"，但同样成功抵达相同目的地的路径。借助诗文的帮助，玛丽亚通过家庭生活的美德和习惯，把自己的家谱脉络延展，而费尔法克斯的宅院如今被言说者用上呼语，将为他最初允诺正名："更伟大之事受更少约束"，可能是人们在堕落尘世中能期待的最好之事：

这个世界并非最初那样，

而是粗俗之事堆积而成，

毫不在意地把一切推翻，

留下鸿沟、沙漠、悬崖和石块。

你那更小世界同样如此，

但以更体面的秩序维系。

你是天堂的核心，自然的山坳，

天堂的唯一地图。

（第 761—768 行）

基督在马大和马利亚的家中

我将以一个绘画的，而非诗歌的形式历史实例作为精选的混合文类概述的结尾。根据福音书，耶稣令拉撒路（Lazarus）起死回生之后，造访位于伯大尼（Bethany）镇的拉撒路姐妹马大（Martha）和马利亚（Mary）的家。

他们走路的时候，耶稣进了一个村庄。有一个女人，名叫马大，接他到自己家里。她有一个妹子，名叫马利亚，在耶稣脚前坐着听他的道。马大伺候的事多，心里忙乱，就进前来，说："主啊，我的妹子

下我一个人伺候,你不在意吗? 请吩咐她来帮助我。"耶稣回答说:
"马大! 马大! 你为许多的事思虑烦扰;但是不可少的只有一件;马
利亚已经选择那上好的福分,是不能夺去的。"⑬

　　在《圣经》评论的悠久传统中,这个福音场景已得到不同阐释,这与它
暗示的马大和马利亚可能相联的二分价值观有关:活跃与沉思的生活、劳
作与信心、当下与未来、短暂与永恒。对此阐释历史发展进行概括当然是
困难的。辨别宽泛变化仍然是可能的,即从在"传统共生"中得到更高评
价的马利亚的美德——"不可少的只有一件"——的更早期观点,到后期
的倾向:在前者中,对两位女性的模仿是示范性基督徒生活的标准;而在
后者中,"行动与思考的混合生活"借此被"将两人生活分开的趋势取代",
并对她们分别独立评价。⑭ 这种发展与我们把知识分工概括理解成从区
别关系到分离关系的转变相符。然而,我们转向福音场景的视觉阐释时,
发现已更改的媒介为价值关系的再现提供了一个新的,微妙表述的维度。
在随后论述中,我的目的不是以此场景的图画再现方式,测试从区别到分
离的平行发展假说(我的确只聚焦 16 与 17 世纪的绘画),而是以更共时
的方式探讨诸意象的复杂范围,此时期的艺术家们求助于此,视之为与我
们已在文学媒介中遇到的那些可资比较的混合文类证据。关于马大与马
利亚的绘画构成一种"类型",这不仅在该术语的普通、广泛形式意义上,
而且在特定艺术-历史意义上;这些画作归于"风俗画"(genre painting)类
别,把普通日常生活意象指定为与源自《圣经》、神话、英雄传统领域的主
题有所区分之事。更确切地说,关于马大和马利亚的场景成为以创新方
式运用风俗画惯例的宗教绘画示范,为的是将其对精神与肉体、神圣与世
俗、伟大与更渺小之间重要关系的关注主题化。因此,它们的"混合"可能
被理解为,具有该术语完全意义上的近代早期世俗化倾向症状,如我已论

423

---

⑬　《路加福音》第 10 章,第 38—42 节;也参阅《约翰福音》,第 12 章,第 1—8 节。

⑭　Giles Constable,《中世纪宗教与社会思想三项研究》(*Three Studies in Medieval Religious
and Social Thought*)(Cambridge：Cambridge University Press, 1995),第 44、22 页;一般参
阅第 3—115 页。皮格勒(A. Pigler)引用了 17 与 18 世纪欧洲 95 幅此福音场景画作。见
A. Pigler,《巴洛克主题》(*Barockthemen：Eine auswahl von verzeichnissen zur ikonographie
des 17. und 18. jahrhunderts*)(Budapest：Akadémiai Kiadó, 1974),第 324—327 页。

述的某些文学作品那样：作为高尚宗教动机的神圣化适应，既借助日常生活的世俗经验，又为此而为。

在关于马大和马利亚的绘画中，这层重要关系通过两姐妹本人彼此之间，以及与基督形象的位置及态度而得到极为重要的阐释。路加（Luke）说，马利亚"在耶稣脚前坐着听他的道"。众多本着这个构图传统的画作中，有些根据福音记述如实绘制，将她放在临近耶稣的地板上，她的姿态从全神倾听到祈祷敬畏不一而足。更多的画作让马利亚坐在临近耶稣的矮椅、凳子，或令其保持姿势的依靠物上。在这些画作中，几近普遍的是，她处于界定神圣人物三角构图三点中最卑微的一点（参阅整版插图 3、5⑨⑤、6、8⑨⑥及图 8.2、8.4、8.5 和 8.6）。相反，马大有时候被放于耶稣与马利亚的中间高度（整版插图 3、7 及图 8.3），但更经常的是，她站立，成为界定三角的最高点。

当然，这些相对摆位顺从于道德阐释。在传统世俗语境中，家庭活动大体意味着作为缺失的隐私模式，较之于公共领域，它更为人所知，但影响力更小。然而，在宗教，特别是新教语境中，家仆可能具备"公共"世俗性这一方面，其权力逊色于私人化的精神。在弗米尔（Vermeer）的画（整版插图 8）中，马大直面观者，准备做家务，把一篮子面包放在桌上，而她的妹妹双手托腮，忧郁地直盯耶稣的眼睛。基督在向马大说话时似乎朝马利亚打手势，教导她不可少的那件事。然而，马大服侍的圣餐性质，以及她在场景中的核心定位暗示了对虔诚与世俗、信心与劳作之间关系的平衡评估。在塞热（Seghers）的画（图 8.5）中，手势似乎捕捉到了马大轻声抱怨，以及由此而起的基督温和责备，而马利亚则相反，她看似困惑，甚至害羞。大多数画作以这种方式再现耶稣与马大之间的交谈，用马利亚的沉默表示对不可少的那件事的沉思模式。但马利亚并不完全是静止的。雅克布·巴萨诺（Jacopo Bassano）和弗朗西斯科·巴萨诺（Francesco Bassano）兄弟俩（图 8.3）通过亲吻基督之手的行为再现马利亚的精神虔诚。在阿尔岑（Aertsen）的两幅画（整版插图 3 和图 8.2）中，

---

⑨⑤ 尽管此画新近归于巴克莱尔（Bueckelaer）名下，我遵从大家认可的归属。参阅 Franco Pagliaga 编，《文森佐·坎皮》（*Vincenzo Campi*：*Scene del Quotidiano*）（Milan：Skira，2000），第 198—199 页。

⑨⑥ 这是弗米尔（Vermeer）最早的画作之一，已有人质疑此画的归属。

图 8.2 Pieter Aertsen,《虚幻画派,耶稣与拉撒路两姐妹马大、马利亚静物画》(*Vanitas. Still-life with Jesus, Mary, and Martha, Sisters of Lazarus*)(1552)。维也纳艺术史博物馆(Kunsthistorisches Museum),德国古典美术馆(Gemaeldegalerie),维也纳,奥地利。

图 8.3 Jacopo Bassano 和 Francesco Bassano,《基督在马利亚、马大和拉撒路的家中》(*Christ in the House of Mary, Martha, and Lazarus*)(约 1577 年)。莎拉・坎贝尔・布莱弗(Sarah Campbell Blaffer)基金会,休斯顿,得克萨斯州,美国。

图 8.4　Joachim Bueckelaer，《厨娘》(*Kitchen Maid*)（1574），维
也纳艺术史博物馆，维也纳，奥地利。

图 8.5　Gerard Seghers,《耶稣在马大和马利亚的家中》(*Jesus in the House of Martha and Mary*)(约 1620 年)。普拉多国家博物馆(Museo Nacional del Prado),西班牙。

马利亚双手合十,做出祈祷姿势,而在后一幅画中,耶稣将右手放在她头上,为她祝福。罩幕上铭刻着"马利亚已经选择那上好的福分"。[97] 只有在丁都莱多(Tintoretto)的画(整版插图 6)中,马大似乎激烈地和自己的妹妹交谈,她的右手无声但微妙地对应着基督以某种暗示最深层次交锋之手势的动态强度。

　　然而,马大的权威表面上并不因此受损。确切地说,这些描绘的趋势是通过马大的空间调和姿态强调其作为伺候肉体需求之仆人角色的意象双重性。一方面,她与不应该被死亡带走的不可少的那件事对立。另一方面,如我们所见,肉体需求是精神需求的古老且极为传统的适应。马大与马利亚之间的阐释学关系在巴萨诺兄弟俩那里得到很好的再现(图 8.3)。画中的马大亲密地斜靠她右边的神圣三角,此时她用自己张开的

427

----

[97]　参阅 Keith P. F. Moxey,《彼得·阿尔岑、乔基姆·巴克莱尔与宗教改革语境中的世俗画兴起》(Pieter Aertsen, Joachim Bueckelaer, and the Rise of Secular Painting in the Context of the Reformation)(芝加哥大学博士论文,1974 年),第 41 页。

左臂有力地指向放在桌上及火炉边准备就绪的食物。弗米尔（整版插图8）用完美的布局，通过自己画作的垂直轴取得相似效果，画的趋上表现用画中人物每人的一只手来界定，并在马大居间形象中达到顶点，三角中的三角，她侍奉之物的圣餐神秘。

用这些术语论述只是开始触及表现力，艺术家们借此通过马大、马利亚和耶稣的可变三角布局来阐释路加的道德意义。[98] 此外，学者们已经揭示，宗教三角（建筑装饰、其他《圣经》人物）描绘中的其他细节如何被用来强调两姐妹本人之结合有意表达的说教意图。[99] 然而，马大与马利亚的场景意象也通过油画更大空间内的三角情境而得以有力强调。从这个视角来看，其内在变化的语义重要性，通过把三角本身置于画作外框之内的方式变化而得以强化，或复杂化。一个布局极端就是以整版插图5、7及图8.4为示范。此处的三角深嵌于画作的背景之中，使画中人物与前景的那些人物相比小得多，并用这种封闭把他们隔开，以此暗示他们存在于一个完全不同的维度。这是委拉兹开斯（Velázquez）简朴画作（整版插图7）中最显著的一点，其紧紧框住的三角已被某人解读，仿佛是从墙的空处看透（然而，对此而言，没有看到盖口），也被其他人解读为存在于画布外，观者空间内之物的镜像。[100] 窗户与镜子之间的选择界定了关于马大和马利亚的画中这位（如果不是每一位）家仆的模棱两可：委拉兹开斯画中的核心人物是在观察，还是无视以她"身后"的某种神圣方式透露的
428 神圣场景？

这三幅画中，主导前景的是风俗画场景，即食物静物画与家仆的准备。通过这种基本并置，肉体与精神、前景与背景、大与小、包容性的风俗画场景与被限定的神圣主题之间的关系用其他的术语概述了受限于后者框架

---

[98] 例如，这种表现的力量与复杂性通过如是方式得以提高：若干群体影射在处理其他神圣主题，如基督诞生、圣母与圣子、受难时采用的传统三角化构图。

[99] 例如参阅 Kenneth M. Craig，《马大的部分转变》（*Pars Ergo Marthae Transit*：Pieter Aertsen's "Inverted" Paintings of *Christ in the House of Martha and Mary*），见 *Oud Holland*，第 97 卷，第 1 期（1983），第 32—35 页。

[100] 参阅 Marta Cacho Casal，《委拉兹开斯〈基督造访马大和马利亚家时的厨房写真〉中的老妇人》（The Old Woman in Velázquez's *Kitchen Scene with Christ's Visit to Martha and Mary*），见 *Journal of the Warburg and Courtauld Institutes*，第 63 卷（2000），第 296—297 页，注释 13。

内的诸人物之间的关系。[⑩] 把这种基于形式家庭化类比的布局构想为借助卑微适应高尚的《圣经》概述,这可信吗? 在其他关于马大和马利亚的画中,布局结构类似,但因为前景与背景空间之间的结构连续性的含意,相关对比多少较不鲜明。因此,在整版插图 3、4 及图 8.2、8.6 中,神圣场景隐藏起来,而不是明确地从前置劳作场景及静物画中突显出来。特别在委拉兹开斯画中显见的间断性幽灵感被修改为仍共享一个现象空间的诸实体之间的某个对比。在某些实例中,该对比因女仆与/或丰饶食物的不朽存在而得以提高。在文学媒介中,透视对比让人关注格列佛与无意中向他袒露身体的布罗卜丁奈格国(Brobdingnag)女仆之间怪诞但亲密的差异(《格列佛游记》,第 2 卷,第 5 章),但此处小小的格列佛以某种方式被小型的祈祷场景取代,女仆的赤裸坦诚被厚颜无耻的仆人表现及他们用杆串好的去毛家禽取代。整版插图 5 及图 8.4 将这类视觉透视法延伸到彻底隐藏的层面。在图 8.4 中,右背景的神圣三角极端小型化通过左前景中被扎紧的家禽而在戏仿层面达到平衡。在整版插图 5 中,一只串在炙叉上的家禽部分遮住神圣嵌入图,可能是马大本人的形象。在整版插图 4 中,一位厨娘显然不知道这个场景,只是把它挡住,使我们看不到。我们可能想起沃顿的抱怨(斯威夫特式对比再次看似合适):《木桶的故事》中的讽喻使基督教历史成为一出"闹剧";我们或者想起克拉伦登(Clarendon)的控诉:霍布斯的《利维坦》"已把基督教的整体方案诽谤成一出滑稽模仿"。[⑩]

　　如弥尔顿使知识适应饮食一样,[⑱]关于马大和马利亚的画作取决于作为内向精神食粮的外向物质消费的适当性问题。如伊甸园中的纯朴场景,这些意象可能临时被理解为用家庭方式取得它们形式目的的家庭化。

---

⑩　在其他以饮食与救赎之间关系为内容的《圣经》主题再现中,可能发现非常类似的空间运用。大筵席的比喻(《路加福音》,第 14 章,第 12—24 节)关注的是对贫穷之人、瘸腿之人的慈善施舍,"到义人复活的时候,你要得着报答"。参考 Wtewael,《大筵席比喻的厨房写景》(*Kitchen Scene with the Parable of the Great Supper*),柏林,国家博物馆(Staatliche Museen),柏德博物馆(Bodemuseum)。在以马忤斯(Emmaus),复活的耶稣向自己的两位门徒显现,掰饼祝福(《路加福音》,第 24 章,第 13—32 节)。参考 Jacob Matham,《以马忤斯晚餐上的厨具》(*Kitchen Piece with the Supper at Emmaus*)。在迦南(Cana)的婚礼上,耶稣把水变成葡萄酒(《约翰福音》,第 1 章,第 2 节);参考 Ludger Tom Ring the Younger,《迦南的婚宴》(*Marriage Feast at Cana*),凯撒·弗里德里希博物馆(Kaiser-Friedrich Museum),柏林。

⑩　参阅本书第 7 章,注释 23。

⑱　参阅本书第 7 章,注释 24。

但越过这些意象中物质前景与精神背景之间距离的视觉经验，引出了成功适应感，或你无法由此至彼的确信吗？ 正如约翰·班扬警告读者他的
430 基督教讽喻：

> 还应小心，不可过分玩赏
> 我这梦中的表象。
> 也别让我的比拟或设喻
> 使你发笑或怨怒；
> 把这些留给稚童或愚人，至于你，
> 一定要明白我这故事的真义。[104]

　　文学讽喻与已被称为"风格主义倒置"[105]之事之间的类比部分令人信服，因为它迫使我们不仅谈及文字与视觉技巧之间的相似，而且是两者的差异。关于马大和马利亚的画作允许有一眼就可看出的相似。例如，在勃鲁盖尔（Breughel）的《伊卡洛斯》（Icarus）著名倒置中，从更重要细节到较不重要细节的关注度转移令人瞩目；与之不同的是，在这些神圣主题画作中（如在班扬的谦卑天路行的讽喻中），这个转移也承载了基督教教义的阐释之重，谦卑借此被重评为伟大，高贵被重评为卑微。较之于文字媒介，视觉媒介具有更强大（有人可能说从"文字层面"）的比喻表述，视觉阐释的认知过程更深层地依赖在第一个非概念实例中的意象互动。当然，基督教艺术运用了大量视觉符号，其习惯用法已使它们的意义内化于意象本身。尽管符号与讽喻具有重要性，讽喻的本质及其阐释就是，它也在时间中发展。[106] 在语言理解中，如莱辛（Lessing）的著名观点一样，时效（因此是讽喻阐释的潜能）是媒介的条件；在视觉意象的理解中，它不是

---

[104]　John Bunyan,《天路历程》（The Pilgrim's Progress from This World, to That which is to come）(1678), "尾声"，第 7—12 行，N. H. Keeble 编（Oxford：Oxford University Press, 1984），第 134 页。

[105]　参阅 Craig,《马大的部分转变》，题名；Constable,《中世纪宗教与社会思想三项研究》，第 133—134 页。

[106]　参阅 George Ferguson,《基督教艺术中的标记与符号》（Signs and Symbols in Christian Art）(New York：Oxford University Press, 1966)，第 132—133 页，此处虽然略过从讽喻层面阐释马大与马利亚行为的传统，但聚焦马大得以象征的属性。

这样。[107] 如我们一直评论的那样，在利用空间深度的，关于马大和马利亚
的画作中，《圣经》与风俗画主题之间的反身关系，以及此反身性借此得以
理解的眼睛转动，两者接近抽象意义借此在讽喻层面累积至具体之事的
时间运动。但视觉媒介里那些事的直接性与同时性（有些表明了具体物
质性，其他表明了抽象精神性）赋予了示意过程比它在语言中具备的更大
变化性。结果，这些画作的讽喻发现常常如我们所见，在戏仿或讽刺边缘
达到平衡。的确，这些画作的讽刺深植于如是方式：物理尺寸，以及风俗
画主题与神圣主题的近似似乎与它们的道德价值处于倒置关系，且在教
义层面得以授权。但不同于文学讽喻，"风俗画化"依赖的相似性理解受
阻于如是事实：差异是以不可避免的明显同时性与直接性来表现。

　　从这重要视角来看，这些风俗画家庭场景的家庭化允诺似乎微不足
道。实际上，对重要细节的密切关注甚至可能说服我们，如在某些早期小
说叙事中那样，精神化的明确目的以物质性的诱惑为掩饰，根据这个假说，
其目的只是成为我们教化的工具。[108] 但家仆的阐释力量在这些画中于若
干层面发挥作用。例如，在维特维尔（Wtewael）的画（图 8.6）中，厨娘的姿
势映照着马大的姿势，马大本人示范性地忙碌于厨房工作（不同于她在许
多画作中的形象），这种方式使我们对神圣三角的解读复杂化。马大将被
视为对仆人的唯物论及仿英雄体的融合概述吗？或，在以仆人宏观模型为
基础的神圣三角极度集中的场景中，她所处的位置建立了活跃肉体与沉思
精神之间的共生关系吗？更令人瞩目的仍然是整版插图 5 中的视觉相似。
此处厨娘的身体（她实际上就是宏观的马大吗？她没有被家禽遮住，只是
从宗教场景转移到风俗画场景吗？）对应着沉思的马利亚的身体。马利亚
的右臂，以及垂下的眼睛吸引我们注意摊开在她腿上的书。但我们将如何
理解精神滋养与丰满厨娘用指抚摸的多汁鲑鱼片之间的空间对应呢？众
学者告诉我们，后者本身就是女性生殖器的暗示符号。[109] 在把我们的视角

431

---

[107]　Gotthold Ephraim Lessing，《拉奥孔》（*Laokoon, oder, über die Grenzen der Malerie und Poesie*）(1766)。

[108]　参阅 McKeon，《英国小说的起源》，第 2 章。

[109]　参阅 Günther Irmscher，《迎合乐趣》（*Ministrae Voluptatum*：Stoicizing Ethics in the Market and Kitchen Scenes of Pieter Aertsen and Joachim Beuckelaer），见 *Simiolus*，第 16 卷，第 4 期 (1986)，第 226 页。伊姆舍尔（Irmscher）研究这些艺术家绘制的厨房及市场场景，以此阐明，对这些画作最重要的是食物与性欲过度的图解，这在厨房以及肉铺劳作中同等可得，因此不是如此家仆场景的特指。

图 8.6　Joachim Wtewael，《有基督、马大和马利亚在场的厨房场景》（*Kitchen Scene with Christ , Martha , and Mary*）（约 1625 年），出处不明。见 Anne W. Lowenthal，《乔吉姆·维特维尔与荷兰风格主义》（*Joachim Wtewael and Dutch Mannerism*）（Doornspijk, The Netherlands：Davaco，1986）。普林斯顿大学图书馆。

从前到后,从大到小,从某类内在性到另一类的适应转向中,相似与差异在激烈战斗中短兵相接,以在此情境中保留如果不是天真的,那么至少是正面的阐释。

关于马大和马利亚的画作标志着现代隐私出现时的矛盾时刻。它们厨房场景中的性欲与宗教封闭的精神性展开竞争。它们为主观(如果不是道德)层面的内在性特殊调解者地位做掩护。如在 17 世纪公共生活区域日益分开的建筑内部空间一样,[⑩]这些画作中的神圣空间似乎界定了内在化归隐的隐私。然而,内外之间令人眩晕的阐释关系鼓励我们在厨房空间也看到不仅是家庭的、性别的,而且也是精神的内在性;的确,在那儿看到这些不同私人领域之间变化界限的交替过程。

在维特维尔的画(图 8.6)中,我们将如何理解厨娘本人与桌子之间的关系?桌子就在她身后,因此也稍微更接近神圣的后置场景,呈现的是由洁白餐布、面包和葡萄酒组成的圣餐静物画。[⑪] 盘子里也盛着一些鱼,这是基督的公认符号,也是在整个关于马大和马利亚的静物画中持续且含糊再现的风俗画细节。 在这样的背景中,切片鲑鱼与摆放的整条鱼(后者是男性寓意,[⑫]前者是女性寓意),绑住的、串在炙叉上的鸟儿及野味预示不仅对肉体之欢(voluptas carnis),而且对奉献与圣餐变体之神圣秘密的倾力关注。[⑬] 同时,在背景中,维特维尔画中沉思的马利亚,甚至更突出的塞热画的马利亚(图 8.5)在自己指向动物的疲惫垂下手臂上透露出字面的意向。[⑭] 阿尔岑的前景(图 8.2)因没有人物形象而独树一帜,除巨大的腰腿肉之外,它反而把一个巨大的橱柜或保险箱也包括在内。箱柜的门半开,以便露出里面的一些贵重物品和文件;门上挂着一个鼓鼓的钱袋,里面有一串挂在锁上的钥匙。这些是马大的钥匙,这个家里得到授权的、"认真的"女主人。保险箱的开口与此画中的重要构图线条一致,指引

432

---

⑩　参阅本书第 5 章。

⑪　参阅 Anne W. Lowenthal,《乔吉姆 • 维特维尔与荷兰风格主义》(*Joachim Wtewael and Dutch Mannerism*)(Doornspijk, The Netherlands:Davaco, 1986),第 148 页。

⑫　Lowenthal,《乔吉姆 • 维特维尔与荷兰风格主义》,第 113 页,此处写道,在北欧民间传说中,鱼通常是阳具的符号。

⑬　我们想到,拉撒路的起死回生发生在他与马大、马利亚共进晚餐之前(《约翰福音》,第 11 章第 1 节-第 12 章第 1 节)。

⑭　参考 Pierre-Antoine Baudouin,《阅读》(*La Lecture*),本书整版插图 2,注意画中女子与狗。

我们回到火炉的开口，后者把基督的权威框定在画作的灭点（vanishing point）。如果保险箱及里面闪耀的贵重物品，用金钱，而非肉体唯物论的符号与食物相辅相成，它们也与背景中的炉火之光互补，后者把马大与耶稣连接起来，作为他们各自王国的看门人和执掌钥匙的人。[115]

在阿尔岑的其他画作（整版插图 3）中，前景与背景之间关系的对立明晰以不同方式复杂化。此处前置风俗画场景本身尽管在结构层面作为单一优雅厨房而统一，在透视层面细化为三个平面。最贴近观者的是堆满食物与花卉静物的桌子，在此之后的左边是风俗画里的人群，可能是厨佣，[116]身着同时代的衣服。右边的人群与此映照，但更进一步退到他们共有空间的背景中。此处四位按《圣经》着装的门徒包括地上的年轻约翰，坐着的微醉且好色的彼得（根据民间传统），一位肉感顺从的厨娘伴随着这个肉体放纵的形象，她的现代着装将其与左端的那些人等同起来。火炉上方镌刻着没有特殊意义的希伯来文字。数个世纪以来，每组人都向对方的领域扫视，无视在他们身后空旷庭院里展开的神圣场景，其光与建筑细节清晰地使之与尽管呈延续状的前景空间的暗色墙裙分开。[117] 布局的深度创造了使人联想起道德差异的尺寸规模，它因前景人群中的映照效果，以及更进一步推动《圣经》与风俗画混合的服装年代误植而复杂化。当然，有意的年代误植理念本身可能仍然对于此时期是过时的，如果仅仅如此的话。[118] 但时代划分的现代习惯以大体与世俗性及隐私的习惯相似的方式算是新兴的。阿尔岑弄混的服装（无论其动机为何）增强了混合风俗画的效果。在这些细节与效果的众多方面，巴克莱尔（Bueckelaer）（整版插图 4）追随阿尔岑，但有些变化，特别是前置空间与更明显的后置场

433

---

[115]   参阅 Moxey，《彼得·阿尔岑、乔基姆·巴克莱尔与宗教改革语境中的世俗画兴起》，第 40 页；Craig，《马大的部分转变》，第 29—30 页。

[116]   Irmscher，《迎合乐趣》，第 227 页中暗示他们是厨师。

[117]   关于这些细节，参阅 Craig，《马大的部分转变》，第 31 页；Keith P. F. Moxey，《伊拉斯谟与彼得·阿尔岑的〈督在马大和马利亚的家中〉图解》（Erasmus and the Iconography of Pieter Aertsen's *Christ in the House of Martha and Mary* in the Boymans-van Benningen Museum），见 *Journal of the Warburg and Courtauld Institutes*，第 34 卷（1971），第 335—336 页；Moxey，《彼得·阿尔岑、乔基姆·巴克莱尔与宗教改革语境中的世俗画兴起》，第 46 页。

[118]   "年代误植"（anachronism）一词本身是在 17 世纪中叶进入英语使用。参阅 Herman J. Ebeling，《词语"年代误植"》（The Word Anachronism），见 *Modern Language Notes*，第 52 卷（1937），第 120—121 页。

景距离的相对压缩。同时代与《圣经》人物在画的中间与右侧更混杂和集中,并没有表达我们在整版插图 3 中感受到的各历史层面不同人群之间的相对对称对立。他们要么专注于自己的工作,要么关注观者,构成了,更确切地说框定了一个更完整的群体,并且只是把位于深层背景,偏离中心的神圣场景遮住。

　　尽管他们在关于"讽喻"倒置与前景、背景炫耀相互影响论述中没有出面,避开这种形式效果的,关于马大和马利亚的画作似乎已在我简短的,谈及神圣三角本身方式范围的开场白中得以解释。然而在此论述之后再次提及它们,这也是从新的角度审视它们。在这些意象中,服装年代误植只是通过耶稣身着《圣经》里的长袍,两姐妹穿着现代裙子的表现而得以确认(以非常传统的方式)。在丁都莱多的画(整版插图 6)中,站在背景窗户之外,按《圣经》时代着装的门徒,更进一步看就能看清的在右边看火的同时代厨娘,我们瞥见的这些强调了这个对比,并使之空间化。在巴萨诺兄弟俩的画(图 8.3)中,耶稣似乎从外而来,穿过左边的古老石拱门,进入充满家庭活动与厨房静物的现代厨房空间。

　　然而,对大多数作品而言,《圣经》与风俗画之间的对比被弱化,因为《圣经》似乎已"内化于"风俗画。⑲ 也就是说,世俗与熟悉的家庭背景向神圣事件及其精神意义再现的适应如此成功,以至于其作为极表面阐释活动的证据只是不存在。这不是说内化把阐释排除。相反,精神化的范围(在艺术家们将他们核心人物形象的三角化方式中成为必要的多样语义)如其本样般微妙多样。在丁都莱多的画(整版插图 6)中,我们看到马大是权威的家庭主妇;在巴萨诺兄弟俩的画(图 8.3)和弗米尔的画(整版插图 8)中,我们看到她的世俗关爱精神化为崇高的虔诚。塞热的画(图 8.5)给了我们这样的马利亚:她的沉思心境接近平凡乏味(在这个实例中,可能是适应失败的标记);在弗米尔的画(整版插图 8)中,我们在她的如痴如醉中看到了由此折射的,有魅力的智者施以的催眠;丁都莱多的画(整版插图 6)在马利亚身上捕捉到了保守与着迷的混杂,后者因姐姐、贵宾的语言活力而起。简言之,这些画作在平面复杂性与显性阐释反身性中牺牲的,可以在寄居于马大和马利亚的面庞与身体的情绪深度中得以

434

────────────

⑲　"内化"一词只是从我们的解读过程,而不是从历史变革的证据中得以保证。

弥补。通过在我们面前的前景中聚合的方式,两姐妹成为胜过人类的象征,她们也完全是凡人。在委拉兹开斯的画(整版插图 7)中,思想与情感难以言说的复合物在女仆面前找到,两姐妹本人位于《圣经》的背景中,微暗与基本类型有待被混合情绪调动起来,它们在风俗画前景中得以阐明。在丁都莱多的画(整版插图 6)与弗米尔的画(整版插图 8)中,马大和马利亚已经完全被每日俗世纳入其内。混合的文类已经变得统一;家庭化已被家庭生活吸纳。

第九章 家庭化的修辞格

前一章已回顾了诸混合形式的历史,它们各自极为不同:有的被同时代的人们认为匿形于传统形式之中;有的是通过自觉实验而成型。然而,超越这些差异的是共有的,将不同论述层面聚合的动因,它们不同程度上被视为伟大与渺小、高与低、重要与琐碎、贵族与平民、男性与女性、崇高与平庸、抽象与具体、普世与本地,这些论述的二分体以不同方式表述了公共与私人之间成问题的关系。对这些混合至关重要的是它们的易变。在某些情况下,把这些术语视为不同但相互依赖、密不可分,且仍然有效的趋势,可能使混合的本义最小化,甚至一个术语常在此被赋予标准意义。然而,在所有这些实例中,人们可能感受到,趋向混合的动力从测试这些术语的不可分性,甚至它们关系的标准性质的意愿中获得加强。此外,在众多这些混合形式中,诸术语的标准关系通过"家庭化"(说教-阐释)得到表述,彼此之间的有用性恰如方式之于目的,或能指之于所指。在这些实例中,混合的易变至少通过如是暗示而部分得以记录:对比中的弱势术语可能朝在传统上被视为只是可用的方向而把目的或示意内化。

本章会把此形式探究扩展到超越已在散文叙事领域中得到研究的混合形式。叙事家庭化的技巧显示那些混合形式中已显见的所有多样性,我在此并不是尽力概述那种多样性。更确切地说,我的目的就是突显两个修辞格,它们已匿形于大多数之前的材料,但作为独特的家庭化策略而

436

聚合，在特定叙事实践中拥有自己的话语传统。第一个修辞格与父权制类比及政治讽喻传统密切相关，涉及家庭叙事借此得以详述的策略，从而把有广泛基础的政策与政治原则之事提炼或浓缩。第二个修辞格与示范性说教及决疑论案例分析有关，涉及家庭叙事借此得以详述的策略，从而把抽象道德原则特殊化或具化。

尽管同时代的人们在不同语境中已将这两个修辞格本土化运用，以达到不同目的。它们彼此分离的决然程度与它们将政治和道德分离程度相差不大。两者都对公民社会的新兴话语做出重要贡献，哈贝马斯称之为公共领域。两者显示出具有此时期所有混合形式特点的易变，在此实例中显示出取代、概述其已借此生成的形式家庭化工作的实质家庭生活潜能。同时，在关作作为拥有自身话语传统的不同修辞格的浓缩与具化时，一部分的兴趣在于如是事实：它们的区别阐述了政治主体与道德主体之间的新兴知识分工，这在关于公共与私人的现代态度中具有重要意义。

叙 事 浓 缩

叙事浓缩是将广泛构想、深度细化的叙事简化为更简单范围、更受限制维度故事的技巧。作为形式家庭化方法的叙事浓缩已有广泛运用，它当然并不是局限于如今是我重点关注的特定家庭故事的生成。[①] 此类故事中最著名的更多在于作为政治符号的核心人物后期职业，而不是其叙事兴趣，这无疑就是约翰牛的故事。这个故事被约翰·阿巴思诺特阐述为围绕西班牙王位继承战争的欧洲事务讽喻，围绕着西班牙查理二世驾崩之后的帝国命运展开。西班牙在此被比作死去的斯特拉特勋爵（Lord Strutt）留下的"极为巨大的地产"。战争被浓缩为一起旨在防范路易十四，即故事中的刘易斯·巴布（Lewis Baboon）吞并地产的诉讼。然而，英国不是被比作地产拥有者，而是一位直率的商人，"约翰牛布商"。[②]

437

---

① 关于一般论述，参阅 Michael McKeon，《英国小说的起源》（*The Origins of the English Novel*，*1600—1740*）（Baltimore：Johns Hopkins University Press，1987），第 212—237 页。

② John Arbuthnot，《约翰牛的历史》（*The History of John Bull*）（1712），Alan W. Bower 和 Robert A. Erickson 编（Oxford：Clarendon，1976），第 5 页。关于把大不列颠表现为约翰牛的 18 世纪末期政治漫画，参阅图 2.2。（转下页注）

政　治

　　乔纳森·斯威夫特的政治作品提供了若干更简短且最终更有趣的浓缩样例,也如在《木桶的故事》的基督教讽喻那样,公共事务的家庭化导致了与地产有关的家庭生活。在随后的选段中,斯威夫特把 1710 年辉格党垮台与公共信用坍塌"浓缩":"对我自己而言,当我看到这虚假信用因政府更迭而失效时,我也足够特别地将其视为一个好兆头。好似这位年轻阔绰的继承人有了一位新管家,决意在事情变糟之前查看自己的地产,这就使放高利贷者们忍着不向他提供相关资金,这些人常常如此。"公共、国家政策事务此处被提炼成私人地产管理实质。二十年后,斯威夫特也类似地求助于家庭浓缩,这与抵御爱尔兰经济危机所需的权宜之计有关:"假如某位绅士每年 200 英镑的地产收益降为 100 英镑……假如这位绅士彻底绝望,不再有能力挽回损失,如果他不愿意逃离自己的土地或终身坐牢的话,除了将每项用度减半,否则他未来的经济状况如何得以维系?这就是爱尔兰情境的描述。"若干段之后,斯威夫特重回这个描述:"如果管家来到我面前,告知我的租金收益降到如此之低,以至于勉为其难地支付我仆人的薪资,除了从我那六位流氓般男仆中开除四位,把我家中其他大多恶棍——所有邻居都对他们的无礼啧有烦言——开除外,还有什么其他办法呢?"③

　　这些叙事浓缩是更大话语论点内短暂取巧的介入。为报刊写作期

（接上页注）关于象征的浓缩叙事与动物寓言传统的近似性,参阅 Richard Lovelace,《陷入蜘蛛网的苍蝇》(A Fly caught in a Cobweb),第 1—2 行:"大飞虫的小类,/在这全世界的小房间内嗡鸣",见《理查德·拉夫雷斯的诗歌》(The Poems of Richard Lovelace),C. H. Wilkinson 编(1930; Oxford: Clarendon, 1968),第 136 页。也参阅 John Dryden,《牝鹿与豹》(The Hind and the Panther)(1687),本书第 8 章,注释 43。

③　Jonathan Swift,《盟友的行径》(The Conduct of the Allies, and of the Late Ministry, in the Beginning and Carrying on the Present War)(1711),见《乔纳森·斯威夫特散文作品集》(The Prose Works of Jonathan Swift),Herbert Davis 编,第 6 卷(Oxford: Blackwell, 1951),第 56 页;Jonathan Swift,《关于所有爱尔兰女人应始终在爱尔兰工厂露面的提议》(A Proposal that all the Ladies and Women of Ireland should appear constantly in Irish Manufactures)(1729),见 Swift,《乔纳森·斯威夫特散文作品集》,第 12 卷(Oxford: Blackwell, 1955),第 123—124 页。

间，斯威夫特一度用独具特色的隐晦思考它们的修辞运用。他写道，"我最初动笔写这篇文章时，决心只关注事，而不是人……但我偶然提及的事与人如此密切相关，以至于只有时间（遗忘之父）可以将它们分开。让我举一个相似的例子"。斯威夫特进而想象自己是一位地产拥有者，突然发现自己"深陷债务之中，尽管我确信我的租户们都按时支付租金，我也不曾把所有的收入花光"。他继续写道，在这种情境下，他的朋友们知道自己的佣人对此负有责任，并考虑把事与人联系起来，建议自己解雇"我的破产管理人老狐狸先生（Mr. Oldfox），另请一位"。斯威夫特详述这个虚构之作，并想象自己的租户们陷入争论之中。因为他也是治安官，他的职员也就被想象成不当处理自己的法律案件。他朋友提出的好建议就是惩
438 罚相关负责人，"我府邸的总管威尔·比格米（Will Bigamy）"，以及"我的两位职员查尔斯（Charles）和哈里（Harry）"。斯威夫特于是就地产与国家之间的对比予以明确示范："在公共事务处理中，也同样如此……只是陈述事实，至少在记忆犹新的时候，并对相关的人予以更多的思考，仿佛我们终于告知他们名字一样。"私人与公共事务之间的类比也足够具有启发性。但斯威夫特真正传授的修辞策略不是显性明喻，而是私下讽喻，因为专注的读者可能将此过程进一步推进，并把斯威夫特虚构之作的破产管理人、总管、职员等私人职责与他们最接近的实际公共等同物关联起来，以便推断国家层面有罪方的身份，尽管政治与公共的话语领域未曾触及。这至少可能是新增的文本脚注含意，几乎三十年后，斯威夫特作品集出版，"事实"也不再"记忆犹新"。因为脚注提供了对应斯威夫特笔下虚构仆人的政府大臣名字，以此直白地起到钥匙的作用。当然，另一个可能性就是，尽管可能具有何等影射性，只有这些名字可以在免罚的情况下得以提供时，斯威夫特的虚构之作才能作为政治讽喻而真正发挥作用。④

斯威夫特在这些叙事浓缩使用之前，用了一个相似意义（将国家政策比作地产管理），然而，其形式性更复杂且独立。《一位受伤女士的故事》（The Story of the Injured Lady）是一封写于 1707 年的书信，作者"被恋人

---

④　Jonathan Swift，《考察者》（*Examiner*），第 17 期（1710 年 11 月 30 日），见 Swift，《乔纳森·斯威夫特散文作品集》，第 3 卷（Oxford：Blackwell，1940），第 24—25 页。关于名与物、诽谤与讽刺、实际特殊性与具体特殊性之间区别的比较，见本书第 2 章。

的不忠和无情摧毁",希望"对我遭遇之不幸的真实且坦诚的讲述可能对轻信他人的少女们有所裨益,并警示她们永远不要对骗人的男子过多信任"。⑤ 斯威夫特的书信体虚构尽管如其表面及副标题暗示的那样,但它是直指 1707 年英格兰与苏格兰合并条例(Act of Union)的政治讽喻。同名的受伤女士是爱尔兰,一位拥有极佳地产的女主人,她被英格兰以结婚的许诺引诱,如今悲伤地看到她的追求者吞并了自己的地产,反而向自己的对手苏格兰求婚。

　　这将是"一场公开的婚礼"(7),是愤世嫉俗的结盟婚姻,而非爱情婚姻:正如这位受伤女士控诉的,"婚姻应该是思想与思想,人与人的结合"(4)。她自己是婚姻欺骗的受害者:她的求爱者一旦"占有"后,很快就背叛了自己的"庄严誓约及婚姻诺言"(5)。如在《木桶的故事》中那样,斯威夫特对讽喻的利用是微妙精巧的,塑造家庭场景,以揭示政治情境最独特且突出的特点。意味深长的是,性"占有"被用来象征殖民侵占,在性别关系中,这只能通过婚姻而得以合法化:这位女士被降格为已婚妇女的状态,尽管她实际上仍为单身女子。因此,这位绅士很快"对我家庭的管理吹毛求疵",扮演"征服者","期待在所有事情上,他的话有如我遵行的法律";"我全部收入的三分之一用在他的地产上;此外,另外三分之一以上将用于支付他的市场设摊费";"如今我渴望的只是享受片刻安宁,摆脱这个无礼之人的迫害"(5,6,7,8)。

　　斯威夫特的模仿修辞前提是,英国统治的暴行如果被家庭化为私人与性别化的背信弃义,它也就变得更清晰可憎。最令人瞩目的是,看似是别样的无缝讽喻(婚姻纽带缺失)中瑕疵之事结果是辩论的重要开场。这在《答那位受伤女士》(The Answer to the Injured Lady)中显而易见。该作出版后不久,以这位女士提及的男性读者口吻所写的简短回复面世。他的回应明显从家庭背景中获得显著的政治力量。首先,言说者指责这位女士让针对对手的个人仇视干扰女性反抗压迫者时更慎重的团结,压迫者于是可能"出于完全的恐惧而缓解对你的严厉"。其次,言说者指出,

439

---

⑤　Jonathan Swift,《一位受伤女士的故事》(The Story of the Injured Lady. Being a true Picture of Scotch Perfidy, Irish Poverty, and English Partiality)(1746),见《乔纳森·斯威夫特散文作品集》,第 9 卷(Oxford: Blackwell, 1948),第 3 卷(随后引用在文中圆括号内标示)。

这位女士的落魄是在自己不作为的权力范围内。"你已经放弃了自己，认为没有什么值得捍卫，因此你如今也不会坚持那些你最初放弃的条件。""占有"（失去贞操及殖民占据）的后果不是一成不变的，而是可以协商的。为了要像已婚妇女那样行事，就需要失去如最大胆的单身女子行事及玩此把戏的机会："全城女人们熟知的，前夜和一位男人情意绵绵，第二天就无耻地当面否认。"（10—11）简言之，言说者建议，她、她的家庭，以及她的租户起草文件，拒绝那位绅士的财产控制（11—12）。

　　作为一篇在反对英国统治爱尔兰的长期且著名的抗争中的早期文献，斯威夫特的《一位受伤女士的故事》在争辩术方面具有可预知的出色性。作为浓缩叙事，它提出了一些有趣的问题。斯威夫特此处的"主体"明显不是父权制文化中的女性地位，然而，这明显只是这个"故事"不可避免的"相关"话题之一。在何种程度，以何种方式，我们，以及斯威夫特当时属意的读者把关于政治所指的解读理解为家庭能指？斯威夫特笔下的个人形象从新近英国-爱尔兰关系的公共历史中成型，并在何种程度上反过来根据自产的家庭政治而重塑这段历史？在 18 世纪初期，家庭政治如宏观政治领域一样完全处于变化之中。⑥ 这些问题不受确定回答的影响。尽管如此，某些评论可能井然有序。在性别关系的显微镜观察下，英国殖民主义是作为引诱的讨好行为而显见，它依靠殖民地的社会心理易受影响性，恰如依靠宗主国军事入侵一样。同样地，作为娼妓的妻子的流动戏剧阐明了爱尔兰政治抵抗政策的可能性，用的是可能在同时代政治场景中别处无法获得的方式。⑦ 另一方面，私人故事从公共政策问题中衍生而来，这可能赋予家庭叙事某种特殊影响。如果我们把斯威夫特的故事与"字面"衍生之一进行比较，也就是说，不是从政治事务，而是从基于家庭引诱与背叛相同主题的更老故事衍生而来，那将会怎样？⑧

　　德拉瑞维尔·曼利（Delarivier Manley）的短篇小说《妻子的怨恨》

---

⑥　参阅本书第 3 章。

⑦　这种对斯威夫特的《一位受伤女士的故事》解读也可能对其针对女性态度既可敬，又恼人的问题有所启发。斯威夫特对爱尔兰移情及深度矛盾认同，以及他以"女性"代表化身，这两者之间的关系为何？

⑧　不用说，两个故事都特殊化到了这样的地步：反对把它们当作叙事形式中唯一基本差异代表。因而，由此比较而出的结论极具推测性。

(The Wife's Resentment)是从其献辞声明意义上来说的形式"家庭化"："我已用现代英语尝试把老故事从湮灭无闻中挖掘出来。"也就是说，它借助以英国文艺复兴版本重新讲述的西班牙背景使意大利的故事现代化、英国化。⑨　从情势而言，曼利的故事在两个方面与斯威夫特的故事有所不同：那位受伤女士"生来拥有巨大地产"(4)，并且从未实际嫁给压迫者，而曼利笔下的维奥莱塔(Violenta)是位贞洁的平民，由于她的贵族丈夫对此予以否认并在之后重婚，她的婚姻因而失去权威性。⑩　因此，维奥莱塔经历的"占有"严格意义上只与性，不与真实地产有关。

维奥莱塔痛苦地意识到自己缺乏既作为女性，又作为平民的"洗雪"，尽管如此，值得注意的是，她身为平民，其荣誉感犹如男性贵族(146,148,161)。因此，她那"可敬的怨恨"(157)足以提供其社会情境拒绝的洗雪力量，因此她对自己的丈夫采取血腥报复，将他碎尸，并得胜般地将残断尸体从自己的卧室窗户扔到下面的街上。维奥莱塔的洗雪从传统短篇小说古老自觉异国社会道德中汲取力量，并采用适合英雄奇迹的戏剧性理想化及乌托邦形式。斯威夫特敦促那位受伤女士付诸的洗雪受同时代国家政治实用主义的调和，只是需要更密切适应同时代单身女子地位的，策略上内敛的能动性。在此实例中，知识分工的生产力提供了浓缩叙事发挥作用的组成部分，这无论如何可在此方式中显见，即它看似本着辩证互惠性协调公共与私人，两者借此改进对方面向新兴类似社会政治需要的适应性。

经　济　学

此时期最著名的浓缩叙事之一就是丹尼尔·笛福关于信用女士(La-

---

⑨　Delarivier Manley,《爱情的力量》(The Power of Love)(1720)，献辞，见《子午线早期女性作家文选》(The Meridian Anthology of Early Women Writers: British Literary Women from Aphra Behn to Maria Edgworth, 1660—1800)，Katharine M. Rogers 和 William McCarthy 编(New York: NAL Penguin, 1987)，第 143 页，注释 1。《妻子的怨恨》书名源自威廉·佩特(William Painter)翻译的马蒂奥·班戴洛(Matteo Bandello)作品《快活宫》(The Palace of Pleasure)(1566)。随后参考源自本版，并在文中圆括号中标示。

⑩　曼利把自己短篇小说的英国化局限在语言层面，保留西班牙背景，这对情节而言有重要含意："在西班牙，他们有比英国更多的箴言。人们在此使自己的妻子显赫尊贵。如果贵族偶尔与民众交往，那么他本人及其后人将遭受谴责。"(147—148)

dy Credit)的扩展且极端间断的讽喻，五年内，他在自己的期刊《评论》
(*Review*)屡次提及。⑪ 笛福用道歉开启自己的系列写作："我无意将纯粹
的信用讽喻提升到国家事务层面，但我看到此处公共服务的空间，认为提
及此事是我的职责。"(《评论》，第 3 卷，第 5 期，1706 年 1 月 10 日，第 20
页)信用的家庭故事"纯粹"是私人的，尽管如此却承担了大量的公共服
务。浓缩是如何运行的？

　　关于笛福笔下信用形象的不变之事只有她的性别及如是事实：她的
性格主要(但并非完全)是性别化的，也就是说，是沿着朝向男性形象的典
型女性行为的宽广范围而成型。⑫ 这个范围也的确宽广。信用是一位
"羞怯的小姐"，一位"羞怯的少女"，一位"羞怯的女士"，一不顺意就"毫无
预兆地离开你"，"生气"而去(第 3 卷，第 5 期，1706 年 1 月 10 日，第 17、
19 页；第 6 卷，第 31 期，1709 年 6 月 14 日，第 123 页)。但如果她有时候
是"轻佻的姑娘"，她也是"朋友"。她的价值"无法估量"：信用是"贞洁"且
"美丽的处女"，她不只是"一位善良的淑女"，而且是"贵妇名媛"，"一位美
丽的伯爵夫人"(第 3 卷，第 5 期，1706 年 1 月 10 日，第 18 页；第 6 卷，第
32 期，1709 年 6 月 16 日，第 125 页；第 7 卷，第 117 期，1710 年 12 月 23
日，第 466 页；第 102 期，1710 年 11 月 18 日，第 405 页；第 116 期，1710
年 12 月 21 日，第 461 页)。

　　笛福把自己的核心行动(对公共信用的普世渴望，以及推动国家财政
政策以使之最大化的努力)浓缩为婚姻-市场求爱叙事，此处的奖品就是
女继承人及一份具有难以想象吸引力的地产转让。信用小姐的众多追求
者们分为两类。首先且最重要的是，欧洲君主们在追求她，外国君主与英
国国王竞争，而且从一系列年表回溯来看，历代英国君主竞相追求，并在
他们的求爱过程中都取得成功，上至亨利五世，下至当时执政的安妮女
王。"求爱"因此是性别化的，但不是性欲化的：追求信用小姐意味着在所
指层面劝她在王室追求者的国家"定居"。信用小姐既"辜负"他人，又"被
他人辜负"。如果她"的确对自己所有情人都不忠贞"，这也就是所涉风险

---

⑪　《英国国家状态评论》(*A Review of the State of the English Nation*)(1704—1713)(随后引用
　　在文中圆括号内标示)。关于斯威夫特笔下包括"隐喻家谱"在内的内讧小姐(Miss Faction)
　　的可资比较讽喻，参阅《考察者》，第 31 期(1710 年 3 月 8 日)。
⑫　关于信用小姐的不忠，比较议会小姐的不忠，见本书第 3 章，注释 7。

程度,而不仅是她女性善变的证明(第 8 卷,第 38 期,1711 年 6 月 21 日,第 156 页;第 3 卷,第 5 期,1706 年 1 月 10 日,第 18 页)。

　　的确,信用小姐身上有专横的彼特拉克式女士影子,因为她"欺压青春、美丽、美德、地产",并到了笛福只是建议我们"对这个偶像顶底膜拜"的程度(第 6 卷,第 31 期,1709 年 6 月 14 日,第 123 页)。[13]当然,人们难以解读她,她有个主要执拗的倾向,这使她在最不苦心追求,最不需要之际而最容易得到(第 3 卷,第 5 期,1706 年 1 月 10 日,第 19 页;第 6 卷,第 32 期,1709 年 6 月 16 日,第 126 页)。然而,她自身的渴望,即令人想起家庭归隐的安宁渴望中有非常恒定之处,尽管如此,她的追求者们发现这极难满足。1672 年,查理二世下令废止财政部,以资助第三次英荷战争(the Third Anglo-Dutch War)。信用小姐的母亲,商业(Commerce)当时"身怀六甲","被暴民的喧嚣声吓坏了",以至于她几近流产。"自那以后,信用小姐厌恶暴民与动乱"(第 7 卷,第 116 期,1710 年 12 月 21 日,第 462 页)。尽管在过去七年里,她幸福地生活在英国,新近因代表野心勃勃托利派及詹姆斯二世党人的萨谢弗雷尔博士(Dr. Sacheverell)争辩而

442

---

[13] 因此追求者们受信用小姐的奴役,从被她迷住的残余但仍然活跃的意义上来说是"女人气的"。波考克(J. G. A. Pocock)反而认为,这种女人气不是残余的,而是新兴的属性,是公民人文主义者描述"经济人的歇斯底里"新现象的独有方式。在 18 世纪(如果不是更晚,例如马克思时代),经济人"仍然在与自己的欲望和歇斯底里、与他的幻想和嗜好释放出的内在及外在力量抗争,这些力量是以打破秩序的这些女神原型作为象征的:'命运'、'奢侈'和最近的'信用'……投机性的新经济人形象,是与本质上具有父权制和罗马特点的公民爱国者相对立的。"见 J. G. A. Pocock,《德行、商业与历史》(Virtue, Commerce, and History: Essays on Political Thought and History, Chiefly in the Eighteenth Century)(Cambridge: Cambridge University Press, 1985),第 113—114 页。同时代的人们将不同于自身欲望客体的经济人主体,与"女人气的"歇斯底里、欲望等联系,我认为波考克夸大了相关联系程度。虽然我们从自身层面理解他的论点,笛福笔下的 18 世纪女性化经济人形象实际上只是将 17 世纪女性化政治人物传统延展,后者包括菲利普·锡德尼(Philip Sidney)笔下的伯里克里斯(Pyrocles)、巴西利厄斯公爵(Duke Basilius);约翰·弥尔顿与露西·哈钦森(Lucy Hutchinson)笔下的查理一世,匿名的少将约翰·兰伯特(John Lambert);罗彻斯特伯爵笔下的查理二世,阿芙拉·贝恩(Aphra Behn)笔下的塞萨里奥(Cesario)与奥克塔维奥(Octavio),此系列人物两端是莎士比亚与德莱顿笔下的安东尼(Anthony),参阅本书第三部分;关于兰伯特与罗彻斯特,参阅本书第 5 章,注释 59 注释,第 6 章,第 77。波考克错误地把广泛的延续性当作激进的公民人文主义创新。笛福笔下命运女神家族的信用小姐是这些更早期文本作为妻子,或公众英雄迷恋之爱人而文本化内容的讽喻化。在此传统之后,是混乱家庭的惯常忧惧:女性居上、悍妇游街示众、枕边训话,最终是普罗科匹厄斯(Procopius)本人。参阅《轶事》(Anecdota),例如第 1 卷,第 12—14、19—20 页;第 2 卷,第 20—23 页;第 3 卷,第 1—2 页。

起的动荡已经如此困扰着她，以至于她现在考虑迁居法国（第 7 卷，第 58 期，1710 年 8 月 8 日；第 59 期，1710 年 8 月 10 日；第 102 期，1710 年 11 月 18 日；第 116 期，1710 年 12 月 21 日；第 117 期，1710 年 12 月 23 日；第 134 期，1711 年 2 月 1 日；第 135 期，1711 年 2 月 3 日；第 136 期，1711 年 2 月 6 日）。

　　信用小姐的第二类追求者们根据笛福对"公共与私人，或个人信用之间"的区分而分为国家及个体商人："所有公共信用都不同程度源自私人信用，并互惠性地有助于其所说的远方父母的支持，因而他们彼此依赖。"（第 7 卷，第 118 期，1710 年 12 月 26 日，第 470 页）尽管这个区分本身无可指责，我们可能会问，鉴于它是在私人领域内出现，并通过笛福的浓缩行为而界定，它是否成为人们熟知的，面向辩证概述的趋势示例，公共与私人之间的分离借此在后一领域中得以内化？在另一期中，笛福提供了一个相关讽喻家谱。审慎（Prudence）和美德（Vertue）姐妹俩分别嫁给正直（Probity）和智慧（Wisdom），这两对夫妻分别生下女儿信用（Credit）和名誉（Reputation）。两个女儿"彼此"极为相似，但"根据教诲……适应世间两类极为不同的表象"，即一方面是"公共事务"，另一方面是"个人品德"（第 7 卷，第 55 期，1710 年 8 月 1 日，第 215 页）。但"个人信用"与"个人品德"之间关系为何？它们是两类信用，还是私人类别实际上是"名誉"？

　　当然，这些是富有成效的含糊不清，因为它们是如此方式的示例：公共从私人的分离远非明确可辨，更确切地说，它是更有效思考公开性与隐私之间界限的工具。在另一期中，笛福深度阐释了这个观念：个人或私人信用有不同于私人名誉的意义，结果就是，信用小姐的另一类非国家层面的追求者出现了。尽管信用小姐出身高贵，但她不仅愿意与"最卑微的店主、乡村羊毛梳刷工或小贩结交"，而且"只与勤勉、诚实、辛劳等人为伴"。的确，如果平民缺乏这些美德，她会迅速将他们抛弃，恰如她对君主们那样；"他们必须不要期待从她那儿得到帮助，直至自己振作起来，翻开新的一页，改正恶行。"但如果最卑微的工匠自身勤勉，"她会在没有钱的情况下扶持他，在没有聘礼的情况下嫁给他"。这个故事足够深刻，让我们想起福克斯笔下坏学徒罗杰·霍兰德因一位善良新教徒的爱情而被改造的故事。然而，讽喻一时似乎已像莫比乌斯带（Möbius strip）那样自我折转。叙事浓缩借助私人求爱与婚姻的示意修辞格来表述金融所指的公共领域,并如此热切地进入它开始自我示意的作品之中:不是对公共信用的国家竞争,而是婚姻趋上流动性的家庭经验。仿佛是为了标记这个反转,笛福此时顿了一下,接着说道:"让我们不再谈论她的操行,看看她在公共事务中的行为。"(第 7 卷,第 57 期,1710 年 8 月 5 日,第 221—222 页)⑭

　　我在信用小姐讽喻中所称的反转之事显然强调了在理解笛福叙事有待研究时的问题。"公共信用"现象可能是所有工具中最显著的一个。17 世纪 90 年代,这些工具在我们习惯于称为金融革命之事中聚合;公共财政反过来是私人经济事业的最显著分支,在 17 世纪作为与迄今为止集权化政治机构整体力量对立的不同范畴而分离。如良知自由一样,贸易自由成为消极自由(摆脱国家立法的自由)创立的先锋,这最初界定了公民社会的存在,同时界定了公民社会的自主性与完整性。信用之于金融投资,恰如金融投资之于贸易,是摆脱外部控制之自由的极端实例,以及个人选择与能动性的巨大焦点。的确,使信用如此神秘的是客观占有仰赖主观观念:公共之于私人,恰如客观资本之于主观信用。信用问题就是这样的事实:极重要的现实性植根于非实体的虚拟性,因此它完美地适合叙事虚拟化。

　　此外,信用以空前的清晰度成为绝对主义退化的示例。在《评论》的另一期中,笛福让信用小姐向自己宣布,她"永不与霸权共存,因为财产在此没有保障……那些关于绝对服从的荒唐观点是众多与她宣战之言"(第 7 卷,第 135 期,1711 年 2 月 3 日,第 538 页)。然而,"想到这位小姐何等专制,她主导自己所有行为时何等专横,这真是件奇怪的事情";信用是"完美的自由动原,由绝对神秘的轮盘和发条驱动……法律无济于事,议会法令无法影响它";"女王、议会,世间所有政府的权术和权力都无法对信用用强"(第 3 卷,第 5 期,1706 年 1 月 10 日,第 18 页;第 6 卷,第 31 期,1709 年 6 月 14 日,第 122 页;第 7 卷,第 102 期,1710 年 11 月 18 日,第 407 页)。因此,信用将君主的绝对主义内化为自身的自我治理动因。

444

---

⑭　关于笛福另一部浓缩叙事中的可资比较时刻,参阅《鲜有更好》(*Seldom Comes a Better*:*or*,*a Tale of a Lady and her Servants*)(1710),第 11 页。笛福在此小册中的作者身份已遭受质疑,其中包括 Arbuthnot,《约翰牛的历史》一书的编辑,见该书第 xx 页,注释 1。

信用,自我驱动的原动力拥有目的存在于本身的整体性,其再现矛盾地要求自己对立分裂。作为自由能动性的重要表述,信用不受持有人的控制是消极自由的无限倒退。笛福以很多方式论述了这个悖论。如果信用无法受法律的强制,它也只是他人态度的力量。这个主观建构是以客观价值为基础。信用是"这个时代巨大秘密","既不是灵魂,也不是肉体……既看不到,又看得到……无形体的存在,无形状的实质"(第 6 卷,第 32 期,1709 年 6 月 16 日,第 125 页;第 31 期,1709 年 6 月 14 日,第 122 页)。

在不懈寻求将信用提炼成可理解性时,笛福采用了若干其他策略。其中最令人瞩目的是讽喻家谱,之前已引用了其中一个样例(关于其他样例,参阅第 3 卷,第 5 期,1706 年 1 月 10 日;第 5 卷,第 107 期,1708 年 12 月 2 日;第 7 卷,第 116 期,1710 年 12 月 21 日;第 8 卷,第 38 期,1711 年 6 月 21 日;第 39 期,1711 年 6 月 23 日)。笛福笔下的家谱持续修订,彼此矛盾,但这很好地阐述了他使用的,用来界定不熟悉实体性质的习惯和家庭方式之权力及界限。⑮ 信用如何与"荣誉"有关?(参阅第 3 卷,第 5 期,1706 年 1 月 10 日,第 17 页;第 6 卷,第 33 期,1709 年 6 月 18 日,第 131 页)它如何与"名誉"有关?(第 7 卷,第 55 期,1710 年 8 月 1 日,第 215 页)在此语境内,我们可能看到笛福笔下主导的,极为有效的信用适应机巧,信用被比作适合结婚的女性。女性的适婚性传统上矛盾地通过主观"名誉"得以实现的客观"贞洁"(后来是"荣誉")来界定。⑯ 当然女性传统上顺从客体化的商品交换。然而,17 世纪后半叶的市场进取心自主化影响了婚姻市场,正如它影响了所有其他之事一样;婚姻财产授予法律与女性社会地位态度的发展,给有财产的单身女子形象带来公共能动性的空前氛围,恰逢"女性"正被塑造成为终极私人内在性载体之际。婚姻不仅是交换,而且是投资的首要方式,单身女子通过未来的"爱情婚姻"(即便也仍受"结盟婚姻"影响)越发从父权制家庭中分离,越发作为金融投资的客体与动原而明白易懂。

---

⑮　参考借助上层阶级的社会范畴,为适应"非功利性"认识论范畴所做的实验尝试,见本书第 7 章,注释 41—53。

⑯　关于女性贞洁与荣誉之间的关系,参阅 McKeon,《英国小说的起源》,第 156—158 页。

　　用这些术语表述,就是承认我们在阅读《评论》散文中一度显见之事。如果笛福的浓缩叙事以通过适婚女性的形象理解公共信用目的为动机,其语义的矢量也不可避免地指向反方向,显然如笛福的《婚内卖淫》(Conjugal Lewdness)小册子那样,明确与界定婚姻合理缘由有关。女性的"私人"形象阐明信用的"公共"体制,但信用的形象也阐明了女性。

445

　　笛福是信用的热切倡导者,尽管如此,他与更保守的同时代人对钱生钱的高利贷报以同等的传统主义忧惧。信用如何与高利贷区分? 笛福在这方面的主要原则就是"并不能增进国家的资本,但真实内在价值得到提升"。其讽喻家谱的一个目的就是以提升"想象价值"而非"内在价值"的金融工具为实例,详述设定信用有限实例的诸范畴。这些工具是多样的:投机、担保和赌博,尤其是股票交易。笛福将这些金融工具浓缩,所用的方式具有界定适婚女性标准界限时类似实验的重要含意。投机与担保是贸易与贪婪的孪生私生女。贸易、贪婪与她们的父亲乱伦怀孕,已生出包括赌博及股票交易人在内的更多私生子,后两者成为妓女(第 5 卷,第 107 期,1708 年 12 月 2 日,第 427—428 页;第 6 卷,第 31 期,1709 年 6 月 14 日,第 121 页)。笛福在别处"用空洞无效的求婚……打发了目瞪口呆投机者的流产",并把股票交易人描写成设法玷污信用"荣誉与贞洁"的"鸡奸者"(第 3 卷,第 5 期,1706 年 1 月 10 日,第 18 页;第 6 卷,第 32 期,1709 年 6 月 16 日,第 127 页)。笛福把这些极端金融工具的无生育力比作私生子、乱伦、流产、卖淫与鸡奸,同时力图设定针对适婚女性的公共能动性外在界限,其在婚姻市场上的金融生产力地位被危险地比作妓女的地位。他通过合法生育能力的事实明确将适婚女性与妓女,以及其他相关的非正常生育区分。⑰

　　在笛福的手中,浓缩叙事是令人吃惊的适应性的探索策略,允许所指与能指的互惠阐明,这使公共与私人的分离失败,当它形式上支持该分离之时。我要提到迄今未曾论及之过程的某个方面,以此结束本解读。如果笛福的叙事核心虚构事关婚姻求爱,信用小姐品德的特定性质经常将

---

⑰　关于家庭主妇的经济非生产力,以及妻子与娼妓之间的对比,参阅本书第 4 章。关于娼妓与鸡奸者,参阅本书第 6 章,注释 28—29。笛福努力决定想象成为可被接受的社会、经济与"美学"经验组成部分(分别为荣誉、信用、虚构)的不同程度。参阅 McKeon,《英国小说的起源》,第 205—206 页。

该虚构转向未曾预期的方向。信用小姐的追求者们从她那儿谋求所需的信心以增进自己的金融资产。她从追求者们那里获得鼓舞此信心所需的安宁。结果,求爱者的角色常常受能够缓解公众骚乱效果的医学专家角色的影响。在此影响之后,至少在所指领域内存在令人敬畏的国家形象。在和平时期,"信用是所有人的健康";"它通过静脉和动脉把加速的精气传送到该政治动力体制的所有最偏远之处"。借助这个修辞格的明显逻辑,骚乱时期,信用小姐的国家"医生们"一定要开些"补品",让她重新开始"原有饮食……保持自己健康,增进自己的体质"(第 7 卷,第 118 期,1710 年 12 月 26 日,第 471 页;第 6 卷,第 32 期,1709 年 6 月 16 日,第 125 页)。

但笛福的浓缩涉及一个显著的变化。因为他在能指层面的修辞格运用将信用从社会的身体体制中某个元素转变为身体本身。在成为信用小姐时,信用成为身体极度敏感的女性,一不合适就"大发脾气"。据笛福报道,在这类最令人不安的时刻,"她会故态复萌","她的坏脾气会转为癫痫症","这是她多样体质的特别之处,多过这位小姐祖先中的其他人,尤其是它已成为家庭失调"(第 7 卷,第 58 期,1710 年 8 月 8 日,第 227 页;第 59 期,1710 年 8 月 10 日,第 229 页)。在随后的数十年里,英国民众学会把女性"敏感性"作为歇斯底里的神经衰弱症状来医治。在信用的脆弱性方面,笛福通过将混乱政体家庭化为错乱的女性而预期这种躯体化的内化。家谱继承暗示生物解剖:政体的疾病成为"家庭失调",随后是女性疾病。[18]

叙事浓缩成型之际,正是公共(政治、社会、经济)现实性的某个成问题方面被视为潜在地更易理解,当其被提炼成私人故事的虚拟维度之时。我在本章关注的家庭化第二个修辞格中,促使寻求叙事策略的问题不是在现实性意义层面,而是在普遍性或抽象性层面是公共的。我的第一个模范还是笛福,因为他和所有人一样准确且自觉地使用具化步骤。[19] 笛

---

[18] 参阅 Kimberly Latta,《婚姻市场小姐》(The Mistress of the Marriage Market: Gender and Economic Ideology in Defoe's *Review*),见 *ELH*,第 69 卷,第 2 期(2002),第 359—383 页。

[19] 笛福此处的主要对手可能是约翰·邓顿(John Dunton),他从后者那里了解到这方面的许多事情。参阅 George A. Starr,《笛福与决疑论》(*Defoe and Casuistry*)(Princeton, NJ: Princeton University Press, 1971),第 1 章。我此处的主张是对笛福的非凡勇气,而不是其必然的原创性喝彩。

福之后,我会谈及伊丽莎白·海伍德,她的期刊《女旁观者》(*Female Spectator*)(1744—1746)是以自己的方式在运用叙事具化方面与笛福笔下的操行手册一样具有创造性,特别是它促使我们发问,性别问题如何可能使其运用发生变化,并使之特殊化。

叙 事 具 化

在更早关于举例释规技巧的讨论中,我把具化的抽象道德原则视为形式家庭化模式。这种技巧在漫长的决疑论历史中得到特别运用。决疑论用如是前提使示范性说教特殊化,即抽象原则的具化在说教层面是有用的,不仅因为样例比规诫更易理解,而且因为道德问题的本质就是把仅在详尽特殊性中提出之问题的复杂性揭示为谨慎行为的特别化实例。决疑论阐述详尽的语境,以此使道德完全成问题,而此语境的"真实"密度(常常是道德需求冲突的产物)使抽象原则的相对简单复杂化,当它以孤立的状态被审视时。

447

成就道德主体

笛福的决疑论操行手册与其小说主题甚至形式的相关性,多年前就得到深度论述及证明。⑳ 在此论点中,形式兴趣主要在于如是方式:因决疑论意图而生的情节有篇章式并列结构,这在笛福的小说情节中仍然显见,尽管通过第一人称叙述特别创立的连续性在此得以缓和。但笛福的操行书籍也用了第一人称叙述,以及第三人称叙述与对话。在随后论述中,我有意聚焦笛福操行书籍中具化现象,视之为通过具体样例的"隐私"讲授抽象原则"公开性"的方法。我也会顺势探究与其叙事视角变化说教过程的相关性。

笛福的操行手册主要关注道德主体,而不是政治主体,这样说就是承认正是在这种劳动分工中,我们能看到比诸如卡斯蒂利奥里(Castiglione)的《朝臣》(*The Courtier*)等伟大文艺复兴操行书籍中可见分离更全

⑳ Starr,《笛福与决疑论》。

面的概念分离的证据。对主体而言，被当作道德实体，而非政治实体得以论述，这预先假定了"私人的"社会地位：只有在政治主体性"缺失"中，道德主体性开始出现，它不仅独立于(隐性)政治顺从，而且独立于(显性)政治主体身份。然而，笛福在家庭内众多形式中重新发现了公共-私人差异，这与其说教方式的抽象-具体差异有暗示关系。的确，阅读近代早期操行手册(形式家庭化在此是变量，但实质家庭生活是常量)的一个好处就是，我们提及如父权制主义那样的话语"易变"时，它对我们意指之事予以阐明。如果此话语的逻辑是，家庭话语使我们更简单、更直白地理解政治话语，那么此逻辑与如是发现一道动摇：在社会变革情境下，家庭领域在规则及结构方面与国家领域同样直白。

448　　　　具化提及卑下、可感及卑微之事。笛福同样可能看似暗示，正是在那些家庭等级中处于相对低层之人(如弟弟、妹妹)身上，我们看到真正道德操行的最高可能性。孩童心照不宣的天真质询常常是笛福操行书籍中道德提升的主要方式。在一本类似《英国绅士全书》(*The Compleat English Gentleman*)的书中，通过具化实现的形式简化似乎与贵族长嗣继承权的意识形态简化是共生关系。㉑ 如之前的其他人一样，笛福此处试图保留"绅士"的范畴，所用之法就是将其从内倒出，借助对内在价值优先权的显性坚持，取代外在出身与内在价值之间对应的隐性推测。

这也是去升华过程中的解密实践。"我们已经成就了自己的偶像……会让所有更卑贱的世界落下，对他膜拜。"相反，笛福着手科学证明，上层阶级的"偶像"来自我们所有人起源于此的相同体液"混合"："不，我认为是血液的无形影响，"他假装纵情地说道，"是用高等热度让这个被造物如火般燃烧，与在某类更卑贱、更低等被造物血管中流动的不同……仿佛他……不是用和其他人类一样的材质塑造的"，更确切地说，他拥有"某种动物分泌物中的崇高微粒，它不会与某类工匠那令人厌恶的血液混合"(16—17)。笛福讽刺地运用"我必须遵守的时代语言"，他实际上会坚持极为对立的真相，一个继续隐藏的秘密，只要传统知识仍处于隐形状态："所有伟大之事以小为始，最高贵的家庭源自底层，因此过于对此细

㉑　Defoe，《英国绅士全书》(*The Compleat English Gentleman*)(1728—1729)，Karl D. Bülbring 编(London：Nutt，1890)(随后引用在文中圆括号内标示)。

究,就会将其完全推翻。"(13)笛福倡导"学识、教育、美德与礼貌"(18),而不是以出身、血统及家世确定绅士地位。因此,他使自己与如是立场一致:内在价值的"隐私"是教育与社会化的复杂功能,完全可与外在社会地位的"公开性"分离。

　　但这个秘密的真相在形式语域中极为显著地向我们传递,当笛福特别中断自己的规诫论点,转向示例故事时,它由第一人称叙述的中立框定,但很快调整为对话中的直接第一人称。"我曾在某乡间咖啡馆偶遇一位传统贵族的无知之子。他有两位牧师及自己的弟弟作伴。"(43)兄弟俩的随后对话为笛福迄今一直论述的社会道德规诫,提供了长嗣继承权文化中的具体家庭模型。不仅如此,它还提供了关于两兄弟的详尽细节体系,这使话语从相对直接的主张向更微妙的决疑论转型。"我不会给你我的猎狐犬,"哥哥带着某种刻薄说道,"以此换得你的巨量藏书,尽管父亲把他的图书馆给你,由你享用"(57)。笛福将抽象论点嵌入家庭的,以及熟悉的经验根基中,并揭示了文化区分,其力量不是遮蔽自己的主张,而是使之更重要,因为它更深切地被我们理解。这个质量取决于第一人称叙述,但特别取决于对话的直接性。对话在深度细化的自我描述中把主角记录下来。

　　在之前的某章中,我简略论述笛福的另一本操行书籍《婚内卖淫,或鸾凤淫乱》(*Conjugal Lewdness; or, Matrimonial Whoredom*)(1727),用国家的"公共"语言强调众多"私人"婚姻错误之处。㉒ 叙事浓缩的退化标记,也就是说,家庭生活领域内的政治隐喻内化(父母"暴君"与爱情"主体"对峙)最先指明这种教训,从而继续通过持续的叙事具化行为而在该领域内得以讲授。在当前的语境中,看明白这一点是有启发的。显然贯穿这本操行书籍的是,具化的若干阶段也可能在单页范围内看到。在《婚内卖淫》某处,笛福以结盟与利益的"公共"婚姻似乎对爱情的"私人"婚姻有可悲优先权的规诫开篇:"婚姻如今仅被视为满足邪恶欲望的政治机会……金钱与贞操是我们思考的主题。"由此至示范性(如果是概括性的话)表述有一小段距离:"女中翘楚被贪婪出卖,落入最坏男人手中,且受到最粗暴方式的虐待……那位端庄且最有品德的女士被无耻糟蹋了,当

右侧页码标注: 449

㉒　参阅本书第 1 章,注释 36。随后的《婚内卖淫》(1727)引用在文中圆括号内标示。

夜的享受成为第二天在妓女怀中吹嘘的谈资。"在随后的段落中,这个初具雏形的故事准备切入主题了:"A. B. 先生是一位有钱有地位的绅士。"(33)

　　然而,笛福的具化叙述在随后一页的范围内持续,但突然终止:"如果这个不幸的故事是为了阐释这个主题而编造的传奇、虚构,我会给你提供体面语言允许范围内的所有令人可憎的细节。婚姻的滥用是我当前想触及的主题,可能得到与之匹配的曝光。如此骇人听闻的事实造成深刻影响,且可怜的受害者承受迫害时,我们不必出于给自己故事添油加醋的目的而公开描述灾难,增添他们的痛苦。"(34—35)笛福的措辞只是强调了问题的貌似晦涩一面。迄今通过持续具化而成就的家庭化动力如今加上了历史真实性主张的力量,后者对真实民众事实的经验主义参照(本身匿形于缩写名字中)从该术语不同的,但明显兼容的意义上将其解释清楚,以此看似只是使形式家庭化有效性翻倍。但历史真实性主张反而有缩减具体叙述的效果。这是因为,如果这些是真实民众,使他们的私人故事"公开化"只是通过将这类不道德的利益剥削("满足邪恶欲望")延伸的方式"增添他们的痛苦",而详述的样例就是要谴责这种剥削。叙事具化以既招致又反对借助经验主义现实化进行阐述的动因之方式来阐述。

　　在之前的几章中,我们评论道,近代早期隐私领域的探究日益自觉求助于"特殊性"这个范畴,久而久之明确把该范畴的那些方面分离出来,直至随后只拥有与隐性区别同样明确之事。公共与私人的现代分离要求具体特殊性从历史-个人实际特殊性中脱离出来。只有以这种方式,讽刺可能从诽谤分离,淫秽诽谤从(个人)诽谤分离,文学人物从作者道德分离,美学经验从完全可感经验分离。㉓ 通过概率"唯物论"的具体特殊性替代历史真实性主张实际特殊性,具体特殊性与实际特殊性的分离有助于"文学"特殊性与"历史"特殊性之间新兴的分离,允许文学成为隐私与亲密意义上的"个人化",也没有成为实际参照意义上的"个人化"。㉔ 在《婚内卖淫》的相关选段中,笛福用历史真实性主张将具化的特殊化力量延伸,只是发现出版作为实际的私人之作(使之公开化)的道德含意与出版作为具

㉓ 参阅本书第 2 章,注释 133—136、141—142;第 6 章,第 93—97 注释;第 7 章,注释 73—94。
㉔ 关于这些事宜,以及笛福的相关参与,参阅 McKeon,《英国小说的起源》,第 3 章,第 6 节。

450

体的私人之作有极大的不同。我们可以在笛福另一本操行书籍中探讨这个问题。

　　笛福的《家庭指南》(*The Family Instructor*)(1715)开篇是一段关于以危机感为动机之方法的话语:"我们生活在并不太需要知道自己的职责并予以践行的时代⋯⋯人们在此会坦率地把某事认作自己的职责,同时胆敢不去践行⋯⋯本书的部分内容针对如此⋯⋯我认定的方式是全新的,可能最初看似奇怪之事,方法可能可鄙⋯⋯如果这卑微且熟悉的方法会因其新意而盛行,这会是幸福的事业。"㉕假如这是更传统之作,笛福可能首先开列"一个负责对儿童进行问答法讲授与指导的《圣经》权威清单"(8)。他反而用"卑微且熟悉的"方法,因为它是在另一端不以抽象"职责",而以某个可辨家庭具体"实践"为始。这种方法的特殊性再次使示范的具体性成为必要,笛福与实际人格的特殊性并不保持一致。笛福介绍了书中人物,以此作为《家庭指南》中"第一次对话"的序言:父亲"貌似万事通,但似乎是那些自称基督徒之人中的一员";母亲"同样是形式上的基督徒,并不虔诚敬神";孩子"在此被设定为提问者,他口中的问题只是那些自然且理性之事"。以类似的"自然化"具体方式,"这个小活动的场景并不是设在非常遥远之地,也不是在难解的情境中"(9—11)。笛福此处语言暗示的不是历史真实性,而是基于决疑论逼真性或概率的,针对具体示范性的一致努力。㉖然而,他为现实性敞开大门:因为"作者决意不提供任何会引向当事人的提示,因此不得不为读者留下'这是历史,还是寓言?'这个不确定的问题"(10—11)。

　　笛福后来在手册中把自己的注意力转向这些实例的某个不同范畴,在相关论述中,我们可能注意到标示公共-私人差别的若干不同方式的结合。第一部分"论及父亲对自己家庭的言行⋯⋯随后部分将在以下实例中有相同篇幅,即(1)主人对仆人;(2)仆人对主人及同事;(3)朋友与彼此交往"⋯⋯他加上一句,"如今场景设在更卑微的民众中"(164—165)。笛福把私人家庭细化为相对"卑微"以及更高贵的组成部分,进而把他已用

451

㉕　Daniel Defoe,《家庭指南》(*The Family Instructor*)(1715),第8—9页(随后引用在文中圆括号内标示)。

㉖　关于决疑论中概率的重要性,参阅本书第1章,注释78、99。

来论述更高贵之事的"卑微且熟悉"方式运用于家庭的卑微部分（第一个实例中的两个学徒关系）。"在某个乡镇上，一位勤勉的商人跻身中间阶层……在各方面都是严谨的、对人有益的基督徒……就在这个镇上，有一位经营大买卖的富裕店主……因此他真的没有时间，或匀不出时间去想宗教事情……正如当前故事呈现的那样，两位相同年龄的小伙子，几乎在相同时间来到这两人那里当学徒。"但这两位男孩在属灵价值观方面极大不同，巧的是"稳重的虔诚小伙子不高兴地在不关心宗教，只在意生意的富裕店主那里当学徒，而不敬神的放荡小伙子成为虔诚商人的学徒"（165—167）。笛福在此确认决疑论与科学方法之间的近似性，并安排一个实验，用经验主义精准性确立实验中的变量与恒量。[27] 也就是说，学徒们和自己的主人配对，以便确保他们从中得以教益的倾向会得到明确测试，而不是通过他们的工作经验而暗中强化。此外，我们可能会说，这452 种对感官证据的求助是在叙事视角层面得以重复。因为笛福如今从形式上高贵的第三人称叙述向第一人称"对话"的具体性调整，仿佛是允许此实例生成其作为直接"实践"的自身高度特殊化的直观印象。

笛福以提取具化实践已突显的尽职规诫方式结束此对话。然而，为了这个目的，他首先不得不对自己笔下人物的特殊性进行深思："甚至这段历史将与之后时代的寓言是同一回事，我希望它可能会像当前这样有益。首先，正如此作品是为予以普遍性，而非特定性的斥责而写。至于当事人，我愿意让其完全隐藏起来，可能用这种方式比真实情况看上去不怎么像历史。"笛福坚持自己笔下人物的实际特殊性，因此也坚持"讲述他们的事情，但隐藏其姓名时的教养……但本书的意图具有超越个人讽刺的性质，家庭操行中的讹误是此处的目的，而不是家庭本身。名字与人物因此完全隐藏起来，真实历史如此表述，以至于除了当事人本人，其他人不可能通过书中人物认出真实之人"（190—191）。在《婚内卖淫》中，笛福把自己笔下人物的实际特殊性隐去的行为合理地解释成为避开被他们所指之人利用的必然之举。此处的基本原理大多与此事有关，即为使他对读者说教之效果最大化所需之事。正如示范性具化服务规诫抽象的目的（"家庭操行中的讹误"），因此，具体特殊性必定有助于"普遍的"斥责（而

㉗　关于实验方法，参阅本书第8章，注释63—65。

不是"家庭本身"）。实际特殊性继续作为有力的修辞常用语，但说教功效因其与具体特殊性明显可分性而变得不确定，这使实际特殊性可能妥协的，从样例到规诫的过渡成为可能。具体特殊性可能解决了公共-私人的差别，因为"私人"特殊性以这种方式与"公共"普遍性延续。实际特殊性则不是，因为"私人"特殊性挫败了"公共"概括。

在这方面，历时观点确认了共时观点。"历史"之于"寓言"，恰如当前的实际特殊性之于未来的具体特殊性。如果示范性故事仍然在说教层面有效（如笛福相信的那样），它因其具体而非实际特殊性如此。"阅读的公众"，这个新兴观念的普遍性与植根于实际人物外在参照的公共理念对立。长期以来，阅读的公众会与经验主义层面存在的民众分离，正如美学想象从外部世界的可感认知中分离，阅读的自足持久愉悦从塞缪尔·约翰逊口中的那些归结于"个人幻觉、本土习俗或一时之见"之事分离。[28]

453

总结一下，浓缩与具化都把具体叙事的"隐私"用作实现被视为更伟大目的之事的方式。在它们的传统运用中，那些目的相互交织，足以和作为家庭化重要不同策略的分离对立。区别到分离转变中的一个重要因素就是经验主义思想的上升，以及它对可感现实性的认识论标准的坚持，这个因素在该分离中扮演的角色可能于如是方式中显见：这两个家庭化策略中的每一个都反映了实际特殊性的重要性。在浓缩策略中，实际特殊性有目的因的核心重要性，即示意过程针对性的目的。也就是说，浓缩用叙事的具体特殊性揭示公共（也就是政治）所指层面的实际特殊性。具化策略也用叙事具体特殊性的示意吸引力，但为了揭示已通过道德抽象，而非实际特殊性公开化之所指的不同目的。结果就是，实际特殊性进入具化过程，不是作为整个过程基于此的目的，而是作为外来介入，对经验主义权威的矛盾承认。再现公共高贵显要时的传统浓缩承诺尽管在此历史时刻，通过实际特殊性的经验主义标准而得以强化；久而久之，对践行者而言，较之于传统上再现得以完成的故事，相关承诺开始看似较不有趣和重要。在一个不同但相关的发展中，长期的具化学会放弃对其在所指层面的实际特殊性的矛盾呼召。

---

[28]　参阅本书第 8 章，注释 105。

女性道德主体性

如今转到伊丽莎白·海伍德,我会探究具化叙事技巧与目的方面的这种发展证据。尽管笛福的操行手册与海伍德的月刊《女旁观者》(1744—1746)[29]在属性上不同,海伍德对自己在这部作品中的目的的理解使其在说教方面与笛福极为相似。在第一期中,她就告诉我们,为了"确保有永恒的智慧资助",她已建立了一个由安置妥当的国内外"密探"组成的网络,他们会助她"深入壁龛、橱柜或田野的秘密",以便揭示"欧洲的所有秘密"(1.1.8)。[30] 然而,一位中途跑出来的通信者质疑此声明。他傲慢地把海伍德称为"谎称掌控超越你理解之事的假冒者!"并控诉道:

> 尽管我从未对你作为作者的性别有任何极为重要的看法,然而,我认为,无论你何时为此自称,你足够狡猾地把自己限于自身领域内,或至少不用你这山一般的允诺引来民众的期待,你感觉到他们短时之内一定发现自己只是在类似鼹鼠丘之中……每个人都在想象你拥有打开君王密柜的钥匙,拥有引领你穿过最复杂国家迷宫的线索……你难道心里没有最恐怖的忧惧……你会被当作一位无聊、饶舌、闲话的老女人,只适合在炉火边讲述荒诞不经的故事,娱乐小孩或比你自己更年长的老妇人吗? ……直截了当地说,你迄今出版的苦心之作可能被推荐为妥善管理私人生活的箴言,但完全不适合文雅的咖啡馆,也无法满足有求知品味的人们。(2.8.117—120)

海伍德与其对手在此处用了一个在世纪之交盛行且对"秘史"话语至关重要的转义,即装着秘密信函的皇家密柜的转义,那些信函中充斥着绝对主义国家秘密。该转义通过出版成就了令人惊愕但无可非议的公开化。本着最简单的形式,秘史可能由据称真实公共人物已出版的通信组

㉙　随后引用按卷、期、页码在文中圆括号内标示。

㉚　类似暗指曼利笔下的智慧小姐(Lady Intelligence),见《新亚特兰蒂斯》(*The New Atalantis*)(1709),及《欧洲回忆录》(*Memoirs of Europe*)(1710),参阅本书第 13 章。

成。更复杂，但也极常见的是，它是骇人听闻的回忆录或影射小说，其"钥匙"打开了要么作为叙事浓缩，要么（如有必要）作为附录索引的"密柜"，前者成功地唤起秘史默然指向的公共人物身份，后者明确阐明所指的政治对象。㉛ 然而，海伍德的语言将期刊文章与包含公共丑闻的秘史深度隐私联系起来，她的通信者则把这些文章讥讽为和荒诞不经的故事差不离的东西，其隐私是传统的，有口述文化、闲话与女性特点的缺失类型。

　　海伍德无惧针对自己出版作品低俗、"鼹鼠丘式"琐碎的攻击，她表示，自己的通信者可能过于从字面层理解她。"我从未提议，也不相信，除了这位来信作者之外的所有人会期待这些苦心之作只是应该供新闻报贩使用。我认为，推动变革之人可能有极大的理由憎恨我没有关注股票的起落。"（2.8.123）他可能没有领会海伍德允诺打开密柜秘密，揭开全欧洲秘密这一戏谑且耸人听闻之言。假定"政治中的转变和反转变"可能有时候要求"这样的情报，他希望我从它们在此谋划的内阁中获得，然而，如果一旦泄露，它们就可能看似是如此微小之事，以至于人们可以足够恰当地把它们比作孩子们在学校打包扎绳时的结，只是令彼此困惑，并设法再次拆解"（2.8.124）。

　　海伍德在驳斥那位通信者对政治情报的幼稚观念时辩称，"《女旁观者》并不如他想象的那样，对公共事件回应并不完全如此缓慢，无动于衷"，这个论点朝两个方向发展。首先，海伍德对自己就公共领域介入以及批评理性特权的更复杂理解予以阐明。"发动战争、缔结和平的权力的确在那些王座之上的人手中。"但"英国民众"的权力在于"通过他们在议会中的代表就君主宣布战争或缔结和平的动机予以质询"；在于"质询他们的钱是以何种方式，出于何种目的而支出"。"最卑微的人也有与最高贵之人同等权利，就与公共福祉有关的所有事情期待一个满意的解释。"（2.8.127—129）但其次，对海伍德而言，通往公共事务之路贯穿私人领域。她的"密柜"与"钥匙"有明确的内在参照，这为其"荒诞故事"正名，因为它唤起的不是浓缩的，而是具化的修辞，不是实际特殊性的，而是具体特殊性的修辞。

　　海伍德承认，《女旁观者》"的确充斥着众多小历史，但它们只是起到

455

────────────────

㉛　关于秘史，参阅本书第三部分。

用样例阐述规诫的作用"，因此读者会"在其他人的品性中看到与自己相似之处"（2.8.125—126）。因为"我的雄心就是尽可能地让普天下人读到"，海伍德认为"熟悉他人之事应该同时教会每个人管理好自己的事"（1.1.6）。她有意"提供我知道他们会感到满意的东西，以此吸引我极力予以改造之人的注意：每个人可能自鸣得意地找到相关钥匙的传说、小故事，对我而言，这似乎是最有效的方法……出于这个目的，我选择用女旁观者，而不是监督者这个名字，因为我发现后者太直白地道出我的意图，可能在很大程度上对那些心性快乐、不加思考之人无效，而他们的确是本书主要的目标读者，对此有最大的需求"（4.24.362—363）。

　　海伍德的辩解拨动了众多熟悉的心弦，如向卑微平民讲述卑下可感之事，包括班扬笔下女基督徒及其象征的"钥匙"面向的男男女女。[32]《女旁观者》面对的女性只是平民，但我们已经注意到在家庭化说教方面，平民与女性的相似性。海伍德的示范性说教通过琐碎私人故事的低俗直面女性读者的卑微，在相关联想中是明确的女性特点。但正如她的批评者质问的那样，这种道德自律与公共目的有何关系？尽管海伍德此处适度地让自己与旁观者头衔保持距离，她对粗鲁公众的尖锐否认，"贩卖新闻"的目的不由得让我们想起艾迪生，后者发问，是否"让他了解关于自身的知识，不比了解发生在莫斯科或波兰之事更有益"。[33] 然而，海伍德也否认公共与私人"新闻"之间的明确隔离。实际上，她的自辩取决于自律是公共事务核心所在的论点："在私人生活中，我们越好地约束自己的行为，就可能希望得到更多的公众祝福……匡正个人道德的努力是应该采取的第一步，以此唤起"对捍卫我们英国自由的"普遍热忱"（2.8.125,129）。

　　在早期不同寻常的长期折衷职业中，海伍德写过大量她所称的"秘史"，它们与关于现实显要的浓缩叙事有某种关系。[34] 尽管从未放弃这种实践，她的后期作品一般更多地关注公开的道德说教，而不是公开的"政治"暗示。评论家们将某些精力用来阐释这种发展的意义。敌视海伍德的那位通信者，以及她自己的辩解为这种阐释提供了某些帮助。一直以

————————————

㉜　参阅本书第 7 章，注释 17—19。

㉝　参阅本书第 2 章，注释 94—95。

㉞　参阅本书第 14 章，注释 24—26。

来,塑造私人公众仍然是海伍德作品,以及"冠以出版自由之名的护卫天使"(2.8.125)印刷品的共同目的,仍然是实现该目的的普通方式。但影射小说与示范性说教在如是方式上极大不同:它们"公之于众"的方法先于印刷,并成为其补充。早期的钥匙修辞格曾代表理解浓缩故事对既是秘密,又具备公共重要性之公共事务的直接近似,它后来指的是理解具化故事对读者自身私人经验的近似性。

这是涉及处于两个不同阶段的私人"公之于众"的情感认同的说教。首先,在叙事浓缩的成果中,具体故事被概括为抽象、"普世"的道德规诫;其次,"私人生活"中的道德自律提供了"公众祝福"的基础。海伍德一度说道:"可能得出这样的判断,我在爱情方面过于严肃,但我只知道这是与人类幸福有关的事情,人种得以繁衍,因恶劣行径而起的所有民众生活痛苦都与之有关。"如笛福一样,海伍德的方法显然是决疑论,但道德主体提供了政治主体的基础,对于这个重要推论,海伍德更多地是在公民主体性成型中,而不是在君王主体身份的冲突中构想。"一个自身感到不满,与家人难以相处的人也是别处社团的不合适成员。"(4.24.360—361)近代早期自我从家庭,自我、家庭从"别处社团"的分离有助于同时代的人们带着对他们隐性关系传统观点遥不可及的特定性与自觉性,设想那些领域的接近。

457

如我们因此可能预期的那样,海伍德不是强调自己模范显要的实际特殊性,而是具体特殊性。在此过程中,她通过"钥匙"修辞格的其他用法证实我们的如是感觉:对她而言,《女旁观者》中如此常见的具化是某种形式家庭化模式,可与具备她过去常写的影射小说特点的浓缩比较,但也显然是相关替代。海伍德说道:"尽管我会在舞台上演真实事件,但我会向演员隐去与他们表演之人物相符的姓名。我只是想把这些恶行,而不是当事人曝光……随后内容的唯一目的就是改正错误,给那些未曾犯此错误的人带来纯粹的娱乐。"她向那些"自以为把对相关行为的谴责安在任何特定人身上,他们可能碰巧发现只是在此记录而已,或道出他们所称的这些苦心之作钥匙的事宜,即个人参照指南"(1.1.8—9)之人发出郑重警告。然而,历史真实性主张无论可能看似如何毫无必要,仍然被提出。海伍德的具化技巧如何与笛福的分开?她的示范性说教方法是特别"女性化的",这样说意欲为何?这可能与她的观念,即公众祝福取决于私人自律，政治主体是道德主体的功能有何关系？

作为母亲的叙述者

　　海伍德在《女旁观者》中的道德改良允诺如此直白，以至于某位通信者带着亲切感在该期刊中用上了"尊敬的女道德家"的称呼（2.9.179）。如我们所见，在最后一期，她透露，自己最初想把自己的期刊命名为《女监督者》（*Female Monitor*）（4.24.363）。鉴于敌视她的通信者已经认为她的示范性说教过于强调样例（因此也过于女性化），海伍德此处告诉我们，其他读者已经抱怨，正相反，"我说教太多，没给他们讲什么故事"。换言之，她的示范性说教过于强调说教。海伍德对此抱怨的回复告诉我们关于她本人如何使步骤性别化："我愿意用母亲的温柔善待我的读者们，而不是像某些母亲一样，用纵容让他们遭致毁灭。"（4.24.362—363）在叙事方面成为一位好母亲，这不仅是通过"女性"样例适应"男性"规诫，而是更确切地说，使样例与规诫，等同同化与管控平衡。海伍德愿意接受这个观点：故事讲述是女性化的，因为她以此意指发挥同时是道德与公共目的作用的，某种规范且"母性"的故事讲述类型。[35]

458　　　这如何在实践中发挥作用？海伍德的具化听起来像什么？它们如何与笛福的进行比较？在《女旁观者》的首期，海伍德在基于对对方理性理解的成熟爱情，与更常见的轻佻迷恋之不成熟之间做出规诫式区分。此规诫通过滕德雷拉（Tenderilla）在音乐会上的小插曲而短暂具化（1.1.11—12），因此也被阐释为理解他者真诚的必要（1.1.12—14），随后通过关于马滕西娅（Martesia）秘密婚姻及其后果的，更为延展的故事而重新具化（1.1.14—23）。如今，"轻率婚姻"的问题被承认对父母，以及"年轻淑女本人"有同等影响，"父母有时出于过度谨慎，迫使女儿去做与自己本意相差万里之事，他们是有罪的"（1.1.23）。"所有人的本性都厌恶约束，年轻人特别如此"，"某位女子每天都被各类快乐事物环绕，或偶然与某人交谈，她在前者状态中失去本心的危险远逊于后者"

㉟　关于在叙述者角色方面，海伍德的母亲形象与菲尔丁的父亲形象之间的比较，参阅本书第2章，注释135。

(1.1.24)。对女孩的过度保护悖论地滋生了性的脆弱性,这在英国与欧洲大陆、乡村与城镇对教养态度的对比中显见。推出的两位临时人物伊格瑞塔(Eagaretta)和阿米尼亚(Arminia)(1.1.25)如今为海伍德就相对全面的塞曼丝(Seomanthe)故事评述做准备:嫉妒的姑妈强迫她与外界隔绝;她被引诱,私奔,秘密婚姻;她的财产被掠夺,并被恶棍丈夫抛弃(1.1.26—32)。

这类故事与确保"公众祝福"有何关系?第二卷开篇是关于《女旁观者》编辑人员私人会议的记述。该会议被一位女性打断,她说闲话的老套路似乎有意如敌视海伍德的通信者那样吸引读者的注意。"有这么群凡夫俗子会在认识的两小时内告诉你他们所有的秘密",并期待你"倾听他们夸夸其谈的那些喧嚣琐事",这位女性便是其中之一。"她强行从我众仆人中挤过,直接飞奔来到我们落座的房间……她坚称我们会欢迎她带来的新闻,她告诉我,这是如此重要的事情,以至于整夜无法入睡,除非让我也知道此事。"这则琐碎的新闻就是关于年轻的布隆梅塔(Bloometta)与年老的蓬皮柳斯(Pompilius)之间荒唐的"不等匹配",然而这欢乐地引发了编辑们对最重要的话题,婚姻的讨论。"人类的幸福极大地取决于婚姻幸福……这预防了无数奇怪混乱之事,否则它们会颠覆所有的秩序,摧毁社会。"(2.1.72—75)戏仿的"琐碎新闻"以这种方式不期而然地提供了打开对公共社交性至关重要密柜的钥匙。

海伍德因此断言不幸婚姻的公共后果,并对布隆梅塔与蓬皮柳斯的不幸福实例做了篇幅更长的总结,以反对此类婚姻,特别是这类不等匹配的规诫式警示为结束(2.1.75—77)。随后就是一系列以这种综合规诫为示范的多样实例。在不知情的情况下,塞琳达(Celinda)与他们的两位父亲一道为亚里士多博鲁斯(Aristobolus)策划了一场结盟婚姻,只是发现他因此等放肆而被永远地疏远了(2.1.77—84)。随后有若干个简短样例,接着就是达利达(Dalinda)和马克罗(Macro)如何分别养成"奴隶制"、"专制"习惯的悲伤故事(2.1.88);之后是更多的简略样例,再就是贝蒂尔(Bellair)和米塞里亚(Miseria)的故事(2.1.89—92)。海伍德在这些故事之后道出这个规诫:"因此,对性情同情与对习性同情的参考是同等的。"(2.1.92)我们如今听到了武尔普(Vulpone)和琳达米娜(Lindamira)的实例,两人秘密通信并结婚,众多不匹配中包括武尔普,此人"比她的父亲年

459

龄还大"。之后，两人痛苦地得知，女方父母"立即直接责令她离开府宅，永远别想再见面"（2.1.95，102）。结尾又是两个实例。其中一个与某位明智的女儿有关，她因"自己父亲的任性"而被迫嫁给一位愚蠢的花花公子，这个故事很快分散出关于当时"纨绔子弟与挑剔之人"总数的讨论（2.1.104）。㊱

有三点值得关注。首先，这些私人故事的公共重要性最初就是从因果层面得以断言：公民秩序需要婚姻秩序。但其次，这种转喻主张从隐喻主张那里得到支持，婚姻秩序像更大的社会秩序，这似乎是如今通过进步批评而过滤的，旧有父权制类比的重要但退化残余。这可能在海伍德笔下的实例运用政治绝对主义比喻表述语言的程度中感受到："力量"、"专制"、"任性"。㊲ 第三，海伍德用法中的抽象规诫"公开性"与具体样例"隐私性"之间的关系不仅使辩证互惠感平衡，而且使之相等：如果样例作为规诫的具化而萌芽，它们根据自己的叙事需求发展，以便引发针对规诫的当前改进与重新论述。在形式与内容层面，海伍德的说教方式鼓励我们在公众关注语境内看到私人活动，而不是把私人活动视为公众关注的替代。然而，如果公众关注的形式唤起有时看似需要短暂的历史真实性（实际特殊性）主张，这不会如其在笛福作品中那样对阻碍故事讲述构成危险。

作为样例的作者

在前一章，我引用了一位自然主义者写的长篇信件，他敦促海伍德的女性读者带上放大镜前往乡间，借此从自然本身中学会"书本能教会我们的这些自然哲学"。㊳ 在此信的结尾，海伍德颂扬了"这位足智多谋作者"的目的，随后进入自己关于这位通信者的潜台词，即女性教育的长篇论述（3.15.155，157）。她论述的核心是此番规诫：阅读（不仅阅读自然之书，而且阅读人类之书）是女性借以"可能获得包括所有其他善良品质与成就

㊱　关于笛福对不匹配婚姻的警告，参阅《婚内卖淫》，第 213—271 页。

㊲　关于 17 世纪末、18 世纪初此类语言使用与意义的广泛讨论，见本书第 3 章。

㊳　参阅本书第 8 章，注释 63。

的和蔼品性"的主要方法(3.15.174)。然而,规诫不是以寻常方式,通过叙事而具化,而是以一篇长达 20 页的,关于女性要掌握的最有价值学识,以及可能由此获得的重要书籍的详细记述来实现。我们完善这个论述时,意识到海伍德本人,这位在此授课的和蔼老师提供了自己规诫得以具化的样例。这个过程的反身性是著述的形式活动在此不仅使作者的实质论点成为可能,而且也成为其样例的方式,这是《女旁观者》微妙但持久的特点,其首要论点(决疑论)只与女性在世界中大体恰当的地位,即"在公众中"有关。㊴

　　女性应该在世界上占有一席之地,出书作者的形象成为这个普遍规诫的具体示例,自《女旁观者》的首期就存在。海伍德在此仔细建构期刊的集体作者身份。尽管言说者唤起关于其"学识渊博的兄弟"旁观者先生的"珍贵回忆",她在很多方面与艾迪生笔下的样例有异。她既不漂亮,又不年轻,是一位改邪归正的"卖弄风情的女子",早期自己出版的最好作品据说是"公众可能从中获得某些进益……我自我恭维,这可能在我能力内,以某种方式既对公众有益,又令他们感到愉悦"(1.1.4—5)。然而,一旦"我开始成为作者",她发现自己的独特性并不足以吸引公众,因此她邀请三位熟人和自己一道编造一个集体或团体作者身份,其组成部分"将只被视为身体的若干器官,我就是那张嘴巴而已"(1.1.7—8)。

　　表面上,对出版而言堪称基本的非人格化强化(并在《女旁观者》的匿名中显见)就是作者的集体性,这与个人身份的强大前提对立,后者实际上是以印刷方式疏离的另一方面。但此处成就出版的非人格化行为本身就是共识的"公共"过程,不仅在印刷实施之前,而且加以确认。共识通过联想确立积极自由。在《女旁观者》的编辑集体中,"每个人都有表述异议或谴责任何自己不赞同之事的自由;在没有取得所有人一致赞同的情况下,不会向公众发布"(1.2.71—72)。公众消费以有成效的道德主体的作者公众为预示。海伍德在别处提及"我们小集团的秘密",使这个团体作

461

㊴　海伍德对女性教育重要性的强调,恰如该世纪中叶众多其他作者所为,并将被玛丽·渥斯顿克雷福特(Mary Wollstonecraft)转型为一个强大,但因此节制的社会学原则。参阅本书第 4 章,注释 58—61。

者身份戏仿性膨胀,仿佛其构成是国家秘密,国家的绝对主义秘密,其公共力量在于唯有它仍为私人的这一事实(2.24.383)。海伍德以这些方式使自己的作者地位与步骤主题化为如是模式,即女性如何可能在不牺牲(的确,同时还会提升)自己隐私的情况下为公众所知:她们的匿名性、能动性与安全。

作者身份提供的更合意公众存在模式,它的替代者是什么? 为了回答这个问题,我会重回海伍德对示范性说教的排序。这个排序以来自莎拉·欧德范允(Sarah Oldfashion)的一封信为始。她对自己女儿被"公共场所"的娱乐吸引一事感到愤怒且不安。当她还是位女孩时,她的时间主要用于践行如是教诲:"我们女人的必要才艺……我用自己得以成长的相同方式来培养我唯一的女儿";一切进展顺利,直到她年芳十四时,拉涅拉花园(Ranelagh Gardens)"发布告示,每天早晨都会有公共早餐。这使事态转变,令我极为生气,并有损我意图给予她的教育"。欧德范允质疑这种允许女孩参加之事的合宜性:"上天和自然赋予我对女儿的独有权威,并以这种方式自我行事。"她恳求女旁观者"用你能用的最动人和哀婉的语言陈述始终前往这些公共场所闲逛的愚行……你说出来的公开责备可能比所有朋友的私人警诫更有效"。她决定,如果女旁观者令自己失望,她会把女儿毕蒂(Biddy)幽禁在一个极隐秘之处,即最遥远的康沃尔郡(Cornwall)(1.5.261—267)。

海伍德对此恳求的回应充满同情,并对公共闲逛的虚荣做了深度详述。但出于我们可能现在认出的特殊敏感性,她极力告诫欧德范允不要强行把女儿带往乡间,以免毕蒂"使自己陷入更大的不幸之中,她本是被送往此处避开,只是防止对她有影响的那些人极重要的告诫……我完全提防以这种方式专断所冒的风险"(1.5.267—271)。这个实例因为人尽皆知而不怎么有争议:我们如何能使说教的权威、父母的保护动因,与孩子对禁令的厌恶,对令人兴奋的公共场所向往和解? 在海伍德作品及其他地方,民政当局有时作为与家庭权威大体消极的监督相似物发挥作用。此处开始出现的是这个观念:作者身份(可能特别是女性作者身份)为家庭中的规范性权威运用提供了更积极的模式,甚至是替代。欧德范允不确信是否就光顾"公共场所"一事坚持自己母亲的说教权威,她呼吁作者的说教权威,由期刊出版的替代公共场所予以"公开斥责"。欧德范

图 9.1　《女士的灾难》(*The Lady's Disaster*)(1746),见 Amanda Vickery,《绅士的女儿》(*The Gentleman's Daughter*: *Women's Lives in Georgian England*)(New Haven, CT: Yale University Press, 1998)。普林斯顿大学图书馆。

允的请求含蓄地让海伍德相信,她的女儿会造访这个虚拟场所。母亲与女儿的等同把前者的模式强加于此,这使对毕蒂教育的管控成为必要。海伍德用她女儿视角的移情同化使管控平衡,因此成为具有好母亲特点的示例(参阅 4.24.363)。

　　如拉涅拉花园这样的现实公共场所,如期刊出版这样的虚拟公共场所,两者之间的关系既有不同,又有相似。在后来的某期,海伍德对一出近似讽喻的混乱,从"目击者"的角度进行报道。"一位淑女"的巨大圆撑裙子被领着"一大群绵羊"穿过狭窄伦敦街道的"一头老公羊"的羊角挂住。"粗鲁的大众不是予以同情,而是羞辱她的不幸,一直起哄,直到她坐上轿子,消失不见。"(3.25.185—186)图 9.1 是同时在该期《女旁观者》印出的作品,画的是一场类似的"女士灾难",但不是与老公羊,而是与扫烟囱的年轻人有关。仿田园诗的图画说明诗文全力关注"在下面看到的"事,那位扫烟囱的"漆黑扭曲的表情",以及"斜眼看人的犹太人"的表情,这强调了对暴露自己的隐私,成为"公众笑柄"的贵妇人而言随时都会发生的社会及种族亵渎。⑩ 在欧德范允来信开启的长篇论述临近结尾之处，海伍德斥责"出席公共聚会的某些女性"有失检点。"她们不是正常行走，而是叉着双腿走路；有时候用某种蹦跳奔跑，在那些路过她们的人们面前几乎把她们巨大的裙箍掀开了。"她特别加上一句，"我远非禁止我们女人参加那些当下全城热议的公共娱乐……是不当使用，更确切地说，对任何事情的滥用使参与其中成为一种过失"。然而，"男人如此挑剔，以至于他们把我们中所有那些经常在公共场所出现的女人视为待售之物，因此带着买家的特权，上上下下打量，对我们定价"(1.5.297—299)。在这期已出版且真正"待售"的期刊中，海伍德承受的，来自敌视自己的男性通信者的痛苦细察与上述经验相距多远？

　　海伍德继续说道：公共娱乐的愉悦不仅"极大程度地把我们带出家门，一想到这一点就易使我们懒于自己的事务，甚至在家逗留不到一刻"(1.5.301)。的确，"据我看来，时尚人士在自己的家中并没有这种性质的
463　常见娱乐，这是极大的遗憾。只有少数同伴允许参与，这就避免了蜂拥前往公共集会时随之而来的所有危险、不雅与伤害"(1.5.318)。这个问题的解决方法，即家中公共生活的字面内化有吸引力，但不切实际，至少在此形式中如此，因为无法指望家庭经验接纳这种内化。恰当的例子就是莎拉·欧德范允，她在之后的某期向女旁观者抱怨，说后者建议自己将女儿送到乡下，这个实验的结果是，女儿在秘密且极不匹配的婚姻中嫁给某位绅士为妻。海伍德反身援引作为公共查阅客观之处的期刊，回答道：
464　"任何使自己陷入此麻烦之人应该翻阅《女旁观者》第5卷，会发现我完全反对她把年轻女孩送入这样的地方：她没有任何的消遣来弥补被舍弃之愉悦留下的缺失。"实际上，结果是欧德范允如此无视女旁观者的建议，以至于她把毕蒂只是限于独有的"女性"家庭技能之中，"而不是令她纵情于乡村生活提供的所有那些纯粹运动"(3.15.176)。欧德范允因此证明自己是允许规诫的严苛使示范性的"纵情"失衡的那些偏心母亲之一。

　　这个母亲教育的错误令海伍德就女红的话题进行启发式的扩展："我

---

⑩　关于18世纪文化中圆撑裙子复杂且有争议的地位，参阅 Erin Mackie，《摩登市场》(*Market à la Mode: Fashion, Commodity, and Gender in "The Tatler" and "The Spectator"*) (Baltimore: Johns Hopkins University Press, 1997)，第3章。

也绝不赞同强迫年轻的富家女如过去那样勤持针线,极少人继续如此。已经有足够多的人迫于生计而完全以此为生。对那些以此为自己全部收入的不幸之人而言,我们自己做女红就是某种抢劫。在我看来,有地位的女人只是需要了解一下烹调和女红,以便知道自己雇用的,那些出于生活所迫之人所从事的工作。自己的大多时间和他们在一起,可能为她赢得名副其实的家庭主妇,但不是有高雅品味女人的声誉,也无法让她有能力进行优雅交流,或在独身一人时自得其乐"(3.15.176—177)。劳动的性别分工已使女红不仅不合时宜且徒劳,而且有损那些每天劳动仰仗于此的更低层女性的利益,如是承认隐藏于海伍德的观点之中。[41] 但她说的高雅品味女人的理想,即过度家务、过度公共闲逛的替代意指为何? 海伍德暗示了答案,当她铺张扬厉地发问:"处于上述禁锢中的所有年轻女士,与其热衷舞针弄线,为何不如专注阅读与哲思?"(3.15.178)

莎拉·欧德范允第二封信的发表是在之前描述的,海伍德对某位自然主义者建议(有闲女士应该敢于以详述文化书籍的方式阅读自然之书)做出回应的长篇选段发表之后。她在此对博学女性的拓展示范化是她指明"获得被众人谈及,但鲜被人理解的高雅品味途径……我们对事物本质有完美的良好品味时,对更琐碎的自然之事同样如此"(3.15.160,174)此番努力的一部分。我们可能想起来,敌视海伍德的通信者在描述那些必定对《女旁观者》的说教仍感不满之人时,援引"求知品味的人"与"文雅的咖啡馆"(参阅1.8.121)。但"品味"与"文雅"是综合范畴,它得以详述,以阐明经验主义层面明显的文化区别观念,这可能取代过时的,对有归属的假定区别(也就是说对具化的贵族以及绝对主义政体)的依赖。[42] 海伍德建议的逻辑是,品味与文雅的统治把我们不仅从政治、社会地位的,而且从性别等级的专制中解放出来。

有闲女士可能最好既不常去使自己脆弱性最大化的公共场所,也不

465

---

[41]　关于这些事宜,参阅本书第4章,注释16—47。参考海伍德在描述有闲女士的有箍衬裙如何可能弄翻"这座人口稠密城市四处可见的货摊……给水果贩、鱼贩、卖梳子和扣子的,以及那些其他小商贩带来巨大损失"(3.15.185)时的焦虑。同时代的人们把平民与女性作为没有选举权的大多数人联系起来,因此倾向于把这两个群体视为有潜在解读颠覆性趋上流动性叙事的风险。并不令人吃惊的是,海伍德会把自己与普通劳动者等同起来。

[42]　参考海伍德:"两性粗俗品味的一个显著区分标记就是假装认同所有有美德而不尝试身体力行,因为这说明我们只是关注我们被认为的那个样子,而不是我们真实的样子。"(3.15.184)

坚持家庭经济式微已使之没有生产力，只是空洞象征的行为，而是通过参与阅读、创作出版文本的公共领域的方式而获得公众声望。女性因没有选举权和无法担任公职而被拒绝政治主体身份，如今成为典型的道德主体，用哈贝马斯的话说，参与"文学的"而非"政治的"公共领域。[43] 然而，正是在这种隔离中，女性通过自觉的内化融合成为战胜政治与道德领域之间现代分离的重要工具，男性因为其特权仍然更加顺从于此。值得注意的是，海伍德借助《女旁观者》取得了有成效的运用，不仅如此，她的编辑集体的公共领域劳动在她自己家庭空间的实际隐私中内化："在我的寓所保留着会客厅，我下了严格命令，任何人不得入内打断我们的商议。"（1.2.72）然而，此处在家庭竞技场内发生的女性生产劳动并不是家务，因此也以非常不同的术语更新了具有更古老家庭经济特点的工作与家庭之间难以分离的区别（参考图 4.8）。

　　然而，同样值得注意的是（重回本章开篇问题），参与劳动分工（对海伍德及公众利益而言的，在物质和定量层面的成效）与知识分工杂糅，后者的定性生产力毋庸置疑，其成就显著地归功于诸如海伍德等女性的努力。我借此指的是政治与道德主体、主体身份与主体性之间的现代区分。

466

---

[43]　关于这个区别，参阅本书第 2 章，注释 78。

第三部分　秘　史

第十章　公共危机的叙述

何为秘史？

　　"隐私"与"隐秘"并不相同，这是共同理解点。隐秘指的是"有意隐藏"的行为，而隐私，消极自由的核心原则，是对"受到保护，免受他人擅自侵入之状态"的命名。[1] 从某个角度来说，隐秘的范畴可能被认为在避免或规避公开揭秘中将意愿能动性归于私人，以此强化近代早期公共与私人的分离。但隐秘首先是传统知识范畴，不是剥夺性的隐私，而是将精英与贫困大众区分，并悖论地开始只在对其被人发现的忧惧中作为秘密而完全为人所知。这是深奥难懂的知识，标记着仅为新入会之人所知的"秘密社团"、行会实践"秘密"的独特性，以及最终在"秘密之书"中出版的自然魔法"诀窍"，还有权威与自身重要不可知性捆绑在一起的君王精英统治的神秘动机与意图。

　　在近代早期，秘密知识的隐秘不仅受诸如印刷等揭秘的革命性技术，而且也受明确的揭秘学说的威胁，即新教的尽责及其自省与启蒙的义务；新哲学，其表层与深层语言只是对秘密的科学发掘、揭秘与去升

---

① Sissela Bok，《隐秘》（*Secrecy: On the Ethics of Concealment and Revelation*）（New York: Pantheon，1982），第 5—14 页。

华化的最强修辞格。"我们将战胜所有自然之作的秘密",皇家学会的
托马斯·斯普拉特如是说。如此雄心也运用于人性的秘密。在这些揭
469 秘学说的结合中,对如此之"性"的存在坚信得以聚合,并在人类动机的
难解核心中秘藏。此外,尽管它们可能各有不同,君王统治、科学探究
与性欲的秘密一道享有具体空间内在性的术语:要想发现它们,需要对
诸如"橱柜"、"密室"与"角落"之类的偏僻之地细察。因此皇家"内阁-
会议"的"秘密"通过出版而"众人皆知"。"流莺控诉"的出版也被描述
成"她那秘藏邪恶的橱柜被打开,所有秘密公之于众"的过程。② 如此用
语表明,在我们关注的时期,隐秘与隐私的语言重叠到似乎在我们看来
可能不精确的程度,甚至作为现代世界中得到认可的领域,隐私的确立
取决于对隐秘的普遍去认可过程。保护隐私的钥匙从隐藏秘密的钥匙
中铸造而成。

　　如果这至少开始唤起我们时代的"隐秘"语义范围,那么何为"秘史"?
秘史的理念预先假定一个关于万物的明确正式,但必然片面阐释的理念。
在内战中,平等派理查德·奥弗顿(Richard Overton)提出一个修辞性疑
问:"如果国王获胜,议会将在历史上被后人视为叛徒。那么,只有敌人为
再洗礼派撰写历史吗?"③秘史既是逻辑需要,又是"历史为胜利者所写"
这一事实之问题的解决方案。尽管它们可能在别处蓬勃发展,但秘史是
众多文化中的一个强制性模式。这些文化已经发现了重要的知识功利
性,但未曾发展旨在确保所有利益得以进入知识生产与传播方式的意识
形态及机制。

　　1674 年,普罗科匹厄斯(Procopius)(约公元 550 年)的《秘史》(Anec-
dota)(其书名指的是"未曾公布之事")一书译成英文,"秘史"习语本身借

---

② Thomas Sprat,《伦敦皇家学会史》(*The History of the Royal Society of London*,*For the Improving of Natural Knowledge*)(1667),第 64 页(关于"橱柜"、"密室"和"角落",参阅第 71、74、75、80 页);Sir Walter Raleigh,《内阁会议》(*The Cabinet-Council*:*Containing the Chief Arts of Empire*,*and Mysteries of State*;*Discabineted In Political and Polemical Aphorisms ⋯ Published by John Milton*,*Esq.*)(1658),书名页;《四处揽客的流莺》(*The Wandring-Whores Complaint for Want of Trading*)(1663),书名页。

③ Richard Overton,《迫害先生的提讯》(*The Arraignement of Mr. Persecution*)(1645),见《清教革命中的自由小册子》(*Tracts on Liberty in the Puritan Revolution*,*1638—1647*),William Haller 编(New York:Columbia University Press,1933),第 3 卷,第 230 页。

此为讲英语之人的文化所知。④ 普罗科匹厄斯式先例很快提供了揭开国家秘辛的流行模式。复辟时期的一部法文译作的书面序言称赞了作者，因为他写下了"某种内阁与历史探究"，这"对普罗科匹厄斯的模式有所改进"。但此部译作的"作者序言"也明示秘史与随后一个世纪的传记发展，甚至是具体与实际特殊性分离的更广泛关联：

> 历史学家大多是公开论述相关人物，而秘史作者只是私下检视。前者认为描绘了这些人在军中或在城市动乱中的言行就履行了自己的职责，后者用尽各种手段设法打开他们的密室之门。前者是在仪式中观察他们，后者是在谈话中了解他们。前者主要关注他们的行动，后者会是他们内心生活的见证人，并在他们闲暇的最私密时间予以帮助。简言之，前者勉强有针对客体的掌控与权威，后者使秘密且孤独发生之事成为自己的主题……
>
> 不是《秘史》的作者绘制人物画像，至少如历史学家那样精确、忠实，而是他以自己的模式绘制。他只是表现人物的外在，也有必要知道自己的内在。正如思想的好坏性情只是在言谈举止中显现，也正是因为言谈举止，他保留了自己最鲜明的品性及最精善的素养。

秘史形式同样融入同时代作品的多样性之中，这些作品坚持在揭示万物"最伟大之处"时看似"琐事"的功效："我同样假装用严肃的口吻讲述最微小的琐事，当它们是最伟大之事的起源或起因时。"译者赞同道："优柔寡断、激情同样主宰着伟人，恰如凡夫俗子一样。常常是小小的密室之怒或床榻争吵引发了世人的纷争，这成为最伟大事件的起源。"⑤

　　如此番话语所言，秘史中的琐事与私事的意义首先就是，它们与伟大

470

---

④　Procopius，《查士丁尼一世皇帝宫廷秘史》(*The Secret History of the Court of the Emperor Justinian*)(1674)。关于此形式的新近讨论，参阅 Annabel Patterson，《近代早期的自由主义》(*Early Modern Liberalism*)(Cambridge：Cambridge University Press，1997)，第 5—6 章；Lionel Gossman，《轶事与历史》(Anecdote and History)，见 *History and Theory*，第 42 卷，第 2 期(2003)，第 143—168 页。

⑤　Antoine Varillas，《美第奇家族》(*Medicis. Written Originally by that Fam'd Historian，the Sieur de Varilles. Made English by Ferrand Spence*)(1686；法文版 1685)，"献辞"，A4v-5r，A6r 与"作者序言"，a4v-a5r，a8r。

公共事件有因果关系。但秘史的诱惑也在于它可能使隐秘的形式家庭化成为必要：正确解读的话，看似异域故事或历史之事结果有当下的公共运用。这可能是 1682 年决定重新发行 1674 年普罗科匹厄斯作品译本的用意，尽管这已太迟，以至于不能如《淫乱宫闱，或查士丁尼一世皇帝与狄奥多拉演员皇后的一生》(*The Debaucht Court. Or, the Lives of the Emperor Justinian, and his Empress Theodora the Comedian*)那样煽动废黜危机的烈火。换言之，普罗科匹厄斯作品译本启发的秘史模式从自 17 世纪初盛行的政治讽喻模式中汲取力量，并与之契合。在本章及随后几章中，我会使用这种相对广泛意义层面的"秘史"术语，不仅把明确自称为"秘史"的复辟时期及 18 世纪初期叙事，而且也把那些如影射小说等作品包括在内，后者通过认可细读技巧，以揭开它们最深层公共意义的讽喻、情爱"传奇"情节标示自己的隐秘。从该术语的如此包容意义来说，秘史可能采取或配有理解之钥的第三人称陈述、第一人称回忆录、书信集或传奇寓言形式。它们常常是匿名的，可能要么以与受争议事件保持距离，要么以深度介入的形式声称真实性。它们甚至可能以诗歌，而非散文写就：关于国务的诗歌据说讲述了"我们新近统治的最佳秘史，由那些接近中枢的大人物所写，他们知晓内幕，并不会接受贿赂去阿谀奉承，或担心说出真相"。⑥

471

　　秘史在两个方面是秘密的。在揭示传统或精英秘密时，它们使秘史公之于众；但在此非法揭秘行为中，它们自我建构成（潜在的）诽谤历史，即需要遮蔽作者，或那些意在揭发之人物的身份方式，以此支持自身的隐秘。作为丑闻纪实(chroniques scandaleuses)，秘史既揭露了地位显赫之人的丑闻，自身又借此揭露参与丑闻之中，诋毁权贵(scandalum magnatum)，或在较浅的技术层面将位高者拉下时成为必要的，对合宜性的公然侵犯。秘史既消除，又散布秘密，将它们目标的隐秘转为利己之事。因此，它们可能被视为与官方历史存在相似模糊关系的戏仿或仿历史，恰如仿史诗之于英雄传统。⑦

---

⑥　《国务诗歌》(*Poems on Affairs of State：From the Time of Oliver Cromwell, to the Abdication of K. James the Second...Part Two：State-Poems；continued*)(1697)，"序言"，A2v。

⑦　关于隐秘的双重含意，参阅 Michael McKeon，《国务诗歌曾为何？》(What Were Poems on Affairs of State?)，见 *1650—1850：Ideas, Aesthetics, and Inquiries in the Early Modern Era*，第 4 卷(1997)，第 362—382 页。

秘史不仅是此层意义上的混合形式，而且更通常的是，它们倾向于运用形式家庭化的多种方式。如它们包含的书信一样，有时假定秘史由此而出的密室有客观性与主观性、公开性与隐私、国务与情事的双重职责。密室内容一旦被揭露，就有引发高层或底层，政治或性丑闻的潜质，或两者轮流上场，正如影射小说通过爱情密谋、情色传奇的"性政治"而使国家政治家庭化。的确，在诸如英国的民族国家中，王权取决于家庭-王朝继承、政治与性保证的转喻接近，政治秘密会从性秘密方面得以理解。

　　然而，父权制话语越发显化，因此在 17 世纪被曲解时，家庭与国家从它们的惯有隐性类比中分离，这也对它们的传统转喻关系施加压力。在此压力下，政治王朝的性欲，构成国家基础的自然之体亲密隐私获得使之削弱的潜质，使君权的秘密与丑闻真相去升华化，以便揭示该故事的"最深层的意义"实际上不是公共的，而是私人的。这只是证实个人秘史出版的基本模糊性，可能意味着该形式最终既不专属于公共领域，又不专属于私人领域，而是对它们新兴可分性界限的实验探究。的确，对此探究的不懈坚持可能在此方法中感受到，即在秘史对传奇情节的"私人"密谋关注中成为必要的家庭化，从另一个角度来说，涉及与如是熟悉方式的疏离，这内含于选用意大利式传奇名字的异国化超脱中，是常常借助发生在远离故国之地故事的地理疏远而加以强化的效果。　　　　472

　　当然，这是那些运用影射小说讽喻化技巧的秘史主要特点，它将家庭化更复杂的阐释从我们迄今已就此细究的浓缩与具化基本机制区分开来。形式家庭化的最主要目的就是用更熟悉且可得的术语予以比喻表述，以适应难以理解之事。然而，政治讽喻的目的同时就是揭示、隐藏参照：讲述一个间接预示国务的故事（因此有对"钥匙"的需要），同时意图包含自身之钥匙，只是预示自身。这种模糊是寓言或比喻更广范畴的特点。如弗朗西斯·培根评述，"寓言已从两个方面得以运用，对相反目的而言，这是奇怪的。因为它们既起到掩饰、遮蔽意义的作用，又起到揭示、阐明意义的作用"。⑧ 揭示与隐藏之间平衡的讽喻理想并不是轻易付诸实践。

---

⑧　Francis Bacon，《古人的智慧》(*The Wisdom of the Ancients*)（拉丁文版 1609；翻译版 1619），"作者序言"，见《弗朗西斯·培根哲学作品集》(*The Philosophical Works of Francis Bacon*)，Robert L. Ellis 和 James Spedding 编，John M. Robertson 修订（London：Routledge，1905），第 823 页。

如自然神论者约翰·托兰(John Toland)乐观地表示："较之于寓言,事物本性的知识能借助讽喻而得到更好表述,因为讽喻只是掩盖真相,寓言则是混淆,并几近淹没真相。"⑨我的研究远非穷理尽微,但在本研究最终部分的目的就是聚焦秘史之史的遴选时刻,以便获得此时期其形式与发展之感。在以对新兴家庭小说思考为本研究结尾时,我会指明,秘史之史为我们提供了一个阐释的模式,即对公共领域与私人领域之间关系的现代理解如何在此时得以确立。

锡德尼与巴克利

提及英国秘史传统的奠基文本,这会招致争议。尽管如此,可能普遍认可的是,菲利普·锡德尼的《阿卡狄亚》(Arcadia)配得此称。⑩ 锡德尼的散文传奇留存着若干版本,我会把自己的论述局限在约写于 1579 年至 1581 年的《旧版阿卡狄亚》(Old Arcadia)。锡德尼讲述了阿卡狄亚的巴西利厄斯公爵(Duke Basilius)及其两位美丽女儿帕梅拉(Pamela)、菲洛克丽(Philoclea)的故事。她们得到漫游的两位王子及表兄弟穆西多洛斯(Musidorus)与皮罗克里斯(Pyrocles)的追求。将《旧版阿卡狄亚》解读为政治讽喻,为此所做的辩护存在于如是事实中:它是田园诗传奇,因此招来文艺复兴时期读者通常认为适合田园诗模式的此类讽喻化。在约与

---

⑨ John Toland,《掌管钥匙的人》(Clidophorus, or, Of the Exoteric and Esoteric Philosophy; that is, Of the External and Internal Doctrine of the Ancients: The one open and public, accommodated to popular prejudices and the Religions establish'd by Law; the other private and secret, wherin, to the few capable and discrete, was taught the real Truth stript of all disguises),第 85 页,刊于 Toland,《四集论》(Tetradymus)(1720)。

⑩ 关于《阿卡狄亚》的影响,参阅 Paul Salzman,《英国散文体小说》(English Prose Fiction, 1558—1700: A Critical History)(Oxford: Clarendon, 1985),第 10 章(随后引用在文中圆括号内标示)。该书作者对锡德尼作为散文体小说作者,而不是更特定的秘史学家的影响予以论述。基于我们的目的,锡德尼最重要的继承者是玛丽·罗思(Mary Wroth)的影射小说《蒙哥马利伯爵夫人的乌拉妮娅》(The Countesse of Montgomeries Urania)(1621)(参阅 Salzman,《英国散文体小说》,第 138—144 页)。近年来,这部小说在评论界受到的极大关注,这使我情有可原地在本语境中不再对其进行讨论。在随后关于《旧版阿卡狄亚》的论述中,参阅 Annabel Patterson,《审查与阐释》(Censorship and Interpretation: The Conditions of Writing and Reading in Early Modern England)(Madison: University of Wisconsin Press, 1984);Blair Worden,《美德之声》(The Sound of Virtue: Philip Sidney's Arcadia and Elizabethan Politics)(New Haven, CT: Yale University Press, 1996)。

《旧版阿卡狄亚》同时写就的《为诗辩护》（*A Defense of Poetry*）（1595）　473
中，锡德尼承认，"有时出自梅利博厄斯（Meliboeus）之口的田园诗可能揭
示了在凶恶君王或贪婪士兵治下的民众凄苦"，"或在狼和绵羊的美丽故
事之下，可以将所有关于恶行与耐心的思考包括在内"。⑪ 他的叙事穿插
着归于阿卡狄亚牧羊人们的牧歌诗集。在《第一部分牧歌》（The First
Eclogues）中，我们被告知，这些牧羊人"各不相同，但的确特别钟爱牧歌，
他们有时候竞争，以求获得美妙之唱的荣誉；他们有时候哀悼自己情感的
无果之求；有时候以隐秘的形式诉说其他并不适合自己表述的此类事
宜"。在致自己妹妹的献辞中，锡德尼把《旧版阿卡狄亚》称为一部"闲散
之作"及一件"琐事"，此番描述似乎鼓励妹妹在"隐秘的形式"之下找到相
关"事宜"。⑫ 此外，对煽动性出版的惩罚（因此也是掩饰某人用意的动
机）尽管与一百年后实施的那些有所不同，但它们是此时期令人清醒的
现实。⑬

　　漫游的王子们最初遇到各自心爱之人，此情节以伪装的方式支持我
们对锡德尼笔下内容与形式之间反身关系的感受，即某层面的伪装暗示
另一层面的伪装。巴西利厄斯公爵已请教德尔斐神谕（the Delphic ora-
cle），并希望把自己家庭带入归隐田园状态，以此逃避难解的预言。如我
们可能预期的那样，从世间隐遁的徒劳尝试只是将世间引入自己的藏身
之地。穆西多洛斯见到乡间定居的帕梅拉时，他自己假扮成牧羊人多洛
斯（Dorus）。帕梅拉知晓他的"卑微"，直至自己被他从掠食的熊口救下
后才开始怀疑，"他有极高贵的血统，他袒露的面容如此高贵，所行之事如
此高尚"（55，53）。皮罗克里斯已爱上菲洛克丽的画像，自己乔装成"一位
闯荡天涯，行侠仗义，为自己谋求佳偶的亚马孙（Amazon）小姐"（18）。穆
西多洛斯既没上当，又不觉得好笑。他预想沙夫茨伯里伯爵对某位作者
的建议，说道："噢，好人皮罗克里斯，让你自己抽离出来，如果能脱身自己

---

⑪　Philip Sidney，《为诗辩护》（*A Defense of Poetry*）（1595），J. A. Van Dorsten 编（Oxford：Ox-
　　ford University Press, 1966），第 43 页。

⑫　Philip Sidney，《彭布鲁克公爵夫人的阿卡狄亚》（*The Countess of Pembroke's Arcadia*）（《旧
　　版阿卡狄亚》[*The Old Arcadia*]），Jean Robertson 编（Oxford：Oxford University Press,
　　1973），第 56、3 页（随后参考出自本版本的《旧版阿卡狄亚》，并在文中圆括号内标示）。

⑬　参阅 Patterson，《审查与阐释》，第 33—34 页。

的话，让你自己的思想看看自己所行之事……这种女人的柔情之爱的确如此让男人女性化，如果你顺从于此，它不仅让你成为一位著名的亚马孙女人，而且是一位洗衣妇、纺纱女，或她们无聊大脑能想象到的，纤弱双手能从事的任何其他卑微工作"(18，20)。⑭ 但皮罗克里斯的乔装仍然是有效的：不仅菲洛克丽，而且她的父母，巴西利厄斯和金尼西娅(Gynecia)都爱上了他-她。尽管随后两人以不同方式为私弃公、为爱弃"武"(53)，他们的历险以此告终："将我们囚禁在自身之内，这在性别上使一人改变，在国家中令另一人改变。"(43)

474 锡德尼鼓励我们把服装与故事联系起来，作为用降格及外在表象掩饰(但只是部分地)高贵内在真相的相关方法。害相思病的金尼西娅看穿了皮罗克里斯的乔装，用此番话直面对方："噢，克莱奥费娜(Cleophila)，请怜悯我，但不是作为克莱奥费娜，不要用话语向我掩饰，我知道你借衣服来伪装。"(95)叙述者向我们提及，"她(对端庄美丽的小姐们而言，你会记得我把女性的称谓用在皮罗克里斯身上，因此自那以后，他就成了她)"(38)，假如我们的叙述者没有借此仔细地透露自己隐藏之事，我们读者可能已被克莱奥费娜的外表蒙骗。类似地，作为多洛斯的穆西多洛斯向帕梅拉讲述关于自己的昭然若揭故事。这位穆西多洛斯爱上了"阿卡狄亚公爵的长女"，"自己穿上牧羊人衣服，在这外表的粗鄙之下，他至少能自由地尽情仰慕最终占据自己心灵之人。在如是所行中，他无疑也因此阐明，这种地位并不总会被弃绝，因为在此外表下，可能存在值得尊敬的隐藏之物"(105—106)。帕梅拉不是傻瓜，"完全理解他本人讲述的这个故事，并以此隐蔽的方式让她知道自己出身的高贵显赫……她的确立即理解他预示自己为王子的用意，内心十分高兴，因为她有合理的依据使自己的爱恋有归属"(106)。但帕梅拉是谨慎的："如今，何事能促使一位公主与牧羊人私奔？"她问道。"他答道，'主要是对他深情的投桃报李，随后是知道他是一位王子；最后是看到自己处于不当束缚之中。'帕梅拉发现良知如此谴责自己对此言的秘密赞同，以至于认为最安全的方式就是岔开这个话题，以免在交谈中，心中的城堡失守。"(107)

因此《旧版阿卡狄亚》的读者们有充分的理由怀疑，如果只是恰当的

---

⑭　关于沙夫茨伯里，参阅本书第 2 章，注释 144—145。

话,公共事务与英国高层政治的实际特殊性会通过这些异域历险的传奇外表而显现。此外,帕梅拉困于自己父母的"不当束缚"理念,以及她在自己"良知"中察觉的"秘密赞同",这些说明父权制类比可能通过作为父母专制的王权绝对主义,以及作为爱情选择自由的政治自由的浓缩而在此发挥作用。当然,这个问题在传奇的私人层面也是有效的。"已有一个普遍观点,公爵会允许自己的女儿们嫁给无名之辈。"(11)直到皮罗克里斯乔装成克莱奥费娜出现在妹妹菲洛克丽面前,她"在自己父母的命令下顺服地生活,没有(出自个人意愿)表达任何选择"(108—109)。但菲洛克丽的父母因为各自对克莱奥费娜的爱而疯狂,如今成为自己女儿的情敌。皮罗克里斯-克莱奥费娜设计让巴西利厄斯和金尼西娅认为自己会与他-她约会,随后脱去如今毫无必要的伪装,将自己呈现在菲洛克丽面前。菲洛克丽极为震惊:"你想借皮罗克里斯之形欺骗我吗? 就像你之前扮作克莱奥费娜那样? 确切地说,你已借这两者骗我,现在是不是有第三性别,你可以借此让自己变形,然后诓骗我的单纯?"但欲望胜出,"经得她的同意",他们的爱情得以圆满(234—235,299)。

　　锡德尼用田园诗传奇的外在形式欺骗了我们吗? 正如皮罗克里斯用克莱奥费娜的外形欺骗菲洛克丽及其父亲那样? 姐姐帕梅拉更为谨慎,她要求穆西多洛斯"驾驭你对我的爱,尽管我可能仍值得被爱……让我成为你的所有(正如我本人一样),但不是通过不义的征服。不要让我们应该持续恒久的快乐在我们自己的良知中玷污……我已经顺从成为你的妻子,我会继续如此,直到我可以恰当行事的时刻"(197)。后来,皮罗克里斯向自己的朋友确认,"经得帕梅拉的同意,他将使其从所处的奴役中解救出来……直到可能从她父亲那里获得允可"(392—393)。这四位恋人可能因自己的行为而受难,因为结果是"根据我们阿卡狄亚的法令,淫欲的邪恶会被处于死刑,尽管经得双方同意"(406)。"同意"这个语言,特别在政治对立的"不义征服"语境中(如何)会禁止我们在公共所指层面进行解读吗?

　　1580 年,"不义征服"有无可非议的政治共鸣。然而,我们对爱情"同意"的至关重要政治相关物的预期可能因后期反映在随后世纪中叶发生的政治思想革命显化的用法而加剧。的确,父母专制与政治绝对主义之间的关联并没有复辟之后获得的那种自信俗套特质。这并不意味着父权制思想缺乏力道,它后期反而会获得对立性:因为父权主义仍然有类似隐性知识之物的力量，它以实事求是的方式得以阐述，这与只在此后一个世纪开始成为平常之事的公共-私人差别的显性且特殊化表述对立。⑮ 的确，《旧版阿卡狄亚》充斥着公共与私人经验之间的相似实例，锡德尼用近似理所当然的，简单的轻描淡写陈述使此相似为读者所知。⑯ 但在政治讽喻中成为必要的形式家庭化尽管通过田园诗理论而得到很好的合理化，在实践中却更难证明。

认真的读者不会质疑锡德尼笔下传奇描述的政治危机与他实际经历的危机的广泛相关性。创作《旧版阿卡狄亚》的那些年里，宫廷的核心政策之事就是伊丽莎白女王向罗马天主教徒安茹公爵（Duke of Anjou）提476 出的极具争议的结亲。锡德尼对此联姻极力反对，就此实例本质而言，这让它本身面临尖刻的公共/私人论述。在大多数评论者口中，安茹被视为一个诡计多端、野心勃勃的危险人物。对锡德尼而言，皇家婚配是伊丽莎白在外交政策事宜方面的犹豫与被动症状，恰在此时，在推动国际新教事业的奋斗中，强势的英国领导力是必要的。⑰ 在国家紧急状态高潮之际，巴西利厄斯失能，国家无人掌舵，锡德尼借此描述了"陷入混乱与危险分化的全体民众"（320），用的是令人产生政治象征话语共鸣的语言，文艺复兴已从古典时代将其继承过来，并使之归化成自身之物。

此外，锡德尼在伊丽莎白女王身上畏惧的优柔寡断与徒劳无益大体以若干醒目方式，借助巴西利厄斯公爵这个传奇人物得以再现。他从世间归隐是因自己迷信求助的神谕而起，巴西利厄斯在此陷入对双重身份的皮罗克里斯-克莱奥费娜可笑且不当的迷恋中，其结局只是在意外使用毒药时进入深沉、如死一般的睡梦中。然而，在此宽泛的框架内，传奇与政治、家庭与国家的相似更多地通过首要哲学视角的持续性而取得，而非政治讽喻的积极阐释及其实际特殊性的示意。对锡德尼及同时代的人们来说，把《旧版阿卡狄亚》的实例辩称为影射小说，这需要对作为接近的、兼容的价值体系的政治与道德地位的敏感性，而不是同时代人们对田园诗意义的观点可能看似许可，并要求此类话语参照的深度诠释。⑱ 最终，

---

⑮ 关于此类表述的样例，参阅《旧版阿卡狄亚》，第 383 页。

⑯ 参阅 Worden，《美德之声》，第 18 章。

⑰ 同上，第 84—89 页，第 6 章。

⑱ 同上，第 3 部分。

这可能只是确认《旧版阿卡狄亚》作为英国政治讽喻黄金时期的奠基文本的地位，精确地说，是借助它施加于反对自身运动部分的惰性力量。这些运动部分可以区分，但不能轻易分离。当然，不能无视作为真正推动因素的伊丽莎白的反煽动峻法。

　　17 世纪最重要的秘史可能就是苏格兰人约翰·巴克利（John Barclay）的《阿尔杰尼斯》（*Argenis*），该书于 1621 年以拉丁文出版，并在十年内三度翻译成英文。《阿尔杰尼斯》是讽喻式影射小说，其主题是二十年前就已结束的胡格诺派（the Huguenots）宗教内战，并被家庭化为关于追求西西里（Sicily）国王梅莱安达（King Meleander）的女儿阿尔杰尼斯，最终与之成婚的传奇叙事。[19]《阿尔杰尼斯》共享叙事浓缩与具化。巴克利作品的译者之一，金格斯米尔·朗（Kingesmill Long）"将其比作更伟大的世界，不仅人间，而且人间之事都在此得以再现。它的确是……完美的国家之镜……国王与王国的体制或命令在规诫方面不比表率更有效"。[20] 另一位译者，罗伯特·勒格里斯爵士（Sir Robert Le Grys）评论道，在阿尔杰尼斯这个人物中，浓缩了"法国王权，以及继承权"。勒格里斯也评论道，巴克利以名为尼科庞普斯（Nicopompus）之人为"自己的化身讲述整个故事"，叙事中的这个策略一度让巴克利极清楚地解释其修辞步骤。[21]

　　尼科庞普斯有意为同时代的显要坦诚进谏，受此雄心驱动的他也注意到，这些显要会以"轻率且不合时宜的非难"，以及"傲慢诽谤"的方式责骂，自己得到的回报可能是被送上"绞刑架"（朗，192）。因此，他提出间接

477

⑲　关于巴克利的《阿尔杰尼斯》有价值论述，参阅 Patterson，《审查与阐释》，第 188—193 页；Salzman，《英国散文体小说》，第 149—155 页。

⑳　John Barclay，《巴克利，他的阿尔杰尼斯》（*Barclay his Argenis. Or, The Loves of Polyarchus and Argenis. Faithfully Translated out of Latin into English by Kingsmill Long Esquire. The Second Edition ··· Together with a Key Praefixed to unlock the whole Story*）（[1625] 1637）（随后引用在文中圆括号内标示为"朗"），"献辞"，A3r-v，《解开阿尔杰尼斯的钥匙》（The Key to unlock Argenis），A5r-6r。钥匙是在 1627 年拉丁文第 2 版中出现之词的翻译。

㉑　John Barclay，《约翰·巴克利，他的阿尔杰尼斯》（*John Barclay his Argenis: Translated Out of Latine into English, The Prose Vpon his Maiesties Command: By Sir Robert Le Grys, Knight ··· With a Clauis annexed to it for the satisfaction of the Reader, and helping him to vnderstand, what persons were by the Author intended vnder the faigned Names imposed by him vpon them*）（1629）（随后引用在文中圆括号内标示为"勒格里斯"），《钥匙》（The Clavis），第 487、485 页。

策略，并将其比作裹着糖衣的药丸手法，相信这会维系超然隐私的氛围，尽管存在出版的事实。"我……不会在公开审判时把那些令国民苦恼的人士称为有罪之人。"（勒格里斯，131）"但我会用如此令人快乐的情境，出其不意地战胜他们，甚至他们本人在以陌生名字招致挞伐时还乐不可支。"（朗，192）

> 我会以历史的方法编纂某种庄重的寓言……读者会对此处揭示的世人难免的虚荣感到好笑。我会让他们更愿意读我的作品，一旦他们发现我不是板脸说教。我会用各种沉思，可以说用包含各地的地图充斥他们的思想……我知道我们国家民众的禀赋，因为我似乎是在向他们讲故事，我会抓住他们所有人的心。他们会爱上我关于任何舞台表演或剧院景象的书籍……当他们阅读，当他们某种程度上被针对陌生人的愤怒或好感影响时，他们就直面本人，并在摆放于面前的镜子中看到自己声名的展现与功绩。这可能会让他们更长时间内羞于在人生舞台上扮演那些角色，因为他们自己必须承认在寓言中已得到公正的挞伐。（朗，192—193）

巴克利的悖论策略涉及叙事的疏离，这会引发读者的错误安全感，后者足以强迫某种秘密的熟悉化（自我认知的震惊），当它最不被预期之时。勒格里斯的翻译表明，在这个错误实例中，这是由想象或美学距离提供的安全："我会用各种沉思，也就是说用风景来充斥他们的思想。随后，我会用关于危险的想象激发他们的怜悯、害怕与恐惧"（勒格里斯，131）。如沙夫茨伯里与艾迪生一样，[22] 勒格里斯用风景的意象暗示想象的调停愉悦，将抽象规诫家庭化为示范隐喻，当它将字面经验改进为比喻经验时。然而，此处的改进促进了家庭化目的，这可能部分归于巴克利意向读者的特质。

对我们而言，家庭化已作为以向底层、平民、女性讲述卑下可感之事适应高等之事的方法而最大范围地为人所知。但巴克利预期更精英的读者，他们主要由自己所写的那些显要，包括国王本人在内的"最伟大人物"组成（勒格里斯，130）。从高层公共活动"家庭化"为爱情亲密的貌似可信的视

---

[22] 参阅本书第 7 章，注释 78、85—93。

角,以及从公共行为者们本人的视角而言,他在属类层面的传奇情节极为貌似可信地将他们投射到异域与想象之地,即除他们自身所在之地以外的某个"世界"或某张"地图",以此使他们的行为有效,而不是使之陌生化。阅读《阿尔杰尼斯》,仿佛是透过"镜子"或窗户看内外,至少在这种理想的场景中,巴克利的读者安全地等同于作者笔下的主角,直到他们骤然意识到"国家之镜"真的就是窥镜或镜子,国家真的就是他们自己所在国度,等同真的就是身份的面具。在此场景中,巴克利作品的译者们自行承担通过在某个英文译本中成为必要的"归化"再家庭化而提升读者自我认知可能性之责。在献辞中,勒格里斯向查理一世建言:"尽管这部作品源自异国,它最初是在您的王国里构思……我可能出于某种理由希望,在陛下您的命令下将其归化,为陛下您给此书换个新名,希望这不会减损您的喜爱。"(勒格里斯,《致最神圣的陛下》[To His Most Sacred Maiestie],A2v)在他的叙事译本中,朗纳入了一首内有如此允诺的致译者之诗:"他会追求你,阿尔杰尼斯,借助你的痛苦,/归化为在英国治下的故事。"(朗,A4r)㉓

　　在更早的讨论中,我将同时代的丹尼尔·笛福与伊丽莎白·海伍德的具化方法并置,为的是揭示性别差异如何可能进入 18 世纪形式家庭化的发展。此处将海伍德与巴克利的方法并置不无裨益,通过一个会提供对类似现象不同视角的,更延展的历时比较而使性别比较混合。如海伍德一样,巴克利会用叙事具化来确立美学等同与道德改良所需的具体特殊性。如她一样,巴克利会"揭露罪恶,而不是个人":"因此是罪恶,而非个人被羞辱。"(勒格里斯,131)然而,不同于海伍德,巴克利会把具体特殊性用作实际特殊性的表面。㉔巴克利与海伍德的对比方法提供了对形式家庭化技巧长期发展的试探性概括机会。在 17 世纪 20 年代的巴克利作品中,我们可能体验到政治主体身份与作为当前形式调整过程的道德主体性新近分离,然而,实际特殊性从具体特殊性的显性分离在此并没有战

㉓　朗把本诗归于"Ow. Fell"的名下。Patterson,《审查与阐释》,第 191—192 页阐明,像查理一世这样地位显赫的英国读者们如何可能已于《阿尔杰尼斯》中看到自己在 17 世纪 20 年代末期全国上演大剧里的影子。关于把《阿尔杰尼斯》拟人化为一位被归化的英国公主,比较班扬在《天路历程》第 2 部分作为天路客的比拟。女基督徒的"钥匙"促进了规诫更极端的具化(参阅本书第 7 章,注释 17—19)。

㉔　关于海伍德,参阅本书第 9 章,注释 29—43。

胜它们隐性区别。在 18 世纪 40 年代的海伍德作品中，这些分离迄今进

479 展到如此地步：她把对比术语合并，所用之法就是将前者内化于后者之
中，反身把作者确认为示范性的有品味女性，在印刷的虚拟公共空间内有
效劳动的道德主体。

　　关于形式家庭化发展的历时与共时视角当然具有互补性。敌视海伍
德的通信者指责她声言有公共相关性，但又不能加以证明。这位通信者
亮出自己的观点，这是特定女性的生育失败，是"一位懒散、唠叨、八卦，只
适合在火边向幼童或保姆讲述荒诞不经故事的老妇人的失败"。在他的
《钥匙》(Clavis)中，勒格里斯用非常相似的语言描述粗心读者可能把《阿
尔杰尼斯》视为此类作品："一个琐碎的传奇，里面没有任何其他有益内
容，只有难以置信的故事，只适合打发冬夜的无聊。"(勒格里斯，485)㉕这
两份声明之间的主要差异就是，更早的那份保持性别中立，后者则是性别
化的女性。如果我们比较巴克利与海伍德发展秘史之密室钥匙惯用修辞
格的方式，就会发现更复杂，但更可资比较的差异。

　　我已阐明，在其职业生涯中，海伍德将"钥匙"重新描绘成开启的工
具，不是书中人物与现实显要的"公开"参照，而是人物与读者之间的"私
下"一致，母性叙述者和示范性作者通过吸纳与管控、样例与规诫的仔细
自觉平衡监督了这种一致。《阿尔杰尼斯》中"钥匙"旧有之意的主导地位
需要与附加的"钥匙"同样全面证明，这确定了其作为影射小说的地位。
然而，这个修辞格也在文本内得到简略但暗示性的详述。

　　在《阿尔杰尼斯》第二卷中，波利亚库斯(Poliarchus)(法国国王亨利
四世)从海盗那里得到一件盗自海恩伊斯庇女王(Queen Hyanisbe)(英国
女王伊丽莎白一世)的"珍宝"，女王对"一个小盒子"失而复得极为高兴，
"这个盒子被视为比她自己的生命更宝贵，她知道里面的东西事关自己儿
子的命运"(朗，170—171，179—181)。㉖《阿尔杰尼斯》第五卷结尾处，波

㉕　参考"致理智的读者"(To the vnderstanding reader)，勒格里斯在此相信自己的读者们会在
　　《阿尔杰尼斯》中发现"于若干类学识中值得关注的事情，而不是这种浪费时间、腐化言行的
　　垃圾。绝大多数的这些传奇充斥着这些东西"(勒格里斯，A4v)。

㉖　童贞女王(Virgin Queen)的母性确认了巴克利代言人尼科庞普斯的如是主张："在那里不能
　　明确找到任何人的画像。为了掩饰他们，我会用上众多影射，这可能与我有意指向的那些
　　人有所不同。"(勒格里斯，131)

利亚库斯与海恩伊斯庇的儿子竞相向阿尔杰尼斯求爱,一道出现在她的父亲梅莱安达国王(法国国王亨利三世)面前。海恩伊斯庇之子兑现自己向母亲所做的庄严承诺,向梅莱安达递上几封书信,以及波利亚库斯从海盗那里夺回的盒子。其中一封书信揭示的内容让国王极为震惊:海恩伊斯庇之子也是他本人的孩子。巴克利添上一句,"信中有一把可以打开盒子的小钥匙"。在盒子中,梅莱安达找到了更多书信,以及一枚戒指,"凭着这些秘密往事的私人印记,这位老人相信了海恩伊斯庇信中所言"。他渴望"让众人知道这件如此重要且与公众相关的事情",于是宣布了这个发现,拥抱了自己新找到的继承人,命运的更迭为阿尔杰尼斯与波利亚库斯的婚姻排除了障碍(朗,699—704)。

480

　　巴克利把盒子钥匙的修辞格融入身世揭秘的古老家庭传奇转义之中,以此阐明自己已着手的此类秘史中某些更广阔的文化含意。采用影射小说形式的秘史作者好似海恩伊斯庇女王,两人都为自己的秘密知识之盒提供钥匙,人们在此发现的凭证确认了高贵显要的身份,足以证明读者(我们、梅莱安达国王)"相信"之事。此处的"身份"是只有以母亲角色可以确认的此类王朝血统身份。因此,这是"私人"与"秘密往事"(爱情传奇、性生殖),一旦"众人皆知"或公之于众,这就成为"重要且与公众相关的事情"。通过暗示海恩伊斯庇的珍宝,巴克利作品的译者把自己视为使作者与母亲之劳拓展之人:《阿尔杰尼斯》"不是以英文写就","它被秘藏,不为所有那些只知母语,不懂其他语言之人所知。我冒险成为这个隐藏珍宝的钥匙"(朗,"献辞"[Epistle Dedicatorie],A2v)。作为母亲的作者-译者角色就是确认从儿子到国王,从道德主体到政治主体,从私人传奇到公共政治,从隐秘到历史的直系继承。

　　作为示范性母亲的叙述者-作者以海伍德实践的,[27]极为不同的秘史形式提供了道德等同钥匙,而不是政治身份钥匙。也就是说,她不是通过宣称事实明了之后的直系继承真实性,而是借助积极宣布样例与规诫、孩子与公民、叙事描绘与阅读公众之间的一致性维系私人与公共的关系。她的目标就是确保(在普通读者之中,在普通读者与叙述者、普通读者与普通公民之间)道德塑造与管控的"垂直"共时相关性,而不是"水平"历时

㉗　关于海伍德以"秘史"为名的若干叙事的论述,参阅本书第14章,注释23—33。

相关性（父亲至儿子的王朝延续性、参照至参照物的语义延续性）。然而，不同于《阿尔杰尼斯》（母亲与作者-译者之间的类比在此借助家庭传奇的古老权威，将叙事内容类比为形式），《女旁观者》中的叙述者-作者的形象已把母亲的形象内化。

这不是否认海伍德叙事内容层面示范性（或反示范性）母亲的存在，莎拉·欧德范允就是恰当的例子。确切地说，这表明敌视海伍德的那位通信者已明示之意，即《女旁观者》中的叙事方法性别化。如我们会在随后解读中所见，作者的性别无疑与巴克利及海伍德的叙事之间这种特定差异有关，不过仍不足以解释。声言"性别与文类"之间超历史连接的诱惑很大，在传奇实例中特别如此，尽管女性与小说之间的重要纽带也已有相关倡导者；对此，我会简要论及。然而，为了发现这些联想的意义，就需要我们从它们的历史偶然性中予以理解，以此借助男性主宰、女性反抗如何及为何在不同时期与地方采取不同形式的相关知识，提升"父权制"有力但全面化的自明之理。

打开国王的盒子

巴克利作品《阿尔杰尼斯》的这些译本，无论它们在为查理一世的绝对主义政策正名方面做出了怎样的贡献，也不足以阻挡内战的爆发。1642年，国王表述了自己的忧虑，担心"平民……发现了这个国家秘密，所有这些都是他们所做，但不是为了他们"。㉘ 三年之后，查理的军队在内斯比（Naseby）战役中遭受决定性的失败。他的私人书信副本被缴获，并很快出版，所用书名以自己的方式揭秘国王真实身份，坚持作为某真正秘史的地位：《被打开的国王之盒；或国王亲手所写的某些秘信与文件，源自1645年6月14日内斯比战场，由英勇的托马斯·费尔法克斯爵士缴获的国王盒子；众多国家秘密在此清楚揭示……奉议会特别命令出版》（*The Kings Cabinet Opened : or Certain Packets of Secret Letters & Papers, Written with the Kings own Hand, and taken in his Cabinet at Naseby-Field, June 14. 1645. By Victorious Sr. Thomas Fairfax;*

㉘ 参阅本书第1章，注释10。

Wherein many mysteries of State ……are clearly laid open … Published by special Order of the Parliament）。㉙ 这些书信揭示了查理的"两个身体",即公共与私人职分之间的巨大裂缝。如同时代的编辑们所言,"他公开称我们为议会,然而私下并不承认我们"。一个恰当的例子就是王室对爱尔兰叛乱的反应。查理在 1644 年末某封信件中指示自己的爱尔兰总督谋求与叛乱者迅速达成和解:"所有这些密语内容万不可向任何人透露,除了那三位已被点名之人,此令要以最高之秘。"(19)其书信的编辑们评论道,查理借此"向爱尔兰叛乱者滥用自己的宽恕和恩惠……用这种秘密接触把我们议会法案做交易,只用书信传递,不敢公之于众,把我们想象成最卑贱的杂质奴隶"(45)。

《被打开的国王之盒》如剥除传奇能指的影射小说。所出版的就是纯粹的历史真相,然而所指与能指之间的讽喻差异继续留在国王的私人动机与我们如今得到鼓励而回顾的新近公开职业之间感受到的不同里面。正如该卷编辑们敦促议会所言,"如今已通过国王的秘密书信了解他心中所想,我们应该转过来,看他公开宣言中的相同所言。你看他之前的允诺与其当下意图是否一致"(49)。较之于行动,个人良知的可靠真相更多在言语中,但较之于言语,则更多在思想中。此令的令人瞩目含意是价值观的重大反转。"纯粹的历史真相"被认为存在于私人情节本身之中,而不是在私人情节给予我们含糊进入的公共行为领域中。查理在其"公开宣言"中的"之前允诺"结果提供了"国王所想"内的"当下意图"具有欺骗性的示意。私人领域采取了公共领域的符号学权威,它需要的是就此意义而言的国王"身份",不是名字与血统(我们已知晓这些)的身份,而是更密切的,思想与动机的身份。国家秘密一旦被揭露,就从国家的公共理性转型为查理一世的个人理由。

这种思路的私人化可能被赋予某种保皇派正面反省。约翰·高登

482

㉙ 随后,《被打开的国王之盒》的引用在文中圆括号内标示。1645 年也是一部相关暗示性炼金术论著写作时期,即 George Starkey,《揭秘》(*Secrets Reveal'd*；*or An Open Entrance to the Shut-Palace of the King*；*Containing the Greatest Treasure in Chymistry*，*Never yet so plainly Discovered*)(1669)。参阅 J. Andrew Mendelsohn,《英国的炼金术与政治》(Alchemy and Politics in England，1649—1655),见 *Past and Present*,第 135 期(1992),第 54 页(处处有关于君主制意象的惯常炼金术运用)。

(John Gauden)思考"所缴获并被泄露的国王陛下的书信"，用国王本人的口吻评论道，他的敌人说起话来，

> 仿佛我完全受制于他人的命令与指示，他们满意地把这些人冠以邪恶顾问之名。
>
> 他们中的有些人如今可能会把我看作自己的顾问，在该理念下没有任何他人来争吵，他们随后把怒火限于我本人。尽管我知道他们非常不愿意我会享有自己思考的自由，或遵从我自身良知之光，他们费力地将这些绝对地囚禁于自己身上……㉚

复辟之后，詹姆斯·豪厄尔(James Howell)回顾 17 世纪 40 年代自己被囚状态时写道："新近纷至沓来发生在我们身上，如疾风骤雨般的众多其他野蛮行径中，截获书信，予以公开并不是最微不足道的事情……这是对大脑本身的洗劫，恰如在其他场所提及的那样。我们在此被降格为如此屈从的境地，更确切地说如此受奴役的高处，我们没有留下任何能使自己称为自由理性被造物的东西，思想本身不能说是自由的，言语或写作更不必说了。"从这个视角来看，查理不是敌手，而是受害者，将其书信公开不是对摆脱绝对主义专制之自由的打击，而是对皇家"大脑"之自由的绝对主义侵犯。国家秘密的公共盒子退化成书信本身的私人绝对主义：这不仅是高登自由与绝对囚禁之语言的含意，而且也是豪厄尔如是隐喻的含意："在我自身内进行如此细察"就是"进入我灵魂最隐秘之盒"。㉛

　　一位保皇派的讽刺诗使针对《被打开的国王之盒》实例的这种谨慎批
483　评之运用显化：

㉚　John Gauden，《国王陛下孤独与受难画像》(*The Povrtraictvre of His Sacred Maiestie in his Solitvdes and Svfferings*)(1649)，第 189、192 页。高登一般被视为《王室圣像》的作者。

㉛　James Howell，《密信》(*Epistolae Ho-Elianae：The Familiar Letters of James Howell*)，Joseph Jacobs 编(London，1892)，第 2 卷，第 658 页；第 1 卷，第 360 页，分别引自 Patterson，《审查与阐释》，第 217、226 页。在查理二世治下，拆启私信成为标准的国家行为。参阅本书第 2 章，注释 12。

> 蛇怪化身密探，
> 毒液加上探眼：
>
> ……
>
> 如今已承受所有公共嗟叹之人
> 会破解秘密，侵犯他们的法律。
>
> ……
>
> 自然赋予理性力量求出路，
> 唯有这些人可能胆敢背叛。
> 她给人们留下两条秘密安全路径，
> 在场时轻声相告，远居时书信告知。
> 公共法令与思想在别处都是相同，
> 不是用来交谈，而是用来宣告。

如后期事关如何在印刷中确定所有权的争论参与者们那样，诗人用绝对土地所有权的类比扩展关于叛乱者揭秘的评论：

> 理念只是记录而已，但通过这种关爱，
> 我们的思想不属于平民，而是保密者：
> 何等胆大的侵犯者因此会动手，
> 砍掉他们君王的篱笆，摧折他的栅栏？[32]

1649 年的弑君伴随着保皇派出版查理圣徒传《王室圣像》（*Eikon Basilike，The Portraiture of His Sacred Majesty in His Solitudes and Sufferings*）一事。"为了反制国王盒子内容外泄造成的损失，相信仍源自更秘密国王内心之盒的遗腹作中表述的虔诚与原谅至关重要。"[33]

　　然而，《被打开的国王之盒》比这更精确地指明查理的内在领域。如

---

[32] "讽刺"（A Satyr, Occasioned by the Author's Survey of a Scandalous Pamphlet, intituled The Kings Cabinet opened），见《余党》（*Rump：or an Exact Collection of the Choycest Poems and Songs relating to the Late Times*）（1662），第 169—170 页（随后引用在文中圆括号内标示）。

[33] Lois Potter，《秘密仪式与秘密书写》（*Secret Rites and Secret Writings：Royalist Literature，1641—1660*）（Cambridge：Cambridge University Press, 1989），第 175 页。

果议会的观点具有国王的公共与私人自我(在他的"政治"与"自然"之体)之间的极端不同,保皇派的观点就是,他的敌人奸诈地抨击国王两个身体的传统王朝团结,恰如君主制与家庭同步中表述的那样。在某封密信中,查理断言,"在执行他们根除王室血脉,摧毁英国君主制的巨大意图时,这些英国叛乱者也同样尽力对王室冠以极大污名,竭力将国王妹妹的所有儿子非法化,以此切断整个王族的利益与要求,他们正落实这最可恶、最可耻的意图"(42)。对查理而言,王家与(王)国之间的转喻关系具有某种隐性权威。对议会而言,该关系因过去十年的事件而变得显化易变,如今已成为令人生疑之事,是对被颠倒之世界的暗示。从议会的视角来说,个体王家不再是主权国家继承的有用引擎,相反,如今被赋予超越公共国家的优先权,位居其上。

484

的确,正是出于这个领悟,如此反转正在进行中,并主导了求助查理私人文件,以了解国务真相的逻辑。如此反转的证据存在于这些书信自身的要旨中。很多信是写给罗马天主教徒亨利埃塔·玛丽亚(Henrietta Maria)("我的心肝"),将爱情、情感的迸发与国家政策及事务混合在一起。编辑们说道:"此处显而易见的是,国王的决策完全受王后的左右,尽管她身为更弱的女性,异国出生,在对立的宗教中成长,然而,事无巨细都要得到她的默契与许可才能执行……国王声称,宁愿把她的健康置于自己公共事务紧迫性与重要性之前。"(43)这位保皇派诗人针对此抱怨予以辛辣的,具有机会主义特点的女权主义式回应:

> 他们令理性不安,
> 告诉世人她是更弱的女性。
> 这种疯狂在何等狂野的头脑中萌芽!
> 他们出乎寻常地愤怒,因为王后不是男人。
> ……
> 愚蠢老爷的祖先,并不让世人困惑,
> 理性与判断和性别无关。
> ……
> 但正如所有公共知识必须被隔开,

因此家庭法令必定有自己的神秘：

没经历相关情境，没有仆人，

但必定被包裹在沉默与深深的阴暗中。(172—173)

　　在这位保皇派的眼中，叛乱者们是荒诞的仿英雄体，将家庭琐事小题大做，好似已掌握国务机密与重任。叛乱者们对相同仿英雄体的不一致予以更极端的诱发力。情爱亲密已篡夺公共判断的地位，编辑们用传统爱情语言暗示这种反常，以宣告如此篡夺：我们"可能在他的私人书信中看到国王对自己的臣民怀有怎样的情感……悲伤地考虑到，这来自被引诱而脱离自己本位的君王"(A3r)。露西·哈钦森(Lucy Hutchinson)相似地对如是王国有些许希望："只为纺纱而造的双手影响着权杖的治理。"弥尔顿在回应《王室圣像》时发问："与我们相关的是，听到一位丈夫将自家隐私外传，并向他人称赞自己妻子的美德；对那些有起码病因的人来说，疾病并非鲜有之事……与某个女人相比，驾驭民众，看轻并诽谤自己王国重要谏言是何等恰当啊。"[34]《被打开的国王之盒》的证据表明从公共到私人、从政治到性别、从掌控到"女人气"的简化，四十年后，同时代的人们为此而责备查理的儿子，[35]这不仅是"快乐君主"的性格结果，而且是斯图亚特绝对主义核心的动力顶峰。

485

---

[34] Lucy Hutchinson，《哈钦森上校生平回忆录》(*Memoirs of the Life of Colonel Hutchinson*)，N. H. Keeble 编(London：Dent，1995)，引自 James Grantham Turner，《近代早期伦敦的浪子与极端分子》(*Libertines and Radicals in Early Modern London：Sexuality，Politics，and Literary Culture，1630—1685*)(Cambridge：Cambridge University Press，2002)，第 74 页。John Milton，《偶像的破坏者》(*Eikonoklastes：in Answer to a Book Entitled Eikon Basilike*)(1649)，见《约翰·弥尔顿散文作品全集》(*The Complete Prose Works of John Milton*)，第 3 卷，Merritt Y. Hughes 编(New Haven，CT：Yale University Press，1962)，第 419、421 页；对男性化妻子篡夺男性政府的批判植根于混乱家庭与悍妇游街示众之中，并常常转至国家政治语境。也参阅本书第 11 章，注释 15—20。参考《亨利·马丁上校致自己快乐女士的密信》(*Coll. Henry Marten's Familiar Letters to His Lady of Delight. Also Her kinde Returnes*)(1662)，序言，A3r："先生，您的这些写给自己的信未曾为世人所知，如果您本人没有令自己鲁莽行事的话。一度(我希望这永远不会发生)有此可能，当时您投票赞同，并主要导致国王与王后(如盒子所称)的神圣书信公之于众。"至于其中某些书信的密码破解，约翰·沃利斯(John Wallis)这位非凡的密码破解师被认为对弑君负有部分责任。参阅 Alan Marshall，《查理二世时期的情报与谍报》(*Intelligence and Espionage in the Reign of Charles II，1660—1685*)(Cambridge：Cambridge University Press，1994)，第 93 页。

[35] 关于对查理二世的批判，参阅本书第 6 章，注释 77—87。

打开王后的橱柜

  《被打开的国王之盒》出版十年后，国王死去，王后流放，在《被打开的王后橱柜；医术、外科、保藏、糖煮、烹饪的无比秘密；由我们这个时代最富经验之人向王后进献；王后屈尊从事这些更私密娱乐时，很多已幸蒙王后本人亲试》(*The Queens Closet Opened. Incomparable Secrets in Physick, Chyrurgery, Preserving, Candying, and Cookery. As they were presented unto the Queen by the most Experienced Persons of our times, many whereof were honoured with her own Practise, when she pleased to descend to these more private Recreations*)的印刷，使"家庭行为"的"秘密"得到公开确认。㊱ 该书的策略姿态难以确定。《被打开的王后橱柜》充斥着传统的暗示知识，并在此中似乎扮演间接讽刺角色。它也采用保皇派懊悔的那种真正哀悼语气，并对家庭知识的现有文类做出值得称赞的贡献。出版是心甘情愿之事，"原文大部分保留在我自己的手中，我保有如此之多的遗物。若要忍受将它们公之于众，我不如放弃我最珍贵的鲜血为好。但自我的王后被放逐之后……我发现只有两份其他抄本在国外……我的朋友们……建议我把自己原有抄本送到出版社，以此阻止那些假冒版本面世。否则，假如没有首先把锁打开，在没有得到王后陛下许可的情况下，打开我那受难王后的橱柜，我会认为这是不敬……感谢时代，而不是我，否则这些珍贵的书页永远不会为大众共有"(《致读者的信》[Epistle to the Reader], A3v, A4v)。一时之间，两个世界契合了：战场与厨房的专业知识、军事保险箱与家庭食谱书籍、查理与亨利埃塔·玛丽亚，这位男人背后的女人。㊲

  烹饪书籍的历史提供了在劳动与知识性别化分工生产力方面的案例分析。家务范畴最初是作为农务的子范畴而被构想出来，公之于众，因此它也被视为地产管理领域的组成部分。烹饪书籍具有社会流动性与城市

㊱ W. M. 著，第 4 版，修订版(1658)(随后引用在文中圆括号内标示)。本卷的内文书名是《被打开的王后内橱》(*The Queens Cabinet Opened*)(C1r)。

㊲ 关于 H. M. 令人称道地保存王后家庭知识之举，比较 John Gay，《牧羊人的一周》(*The Shepherd's Week*)，参阅本书第 8 章，注释 82—91。

化特点,开始在 16 世纪末从这普通领域中分离出来,直接面向女性读者。的确,在当前地产管理专业化中可以发现劳动性别化分工的实用记录,这在"家庭"指南书籍历史中得以记载,最初是农务从家务分离,随后是家务中日益专业化的行业,如蒸馏与行医的异化。[38] 特地为女性所写的第一本英文烹饪书是约翰·帕特里奇(John Partridge)的《隐秘的珍宝;为自家健康之故,通常被称为好主妇的储藏柜》(*The Treasure of Hidden Secrets. Commonlie called, The Good-huswives Closet of prouision, for the health of her Houshold*)(1573)。该书,以及在随后一个世纪的持续出版物使如是风险显化,即把《被打开的王后橱柜》只是解读为《被打开的国王之盒》戏仿"私人"暗示,甚至解读为完全的女性文类例证《被打开的贵妇橱柜;在此发现保藏、蜜饯、医术、手术、烹饪与家务方面的若干秘密实验》(*The Ladies Cabinet Opened; Wherein is found hidden severall Experiments in Preserving and Conserving, Physicke, and Surgery, Cookery and Huswifery*)(1639);[39]《被打开的显赫博学凯内尔姆·迪格比骑士爵士的橱柜;在此发现酿造蜂蜜酒、苹果酒、樱桃酒等的若干方法,并有出色的烹饪指南……经得其子同意后出版》(*The Closet of the Eminently Learned Sir Kenelme Digby Kt Opened; Whereby is Discovered Several ways for making of Methgelin, Syder, Cherry-Wine, &. Together with Excellent Directions for Cookery ……Published by his Son's Consent*)(1669);《被打开的贵妇橱柜;内有众多干净处理各类肉食的出色食谱》(*The Gentlewomans Cabinet Unlocked. Wherein is contained many excellent Receipts for neat Dressing of divers sorts of Meats*)(1688)。汉纳·伍理(Hannah Woolley)依赖《被打开的王后橱柜》编辑自己大受欢迎的烹饪书,这不仅从她就此明确承认,[40]而且从她出版的一本书的书名中显见:《王后般的橱柜;或充实的橱柜:装满各种保藏、糖煮与烹饪珍贵食谱》(*The Queen-like Closet;*

486

---

[38] 参阅 Wendy Wall,《上演家庭生活》(*Staging Domesticity; Household Work and English Identity in Early Modern Drama*)(Cambridge: Cambridge University Press, 2002),第 28、53 页。

[39] "实验"这个术语让我们想起,烹饪书籍也源自中世纪末期"食谱书"传统,或专注于自然魔法理论与实践的秘密之书。参阅本书第 2 章,注释 52—57。

[40] 参阅 Hannah Woolley,《贵妇指南》(*The Gentlewoman's Companion; or, a Guide to the Female Sex*)(1675),A4v。《被打开的王后橱柜》在复辟时期常常重印。

or, Rich Cabinet：Stored with all manner of Rare Receipts for Preserving, Candying & Cookery）（1670）。但如果亨利埃塔·玛丽亚的书名因此通过烹饪书籍文类的出版史而得到充分解释，我们仍然可以合乎情理地将其视为近代早期劳动性别化的分水岭。因为通过对《被打开的国王之盒》的自觉戏仿，它也将自身安全隐秘目的与对应物的较不明确的目的隔开。如秘书的职业一样，家庭烹饪实践是那些活动之一，首要现代关联是向私人与女性领域退化的标记，与此同时，其最高层面的实践者一般是男性和"从事公共之事者"，也就是说，在市场上得到回报。㊶

斯 居 黛 里

现代英国读者所称的法国英雄体传奇对某些英国秘史种类施以深远影响，是创新形式之一，可以成为 17 世纪爱情与战争、传奇与英雄体"混合"趋势的例证。㊷ 此文类的经典作品追溯到该世纪初期，并与巴克利的《阿尔杰西斯》有紧密的形式关系，足以为邻近的分类正名。㊸ 然而，玛德琳·德·斯居黛里（Madeleine de Scudéry）的作品在 1641 年至 1661 年以其哥哥的名字出版，最终在它们对英国文学文化影响方面更具渗透力。我会把自己的简短论述限于她的三部英雄体传奇内。斯居黛里的作品是

487

㊶ 的确，共和派在以纺织杆换得权杖中看到了了篡夺大权一事，这似乎与全能秘书的永恒危险有关：对两者而言，等级制度的主体身份在主体性与自治的边缘保持平衡。

到亚历山大·蒲柏干预时，食谱书籍已从秘密之书的秘传演变到家庭主妇烹饪书的家庭生活。参阅第 15 章《撰写史诗的秘方》（*A Receipt to Make an Epic Poem*），见 Martinus Scriblerus（Alexander Pope），《诗歌沦落之法》（*Peri Bathous：Of the Art of Sinking in Poetry*）（1727），见《亚历山大·蒲柏的文学批评》（*Literary Criticism of Alexander Pope*），Bertrand A. Goldgar 编（Lincoln：University of Nebraska Press，1965），第 84—87 页。因此在第 15 章的原始版本中，蒲柏提及自己所做的贡献："对各类诗歌的结构，恰如出色家庭主妇在做布丁时的秘方。"因此，至 1713 年末，秘方的语言已成为形式家庭化的有用技巧，因为它通过家庭生活用语而适应更高层次之事："我认为，这会让我这些指导更容易为普通读者理解，如果我以女士们在家务课上作为学生学习到的改进厨房、储藏室风格讲述这些事情的话。"见《卫报》（*Guardian*），第 78 期（1713 年 6 月 10 日），第 287 页。当然，在当前语境下，蒲柏使用家庭语言意在将其主题，现代诗歌琐碎化，而不是使之家庭化。

㊷ 参阅本书第 8 章。

㊸ 例如 Thomas P. Haviland，《英国国土上的长久气息传奇》（*The Roman de Longue Haleine on English Soil*）（Philadelphia：University of Pennsylvania Press，1931），作者有效地把《阿尔杰尼斯》纳入"法国英雄体式英国传奇"（181），并予以讨论。

该世纪中叶巴黎沙龙亚文化的产物，是一个复杂的、由女性领导的重叠交叉小圈子网络，且致力于对所有社会生活领域中的优雅、谦恭与情感内在性的探索及实践。

斯居黛里写的众多叙事在它们地点与年表的外来异国情调方面有些极端，并不同程度地暗示同时代的法国显要，从最高贵的宫廷人物到斯居黛里及自己圈内人。法国英雄体传奇采取影射小说形式，这成为它们的特点，如果是多样且不一致的话。在斯居黛里篇幅最长的作品《阿塔米尼斯，或居鲁士大帝》（*Artamenes, or the Grand Cyrus*）（法文版：1649—1653；翻译版：1653—1655）中，居鲁士本人是贵族投石党（Fronde）领袖孔德王子（Prince of Condé）的化身，这个人物对应实际上已公开发表了。斯居黛里笔下的巨大挂毯也云集了包括著名的凯瑟琳·德·兰布依（Catherine de Rambouillet）沙龙，以及斯居黛里本人的沙龙“星期六”（Samedi）在内的常客。该书英文版的译者评论道：“战争与和平的密谋、流产在传奇中比在完全历史中常常得到更好的阐述及讽刺。历史不得不指名道姓，常常出于若干理由及动机而被迫过于偏袒谨慎，诸如此类带有掩饰的话语不加区别地扮演每一个人，没有人能有讲述真相的完全自由。”[44]

斯居黛里的叙事因此本着秘史这个术语最直接的政治意义行事。但正如《阿塔米尼斯》中的显贵与平民混合可能暗示的那样，斯居黛里以多种熟悉的方式使公共-私人差异发挥作用。如英雄体传奇中的先驱们一样，她从核心行为中建构自己的叙事。核心行为不时被穿插的、彼此相关的故事或叙事打断。这些故事由她笔下人物讲述，并支撑统一多样性的复杂结构，其公共-私人共鸣转瞬即逝，变化多端，但极有启发。“第三人称间接叙述总是被第一人称叙事取代。叙事将过去转为言语，而言语战胜了行为。当前叙事中的战斗会立即引向言语、历史与过去，仿佛行为必定被词语抹除。”[45]《克莱利亚；一个出色的新传奇》（*Clelia. An Excellent new*

[44] “致读者”（To the Reader）（1691 年重印），见《小说与传奇》（*Novel and Romance，1700—1800：A Documentary Record*），Ioan Williams 编（New York：Barnes and Noble，1970），第 25 页。也参阅 Nicole Aronson，《斯居黛里小姐》（*Mademoiselle de Scudéry*），Stuart R. Aronson 翻译（Boston：Twayne，1978），第 25、37、79 页；Haviland，《英国国土上的长久气息传奇》，第 70—75 页。
[45] Salzman，《英国散文体小说》，第 189 页。

Romance)(法文版:1654—1660;翻译版:1656—1661)中的一个叙事本身就是影射小说,是由书中人物阿米尔卡(Amilcar)讲述的,关于阿塔克桑德(Artaxander)的历史。阿米尔卡既是阿塔克桑德的所指,又是同时代诗人让-弗朗索瓦·沙拉欣(Jean-François Sarasin)的能指。㊻ 如巴克利作品的译者们一样,斯居黛里作品的译者们利用了英语译文的拟人化和家庭化潜质:约翰·戴维斯(John Davies)讲述了《克莱利亚》中的“女士们”“被有意当作你们女性飘洋过海,不仅改变自己语言,而且改变自己国家的痛苦”。㊼

488　　　　在这最著名的创新中,斯居黛里笔下的克莱利亚被自己朋友们要求对“温柔”定义,她允诺“给你该国的地图”,这生成的不是一封受期待的解释“书信”,而是一个图样:“如此像一幅真正的地图,上有大海、江河、山峦、湖泊、城市和村庄。”(参阅图 10.1)《温柔乡地图》(*Carte de tendre*)是抽象情感状态(不仅是温柔,而且有漠然、鲁莽、敏感、慷慨,等等)的地图具化,其首要功能就是引导读者进入温柔情谊或精神恋爱状态,这会成功避开包括婚姻危险在内的众多危险。克莱利亚恳请很快就成自己温柔朋友的赫米纽斯(Herminius),“不要公之于众,只给她属意的那五六个人看”。但在具有从圈内手稿交换到大众印刷传播转变讽喻氛围的发展中,地图很快比此更为人所知,赫米纽斯被严厉斥责:“要不是我们的秘法因此特别之法而公之于众,这个特别幻想本有怡人之处。你认为我想象得到,我本意仅让品德高尚的五六人看到之事,如今被几乎一贫如洗、难以理解最好之事的两千人看到吗?”㊽斯居黛里的秘法(Cabala)可能是海伍德在《女旁观者》中的作者秘密小集团(Cabal)来源之一,其出版表述了政治-爱情秘密的基本矛盾情绪,其最终价值可能需要予以揭秘。

在内容层面,斯居黛里的英雄体传奇充斥着作者的敏感,他不仅高度意识到性别关系中起作用的权力动力,而且也意识到明显“女性化”敏感的改善型,甚至乌托邦型可能性。在何种程度上,斯居黛里叙事形式的不同家庭化特征是性别化的女性?(这若是对班扬新教讽喻的发问就会更

㊻　参阅 Aronson,《斯居黛里小姐》,第 86 页。

㊼　John Davies,“致女士”(To the Ladies),《克莱利亚》(*Clelia*),前言,第 1 卷(1655),A2r。

㊽　Madeleine de Scudéry,《克莱利亚》,第 1 卷,第 68—69,71 页;地图印于 A5v-6r。关于地图,参阅 Aranson,《斯居黛里小姐》,第 93—94 页;Dorothy McDougall,《玛德琳·德·斯居黛里》(*Madeleine de Scudéry*)(New York:Blom,1972),第 4 章。

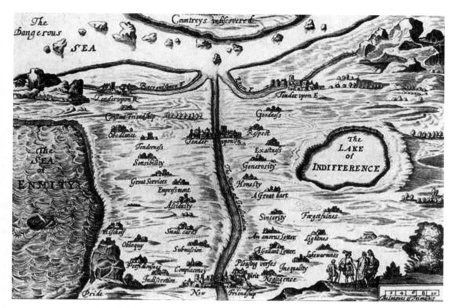

图 10.1　《温柔乡地图》(*La Carte de Tendre*)，见 Madeleine de Scudéry,《克莱利亚；一个出色的新传奇》(*Clelia. An Excellent new Romance*)(1654—1660)，J. Davies 翻译(1655)。牛津大学图书馆。

加始料未及：女基督徒取代基督徒，成为我们代表型天路客，但斯居黛里笔下的大哈特小镇[A Great hart]成为班扬笔下拟人化的大勇先生[Mr. Great-heart]，即女基督徒不可或缺的护卫和向导。)也就是说，她及同时代的人们会在何等程度上把英雄体传奇(特别是在她手中)视为女性形式呢？斯居黛里最后一部英雄体传奇《易卜拉欣》(*Ibrahim*)(法文版：1641；翻译版：1652)的序言极好地确认了英雄描述中的内在评估合宜性：“我不是通过没有他参与的事情，不是通过命运多舛来评断他，而是通过他内心所想，口中所说。”如其他面向斯居黛里作品中的读者一样，这篇序言一般归在其哥哥乔治斯(Georges)名下。乔治斯成为斯居黛里的先驱，此类技巧大师奥诺雷·杜尔菲(Honoré d'Urfé)的例证：“他探究心灵深处最隐秘的思想。”[49]在此内在方式评价中的性别中立证据从斯居黛里最后一部英雄体传奇同样著名部分的证据中得以证实。

489

---

[49]　Madeleine de Scudéry,《易卜拉欣》(*Ibrahim, or the Illustrious Bassa*)，Henry Cogan 翻译(法文版 1641,1652；翻译版 1674)，A3v。

克莱利亚在与自己朋友们就"历史"与"寓言"的相对功绩进行辩论时，从赫米纽斯那里引出关于每人所需之事的描述。赫米纽斯说道，历史学家"必须对世界、君王的利益及国民的品性有全面的了解。他必须了解政策、战争艺术。他必须知道如何描述战斗，尤其在出于需要时，他必须能够完美地再现那些所有宫廷上演的密室之战，这存在于密谋、欺骗、真假谈判之中，尽管它们具有如此重要性，正是在它们这里播下了最可观战争的种子，国家的兴衰及历史的真实性无不取决于此"。[50] 私人"密室战争"先于公共战争，且是其种子，如是主张可能让我们想起海伍德的强调，榜样言传身教，而谬误传播必使公民生活悲惨。不同在于，有异于海伍德的是，认真对待密室之战的叙事技巧尤其与女性作者或读者联系起来，此处没有明确的标记。赫米纽斯转求"寓言"的标准方式时，他的描述似乎只是深化这位历史学家的示范性说教，并予以拓展，而不是阐明一个潜在性别化的相关对照。

在斯居黛里笔下的赫米纽斯那里可以轻易听到巴克利的代言人尼科庞普斯的回声。他说，除了历史学家的资质，寓言家"必定也知道……所有内心秘密……但尤其是，他必须知道如何从道德那里剥除朴素与干涩，用一件如此自然可人的衣服来装饰，以至于它可能让有意规诫的所有那些人愉悦。正如女士们不会打碎呈现自己缺陷的镜子那样，她们知道不足后会予以校正。因此，他们可能不会憎恨这类作品，即他们常常看到别人不曾向自己提及的那些事情"。此类寓言的读者得以免去"旅行的劳顿，成为有价值及成就的人；因为可能得以做成如此美丽的世界地图，可能以缩影的形式呈现，无需走出他们的密室"。[51] 至少在理论上，国家之镜从窗户变形为镜子，总体上，世界被概括并浓缩为一张极佳的地图，这张地图在密室的家庭隐私中得以秘藏。

女性与传奇

基于众多理由，学者们倾向于对近代早期英国女性与传奇做广泛

---

[50]　Madeleine de Scudéry，《克莱利亚》，第 4 卷（1660），George Havers 翻译，第 ii、203 页。

[51]　Scudéry，《克莱利亚》，第 204 页。参考旁观者先生用"个人的知识"取代外国新闻的雄心，本书第 2 章，注释 94—95。阿米尔卡赞同赫米纽斯的观点，但担心此类作品的大多数读者"提及时只是把它当作纯粹琐事，以及毫无益处的娱乐"（203）。

的关联。但可能最常见的是基于男性作者预期女性读者身份建构的证据。这个证据是真实的(如我们在英文版《克莱利亚》序言中所见那样),但难以阐释。基于预期的(女性)传奇读者身份的性别与文类关联,如何因基于实际(男性)传奇作者身份(包括锡德尼、斯宾塞、莎士比亚与弥尔顿在内的作者)的性别与文类关联而复杂化?艾迪生、斯蒂尔、邓顿(Dunton)等人为女性所写的主张论证了女性与期刊散文之间的类似关联吗?我们如何将女性阅读传奇时的负面期待,与女性阅读叙事或女性阅读如此作品的负面期待区分?女性与传奇常常因相同的事情(琐碎、好辩)而被指责,如此事实确保如是推论,即对传奇的批判与对女性的批判彼此牵连吗?女性阅读传奇时已指明的期待,以及男性传奇读者身份已明述的预期量,或性别未曾指明的读者身份(例如平民,年轻人)量,我们如何可能实现它们之间的平衡?我们如今(同时代的人们曾经)用"传奇"意指为何?例如,我们能从对法国英雄体传奇的 491
期待,或对某部斯居黛里的英雄体传奇的期待中推测出面对如此传奇的态度吗?(52)

女性与传奇的关联似乎已成为现代世界如此不言自明的事情,以至于禁止相关警告,以免我们把当前态度投向过去。然而,正是这种关联的熟悉程度也可能禁止我们锁定关联变得不言自明的历史时刻。然而,对我而言,似乎在女性与传奇的实例中,文类的性别化是一个可变且间断的现象。传奇是一个古老且极为复杂的模式,其在任何时刻的意识形态与文化意义取决于如此情况,即多重历史增长的某一个可能通过一个给定

(52) 关于对此问题非同寻常的仔细评估,及对这些大部分问题的回应,参阅 Helen Hackett,《"然而告诉我这样的一些故事"》("Yet Tell Me Some Such Fiction": Lady Mary Wroth's *Urania* and the "Femininity" of Romance),见《女性、文本与历史》(*Women, Texts, and Histories 1575—1760*),Clare Brant 和 Diane Purkiss 编(London: Routledge, 1992),第 39—68 页;Helen Hackett,《英国文艺复兴时期的女性与传奇小说》(*Women and Romance Fiction in the English Renaissance*)(Cambridge: Cambridge University Press, 2000)。关于斯居黛里,参阅 Ros Ballaster,《引诱的形式》(*Seductive Forms: Women's Amatory Fiction from 1684 to 1740*)(Oxford: Clarendon, 1992),第 42—49 页,作者对这些阐释性问题没有足够重视。安娜贝尔·帕特森(Annabel Patterson)认为,斯居黛里的传奇形式理论中存在"明确的女权主义动因"(《审查与阐释》,第 195—197 页)。此观点因其误读而不成立,即是女性克莱利亚,而不是男性赫米纽斯强调再现上文引用选段中"密室战争"的重要性,得以辩护的是"新传奇",而不是"历史"。

的详述语境而突显。甚至现代世界中传奇的女性特质不证自明遭到现代文学史实际跌宕的挑战。[53] 传奇的女性化有明确的不平衡发展，它由看似不易受整体概括影响的机会主义与本地化界定的运动组成。我在随后章节中的部分论述会是，近代早期文学学者们会揭示的 16、17 世纪女性与传奇相对清楚的关联，是 18 世纪末期及其家庭生活体制化与稳定化的产物。

失权的国王

伴随着空位期的到来与君主制的式微，隐秘及其秘史暂时具有特别的保皇派色彩。[54] 国家秘密如今随着现实帝国向共和国及摄政制度的转变而加倍如此。后者的国家权力鼓励"皇家传奇"的生产，用传奇秘密的间接性精心安排保皇派与国家秘密的对立。在此语境中，聚焦责任事宜之上的父权制类比的这个方面，在通过婚姻契约的私人制度勾勒公共问题方面特别有帮助。英国民众面临的这个公共问题起因是，克伦威尔在 1650 年颁发的法令要求所有英国公民遵从《共和国约言》(the Common-wealth Engagement)，也就是说，"宣告并发誓，我效忠于如今成立的，没有国王或上议院的英格兰共和国"。[55] 在这些话语中，皇家传奇的婚姻情节既把约言问题浓缩，又使之具化，一方面将政治契约凝练为婚姻契约的特征，另一方面把抽象的赞同悖论重构为如自我控制习惯实践经验那样

---

[53] 家庭传奇的心理分析阐释已鼓励将传奇性别化为男性，将现实主义或不同传奇类型性别化为女性。参阅 Sigmund Freud，《家庭传奇》(Family Romances) (1909)，Marthe Robert，《小说的起源》(Origins of the Novel) (1980)，见《小说理论》(Theory of the Novel：A Historical Approach)，Michael McKeon 编 (Baltimore：Johns Hopkins University Press，2000)，第 156—177 页。也参阅 Lisa Honaker，《传奇的复生》(Reviving Romance：Gender，Genre，and the Late-Victorian Anti-Realists) (罗格斯大学[Rutgers University]，博士论文，1993)，其研究的核心人物就是罗伯特·路易斯·斯蒂文森(Robert Louis Stevenson)。

[54] 一般参阅 Patterson，《审查与阐释》，第 4 章；Potter，《秘密仪式与秘密书写》。关于所谓的"共和国传奇"，参阅 Nigel Smith，《英国文学与革命》(Literature and Revolution in England，1640—1660) (New Haven，CT：Yale University Press，1994)，第 246—249 页。

[55] 《支持约言法案》(An Act for subscribing to the Engagement) (1650 年 1 月 2 日)，见《斯图亚特宪法》(The Stuart Constitution，1603—1688：Documents and Commentary)，J. P. Kenyon 编 (Cambridge：Cambridge University Press，1966)，第 341 页。关于婚姻契约与政治契约之间的类比，参阅本书第 3 章。

的约束力。⑤⑥

《克洛娅与那喀索斯》(*Cloria and Narcissus*)在 1653 年出版时,有一 492
篇采用普通平民读者语气,讲述作品起源的序言;尽管这位读者思想单纯,
但他也怀疑可能那里还有很多隐藏之事:"我在海上漂流时正好细读这篇
故事里的内容,当时根据我的感受与理解,它不仅看似读起来令人愉悦,而
且在我理解能力内,似乎在很多地方留有神秘之处,要么属于当前外国发
生的事情,要么就在不久予以执行的事情。"国内(即英国)参照的唯一暗示
来自关于此文本之于英国读者非同寻常可读性的描述:"多年以来,并不是
任何一部传奇曾用英文写成。每天穿行其他国家时,如此之多的各类作品
涌入世界,为人所读。"⑤⑦八年后,此文本更换了书名,并以得到极大扩充的
版本面世,尽管如其直白序言明言那样,如今得到极大改变的政治局势似
乎排除了传奇的间接性:"如今你有《公主克洛娅》(*The Princess Cloria*)整
部作品,不然它可被称为皇家传奇。其中一部分之前是在最困难时代印
刷,也就是说在克伦威尔专制政府时期印刷,那时说出或提及任何国王关
切的事情都被视为犯下滔天大罪,近乎可以被判处篡夺罪。"⑤⑧

如今,传奇可能得到公开承认,以此预示"国王的关切",并使之家庭
化。然而,斯图亚特君主制的回归并没有使传奇情节就此消失。相反,
《公主克洛娅》如今被坦率地宣称为那些"混合"形式之一,其"创作手法的
文风与方式是古今混合"(A1v)。⑤⑨ 读者得到指示,不是"寻求在每个特

---

⑤⑥ 参阅 Victorian Kahn,《玛格丽特·卡文迪什与契约传奇》(Margaret Cavendish and the Ro-
mance of Contract),见 *Renaissance Quarterly*,第 50 卷,第 2 期(1997),第 526—566 页。卡
恩(Kahn)把卡文迪什的 1656 年叙事读作此类适应的范例。

⑤⑦ 《克洛娅与那喀索斯》(*Cloria and Narcissus. A Delightful and New Romance*,*Imbellished
with divers Politicall Notions*,*and singular Remarks of Moderne Transactions*)(1653),"致
读者",A3r-v。Salzman,《英国散文体小说》,第 157 页,注释 19 注释,将此作品及其扩展归
功于帕西·赫伯特爵士(Sir Percy Herbert)。

⑤⑧ 《克洛娅公主》(*The Princess Cloria*;*or*,*the Royal Romance. In Five Parts. Imbellished with
divers Political Notions*,*and singular Remarks of Modern Transactions. Containing The
Story of most part of Europe*,*for may Years last past*)(1661),"致读者",A1r(随后引用在
文中圆括号内标示)。至少《克洛娅与那喀索斯》的其他部分自 1653 年首次印刷后就已出
版,并纳入《克洛娅公主》中。

⑤⑨ "古"(Antic)表达了一种与古代罗马遗物中发现的幻想图样相关的奇异或奇特特点(《牛津
英语词典》)。因此,可能此处就是字义与讽喻、历史与传奇、新与旧之间的混合含意,旧本
身在此化身为一种"古"形式混合。

定情境中的精准历史，尽管可能基于得当思考，你会发现主要故事与发生在国内外的无数事件之间的某种有条不紊的连贯性"（A1r）。秘史的混合形式从尖锐的政治必然中摆脱出来，学会如何基于认识论与道德理由为自己正名。"否则不可能在如此传奇中表述内在激情与隐藏思想，出于必须，这伴随所有交易后果，政客时不时在协议中通过此类外表与表情来评断效果，他们有机会在任何重要商业中进行处理。"（A3r）实际特殊性的吸引力因政权更迭而得以安全，如今又被具体特殊性的吸引力挑战："世界普遍发生的事情并不总是以高调到足以成为样例的方式发生，或以此吊起读者的胃口，假装的事情可能不是在传奇的理念下发生。"（A3r）示范性叙事是最好的言传身教。实际历史，它们鲜活的来源仍然在说教
493 层面有比较小的传播力量。的确，"过去时代的历史只是某类留给后世的传奇，因为它们没有相关证据，只有人们可能的观点。解读几乎所有国家的历史部分之举会受到质疑"（A3r-A4v）。

　　作为外在线索的内在，作为规诫线索的样例，这些示意关系从其他示范性与家庭化说教的尝试中为我们熟知，并支持了向一个包容的甚至普通的读者身份讲话的目标，这在《克洛娅与那喀索斯》更早期的摄政时期版本中显见。但复辟时期使保皇派"隐秘"的脆弱完整性断裂，排除流亡国王的新型、广阔、营造对立的阐释，同时重振执政国王的旧有绝对主义阐释。因此，平民的理解不再如此有吸引力。根据《公主克洛娅》的序言，故事的公共意义"一点也不难以被人理解，这些人只是淡然地熟稔欧洲事务。对其他更粗俗之人而言，诸如纯粹的爱情与骑士精神传奇等此类作品可能在最恶劣状态中得以尊崇，这足以证明他们闲暇的娱乐性"（A1v-A2r）。正如绝对主义者枢机主教马萨林（Cardinal Mazarin）在《公主克洛娅》所言，"对平民而言，国家秘密与推测的神性相似，仅为有学识的学生所知，无法在没有阐释者情况下进行辩论，以免外在感官将所有一切转为无神论，随后成为确凿的学说"（568）。[60] 根据另一部"皇家传奇"所言，"我们国家化的审查员人才如此热切与渴望，正如这种皇家传奇不会在一写就或出现时就被出版社接受"。它很快在理查德·克伦威尔（Richard

---

[60]　引自 Salzman，《英国散文体小说》，第 162 页。藏于英国博物馆的《克洛娅公主》1665 年版本扉页上有一个手绘的钥匙，转录自 Haviland，《英国国土上的长久气息传奇》，第 107 页。

Cromwell)退位后的1659年出版,当时斯图亚特王朝将再次成为“国家化审查制度”的推动者,而非相关对象。(61)

掌权的国王

归位的国王未能使其祖父(悖论地)试图予以阐明的隐性权威情境复位;此外,盛行二十年之久的文学公共领域的稳健多因素地决定了这一失败。普遍的文学传播,与特殊的印刷复制各自显化能力一旦运行,这就超越了国家遏制力量。查理二世委任罗杰·艾斯特朗爵士(Sir Roger L'Estrange)担任不知疲倦的皇家出版审查员,其为监控国家秘密外泄付诸的努力前所未有,但大多无效。充斥潜在诽谤讽刺的国务诗歌并没有因国王于1660年颁布的《赦免公告》(Declaration of Indemnity and Oblivion)而受阻。它们在早先十年内激增,其中很多意在揭露这种或那种政 494
府丑闻。(62) 1667年,约翰·德莱顿出版了《奇异之年,1666;一首历史诗》(*Annus Mirabilis: The Year of Wonders, 1666. An Historical Poem*),用新近事件叙述部分驳斥了这些秘史。他暗示,作品“过于严格地受制于历史规则”,以至于容易遭受挑战。德莱顿的诗歌以父权制格言“王国就是君王必须引领的家庭”为前提,并用隐喻的肌理(如果不是全面的讽喻)既把瘟疫、战争、烈火的国家灾难浓缩为家庭危机寓言,又把它们具化为象征天意的俗世详述。(63)

同年末,安德鲁·马维尔发表了一首概括德莱顿担心之事的诗。《给

---

(61) “对睿智读者的广而告之”(Advertisement to the judicious Reader),见 Richard Brathwaite,《潘莎莉亚》(*Panthalia; or, The Royal Romance*)(1659),序言,A2v,引自 Derek Hirst,《英国共和国的文学政治》(The Politics of Literature in the English Republic),见 *Seventeenth Century*,第5期(1990),第141页。

(62) 关于选择,参阅《国务诗歌》(*Poems on Affairs of State: Augustan Satirical Verse, 1660—1714*),第1卷,George deF. Lord 编(New Haven, CT: Yale University Press, 1963)。关于此时期的印刷文化,一般参阅本书第2章。

(63) John Dryden,《奇异之年》(*Annus Mirabilis*),序言“概述”,第31—32行、552行,见《约翰·德莱顿作品集》(*The Works of John Dryden*),第1卷,Edward Niles Hooker 和 H. T. Swedenberg Jr. 编(Berkeley and Los Angeles: University of California Press, 1956),第50、80页。关于该诗辅助阅读材料,参阅 Michael McKeon,《英国复辟时期的政治与诗歌》(*Politics and Poetry in Restoration England: The Case of Dryden's "Annus Mirabilis"*)(Cambridge, MA: Harvard University Press, 1975),第1、5章。

画家的最后指导》(*The Last Instructions to a Painter*)以一系列基于贺拉斯的传统主题“诗如画”(ut picture poesis)为高潮，并在德莱顿自己的浓缩游戏中将其击败。(64) 马维尔把英国虚构成坐着让人画像的“我们的国家夫人”，借助关于画家应强调哪些方面的建议，使诗人真实画像先于这想象绘画。这种把公共表现为私人，把伟大表现为渺小的安排准许了非凡的讽刺(但也是诽谤)技巧，马维尔借此把英国的领袖简化到被轻视的程度。此策略的出色之处至少部分在于如是事实：诗人与画家的简化手法是那些领袖在不知情状况下行事的正面有效版本：

> 画家在此暂停，检视一下
> 他们用怎样的小手法参与公共游戏。
> (第 117—118 行，第 160 页)

诗人通过知晓这个重要不同，重演伟大的无意识仿英雄体，并指导画家“通过显微镜来瞄准”(第 16 行，第 157 页)。马维尔将英国海军遭受羞辱一事描绘成悍妇游街示众，以此使之家庭化，没有能比这个大师级显微镜观察更好的情节：

> 一度参战的宫廷，如今热衷和平，
> 他们对新进展恣意释放恐惧。
> 从他们获得情报的格林威治那里，
> 传来军事与老旧娱乐消息。
> 最初创造一个惩罚让
> 违背自然法的男性化妻子心存敬畏。
> 强壮的女性何时何地不顺从，
> 打到自己丈夫祈祷和平为止，
> 陪审团并不认定他有损失，

(64) Andrew Marvell，《给画家的最后指导》(*The Last Instructions to a Painter*)(1667? 1689)，见《安德鲁·马维尔诗歌全集》(*Andrew Marvell: The Complete Poems*)，Elizabeth Story Donno 编(Harmondsworth, UK: Penguin, 1978)(随后参考源自此版本，并在文中圆括号内标示)。

其所行不受狭隘公义所限。
但正义的街坊邻居的确进来， 495
让这对夫妇骑上瘦峋的老马，
纺纱杆挥舞，锅里的谷粒飞舞，
成群结队的男孩女孩奔跑呼叫，
谨慎的古代知道用羞耻遏制
家庭罪行，这比法令更佳，
并用天真场景教育青年！
因此，画家，你和我用简画
再现他人之错，并用使之可笑的方式
来假设，达到劝阻目的。
(第 373—392 行，第 167 页)

宫廷谋求和平的决定是特有的腐败秘密，是对英雄体自称悲观且隐秘的减损，“因此秘密制定和平法令，/然而议会严控战争”(第 123—124 行，第 160 页)，诗人将这种公共不忠比作家庭蒙羞的仪式，以此用相同的方法惩罚。丈夫是英国，妻子是荷兰，悍妇游街示众包括强壮的荷兰“痛打”英国，以及懦弱的英国乞求“和平”的方式。但因为惩罚仪式是表演性的，而不是直接的，实际游街并不是由犯错的“夫妇”参与：“因此荷兰与我们掌驭，/我们隔壁邻居法国与佛兰德斯(Flanders)游街。”(第 395—396 行，第 167 页)游街不仅以明显的意义驯服“家庭罪行”，而且因为责难的主要耻辱不是落于外国敌人，而是那些背叛自己人民的国内敌人身上。但因为正是国家本身要受到责难，正义不是在公共“法律”，而是在“正义的街坊”那里寻求，普通英国民众的意愿是通过讽刺艺术的减损力量而得以“教育”。(65)

尽管此情节是一个相对微弱的例证，《给画家的最后指导》充斥着将公共政治策略性简化成私人性别，如我们所见，浓缩的极端行为通过这个日益普遍的观点得以正名，即在查理二世治下，国务已受困于浪子的自我

(65) 参考公共领域主张的司法功能，本书第 2 章，注释 91—92、99—103。关于作为民众集合所在及平民正义所在的街道，参阅本书第 4 章，注释 2—6，图 4.2、4.4 和 4.5。

放纵。在该诗结尾之处,马维尔用有趣的反身性描述饱经忧患的查理突然被关于英国,"我们的国家夫人"的幻想惊醒,她曾是诗歌开篇画像的讽喻主体。问题是,不同于我们读者,查理最初没有认出她,相关原因就是她的外表:

如新生儿般赤身裸体,
双手交织缠绕在身后,
双唇紧闭,眼前蒙布,
然而面纱下她羞愧难耐,
496 默流泪水诉说内心之苦。
如此耻辱让她心碎不已,
这奇异之事没有让他心生恐惧,
他最初好奇,随后怜惜,最后爱慕,
用温柔之手把羞怯幻想抱住,
(她的更美之处因苦恼显现)
(第 893—902 行,第 180 页)

查理是肤浅好色的读者,把能指当所指,因"羞怯幻想"而忽略"内心之苦"。马维尔的秘史确保我们未尽之事。

我们已论述马维尔的 17 世纪 50 年代乡村宅院诗歌对次要与伟大的田园诗所做贡献。1677 年,约翰·雷斯(John Lacy)嘲弄了《颂阿普尔顿宅》(Upon Appleton House)中已有暗示性的语言,把宅院浓缩为阴门,把费尔法克斯的气派浓缩为查理下身勃起:

阴门就是你可以勃起的宅邸,
你定于此处,恰如乌龟与壳,
头时不时地伸进探出,
吸气,然后再次深入。(66)

(66) John Lacy,《讽刺》(Satire)(1677),第 13—16 行,见《国务诗歌》,第 1 卷,第 426 页。关于乌龟的奇喻,参阅《颂阿普尔顿宅》,第 97 诗节。

国王在性及其他方面的秘密约会都从威廉·希芬奇（William Chiffinch）那里得到便利。后者于 1666 年被任命为暗梯首席侍从及国王内阁密室（紧邻查理卧室的私人房间）管家。希芬奇作为性及政治皮条客而闻名，他的影响领域就是王宫的内廷。罗彻斯特伯爵说过希芬奇在为查理安排潜在新情妇中扮演的角色。罗杰·诺斯（Roger North）认为，"暗梯可能恰当地被称为间谍办公室，国王与特定的人在此讨论各种阴谋"。希芬奇"发现人们的品性，国王绝不可能通过任何其他方式得以了解"。⑥⑦ 当然，大体而言，政治的性别化植入英国王朝继承体系。后期斯图亚特王朝统治中最重要的复杂性就是继承不确定性，这把婚姻、离婚、生育等私密问题引入政治议程的最前列。因此，政治秘密远非性秘密。⑥⑧

艾斯特朗在至少临时隐藏时取得的最伟大成功就是 1670 年的多佛（Dover）密约，秘密与路易十四结盟，从而使当时亲荷兰、反法国的政策反转，英国与法国借此发起针对联合省的战争。按照自己的日程表，查理会公开接受罗马天主教义。正如密约第一条所言，"条款如此机密，且对双方有利，两国君主认为，任何历史时期难见类似重要条约"。该密约如此机密，以至于不仅查理的大多数枢密院成员，甚至大多数他内部"秘密小集团"成员都不知道条款，被有意地"隐瞒信息"，实际上是用一个与真实条约类似，但遗漏天主教皈依条款的虚假条约的谨慎虚构来欺骗。⑥⑨ 因为英国宗教改革已使英国君主成为护教者（defensor fidei），以此将教会与国家融合。查理的皈依意味着英国国家的皈依。查理"对自己臣民的忠诚与情感声称有如此信心，以至于他们中的任何人，甚至那些迄今被拒绝神意恩典完全倾述之人都没有在应当顺从自己君王方面犯错"。然

497

---

⑥⑦ Roger North，《弗朗西斯·诺斯的一生》(Life of Francis North, Lord Guilford)（1742），第 210 页，引自 David Ogg，《查理二世治下的英国》(England in the Reign of Charles II)，第 2 版（Oxford：Oxford University Press，1956），第 331 页；《约翰·威尔莫特书信集》(The Letters of John Wilmot, Earl of Rochester)，Jeremy Treglown 编（Chicago：University of Chicago Press，1980），第 187 页。关于希芬奇的职务与任命，参阅 David Allen，《查理二世的希芬奇政治功能》(The Political Function of Charles II's Chiffinch)，见 Huntington Library Quarterly，第 39 卷，第 3 期（1976），第 277、281 页。

⑥⑧ 关于父权制思考提供的这些事宜更大语境，参阅本书第 3 章。

⑥⑨ 条约重印于 Ogg，《查理二世治下的英国》，第 344 页；关于条约的两个版本，参阅第 342—348 页。

而，密约承认需要备用方案，也定下寻求法国在把英国转型为天主教国家时予以财政及军事支持的条款。(70)

1670 年的密约因此将“神意恩典”的理解屈从于“应当顺从”，将个人良知屈从国王对国家利益的看法。对马维尔而言，这种使宗教顺从政治的有违常理之举一般具有罗马天主教立法者的特点，“他们不是用基督教的规则宽恕自己的政府，而是用自己政府措施改造基督教，用曲线简化直线，将神意与人事结合，并一直砍削出新事物，以此框定政治不一致的不合规人物”。马维尔这通众人皆知的煽动性慷慨陈词开篇是在多佛密约签订七年后匿名发表，用这庄严事件与近期隐秘的，或不那么隐秘的英国秘史结合起来：“多年以来，一直有将英国合法政府改造成绝对专制，将现有新教宗教改为彻底天主教的企图。”(71)

对英国新教徒而言，天主教父权制的教会秘密与绝对君主制的国家秘密无缝契合。马维尔的小册子有助于把对天主教的恐惧提炼为对此时期最著名且具多样政治意义的秘密——天主教阴谋的揭露：谋杀查理二世，将其天主教弟弟约克公爵詹姆斯扶上宝座的，公认的天主教阴谋。正如多佛密约证明的那样，阴谋并不完全是阴谋论的臆想，现代史学已倾向暗示如此。此外，密信的发现与出版激起了马维尔与其他人感受到的愤怒。有些密信是用密码写成，并被约克公爵夫妇的罗马天主教秘书爱德华·科尔曼(Edward Coleman)随意流传，以此为詹姆斯谋求多佛密约已
498 为查理确定的那类天主教财政支持。(72) 1681 年，根据下议院法令而出版的科尔曼书信，更低调地让人想起内斯比战斗之后《被打开的国王之盒》出版所遭遇的沮丧。

---

(70) 关于多佛密约的第 2 条款，见 Ogg，《查理二世治下的英国》，第 345 页。

(71) Andrew Marvell，《天主教发展与英国专制政府记述》(*An Account of the Growth of Popery, and Arbitrary Government in England*)(Amsterdam, 1677)，见《安德鲁·马维尔作品全集》(*The Complete Works of Andrew Marvell*)，Alexander B. Grosart 编(1875; New York: AMS, 1966)，第 4 卷，第 281、248 页(1678 年版遗腹作的文本已确认为马维尔的作品)。

(72) 参阅 Ogg，《查理二世治下的英国》，第 571—573 页。关于詹姆斯在天主教阴谋中的积极共谋证词(如果不是他准备暗杀自己哥哥的话)，参阅 J. P. Kenyon，《天主教阴谋》(*The Popish Plot*)(Harmondsworth, UK: Penguin, 1974)，第 160、176—177 页。

天主教阴谋让查理处于一个被动受害者的角色内,这可能归功于仍然有效的(如果老掉牙的话)虚构,国王本人"不会出错",[73]无视该虚构的后果仍然深深地留存在民众的回忆中。然而,把查理描绘成受邪恶顾问与秘书摆布的一个相对无辜的受操纵者,这与奇特的国王私人化意象相符,这不仅源自当时把他视为浪子性瘾者,而且如我们将要看到的那样,把他视为被自己弟弟政治野心背叛的情意绵绵之丈夫的观点。在之后的八年,英国报刊充斥着发现天主教与托利党背叛诸事,随着政治风潮的反转,又变成狂热者与辉格党的背叛。对艾斯特朗而言,这的确是"故事的时代"。[74] 在最后十年,斯图亚特绝对主义难以应对的问题会通过詹姆斯被废黜与取代(不是弑君)的方式而永远解决。

法国军队与资金的秘密保证证明,路易十四是不知疲倦的英国天主教推动者,如多佛密约所言,他"热切地对不仅有助于英国国王,而且有助于整个天主教世界的光荣谋略做出贡献"。1671 年,约克公爵的妻子辞世时,路易认为在"私人"语域中显示自己的支持,施加自己的影响以确保英国王位继承者重娶一位法国女人是件容易的事情。两年后,詹姆斯与摩德纳的玛丽(Mary of Modena)之间的婚约确定,婚礼通过代理人而完成。詹姆斯告诉法国大使,他在情感上把自己的新娘视为路易的女儿。婚姻处于秘密状态,至少一段时间不为英国议会与民众所知。王后至此确认无生育能力,某些人正劝查理本人离婚再娶,这显然违背了国王弟弟的利益。[75] 贵族获得议会许可离婚再娶是罕有现象,尽管国王在 1670 年为此分心,[76]他对王室再婚这煽动性问题有自己的想法。

---

[73] Marvell,《天主教发展与英国专制政府记述》,第 249 页:"他本人是最神圣不可侵犯的,任何所犯过分,辜负如此之高信任的事,都无法归咎于他,因为他免于所需或超越诱惑。只有他的大臣们对所有这一切负责,必须自冒风险以应对。"

[74] Sir Roger L' Estrange,《艾斯特朗的阴谋纪实》(L' Estrange's Narrative of the Plot),第 2 版(1680),第 I 页。在马维尔与艾斯特朗各自所写的纪实之间,夹杂着提多·奥茨(Titus Oates)所写《天主教派可怕阴谋及谋取国王陛下性命之密谋的纪实》(True Narrative of the Horrid Plot and Conspiracy of the Popish Party against the Life of His Sacred Majesty)(1679)的出版。关于马维尔那部作为"秘史"的小册子的讨论,参阅 Annabel Patterson,《马维尔与秘史》(Marvell and Secret History),见《马维尔与自由》(Marvell and Liberty),Warren Chernaik 和 Martin Dzelzainis 编(New York:St. Martin's, 1999),第 23—49 页。

[75] 参阅 Ogg,《查理二世治下的英国》,第 345、378 页和注释 5。

[76] 参阅本书第 3 章,注释 68。

黑盒的秘密

1661年，查理与布拉干萨的凯瑟琳（Catherine of Braganza）的婚约是依循历史悠久王朝传统的公开结盟婚姻。1680年，他不得不发布一个声明，特别否认更早的秘密爱情婚配："现有极为谬误且可耻的谣言，假说我与新近离世的某位叫沃尔特，别名巴洛（Barlow），现任蒙莫斯公爵之母的女士已结婚，或定有婚约。"露西·沃尔特（Lucy Walter）曾是查
499 理流亡海牙时的情妇，1649年，她产下一子。国王所称的，关于自己儿子合法性的"这个无聊故事"据说有藏于一个神秘黑盒的证据为证。(77) 罗伯特·费格森（Robert Ferguson）在回应查理的声明时带有内战时期养成的怀疑态度，并定下这个原则："否定国王并不是本着内在信念予以支持，而是我们应以相同的明智相信或不相信他们所言，以及我们尊重自己享有的如是特权，用他们要求我们应给予的那种信任待人。"费格森声称，查理"不久前已经说过，他已被自己弟弟的胡搅蛮缠弄得不得安生"，并回忆起约克公爵也极力与自己首任妻子安妮·海德（Anne Hyde）离婚。"可能的是，他认为，如果可以引导民众相信这是家庭与生俱来，流淌在血液中的疾病，他自己所做之事可能会有些许缓解。"至于查理，"我们中的有些人可能记起，对她的极端之爱如何简化成他妻子深感绝望的境地。后来的王后，他的母亲得知他的疾病及其原因，同意他对自己的迎娶提议，而不是他应该在自己别处难以遏制的欲火中消耗与死亡"。(78)

费格森声称的回忆奇怪地接受了他怀疑态度，考虑到黑盒故事的传奇常规，并在彼特拉克式相思病语言中有所听闻。实际上，费格森已在不到一个月的更早时间内明确反对：

---

(77) 《国王陛下对其拥戴臣民的宣告》（*His Majesties Declaration to all his Loving Subjects, June the Second, 1680*）（1680），第3、4页。

(78) Robert Ferguson，《关于国王否认曾与蒙莫斯公爵母亲结婚而致某贵人的信》（*A Letter to a Person of Honour, concerning the King's disavowing the having been Married to the D. of M's. Mother*）（1680年6月10日），第5、2、1、7页。

但事实上，关于黑盒的整件事情仅是传奇，有意编造出来冒充婚姻之事，并使之成为笑柄，这的确与此没有关系。对那些认为有助于自己当前利益的人来说，蒙莫斯公爵有继承王位权利不仅败坏名誉，而且暴露丑闻，尽管这是必要之举，而不是纯粹地询问他是否是国王的合法儿子，或只是私生子。将与之无法附加的情境搬上舞台，假定这被人们认为只是寓言，国王与所称的母亲公爵夫人之间的婚姻本身早就经历了相同的指责。

从这个视角来说，黑盒的象征是某种秘柜，其潜在真实性有意因传奇根基的多余虚构性而削弱。无论如何，费格森此处对蒙莫斯事业的支持完全超越了关于后者合法性的声言，因为："对婚姻现实而言，所有的这些，看到可能就是做到，在此方面如大多数其他婚姻那样，除诸如此类个人在场的证据之外，不会预期任何其他证据吗？"的确，"谁是王位间接明显继承人？这不是什么大事，如果我们只是考虑到英国议会常常为政府提供继承者，当公共利益需要且毫不顾及这类细节时"。[79]

威廉·劳伦斯（William Lawrence）把费格森关于"私人"婚约高过教会与国家的"公共"许可的论点阐述得更有说服力。他坚称："如今正在思考的婚姻是合法的、圣洁的，是在天性与经文中得以宣告的，根据上帝订立的道德律法而缔结的不可毁损的婚姻。"对劳伦斯而言，上帝的道德律法标准就是自然交媾事实。德莱顿在《押沙龙与阿戚托菲尔》中用《旧约》象征论来为查理辩护，其众多目的之一就是，这至少让他似乎通过设定自己故事背景以应对这个论点：

> 在虔诚时代，牧师依职责行事，
> 之后的一夫多妻才成为罪愆；
> ……
> 天性萌动之时，没有法律否定

500

---

[79] Robert Ferguson，《关于黑盒而致某贵人的信》（*A Letter to a Person of Honour*，*concerning the Black Box*）（1680 年 5 月 15 日），第 1、3 页。

拥有妻妾的性乱之举。(80)

恰如费格森之于黑盒，称某个故事是此时的“纯粹传奇”就是控诉它最多仅是不可能，更可能是明显的谎言。(81) 的确，黑盒的故事符合熟悉的家庭传奇模式，英雄的父亲在此被发现是君王。相比之下，运用显著传奇能指的政治讽喻在某种意义上准确地免于如此指控，因为它夸耀地接受了虚构性。影射小说正式把参照真实民众的责任指派给读者，以此至少在理论上能够避免与关于实际特殊性主张相称的怀疑，即与假定的免于诽谤起诉之事类似的认识论自由。(82)

关于黑盒的难以置信传奇是在1682年被重新阐述为政治讽喻，仿佛是在承认其可能性。作者将其描述成“小说”，并在叙事之前的序言中称赞“小说、传奇与讽喻作品”。故事发生在查理一世战败之后，奥特尼亚(Otenia)国王康拉都斯(Conradus)(查理)与露西柳斯(Lucilious)(露西·沃尔特)相爱。(83) 但因为“迎娶臣民并非奥特尼亚国王们的惯例”，帕丁纳亲王(the Prince of Pardina)(詹姆斯)建议自己的哥哥“用所有能够

(80) William Lawrence，《长子继承权》(*The Right of Primogeniture, In Succession to the Kingdoms of England, Scotland, and Ireland … With all Objections answered, and clear Probation made, That to Compass or Imagine the Death, Exile, or Disinheriting of the King's Eldest Son, is High Treason. To which is added, An Answer to all Objections against declaring him a Protestant Successor, with Reasons shewing the Fatal Dangers of Neglecting the same*)(1981)，序言，A3r；John Dryden，《押沙龙与阿戚托菲尔》(*Absalom and Achitophel*)(1681)，第1—2、5—6行，见《约翰·德莱顿作品集》，第2卷，H. T. Swedenberg Jr.和Vinton A. Dearing编(Berkeley and Los Angeles：University of California Press，1972)，第5页。关于劳伦斯与德莱顿诗歌之间的联系，参阅Mark Goldie，《德莱顿所写押沙龙的语境化》(Contextualizing Dryden's Absalom：William Lawrence，the Law of Marriage，and the Case for King Monmouth)，见《后宗教改革时期英国的宗教、文学与政治》(*Religion, Literature, and Politics in Post-Reformation England, 1540—1688*)，D. B. Hamilton和Richard Streier编(Cambridge：Cambridge University Press，1996)，第208—230页。关于获得许可婚姻与契约婚姻之间的差别，参阅本书第3章，注释30。

(81) 参阅Michael McKeon，《英国小说的起源》(*The Origins of the English Novel, 1600—1740*)(Baltimore：Johns Hopkins University Press，1987)，第1章。

(82) 在实践中，诽谤起诉把确定是否指涉真实人物的责任指派给陪审团，由他们判断“读者的普遍性”如何可能解释本着“它们真实与恰当意义”使用的词语。参阅本书第2章，注释131—132。参考德拉瑞维尔·曼利(Delarivier Manley)否认任何“特定反映”意图，以此驳斥诽谤控诉的尝试，参阅本书第13章，注释35—36。

(83) 查理王子在保皇派失败后的命运也为其他政治传奇提供了原始素材，正如他在伍斯特(Worcester)战役之后游荡叙事，见McKeon，《英国小说的起源》，第213—214页。

想象到的隐秘方式”娶露西柳斯，只有他自己与一位牧师作为见证人。露西柳斯仍然对如此婚姻的不平等（因此也确定了其合法性）烦心，表示反对。康拉都斯着手用“所有爱情与激情能够创造出的辞藻”劝说，随后是既算遁词，又算率直爱情谈话的亲密话：“他们根据帕丁纳亲王的建议秘密结婚，约十个月后，她产下一子。”康拉都斯重归王位时，帕丁纳“完全否 501
认”自己与妻子之间的婚约，敦促哥哥依循旧例，国王最初予以拒绝，反而“公开向公众宣告，承认露西柳斯为自己的妻子”。然而，康拉都斯很快被说服，反悔，用公开仪式重新娶妻，并公开否认自己以往的婚姻。如今，弟弟对哥哥的奸诈影响从这些私人之事延展到政治与宗教公共事务上。帕丁纳如今说服相信天主教阴谋的康拉都斯认定新教徒阴谋事实。在更进一步历险之后，故事在康拉都斯听到如是传言时中断了：“见证国王与其母亲婚礼，以及王子出生的人还活着。”(84)

《困惑的王子》（*The Perplex'd Prince*）尽管是急就章之作，它带着极大的兴趣探讨了渗入文本的公共-私人区分若干维度。其形式家庭化机制与影射小说形式一致，使公共政治与传奇故事之间一对一的对应成为必要（康拉都斯是国王，正如查理也是国王），但不是公共政治浓缩为私人家庭生活。然而，浓缩的形式细微差别通过众多实质因素得以沟通。最显著的是，两位妻子之间的选择是从婚姻的私人与公共模式之选择方面进行阐述，后者与其他细节相关，以便将叙事分为存在的两个微妙不同模式。第一次婚姻的隐私正如伴随的亲密求爱戏弄一样，这确认了我们如是印象，即这是因丈夫与妻子私人选择而起的爱情婚配。第二次婚姻的官方仪式与作为政策之事的实用地位相符，这超越了如今被困扰的困惑王子的意愿。作为内在领域新兴意识形态力量的爱情婚姻聚力，用公认的，更明显的内心真实性挑战基于国家秘密的合法性理念，以此支持与蒙莫斯有关的政治论点，

这也是经验主义事实的真实性。因为考虑到此时关于何以构成婚姻合法性的争议深度，康拉都斯与露西柳斯的婚姻有基于大众习俗常识的，极具争议的合法性，对其完全否认只能说明权宜及精英主义的蔑视。弟弟帕丁纳是这个政策的缔造者，也是蔑视民众之源。与这种公共利益陈

(84) T. S.《困惑的王子》（*The Perplex' d Prince*）（1682），A4r，A5r，第18、21、38、52、56、123页。

旧论述对立的，类似公众舆论之事的坚持可以在“某些仍然活着的人”声音中察觉，他们直面官方谎言，静静地坚守这段秘史的真相。简言之，神
502 秘黑盒的传奇象征已被重塑成民众的个人正直。尽管国王本人是公共领域的官方与至高代表，但他是受自己国家机构操纵的，有基本同情心的个人。他对自己妻子之爱是真诚的、忠贞的，因为妻子与私人领域的真实性有深度关联，从而他也与“私人”民众有关。民众同样被自己的君主爱护，甚至当他们被君主出卖，不得不站出来，作为“公众”（借用哈贝马斯的措辞）与其对立之时。因此，废黜政治由消极自由理想支撑，它在国家政治的宏观世界中作为与国家对立的公民社会反应而聚合，但它“秘密”植根于情感婚姻经验的微观世界中。人们可能感觉到《困惑的王子》以这种方式不仅将政治人物的实际特殊性家庭化为传奇人物的具体特殊性，而且家庭化为一个浓缩的“小说”爱情情节，即一位软弱但善良的人被家庭专制胁迫，弃绝自己真正爱情。

德莱顿关于废黜危机之伟大诗歌的形式复杂性源自其作为象征能指经文，而非作为讽喻能指的传奇运用。即便如此，《押沙龙与阿戚托菲尔》作为示意体系的易变与类似《困惑的王子》的影射小说易变有某种关系，甚至与裁定公共-私人区分的，更表面的努力有关。(85) 这本小册子出版一年后，它开始遭受驳斥，采用的策略就是将德莱顿的诗歌转为影射小说。作者确信挖出黑盒的自我戏仿标记：阿戚托菲尔“透露，在某个黑盒内有一件文书，是大卫与押沙龙母亲的婚约，是将王位传给他与该女士可能所生子嗣的命令”。此外，这本小册子表明如是精明意识，即辉格党的废黜政治如何意在利用国家与家庭之间的父权制类比。借助如此理解，阿戚托菲尔会让押沙龙“依靠自己及其党羽，直到以此方式分化并摧毁王室。他可能用家庭分歧，以及将君主制降格为共和国或民主制的方式达到目的”。(86) 家

---

(85) 参阅 Michael McKeon，《〈押沙龙与阿戚托菲尔〉的历史化》（Historicizing *Absalom and Achitophel*），见《新 18 世纪》（*The New Eighteenth Century*：*Theory*，*Politics*，*English Literature*），Felicity Nussbaum 和 Laura Brown 编（New York：Methuen，1987），第 23—40 页。尽管我没有用这些术语对此描述，类似于公共-私人辩证法的东西通过德莱顿将类型和反类型、预期和完成之间的互动，与过去和当下、神圣和世俗之间的互动联系起来的显著趋势而得以触及。

(86) 《逃亡的政客》（*The Fugitive Statesman*，*in Requital for the Perplex' d Prince*）（1683），第 50—51、26 页。

庭是借以打开国家之锁的钥匙，在阐释学里是这样，在政治学里也是如此。

《圣战》的秘密

在基督教讽喻中，政治，如果它是完全出现的话，那它就是示意的能动，而不是家庭化的所指目的。班扬的《圣战》(*The Holy War*)(1682)就是实例，它用绝对主义治国术的具体语言将精神的抽象表述家庭化。班扬笔下的情节是基督教历史与个人救世神学情节，历史在读者面前作为形式与内容层面的秘史而得以揭示。曼索尔(Mansoul)是沙代国王 503
(King Shaddai)治下寰宇(Universe)王国的一处城镇，现被狄亚博鲁斯(Diabolus)围困。沙代国王决定让曼索尔落入入侵者之手，并告诉自己的儿子伊曼纽尔(Emanuel)，光复这片沦陷国土是后者未来的职责。三位一体的具化由首席秘书完成。如伊曼纽尔所言，首席秘书“总是我父亲所有法律的首席裁决者，和我父亲一样，或也和我本人一样是能够完全掌握所有秘密，以及秘密知识的人。的确，在本质上他和我们一体”。一旦沙代国王做出决定，他就命令自己秘密的保守者做好“关于所决定之事的完整记录，以便将来在寰宇王国四处昭告天下”。这份记录——“沙代用意的秘密”——就是圣经，实际上是上帝的国家理性。首席秘书也教曼索尔民众如何“向我的父亲提出、起草陈情”，也就是说，祈祷。(87) 伊曼纽尔用“某些父亲的首席秘书写的奇特秘密谜语”以博民众一乐时，书页空白处也把这些谜语认作经文。当然，班扬为读者所做的也是在告诉我们“曼索尔及其战争剖析的/那些历史”中的一个。

> 没有我的钥匙，你不知如何行事，
> (人们很快会在迷宫中失去方向)。
> 如果你想要知晓我的谜语，
> 想要用我的母牛犊耕地，就要正确地扭转钥匙。(88)

---

(87) 关于绝对主义国家陈情惯用技巧面临的挑战，参阅本书第 2 章，注释 69—73。

(88) 参阅《旧约：士师记》，第 14 章，第 18 节。

它就在窗户那里。⑧⑨

班扬笔下的"窗户"是自己文本的空白处，在与此行诗文临近的空白处标出"旁注"的注解，将如此这般与经济的反身性等同。相似的反身性主导了两部秘史之间的关系，班扬的文本，以及如国王的首席秘书那样用旁注的方法对应的经文。班扬的融合使国家秘密、教会秘密与如此可靠性和解。它是作为某种惊异之事出现，当他作品的现代编辑们提供了支持如是理念的解读时：《圣战》是精神生活的政治讽喻化，也可能被解读成（特别是废黜危机时的）政治的政治讽喻化。1681 年末，事态转向反对持废黜观点之人时，保皇派们启动新政策，用对詹姆斯最终继位一事报以更大同情的新法取代现有组织章程与议员。班扬作品的编辑们在叙事中读到这个早期情节，当时狄亚博鲁斯拿下曼索尔，书页空白处告诉我们，他"正在享受为他们国王准备的娱乐"，指的就是这次战役。⑨⑩ 班扬因此简略地开启了朝向秘密的，以及狄亚博鲁斯实际特殊性的窗户，这位终极绝对主

504　义者就是查理本人。

　　如果班扬的《圣战》是废黜危机时期最不可能的影射小说，那么阿芙拉·贝恩的《一位贵公子与妻妹的情书》(Love-Letters Between a Nobleman and his Sister)（1684，1685，1687）则是最令人瞩目的，也的确是复辟

505　时期最重要的影射小说。随后一章专注于此。

---

⑧⑨　John Bunyan,《圣战》(The Holy War, made by Shaddai upon Diabolus, For the Regaining of the Metropolis of the World. or, the Losing and Taking Again of the Town of Mansoul)（1682），Roger Sharrock 和 James F. Forrest 编（Oxford：Clarendon, 1980），第 29、28、139、116 页；"致读者"，第 1、5 页。

⑨⑩　Bunyan,《圣战》，第 17 页；参阅第 xxii—xxv 和 256 页阅读。

第十一章　贝恩的《一位贵公子与妻妹的情书》

阿芙拉·贝恩的《一位贵公子与妻妹的情书》(*Love-Letters Between a Nobleman and his Sister*)(1684,1685,1687)三部分横亘,也跨越了保皇派报复那些煽动天主教阴谋恐慌之人的时期。尽管先于该作的是约翰·德莱顿重要叙事诗歌中的意识形态层面兼容练习,即《押沙龙与阿戚托菲尔》(1681,1682)的第一、二部分,最后十年末期英国的多变政治氛围仍然为政治讽喻的谨慎正名。① 除此之外,贝恩叙事方法中的形式发展同时可能反映了变革中的政治情境。尽管所有三部分利用了匿名出版的隐秘性,后两部分的献辞都签上"A. B.",这与第一部分有所不同。第一部分开篇的献辞及"内容提要"告诉读者,随后的作品是一部关于胡格诺派战争的法国叙事(如巴克利的《阿尔杰斯》一样)译作。但贝恩既准备揭示,又准备隐藏;既准备适应,又准备陌生化。她提及自己笔下的某位显要:"我已给他的角色增添一两个词,这可能使之更类似我们时代某位现代王子。"她指涉的其他两位人物分别是"一位法国辉格党人"和"一位真正的

---

① 《押沙龙与阿戚托菲尔》(*Absalom and Achitophel*)的第 2 部分合著者是内厄姆·塔特(Nahum Tate)。关于贝恩用田园诗而非象征术语表述废黜危机,蒙莫斯在此被比作苏格兰情郎西尔维奥(Silvio),参阅《西尔维奥的控诉》(Silvio's Complaint:A Song,To a Fine Scotch Tune)(1684),见《阿芙拉·贝恩作品集》(*The Works of Aphra Behn*),Janet Todd 编,第 1 卷(Columbus:Ohio State University Press,1992),第 82—84 页。

托利党人"。可能极为明确的是，贝恩把相关谣言比作"强加在城中的新近天主教阴谋"，另一段"被无思考能力之人信以为真的，荒诞不经的历史"，②以此否认关于接受献辞者之秘密"爱情"的"公开"谣言。

如此比较不仅简要地把过去与当下、法国政治与英国政治结合，而且也把公共政治与私人爱情的出版结合。在如此行事时，它提供了一把"钥匙"，以此解读贝恩用配以传奇名字与辞藻的不伦之恋故事示意非法政治及战争的方式。这种示意通过如是信息得以透露：往来情书，大多此类书信体传奇的组成部分，"是在他们圣丹尼斯（St. Denice）府邸密柜中被发现"。私人爱情秘密的双重家庭封禁是对公共国家秘密的重复，相关揭示是秘史的共有目的（"内容提要"，10）。但《情书》着手的形式家庭化超越了这重要的父权制类比（家庭就像国家），因为在英国的王朝君主制中，国家主权本身就是家庭事务。因此，私人与公共、爱情与政治的邻近存在于类比的两个层面上。如是复杂性的极重要后果就是辩证重演现象，在讽喻语义的"私人"（示意）与"公共"（所指）层面的"私人"及"公共"元素存在中显见。贝恩的讽喻因此在内容层面遮蔽了私人与公共领域之间的差异，恰如它在形式层面进行假定那样。贝恩设计的，贯穿《情书》，于两个领域之间切换的实验转变尽管在广度与深度上有动力，但这至少将某些重要性归于英国人对国家主权的特别（如果不是独特的话）理解。一般而言，她的秘史为国家与家庭、政治与个人生活、公共与私人经验领域之间关系提供了探究其理由的质询，而且是在它们看似居于传统遗存的隐性连接与现代性禁止的显性分离之间的历史时刻。为在此计划中有所裨益，贝恩实验性地运用影射小说形式，这让她在历史显要的实际特殊性参

---

②　Aphra Behn，《一位贵公子与妻妹的情书》（*Love-Letters Between a Nobleman and his Sister*），Janet Todd 编（Harmondsworth，UK：Penguin，1996），献辞与内容提要，第 3—5、9 页（随引用在文中圆括号内标示）。参考德莱顿借揭示而隐藏的复杂方法，他假定自己象征叙事的古老性，但又夸耀地缩短历史距离："我只是一位历史学家，假如我是作者，我当然会以押沙龙与大卫和解为作品的结尾。谁知道这可能发生呢？在我讲完这个故事的时候，事情还没有到极端的地步。"John Dryden，《押沙龙与阿戚托菲尔》，"致读者"，序言，见《约翰·德莱顿作品集》（*The Works of John Dryden*），第 2 卷，H. T. Swedenberg Jr. 和 Vinton A. Dearing 编（Berkeley and Los Angeles：University of California Press，1972），第 4 页。关于着手将《情书》三部分解读为相对独立叙事的论述，参阅 William B. Warner，《特许的娱乐》（*Licensing Entertainment：The Elevation of Novel Reading in Britain，1684—1750*）（Berkeley and Los Angeles：University of California Press，1998），第 2 章。

照与"人物"具体特殊性之间摇摆,后者的广泛示范性界定了公共读者身份的虚拟集体性。

爱情与战争的对峙?

贝恩的故事讲的是福德(Forde),沃克的格雷勋爵(Lord Grey of Wark)(书中名为费兰德[Philander])及其妻妹亨利埃塔·伯克利夫人(Lady Henrietta Berkeley)(书中名为西尔维娅[Silvia])之间"私密的"丑闻情事。亨利埃塔夫人的姐姐,即格雷勋爵的妻子玛丽·伯克利夫人(Lady Mary Berkeley)(书中名为莫提拉[Mertilla])已经屈从查理二世的私生子蒙莫斯公爵(书中名为塞萨里奥[Cesario])的引诱魅力。③ 更重要的是,格雷勋爵深度涉足国务。极为瞩目的是,他在整个时期都是蒙莫斯的忠诚支持者。1680 年,天主教阴谋甚嚣尘上时,蒙莫斯是辉格党那里具有压倒性欢迎程度的选择,以在王位继承中取代秘密天主教徒约克公爵。1683 年,保皇派的反应导致了若干因麦酒店密谋案(the Rye House Plot)而起的处决,这个"新教徒阴谋"与天主教阴谋同样可疑。1685 年,蒙莫斯本人率军反叛新王詹姆斯二世,但因失败而被处死。仍然是重要支持者的格雷勋爵设法得到国王的赦免。④ 蒙莫斯这个伟大的公共人物因其为私生子的"私人"家庭事实而被禁止成为最高权力者,尽管引发热议,⑤但这使国王的弟弟在王位继承上要先于国王的长子。废黜危机因此是具有极重要后果的政治公共事件,这取决于性与婚姻行为最隐私的秘密。

贝恩的《情书》同样是这场危机的秘史,采用的是私人传奇形式,其政

507

---

③ "格雷勋爵说,他娶了亨利埃塔夫人的大姐,本想她是处女,结果不是。他决意在她家族中找一位处女,如果还有的话。但为了避免这成为诋毁权贵之事,请你切勿外传。"历史手稿委员会(Historical Manuscripts Commission),《凯尼恩勋爵手稿》(*The Manuscripts of Lord Kenyon*)(London: Eyre and Spottiswoode for Her Majesty's Stationery Office, 1894),第 143 页,引自 Alan Roper,《复辟时期文学中的比拟与引义》(Drawing Parallels and Making Applications in Restoration Literature),见《文学中折射的政治》(*Politics as Reflected in Literature: Papers presented at a Clark Library Seminar 24 January 1987*)(Los Angeles: William Andrews Clark Memorial Library, UCLA, 1987),第 33—34 页。

④ 同年,格雷写下《麦酒店密谋秘史》(*The Secret History of the Rye House Plot*),该书直到 1754 年才付梓。

⑤ 参阅本书第 10 章,第 77—86 页。

治寓意远无法秘密到足以逃避我们注意的地步。的确，贝恩可能在教我们察觉一种公共目的，就在对其予以否认中。当她在第一部分的"内容提要"中否认她的作品是"混合"形式时，"我此处的目的不是将战争的粗鲁讲述与爱情的温柔情事混在一起"，我们鲜有质疑其主张的基础（10；也参阅426）。⑥ 但如我提议的那样，如果《情书》的主要雄心之一就是探究公共与私人之间的流动关系，就在此关系的重要转型时刻，我们可能需要对贝恩否认形式混合一事有所怀疑。此外，如此探究也可能遇到性别差异的流动性：女性的能力适合处理爱情而不适合战争吗？

如此探究在费兰德引诱自己妻妹西尔维娅的方式中极为直接地为我们所知，这使得两位当事人思考父亲的家庭权威与国王的政治权威之间的关系。费兰德的爱情话语如此充斥着政治含意，并假定了私人专制绝对主义与公共体制、婚姻与国家之间的类比。婚姻法借助此种思考方式对我们的持续影响和我们祖先所用的奴隶效忠誓言没什么两样。通奸，甚至姻亲乱伦都是主体不可侵犯的自由。"血缘纽带无法禁止我的激情，"费兰德在给西尔维娅的第一封信中写道，"习俗是将怎样的仪式强加在一个人身上？对我神圣的西尔维娅来说，牧师拿起我的手，交给你姐姐的时候，那是什么？这会缔造怎样的同盟？这种极古老方法设计的把戏只是确保生育子嗣，为什么要把我困于这永恒的奴役中？"（11—12）

费兰德在乡间隐居时不耐烦地等着西尔维娅，并说道："在这些栖居于林溪之间的美丽人们中，没有令人烦恼的荣誉感，喜欢让律法顺从自然，自由嬉闹、歌唱与恋爱。父母并不遏止他们所爱的快乐，没有奴役的婚姻纽带约束他们更高尚的热焰。"（35）甚至就在叙事的初期，费兰德的辉格派浪子唯信仰论可能让我们想起贝恩诗作《黄金时代》（The Golden Age）（1684）中多变的田园体。该诗在各方面看似非功利性的哲学与同情赞词，歌颂的是我们人类堕落前，摆脱性荣誉准则惯有专制的自由。该诗的言说者就在最后几行被性别化为一位利己的男性引诱者，他向自己娇羞情妇"西尔维雅"（Sylvia）提到及时行乐，这暗示他的高尚可能只是剥削女性的又一父权制招数。如果性政治反映国家政治，费兰德的西尔维娅（或至少她的"托利派女权主义"作者）可能怀疑，女性有权寻求家长

---

⑥　关于作为"爱情"与"战争"之混合的传奇，参阅本书第 8 章，第 28—43 页。

式保护,由此得以缓解的性别不平等的坦率体系更合草率、不负责任、许诺一切,但无所提供的乌托邦理想之意。⑦

浪子爱情与浪子政治之间的类比一旦显化,就遭到西尔维娅基于原则性与审慎性理由的质疑。的确,政治本身是家庭的:费兰德支持塞萨里奥-蒙莫斯的野心,后者有意废黜并取代自己的叔叔,以此违逆父亲,国王的权威。但西尔维娅坚决否认他们的王父"如暴君行事",她质问费兰德:"你会拥立一位非法无权、无名号、自立的国王吗?"此外,对其公共野心的说教有冷却费兰德私人欲望的含意:"如果西尔维娅可以发号施令,作为贵族的费兰德应该效忠顺服,违背自己对君王及主人诺言之人现向心上人许诺,会有怎样大度的小姐不去予以质疑呢?"(40,42,23)就在这个方面,此类比对西尔维娅有作用,尽管不如费兰德应该拥有的那样。西尔维娅害怕费兰德的秘密爱情与公共政治之间隐喻关系的含意,她把隐喻换为转喻,重新把该关系描绘为在两位"小姐"之间,私人领域之内的竞争:⑧"你心里就忽略无视西尔维娅了吗? 把她与你更严肃的国家大事混成一体,几乎迷失在野心勃勃的人群中了吗? 告诉我,我的可人儿,她不是你迎娶的命定之人吗? 她不是过于频繁地被取代,以至于放西尔维娅的情敌,那位傲慢专横小姐进来吗? ……因为像爱情、野心,或报复这样巨大的矛盾和敌人,永远不可能共居于一个灵魂之内。"(38—39)但费兰德足够虚伪到声言放弃自己的政治原则,如果它们像当前那样似乎干扰了他的爱情野心。西尔维娅对他公开支持塞萨里奥予以批评,作为回应,他也欺骗性地弃绝相关私人及家庭含意:"儿子从事反对父亲之事,这真的有违天性,令人大吃一惊。"(46)

费兰德也屈尊俯就地对待西尔维娅政治复杂性的不一致,在自己对她的爱中找到相关起源,这也就把政治"秘密"等同于爱情"秘密":"我那

⑦ 关于"黄金时代",参阅本书第 3 章,注释 100。自由主义、共和主义分别是父权主义、保皇主义的公认提升,贝恩对此有所怀疑;《情书》对此极为敏感,关于如是解读,参阅 Ellen Pollak,《乱伦之外》(Beyond Incest: Gender and the Politics of Transgression in Aphra Behn's *Love Letters between a Nobleman and His Sister*),见《重读阿芙拉·贝恩》(*Rereading Aphra Behn: History, Theory, and Criticism*),Heidi Hutner 编(Charlottesville: University Press of Virginia, 1993),第 151—186 页。

⑧ 参考 Richard Lovelace,《致奔赴战场的卢卡丝塔》(To Lucasta, Going to the Wars)(1649),本书第 8 章,注释 31。

迷人的西尔维娅为何如此擅长国家秘密？她那温柔的心从哪里得知严谨
509 事务的理念？她那柔软的舌头只是为爱情的蜜语而造，在哪里谈及国家
与王国的关切之事呢？的确是这样，当我让自己的心灵献给我亲爱的顾
问时，自己没有留下任何东西，甚至是与我生命如此攸关的秘密……我们
告诉自己所爱的那些人他们想听的东西，这并不足够，但有人也应该告诉
他们我们知道的每个秘密。"的确，费兰德利用西尔维娅的转喻，即爱情与
政治互为"敌人"，他有意让政治屈从爱情，以此驳斥隐喻（关于爱情背叛
的政治预警）的含意："借助这伟大事业，我只是意在为你做某些荣耀之
事，超越我们当前世间所见之事……爱情赐予我野心。"(43—47)

在这封展现最完美技巧的信中，费兰德用自己的辞藻为他刚归于女
性的"爱情语言"示范。当然，费兰德热衷的爱情语言之一就是彼特拉克
式隐喻，私人爱情借以（于此）被比作女性对男性的公共"驾驭与主导"，男
性只是"强势女性的奴隶与附庸"(44)。在因西尔维娅而起的决斗（小型
的爱情之战）中，费兰德缴了自己字面意义上的"情敌"福斯卡罗(Fos-
cario)的械。随后不久，费兰德用自己的彼特拉克式语言解除敌人的武
装，以此表明自己语言运用的机会主义："根据他写作的风格，我担心他的
情感逊于外表。"(87)后来，西尔维娅确认了这种机会主义：

> 是的，费兰德，我已收到你的来信，但我发现自己的名字在那里。
> 真希望这不是寄给西尔维娅。噢，它全然冰冷，短暂，如死寂冬日那样
> 短暂寒冷……如我通常所读，所有温柔之事的结果使我内心荡起涟漪，
> 红云扑面，血脉贲张，给受烈火煎熬的可怜受害者再添新火！噢，你那
> 所有的爱情蜜语都去哪儿了？它让我变傻，无望，珍视这无足轻重的美
> 丽？你忘了自己出众的恋爱之术了吗？你那可爱的狡黠，你那温柔的
> 欺骗，你都把它们忘了吗？或是你的确完全忘了恋爱吗？(144)

然而，为了避免我们把西尔维娅自己的语言理解成天真的"女性"内心袒
露，她此处将彼特拉克式受虐（"受烈火煎熬的可怜受害者"）转为自述，正
如她在别处练习"男性"描述的手术式残忍一样（参阅 26,29—30,89)。
毕竟，正是西尔维娅首先给这个技巧命名："爱情的辞藻是半吞半吐、欲言
又止的文字，是憔悴的眼神，恭维的话语，遏止的叹息，紧握的双手，以及

垂落的眼泪。哦,它们如何不能令人心动?它们如何会没有魅力,无力征服?就是用这些温柔简单的技巧,西尔维娅率先动心!"(33)

贝恩驾驭秘史形式结构时的敏锐使我们看到:"战争/政治与爱情之间的关系为何?"这个问题可能被转化为这个问题:"西尔维娅、费兰德的政治如何与他们的道德有关?如何时断时续但自始至终与他们的性别有关?"贝恩确保,第一个问题就自身而言仍然无解。密室、钥匙、密探的公共反响贯穿于叙事的详细阐述私人空间。在一对刻写板上,费兰德提醒西尔维娅,她有"这些刻写板的另一把钥匙,如果它们不是轻易断开的话"(48)。西尔维娅的侍女梅琳达(Melinda)担心她的母亲,伯爵夫人"可能会四处安插密探";西尔维娅预期一次密会,写信给费兰德:"天完全黑的时候,我母亲回自己的卧室休息,我父亲去自己的密室,临近花园的那间房间完全没有密探。你信任的西尔维娅会让梅琳达拿上一把钥匙去开门,可从花园经暗梯直到我的闺房。我的闺房被我那嫉妒的父亲极仔细地锁上,原配钥匙被他小心保管。"(53,55)仿佛为了证明如此警告的实质,公爵很快脸色阴沉地把费兰德的来信放入西尔维娅的"密室"中,费兰德以编辑的口吻在信封上写下这些文字:"致西尔维娅的信。由先生,她的父亲交至身居密室的她手中。"(90)

两位情人以不同的方式被他们情事引发的不一致但令人费解的亲近而困扰。何为家庭,何为国家?哪一个是个人,哪一个是政治?西尔维娅抱怨自己被"家中密探""出卖",如今"被三位法官提审定谳……父亲、母亲、姐姐给我定罪"。她的家庭已成法庭,西尔维娅发誓"从这些令人忧伤的家庭事务转向外方"(90—93)。费兰德离开西尔维娅的爱情怀抱,在走向塞萨里奥的谋逆秘密小集团途中,担心自己会把这两件秘事弄混,因此"他步入庄严的密谋室时,必须吐露自己内心的故事,不是研讨手中的重大事情,而是仍然纵论西尔维娅,向所有为此着迷的听众讲述自己的快乐,回答关于我们伟大事业,以及我个人情事的问题"(71)。哪一个算"伟大事业",哪一个算琐事?哪一个是"重大事情",哪一个是无足轻重的小事?公共司法行为强化了这种混淆。自那封信后不久,费兰德就"从巴士底(Bastill)"(即伦敦塔)写信,他"因被你的父亲,公爵先生控诉强奸我那可爱的小姐而被捕"(106—107)。他一洗脱这位父亲的强奸指控就被"国王的信使以谋逆罪逮捕入狱",并再次"被判"与麦酒店密谋案有染,"犯下足以入监巴士底狱之罪"(114—115)。正是因为这个原因，具化为可分性的家庭与国家屈从临近极端戏仿或仿英雄体的持续融合，"伟大"与"琐碎"的身份在此唾手可得。

　　西尔维娅反对自己情人参与谋逆秘密小集团的理由之一就是，塞萨里奥并非费兰德的朋友，且已知前者引诱了莫提拉，西尔维娅的姐姐，费兰德的妻子。某人已给你戴上绿帽，为何要帮对方戴上王冠？（43）但费兰德只是对"我患病的情敌"心存感激与共鸣：正如他用谨慎的含糊所言，"我极为热爱他，为我们两人的心性相似而高兴，因为我们都是秘密情人"(17)。塞萨里奥用如是赞赏回报费兰德："我亲爱的朋友，我允许你深爱这与其说是美丽，不如说是世间必有之事装扮的可爱西尔维娅。我会允许爱情在你的心中与我为敌，但不可胜过荣耀。因此我让你毫不迟疑地去求爱，但在晨曦之际，让我看到你在我的怀中。"(63)塞萨里奥的同性交往晨歌将战争与爱情结合，同等具有军事亲密（手挽手），以及因热爱同一女性而成就的男性情谊特点。⑨ 正如爱情与战争彼此激励，因此，性别化言语的同性恋透露了军事秘密小集团的同性交往。

　　费兰德对自己因私人与公共罪行而被捕的反应是双重性的。为了挫败强奸指控，他命令自己的侍从布里亚德(Brilljard)，即威廉·特纳(William Turner)娶西尔维娅，并在法庭上为此作证。为了挫败谋逆指控，他用"男子的衣服"让西尔维娅乔装，并与她及布里亚德一道逃到荷兰(113，115)。因此，《情书》第一部分以西尔维娅双重乔装为结束：私下层面，是以秘密婚姻为序曲，后来承认"假婚姻"的乔装；公开层面，是以"贵族男子"装束的乔装(123，277)。只有私下乔装的隐秘限制了对她自由的约束，但公开乔装使其"对内心的骑士满意"，"给她带来作为女性不曾享有的无数小特权"(126)。

　　三位旅行者不久遇到一位地位显赫的荷兰青年贵族，奥克塔维奥(Octavio)。"甫一见面，他就让费兰德内心有与之交好的意愿；另一方面，费兰德的可爱外表，面庞与仪态流露出的贵族气质使奥克塔维奥同样成为仰慕者。"(122—123)这种吸引并不是迥异于奥克塔维奥与西尔维娅之间的吸引。暂时更名为费尔蒙德(Fillmond)的西尔维娅"和她身为女

---

⑨　参考费兰德与福斯卡罗之间的决斗，两人"失血过多，昏倒在彼此怀里"(105)。

性时一样吸引男性",并把奥克塔维奥理解为"绝对的征服,正如对她假定的性别而言可能之于某位对对方倾心仰慕之人一样"。西尔维娅既隐藏,又揭示自己性别的"秘密":奥克塔维奥"有个秘密愿望,她不是外表所见那样,而是能在此发现如此之多温柔与美丽的性别"。也就是说,他希望她是位女性;但对他而言,她的女性性别重要性逊于女性性属及地位(如费兰德的"高贵")(123,127)。贝恩非常清楚"女性不曾享有的无数小特权",并将这些特权不是与不可改变的性差异,而是与可操纵的性别差异联系起来,其伪装不仅允许西尔维娅扮演骑士,而且让她发现"内心的骑士"。同时,如贝恩的所有作品一样,《情书》下意识地注意到并好奇打探其文化的新兴诱惑,即把性别视为重要且明确的存在情境,从性别的社会嵌入性中分离,恰如家庭如今开始似乎从国家分离一样。

　　因此,贝恩让自己笔下人物好似影射小说中的显要那样行事,在这个异国乔装,用上"假名",经历"那些值得在小说中完全由自己讲述的历险"(123,127)。突如其来的疾病迫使西尔维娅放弃自己的男性装束,费兰德把自己的两段秘史告诉奥克塔维奥:"他与这位迷人的西尔维娅的所有爱情故事,以及伴随而来的所有个人命运故事。"奥克塔维奥回答道:"他的事情已经人尽皆知",他借此指的是费兰德的第二段秘史,即他的国务。联合省已下令,他"作为法国(即英国)国王的公开敌人"而被驱逐境(128)。费兰德打算用自己的情事秘史影响这位荷兰贵族,但奥克塔维奥向他保证,此事"对本国的这些专横暴君而言丝毫无用"。费兰德勉强离境,把西尔维娅留在奥克塔维奥和布里亚德身边(133)。

爱情与友情的对峙

　　在第一部分结尾,故事进展从"法国"到荷兰,从家庭到异国,带着偶有的悖论逐步强调私事高过公务。这也是奥克塔维奥进入故事的时刻,他是《情书》中历史参照,即实际特殊性无法正面确定的唯一核心人物。[10]

---

[10]　参阅珍妮特·托德(Janet Todd)编者按,122。在贝恩的小说中,奥克塔维奥的确拥有联合省核心委员会重要成员这个更普遍的政治身份(参阅131,134)。后来西尔维娅(192)暗示,他是奥兰治的威廉(William of Orange)的私生子。贝恩没有为此配以人物对应表。

512

仿佛贝恩已确立第一部分中她的私人与公共情节之间的示意关系，如今暂时把公共情节置于叙事阴影之下，以便探究传奇情节在其他方面引发政治的方式。大致来说，塞萨里奥与费兰德的同性交往关系如今被奥克塔维奥的关系取代，将男性友情的公共含意（在没有显性予以坚持情况下）隐性延展。⑪ 围绕着书信信息控制，西尔维娅与费兰德的情事通过奥克塔维奥而呈三角关系，因此，奥克塔维奥与费兰德的友情通过西尔维娅而呈三角关系。离开荷兰的两周后，费兰德重新与西尔维娅、奥克塔维奥通信，并采用了权宜之计，将写给恋人的信附于写给友人的信中。收到信的这两人一致认为，费兰德最初来信的冷漠语气证明了某些"神秘"动机，心神不安的西尔维娅向自己的恋人回想起"我处女贞操"的丧失，仿佛这是国家绝密："我安坐在令人敬畏之美德的宝座上，戴着闪耀的荣誉王冠，配以无暇美誉的装饰，直到你，爱情的暴君用迷人的篡夺侵犯了我所有的荣耀。"(140,147,145—146)

　　出于不同理由，他们也同意，如今必须把奥克塔维奥对西尔维娅的爱告知费兰德。奥克塔维奥"坦率自白"，说出他对费兰德的"恒定"、"永恒"友情与他对西尔维娅的爱情（有人会说这必定"绝对统治"他的内心）之间冲突的困难实例。奥克塔维奥向西尔维娅坚称，自己的双重激情可以和平共存，但他私下发问，这绝对暴君可能不是（异性）爱情，而是（同性）友情，如果"他不选择死亡，离开西尔维娅，那么倒不如背叛友情"(167,168,169)。西尔维娅仿佛读懂了他的内心，嘲笑他把自己的爱向情敌"公开自白"的诡辩。她宁愿把此举视为"供费兰德消遣的风流秘事"(168)。西尔维娅疑心费兰德已与其他女人有染，背叛了自己。奥克塔维奥避开西尔维娅为此向自己求证之举。西尔维娅告诉他，"较之于你对西尔维娅的激情，你已更强烈地证明了自己对费兰德的友情……我发现，你们男人的荣

513

---

⑪　贝恩用奥克塔维奥的名字暗指罗马共和国历史中取代凯撒（Caesar）的屋大维（Octavian），而费兰德把荷兰与罗马共和国联系起来(130)。此外，塞萨里奥是现任国王的私生子，奥克塔维奥似乎是未来国王，奥伦治的威廉的私生子（参阅前一个注释）。

　　在一般正式用法中，"友情"当时有特指男性上层阶级之间同性交往关系的倾向。然而，贝恩常以更本地化及偶然化性别中立方式使用该词。男性友情的形式概念也能够延伸到女性关系。Katherine Philips，《凯瑟琳·菲利普斯作品合集》(*The Collected Works of Katherine Philips*, *The Matchless Orinda*)，Patrick Thomas 编，第 1 卷 (Cambridge：Stump Cross Books, 1990)中有特别论证的创新样例。

誉只是你随性成就之事"(194)。在第三部分,时过境迁之后,奥克塔维奥简要地证实了她对费兰德的怀疑:"朋友高过姐妹,或情人。"(377)

　　男性同性交往友情与异性爱情之间的对立如何与贝恩倾力关注的公共与私人之间的关系有关呢?《情书》的结构复杂性确保,我们对此问题的回答将取决于正在处理之关系的何个层面。在家庭的私人领域内,西尔维娅对费兰德的信任受自己的如是确信驱动,即他反对父母包办婚姻的专制,支持恋人们的自由选择。但父母利益与他们子女爱情之间的性别中立竞争正得到男性彼此间的友情与男女之爱之间秘密的性别化竞争的暗中支持。西尔维娅认识到了这一点。表面上敌视父母权威的浪子反抗最终以对男性团结的更深层承诺为基,对女性的唯信仰论爱情最终发现只是贵族的女性交换子集。因此,当西尔维娅的家庭团结一致反对她的情事时,费兰德很快安排她与自己仆人布里亚德结婚,如西尔维娅后来解释的那样,"这样一来,父亲的权威不能把我从丈夫身边带走"(276)。可以通过相关模仿来反对父亲的权威吗?或者,这就是假定的浪子重归父权制类型的实例?

　　此外,奥克塔维奥向朋友承认自己对西尔维娅之爱时,费兰德对她的爱已经冷却。他高兴地允许奥克塔维奥"在我离开之际爱上迷人的西尔维娅",从而把前任情人转让给朋友(170)。的确,在他所称的,关于奥克塔维奥新情事的"回报"中,费兰德交换了自己新情事的秘密。奥克塔维奥吃惊地得知,所涉及的不是别人,正是自己的妹妹卡莉斯塔(Calista),她"在女修道院长大……嫁给一位年老多病,总爱嫉妒的丈夫,只有他自己,而不是父母可以改正她的错误"(177—178)。因此,奥克塔维奥教唆了事关妹妹的包办婚姻,也以此粗心大意地扮演了家长角色。此外,他如今决定通过同性交往的友情行为使这种不忠加倍,这份友情与新近的秘密交换,即姐妹的通奸交换平行,并予以取代。奥克塔维奥并没有阻止费兰德与卡莉斯塔的如愿,而是隐瞒了自己与她的兄妹关系,以便为自己与西尔维娅的交好正名(至少是通过自己曲解的逻辑)。奥克塔维奥在心中对卡莉斯塔疾呼:"因为你哥哥无法通过毁掉妹妹的方式而获得幸福……顺从费兰德,让我在西尔维娅那里得到保佑!"(178)因此,奥克塔维奥远不是保护卡莉斯塔,使其免受野蛮丈夫的伤害,他后来向那位丈夫道歉,因为"让针对卡莉斯塔荣誉的报复独自留存如此之久",他借此意指自己

514

如今参与其中，使对方戴上绿帽之事(350)。

　　贝恩此处的成就超越了对异性婚姻习俗的曝光，她系统地隐藏了他们的真实动力，即贵族的"友情"与同性交往的女性交换、财产与政治利益。因为她的目标与其说是贵族婚姻意识形态，不如说是浪子的虚伪，他声称用爱情自由反抗专制，结果只是更好地满足私欲。在家庭的私人领域中，如是教训足够深刻：自由思想家许诺摆脱传统婚姻束缚，关键时刻，他可能证明是最投机的家长。但这个教训也适用于国家政治的公共领域：浪子对国王绝对权威的反叛至少可能兑现除本人之外的他人自由。如西尔维娅后来所写："我怎能期待…背叛君王、抛弃妻子……强奸妻妹的你去公开反叛自己的祖国？"(218)在私人与公共领域中，这个教训与女性地位极为相关。在这些平等主义改革方案中，女性得到最多，也失去最多。"托利派女权主义"是我们给如是看似悖论的现象命名，即最初的英国女权主义者也倾向于是保皇派。⑫ 对与她同时代的许多人来说，原始自由主义看似为何？ 贝恩对此问题的观点可能缓解了这个悖论：无原则，不负责任的乌托邦理想会取代性别不平等的体系，正是这种直率携带着如是设想，即如果女性无权获得平等，那么至少有权得到男性的家长制
515　保护。

　　迄今为止，我们如何概括贝恩的影射小说运用在自己的政治讽喻私人与公共层面之间假定的此类关系？ 贝恩已确定的情事之复杂模式与其说示意，不如说暗示当前涉及公共"事务"之显贵的实际特殊性，这建构了具体样例的结构，其若干方面反映了替代模型，对私人与公共事务至关重要的规诫可能由此抽象提炼而成。对贝恩阐释起关键作用的不是很快为人所知，并被接受的人物与显要(例如费兰德与格雷勋爵)之间的直接"政治"关联，而是对解读"公共"事件之私人可能性或概率的广泛"道德"网格的建构。在何种情形下(若有的话)，违背爱情忠贞的誓言(或政治效忠的誓言)不是背叛，而是合法选择？ 我们如何可以裁决作为婚姻(或继承)的交换与作为通奸、离婚(或废黜、替代)的交换之间的竞争？ 兄弟交换(如约克和蒙莫斯)如何像姐妹交换(如西尔维娅和卡莉斯塔)一样？ 专制(无论是包办婚姻还是绝对君主制)是因(无论是性还是政治层面的)自由主

---

⑫　关于托利派女权主义，参阅本书第3章，第81—96页。

义而缓解,还是复杂化?

这种良知的爱情实例借以再现的修辞格在没有以任何明确方式破解私人密码情况下,赋予其绝对主义政治的深层色彩。费兰德在写给奥克塔维奥的信结尾处坦承自己的新欢,并在标注随信附上写给西尔维娅之信的附笔中写道:"我不需要你递交此信。你看到我给你机会了。"(177)在答复奥克塔维奥时,费兰德回应了西尔维娅最隐秘的关切,而在给西尔维娅写信时,他真的也给奥克塔维奥写信。同性交往的友情与其说挫败了异性之爱,不如说将其纳入自己更宽广的范围内。这种秘密交换引发了通过交换(扣留)书信与女性方式而进行的复杂互动。费兰德允许奥克塔维奥隐藏或揭示自己的秘密及其写给西尔维娅的信,以此邀请后者参与轮番上阵的矛盾的审查过程,奥克塔维奥在友情与爱情之间备受煎熬,决定"如今宁死也不向费兰德坦白自己的秘密",在另一时刻"准备解开费兰德来信的所有秘密"(179,196)。西尔维娅对费兰德的"秘密"着迷(187,198,201,205),既知道自己对相关事情的了解,又回避它。她把奥克塔维奥的诡辩躲闪视为如是证据,即他更多的是费兰德的朋友,而不是西尔维娅的追求者。她仿佛认可友情的力量,并告诉费兰德"在临近你灵魂之处保护他,因为他是一件珠宝,适合这样的盒子"(192)。奥克塔维奥被西尔维娅"绝对""制服"和"征服"(197,202,203),实际上他拥有对她的绝对权力钥匙,即知晓费兰德爱情秘密一事。

516

父亲与子女的对峙

费兰德作为盟国敌人而被荷兰当局驱逐出境时,他留下了一个由西尔维娅、布里亚德、奥克塔维奥组成的不稳定三角关系。这个三角关系很快开始瓦解。布里亚德既因西尔维娅的美丽,又因他们婚姻纽带的允诺而欲火难耐,开始嫉妒她对奥克塔维奥的好感,并"谋求被篡夺之主宰的复位,认为她是自己的妻子,已经忘了自己是她的仆从,费兰德的附庸"(125—126)。也就是说,布里亚德对自己私下居于西尔维娅之上的信念,与他公开居于西尔维娅之下的事实相互矛盾。然而,在公开性的讽喻维度中,读者可能想到,在约克(另一位次子)或蒙莫斯(另一位通奸者)统治英国的渴望中，布里亚德主宰西尔维娅是有先例可循的。[13] 得知奥克塔维奥与西尔维娅将要秘密结婚时，布里亚德向荷兰当局告发，奥克塔维奥和费兰德一样意在"背叛国家"(262)。谎言奏效。身着"男装，这样可能不为人知"的西尔维娅被当作奥克塔维奥的同谋而一并抓走(263)。

　　如今随之而来的是一个令人困惑的公共-私人反转乱局。荷兰当局很快发现他们错把女人当男人，私人丑闻当公共丑闻："与法国（即英国）密探的密谋只是向一位美丽的年轻女子表白自己（即奥克塔维奥）的清白谋划"(266)。走投无路的布里亚德聪明地转换了自己的立场。他坚称，私人丑闻就是公共丑闻，不是反对国家，而是反对示范性"公共"道德本身的谋逆。他告诉奥克塔维奥，"你有背叛国家的图谋"，因为"如果所有年轻人以你为榜样，你会背叛后人本身；只有疯狂的混乱盛行。简言之，我的大人，那位被信使与你一并带走的女人是我的妻子"(268—269)。私人重婚是公共谋逆的理念最初只是遭到嘲弄。塞巴斯蒂安(Sebastian)，奥克塔维奥的舅舅，荷兰议会(the States General)中有权势的议员这样答复布里亚德："怎么了？所有这些关于叛国的喧闹结果只是一个被戴绿帽之人的臆想。哈！这个出色、危险的阴谋只是针对先生你的妻子而已。"(269)[14]

　　但他外甥对西尔维娅的迷恋，以及由此而来的"女人气"指控很快说服塞巴斯蒂安重新思考如是指控的公共意义(280)。一方面，这位舅舅已知西尔维娅"不只是一位妻子，而且也是声名狼藉的情妇"；另一方面，如塞巴斯蒂安一样，奥克塔维奥也是位议员，"对公共事务的忽视，使其成为国家的丑闻人物"(281)。塞巴斯蒂安说道，"这就是纯粹的通奸，以文明
517　方式进行的私通小事可能得到许可……我可以允许小小的娱乐，小小的

---

[13] 此外，西尔维娅的先驱，即阿尔杰尼斯(Argenis)、克洛娅(Cloria)被讽喻化为浓缩的国民性代表，这可能支持了关于西尔维娅的如是解读。参考《约翰·巴克利，他的阿尔杰尼斯》(*John Barclay his Argenis. Translated … By Sir Robert Le Grys*)(1629)，第 487 页；《克洛娅公主》(*The Princess Cloria；or，The Royal Romance. In Five Parts. Imbellished with divers Political Notions，and singular Remarks of Modern Transactions. Containing The Story of most part of Europe，for may Years last past*)(1661)，A2v。参考《给画家的最后指导》(*The Last Instructions to a Painter*)(1667? 1689)中的国家夫人(Lady State)，见《安德鲁·马维尔诗歌全集》(*Andrew Marvell：The Complete Poems*)，Elizabeth Story Donno 编（Harmondsworth, UK：Penguin, 1978）。

[14] 参考莎士比亚笔下的瑟塞蒂兹(Thersites)，本书第 8 章，注释 30。

休闲：一层爱情，一层生意，但为了荡妇而忽视国家就是纯粹的叛国”
（281）。如今，被激怒的奥克塔维奥像他之前的费兰德一样极端地重新评
估一切。与他高贵且“更高尚的爱情”相比，国家政治只是以“无用琐事”
打发的“肮脏之事”（281，282）。父权式舅舅顽固不化，坚称他会取消奥克
塔维奥的继承权，除非后者放弃西尔维娅，并同意接受包办婚姻（284）。
极度厌女症支持了塞巴斯蒂安代行父母之责（in loco parentis）的专制：⑮
他“对所有女人有难以解释的厌恶，因此对奥克塔维奥所说的因爱之言毫
不同情……他说，如果他能制定法律，他就把所有年轻女孩都限制在女修
道院内，直到四十岁的时候才能见到男人，随后被放出来，只为生育之故
而结婚”（283，285）。

　　塞巴斯蒂安的方法是事关婚姻的，极为“公共”的方法，其目的就是永
续男性血统。然而，一旦他看到西尔维娅，“他那颗衰老的内心燃烧起
来”。塞巴斯蒂安从一个父权式父亲转而成为如奥克塔维奥那样的浪子
情人（贝恩以轻松的语气，用逻辑教我们予以理解），他的公共-私人价值
体系翻转过来。塞巴斯蒂安命令西尔维娅移居“他自己的宅邸”，并向自
己的外甥哀叹，“如果我去议会，我不会关注那里的任何事情，我的心留在
家里，和这位年轻的淑女在一起”（287，290）。舅舅与外甥之间父权式交
换的寓意因此使他们作为浪子情人的敌对复杂化。然而，在此事件中，塞
巴斯蒂安突如其来地来到西尔维娅房间，令这对年轻情侣措手不及，慌乱
中这位舅舅被意外打死。

　　这出祸事降临奥克塔维奥和费兰德的妻妹西尔维娅没多久，他们就
听到类似的事情降临费兰德和奥克塔维奥的妹妹卡莉斯坦身上。费兰德
意识到被戴绿帽的父权式人物克拉里奥（Clarinau）正在追他，于是准备
逃跑，用“一套男服”把卡莉斯塔乔装，里面还有“我的一把手枪”（308—
309）。但克拉里奥在他们远走高飞之前截住了他们，把他异装的妻子当
作她认定的情人，于是攻击了对方。卡莉斯坦受伤，反过来也伤到了自己
的丈夫，随后逃到布鲁塞尔（Brussels）的某个女修道院疗伤。克拉里奥
谋求贝恩所称的“荣誉男子的复仇”，也就是说，不是决斗，而是“私下动

---

⑮　在这方面，父权式的塞巴斯蒂安对待奥克塔维奥的方式，恰如父权式的奥克塔维奥对待自
　　己的妹妹卡莉斯塔。

刀，为的是私下伤害"。他追随自己的妻子来到布鲁塞尔（348）。他在那儿监视到费兰德离开西尔维娅的寓所，一直等到晚上，然后回去复仇。但无巧不成书，克拉里奥错把奥克塔维奥当作费兰德，随后伤害了他，而他自己再次受伤。这次是被奥克塔维奥伤害。奥克塔维奥帮助克拉里奥回到后者的寓所，第二天早上重新回来之时发现费兰德躺在不忠的西尔维娅怀里睡着了。奥克塔维奥向自己的朋友发出决斗挑战，两人都因此受伤。但即便在决斗之后，费兰德仍然因奥克塔维奥"背叛"自己的"友情"而对他愤怒不已，以至于西尔维娅担心"他把自己视为被极隐秘方式伤害之人……会寻求报复，当他还没有想到之时，就已经伤害了奥克塔维奥"（356，362）。西尔维娅的担心让人想起克拉里奥那不成功的"私下动刀"尝试。换言之，浪子的友情准则接受了考验，并与父权制荣誉准则契合。当同性交往情谊之工未使女性有所作为之际，它会把懦夫的报复发泄在男性情敌身上。

518

女人气与公共妻子

这些是主要私人阴谋，贝恩借此将公共与私人范畴在自己运用之际予以混合。废黜政治的公共领域为何？介于两位专制父亲，即塞巴斯蒂安与克拉里奥故事之间，托马索（Tomaso）（即沙夫茨伯里/托马斯·阿姆斯特朗爵士［Sir Thomas Armstrong］）向费兰德叙述麦酒店密谋案余波之后塞萨里奥这位反叛者的新闻。如我们至此可能预期的那样，国家政治故事没多久就因无可指责的逻辑而与家庭爱情政治故事交织在一起。因为塞萨里奥在躲避国王军队之际，"恰在他退隐之处不顾一切地陷入爱河"（320）。然而在他未成年之时，塞萨里奥就通过"包办婚姻"而与自己的妻子结合，这是公民专制的婚姻等同物，"他在此无法选择善恶"。如今，他与赫尔迈厄尼（Hermione）（即亨利埃塔·温特沃斯夫人［Lady Henrietta Wentworth］）相爱，并向对方保证"既是自己的情妇，又是自己的妻子"（324，399）。塞萨里奥关于自己私人地位的主张甚至在未来都无法得到法律的支持，因为"无法找到任何使"他与自己的妻子，公主"分开的理由"。也就是说，不仅离婚，甚至私人分居协议都不可能。塞萨里奥借此意指之事就是，因为他与公主的婚姻不是以（私人）爱情，而是以"公共"利益为动机,它没有道德合法性。赫尔迈厄尼此时对他"上千次庄重誓言"满意,后来劝说塞萨里奥的同谋费格桑诺(Fergusano)(即罗伯特·费格森)予以帮助,通过假婚姻仪式,将"他完全置于自己掌控之下","尽管他们并没有公开宣布此事"(323,411,412)。

　　费格森,"阴谋者"是废黜政治中重要参与者。这位前长老会牧师帮助极端辉格党把天主教阴谋煽动成蒙莫斯的叛乱。在图11.1中,费格森被分配在"杰克"(Knave)牌里,在战斗之前向蒙莫斯的叛乱者布道。"王后"牌将民众的爱与作为本地女学生敬献的军事灾难并置,侧面配以军事溃败。在贝恩的叙事中,费格森成为拙于掩饰的费格桑诺,"苏格兰高地男巫","邪术"大师。他通过占星术确信塞萨里奥"生而为王",并与赫尔迈厄尼联手为塞萨里奥用魔法召唤一出哑剧。塞萨里奥认为自己"在镜中看到了自己的形象",在接受王权的军事之术与"被除却那些战争装饰","用所有的女人气"沉溺于"爱情温柔怀抱"之间左右为难(402,399,398,405,406,407)。女人化的塞萨里奥被爱情迷惑,这让我们想到诸如巴西利奥(Basilio)和克莱奥费娜(Cleophila),或查理一世和亨利埃塔·玛丽亚这些可资比较的实例。的确,作为女性化公共男子背后的男性化女子的转义似乎是悍妇游街示众的宫廷版本。[16] 此外,塞萨里奥对爱情与战争、私人与公共之间明显绝对选择的矛盾唤起了贝恩的如是坚称,即她本人写的是爱情,而不是战争,这让人想起根据女性专业知识假定限制的费兰德,以及政治讽喻者的传统修辞姿态。因此,费格桑诺的魔镜是贝恩自己国家之镜,即这部叙事作品的敌人。当然,费格森在《情书》中赢得了过去与未来解密者这个角色,至少部分是因为断言蒙莫斯通过查理迎娶蒙莫斯母亲露西·沃尔特的法律及道德合法性方式"生而为王"。[17]

　　因此,如果政治很快导向爱情,爱情也很快展现政治色彩。塞萨里奥本人看到,自己私人地位的问题借助既是隐喻又是转喻的纽带而与自己

519

---

[16]　关于可资比较的实例,参阅本书第10章,注释14、33—34。关于悍妇游街示众,参阅本书第4章,注释18—21。

[17]　如查理一样,约克公爵设法否认自己的第一次婚姻。费格森把背叛归结于此,贝恩也让塞萨里奥思考了这一点。关于这些事宜,参阅本书第10章,注释77—79。在贝恩此处描述塞萨里奥的背景中,当时存在一个关于婚姻相对公共与私人模式的竞争权威的辩论,该辩论有异于废黜危机,但又对此有所影响。例如参阅本书第10章,注释83—84。

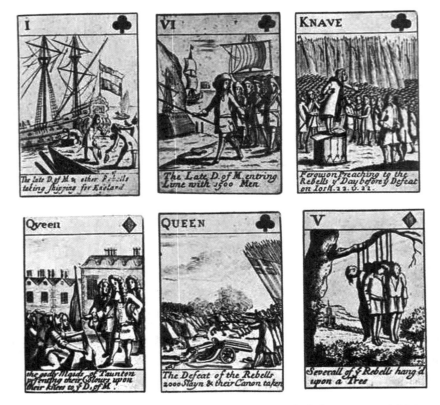

图 11.1 以蒙莫斯反叛为插图的纸牌（1685），见《国务诗歌》（*Poems on Affairs of State*：*Augustan Satirical Verse*，*1660—1714*），第 4 卷，Galbraith M. Crump 编（New Haven，CT：Yale University Press，1968）。普林斯顿大学图书馆。

公共地位的问题有关。他在赫尔迈厄尼面前声明放弃自己的妻子，公主，正如他"弃绝除了她本人之外的所有冒充自己之人那样……如果命运垂青他，赐以王冠，他会把它戴在她头上，并不顾所有之前的约束与责任而立她为法国（即英国）王后"（324，323，399）。家庭就像国家：塞萨里奥宣布赫尔迈厄尼是婚姻的合法冒充者，恰如他自己之于君主制一样。法律（如果不是书信的话）的精神（爱情，如果不是利益的话）宣布蒙莫斯是英国的真正"丈夫"。

塞萨里奥的坚信动摇时，费格桑诺准备如自己在私人事务中那样在公共事务中扮演相同角色。他坚持"宣告"的必要（必定是公开的，不同于婚姻"宣告"）："描绘这样的场景，塞萨里奥合理地自命为法国之王，以及此声明的合法性。因为使征服永远不要如此确定,民众需要这个。为了主宰民众,较之于亮出刀剑的力量,征服者不得不给予某些更好的理由"(409)。合法性的外表在君主制内如在婚姻内那样重要,并把两个体系结合在一起。但两者的重要标准不是法律的外在公共权威,而是爱情提供的内在"私下"许可,即塞萨里奥对赫尔迈厄尼的爱,"民众"对塞萨里奥的爱。这是贝恩对契约理论的戏仿阐述:因为塞萨里奥已与赫尔迈厄尼"订立契约"(323),因此王子与民众的相互情感为塞萨里奥对君权的索求提供了基础。正是本着这个精神,费格桑诺向塞萨里奥大声说道:"他对民 520 心的兴趣远大于对民众之王本人。"(408)塞萨里奥之于查理二世,恰如赫尔迈厄尼之于公主。如果这是得到爱情许可的话,私人重婚颠覆了布里亚德对西尔维娅和奥克塔维奥的指控,并为王室血统的公共更迭提供了合法化模式。也就是说,其与重婚的类比提供了裁决反叛国王合法性的一把钥匙。[18]

521

　　我们对贝恩的保皇主义信心,可能让自己对复杂性与精准性迟钝,反对蒙莫斯资格的公共实例借此通过私人实例而成。同时,我们必须承认,贝恩对影射小说的阐释尽管清楚地植根于实际特殊性的参照中,恰如显然没有使用一对一的密码。我们看到塞萨里奥这个人物代表现实中的蒙莫斯时,我刚论述的顺序要点才开始成型,因为他也代表亨利埃塔夫人、罗伯特·费格森、查理二世、英国民众,因为他在此组变化中的陪衬关系里逐个具备这些不同人物特点,他自己的道德地位开始借此得以界定。贝恩不仅谴责塞萨里奥,因此间接谴责蒙莫斯。她把废黜危机描述成良知实例,国家的抽象问题在此被具化为私人角色类型(情人、被爱者、假冒者、统治者、柔弱者、野心家、道德家、律法者、浪子、重婚者、政客、巫师),其多重重叠构成类似国王私生子之人的复杂地位。

　　这就是贝恩把爱情与政治类比糅合的结果。然而,她同时在转喻层面发力,并在此灵巧地实现可资比较的糅合。一方面,爱情与政治的关系有预兆地分离:塞萨里奥心甘情愿地为爱情牺牲一切:"不是为了自由或帝国,而是在成为她专有之物的荣耀中生与死。"托马索担心,塞萨里奥因

---

[18]　当然,在蒙莫斯反叛实例中,根据契约用新人(蒙莫斯)取代老"丈夫"(詹姆斯二世),相关非法性因反叛者意在首先杀死詹姆斯(也就是说,反对丈夫的"轻叛逆罪")而恶化。

为对赫尔迈厄尼的倾心而"完全柔弱成温柔女人"，并警告他"不要让自己的激情盖过自己的野心"（324、325）。另一方面（同等有预兆地），爱情与政治因赫尔迈厄尼的特殊力量而紧密结合。她不仅相信塞萨里奥是"世间最佳男子"，而且享受他会"成为最有权势之人"的感觉。对塞萨里奥来说，他爱赫尔迈厄尼是因为后者"男性化的"优雅："赫尔迈厄尼既是朋友，又是情妇……一位他可以谈论国家益事与爱情之人，借助她令人着迷的交谈在这两方面都能提升贵族技艺。"国家秘密与爱情秘密，无论它们可能何等明确性别化，但不是如此明确地两性化。因此，蒙莫斯的叛军随后计划从布鲁塞尔入侵英国，"全世界的人都在奉承赫尔迈厄尼……如果有任何人向王子提交陈情或致辞，那都是出于她的个人之利。她身居最机密的会议之中，听着最严肃的辩论，是决策层的神谕"（322，325，335，396—397）。此处的要点不是"性过错"，而是在性别角色倒置中显示的政治无担当。蒙莫斯让人想起查理一世与伊丽莎白一世的王室女人气，后522 者通过锡德尼笔下的巴西利厄斯形象来表现。[19]

然而，贝恩并不满足于使公共政治与私人爱情之间的二分法复杂化，她分析了如是复杂化的一个后果：她在可能被称为公共妻子的类型中依次发现私人与公共模范。趁着夜色，塞萨里奥一直谨慎造访"自己的妻子公主殿下，她在宫中权势正隆，管控着丈夫的不当行径"。就在这个晚上，他们被"常常来访"的国王弄得措手不及。塞萨里奥，这个国家叛徒如今成了家庭叛徒，"没时间躲藏，只能避入公主的密室"。合法的丈夫也是非法的敌人，躲在自己妻子的内室里。非法的闯入者也是合法的君主，"问她把谁藏在密室里面"，随后"敦促她把密室的钥匙交给他"。如贝恩在我们面前设置的其他家庭场景一样，这预示着揭示与隐藏。公主为塞萨里奥的事如此成功地求情，"最终她高兴地看到自己的机智与善良取得幸福效果，让国王陛下的眼中流下怜悯与同情的泪水"。妻子把丈夫坦诚地描述成值得宽恕之人，这是打开密室的钥匙，但只是开启了丈夫的欺骗表演才能。或如托马索所言，国王的怜悯是"塞萨里奥走出来的提示"。于是，他"用上所有必要的表演力道，柔声细语，两眼含泪，双手颤抖……直到被宽恕"（328—330）。然而，塞萨里奥装作国王陛下最"忠诚臣民"的时间非

---

[19]   参阅本书第 10 章，注释 16—18。

常短暂,因为考虑到可能牵涉"某些朋友",他对签署自己忏悔书一事畏缩。国王说道:"如果你有比我本人更好的朋友,那我就让你和他们一道吧。"塞萨里奥就此被逐出宫廷(331,334)。

公主代表自己丈夫向国王所做的私人干预,与赫尔迈厄尼公开挑拨国王与丈夫之间的冲突构成对比。《情书》的最后几页(425—439)主要叙述了塞萨里奥被国王军队击败的军事情境。平民与女性("低贱民众"与"贵妇")是他的主要支持者。贵族们反感他,部分原因是他勉为其难地声明自己"当王的权利"(426)。塞萨里奥证明自己"更多的是战士,而非政客"(428),尽管如此,他在绝望与失望之间左右为难,前者是自己离开赫尔迈厄尼,后者是费格桑诺基于占星术理由坚称战斗应延迟到新月之际。一旦投入战斗,他作战英勇,但上帝垂青国王军队,"爱情,思想的懦夫……已让他伟大心灵失去了男人气概"到了如此程度:他放弃了高贵罗马人自刎的应急之计(432,434)。在监狱中,"他口中所说,内心所想,梦中所见的只有赫尔迈厄尼……甚至在绞刑架上,他被要求如一位正常基督徒那样应该为自己的入侵、流血及谋逆战争求得宽恕时,他只是为自己对赫尔迈厄尼的激情正名"(438)。

523

无性的性别

托马索叙述的"塞萨里奥公共历险"被塞巴斯蒂安与克拉里奥更彻底的"私人"情节框定,并加以重演(319):女性化与有争议的家长权威;不忠子女-情人的欺骗;"爱情"与"友情"之间不可调和的冲突。这些良知可资比较的不同实例之间的重要差异与家长的道德地位有关。实际上,贝恩用塞巴斯蒂安与克拉里奥这些私人形象(他们为维持自己子女绝对顺服所付出的努力)的具体特殊性来突显查理二世这个公共形象的实际特殊性对比;查理二世的仁慈及温和(贝恩会让我们看到)表明一个极为不同且更真实的权威。正是因为家庭就像国家,坏父亲的形象可能说明好君主的形象。私生子奥克塔维奥可能在成功(但失手)杀死舅舅塞巴斯蒂安一事中得以正名;但不久之后,私生子塞萨里奥未能杀死并取代新加冕的国王,自己的叔叔詹姆斯,因此就不会如此得以正名。然而,关于个人良知实例的日益复杂论述同时可能开始在此暗示某种高层政治领域的优先权，它们被假定为此提供了一面"镜子"。可能公共事务服务私人目的，而不是反之亦然。或用不同的话来说，可能私人事务开始使公共目的内化。因此费兰德"如今完全专注于在可能情况下与卡莉斯塔相会的历险……装作自己是受塞萨里奥派遣"。在初期可能早就看似不合逻辑的推论中，费兰德开始"爱情历险"时确认在口袋里放入"手枪"（348,350）。

与公共有关的私人阐释功能中的如是含糊贯穿整本《情书》，也在社会语域中重演。在进行中的关于贵族与仆人的戏仿关系中，贝恩提出了费兰德与西尔维娅早期面对的难题，即哪件是大事，哪件是琐事？此处由费兰德、西尔维娅、奥克塔维奥构成的核心"私人"三角本身具有"高级"阴谋的"公共"高度，当它与仆人布里亚德、安东内特（Antonett）的"低级"重演对立时。[20] 在最低层面，爱情活动可能看似简陋到借助消极性评价行为的公共层次及更高级的私人层次。的确，顺着社会等级往下（从主人到仆从）的行为发展，与伟大政治动机去升华到粗俗性欲动机之间可能存在某种联系。然而，低级阴谋的降格可能也更极端地对更高层面的两个对应物施加简化版的嘲讽影响。

524　　西尔维娅给奥克塔维奥写信，恳求他把关于费兰德不忠的，"你知道的秘密"向她透露（201）。但在依赖自己的仆从们居间处理书信事务时，主人们忽视了如是危险，即他们的仆从们可能也在效法主人，并谋求取而代之。这在布里亚德的实例中特别明显。这位暴发户的次子已经品味到某位仆人的趋上流动性，后者成为前者情妇的丈夫。布里亚德，这位绅士的侍从实际上是变坏了的秘书，利用自己知晓主人秘密一事而自肥。书信隐秘的性欲化总是潜伏在主导性政治意义内，如今显化了。布里亚德让安东内特"把奥克塔维奥的一封信从小姐的盒中取出"，并以一封粗俗地把西尔维娅的"秘密"与性欲等同的伪造书信替代："因为我有一个无法向人倾诉的秘密……请允许我说，你们美丽的女人有其他秘密的，可以施舍的快乐，只有你能给予憔悴的奥克塔维奥的快乐。"（204）[21]

---

[20] 关于悲喜剧中作为家庭化手法的双重情节，参阅本书第 8 章，注释 7—15。

[21] 私人"秘书"布里亚德打开奥克塔维奥的信，并予以篡改。他效仿了与新成立的邮局有关的国家公共秘书行为。参阅本书第 2 章，注释 12。

　　这种伪造书信的交换可能被视为贝恩虚构私人领域界限内的影射小说形式（代表真实人物的虚假姓名）大胆内化。西尔维娅被这封伪造书信欺骗，并对奥克塔维奥火冒三丈。然而，她设计用比伪造书信交换更大胆的影射小说内化报复他，即伪装的衣服与身体的交换。西尔维娅细心地用"上好的衣服""装扮"安东内特，并"拥抱了她，认为她与自己同等形态和高矮"（211）。西尔维娅的目的是让侍女替代自己，以此惩罚（她认为的）奥克塔维奥的冒昧，用贝恩的话说，"把侍女换作女主人"（221）。然而与此同时，布里亚德自己假扮成奥克塔维奥："他洗好身体，喷上香水，穿上自己洒过香水的最好衣服……他的形态并不那么好，或他并不如奥克塔维奥一般高。"（211）结果，楼下一对无意中替代了楼上一对，没人对此满意，但在我们心中强化了如是问题，即私人在何种程度，以何种含意能够替代、预示公共？

　　当然，类似这些的场景不仅取决于社会差异，而且取决于性差异。需要强调的是，冒牌幽会不清不楚地结束后，西尔维娅对安东内特进行评估，让她安心，奥克塔维奥（实际上的布里亚德）并没有怀疑这出骗局："她拥抱了对方，亲吻了其乳房，发现触摸之处柔软，她的呼吸与乳房和任何自然之物同等美好。"（224）此处的同性恋促进了更基本的社会平等化动力，暗示贝恩及其文化理解嵌入地位差异之内，尚未从中分离的性差异程度。在此实例中，公共与私人、高层与底层之间的重要差异，不是男人与女人的差异，而是女主人与侍女的差异。布里亚德的性欲同样与社会欲望不可分离，后者因其与西尔维娅不平等婚姻的地位不一致而起，如今在就"此行为展现出背叛自己主人"费兰德的焦虑中显见（211）。后来，布里亚德成功地与西尔维娅发生性关系，后者"太晚发现自己被他知道太多，以至于无法与他保持主仆距离"（373）。如今，秘书知晓自己女主人的秘密，即该词认识论、情欲与社会层面的秘密。她被他"知道太多"的后果就是坠入家庭生活中："西尔维娅渴望自由，以及那些必要的殷勤，但它们每天都在消减。她爱漂亮衣服，华丽马车，热衷挥霍，如今她拮据到操持辛劳家务的地步，过上了自己憎恨的贫困生活。"（374）只有她与一位一心提供隐喻"伺候"的彼特拉克式新情人开始新的私通时，她才能够重新与布里亚德保持恰当的距离，"甚至不再容忍家仆接近她"（422）。

525

　　这些论述建立在本研究更早阶段的、更广泛的分析之上。[22] 性差异仍嵌于社会、法律、文化习俗之内时，女性不是被认为与男性有重大不同，而是被视为男性的次级版本。但因为两性之间的"自然"、生物区别始于近代早期的这种社会嵌入，它们逐渐成为明确的标准，标准的性欲借此分离成被解剖与客体选择的绝对差异界定的二分法范畴。但这是未来的潮流，也就是说，贝恩的性别化行为理念轻易跨过性边界，恰逢它预期具有生物层面指定性特点的性别化行为更严格关联之时。在当前易变中，父权制同样既"意味着"国家内的家庭隐性含意，又"意味着"作为拥有自己依规管控行为的家庭生活不同领域的新兴自主。

　　这些问题也因错误的喜剧而激化，这发生在费兰德暂时无法使自己对西尔维娅的爱圆满之后。他随后写信给她，将自己不举场景设定为仿英雄书信体，在对西尔维娅"圣洁城堡"进行爱情"围攻"之后被"荣誉巨人"击败这类班扬式描述。[23] 然而，关于失败一事，费兰德"担心被人发现"，他就身着侍女"梅琳达的睡衣，戴着头饰"，女装撤离，只是被西尔维娅的父亲搭讪，"伯爵先生把我当作他似乎预期的梅琳达，就在我要从他身边走过时抓住了我的睡衣"。女婿不期而然地与岳父相认（"他对我的失望胜过之前我对他的失望"），在没有被发现的情况下脱身而去（56—61）。[24] 我们可能在贝拉尔迪伯爵（Count Beralti）与异装的费兰德相遇中辨别出一种等同，这不仅基于他们作为引诱者的可资比较角色，以及基于他们喜剧式不当联姻的同性恋寓意（正是在此情节中，伯爵自信地将自己的阳具放于费兰德的手中），而且极为显著地基于岳父与女婿从事的女儿交换的同性交往结盟。此相遇不是具有性差异的颠覆性（因为性差异的现代体系尚未足以确立到受颠覆影响的地步），而是旧有父权制与新生自由主义之间假定的政治社会差异的颠覆性。

　　贝恩在此情节之前安排了另一出私人伪装，这一次实质上是以书信

<hr>

㉒　参阅本书第 6 章，注释 3—17。

㉓　贝恩作品的编辑（注释 59）注意到此场景得益于贝恩的诗作《失望》（The Disappointment）。费兰德悲剧英雄主义的自我戏仿也暗示贝恩诗作所指的罗彻斯特"未尽兴的享受"。罗彻斯特与其若干浪子人格面貌为《情书》的主人公提供了一个普通模型。

㉔　我们希望把这次偶遇解读成对《旧版阿卡狄亚》（Old Arcadia）的影射，参考巴西利厄斯（Basilius）对异装的皮罗克里斯（Pyrocles）迷恋，这可能因如是承认而得以缓和：锡德尼的影响必定通过包括贝恩自己作品在内的复辟时期喜剧中可资比较场景的影射而得以介入。

形式。西尔维娅被自己母亲及其朋友——某伯爵夫人突然造访自己"闺房"而弄得措手不及,"她正在更衣室写信,只有把信塞进梳盒的时间"。她恐惧地看到伯爵夫人拿起"盒子,把它打开,发现写给费兰德的信"。她壮着胆子准备把它大声朗读。西尔维娅即兴创作,假装自己用密码为侍女梅琳达写了一封假信,以"西尔维娅致费兰德的名义"发给侍女的爱人亚历克西斯(Alexis):"所有问题解决后,那就应该念出来。她自己就这么做了,并用她朗读的方式把它变成如此可笑的滑稽爱情,以至于令伯爵夫人乐不可支。"(52—53)字里行间的最细微之处(纯粹的"朗读方式")将爱情与滑稽爱情区分,也就是说,这至少部分将贵族的爱情与仆人的爱情区分。西尔维娅与费兰德因此最初不是在肉体层面的爱情中结合,而是通过他们对侍女梅琳达的共同假扮结合。为此,他们都通过服装与写作的伪造密码而被误读。梅琳达后来为自己情人的父亲提供了解读这书信体传奇的钥匙:"此刻的亚历克西斯指的不是别人,正是我的主人,这让老父亲极为高兴,认为对他儿子而言是个好兆头。"(53)姻亲乱伦被喜剧性地表现为普通社会平等化场景,作为表述社会丑闻的性丑闻而明白易懂。

《情书》充斥着女性被当作男性的实例。我认为,如此场景的含意不是性过错,而是社会流动性。当然,这个核心人物形象就是西尔维娅。化身为费尔蒙德的西尔维娅遇到奥克塔维奥,发现"内心的骑士";在描述过的早期场景中,这看似足够明显。在《情书》的结尾部分,西尔维娅如今与费兰德、奥克塔维奥疏远了,以不同的基调重演这出伪装。因为她"脑子里想着新历险",决定"身着男装",乔装成"年轻的骑士"贝卢米尔(Bel-lumere)。她遇上了一位名为阿朗佐(Alonzo)的,"极为英俊的年轻贵族"(385,386,418)。如他之前的奥克塔维奥一样,阿朗佐最初把西尔维娅当作男性。不同于奥克塔维奥,阿朗佐"被她完全欺骗",因此"他把她的示爱误认为友情,看错了她的性别"(387,388)。他们最初的互动是在这种同性交往及潜在同性恋的基础上进行。但阿朗佐又胜过之前的奥克塔维奥,对贝卢米尔的性别化魅力与"他"的明显性别之间一致性的缺失心存疑虑:"我是女性如此热情的崇拜者,以至于不能让我自己交往的女人感到不便……尽管我经历所有狂野放荡,但我那如烈火般的青春生涯至少从未把我出卖给战胜我美德的美丽。"(394,422)如果奥克塔维奥(与费兰德)表明"传统"贵族类型,其性欲由性别,而不是性来决定,阿朗佐似乎宁愿唤起新兴的现代类型，为此性别必须在性的层面植根。

　　但如果阿朗佐的经验受此规定限制，西尔维娅的经验则因此拓展。这是因为他们显然必定接受的"永恒友情"允许西尔维娅再次获得同性交往情谊的"特权"。通过这种男性亲密，她知道自己以女性装束吸引了阿朗佐的注意：因为阿朗佐已不仅把西尔维娅视为绝佳"美人"，其与绅士们的明显亲密使他认为她是位"娼妓"，而且把她视为自己某天在公园所见，"蒙脸"走路的"可爱陌生人"（393，417），对此他崇拜着对方。基于如是认识，西尔维娅"完全相信自己的征服确凿无疑：他已见过自己三次，且所有那些次数都是对应某一个人，然而他仍然爱着自己。她不会怀疑当所有三人合为一人时，他会比之前更加爱恋"（420）。这很快到来。西尔维娅作为英俊的贝卢米尔、美丽的娼妓、可爱的陌生人的复合身份（她为作为观众的阿朗佐表演的影射小说）因揭晓她是位女人这一高潮而变得独特。对阿朗佐而言，这是真正的损失，尽管如此必然导致更大的痛苦："因为你已让我失去了一位迷人的朋友，我只是刚刚得到一位经你允许而去爱慕的情人。"（422）然而，西尔维娅身份的秘密并没有被如是揭晓而穷尽，因为我们在她身上感受到能力的扩展，它受益于男性友情的伪装，并持续到予以超越的程度。

　　西尔维娅出色驾驭阿朗佐，这如何与作为示范性"公共妻子"的赫尔迈厄尼及公主的各自表现相比？实际上，贝恩在赫尔迈厄尼与塞萨里奥情事进行的同时交替叙述西尔维娅和阿朗佐的故事。如西尔维娅一样，赫尔迈厄尼经历了"他们没有公开宣告"的假结婚仪式；如西尔维娅一样，赫尔迈厄尼用她"男性化的"优雅让对方满意；因此如西尔维娅一样，赫尔迈厄尼"既是友人又是情人"（412，335）。在同一页内，赫尔迈厄尼对政治及战争事务"独有兴趣"的力道附和着西尔维娅在爱情事务中对自己"利益"的追求（396—397）。贝恩将西尔维娅与这些其他示范性女性实例并置，这如何改进我们对她自己道德示范性的理解呢？

　　结盟的包办婚姻与选择的爱情婚姻之间的竞争成为 18 世纪小说中公共-私人分裂的如此强力表述，㉕并在本叙事中扮演相对不重要的角

㉕　贝恩写完《情书》之后，甚至很快开始在短篇小说中写到这些。参阅 Michael McKeon，《英国小说的起源》（*The Origins of the English Novel*，*1600 — 1740*）（Baltimore：Johns Hopkins University Press，1987），第 258—260 页。

色。这部分因为此处的贝恩把自己视为在不同文类中表演,部分因为贵族内部的婚姻体制尚未作为如此公共结盟而足以明白易懂,即把利益与爱情、私人与公共动机之间竞争内化于自身的公共结盟。对贝恩笔下所有人物而言,婚姻的存在是服务于超越自身的目的,服务于永续男性血脉的目的:"生出光荣英雄的子嗣"(西尔维娅);扩充"老贵族的后代"(莫提拉);"只是为后代之故"(塞巴斯蒂安);"为生育后代做准备"(费兰德)(25,75,285,11)。然而,利益与爱情之间的竞争(的确是利益上升,高过爱情)日益在贝恩尝试解释西尔维娅的心态中显见(参考346,347,384,414)。她作为男性的,更拓展的伪装当前如何阐释她作为书中人物,明显发展的道德意义呢?

　　看到贯穿《情书》全书的友情与爱情之间性别化冲突可能有用,这已作为婚姻的利益与爱情动机之间冲突的方式、先例和替代而明显主题化,贝恩借此在私人经验领域内表现了公共-私人差异。在婚姻内,"利益"可能只有负价(negative valence),这阻碍或约束爱情的人格化完整。但如我们所见,㉖个人自利范畴的出现在建构现代隐私领域时扮演重要角色,个人爱情也为此做出自己的重要贡献。友情在传统上是将贵族以同性交往的荣誉关系全部粘合的理想化胶水,这与自利对立。但随着市场驱动行为的同性交往变得更规范,男性友情的模式可能日益把总是为此提供隐性基础的经济利益作为正面好事而予以承认。特别在与仍然令人可疑的,面向女性的"女人气"男性之爱对比时,男性友情开始调停自主选择与能动性的价值,恰逢婚姻之内,"爱情"开始学习一种可资比较的功能。

529

从书信体到第三人称

　　在《情书》的更早部分,叙述者将费兰德与西尔维娅各自的欺骗行为进行对比,以此方式阐释西尔维娅乔装成男性后欺骗效果提升。叙述者说,说谎是"她们女人可以无限更可原谅之事。她们的一生中有一千个遭到非难、责备的小过错。她们愿意为此求得原谅,用小小的谎言进行粉饰。但对男人而言,大多数的无常行为常常被当作率直的殷勤。对他们

㉖　参阅本书第1章。

而言,拥有一千次爱慕不是件丑行,反而是自己声名与功绩的荣耀。在我看来,习俗已赋予他做任何坏事,并以此为傲的许可,但他却不是那么勇敢"(312)。贝恩对双重标准的阐述在清理可爱但蒙面陌生人与美丽但无耻娼妓对立两极之间(男性的)扩展中间带时,为西尔维娅正名;这两极通常界定了女性身份领域。

　　当然,这些对立两极也界定了女性通常拥有的公共与私人能力之间难以维系的选择:要么是受私人保护的处女,或妻子的谦卑美德,要么是公共市集的妓女自利恶行。如我们所见,伊丽莎白·海伍德的实践后来把文学公共领域提议为如是难以维系选择的解决方案。㉗ 然而,对贝恩笔下的主角而言,我一直论述的公共与私人之间的矛盾关系是《情书》的核心关注所在,这可能从她早期作为"私人"处女的身份向最终作为"公共"娼妓的身份转变之明显不可调和的进展中感受到。至少大多数读者们感受到西尔维娅的品性在整个叙事中的明显转变。在第一部分,她似乎是一位纯洁,情感炽热的处女,被自己的浪子姐夫引诱。至第二部分末,西尔维娅的纯洁似乎早已成为一段回忆,并被算计、伪装、欺骗取代,贝恩让我们也将这些视为女性普遍特点:"因此,大多数易怒的人看似最勇敢的人,特别当他们需要那些被自己恭维之人的友情时,如在那些情境中女人们曾经做过的那样,她掩饰自己的想法。"(142;也参阅157—158,160)至第三部分末,这个改变仍然更瞩目:"客观地评价她,她也有与自己完美混杂的太多不好品性⋯⋯尽管如此,她当前如此谨慎,确切地说狡诈,把自己的厌恶掩饰。"(257—258;也参阅278,345,354,359,363,384)

　　如今,值得注意的是,关于西尔维娅的所有这些描述(有很多)都是以第三人称叙述者声音讲出。如西尔维娅品性的坏方面一样,这位叙述者只是在《情书》第一部分之后出现。我们因此有理由发问:什么改变了?是西尔维娅的品性,还是我们的相关理解?《情书》是关于一位女性道德堕落的故事吗? 或这是关于一位女性发现如何叙述自己品性道德完满的故事吗? 换言之,关于西尔维娅道德发展的公共-私人问题似乎与作为叙述者的贝恩发展的公共-私人问题混在一起。

　　从贝恩叙事第一部分向第二部分的转换涉及场景从"法国"向荷兰的

㉗ 参阅本书第9章,注释38—43。

转变,这也使叙事方式的变化成为必要。第一部分是纯粹的书信体,是除开篇"内容提要"之外的,未经修饰的书信合集。第二部分(如书名页宣称的那样)是"混合的"叙事,将第一人称"书信"与断断续续的第三人称"个人历险历史"结合。⑳ 阅读笛福的作品,这已鼓励我们发问,第一与第三人称叙述之间的转换如何可能阐述私人-公共差别?⑳ 从某种意义上来说,第二部分的"混合"叙述与《情书》据称拒绝将爱情和战争"混合"的方式有关吗? 这种形式变化多大程度上受 1684 年至 1685 年多变政治语境下的迅猛进展决定?

贝恩毫不炫耀地开始了这种叙事方式的转变。如第一部分一样,第二部分以"内容提要"为始。然而,不同的是,第二个"内容提要"并不是用斜体字与随后的文字区分开,而且延续了八页,接着与构成本部分主体的书信体话语合并,这为书信之间的延续性提供了某种一致性。结果,我们对书信体与叙述者声音之间差异的意识被谨慎地最小化,此效果因如是事实而强化,即贝恩的叙述远非"无所不知",且穿插着第一、第二人称参照,这唤起他人对某人的书信体、直接、自觉的称呼,无论这是多么短暂(参考 160,165,191,202,209,246)。㉚ 假定贝恩的叙事混合相对不引人注目,以我们解读她的秘史方式,这会引发怎样的不同?《情书》第一部分的纯粹书信体第一人称叙述向第二、第三部分中日益活跃的(一度甚至具化为)第三人称叙述者的转变,贝恩由此得到了什么?

常识会给第三人称叙述分配如是角色,即用更"公共的"介入补充第一人称书信的直接"隐私"。但第三人称叙述也可以向我们讲述内在动机,这无法通过书信体形式获得。也就是说,第三人称叙述"从外界而来"的侵入可能揭示了第一人称书信作者本人已经忽视的"内在"动机。这种知识提升

⑳ 可能有时需要将第三人称叙述添入书信体叙事,如果场景的变换排除了通信合理性的话。尽管如此,这不是此处的实例。无论如何,贵族能够仰赖仆从传递自己的信件,贝恩笔下的这个贵族原则在通常避免书信沟通的情境下彼此通信。

⑳ 参阅本书第 9 章。

㉚ 另一方面,尽管贝恩此作第二、三部分中的书信与叙事话语之间没有可区分差别,叙事混合的事实的确在读者后两部分的意识中自行突显,因为传奇与斜体印刷之间的差异在叙事话语中作为叙述者声音与她书中人物声音之间的区别而内化。用斜体字突出对话(而不是用较不起眼的现代引号用法),这是复辟时期排版实践中常见之事,通行于《情书》首版(1685,1687)第二、第三部分。当前的重印有助于恢复此用法,而之前的 1987 年企鹅版已用现代方法予以编辑。

在叙事阐述对象本身就是书信时特别明显。例如，西尔维娅"随后通读了自己所写的书信，出于自己的目的，她特别喜欢它"(168)。第三人称叙述也可能阐明书信隐藏的内容。在楼上-楼下卧室闹剧中，侍女扮成女主人，西尔维娅不知道的是，男仆也替换成自己主人。此事过后，西尔维娅给奥克塔维奥写信，后者读信时一头雾水。随后"他把信再读一遍……尽管对他而言，这好似谜语，但他意识到这是写给某位比自己更幸福之人的信……他现在相信自己发现了真正秘密，这信不是写给他的"(223)。的确，第三人称叙述可以揭示书信有意隐藏的内容，考虑到贝恩展示的虚假的，甚至伪造的书信能够实现的遁词与欺骗，这就不是令人吃惊的主张。如良知一样，真相存在于内部：存在于文字，而非行动，甚至更多的是存在于思想，而非文字。《情书》中发生的大多事情使内在真相的揭示成为必要，假定的书信坦诚已将其覆盖。这意味着贝恩在《情书》后两部分中增添了第三人称视角，也就给她更有效的方式，去实现自己更基本地以书信模式尝试之事，即探究叙事形式层面"私人"与"公共"之间的关系。当然，值得注意的是，第三人称叙述"公共"模式的成功存在于如是能力，即它能比书信形式"私人"模式更好地描绘自己笔下人物的隐私。如印刷出版技术一样，贝恩在《情书》第二、三部分即兴创作的此类第三人称叙述技巧悖论地既是公共，又是私人谋划，通过探究与揭示的外在行为暴露迄今未被质疑的内在性深度。

第三人称语言在此研究中出现过多次。在 18 世纪中叶，亚当·斯密把同情概述为可以说是两种人类激情趋上趋下相互调整，因此抵达中间地带的综合结果。在社会秩序中，个人之间的此类调整是规范的。社会秩序可能由众多个人组成，每个人都把社会秩序作为藏于内心的两个"人"或两种"品性"、公共转为私人的"旁观者"与私人"能动者"、"我"与"我自己"之间的心理调整内化。在这更彻底的私人化层面，调整的综合结果被赋予自己的名字，即用"第三人"的眼睛观察的"客观旁观者"。㉛更早的一百年前，爱德华·迪林爵士(Sir Edward Dering)吃惊地发现下议院的《大抗议书》(the Grand Remonstrance)不是写给查理一世，而是写

㉛   参阅本书第 7 章，注释 113。当然，斯密笔下内化的旁观者的客观性，与在政治经济中调和各种私人经济利益的首要"看不见的手"有某些关系(本书第 7 章，注释 116)。比较艾迪生的"想象"，它用其他术语给"第三人称"的综合功能命名，这监督了感官的相互改进，以及理解的家庭化，关于这些，参阅本书第 7 章，注释 79。

给英国民众:"我做梦也想不到我们应该向下规劝,讲故事给民众听,说起国王就像提及旁人那样……我们抛开陛下,真的去规劝民众了。"议会(更确切地说,下议院)向民众,而不是向国王致辞,似乎借此将自己与"混合宪法"的君王伙伴关系区分开,作为在君王与民众之间介入的第三人称叙述者说话,恰如故事中两位"人物"之间那样,其中一位说话,另一位的确通过称呼模式把自己与"代表"其利益的书中人物等同。③ 这些用法与贝恩在第三人称叙述中的实验有某种影射关系。基于它们的样例,第三人称语言会看似并非精确地给"公共"乃至必然的集体过程命名,而是公共与私人(我和我自己、国王和民众)借此通过具体虚拟性(议会中的"我们",以及旁观者的客观性)而得以巩固的过程,正如他们存在于现实性领域之内那样。具体虚拟性的中立在结构上比实际公众的客观更具综合性,也对私人能动者或它包括的"人物"实际特殊性更忠实。③

532

---

③ 参阅本书第1章,注释9;参考第2章,注释72。至斯密时代末,这将成为理解国王与议会之间政府关系的标准方式。也参阅赫尔迈厄尼监督向塞萨里奥ऍ请的陈情,本章注释19。

③ 此外,值得注意的是,贝恩从书信体形式向第三人称叙述的转变,大体伴随着从第一部分献辞的匿名性的缺失(这使关于男性作者身份的无标记暗示成为必要),向后两部分献辞以"A. B."这一署名有意提供作者身份关键信息转变(参考7、120、255)。这些首字母是实际作者身份的幽灵人格化,也是隐私的公之于众,如果不是性别化的话。如西尔维娅一样,贝恩在《情书》中的人物进展是日益公开化迹象之一。

贝恩在叙事中学会平衡公共与私人时所用的微妙性可能得益于其早期秘密工作的经验。1666年,贝恩被查理二世聘为国务秘书,从事反荷兰的间谍工作。当时英国与荷兰正在海上作战。她尽责地从安特卫普(Antwerp)传递情报,即荷兰舰队从梅德韦(Medway)北上直抵伦敦的秘密计划。她只是看到"自己的信被如此轻蔑地传递,展示给本不该知晓此机密之人看"。她的情人威廉·斯科特(William Scot)建言,她不要指望自己因此而得到报偿,"进而希望她把政治谈判搁到一边,用一些愉快的安特卫普游历让自己的朋友,要么是她的情人,要么是其他认识的贵妇舒心。她在这方面要比为国乔装一事更成功,因为她在令读者愉悦方面未曾失败过"。贝恩回复道:"你对我政治能力的评价尽管尖锐,但不会令我动心,而是对未曾使用本可以运用的那些优势的报应,并得到双重责备。首先是选派一个人,他们不相信此人的能力、感觉与忠诚;其次,普通人告诉他们一个可能的故事时,他们无法理解,事情发生时,这足以惩罚他们的怀疑;"贝恩夫人生平历史与回忆录"(The History of the Life and Memoirs of Mrs. Behn. Written by one of the Fair Sex),见《新近去世的聪慧的贝恩夫人所写历史及小说作品—卷本全集》(All the Histories and Novels Written by the Late Ingenious Mrs. Behn, Entire in One Volume),第5版(1705),第7、8页。Frederick M. Link,《阿芙拉·贝恩》(Aphra Behn)(New York: Twayne, 1968),第17页暗示作者是查尔斯·吉尔顿(Charles Gildon)。贝恩在1666年预言的丢脸事件的确发生了(参阅本书第10章,注释64—65,安德鲁·马维尔为此事撰写了序言)。书信往来暗示贝恩决意写关于废黜危机的影射小说,其自我审查的形式方法既隐藏,又揭示,这表述了事关她写作的政治,以及性别束缚感。关于费兰德致西尔维娅的类似评论,参阅Behn,《情书》,第43—44页。关于德拉瑞维尔·曼利(Delarivier Manley)与伊丽莎白·海伍德(Eliza Haywood)用腹语术说出的类似建议,参阅本书第13章,第39—40注释;本书第9章,注释29—31。

　　但把贝恩与西尔维娅之间性别化等同性质简单化，例如在她们作为作者的关系中预期某种叙事代理，是件容易的事情。的确，西尔维娅所做的不止于个人书写那部分，贝恩鼓励我们将她的书写与自己日益增加的女性"欺骗"联系起来。在叙事的相对早期部分，西尔维娅担心自己在昏厥时已被布里亚德强奸："她把他视为强奸犯，但如何查找真相……她用上女人们能教授的所有技巧，用上自己知道是虚张声势的威胁，因此她开始欺骗。"她诱他承认对"她酥胸的蹂躏"无果，随后又"拿起搁在自己一直在此写信的梳妆台上的笔刀……逼上他的胸前"（149，157—158），进而挫败了他完成后续行为的希望。西尔维娅所用的工具暗示性地介于应对背叛时的两种不同方法之间，两者都是男性认同的武器与书写（在典雅的人文主义话语中是"刀剑与信札"）。从书信体形式向第三人称叙述拖延转变时，正如叙述者的声音日益填补自己笔下人物的声音，这也允许某些人物通过或多或少自觉作为代理"艺术家"，也就是叙述者而发挥作用，以此使本过程反转。作为代理叙述者的西尔维娅的主要表演发生在第三部分开篇不久的全面曝光的姿态中："她为向奥克塔维奥隐瞒自己故事而恳求得到他一千次的原谅，但她不再对该罪行心有内疚，她曾为这个男人奉献了如此完美的激情。"奥克塔维奥最初被情感左右，不久大声说道："我现在听你的故事。她随后再次轻描淡写地重述自己与费兰德之间的爱情。因为他已从她本人及费兰德那里了解了所有一切，直到她说到自己离开父亲宅邸贝尔丰特（Bellfont）那部分"（275）。当然，西尔维娅的省略也是叙述者的省略，后者此处"轻描淡写地""重述"西尔维娅所言，因为如奥克塔维奥一样，我们读者已在《情书》第一部分听过，那时的西尔维娅与费兰德用各自的声音写信。的确，西尔维娅的故事开篇可能让我们想起贝恩第三部分书名页概括式开篇：《费兰德与西尔维娅的爱情；一位贵公子与妻妹的情书第三及最后一部分》（*The Amours of Philander and Silvia : Being the Third and Last Part of the Love-Letters Between a Noble-Man and his Sister*）（252）。

　　贝恩似乎以这种方法将自己藏于西尔维娅的声音内，随着重复让位于新信息的揭示，如今转到第一人称：

　　　　没多久，我父母开始找我。你可以想象一下，由我本该在第二天所嫁之人福斯卡罗和我善良的父母组织的搜寻会是怎样的细致。但所有的搜寻和喧闹都是徒劳无功。最后,他们把我登上每周《公报》,详细描述我的脸庞、头发、胸脯、身高、年龄与美貌,不漏过任何见过我之人得以辨识的内容,并向能提供有关这位逃跑的贵族小姐消息之人支付巨资。费兰德非常了解平民本性,知道他们会为这么一大笔钱甚至出卖自己的父亲。他不再让我由他们摆布……他们每时每刻都在期待民众反叛自己的国王,这些叛军的光荣首领不得不等待、观察低贱民众的行动(275—276)。

　　西尔维娅的叙述在很多方面勾起回忆。她告诉我们这样的故事,即别人在讲述她的"官方"历史,借此让我们想起我们正在读另一篇如此记述,即公认的她的替代品,"秘史",但显然这也是另一部系列出版物,其价格使"任何见过我之人得以辨识"。国家的公共机构,伦敦《公报》发挥父母与未婚夫的"公共"职能,通过将她身体(私密)部分向"低贱民众",即公众读者出版的方式设法确保由此及彼的流畅转变。公众对自己实际父亲的假定的、唯利是图的背叛,让人们唤起对自己的上级,不仅是他们的国王,甚至他们反叛领袖的预期背叛。这是绝对主义的退化:金钱,普世的解决者说服民众轮番支持、背叛国家与家庭的父权制继承。正如《公报》透露西尔维娅的外貌,以便快速寻找她的下落一样,《情书》因此也通过对法国女人西尔维娅的私人揭示,以此预示在王权继承与王室废黜的父权制权威之间撕扯的英国公共身体。西尔维娅如今也告诉我们自己嫁给布里亚德的计划,"这样一来,父亲的权威不能把我从丈夫身边带走"(276)。《公报》相对适度的描绘甚至可能让我们想起,贝恩是用更全面的描绘开始《情书》的故事,详述到戏仿及描述莫提拉的地步,即西尔维娅的姐姐,第一位被费兰德的爱情引诱之人,她的陪衬(9)。

534

　　诸如此类叙事代理的倒置可能归结于后期关于奥克塔维奥就职成为圣伯纳德修道院(the Order of St. Bernard)僧侣之仪式的记述。尽管此仪式拥有由"所有在祭坛主事的神父"主导的权威,它被表现为贝恩笔下叙述者的加冕妙法。叙述者想象地主持此仪式,其具体特殊性至少到了女性化与人格化的程度:"我自己随其他人出席这个仪式,"她开始写道,"在我一直生活的佛兰德斯(Flanders)从未如此好奇地观看此类场景……我完全迷醉于自己所见所闻之中，想象自己不在人间，而是完全升上了天……西尔维娅在仪式中昏厥了几次……就我而言，我发誓自己此生从未如此感动……当他向我走近时，我随时在自己所坐之处沉陷……但如我所言，她天性并非为爱情而死。她如奥克塔维奥那样勇敢，有魅力，令她最大程度悲伤的原因可能是她的利益，以及奥克塔维奥丧失的巨大财富。"(379—384) 如果第三人称叙述好似出版，贝恩笔下"我"的侵入式在场也使叙述者私人化，把她作为在情感力量方面与西尔维娅本人匹敌的角色而加以区分。贝恩的叙述者此处完全代替了西尔维娅，并巧妙地与她等同，揭露她，暂时替代她。[34]

西尔维娅与叙述者形式上交换场地的这些选段可能被当作确定作为"女性技巧"(157)实践者之关系的段落。然而，不是女性人物，而是男性人物极全面地提供代理叙述的服务，值得注意的是托马索和费兰德，后者一度甚至暂时与"我"的叙事融合(319—341，230—242)。[35]的确，一时的反省可能让我们对如是作者有此期待，即这位作者的基本匿名性就像西尔维娅采用的那些男性乔装一样有效，"给她作为女性不曾享有的无数小特权"(126)。《情书》既不是("私人")人物的故事，也不是("公共")叙述者道德发展的故事，而是它们彼此依赖的故事。叙述者与此叙事女主角之间的性别化等同更多地在隐喻层面，而不是代理或替代的转喻层面。在隐喻层面，西尔维娅从贝恩的叙述者样例那里学会如何用通常赋予男

---

[34] 作为话语"技巧"的样例，《公报》的广而告之，以及叙述者对就职仪式的记述被暗示性地比作"巫术"，费格森借以发表自己所写的，关于塞萨里奥合法性的《宣言》(*Declaration of James, Duke of Monmouth*)(1685)，"一项恶毒且叛国的诽谤"，并安排了塞萨里奥与赫尔迈厄尼的假婚姻"仪式"(402—411)。

[35] 费兰德描述了卡莉斯塔对自己伯爵丈夫的厌恶之情："因为她已见过迷人的费兰德(为此我们必定让她也这样称呼他)，所以她难以忍受伯爵的言行。"(237)当然，书中人物与叙述者的高度暗示融合可能不是有意技巧的结果，而是贝恩方面的监视结果。她在别处运用可能作为自由间接话语早期(如果算暂时的)样例而取得资格之事，以此达到可资比较的效果。叙述者描绘了布里亚德与奥克塔维奥之间的见面："他们谈的都与不忠的西尔维娅有关……奥克塔维奥让情意绵绵的布里亚德那天哭了上百次……布里亚德不再怀疑，但他的确也不再相信善变的女性。"(367)这是叙述者的表述词吗？(参考她常常暗示女性技巧)通过明显男性声音确认她与西尔维娅，甚至与她自己掩饰的距离？但我们已听到奥克塔维奥与费兰德提及西尔维娅"善变的女性"一事(例如参阅275，311)。这是叙述者的"公共"声音或通过第三人称叙述而"为人所知的"她笔下男性人物的"私人"声音？同时代对书中人物与作者之间差异的显化，恰如公共与私人声音之间的差异，关于这一点，参阅第2章，注释137—142。关于自由间接话语，参阅本书第15章，注释46—53。

性的道德自由,"习俗已赋予他做任何坏事,并以此为傲的许可"(312),来践行性别化的"女性技巧"。西尔维娅从叙述者那里学会的是如何运用更综合的"自我著述"类型,以便为自己增添道德主体性的完整及深度。她常常通过男性伪装,通过把男性的公共及政治主体身份加于自身之上的方式如此行事。化名为费尔蒙德的西尔维娅"对内心的骑士满意",仿佛异装就是获得进入潜在的,否则难以企及的内在性维度的方式。被女性所用,声名狼藉且年代久远的女性技巧就是欺骗手段。被乔装为男性的女性所用,女性技巧就从丑闻的隐秘向亲密隐秘转型,从欺骗转向内在性。

535

从女性欺骗到女性内在性

假扮男性可能是最明显的方式,贝恩笔下女性人物的道德浅层欺骗借以转型为道德深层内在性。然而,贝恩通过第三人称叙述本身的形式机制更微妙且彻底地准许如是转型。我称为对大多数读者而言明显的西尔维娅品性转变之事,有对其道德状况予以否定理解的倾向,因为它常常使最深层思想秘处的动机揭秘成为必要。她的叙述者认为,这些动机在正义层面,"就她的性别而言更可原谅",正是因为根据习俗,较之于"男性",她们的动机更少得到原谅,"更易于受责非难"(312)。贝恩叙事挖掘的累积效果就是使这些动机适应可被原谅的,甚至值得称赞的,根据习俗被性别化为男性的思维,以此使动机正常化。久而久之,西尔维娅的女性"嫉妒"被男性化为积极的"报复"野心;"女性技巧"难以区分简单"诡计"与"技巧";极为重要的是,成为"娼妓"的程式化唯利是图的不忠顺从追求个人"自利"的新兴公民美德。

这在此选段中得到最有力的表述,即西尔维娅对奥克塔维奥在修道院就职感到悲痛,叙述者对她的唯利是图予以详述的随后段落:"她心存可怜的审慎,即便在自己爱情最奔放与炽热之际,她也会睿智地关注利益。因为它最确定,她甚至拒绝完全委身于费兰德……我们要在多大程度上相信利益是她激情之后的最大动机?"(384)此处关注的第一件事情就是,叙述者对已看似之物内的审慎自利回顾式揭示,在第一部分的严格书信体情境下,西尔维娅爱情的纯洁激情强调了她的品性发展及贝恩叙事技巧发展的彼此依赖。但第二件事情是，贝恩此处对西尔维娅激情的剖析把作为何等易变之力的自利分离出来，后者足以与审慎的美德调和，以保证被称为"激情之后"的最伟大、最有力之事。这不是为西尔维娅动

536 机无可辩驳的否定性辩解，因为她的叙述者有时把它们向我们揭示，只是暗示与自利范畴有关的，借以理解该否定性意义的矛盾历史语境。

对某人自利的追求，传统上这对男女而言都是禁忌。此时，它已逐渐被重新视为得到恰当理解，并非完全负面之事，而是人类行为自然准则。当然，这首先是男性准则。但贝恩将自利向女性及男性的实验性适应，是其对道德示意的私人世界与政治意义的公共世界之间关系之综合探究的一部分。《情书》以政治讽喻的秘密模仿为始，这使私人能指与公共所指明显不平等的关系成为必要。如异装女性一样，影射小说既揭示又隐藏，模仿性地示意更高层、更伟大、更有力的模型，并使之家庭化。但正如伪装复杂化及习惯化，其示意的力量日益在私人能指本身的机制内内化。公共-私人差异仍然不变，但此描述的阐释"钥匙"从讽喻模式的宏观层面转到微观层面。在宏观层面，书中人物作为与公共外在性及实际特殊性的对应而被揭示；在微观层面，第三人称叙述建立了自己外在性的公共领域，在所有具体特殊性中凿出人物的私人空间。

当然，这不是《情书》"所发生的事"。用这些术语说话就是将一个复杂不齐的过程提取成一个范例，其欺骗性清楚轮廓暗示某种秩序，即贝恩的叙事并不具有此秩序的特点，而是它不均衡地作为历史过程参与此秩序的建构。在随后世纪的很长时间内，男性政治主体身份的戏仿会被转化为女性道德主体性的自主。诸如贝恩作品的政治讽喻会被我们开始称为家庭小说的作品取代。《情书》本身从未失去作为影射小说的形式地位，也就是说，它从未失去对废黜危机及余波的公共政治评论深层承诺。同样地，婚姻此处从未失去作为父系永续的公共制度地位，也就是说，它从未暗示通过家庭生活实践，介入自利的"女性技巧"新兴准则的能力。西尔维娅将父母的"利益"与个人"爱情"对立时，只有前者作为婚姻的动因而明白易懂，后者只是在"正式仪式"缺失时看似可能（112）。怀孕是《情书》中的非法行为，被当作"危险的"健康风险或消极的缺失（negative privation），而不是作为积极的预期隐私而得以体验：西尔维娅"身怀六

537 甲，这使她不在所有公共场合露面"（311，415）。与见习修女卡莉斯塔相

比,对西尔维娅来说,分娩只是更隐性关系的终止,而不是开始:"这件大事一结束,西尔维娅就认为自己是一位新人了。"卡莉斯坦"下令把孩子送到自己可能永远见不到的地方"(365,315)。然而,自利作为两性名义上的规范动机而出现,尽管它沿着从卖淫到自主决定的范围不明确地分布,它自己在抽象范例内有重要意义。利益并不是作为家庭生活植根于此的爱情婚姻的积极因素而得以想象,尽管如此,它可能在探讨世界全体女性个人动机中被赋予某种实验性的积极性。

贝恩在《情书》中的叙事技巧变化是家庭小说萌芽与发展变化的典范。书信体形式让位于第三人称叙述,正如书信的纯粹存在隐秘被发现与书信背后及之下的动机隐秘相比更少意义。书中人物密室的钥匙从书信形式的某个维度向另一个维度调整:从客观纪实维度转向主观情感维度。政治历史的秘密要比私人(诡辩及心理)实例历史的秘密更少强迫性,更少启示性。书信总是显性介绍事件与显要的信息,具有更内在与反身的书中人物症状。书信的字面解读并不是作为借助他人,或某人自己特有文风的"阅读"或"写作"能力的连续索引而消退,但它有越来越被纳入叙事声音的说教自我意识倾向,我们学会带着某种阐释自信依赖于此(参考 144,210—211,243,378,414,436)。此处打开秘密之盒的钥匙如果明显是说教的,它也是深度情感的。一旦她能够为自己比对往来书信(费兰德一直通过自己"朋友"奥克塔维奥的居间审查对这些书信进行过滤),西尔维娅就成为知晓一切的读者:"这封信在她心中唤起源自他不幸故事的异样情感,这使她认识到他写给自己的这封信完全是虚假和欺骗"(312)。

我们甚至可能说,此类"友情"早期使费兰德与奥克塔维奥成为享有特权的通信者,如今及时成为叙述者的财产。叙述者平等地向自己书中人物及读者传播知识。但如果贝恩的叙述者没有厚此薄彼,她也不会提倡知识一旦被传播就如何为人所知这个简单模式。如果她有"朋友"的权威特权,她书中人物会有"情人"的直觉敏感性。叙述者一度告诉我们,"情人是天下最蠢的傻瓜,最容易被骗之人,尽管也能最快明辨⋯⋯最快相信"(317)。贝恩笔下的人物全都是情人。然而,她此处指涉之事不仅是轻信,而且是某种搁置怀疑的原始美学意愿,并享受想象的虚拟愉悦:"她勉强让自己被说服,接受他有心让她相信的一切";"他如此奉承,她相

538

信，因为她有相信的意愿……然而他如此成功地欺骗，以至于他勉强知道自己如此行事"；"他担心自己被欺骗，可能通过欺骗获得的优势，让自己比他可能另行所做之事更少思考"；"他希望，并有一个秘密愿望，即她要么没有过错，要么她会如此欺骗自己相信她没有犯错，以至于这可能也起到安抚自己意愿之心的作用"（260，344，345，244）。现实世界中的自利行为常态化在《情书》中甚至实验性地延展到了女性，伴随着虚拟领域的开启，非功利性信仰的愉悦在此潜在地为每个人所有。㊱

　　如果贝恩因此把自己笔下人物看作情人，把她笔下的情人看作想象的主体，在叙事过程中，她也学会把自己的读者看作情人。第二、三部分的叙述者常常会直接向我们讲述第一部分中可能只是通过书信得以担保的此类秘密。但她偶然通过间接言语相当详细地概述这些书信（例如参考414）；她有时候夸耀地忘了告诉我们，我们之前感受到的秘密会看似值得书信往来：因此费兰德与塞萨里奥"彼此交心，交换所有秘密。之后，他们谈论了所有自己有心了解的对方之事，塞萨里奥向他打听了西尔维娅的健康"（378）。这类遗忘的效果可能是暗中损害了我们对叙述者的信心，假如我们也没有意识到她的目的就是把评估相关性、重要性与品性的阐释能力内化于我们之内，让我们如轻信的情人一样也"最快明辨"。在阅读层面，贝恩会教我们如何辨识具体人物的身份，而不是实际人物的身份。

　　西尔维娅与奥克塔维奥最终圆房，贝恩的叙述者吐露："这过于男欢女爱，以至于不能告诉你更多，只会告诉你那个晚上，那个幸福之夜的结果。"（279）这是因为此记述过于亲密了吗？过于乏味（"那个晚上的结果"）？或对我们最快明辨的想象过于固执的自由思想？不久之后，西尔维娅与奥克塔维奥再次发现自己同床共寝："谁能猜测到他们的满足感？"叙述者发问。"谁能猜测到他们的叹息与爱情？他们温柔话语一半被亲吻咽下。情人！愚蠢的情人！只有他们能想象，对除此故事之外的所有事情而言，一切都是无味的。"（302）学会解读《情书》中的人物涉及学会用具有"鲜明特点"之事的私人示范性补充影射小说的公共参照。奥克塔维奥"成为钥匙的主人，如闪电般飞奔来到西尔维娅的门前……他打开卧室

<hr>

㊱　关于利益与非功利性的共同含意，以及关于作为私人化经验的想象美学愉悦，参阅本书第7章。

之门,轻轻地走到床前……拉开床帘,发现费兰德躺在西尔维娅怀里,两人睡在一处。我不用多说他的混乱和吃惊。我已描述过这位英勇诚实慷慨情人的品性,这足以让你想象他的内心"(351)。了解奥克塔维奥的品性,正如贝恩迄今向我们呈现的那样,我们会处于根据可能被称为"内在"可能性原则之事而对其可能情绪进行评估的位置。在如此行事时,我们只是遵循西尔维娅的样例,当她推测出奥克塔维奥不可能写下布里亚德伪造之信时:"你一生所行之事都是如此慷慨,以至于让我不相信你会写下我收到的那封信。"(243)最终,贝恩不是通过回避"国家的自命",而是通过将可能性内化于自己描绘方法之中,以此证明《情书》是"可能的故事"。㊲

㊲　关于小说理论发展中"外在"与"内在"可能性之间的区别,参阅 Michael McKeon,《散文体小说》(Prose Fiction: Great Britain),见《剑桥文学批评史》(*The Cambridge History of Literary Criticism*),H. B. Nisbet 和 Claude Rawson 编,第 4 卷(Cambridge: Cambridge University Press,1997),第 255—256 页,其中借鉴了 Douglas Lane Patey,《可能性与文学形式》(*Probability and Literary Form: Philosophic Theory and Literary Practice in the Augustan Age*)(Cambridge: Cambridge University Press,1984)第 5 章。西尔维娅作为有经验的"读者"的专业知识以她对布里亚德乐观描述为蒙莫斯反叛所做准备一事的怀疑反应为标记。西尔维娅附和 1666 年的贝恩本人,"预言他们想象的此番宏伟计划的另一结果","高兴地知道在推进此计划,以期成功过程中的真实可能性为何"(402)。

但贝恩诸形式创新(的确,它们创新的事实)的意义需要审慎看待。菲利普·锡德尼的《旧版阿卡狄亚》的影响在不少层面貌似可信。菲洛克丽(Philoclea)与帕梅拉(Pamela)、西尔维娅与莫提拉、皮罗克里斯(Pyrocles)与穆西多洛斯(Musidorus)、费兰德与奥克塔维奥,在这些配对之间存在广泛的对比。我已注意到对性、地位掩饰与交换等转义的普遍兴趣及其普遍运用。女性所写的书信被男性扣住,并受之影响,这也是《情书》的主题。它最初出现在锡德尼非书信体的影射小说中,尽管内容有限,参阅《彭布鲁克公爵夫人的阿卡狄亚》(*The Countess of Pembroke's Arcadia*)(《旧版阿卡狄亚》[*The Old Arcadia*]),Jean Robertson 编(Oxford: Oxford University Press,1973),第 395—398 页。因此,这意味着,情人与读者并不需要被告知每个细节(例如参阅《旧版阿卡狄亚》,第 57、88、211 页)。影响的问题是一个真实的问题。然而,我的主要兴趣宁为如是推测,即两部政治讽喻作品就是在它们相似点分开之方式。锡德尼与贝恩都尝试了影射小说的不同版本,其揭示实际特殊性的承诺似乎是片面的(关于锡德尼,参阅本书第 10 章,注释 17—19)。16 世纪 80 年代仍能读到的《旧版阿卡狄亚》似乎在如是隐性假定中发展:对其关注的政治与道德、实际与具体特殊性、公共与私人至关重要的范畴彼此区分,但不是完全可分,因此可能看似是对立价值观之事也是更大整体的组成部分。关于这些相同范畴,《情书》取得了与此表面相似的效果。但它因如是新兴文化直觉而起,即公共与私人可能真的是不同领域;也因贝恩的如是愿望而起,即通过创作这样的叙事来测试直觉,而明显不同的范畴在此叙事中于形式及内容层面实验性地彼此融合。借助如是理解,《情书》与《旧版阿卡狄亚》之间的差异因此也以概括的方式标注成本研究核心焦点的历史分水岭。

《情书》与情色作品

贝恩教我们像情人那样阅读，这等于说她会"引诱"㊳我们获得那些凭借超自然功利性关注真实证据之人的直觉敏感性。如是功利性永远随时变为想象愉悦（无形虚拟）领域的"非功利性"。贝恩很早就在《情书》中为我们提供了一个令人瞩目的样例，即对西尔维娅写给费兰德之信深度关注的阅读。费兰德的中间人角色已向西尔维娅暗示，来自费兰德的信秘藏于他自己刚送给她和她母亲的一篮草莓里，当时她们在家庭所在地贝尔丰特的花园里散步。幸运的是，草莓被粗心大意地取出后，那封信仍然留在篮子里。参与犯罪的叶子被"置于底部，篮子与信之间的假蕨叶"隐藏起来。西尔维娅拿住篮子，直到自己可以"回到我的房间，在那里把信打开，得知你离着如此之近，等着见我。假如不是恰好在身边的梅琳达扶住了我，我肯定跌坐在地板上。事情本来如此之新，直到如今如此之怪，一想到这是如此秘密的见面，内心就不安，以至于我失去了所有感觉……过了好一阵子，我重新有力气走进我的密室，在那里第二次打开你的信，再次阅读，脸上的表情变了无数次。我那时候的全身血液如此紊乱，以至于我一会儿发冷，一会儿发热，一分钟内轮番多次。啊，是什么让我如此光景？这种狂暴的发作在何处结束？我会带着这个想法离世，罪恶之笔从我颤抖的手中滑落，我无力地扑在未写一字的纸上"（32）。

从乡村府邸到花园、篮子、房间、密室、两次开封的书信本身，进阶的内在化证明了安静阅读场景封闭隐私的极端孤独性，这把情色作品的自渎虚拟性戏剧化了。㊴"如此秘密的见面"的代替与其说取决于欲望主体自身肉体的亲密在场，不如说取决于被渴望的他者的缺席。西尔维娅所读的书信本身充斥着费兰德的预期想象："我等待……即将来临的乏味黑夜一定会用阴影好好庇护我，引领我享受自己仅用想象就让人昏厥的愉

㊳　这些评论应与此观点比较，即本着"讲述引诱故事也是一种引诱方式"之意，贝恩及此时期其他女性作者的叙事是"引诱的形式"，参阅 Ros Ballaster，《引诱的形式》（*Seductive Forms：Women's Amatory Fiction from 1684 to 1740*）（Oxford：Clarendon Press，1998），第 24 页。关于《情书》部分，参阅该书第 100—113 页。

㊴　参考整版插图 2。

悦……一旦天色暗下,想象一下,我在小树林之后的草地上。"(31)然而,这剥夺了西尔维娅本人能获得的文字辅助。如我们所见,她手中的笔是自己学会运用的,且作为"男性"自我引导的若干工具之一,此处它作为自娱的"有罪"刺激而发挥作用。与信纸一样,它的公共功能"未曾使用",只是与她本人接触,而西尔维娅"带着这个想法离世"。

情色作品是某种美学经验,因为它的愉悦取决于虚拟性,即与所唤起的物质性的想象脱离。西尔维娅对费兰德来信的阅读,理论上看似成为艾迪生所称的"文雅想象"之事效果的示例,这提供了"描述中的秘密清爽","使自然中最粗俗且未经教化部分迎合"人们的"纯粹愉悦"。⑩ 当然,在当前实例中并非如此运作。西尔维娅的愉悦尽管是想象的,但不是因此避开"感官"的"粗俗"愉悦,而是将它们私人化为自我迎合的效果。⑪她对自己经验的孤独性(用虚拟性替代现实,缺席替代在场)并不感到自在:"但你在哪里? 我看不到你,也触摸不到你。我满心欢喜地拥抱你时,结果发现我可怜的臂膀只是徒劳地重合在我的胸上。为什么,为什么你不来? ……焦虑的爱情让我做了一千件蠢事,有一千次鲁莽。我带着耻辱离世,但我注定完蛋,无论是因我自己的软弱,还是因为费兰德的魅力,还是两者兼而有之。"(38)

如卖淫与鸡奸一样,自渎因其无生育力(以及其他原因)而遭痛斥。在传统文化中,物种的生育繁殖是婚姻的目的论起源与目的。⑫ 在 17 世纪末的英国,这种宏伟的婚姻动机处于如是过程之中,即最终会在家庭生活庇护下聚合的各种家庭经验预期复杂化与改变的过程。情色作品(如果不是自渎)的聚合,即性书(如果不是如此孤独性事)的聚合,大体与家庭生活的聚合同时代。作为止步于家庭生活的形式家庭化的《情书》,它可能被貌似合理地视为情色之作吗? 出版一百年后,贝恩的讽喻似乎作为情色作品而明白易懂,恰如班扬的讽喻,《天路历程》被当作小说来阅读。⑬ 不是贝

541

---

⑩ 《旁观者》,第 411 期(1712 年 6 月 21 日)。参阅本书第 7 章,第 85—86 页。

⑪ 关于想象在自渎中扮演的角色,参阅本书第 6 章,注释 31—44。

⑫ 这不仅在社会等级上层,而且在下层适用。这些原因不是出于上层家庭中让继承人永有地产所有权的需求,而是出于在家庭经济中,借助繁殖推动生产的需要。参阅 Alan Macfarlane,《资本主义文化》(*The Culture of Capitalism*)(Oxford: Blackwell, 1987),第 2 章。

⑬ 关于班扬,参阅 McKeon,《英国小说的起源》,第 297 页;关于贝恩,参阅 Ballaster,《引诱的形式》,第 205 页。

恩的情爱场景表面以如是独有独立目的为动力，即唤起性欲，催生具有（现代）情色作品和触及"如此之性"特点的性愉悦。用自己被压抑的力量充斥其间，这是国务及其令人心急地直接揭示的隐秘：即刻出现的是向偷窥的公众审查公开的密室与书信比喻挑衅；最后出现的是植根于影射小说形式本身之内的讽喻示意许诺。然而，爱情传奇叙事处处给我们提供政治参照的钥匙，就在家庭化符号学的丰富性中，该叙事既隐藏又揭示，恰如《天路历程》通过隐藏宗教参照予以揭示的讽喻技巧。

　　我们可能大致清楚地提这样一个问题：《情书》中的性有不可告人的动机吗？找到对此问题持确定答复的实例并不是件难事。在奥克塔维奥的就职仪式场景中，我们有一个情色化宗教评论样例，它让人们想起大家熟悉的反教权主义讽刺技巧。[44] 贝恩此处的目的是通过使奥克塔维奥的宗教虚伪去升华而对此予以思考吗？对修道院？对仪式的旁观者？当然，将高尚的"公开性"简化为卑劣的隐私（神圣与世俗的这种契合提供了一个极端样例），这在《情书》中有讽刺先例。但如此公开实例与奥克塔维奥的关联性似乎并没有因此语境而得以正名，[45]这支持了更温和、更普遍的反讽。它与奥克塔维奥殷勤但无效地追求西尔维娅有关，在"世间"可能取得的胜利借此只是与加以放弃的决定一并到来："在事先没有计划的情况下，较之于自己之前为爱情付出的所有辛劳与青春，他那天赢得了更多人的心。"（382）奥克塔维奥就职的情色化据说仍然（可以说）难以"为其自身"而存在。无论如何，测试实例当然是那些足够普通的场景，形式家庭化的大体阐释过程似乎在此被示意活动的纯粹多样性、细节与篇幅悬置，然而，家庭生活并不是结果。

　　费兰德对其与西尔维娅最初"异常不举"的叙述（57—60）勾勒出成为大体可辨模型之事的轮廓。费兰德不举的起源为何？费兰德列出"可能造成此灾难的所有细微情境"，但又予以否认。他重新提及暂时的恐惧，

44　例如参阅本书第 6 章，注释 68—75。

45　对比米兰达（Miranda），贝恩的《飞奔的修女》（Galloping Nun），见《漂亮的负心女》（The Fair Jilt : or, the History of Prince Tarquin and Miranda）（1688），见《阿芙拉·贝恩作品集》（The Works of Aphra Behn），Janet Todd 编，第 3 卷（Columbus：Ohio State University Press, 1995），第 4—48 页。

即用不确定与迟疑穿插在自己热情接近西尔维娅过程中的恐惧：对被新近追求梅琳达的贝拉尔迪公爵弄得措手不及的"忧惧"，对西尔维娅不能动弹的"突然惊惧"。西尔维娅本人悬置在动与静、接近与退离之间：她的"叹息中断了劝告之语的每个音节"；她的脸色"与自己所有小的誓言矛盾"；唤起费兰德过去的"反抗""誓言"，恰逢她"用无声轻柔鼓励"紧握他手之际；他的手"不知从哪里伸过来"，然而"得到许可""抚摸"她卧倒的身体；她那假意束缚之下被揭示的深层欲望（"你所有的技巧与谦逊并不能将其完全藏匿……将火花隐藏"）。对两位情人而言，反对与迟延成为造就性欲的条件。费兰德抱怨道，在"我等待"之时，"因你的延误……火焰自行燃烧起来"。费兰德的描述交替节奏微妙地以自己抑扬五音步起伏声音的方式得以强调，⑯这暗示，他的不举（激情力量的衰败标记）只是更普遍的模式化表述时机及模型，而这个模式化精心安排了整个场景的情色。

在布里亚德后来对"她酥胸的蹂躏"中，西尔维娅再次处于如是境地：因外在情境矛盾而起的未竟之事得到她自身能动性与欲望模棱两可的附和（148—149）。从叙述者的角度来看（这也接近他的角度），布里亚德发挥仆从和自助的双重能动性。"被她自己用如何欺骗她的方式教导"，他刺激西尔维娅对费兰德的不忠感到绝望，进而昏厥过去。布里亚德在焦虑与欲望之间撕扯，将自己双手伸去，"既是避免她倒地受伤，又给自己带来抚摸其身体的愉悦"，随后被"这可爱躯体带来的愉悦如此触动，以至于他忘了呼唤，或用任何方式让她苏醒过来"。卧室门口的两次敲门中断了"他懦夫般的征服"，布里亚德"不知道如何是好，是不予回应，还是让西尔维娅恢复意识"。他打开门，让奥克塔维奥进来。

布里亚德，"大胆的丈夫-情人"和"马基雅维利的化身"，知道"要成为更伟大的敌人，你应该看似最伟大的朋友"，如今他把自己在西尔维娅卧室的位置让给奥克塔维奥。布里亚德把奥克塔维奥看作类似自己马基雅维利式替身之人，"乔装成朋友的情人"（149，152，155—156）。

---

⑯　例如参阅第58页："因此即便有一千次以上的警示，那只是激发你本意安抚之人的热切。你只是让我更加疯狂地想占有。你叫我想起的誓言如今完全不能遏制我狂热偏执的激情。我那狂放肆虐（但温柔）的欲望。"

奥克塔维奥无视西尔维娅的蔑视，从自己的角度，用偷窥式中立向她重述如今是自己关于对方的新近发现之一的故事，这揭示了在她体面的"无知"（布里亚德相信的"不知任何自由之事"）表面之下，西尔维娅在已发生之事中的详细共谋，以及含糊所知。奥克塔维奥说道："原谅激情的后果，这不是如此新奇所见，请用不怎么夸张的语言这么说。正如她会在清晨只于可爱身体之外穿上一件宽松的夜袍，留下为人所见的万般风情，独自迎接一位男人进自己的闺房，随后把门关紧。当他强行把门打开时，发现她衣衫凌乱，几乎在她自己床前晕倒，而一位面红耳赤的年轻男子从她怀里挣脱，四肢发抖，心脏随着炽热之恋的曲调打拍子，支支吾吾地说着话，仿佛他一时难以恢复理智，他早就在爱情幽会中如此愉快地把它弄丢了。"(156)

奥克塔维奥叙述的"情色作品"性质是若干聚合因素的复杂效果。他自己是被西尔维娅行为惊到的读者，并为我们提供了一把"打开房门的"钥匙，一把理解这个故事的钥匙。在某种程度上这个故事可以重述，因而更有说服力，并拥有客观现实悖论的、内幕的中立与非人格性（"她"、一位"男人"、一位"年轻人"），如是客观现实得到极大突显，与如今过于密切的，有动机的第一次讲述（这就是人们所说／这就是我所见）的现实主义对立。奥克塔维奥既用主观直接性称呼自己所爱，又并非如此；布里亚德既拥有自己的"感官"，又并非如此；西尔维娅既是心甘情愿的参与者，又并非如此。奥克塔维奥手握打开西尔维娅与布里亚德见面秘密的钥匙，西尔维娅为此感到苦恼，于是运用了自己的钥匙："她站在一面大镜子前端详着自己……发现自己的确身着亵衣和夜袍，胸脯起伏不定。"如我们解读她一样，西尔维娅把自己放在影射小说的"镜子"中解读，暂时突破自己具体特殊性的厚层肌理，让我们想到她有时拥有的实际特殊性，借助贝恩的形式家庭化，它成为英国的浓缩化身，并被强求屈从废黜危机中各类"追求者"的引诱，但随后慢慢掌握自主技巧。[47] 西尔维娅"面红耳赤地调整自己几乎看似犯罪的亵衣和夜袍"，她也提醒我们，贝恩让我们参与的阐释行为永远在隐藏与揭示中变化，这是阅读情色作品的模式化摇摆的

---

[47]   参考马维尔在《给画家的最后指导》中关于迷乱的"国家夫人"想象，参阅本书第10章，注释65—66。

形式典范。㊽ 在这最抽象化的阐述中，如是情色作品的摇摆可能被视为性与认识论知识，面向性行为的意愿与不予承认的意愿或能力之间的重要不同。

如果这是新兴的情色作品，"如此"之性的现代发展不仅是传统用于其他目的之事的开放式纵情，而且是该行为本身传统模式的"内化"。如果"传统的性"通过暂时工具性而被限制于并囊括于别的事情（生育、政治与宗教教义），"现代的性"将工具在场与标准缺席之间的摇摆接管，并将其作为自己自助式愉悦的标志和引擎而内化。当然，性经验的模式化有生理基础，因此有超越历史的基础。但只要性被理解成淫欲，至少被理解成达到其他目的的某种"官方"方式，其生理层面诱发的摇摆模式只是临时在场的区分标记，一种在工具需求缺席时经历自己退潮的潮流。现代的性被理解成"欲望"的内在永恒状态，是"人格的稳定、恒定的条件"，㊾这不仅由秘密、不可遏制的丰富性，而且由节奏构成的进行状态界定。如是丰富性借助节奏而被暗示，被抵制，被扩大，被遮蔽，被发现，被推迟，于是在再次陷入永恒"自我"的潜在深渊之前，在满足的暂时静止中被揭示。

从贝恩《情书》的角度来看，把家庭生活与情色作品视为话语的成对物可能有道理：它们大体是同时代出现，大致因针对父权继承传统历时叙事轻信的时代挑战而起，但在新方向彼此按爱情与淫欲、妻子与娼妓、私人与公共的不同而分开。当然，贝恩的一部分工作就是测试这些范畴之间差异的现实。尽管《情书》从未把婚姻或"辛劳家务"（374）作为爱情的本身目的而规范化，它把爱情的有力描述当作摆脱外在束缚的消极私人自由而推进，用费兰德的话说，恰如"没有强力、技巧、利益、荣誉、财富、权宜、责任或其他各种必要原因"可以加以阻挡（99）。在对"她酥胸的蹂躏"中，布里亚德对西尔维娅的淫欲也被描绘成消极自由的强力动因，"不受

中间栏标注 544

㊽　因此，情色作品的特殊转义，衣服，纯洁地隐藏身体，却只是起到暴露作用，并再次隐藏：西尔维娅的衣服"宽松任性随意"，其"宽松的袍子……仍然敞开，露出一个不设防的美丽世界，她并不知道有人在窥视"；卡莉斯坦的脱衣舞式幻觉，"只是裹着自己的夜袍"，让"她的袍子"敞开，"在我和她美丽胴体之间只隔着一层内衣"（58，149，239）。宗教面纱是此转义的重要实例。关于贝恩作品中常用的"淫荡修女的传统主题"，参阅 Ballaster，《引诱的形式》，第 100 页；也参阅 Robert Adams Day，《以信为言》（*Told in Letters*：*Epistolary Fiction before Richardson*）（Ann Arbor：University of Michigan Press，1966），第 32—40 页。

㊾　参阅本书第 6 章，注释 38—39。

控制，全然忘了对他人及地位的尊重"(148)。

　　贝恩在诸女性性欲态度的转变中写作。与"利益"对立的，女性"爱情"及"淫欲"的传统联合正处在关于女性爱情的现代观点转变过程中。此时的爱情与淫欲鲜明对立，两者将极为不同（分别是母亲与妓女）的利益类型各自归为自己。如情色作品夸耀地把性欲和愉悦从某种手段向公共繁殖目的转变，并融入私人自我满足目的自身，因此，家庭小说会把繁殖从公共跨代永恒机制转为深层私人自足原则本身。《情书》并没有完全参与这两个过程，它讲述的是借助家庭化技巧的，关于公共政治危机的故事。这个技巧以最具想象性的各种方法随时成为自己的所指。该书出版二十多年后，理查德·斯蒂尔对贝恩的故事做了概括性的家庭化，使之适合《闲谈者》阅读公众的理解。在斯蒂尔的概述中，"西尔维娅"与"费兰
545　德"是特定的个人，他们的故事没有任何讽喻示意的痕迹。他们想为爱结婚，但因她父亲的真诚确信（他们两人都能得到"更具优势的出价"）而受挫。比克斯塔夫先生英勇地站在这对恋人一边，用他们的故事作为此规诫的示例："人性承受的生活不幸莫过于爱情的辜负，特别当它发生在内
546　心彼此相许的两人身上时。"⑤

---

⑤　Richard Steele，《闲谈者》，第 185 期（1710 年 6 月 15 日），见《闲谈者》(*The Tatler*)，Donald
　　F. Bond 编，3 卷本(Oxford：Clarendon，1987)。在第 188 期《闲谈者》(1710 年 6 月 22 日)
　　中，一位被比克斯塔夫先生认为"智识质朴"的读者写信抱怨，自己的女儿"在与自己头脑相
　　爱的事上一直不听话，她在你们报纸上读到一个关于愚蠢异教徒的故事，并讲给我听，以此
　　说服我同意……我因此希望你……让西尔维娅认识到，她应该像一位听话的女儿那样行
　　事，嫁给自己并不爱的那位先生"，正如"我们曾祖母"那样。

第十二章　面向私人生活的叙述

阿芙拉·贝恩的《情书》是一部影射小说,运用新近的法国历史情节与意大利式传奇框架,使废黜危机的高层政治及丑闻家庭化,并把我们在本书更早章节关注的大多内容精心安排。家庭像国家吗?熟悉的家庭之事是国务机密之事的替代吗?贝恩对这些问题的矛盾回应在这部作品的文类易变性(悲喜剧、传奇、仿史诗、田园诗)中得以体现,她用这种兼收并蓄的策略加以利用。作为一部秘史,《情书》既消除秘密,又传播秘密,在讽喻与匿名的面具下将精英历史公之于众。贝恩全面且创造性地利用了叙事浓缩的修辞,以表现自己笔下人物的实际特殊性。但她也用如是方法尽情使用将叙事具化的联合修辞,即具体特殊性替代实际特殊性,讽刺替代诽谤。这掩饰了在参照历史个人身份中成为必要的隐私效果,但提升了在与示范人物的想象等同中成为必要的隐私效果。

尽管这是个人隐私各类型之间的变化,人们也可能认为《情书》在此变化内,于公共与私人秘史、国家秘密与爱情秘密之间调停。的确,长久以来,贝恩的秘史更多地感觉像如此"家庭生活",或至少是不同于公共的私人经验的文学再现,而不是讽喻的家庭化。揭秘的目标仍然不变,但贝恩对秘密的两个类似领域之间区别施加的压力,挑战了因掩饰它们之间的界限,以及暗示家庭道德话语内国家政策问题的内化可能性而起的区别。

自 17 世纪 40 年代内战爆发以来，一度隐性的君权体系地方化，《情书》以此显化为自己的创作动机，把她私人情节中可见的不同示范模型当作臣民顺从国王之典范的多样替代陪衬，意在揭示复辟时期君主制下取得的政治顺从条件，并证明其正确。但在实现这些目的时，她不得不探究使笔下人物政治主体身份改进与复杂化的道德主体性，一个通过内化方式使对个人揭示的寻求复杂化的标准。在如此探究的助力下，贝恩实验性地将自己的叙事视角从书信体第一人称转向第三人称技巧，这在道德主体性领域内展现了词语与思想、人际与内心话语之间的差异。如此技巧转向的效果不仅把我们通过第三人称叙述而得到的人际动机语言标记为标准启示，而且更宽泛地把不同视角之间（叙事词语、比喻词语及形象思想之间）的摇摆，作为形式内在化符号本身而标记。换言之，贝恩教会自己的读者不仅在她笔下人物参照的公共人物实际身份中，而且在他们借以被道德认同的过程中寻找相关人格的"钥匙"。这个过程在西尔维娅与叙述者之间关系中最为明显。贝恩与自己笔下主角共享伪装的技巧，这特别适合介于传统性别等级体系与现代性别差异体系转型之间的历史时刻。如西尔维娅的异装一样，贝恩的匿名与其男性化缺席是对政治主体身份的戏仿，这在性别等级的底层不可得，但作为将成为新兴性-性别体系之下的女性差异标准之一的，道德主体性的自主模型发挥作用。贝恩的文类，即影射小说也是异装的相似物，以及通过戏仿使高层权威家庭化的策略。最终，伪装会可有可无，因为不同权威类型已停在能指层面。

贝恩对家庭与国家之间隐喻关系的实验具有微妙的易变性，这当然完全受它们转喻关系，即国家秩序字面上仰赖家庭秩序的限定。1660 年查理二世复辟之后未言但首要的问题就是，国家主权能继续基于父系继承原则之上吗？历史后见之明的长远观点告诉我们，1688 年至 1689 年之后，对此问题的答复是否定的。然而，对诸如贝恩这样的 17 世纪 80 年代保皇派而言，更直接的问题是如何把斯图亚特王室的不正常理解为反叛的后果，而不是仅为王室自身特有的后果。《情书》应对因 17 世纪 80 年代公共政治事件而起的众多私人家庭问题。在婚姻一事方面，我们如何裁决公民教会法、秘密婚姻契约仪式、家庭利益及个人爱情三者之间彼此竞争的合法性主张？在遗产处置之事中，我们如何裁决私生子与次子、直系与旁系继承人就继承优先权及继承合法性方面各自提出的继承主张？父权专制与绝对主义，或者父权自由主义与"女人气"，在积极与消极自由有限实例中成为必要的对立邪恶，哪个更胜一筹？合法婚姻分居的理由是什么？1687年《情书》第三部分出版之时，身为父亲的查理二世，作为私生子的蒙莫斯都已辞世。将弟弟约克公爵排除在继承顺序之外的反对努力，已被另一努力取代，即把成为詹姆斯二世的他从英国王位废黜，驱逐出境。

暖炉的秘密

光荣革命由不同情境之力共同决定，无疑因1688年6月威尔士王子詹姆斯·弗朗西斯·爱德华(James Frances Edward)的出生公告而得以加速。直至此刻，对天主教徒詹姆斯二世于1685年继位的失望已因得知其合法继承人确信为新教徒而缓解。玛丽(Mary)，他的结发妻子所生的第一个孩子被抚养成新教徒，并嫁给坚定的新教徒奥兰治的威廉(William of Orange)。詹姆斯与第二任妻子，摩德纳的玛丽，试图生一个罗马天主教继承人，结果就是数度流产与婴孩夭折。有些人把这些失败归结于詹姆斯的性放纵，可能还因此感染了自己的王后，尽管詹姆斯成功地成为借助著名交际花们而生的众多"显赫傻瓜"之父。阿芙拉·贝恩与约翰·德莱顿为王子出生所做的赞辞用公共历史影射使此事更为复杂。然而，对他人而言，恰当的话语是秘史，以及高层丑闻的揭露。① 这多半不等于类似贝恩《情书》的政治讽喻，而是1688年6月10日王后寝宫真实

---

① 参阅 Charles Sackville，多西特伯爵(Earl of Dorset)，《我们最出色傻瓜的忠实目录》(A Faithful Catalogue of Our Most Eminent Ninnies)(1688)，见《国务诗歌》(Poems on Affairs of State: Augustan Satirical Verse, 1660—1714)，第 4 卷，Galbraith M. Crump 编(New Haven, CT: Yale University Press, 1968)，第 191—214 页；Aphra Behn，《献给最神圣王后陛下的贺诗》(A Congratulatory Poem to Her Most Sacred Majesty, On the Universal Hopes of All Loyal Persons for a Prince of Wales)(1688)，以及《献给最神圣国王陛下的贺诗》(A Congratulatory Poem to the King's Most Sacred Majesty, On the Happy Birth of the Prince of Wales)(1688)，见《阿芙拉·贝恩作品集》(The Works of Aphra Behn)，第 1 卷，Janet Todd 编(Columbus: Ohio State University Press, 1992)，第 294—299 页；John Dryden，《不列颠的重生》(Britannia Rediviva: A Poem on the Prince, Born on the 10th. Of June, 1688)，见《约翰·德莱顿作品集》(The Works of John Dryden)，第 3 卷，Earl Miner 和 Vinton A. Dearing 编(Berkeley and Los Angeles: University of California Press, 1969)，第 210—221 页。

发生之事的实验性导向报道。这些报道详述了很快开始被当作暖炉丑闻（the Warming-Pan Scandal）的事件。

公共与私人的丑闻混合，这个单独主题是贯穿此话语若干连续层面的线索。王子出生后不久，詹姆斯本人抱怨："小册子漫天飞舞，上面写着恶意与巧智编造的各种下流诽谤。借着对朝中之事进行小说及私人讲述的名义，指控王后犯下最可怕的罪行。"此处的混合本身是话语及普通层面的，是公共领域传播的功能。另一位评论者提到，"关于威尔士王子的出生……人们日益博学起来。听到此类话语甚至在仆人侍从之间常常说起，实在是丢人之事"。与话语混合有关的一个重要问题就是，它如此处一样使社会混合，平民对位高者的思考成为必要。民众所说的是，王后并没有怀孕，威尔士王子实际上是冒牌货，即一个新生婴儿放在通常用来给被褥内层加热的暖炉内，秘密偷送进王后的寝宫。暖炉丑闻是天主教阴谋翻新版，用试图假冒自己之子的方式取代次子意欲杀害自己哥哥的图谋。在此丑闻的亲密家庭层面，公共与私人的混合被比作家庭内部的世代替换。社会混合也在与宗教混合的联合中再次出现。一年之后，一首诗歌回顾了这段"黄金时光"：

> 之前听说有位王后，
> 在新教国家生下天主教继承人；
> 怀孕八月之后，人们得知，
> 她毫无痛苦地生子；……

如在经典家庭传奇中那样，如此揭示是真实身世之一。现在，家庭秘密的欺骗性小容器（如黑盒）里没有真正的文件，而是真正的婴孩本人。然而，在此家庭传奇版本中（的确这是主旨），甚至母亲的身份都不确定。有谣言称，她是名为库柏（Cooper）的砖匠（或"瓦匠"）之妻，是在婴儿出生之后患病几个月时被叫来的奶妈。因此，王后

> 成为瓦匠最小儿子的
> 合法母亲，
> 孕育、出生或宣告，

都是假借威尔士王子之名。

至于父亲,另一首诗将父亲身份交替归在库柏或枢机主教费迪南多·达达(Cardinal Ferdinando d'Adda)名下,后者是驻圣詹姆斯宫廷(the Court of St. James)的罗马教廷大使。令人好笑的是,其父亲身份从对罗马教廷大使名字的双关儿语中得以确认:

> (神圣的达达!)修补我们国家的
> 残缺,这是可被原谅的罪愆,
> 全世界的人为此庆贺。②

题为《假王子揭秘;罗马教廷大使与砖匠之妻的对话》(*The Sham Prince Expos'd. In a Dialogue between the Popes Nuncio and bricklayers Wife*)(1688)的大报道出了整个可耻秘密。爱德华·彼得(Edward Petre),詹姆斯的耶稣会忏悔神父及皇家议事室办事员也遭到如达达一样的指控,即可能与王后本人一道生下王子。图 12.1 描绘了对罗马天主教的某种本能的"种族式"英国反应及脆弱性。这个世俗家庭三角由玛丽、婴儿、彼得神父构成,这位耶稣会神父的黝黑之手占有式地裹在王后胸前,而出生的欺骗性大概从婴儿的体型及黑皮肤那里得以确认。王后摇着婴儿的摇篮,桌上有个橘子。婴儿的床罩上是他的玩具,一个小风车,这暗指另一个谣言,即真实的父亲是位磨坊主。基于王室继承的字面意思,如此家庭传奇描述也在彼得神父的邪恶拥抱中把反宗教改革家庭化、浓缩。这是怎样粗鲁的野兽?

　　此事过去八年后,一本旨在分享"我所知此秘史的内情"的小册子声称,真正的母亲是一位名叫玛丽·格雷(Mary Grey)的女人。这位怀孕

---

② 参阅 J. S. Clarke,《詹姆斯二世的一生》(*The Life of James the Second*)(London: Longman, Hurst, Rees, Orme, and Brown, 1816),第 2 卷,第 192 页,历史手稿委员会报告,Portland MSS, III,第 420 页;Henry Mildmay,《进步》(The Progress)(1689),第 62、23—26、54—57 行;《瓦匠汤姆或保姆》(Tom Tiler, or the Nurse)(1688),第 14—16 行,见《国务诗歌》,第 4 卷,第 xxxviii、xxxix、331—332、258 页。后首诗歌(第 7—8 行)想象砖匠的泥刀实现了趋上流动性,变成了王家权杖。关于这种社会混合丑闻,比较罗彻斯特想象的权杖与阳具的性融合丑闻,参阅本书第 6 章,注释 77。

图 12.1　Pieter Schenck,《彼得神父、玛丽王后与威尔士王子》(*Father Petre , Queen Mary , and the Prince of Wales*),铜版雕刻画,阿姆斯特丹,1688 年。英国博物馆理事会版权所有。

的"贵妇"从爱尔兰被带来,栖身于"王后寝宫与小教堂之间的狭窄走廊内",生下孩子后"不久,前任王后假称生下威尔士王子"。③ 场所的特殊性是暖炉丑闻话语中常见之事。它将公共与私人的丑闻混合转为内部设

---

③　William Fuller,《简要揭秘》(*A Brief Discovery of the True Mother of the Pretended Prince of Wales Known by the Name of Mary Grey*)(1696),第 13、6 页。作为此密谋的共犯,富勒(Fuller)声称携带来自法国的密信,它们"被做成纽扣的模型,用丝线或银线缝在我衣服上。我把其他的信塞进钥匙管里"(26—27)。

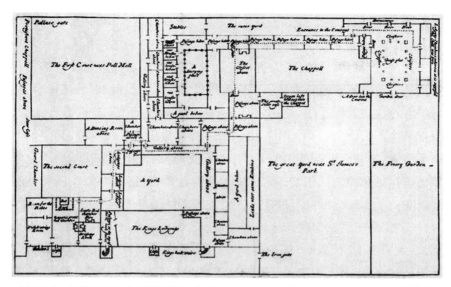

图 12.2　《对证词的全面回复》(*A Full Answer to the Depositions*)(1689)，附在前面的折叠版平面图。承蒙英国图书馆惠允。

计的语言。然而，另一本小册子细心地印上圣詹姆斯王宫的折叠版平面详图(参阅图 12.2)，并以带点的线注解说明暖炉中的冒牌王子从真正母亲的分娩之地到假冒母亲之地的"假定"路径。在此情节版本中，生母不是栖居于小教堂内侧的狭窄走廊内，而是在邻近回廊的远端寝宫内。那条线描绘了之字形路径，从王宫的最外方区域出发，沿着小教堂之下的地下通道，随后再次沿着绕过(而不是穿过)④无数密室的走廊，来到王后的"小巷"，最终抵达她的床榻。这更多的是家庭隐私两种不同模型之间，而不是公共与私人之间的旅途。家庭隐私，从休憩的房间(几乎难与其共享的其他家庭功能，即花园、回廊、小教堂、墓园、马厩等分开)到恣意亲密的场景，所有被划分、细化成具有特殊性的区域专用于王室身体的私人关护。将两个领域连接起来的是用底层秘密替代高层一事，这也从小册子对人们如何目睹婴儿出生一事的倾力关注中得以透露。倾力关注的效果就是把国王两个身体的类比压迫到临界点。

551

　　如果王后的身体在政治与自然方面不可分(如果国家主权是家庭谱系功能)，那么私人言行也是公共的。与此理解相符的是，君主身体在公

---

④　关于走廊或过道的私人化功能，参阅本书第 5 章，注释 16—17。

众面前出现，就代表如此君主制。传统上，王权在这些场面中得以确认。17 世纪的继承危机使隐性的转喻显化，因此也成为问题。私人与公共身体不再被假定为同等的：私人言行必定公之于众。这种可靠行事的重要方式从日益规范的经验主义认识论中得以掌握，且已在同时代法律、科学与叙事过程中发挥作用，是感官证据（特别是视觉证据）的目击者证词。根据某些人的说法，6 月 10 日那天，王后的寝宫挤满了人。10 月，宫廷发布了由 43 位证人证明威尔士王子出生的证言，这份出生官史旨在确立现实与虚拟见证的集体信誉。⑤ 对某些评论者而言，这些看似严谨的情况使成功的阴谋理念可能不过是如古老法国英雄传奇的影射小说情节。这些评论者"渴望得知何时何地曾有过这般欺骗。先生，没有过，除了《卡桑德拉，大居鲁士》（*Cassandra*, *Grand Cyrus*）作者及耽于此类幻想之人。他们质问，是否有人胆敢无耻地按基于如此不可能的假设情节行事：伟大的王后在公众面前起居，并以其惯常方式，在人来人往、打探隐私、疑神疑鬼的宫廷里不仅能假装怀孕挺着大肚子九个月不被人发现，而且能如此成功地将孩子带到寝宫的床上，此时的房间里挤满了男男女女，很多人还是王后及王后之子的死敌"。⑥ 但秘史学家并不信服。只是部分因为那些对自己所见作证之人并不是合适的证人类型。重绘王宫平面图的那本小册子作者引用关于如何严格监督王室产子的孕妇检验法（De inspiciendo ventre）：

> 本着基于自己利益的责任，消除任何不利于所生之子的反对声，王后应该告知自己有意在此分娩的宫殿房间，这样公主殿下（即安妮[Anne]，詹姆斯最小的女儿及未来君主）或其下属可以搜寻一下此房间，确认没有暗门、陷阱或其他方便做手脚之处。如果有的话就用

---

⑤ 参阅《宣告》（*The Several Declarations*, *Together with the Several Depositions made in Council on Monday*, *the 22nd of October*, *1688*. *Concerning the Birth of the Prince of Wales*）（1688）。关于虚拟见证，参阅本书第 2 章，注释 61。

⑥ George Hickes，《假威尔士王子的现形》（*The Pretences of the Prince of Wales Examin' d*, *and Rejected*. *In a Letter to a Friend in the Country*）（1701），第 7—8 页。希克斯（Hickes）的小册子是对如此情节理念的讽刺辩护，即该情节的效果就是雄辩地对其驳斥。贝斯（Bays）是白金汉公爵乔治·维利尔斯（George Villiers）等人所写的《排练》（*The Rehearsal*）（1671）中不称职的剧作家。

钉子把它们钉上……只留有一扇门（而此时有三或四扇），在分娩之前的很多天派人把守……但并非如此，房间在王后分娩的前几个小时有意关上……私下安置在宫廷周边，便于行事，且在王后有意在此分娩的房间内或临近之人必定描述了此次欺骗……这可能由任何此宫殿或寝宫内的人成功完成。

553

也就是说，"应该彻底地公开，相反它极为私密……隐私是唯一渴望的事情，拥有财富、权威，且居心不良之人就是那些能最轻易满足自己欲望之人"。⑦

　　尽管此句话的复数主体看似是一个类别，作者实际上可能意指性别化的特定说明，因为针对此类出生现场证人的重要反对取决于他们的性别。如果王后的"利益"在于此事的公开且为人所知，国王的"利益"悖论地在于利用公共性确保隐私及隐秘。有人认为，安妮公主的在场会"省去男人们在场的麻烦。因着她的缺席，男人们本可有使出生更公开的自由，因为他们的利益就在于此种公开。国王把男人们带进房间，只是为保护她找到一个好借口，而不是让女人们看到真正生产的通常之事"。⑧ 男人们的在场因此是似是而非的公共性类型，其隐秘效果就是隐私，秘密利益，也就是说，假以非功利性的伪装。另一位作者援引性别差异，把女性指定为非功利性或"中立"作证链中并非唯一的，但确定是最重要的动因，寝宫的私密之事借此应该公之于众。据此作者所言，出生应该如此得以证明：

　　　　恰当证人的某些个人知识适合此实例及关注，并具有如此全面

---

⑦ 《对证言的全面答复》(A Full Answer to the Depositions; And to all other the Pretences and Arguments whatsoever, Concerning the Birth of the Prince of Wales. The Intreague thereof detected, The whole design being set forth, with the way and manner of doing it. Whereunto is annexed, A Map or Survey Engraven of St. James's Palace, and the Convent there: Describing the Place wherein it is supposed the true Mother was delivered: With the particular Doors and Passages through which the Child was convey'd to the Queens Bed-Chamber) (1689)，第 7、9、1 页。

⑧ 同上，第 9 页。孩子与书籍、"虚假"出生与出版之间的类比隐藏在"作者的致歉"中。它解释了小册子的"众多重大及不可原谅的讹误"是草率秘密出版的后果："直到四页纸印出来后才知道它正被印刷……我看到它以如此迥异于我设计的样式与面目出现时，异常惊讶。"(A2r-v)

且清白的名声，确凿的权威及完美的中立，以至于相关出生的证明永远不会合理地遭受怀疑或质疑……这要求女人们为自己亲眼所见作证，就是这个婴儿从王后子宫自然分娩；在女人们的帮助下，男人们目睹一丝不挂的新生儿，并对他做直接无碍的全面检视。⑨

女性证人似乎不仅确保怀孕及分娩之事的专业知识，而且更普遍地确保合宜与得体的标准。然而，那本小册子自己的报道用王后身体的虚拟见证，替代女人们可能已做的实际见证，而虚拟见证并没有显示任何一种标记。毕竟，"全欧洲的新教徒……渴望了解王后怀孕分娩一事"，这"本该以极自由方式向全世界的人公开"。⑩ 作为隐性信仰的国王两个身体学说通常准许国家秘密从公共视野中隐藏，如今出于几近实验性的深思熟虑而显化。它反而许可私事的完全公开化。有人想起斯威夫特笔下天真的学者："上周，我看到一位被剥了皮的妇女，难以置信一个人会糟糕到那种地步。"⑪此处的不同就是，女性身体有着王室的惯常隐私，所揭露之事直抵女性性欲最隐秘之地。因此，作者们用冷静、非功利性公共口吻描述王后肚子、乳房、乳头的大小及形状，正常月经流量，以及母乳的多少，这悖论地预示深度私人的，半情色化的关注。⑫

---

⑨　《贵族与士绅理由记述》(An Account of the Reasons of the Nobility and Genry's Invitation of His Highness the Prince of Orange into England. Being a Memorial from the English Protestants Concerning their Grievances. With a Large Account of the Birth of the Prince of Wales)(1689)，第 11、12 页。分娩卧室被视为女性空间，参阅本书第 5 章，注释 42—43，图 4.12 和 5.12。关于女性非功利性，参阅本书第 7 章，注释 49—52。尽管性别是此处非功利性的主要标准，但它被社会地位修改：在法律看来，"知晓事实的能力与可能性，与各阶层证人的客观性是相等的"。尽管如此，作者呼吁身居高位的理想证人，而不是"如保姆、助产士及其他仆人那样仰仗他人恩惠之人"(13)。关于暖炉丑闻话语中性别差异这些方面含意的思考，参阅 Rachel J. Weil，《合法性的政治》(The Politics of Legitimacy：Women and the Warming-Pan Scandal)，见《1688—1689 年的革命》(The Revolution of 1688—1689：Changing Perspectives)，Lois G. Schwoerer 编 (Cambridge：Cambridge University Press，1992)，第 65—82 页。韦尔(Weil)挑战了《对证言的全面答复》(也在《贵族与士绅理由记述》)中提及的合法论点准确性，第 77—78 页。

⑩　《贵族与士绅理由记述》，第 17、20 页。

⑪　Jonathan Swift，《木桶的故事》(A Tale of a Tub，To which is added The Battle of the Books and the Mechanical Operation of the Spirit)(1704，1710)，A. C. Guthkelch 和 D. Nichol Smith 编，第 2 版(Oxford：Clarendon，1958)，第 173 页。

⑫　参阅《贵族与士绅理由记述》，注释 18—19；《对证言的全面答复》，第 10ff 页。

　　科学、政治与情色作品在公共揭秘话语中融合。甚至这些揭秘者们对在何处给公开性与隐私划线的实际问题颇为敏感:"如今当我谈及公共行为时,我的意思不是他们会把王后陛下暴露在愚笨的爱尔兰人、邪恶的耶稣会教徒及顽固且阿谀奉承的朝臣面前……我的意思也不是谁想来就能来。"⑬至少一位同时代的人把威尔士王子出生与查理一世之死直接联系起来,并使之成为国王两个身体学说崩溃的可资比较事件。1703年,一位詹姆斯二世党人写道:"我无法想象你会经历的事情,除非你要么让王后像她那被砍头的公公一样在宫殿门前的绞刑架上分娩,要么解散所有贵族男女,去圣詹姆斯市场找一位有经验的妇人来帮王后生产。"⑭此处的性别混合与地位混合揉在一起,伴随划时代地位倒置的需求,对女性见证者的需要可比作对弑君场景的相关需要。

　　图12.3是一幅荷兰印刷品,描绘的是王后的产房,里面挤满了随时予以医学-政治干预之人,他们不大可能提供那些批评王室生产处理方式之人所需的那类非功利性证词。该画的背景是治疗"疑病"的医院。在画中间的右方,是荷兰主治医生,他手拿尿液,用荷兰语大喊:"走开……这么群乌合之众该进疯人院。在所有事情弄好之前,我要开始众多治疗。"医生右侧的人物可能是奥兰治的威廉,他一把拉住站在自己前面的好斗人物,即被激怒的詹姆斯二世。詹姆斯右手边是路易十四,他头戴火焰世界的帽子,也被激怒了,被两位阿尔及利亚人拖住。前景左侧是一位枢机主教,他蹲坐在一个暖炉上,已经把剑拔出来了。在他的左手边,一位神父随时开口说话。所有这些活动的焦点聚集在印刷画的右侧。前景极右侧坐着一位奶妈及那位公认的母亲,即磨坊主的妻子。玩弄着风车的孩子太大,不可能是新生的婴儿。这群人的背后是躺在床上的王后。彼得神父出现两次,一次是在王后右侧,给她把脉;另一次是站在她身后,好似两位带孩子的妇人那样,举着表示秘密的手指。拱门上的两幅画描绘了

556

⑬　《对证言的全面答复》,第10页。
⑭　BL,Add. MS 33286,fol. 20,引自Weil,《合法性的政治》,第65页。参考1642年查理所做的预言,本书第1章,注释10。安德鲁·马维尔把弑君场景戏剧化了:"因此皇家演员诞生了,/悲惨的绞刑架可能得到装饰:/环绕着手持武器的人,/拍着沾满鲜血的手。"《为克伦威尔自爱尔兰归来所做的贺拉斯体颂诗》(An Horatian Ode upon Cromwell's Return from Ireland)(1650),第53—56行,见《安德鲁·马维尔诗歌全集》(Andrew Marvell:The Complete Poems),Elizabeth Story Donno编(Harmondsworth, UK:Penguin, 1978),第56页。

图 12.3   Romeyn de Hooghe,《丑角杜达》(*Arlequin Deodat，et Pamirge Hypochondriaques*),阿姆斯特丹,1688 年,版画,英国博物馆理事会版权所有。

著名的奇异出生,即分别从朱庇特(Jupiter)大腿及头脑中出生的巴克斯(Bacchus)、密涅瓦(Minerva)。

权威与公开性之间的关系为何? 一旦国王两个身体的学说如王后的肚子一样接受公共领域检查,君主的自然与私人之体不是成为反对君主制政治与公共身体干扰的雄辩之词,而是最容易理解它。此问题的双边评论者们以类似的方式直面孩子合法性的问题,最终寻求的不是王室权威的国家秘密,而是普通公民的常识经验。因此,乔治·希克斯(George Hickes)为要求威尔士王子身世的绝对可信而悲叹,认为"无论有何等怀疑或推测,这都敌不过父母个人拥有的孩子名号"。与他通信的罗伯特·詹金(Robert Jenkin)回想起一次令人生疑的出生,"就在几年前,在某家发生,假定的父亲不得而知"。托马斯·瓦格斯塔夫(Thomas Wagstaffe)写道,为了使合法性标准绝对可信,这"不仅会让所有王子,而且让世上所有人都是假冒的"。此外,它把轻信过滤到如是想象:一位父亲(无论他是否出身王家)愿意宁要一位陌生人,而不选自己所生的子嗣:"任何人会收养一个自己不认识,但可能是自己孩子的人做继承人吗? 更不必说他会从粪堆里捡一个来继承自己祖先的荣耀,他自己的腰部可能为自己长出众多枝权,将荣耀撑起。让所有对孩子有感知的已婚男女请教一下你自己的心肠,如果他们能够的话,就让他们相信这些吧。"[15]甚至詹姆斯二世党人所提的最终诉求不是向公共王权神秘学说提出,而是向个人良知的亲密动因提出。这是家庭化的非功利性话语,即向底层平民讲述卑下可感之事。

威廉、玛丽与安妮的私人生活

1689 年,威廉与玛丽继承王位。随后,1702 年,安妮继位。这使父权制原则显化,并因此以相关方式成为问题。玛丽加冕时颁发的一枚国家勋章(参阅图 12.4)正面绘制的是王后半身像,反面是一只飞向正午太阳

---

⑮　1701 年 9 月 22 日与 10 月 7 日的信,分别见 BL,Add. MS. 33286,fols. 11—12,以及牛津大学图书馆,MS,Engl. Hist. b. 2,fols. 188—189。Thomas Wagstaffe,《受保护的纯真》(Innocence Protected)(1692?),见牛津大学图书馆,MS Engl. Hist. d. 1,第 3—4 页,所有引自Weil,《合法性的政治》,第 75、80—81 页。

图 12.4　玛丽王后加冕时颁发的勋章正反面，1689，见 Edward Hawkins 等，《乔治二世驾崩前的大不列颠与爱尔兰历史勋章图解》(*Medallic Illustrations of the History of Great Britain and Ireland to the Death of George II*)，2 卷本 (London：Spink & Son，1969)。普林斯顿大学图书馆。

的母鹰，爪子上携着一只幼鹰（合法女儿玛丽），但往地上丢弃另一只幼鹰 557
（私生子詹姆斯）；铭文刻有"不许假冒"（NON PATITVR SVPPOSITI-
TIOS）字样。托利党对威廉权威的家庭化，最直接可得的就是对女性化
英国国家施以暴行的篡位强奸犯。一位诗人暗示国王与汉斯·威廉·彭
廷克（Hans Willem Bentinck），波特兰伯爵（Earl of Portland）之间的关
系，以此设法将之前的意象与鸡奸诽谤结合起来。这位伯爵是威廉的忠
心朋友，陪同国王从荷兰来到英国。有谣言说，两人亲密同性交往关系偏
离了常规，到了同性恋的地步：

> 如果一位狡猾的荷兰农民因强奸一位女孩
> 而被绞死，此举得到法律的赞许，
> 那么鸡奸了一位伯爵，踩躏了整个国家之人
> 又该当何罪呢？⑯

更微妙的是，玛丽的实例沿着性别化方向将私生子与弟弟之间选择的
困境延展。不同于蒙莫斯与约克，玛丽是前任国王的合法直系继承
人。但她也是已婚妇女，因此问题就在于是优先顺从自己的父亲，还
是优先顺从自己的丈夫。⑰ 革命的解决确保后一种诠释获胜，但受益
于在父系继承中成为必要的直系氛围。作为联合君主，玛丽是特殊性
别化意义上的公共-私人混合，不同于受国王两个身体学说主导的混
合。"因为玛丽的公共与私人身份融合在一个王权身体中，作者们可
以将妻子的顺从等同于政治道德或政治顺服的理想，无需承认这些品
质存在于此的公共与私人语境之间的差异。"⑱然而，从更简单的视角
来看（很快会作为詹姆斯二世党派主义而为人所知），玛丽是公共与私

---

⑯ BL, Sloane MS 2717, fol. 98r, 引自《国务诗歌》，第 5 卷, William J. Cameron 编（New Haven,
CT: Yale University Press, 1971），第 153 页，注释 23，参阅第 612 页。

⑰ 关于此番论述，参阅 Lois G. Schwoerer，《玛丽二世王后的意象》（Images of Queen Ma-
ry II, 1689—1695），见 *Renaissance Quarterly*，第 42 卷，第 4 期（1989），第 729—730
页。

⑱ Rachel J. Weil，《政治激情》（*Political Passions: Gender, the Family, and Political Argu-
ment in England, 1680—1714*）（Manchester: Manchester University Press, 1999），第 116
页。

人层面的叛徒。⑲ 玛丽王后的统治因此以可想象的最公共模式，把英国法律在此将地位的父系规则顺从性别的父权规则的方式概括。

　　一首1689年的诗作用出色的简洁与巧智描绘了联合君主制的悖论本质。在他们统治的第一年，玛丽与威廉把自己的时间更多花在汉普顿宫（Hampton Court），而不是白厅。如是退隐乡下之举鼓励弗利特伍德·谢泼德（Fleetwood Sheppard）的脑海中显现一对已婚夫妇在自己家庭归隐之地的隐私场景：

汉普顿宫生活写景

　　男人女人

　　骨肉一体，

　　由此可猜此意：

　　王后喝巧克力，

　　就让国王发胖。

　　国王狩猎就使王后变瘦。

　　教长先生一脸庄重

　　做饭后祷告。

　　"挪个地方！"托马斯·杜帕爵士（Sir Thomas Duppa）嚷道；

　　随后彭廷（Benting）把国王

　　锁进盒子中，

　　直到晚饭时才能看到他。⑳

　　显然需要一些注释。我们可能推测，这首有趣诗歌的主要目的就是将因

559

⑲　讽刺作家们把她的丑行既视为公共的，又视为家庭的。参阅 Arthur Mainwaring，《塔奎因与塔丽亚》（Tarquin and Tullia）（1689），这首以德莱顿的《押沙龙与阿戚托菲尔》为模型的关键钥匙型诗歌这样开篇："君王们取消自然之法时／……／孩子们利用自己的父母逼宫，／如毒蛇般一路咬噬登上王位"；Ralph Gray，《加冕歌谣》（The Coronation Ballad，11th April 1689）（1689），第81—83行："在父亲那边，她有我们赐予的荣誉，／但她悲哀想要的父母之责／使她成为魔鬼，而不是圣人"；《女杀亲者》（The Female Parricide）（1690），第3、2行把玛丽与李尔王（Lear）的贡纳莉（Goneril）比较，视她们为"反常女儿"，"谋反，以戴上她们父母头上的王冠"，所有引自《国务诗歌》，第5卷，第47、45、157页。

⑳　《国务诗歌》，第5卷，第56页。

婚姻而二元化的君主制陌生情境，与国王两个身体的熟悉学说调和。王权公共体系的组织性质如何把婚姻私人体系的组织性质纳入？前者把当时君主制的私人或"自然"化身，与公共"政治"的进行状态结合起来；后者在精神层面将两个自然之体合为一人。然而，此问题因如是事实而更困难（或可能就是在其困难中构成）：威廉的更大权威源自作为丈夫的私人角色，而玛丽的较小权威源自作为王位直系继承人的公共角色。

　　谢泼德提出这个问题（如果不是予以回答的话），是把我们带到位于郊区的汉普顿宫皇家家庭安排的内在领域，以此探讨王室日常生活的惯例，国家统治的公共术语在此被怪诞地家庭化为婚姻家庭的私人术语。此处王权的组织性质不是坚持君王与民众的互惠，甚至也不是坚持公共与私人"身体"的互惠，而是坚持丈夫与妻子的共生。夫妻二人在日常生活中实现自己平凡的性别化欲望，这似乎对两人的身体施以神奇的影响。谢泼德暗指《圣经》记述中我们创世父母的婚姻，[21]以及杰克·斯普拉特（Jack Sprat）与妻子的儿谣，[22]以此唤起这种严格的身体共生。君权的共享随后通过多少设法把盘子舔干净的皇家血肉的统一性而得以表述。

　　但这类秘密共享也可能暗示，必要时一方可以扮演另一方的角色，将其取代。此处的家仆扮演重要角色。随着每天日常生活的推进，亨利·康普顿（Henry Compton），皇家小教堂教长午饭后做祷告，汉斯·威廉·彭廷克，寝宫的首席仆人会让威廉与众人隔绝，直到晚饭时候。是为午睡吗？上锁的"盒子"暗示半自愿地限制在寝宫更内在的，类似内阁或密室的房间里。"彭廷"就是好色的波特兰伯爵。如梦工作中的某个元素一样，盒子内的国王意象有多元决定的过度饱和晦涩。作为极端私人化的修辞格，它将身体共生主题推进到替代的最终点（自渎的自我身份、异装癖、鸡奸反身性）吗？无论如何，"男人"在自己骨肉中获得的愉悦到了将

560

---

[21]　参阅《创世纪》，第 2 章，第 23—24 节。关于英国国教会婚礼，参阅 David Cressy 和 Lori Anne Ferrell 编，《近代早期英国宗教与社会》（*Religion and Society in Early Modern England : A Sourcebook*）（London：Routledge, 1996），第 51—54 页。

[22]　参考《嘿，玩一玩》（Hey, diddle diddle）。关于这首普通歌谣韵律（每行两节拍与每行三节拍的交替）的简要论述，参阅 Harold Love，《文本的文化与商业》（*The Culture and Commerce of Texts : Scribal Publication in Seventeenth-Century England*）（1993；Amherst：University of Massachusetts Press, 1998），第 232—233 页。

妻子排除在外的程度。㉓ 然而，威廉的第三号仆从被命名为托马斯·杜帕爵士(Sir Thomas Duppa)，他并不是真正的王室仆从，而是黑杆引领员(Usher of the Black Rod)，其职责就是护送国王进入议会，那些在白厅的公共"议院"紧急治理如今浓缩在汉普顿宫家庭围墙的狭窄范围内。几百年来，"议会中的国王"作为君主制与议会相关不可分权威的缩写发挥作用。然而，在革命的那个世纪，该习语已开始将国王在议会时权力最大的情境显化，以此承认被耗尽的国王权威。㉔ 因此，私人家庭宅邸向公共议会大厦的重要转变被神秘地家庭化为餐后剥夺，国王从在场转为退场。恰如威廉在没有玛丽陪伴下此般行事，议会也如此对待威廉。玩偶匣的无声共鸣强化了更普遍的暗示，即家庭化就是婴儿化，国王被简化为按规定时间机械露面的男仆。㉕

㉓　关于 1694 年玛丽之死的若干诗歌将异装癖的转义发展成相互异装的威廉与玛丽的奇喻，将"衬裙"与"马裤"交换，含意就是"我们错误地选择了统治者"。参阅《国务诗歌》，第 5 卷，第 445、446 页。参考女性化主角及其男性化爱人的转义，参阅本书第 9 章，第 13 注释；本书第 10 章，注释 34。

㉔　早在 1610 年，詹姆斯·怀特洛克(James Whitelocke)就能这样说："民众同意主权归国王，但国王有双重权力，一重权力在议会，他以全国的同意为辅助；另一重权力在议会之外，他独自独立，只受自己的心愿指引……议会中的国王权力要大于他议会之外的权力。"《柯贝特国家审讯全集》(*Cobbett's Complete Collection of State Trials*)，Thomas B. Howell 编(London：Hansard，1809—1826)，第 2 卷，第 482—483 栏，引自 Margaret A. Judson，《宪法危机》(*The Crisis of the Constitution：An Essay in Constitutional and Political Thought in England，1603—1645*)(1949；New Brunswick, NJ：Rutgers University Press，1988)，第 86—87 页。关于"议会中的国王"传统，一般参阅 Charles H. McIlwain，《议会高等法院及其最高权力》(*The High Court of Parliament and Its Supremacy*)(New Haven, CT：Yale University Press，1910)。国王的政治及自然之体之间的隐性区别变化，与国王在议会内外权之间的区别变化，两者之间可以感受到公共-私人的对比吗？

㉕　《牛津英语词典》标注了"玩偶匣"(jack-in-the-box 或 jack-in-a-box)一词的废弃含意，但它在此时期仍然使用："指骗子或欺骗；特指'用空盒替换其他装满钱的盒子，以此欺骗商人的小偷'。"

　　在这首诗描述的时期过去几个月后，直接就在威廉于博因河战役(Battle of the Boyne)决定性击败詹姆斯二世之后，玛丽在丈夫缺席时担任摄政王，把自己的时间分配给汉普顿宫与肯辛顿宫。当时两座宫殿都在修缮，玛丽借助书信让威廉随时了解修缮工作进展。这些书信用建筑术语附和了谢波德在自己诗歌中触及的组织地位问题。玛丽提及肯辛顿宫修缮工作某个方面时，写道："一旦完工，你自己的卧室可能已配上家具，而我的不可能准备妥当。如果你愿意，我找到了一个方法。我可以用波特兰大人的房间，他可以睡在你的其他房间。我们可以在你的卧室里起居，我可以把你的会议室移到楼下，或在那里更衣。"一周后，她写道：她已"用上波特兰大人的密室，正如我在最后一封信里告诉你的那样"；《玛丽致威廉的信》(1690 年 7 月 26 日；8 月 2 日)，引自《雷恩学会》(*The Wren Society*)(转下页注)

不同于玛丽,妹妹安妮尽管已婚,但她独自掌权。她的数次怀孕都以流产告终,生下的孩子都没活过童年。一方面,这是某种祝福:任何对基于血缘纽带必要性的继承合法性主张受詹姆斯二世党人承认光荣革命就是非法行为之观点的影响。⑳ 无论如何,安妮被剥夺在皇家父系的转喻介入中成为必要的母亲公共权威,她培养自己作为国家母亲的比喻意象,以此设法利用该权威的隐喻维度。㉗ 但父权制在显化力量之下的式微正将该类比的隐性效力仅仅转为令人愉悦的权力比喻。有人认为,安妮统治的景象是母亲身份长期"家庭化",也就是说其与公共生活分离的重要阶段。至 1708 年末,"女王的母性已被定义为,指明政治能动性与女性经验之间距离的象征范畴"。㉘ 但安妮女王的统治,也在更广范围标记宫廷文化衰落,因此也是政府与如此王室分离的重要阶段。女王的寝宫最后更多的是私人家庭空间,而不是更早统治时期的这类房间。㉙

562

公共领域显化的增长力量也以其他方式显现。1712 年,一位小册子作者后悔 1694 年国家对出版管控的失效,并就如是事实难得安慰:"那些诽谤者……发挥自己的恶毒才能,在安妮女王如此公正、温和、睿智的治下,只是利用各种机会对国家秘密做虚假且邪恶的臆测。"因为"这种对政治秘密的臆测方式,随后作为确凿事实而发表,纯粹的猜测成为可以用来

　　(接上页注)(Oxford:Oxford University Press,1930),第 7 卷,第 136 页。玛丽的混乱句法强调她"使用"波特兰密室可能用意的丰富含糊。她似乎在若干替代两极之间的阈限空间中漂游:卧室与会议室,妻子与君主,女人与男人,私人与公共,和自己丈夫"共寝"与分床,在首任侍寝官(自己丈夫可能的同性恋人)的私密空间更衣(异装?)。关于玛丽书信的其他解读,参阅 Tita Chico,《未上锁的梳妆室》(The Dressing Room Unlock'd:Eroticism,Performance,and Privacy from Pepys to the *Spectator*),见《理性的异梦》(*Monstrous Dreams of Reason:Body,Self,and Other in the Enlightenment*),Laura J. Rosenthal 和 Mita Choudhury 编(Lewisburg:Bucknell University Press,2002),第 55—56 页。

㉖　参阅 Weil,《政治激情》,第 167 页。

㉗　参考 Toni Bowers,《安妮女王备食》(Queen Anne Makes Provision),见《重绘革命》(*Refiguring Revolutions:Aesthetics and Politics from the English Revolution to the Romantic Revolution*),Kevin Sharpe 和 Steven N. Zwicker 编(Berkeley and Los Angeles:University of California Press,1998),第 66 页:安妮"没有选择取代母性意象,而是将其重新定义为象征的,而非字面的许诺。她不是把自己塑造成某特定继承人的实体母亲(如今是难以维系的意象),而是塑造成整个国家的母亲象征"。

㉘　Toni Bowers,《母亲身份的政治》(*The Politics of Motherhood:British Writing and Culture,1680—1760*)(Cambridge:Cambridge University Press,1996),第 41 页。

㉙　参阅 Robert O. Bucholz,《奥古斯都宫廷》(*The Augustan Court:Queen Anne and the Decline of Court Culture*)(Stanford,CA:Stanford University Press,1993),第 77—83 页。

反对政府的，最危险的恶意之作"。如在过去一样，对民众而言，"设想或洞悉任何国家神圣秘密"都非易事。问题就是，免责诽谤的潜在损害如今迫使政府把自己的国家秘密解开："如果大众对首次出现的任何国家措施无法洞悉其深度，首相必须要么把钥匙从自己口袋里掏出来，且于我们在场的情况下阐释自己的用意，要么面临迫在眉睫之命运的威胁。"⑩基于这个证据，首相职能得以演变，填补了神秘王权终止后留下的权力真空，并假定国家对公共领域负责。现代内阁官僚制度是一把自配钥匙的锁。对君主的批判位移至对邪恶顾问的批判，这在 17 世纪政治话语中变得如此传统。长久以来，紧随如是位移之后的并不总是关于犯错国王的观点，而是作为政治能动者的"内阁"大臣的许可，其责任独立于赋予君主制本身的，大体象征性的国家秘密。

因此，安妮未能生下继承人一事借助使之显化的方式，而有助于弱化公共与私人、国家与家庭的隐性等同。然而，通过历史危机的辩证逻辑，成问题的范畴分离紧密伴随它们成问题的融合。历史情境通过新贵马尔伯勒公爵夫人（Duchess of Marlborough）莎拉·丘吉尔（Sarah Churchill）掌权一事而促进了如此逻辑。这位王室宠儿，其对英国女王的非法权威遭到德拉瑞维尔·曼利极著名的痛斥。在《扎拉女王秘史》（*The Secret History of Queen Zarah, and the Zarazians*）（1705）中，曼利让丘吉尔成为威廉异国篡权的家仆与内卫，正是邪恶顾问及更广范围的社会无序类型。⑪ 此外，丘吉尔的掌权促使宫廷以女性为中心，这为安妮无后的事实

563 增添了家庭失衡甚至乖僻之感，仿佛合法（理想的男性）继承人已被没有系谱权威的女性暴发户局外人取代。作为宫廷侍从官（Groom of the Stole）的丘吉尔是女王寝宫宠儿，其在政策事宜上的影响力成为众人谣传的内容，这挑战了假定的王室家庭私人化。⑫ 但足够快的是，莎拉的讽刺命运反过来被阿比盖尔·马沙姆（Abigail Masham）取代，后者是更极

⑩ 《观点》（*Arguments Relating to a Restraint upon the Press, Fully and Fairly handled in a Letter to a Bencher, from a Young Gentleman of the Temple*）（1712），第 29—30、31—32 页。

⑪ 关于《扎拉女王秘史》中的这些主题，参阅 Michael McKeon，《英国小说的起源》（*The Origins of the English Novel, 1600—1740*）（Baltimore：Johns Hopkins University Press，1987），第 233 页。在本书第 13 章，我会重新回到《扎拉女王秘史》。

⑫ 参阅 Weil，《政治激情》，第 164—166 页。

端的乖僻实例,既是在社会起源方面,又是在性机会主义方面,包括与女王本人的同性纵情,丘吉尔尤其确信这一点。在 1708 年的辉格党人抨击中,淫荡的马沙姆控制更私密的建筑区域,这让被人轻视的罗伯特·哈利(Robert Harley)获得女王恩宠,不久成为牛津伯爵:

> 赫赫有名的安妮女王
> 执掌着大不列颠权杖,
> 除教堂之外,她极为
> 热爱一位肮脏的侍女。
> ……
> 她不是女王的好秘书,
> 因为她连字都写不出;
> 但她那种行为与关爱,
> 是某些夜间所行羞事。
>
> 后门暗梯的重要通道,
> 如今由她全权掌控着。
> 她把这片富饶土地上
> 最坏的流氓送上楼梯。
>
> 他说,啊,如此殊荣,
> 我该如何行事才配得?
> 她说,你该教我如何
> 成为一位国家的荡妇。[33]

令莎拉沮丧的是,如今看似有必要坚持对女王私人寝宫的控制,以便消除

---

[33]　Arthur Mainwaring,《新歌谣》(*A New Ballad: To the Tune of Fair Rosamund*),见《国务诗歌》,第 7 卷,Frank H. Ellis 编(New Haven, CT: Yale University Press, 1975),第 309—310 页;Arthur Mainwaring,《揭秘马沙姆》(*Masham Display' d: To the Tune of The Dame of Honour*),见《国务诗歌》,第 7 卷,第 319—321 页;关于丘吉尔的坚信,参阅第 309 页,注释 16。

她本人施予的公共影响。像即将成为博林布鲁克子爵（Viscount Boling-broke）的亨利·圣约翰（Henry St. John）等托利党人极为愤怒："不幸的国家，本该由最佳女人来统治，如今却在最恶女人专制下沉沦！"辉格党人的"最初尝试就是把这位女王最卑贱臣民享用的特权剥除，让她像奴隶一般干活，甚至在女王的寝宫也是如此"。㉞　莎拉试图说服女王把阿比盖尔视为国家威胁，并将其开除，这却起了反作用。不是马沙姆，而是莎拉及其丈夫马尔伯勒公爵被认定是公共问题并遭革职。㉟

564　　　安妮去世后，约翰·邓顿（John Dunton）以基于《以赛亚书》第3章第12节经文——"至于我的百姓，孩童欺压他们，妇女辖管他们。我的百姓啊！引导你的使你走错，并毁坏你所行的道路"——的仿布道形式讲述了马沙姆公共影响秘史。此处对篡夺的指控从辉格党的威廉转向托利党的马沙姆。她"从女王手中夺过权杖，并像绝对君主那样统治。宠儿阿比盖尔像国王那样君临天下"。安妮女王"因此被锁在自己的内阁中，可以说，她本人成为囚徒。阿比盖尔国王掌控一切，灾难是凄惨的，因为可怜的女王突然前往另一个世界，我不知道这是如何发生的"。马沙姆及其党羽因此成为"叛徒"，"准备好一切迎接觊觎王位者"。安妮女王与阿比盖尔国王，在现代人听来，最令人震惊的丑闻可能看似与性有关；但对邓顿而言，性别与性欲的秩序促进更重要的社会政治与家庭秩序，但这被马沙姆的上位打乱了："不同程度的全面混乱，无论时代或国家……整个国家都乱了。"㊱

秘史的私人化

但这太快地越过斯图亚特王朝的最后几年。紧随光荣革命之后的秘史话语形式经历了什么？对某些作者而言，痛斥斯图亚特余孽的任务需要影射小说的讽喻形式。根据"译者"所言，《前任阿尔比恩女王梅萨利娜的爱情》（*The Amours of Messalina, Late Queen of Albion*）（1689）看上去"貌似历史小说，但里面大多是近四年来阿尔比恩宫廷里

㉞　Henry St. John，《致审查者的信》（*A Letter to the Examiner*）（1710），第12、13—14页。

㉟　参阅 Weil，《政治激情》，第8章。

㊱　John Dunton，《阿比盖尔国王》（*King Abigail: or, The Secret Reign of the She-Favourite, Detected, and Applied; In a Sermon*）（1715），第1、16页；A2r，第18、3页。

的内阁权谋".㊲ 更常见的是源自底层,摒弃形式家庭化机制的经典模范阐述,类似援引苏埃托尼乌斯(Suetonius)为先例的《国王查理与国王詹姆斯二世的统治秘史》(*The Secret History of the Reigns of K. Charles, and K. James II*)(1690)。尽管缺少"传奇"能指,然而,亲密爱情动机语言从隐喻与转喻层面阐释了公共政治。"世上的君王没有谁"能比 1660 年查理"登基时心怀更多的爱与情感":民众为他"激动",对他"着迷","崇拜"他们的复辟君主,议会"宠溺"他。但一开始,查理就被更卑鄙的激情驾驭:对自己民众忠诚的忘恩负义,对自己父亲之死的报复,以及因秘密信奉天主教而刺激的淫荡,"信仰如此契合他好色本性"。的确,查理政策的"钥匙"就是其女性化及天主教顺从的孪生秘密。㊳ 另一本据说在查理死后的保险箱里发现的小册子是对其父《王室圣像》的三百页戏仿作品,查理在此叙述了自己双重野心的漫长"历史",即成为罗马天主教绝对君主,以及绝对的纵欲者。㊴

565

秘史学家避开了影射小说的讽喻形式,并如阿芙拉·贝恩所做的那样,发现他们也在其他语域获得公共-私人差异。一位作者在"黑暗的,好似谜一般的法国内阁纪要密室"工作,揭露了路易十四的不忠,感到有必要为以书信体模式阐述自己主题的实际特殊性一事道歉:

> 希望没有人会就此事争议,即冠以秘史之名的这部作品应该以书信体方式写成。作者,及其贵族通信者往来内容,极吸引人的部分自然是以书信形式透露国家秘密,正是本着这些理念,它们就有某种秘密。考虑到这些情境,如此形式也就是不可或缺的必要了。毕竟,

---

㊲ 《马萨丽娜的爱情》(*The Amours of Massalina, Late Queen of Albion, In which are briefly couch'd, Secrets of the Imposture of the Cambrian Prince, the Gothick League, And Other Court Intrigues of the Four last Years Reign, not yet made Publick*)(1689),"译者致读者",A3r。参考 Peter Bellon,《宫廷秘密》(*The Court Secret*)(1689),"献辞",A3v,它也自称"历史小说"。

㊳ 《国王查理二世与国王詹姆斯二世的统治秘史》(*The Secret History of the Reigns of K. Charles II, and K. James II*)(1690),第 27、28、24 页。关于性奴役对公共政策的影响,参阅第 49—50、84—85、86—87 页。作者重现了 1662 年查理罗马教皇的信,对多佛密约进行修饰(参阅本书第 10 章,注释 69—72),第 12—18 页。关于苏埃托尼乌斯,参阅"序言",A2r。

㊴ 《国王查理二世神圣陛下的画像》(*The Pourtraicture of his Sacred Majesty King Charles II. With his Reasons for turning Roman Catholick; published by K. James. Found in the Strong Box*)(1694)。查理下令向普里阿普斯神(Priapus)做亵渎祈祷,第 139—141 页。

读者只能注意到历史气氛以这种方式贯穿整部作品。⑩

　　换言之，书信体模式不仅因字面真实性，而且因真实性氛围拥有公共与私人维度，实际与具体特殊性而得以正名。因为秘史在它们话题及作者身份方面是秘密的，因此书信形式证明了客观与主观第一人称的真实性。允诺揭露公共秘密，这揭示了私人秘密的存在，包括维系作者与其贵族通信者之间自信及信任关系。另一本小册子开篇就是"为秘史辩护"，追溯到西塞罗（Cicero），坚称如此作品必定"由一位完全熟悉事实，并有意付诸笔端之人出于真诚写就。我幸运地伺候一位贵族大人，他就是随后叙述的主角"。⑪ 然而，在此秘史中，叙述本身显然没有公共参照。另一部特别关于真实公共显要的作品却如此侧重对爱情情节的关注，以至于揭露的"公共"性质似乎只是名义上的，恰如贝恩的《情书》中大量滥用一样。如今"被打开的""盒子"显然是家庭空间，而不是外交空间。"作者序言"告诉我们，"回忆录的更好部分，即这部小历史由此提取，来自曼特农夫人（Madame Maintenon）的盒子，部分内容由她亲笔写就"。历史本身这样开始：

> 在爱情成就的所有那些效果中，人们看到的令自己吃惊之事莫过于，爱情把权杖与曲柄杖结合起来，并借助其影响力，使那些彼此保持极大距离的生命境况如此团结、调和，以至于两方不仅忘了自己曾为何，而且忘了自己拥有何事。⑫

566

曲柄杖与权杖的调和让人回忆起我们已遇过的，关于泥刀与阳具修辞格的社会及性丑闻。⑬ 然而，此处的焦点似乎已从著名显要的实际特殊性

---

⑩ David Jones，《白厅秘史》（*The Secret History of Whitehall …Writ at the Request of a Noble Lord, and conveyed to him in Letters, by——late Secretary-Interpreter to the Marquess of Louvois*）(1697)，"序言"，A5v, A6r。

⑪ 《一位英国贵族与一位著名意大利女士爱情及婚姻秘史》（*A Secret History of the Amours and Marriage of an English Nobleman With a Famous Italian Lady*）(1712)，第 8 页。关于西塞罗，参阅第 4 页。

⑫ Eustache Le Noble，《被打开的盒子》（*The Cabinet Open' d, or the Secret History of the Amours of Madam de Maintenon, With the French King. Translated from the French Copy*）(1690)，A6r，第 1—2 页。

⑬ 参阅本章注释 2。

转向他们爱情关系的示范性质,其力量精准地将公共差异溶解为爱情胜任的亲密同质。

　　秘史学家可能以这种方式发现自己将个人关系隐私细察,公之于众,这比他们对公开性本身所为更胜一筹。关于著名通奸事件的如此声言并不是没有遭受挑战。皮埃尔·贝尔(Pierre Bayle)对被大量翻译的玛丽·多尔诺瓦(Marie d'Aulnoy)(如果有什么的话,那就是她在英国比在法国更流行)作品的真实性感到怀疑,尽管他仔细地把自己的怀疑移到公共领域:

> 可惜的是,公众无法信服,她配得上如此美誉。她的作品是虚构与真相的混合,一半传奇,一半历史。这个普遍观点占据上风……每天用此自由出版历史上这些著名大人物的秘密爱情与秘史,以此度日,这并不容易。书商与作者尽其所能,让人相信这些秘史源自个人手稿。[44]

然而,如贝尔语言暗示的那样,把历史解密成虚构也有促进私人想象愉悦的潜能。根据约瑟夫·艾迪生所言,其"秘密的清爽"可能为我们提供了比更粗俗、更公开的感官愉悦"更大的满足"。[45] 理查德·斯蒂尔对法国回忆录的评论有附和贝尔观点的类似潜能:

> 为了阅读这些作者中的某人所写的叙事,你会猜想在他未曾谋划或参与的整个战役中没有任何事情发生。然而,如果你查考历史书或当时的公报,你不会读到关于一直担任党派领袖的他的文字……如我了解的那样,这些滑稽绅士中的某些人会寄寓某处阁楼半载,然后写出他们参与的法国宫廷密谋史……我在此正告所有书商及译者,"回忆录"一词就是法语中的小说。[46]

在此反转中,官方历史揭示了秘史的秘密虚假。斯蒂尔的主要批判是对

---

[44]　Pierre Bayle,《皮埃尔·贝尔先生的历史与批评词典》(*The Dictionary Historical and Critical of Mr. Peter Bayle*)(1697),第 2 版,5 卷本(1734—1738),第 4 卷,第 365—366 页。

[45]　参阅本书第 7 章,注释 86。

[46]　Richard Steele,《闲谈者》,第 84 期(1709 年 10 月 22 日),见《闲谈者》(*The Tatler*),Donald F. Bond 编,3 卷本(Oxford: Clarendon, 1987)。

经验主义与美学真相、公共欺骗的实际特殊性与私人自我再现的具体特
殊性之间差异的，长达百年之久的细致详述的序幕。

　　17 世纪最耀眼的秘史之一就是《被打开的国王之盒》(1645)，它把被
缴获的最具公共性的英国人，即国王本人的信件出版了。㊼ 1692 年，查
理·吉尔顿(Charles Gildon)散布虚假之言，自己出版的普通公民书信是
从公共邮局截获或偷取而来，以此将侵犯公共隐私的令人瞩目行为拓
展。㊽ 当然，吉尔顿或其大陆模型意识到作品建构了传统的复杂现代化：
他一度指涉"所有那些人的命运，他们迄今尝试这些秘史，并敢于牺牲君
王的公正与名望以满足自己的私人邪恶……因此毫无顾虑地触及可能从
未为人所知的，极为详尽的事情细节，如果它们是真实的"。他也理解自
己话语家庭化与皇家学会(性欲化)探究的近似：

　　　　你的大师们正在钻研自然夫人难以说明的秘密时，我们忙着探
　　究完全复杂的主题。人类体液及本性在与劳动、研究，以及矿物、植
　　物、动物王国交流时，我们的愉悦引领我们追逐理性世界的秘密……
　　在知晓自己的事情之前，它们像在外域漫游，领略异国风情游客的我
　　们一样。㊾

㊼　参阅本书第 10 章，注释 29—35。

㊽　Charles Gildon，《邮差》(The Post＝Boy Robb' d of his Mail；or，The Pacquet Broke Open，
　　Consisting of Letters of Love and Gallantry，and all Miscellaneous Subjects)(1692)，第 2 版
　　(1706)。实际上，吉尔顿至少通过让·德普里沙克(Jean de Préchac)的《被打开的箱子》(La
　　valise ouverte)(1680)而从费兰特·帕拉维奇诺(Ferrante Pallavicino)的《罗马人斯瓦利加
　　图》(Il corriere Svaligiato)(1643)翻译了部分内容。参阅"献辞"，第 iv 页。吉尔顿的印刷
　　工，约翰·邓顿对《邮差》的创作做出某些难以确定的贡献。数年后，吉尔顿出版了续篇《邮
　　差》(The Post-Man Robb' d of his Mail；or，the Packet broke open)(1719)。

㊾　Gildon，《邮差》，第 377—378、5 页。把"国外"旅行置于"国内"旅行之前的不合理在大卫·
　　休谟(David Hume)就自己事业所做的不同相似思考中被抵制："关于人的科学是其他科学
　　唯一牢固的基础，而我们对这个科学本身所能给予的唯一牢固的基础，又必须建立在经验
　　和观察之上。当我们想到，实验哲学之应用于精神题材较之应用于自然题材迟了一世纪以
　　上，我们也不必惊奇；因为我们发现，事实上这两种科学的起源几乎也相隔着同样的时期
　　……心灵的本质既然和外界物体的本质同样是我们所不认识的，因此，若非借助于仔细和
　　精确的实验，那么对心灵的能力和性质，也一定同样不可能形成任何概念。"《人性论》(A
　　Treatise of Human Nature；being An Attempt to introduce the experimental Method of Rea-
　　soning into Moral Subjects)(1739)，L. A. Selby-Bigge 编(1888)，第 2 版，P. N. Nidditch 编
　　(Oxford；Clarendon，1978)，第 xvi—xvii 页。

吉尔顿的小册子是那些把公共领域的虚拟性文字化为现实民众小群体的众多尝试之一，恰如旁观者俱乐部，或海伍德笔下的女旁观者群。在这个实例中，一个由朋友们组成的俱乐部从最初的不幸中得到鼓励，随后周期性地偷窃邮包，装进"一两个大盒子"，再送到乡村，供人阅读、辩论书信内容，并据此说教，"这些信成比例地匹配各种能力与品味"。这种乡村化的归隐模仿了书信写作本身：一位俱乐部成员说道，书信"在房间的一角掀开面具，让其他人看到另一面"。[50]《邮差》(*Post = Boy*)把亲友信件集的纪实客观性与操作书籍的编辑说教结合起来。不仅如此，吉尔顿的计划与其说把新兴"公民社会"能动性当作对国家功能的批判，不如说是对国家功能的补充或替代。斯蒂尔很快想象自己的期刊成了"司法法庭"；吉尔顿把自己的俱乐部比作小"国"的立法机构。[51] 在从政府机构那里重获信件的过程中，《邮差》评价了普通公民每日的、家庭的，以及寻常的爱情秘密，与《被打开的国王之盒》一样，不是缓和他们的政治主体身份，而是改进他们的道德主体性。小册子执行了如是命令：主体个人在印刷集体性中彼此"交谈"，用俱乐部自己相应公开的话语框定这种公共话语，以确保恰当的说教。俱乐部成员们读一封来自某位被监护人侮辱欺骗的年轻女孩的信件时，这个过程成为示例。他们决定发表这封信，并配上他们自己的"严正警告"，以期监护人改进对受抚养者的态度，"他相信这位受抚养者要么没有做她威胁之事的力量，要么没有向可能帮助自己的第三人讲述的意愿"。[52] 吉尔顿的语言允许我们看到作为文化反省领域的公众舆论详述，与其在叙事文风微观层面等同物之间的类比，而后者是第三人称称呼模式的发展，恰如贝恩的《情书》一样。在这两个实例中，反身性的相对"公开性"突出了如是话语，即在不同方面过于隐私，以至于不能如此理解，但悖论地在此过程中提升了隐私。[53]

568

---

[50] Gildon，《邮差》，第 8、226、6 页。

[51] 同上，第 5 页。关于斯蒂尔，参阅本书第 2 章，注释 102。

[52] Gildon，《邮差》，第 11 页。如我们开始期待的那样，传统修辞格（在此实例中，是针对公民事务的半法律、政府外干预的骑士转义）也是实验性且自觉地用于使公共领域场景明白易懂的目的：一位俱乐部成员提议，他们"把痛苦的年轻女子排除在外，没有什么能更好地配上真正骑士荣誉、骑士成员的思想。他是否认真，我无法确认"(6)。

[53] 参阅本书第 11 章，注释 31。

花花公子威尔逊的奇特案例

　　把吉尔顿的《邮差》当作如是过程中的练习，即把个人爱情秘密视为表达意思的自足手段，这是有益的。传统上，这需要传送到公共所指的层面，以获得国家秘密的语义力量。同时期的某个事件吸引了大量公共关注，尽管与吉尔顿的收集在形式与意义上极为不同，但值得以相似的方式予以思考。在 1694 年 4 月 22 日的日记中，约翰·伊夫林（John Evelyn）记录道："一位非常年轻的绅士名叫威尔逊（Wilson），是某人家的次子，每年收入不超过 200 英镑。他以这个国家最有钱的贵族衣着及派头生活，住着最好的府邸，用着最好的家私，坐着 6 匹马拉的马车，以及其他装上马鞍的骏马，所有的一切都比照安排。他赎回自己父亲的地产，并分给自己妹妹一部分。"没过多久，伊夫林告诉我们，威尔逊先生在决斗中被约翰·劳（John Law）杀死，起因就是与威尔逊的妹妹，劳的情妇，以及一处名声可疑的住宅有关的难解纠缠。[54] 伊夫林相信，这种纠缠的难解并不会分散我们对核心问题的关注度。他继续写道，"但神秘的是，这位如此年轻的绅士，一个头脑清醒的人，非常与人为善，名声极佳，且以如此阔绰的派头生活，没有发现从事任何可能的行业……他看似没有被女人包养，或从事赌博，或招摇撞骗，拦路抢劫，也不曾从事炼金术的行当……所有这些成为众多谈话及崇拜的主题"。[55]

威尔逊与女宠儿

　　在这个简略叙事中，威尔逊趋上流动性的神秘，似乎借助伊夫林思考

---

[54]　劳是苏格兰人，后来作为大胆创新的金融家而名声在外。他是首家法国银行及密西西比公司（the Mississippi Company）创始人，南海泡沫那年，公司倒闭，迫使他逃离法国。

[55]　《约翰·伊夫林的日记》（*The Diary of John Evelyn*），E. S. de Beer 编（Oxford：Clarendon，1955），第 5 卷，第 175—176 页。在 1694 年 4 月 10 日的日记中，那喀索斯·勒特雷尔（Narcissus Luttrell）报道："昨天布鲁姆伯利广场（Bloomsbury square）的决斗发生在劳先生与威尔逊先生之间，后者当场被杀，前者被送去新门监狱。"如伊夫林一样，勒特雷尔主要对威尔逊地位擢升的未解之谜感兴趣。见《1678 年 9 月至 1714 年 4 月简要国务历史记录》（*A Brief Historical Relation of State Affairs from September 1678 to April 1714*）（Oxford：Oxford University Press，1857），第 3 卷，第 291 页。

及质疑过的若干情境能动性缺失而得以表述。十三年后，这个叙事在玛丽·多尔诺瓦某部秘密回忆录译作的书信附录中得以填补。《贵妇的信袋》(*The Lady's Pacquet of Letters*)的内书名页更进一步，将其置于多尔诺瓦因此而极为有名的国际隐秘氛围之中："一位不知名贵妇的信袋在送往荷兰的途中，被一艘法国私掠船夺去。这些信被认定由若干贵族所写，并由一位最后执行俘虏交换公务的英国官员从圣马洛(St. Malo)带来。"页首标题更简洁且更具挑逗性："贵妇的信袋破了。"⑤⑥德拉瑞维尔·曼利，《贵妇的信袋》匿名作者因此大体把其丰富内容与九年战争(the Nine Years' War)的公共事件联系起来。但她对花花公子威尔逊(他的通用绰号)的记述藏于所写的四十一封信的首封，并勾勒出一个与该情节本身更属同时代的政治语境，发生于玛丽二世去世之前的若干月。国王与王后不是核心相关者。确切地说，他们保留作为公共起源或问题的有限实例的影子式在场，该问题在更私人的范围内得到最大程度的探讨。在曼利的讲述中，花花公子威尔逊秘密的最突出特点就是，"隐秘"从公共或私人稳妥且明确根基中脱离，成为类似某种生命及自有目的的自由浮动规则之物。

　　如伊夫林一样，曼利为威尔逊无意间暴富提供了一套假说：他得到有钱妇人的资助；他被赐予魔法石的"伟大秘密"；他抢劫了荷兰邮包；他被"犹太人"收养(6)。然而，不同于只是纵览公共领域辩论方面的伊夫林，曼利为这秘密提供了解决方案，尽管不是以她自己的声音，并被某种疑虑框定。第一封信的副标题读起来是这样："对花花公子威尔逊秘密支撑自己公开生活方式的曝光与记述，以及他的死因。"它由一位"贵族男子"向其称为"夫人"的女士讲述。他认识的一位"年轻女士"令他注意到"一位年长贵妇"的实例，后者很快扮演插入式叙述者的角色(3)。⑤⑦这位贵族男子感到有必要使自己与这位人物保持距离，恰如曼利本人一样。"但在你想象她之前，"他说道，"言说者允许我以介绍的方式说些什么……你必须帮我个忙，想象你听一位心怀恶意之人把随后的事情告诉我。"(4,7)这

---

⑤⑥　Marie Catherine d'Aulnoy，《英国宫廷回忆录》(*Memoirs of the Court of England：in the Reign of King Charles II*)，第 2 版(1708)，Aaa1r(随后引用在文中圆括号内标示)。

⑤⑦　关于叙述者人物的这种激增，参阅 Daniel Defoe，《某位维尔女士幽灵纪实》(*A True Relation of the Apparition of One Mrs. Veal*)(1706)，这部几乎同时代小册子中的相似形式用法。

位年长贵妇的恶意源自如是事实：她“曾是前朝当时女宠儿的心腹，但被遗弃”。女宠儿的大恶，以及她仆人辛酸怨恨的源头就是忘恩负义的恶：“我一度被人爱，得到信任，获得宠爱，或我不曾是有罪秘密的保守者……
570 如果我卑鄙的话，我不止一次有力量去毁掉她，这个忘恩负义的女人！这个擅于背信弃义之人！”(3;7)曼利的书信叙述因此是这类秘史认识论-道德歧义的形式规则。曾为显贵秘书，“有罪秘密的保守者”的某人如今被忘恩负义一事激怒，会把私事公开化，因此讲述了这段秘史。但如我们将要看到的那样，这也是曼利笔下故事要说的。

某晚，在“国王密室”伺候完毕后，女宠儿与自己的心腹，即年长的贵妇在肯辛顿花园漫步，这时偶遇忧郁灰心的花花公子威尔逊本人。他的外貌不可阻挡地迷住了女宠儿，让她心起“秘密爱恋”。她要乘马车去伦敦，因此命令自己的仆人去“打探一下他是谁”。贵妇扮演媒人的角色，促成了一次完全符合自己女主人预期的幽会。“她恳求我谨言慎行，保守这件情事的秘密，她的快乐与利益(两个重点)正取决于此。她说，她决意证明成为她自己的心腹会有怎样的富贵……如果他能保密且不令她担心，她的虚荣心会让他的财富与功绩匹配。”(7,8,11)曼利笔下的女主角有笛福笔下信用小姐的某种冲动专横。(58) 她自己如大多数女性一样仰仗于更有权力的男性，然而她为自己积聚如此权力，如此相对自主性，以至于她反过来使男性成为她那被动的、女性化的宠儿。然而，在威尔逊的实例中，他仍然掌握某种权力，即保守秘密的权力。贵妇说道：“对你来说，你必须做的就是让自己完全为她预备，永远不要出于莽撞的好奇心而试图了解她的身份”，也就是说，永远不要像“阿普列乌斯(Apuleius)笔下的塞姬(Psyche)”那样试图发现她是谁。只要威尔逊遵守这个要求(实际上他忍住不成为她身份的活体“钥匙”)，“你将成为唯一的宠儿”(12,13)。如果贵妇因如此允诺的偏爱而感到不妥，她没有显示任何相关迹象。“因此，很长一段时间，我们这对幸福的情侣品味着不被外人干扰的甜蜜爱情。”(13)

但威尔逊的好奇心渐长。某晚，女宠儿挫败了他的坚持，并让贵妇在“我的地方”与威尔逊见面，为的是强化他对秘密的认同。“我遵命前往，他把我当作自己的女人，尽管不是在床上，我坐在床边上的窗帘内。”(15)

---

(58) 参阅本书第9章，注释11—18。

贵妇的临时伪装让我们不仅明白政治与爱情结盟之间差异的易变（如贝恩的《情书》那样），而且明白受宠者与施宠者之间差异的易变。威尔逊激化了如是易变。他错误地把政治命令当作彼特拉克式爱情游戏，并抱怨女宠儿一定"心怀恶意，不相信我的荣誉……猜猜看，对至死不渝，但从未欺骗你的情人而言，这是何等体贴的事情！"贵妇极不耐烦，放下自己的伪装，痛斥威尔逊"忘恩负义！"以及既对自己财富，又对双方签订契约（16）而言的"傻瓜与叛徒"。女宠儿听到威尔逊（他已偶然得知她的身份）的反应时，她同意，政治语言必须被赋予字面的力量："如果这个秘密透露给其他人，我有钱，且已动怒，会找到一位必要的恶棍处置这个叛徒。"（19）

　　然而，威尔逊不只是为爱着迷的彼特拉克式人物。他是有原则的"浪子"情人，相信自己的爱情如果不是基于自由意愿就缺乏真实性。因此，对道德主体性的了解，与承恩者对自己恩主纯粹"感恩"的被动古风不兼容。因此，他恳求自己被允许"出于爱情而效忠她，正如之前出于感恩那样……我在不了解的情况下对她满怀激情，我这样说合适吗？只是自她向我透露这些之后，我的激情才可以这样说……我不能有意假装爱上自己不了解的人……当我的内心被她美丽的身影占据，倾心爱慕时，她没有理由对我更加满意吗？当我所有的喜悦因她的美貌而起，拥有她时，我只能思考她自己的魅力而已吗？"（17—18）借助这些最后的文字，威尔逊也作为"进步的"主角而为我们理解，他拒绝"公共"动机，而要"私人"动机；不要外在诱因，而要内在价值；不要金钱和利益，而要爱情。

　　根据这种冲突证据，我们可能发现把花花公子威尔逊地位不一致的神秘视为绝对主义退化的后果貌似可信。这把社会与政治社会等级的每个阶段分开，或把恩主角色从承恩者角色分开的差异相对化，并到了如此程度：感恩、偏爱、背叛不再是地位及场所的明确标记，反而成为一个滑动的天平，一种差别，所有事物轮流借此可以被衡量，对此负责。人人成为秘书，秘密的保守者。恰当的例子就是，贵妇是显贵女士的心腹，和主人一样是威尔逊的施恩者（12），因此她对忘恩负义与背叛吹毛求疵，既是对自己的上级，又是对自己同级对手。然而她也能把威尔逊认同为与既是两人共同施恩者又是共同受恩者对手（他很快就要露面）对立的受恩者。在她此处的叙述中，谨慎的插入式叙述者承认，她略过自己对"事实"的直接了解，进入"详细"讲述的领域（20）；故事本身从喜剧走向悲剧。

572　　　　贵妇猜测，自己的女主人"另选新宠"，一位能接受秘密关照之人，但"这是我不得而知的秘密"（20,21）。她与威尔逊如今作为前任受恩者而结盟。不久之后，贵妇得知威尔逊在决斗中被杀，她发现他的敌人是显贵女士的新宠，一位名叫 L 的先生，她深感震惊。在法律上，这位先生难以宽恕，但他能"奇迹般"从监狱逃脱，以免在绞刑架上"痛斥指派他做此事之人的忘恩负义与背叛"。如之前的威尔逊一样，他突然变得有钱，"得到一笔足以让自己不做忘恩负义之事的款项"（23）。见证威尔逊命运的贵妇说道："对我而言，这不是一件好事。我一定不能让她知道我已知此事。对嗜血的人而言，如此危险的秘密不会让她长久地躺在我怀里熟睡。"另一方面，"事情已有变化。国王驾崩，她也不再害怕他了。她自己不再任性，她让我自由地说出自己想说的话"。贵妇的插入式叙事在此终止，这位贵族男子以此结束自己写给那位不知名女士的信，在标记自己在未定的恩主与承恩者、施恩者与受恩者链条中的位置过程中，尊重收信人对这故事可信度的判断："关于此事的真相，我毫无保留地支持你的意见，并希望下次你把相关判断告诉我。"（23—24）

　　　　至于我们，链条中的最后一环，我们从曼利的秘史中了解到了什么？揭露了怎样的秘密？女宠儿对事情暴露的病态恐惧（其本身就带有某种神秘）如何通过我们的如是了解而得以阐明？即她恐惧的是国王独自得知自己与威尔逊的关系。尤其是，花花公子威尔逊与女宠儿的情事是私人，还是公共之事？我们从伊夫林及其他渠道得知，这些事件发生时的"末期"就是威廉与玛丽统治时期。威廉国王禁止宽恕约翰·劳，因为他"在谋杀事情上总是铁面无情"，因此很多英国民众认为他至少"忘恩负义"，可能是取代詹姆斯二世的"叛徒"（3,23）。的确，如我们所见，有些人认为后者的称号特别适用于玛丽，一位将命运交付给自己外国丈夫，而不是自己父王的英国女人。那位显贵女士就是玛丽王后的女宠儿吗？威尔逊宣称："夫人，永不……只要我们幸福的君主执政，我的女神就拥有他的垂青。"（16）他为何以此拒绝贵妇的要求，即他不再忘恩负义，并离开这个国家？那位显贵女士是国王本人的女宠儿吗？在威尔逊的历史秘密中会有怎样的风险？我们怎样理解这位显贵女士的奇异想象？一旦确信有必

573　要让威尔逊沉默，"我打算用自己的双手去品味谋杀与复仇的甘美吗？假如我应这样的差，在国王的密室中遇到他，就会是这样"（19）。我们怎样

理解她强调自己与王后的关系？“不是全国的人都在打探他的财富从何而来吗？一旦所有的事情暴露后，他们会只认为，他认识我吗？只有王后与我才能资助处于如此显赫高位的宠儿。”(19)我们怎样理解那位贵妇更直接的断言：“他的花费如此之大，以至于如城里的人所说，只有王后能在不让自己破产的情况下资助他……这非常值得列为秘密服务记述的首要条款？”(13)这位女宠儿真的是玛丽王后吗？

由曼利的叙事本质决定的这些人物动机问题必定通过诉诸实际特殊性领域的方式得以回复。对女宠儿/显贵女士神秘身份的最貌似可信解决方案就是，她是伊丽莎白·维利尔斯(Elizabeth Villiers)，是1694年威廉如海水般邀宠的同性交往朝臣中唯一交际花。(59) 如是解决方案与之前段落(也似乎暗示除此之外的其他解决方案)引用的极具暗示的讽刺兼容，然而，它几近离题。因为那些讽刺的效果不是真的确认我们对女宠儿实际特殊性(身份)的任何怀疑，而是用公共(甚至皇家)丑闻的趣味充斥我们为了解其秘密所做的尝试，并用诋毁权贵的异国但熟悉的风味提升我们对此故事的消费能力。不只是花花公子威尔逊，而且年长的贵妇、贵族男子甚至曼利本人都拥有打开这部潜在影射小说的钥匙，但盒子从未被打开。我们可能将其理解为曼利用贵族情事挑惹自己平民读者的策略；但如此看法也可能是有道理的，即她进行实验，尝试把传统上只与上层人物有关之事的品味适应平民日常生活。在新兴小说中，公众的兴起与君王的衰败既被社会流动性的密室戏剧替代，又被其延展。曼利故事中某人对自己下属的忘恩负义(长达数世纪之久“封建”互惠性衰败的早期症状)已是人人皆可为之，无关地位的恶行，不是社会等级，而是主观“品性”的失败。如果受恩者、忘恩负义者、叛徒的激增削弱了我们的如是信心，即我们可能发现任何这些“公共”人物的客观身份，我们因此能更自如地在进行中的主观等同过程里，介于他们之间移动。

---

(59) 1689年，伊丽莎白·维利尔斯随同玛丽来到英国，她已是奥兰治的威廉的情妇。1694年，她被抛弃。在现藏于英国图书馆的多尔诺瓦(d' Aulnoy)《回忆录》首版书(1707)中，页边注解把显贵女士认作卡斯尔梅恩(Castlemaine)(522)。芭芭拉·维利尔斯(Barbara Villiers)，卡斯尔梅恩伯爵夫人是查理二世的著名交际花。至1694年末，她早已失势。把卡斯尔梅恩，经典的女宠儿类型，当作显贵女士形象的“钥匙”，如此提法暗示读者的反应更加适应具体特殊性，而不是实际特殊性的问题。

　　但这个观点可能有所夸张。曼利对花花公子威尔逊神秘趋上流动性的解决方案，以最粗略的轮廓与如何解读、世事如何发生的"传统"观点明574 确相符。社会政治的能动性取决于精英阶层：他们是仁慈，还是腐败；是"公共的"，还是"私人的"。在掌握解读私人事件意义的公共钥匙的上层动机中，能找到底层存在的秘密变革诱因。甚至明显反常之事都可与如此事物观点调和。看似违规的性别反转之事（作为女性的贵族浪子，作为英俊"花花公子"的顺从者与被引诱者）与性别范畴的传统责任保持一致，至少这看似符合社会、政治与法律特许。[60] 实际上，这只是与花花公子威尔逊唯意志论的真实性，即道德主体性得以恰当突显的地位等级制度的稳定基础对立。如果性别反转将曼利笔下的主角暴露在新兴女性美德模式之下，他的男性气质并没有受损。

鸡奸者威尔逊

　　《贵妇的信袋》出版十七年后，也就是该书设法解释的事件发生二十九年后，一本对花花公子威尔逊韵事重新诠释的出色作品面世，它也采取匿名信袋的形式：《某位已故贵族与著名的威尔逊先生的情书：有名的花花公子兴起及令人瞠目富贵的真实历史揭秘》（*Love-Letters Between a certain late Nobleman And the famous Mr. Wilson: Discovering The true History of the Rise and surprising Grandeur of that celebrated Beau*）（1723）。当前语境中的这本小册子书名直接引人注目之处就是，它似乎暗指贝恩的《情书》，因此援引作为互文陪衬的，迄今有名的影射小说（连同《贵妇的信袋》）。[61] 不同于两部先期作品，这些情书的匿名性未曾明确

---

[60]　关于更具挑战的实例，参考 Aphra Behn，《漂亮的负心女》（*The Fair Jilt: or, the History of Prince Tarquin and Miranda*）（1688）中的米兰达（Miranda），见《阿芙拉·贝恩作品集》，Janet Todd 编，第 3 卷（Columbus: Ohio State University Press, 1995），第 1—48 页。

[61]　这些书名的极度相似性显然把这两部出版作品与所有其他作品区分开，见 Donald Wing，《短书名目录》（*Short-Title Catalogue of Books Printed in England，Scotland，Ireland，Wales，and British America and of English Books Printed in Other Countries，1641—1700*），3 卷本（New York: Columbia University Press for the Index Society, 1945—1951）。1692 年，出现了一本基于贝恩《情书》的戏仿与抄袭隐晦混合之作，即《密信》（*The Secret Letters of Amour Between the Dutchess and Mynheer*）。

揭秘。[62] 也不同于那些小册子，它以二十封极详尽及简要的书信为结束，用"对过往书信的评论"叙述了威尔逊的情事，如是阐明到了构成某种类似它们强制性钥匙的程度。

这些书信的"序言"除了暗示本着自身更普通意思的"钥匙"可能适时出版之外，也简要地涉及读者提的问题："所说之事及书信是否真实可信。"在向我们推荐如此"真实历史"的可能性之前，"编辑"此处暗指关于威尔逊财富来源的，人尽皆知的传闻（后期被概括为"法国金钱、犹太人珠宝、面首，或与魔鬼签的契约"）。而"这部历史的原稿是在去世之人的盒子内被发现。它历经多人之手，最后在私人抽屉里，犯罪场景所在地被发现"。位居如是揭示核心，且由书信详细记录的丑闻事实就是，曼利的叙述既正确，又错误：威尔逊的确得到一位贵族浪子的资助，但这位浪子是男性，而非女性。[63] 迄今已"口口相传"的传闻"猜测"如今被明确印刷"出版"取代，用"精心措辞"的话来说，"把事情推到另一端"，编辑厌恶此处"借助这些书信传递来描述的恶行丑闻"，建议我们在解读时采用聪明的策略："把这些书信里的激情运用于异性，以此除去所有此类冒犯之处，这是件足够容易的事情，也是我们渴望读者去做的事情。这样的话，读者就会更好地裁断作者的精神。所有的野草消失，或变为鲜花时，在此情境下就让这些书信被他人读到。"(13, 14)这就是鸡奸丑闻，换言之，其秘密甚至在被揭露过程中都必须重新加密。如果威尔逊情事的秘史是鸡奸行为之一，出于道德考虑，这种亲密所指必定反过来被家庭化为某个较少具有丑闻性的替代所指的能指，即两性之间的不伦之恋。按照读者的意愿，同性鸡奸必定作为异性私通讽喻而发挥作用。[64]

575

---

[62] 这可能过于谨慎，因为里克多·诺顿(Rictor Norton)已做详细论证，认为作者是托马斯·戈登(Thomas Gordon)，去世的那位贵族是查尔斯·斯潘塞(Charles Spencer)，森德兰伯爵(Earl of Sunderland)三世。参阅《克拉普妈妈的娇男院》(*Mother Clap's Molly House：The Gay Subculture in England，1700—1830*)(London：GMP, 1992)，第35—43页。尽管我认为诺顿的论证很有说服力，在随后讨论中，我仍避免采用他的辨识成果，因为这有待于其他学者们的确认。

[63] 这本小册子的1745年印刷版已被人(Michael S. Kimmel)编辑，重印于《同性恋学报》(*Journal of Homosexuality*)，第19卷，第2期(1990)，第11—44页，引用见第13—14、18页(随后引用在文中圆括号内标示)。1745年版本的重印与1723年版本没有重大的不同，再现了原有的标点与大写，但没有斜体字。

[64] 为了描述讽喻化(编辑提议，把它作为将同性鸡奸家庭化为异性私通的术语)，特别容易令编辑把鸡奸道貌岸然的(不言而喻的错误)观点视为"对我们北方风物而言的一种陌生罪愆"(14)。

　　这部匿名《情书》在戏仿贝恩《情书》，以及较少程度上戏仿曼利《贵妇的信袋》时的精湛技巧令人瞩目。在贝恩的文本中，同性之爱至少通过奥克塔维奥及阿朗佐对异装西尔维娅的误解而得以支持，并在其亲密私人领域再现中补充了异性之爱。虽然如此，贝恩让亲密私人领域与战争、政治公共领域的终极差异始终处于争议状态。后写的那部《情书》也以同样的方式开篇。尽管通信以隐晦的单刀直入（in medias res）方式开始，如编辑的"评论"指出那样，此处也足以暗示，威尔逊把那位贵族男子遗失的首封信的彼特拉克式爱情奇喻误解为字面意义的"战斗""挑战"（15，35）。的确，威尔逊在这方面不仅像西尔维娅的追求者，而且更像曼利笔下那位误解他人语言，而不是错认衣服的威尔逊。因此，他说，自己最初无法告知对方，如果"爱情或怒火已创造出那些可被各种理解的含糊措辞"。威尔逊如今意识到，那位贵族通信者脑子里想的是爱情，而不是战争。尽管如此，威尔逊（不经意间把自己编辑的建议当作讽喻来读）错把男性当女性："尽管我不畏惧直面英勇男人的刀剑，但我无限乐意选择美丽女士的亲近。"（16）

　　威尔逊也很快地排除这个误解，高兴地顺从这位贵族，犯下"您屈尊鼓励我所涉之罪"，随后与他一道策划如何享受他们畸形之爱（不是姻亲乱伦，而是鸡奸），同时保守秘密。但这不是件容易的事情，因为其他人正图谋揭开威尔逊突如其来的财富来源（26）。因此，威尔逊在戏院写道："有时为了掩饰我的秘密情感，我以大体看似其他男人的愉悦审视女人"；或者，他接受那位贵族的建议，在出席他们"私人会见"时异装（24，20）。但正如此信告诉我们的那样，异性之爱的表象可由同性之爱的钥匙解锁。实际上，贝恩笔下的爱情亲密私人领域被明确地细分为公共与私人组成部分：异性之爱与同性之爱有关，恰如公共表象之于私人实质一样。仿佛阿朗佐的性欲，如我们认为的那样，表述了把性别植根于生物之性的初期现代化趋势，如今它被概括成全面的英国文化。性别划分源自如是基础，即男性气质从女性气质而出的现代分离，这已在贝恩作品中作为公开性从隐私的分离而清晰可辨，如今在"性欲"（同性与异性之爱相互排除）的类似划分中得以反映。

　　这在精心暗示的"反情节"中已很明显：威尔逊与贵族男子设计挫败那些想发现威尔逊社会擢升秘密之人的图谋（40）。充斥贝恩《情书》的，陷于危险中的隐私及隐秘氛围很大程度上由其主导性动作支撑:身体偷偷地从一个内在空间转向另一个,逃避紧追不舍的其他身体,或乔装避免被人认出。这部匿名《情书》的简要部分明确让人想起这个动作,它秘密暗示对建筑空间异乎惯例的"后门"开口而言的身体意义,以此提升此效果。因此,威尔逊从"后门通道进入府邸":他"照例像走在大街上那样前行";不久之后,"后门出现了一把椅子,很快有人出于女人的习惯坐上去",此人后来被看到"回到后门,之后,威尔逊走进直通府邸的街门"(37)。异装的威尔逊知道自己被人看到了,他设计在另一个晚上被人看到进入贵族的法国管家房间,而不是紧邻的贵族房间。他有意让人猜测:"威尔逊找的人不可能是我家老爷,他当时不在城里。可能管家不如他假称的那样,是法国利益如此重要的敌人。"那位贵族假装参与抓获威尔逊从事(不是非法性行为,而是)叛国政治的计划中:"'我会是这出闹剧的积极参与者,'他告诫自己的爱人,'可能我粗暴地要求你保密,要小心。'"他出其不意地抓住与管家女儿在一起的威尔逊,大叫:"我认为这只是对法国女人的阴谋",随后讥讽"他们为此等无足轻重的阴谋大费周章"(18,39—40)。

　　此处情节深度戏仿了奥克塔维奥与布里亚德之间的相斗,他们把各自对奥克塔维奥与异装西尔维娅情事的解读强加在舅舅塞巴斯蒂安身上,但有明显的差异。因为在贝恩的《情书》中,闹剧般的偶遇提出了一个关于私人行为(在此实例中是重婚通奸的家庭"背叛")政治含意的严肃问题,而在这部匿名《情书》中,闹剧本身就是答案,一个自信且仔细策划的手段,误导追究威尔逊私人活动性质之人。如编辑所言,"这种安排可能让世人确信,他们老爷在私人事务上和在公共事务上一样,都是政客"(36)。这些误解的结构是相同的,但在后者文本中,国家政治的含意只是临时策略,把对潜在鸡奸的怀疑转到对叛国的怀疑,随后通过揭示叛国只是私通而使两者消除。如在贝恩的叙事中一样,非法性行为此处在公共与私人语域之间介入;但在贝恩作品中,私通的家庭背叛是危险的,因为它参与了其中一个领域,它此处象征着异性活动的相对安全及社会规范(因此是"公共")价值,与叛国的危险公共活动对立。鸡奸吸纳了国家秘密与爱情秘密的亲密隐秘,成为变态隐私的有限实例。然而,在小册子戏仿地采用秘史形式的讽喻示意结构中,鸡奸也同时占据了"公共"所指、语

577

义所指对象、异性私通"真实意义"的特有场所。

　　如我们所见，这部匿名《情书》也意识到曼利所写小册子中的威尔逊情事版本，并有所暗示。威尔逊告诉那位贵族，旨在使自己私人资助公之于众的诸多阴谋主要指使人就是"某位显贵女士，她知道自己所有行为都有高层权力支持"。我们的编辑告诉我们，她不是别人，正是"V.—l—s夫人"，她的阴谋部分受"女人天生好奇心"驱动，部分因为她有意粉碎如是谣言：她是"如此包养"威尔逊之人，因为"如果这种传闻散播开来，可能引发她与支持她的权力"（即国王）之间的不和（20，36；参考 18）。在这些阴谋中，伊丽莎白·维利尔斯得到被编辑称为乔纳斯科（Johnasco）之人的协助，我们可能把他认作约翰·劳。在这个故事版本中，他被维利尔斯雇用，构陷威尔逊，但反被说服，转而与威尔逊及那位贵族一道密谋反对维利尔斯（37—39）。因此，在曼利的书中，威胁告发黑暗秘密一事导致了威尔逊被杀，如今在此却成为促使威尔逊把自己更黑暗秘密隐藏的错误谣言。的确，此系列书信的最后一封《致 L 先生》来自威尔逊，它优雅地否定了劳对此事的明显确信（他的信遗失了）：威尔逊已说过"你家庭的耻辱"（34）。但决斗本身从未直接提及，威尔逊最初对那位贵族奇喻的误读等于对决斗的戏仿预期，只是到此程度而已。[65] 对忘恩负义、裙带关系的
578　长篇抨击，以及曼利如此倾力关注的等级制度腐败问题，此处多半被观看两位情人用公开免罚方式控诉自己私人"难以控制的激情"（如那位贵族所言）的满足感取代（22）。的确，对曼利所写版本戏仿的关键所在就是对这种反直觉理念的隐性校正，即在因同性恋泛滥而臭名昭著的威廉宫廷这个温床上，威尔逊早就将自己的社会擢升归结于异性阴谋。[66]

　　然而，曼利的"社会"关注此处只是作为"性"关注而被解密，或被"性"关注取代，或被家庭化为"性"关注，这些说法是错误的。一方面，曼利本

---

[65]　在威尔逊写给劳的密信中，他似乎没有意识到劳的攻击严重性，甚至可能把劳的字面挑战理解成给予"满足"的比喻，以此使其对那位贵族遗失的首封信误解反转。威尔逊也似乎暗示，假定的家庭耻辱（参考伊夫林对关于威尔逊妹妹，劳的情妇之争吵的记述）是"真正冒犯""我们无法争斗之人"一事的伪装。可能是伊丽莎白·维利尔斯吗？

[66]　关于威廉宫廷，参阅 Dennis Rubini，《性欲与奥古斯都英国》（Sexuality and Augustan England：Sodomy，Politics，Elite Circles，and Society），见《鸡奸的追求》（*The Pursuit of Sodomy：Male Homosexuality in Renaissance and Enlightenment Europe*），Kent Gerard 和 Gert Hekma 编（New York：Harrington Park，1989），第 349—381 页。

人将威尔逊的社会擢升秘密归结于一个可能的性私通，以此解决这个问题。另一方面，这部匿名《情书》有自己的社会关注。鸡奸关系沿着社会与世代界线，用传统术语，被建构成贵族宫廷浪子引诱者与年轻平民之间的关系。如编辑评论所言，贵族书信成就了他们自己特有的历史真实性主张："太过文雅，并用太独特，以至于不能与虚假阴谋之作区分的语气写就。事情自证，任何人在没有序言或评论情况下，仅凭这些书信都可轻易看出，它们不是出自普通人之手，而是由一位如许多异国宫廷里出身高贵、声名赫赫、成就非凡之人所写。"（13—14）的确，编辑可能在此看似过于反对第一人称文风的不言而喻，甚至在他提供的这类第三人称评论缺失情况下。因为在他后期"评论"中，他以威尔逊的书信为证据，评论道："特别是第九封信，他似乎完美地驾驭了暗示的技巧；至于是受我家老爷出众智慧启发，或拜他的金钱所赐，我不敢妄断"；受质疑的那封信的确听起来是天才之作（40，23）。威尔逊能像自己穿上女装那样运用贵族文风吗？换言之，这样提问，第一人称声音说的是自己吗？写作文风与穿衣风格之间的关系为何？不仅如此，而且可以这样问，改变某人的社会地位与改变某人的性别，两者之间的关系为何？

　　根据传统，家庭谱系中社会地位的生理基础使社会流动性难以设想，除了被设想为某类欺骗之外；然而，忽视"性差异"生理基础明显证据的文化意愿许可了性别流动性的便捷。这部匿名《情书》如何将贝恩《情书》中已显见的这些范畴的现代化实验延展？甚至影射前一文本的范畴。在某封信中，威尔逊告诉那位贵族，前一天他在帕尔街（Pall Mall）散步时，发现一个信袋，"内有某位显贵先生给某位女士写的三十六封信，一定是刚才被她落下的"；袋里还有"支付送信人五十英镑的命令"（28）。威尔逊利用这个机会恭维自己的情人，把这些所拾书信的"低俗吵闹""精神"，与明显"属于有幸和大人您经常通信之人"的"无限更大力量"（28）做不平等比较。甚至如果我们抵制如是诱惑，即将其解读为作者对贝恩所做尝试的揶揄，她在费兰德致西尔维娅信中模仿了浪子文风，相关影射就复杂化了。在该实例中，作者可能据说思考了贝恩不仅作为平民，而且作为女性的失败文风。无论如何，性问题，以及地位问题可能看似因"经常通信"的暗示语言而起。这不仅是书信体文风之间，而且还是性风格之间，异性情事唯利是图的低俗与同性之爱的高尚之间的对比吗？

579

如此对比的模式已在罗彻斯特伯爵所写歌曲《致某位女士的爱》(Love to a Woman)中确立。这首歌支持了贵族浪子的传统模式，其标准的男性气质牵涉对女性与少年的性；同时，其厌女症暗示，尽职无能的异性实用主义从同性鸡奸的轻易草率狂喜中分离出来。(67) 这部匿名《情书》中的贵族厌女症深度依赖他自己爱情唯心论与“那些卑鄙贱人”的唯物论价值观之间的对比，对后者而言，爱情是“交易”，“是有意提高自身价码的女人自由操纵的卑贱狡猾”(29,22)。我们猜测，在自己所写的《情书》中，贝恩的部分目的就是怀疑，如费兰德那样，身居底层的彼特拉克式浪子假定极端平等主义，比塞巴斯蒂安的父权制暴君厌女症好不到哪去。这个目的不仅与贝恩的保皇派政治，而且与她在两性权利之间的原始女权主义区分保持一致。我们可以推测，这部匿名《情书》的目的就是把这些术语朝性差异方向延展，以此利用这种性别差异的新兴两极化，同时通过史无前例的异性与同性活动两极化，确认，并取代日益显化的男性女性两极化，现代性会开始称之为“异质性欲”与“同质性欲”。

促使两种“性欲”分离的厌女症重要性，在于粗糙但有效清除男人对女人之爱，与男人对男人之爱之间空间的能力。在现实中，男性鸡奸者大概和异性情人一样可能成为厌女者。但对女性的极端仇恨有助于一次性区分鸡奸现象，文化理解日益倾向于把它视为天生排斥对女人的性欲。性别的明确分离一旦启动，就可能令人信服地被事关经验主义生理差异
580 的参照合理化。准许两种性欲的分离并没有如此“天生”基础，文化话语至少一时之间不得不仰赖这种表面心理话语，欲望的被动缺失借此使主动的厌恶动机成为必要。相关文化设想的同时代发展强化了这个过程，诸如将“女性化”这个术语缩小，不是指涉鸡奸异装癖者，以及情迷女性的男性，而是单指前者，好像单一术语无法把这种相互排斥包括在内。(68)

从新兴标准“异性”文化的视角来看，厌女症是与鸡奸者“无生育的”

---

(67) Michael McKeon，《父权制的历史化》(Historicizing Patriarchy: The Emergence of Gender Difference in England, 1660—1760)，见 *Eighteenth-Century Studies*，第 28 卷，第 3 期(1995)，第 309 页，

(68) 同上，第 308 页。爱德华·沃德(Edward Ward)在《俱乐部秘史》(*The Secret History of Clubs*)(1709)中提供了一个有趣的过渡文本：“花花公子俱乐部”由过度纨绔的男子组成，他们“女性化”，并与女性交欢；“娇男俱乐部”成员“模仿所有女性化举止”，但是“鸡奸的贱人”(140,284)。

堕落完全兼容的恶行,这导致同时代的人们把对鸡奸的批判与对贵族的批判契合起来,后者被视为腐化的社会群体时,他们女人化的虚弱,以及未能给家族增添子嗣也证明了致命的无生育力。[69] 相反,在威尔逊与贵族恩主的通信中,平民的社会擢升隐性且正面地受其在"性"方面提升到秘密但超然的独有鸡奸地位一事的影响。威尔逊弃绝对女性的爱,并这样写道:"不,我的大人,我的伟大激情由您所造,受您启发,且已不屑与那种卑贱、低俗、愚笨、含沙射影的女人共享快乐。不让她们中的某一位放肆期冀拥有您高尚思想的最微小火花,或拥有您高贵的品味,我谴责这个假模假样、好管闲事、枯燥乏味的世界!"(26)那位贵族答复道,男女之性是"我鄙视的琐事"(27)。我们迄今已认为,卑微、低俗、琐碎语言的策略运用强调了个人每日经验的强力重估:传统上只是起到示意比自身更高事物之事,如今开始取得自立所指的地位。这部匿名《情书》的厌女症对如是重估进行重估:与只是示意男性之间"高尚",且更深层亲密之爱之事相比,异性之爱的隐私如今真的是卑贱。如今,异性之爱发挥再现肤浅世俗的作用,恰如在费兰德自由思想中,公共规则与目的所做的那样。

如是幻想是某个未被繁殖的唯物论,及其世俗金钱命令腐蚀的纯粹私人之爱,因此以这种得以评价的方式,与某些人将其归功于士绅贵族的认识论"非功利性"联系起来。[70] 这部匿名的《情书》以这种方式用社会与性分类的语言彼此阐明,社会分类起到弄清自身术语尚未可得的"性身份"相对自主化意义的作用;而性分类为威尔逊地位不一致的解决方案提供了一个对社会关系流动性描述而言尚未可得的(如果是的话,通过阶级的现代语言)分类易变性。

581

地位不一致问题的鸡奸解决方案,就是在鸡奸者免于所有生育及婚姻的唯物论中成为必要的极端隐私,它可能提出强力主张,声称是对基于金钱与利益的包办婚姻不足信专制的最纯粹否定,因为它使典型的消极自由成为必要,私人之爱完全从婚姻体制本身解放出来。在这方面,威尔逊与那位贵族鸡奸行为的非生育纯粹性,好似西尔维娅与费兰德的乱伦。

---

[69] 参阅 McKeon,《父权制的历史化》,第 311—312 页。

[70] 参阅本书第 7 章,注释 46—48。如非功利性与被印刷的公共声望一样,关于作为独有身份的鸡奸新兴观点最初是通过与熟悉的范畴,贵族关联而在文化层面明白易懂,但它与贵族没有内在关联。

当然，这不是处于被标准异性恋文化接纳过程的解决方案。从该观点来说，新兴私人生活范式反而植根于内在价值标准，以及良知训诫的美德，它们借其本性与旧有地位界线相逆，不仅为社会流动性正名，而且把女性假定为美德的天生拥有者，并在爱情婚姻、居家家庭生产与生育中实现完善。(71) 因为不是威尔逊与那位贵族，而是编辑在这部匿名《情书》中有决定权，我们用某种比他们乌托邦式鸡奸者社会幻想更含糊之事结束这本小册子。

这部匿名《情书》比贝恩的《情书》更突兀，也从书信体第一人称向第三人称叙述转变。如更早的一样，这个差异有阐明何为隐晦，并“公之于众”的效果，当读者只有人物自己的声音作为相关了解的来源时。的确，这个效果此处比贝恩叙事中的效果更具揭示性。这不仅是因为我们的编辑，为辨识那位显贵女士（如果不也是那位贵族本人的话）实际特殊性经典之意的影射小说，提供了一把重要的钥匙。如序言强调的那样，编辑如今把一度独特的亲密手写往来信件印刷出版，而他为我们所做的工作仅仅主要在于提供所需的语境，以理解有时并列，有时提前的书信简洁性，以此使文本明白易懂。

但第一与第三人称叙述之间的差异也表述了隐晦异国亚文化，与使其适应主流文化理解的显化努力（使之人尽皆知）之间的距离。如我在本研究中已触及的其他秘密亚文化一样（同业行会、石匠、有良知的新教徒、新门罪犯、贵妇的梳妆室、佩皮斯的日记、斯威夫特写给斯黛拉的信），17世纪末、18世纪初在伦敦聚合的“娇男”鸡奸亚文化有自己的切口，这预示着它与自身存在有助于建构成标准文化之事之间有极端不同，以及相
582 关间接戏仿类似。(72) 相关意思通过1691年的某本小册子得以表述：

如今随花花公子到阿尔塞西(Alsatia)，
这个避难所不喜欢蒙神恩宠(Dei Gratia)；
破坏者在此定居，毁坏殆尽，

(71) 参阅McKeon，《英国小说的起源》，第4章。

(72) 一位与《闲谈者》通信的人抱怨某类“漂亮的家伙”，“有类似共济会的符号与标记”。见《闲谈者》，第26期（1709年6月9日）。

位于伦敦，却与伦敦隔离开。
只消从这条街走个三码之远，
你会迎面听到各种新词新语，
偷窃、纨绔子弟、欺诈、仙人跳(73)

威尔逊与那位贵族之间通信的神秘特质更少地归结于此类特殊措辞的运用，然而，更多地归结于如是方式：性亲密的可辨识态度通过他们自觉的、有违常情的改进，以及之于同性关系的运用而陌生化。鸡奸对异性文化的戏仿反映一般表明了所有仿英雄体形式的矛盾性，并在此时具备暗中寄生性，即编辑在自己"评论"结尾处讲述的，不是威尔逊在约翰·劳的手中被杀，而是那位贵族糟蹋一位名叫克洛琳丝(Cloris)的乡村女孩的故事。(74) 这种联系并不是随意的。威尔逊因看到那位贵族与"新得宠情妇"为伴而予以指责，克洛琳丝被首次提到。这与曼利《贵妇的信袋》中劳作为显贵女士的"新宠儿"登场对应(20)，并暗示克洛琳丝在匿名《情书》中有可资比较的叙事功能。就在信件往来中，那位贵族很快打消了威尔逊对"那位傻女人"的担心："的确，我夺走了她那肮脏的第一次"，但只是维护自己作为女人的男人这个名声(24—25)。第三人称概述提供的细节，即完整齐备的四页纸叙事更是写满诅咒。

克洛琳丝进城是应自己父母的要求，"她可能拥有比乡下能够提供的更文雅教育的优势"。同时，她的监护人"尽心向她灌输谦卑与美德的原

(73) 《花花公子的世界》(*Mundus Foppensis: or, the Fop Display'd. Being the Ladies Vindication, In Answer to a late Pamphelt, Entituled, Mundus Muliebris: Or, The Ladies Dressing-Room Unlock'd*)(1691)，第 13 页，见 Michael S. Kimmel 编，《花花公子的世界》(*Mundus Foppensis*)(1691)、《平等派》(*The Levellers*)(1703, 1745)，奥古斯都重印协会，第 245 期(Los Angeles: William Andrews Clark Memorial Library, UCLA, 1988)。阿尔塞西(Alsatia)指的是伦敦城白衣修士区(Whitefriars)，当时作为债务人与罪犯避难所而闻名(《牛津英语词典》)。此处答复诸如《女人的世界》(*Mundus Muliebris: Or, the Ladies Dressing-Room Unlock'd*)(1691)等小册子时，作者把女人们未上锁的梳妆室比作同性社交揭秘，这包括从花花公子文化到地下娇男的过度奢靡。

(74) 普通田园诗名可能已通过罗彻斯特在若干诗歌中的相关使用得以暗示。最切题的是，克洛琳斯(Chloris)是友善的荡妇，被言说者难忘地称为"无能的纵欲者"，他回想起在亲吻比赛中亲近她，以确认"是这男孩上了我，还是我上了这男孩"；也参阅两首早期诗歌，《充满无害想法的克洛琳斯》(As Chloris full of harmless thought)与《美丽的克洛琳斯躺在猪圈》(Fair Chloris in a pigsty lay)。

则,设下最牢固的防线,抵御过于频繁的男性引诱"。克洛琳丝与经常造访监护人家的那位贵族很快发展了共同的敌意。那位贵族决定引诱她,并打赌女人们天生如此邪恶,以至于她们甚至在得到最微不足道的境遇改善许诺后就可能堕落(41)。他很快取得成功,决意"以如此高调的方式包养克洛琳丝,这样可能使她的名誉扫地一事更为昭著"。但那位贵族很快厌倦了这套把戏,将她抛弃了:"她对自己未来荣耀的所有美妙幻想,她刚拥有的如此阔绰生活方式,如今变成对未来耻辱与贫困的可怕忧惧。"(42)显然,不仅劳,而且威尔逊本人(曼利对他及此人的描述)都是克洛琳丝的陪衬,这位女孩不是通过致命挑战的外在能动性,而是因为引诱者的残忍厌女症而从自己陡升的高度跌落。克洛琳丝如今怀上那位贵族的孩子,如威尔逊那样,通过异装接近他。她当面质问他的背信弃义,"卑鄙地欺骗她,让她离开自己的父母与家庭,毁掉她的贞操与名声"。对峙失败时,她用手枪"假装把他当作恶棍(尽管她的声音、话语,以及妇人的恐惧必定把自己暴露在他面前)",那位贵族如此残忍地殴打异装的克洛琳丝,以至于三四天后,"她生下一个死婴,婴儿提前两个月出生,且很快就死了"。编辑说道:"对女人及自己孩子如此残忍的行径足以说明,他对所有女性怀有何等的憎恨!因为尚未从事最堕落恶行之人都不会用如此闻所未闻的残忍对待女性,她们的温柔优雅吸引着我们,唤起我们的保护意愿。"(43—44)根据这本小册子的普遍特质,那位贵族的言行显示了鸡奸者的极端厌女症,他不仅厌恶女人,而且憎恨如此生育,甚至是自己的生育。

这个令人震惊的情节使这部匿名《情书》戛然而止,它必定被当作关于威尔逊上升的两部记述对立面来解读,不仅是曼利的那部,而且是发生在克洛琳丝此处情节之前的那部第一人称记述。在后者方面,仿佛第三人称"评论"的"钥匙"功能如今从为故事提供详细语境,向提供一个取而代之的全新故事转变。的确,编者仿佛正在遵循自己的建议,"把这些书信里的激情运用于异性,以此除去所有此类冒犯之处"(14)。把第三人称异性克洛琳丝情节视为第一人称同性威尔逊情节的家庭化,这有道理吗?为了取代就在权威眼皮底下,秘密享受的乌托邦式同性爱情寓言,编辑提出一个被贵族自由思想引诱并被抛弃的女性美德的,悲惨但仍为乌托邦的寓言。在此过程中,未予解释的趋上流动性的神秘是威尔逊情节的首要动机,现在成为克洛琳丝情节的第二特点,仍然作为事实而存在,但不再神秘,因为引诱情节暗中对此予以解释,而它本着更大的目的,造就了相关一节。然而,在用某个故事替代另一个故事过程中,编辑只是将形式家庭化劳动延展,它已在编辑话语框定的第一人称叙述中发挥作用。因为曼利关于上层堕落的悲剧故事,被书信体通信家庭化为一个甚至对精英而言都是隐形的私人非法愉悦的喜剧故事,因此通信本身被家庭化为一个(失败的)家庭生活悲剧故事。第一人称向第三人称视角的扩展借助如是解读,允许比贝恩《情书》中实现的更重要的再说教,然而它也使最抽象的道德(在本地与琐碎中谋求明白易读的形式原则)完好无缺。

如今,如果就是说,克洛琳丝的故事将同性隐秘家庭化为异性家庭生活,以此重写了威尔逊的故事,我们不能忘记本研究之前大多观点给予的教益:家庭生活本身是运用私人事务的熟悉程度,以适应被提高的公共政治领域的传统家庭化模式产物。第六章中,我阐明在 18 世纪初期,对同时代的人们而言,鸡奸的道德憎恨可能具有更特定的男宠社会政治氛围,宫廷绝对主义的实践,其想当然的承恩者顺从恩主一事,日益受作为国家侵犯道德主体权利与自由的显化与批判的影响,如商业保护主义与法律强制的宗教顺服一样。这种假说从《所多玛和蛾摩拉》(*Sodom and Gomorah*)(约 1673—1678)的如是观点中汲取谨慎支持手段:把天主教与男宠纵欲之间的有力类比,解读为导致这一寓意之举,即异性行为及“可能目的”与天生权利理论及主体自由一致。[75] 威尔逊故事的家庭化可以通过克洛琳丝的故事而以类似的角度理解吗?

《所多玛和蛾摩拉》如此集中在皇家宫廷,以至于我们不得不把普遍的男性鸡奸实践解读为特定的男宠实践。五十年后,这显然不是真的。这部匿名《情书》标注的日期是在 1688 年与 1714 年之后,当时王权绝对主义永远被排除在国家之外,政治恩惠开始学会更多地以金钱腐败,而不是以身体剥削为基础来运行。也是从这个时期起,娇男的鸡奸亚文化已明显到足以开启一个长期过程,鸡奸借此从所有男性可能参与其中的传统社会政治实践,向存在、人格、身份的现代状态转变。不是男宠氛围完全在匿名《情书》中缺失。正是他的写作文风把那位贵族呈现为“许多异

---

[75]　参阅本书第 6 章,注释 15、85—87。

国宫廷里出身高贵、声名赫赫、成就非凡之人"，威尔逊本人看似已足够了解使自己成为可能的男宠助手的技巧（14，23，40）。威尔逊以令人惊叹的方式被"包养"，这当然就是此神秘的前提，关于他的若干小册子由此而生，尽管他被那位贵族宠爱的揭秘更多受威尔逊在世间的趋上流动性，而不是他在皇家宫廷等级制中晋升景象影响。那位贵族指责威尔逊允许其他人亲吻他时，他仍然任性地简略使用属下"黑心，忘恩负义"的语言，这具有旧制度及其对个人义务深度关切的特点（29）。威尔逊提醒自己的贵族情人，如果他犯的鸡奸"罪行"泄露了他的"野心精神"，那么就犯下"您屈尊鼓励我所涉之罪"（26）。

　　然而，除此之外，难以找到威尔逊与那位贵族之间特定政治及男宠关系的证据。独得青睐的公认活跃主题不是政治及男宠的，而是性别化的无情厌女者：威尔逊的同性情事不是与其他男性朝臣情事竞争，而是与异性爱情模式竞争。在此程度上，它更多的是全面戏仿，而不是示范，对男宠及其社会政治层面嵌入的，同性之爱纯粹工具化及机会主义版本的戏仿。关于男宠，说匿名《情书》戏仿贝恩《情书》，是要唤起戏仿既是模仿，又是批判的真相。如同时代的新兴娇男文化一样，匿名《情书》是因创造性间接模仿而生，即对新兴文化与性别差异的社会文学常规的模仿。此外，正如这部关于威尔逊的匿名故事互文性地戏仿、修改了曼利与贝恩的异性故事，因此，在内文本方面，克洛琳丝故事在勾勒新兴家庭叙事时戏仿、修改了威尔逊的故事。"可怜的克洛琳丝"拥有"生动活泼的外形"，但也有"某种笨拙的乡村气息"，她被送到伦敦，"灌输谦卑与美德的原则，设下最牢固的防线，抵御过于频繁的男性引诱"（41）。引诱克洛琳丝时，那位贵族是典型的父权制暴君类型，是父亲与有罪丈夫（"欺骗她，让她离开自己的父母与家庭，毁掉她的贞操与名声"）的合成（43）。[76] 我称为克洛琳丝故事的"失败家庭生活"之事，可以更好地被视为家庭叙事的亚种，悲剧失败在此提供了最精巧的终结，我们对此叙事的寻求只到理查逊的《克拉丽莎》（*Clarissa*）（1747—1748）而已。

　　然而，女性美德的寓言不能轻易地以我暗示的方式成为同性寓言的校正家庭化。一方面，女主角的谦卑与美德一开始就值得质疑：正是她的

---

[76]　关于谋杀女儿所生婴儿，如此暴虐之父亲的主题变体，参阅本书第14章，注释32—33。

"辛辣"与"恶意讽刺"倾向最先激起了那位贵族的怒火（41）。更重要的是，两则寓言都抵制此类结构类比，因为它们通过那位贵族的形象而连结，不可分离。编辑坚称，那位贵族对克洛琳丝及待生之子的残忍是其鸡奸的功能。把第二个故事当作第一个故事更易懂的版本来读——把克洛琳丝遇到的那位贵族想象成威尔逊"同性恋"贵族情人的"异性恋"相似之人，他的私人品性因此在公众阐释面前更突显，——符合编辑对如何在没有"冒犯"情况下解读这份"出版物"的"丑闻"所做的建议，但只是以他就如何解读如此"真实历史"迄今隐藏"可能性"所做的建议为代价（14，13）。最终，想起那份"神秘"可能有作用，这部匿名《情书》就是要揭秘：同性之爱与异性之爱是类似，还是不同？是独特，还是独有？是相同"私人"整体的组成部分，还是分别以"私人"与"公共"整体独自不同？无论我们怎么回答这个问题，无疑，匿名《情书》在公共-私人关系的复杂化协商中扮演重要角色，家庭生活作为文化体系从此关系中萌芽。公开性之于家庭生活，恰如家庭生活之于鸡奸。与其他非法及非生育之性种类（私通、通奸、自渎、卖淫）一道，鸡奸界定了亲密领域，然而，它比家庭生活本身更具私人性，是使家庭隐私规范化的过剩领域。

586

作为精明讽刺戏仿的匿名《情书》，它同样把对模仿形式的费力关注，与对批判的冷静公正保持平衡。如贝恩的作品一样，它的出色之处在于家庭化的后期与高度反身阶段。本章的目的就是关注从家庭化向家庭生活过渡的一个重要维度，即秘史的私人化。作者们发现，私人生活的揭示意义可能与其说在于主体的公共影响，不如说在于隐私本身的丰富范围，在秘史的显微镜下，它被看到把自身更深层，完全未曾料到的秘密，一个充斥各类公共-私人关系的宇宙包括在内。从家庭化到家庭生活的过渡，显然是从高层到寻常（从某类内容到另一类）的下沉，在也是影射小说的秘史中，亦为从形式到内容的下沉。也就是说，讽喻示意的复杂上层建筑一旦经阐释说教命令授权，它开始感到过剩，甚至适得其反。在两部《情书》中，上层建筑被众多不一致运用而如此相对化，以至于它常看似私人领域内的隐喻策略，而不是从该领域到更高语义地位领域的方式。在这方面，家庭化的最终阶段，其被家庭生活取代一事是通过其内化而排除讽喻之举。

587

第十三章 作为自传的秘史

关于康格里夫的序言

秘史与"真实历史"(正如匿名《情书》自称的那样)之间是怎样的关系?我已在别处论证,后者是小说认识论经验主义方法兴起中的重要范畴。[①] 尽管秘史的认识论要旨也是重要的,考虑到其揭示迄今已匿形于视野之外事物的雄心,讲述真相的目的要比真实历史的目的更少纯粹,更为间接,此等看法可能有些道理,部分因为它也常常具有社会政治惩罚的混合,部分因为它揭示真相的方式时常是讽喻示意的自觉省略途径。特别是早些时候,小说的"真实历史"使历史真实性主张成为必要,后者的意义不仅在于人物的实际特殊性(他们的真实存在),而且在于引向人物的无中介的叙事切入。影射小说的政治讽喻在极为不同的假定层面运行。当然,人物被理解为不仅具有实际意义,而且具有公共意义。

但将一个相互排斥的抽象原则强加在同时代叙事的复杂实践之上,这会是个错误。恰当的例子就是威廉·康格里夫(William Con-

---

[①] 参阅 Michael McKeon,《英国小说的起源》(*The Origins of the English Novel*, 1600—1740)(Baltimore: Johns Hopkins University Press, 1987),第 52—64 页及第 1 部分。

greve)的《隐姓埋名；或爱情与责任的和解，小说》(*Incognita*；*or*，*Love and Duty Reconcil'd. A Novel*)(1692)。如贝恩笔下的匿名人物一样，康格里夫笔下的隐姓埋名人物是一位一度乔装成男性的美丽女子。如贝恩的叙事一样，康格里夫的叙事是高度反身故事，内容层面的乔装在此通过对形式伪装的自觉认可而得以印照。如《情书》一样，《隐姓埋名》的情节倾力关注父母"专制"与年轻恋人"自由选择"之间，也就是说，副标题的"责任"与"爱情"之间的冲突。但康格里夫并没有写就政治讽喻的迹象。他开始暗示，他的意大利式传奇背景可能有英国参照物；最接近此举之事就是指明，它"如英国地产一样由家中所有男继承人继承"，以此强调意大利式复仇准则的不可调和性。康格里夫的形式伪装神秘不是因他写了一部影射小说的暗示而起，而是因对自己虚构的貌似可信，以及那些过于严肃对待之人（无论是书中人物或读者）的轻信的不懈怀疑而起。贝恩鼓励如是理念，即恋人与读者应该将道德等同能力内化，康格里夫在此提及："只有体验过如此幻觉的恋人们会相信"，以此番关于自己笔下主角就所爱之人幻想描述的记述为结束。置于贝恩的《情书》语境中，《隐姓埋名》读起来像是一部本着欧洲大陆反传奇，以及随后菲尔丁叙事传统的友好讽刺之作，既是对"真实历史"的天真主张，又是更神秘的历史真实性类型，后者具有影射小说的特点，也是贝恩以自己方式予以取代的对象。[2]

588

　　然而，康格里夫辞世一年后，《隐姓埋名》配以如是家庭化警示而重印："尽管先前的小说场景设在意大利，每件事情发生在英国。但因为有些人已离世，其他人还活着，他们都可以推测到各自的父亲，因此，我不敢放肆到将所有人物予以解密的地步，因为有些人……威胁着要竭自己财富所能起诉我们，我们自己的生命堪忧。"[3]难以评估这重印之作提及之主张的情形。《如此世道》(*The Way of the World*)(1700)的后记仍然提

---

[2]　William Congreve，《隐姓埋名》(*Incognita*；*or*，*Love and Duty Reconcil'd. A Novel*)(1692)，见《17世纪短篇小说》(*Shorter Novels*：*Seventeenth Century*)，Philip Henderson 编(London：Dent，1962)，第 261、264 页。关于我对《隐姓埋名》的解读，参阅 McKeon，《英国小说的起源》，第 61—63、263—265 页。

[3]　Charles Wilson，《回忆录》(*Memoirs of the Life*，*Writings*，*and Amours of William Congreve Esq*)(1730)，第 2 部分，第 125 页。

供了康格里夫对相关问题态度的证据，即诽谤与讽刺、实际与具体特殊性的相对优点：

> 其他人的恶意我们应当提防，
> 正如看戏之人出于下流意图，
> 根据剧中人物指出对应何人。
> 尽管他们无法接近完全相似，
> 但每人假装知道对应人的脸。
> 用虚假光泽滋养自己的恶意，
> 进而转为诽谤，其意在讽刺。
> 愿心怀此恶意的公子幸运地
> 发现自己就是设定的傻瓜蛋。④

曼利的《新亚特兰蒂斯》

德拉瑞维尔·曼利出版自己关于花花公子威尔逊情事的书信时，她正在逐步确立自己作为影射小说最声名狼藉、最令人反感的英国实589 践者地位。曼利对影射小说形式的影响方式之一就是，她比其他人更强调叙事"传奇"层面的虚构性，因此暗示其纯粹的示意地位，甚至是不加渲染的真相因此必定藏在其后的逻辑。这甚至可能在她第一部伟大成功之作的书名页可见端倪：《扎拉女王与扎拉人的秘史；阿尔比琼王国某人的镜子；从现藏于罗马梵蒂冈的意大利文版忠实翻译而来，之前从未以任何语言印刷》(*The Secret History of Queen Zarah, and the Zarazians; being a Looking-glass for —— In the Kingdom of Albigion. Faithfully Translated from the Italian Copy now lodg'd in the Vatican at Rome, and never before Printed in any Language*)，书名之后是"阿尔比琼，印于 1705 年"这番文字。镜子的修辞格，以及由外国语言引进的

---

④ William Congreve，《如此世道》(*The Way of the World*)，跋，第 16—24 行，见《威廉·康格里夫戏剧作品全集》(*The Complete Plays of William Congreve*)，Herbert Davis 编 (Chicago: University of Chicago Press, 1967)，第 479 页。

声言,均可追溯到巴克利的《阿尔杰尼斯》及其把弄被熟悉化的陌生者神秘转义的经典之举。⑤ 曼利此处正费劲地劝说读者放弃如是误解:"这是现代历史,与在邻近家庭之处发生的若干事情有关……我会让他们随后满意地意识到,所有的故事只是虚构。"她最著名的作品《来自地中海岛屿新亚特兰蒂斯的男女贵族秘密回忆录及风俗;最初以意大利文写就》(*Secret Memoirs and Manners Of several Persons of Quality, of Both Sexes. From the New Atalantis, an Island in the Mediterranean. Written Originally in Italian*)(1709)声称双重语言家庭化:"随后的历险最初是用自己混合的意大利语讲述,这种有讹误的言语如今在所有地中海岛屿上广为使用。某位勤奋的法国人很快将它引进自己国家,并营造某种氛围,创设某种习俗,异国之人在此几乎消失,似乎已将其归化。我的一位朋友……把它放入我的手中,希望它可能在大不列颠宫廷中流传。"⑥曼利的秘史在语言家庭化的通衢大道上经历了同时代的田园诗实验。⑦

不同于贝恩的作品,曼利的影射小说出版经历了可变时期之后,随即而来的是相关"钥匙"的出版。⑧ 这些"钥匙"是那些显的实际特殊性指南,他们的公共事件已浓缩在自己爱情秘事的隐私中。这些"钥匙"可能是模棱两可,精挑细选,兼收并蓄。它们的示意力量被各种不足以实现辨识目的的标识之名表象削弱。在此情况下,钥匙解开的不是公共人物的

---

⑤ 当然,关于从其他语言译介的主张在《阿尔杰尼斯》英文版的实例中是正确的。曼利的书名也需要在同时代"想象旅行"的全盛及含糊的语境中进行解读。参阅 McKeon,《英国小说的起源》,第 105—106 页。唐尼(J. A. Downie)新近也收集证据,证明《扎拉女王》不是曼利的作品,而是约瑟夫·布朗尼(Joseph Browne)的作品。参阅《如果德拉瑞维尔·曼利没有写〈扎拉女王秘史〉将会怎样?》(What if Delarivier Manley Did *Not* Write *The Secret History of Queen Zarah*?),见 *Library*,第 7 卷,第 5 期(2004),第 247—264 页。尽管唐尼的证据有说服力,因为它对我此处关于《扎拉女王》的最低程度引用没有意义,故而我只是说出更新作者身份一事而已。

⑥ 《扎拉女王》(1705),第 2 部分,序言,A2r-v,见《玛丽·德拉瑞维尔·曼利的小说》(*The Novels of Mary Delariviere Manley*),Patricia Köster 编,2 卷本(Gainesville, FL: Scholars' Facsimiles and Reprints, 1971),第 123—124 页(随后《扎拉女王》的引用源自本版本,并在文中圆括号内标示)。Delarivier Manley,《新亚特兰蒂斯》(*New Atlantis*),献辞,Ros Ballaster 编(Harmondsworth, UK: Penguin, 1992),第 3 页(随后《新亚特兰蒂斯》的引用源自此现代版本,并在文中圆括号内标示)。

⑦ 关于田园诗实验,参阅本书第 8 章,注释 75—92。

⑧ 参阅 Patricia Köster,见 Manley,《玛丽·德拉瑞维尔·曼利的小说》,第 1 卷,第 xxiii 页。

真实姓名，而是私人匿名的扩大。⑨ 此外，远不止在贝恩所写的《情书》中，战争或政治中伟人的经典可耻公共行为似乎只是被他们可耻的私人行为，被他们的淫欲及对金钱的贪欲吞噬。国家与家庭之间关系的讽喻化合价仿佛已因极具家庭首要语义（不仅有性爱、生育动机、婚姻财产协议，而且有剥削引诱、强奸、通奸、重婚、乱伦与金钱腐蚀）倾向的转喻化合价而失衡。这些因素的含意是一种阅读经验，相形之下，这更多涉及表面贪婪地与示范性邪恶人物等同，而不是辨识承受这些邪恶的真实人物。

可能曼利秘史阐述最突出的特点是她聚焦形式本身性质及手法的动因，把作为内容的叙事形式主题化。这在《新亚特兰蒂斯》中极为明显。叙述的功能在此通过三位轮番讲述我们所读故事的讽喻人物塑造而客体化。这个过程与巴克利在《阿尔杰尼斯》，也与贝恩在《情书》中的过程有一般关系，叙述者在此首先从书信体形式中聚合而出，随后将代理叙述者从自己人物中挤出，最终（如果快的话）成为人物本身。在相关发展中，驾驭《情书》第一部分的书信体形式通过人物彼此之间所写书信而在随后两部分中主题化。在《新亚特兰蒂斯》中，叙事的劳动分工在叙述本身的最初劳动中更直接、更夸张地实现。斯威夫特开启《木桶的故事》中的基督教会讽喻时（比《新亚特兰蒂斯》早五年出版），曼利开启作为童话传奇的政治讽喻："从前……"(4)⑩尽管她的叙事代理人，阿斯脱利亚（Astrea）、美德（Virtue）与智慧（Intelligence）进而叙述书中人物的历险，他们是作为据称真实人物的"传奇"化身而以政治讽喻的常用模式命名。他们本身具有不同的，且更传统与具化的讽喻顺序特点，因为他们的名字是抽象实体的拟人化。尽管他们存在于作为讨论的传奇化身而得以再现行为的相

---

⑨　参阅 Catherine Gallagher，《无名之辈的故事》(*Nobody's Story：The Vanishing Acts of Women Writers in the Marketplace，1670—1820*)(Berkeley and Los Angeles：University of California Press，1994)，第124—126页。关于曼利的《里维拉》人物对应，参阅本章注释31—32。

⑩　在《扎拉女王》(1705)第2部分序言(A4r)中，曼利已把自己的秘史称为"传奇版木桶的故事"。参阅 Manley，《玛丽·德拉瑞维尔·曼利的小说》，第1卷，第127页。埃德蒙·柯尔对斯威夫特《木桶的故事》的解密于1710年出版，也是《新亚特兰蒂斯》出版后的一年。参阅《木桶的故事的完全解密》(*A Complete Key to the Tale of a Tub*)，重印于 Jonathan Swift，《木桶的故事》(*A Tale of a Tub，To which is added The Battle of the Books and the Mechanical Operation of the Spirit*)(1704，1710)，A. C. Guthkelch 和 D. Nichol Smith 编，第2版 (Oxford：Clarendon，1958)，第329—348页。

同层面,这些叙述者通过预示内容层面的本体论差异(参阅 9,13)的隐形遮蔽而与那些其他人物区分,在形式维度中,他们的叙事功能借助按剧中人方式辨识对话标签,以此在印刷层面区分。

这些显化效果可能鼓励我们更密切地关注如是事实:曼利的三位叙述者提供了她自己作为秘史学家过程的不同阐述。[⑪] 道德高尚且一心说教的阿斯脱利亚重返人间,为显然要登上王位的某位年轻继承人进行事关现代风俗腐化的道德教育。她的母亲美德,长期熟稔人类堕落的专家轮着予以指导。然而,在她们开启旅程后不久,这些神祇向更世故的知情人,智慧求助。这位"宫廷侍从官"是"名望公主(the Princess Fame)寝宫的首席侍从",她对腐化风俗的兴趣更多的是量的层面,而不是质的层面。智慧夫人是各类秘密信息的收集者,不是致力于道德的改进,而是她既可向自己主人隐藏,又可揭示,既可储藏,又可泄露(13)的如此秘密,样例与规诫脱离。智慧的社会地位断然低于阿斯脱利亚与美德,她不是道德存在,而是社会存在,一方面是类似恶名(Fama)、谣言(Rumor)、闲言(Gossip)等传统厌女症化身的转世,另一方面是此传统的腐败现代化,即借助其与口述、印刷"情报"或新闻及其公共领域传播的关联。[⑫] 的确,曼利谨慎地将自己与传统厌女症的全面抨击区分,所用之法就是一度引入一位临时代理叙述者,即爱说长道短的夜工夫人(Mrs. Nightwork),这位粗俗平民的预兆式"夜间工作"暗示此人物的暗杀与弑婴性质,界定了与神祇对立的极端一极,因此智慧夫人采用的,作为曼利复杂自我表述的中间地带介于这两极之间。

曼利用可观的自嘲再现了这个中间地带,并使之构成自己标准的,而不是理想的秘史再现。智慧夫人主张的不是讲述真相的能力,而是家庭

591

---

⑪　随后两段引文得益于 Paula McDowell,《格拉布街的女性》(*The Women of Grub Street: Press, Politics, and Gender in the London Literary Marketplace, 1678—1730*)(Oxford: Clarendon, 1998),第 220—222,232—265 页。

⑫　参考同时代笛福笔下的信用小姐形象。在《女旁观者》中,海伍德舍弃了讽喻,但发展了潜藏在曼利秘史中的如是说教:个人样例比公共规诫更具启发性(关于笛福与海伍德,参阅本书第 9 章)。复辟之后,国务秘书之职是公共机构,正式在此之下组织新闻收集。它涉及一个广泛的通信与手写新闻信札网络,配以专门的流传名单。参阅 Alan Marshall,《查理二世治下的谍报》(*Intelligence and Espionage in the Reign of Charles II, 1660—1685*)(Cambridge: Cambridge University Press, 1994),第 1 章。

化的能力。她与高贵神祇的关系就是为她们充当某种导游，恰如曼利"被翻译的"秘史本身之于英国读者一样，为她们提供一块神秘的玻璃，名义上是一扇窗户，但也是一面秘密的镜子："夫人们，你们已想到我正从事的事情。我用极大的敬意款待陌生人。他们给予我最大的关注，因为我所说的一般是对外国人新鲜之事（当他们出现在异国宫廷时）。"（13）同样地，智慧夫人不是主张只有君王能真正把控的非功利性，而是主张用接近公正的彻底性揭示君王身边人功利性的能力。提及"女皇"（即安妮女王）时，她告诉阿斯脱利亚与美德：

　　　　假如她只用自己的眼睛与耳朵评断万物，就会以同样的公正与公义管理万物，仿佛你自己就能掌握平衡。唉！对那些宠臣的腐败，以及朝臣的秘密利益会有怎样的辩护？君王只能通过再现开始了解事情，否则那是不可能的。它们总是根据再现者的感官得以再现。贪婪、报复或恩惠都是它们的动机，然而，如何能够予以防范？君王不知道如何通过外部予以区分，也鲜少得以进入内部……因此，直到能在此发现正直朝臣与公正宠臣之前，这里会有众多冤屈。（110）⑬

　　在这种理想公务员缺失的情况下，智慧夫人提供了作为秘密的官方收集者与传播者的次好服务，她将私事公开化。但曼利也为我们描绘了女性共同体中的"正直朝臣与公正宠臣"，她们被称为"新秘密小集团"（154）。"秘密小集团"（cabal）已经作为源自犹太教神秘哲学解读的私人、神秘与秘密阐释术语而在17世纪英国流行，并在17世纪60年代获得特定政治意义，当它被用来指涉查理二世由此谋求特定建议的五位顾问或"秘书"群体时。"秘密小集团"也方便地作为某种秘密准则，或该群体成员的实际特殊性"钥匙"而发挥作用，因为该词是这五人姓名首字母的缩略词，即克利福德（Clifford）、阿灵顿（Arlington）、白金汉（Bucking-ham）、艾什利（Ashley）（很快成为沙夫茨伯里一世）与劳德戴尔（Lauder-dale）。秘密小集团是非正式会议，有助于显化与君王分开的国家权威，以及18世纪现代内阁会议某种模型的出现，并且是为人所知的，但自觉

---

⑬　此处的智慧说出了日益明显虚构之言，即君主永不犯错。

秘密化的国家机器(其中两位成员签署了多佛密约)。⑭

曼利的"新秘密小集团"及其"秘密"因此可能被视为对旧秘密小集团的家庭化改进,私人等同物取代公共职能:不是男性,而是女性;不是国家官员,而是普通公民;不是伟大的国家,而是"小国家";不是致力于国家秘密,而是致力于爱情秘密(161)。⑮ "隐秘是……重要条款",较之于旧秘密小集团,新秘密小集团甚至更是如此,从不仅界定群体实践,而且界定该群体主要致力于何事的意义上来说的话(155)。新秘密小集团代表了与婚姻体制对立的女性友情体制,是一个尽可能由单身女子组成的秘密群体,不为丈夫所知,并被后者藏匿。她们充满疑虑地把婚姻视为以权宜,而非爱情为动机,它是"世人的习俗,对一旦结婚的所有女士而言,使之成为权宜之计,不,几乎是不可缺少之计"(156)。在婚姻国家中,女性没有私人财产,因为她们的财产在法律层面被自己的丈夫霸占。"在这小国家中,没有财产。女人拥有的任何东西,都毫不掩饰地供她伴侣调配使用……相互的爱使所有一切成为共有。"(161)换言之,绝对私人财产的废除,不仅可以通过重回习惯的使用权利,甚至重回自然状态,而且可以通过废除婚姻来实现。

秘密小集团将男性排斥在外,且反对婚姻,两者分别依据的原则有相关性。初嫁新娘从秘密小集团那里得到指导,"以免她让自己的丈夫洞悉可能暴露整个群体,进而受人讥笑的秘密,尽管这是何等天真的秘密"(156)。但男人的社团一般将女性隐私暴露在类似的脆弱性之下,秘密小集团"聪明地把贪婪男性排除在外,他们以女性的荣誉为猎物,在吹嘘自己好运时获得最大满足(鲜有人不为如此),正是巧克力馆成为他们自恋的见证人。他们在这里和认识的人,不认识的人厮混,出示女性的书信,用他们虚荣的赘词解释神秘之处,润色快活情节,只是求教可能滋养贪婪的丑闻九头蛇(hydra)之物"。正如秘密小集团的某位成员申明的那样,　　　593

---

⑭　关于"cabal"一词,参阅《牛津英语词典》。关于秘密小集团,参阅 David Ogg,《查理二世治下的英国》(*England in the Reign of Charles II*),第 2 版(Oxford:Oxford University Press,1956),第 326—330、344 页。

⑮　曼利的女性秘密小集团其他先例包括玛德琳·德·斯居黛里(Madeleine de Scudéry)的秘社(cabala)、凯瑟琳·菲利普斯(Katherine Philips)的诗社,以及玛丽·阿斯特尔(Mary Astell)的"新教修道院"。曼利反过来为海伍德在《女旁观者》中的"秘密小集团"提供了先例。

男性"在背叛与吹嘘中讲述，他们的骄傲得以满足。而我们的利益在相互隐秘中，在自然公义与相互忠诚中"。随后，那些"摆脱强加于身上的婚姻枷锁的成员，被认为给秘密小集团增光添彩，所有人都极为高兴。她们主张支配权，治理的权利"（154，155，156）。

如果此番关于公共领域中男性行为的描述让我们回想起智慧本人及曼利，这并非偶然，因为自主权的获得要求对那些拥有者进行戏仿，用一种宽容的自嘲更好。因此，秘密小集团不仅"将男性排除在外"，而且"倡导将他们无情揭露的原则"（155）。因此，"在现实中，她们不爱男人"（这让人想起智慧夫人，以及贝恩笔下的西尔维娅），"但热衷表现女人中的男人。因此，正是那些女士们如此喜爱骑士服装"（235）。⑯ 然而，曼利更胜贝恩一筹，她完全承认遮蔽女性友情的同性恋丑闻，甚至予以详述。智慧夫人本人厌恶地承认，某些成员"可能把一些事情弄得有点过分"（154）。考虑接纳某位"新人"进入秘密小集团时，"她们严格地检测她的天赋，是否适合保守秘密小集团的秘密，仿佛她可能在天性方面变得无动于衷。天性有使她们溺爱正在改进的异性的技巧，因为如果她的缺点被发现指向天性激发之物，她就会毫无异议地被排除在外"（156）。如在匿名《情书》中那样，我们有此印象：几十年来发展中的性别差异的经验主义及生理基础伴随着性差异，以及同性恋与异性恋相互排斥的新兴感知。对这些女性而言，从未有过如此暗示（也不可能会有）：源自生育与婚姻唯物论的豁免构成正面的隐私规范，恰如花花公子威尔逊及那位贵族一样。但曼利在整本《新亚特兰蒂斯》中深度关注以闲言碎语意象（提供谈资、公布秘密、复制情资、分娩助产）聚合的各理念混杂关系，这可能为我们的如是猜测正名：秘密小集团（据说包括某些作者）勾勒出女性公开性的愿景，用阿斯脱利亚的话来说，这个女性公开性是"婚姻结合"（161）标准对应的替代。⑰

因此，曼利对智慧夫人的记述，以及智慧夫人对新秘密小集团的记述

---

⑯　关于西尔维娅，参阅本书第 11 章，注释 10—11、35。

⑰　关于《新亚特兰蒂斯》中的闲话，参阅 McDowell，《格拉布街的女性》，第 247—259 页。在其最深根基之处，这种女性替代公开性模式可能与无稽之谈的口述性，而不是与印刷的公共领域相关。如今它被正式质疑，但正是出于这个原因，成为反历史"秘密"类别的代表（参阅本书第 2 章，注释 2；第 3 章，注释 101）。

都使我们对《新亚特兰蒂斯》示例的秘史自我意识敏感。该书第二卷向我们引荐一位名为迪莉娅(Delia)的代理叙述者时,曼利的叙事反身性达到极端程度。迪莉娅正是曼利本人,在若干页内容中,秘史显然与自传契合。在此过程中,国家秘密浓缩于家庭秘密之中,政治主体被重新塑造成道德主体。秘史与自传之间的修好可能是曼利最重要的形式成就,是此过程中的重要阶段,形式家庭化传统借此在平民的示范生活中不仅发现了叙事说教的方式,而且发现了其目的。⑱

594

　　迪莉娅讲述的是一个关于引诱、乖僻、背叛的故事,其作为家庭化浓缩的地位通过与复辟之后英国历史的相似关系而显化。迪莉娅的父亲是"残酷内战使王国四分五裂"时期的一位"忠诚的"保皇派,但"和平降临,王室复辟之后……如美德一样,我们家庭蒙难的忠诚只是得到自己的奖赏"(222—223)。也就是说,罗杰·曼利(Roger Manley)是那些忠诚的"骑士党"之一,对那些忧惧查理二世忘恩负义(曼利将其弱化,并扩大到"忘恩负义的民众"[223])后果之人来说,⑲1660年之后未得减轻的财务困顿成为一个不详的实例。迪莉娅父亲死后留下她和妹妹,由年长她们许多的堂哥,唐马库斯(Don Marcus),即约翰·曼利(John Manley)照顾。他之前得到迪莉娅父亲本人的照顾,"我出生时,一位男子与我父亲住在隔壁房间"(224)。据迪莉娅所言,尽管这位堂哥会"谈及荣誉和忠诚",但他是帮助亨利克斯(Henriquez),即奥兰治的威廉击败"当朝君王"的叛徒,并"称之为光荣事业",随后"反叛,重回保皇派"(224—225)。曼利笔下的"光荣事业"节俭地把辉格党人对叛乱的两个委婉语,即"美好旧事业"(Good Old Cause)与"光荣革命"融合在一起。因此,在唐马库斯的公共生活中,他展现的是迪莉娅父亲作为未得报答的保皇派蒙受的那类忘恩负义与背叛。但他在自己私人生活中也是如此,直接与迪莉娅父亲对立。迪莉娅才十来岁时,唐马库斯就向她求婚。她"感恩"同意,如果不是出于爱情的话;只是当她怀上他的孩子,却发现他已婚。对迪莉娅而言,

---

⑱　关于这些事宜,参阅本书第7章。

⑲　关于骑士党的政治意义,参阅 Michael McKeon,《英国复辟时期的政治与诗歌》(*Politics and Poetry in Restoration England：The Case of Dryden's "Annus Mirabilis"*)(Cambridge, MA：Harvard University Press, 1975),第 81—83 页。参考多萝西娅在《妓女的巧言》(*The Whores Rhetoric*)(1683)中的类似地位,参阅本书第 4 章,注释 98—99。

这使他成为"蓄意的叛徒","用似是而非的虚伪引诱我,毁灭我";可能"支持我事业"的唯一亲戚就是"这位毁掉我的叛徒"(224,226)。因此,公共"背叛"屈从于私人"背叛",为似是而非"事业"辩护之人就是在正义事业中备受指责的恶棍。唐马库斯对自己"双重恶行"的痛苦忏悔可能指涉自己辜负迪莉娅及其父亲的信任,但它也可能被认为把他背叛的公共与私人双重维度包括在内:"我父亲的形象一直在他难以安宁的梦中出现,痛斥身为叛徒的他,辜负了在死亡痛苦中赋予他的信任。作为一个双重恶棍,他给几乎算自家荣誉蒙上不洁的,且难以磨灭的污点。"(225)

595　　迪莉娅用这种方式讲述自己的私人故事,与此同时讲述自己所处时代的公共故事。我们回想起贝恩把针对君主的反叛适应重婚关系:詹姆斯登基时,唐马库斯类似接受了威廉,因此他在没有确保离婚的情况下娶了迪莉娅。此外,唐马库斯在"自己有罪宅邸"导致的家庭秩序毁坏让人回想起斯图亚特王朝如是尝试时的混乱氛围,即在 17 世纪 80 年代的关键十年内将王室的父系家族与政治审慎协调,如果不是事实的话。除异族重婚之外,唐马库斯的身份更具同族乱伦之味,他既作为迪莉娅的监护人-父亲形象("我出生时",他"与我父亲住在隔壁房间"),又作为她表亲(对唐马库斯而言,迪莉娅的父亲所行"更像父亲,而非叔叔")的地位,更不用说迪莉娅的私生子,"可怜的儿子"(224,226)。她自传的痛苦以这种方式表述了历史的痛苦。[20]

　　在迪莉娅的叙述中,我们听到智慧女士的某些怀疑自嘲,这并没有错。她基于"我对真相的天性之爱",郑重提出历史真实性主张,以此开场。但在她关于"孩提时探望老派乡下姑妈"旅途记述中,她很快愿意让我们暂缓:"姑妈身上充斥着她自己时代的那种僵化英雄气息,总是戴着眼镜读骑士与传奇书籍。这类谈话影响到了我,并让我幻想自己所见的每一位陌生人,无论他何种装束,有些人就是乔装的王子或情人。"(223—

---

[20]　埃伦·波拉克(Ellen Pollak)认为,尽管堂哥的婚姻此时没有到被民法或教会法禁止的程度,新近监护人法的变化已使监护人与被监护人之间的婚姻蒙上了乱伦的毁谤。波拉克也对曼利作品中家庭与国家之间类比关系含意敏感。参阅 Ellen Pollak,《捍卫地产/国家的继承》(Guarding the Succession of the (E)state:Guardian-Ward Incest and the Dangers of Representation in Delarivier Manley's *The New Atlantis*),见 *Eighteenth Century:Theory and Interpretation*,第 39 卷,第 3 期(1998),第 220—237 页。

224)迪莉娅因此告诉我们,她受家庭传奇(灾难性的乱伦版本)的影响,所用之词让我们瞬间思考,《新亚特兰蒂斯》使之成为必要的此类政治讽喻是否也被视为某种想象"扩散",将"英雄"投射到日常。约翰·曼利不是唐马库斯吗?他不也是迪莉娅的父亲或哥哥吗?这个选段的效果与其说摧毁讽喻示意的语义结构,不如说是提升其内在边界的多孔结构,因此诸如唐马库斯等这些人物的客观与"公共"地位,至少在某些程度上被认为源自叙述者迪莉娅的私人主体性。

但如果叙述者与人物之间的封条借此较不防水,迪莉娅有自知之明的叙述开启了作为知晓一切的叙述者,与作为已知人物地位之间,"私人"与"公共"能力之间的相似内在空间。或它是另一个方式吗?关于她"堂哥监护人"的爱情宣言,迪莉娅继续说道:"我对此并不满意,他回答的那些话,恰如我在那些已毒害、迷惑我年轻理性的书中读到的人物所听之言。然而,我有真正女主角的荣誉与残忍,在没有上万次以上的恳求情况下,不会允许仰慕我的人如此深情地吻我的手。"(224)我们在此看到两个过程结合起来。一方面,叙述者迪莉娅将唐马库斯这个人物在多大程度上是她在传奇中发现之"人物"的投射这个问题显化。另一方面,叙述者迪莉娅"公开"思考(采用的是关于第三人称视角的类似方式)作为彼特拉克化"私人"角色的迪莉娅。迪莉娅说道:"我总爱读书,如今比以往更加热衷,或我大部分时间都花在手中的书上。"此后不久,唐马库斯向迪莉娅透露自己重婚一事。我们可能好奇,这种强制性唯心论是否可能已影响到她对坏消息的夸张反应:"但是,唉!我的震惊与悲痛远非词语能安抚,远非泪水能获益。恐怖!惊愕!荣誉感丧失!世人的指指点点!"(225,226)[21]

甚至阿斯脱利亚对迪莉娅的传奇暗示性不耐烦,如果不是对她的困境不耐烦的话:"我对女人所犯的种种愚行厌烦了。如何能够阻止女人轻信,或阻止男人欺骗呢?这样的惩罚必定存在,如果可能的话,它要比失去的荣誉更快让人感知!"阿斯脱利亚期待,有一天,女性真正接受的对待,不是迪莉娅接纳的彼特拉克式虚伪,"不是虚假欺骗的赞美、心碎的牺牲,或对残忍与魅力的愚蠢控诉,而是抵御所有非法侵犯者时的胜利"

---

[21]　实际上,关于曼利如何及何时得知自己堂哥已婚一事的记述中存在讹误。参阅该版《新亚特兰蒂斯》导言,第 viii—vix 页。

（228）。当然，阿斯脱利亚的批判力道被她自己仰赖的理想化骑士（如果不是彼特拉克式的话）奇喻类型削弱，迪莉娅本人就受此奇喻之苦。对她而言，智慧女士本着特殊的实用主义，提及与女性天真堕落不匹配的，当前有效的法律惩罚，她严肃对待"毁掉的荣誉"这个紧迫问题，这个叠词在四页纸内重复了五次（226—229）。

我的观点不是曼利最终在此选段中挖苦政治讽喻，而是一直将秘史与自传融合的努力。她用如是方法使其适应内在性的秘密：公共与私人之间的差异不是保留内在空间差异标记（配有可变内容的形式）的绝对意义，而是相关力道。如果曼利会让我们拒绝将现实欺骗性理想化的浮夸语言（甚至可能，最终且预期以如是讽喻化坚持：私人事务必定提升到公共政治的英雄辞令），这正是因为问题本身如此迫切。"毁掉的荣誉就无法挽回吗？"这是曼利对双重标准所做的严肃阐述：[22]"不公平的安排！为什么你们男性如此偏心，与众不同？为什么你们能够屡次犯罪后重获关注？而我们女性尽管常常有罪，但在表面上就不可挽回地毁掉了呢？"（227）为什么关于女性的公众舆论（她们的"名声"）要如此易碎脆弱？女性公共"荣誉"的性质与范围为何？1714年，曼利出版了一部填补围绕迪莉娅个人生活简要记述空间的自传。[23] 如她更早、更著名的作品一样，它被设定为影射小说，承担着将该形式的讽喻重力，从公共所指向私人能指，从政治主体向道德主体转移的计划。它也推进了这个重要问题：女性毁掉的荣誉无法挽回吗？

曼利的《里维拉》

曼利从埃德蒙·柯尔（Edmund Curll）那里得知，查尔斯·吉尔登（Charles Gildon）已经开始写她的自传，此后不久，《里维拉》（*Rivella*）快

---

[22]　参阅本书第 11 章，注释 26—27。

[23]　Delarivier Manley，《里维拉的历险》（*The Adventures of Rivella；or，the History Of the Author of the Atalantis. With Secret Memoirs and Characters of several considerable Persons her Cotemporaries. Deliver' d in a Conversation to the Young Chevalier D' Aumont in Somerset-House Garden，by Sir Charles Lovemore. Done into English from the French*）（1714）。文本中的圆括号出处源自凯瑟琳·泽林斯基（Katherine Zelinsky）的现代版本（Peterborough, ON: Broadview, 1999）。

速写成。经得这两位男性的同意,曼利沿袭了吉尔登拟用的书名,并在几个星期内写出自己的匿名自传,通过奇喻将其呈现为传记。此奇喻从已被暗示为柯尔与吉尔登"虚构对应者"的两人之间对话转录而来。㉔ 根据此奇喻,传记很快从口述话语的完全隐私向手稿转变,随后两度转为印刷品:查尔斯·洛夫莫尔爵士(Sir Charles Lovemore)把故事(是用英文,还是用法文,没有明说)讲给多蒙骑士(the Chevalier D'Aumont),后者连夜写下来,随后很快交给法国出版商。出版商印出的版本后来被翻译成英文,并在伦敦由柯尔出版("译者的序言",41)。两位交谈者在某个层面再现了柯尔与吉尔登的实际特殊性,这个暗示是有成效的,因为后者那对在文本生产中的真实介入丰富了如是方法的具体特殊性:前者那对借此"制造"了里维拉,她在《里维拉》中从未以自己的形体出现过。

　　曼利已将自己故事的叙述从某位怀疑的传记作者手里夺过来,但为何要选择通过另一人讲述? 从讲述关于自我的秘密,以及支持如是讲述之隐秘的意义上来说,《里维拉》是一部秘密自传。㉕ 正如第一人称迪莉娅讽刺地将自己与《新亚特兰蒂斯》中的自己疏远一样,《里维拉》中人物叙事能动性的第三人称让渡使曼利作为自传作者的能动性得以扩充,而不是收缩,并通过借用笔名叙述的著述,以提升借助匿名著述而获得的中立。也就是说,曼利放弃了著述与叙述的公共权威,为的是运用它们的秘密力量。我们也不会忘记贝恩的叙事代理先例:将个人荣誉的范围与权威实验性延展的最有可能的声音不是来自女性,而是来自男性。此外,如果我们把洛夫莫尔、多蒙、里维拉三者组合比作阿斯脱利亚、美德、智慧三者组合,可以感受到,前者群组的性别差异事实提升了通过地位差异而已获得的形式公共-私人的不同。㉖

㉔　关于《里维拉》的委托历史,参阅泽林斯基为《里维拉》撰写的导言,第9—11页。关于相关暗示,参阅巴拉斯特(Balaster)为《新亚特兰蒂斯》撰写的导言,第 xviii 页。1725 年,柯尔(Curll)出版了《里维拉》的人物对应表,给谈话中的重要言说者安了不同的身份。

㉕　在与柯尔的通信中,曼利恳求他:"看在上帝的份上,让我们试试这件事情是否可以保密……这与我们保守秘密有关。"柯尔相信,曼利坚持"这会是她一生永守的秘密"的原因就是,如她在信中告诉那样,"尽管世人可能喜欢我写的其他人之事,他们会蔑视任何一位据信说及自己的作者"。参阅《里维拉》,附录 A,第 116—117 页。

㉖　将这些叙事策略与贝恩从书信体第一人称向叙事第三人称的转变,以及她对《情书》中男性代理叙述者的偏好结合起来参考。

　　《里维拉》的最重要创新就是把影射小说与自传悖论地结合。如所有尖锐矛盾一样，对相似性的追求导致了对立，从而造成了这个结果。政治讽喻的目的是用私人勾勒公共。在自传作品《里维拉》中，公共所指是作者本人的实际特殊性，影射小说的形式氛围与工具将个人转化为公共人物，主体性的客体化。自传的目的是将主体分为私人与公共组成部分，书中人物与叙述者，因此，前者屈从于后者的分析检验。在《里维拉》中，自传的自我分工成为讽喻示意的引擎，客观性的主体化。《里维拉》将影射小说的逻辑运用到如此程度：它可以朝某个方向前进，并在自己私人能指处折回，并使私人与公共之间的差异瓦解，以在里维拉的人格面貌中重新发现它。秘史保留其隐藏、揭示上层生活秘密的雄心，恰如它把此雄心内化于实例历史中预期心理练习时，底层生活的内在性在此充斥了关于自我的各类版本。[27] 曼利的技巧与贝恩从书信体第一人称转向第三人称叙述有某种可比之处。实际上，它们可能被视为替代方法，即公平对待存在于形式及内容，存在于秘史讲述过程，而不仅存在于它讲述内容的隐秘元素。

　　《里维拉》使曼利基于想象命名的人物公共参照变得只是无关紧要，以此完成了她更早期秘史的显著倾向。的确，他们都有实际特殊性（这是自传，以及影射小说的允诺），但这是普通公民，而不是公共人物的实际特殊性。图13.1重印了随《里维拉》第2版印出的人物对应。[28] 有些对应是以传统隐藏的中略为特点，例如，"C先生"就是"C——t先生，B——re勋爵之子"；其他的以不可理解的程度来隐藏："克拉夫蒂勋爵"（Lord Crafty）就是"——"。然而，柯尔的"钥匙"最难琢磨之处不在于中略，而在于如是事实：它揭示的实际特殊性常常足以是民众个人的实际特殊性，对客观的公共领域读者而言（与本地居民及/或曼利的私人故交不同），其名字的示意，与它们借以在文本中为人所知的能指相差无几。因此，"小

㉗　关于公共-私人区分的其他心理私人化，沙夫茨伯里笔下的"作者"与"读者"，参阅本书第2章，注释146—148；斯密笔下的"我自己"与"我"，本书第7章，注释113。

㉘　Delarivier Manley，《里维拉的历险》（*The Adventures of Rivella... The Second Edition. To which is added，A Compleat Key*）（1715），A2r-v。人物对应的形式随着时间演变。巴克利的《阿尔杰尼斯》众多人物对应几乎比曼利的早上一个世纪，不是此类对照图表，而是以更散漫形式标示人物的序言。

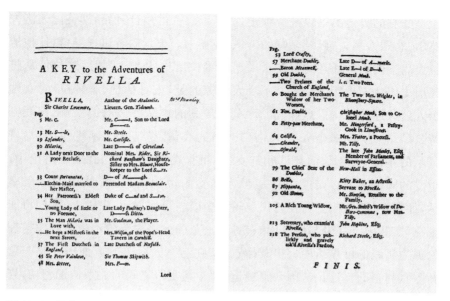

图 13. 1　Delarivier Manley，《里维拉的历险》（*The Adventures of Rivella ⋯ The Second Edition. To which is added A Compleat Key*）（1715），人物对应。普林斯顿大学图书馆珍本特藏部。

锅商人"（Petty-pan Merchant）等同为"亨格福德先生（Mr. Hungerford），莱姆街（Limestreet）的糕点厨师"，"弗利庞塔"（Flippanta）是"里维拉的仆人"。如是私人领域的降格也很好地从随后条目顺序中得以再现：最初，"与希拉里娅（Hilaria）相爱的那位男人"被认作"演员古德曼先生（Mr. Goodman）"；随后继续揭秘："他在紧邻的街上包养了一位情妇"，文本的能指被认作"位于康希尔（Cornhill）的教皇之首酒馆（the Pope's-Head Tavern）的威尔逊夫人（Mrs. Wilson）"。甚至诸如希拉里娅，"后来的克利夫兰公爵夫人（Duchess Cleveland）"这样的公共人物，因她与作为希拉里娅的里维拉私人关系之故，都要比因得知她是"真正的"克利夫兰而新添之事的缘故，而对叙事更具深意。确切地说，我们对克利夫兰的了解滋养了我们对希拉里娅的理解，而不是相反。但此处完成的更早叙事倾向，也可能不被视为公共的放弃，而被视为私人故事中的某种内化，把影射小说中公共与私人基本示意关系包括在内的活力，被改道成情节与人物塑造。的确，这个私人故事的核心主题是两个模式之间的冲突，女性个人可能借此获得世间的公共地位。

599

曼利的自传不是以某位绅士,而是以三人的声音开始,即英国人洛夫莫尔、法国人多蒙,以及多蒙的侍从,或秘书。正是后者讲述导言,比他地位更高的两人对话在此引发了关于里维拉历史的叙述,随后这位侍从将此历史以法文出版(41)。并不令人吃惊的是,该对话是《里维拉》对女性个人公共地位进行重点探究的序幕。曼利的作品好似对德莱顿《论戏剧诗》(Essay of Dramatic Poesy)(1668)的戏仿,是绅士之间进行的,沿着国家的主线,关于如何最佳欣赏女性,而非戏剧的辩论。在两次辩论中,重要的问题事关直接或中立是否为体验愉悦的钥匙。㉙ 法国人多蒙坚称,如果女性"理论上"(在智识、巧智、交谈与写作方面)吸引人,她们可能也在"实践中"(在爱与性方面)有魅力。英国人洛夫莫尔不怎么倾向把理论视为实践的可靠指南。多蒙斥责他"在与女人有关的方面……是一位新手"(44,45)。这位法国人解释道,理论与实践之间的关系特别密切,当前者把后者当作主题时,当对话与写作实际上关于爱与性时。他说,在这方面,现代作家无法与"你们那位著名的《新亚特兰蒂斯》作者媲美"。他让洛夫莫尔回想起该文本中的三处情色场景,它们"是自然的如此再现,以至于必定温暖最冷血的读者……认真读完她迷人的描述后,我们中的任何一位不会去追寻她处处告诉我们的狂喜吗？ 作为快乐的人,我们不能有所品味吗?"(44—45)

这些场景本身模仿了多蒙的相关记述。在每一处场景中,书中人物都被虚拟的再现引诱,被客观的思忖提升到欲望的程度,最后以与被再现的客体实际满足而告终。两处是偷窥场景,第三处是"危险阅读"行为场景(情色文本是奥维德[Ovid]之作),因此精确地与多蒙对里维拉能力的记述对应,即作为作者,将理论与实践、写作与性联系的能力。㉚ 但《新亚特兰蒂斯》场景之内描述的联系,在如是场景中是缺失的,即阅读多蒙描述的场景,通过情色作品的自渎虚拟性提升欲望,但让读者(多蒙与我们)"追寻狂喜",在别处找到实际满足。洛夫莫尔如今看似理解了这位法国人,对于在哪里能找到那些狂喜的问题,他回答道:"对我而言,我相信它

㉙ 关于德莱顿文章中的这个问题,参阅本书第7章,注释96—97。
㉚ 关于奥维德的解读,参阅 Manley,《新亚特兰蒂斯》,第35页;泽林斯基把这三个场景包括在曼利的《里维拉》附录B,第121—124页中,这很有用。

们只会在她自己的拥抱中遇见。"多蒙赞同道："这是我会体验到的。"

　　但他们真的赞同吗？虚拟与现实之间的差异只是被重述吗？这位法国人似乎寻求情色经验，关于里维拉的故事正如她本人讲述的故事那样有诱惑力，然而，写实主义的英国人看似认为，他朋友的期待就是，洛夫莫尔会理论联系实践，向多蒙提供为"她自己的拥抱"准备的话语。他可能是对的。"我会让你用大师级的手法描绘她，"法国人进而说道，"正如她已描绘其他人那样，在我见到她之前，我可能彻底地了解了她。"(45)洛夫莫尔的角色是私人情色作家，还是公共皮条客？在导言结尾之处，关于女性的辩论植根于此的国家差异问题，已经消失了，因为两位男性观点之间的差异已变得难以解释。多蒙（更不用说他秘书）的声音被洛夫莫尔的声音容纳，他们的国家主义辩论被关于女性荣誉本质的更大问题容纳，辩论已隐晦勾勒出问题。但女性荣誉的问题也推进了因辩论而起的形式问题。叙事的角色，是将想象能指的具体特殊性，与它们可能借此得以示意与实现的实际特殊性联系起来吗？或它应该将自己的关注限于虚拟领域，将示意与实现留给现实领域，乃至将它们内化于作为该领域想象版本的虚拟领域内吗？恰如自传之于秘史一样。

　　尽管具备多种形式，这种基本模棱两可充斥着里维拉，以及叙述行为。洛夫莫尔以历史悠久的描绘转义尝试"制造"里维拉，我们在此过程中最快地遇到了它。洛夫莫尔在攀升的人物唯心论，与自己面向更具经验主义与字面描述的动因之间撕扯，并否认所有与里维拉身体部分有关的隐喻，荒谬地深化了该转义已有的极大恋物癖："她的手与臂膀得到公众的称赞……她的脖子与胸脯早有盛名。"(48)更广泛的是，问题在于，洛夫莫尔不仅阅读里维拉，而且爱她，理论的实践运用仍然继续是虚拟的，因为他的爱从未得到回报。曼利在洛夫莫尔身上塑造了一个知己，不仅直言不讳地称赞里维拉，而且对她的缺点也开诚布公。作为洛夫莫尔的曼利为里维拉提供了客观主体性：他是她的彼特拉克式男性主体，她的"奴仆"，但其卑微的真实性迫使自己也讲述她的彼特拉克式"男性"单相思，她对年轻美丽的莱桑德（Lysander）的顺从（57,54—55）。因此，洛夫莫尔扩张性地填补了《里维拉》中的角色，恰如迪莉娅以更有限的方式在《新亚特兰蒂斯》中的所为。实际上，里维拉进入重婚关系时，他就向我们提及迪莉娅，参考关于"她悲惨四年"的记述（60）。但这两个人格面貌故

603

事在某种程度上重叠，相关差异极具暗示性。

迪莉娅将自己对"真实女主角的荣誉与残忍"的早期内省归结于姑妈安排的传奇阅读过程。洛夫莫尔既否定前一种倾向，又隐藏后一种情境。他写道："我爱她，但她没有回报我的热情，然而没有任何造作的娇羞，或如她每天所读的众多传奇女主角那样演戏。里维拉会以最佳的语言，以及令人着迷的真诚感与方式让我知道，她不是真的残忍，而是无动于衷。"（53—54）至于姑妈，如果她是"比保姆更糟糕的严厉管家"，洛夫莫尔提及她正负责里维拉的"严格教育"，那么她似乎不可能是传奇课程表的来源。在这方面，更引人注意的是洛夫莫尔描述自己与里维拉的幼年友情的方式："不幸的是，她天生姿色平平，介于两位完美姐妹之间。然而，正如我常独自思考，且已听到其他人有这样的说法，里维拉对男人的魅力胜过这两位姐妹……我父亲的地产毗邻里维拉父亲管辖之地。我当时还年轻，极乐意前往三位如此美丽女人在此居住的城堡。"童话故事传奇的氛围已足够浓烈，但也显然有所归因："我习惯讲传奇故事给她听，用此类书籍充实她，以此为乐。"（52）如果里维拉受传奇幻想的影响，显然，这是因洛夫莫尔的影响而起（她甚至把自己对莱桑德的迷恋与洛夫莫尔的情书联系起来[54]），洛夫莫尔显然让身体主宰思想的倾心被他对里维拉的想象奴役欺骗。尽管他一开始怀疑主宰"实践"的"理论"力量，他对里维拉的爱这件事易受她的"力量"影响，她的"姿色平平"与她的"力量"毫不相关。但该怎么说反过来想象洛夫莫尔的曼利呢？里维拉可能没有"扮演"某位传奇女主角，但曼利扮演了洛夫莫尔，一位忠实的男性仰慕者，也是她"官方"（自传）传记作者。在事实方面，耽于传奇的洛夫莫尔明显不可靠；[31]然而，他极为热切地"自我评价……基于公正历史学家的名声"（74）。借助这种任性的、武断的投射，这种明显偏袒的投射，曼利意欲何为呢？她604 想实现什么目的呢？

洛夫莫尔的偏袒，在实质关系中足够明显，也有严格的形式基础。他的"公共"的、第三人称公正受如是事实所限：他也是"私人"人物，其观点可能因自己讲述里维拉的观点而得以改进，甚至相对化。但他们的关系比讽刺倒转关系更微妙。作为她的叙述者，洛夫莫尔是曼利的"男性投

---

③　参阅 Manley，《里维拉》，第 20—21 页中泽林斯基所写内容。

射"，不是因为（例如）贝恩笔下的异装西尔维娅是男性特权的投射，而是因为他体现和扮演了她对男性惯有优势的女性敏感。类似地，里维拉是曼利的"女性投射"，她女性惯有的无权如何可能从男性视角扮演？曼利驾驭这双重投射时具备的同情才能预示"公共"叙述者与人物"个人"之间的性别互惠性，她的虚拟人格面貌占据的共有之地。洛夫莫尔在《新亚特兰蒂斯》双重标准方面附和迪莉娅，并承认"女性的宪章比我们的更具约束力，对男性而言算不上犯罪之事，在女性那里就成为丑闻，不可原谅，正如里维拉本人在多处好生注意到的那样"(47)。洛夫莫尔与里维拉主要共有的是对如此问题的持久兴趣，即女性毁掉的荣誉无法挽回吗？尽管他们对此辞藻华丽问题的回答极为不同，《里维拉》的自传真实性是他们相互交接的后果。

　　洛夫莫尔未能与里维拉建立爱情秘密的那种亲密，这在如是事实中足以明显：她无视他提出的私人书信往来邀请："她从未回复我的信件，不是忘了读它们。我前去拜访她时，她把装满自己从未打开之信的袋子给我看。"(56—57)洛夫莫尔担心她会被召至宫中担任詹姆斯二世妻子，即王后的"侍女"，他提议办一场"不为我们父母所知的秘密婚礼"，然而，里维拉在这个潜在的爱情婚姻中拒绝扮演反叛父母专制的角色（"她怕令自己的父亲不悦"）。在痛苦的追忆中，叙述者为失去的机会后悔，"自此伴随她的所有那些不幸，关于荣誉，以及世人观点，本可以因此而消散"(59)。这些以国王本人的"不幸"为始。国王被废黜不仅阻止里维拉获得宫中侍女的机会，而且令她的父亲如此伤心，以至于"不久之后，他在对可能降临这个不幸国家灾难的致命惊惧中离世了"。洛夫莫尔说道，"里维拉真正的不幸就此开始"。他用老掉牙的说教补充道："对她而言，我此处会说，她带着荣誉而死会是件好事，正如她父亲那样。"(60)洛夫莫尔本人一丝不苟地避免这样，如今她提醒我们参考迪莉娅所写的重婚记述，不止两次地暗指这是"她的不幸"(61)。

　　如在贝恩的《情书》，以及自己的《新亚特兰蒂斯》中那样，曼利因此似乎把反叛与重婚，英国的公共不幸与她自己的私人不幸比较。然而，这个关系在此更薄弱，更多暗示情境的因果链，即国王的（公共）命运借此导致了父亲之死，堂哥的监护，以及最终女儿的（私人）命运，而不是家庭化讽喻。洛夫莫尔主要关注的公共荣誉类型不是宫廷的，或斯图亚特王朝的，

605

而是公共领域的荣誉，也就是说，"世人的观点"。然而，尽管《里维拉》将政治讽喻普遍扁平化，它并非没有家庭化动机。为了欣赏这一点，我们需要思考里维拉与希拉里娅（克利夫兰公爵夫人）的关系。"里维拉可能把自己与那位夫人的相识，称为第二大的不幸。那位夫人原谅自己的不忠，总是痛斥自己心生厌倦之人的品格，仿佛通过诽谤中伤，她就能把自身令人厌恶之事安放在他人身上。"（64）然而，如这些词语暗示的那样，洛夫莫尔从负面方面看待希拉里娅，不仅因为她会很快有损里维拉的名声，而且因为希拉里娅是里维拉的极端样例，散布诽谤的男性化女人。希拉里娅因此也是洛夫莫尔的负面陪衬，曼利的公共叙述者。我们可能在希拉里娅对双重标准的愤世嫉俗评述中看到这一点："里维拉读到一篇关于世间恶意的睿智演讲稿，无论一位女人真的如何纯洁，如果外表证明不是如此，她就永无恢复自己名声的可能。因此，她给出自己的建议……让自己尽可能地快乐，不去评价那些不可能被人评价之人，或对他们感到遗憾。"（62）因为洛夫莫尔仍然向里维拉"鼓吹"自己的道德"学说"，因此，希拉里娅就相同的话题做了一次"睿智的演讲"，但没有道德内容，而洛夫莫尔的则充斥着道德（69）。

　　我们也感受到后期洛夫莫尔与希拉里娅之间的对立，她临时成为他叙述的主题，她中伤他人的诽谤方式微妙地渗透了他自己更私人化的步骤。希拉里娅对诽谤讽喻的品味伴随着自己的品性。如贝恩笔下的赫尔迈厄尼，以及她自己的女宠儿与扎拉女王一样，曼利笔下的希拉里娅是那些有权贵妇之一，她们的爱情秘密难与国家秘密区分。㉜　克拉夫蒂勋爵，即拉尔夫·孟塔古（Ralph Montagu）没有继续与她的情事时，她说服国王革去他派驻巴黎的大使之职，"基于秘密建议，她伴称已获知他的贪腐与谋反"。但克拉夫蒂得知此事，把通过"某人"寄给希拉里娅的"重要信件"藏匿处公之于众，信里"全是对她给予恩惠的爱慕狂喜"。"对她如此清楚的不忠证据还有什么可说的呢？"国王命令希拉里娅"原谅大使，他自己向大使表示谢意，因为后者顾全了自己的荣耀"（75—76）。

　　但故事并没有真的保持一致。为何是希拉里娅的"不忠"？多年来，

㉜　关于曼利笔下的三位陪衬，即洛夫莫尔、里维拉、希拉里娅，与贝恩笔下的公主、西尔维娅、赫尔迈厄尼三人的比较，参阅本书第 11 章，注释 18—19、24—25。

克拉夫蒂并不是查理的情人。为何孟塔古意欲"谋反"？为何查理反而进一步为他的"顾全"而表示谢意？这些不明之处暗示不足以浓缩进情事情节的国务潜台词。《里维拉》的编辑颇有成效地暗示（76n1），曼利此处通过促使政府垮台的方式，暗指融入天主教阴谋的 1677 年至 1678 年某件轶事。如洛夫莫尔的情节一样，此轶事以克拉夫蒂试图在查理二世面前诋毁孟塔古为始。此外，如在爱情情节中一样，孟塔古威胁将一封"重要"书信公之于众，以此回应。然而，这些受质疑的书信不是写给克拉夫蒂，而是写给他本人；与孟塔古通信的"某人"是丹比伯爵（the Earl of Danby），他的书信记录了国王从路易十四那里持续接受秘密津贴，以换得有利的外交政策。这些将国王同意之语删除的供罪书信在下议院诵读，丹比被弹劾。孟塔古的揭发是此种努力：因他在暗中削弱丹比时予以的帮助，而从法国人那里获得年金，以此重获在克拉夫蒂手中丧失的政治好处。[33] 作为过于武断的虚拟能指，希拉里娅因此代表了两位真实的显要，即居于边缘的克拉夫蒂，与居于核心的丹比。

希拉里娅试图把自己情书的"不忠"解释为因语言文化差异而起的幻觉，以此开脱。我们甚至可能在此过程中听到这种形式复杂化的暗指（家庭化讽喻与纯粹私人叙述之间的这种矛盾）。她说，通信只是为"娱乐"的目的，而不是"后果"。但法文与英文"极为不同，某个语言中表达极为殷勤之意的词语，在另一个语言中只是纯粹的礼貌之意"（76）。希拉里娅的辩解让我们回想起国家文化的差异，《里维拉》的阐释不确定性取决于此。来自法文出版物的英文译作可能反过来源自英文对话。关于女性的导言辩论最终含糊性，挫败了我们以任何明确方式，为法文内容（多蒙）与英文翻译方法（洛夫莫尔）对峙进行编码的尝试。然而，语言文化的"极为不同"范畴的确界定了借此区分两个对立语义态度的形式不同。一个态度是，词语的示意超越自身，理论意指实践，"礼貌"暗示"殷勤"，"娱乐"使"后果"成为必要，虚拟特殊性假定实际特殊性，私人预示公共；另一个态度是，对于某些词语而言，无论可能如何多义，它们只是自己所说之意。我们可能被引

[33] 参阅 Ogg，《查理二世治下的英国》。克利夫兰对孟塔古的敌意可能不仅早就源自他对她的拒绝，而且来自他与克利夫兰私生女有染的事实，国王可能是这个私生女之父。曼利把此事从克利夫兰反对孟塔古的潜在原因向使孟塔古反对克利夫兰的结盟转变。

诱，要在洛夫莫尔作为叙述者的易变中读到他对希拉里娅讽喻模式的部分腹语术，叙事模式的清晰性别化的敏感。但洛夫莫尔对女性特质的男性内化，希拉里娅对男性特质的女性内化，这两个修辞格的性别异质性暗示，曼利正以"传统"，而非"现代"方式运用性别范畴，恰如那些国家主义范畴一样。这导致了相对化的不同，而不是明确差异的关系。

结果是，里维拉针对希拉里娅的诽谤为自己个人荣誉辩护。尽管洛夫莫尔把希拉里娅情节描述成里维拉的第二大不幸，他也承认"世人都爱里维拉"（67）。洛夫莫尔对里维拉的名誉易受世人诽谤影响的过度敏感，如今遇到了里维拉更男性化的自立正视感。带着感人的家长作风，洛夫莫尔"恳求她回到我的乡间宅邸，她确定可在此用相同权力发号施令，仿佛这属于她自己的那样。实际上，也必定如此，因为我本人如此效忠、服务于她。我向她提出这个建议，因为在已对她极为不利的世人观点看来，这不再对她有伤害"。尽管出于尊敬与友情，里维拉答复道：她可能永远不会与自己并不相爱的人共同生活。"她告诉我，她对孤独之爱因她对世人的厌恶而提升。因为对她而言，不可能因名声而人尽皆知，她决意继续隐姓埋名。"一方面，远离世人，这是在男性保护虚拟性之下的田园归隐，"仿佛"主导了她自己的权力；另一方面，这是处于作者与单身女子（洛夫莫尔承认，"正是在此孤独中，她写下了自己最初的悲剧"[67]）隐秘状态的世人之内的孤独归隐。采取一种与作为政治讽喻匿名作者未来职业完美契合的态度，里维拉如今界定了将驾驭这部自传剩余部分的不一致之处：叙述者对里维拉公共名声的毁灭越懊悔，主角就越是通过公共行为为她的名声辩护。在转而论述故事高潮，即《新亚特兰蒂斯》的出版与起诉之前，我会简要触及此情节中的重要片段。

洛夫莫尔用随后的这番话引入第一个片段："看看毁掉里维拉在世人面前之品性的另一个错误之处；时尚与巧智之人在此场合每天为她奉上阿谀之词，她的寓所每天挤满着这些人。"（68）里维拉进入文学公共领域得到洛夫莫尔的名义陪衬，彼得·韦恩拉夫爵士（Sir Peter Vain-love），即托马斯·斯基普威思（Thomas Skipwith）的支持。这位爵士专事借助私人情书的公共流传得以推进的虚拟情事。洛夫莫尔因此行为而遭人诽谤，尽管如此，他为满足多蒙与我们之故而重新流传某些往来书信。韦恩拉夫的文学怪诞行为是爱情理论与实践之间模糊关系的具

化。尽管"可恶的纪事"把他描绘成在性方面具有危险性,他也据谣传
"对女人的名声,要比对她的美德更具威胁"。洛夫莫尔仍然为"里维拉
的愚行后悔";竟然能够忍受与一个无赖交谈,这个无赖对她的快乐无
足轻重,却对她的名声如此危险(73—74)。我们回想到希拉里娅在书
信事件中对"纯粹礼貌"与"极端殷勤"之间做的投机区分;在此之后,回
想到曼利策略性地运用爱情通信以使政治通信家庭化的方式。里维拉
愚蠢吗? 因为她真的丧失自己公共名声,或因为她如此行事,甚至没有
获得真实愉悦的益处?

　　第二个片段占据这部自传剩余部分大半篇幅,存在于洛夫莫尔关于
他两次称为复杂且拖延的阿尔比马尔(Albemarle)诉讼之事的叙述中
(102,89)。大法官法庭审理的这起案件裁决了阿尔比马尔公爵二世遗留
下的对立遗嘱合法性。这起著名的诉讼将解决私人家庭地产争议的公共
国家机器权威及其易受私人操纵与阴谋影响一并戏剧化。洛夫莫尔的关
注分为两部分。前一部分是讲述里维拉在阿尔比马尔案子中的角色,以
强调"对她不利,且已使世人物议纷起的那些理由";后一部分是向我们展
示,她如何可能嫁给她在本案中结识的一位男子(102,105),以此反而挽
回"自己的荣誉"。最初,洛夫莫尔提醒提防和蔼的克林德(Cleander),即
约翰·蒂利(John Tilly):"就伤害女人名声而言,与一位已婚男子的情事
要比与六位其他男子的交往更胜。"诉讼结案时,里维拉已"因与克林德的
可耻密谋而成为街谈巷议的谈资"(86,103)。但克林德的妻子去世,他能
够娶里维拉时,克林德与洛夫莫尔吃惊地看到,她反而敦促如今被债主纠
缠的克林德与"一位有钱的年轻寡妇"结婚,以免她"看到他穷困潦倒,成
为她内心与眼中永远责备的对象;因为她宁愿保全他的荣誉,而不是挽回
自己的荣誉"。洛夫莫尔写道:"如她那样行事的,一定是拥有高尚心灵的
女人。"但"我本该说服她打消传奇式英勇念头,建议她嫁给情人"。然而,
里维拉很倔强,"她几乎在乡村生活,在克林德结婚后从未出现在公众面
前"。此外,他一死,"我不知道任何能令人想起里维拉的事情,但知道她
似乎把所有风流秘事的想法葬在克林德的墓里。除非她让自己将这感人
的爱情场景公之于众,根据她的自身规律,以及良好品行,我认为她已失
去了那份激情的回忆"(105,106,107)。

　　洛夫莫尔对传奇唯心论的指控让我们回想起他自己的相关喜好。那

份喜好如何影响了他的高潮叙述？从洛夫莫尔的偏袒视角来看（也部分是曼利的视角），里维拉如今让自己安于从事爱情写作的生活，而不是过上那种生活；安于将"风流秘事"公之于众，而不是亲身演绎；安于虚拟理论，而不是实际践行。这些选择似乎与作为孤独的单身女子，保全他人荣誉的英雄蠢行，而不是通过婚姻的公共隐私挽回自己荣誉之事一致。但婚姻是获得女性荣誉的唯一途径吗？的确，如果在洛夫莫尔自己更早提议中，婚姻等于拥有乡村表象中（参阅 67）的纯粹隐喻权力（"仿佛这是她自己的"），婚姻还有荣誉感吗？仿佛为使这个问题复杂化，洛夫莫尔直接求助里维拉的出版作品。《新亚特兰蒂斯》的出版商与印刷商新近被捕，洛夫莫尔发现里维拉本人"凭着自己的英雄气概……她告诉我，她自己就是《新亚特兰蒂斯》的作者，三位无辜的人为此被抓，与他们的家庭一道要被毁掉。她决意自首……以此让那些诚实的人得以释放"（107）。这种自我牺牲的"英雄气概"与某人刚为克林德所做的"传奇式英勇"兼容。为了避免"她出于需要而在牢中瘐死"，洛夫莫尔提议帮助里维拉远走高飞，逃避法律。里维拉被自己个人"良知"的潜在"责备"刺痛，再次发问，"可怜的印刷商，其他两位相关的人，出版商会怎样？他们的家庭都会因她的远走高飞而毁灭吗？……她会因可能降临到那些不幸之人的苦难而自责，她无法忍受这种生活"。实际上，遵循洛夫莫尔的诡辩建议，[34]就是去做"没有荣誉感的事情"（108，109）。

这是叙事中的重要时刻，曼利的两个自传人格面貌，即叙述者与自己的主角在此通过直接对峙而分裂，它因个人良知的新教标准，与充斥其身的公共荣誉的贵族标准之间划时代冲突而提升。里维拉保护这些"家庭"的决心，强调了孤独单身女子要比已婚妇女更好地服务家庭的反直觉允诺。洛夫莫尔坚称，女性的荣誉需要婚姻表象的保护，这迫使里维拉最终阐述了如是反原则，即如男性一样，女性的荣誉取决于有荣誉感的行为，这反过来预先假定能够做真正谨慎选择的道德主体的自主能动性。因此，这是实际责任的条件，不同于如是两种人物道德层面被剥夺的状态，即顺从自己君王的政治主体，以及与自己家庭一道顺从自己丈夫的已婚妇女。这

---

[34] "我用这些论点满足了她的良知，她没有更进一步的责任。"更早的时候，洛夫莫尔指责里维拉相信"诡辩者"（69）。

远非"传奇式"所为。里维拉接受了自我顺从的辩证自由,向法律"自首",并很快被释放(110)。她对洛夫莫尔的指责微妙地具有毁灭性。一位"朋友""出于自己友情的伟大"而提出自利的建议;一位"有荣誉感的男人"体面地建议,"他的朋友或本人必定在此受苦"洛夫莫尔继续说道:"我的荣誉被认为有缺陷,无论我的友情可能看似何等完美。"(111)洛夫莫尔讥讽为英雄传奇之事就是普通公民在公共领域谨言慎行的真正英雄主义。

〔610〕

《里维拉》以这种方式告诉我们如何挽回一位女性被毁掉的荣誉。承认婚姻内外行为领域内,个人与"家庭"责任的重要延续性,这驳斥了洛夫莫尔关于婚姻荣誉与婚外耻辱对立的观点。这把荣誉包括在出版作品中了吗? 经验的虚拟性在此使道德责任棘手,如果不是未决的话。的确,出版行为本身有某种现实性,可能被赋予或承担相关责任。里维拉已经肩负尽责的重担,这隐藏于马维尔的警告中:"一度印刷坏书之人……会蓄意如此公开散布自己的有毒观点,以至于它可能超出他自己的记忆,把自己置于任何私人劝告范围之外。"㉟但通过出版公之于众的"行为"有某种虚拟性,正是责任的可能性为此取决于参照的语义诠释。的确,里维拉能够逃脱因自己已承认负有责任的出版而起的控诉,因为她否认相关实际参照的责任。她如今援引"传奇式名字及虚假的行为场景",以此予以否认。希拉里娅否认她的书信是"有罪的",因为它们只是"意在娱乐,没有假定意在后果"。如希拉里娅一样,里维拉否认"她有比只为自娱之故写作更进一步的图谋……无意有特别思考或品性"(111,76,110)。

里维拉承认,她是《新亚特兰蒂斯》的作者,此举的道德意义与著述范畴兴起的认识论及所有权意义合为一体,在1709年《新亚特兰蒂斯》出版与1714年《里维拉》出版之间通过的立法证实了这一点。㊱ 考虑到此立法的逻辑,曼利可以创建如是道德空间吗? 即允许她拥有自己行为的现实性,同时没有它们参照的现实性? 我们可能回想到同时代将诽谤与讽刺区分的尝试,回想到剧作家把人物塑造的现实道德与虚拟道德区分,以此回应杰里米·柯里尔的挑战。㊲ 核心问题事关私人为公共行为承担的

㉟ 参阅本书第2章,注释109。

㊱ 也就是说,《版权法》(1710)、《印花税法》(1712),参阅本书第2章,注释123—125。

㊲ 参阅本书第2章,注释133—142。

责任，因为后者范畴包括真实世界行为的现实性与公共领域行为的虚拟性。

　　曼利用她手上所用的传统工具直面新工具。她对实际参照的否认遭611 到正式质疑时，洛夫莫尔写道，她诉诸传统的"启发"学说，以阐述她为《新亚特兰蒂斯》书中人物承担的负责的非责任性特殊类型。如果她笔下人物唤起实际显要，她暗示，这可能不归结于她自己内在邪恶动机，而是（"知道她自己的天真"）"邪恶天使"的外在启发（110）。当然，里维拉的暗示意味着要么被解读为愤世嫉俗的背信弃义（从国家的角度来说），要么为狡诈的托辞（从政治主体的角度来说）。但在如是解读中也有某种价值，即借助著述的原始美学自主性更大力量，将其解读为道德主体努力适应宗教诗歌占有语言，摆脱公共干扰，看似坚不可摧的消极自由空间，然而，它受某种新"邪恶天使"类型，读者与文本意义的虚拟建构影响。的确，正是传统公共性（国家的法律机器）主张为构成新公共领域标准的"读者普遍性"之故，而整理阅读方案的权威。㊳

　　洛夫莫尔已用自己的语言提出反对里维拉出版行为的法律论点，"这种揭露从未伤害过她之人的野蛮意图"（107）。尽管这个论点很快被放弃，里维拉一路以特别适合罪行的方式，非正式地遭受惩罚。最初她"被紧紧关起来……看不到任何人，也不能和任何人说话，不允许有笔、墨、纸"；随后在首席检察官安排下，她在公众面前出丑，"多次让她本人出场，在一众法官面前走过法庭"（110，111）。也就是说，她的虚拟犯罪成为她的实际惩罚。里维拉对诽谤指控的自辩前后不一致，但足智多谋。尽管在法庭上，她否认任何揭露实际民众的意图，她骄傲地向洛夫莫尔承认，她为男性提供了新闻业界勇气的样例，就是向"以佯称公共之善方式""让自己进益"的伪君子"投去第一块石头"。此外，她的"虚弱闲谈"相对无害，因为她饶恕了"真正邪恶之人"，无论如何"只是重拾全世界早就传闻的老旧故事"（108）。

　　里维拉自辩的不一致性不是预示曼利的虚伪，而是她质询出版道德与美学责任秘密的实验本性。如笛福这样的同时代人可能听到类似质询，㊴但我们也可能在曼利"闲谈"与"老旧故事"的语言中察觉到对性别

㊳　参阅本书第 2 章，注释 131—132。

㊴　参阅 McKeon，《英国小说的起源》，第 120—122 页。

维度的承认，正如在她示范性投石中那样，这也是笛福独特自省中缺失的。如智慧夫人一样，里维拉会把闲话的传统性别化修辞格现代化。但如果智慧将闲话朝新闻方向改进，并通过公共领域的虚拟空间改进其传播，里维拉此处与洛夫莫尔联手，追求讲故事、分娩助产的老旧职业责任，以此朝女性创造性，以及美学经验虚拟性方向改进闲言。里维拉的"闲谈"被公认为无足轻重，它与作为女性的她的意象契合方式"令她因纯粹自娱之故而写的若干爱情琐事而受审"，这最具共鸣，因为它暗示的不是据称为纯粹私人之事的秘密公共参照（仿佛私人需要公共，以实现满足），而是女性琐事的道德非功利性与满足感，以及娱乐的终止。

　　洛夫莫尔与里维拉、叙述者与书中人物之间的辩论是曼利的自传式心灵冲突，是对女性荣誉本质的探究，也是对女性隐私荣誉的探究。在里维拉身上，曼利坚持私人生活公共领域中单身工作女性的英雄荣誉。洛夫莫尔与这基本原则一致，真诚地劝说里维拉，至少部分以自己表面极为偏颇的观点为曼利说话："我与她争辩如此愚行，女人用同样足以让所有人快乐的笔，却让任何党派都不满。她此时认为我的思考是对的……今后，她所做的只是写令人愉悦的娱乐事情，党派之事不再参与其中……如今她同意我的观点，政治不是女人的事，特别是对一位能用更文雅、更令人愉悦主题，让读者如此高兴满足的女人来说。"（112）很容易把这些文字解读为对"政治"的否认（从该词的现代综合意义来说），而不是解读为一位重要参与者摆脱党派仇恨，当她自己的党派正在经历最终成为权力的永恒剥夺之事时。⑩尽管我们恰当地相信曼利的两个人格面貌围绕着女性的荣誉如何可能得以挽回的问题而出现的明显两极化，"同样足以让所有人快乐的笔"（是否作者拥有造就愉

---

⑩　出于这个原因，把洛夫莫尔的"当下"解读为指涉出版日期的现在，即 1714 年，而不是指涉该叙事（1710）的明显现在，这可能有道理。《里维拉》最后几页的主要部分事关洛夫莫尔与里维拉就她行为的智慧及意义展开的辩论，且主要关注辉格党与托利党各自罪恶的争议，两个党派开始在此看似对方的镜影，罪恶开始在如此党派中寄居（107—109，111—112，113）。在随后的数十年里，"政治"将与诸如如此可以想象与驳斥的"道德"、"文学"等人文主义范畴足够清楚地区分。关于进一步讨论，参阅 Michael McKeon，《文化危机与辩证方法》（Cultural Crisis and Dialectical Method：Destabilizing Augustan Literature），见《18 世纪文学的职业》（*The Profession of Eighteenth-Century Literature：Reflections on an Institution*），Leo Damrosch 编（Madison：University of Wisconsin Press，1992），第 52—57 页。

悦的美学概括能力）是否应该弃绝（党派）政治的分裂特殊化之事？她此处没有就该问题的如此对立解读提供基础。《里维拉》本身的更大语境如何阐明如是弃绝的意义？

在我看来，似乎是，接受"只是写令人愉悦的娱乐事情，党派之事不再参与其中"的写作从如是解读中受益，即被解读为暂时接受脱离"实践"的"理论"，接受美学，而不是经验主义雄心，因此在人物塑造中接受具体，而不是实际特殊性。正是在叙事中的此时，曼利重开自己叙事的导言框架，重开洛夫莫尔与多蒙关于如何最佳欣赏女性的辩论。在此事实中，我们可以找到上述解读的正当理由。我们回想起，那次辩论含糊其辞地结束了，因为理论与实践是否在女性身上结合的这个核心问题从未得到直接答复。理论与实践此处以谈话，或一方面以写作，另一方面以爱情或性为示范。曼利自己的情色作品提供了恰当的例子。《新亚特兰蒂斯》的结尾唤起性欲，并使之满足吗？还是唤起必定在别处满足的欲望？了解里维拉的愉悦使解读她，或在性的层面欣赏她一事成为必要？洛夫莫尔已宣称，女性从事的事不是政治，而是"用更文雅、更令人愉悦的主题，让读者如此高兴满足"。他如今补充道，里维拉"因此再次让自己撰写舞台悲剧。亲爱的骑士，如果你留在英国直到来年冬天，我们可能希望用里维拉在戏剧艺术中能够演绎的表演款待你。年轻的多蒙先生打断此话，问道，她仍然有爱情的品味吗？查尔斯爵士答道，毫无疑问是这样。或从何处起，她每天写到他时都用如此热情与力量？她是否还爱着，这是个问题"（112）。

在写作与行事之间如此区别中，洛夫莫尔附和自己更早时期的推断，即自克林德死后，里维拉的风流秘事成为虚拟，而非现实，更多的是公之于众，而不是身体力行（107）。但随着他的了解深入，洛夫莫尔开始怀疑，他是否实现了自己伴侣的公开请求，他"用大师级的手法描绘她……正如她已描绘其他人那样"（45）。洛夫莫尔再次附和里维拉使读者愉悦的能力，并坦诚自己的怀疑，自己已以她为榜样："我本可以更欣然地款待你……提升你对她的好感与热情，我本该带你来到她一应俱全、佳肴满席的桌旁……由此在盛宴之后的暑气中，把你引入女神的壁龛之内，来到一张铺着精美被单，撒上玫瑰、茉莉或橙花的床上……这已让你开始想象自己是幸福的人，她选择与你在日头正烈之际休憩。"（113）

我们突然回到《新亚特兰蒂斯》世界,确切地说,回到多蒙在导言中引用的,高度选择性的《新亚特兰蒂斯》世界,这与里维拉在法庭上把作品修改为缺乏"特定思考"之作一致。情色作品的发展在从家庭化的尽责示意过程向家庭生活的自信主题化发展中扮演重要角色,因为情色作品在学着追求作为目的本身的性欲与满足,以此摒弃其对宗教、哲学与政治目的的依赖过程中,为美学虚拟性与自足性的确立提供了一个相对显著的模型。《里维拉》以含糊地介于虚拟与现实、想象与感官之间情欲释放的率直男性热情为始,也以此为终。这个情欲释放是情色作品的标记:"我亲爱的洛夫莫尔,阿隆(Allon)已让我们走了,年轻的多蒙插嘴说道,在结识唯一一位知道如何生活的女人之前,我们不要辜负光阴。"(114)一方面,仿佛叙事圆环的完结使里维拉穿插其间的历险蒸发殆尽。另一方面,"情色作品"框架衬托出竟然因最终成为自己之"钥匙"而引人注目的秘史。照这些说法来看,曼利离开(党派)政治,这并不等于是弃绝,而是拥抱更可靠的原则性公共活动,即出版活动。

关于蒲柏的附笔

我们可以在相关文学形式中注意到曼利影射小说实践中令人瞩目的自传转向。亚历山大·蒲柏把自己贺拉斯体诗歌《致阿巴思诺特医生书》(*Epistle to Dr. Arbuthnot*)(1735)公开说成针对那些"不仅抨击我的作品(已发表,供公众评断),而且抨击我本人、道德与家庭"的恶毒批评者的"控诉清单"。[41] 在该诗开篇,蒲柏将这种侵犯隐私行为,出色地空间化为对他在郊区特威克南(Twickenham)家庭归隐宅邸的侵扰:

> 快关上门,好仆人! 我疲倦地说道,
> 把门环系上,说我病了,死了,
> ……

---

[41]　Alexander Pope,《致阿巴思诺特医生书》(*An Epistle from Mr. Pope, to Dr. Arbuthnot*)(1735),见《仿贺拉斯》(*Imitations of Horace*),《特威克南版亚历山大·蒲柏诗歌集》(*The Twickenham Edition of the Poems of Alexander Pope*),第 4 卷,John Butt 编,第 2 次编(London: Methuen, 1953),第 95 页(随后引用在文中圆括号内标示)。

怎样的墙能保护我？怎样的阴影能藏匿我？

他们穿过我家草丛，从我家洞室滑穿而过⋯⋯

（第 1—2,7—8 行,第 96 页）

蒲柏向自己朋友发出的恳求在世俗层面附和基督的命令,"关上门",关上祈祷内室的门,以便"祷告你在暗中的父"。[42] 不是在祈祷中,确切地说是在对侵犯其隐私的报复中,蒲柏允诺,对自己敌人予以的讽刺反击,尽管是个人的,但会以避免提及真实姓名的方式而不被人视为诽谤:"很多人会知道自己在此中的形象,没有详情描写,但是真实的。对大多数人来说,我已省去了他们的名字。"(95)蒲柏的诗札在惩罚目的方面也极为成功,尽管点出某些人的名字。然而,我们越深入了解他的论点,我们就越能发现,其他人的降格服务于自抬身价的动因,惩罚需要某种虔诚,讽刺突变为自传。对斯波诺斯(Sporus),即赫维爵士(Lord Hervey)的抨击说明了此过程的句法与代名词的微妙性:

他的巧智在这与那之间摇摆,

615　　时高时低,时而先生,时而女士,

他本人是一个糟糕的对照者,

十足两面派！随时切换角色,

要么思想琐碎,要么内心腐化！

厕所里的浪子,台上的谄媚者,

时而如女子翩跹,时而如爵爷阔步。

拉比们如此表述夏娃的诱惑,

天使的脸庞,蛇蝎的身躯;

惊人的美丽,失信的躯体,

爬行的巧智,舔土的傲慢。

既非命运的信徒,又非时尚的傻瓜;

既非钱财的疯子,又非野心的工具,

不卑不亢,得到某位诗人的颂扬,

---

[42]　《马太福音》,第 6 章,第 6 节。参阅本书第 1 章,注释 107。

如果他愿意,可以男人的方式快乐。

(第 323—337 行,第 119—120 页)

大意的读者假定了第 325 与 337 行之间代词的延续性,未能看到第 334 行第三人称言说者从公共向私人语域,从客观到主观参照的转变。诗歌的真实主题以负面形式出现,辩证地根据他不是什么,以及因此与自己对立面的糅合来界定。斯波诺斯的两面性渐变成言说者本人的两面性,微妙的形式转变重演了该诗描绘的对立结构,即高与低、先生与女士、爵爷与贵妇、赫维与蒲柏、讽刺与献身。在假定的脱离诽谤过程中,讽刺的非人格化转为自传。的确,对该诗大部分而言,我们看到如曼利与贝恩一样,蒲柏通过将自己部分投射到自己"诗中人物"(不仅是赫维,而且是丹尼斯、德莱顿、艾迪生与阿巴思诺特本人)的方式,以声音为实验。在诗札的倒数第二段,这个过程达到高潮,蒲柏把自己的辩护投射到自己父亲,在感人的十八行诗句中纪念了他,并与其等同("好人无害过一生";"哦,让我这样活,这样死!"[第 395 行,第 404 页]),并到了如此程度,以至于他完成了自己开篇的隐晦暗指之意,他会利用个人归隐的机会"向你的父亲祈祷"(蒲柏在脚注中深情地记录了自己为父母教堂纪念碑写的碑铭)。

　　蒲柏在政治讽喻之作《温莎森林》(Windsor-Forest)(1713)中最成功的表现更多是本着风景诗的传统,而不是秘史的传统。风景诗的混杂根源追溯到乡村宅院诗,文艺复兴的田园讽喻,以及维吉尔的田园诗。他在这方面最重要的英国先例是约翰·德纳姆(John Denham)的《库珀山》(Coopers Hill)(1642,1655,1668),安德鲁·马维尔的《颂阿普尔顿宅》(Upon Appleton House)(约写于 1651 年),以及约翰·德莱顿的《致我尊敬的亲人,切斯特顿的约翰·德莱顿》(To My Honour'd Kinsman, John Driden, of Chesterton)(1700)。《温莎森林》出版的后一年,也就是《里维拉》出版的同年,《夺发记》以明显且令人吃惊的方式声称是蒲柏对秘史所做的最重要贡献。尽管是我已称为"双重家庭化"之事的范例,《夺发记》也是影射诗歌,因为其主要人物的传奇名字指涉的是真实人物。在该诗人物对应中,蒲柏的现代编辑明示,对蒲柏而言,他笔下人物的实际特殊性出于私人原因,而非公共原因而重要,因为他们是"在母国拥有土地的罗马天主教家庭"的显贵圈内成员,而不是以他们可能已有的任何政

616

治能力。㊸然而，紧随詹姆斯二世党人起义一年之后，蒲柏本人出版了自己诗歌的匿名戏仿人物对应，揭示它是天主教浓缩叙事，"对新近发生之事的讥讽"。"使我确信此观点的是，我在理解天主教朋友与唆使者之间极有技巧的管理方法时的偶然发现，通过把所有人物究于自身的方式，把对政府的全部意图隐藏。"换言之，对已成为蒲柏嘲讽对象之私人个体的控诉，是转移他的公共目标即国务关注的狡诈天主教阴谋。通过这种解读，贝琳达真正象征着大不列颠，或安妮女王（或更广泛来说，"天主教，或巴比伦的娼妓"）；男爵象征着牛津伯爵。诗歌的史诗手法"是对特定国务大臣们的讽刺"；秀发本身代表着 1715 年的《保障条约》（the Barrier Treaty），这是《乌特勒支条约》（the Treaty of Utrecht）的副产品，借以确保荷兰有防范法国敌对行为的军事缓冲。作者为"在巴克利的奇特传奇《阿尔杰尼斯》人物对应中……这种神秘写作手法"找到了先例。㊹

　　蒲柏根据自己的人物对应详情，甚至给《夺发记》做注解。㊺ 图 13.3 再现了这些注解。蒲柏此处对《夺发记》首页的私人家庭化能指解密：他把秀发等同于《保障条约》；"C——l"等同于卡里尔（Caryl），即向蒲柏提议写此诗的约翰·卡里尔（John Caryll）；贝琳达为安妮女王。此外，与此页相对的左页（图 13.2）是法国艺术家绘制的六幅版画中的一幅，用另一种媒介说明蒲柏注解证明的家庭隐私亲密场景（参阅第 1 篇章，第 13—20 行），这只是公共秘密的巧妙掩饰。意象与得以注解之文本的并列让我们回想起，外在政治参照的奇喻在另一个语域，只是重演该诗本身已关注的家庭化奇喻。因为我们看到版画中刻画的，对不为所有那些把自己"狭隘观点与底层之事结合"之人所知的，另一种"公共"秘密的揭示。我617 们所见的是，贝琳达的气精用揭示仅为"少女"与"孩童"所知的"秘密真相"之梦延长了她的睡眠，也就是，我们提及女性"荣誉"时，指的是一大群

㊸　Alexander Pope，《〈夺发记〉与其他诗歌》（*The Rape of the Lock and Other Poems*），《特威克南版亚历山大·蒲柏诗歌集》，第 2 卷，Geoffrey Tillotson 编，（London：Methuen，1940），第 83 页。关于蒂洛森（Tillotson）的解密，参阅第 349—356 页。

㊹　Esdras Barnivelt，《秀发解密》（*A Key to the Lock. Or，A Treatise proving，beyond all Contradiction，the dangerous Tendency of a late Poem，entituled，The Rape of the Lock，to Government and Religion*）（1715），第 26、9、29、26、16 页。

㊺　参阅作为《夺发记》参考的《秀发解密》，见普林斯顿大学珍本室。关于蒲柏《秀发解密》的作者身份，参阅 Pope，《夺发记与其他诗歌》，第 104 页。

图 13.2 Alexander Pope,《夺发记》(*The Rape of the Lock*)(1714),第 1 幅版画,与诗歌首页相对的左页。普林斯顿大学珍本特藏部。

THE

RAPE *of the* LOCK.

The barrier Treaty

CANTO I.

HAT dire Offence from am'rous
Caufes fprings,
What mighty Quarrels rife from
trivial Things,

I fing —— This Verfe to C*aryl* Mufe! is due;
This, ev'n *Belinda* may vouchfafe to view:　*C. Aum.*
Slight is the Subject, but not fo the Praife,
If She infpire, and He approve my Lays.

B　　　　　　　Say

图 13.3　　Alexander Pope,《夺发记》(1714)首页，与第 1 幅版画
相对的右页，注解为蒲柏本人所写。普林斯顿大学珍本特藏部。

超自然的气精,诸如贝琳达这样的凡人借此得到永恒的保护(第35—37行;也参阅第77—78行)。一位现代评论家已指出,在《秀发解密》(*A Key to the Lock*)中,如自己描述的天主教阴谋家一样,蒲柏先发制人地延伸至政治解密技巧的荒谬性,以此尽力将关注度从《夺发记》的假定参照转到国务。⑯ 如果后人更倾向把《秀发解密》的出版视为蒲柏的如是戏谑嘲讽,即对在私人事件中驾驭发现公共意义之动因的嘲讽,这至少部分因为,正是在似乎把私人事件琐碎化的行动中,《夺发记》明确确认私人事件的自有意义。

620

---

⑯ 参阅 Howard Erskine-Hill,《文学与詹姆斯二世党人事业》(Literature and the Jacobite Cause: Was There a Rhetoric of Jacobitism?),见《意识形态与阴谋》(*Ideology and Conspiracy: Aspects of Jacobitism, 1689—1759*),Eveline Cruickshanks 编(Edinburgh: Donald, 1982),第54页,注释75。菲利普(Philip),沃顿公爵(Duke of Wharton)声称,基于《秀发解密》,一位本地治安官指控"一位乡村书贩"犯了销售《夺发记》的叛国罪,参阅《真正英国人》(*True Briton*),第65期(1725年1月13日),第553—555页。

第十四章　作为小说的秘史

　　1714 年《里维拉》的出版大体与英国公共事件的分水岭恰巧吻合：西班牙王位继承战争的结束、托利党的失势、最后一位斯图亚特王朝君主的离世、首位汉诺威王朝君主（一位英文很差，但新教信仰坚定的外国人）的继位，以及那些谋求协助斯图亚特王室觊觎王位者恢复英国王位的人遭受的（第一次）大败。一连串历史事件似乎已使秘史解密成为强制之事。然而，我们不确定地注意到，一个高度相关的出版现象，即"国务诗歌"合集如今似乎不再如过去长达半个世纪之久那样流行。1714 年至 1715 年的分水岭如何打断了我们一直追踪的秘史的历史？尽管此问题没有简单答案，我希望为把随后几十年视为正在进行的秘史"私人化"过程中重要之事提供理由，也就是说，规范的重任逐步从公共参照物转到私人参照，更精确地说，通过私人经验领域逐步吸纳公共领域的传统优先权与特权。

　　自传使传记转为内向。这个理解如何因更宽松的观点，即自传也使讽喻秘史转为内向，而得以深化？清教内省技巧在自传普通发展中拥有特殊地位。如何论及对秘史技术武库自传施加的更宽松形式影响？曼利的自传《里维拉》在多个层面运用了影射小说的技巧。大半个 17 世纪，影射小说被比作赋有隐藏与揭示力量的"国家的玻璃"。① 贵族读者们被身处爱

---

① 例如参阅巴克利的《阿尔杰尼斯》，本书第 10 章，注释 21—22。

情与战争状态的外国人奇异景象感动得难以自制，并至少在理论上吃惊地发现，玻璃也是一面镜子，将他们自己的意象反射到本人身上，将等同的愉悦中立转化为沮丧的身份自明。18 世纪以来，镜子/玻璃的修辞格也在自我意识状态的认识论记述中证明有用。洛克已将知识的两个重要来源命名为"感觉"（sensation）与"反省"（reflection）。鉴于感官"把能产生知觉的那些东西，从外在客体传达到心中"，即感官知觉或感觉，反省是"我们对自身之内各种心理活动的知觉"。因此，反省是某种"内在感官"，借此"人的理解反观自照，反省它自己的作用，使它们成了自己思维的对象"。② 我们已看到，沙夫茨伯里伯爵三世不久之后如何使苏格拉底的对话成为"袖珍宝鉴"或"镜子"的模型："无论我们正从事什么，无论我们准备做什么，一旦我们惯于应用这面魔镜，我们便会凭借这种双重的反思将自己区分为两个不同的角色。"③在 18 世纪中叶，亚当·斯密用镜子的意象暗示自知需要使"社会"转为内向的程度："我们假定自己是自己行为的旁观者，并且用这种眼光来尽力想象这种行为会对我们产生什么影响。在某种程度上，这是我们能用别人的眼光检视自己行为合宜性的唯一的镜子。"④

讽喻秘史的目的是隐藏、揭示公共显要的实际特殊性。在曼利的自传，以及在这些认识论修辞手法中，关注度仍然聚焦在主体的实际特殊性上，即使该主体有所偏袒，且碎片化，被细分为客观与主观、"公共"与"私人"组成部分（如陷于冲突中的洛夫莫尔与里维拉，两人都是德拉瑞维尔·曼利的现实象征）。然而，镜子的修辞格也可能被用来唤起具体特殊性。例如讽刺的实例，同时代的人们小心地把它与诽谤区分。斯威夫特的此番著名论述让我们回想起讽刺参照的具体特殊性有自己的缺点："讽刺作品在某种意义上是一面镜子，观者从中看到了所有人的面容，只是不见他自己。主要是由于这个原因，它在人世间大受欢迎，很少有得罪人的时候。"⑤

---

② John Locke，《人类理解论》（*An Essay concerning Human Understanding*）（1690），Peter H. Nidditch 编（Oxford：Clarendon，1979），第 2 卷，第 1 章，第 4、8 节，第 105、107 页。

③ 参阅本书第 2 章，注释 144—145。

④ 参阅本书第 7 章，注释 112—113。

⑤ Jonathan Swift，《书的战争》（*The Battle of the Books*），作者序言，见《木桶的故事》（*A Tale of a Tub*，*To which is added The Battle of the Books and the Mechanical Operation of the Spirit*）（1704，1710），A. C. Guthkelch 和 D. Nichol Smith 编，第 2 版（Oxford：Clarendon，1958），第 215 页。

菲尔丁同等著名的目的与我们已学会称为小说之事有关，且更自信，也就是
说，具有"给成千上万的人在密室里当作镜子，让他们可以端详自己的缺陷，
努力减少，那么一来，私下起了悔恨之心，当众就能避免悔辱"的雄心。⑥ 我
在此章的雄心就是描述一方面是正在进行的秘史实验，另一方面是（家庭）
小说的兴起，这两者之间的关系。这与其说是本着文类研究的精神（秘史借
此会被视为对小说的决定性形式影响），不如说是广泛历史转型的模型，这
一直是贯穿本书的研究主题。作为公共与私人领域如何在现代文化中被改
造的模型，秘史与小说之间的关系是有用的，因为叙事形式是表述丰富、充
满暗示的指南，因为叙事形式是表述丰富、充满暗示的如是之事的指南，即
本可能只从绝对主义退化、形式家庭化向家庭生活等等方面过于抽象构想
之事。如绘画艺术一样，文学形式使概念话语成为造型与结构的突显。

笛福与斯威夫特

　　在本书名为"家庭生活秘史"之事的语境下解读早期小说，意味着家
庭小说与历险小说之间关键差异的可能性。《鲁滨孙漂流记》（1719）一般
作为后者形式⑦的样例而被引用，即使荒岛的家庭化（熟悉化、英国化与
定居化）是笛福小说最吸引我们之处的核心所在。"男性化"经济与"女性
化"家庭个人主义之间的意识形态冲突也很快被我们所见之事取代，这相
当是更大"私人"整体两个部分之间的辩证关系。

　　但《鲁滨孙漂流记》也深度关注形式家庭化的阐释与说教问题。⑧ 笛
福的历史真实性主张可能被视为此类实际特殊性的私人化，讽喻秘史暗
指了这一点："假如世界上真有什么私人的冒险经历值得发表，并且在发
表后还会受到欢迎的话，那么编者认为便是这部自述……编者相信这本
书完全是事实的记载。"⑨但如果鲁滨孙被理解成一个真实的人，他的故

---

⑥　参阅本书第 2 章，注释 135。
⑦　例如参阅 Nancy Armstrong，《欲望与家庭小说》（*Desire and Domestic Fiction：A Political History of the Novel*）（New York：Oxford University Press，1987），第 29 页。
⑧　参阅 Michael McKeon，《英国小说的起源》（*The Origins of the English Novel，1600—1740*）（Baltimore：Johns Hopkins University Press，1987），第 9 章。
⑨　Daniel Defoe，《鲁滨孙漂流记》（*Robinson Crusoe*），序言，J. Donald Crowley 编（Oxford：Oxford University Press，1981），第 1 页（随后引用源自本版本，并在文中圆括号内标示）。

事在讲述时，"把一切事迹都联系到宗教方面去"，以读者的属灵"益处"为目标。《天路历程》(1678,1684)是基督教讽喻，其阐释示意体系似乎有自己的生命，《鲁滨孙漂流记》则是其镜影，是仍然以基督教讽喻残留为标记的完全本义叙事。

　　笛福在作品出版后不久，就以鲁滨孙·克鲁索的声音思忖自己小说旨在讲述之真相的性质，特别详述其讽喻氛围的暗示性："故事尽管是讽喻，它也是历史。"⑩此话指出两个方向。一方面，笛福接着说："有一位健在的名人，其一生所为正是这几卷书的主题，里面所有或大部分的故事情节都指向他。"(ix—x)有些读者指责笛福把自己生平浓缩在笔下主角的一生中，以此半遮半掩地写自传。⑪相关指责从如是事实中找到证据：《鲁滨孙漂流记》是皈依叙事，基本结构因此是清教属灵自传结构。正如曼利把自己分为"两个当事人"，即里维拉与洛夫莫尔，笛福也把鲁滨孙分为成为故事主体的罪犯个人，以及从皈依后视角讲述故事的，具有公共性的忏悔叙述者。《鲁滨孙漂流记》也是一部自传吗？对"健在的人"的暗指将被解读为秘史的框架性转义吗？将间接揭示一位国家公共大臣的私人生活吗？⑫

　　另一方面，《沉思录》(Serious Reflections)中的"鲁滨孙·克鲁索"接着说道："如此沉思中，我提及自己孤独荒岛生活那些特定完成之事，或已发生之事的时代与情境，客观的读者会如此正确地全然相信，以至于荒岛生活正是这部分真实故事提及或意指内容的影射……所有这些沉思就是被迫囚禁状态的历史，在我的真实历史中，这以困于荒岛的归隐方式来表现。"(xii)笛福的话可能被理解成暗示公共融入私人"囚禁"，普通"状态"融入特定"归隐"的更综合浓缩。他邀请我们思考如此浓缩的修辞功效，

---

⑩　Daniel Defoe，《沉思录》(Serious Reflections During the Life And Surprising Adventures of Robinson Crusoe：with His Vision of the Angelick World)(1720)，见《丹尼尔·笛福作品集》(The Works of Daniel Defoe)，G. H. Maynadier 编，第 3 卷(New York：Sproul，1903)，第 ix 页(随后引用源自本版本，并在文中圆括号内标示)。

⑪　例如参阅 Charles Gildon，《笛福先生的一生与奇特惊异历险》(The Life and Strange Surprizing Adventures of Mr. D——De F——)(1719)，第 x 页。

⑫　在流落荒岛之前的小说部分，笛福设法暗示《鲁滨孙漂流记》是牛津伯爵罗伯特·哈利(Robert Harley)的秘史，关于这个暗示性的论点，参阅 DeAnn DeLuna，《笛福与政治的生意》(Defoe and the Business of Politics)(待出)，第 6 章"《鲁滨孙漂流记》：秘史"(Robinson Crusoe，the Secret History)。

既使伟大家庭化，又使熟悉陌生化："打动心灵的既有事实一定是在遥远的地方发生，由某位从未听说过的人所为……场景设置得如此遥远，其原型如此临近自家。"(xiii)这听起来像是政治讽喻化的邀请，笛福建议我们要关注"特定完成之事的时代"，这值得遵循。事实是，鲁滨孙的第一次出海是在 1651 年。令他落难荒岛的致命出航是在 1659 年；1686 年，鲁滨孙离开荒岛，并于 1687 年重回英国(7—8，40，70，278)。在此年表内，鲁滨孙的私人囚禁密切对应着复辟时期，像笛福一样的持异议者蒙受斯图亚特绝对主义的公共囚禁。《鲁滨孙漂流记》是政治讽喻吗？在他离开荒岛的不久前，他说道："我多么像一个国王。第一，全岛都是我个人的财产，因此我具有一种毫无疑义的领土权。第二，我的百姓都完全服从我；我是他们的全权统治者和立法者……可是，在我的领土上，我允许信仰自由。"(241)这是解开鲁滨孙实际特殊性的钥匙吗？笛福想象的这类被放624 逐的国王，这位反斯图亚特王朝的君主在自己的荒岛上支持被查理二世从英伦三岛放逐的这类宽容，直到这类宽容可与光荣革命一道回归吗？⑬

　　笛福对自己小说时效性与认识论的隐晦，构成有问题的话语类型示例，这引发了美学现代意义，即作为把"私人"特殊性与"公共"普遍性结合的某类知识的美学。与公共-私人差异相关的实验可在《鲁滨孙漂流记》本质层面显见。笛福的小说是矛盾的皈依叙事。也就是说，它讲述的是一位极力将自己对"拯救"的渴望属灵化之人的故事，只是发现物质生活的示意字母有吸纳、改变它意在促进的属灵所指的能力。如在爱情婚配中私奔，以此违逆父母的子女一样，鲁滨孙以要求为回家而离家的消极自由标准为动机。尽管他可能拥有反斯图亚特王朝的"全权统治者和立法者"的隐喻地位，他的品性更深层次地源自绝对主义的转喻退化，这把对父亲的政治顺从转为对普通公民道德主体性的顺从。鲁滨孙一度幽默地评论道："你要是看到我和我的小家庭坐在一处用饭的情形，即使你是一位斯多葛派哲学家，你也不禁要微笑。我坐在那里，简直像全岛的君王。

---

⑬　笛福关于绝对私人财产的观点，参阅本书第 1 章，注释 42。当然，该年表得到不同诠释，有些细节要求更具洞察力的建构。例如，鲁滨孙的皈依是在 1660 年(103)，正是查理复辟与笛福出生之年。关于此年表意义的深入论述，参阅 Michael Seidel，《流放的克鲁索》(Crusoe in Exile)，见 *PMLA*，第 96 期(1981)，第 363—374 页，并修改为《流放与叙事想象》(*Exile and the Narrative Imagination*)(New Haven, CT: Yale University Press, 1986)，第 1 章。

我对于我的全部臣民拥有绝对生杀之权。"(148)但他在荒岛上拥有的"绝对生杀之权"首先是自制,即使至小说结尾,它也有政治、商业与殖民的本义。鲁滨孙把伟大秘密内化为自己的东西,这是他对神意呼召的坚信,之前要求我们把"那些神秘的暗示,或我心灵的印记"视为罪愆表征,但它逐渐神圣化为上帝的声音(175,14,188,198,202,232—234,250)。

　　鲁滨孙通过个人良知内的"公共"裁决内化而获得的复合品性,是基督徒资本家的高度实验身份。在他父亲的家里,他对施加在自己随性漫游之上的保护主义约束生气。鲁滨孙已把父亲内化为自己的意愿,经历了自我改造,并成为有道德的且夸示性仁慈的主体(285—288)。介于桀骜不驯的反叛者与基督徒资本家身份之间的是荒岛的验证场,孤独的囚禁悖论地解放了鲁滨孙,不是通过改变他贪婪的反社会动机,而是通过将他从诸动机的语域,社会移除的方式造就了一个道德主体:"我毫无所求;因为我所有的一切,已经够我享受了。我是这块领地的领主;假使我愿意,我可以在我所占领的这片国土上称王称帝。我没有任何竞争者来同我争夺主权或领导权。我可以生产整船的谷物,可是我用不着它,因此我只种得够吃就行了……但是我所能利用的,只是那些对我有使用价值的东西。"(128—129)

　　足够奇怪的是,鲁滨孙的原始积累乌托邦与家庭主妇所为相似,后者用家庭经济的式微与公共交往隔离,并重构了自己私人"领地"内全权管家的角色。如家庭主妇一样,鲁滨孙的劳动毫无回报,因为它未被市场与交换价值触及;⑭不同于她,他是自给自足的,因为他的私人家庭没有公共替代,这实际上与世界同步。经济与家庭个人主义植根于消极自由的相同土壤,尽管如此,它们是零和游戏的参与者,并在它们触及之处有冲突:家庭与主妇大体在此计划性地免于市场偿付力的冲击。在《摩尔·弗兰德斯》(*Moll Flanders*)(1722)与《罗克珊娜》(*Roxana*)(1724)中,笛福固执地追求这种冲突。在《鲁滨孙漂流记》中,他用某些读者错误地视为狭隘男权主义者的机敏加以避免:在一个句子内,我们得知鲁滨孙结婚,生子,鳏居,是"更远历险"(305)允诺的纯粹暂歇。但家庭与历险的邻近在《鲁滨孙漂流记》各处都明显,只不过是在"我的小家"和"家具与住所"

625

⑭　关于这些事宜,参阅本书第 4 章,注释 36—75。

(148, 69)（草棚、洞穴、厨房、地窖、储藏室、饭厅、凉亭、乡间住宅）的扩张中，这充实了鲁滨孙最伟大历险场景，荒岛本身。

如果《鲁滨孙漂流记》因此只是比喻性质的，从公共君主向普通公民转变的绝对主义退化，《格列佛游记》（1726）显然聚焦国家权威让那些顺从于相关权力之人失望的各种方式。[15] 格列佛吃惊地得知，合乎规范的布罗卜丁奈格国王（King of Brobdingnag）拒绝自己敬献火药"秘密"，"如果他不放过这个机会，他很可能会成为他属下人民的生命、自由和财产的绝对主宰……他说他憎恶，而且鄙夷一切矫揉造作、阴谋诡计，不管这是出于一位君王还是一位大臣。因为他既没有仇敌又没有敌国，所以他不明白我说的国家机密到底是什么意思"。[16] 鉴于笛福的前提是高于绝对主义隐秘腐败的勤勉隐私优越性，斯威夫特想象公共规则具有如此隐性权威，以便促使格列佛称其为"主人"。对慧骃（the Houyhnhnms）而言，没有秘密，因为公民社会与国家之间没有分离。格列佛在分离的现代性，与通过费力融合实现纯粹区别的徒劳意愿之间左右为难，表明恰在提供国家机密时为之悲叹的秘史学家的欺骗性。在格勒大锥（Glubbdubdrib），他伪善的愤怒是矛盾的："我在这里还发现许多装模作样写什么轶闻秘史的人多么诡诈而无知，许多国王都被他们用一杯毒药送进了坟墓；君王和首相无人在场时的谈话也被他们记录下来；他们公开了驻外大使和国务大臣的思想和秘密，但不幸的是他们却老是犯错误。我在这里还发现了许多震荡世界的大事的真正原因。"（第 3 卷，第 8 章，183）斯威夫特自己对如是可能性的运用，即自己的叙事是关于实际特殊的讽喻秘史，远比笛福所为更有说服力，并将自己讽喻化意图的坚实证据与过度诠释的无法抗拒诱惑特别结合起来。

简·巴克与玛丽·赫思

可能因为极端的政治危险，可确认的是，詹姆斯二世党人的政治讽喻

---

⑮　参阅 McKeon，《英国小说的起源》，第 10 章。

⑯　Jonathan Swift，《格列佛游记》（*Gulliver's Travels*）（1726），第 2 卷，第 7 章，见《乔纳森·斯威夫特散文作品集》（*The Prose Works of Jonathan Swift*），Herbert Davis 编，第 11 卷（Oxford：Blackwell，1941），第 119 页（随后引用源自本版本，并在文中圆括号内标示）。

在 1715 年之后的几年内难以寻觅。有人认为,简·巴克(Jane Barker)在
1713 年至 1726 年出版的叙事应该被解读为"詹姆斯二世党人小说",它
们"具有同时代读者习惯的詹姆斯二世党人诠释密码的强烈政治共
鸣"。⑰ 只要我们记住这些"密码"与诸如贝恩、曼利等作者手中起作用的
浓缩与具化的家庭化修辞何等之远,这可能是公正的记述。巴克的叙事
讲述的是民众个人的故事,他们与公共事件的关系是脆弱的唤起,而不是
有形的示意。⑱ 的确,具有詹姆斯二世党人重要性的历史事件提示(特别
是詹姆斯二世的失败、放逐与离世)偶尔为故事提供了背景时效设定。我
们被告知,巴克笔下的某些人物已在该历史中扮演边缘角色。此外,在影
射小说中可能与公共事件有明确关系的家庭事件(受挫的爱情、家庭冲
突、包办与自由婚姻、重婚、独身)在这些叙事中激增。但如是事件并不是
拥有特定公共反响,而是大致散布悔恨、失落、忧伤的情感气氛,一种严格
在感觉层面与詹姆斯二世党人意识形态兼容的思念与怀旧。实际特殊性
在情绪氛围的虚拟性中消解。⑲

　　表面上看,玛丽·赫思(Mary Hearne)的参考叙事与秘史传统有更
近的形式关系。每一个都是单独延伸的书信体生产,也包含了情节之
内的秘密书信来往,且充斥着各类显要。他们的名字要么源自传奇,要
么被缩写,或以自我审查的模式只保留首字母("D-夫人")。包括赫思
三篇叙事的两卷本作品,第一卷献于德拉瑞维尔·曼利,并以一位名为
费兰德(Philander)的人物为主角。此人一度被人发现在读"著名的贝
恩夫人的小说"。第二卷以书中人物的如是声言结束:"尽管我已隐匿

627

---

⑰　Kathryn R. King,《简·巴克》(*Jane Barker*, *Exile*: *A Literary Career*, *1675—1725*)(Ox-
ford: Clarendon, 2000),第 149 页;一般参阅第 4 章。

⑱　参考詹姆斯二世党人懊悔的暗示语言,见 Anne Finch,《绝对归隐的陈情》(The Petition for
an Absolute Retreat)(1713),见本书第 3 章,注释 98 的相关论述。

⑲　相比之下,应 1745 年第二次詹姆斯二世党人起义而生的影射小说对政治参照如此坦率,为
的是挑战其作为讽喻的地位,参阅《唐卡洛斯的爱情》(*The Amours of Don Carlos. A True
History*, *Translated from a Manuscript privately handed about at the french Court*)
(1745?)。的确,少部分核心人物具有传奇名字。唐卡洛斯是年轻的觊觎王位者,但其他显
要,以及大部分场地保留了自己的真实名字。此外,该叙事的战争/爱情结构如此决然地向
后者倾斜,以至于卡洛登(Culloden)战役鲜有提及。唐卡洛斯所爱之人,一位具有"男性化"
政治睿智的女人与亨利埃塔·玛丽亚王后(Queen Henrietta Maria)、贝恩笔下的赫尔迈厄
尼(Hermione)、曼利笔下的希拉里娅(Hilaria)为伍。尽管如此,这位女人写信给他,她对他
活下来的消息如此高兴,"以至于她对这次战役的损失毫不在意"(127)。

他们的名字，当你读他们的故事时，它会全面向你解释他们是谁。"[20]但
政治讽喻的含意不像这些词语暗示的那样如此轻易显化。赫思的叙事
（不管这些导师的政治）充斥着"辉格党，亲汉诺威王朝的意图"吗?[21]它
甚至比巴克的作品更严格，公共事务的实际特殊性参照主要限制在《背
弃的女人》(The Female Deserters)中两位父亲的背景概述：一位在安妮
女王治下的托利内阁效力，另一位（让人回想起迪莉娅的上一代骑士党
父亲）[22]"除此之外，被自己追随詹姆斯二世国王的忠诚毁掉"(9,11)。
单一主题，即关于婚姻选择的代际冲突在赫思的三篇叙事中得以触及，
其结构相似性被如是事实强调：它们是第一人称的嵌套叙事。在《情人
周》(The Lover's Week)中，阿马丽利斯(Amaryllis)把自己与费兰德的
情事写给自己的朋友伊米莉亚(Emilia)。《背弃的女人》是阿马丽利斯
写给伊米莉亚的第二封信，它切合当前情况，把该故事纳入包含卡莉斯
塔(Calista)与托里斯蒙德(Torismond)爱情的框架中，正如卡莉斯塔向
阿马丽利斯讲述的那样。卡莉斯塔把伊莎贝拉(Isabella)与波利多尔
(Polydor)的爱情纳入自己的故事中，正如伊莎贝拉向她讲述的那样。
这种嵌套结构的效果涉及类似"私人化"差别之事中的持续封闭故事。
这个差异通过类似贝恩《情书》后两部分的第三人称叙事而得，同时避
免了角色的明显转换。

　　赫思求助于贝恩与曼利了吗？因为如她们一样，她正在写影射小说。
在《背弃的女人》结尾，我们被告知，故事以某种近似颠倒年表顺序的方式
向我们讲述(109)。这个细节强化了我们对赫思仔细关注结构的感知，在

---

[20]　Mary Hearne,《情人周》(The Lover's Week; or, the Six Days Adventures of Philander and
　　　Amaryllis)(1718),A2r-3r,第 17 页;Mary Hearne,《背弃的女人》(The Female Deserters. A
　　　Novel. By the Author of The Lover's Week)(1719),第 108—109 页;均见 Mary Hearne,《情
　　　人周与背弃的女人》(The Lover's Week and The Female Deserters),Josephine Grieder 撰写导
　　　言(New York: Garland, 1973)(随后引用源自本版本,并在文中圆括号内标示)。后者作品
　　　中直接可辨的人物被缩写为"S. G—th 爵士",即塞缪尔·加斯爵士(Sir Samuel Garth),医
　　　生及仿史诗体《药铺》(The Dispensary)(1699)的作者。

[21]　Kathryn R. King,《小说之前的小说》(The Novel before Novels [with a Glance at Mary
　　　Hearne's Fables of Desertion]),见《18 世纪文类与文化》(Eighteenth-Century Genre and Cul-
　　　ture: Serious Reflections on Occasional Forms; Essays in Honor of J. Paul Hunter),Dennis
　　　Todd 和 Cynthia Wall 编(Newark: University of Delaware Press, 2001),第 47 页。

[22]　参阅本书第 13 章,注释 19。

与我刚引用的公共参照暗示结合中,可能招致诠释的精巧。如果最后真
的是最初,那么我们可能把三篇嵌套叙事解读成 1685 年至 1715 年期间
英国皇家历史的浓缩。通过这种解读,三位女性先后是英国的化身,恰如
英国本身历经英国王室更迭。伊莎贝拉与波利多尔,即蒙莫斯公爵相爱,
为自己的父亲查理二世会得知这个"秘密"而"担心得要死"。在此事中,
正是波利多尔的父亲(在此解读中,他一定也是查理二世)发现了这个秘
密,要求自己的儿子"不要再去想她",并最终将儿子送到海外。同时,伊
莎贝拉已违心地与吕西普斯(Lycippus),即约克公爵订婚,她离家出走,
只是发现"全国民众谈论的"是她"背弃了自己的父亲"(《背弃的女人》,
32,52,67)。卡莉斯塔比伊莎贝拉更幸运,被自己的父亲,即詹姆斯二世
催促,要与他一道归隐。尽管卡莉斯塔"无法想象离开我的家庭"(《背弃
的女人》,92),她深爱的情人,托里斯蒙德,即奥兰治的威廉引诱了她,随
后说服她"把你余生托付于我"。她幸福地同意了,期待"比我曾认为可以
此生享有的更大安宁"(《背弃的女人》,105,106)。阿马丽利斯,英国(如
今是不列颠)的第三个形象,被作为自己家长式监护人的姑妈,即安妮女
王劝告,接受与 A 公爵(托利政府?)的包办婚姻。阿马丽利斯反而决意
"背弃",与费兰德(乔治一世? 或更极端地说,议会?)在一起。费兰德把
她带到妓院,尽管她得到保证,这与"你曾住过的圣詹姆斯宫一样安全"
(《情人周》,35,28)。那天晚上,费兰德引诱了阿马丽利斯;她蔑视女性造
作,只在意保守他们的"秘密"。费兰德很快找到他称为"小小乡村宅院"
之地,"我们会在这怡人的幽闭中度过余生",决意"退出所有公共场合"
(34,41—42,45—46)。

　　赫思叙事的政治讽喻化只是由这些偶然之事正名,甚至因其中的
某些事情受损,并因已有数十年之久,如今已成为第二天性的读者期待
而强化,且有为"辉格党意图"观念辩护的真实合理性。然而,把它当作
赫思意图的语义核心,这需要我们钝化对书中人物私人生活更广泛、更
深层倾力关注的敏感性,这些人物的具体特殊性引出我们对"自己"当
前生活方式的认同评断。我们可能感觉到,赫思弄乱年表,为的是强调
传统的且仍然常见的思考爱情与婚姻、子女与父母、主观性与顺从的方
式如何缺乏道德可能性。她建构了诸如"背弃的女人",三位女性的类
型学,这三位女性对背弃某人,投入另一人怀抱的古老禁令的反应,彼

此之间极为不同。如我们在这特殊顺序中听到她们故事一样，在把道德主体的私人化态度当作不幸但多余之举的过程中，我们体验到卡莉斯塔与伊莎贝拉面临逐渐加剧的困难。的确，她们的情境有着切实的不同，但伊莎贝拉的落魄本可避免——我们感觉有可能不必如此——这归结于如是事实：我们已有可与其"命运"比较的卡莉斯塔及阿马丽利斯的经验。

阿马丽利斯的故事预示的是家庭女性隐私的可能性，它隐晦地让人回忆起与自主及自由保持一致的议会民主。她的故事与其他女性（可能与赫思本人）的故事共享如是前提：这个家庭理想与婚姻体制不一致。阿马丽利斯的归隐不是因为贫困，而是因为选择保护隐私。不同于曼利笔下的里维拉，她能够与爱结合，为实现此目的的婚姻消耗性对她与她的情人而言，是可以接受的。女儿能够背弃"父亲"的公共监视，没有为丈夫而牺牲自己。也就是说，赫思基于如是观念进行实验：家庭住宅可能是女性道德责任的背景，只要它既不是父亲的，也不是丈夫的房子（议会？）。卡莉斯塔与伊莎贝拉被顺从、被动的链条束缚，被阿马丽利斯样例突显的如是链条似乎几近幻想与心照不宣，成为欺诈之事。欺诈的心理条件被提升到历史经验的宏观层面，并在转型时刻找到了对应物，当旧有坚信在这些场景中陈腐到足以被人看穿，并在没有任何怡人取代物的情况下继续如此时。相比之下，阿马丽利斯似乎拥有一整套全新行头。即使如此，这种可观的历史洞见看似更多地以消极自由的广泛道德，而不是以辨识、描绘实际特殊性的雄心为动机。如是道德部分因过去一个世纪的公共事务而起，在那些事务的实际特殊性之后，以情节与书中人物的形式继续完好无缺，并与其示意的形式方式一道已大体凋零。私人已把公共的关注内化（正如议会拥有绝对君主制的关注？），正如阿马丽利斯对公共丑闻的道德威胁有反应，把该威胁重新认作反过来对自己道德意愿有反应的私人之事。这不是否定赫思叙事与公共政治的语义邻近，而是把后者视为残余或沉淀，用强大的、决定性的，但基本不同的意义渗透前者的实践。

当然，赫思的形式步骤是实际特殊性借以转为虚拟及具体特殊性的重要方式。在她所有三篇故事中，情人首先得到的是一个被缩短的名字，表示他的实际特殊性，随后以传奇模式重新命名：两次由给情书签字的情人本人（费兰德与波利多尔），一次由内在叙述者（托里斯蒙德）（卡莉斯塔说："为此，我如今会这样称呼他"）（《情人周》，5；《背弃的女人》，11，31）。㉓ 赫思因此保留了与影射小说的形式关联，尽管有最终的历史真实性主张（《背弃的女人》，108—109），我们不是把这些名字视为现实的编码伪装，而是其虚拟的再现。伊莎贝拉的不幸在詹姆斯二世党人家庭中传出，了解这一点对我们很重要，不是因为这些不幸说明了（不用说指涉或示意）詹姆斯二世党人的信条，而是因为这种认知微妙地深化了我们对她不幸的理解。公共激情为私人激情提供了洞见：斯图亚特王室的秘史为私人个体的秘史提供了注解。但心理优先于年表。阿马丽利斯是完全的道德主体，而不是仍然偏颇的政治主体，不是因为她具化了处于现代起步时刻的辉格党历史进步原则，而是因为她全面从卡莉斯塔与伊莎贝拉的样例中，从她们抽象规诫的具化中，将她们可能只在片面顺从隐性社会规则中实践之事内化。阿马丽利斯在故事讲述中有重要位置，正是因为她的故事最后出现，其自主的相对完整性在她由赫思参考文本组成的叙事依赖链的位置中得以体现。卡莉斯塔与伊莎贝拉都由阿马丽利斯讲述，三人中只有她成为道德主体，因此成为唯一可以做她自己的叙述者的书中人物，她的"隐私"与"公开性"一致。

630

海伍德的秘史

　　如我们所见，至 18 世纪 40 年代末，伊丽莎白·海伍德对如是观念鲜有敬意：唯一值得揭秘的"秘史"类型，就是具有实际特殊性的公共秘史。㉔ 然而，二十年前，该短语常出现在她的书名页上，值得问问她意指为何。这个问题没有简单的答案。其中两个叙事采用足以配上附录"人物对应"的讽喻秘史形式。《某乌托邦王国邻近海岛回忆录》（*Memoirs of a Certain Island Adjacent to the Kingdom of Utopia*）（1725）暗指曼利在书名及主要讲述方式方面的先例，即如《新亚特兰蒂斯》一样，由一位坦诚

㉓　关于传奇命名，参阅 McKeon，《英国小说的起源》，注释 38—39。

㉔　参阅本书第 9 章，注释 29—43。

图 14.1　Eliza Haywood，《某乌托邦王国近邻海岛回忆录》（*Memoirs of a Certain Island Adjacent to the Kingdom of Utopia*）（1725），人物对应表。普林斯顿大学图书馆珍本特藏部。

的讽喻人物"智慧女神"讲述一系列的"历史"。

海伍德的《回忆录》（图 14.1）人物对应将若干意大利式传奇名字转为缩写名字。但叙事也包括未曾传奇化的私人名字。在有些地方，人物对应明显省略了在更传统的影射小说中不言而喻的重要信息。毕竟，人物对应表把左边栏我们仅有的证据（我们在叙事中遇到的虚构名字），与右边栏指明它们代表的实际民众关联起来。然而，在此人物对应表中，左边栏大意地留出一些空白，我们不得不重回相关页（表中提供了页码）。应该强调的是，所了解到的不是所指，而是能指的身份：因此"德赛特（d'Eshart）骑士"是"M—y 上校"（17）的能指；"德克鲁兹拉（de Cruizilla）公爵夫人"是"S—y 公爵夫人"（19）的能指；"布里索（Brisoe）骑士之妻"是"Br—nt

夫人"（33）的能指；"那位女人"是"H—ll 夫人"（34）的能指。㉕ 仿佛影射小说最基本的优先权并不只是弄糟，而是颠倒，因此我们被要求解答的诠释秘密不是与名字的实际身份，而是与虚拟身份相关。示意的过程往往似乎秘密地把两个人物"个人"关联。在海伍德的另一部人物对应叙事，《卡拉曼尼宫廷时下阴谋秘史》（*The Secret History of the present In-*

㉕　Eliza Haywood，《某乌托邦王国邻近海岛回忆录》（*Memoirs Of a Certain Island Adjacent to the Kingdom of Utopia. Written by a Celebrated Author of that Country. Now translated into English*）（1725），第 1 页。1752 年，出现了一本关于玛莎·桑塞姆（Martha Sansom）人物的自传影射小说，她也是海伍德《回忆录》（*Memoirs: Clio: or, a Secret History of the Life and Amours Of the Late celebrated Mrs. S—N—M. Written by Herself, in a Letter to Hillarius*）中的人物。参阅图 14.1《回忆录》人物对应表中第 43 页的所指。

trigues of the Court of Caramania）（1727）中，人物对应在形式上更具功能层面的传统性，左边栏到了完全提供文中使用的传奇能指的程度（参阅图14.2）。这使我们聚焦这份人物对应表仍与《回忆录》人物对应表共有的反常之处，即右边栏的所指完全被缩写，因此只能"解决"因传奇能指与其他能指类型而起的，实际身份的问题。在图14.2中，海伍德的《秘史》副本读者无惧这些缩写，已在空白处填上内容，实际上（必然地）把此秘密的假定解决方案视为需要解决的另一个秘密。㉖ 尽管这位读者的勤勉看似讲述不同的故事，海伍德的人物对应证据一般暗示，该人物对应正成为影射小说形式的残留惯例，仍然有用，但逐渐丧失功能，并不关注解开本意为此的实际特殊性秘密。图14.2的吸引力看似与纵横字谜的吸引力更具比较性。

图14.2 Eliza Haywood,《卡拉曼尼宫廷时下阴谋秘史》（*The Secret History of the present Intrigues of the Court of Caramania*）（1727），人物对应表。普林斯顿大学图书馆珍本特藏部。

在18世纪20年代的其他叙事中，在没有人物对应的情况下，书名短语的存在预示海伍德正将秘史模式顺从私人化的不同程度。把其中一个

㉖ 该副本藏于普林斯顿大学珍本室。

故事，《被遗弃的城市；或市政官成为花花公子的秘史》(*The City Jilt；or, the Alderman turn'd Beau：A Secret History*)(1726)㉗与该模式连接，这和书名本身差不多。另一部"秘史"以历史真实性主张为开篇，这大体将其与具有直率"真实历史"特点的现实性修辞联系；但相配的示范性主张将其与具化修辞结合，这比与书名如是宣称的"秘史"讽喻间接及公共参照的结合更特别："但，随后的简短历史（我从那些主要当事人的口中得知，可以确认其真实）是这么一个悲伤的例子，苦难如何可能伴随着一位女人，她对情人告诉自己之言没有其他信任根基，只有激情令她对他萌生好感。"㉘该短篇小说用重要的书信体插话隐藏、揭示的"秘密"是"不顺从父母"、"单相思"、非法抚养"孩子"(170,155,180)的私人秘密。然而，私人情节的密谋得到有政治共鸣的语言"叛徒"、"暴君"、"密探"、"忘恩负义"、"史无前例的不忠"、"自愿同意"与"违背诺言"、"隐藏她自己的秘密"、"把我限制在自己房间的命令"的支持(183,211,187,223,204,208,155,171)。换言之，公共参照的惯用标记似乎萦绕这个私人故事，并在明显有序的身份揭秘中达到高潮。

　　号称英国隐士的克莱奥米拉(Cleomira)与贝琳达(Belinda)彼此诉说
632 自己被引诱与遗弃的悲惨故事。后者如今讲述着两位女士之间的谈话，她借此发现，她遭遇的那位恶棍告诉她的名字托马斯·库塔尔爵士(Sir Thomas Courtal)是个假名：

　　　　托马斯·库塔尔爵士，（两人大声叫道），老天，你说的是谁？……我的天哪！（其中一人说道）我不认识他。（另一位大声说道）我也不认为我们一直谈及我那位大人时就知道这一切。

　　　　贝琳达此时完全停下来，思考她是否叫了他的名字。思考片刻

㉗　重印于 Eliza Haywood，《伊丽莎白·海伍德小说与戏剧选本》(*Selected Fiction and Drama of Eliza Haywood*)，Paula R. Backscheider 编(New York：Oxford University Press, 1999)，第 83—119 页。

㉘　Eliza Haywood，《英国隐士》(*The British Recluse；or, the Secret History of Cleomira, Suppos'd Dead. A Novel*)(1727)，重印于《女性通俗小说》(*Popular Fiction by Women, 1660—1730*)，Paula R. Backscheider 和 John J. Richetti 编(Oxford：Oxford University Press, 1996)，第 155 页(随后引用源自本版本，并在文中圆括号内标示)。关于秘史与真实历史之间的关系，参阅本书第 13 章，注释 1。

后,(她向那位隐士说道)如果我隐藏了这个忘恩负义之人的真实名字,你会原谅我的……(217)

贝琳达完全停下来,这看似秘史的排版中略。因为这符合她的隐藏动机,将此选段解读为克莱奥米拉与我们都不知道之事的实际特殊性暗示,这是件容易的事。然而,另一个发现很快盖过了这个,并使此叙事结束。贝琳达故事中的一处细节已让克莱奥米拉十足确信,她们各自遇到的恶棍是一个人,也是同一人:"我可能从你故事的一开始就想象到了这一点,可能早就知道,如此惊人的魅力,以及如此恶劣的行为只会在我那位背信弃义,但仍然亲爱可人的莱桑德(Lysander)身上混合! 你的库塔尔,我的莱桑德是同一人,这两人只在同样可爱、无情的贝拉米(Bellamy)身上显现。"(222—223)对读者而言,他们对丑闻的期待因贝琳达之前完全停下,没有说出最后名字一事而激怒,这必定充满急转而下之感。尽管"贝拉米勋爵"可能是乔治王朝时代英国某位大人物的实际特殊性之名,实际上它有并未指涉文本之外的虚构名字的具体特殊性。它提供的不是恶棍的身份,而是一个形式主语,我们对主角的辨别借此得以提升。

在《英国隐士》(*The British Recluse*)中,秘密适应真实历史,这显见于海伍德在 18 世纪 20 年代期间出版的其他叙事。《唯利是图的情人》(*The Mercenary Lover*)(1726)用序言允诺为副标题正名。副标题不是公共揭秘,而是"一个悲伤但真实家庭的不幸记述"。不是没有"秘密",而是,它们是因民众个人而起的,关于"致命的"、"有罪的""通奸与乱伦"的"可怕秘密"。我们从未被要求质疑(如在贝恩笔下的西尔维娅与费兰德的相似实例中)这些人可能的实际特殊性。[29] 贝恩的影响也可能在海伍德的《凡托米娜》(*Fantomina*)(1725)中感受到,它使西尔维娅的多重扮演更进一步。人们会回想起,西尔维娅说服阿朗佐,她伪装成英俊的贝卢米尔、美丽的娼妓、可爱的陌生人时是不同的人。[30] 海伍德的主角分别假

---

[29]　Eliza Haywood,《唯利是图的情人》(*The Mercenary Lover；or，the Unfortunate Heiresses. Being a True，Secret History of a City Amour，In a certain Island adjacent to the Kingdom of Utopia. Written by the Author of Memoirs of the said Island*)(1726),见 Haywood,《伊丽莎白·海伍德小说与戏剧选本》,第 123,145,155,160,157 页。

[30]　参阅本书第 11 章,注释 24—25。

636　扮成戏院交际花、"妓女"、名为凡托米娜的"乡村绅士之女"、"粗鲁的乡村女孩"，以及名为西莉亚（Celia）的少女、"悲伤的寡妇"、"布卢姆夫人（Mrs. Bloomer）"，还有（不只是借助衣着，而且借助书信的）神秘无名者，以此向博普莱兹尔（Beauplaisir）隐藏"名字与贵族出身的秘密"。㉛ 在这一系列的私通中，她在自己有"孩子"（246）事实之上，增添了自己姓名及贵族出身的秘密。在她分娩室的女性庇护所中，她被迫向目瞪口呆的博普莱兹尔坦诚，自己"事实上"是"宫廷丽人"，他曾在伦敦的公共场合欣赏过，但从未怀疑认识的眼前这位，更不用说还使她怀孕了。

　　《凡托米娜》被解读为贝恩《情书》的缩写改编，它因主角的乔装扩增到覆盖女性社会身份范围的方式而受人瞩目。可能这种扩增弥补了海伍德从公共参照的美学化退出，因此也是从书中人物与作者之间的反身关系的退出，是分别在西尔维娅的阿朗佐与贝恩读者，微观读者与宏观读者面前的类似表演（影射小说可实现）。把这种弥补视为内化之工有效吗？海伍德更私人化的秘史借此支持对公共-私人关系的辩证质疑，所用之法就是将其从实际-虚拟特殊性的"外在"差异转到位于虚拟领域之内的女性人格差异（城市与宫廷丽人、交际花、寡居的继承人、乡村士绅、家仆、单身母亲、密码）。相关的"改编"存在于海伍德笔下博普莱兹尔模仿贝恩笔下贝卢米尔的方式。后一种形象不是一位男子，而是一位女子假扮的男子角色，作为她的乔装之一，是一位在海伍德那里没有对应号码的化名（或假冒）之人，因为她的主角把自己（以及女性人格可以表演的范围）限制在女性扮演之中。海伍德的凡托米娜与贝恩的西尔维娅有关系吗？恰如贝恩的阿朗佐可能之于她的奥克塔维奥，新兴性别与性差异体系的预兆吗？

　　秘史对真实历史认识论的最明显适当性出现在海伍德的《希伯来女人》（*The Fair Hebrew*）序言中：

　　　　很多事情纯粹是发明的结果，它们新近以秘史之名出版。为了与此有所区别，我不得不告诉我的读者，我没有通过某人，把与自己

㉛　Eliza Haywood，《凡托米娜》（*Fantomina：or, Love in a Maze, being a Secret History of an Amour Between Two Persons of Condition*）（1725），见 Backscheider 和 Richetti，《女性通俗小说》，第 230、227、231、236、234、235、239、242 页（随后引用源自本版本，并在文中圆括号内标示）。

无关的事情插进来。而这个人几乎与那位不幸绅士家庭相关,他在选择妻子时,只想着满足享受她美丽的当下激情。

　　我在故事中发现了如此特别的事情,以及由此得出的最有用的、最具道德的思考,以至于我认为若将其隐藏,我就负有伤害公众的罪责。㉜

正如在《英国隐士》中一样,秘史的历史真实性从耳闻目睹证人的证词那里得到保证,关注实际特殊性的主张,应对的不是公共身份(无疑这是私人“家庭”),而是确保故事示范功效的真实“特殊”元素。正是基于这种私人道德批评(不是为了把大人物曝光,使之成为公共丑闻的政治道德),作者决定不向“公众”“隐瞒此事”。海伍德用具化的轻快规诫结束自己的叙事:“这位妻子的样例得到如此真切的详述,足以警示人们不要过于草率地结婚。”(53)

　　在《希伯来女人》中,犹太背景完成的主要工作,就是将父权制权力的绝对性与子女选择自由之间的代际冲突以最阴暗的方式突显。犹太律法禁止所有女性在犹太教堂中“露出脸庞”,美丽的凯西娅(Kesiah)也不例外。“在家时……她从未承受没有自己父亲、某位兄弟或某位其他亲戚陪伴下外出之苦。”(2,4)海伍德的无情主题是“犹太权力”与“犹太律法的顺从”,通过“父亲宅院”之内的禁闭而在比喻及字义层面得以再现(47,46,13,15,21)。至于凯西娅,“她被自己父母施以严格的约束,这强化了她的自由渴望。她把他们的关爱视为某种囚禁”(8)。基督徒多朗特(Doran-

637

㉜　Eliza Haywood,《希伯来女人》(*The Fair Hebrew：or，a True，but Secret History of Two Jewish Ladies，Who lately resided in London*)(1729),Ar-v(随后引用源自本版本,并在文中圆括号内标示)。海伍德在十五年后出版的该叙事序言中对此方法作了更全面的阐述(这也是《女旁观者》出版的第一年,并被意味深长地签上“编者”):“新近面世的虚构之作假借似是而非的秘史、回忆录等等之名。但有太多质疑至少有此倾向的书内诸事真实性之处。我们因此认为,极有必要让读者相信,他在随后本书中,只会读到从原始书信、私人备忘录与记述中收集而来的内容。我们一直偏好从与许多重大事件深度相关,完美熟悉真相之人,以及拥有太高的荣誉,极为正直到不会有任何虚伪掩饰之人的口中获得这些……如果这是真的(当然它就是真的),样例比规诫更有效,我们可能大胆地说,没有比此更美丽或更值得的模仿。”《幸运的弃儿》(*The Fortunate Foundlings：being the Genuine History of Colonel M—rs，and his Sister，Madam du P—y，the Issue of the Hon. Ch—es M—rs，Son of the late Duke of R—l—d*)(1744),A1r。

te)与她相爱时,她找到逃离家庭囚禁及其延续的机会,因为通常情况下,"她可能被迫嫁给一位犹太人"(10)。两位情人开始"私人"通信,就在凯西娅父亲在"一个小盒子"里找到一封情书不久之前,他们设法私奔(7,16)。如今,这个冲突明确具有公共性质:凯西娅"不仅与多朗特合法结婚,而且为了更好地确保自己不受父亲权力的控制,她完全宣布弃绝犹太教,皈依基督教,并接受洗礼,成为英国国教会一员。借助所有必要的形式与仪式,这甚至使父母权威试图加以阻拦之举都是危险的事情"(19)。凯西娅向自己父亲讲述这一切时,这是结盟与爱情、家庭专制与主体自由对峙的经典实例:她选择"放弃自己的父亲、家庭、宗教,以接受多朗特的一切,因为她爱他"(22)。但个人选择自由在国家里有一个意想不到的同盟:婚姻法使英国国家宗教组织与犹太律法及家庭专制对立。

　　实际上,海伍德的犹太教只是使已有的英国问题恶化。父亲们联合起来对付子女:多朗特的父亲,莫罗西诺(Morosino)警告儿子,如果他执迷不悟,他"必定预计被我抛弃,成为我的姓氏与府宅的外人"。莫罗西诺发誓"剥夺他的继承权,让次子成为自己遗产的唯一主人",这很快实施,多朗特因债务而真的入狱了(20,25,49,48)。海伍德确保自己的观点已经得以明确,并插入"米利亚姆(Miriam)的历史"加以强化。对凯西娅而言,这位陪衬人物的命运完全超过了自己的。米利亚姆,这位犹太女子被一位异教徒浪子引诱并致其怀孕,不得不按"法律条文"接受惩罚。首先"困在我的房间里,成为严加看管的囚徒"。随后,她被带入分娩室。这个传统上是女性庇护所的地方,如图5.12里的那样,配有一个开放式壁炉。她的叔叔,父权制绝对主义的化身,将她的新生婴儿投入炉火中(30,39,42—43)。

　　在《希伯来女人》的第一页,海伍德援引秘史话语惯例(因爱情而女人化,且被洗掠的国家之盒),这立即给她随后的叙事一个错误引导:"可爱双眼的暗示闪烁,能把最粗鲁武士融化为情意绵绵的女人之力,能让政客忘记自己的诡计,让君王的密盒开锁,让虔诚的信徒离开圣坛。"(1)海伍德传神的寓言随处暗示秘史讽喻策略的有用性,以及运用于公共国家与公民社会私人机构之间政治争斗的潜能。最可怕的绝对主义专制再现由无情的犹太律法诡计提供,并因它置于其中的,晦涩难懂的超自然神秘氛围而更令人胆寒。然而,正是这种描绘的恐怖可能预示与它大概指涉的(但显然没有)实际公共政治类别的美学距离。迄今为止,宗教的绝对主义没有与政治分离，并特别是以异国非基督教装束，逐步成为恐惧与自觉感情的神秘之源，我们于返祖现象在场中感受到这些，其力量是心理层面的，正如也是政治层面的。

理查逊的《帕梅拉》

如果"家庭小说"范畴保证次文类地位，塞缪尔·理查逊的《帕梅拉》(Pamela)(1740)是其最初，也是最全面实现的范例。理查逊的创作完全设定于家庭空间中，他的主角是成为妻子/家庭主妇的家仆。他的关注只是围绕亲密隐私的同心领域。从何种有用意义上来说，《帕梅拉》也是作为秘史，或公共关注的内化而明白易懂？它如何可能不仅被视为家庭生活的模范与创新原型，而且被视为借此成为本样的，形式家庭化过程的厚重沉淀记录？

在《帕梅拉》中，家庭化过程的最明显残余预示传奇，而不是影射小说。[33] 如理查德·斯蒂尔自觉地把《失乐园》家庭化一样，因此据安娜·利蒂西娅·巴鲍德(Anna Laetitia Barbauld)所言，理查逊把骑士传奇的文类情节家庭化："他示范的该类虚构写作放弃了所有来自巨人或神魔的援助。有壕沟的城堡换成现代会客室；公主与她的侍从换成小姐及家仆，乃至没有高贵出身或巨额财富的普通少女。"[34]帕梅拉自己对这种家庭化的阐述只比巴鲍德的更基督教化："因为命运迫使一些姑娘们外出谋生，特别是到那些不敬畏上帝、家长又不遵循良好道德规范的家庭里去工作时，她们要经历一道道何等的艰难险阻啊！根据我幸免于难的亲身经历，不是已经看到这种情形了吗？"[35]理查逊不仅用稍微古老的词"damsel"指涉自己的主角，

639

---

[33]　参阅 McKeon，《英国小说的起源》，第 11 章。

[34]　Anna Laetitia Barbauld，"塞缪尔·理查逊的一生"(Life of Samuel Richardson)，见《塞缪尔·理查逊书信集》(The Correspondence of Samuel Richardson)(1804；New York：AMS，1966)，第 1 卷，第 xxi 页。

[35]　Samuel Richardson，《帕梅拉》(Pamela；or，Virtue Rewarded. Ina Series of Familiar Letters from a Beautiful Young Damsel，To her Parents. Now first Published In order to cultivate the Principles of Virtue and Religion in the Minds of the Youth of Both Sexes)(1740)，T. C. Duncan Eaves 和 Ben D. Kimpel 编(Boston：Houghton Mifflin，1971)，第 73 页(随后引用源自本版本，并在文中圆括号内标示)。

而且给她一个不寻常的名字，足以让读者想到菲利普·锡德尼笔下的帕梅拉。如理查逊的帕梅拉一样，她几乎被自己所爱之人强奸，理查逊以此在书名页暗示自己小说的传奇来源(1)。㊱ 当然，《旧版阿卡狄亚》也被微妙地轻描淡写成关于最高贵公共人物的影射小说。理查逊高兴地得知帕梅拉被人描述成一个讽喻，尽管其含意不是政治的，而是宗教的："谁曾想到，在谦卑的小说伪装之下，只是发现宗教的灵魂？"(9)㊲此外，理查逊就帕梅拉的实际特殊性提出有力的历史真实性主张（"故事一定是在过去三十年内发生的"），尽管他在序言中作为"编辑"的角色很快因"作者"一词而受损(3，4，5，6，10)。可能最受人瞩目的是，帕梅拉的主人、折磨者、最后的丈夫最初只是以"B 先生"（一个按惯例暗示真实存在的缩写）之名为我们所知（参阅17，20，57)。㊳ 他是足以身居议会的公共人物(71)，也是本地治安官，帕梅拉早期担心可能被他以偷窃之罪入监受审(63)。如果《帕梅拉》没有隐藏与揭示政治身份的附加人物对应，"这个简短历史"的确会以道德等同物、两位书中人物反转的示范地位的人物对应或"一些简短的相关评论"，以及我们辨识他们的合宜性指南为终(409—412)。

家 庭 政 治

这些细节勾勒出实际的，甚至公共的暗指氛围，极微妙地通过隐喻政治的肌理来表达，理查逊把帕梅拉与 B 先生之间的冲突嵌入其中。作为如是嵌入的结果，他们的冲突恰当但有力地保持集体对立力量之间国家接触的均衡，以如此方式解读的《帕梅拉》，作为类似过去一个世纪的内战之事的微妙唤起（甚至浓缩叙事）而为我们所知。一方面，B 先生一度被明确假定为"一位国王"，他更精确地被视为绝对暴君，将自己"可悲的"、"无法无天的专制"强加在自己仆人身上。帕梅拉还在贝德福德郡（Bedfordshire）的宅邸时，向自己的父母问道："没有治安官……能把我从他家带走吗？ 因为我确信，我自己绝口不提不利他的事。"她很快从"自由人"成为"肮脏的

㊱ 关于《旧版阿卡狄亚》，参阅本书第 10 章，注释 12—18。

㊲ 亚伦·希尔（Aaron Hill）的信印于第 2 版导言。

㊳ 小说史中被缩写的名字在其已不再示意实际特殊性之后，仍然如此，为的是暗示小说人物塑造的类历史品质。

奴隶"，在林肯郡(Lincolnshire)宅邸里"被囚"的"囚徒"，她的狱卒用"两把钥匙"把我"锁在里面"(72，203，147，64，126，127，109，130，104)。另一方面，帕梅拉是"足以败坏整个国家的狡猾家伙"，不知疲倦的密谋"反叛者"，她的"彻底反叛"，以及"Loesoe Majestatis"，即"对我君主或丈夫一种背信不忠的罪过"存在于传播"谋反文件"，并把家仆们理解成由反对他们与她的主人的"同盟者"组成的"党派"(144，66，116，334，199，68，144，202，231)。帕梅拉反对权威的主要武器是出版。的确，她诋毁自己的主人：B先生对"你放肆地败坏我的名声，我非常不高兴"。将帕梅拉因禁在林肯郡因其危险地泄露国家秘密而成为必要，她"把我家的所有秘密都写入信中"，并借此"败坏了"贝德福德郡"另一个家中我的所有仆人"(41，74，163)。他如今要求她交出自己"无礼的日记"，B先生警告："在英国，当犯人不肯向我们求饶时，我们可以作为一次极大的惩罚，把他们折磨死或折磨到他们求饶为止；因此，帕梅拉，如果你不肯说出，那你就一定会遭到这样的惩罚。"(203)丈夫，无论有怎样的错都不该与其争论，作为对如是观念的回应，帕梅拉俏皮地援引革命时期最极端的暗示奇喻之一："我想在一个女性的议会中，这会产生一场尖锐的辩论。"(371)[39]最后这两处选段的幽默与作为模仿公共模型的戏仿动机一致，因为它对持续的相关性吹毛求疵。正是理查逊与影射小说传统的亲近与我们的信心相辅相成：他并没有写这种叙事。

　　新近批评的笔调敦促我们把理查逊与菲尔丁视为成就小说兴起的第二波作家，他们的写作方法明显与由贝恩、曼利、海伍德组成的第一波丑闻小说家们不同，并予以校正。这样看来，在第二波作家们的眼中，第一波的核心失败之处就是她们的性放纵，以及她们是流行的、成功的作者这个事实，对某些评论者而言，也因为她们是女性这个事实。后人与理查逊、菲尔丁一道密谋，将这些第一批小说家们的名字与成就埋藏起来。出于各种理由，同时代的文学批评被呼吁要纠正这不义之事。[40]　当然，理查

---

[39]　B先生关于丈夫的规则，可与"国王不会出错"的绝对主义学说比较。

[40]　参阅 Ros Ballaster，《引诱的形式》(*Seductive Forms*：*Women's Amatory Fiction from 1684 to 1740*)(Oxford：Clarendon，1992)，例如导言与结论。William B. Warner，《特许的娱乐》(*Licensing Entertainment*：*The Elevation of Novel Reading in Britain*，*1684—1750*)(Berkeley and Los Angeles：University of California Press，1998)，第13—14，41—42，185—186页。巴拉斯特(Ballaster)对第一波小说作品所用术语是"爱情小说"(amatory fiction)，而沃纳(Warner)所用的是"爱情阴谋小说"(novels of amorous intrigue)。

逊与菲尔丁明示自己对贝恩、曼利与海伍德所写作品的厌恶，尽管没有暗含果断决然、志趣相投之意。在写于 1750 年的某封信中，理查逊把三位同时代女作家称为"一群卑鄙小人……使贝恩、曼利与海伍德的作品看上去是纯洁之作"；在写于 1739 年，并归于理查逊名下的一篇序言中，他称赞佩内洛普·奥宾（Penelope Aubin）抵制同时代女作者的消极样例之举。这些人"像已经失去自身纯洁的堕落天使一般，人们会根据她们的作品认为，她们似乎以败坏他人的思想为自己的目的，使他人和自己一样堕落、可悲、毁灭"。[41] 发现菲尔丁批评自己三位前人是件更困难之事，至少从理查逊热衷的道德层面而言。可能他最有名的思考也是最有说服力之言。在《约瑟夫·安德鲁斯》（*Joseph Andrews*）（1742）中，菲尔丁批判道："卷帙浩繁的传奇作家，或者现代小说和《亚特兰蒂斯》的著者，他们不需要自然或史迹的帮助，便能记载从来没有过，往后也不可能有的人物和事实。"[42]菲尔丁此处关注的显然是讲述真相的问题，而不是性堕落。他指涉曼利的《新亚特兰蒂斯》的语境明示，影射小说不是他以从历史获助之法意指之事。

　　性与性别冲突可能是过于自动的透镜，我们倾向借以解读 18 世纪文学评断之意。贝恩、曼利、海伍德是第一波小说家，如是实例无论有怎样的功绩，在我看来，似乎值得考虑的是，对理查逊与菲尔丁而言的重要之事，与秘史的讽喻方法及其致力于揭示（如果也是隐藏）书中人物实际特殊性之举有关。秘史的道德深藏于也是其动力之目的的政治批判道德中。理查逊与菲尔丁感兴趣的是，使私人、家庭关系道德成为自己创作的与众不同且核心的焦点，而不是把它们视为抨击在尽责治理方面蒙受道德失败之国家的附带现象（只是因为相关工具性）。在某种程度上，这是诽谤与作为道德方案的讽刺之间的不同。当然，菲尔丁有足够的意愿冒

---

[41] 《塞缪尔·理查逊致莎拉·沙蓬（Sarah Chapone)的信》（1750 年 12 月 6 日），见《塞缪尔·理查逊书信选集》（*Selected Letters of Samuel Richardson*），John Carroll 编（Oxford：Clarendon，1964），第 173 页，注释 68；《有趣历史与小说集》（*A Collection of Entertaining Histories and Novels*）（1739），第 ii 页，重印于 Wolfgang Zach，《奥宾夫人与理查逊的最早文学宣言》（Mrs. Aubin and Richardson's Earliest Literary Manifesto），见 *English Studies*，第 62 卷，第 3 期（1981），第 282 页。

[42] Henry Fielding，《约瑟夫·安德鲁斯》（*Joseph Andrews*）（1742），第 3 卷，第 1 章，Martin C. Battestin 编（Middletown，CT：Wesleyan University Press，1967），第 187 页。

被指控诽谤之险,他作为戏剧家与《江奈生·魏尔德》(*Jonathan Wild*)(1743)作者的职业说明了这一点。此外,之前的大多论点是,复辟时期与18世纪早期的秘史表明了道德兴趣,这与我此处一直把理查逊及菲尔丁小说关联的兴趣相似。的确,后一波作者对前一波人的叙事持反对态度,这可能表述了某种不耐烦,即对看似它们共享的道德承诺之形式不足之事的不耐烦。

《帕梅拉》明显不是被隐藏的公共事件讽喻,它从隐喻具化中获得大量的批评优势,示意的政治借此赋予其爱情所指社会道德重担。如果 B 先生与帕梅拉不是事实上的暴君与反叛者,他们的品性被这些政治类型微妙地改变。在影射小说中,私人品性提供了公共显要的人物对应,此处的政治类型是道德实例的钥匙。不是 B 先生与帕梅拉是"类型"或"刻板"的人物;相反,小说人物塑造的微妙与精准取决于类型与实例之间的差异假说,按比例的细小调整可能基于此而实现。类型与实例之间的差异,反过来取决于普通与特殊,人物的"公共"与"私人"方面的分离,它在已成为本研究中我们关注的一系列分离的旁边就位。㊸ 政治类型是《帕梅拉》中道德实例的钥匙,因为 17 世纪及 18 世纪初期英国文化中的暴君与反叛者之间的抽象绝对对立,有助于产生我已在别处称为"贵族"与"进步"意识形态之间冲突的事宜,其对立分别以对作为社会道德价值基础的"出身"、"功绩"的对立承诺为代表。㊹ 单独在某个场合,帕梅拉愿意从意识形态承诺与社会政治权利的大体概述方面,阐述自己的坚信,也就是说,当她驳斥戴弗斯夫人(Lady Davers)给自己弟弟 B 先生的信中内容时(221—222)。否则,冲突是在个人关系的社会道德方面得以表述与发展。国家与家庭之间的区别(曾支撑父权制类比)不再以传统方式发挥作用,已退化为一种分离,足以明确允许政治与宗教的客观领域在隐喻化家庭阐述中谋求支持。在《帕梅拉》中,如是阐述的焦点是婚姻。

理查逊对婚姻借以获得授权之情境的探究,利用了已在之前一个世

642

㊸　乔治·卢卡奇(Georg Lukács)(经由马克思)为阶级的概括性范畴兴起中的人物塑造技巧发展有效地提供了历史基础。参阅《历史小说》(*The Historical Novel*)(1938),选自《小说理论》(*Theory of the Novel : A Historical Approach*),Michael McKeon 编(Baltimore:Johns Hopkins University Press,2000),第 237—239 页;也参阅第 182 页。

㊹　参阅 McKeon,《英国小说的起源》,第 4 章。

纪流传的，家庭与国家权威理念之间的辩证互动。B 先生引诱自己女仆的尝试基于作为公共体制的婚姻，与作为私人满足的爱情-性愉悦之间的传统对立。一旦他的直接殷勤失败，B 先生狡猾地谋划通过扮演她性情中的家长式角色，获得对帕梅拉的掌控，并声称，他会把她从她自己谋划的愚蠢爱情婚姻中拯救出来："我已嘱咐把她拉到我的一处宅邸中去，她父亲为此感恩不尽。"（100；也参阅 90—93）B 先生或谋划迫使帕梅拉出于权宜之计与牧师威廉斯（Parson Williams）结婚（85—86，131—132）。但他让帕梅拉应许的漏洞敞开，她对威廉斯的求婚回复道："在我认为自己适合作出选择之前，我要看到我本人完全获得自由才行。"（132）朱克斯太太（Mrs. Jewkes）甚至告诉她"一个秘密"，她主人正谋划着迫使帕梅拉与瑞士人科尔布朗先生（M. Colbrand）"假结婚"，随后被转卖给 B 先生。但 B 先生展现出来的，对自己女仆许可权利的尊重，说服我们与帕梅拉一道认为，这一定是"可怕的胡说八道！"（157）[45]这种尊重在"条款"中形式化，B 先生不久之后郑重向帕梅拉提交，以求她的同意。如他所写，这证明"一个早已受到我控制的人，我对她的自愿给予了多么高的评价"。这些条款等于是目前为止，B 先生方法的极端慷慨之举，因为它们把他置于除丈夫授权名号之外的所有其他责任的地位："这样你穿起来就可以显得光彩体面，仿佛你就是我的妻子一样……你将成为我个人和我财产的女主人，就好像已举行过那荒唐可笑的仪式一样。"（166）这份契约完全满足《妓女的巧言》（*The Whores Rhetorick*）中克里斯韦尔夫人（Mrs. Cresswell）对自己年轻门徒多萝西娅（Dorothea）提出的要求，但帕梅拉直率地预言自己父母不会同意这个使"自己可怜女儿卖淫"成为必要的建议，她予以拒绝（165）。[46]

643

---

[45] 帕梅拉高兴地期待自己将很快"离开宅邸"时，B 先生建议，与其"如果你回到你父亲那里去，就要重新去从事艰苦的工作"，倒不如"在伦敦购置一座房屋，当我们这些议员到城里去的时候，她就会把房间出租给我们；有你这样一位漂亮的女儿在那里，她的房屋将会经常住满客人，她将会挣到大笔的钱"（71），以此嘲弄她。

[46] 关于《妓女的巧言》，参阅本书第 4 章，注释 98—108。关于用"仿佛"这个美学化语言的假结婚安排运用，也参阅洛夫莱斯给里维拉的提议："恳求她回到我的乡间宅邸，她确定可在此用相同权力发号施令，仿佛这属于她自己的那样。"（参阅本书第 13 章，注释 33—34）同样地，玛丽·赫思笔下的主角们分别带到监狱及一处奇怪宅院，它们会与"你曾住过的圣詹姆斯宫一样安全"。

一旦有匿名字条警告帕梅拉,B先生计划用一场由"一位狡猾奸诈的家伙……被雇来假扮牧师"主持的假婚礼来欺骗她,帕梅拉心生恐惧,这几乎在临近婚礼本身之前再次上演。如B先生后来承认的,这完全正常(196,230)。因为婚礼的确切形式仍然悬而未决。[47] B先生说:"亲爱的,我认为这是一场极为私人的婚礼,我希望你不要担心假婚礼一事。"他说的"私人"指的是"在此宅邸举办",因为"如果我们去教堂,那一定人尽皆知了"。但帕梅拉出于谨慎理由提出异议,B先生承诺,把很久前被祝圣过,但自那以后被用作柴房的自家"小教堂"重回作为"小小的上帝之家"的最初目的(236,257)。小小的教堂似乎满足了私人真实性的需求,使公共权威平衡,并借以"使我们婚礼庄严举行"。但当正式结婚证书拿来时,帕梅拉告诉我们:"我看到它时,心是多么急促地跳个不停啊!"(257,274)"公开的婚礼"早就确保一位适合帕梅拉的女性知己的在场。但戴弗斯夫人,父系专制的顽固代表,希望"阻止你的婚礼",假如她能及时得知此事的话。B先生会发布结婚公告,"宣称,当我们去贝德福德郡时,这不会太长"。最终,仪式在忙乱的"隐秘"状态中举行,"尽可能地秘密",且没有让帕梅拉本人怀疑是场假婚礼(282,283—284)。

然而,戴弗斯夫人继续把它视为"假结婚",并不当一回事,直到她最终与帕梅拉及自己的弟弟和解。"你认为你真的结婚了吗?"在一场围着餐桌展开的家庭战斗高潮场景中,她质问帕梅拉。"你看,我是某种囚徒。"帕梅拉对朱克斯太太说道。后者冷静地上着菜,而两位女人唇枪舌战。就戴弗斯夫人来说,这也是肢体的战斗。她恐吓帕梅拉,胆敢"说出一个大不敬之词,我就让你倒在我的脚下。"但当帕梅拉极力离开房间时,杰基勋爵(Lord Jackey)对她挥剑,她扑在戴弗斯夫人身上求救,"用胳膊紧紧地抱住她,片刻间忘记了她曾是我多么大的仇人"。尽管这不是她字面意思,对B先生的姐姐而言,弟弟与帕梅拉的婚姻是"假的"。如果真的如此,这些大部分有公共形式的合法性,因为它以"给英国一个历史悠久、毫无污点的家庭出丑丢脸"的方式违反了更高的公共之善(321,323,325,328,329,330)。结果是,戴弗斯夫人多年来一直为自己的弟弟谋求一桩贵族包办婚姻,B先生大概因帕梅拉对自己的道德改造而令人吃惊

644

---

[47] 关于"公共"与"私人"婚姻之间区别的一些意义,参阅本书第3章,注释28—30。

地成为爱情婚姻的坚定支持者(224,341,231,366—367,370,385)。然而，这并不意味着他也拒绝了父系原则。他驳斥自己姐姐的干涉时就已明示了这一点。瞬间的狂怒让他说出这番话："立刻离开我的家！我跟你和你所有的亲属一刀两断，互不往来；永远别再让我看到你的脸，也永远别再喊我弟弟。"(347)⑱

如很多读者所想，如果《帕梅拉》后半部内容没有前半部有趣，这可能是因为，如类似马基雅维利的马维尔所言，"相同技巧的确获得/某种权力，它必定延续"。⑲但帕梅拉与B先生的婚姻基于爱情，而非结盟，意在成为共和国与公国。结果是，B先生如帕梅拉一样也是"未受好的教养"(77;参考366)。他说，"对你而言，我希望自己不是过于暴戾的丈夫"，以此开始自己关于婚姻的熟悉话语。他描绘的正面图景与绝对主义贵族传统的负面样例明显截然不同："我对人们婚后行为进行过详细观察，几乎没有看到过一种情况会使我本人喜欢。""权宜，或出身与财产是首要动机，感情最次。"(365,367,366)尽管帕梅拉在"这次可怕的教训"(因此女性议会)中找到了绰绰有余的讽刺基础，B先生费力地概述如是契约，借此"使她对我的顺从是合情合理的，竭力不去破坏她本人的自由"(369,367)。与阿芙拉·贝恩的《情书》比较是有益的。正如帕梅拉被B先生与朱克斯太太"审问"一样，西尔维娅被"家中密探出卖"，被"家人提审定谳"。恰如帕梅拉合理地害怕"假婚姻"一样，因此贝恩给我们安排了西尔维娅与布里亚德之间的"假结婚"，以及塞萨里奥与赫尔迈厄尼之间的私人仪式，"他们并没有公开宣布"。但在《情书》中，废黜危机的公共事件为这些私人行为提供了讽喻背景，无论这何等的不一致。而在《帕梅拉》中，政治语言深化了关于何为明确私人接触之事的描述。这样不仅是说贝恩

---

⑱　的确，B先生驳斥戴弗斯夫人指责时借助的一个样例就是，对他自己而言，与地位比自己低的人结婚会有相关后果，对她而言，同样如此。这给他的原则带来父权制的影响："当斯图亚特王族与身份较低的海德(Hyde)家族(我的意思是说，相比起来低一些)联姻时，有什么人称那位女士为王后陛下或约克公爵夫人时曾经迟疑不决呢？又有什么人曾经认为她的两个女儿，已故的玛丽王后与安妮女王由于父亲与母亲的身份不相等而不合乎王室成员的要求呢？"(349)

⑲　Andrew Marvell,《为克伦威尔自爱尔兰归来所做的贺拉斯体颂诗》(An Horatian Ode upon Cromwell's Return from Ireland) (1650)，第119—120行，见《安德鲁·马维尔诗歌全集》(Andrew Marvell：The Complete Poems)，Elizabeth Story Donno 编(Harmondsworth, UK: Penguin, 1978)，第58页。

已写下理查逊未能写出的讽喻秘史,而且是说,在《帕梅拉》中,家庭的"微小"领域能够支撑公共话语的"伟大"主题。帕梅拉仍然恐惧自己主人最恶劣的行径时,她意识到自己爱上了他("在我还不明白是怎么回事之前,它看来就像是爱情了"),政治冲突语言非但没有消失,反而找到了内在性的更深层面:"啊,我这叛逆不忠、叛逆不忠的心啊! 你怎么能这样对待我! ……唔,你这背信弃义的叛逆者,你就整个儿非常软弱地投降了!"(214,215)

645

作为居家工作的家务

在《情书》中,家庭没有什么可荐之处。婚姻只是"为生育而存在,仅此而已"。西尔维娅被自己父母纠缠,憧憬着"从这些令人忧沉的家庭之事中转身,看看外面"。她后来与布里亚德非常短暂地一起生活时,她"渴望自由……拮据到操持辛劳家务的地步,过上了自己憎恨的贫困生活"。然而,对帕梅拉来说,家庭生活是一种负性质,只要她正在被 B 先生迫害。在他道德皈依后,"我的囚牢成为我的宫殿"(293)。在帕梅拉作为自己家庭宫殿"管家"的角色中,财务交易是首要之事。㊿ 她期待"从事家庭记账"及"家庭经济"(227,226)。B 先生给她可观的钱,然而,"跟我财产的那一部分相比,还差好多呢;你作为我最亲爱的妻子,对那一部分财产是有权享用的"。他告诉她,"请你从这些钱中取出你认为适当的数额……就像从你自己的钱中取出的一样",但最初帕梅拉在给每位仆人恰当金额的礼物时寻求他的指导,不久之后就有信心自己决定(306,296,383—385)。她写道:"我决定把所有这些事情一一记账;朗曼先生(Mr. Longman)早已给了我一个白色羊皮纸的册子……我已在册子中写上'对上帝恩惠的菲薄回报',并把它锁在新赠送给我的内室中。"B 先生会看到"(不过不能让其他人看到)我是怎样一个季度、一个季度开支这些钱的;如果有什么剩余,我就像个会计员一样,把它结转到下一个季度;一年结四次帐"(387—388)。当然,在所有这些职责中,家庭主妇都是凭借丈夫

㊿　在《帕梅拉》的续作中,母性成为核心。关于作为管家的家庭主妇,参阅本书第 4 章,注释 48—75。

的更大权威的管家。但在小说的结尾，B先生告诉帕梅拉："现在我的家族几乎已要绝嗣；假如我没有子女就去世了，那么我母方财产的主要部分就将归属另一个家族所有。在发生同样意外事故的情况下，我父方的财产也将转移到别人名下。我不应当让我的帕梅拉靠这些人的怜悯来生活。由于人生变化无常，所以我就对我本人的事务作出了这样的安排，它会使你绝对自由与幸福。"(404)

帕梅拉对自己私人记账本的描述必定让我们回想起，在她"绝对自由"得以确立之处有个类似领域，即她私人日记的领域。如果《帕梅拉》放弃了对外在政治讽喻的依赖，这部分是因为它详述了自己的内化讽喻，其家庭主题的严肃性借此得以正名。《妓女的巧言》(1683)把(女性)著述讽喻化为卖淫；《帕梅拉》将其讽喻化为家庭生活。对此发展至关重要之事是，帕梅拉更安全地被囚禁在林肯郡的宅邸中，"这座美观、宏伟、古老与幽静的宅邸，看上去就是为了有一个冷僻幽静的地方而建"。她的同伴仆人朗曼先生"送给我"不少的书写文具，仿佛她是抄写员行业的学徒："四十页纸，十二支笔，一小瓶墨水(我把它用纸包着，藏在衣袋中)，还有一些封信用的封蜡和胶纸。"如今她自己的书写工具藏于卧室秘处，以此挫败朱克斯夫人的监视，从而将自己行业秘密做字面阐述(102,96,105)。[51]

如今尽管从不同意义来说，帕梅拉的囚牢也成为自己的宫殿。帕梅拉从家务中解放出来，"我现在有充裕的时间，因此必须继续写下去，把这作为我的工作"。她的个人书信成为延续的日记，"自娱自乐，打发时间"。这种自我雇用，一种看似休闲的劳动，是永远让帕梅拉脱离家务的居家工作，因为它把写作从政治"图谋"转为美学"图谋"。不同于她后来的记账本，这个私人日记在她不知情的情况下被B先生读过。不久之后，他折服于它的感情力量："当你叙述你的经历时，在你的策划和我的策划中，有着传奇故事的生动情趣，十分有意思；我看到你以后的日记，就会受到更好的启发，知道怎样把这部精彩小说中曲折离奇的故事写出个结局。"B先生在真实与虚拟之间悬置，边读边在宅邸里踱步，"他读到我对投水自尽一事的反复思考时，说，'请轻轻地走到前面去'，然后好像很受感动，把脸转了过去，背着我……'啊，我亲爱的女孩子！我读了你这悲伤的故事，

─────────────

[51]　参考模范祈祷密室里被推荐的布置，本书第1章，注释107与图1.2。

以及这些美好思考,心中深受感动'"(134,94,201,208)。B 先生是客观的,而不是被骗的:他愿意将自己的疑惑悬置,以享受美学知识的特别愉悦。㊡ 当帕梅拉就自己的信件提出抗议时:"但是它们所包含的内容您跟我了解得一样清楚。"他答道:"但是我不了解你对事情的看法。"(207)帕梅拉的传奇故事已成为感情传播的,而不是撒谎的练习。

　　帕梅拉从家务向居家工作的转变有乌托邦式生产劳动氛围。德拉瑞维尔·曼利已讲述里维拉在出版公共领域中的生产力现实性,恰逢她的叙述者洛夫莫尔否认了只有婚姻能提供给女性的荣誉。如帕梅拉一样,里维拉践行"这种揭露从未伤害过她之人的野蛮意图"。如帕梅拉一样,她被关起来,自己的书写工具被剥夺,并在公众面前出丑。相比之下,帕梅拉的居家工作如家庭主妇工作一样继续没有生产力,毫无回报。㊣ 然而,它作为乡村士绅公共领域中的手稿流传,有些士绅是帕梅拉从未见过的"陌生人",他们似乎同意,她的示范性如果不是在金钱上,那么就在道德主体上有成效(334—335,339—341,374,377)。早在它被如此公共合法化之前,帕梅拉的日记在花园后门,靠近太阳花的瓦片下经历了极为秘密的流传(113)。一旦与 B 先生和解,但在他们结婚之前,帕梅拉本人是在士绅们中"流传"。她成为他们的观看对象,穿得像"漂亮的乡下姑娘",人们看着她从"远处"沿着"花园中一条最长的砂砾人行道"走来,随后就是在她父亲在场的情况下上演了一幕感人场景(242—244,249—250)。帕梅拉的表现是某种"镜子",士绅们在此看到的不是她的,而是他们自己的"公共"意义:她趋上流动性的真实性,以及如是事实:尽管身穿乡下人的衣服,她已如他们一样。在此场景不久之后,帕梅拉再次穿上自己老夫人留下的衣服,并独自确认了这个效果:"我手里拿着扇子,像一位高傲的轻佻女人一样照着镜子,几乎都要把自己看成是一位贵妇人了。"(256)㊤ 从这个意义上来说,《帕梅拉》不是国家的镜子,而是上层阶级的镜子,不是借助卑微的伟大讽喻折射,而是卑微如何可能成为伟大的隐喻模型。

　　帕梅拉劳动模式的变化与她从众多书信向独一"小说"转变的叙述模

647

㊡　关于美学的非功利性,参阅本书第 7 章,注释 73—109。

㊣　关于家务非生产力的历史意义,参阅本书第 4 章,注释 36—43。

㊤　Hussy[轻佻女人]一词源自 housewife[家庭主妇](《牛津英语词典》)。

式同步,尽管《帕梅拉》仍为第一人称叙事,如是变化的效果可能被比作贝恩达到的效果,当她在《情书》中从第一人称转向第三人称叙述时(89—94)。悖论的是,该效果因第三人称编辑的临时介入而得以提高,并讲述帕梅拉从贝德福德郡到林肯郡的旅行,她无法写信,因为编辑的叙事中立权威之事("这一对正直的老夫妇正在为他们亲爱的帕梅拉祈祷,我们现在将离开他们")有助于我们以 B 先生为始的,在阅读她书信过程中体验的美学中立(94)。至少这部分因为她被囚禁而强加在自己写作,反身性之上的自我意识,她对事物的表现日益借此将自身抄写隐秘容纳为目标之一。的确,她的隐秘强化了让人回想起贝恩笔下西尔维娅"女性技巧"的温和欺骗性类型。当然,一个重大不同就是,帕梅拉不是顺从自己浪子引诱者,西尔维娅则是。因此,她在美德事业中运用自己的女性技巧,西尔维娅则在罪恶事业中如此行事。此外,如果《情书》是一种将主角的纯粹道德欺骗改造成深度道德内在性的实验,那么《帕梅拉》极大地延伸了那个过程。

理查逊让帕梅拉把书信藏于自己身上,以此将秘史的男装转义转为如此目的。⑤ 在早期出现于小说的"写至即刻"(write to the moment)样例中,帕梅拉告诉自己的母亲:"我上次的信突然中断了,因为我担心那时他正向我这里走来,情况果真是这样。我把信藏在胸间,拿起放在身边的针线活,但是我一点也不像他所说的那么狡猾,因此看上去慌慌张张,仿佛刚才正在做什么坏事似的。"帕梅拉的信尚未成为她的"工作"。在她的本能行为中,有比主体性更多的借口。B 先生附和贝恩的叙述者,确信她"有那些女性所有的一切狡猾伎俩",因为"她是个写信的能手!"(40,45)帕梅拉学会把自己的信有意藏在身上时,她在身体上开了一个密室。她把欺骗性、创造性、怀孕、示范性与反身性的复杂意象织为一体,其线股相互强化:"但是我开始担心我所写的信件会被发觉;因为这些信愈来愈厚了。我把迄今为止所写的信全都缝在亚麻布裙子下面的衬裙里面。"

---

⑤ 1691 年夏天,"关于詹姆斯二世党人阴谋,以及安妮党与'共和国人'计谋的议论困扰着玛丽王后,令她害怕。她烧掉了自己绝大多数私人文件,并把日记装进系在自己身上的袋子里,以便可以随时将它们烧毁"。见 Nesca A. Robb,《奥兰治的威廉》(*William of Orange: A Personal Portrait*)(London: Heinemann, 1962),第 2 卷,附录 A,第 559 页。也参考威廉·富勒(William Fuller)声称将书信藏于自己衣服内,本书第 12 章,注释 3。

(120)帕梅拉秘密信件"被发现",首先是为 B 先生所读,随后是其他人,这使她的私人内在性公开化,成为道德主体性的示范模型。理查逊此处唤起创造性与自我表述的两种方式,后者在传统上与规范上为女性、生育、着装所用,恰逢他予以超越,暗示一个类似但新兴的替代:女性技巧作为借助写作的示范自我表现。理查逊的虚构自传此时与曼利的高度介入的"实际"自传、海伍德的监督观察者相遇,女性的写作在此可能开始被体验为最广泛意义的"有效"。㊶

　　但是有代价。贝恩鼓励我们把西尔维娅的欺骗视为一种使双重标准再平衡的适度尝试,她在扮演男性时的愉悦与此观点一致。帕梅拉并不高兴扮演男性,因为她无懈可击的美德将其排除在外。帕梅拉内在性的示范取决于如是事实:探入深处似乎不是揭露邪恶:她并不等同于男性;她与他们不同。通过在公共领域谋求并取得成功,里维拉以成功近似男性功利行为的方式运用自己的女性技巧。帕梅拉正在追求自利时的唯一标记不是出于促使她写信的动机,而是在于她的书信对其他人的功效。通过这种方式,理查逊给自己在公共领域的女模范赋能,而没有使她的美德因借助出版的公共权力意愿受损。《帕梅拉》因此有助于如是特定范式,18 世纪末期的女小说家们借此在公共领域中施展前所未有的权威,正当她们小说描绘的女性人物,她们受尊重需要自己大体在公共活动中保持纯洁之时。

衣服:道德、知识、性

　　然而,理查逊大胆运用衣服的力量来比喻内在性与欺骗性、隐秘与性

㊶ 曼利自传的间接性(她把自己分为里维拉与洛夫莫尔两个角色)可能对应着理查逊在相互书写性别化模式中的实验,男性声音在此被女性声音戏仿(被模仿与被批判)。《帕梅拉》中的原型是帕梅拉用颠覆性的斜体字加黑 B 先生要求她交给杰维斯太太的新闻(93—94,109)。此技巧随后被用于帕梅拉对 B 先生所提"条款"(164—167)的评论,戴弗斯夫人对自己弟弟写给帕梅拉之信的口头评点(326—327),以及帕梅拉对 B 先生"教导"的注解(369—371)中。此技巧的其他同时代用法见 Lady Mary Wortley Montagu,《令斯威夫特博士动笔写诗的理由》(The Reasons that Induced Dr. Swift to Write a Poem Called "The Lady's Dressing-Room")(约写于 1732 年),以及 Mary Collier,《女人的分娩》(The Woman's Labour: to Mr. Stephen Duck)(1739)。

欲的近似。"刚才我在内室正忙着打开我藏在那个玫瑰花树丛底下的包
包,看看它埋了这么久是不是已经损坏了,这时候朱克斯太太出乎意料地
出现在我面前!她立刻把手放在上面,她刚才好像一直通过钥匙孔在偷
看。我不知道怎么办!这一下主人将看到我对他所有隐藏的想法以及我
内心所有的秘密了。"帕梅拉概述了给自己父母的信袋里的内容,然后宽
慰自己:"至于我最后得到多么糟糕的结果,以及以后发生的一些情形都
写在另一些信件中,这些信件仍缝在挨近我臀部的衬裙里,但愿它能安
全。"但 B 先生也要求看她的第二个包:"他说,'我现在认为它们是在你
身上;我这一生从没有脱过一个女孩子的衣服,但现在我要开始把我漂亮
帕梅拉的衣服剥掉了;我希望我不要花多少工夫就会发现它们。'"他"开
始拔掉我围巾上的别针";随后"他说,'它们也许是用袜带系在你的膝盖
上';然后他就弯下身子"。帕梅拉承认失败。"我走进内室,在那里坐下
来,并难以忍受交出信件的想法。此外,我必须自己把衣服脱掉,以把信
拆出来。"(197,198,204)泄露"我内心所有想法"听起来在危险程度上近
似性投降。的确,在这部小说中,性侵犯听起来非常近似被强迫的知识。
在强奸那幕中,B 先生最渴望的是帕梅拉明确承认"你是在我的控制之
中!":"那么请你对我发誓……你将接受我的建议!"(176)在现代文化中,
性会要求知识首要模式的自成目的的地位。但 B 先生此处的渴望似乎
更多是残余的,而不是新兴的:对他而言,性服务于自身之外的认识论
目的。

　　理查逊的性描述具有情色作品特点吗?将他视为有意唤起读者
性欲,产生性愉悦之人,这显然不合情理,尽管有些评论者认为这可
能是小说的效果。⑤⑦ 在序言材料中,亚伦·希尔(Aaron Hill)用把语
言与衣服之间的类比推到暗示性边缘的话吹捧帕梅拉。菲尔丁笔下
蒂克特斯特牧师(Parson Tickletext)的此段戏仿把它推过边缘:"思想
在各处都会完全裹上表述的外衣,成为如帕梅拉乡村衣服那样的圆
裙紧身衣,或如她未给自己穿衣那样;谦卑的美丽设法除却装饰的傲
慢以隐藏自己,并在没有任何遮掩下展示自己……噢!甚至就在我
如此讲述时,我有这种感觉:我认为,我此刻看到了脱去所有装饰傲

---

⑤⑦　参阅本书第 6 章,注释 59。

慢的帕梅拉。"⑱理查逊的书名页吹嘘帕梅拉"完全没有那些在众多作品中仅为娱乐算计的意象，它们易于挑惹那些应该受教的思想"。恶行与美德、愉悦与教诲之间的辩证令人熟悉，但理查逊对说教的阐述可能过于简单：需要的显然是以正确的秩序，面向两者的自觉"算计"。甚至谨慎的"剥夺"语言意味着排除未被更高教诲正名的愉悦，这似乎暗示仍然是在移除的再次保证中可得的先验存在。新教对谨慎自省与自制的训谕不仅预示自我（主体）的，而且预示性客体的恒定，其症状必定周期性地被承认与剥除。⑲

　　理查逊首部小说的情爱描写有情色作品的倾向，不是因为他意在激发性欲，产生性愉悦，而是因为他借以使性欲与性愉悦代表其他事情（知识、权力、社会地位）时的无情，久而久之有赋予能指自足所指权威，自身就是目的的倾向。这是特别真实的，理查逊在此借助身着男装的人物实现自己的说教目的。菲尔丁笔下的蒂克特斯特使之成为自己的《帕梅拉》序言选段，暗指小说的早期一幕：帕梅拉相信自己正在回父母家的路上，愉快地拥抱以朴素穿着为表现的社会降级："我在那里用新衣服把自己好好地穿着打扮起来；我戴上那顶紧包在头顶的普通便帽……当我把一切都穿着打扮完毕以后，我把系有两条绿色带子的草帽拿在手里，然后对着镜子上下左右地打量着自己，得意得像什么似的。说实话，我在这一生中从没有这样喜欢过我自己。啊，当我怀着听天由命的心情，从容不迫、天

---

⑱　Henry Fielding，《莎梅拉》(*An Apology for the Life of Mrs. Shamela Andrews*)(1741)，见《约瑟夫·安德鲁斯与莎梅拉》(*Joseph Andrews and Shamela*)，Douglas Brooks-Davies 和 Thomas Keymer 编(Oxford：Oxford University Press, 1999)，第 310—311 页。菲尔丁笔下的奥利弗牧师(Parson Oliver)认为，《帕梅拉》里的图画甚至可能是蓄意情色之作："虽然我们作者自称谦卑……我并不认同，我的女儿应该用他的某些图画自娱。想想这样的画面：我女儿仰面躺着，一手搂着朱克斯太太，另一手搂着那位乡绅，在床上裸着身体，他的手摸着她的胸脯。我不认为人们看这些画时不会有什么反应，除非像我这般年纪和性情的人。我在阅读整本小说的其他内容时也是同样无动于衷。"(313)《莎梅拉》不是以将其揭露为虚构之作，而是以更严谨坚持真实性的方式讽刺《帕梅拉》。《莎梅拉》被恰当地视为秘史，不仅提供真实姓名：是"布比(Booby)"，而不是"B—"；是"莎梅拉"，而不是"帕梅拉"；是"詹姆斯二世党人亨利埃塔·玛丽亚·霍诺拉·安德鲁斯(Henrietta Maria Honora Andrews)"，而不是简单的"安德鲁斯夫人(Mrs. Andrews)"，将真实书信出版以驳斥正本，"用真实公正之光"照射"那位年轻政客"的品格(书名页与 305)。的确，《莎梅拉》戏仿了《帕梅拉》，正如匿名的《情书》戏仿了贝恩的《情书》。

⑲　参阅本书第 6 章，注释 40—41。

真无邪地走下楼去时,我是多么快乐啊!"但没人认出身穿乡下衣服的她,B先生的欲望被这看似天真的展示激起,指责帕梅拉想"乔装打扮来引诱我"(60,62)。

帕梅拉本想用衣服示意自己的社会谦卑,正如理查逊会用"小说的朴素伪装"示意"所有宗教的灵魂"(9)。衣服与语言可能作为负面意义的"伪装"发挥作用,这个观念在《帕梅拉》中很常见。正是本着这个意义,威廉·韦伯斯特(William Webster)暗指帕梅拉朴素穿着这同样引人注目的场景,以在作为第一版序言的两封信里的一封中,敦促"编辑"使用未修订的版本:"让我们拥有帕梅拉以自己文字所写的版本……把身着整洁乡村衣服的她带到我们面前……这样的衣服最具启发,最令人愉悦。华丽飘逸的裙袍的确令人快乐惊异,但从未让思想有深刻的关注。"(7—8)但韦伯斯特对过度语言与衣服的批评近似对形式家庭化,以及理查逊运用于自己及笔下女主角的正面意义"伪装"的批判。理查逊与帕梅拉会用低等与平庸的形式(小说,乡村衣服)适应宗教与道德行为。针对B先生就自己更换装束只是设法"引诱"他的指控,帕梅拉反过来指控他"先假装不认识我,故意对我放肆无礼……自从您的母亲,善良的老夫人把我从我可怜的父母那里领到这里来以后,我确实是改换了我的服装"(62,65)。理查逊因此戏仿地援引身世揭秘的家庭传奇转义,借此模仿,勉强掩饰自己批判价值源于出身如是含意的意图。此批判的意识形态含意足以清楚显见,但如B先生一样,我们有时有倾力关注伪的危险,因它而快乐、惊异,也就是说有把能指当所指的危险。当然,在最普通层面,这是理查逊的伟大成就:在我们解读《帕梅拉》时,形式家庭化如某史前物种的巨大残骸迫使我们予以关注,如今它作为某奇特新动物的骨架而发挥作用,既不是决疑论小册子,也不是影射小说,而是家庭小说。然而,形式的转化不可避免地让能指与所指之间的关系有某种争议。盛装与轻装的男装意象特别在《帕梅拉》中呈现了自己的生命,暗示这两种行为促进了字面意义上的隐含秘密。

帕梅拉穿上自己乡村衣服之后不久,她"走进杰维斯太太(Mrs. Jervis)的卧室。啊!我亲爱的父亲母亲,我那心术不正的主人,像他那样下流的绅士,这时已躲藏在其中的一个内室里。她在这个内室里放有少量的书籍,一个有抽屉的柜子以及其他类似物品"。"我脱掉了束腰、袜子和外裙,只剩下最里面的一条衬裙;这时我又听到内室里发出沙沙的一阵响声;于是就说:'愿上天保护我们! 但在睡觉之前我必须到这个小房间里去查看一下。'然后我就穿着塌跟鞋向那里走去。这时,啊,多么可怕呀! 主人穿着一件华美的丝质银色晨衣从里面冲了出来。"(64,66)最后这个细节让我们有混乱无关之感,这是理查逊在此过程中常用技巧的证明,即他为令人愉快情节的家庭化理解予以道德教诲。其相关性是说教层面的,B 先生的邪恶从其衣服的过度奢华中得以证实,这与帕梅拉"衬裙"的美德朴素构成对比。⑥ 但理查逊的语言如此合情合理,以至于作为修辞手法的道德控诉变得晦涩难懂,我们发现自己独自为衣服(或赤身)进行解读。美学机制(粗俗感官印象的提升,可感之事虚拟化为想象愉悦)片刻间戛然而止。在对此场景的描绘中(整版插图 9),约瑟夫·海默尔(Joseph Highmore)的美术技巧可能比理查逊的语言技巧更成功地强调看似无关细节的道德责任。B 先生以一种强化的,几近芭蕾舞式优雅姿势大幅度弯身俯就帕梅拉。油画之外的光线从左侧落在两个斜倚人物上,以不同方式阐释他们。帕梅拉的棉枕头、帽子、脸、衬裙吸纳了照进来的光,而 B 先生的丝帽、晨衣,以及右腿上的袜子把光反射,用它们自己的丰富华丽的光泽与他姿态的戏剧化优雅相辅相成。他的拖鞋是鲜艳的红色,晨衣的外层翻上来,露出甚至更华美的红-金边短身内衣一角。帕梅拉的朴素衣服暗示她衬裙之下什么也没穿,这不是预示淫荡,而是真诚,没有欺骗。杰维斯太太在背景中几乎看不见,她在这充满道德意义的画面里紧握自己的手。

652

对 B 先生、她的同伴仆人,以及乡村士绅而言,帕梅拉的视觉呈现是理查逊借以测试她社会擢升合宜性,并予以证实的重要方式。如此证实是以普遍化的美学愉悦形式出现。那些看过她的人,仿佛是戏剧表演的观众;或读过她书信的人,仿佛她的自传日记是小说,所有这些人体验到了这种美学愉悦。美学评断的非功利性对其权威至关重要,它促进了美学愉悦与社会许可的复杂适当。发生在杰维斯太太卧室里的那一幕类似其他那些场景,但有重要不同。此处的参与者没有发现她在表演。此外,

---

⑥ 参考帕梅拉对 B 先生赠予钻石珠宝之举的回应:"我会想到它们是我贞洁的代价;还会想到,是因为我内心已经没有了宝石,所以我才在外面佩戴宝石吗?"(166)

若干观众已被简化为一人，他不是以美学愉悦，而是以对性愉悦的期待为反应，一个独特可感的、功利性的自觉感情抵制了因美学反应而可能的社会道德概述类型。在杰维斯太太卧室里令人熟悉的内室设计中，卧室的隐私开向更私人的内室。理查逊确认了对帕梅拉道德内在性美学表演而言的合适背景，他在十页纸内重复了这个场景。

　　帕梅拉请杰维斯太太帮助自己决定如何处置衣服，既然自己将要回到父母身边："如今，似乎她让主人准备看到这一幕，而我对此不知情。这个贮存室里有一个内室，内室门上方有一个窗子，门前还挂着帘子；她把糖果一类的东西放在这个内室里；她这样做，似乎是想让他回心转意。"帕梅拉对自己衣服包裹逐一坦诚详述，这让杰维斯太太如此感动（帕梅拉天真地说道："您怎么一下子又哭又笑？"），以至于需要她的建议时：她说道："哎呀！亲爱的姑娘，你使我根本无法跟你说话了。"至于 B 先生，帕梅拉后来得知"他有两三次想要从内室中冲出到我面前来"，并且"承认我的话曾使他抹了两三次眼泪"（78，80，81）。B 先生在性反应与美学反应之间左右为难，（不同于堂吉诃德）他此处克制自己把观众的现实性强加在帕梅拉社会道德表演虚拟性之上，以此维持美学形式；但此场景的含糊不清具有挑战性。⑥ 后来，当用阅读帕梅拉的日记替代欣赏她的身体时，B 先生的心如此受感动，以至于"把脸转了过去，背着我"（208），性欲升华为美学愉悦的过程完成了。海默尔对此内室一幕的描绘（整版插图 10）极为忠实地再现了这一点。帕梅拉站在前景中央，身着自己乡村衣服的重要装束，像捧着婴儿一样拿着自己认为名正言顺拿回家的衣服包，而她脚下是两个会留下的包裹，因为里面有 B 先生和他母亲给她的更贵重衣服（注意缎带与刺绣褶边）。在帕梅拉的右手坐着她的首要听众，杰维斯太太。她前倾着，像流露情感的观众那样竖起手来。帕梅拉左手的背景是内室窗门，我们看到它后面的秘密听众，B 先生。他把遮蔽的帘子拉开，足以由此看到帕梅拉的表演。三位人物展示的是不同程度的在场。帕梅拉毫无心机地展示她的若干"伪装"，因此使它们的伪装能力无效。杰维斯太太公开扮演得到认可的听众角色。B 先生处于窥视者，而不是观众的秘密姿态中，似乎奇怪地附和帕梅拉的自我炫耀姿势，而夸耀地缺乏她

---

⑥　关于堂吉诃德，参阅图 7.1。

的坦诚。

在此系列的高潮场景中，舞台经理不是杰维斯太太，而是朱克斯太太。但理查逊再次坚持戏剧讽刺，的确，我们知道帕梅拉并不知道的事，就是她在戏剧化表演，而同时用第一人称回顾使我们的知识与她的重新调整。帕梅拉之前的表演已合理地使她对自己顽皮称为主人"内室工作"（78）之事感到怀疑，这次，她确定没有涉及内室：

> 两个钟头之后，大约是十一点钟，朱克斯太太和我上楼睡觉。我想到这一夜将会睡得平安舒畅，心中十分高兴。我们把两扇门都锁上，看到可怜的南（Nan）在房间的暗角落里坐在一把扶手椅子中，睡得很熟，她的围裙罩住她的脸和肩膀。可是啊，这位我以为的南竟是可恶的主人，你们马上就会听到我叙述他的情况……由于毫无睡意，而且话匣子已经打开了，因此我就开始讲起我本人的简短历史来，正如我曾经在杰维斯太太讲述的那样……我在脱衣服的这段时间中，朱克斯太太听我滔滔不绝地说着，对我的话没有打断一句。然后我说："唔，尽管主人已经远远离开这里了，但是自从在那个宅邸的内室里发生过那桩事以后，我还是必须到那两个内室里去看看才好。"于是，我就到两个内室里仔细查看了一下，并在我自己的内室里像往常一样跪下祈祷，手里还拿着衬衣裤，衣服都脱下来了。回来时，我从那位我以为睡着了的姑娘身旁经过。我根本没有想到，那竟是十恶不赦的主人穿着她的长外衣和裙子，她的围裙罩住他的脸和肩膀……那位假装的她来到床边，坐在帘子遮蔽着的椅子上开始脱衣服……来到床前……（173，175，176）

我们看到，在随后的场景中，B先生的欲望似乎是认识论与性方面的。此场景语义丰富性的另一个标记就是，尽管内室的过于武断的氛围从此场景中消失，此氛围（同时是虔诚的、书信的与性的隐私）渗透后来具有道德、美学、情色作品意义之事。

帕梅拉的内室已经成为她写信、写日记的主要场所。然而，她告诉杰维斯太太，她晚上无意再写什么，反而"开始讲起我本人的简短历史来"，以自己贫苦童年为始，进而到老夫人曾把她"仿佛当作贵族小姐"，并以自己当前期待"保全清白"为终(173—174)。理查逊创作的情色方面极大地取决于 B 先生的静止与秘密藏身地,他从贮存室内室监视帕梅拉时,通过这种藏身,他甚至更多的不是观众,而是窥视者,如果也是她受挫的趋上流动性历史听众的话。在更早场景内,于她的男装谦卑的表面延展中,帕梅拉如今不只是身着与自己之前地位相配的衣服,而且是"脱掉了所有衣服",B 先生的内室帘子部分遮挡也因南的长外衣、裙子、围裙而提升。极为重要的是,B 先生不再隐藏;他公开出现,只是伪装成女仆。此意象极为含糊不清。在海默尔对此场景的描绘中(整版插图 11),光线再次从床的上方进入,但如今来自油画之外的右方。在这幅得到出色描绘的画中,帕梅拉坐在靠近前景中间的床上,边脱衣服边借助图画说明讲述自己的简短历史,她的谦卑美德通过自己自愿脱衣而体现。在这种揭秘的天真中,帕梅拉相对地被 B 先生与朱克斯太太两位骗子形象框定,两人都遮住自己的身体,帕梅拉则袒露自己的身体:"像男人一样的"女仆掀开她的床单,而主人掀起女仆的围裙。B 先生的伪装使他"女人化"了吗? 如果是这样,是从该易变之词的何种意义上来说?

在《情书》中,异装是常用的伪装方式,贝恩运用得轻松自如,漫不经心。在《帕梅拉》中,异装是更罕见之事。贝恩笔下的浪子费兰德穿戴上侍女的"夜袍和头饰",他与自己岳父有无关紧要但令人发笑的挑逗性偶遇。理查逊笔下的"假装的她"穿上侍女的"长外衣和裙子"时,这个伪装是清楚的,实现自己诱捕帕梅拉,并对她为所欲为之目的的工具。这种暗示性更令人不安。尽管在帕梅拉主人身上没有看出喜好男风的暗示,他的确被她迷倒。然而,他以与锡德尼笔下的巴西利厄斯公爵、查理一世、贝恩笔下的塞萨里奥及其他人物极为不同的方式表述了自己的"女人化"。B 先生的拒绝不是性效果,而是社会效果。他的耻辱不是他像女人,而是他像仆人。他的虚拟趋下流动性被负面地道德化,正如帕梅拉自己的谦卑降格是从正面角度来理解一样。正如帕梅拉早期在小说中所言:"您降低自己的品格,对一个可怜的仆人这样放肆无礼,因此您已叫我忘掉了我自己和我应有的礼貌;您已缩短了命运在我们之间造成的距离。"(35)

655　在把理查逊与贝恩分离的 18 世纪中叶,性伪装已不怎么成为对公共与私人领域之间界限进行实验的普通手段。在与《情书》共享如此多这类界限关注之事的小说中,重要的实验手段不是性伪装,而是社会流动性,这不可能是巧合。在《帕梅拉》中,理查逊对面向社会关系的地位与阶级态度之间新兴冲突特别感兴趣。他也对通过趋上流动性再现社会变化的挑战感兴趣,仿佛它是社会静止的发展。这个挑战既困难,又难以避免。英国(与欧洲)文化此时正在经历的性别差异生物学化降低了作为流动性语域的性伪装功效。两性正变得如此不同,以至于不能貌似可信地被用于此目的;异装正开始意味着存在的差异,而不是貌似的差异。这不是说性经验如今不再抢先占据英国文化(如《帕梅拉》情节明示的那样),而是类似相反之事:性别差异的理念(因此是异性恋、婚姻、通奸与两分领域意识形态)足以稳定化与客观化,它可以支撑如是方式的大多重任,即现代文化倾向于触及身份、冲突、决断等事。但当性欲承担再现身份的能力时,它失去了再现变化的能力。原始阶级社会流动性适时开始运用该能力,正如社会范畴化的语言互惠地把生物固定性的权威传给性欲一样。但对理查逊而言,这些主题是危险的实验,需要某种间接性。反对把《帕梅拉》理解为情色作品的最充分的论点可能存在于如是承认:理查逊的重要兴趣不在于"如此"的性经验,而在于社会经验的性欲化再现。

家庭生活与内室

性欲在私人经验领域中成熟,后者如前者一样,在现代思想中呈现更稳定与规范的品质。理查逊对内室的描述提供了仍在进行中的发展的良好评断。在《帕梅拉》中,内室保留作为男性贵族及一家之长飞地的功能。[62] 帕梅拉仍在贝德福德郡时,她写道,B 先生"走进他的内室,那就是他的书房,房中挂满了名贵的图画。虽然称为内室,但却是一个宽大的房间;有一扇门敞开,跟邻接着的花园相通"(82)。家仆总管杰维斯太太的内室尽管小多了,但也有私人物品与自我表述的内在空间:"放有少量的书籍,一个有抽屉的柜子以及其他类似物品";在贮存室的内室里,杰维斯太太也"把糖果一类的东西放在这"(64,78)。帕梅拉的内室是多功能与矛盾的场所,一个不仅是顺从而且是主体性之地。理查逊用一个段落说明她把这个空间用于祷告和写作:"我走到我的内室。我做的第一件事就

656

---

[62]　参阅本书第 5 章,注释 20—24。

是跪在地上，重新为这一天的幸福感谢上帝……随后……笔和纸在我面前，我自己开始写信，以此消遣。"（295；也参阅235）如我们所见，如果内室是B先生在他对帕梅拉性侵犯之时的藏身地，她的内室与书写文具也为她提供了避难所。朱克斯太太在结婚当天把她的卧室收拾整齐，"迎接佳客"时，她能在此躲避对合法性行为的惧怕："因此我躲在内室，依靠笔和墨水作为消遣，并排除心中的忧虑不安。"（291）⑥③

　　帕梅拉的内室是剥夺自由的"监牢"，但也是消极自由之地："我进入内室，把自己锁在里面，打开我的信。"（155,118）她向父母描述自己逃跑计划时，她表述了此番双重性："我的计划是这样：我将尽量设法让朱克斯太太比我先睡；当我坐在内室里，房门被锁着时，她时常比我先睡。她的头一阵睡眠通常很深沉……如果我那时能从窗子的两根铁条中间钻过去……我就能落在下面的铅皮屋顶上。"（149）她发现自己的计划注定失败，因为花园后门上的锁已被换了。帕梅拉的监牢，如果不是她的宫殿，那么至少是某种发现替代的更好选择："接着我又感到，要是能重新回到我的内室就好了；我懊悔我所做的这次尝试。"（151）为这次逃跑准备，威廉斯先生已替帕梅拉拿到了花园后门备用钥匙，我们在此情节中听到了太多字面意义上的钥匙（参阅113,115,119,128,149,151）。在影射小说传统语境中解读这些选段，这可能似乎暂时暗示实际特殊性的揭秘。但在《帕梅拉》中，钥匙的修辞格已明确地改变了含意。朱克斯太太通过"内室""钥匙孔"窥探到她的信袋时，帕梅拉担心自己的"个人思想"与"秘密"会被人所知（197）。实际名字的人物对应已经转变为通向思想具体内层的钥匙孔。

　　如果暂退片刻，我们可能在《帕梅拉》设法实现的范畴分离中，获得对此类劳动的视角。理查逊在这示范书信集的序言中宣布了这个目标，他的第一部小说据说由此演变而来。理查逊附和洛克与笛福，在此写道："他已极力指出仆人与主人的本分，而不是奴隶与暴君的职责。"⑥④《帕梅

---

⑥③ 《被责难的帕梅拉》（*Pamela Censured*）（1741）的作者将内室的隐私与阅读、性（"两性之间的内室之事"，第45页）联系起来；也参阅第25、54—55页。

⑥④ Samuel Richardson，《最重要场合的特定朋友往来信件》（*Letters Written to and for Particular Friends , On the most Important Occasions*）（1741），重印为《重要场合的亲友书信》（*Familiar Letters on Important Occasions*），Brian W. Downs 编（London：Routledge，1928），第 xxviii 页。关于洛克与笛福，参阅本书第 1 章，注释 28、36。

拉》从私人与公共的分离转向私人领域内，婚姻与家庭生活类别的分离，进而使此劳动更进一步。在贝恩的影射小说中，私人领域内真正挑战性的冲突是通奸恋情自由，与婚姻、家庭生活束缚表象之间的冲突。尽管此冲突的条件继续留在 B 先生早期浪荡行为之中，确切地说，理查逊小说的决定性冲突是爱情婚姻自由，与结盟、权宜、利益婚姻束缚之间的冲突。真正的挑战不在于决定其中哪一个更合适，而在于将阶级活力的流动性与地位等级传统调和。帕梅拉拒绝 B 先生的慷慨提议，她"将成为我个人和我财产的女主人，就好像已举行过那荒唐可笑的仪式一样"（166），以此用自己的（如果不是用《妓女的巧言》中的）语言为作为妻子的"夫人"优越于作为妓女的"情妇"一事辩护。理查逊对如是差异的坚持也与同时代的如是忧惧对立：女性家庭服务与卖淫是大体重合的职业。[65]

　　但被吹嘘的解放使爱情婚姻成为必要，正如它充斥着消极自由标准一样。消极自由标准如今开始在所有现代生活领域发挥有力影响，并倾向于把婚姻庇护本身强化的旧有奴役模式遮蔽（这是《情书》中普遍蔑视婚姻的原因之一）。如内室提供的庇护一样，家庭庇护是双刃剑，宫殿也是监牢，隐私封住自己的公开性版本。尽管虚构先例已经存在（例如在玛丽·赫思笔下的阿马丽利斯），理查逊远没有为帕梅拉提供在婚姻缺失情况下的标准家庭生活可能性。他反而用戴弗斯夫人与 B 先生之间的对峙断言，婚姻是证明现代存在之精英统治的等级划分例外，它先于包括家庭生活的所有其他社会安排，并且是其前提。[66] 但拒绝把家庭生活与婚姻分离之举随后要求，家庭主妇与家仆的家庭生活应该分开。[67]《帕梅拉》以双重顺从（作为平民仆人及作为女性）的主角为特色，并揭示她借助婚姻实现趋上流动性之后的顺从坚持，已抹去了她的平民性，从而将这两个身份区分。通过这些方式，《帕梅拉》揭示，婚姻优先于所有其他事情。但理查逊的小说最初通过帕梅拉与林肯郡其他仆人的高度生产力隔离，随后通过她婚后管理家庭，以此竭力揭示，如果一位妻子继续是某种意义

---

[65]　关于《妓女的巧言》中的娼妓与妻子，参阅本书第 4 章，注释 103—108；关于家仆与娼妓的重合，参阅本书第 4 章，注释 75—77。

[66]　关于此处更全面的论述，参阅 McKeon，《英国小说的起源》，第 378—381 页。关于婚姻契约优先于民事契约，参阅本书第 3 章，注释 91—94。

[67]　关于它们之间的近似问题，参阅本书第 4 章，注释 45—47。

上的仆人，她的工作也可能明显地借助如是事实而与家庭服务区分，即作为"管理"的实际与虚拟模式的相对"公共"地位的事实。在不平等婚姻中，家庭生活的专制基础因劳动的等级分工而得以缓和或反映。

《帕梅拉》，理查逊的第二大成功之作尽管有可能的例外之处，然而它是迄今为止 18 世纪最有影响力的家庭小说。这是说它设立了模式，而不是说，对这些分离问题的所有解决方式得到之后作者们的接纳。在本研究的最后一章，我将简略论述四部小说，它们对《帕梅拉》先例进行了显著的改变，并把我们带入家庭小说最繁荣的时期——19 世纪。

第十五章　家庭小说的变体

　　《帕梅拉》出版两年后,一本小册子面世,声称前人有意探讨难懂的,特别是宗教秘密的深度时,他们秘密暗指女性性欲之谜,"女性特有器官"。① 这本恰当地名为《潘多拉之盒秘史》(*The Secret History of Pandora's Box*)的小册子把某种程度的欺诈归结于这些前人,他们可能甚至已把真正的关注自行隐藏起来,因为他们认为这是邪恶的:"无论有怎样的神秘感,吸引他们的注意,激发他们的感情,但因某类无与伦比的善变,所有这些极为真实玄奥与秘密之事被忽略,永远得不到具有宗教荣誉感的意象……但可能异教徒会说,我常听到的事情是由无品味之人告知,这些部分是真正的潘多拉之盒,这个盒子正是女性特有天性的讽喻。"(9,51)不用说,这篇女性性器官颂文的作者只是以正面的语调承认如是讽喻解读,其含意就是一度被认为必须揭示之事可能在这个启蒙时代,因其本质而被接受。

《范妮·希尔》

　　《潘多拉之盒秘史》可能被解读为18世纪情色作品兴起的诙谐假象。

---

① 《潘多拉之盒秘史》(*The Secret History of Pandora's Box*)(1742),第25页(随后引用在文中圆括号内标示)。这位匿名作者可能受弗朗西斯·培根(Francis Bacon)《古人的智慧》(*Wisdom of the Ancients*)启发(1609年拉丁文版,1619年翻译版)。

我已指出，近代早期的浪子书写有强调唯信仰论宗教、政治与智识模式的倾向；自由主义的性元素从一种手段演变到这些其他目的，进而成为自身的目的时，如此情色作品可以辨识。② 借助这种思考方式，约翰·克莱兰（John Cleland）的《范妮·希尔》（*Fanny Hill*）（正式名为《欢场女子回忆录》[*Memoirs of a Woman of Pleasure*]）（1749）作为第一部英国本土情色作品的口碑归功于如是事实：其自由主义在非常程度上，为性欲领域特有。我们已看到，《帕梅拉》的某些选段不由自主地具有情色作品的效果，因为它们的社会道德说教因男装转义的过于明智的能量而失去功能。通过揭露《帕梅拉》与帕梅拉的欺骗之处，菲尔丁的《莎梅拉》使它们的情色之作变成有心之作，美德的蓄意假装。在克莱兰的《回忆录》中，这种欺骗之意是缺失的，因为长久以来，唤起性欲，产生性愉悦的动机尽管从未说明，但似乎已成为至高无上的意图。

　　说教目的也没有缺失。范妮·希尔写的两封长信中的第一封，开篇是假以如是传统外表的历史真实性主张："我写下的是真相！全然直白的真相；我甚至于不会费心替它们遮掩上些许薄纱，只会描摹心之所想……最了不起的大人物……不会顾虑用裸体作品装饰自己的私人密室。"借助这部出版的作品，范妮通过使直白真相公之于众的方式令这些人有所进益。③ 为何目的？范妮多次提及，如自己的教养一样，她迁居伦敦是在完全脆弱的纯洁天真中发生："我天生的纯洁……没有在教育方面扎根。"（60；也参阅 40，90）其回忆录的出版是某种"忏悔"行为；它可能会为读者提供某类邪恶教育，她自己只是在第一手经验中了解到（129）。在回忆录的幸福结尾，范妮将其与美德动因联系起来。"或许你会嘲笑我在结尾处的道德说教……你会觉得，这是一个卑鄙狡猾的人妄图偷拿德行的神圣面纱遮在自己放荡的脸孔上……或者，就像一位作家想逃脱谋反的控诉，便将为国王祈祷设为作品的结尾。"（223）虚假的颂文可能将诽谤隐藏，正如外衣可能掩盖内在腐败一样，简言之，如"公共"伪装可能掩藏"私人"现实，因此，良好训诫的主张可能徒劳地为败坏样例开脱。尽管如此，正当

---

② 参阅本书第 6 章。

③ John Cleland，《欢场女子回忆录》（*Memoirs of a Woman of Pleasure*）（1749），Peter Wagner 编（Harmondsworth, UK：Penguin, 1985），第 39 页（随后引用源自本版本，并在文中圆括号内标示）。

理由是:"如果我用最欢快的色彩勾画了堕落,如果我用鲜花装饰了它,那只是为了让献给德行的祭品更加有分量,更加庄重……您会大喊,这个尝试太危险了。对于傻瓜确实如此;但真要是傻瓜,也不值得人去为他费这个心了。"(224)

因为《回忆录》并没有认真地佯称侵犯任何实际特殊性的隐私,它易受影响的这类诽谤指控是以淫秽诽谤法与腐蚀公众名义出现。④ 克莱兰非常清楚这一点。在缉拿他这本书的作者、印刷商与出版商的令状发布后,他用一系列呼吁为自己辩护,并模仿可敬的里维拉,为自己的合作者谋求宽恕:"我完全顺从我最坏的命运,但我极为痛苦地看到其他人因自己完全无关的此事而家破业亡。"⑤在此事件中,没有对克莱兰,以及他在出版依法仍为不得公开之作时的合作者采取法律行动。

因此,克莱兰理解自己的法律,但并不必然是自己的道德罪行。范妮·希尔的回忆录像没有自觉欺骗之意的莎梅拉回忆录一样。莎梅拉讲述的故事是,一位妓女如何伪装自己,并因成为他人妻子而得到回报。范妮的故事讲的是,一位天真女孩如何成为娼妓,随后尽管困难重重,她也获得相同的回报。莎梅拉的著名格言强调了她算计的虚伪:"我曾经想凭自己的姿色赚点钱,现在我要借自己的霉德(Vartue)发大财!"范妮的开篇记述讲的是,她如何被告知伦敦的生活拥有所有笛福式趋上流动性寓言的热切天真,尽管明着暗示菲尔丁的批判:"一些来自乡村的姑娘如何永久成就自己与自己所有亲人? 有些人保留自己霉德,借以如此令主人着迷,以至于与主人结婚,坐着马车,生活阔绰幸福;有些人还可能成为公爵夫人。"(41)⑥但如果范妮的罪恶并不包括欺骗,她的故事是以炫耀式运用隐喻的双重化方法来讲述,一个既让人回想起讽喻秘史,又使范妮自

---

④ 关于淫秽诽谤法,参阅本书第 6 章。

⑤ 《约翰·克莱兰致安德鲁·斯通(Andrew Stone)(国务秘书助手)的信》(1749 年 11 月 10 日),引自 William H. Epstein,《约翰·克莱兰》(*John Cleland：Images of a Life*)(New York：Columbia University Press, 1974),第 75 页。关于曼利的吁请,参阅本书第 13 章。

⑥ Henry Fielding,《莎梅拉》(*Shamela*)(1741),见《约瑟夫·安德鲁斯与莎梅拉》(*Joseph Andrews and Shamela*),Douglas Brooks-Davies 和 Thomas Keymer 编(Oxford：Oxford University Press, 1999),第 329—330 页。关于笛福的寓言样例,参阅 Michael McKeon,《英国小说的起源》(*The Origins of the English Novel, 1600—1740*)(Baltimore：Johns Hopkins University Press, 1987),第 221—223 页。

己的情色作品式直白复杂化的方法。

借助隐喻的虚拟性

　　绝大多数情况下，范妮的隐喻是人们熟悉的。我们发现，把其中一些视为秘史全面政治讽喻的残余（例如在《帕梅拉》中）是有启发的：因此查尔斯（Charles）是范妮的"主人"，她的"君王"，她的"专制主宰者"（74,76,79）。后来，范妮开始受和蔼的老鸨科尔太太（Mrs. Cole）的权威辖制。尽管为人慈善，这位老鸨有自己的"国家理性"（reasons of state），鼓吹如范妮一样的妓女将要遇到的"对所有那些愉悦任性品味的被动顺从与不抵抗学说"（125,134）。其他隐喻让人回想起复辟时期国务诗歌的政府委婉语：因此阳具是"首要工具与首席大臣"及"白杆"（83,157）。范妮比喻表述的另一品质，针对神职人员的讽刺的浪子情色作品残余，利用了宗教膜拜的行话（例如 132—133）。然而，另一个特点吸引我们关注作为"行业"的卖淫地位。通过布朗太太（Mrs. Brown），范妮对"此行的本质与秘密有了尚可的洞见"，特别借助菲比（Phoebe），她的"被选中的女导师"，"她的妓院管理者"（61,47）。但范妮在此行的学徒经历是在科尔太太那里结业，后者"是自己所在行业的完美翘楚"，"没有一位女人能比她更好地理解此行的所有秘密与精进之处"，例如"对我来说，确立的规则与行业秘密可以被当作一位处女"（124—125,130）。从诸如《妓女的巧言》（1683）等小册子而来的，作为秘密行业或技能的卖淫转义特别为我们熟知，当然，如我们所见，它更是字面描述，而不是转义。⑦ 此外，科尔太太的"秘密体系"的隐秘不仅源自其技能地位，而且源自缔造"必要的外在体面与放纵的秘密自由联盟"的需求，也就是说，将此行业的非法性质掩藏在合法行业的虚幻外表之下的需求（132,131）。因此，正如被范妮当作处女的"行业秘密"一样，"在外客厅，更确切地说在店铺中，坐着三位年轻女人。她们非常认真地忙着女帽工作，而这只是更珍贵商品交易的幌子而已"。在房子里的内室，有这些女人的若干个"隔间"，以及"一个宽敞的起居室"。"一旦夜幕降临，店铺的演示结束了，学园开业了，伪装庄重的面

---

⑦　参阅本书第4章。

具完全摘下来了。"(132)

科尔太太房子里的外/内,公共/私人房间安排与社会惯例对应,18世纪伦敦的淫业不得不按此执行,对成为公共与公开的秘密而言,私人秘密仍然有效。其他老鸨用不那么精致的伪装维系她们的行业隐秘,这显见于此幕之中:查尔斯指控布朗太太"佯称雇用仆人","欺骗"范妮(86),以此帮助范妮逃离布朗太太的控制。臭名昭著的女帽店距卖淫一步之遥,家庭服务也是如此。⑧ 雇用范妮不久之后,布朗太太让范妮安心:"她不会把我当作做家庭苦差的普通佣人,而是做她的某种伴侣。"此番话让我们回想到,范妮的《回忆录》及整个行业中最具普遍性的伪装隐喻可能就是家庭生活的隐喻(46)。妓院是贯穿这具有丰富沉淀之话语的"家"。在《回忆录》中,她们的生意被描绘成一种家庭生活模式,绝对君主与自由臣民之间的冲突松散地浓缩于家庭与世代术语之中,恰如在如此众多的18世纪小说中一样。布朗太太是"布朗妈妈",一个自利的母亲人物,她尽力通过与"一位年老绅士"签订的,类似唯利是图权宜婚姻形式的"不义契约"处置范妮。范妮真诚地抗议道:"但我无法爱您,的确,我无法做到!"(53,54,56)相比之下,科尔太太是"我的临时好妈妈",范妮的工友们"情同姐妹",是科尔太太的"女儿",周边的人是"一个友爱的小家庭"(54,181,125,124,131)。的确,克莱兰有些费心地说服我们,天真的范妮堕落成为娼妓的过程是一个微妙的过程,是通过家庭生活示意形象实现的卖淫活动中的社会化的家庭化。在布朗太太的妓院里,她"得到在院里四处漫步的许可,但要小心地避开看到任何同伴"。最终,"如他们所说的那样,如此彻底地被改造,如此顺从他们的口哨,以至于我的笼子门一打开,我只知道待在自己现在之地,对还该飞到哪儿去茫然无知……简言之,所有的事情都是要让我完全待在家里,防止我外出去别的地方"(60—61)。到她在科尔太太的妓院里确立地位的时候,范妮已经学会打消自己对家庭生活及女帽行业虚构的不信任,因为她知道自己当前的存在取决于此。

如鲁滨孙·克鲁索一样,范妮用家庭生活使不同的,但奇特相似的生活方式熟悉化,并与之适应。更准确地说,如匿名《情书》中的那位贵族一样,范妮用家庭生活隐藏、揭示不伦性欲。如先前文本一样,家庭生活凭

663

---

⑧　参阅本书第 4 章。

借自身突然地、可怕地在故事结尾出现。在自己消失之前，查尔斯似乎"为家庭幸福而生"，一旦"我成为他秘密结婚，不为人知的妻子"之后，他离开了"怀孕三个月"的范妮，并与"某位丈夫……一道去了海边"（85,88,91,209）。但范妮一直坚守，直到她被剥夺了这位神秘的"理性求乐者"继承权后，她用阔气的假寡妇身份取代自己假已婚状态（211—212）。查尔斯回来之后，甚至在他们的实际婚姻（显然是爱情婚姻）给"可爱孩子们"一个"合法父母身份"之前，他们有几次被当作夫妻（85,91,214,217,223）。我已指出，匿名《情书》的粗暴"家庭"禁闭将同性恋的终极亲密家庭化，并降格为完全的对立，即异性谋杀与弑婴。⑨ 范妮《回忆录》的家庭禁闭几乎看似与其他结尾一样是增添的，非理性化的，并将终极亲密的荣誉还给异性恋与家庭生活，即使凭借自身而声名狼藉的模式，私人妻子借此成为公共娼妓的典范。

　　然而，如果在秘史传统的影响下，我们受到诱惑，把这个结尾解读为"更伟大"之事的浓缩，我们可能得以谅解。查尔斯被自己"挥霍的父亲"出卖，他骗儿子"离开英国"，并让人"严格地看着他，甚至胜过国家罪犯"。数年后，查尔斯"得知自己父亲去世"，"如今可以再次开始新的天地"。他"两手空空地"回到英国，只从范妮那里得到一些财产（84,92,93,216,217）。在与"历经贫苦如此之久"后回归的他圆房时，范妮被他的"统治我们所有人的权杖器官"，他的"愉悦之物、这爱的国玺"弄得神魂颠倒。尽管她对其他情人的淫荡与关注并不陌生，如今她高兴地看到"放荡不羁的日子已很长——委实太长了。我此刻的感情如此珍贵，过去的那些放荡行为怎能与之相比。想起那些粗野的情人，我的羞耻心让自己不安，为自己的贞洁而懊悔叹息"（219,218）。尽管她做的类比与我一直指出的有所不同，范妮此处的动因是"用伟大与卑微对比"，并揶揄地援引维吉尔式传统，公共关注借此通过私人关注而得以家庭化。例如，读者可能思考的是，范妮不劳而获的钱财已把她置于可比作塞缪尔·巴特勒笔下寡居的英国的地位，不仅自主，而且被清教徒求爱者追求，如今她把臣民的自由交换成对国王的顺从。当然，这不是查理二世在英国复辟之事的明显讽喻（范妮在别处把女人的"驾驭角色"称为"我们内心的女王角色，通过自

664

---

⑨　参阅本书第12章。

身国家箴言而管理自己"），查尔斯的父亲听起来像奥利弗·克伦威尔，恰如查尔斯听起来像查理一世一样，但确切地说，是历史上变化的语义意在唤起克莱兰笔下主要人物的具体特殊性（176）。

相对的室内

范妮将伟大与卑微进行比较的另一种方式是在相对的室内领域。一天，她重回 H 先生安排她入住的"寓所"，发现"朝街的门开着……我上楼进入自己的卧室"，想着"在与我卧室以门相通的餐厅等着他"，但听到有声响时，她"轻步来到门前"，通过便利的"门洞"看到 H 先生正与自己的女仆汉娜（Hannah）行欢，也就是说，找到一个他很快"进门"的"入口"（104—105）。范妮"轻步回到我的内室"，决定报复 H 先生，引诱他刚收做佣人的"一位非常英俊的年轻小伙"。这个小伙子叫威尔，对性事既无知又天生异赋，这事很快就在餐厅同一个沙发上办成了……另一次，威尔"在走廊里站稳……一路顺直走"；范妮让他"暂歇……让他回到我这里，我让他快步前进"。但一个月后的某个早晨，"我在自己的内室"，与威尔在一起，"忘了把卧室的门关好，内室的门半开着，H 先生偷窥着我们"，随后"一声不吭地紧步离开。就在慌乱之际，我非常清楚地听到他转动钥匙，把卧室的门锁上，这样一来，没有退路，只能从餐厅出来"，H 先生在此等着与他们对峙（118—119,121）。

范妮通过对家庭室内（私密的，但因互通而不确保隐私的房间⑩）的细致记述，为我们提供了从内在空间的两个类比维度解读她性爱经验的方式。她对家庭布局的敏感性极为锐利，作为观者的她，自己的隐秘取决于此。在首次自渎的那个难忘一天，范妮于"情爱场景"中体会到了刺激：因恰好身处布朗太太内室，她成为这一幕的"女观众"，当时"我听到卧室传来的沙沙声响，与内室仅有两扇窗门之隔。门前的镜子拉着两面黄色锦缎帘子，但没有如此严实到可以防止内室的人把房内之事看个正着"（64,61）。第二天，菲比与范妮欣赏了另一场景，她们"极为轻步地走下楼梯，把黑暗内室之门打开……把门关上。我们的内室没有光。光从我们

665

的内室与有光的内室之间隔断的长缝隙中穿过，那里发生的事尽收眼底"。她们所见的，与她们如何所见相符：波莉（Polly）与恩客的行欢。这一景象如此惹人心火，以至于菲比"轻轻地把我从窥洞拉开"，让我帮她，随后"她再次把我带回如此满足我们好奇心的缝隙边"（66,67,68）。

　　尽管我们可能预期在范妮描写的同性场景中，会明显地用暗门楼梯的位置与语言作比喻。[11] 克莱兰使家庭探索的意象转向室外远足的意象，似乎以此标示自己对这种做法与男女之欢之间基本区别的认识。她的工友艾米莉（Emily）在化装舞会上被误认为一位男子时（她穿的牧羊人衣服暗示自己就是男子），她的同伴已有重大发现（"天，一位女人！"），把她摆好位置，"他……猛然朝岔道飞奔"，直到艾米莉的温柔抵抗遏止了他，随后"他调转马头，最终回归正道"（192）。就在随后的场景中，范妮发现自己在"酒馆"的一个房间里，隔壁有"两位年轻的花花公子"。"好奇心"，让她设法窥探他们的隐私，直到最后瞅见两个房间隔墙的补洞。范妮站在椅子上，够上去，"用锥尖很快将它凿穿，给我自己开了一个足以窥探的地方"。[12] 从"我在此驻守的极小开口处"，范妮把年纪小一些的花花公子"当作一位乔装的女孩"，直到看个真切。范妮感到吃惊，默默地看着两人的这一行为（193—195）。

　　范妮与克莱兰一样有不同的意义。艾米莉的错向伴侣最终充分利用自己错认她性别一事，但他对此的最初反应以"从极为温柔向寒心的转变，以及被迫的文雅"为标记。在它被揭示之前，他对艾米莉的方式于她而言是陌生的，并在文化层面难以解读的："带有某种奇特的匆忙求爱方式，可怜的艾米莉无法理解这背后的秘密，只能把它归结于他赞赏她乔装的气质"（191）。鸡奸显然是走一条错路。范妮看到这发生在两个男子之间时，她对"如此罪恶场景"极为愤怒，以至于她有意"把整个酒馆的人叫来捉拿他们"，确保他们依法承受"最严重的后果"，这比克莱兰自己就淫秽诽谤指控的定罪所蒙受的那些危险更终极。她的正义目标失败了，但科尔太太后来确认，范妮见证的不仅是特定行为之事，而且是身份之事：

──────────

[11]　参考匿名《情书》，本书第 12 章，注释 64—65。

[12]　窥淫癖的热切机智发现并破坏了克莱兰笔下的家庭窥洞场景，让人们回忆起更早时期的教会长老的窥洞，它们也是家庭性的，但通过宗教热忱的狂热来揭示。参阅本书第 3 章，注释 86。

在她可以指认的所有鸡奸者中,"鲜有品格在所有其他方面不是最无用与最可鄙之人,无不失去自身性别的男性美德,只是用我们女性最糟糕的邪恶与愚行填充"(194—196)。女人气正成为过于像女性,而不是过于喜欢女性的问题。性别之间日益明确的分离正因"性欲"之间的分离而得以强化,并相互交换。

我在这些论述中的目标之一就是证明克莱兰的自觉承诺,即对作为除自身之外的性活动隐喻比喻表述的承诺。这可能是对如是叙事提出的令人吃惊的主张,即因其为第一部英国情色作品而闻名的叙事,也就是致力于性描述与如此愉悦的叙事。克莱兰的《回忆录》明示,他如何对勃兴的,大多为法国哲学自由主义与唯物论的文学感到自在。这如何与他对比喻表述的偏好保持一致?尽管某些克莱兰(及范妮)的修辞格在本研究提出的论点中有特殊重要性(例如,政治隐喻,或家庭与身体内在性隐喻),他-她对比喻表述的偏好是折中的,普遍的。正是普遍对隐喻的求助,如今才需要我们的关注。

范妮在自己的回忆录开篇预测了查尔斯的最初出现,写道:"爱情本身主宰、操控着我,尽管有利益或可厌淫欲的存在。"在他夺去她的贞操后,她"重回他坚实的怀抱中,用只为真正爱情所知,纯粹淫欲无法唤起的热切与激情吻着他"(71,79)。在与H先生发生性关系之后,范妮为两者的不同而沉思,并从主动与被动、自觉行为与纯粹激情之间的不同方面来理解:"噢!我感到在这种纯粹动物愉悦印象,与由两性冲突而出的印象之间存在着何等的不同!后者是被动身体效果,源自甜蜜的愤怒,来自位居共同爱情激情享受之冠的,主动快乐的狂怒。"查尔斯在叙事的结尾重返时,他们的性结合再次"让我自觉的心甜美地跳动"(101,218—219)。这个措辞可能暗指范妮刚从自己恩人那里学来的"理性愉悦"学说,这位恩人"教我意识到,思想的愉悦胜于肉体的愉悦……某人起到把另一人的品味提升,完善到感官独自无法企及程度的作用"(211)。范妮的性唯物论超越了对粗俗感官经验的完全投入,并使之复杂化。确切地说,它涉及对立范畴的介入,这类似约瑟夫·艾迪生用此番话语描述之事:"总体来看,想象的愉悦既不如感知的愉悦那么粗糙,也不如理解的愉悦那么精细。"[13]显然(并带有某种明显的悖论),情色作品中的"快乐女人"具有想

──────────

[13]　参阅本书第7章,注释79。

象愉悦的特点。

愉 悦 本 身

范妮意在"愉悦本身的性质,其首要热衷对象就是对美的欣赏,无论在哪里,这都是稀罕的无价礼物,无关乎个人或地位"(120)。范妮比塞缪尔·约翰逊抢先一步。对约翰逊而言,关于莎士比亚价值的评断需要对其允诺的抽象愉悦进行评估,并给出独立于"个人影射、本地习俗或时下舆论"的评断。范妮则假定了一个实体,即"愉悦本身",它在外来因素已被剔除之后仍然保留。⑭ 愉悦本身因此是非功利性的产物。理性快乐者不是将愉悦智识化之人,而是最能够给予愉悦,感受愉悦之人,因为并不是完全嵌入,并习惯于个人、本地、时下感官的领域。如某些科学非功利性倡导者认为的那样,平民可能最佳掌控这类可概括的知识所需的道德-认识论中立,因此范妮相信"纯粹愉悦的享受"在"底层生活中更常遇见,并比那些大人物虚伪可笑的文雅更纯洁,更单纯"。这种"底层"人物之一就是她"谦卑的新任心上人"威尔:"他给予如此精致愉悦的能力难道不足
668 以使他地位得以提升,使他尊贵吗?"(120,116,117)"愉悦本身"从所有得以开化的,正在腐败的混合中抽象化,并在此时得到极端的展示:路易莎(Louisa)与范妮引诱好性子的迪克(Dick),这个笨孩子"的确习性笨拙,理解迟钝",口齿不清。他不仅完全"顺从""享受的普通法则",而且证明自己是热切且熟练的能手。的确,好性子的迪克是完美的美学代理人-主体,被自己的表现打败:"他在此关头似乎比本人更伟大:他的表情之前如此空洞,呆滞,如今因他行事的重要性而丰富起来……他的感情把他裹在可爱的恐惧之中,他的眼睛冒着火星,面庞因完全赋予另一种生命的狂热而发光,我自己对他敬畏到尊崇的程度。"(197,198,200)范妮可能说的是大卫·盖里克(David Garrick)。

通过理性与各种感官之间井然有序的平衡,范妮借以实现"愉悦本身"抽象化的实践之一,就是情色作品的窥视与虚拟性,她在此间已然习惯。在布朗太太的内室中,范妮被眼前之景击败:"所闻所见让我的灵魂

---

⑭ 关于约翰逊,参阅本书第 7 章,注释 106—107;但也参阅关于蒲柏的注释 121—122。

震颤,让我身体的每一个血管都在流动液体的火焰。我的感情变得如此狂野,以至于它几乎让我停止呼吸。"这就是亚当·斯密想象等同理论的有限实例:"由于我们对别人的感受没有直接经验,所以除了设身处地的想象外,我们无法知道别人的感受……只有借助想象,我们才能形成有关我们兄弟感觉的概念。"范妮是斯密的"观众",戏剧化地从"主要当事人"那里脱离出来,并转到替代感觉的极端中。⑮《自渎》(Onania)的作者认为,伴随自渎的想象如该行为本身一样"肮脏"。⑯ 在只通过观看他人行房就已实现的想象等同狂喜中,范妮如今发现自渎是一个用斯密的话来说,"设想此事落在"她自己身上的明确字面化方式:"我偷偷地把手放入我的衬裙,用如在火上煎烤的手指揉捏着我所有感官的核心之处,让它更刺激",直至高潮来临,"随后,我的感官恢复冷静,足以观察这幸福一对剩余之事"(62—63)。"愉悦本身"是产物,不只是"可厌淫欲",而且是在所闻、所见、理性推动的触摸之间平衡行为的产物,范妮自觉与此行为场景本身保持距离使之成为可能。⑰

　　如我已证明的那样,获得愉悦本身的另一个方法就是范妮频繁地,几近不加区分地求助隐喻。在自己比喻风格方面,范妮可能已受她早期卖淫训练的影响。因为如在其他亚文化的黑话话语中那样,基于修辞手法的私人语言是此类的主体。例如,在布朗太太的餐桌上,"主要在两位女士之间展开的交谈是以具有双关意义的表述进行",范妮只是大致理解(47)。⑱ 成功的卖淫需要双关语,我们不仅在范妮对隐喻的文风偏好中了解到这一点,而且它是作为社会实践的模式。因此科尔太太的"店铺"表象,白天的时候,前端公共房间用于女帽业;晚上的时候,后方私人房间成为妓院。范妮描述了这种体系化的伪装,她的所言使之暗示接近获得"愉悦本身"所需的道德-认识论(体面与放荡、文雅与粗俗之间)平衡:

---

⑮　参阅本书第 7 章,注释 111。

⑯　参阅本书第 6 章,注释 33—34。

⑰　相同情景可能不是通过窥视,而是借助性书来实现。参阅整版插图 2。

⑱　参考娇男亚文化语言,隐晦戏仿的其中一个客体实际上是同性卖淫的语言。参阅本书第 12 章,注释 72—73。唯一一种范妮拒绝从普遍层面考虑的比喻表述类型或"双重",就是鸡奸的"双向"(192)。

简而言之，这是城里最安全、最优雅，同时也是最顶级的会所——这里处处都彰显着体面，却又不会妨碍到最放荡的享乐；连这栋房子的熟客也不明白，这番风雅是如何与最粗野彻底的感官享受结合起来的。（132）

甚至更令人瞩目的是，范妮在之前的几页就以类似的话语感谢自己名义上的通信者，因为后者对如此一成不变地写一本关于"愉悦实践"之书时面对的"极其困难"深表同情："粗野、丑恶、下流的描述固然让人不快，装腔作势的比喻和矫揉造作的遁词也会让人取笑，然而在两者之间自始至终以一种笔调，一种高雅的方式讲述。"的确，对范妮而言，此处的隐喻听起来很像问题的一部分，恰如它听起来像问题借此通过"粗俗"与"文雅"的和解得以解决的调和方式一样。但我认为，她的核心目的就是使她的读者们参与想象等同，使他们明了纯粹文字无法单独表述之事，以此弥补她不可避免的，"少不了重复相似的场景、相似的主人公、相似的写法"。范妮语言的重复性与主题粗俗性的问题相关：两者源自"经历与表述的一致性，与此类主题难以分离，究其事物本质而言，底端或根基永远都是同一个"。如果她的语言是某种"劣势"，范妮建言，"至于我笔力所不及的，您可以用想象力和悟性来补充，一来能让您身临其境；二来如果我乏味的词句让您生厌，或不能尽述其迷人之处，适度的想象也会为之增色不少"（129）。

范妮常对自己的隐喻力量有信心，以此调停在她描述的，与她的读者们想象感觉之间的重要相同性，有时候她自觉地思考那个力量。范妮已670"让你免于描述"性交场景，用延展的航海隐喻将其替代，她忍不住道歉："我在此请求您的原谅，或许我用了太多比喻的修辞；情爱充满诗意，甚至可以说就是诗歌本身，充满瑰丽的想象和爱的隐喻。"（207）范妮有时候将作为作者的她，与作为她读者的我们的两种想象愉悦虚拟性之间的类比显化。在描述她被查尔斯插入的体验时，她停下来："哦！如今这狂喜的一幕如在眼前，我已握不住笔！我无法用语言将其描述，这超出了语言的能力，于是我把这任务交给您的想象，但是请带着和我一样的欲望去想象。"（220）范妮现在"观看着"自己对此事的回忆，正如她之前通过各类窥孔观看类似事情一样。如今我们被要求通过与我们想象等同保持一段距离的窥孔"观看"这个事件。根据这个记述，情色作品经验的结构模仿"愉悦本身"的美学经验。⑲

　　实际上,克莱兰似乎已经相信,他的独特文风可能将其从(不是"情色作品"而是)淫秽诽谤的指控中拯救出来。在向国务秘书的法律助手提交的申诉中,他坦诚自己的印刷商与出版商"当然被我在作品中避免那些污秽之词一事欺骗,那本是他们裁断是否淫秽的凭据,这让他们认为,在它们与所有法律风险之间已划了一道线"。⑳ 此类事先自我审查会避免出版后国家审查(或更糟)的误解可能也是克莱兰的误解。然而,范妮针对道德,而不是法律脆弱性而在《回忆录》中做的辩解(她的"结尾处的道德说教")可能从我们所知的,关于她对情色作品方法的事情中得到支持。《回忆录》结尾处,范妮已经完成《妓女的巧言》倡导的妓女联合诺言:她已成为妻子与作者。情色作品的作者得到恰当的理解,不只是通过坚持其承认美德的说教必要性为所有罪恶方式正名。愤世嫉俗、看法辩证的范妮并不是如此随和,她通过虚拟经验推动更艰苦与苛刻的调和辩证。作为窥视者的角色,范妮提供了想象等同样例,在解读作者范妮的作品时,我们自己的经验予以模仿。情色作品虚拟性的过滤改进、剔除未经调和的,第一手性活动的粗俗肉欲,留下"愉悦本身"残余,美学自觉感情,因为它是经验主义的,并从其经验主义根基中挖起,剥离。范妮以一个特别隐喻为结尾,写道:"就这样,我终于找到了停靠的港湾……我不禁同情起那些一心追求感官享乐的人,哪怕仅仅是从品味上来看,他们也无法感受到 ⟨671⟩'贞德'的魅力,它是'快感'最好的朋友,也是'堕落'最大的敌人。因此,'节制'让男人成为愉悦的主人,'放纵'则使他们沦为快感的奴隶。"(223)如果情色作品的窥视与虚伪的隐喻是范妮借以将愉悦本身抽象化,以资我们阅读的两种实践,不可缺少的第三类实践就是出版本身的实践,这确保她的经验也会成为我们的经验,只要我们与她的想象半路相逢。克莱兰的情色作品是公开的,不是因为其亲密隐私指涉政治现实性,而是因为它指涉的是想象虚拟性。

---

⑲　她的笔掉下来了,这也暗示暂时转向自渎吗? 参考贝恩《情书》中西尔维娅的"有罪之笔",参阅本书第 11 章,注释 38—39。关于范妮-克莱兰在如何成为有想象力的活跃读者方面的教导,也比较贝恩关于如何与自己笔下人物等同的教导,参阅本书第 11 章,注释 36—37。

⑳　《克莱兰致洛弗尔・斯坦霍普(Lovel Stanhope)的信》(1749 年 11 月 13 日),见 Epstein,《约翰・克莱兰》,第 77 页。

《项狄传》

在《范妮·希尔》中，我们遇到的性行为被范妮的相关隐喻表述（除此之外）虚拟化与美学化。劳伦斯·斯特恩（Laurence Sterne）的《项狄传》(*Tristram Shandy*)（1759—1767）中的如此性行为完全消失了，因为它完全是隐喻的。也就是说，性是将性感受的具体能力与其实际满足分离的，升华的暗示性。在斯特恩的小说中，性欲用彻底升华的猥琐可感共鸣充斥有感情的男人。斯特恩把克莱兰的情色作品带到下一层，并将其转化为别的东西。沃尔特（Walter）对自己的兄弟说："我认为，至少你应该把一个女人对头还是不对头分清楚吧。""对头，脱庇叔叔（Uncle Toby）说，一边嘴里低声念叨着这两个字，一边两眼茫然，盯着壁炉台由于接口不好而形成的小裂缝。——女人对头的地方！——我宣布，叔叔说，我对这一方面的了解跟对月球上的人的了解一样欠缺。"㉑这段交谈以多种方式让我们回想起《范妮·希尔》：鸡奸者把岔道误认为"正道"，揭示波莉"开口的裂缝"的黑暗内室"缝隙"。但在《项狄传》中，缝隙尽管无所不在，只是让我们与斯特恩笔下人物们回想起裂缝，我们从未像范妮那样，像我们看到波莉的那样真正"看到"它。斯特恩的小说同样是绝对家庭小说，和理查逊的小说一样：故事发生的唯一实际空间是项狄家的房间、楼梯和地板。然而，大多数情况下，女性在所有这些室内空间里是缺失的。尽管特里斯舛（Tristram）必然是自己父母的性交产物，因生殖器官神秘受伤而起的缺陷给"全家的运气"带来忧郁之气，因为特里斯舛极有可能象征着家族的终结（第 1 卷，第 1 章，第 3 页；也参阅第 1 卷，第 12 章，第 23 页；第 3 卷，第 8 章，第 125 页）。㉒ 项狄家族的现实性从历时时间角度来说，

㉑　Laurence Sterne，《项狄传》(*The Life and Opinions of Tristram Shandy, Gentleman*)，第 2 卷，第 7 章，Ian Watt 编（Boston：Houghton Mifflin，1965），第 78 页（随后引用源自本版本，并在文中圆括号内标示）。

㉒　特里斯舛身体缺陷的原因比较神秘，因为有太多可能的方式可以进行解释：他被机械般地怀上，不幸的命名，母亲结婚协议的漏洞，斯娄泼医生新发明的产钳，奥巴代亚（Obadiah）给药包打的死结，以及因苏珊娜（Susannah）、脱庇、下士特灵的共同粗心而造成的意外割礼。如梦的元素一样，特里斯舛的缺陷由多种因素决定，不是以实际、因果关系的参照，而是以这些关系既隐藏，又揭示的虚拟意义而被理解。借助相关含意，解剖层面的差异既是，也不是性别差异的指示。

处于消失的边缘。特里斯舛前边所做的一丝不苟的全面汇报记载了如是
家庭生活，即它已看似只存在于使具体虚拟性活力停滞的共时时间中。

　　项狄家的家庭亲密不是基于异性关系，而是基于同性社交关系。男
人取代了女人，这比斯娄泼医生（Dr. Slop）成功地取代女助产士更彻底。
尽管斯特里舛的母亲，伊丽莎白（Elizabeth）的结婚协议让我们回想起，男
人的工作是"干事"，女人的工作是"生育"，劳动的无生产力从该词的双重
意义来说，此处似乎是男性的失败（伊丽莎白的财产确实支撑了这个家）
（第 1 卷，第 15 章，第 29 页）。㉓ 然而，无生产力此处远非是鸡奸者（或妓
女，或通奸者）那被鄙视的放荡，而是从正面方向得以重估。的确，项狄家
的男人们从该词的现代，而不是残余意义来说是"女人气"的。但他们
"像"女人的方式与娇男极为不同，这部小说中隐喻之性的讥讽几乎专门
暗指异性行为，而非同性行为。为了欣赏"同性行为"主宰《项狄传》情节
的程度，我们需要将隐喻之性回溯到它似乎在这部小说中象征之事，即善
感（sensibility）。此处的男人像女人，因为他们对自己感情内在性的理解
类似 18 世纪女性日益相关之事。脱庇叔叔是我们有感情的男人的典范，
当他忍住不伤害某天晚上打扰他就餐的苍蝇时，特里斯舛写道："这种行
为本身……立即使我的整个身心产生了一种极其愉快的感情共鸣。"（第
2 卷，第 12 章，第 86 页）

感官与善感

　　18 世纪善感推崇为何颂扬有感情的男人，而不是有感情的女人？ 如美
学想象范畴一样，善感理念设法描绘如是感觉品质：它植根于肉体感官，但
表现了源自感官经验的中立抽象，感情经验的虚拟性，而不是可感经验的现
实性。准确地说，因为"性"在肉体层面为生育负责，它也深度植入调解善感
精妙化倾斜的感官中。不是说善感与可感经验没有联系。出身成就价值的
贵族理念拥有在外部与公共可见之事（头衔、官服、个人排场，甚至精致的面
色）的吸引力，并是内在与"私人"价值的可靠标记。善感推崇倾力关注脸

㉓　此例被夸大，因为沃尔特的确大概因"公事"常去皇家交易所（例如参阅第 2 卷，第 5 章，第
　　71 页）。

673　红、眼泪，以及深度感情的无意识身体标记，并从避免贵族特权意识形态的身体唯物论方面，把这种身体观念改造成社会道德示意体系。作为内化荣誉的女性美德概念对此尝试至关重要。在《帕梅拉》与《克拉丽莎》中，理查逊会让我们看到，腐败贵族的荣誉真的被那些大概只是协助男性血统延续之人拥有。女性美德通过对男性贵族侵扰的主动、极为明确的抵抗，以及在大多数被困扰的情况下，身体感觉的无声、无意识的真实性来表述。

斯特恩从理查逊那里借来这种反话语的"身体语言"，面对父系野心，这提供了真实人类关系的另一种方式。但他把能够抵御家族权威的英勇主动美德的可能性留下，并把女性的各类美德的位置留下。有感情的男人的情感性是从积极的男性生产力与过度的女性生育力的公共性中退却。特里斯舛的生殖缺陷与脱庇叔叔的伤使他们在解剖层面"像"女人，但也在从他们深陷肉体需要中解放出来方面不像女人。女性因她们性功能的生理自然性而受损；男性则相对摆脱这种身体感官的囚禁，不是与性、天性，而是与性别、教养相联。有感情的男人，这个文化类型把可辨识的女性美德纠正成特殊的男性占有。一位女性化的主角，一位有感情的男人将规范的性别特点重新并入父系文化在将其视为标准之性时坚持之事内。托马斯·罗兰森（Thomas Rowlandson）演绎有感情的男人时的欢闹（图 15.1）取决于他把善感从虚拟层面升华为实际层面的方式。罗兰森的乡村牧师正在读《女人论》（*An Essay on Woman*）（1762—1763），这本从他口袋里露出的书是对蒲柏所写《人论》（*Essay on Man*）的戏仿。它也或多或少地以相同的方式，在浪子之性与基督教仪式融合中，成为臭名昭著的淫秽、厌女、反鸡奸、亵渎神明之作。㉔ 罗兰森笔下的有感情的男人远远不是感觉上像女人，而是喜欢触摸女人。内在性是衣着上的，不是情感上的。

在最广泛意义上，善感理念意在为某种文化阐述外与内、身体与思想、理性与激情之间的关系。该文化日益运用于范畴的分离，而且运用于因完

㉔　《女人论》在书名页归于佩戈·波瑞威尔（Pego Borewell）名下，但实际上归于因出版而受迫害的约翰·威尔克斯（John Wilkes）名下。参阅 Randolph Trumbach，《启蒙时期英国的情色幻想与男性自由主义》（Erotic Fantasy and Male Libertinism in Enlightenment England），见《情色作品的发明》（*The Invention of Pornography：Obscenity and the Origins of Modernity，1500—1800*），Lynn Hunt 编（New York：Zone Books，1993），第 277 页，引用来源见注释 22。

图 15.1　Thomas Rowlandson,《有感情的男人》(*The Man of Feeling*)(1788),蚀刻画。承蒙耶鲁大学刘易斯·沃波尔(Lewis Walpole)图书馆惠允。

全分离事实而新近成为可能的各范畴融合。在《项狄传》中,善感最接近借助玩意儿(the hobbyhorse)理论的学说地位,这反过来源自日益过时的古老盖伦派医学如是假定:品性由四种体液的平衡决定。尽管我已暗示其融合的现代性,在这方面,善感也可被视为人类性欲等级制单性模式的最后且不大可能的渴望,性别对性的传统主宰仍然在明显女性化标准的男人可用性中显见。㉕ 这种理解是通过斯特恩小说中相关古语的流行而得以证明。例如,沃尔特对私人身体与公共国家之间一致性的确信成为他如是坚持的动机,即妻子伊丽莎白的结婚协议限制了她可能因预期分娩而前往伦敦的旅行次数;"它在民族机体跟自然机体中完全相同","这股人与钱都涌

674

_____

㉕　关于单性模式,参阅本书第 6 章,注释 5。

往都城干某种无聊勾当的潮流，——来得势不可挡，——甚至对我们的公民权利都造成了危险"。的确，这种政策可能"最终将会证明对君主式家长体制是致命的打击……在下面这一点上，他跟罗伯特·菲尔默爵士（Sir Robert Filmer）的观点完全一致"（第1卷，第18章，第35—36页）。

　　沃尔特的父权制以充斥《项狄传》的体液学说为基础，并与之匹配。善感似乎以某种方式现代化。玩意儿的体液理论假定灵魂与肉体之间的关系，后者对前者的习惯性影响在此及时开始看似自然，"从嬉笑开始，——却以十足的认真结束"："通过漫长的旅程和大量的摩擦，直到最后骑手的身体完完全全地充满了玩意儿的成分"（第1卷，第19章，第41页；第24章，第58页）。这不仅预示身体对思想的影响，而且预示思想对身体，激情对理性的影响。特里斯舛如此认真对待洛克就理性与想象、判断与巧智之间的区别，以至于他无法想起其中一个，如果他没有机智地将两者结合起来，将两者融合于使它们明显分离的过程中。如大卫·休谟一样，特里斯舛重视关于清晰明确之理念的洛克式观念，主要因为它同样推动理念联想的洛克式引擎的方式。当然，这对我们正在阅读的作品本质有重要影响。特里斯舛断言，洛克的《人类理解论》是"一本历史书……写的是在人的头脑中经过的事物"（第2卷，第2章，第66页）。作为现代模式的自传作者，他早些时候警告我们，在"我自己的历史"中，"凡是触动过我的事情，就其性质来说，没有一件可以等闲视之的，讲起来也没有一件啰嗦乏味的"（第1卷，第4章，第6页；第6章，第8页）。特里斯舛让我们回想起旁观者先生："让他了解关于自身的知识，不比了解发生在莫斯科或波兰之事更有益？"以及约翰逊博士："传记作者的职责是……将思想引入家庭隐私中。"㉖当然，那些模式中的家庭隐私聚焦，要比在特里斯舛的自传实践中更自愿。这言之有理，因为《项狄传》的书写是特里斯舛的玩意儿，它记录了既作为显性的效果，又作为隐性的自觉感情的"已触及我"之事。

　　这种身体与感情、感官与善感、公共与私人的融合是斯特恩的做法（modus operandi）。我们在主导他情节的叙述辩证原则中体验到了这一点，特里斯舛用这番话加以描述："借助于这样的手法，我的作品的情节机制便别具一格了；两种相反的运动被引进到里面，受到协调，而二者本来被

676

㉖　参阅本书第2章，注释94—95，第7章，注释31—32。

认为是水火不相容的。简而言之,我的作品是东拉西扯的,它也是循序渐进的,——而且是在同时进行的"(第 1 卷,第 22 章,第 54 页)。因为《项狄传》同时向前向后发展,它仍然站立,乃至产生负面时效的最终结果。这就是斯特恩对保持"时间的统一性,或者不如说是可能性"(第 2 卷,第 8 章,第 79 页)的阐述。剧作家与评论家正在学习参照想象的愉悦与力量,以此为在舞台上得以再现的时间,与被用来对此予以再现的时间的差异正名。斯特恩把戏剧谜语转化为叙述媒介,以此使之简化为终极荒谬,编造故事,对其解读的主观经验在此不可避免地超过客观故事本身,并使之内化,正如在休谟的哲学中,洛克的"反省"超越了他的"感觉",并使之内化。

考虑到两个媒介之间的基本不同,对地点的戏剧统一性的要求可能看上去难以转化为叙述;无论如何,较之于其主要活动被降格为家庭生活空间的小说,什么能成为更僵化的本地化呢?尽管如此,斯特恩的机巧暗示,如时间一样,地点也是终极的思想内在性效果,并以此克服这两个问题。我们知道,脱庇叔叔的玩意儿是那姆尔(Namur)之围,他是在那里腹股沟受伤。他在项狄家宅的个人房间桌上,试图物理再现那次战斗,但每次因缺乏足够的空间而受挫。因此他向自己喜爱的仆人抱怨:"我得想点更好的办法才行,特灵(Trim)。——你能不能把我的尺子拿来,量量这张桌子的长宽,再去给我定做一张同样大小的桌子?"但特灵有更好的主意。他指着挂在墙上的地图,声称可以依小成事:"对于老爷的高见我心悦诚服,要是我们在乡下,有上那么一路得(rood),或者一路得半的地方做我们喜欢做的事情。"通过对其紧扣字义的假象而容纳围城之战的可能性让脱庇叔叔非常高兴,"特灵下士的描述像火一样燃起了他的想象"。特里斯舛让我们对脱庇思考自己用来重现围城之战的实际空间有准确的理解,恰如他的记述以谨慎的身体词语,承认该空间的虚拟性,当它成为脱庇内心思考对象时:脱庇"自己有座小巧玲珑的乡间别墅",后面是"一大片约半公顷的家庭菜园",而在菜园尽头是"滚木球场",它"立马展现在眼前,突然给脱庇叔叔幻想的视网膜上绘出了奇异的色彩"(第 2 卷,第 5 章,第 72—75 页)。维系地点的统一性结果成为一件简单的事情,因为实际外在空间总是虚拟内在空间的功能。困难的是协调不同主体思考的虚拟空间。后来,多情寡妇沃德曼(Wadman)问脱庇:"亲爱的先生……您是在哪里受到这种可悲的打击的?"她"瞟了一眼脱庇叔叔红绒裤上的裤带，自然希望……脱庇叔叔会把他的食指按到那个地方”。但脱庇“是在圣尼古拉(St. Nicolas)堡门前受的伤”，他反而郑重地把她的手指按在围城地图上自己受伤的精确地方(第9卷，第26章，第489页)。特灵回想起阿芙拉·贝恩，对脱庇说道：“因为爱情，报告老爷，在这一点上完全像战争。”(第8卷，第21章，第441页)斯特恩用这种方法将“地势图”与“地形图”的实际参照转化为“传记”的虚拟美学参照，采用的是不同于菲尔丁的第一人称方式，但受他启发指导。[27]

界线的双重失败

在贝恩，以及随后菲尔丁的实践中，斯特恩可在实际文本内找到虚拟读者内化的先例。在所有三个实例中，实践不只是因反身性的愉悦，而且因它促成叙事说教的方式(借助作者-叙述者对读者的教诲)而正名。在《项狄传》中，作者与读者之间被假定的关系可能看似与菲尔丁予以的指导一样是自觉及可操控的能手，特别是《约瑟夫·安德鲁斯》的作者菲尔丁，我一直在特别思考特里斯舛与小姐的早期过往(第1卷，第18章，第37—38页；第20章，第43—44页)。这些效果遵循如是大致逻辑：从公共-私人动因中的其他创新而言，它为我们所熟悉，特别是沙夫茨伯里对印刷意义的评论：作者与读者的分离，尽管在修辞传统实践中足以显化，它如此坚持，以至于引出融合的洞见。[28] 至少部分因为斯特恩的第一人称叙述必然把叙述者带入事物的更深层面。然而，《项狄传》常常把说教

---

[27]　关于贝恩，参阅本书第11章；关于菲尔丁，参阅本书第7章，注释100—101。尽管如此，倾向于将《项狄传》解读为与威廉、玛丽及斯图亚特血统失败有关的复杂浓缩叙事，可能因斯特恩笔下有生育缺陷的主角，与詹姆斯二世党人早期针对威廉统治的诽谤指控之间的相似性而起。参考 Ralph Gray，《1689年4月11日加冕歌谣》(The Coronation Ballad, 11th April 1689)(1689)，第37—38、57—58行，见《国务诗歌》(Poems on Affairs of State：Augustan Satirical Verse，1660—1714)，第5卷，William J. Cameron编(New Haven, CT：Yale University Press, 1971)，第41—42、43页：“他配不上自己的妻子，/因为残忍接生婆手中的刀，/然而与彭廷(Benting)的龙阳之欢的确可人/……/他父亲与叔叔的反常野兽；/是他妻子不带把的粗人。”那姆尔之围在《项狄传》中占据如此重要的地位，如果是私人化的话。此战以1695年威廉军队胜利为结束。关于“彭廷”，即汉斯·威廉·彭廷克(Hans Willem Bentinck)，参阅本书第12章，注释16。

[28]　沙夫茨伯里关于作者与读者之间关系的论述，参阅本书第2章，注释142—146。

关系与"谈话"及参与创作的关系等同："写作，在恰当掌握时（你不妨相信我认为我的写作就是这样），只不过是谈话的另一种叫法而已：因为凡是知道自己在高朋满座时该干什么的人，没有一个会贸然无所不谈的；——同样，凡是懂得得体和良好教养的准确界线的作家，没有一个会冒昧地无所不想的：您若能对读者的理解力给予最真诚的尊重，那就要友好地把这件事情一分为二，不仅给自己留一些东西去想象，也要给读者留一些东西去想象。"（第 2 卷，第 11 章，第 83 页）特里斯舛的善意姿态将作为某种亲密互惠性的外化而发挥作用，如他已告诉我们的那样，这不可避免地存在于他自己与我们的思想内：特里斯舛，"适当的掌握者"对我们创造性的、不可预测的巧智予以评断。的确，他小心地给我们的不可预测性设限："那就让读者想象。"（第 2 卷，第 11 章，第 83 页）虽然如此，作为谈话的文本奇喻有效确认了反身性的维度，通过唤起面对面口述（并带有特殊暗示性的、性的）交流，避开因印刷传播而遗留下的公共-私人比喻表述。

　　嬉笑变得非常认真，斯特恩对想象愉悦的嗜好把自己的小说转为审美非功利性的不断反身运用，善感在此多少被视为感觉经验公认植根于此的根基。可能其反身性最吸引人的实例就是《项狄传》形式与内容在它们对界线失败双重关注中彼此反映的方式，一开始就在特里斯舛未能与自己生平故事同步中就已主题化的形式原则，因为他无法决定对"我家命运"所负的终极责任。特里斯舛未能把进步秩序强加在叙事界线之上，这是他被压扁的鼻子与有缺陷的阳具难以遏制的症状，他那被假定的，未能延续自己父系家族的失败。但《项狄传》不仅是对父系继承中男性骄傲的讽刺，而且为民众（的确，为家族成员）提出互动的替代方式。

　　脱庇与寡妇沃德曼之间关于他受伤位置的误解成为线性失效的示例，此处以理性评断为表现，并因联想的巧智、"位置"一词的多重含义而受挫。从评断与父系家族的视角来看，巧智联想的主导力量威胁着将我们完全隔离在我们个人玩意儿的孤独与唯我论中，也将性生殖引入死地，善感的虚拟共鸣。然而，从善感的视角来看，家庭纽带可能存在于家庭纽带的表面缺失中。与脱庇及寡妇一样，脱庇及沃尔特之间的沟通与终止不会在线性理性层面发生，恰如共有话语主题之上的各思想有意聚合。

然而，当最不受期待时，它们的确发生了：例如，沃尔特骑着自己的玩意儿时使用的隐喻语言（"训练"、"围困"、"极端潮气"或"辅助"等词）恰好阻止了脱庇的玩意儿（第 3 卷，第 18 章，第 141 页；第 41 章，第 178 页；第 5 卷，第 36—37 章，第 300—301 页；第 42—43 章，第 306—307 页）。这些不同体液的短暂、无意、偶然的交集为斯特恩笔下诸人物之间的同情等同提供了基础，并构成文雅沉默的，面向沟通的艰辛理性与话语尝试方式。在可能让我们回想起亚当·斯密看不见的手的模式中，公共与社会关系的方式通过个人自我介入而存在。㉙ 准确地说，将项狄家族男性联系起来的独有家庭特点，就是他们彼此之间的不同，他们性格的特有与体液的"原创性"。如特里斯舛所言："天地万物至高无上的造物主和第一设计师的手从来没有把这么一家人撮合到一块儿……人物的塑造和对比也具有我们项狄一家人所体现的那种戏剧性的祥和。"（第 3 卷，第 39 章，第 176 页）斯特恩的家庭聚合新模型取代了历时父系继承的组织原则，由个人组成的共时共同体，无法理性互动的隔绝单分体，但因同情联想的无意的、偶然的、全能的力量而结合。如果我们把作为斯特恩想象特有的，无生育力难以克服的问题搁置一边，《项狄传》可能被视为不仅提供个人书写中的极端实验，而且提供现代家庭的示范性深度模型，它不是极为明确地把自己珍视为当前的公共体制，而是在一代或两代人共时空间中使之聚合的情感纽带中珍视自己。

《汉弗莱·克林克》

在《项狄传》中，家庭生活作为针对更具目的性的生产力类型所做失败尝试的意外残余而聚合。在多比亚斯·斯摩莱特（Tobias Smollett）的《汉弗莱·克林克》（*Humphry Clinker*）（1771）中，家庭生活在主角马修·布兰布尔（Matthew Bramble）倡导的似是而非传统性背景之下鲜明突出。斯摩莱特这部作品的全名是《汉弗莱·克林克远足记》（*The Expedition of Humphry Clinker*），一开始就露馅了：尽管坏脾气的布兰布尔饶舌，这部小说最终完全不是和他有关，而是关于他的私生子，其"远

㉙　关于斯密，参阅本书第 1 章，注释 51。

足"只是布兰布尔家族真实本质最有说服力的标记。㉚《汉弗莱·克林克》并不是将内容局限在家中,像《项狄传》《帕梅拉》那样有资格成为伟大的家庭小说,而是如《天路历程》《鲁滨孙漂流记》那样离开家,历经各类冒险。历险产生了宅邸与家庭的意象,这对已被留在身后,但仍为已被替代之事提供令人满意之模型的更早理想模式构成挑战。㉛

我们最初遇到马修·布兰布尔时,我们不得不或多或少信以为真地接受他对布兰布尔庄园(Brambleton Hall)的记述。他的家信表达了对自己佃户家庭式、"封建"式关爱,这唤起因个人依赖关系而有等级分层的,有组织的共同体。地位与性别区分被明确标示,但它们被表现为更大家庭经济中相互依赖、不可分离的组成部分。马修对偷猎者希金斯(Higgins)有粗鲁但仁慈的关注,后者无疑"认为他有某种权利,特别是我不在的情况下,去分享自然似乎有意让人们共同使用之物"。马修的妹妹塔比瑟(Tabitha)写的家信甚至比他更关心管理地产的细节,这显然包括她对牛奶场生产外在工作的权威(4月17日,第14—15页;也参阅4月26日,第44页;5月6日,第61页)。㉜ 的确,布兰布尔庄园呈现的是贺拉斯式"乡村归隐"意象,田园诗般欢乐之地(locus amoenus),在这里食物是"天然土壤的产物,用适当的耕种方式准备好",为本地直接消费而生产(6月8日,第118、119页)。后来在旅途中,马修在苏格兰高地发现一处类似"完美天堂"之地,那里相互依赖关系的等级制度不禁让我们回想起这位一家之主迷失偏离的其他天堂:"毫无疑问,宗族与首领之间的联系是家长式的。它是建立在继承关注与感情之上,在数代人长久延续中

680

㉚ 斯摩莱特滋养了我们的不确定性。初期,他让布兰布尔在标记为4月23日的信中向通信者刘易斯医生提供了一个有效的替代书名:"要是我不知道你的职业已经使你习惯于聆听怨言的话,那我老是用我的通信麻烦你,我就会良心不安了。这些信真可以称之为'马修·布兰布尔的哀叹'。"《汉弗莱·克林克》(*The Expedition of Humphry Clinker*),Lewis M. Knapp 和 Paul-Gabriel Boucé 编(Oxford: Oxford University Press, 1984),第33页(随后包括信件日期与页码的引用源自本版本,并在文中圆括号内标示)。随后论述也利用了以下文献:Michael McKeon,《奢侈批评的美学化》(Aestheticising the Critique of Luxury: Smollett's *Humphry Clinker*),见《18世纪的奢侈》(*Luxury in the Eighteen Century: Debates, Desires, and Delectable Goods*),Maxine Berg 和 Elizabeth Eger 编(Basingstoke, UK: Palgrave Macmillan, 2003),第57—67页。

㉛ 关于《鲁滨孙漂流记》与《帕梅拉》,参阅本书第14章;关于《天路历程》,参阅本书第8章。

㉜ 关于作为普通使用权利的合宜性,参阅本书第1章;关于家庭经济,内外工作之间的流动区别,参阅本书第4章。

得到珍视。宗族把首领视为自己的父亲。"（9月6日，第254—255页）

怪 人 之 家

　　然而，布兰布尔家庭的旅行随同人员远非是家长式关系。如马修的外甥杰瑞（Jery）所言，他们实际上是因马修妹妹之死而新近偶然组合的"怪人之家"（4月2日，第8页）。马修与塔比瑟不是丈夫与妻子，而是各自未婚的兄妹，已成孤儿的杰瑞与利迪（Liddy）是他们的外甥与外甥女。杰瑞与利迪在不同的地方接受教育，在小说开篇彼此很少相聚。在自己第一封家信中，杰瑞提及自己妹妹时，好似说到一位陌生人："我发现她是一位17岁身材高挑曼妙的美人。"（4月2日，第8页）这的确是一个新近重新嵌入家庭土壤中的"旅行"之家，关于他们的关系有某种人为的，甚至戏剧的效果。利迪以如下方式给自己一位通信者写道："我没有自己的母亲，我希望您会让我向您祖露我可怜的内心，您总是扮演我的某种父母角色。"（4月6日，第9页）其他角色由其他参与者扮演。旅行团算上塔比瑟的侍女威妮弗蕾德·詹金斯（Winifred Jenkins），以及塔比瑟的狗儿乔德（Chowder）才算完整。乔德的健康问题是塔比瑟信中主要内容，马修也几乎一样。马修本人对布兰布尔家族的偶然性很直率："谢天谢地！我和塔比瑟并不是夫妻！我也不是其他那两个人的父亲。让他们去选择别的监护人好了。就我来说，我连照顾自己都没有条件呢，更不用说监督那
些行事轻率的少男少女的行为了。"（4月17日，第12页）

　　尽管有这种直率，贯穿这部小说的是如此强烈感受：这些高度扩展家庭成员各自演绎严格意义上的家庭纽带、坚不可破责任的场景，仿佛是掩饰他们家庭承诺的脆弱易变。例如，这显见于神秘的威尔逊先生（Mr. Wilson）及其爱慕、追求利迪的并行次要情节中。这从头至尾都在不时打断整个叙事，并唤起她哥哥针对威尔逊的老套骑士式愤怒。威尔逊的关注让杰瑞相信，他"对自己家庭的荣誉怀有某种不良企图"："每当我想到那个家伙的放肆时，我就怒不可遏。"相比之下，一家之主并未受威尔逊行为的搅扰，并对杰瑞的"家庭荣誉"冷嘲热讽："这个鲁莽的小子从未向我说过此事，径直去找威尔逊。我猜，他对对方足够无礼。这位戏剧英雄对传奇太投入了，以至于不能容忍这种使用法。他用无韵诗回复，一个形式

上的挑战接踵而至。"(6 月 12 日，第 144、145 页；8 月 8 日，第 224 页；4
月 17 日，第 12—13 页)斯摩莱特对布兰布尔家庭进行戏剧化描述，我们
觉得，它是在实现未"自然"发生之事过程中的表演实验。我们对此的解
读，某种程度上甚至可能开始渗透我们对作为可谓诗意理想的布兰布尔
庄园的理解，它可能美好到不像真的。

　　有意思的是，马修为田园生活的对立面，即他在旅行中所见的同时
代英国(特别是英国城市)悲叹时，被唤起的这种理想的欺骗性极为明
确。根据马修的记述，社会攀比与趋上流动性的诱惑已滋生显著的消
费危机，每个人都在此模仿上层。淳朴让位于复杂，有秩序的稳定让位
于流动与混合，自足与需求的自然规律让位于欲求的人为无限放纵。
国家(采用马修最爱的修辞手法之一)已被"某个传染病""感染"、"毁
灭"而"死去"，显然，只有快速消失的乡村家庭经济能为此提供解药。
或，采用他另一个最爱的，具有澎湃流动性的修辞格，稳定的、一成不变
的英国生活方式被奢侈的"洪水"、"浪潮"与"激流"淹没，把往昔的平衡
与传统，甚至相对新近的马修自己的青年往昔"席卷一空"。这些大部
分归罪于"被称为公众的喧闹怪物"(5 月 29 日，第 88 页)。马修把公共
社交性与私人归隐同步的古老田园生活和这个怪物对立："从这欺诈愚
蠢、傲慢无礼的疯狂骚乱来看，那我对隐居生活的宁静将更加神往，会
向其飞奔而去，还有那真诚的毫无保留的友情的抒发、乡村诸神的好客
和保护。总之，是贺拉斯自己也还没有体验够享受够的快乐。"(6 月 8
日，第 123 页)[33]

　　就纯粹的欺骗性而言，马修的田园生活可能更多地不是看似在整个
世界上困扰他的社会流动性本体论对立面，而是其幻想的反应形成。这
部分因为马修的判断明显不可靠，甚至有误。如项狄家的人一样，马修·
布兰布尔是一个有感情的男人，他的玩意儿能够让他与外部世界割裂。
如特里斯舛一样，马修发现在解释自己情境时，关于四种体液，以及它们
在身体全面循环的古老语言是有用的(例如参阅 4 月 23 日，第 33 页)。
然而，使斯摩莱特阐述中的人物类型复杂化的是马修的玩意儿令人晕眩

682

---

[33]　马修引用贺拉斯作品，第 2 卷，第 6 首讽刺诗；参考贺拉斯在第二抒情诗中对"幸福的人"
　　　(beatus ille)转义的讽刺化，参阅本书第 3 章，注释 97。

的反身性，尽管我们选择对其予以界定。一方面，我们可能把马修的玩意儿准确认定为他对外部世界的迷恋，以及它如何似乎随着时间流逝与自己所在地方的改变而变化。另一方面，它是他对自己内在疑病症的执念，这种外在身体疾病无法与内在思想状态分离。如马修告诉刘易斯医生（Dr. Lewis）一样，"这十四年来，我身体内有一所医院，并以最细致的关心研究我自己的病例"（4月20日，第23页）。问题在于，这个自学程序假定了被马修的疾病排除的，思想与身体、主体与客体的分离："我发现我的精神与我的健康彼此互惠影响。"（6月14日，第154页）实际上，马修的身体为他在死去的国家，社会流动的疾病中抨击之事提供了完美内化类似物。这可能在杰瑞对自己舅舅病情诊断中显见，他在此宁用新兴的善感语言，而不是体液循环的残余语言。"我认为，他的暴躁易怒一方面是因为他身体上的病痛，另一方面则是因为天生过分多愁善感。我认为他的情感和身体都在某些方面被赋予了过多病态的感觉……愤世嫉俗，为的是掩饰他那颗敏感的心。他的心非常柔弱，甚至到了脆弱的地步……的确，我从来没见过这么容易受好性情感染的疑病症患者。他是我见过的最滑稽的愤世嫉俗之人。"（4月18日，第17页；4月24日，第28页；4月30日，第49页）

杰瑞的"感染"修辞格确保我们看到马修本人的混合情况与更大国家情况之间的类比。微观与宏观世界之间的这种一致似乎对诸如马修这样自称的家长来说足够合适。但这是悖论的自动抵消现象，因为它由更伟大与更卑微的不一致实例之间的一致组成。我们要如何理解这种怪事？在他理想的自述中，马修作为传统主义者而在我们面前出现，对他而言，若干经验范畴，自然与艺术、主人与仆人、外部与内部工作、客体与主体、身体与思想、公共与私人拥有不易受分离影响的区别。然而，他的传统主义似乎始终人为地激发对诸多划时代分离的反应，而非引发相关前兆。这些分离标记现代性的到来；对马修而言，是以社会流动性与流动的当前危机为缩影。如杰瑞对自己舅舅的善感所做记述明示的那样，矛盾是马修人格的核心特点。简言之，它源自他戏仿区别的传统主义语言，以接近现代融合经验的倾向。在马修的戏仿中，区别的转瞬世界（差异在此被等级制度首要延续适应与容纳）既被模仿，又被批判，以便在分离（劳动与知识的现代分工）生效之前，编造一个自觉复杂化的世界假象。新兴的融合

文化因此被比作残余的区别文化,并通过相似性而能够支持其差异。㉞
我们可能发问,汉弗莱·克林克加入旅行随同人员一事如何改变了布兰
布尔家庭的构成,以此追寻这个思考线索。这个问题也勾勒出如是两者
之间的类比,即布兰布尔通过对旧事戏仿而接近新事,以及斯摩莱特对家
庭小说所做独特贡献。斯摩莱特的书名集中在汉弗莱的远足,而不是马
修,因为他的小说是关于旅行见闻的。旅行不仅是物理层面的,而且是社
会层面的,是真正远足或"陷足于"赤贫最底层,并被斯摩莱特邀请我们从
新与旧方面理解之力量予以解脱的趋上流动性。

汉弗莱是作为平民中最卑微的人而被介绍给布兰布尔一家人,"一位
衣衫褴褛的乡间小伙子",他"是一位和乞丐无异的无赖,身上连件衬衫都
没穿";"一个私生子,从小在济贫院长大。教区送他去一个乡下铁匠那里
学艺",但现今"生病了,贫困了",假如马修没有仁慈到让汉弗莱取代承担
令布兰布尔家马车倾覆责任的左马驭者,这位小伙子肯定会死去。因此,
马修显然有助于他鄙视的趋上流动性。但威妮弗蕾德说道,汉弗莱的"皮
肤像雪花石膏一样白",这警示我们,我们可能处于最古老的叙事传统,即
家庭传奇的领域中(5月24日,第80—81、82页)。当然,汉弗莱和他们
一样是有德行的。斯摩莱特允许他与马修的关系以既挫败,又鼓励我们
如是期待的方式发展:汉弗莱的血统要比它看似的那样高贵得多。他开
始以真诚及完全的天真在公共场合宣讲福音时,马修斥责他是"头脑错乱
的狂热分子……如果你真的是受到毫不安宁的想象力想出的幻想诱惑的
话……某个宽厚仁慈的人就可能会在疯人院给你提供一个黑咕隆咚的房
间和干净的稻草。在那里,你就没有能力用你的狂热来影响别人了"(6
月10日,第138页)。马修的"感染"、"狂热"、"想象"语言邀请我们通过
他的眼睛,把汉弗莱看作被他为此绝望的,出现在国家中的那种社会疾病
细菌。但我们也不禁回想到马修本人生病的身体,以及因其不受控制的
善感而放任的流动情绪。

当然,汉弗莱的灵性,无论从何根基中得以升华,它都不是一个孤立

684

㉞ 关于区别的传统文化,与融合的现代文化之间关系更全面的论述,参阅 Michael McKeon
编,《小说理论》(*Theory of the Novel:A Historical Approach*)(Baltimore:Johns Hopkins
University Press,2000),第 803—808、851—858 页。

的实例。"我们家的所有女人"已明显被汉弗莱的福音感染,威妮弗蕾德虔诚地指出寓意:"和新耶路撒冷的快乐比起来,伦敦的快乐只不过是发算(酸)的乳清和变质的平(苹)果汁罢了",这会让马修暂停,因为它把汉弗莱的平等主义卫理公会乌托邦理想,与马修的父权制田园乌托邦理想联系起来(6月10日,第137页;6月3日,第109页)。提及升华物,杰瑞的热血沸腾与家庭荣誉是怎样?随着情节的推进,我们学会把斯摩莱特笔下女性的特有热情不是认作宗教的,而是爱情的。马修用明显古怪的术语——"家庭经济"提及自己的家庭,写道:"我们这一家人还跟往常一样,没什么变化。我妹妹塔比瑟还是追随着卫理公会……可我相信,爱欲在某种程度上减少了她和自己的女仆詹金斯太太身上那股虔诚的热情……"杰瑞说(这让我们回想起他妹妹对神秘演员威尔逊先生的迷恋):"爱情似乎已经决定要控制我们家所有的女性。"(7月15日,第207页;7月18日,第208页)然而,利迪的爱情甚至让我们回想起马修的疑病症。据马修所言,"她脸色变苍白了,食欲也消退了,情绪很低落。她变得闷闷不乐、多愁善感,还经常流泪"(8月8日,第235页)。我们回想到,在杰瑞看来,马修"愤世嫉俗,为的是掩饰他那颗敏感的心。他的心非常柔弱,甚至到了脆弱的地步"(4月24日,第28页)。在马修看来,利迪"意志不够坚强,且易受人影响。当然,还很柔弱!确实,她爱掉眼泪,又爱读传奇小说"(4月17日,第12页)。

    洛克就"狂热"的非理性警告我们时,他的目标显然是某种宗教过度。斯威夫特嘲讽精神的机械运行时,他的升华模型要求我们看到宗教狂热与其他激情极端之间的家庭近似。斯摩莱特会让我们更为广泛地概括。我们把《汉弗莱·克林克》解读为激情,会逐渐开始看到,真正把这怪人之家组合的一个家庭特点就是情感理解、善感的症状。项狄式有感情的男人在理性与语言最受挫时刻体验到他们的亲情。在《汉弗莱·克林克》中,更多的是我们读者,而不是书中人物本身以同情等同的普通身份承认他们的家庭纽带,这成为他们常常斗嘴的基础。斯摩莱特的小说充斥着书中人物所指的,普遍作为"感人场景"之事,家庭苦痛及变形的变化图,这为布兰布尔家庭提供了借助美学中立的悖论运用,展示他们同情与仁慈反应的机会。善感的固定片段,这些场景将布兰布尔一家人自身的移情纳入感伤之中,以此将家庭易变的感伤戏剧化。这些家庭主体一时也成为他们自己表演的客观观众。随后的感情,在极适合这些场景本身之事的奢侈过分中,根据需求,而不是需要的美学标准而变得合适。过度自觉感情的易变性(仿佛是艺术的自觉美学生活反应,以及仿佛是生活的艺术)因此悖论地成为家庭相似性植根于此的稳定基础,是布兰布尔家庭身份问题的答案。

家 庭 传 奇

我们如何确认汉弗莱本人是这个家庭成员?斯摩莱特为我们提出两种不同的确认模式。一方面,我们见证汉弗莱所感所行像布兰布尔家的人。斯摩莱特的情节以一系列汉弗莱与马修之间感人场景为特色。马修对潜藏在巴斯(Bath)脏水之下的传染病式腐化怒不可遏到歇斯底里,这极为难忘的早期一幕唤起了有毒流动性的意象。这一系列场景将此意象延伸,并予以正面重估,以汉弗莱救马修一命的场景为高潮,当时家庭马车在试图趟过因下雨而暴涨的河水时倾覆。汉弗莱把马修救上岸,"仿佛他是一个六月大的婴儿",并把自己平民训练派上好用场,"用兽医的方法给他放血……很快血就不停地流出来"。马修并不愿意被汉弗莱自以为是的虔诚"拯救",如今真的被他诚实的善感及平民专门知识救了一命。其他家庭成员根据自己特有的善感,对这结果表述了自己的恐惧与宽慰,在利迪的例子中,善感优于宗谱:"'你——你真的是我舅舅吗?我亲爱的舅舅!我最好的朋友!我的父亲!你真的还活着吗?还是说,这只是我可怜的头脑的幻象呢?'……至于克林克,他的头脑好像也受了影响。他又笑又哭,还精神错乱似地跳起舞来。"(10 月 6 日,第 313—315 页)在这示范性错乱中,孩子成为这个男人的父亲。马修被自己的儿子救下,并重生。他小规模地展示了几乎要他命的流动性,并因此被惩戒,净化。仿佛是要在家庭与国家宏观层面概述这出矛盾戏剧,马修马上奖励汉弗莱,给他能使其财务独立的年金。因此,马修按自己的古老标准为汉弗莱提供社会流动与趋上流动性,这是成就他作为危险的社会疾病细菌之地位所需之事。

但另一方面,斯摩莱特立即为我们提出另一个确认方式,克林克真的是布兰布尔家的人。这个方式完全迁就已是马修默认模式的过时技巧，以此缓解汉弗莱社会擢升的危险。斯摩莱特运用所有传奇揭秘的自觉外饰（包括母亲的身份标志），以此揭示汉弗莱真的是马修的私生子，是"热血沸腾、放荡不拘的日子里"生下的孩子，并暂时用其母亲的名字继承财产，养大自己。如今，塔比瑟装作在汉弗莱脸上看到他"血管里留着我们的血统"的标记（10 月 6 日，第 317 页）。在传奇传统中，家庭传奇（身世揭秘的形式惯例）通常将外在出身与内在价值调和，通过揭示高贵父系，确认我们已在弃儿或私生子身上发现的高贵品性。因此，家庭传奇是马修"封建"乌托邦理想的恰当盟友，因为它维持了被认为已中断的传统隐性连续性与永恒性。早期小说常常戏仿家庭传奇，模仿其形式，但削弱其内容的贵族意识形态。在《帕梅拉》（1740）中，理查逊唤起读者对家庭传奇的期待，但以帕梅拉的美德回报，不是通过往昔，而是借助未来的回报，不是通过高贵的父母，而是借助趋上流动性婚姻而果断挫败相关期待。菲尔丁在《约瑟夫·安德鲁斯》（1742）中进一步更好地予以模仿，夸张地组织一系列如此不可能的家庭传奇揭秘，以至于我们不得不相信怀疑的真相（此事只能运用于虚构经验的具体及虚拟特殊性中），而不是表面的教训（出身确实与价值有关）。㉟

　　像《汉弗莱·克林卡》中的其他方面一样，菲尔丁是斯摩莱特的导师，但他对家庭传奇的运用也得益于理查逊式模型。斯摩莱特揭示，威尔逊先生不是卑微的巡游演员，而是一位绅士，恰好是马修大学旧友之子，以此很快强化自己小说的美学可信，而不是严格的经验主义可信。小说结尾是双重揭秘，以及将利迪与"威尔逊先生"、汉弗莱与威妮弗蕾德结合的

㉟　与斯摩莱特同时代的亚当·斯密用其他方式给家庭传奇本质主义解密，将"血缘力量"不是植根于天性，而是植根于教养，即家庭的经验主义经验："在一些悲剧和恋爱故事中，我们见到过许多美丽和动人的场景，它们以所谓血缘关系的力量为根据，或者以这样一种奇妙的感情——人们认为亲人们因具有这种感情而彼此想念，即使在他们知道彼此有这种关系之前也是这样——为根据。然而，我担心这种血缘关系的力量除了在悲剧和恋爱故事中存在以外，并不存在于其他任何地方。即使在悲剧和恋爱故事中，这种感情也只存在于同一个家庭中生活的那些人之间，即只存在于父母和子女之间、兄弟姐妹们之间。认为任何这种神秘的感情存在于堂表兄弟姐妹之间，甚或存在于姊妹叔伯和侄子侄女等等之间，都是大谬不然的想法。"《道德情操论》（*The Theory of Moral Sentiments*）（1759），D. D. Raphael 和 A. L. Macfie 编（Indianapolis：Liberty Classics，1982），第 222 页。关于家庭传奇，参阅 McKeon，《小说理论》，第 3 部分。

两次婚礼,并沉浸在非凡变形与戏剧结尾语言中(10 月 14 日,第 336、337 页;10 月 26 日,第 345 页;11 月 8 日,第 346 页)。尽管塔比瑟矫情造作,我们知道,不是宗谱的父系血统,而是善感的"热血澎湃"使汉弗莱被标记为布兰布尔家庭成员。尽管汉弗莱的确结果就是一位绅士之子,这个揭示更多地感觉像真实趋上流动性的衣衫褴褛混合,而不是具有传统家庭传奇特点的相对无缝契合。的确,汉弗莱与帕梅拉例子的不同之处,和他们的相似性同等重要。帕梅拉虽然是一位普通女仆,她已为上层阶级社会化到了如此程度,一开始她看似出身名门,尽管并非如此。但汉弗莱是被训练为乡村铁匠与马夫的弃儿,根深蒂固地带有平民教养的标记。他会作为一位农夫在自己父亲的地里劳动,正如他生而为此一样。他的举止会继续如自己早年受同化的那样。不是被认定的地位,而是活出来的经验决定了我们是谁。

687

　　的确,在社会流动性与交换现代情境下,传奇揭秘看似"现实主义"。也就是说,马修应该可能发现这位仆人是自己的儿子,他的家庭是勃兴的英国国家微型版本,在过去的七个月中,这是马修的演出,一个由个人组成的异质组合。因此,斯摩莱特戏仿"传奇"的诸多古老转义,取代它们的同时,保留一个实验。杰瑞与马修使用新兴"浪漫"转义的方式暗示了这个实验结果(参阅 9 月 3 日,第 236—244 页;8 月 28 日,第 244—249 页)。传奇的超自然描述主张可能被升华为情感反应时,传奇通过精神的世俗化而浪漫。苏格兰风景的崇高性不是其存在条件,而是其观者的狂热感情,并以矛盾修饰法的形式被想象成难以言喻的,"超越"想象之事。两位书信作者注意到,一位"斯摩莱特先生"把家安在洛蒙德湖(Loch Lomond)时,他们让我们回想到,处于主体与客体、想象与感官之间的浪漫崇高性勉强感觉得到的经验,也是我们在斯摩莱特的反身把玩传奇结尾时感受之事。这个结尾被悬置于故事与讲述,察觉一半之事与创造一半之事之间。

　　斯摩莱特对传奇揭秘的美学化如何阐明布兰布尔庄园家庭经济的田园生活?马修对现代国家的猛烈批判从未被明确驳斥,只不过是他对自己身体疾病的沮丧。斯摩莱特反而暗示,在这两个实例中,秩序与静止的据称标准条件可能更多的是疾病症状,而不是解药。在微观身体层面,马修于自己旅行中途汇报:"现在我开始感觉到锻炼的好处了……而且心境

一直很好，同样，也不会虚乏和过度。"临近结尾时，他确信："有时候我们
应该多活动一下机器……不时地纵身跃入过火的行为当中，以便……促
进情绪的有力循环，而这正是身体健康的真正实质和标准。"（7 月 18 日，
第 219 页；10 月 26 日，第 339 页）马修的旅行同样以这种方式发生，为的
是暗示，促使我们把布兰布尔庄园视为世间避难所的秘密花园（hortus
conclusus）的田园体是一个迷人的虚构，乡村宅院诗的后期影射。在同
时代的英国，乡村与城市、天真与腐化、自然与艺术密不可分地融合了。

作为辩证法的田园诗

　　至斯摩莱特时期，英伦三岛数世纪之久的耕作模式早已使"南方"与
"北方"分别被编码为"发达"与"欠发达"，并使之成为标准。但因为布兰
布尔的休闲且日益向北的旅行被体验为，且被合理化为从"南"至"北"的
田园之行持续链，链条中的每一环，例如穿过特威德河（the Tweed），从英
格兰到苏格兰，就其自身而言是貌似可信的，然而因其在更综合系列中的
位置而极端相对化。因此，低地之于高地，恰如英格兰之于苏格兰。正如
易怒的奥巴代亚·利斯马哈戈（Obadiah Lismahago）坚称，如果英格兰之
于苏格兰好似城市之于乡村，那么得以恰当理解的田园诗关系就不是分
离的关系，而是殖民剥削的关系（参阅 9 月 20 日，第 275—279 页）。马修
宣称的理想之事敦促我们每时每刻看到，相互专有的价值观与行为被持
续视为叠加、混合或陷入不可区分性。但这至少部分因为现代商品流通
使城市与乡村、宗主国与殖民地系统性地难以分离，成为同一硬币的两
面。的确，马修当前对奢侈的批判与证据的积累同步，他自己惬意地依赖
此积累的退潮与流动。在巴斯，他痛斥"冒失无礼的暴民"，他们的流动性
会增加，"除非把这股不可阻挡的愚蠢而奢侈的潮流冲向前进的溪流枯
竭，或是被扭转了渠道"。但就在随后一段中，马修告诉刘易斯医生："根
据你的建议，几天前，我寄钱到伦敦去买了半磅的人参，虽然我很怀疑，从
美洲来的是不是和我从东印度公司购买的同样有效。"（4 月 23 日，第
37—38 页）如他的私生子汉弗莱·克林克一样，马修的人参是他在现代
商品流通中扮演的秘密角色标记。马修已经习惯利用国际市场，并慢慢
完全暴露在，并有意沉溺于自己尖声大叫，试图与之保持距离的文化流动

性中。

如是揭示在苏格兰高地达到高潮。在格拉斯哥（Glasgow）北部的富饶"苏格兰天堂"，马修来到了渔业的欢乐之地，那里各类的鱼儿"在门口，等着被抓"。我们可能回想起布兰布尔庄园，那里的鱼儿，"它们被抓来后，我可以一连吃四个小时"（6月8日，第119页），除了马修正在改善的思想把我们引向极为不同的方向。如果宗族享受到了"财产与独立的滋味"会怎样？"虽然不能指望这个王国的绅士们应该实行商业计划来使他们的家臣独立……但是，一群商人经营得当的话，可能把苏格兰这一带的捕鱼业变成赢利颇丰的行业。我们的人很有欲望把美洲变成殖民地，可与此同时，到我们自己的岛屿上尚未开发的地方定居却可能会更有利。"（9月6日，第255—256页）

然而，马修后来建议自己的朋友贝纳德（Baynard），用最现代的灌溉改造方式改善后者正在荒芜的农场，他此时改善的意识形态更为明显。的确，这个简短情节提供了斯摩莱特戏仿技巧的清晰有益模型，因为这些是马修描述他呼吁的现代化时所用的术语："在贝纳德的允许下，我吩咐园艺工把小溪改为原有的水渠，那伊阿得（Naiads）已经在腐烂的树根、枯萎的树叶和干燥的石子中晕过去了，我们让它恢复了活力。灌木被连根拔起，娱乐场被恢复成原先的玉米地和牧场。"（10月26日，第343页）马修的记述自觉地用古老田园回归的落后语言装饰贝纳德农场的现代化改善，因此这让我们偏离土地使用的物质创新，而改善的语言本身为此提供了道德化的委婉语，我们被迫意识到马修戏仿田园生活，为的是将非常不同的农业现实熟悉化。在他回家的前夜，马修否认自己对"我的农场经济"有任何"抱怨的理由"，这意味着，他要么的确否认，要么布兰布尔庄园及其一家之长一直以来是述行古语的运用。社会规则从汤普森（E. P. Thompson）那里借来一个术语，并真的是社会"剧场"，田园惯例的表演，它更多的是身世揭秘的传奇惯例，而不是令人愉快的虚拟惯例。

汤普森已把社会剧场的理念运用于转型时期的文化政治。统治者的父权控制及其推论，他们臣民的惯有权利处于被侵蚀的过程中，斯摩莱特自己的转型时期，此时却没有被阶级关系的现代体系取代。在此情况下，"隶属"的隐性规则需要通过更显性的"协商"过程而强化。权力与权威之间被打开的空间是为诸社会角色自觉表演而预留的戏剧舞台；在诸社会角色之间，可以感受到参与一个洞察的，无剧本的戏剧之诸人物"结构互惠性"。㊱《汉弗莱·克林克》的大部分内容是通过这个假说而得以阐述，但它留下这样的不确定性：斯摩莱特是否会让我们把英国的疾病视为现代不定流动性，或传统的有序静止。我们阅读埃德蒙·伯克关于旧制度的"愉悦的幻觉"时，我们对他的偏好并不怀疑。㊲　如果需要从斯摩莱特690 那里汲取教训，那可能更多的是关于如何理解经验，而不是如何对其评价。最终，阅读《汉弗莱·克林克》是在传统性的广泛外表之下，学会察看该外表有助于促进创新现代化，并使之人性化的过程中汲取的教训。

非功利性叙述

　　当然，在某种程度上，这也是伯克的教训。但在斯摩莱特的同名主角身上，我们普通的、善解人意的平民形象，这远不是伯克在 1790 年赞同的标准。在何种意义上，斯摩莱特"赞同"他的主角？读者们常常发问，为何汉弗莱在所有布兰布尔家庭随同成员中是唯一一位没有写信的人？因为他是在中途加入这个家庭，并没有写信的对象，这个显然的答案只是重述了问题。对斯摩莱特而言，汉弗莱的标准地位是以他在小说书名及情节中表面上偶然，甚至意外出现为标记。他不是从未被允许成为主体之人，一个否认自己"声音"的，无读写能力的"下级"客体，而是作为最卑微、最随波逐流的平民，他起到斯摩莱特最小公分母的作用，并为每个人"发声"。《汉弗莱·克林克》是书信体形式的某种创新，因为它把重要的叙事角色分配给五位书信作者，他们在性别、年龄、社会地位、文化态度，甚至书信文风上都彼此迥然有异。斯摩莱特的书信体小说被读作理查逊现有经典先例的反面，后者笔下主角的书信在数量与权威方面都盖过了所有其他人。显然，斯摩莱特的作品是视角多样性与相对性方面的实验。马修写给刘易斯医生的信，与其他家庭成员的信混在一起。其他家庭成员对普通经验的反应如此广泛地反映众多价值观，以至于暗示，在《汉弗莱·克林克》中，事情

㊱　E. P. Thompson，《贵族与平民》（The Patricians and the Plebs），见《共有的习惯》（Customs in Common：Studies in Traditional Popular Culture）（New York：New Press，1991），第 2 章。引用的是汤普森的术语。

㊲　关于伯克，参阅本书第 7 章，注释 69—70。

的真相可能存在于现实的复合、混合的观点中。斯摩莱特的书信体创新显然与他对其他方面的混合及流动性真相的坚持保持一致。一家之主的修辞主导在戏剧层面是真实的，但是一个愉悦的幻觉，因为读者学会将马修的观点分解成事物更普通的评价，而不是把他的观点当作该评价的阐述。

　　对小说叙述模式所做的尝试，让人回想起同时代在创建科学、政治、审美非功利性标准时的实验，一旦关于国家与君主利益同步的隐性一致开始分崩离析时。[38]在《约瑟夫·安德鲁斯》中，菲尔丁反驳了帕梅拉书信体主宰的假定专制：他运用全知叙述，高于及低于单一角色不可避免之偏见的水平，特别是像菲尔丁把帕梅拉认定的，有如此道德缺陷之人。在《汉弗莱·克林克》中，斯摩莱特阐明，客观（非功利性）的叙述效果也可能在不放弃书信体模式的情况下实现，不是通过首要中立，而是通过原始社会学抽样方法。这个方法看似从特殊性与不一致的多种材料中获得一般真相。但汉弗莱避免抽样，不仅因为他没写信，而且因为他被划分为平民中最普通之人的地位，让他有资格呈现事物的普通观点。在他布兰布尔同伴家人极为不同的利益中（更不用说斯摩莱特笔下广泛的、家庭之外的角色），汉弗莱完全没有特殊利益，或使他只对人类地位特殊化的利益，这允许他代表所有整体利益。其他人物的书信参与诸事的流动与交换之中，这如今是世间之道，马修·布兰布尔正确地看到了这一点。但汉弗莱本人就是这样的商品：不是被买被售的客体，而是所有其他人可能被转化于此的普通人性的抽象方法，所有其他人可能借以被评判。斯摩莱特使汉弗莱成为居于社会存在核心的空白、易接受语域，人类感情与同情的感觉中枢，以此标记这种能力。汉弗莱的远足实现了在他来临之前，只是潜藏在布兰布尔家庭之中的事情。在斯摩莱特，以及斯特恩身上，非功利性被称作善感，家庭的聚合不是由其经久永恒构成，而是由其准时时刻的深度，以及情感结构的密度与真实性构成。

《傲慢与偏见》

　　简·奥斯丁（Jane Austin）发表的第二部小说情节附和隐私与公开性之

---

[38]　关于这些事宜，参阅本书第 7 章。

691

间的互动，我们已开始在新兴家庭小说中理解这一点。从我在这部长篇研究鼓励的深远视野来看，《傲慢与偏见》（*Pride and Prejudice*）中家庭与国家之间的恼人关系（成就了关于此主题的众多近代早期思想）已决定性地内化于、私人化在家庭领域内。这意味着冲突的术语大概与之前的相同，"扎于根基"，但它也意味着家庭与国家的分离不可避免地改变了冲突术语，因为它们的根基已被改变。我们迄今已读的某些文本简要概述投射的光，可能值得冒上使历史关系看似预定发展之险。在贝恩的《情书》中，废黜危机的政治提供了一个框架，即绝对主义专制与主体自由的对峙、家长权威与浪子放纵的对峙。在此框架内，父母与子女、丈夫与妻子之间的争斗得以暗示，既作为公共框架的类似物，又作为不同物而明白易懂。在理查逊的《帕梅拉》中，绝对暴君与反叛臣民的政治语言是隐喻，是以前本身的概略残余，不是面向家庭化劳动的讽喻所指，而是道德主体新兴家庭生活的若干能指之一。虽然如此，理查逊显著地依赖家庭政治的熟悉习语：戴弗斯夫人希望为自己弟弟 B 先生安排贵族结盟婚姻，而 B 先生予以抵制的能力，与自己承认"未受好的教养"，[39]以此使教养的隐性力量显化、无效的能力密切相关。

　　《傲慢与偏见》中的家事比《帕梅拉》的更甚，依靠更少私人化形式的沉淀：借助家庭教养的主体内在性构成，政治与道德主体身份的分离，臣民对国家权力的顺从，英国政体的王朝根底。拿破仑战争给奥斯丁笔下英格兰乡村中的国家家庭生活投下转瞬即逝的阴影，只是在小说的结尾，只是强调复原的失败，以使韦翰（Wickham）等人熟悉婚姻家庭生活的美德（"即使天下太平了，他们退伍回家，他们的生活终究难望安定"）。[40] 驻扎在麦里屯（Meryton）的民兵团维系着贯穿《傲慢与偏见》全书的微妙背景存在。对丽迪雅（Lydia）、吉蒂（Kitty）来说，这是浓厚兴趣的存在，对其他人物与我们而言则是更崇高的存在。在本地集会、舞会，以及起居室的聚会中，红色军服小心地散落在平民衣服之间。正如华兹华斯是在母亲和家庭主妇的膝下教育拿破仑那样，因此奥斯丁将他的战争内化于家庭生活之内。[41]

---

[39]　帕梅拉也"未受好的教养"。参阅本书第 14 章，注释 49。

[40]　Jane Austen，《傲慢与偏见》（*Pride and Prejudice*），James Kinsley, Isobel Armstrong 和 Frank W. Bradbrook 编（Oxford：Oxford University Press，1990），第 296 页（随后引用源自本版本，并在文中圆括号内标示）。

[41]　威廉·华兹华斯（William Wordsworth），参阅本书第 4 章，注释 63。

专制与臣民自由的主题明确地,但几乎隐形地织入私人领域的结构中。

他们自己和解之后,但在订立财产协议之前,达西(Darcy)向伊丽莎白(Elizabeth)坦承,自己也未受好的教养。"不幸我是一个独生子……虽然父母本身都是善良人,却纵容我自私自利,傲慢自大,甚至还鼓励我如此,教我如此。他们教我,除了自己家里人以外,不要把任何人放在眼里,教我看不起天下人,至少希望我去鄙薄别人的见识,鄙薄别人的长处,把天下人都看得不如我。"(282)如 B 先生一样,这个教训通过将是父系与同族包办婚姻确保的家庭完整的隐性假定而得以强化。达西与自己表妹的"隐性婚约"早就由他们各自的母亲谋划好。凯瑟琳·德波夫人(Lady Catherine de Bourgh)申明:"他们在摇篮里的时候,我们就打算把他们配成一对,眼见他们小两口子就要结婚,老姐妹俩的愿望就要达到,却忽然来了个出身卑贱、门户低微的小妮子从中作梗,何况这小妮子跟他家里非亲非眷!"但曾经仅被视为父系家族中一个计划的家庭,如今被认为包括众多竞争利益或(用情感欲望的更个人化语言)"愿望"在内。如伊丽莎白回答的那样:"你们姐妹俩费尽了心思筹划这段婚姻,成功不成功可要看别人。如果达西先生既没有责任跟他表妹结婚,也不愿意跟她结婚,那他为什么不能另外挑一个? 要是他挑中了我,我又为什么不能答应他?"(271)但个人选择的许可并不是绝对的。大家所忧惧的,丽迪雅与韦翰逃到格雷特纳格林(Gretna Green)及秘密结婚的允诺,用文化层面熟悉的术语设定了其界限(参阅图 3.4)。通常以"爱情婚姻"的隐私与隐秘为比喻的道德准则,因伊丽莎白对韦翰隐秘动机的怀疑而明显受损("可是为什么要这样秘密? ……为什么结婚要偷偷摸摸?")。"只要一想到丽迪雅给大家带来的耻辱和痛苦,她立刻就打消了一切的个人顾虑。"她们父亲的"怠惰"意味着必须找到另一位父亲保护家庭,防止丽迪雅自由主义带来的伤害。带有某种讽刺的是,结果是这位达西,他标准地为自己摆脱包办婚姻,但也同样标准地以严格"保密"的方式将它强加在自己未来妹夫的身上(214,210,243;参考 207)。[42]

随着事情的发展,真正的危险不是秘密结婚,而是完全没有结婚。据

---

[42]　的确,在伊丽莎白看来,因为达西对两位妻妹的看法,即对其中简的评价,最初是负面,随后是正面,这似乎是彬格莱根据自己感情行事之能力的前提(参阅 143,283—284)。

伊丽莎白舅妈嘉丁纳太太(Mrs. Gardiner)所言，无忧无虑的丽迪雅"断定他们俩迟早总要结婚，早一天迟一天毫无关系"(245)。丽迪雅是贝恩笔下毫无悔恨之心的西尔维娅，没有看到成为一位潇洒的佩剑男子可能只是放荡自理的外表，她没有这方面的意识。的确，对丽迪雅而言，战争公共世界的暗示是私人欲望的极强兴奋剂：伊丽莎白说道，"自从民兵团驻扎到麦里屯以后，她一脑子只想到谈情说爱，卖弄风情，勾搭军官。她先天就已经足够多情，再加上老是想这件事，谈这件事，想尽办法使自己的感情更加——我应该说更加什么呢？——更加容易被人家诱惑"。令人奇怪的是，结果不是伊丽莎白，而是丽迪雅不负责任地履行父亲的"独立之爱"，是极为真正意义上的此父之女(214—215，234)。用怠惰的班纳特先生(Mr. Bennet)的话说，"原来一切全仗达西的大力，他一手撮合他们的婚姻，为他们赔钱，替那个家伙还债，给他找差使！"(289)

　　因此，达西既是婚姻的独立主体，又是婚姻的家长式安排者。实际上，后者的成就使顺序得以完成，奥斯丁也在此将家庭传奇的贵族惯例转向自己的目的。该顺序始于彭伯里(Pemberley)，达西在此对伊丽莎白家庭"亲戚"，她的舅舅与舅妈嘉丁纳夫妇彬彬有礼，让她宽慰：不像她的父母，"她可以让他知道，她也有几个不丢脸的亲戚"(193)。后来，正是嘉丁纳先生首先承担安排丽迪雅与韦翰结婚的责任，并写信给班纳特先生，"可是我大胆地向你提出条件来"，设法"让我全权代表你处理这件事"，包括丽迪雅"从这所屋子里出嫁"(即嘉丁纳家)(229—230)。奥斯丁此处的微妙举措可能被恰当地称为家庭传奇的内化，因为尽管"真实"身世揭秘是从真正尊贵化的道德术语(嘉丁纳先生"无论在个性方面，在所受的教育方面，都高出他姐姐很多"，他的妻子是"和蔼聪慧，而又很文雅的女人")，在地位术语上并非如此，它也没有偏离直系家庭的界限(108)。达西从嘉丁纳先生那里接过以班纳特先生名义行事的角色，因此在情感上成为班纳特"家庭亲戚"，这实际上是在他通过与伊丽莎白结婚而能如此行事之前。此时的父母代理更进一步。达西会出席包办婚礼，正如丽迪雅用特有的清晰粗俗之言说的那样："因我需要舅舅主婚……因为还有达西先生可以代劳。"(242)结果，达西也的确如此行事。

　　如果我们对奥斯丁的家庭传奇戏仿予以足够的关注，其意义就是，尽管内在价值并不是父系出身的简单功能，它可能是家庭教养层面首要社会化的复杂功能,而且易受玛丽·渥斯顿克雷福特(Mary Wollstone-craft)以自己更带希望的情绪称为"个人教育"中"革命"之事力量的影响。[43]贵族"包办婚姻"体系同样在奥斯丁小说及其现代后世中作为深邃洞见而延续,个人主体自由选择的消极自由受制于早期童年成长的无形枷锁。尽管如《帕梅拉》一样,《傲慢与偏见》使主角的趋上流动性婚姻成为必要,并实现了不是与社会等级垂直刻度,而是与家庭平衡的水平刻度对立的"社会公义"。对我们来说,帕梅拉似乎在品性方面相对稳定,如此事实与她的行为竞技场是在"公共"的社会意义层面这个事实相关,伊丽莎白的发展是极为重要的"个人"成就,既不是她真实身世揭秘,也不是提升她父亲的丈夫的发现,而是如何重新融合父母示范性的发现。如奥斯丁费力明示的,从未质疑其道德能动性那样,伊丽莎白也未受好的教养。然而,对奥斯丁而言,对她现代后世而言,社会与道德的交集显然源自如是事实:父母的言传身教集中在婚姻的社会体制实践上。对贝恩笔下西尔维娅及其世界而言,"爱情婚姻"意味着当事人的自愿匹配,它只是可能在条件方面是矛盾的。只是在基于阶级的现代文化中,作为两位个人自愿选择的,公认的婚姻契约本质在文化习俗与婚姻法律的现实性中开始其缓步实现过程,"婚姻选择"本身的理念反过来完全受质疑分析的影响。 695
我们如何裁断基于与更"私人"对立的更"公共"之考虑的意愿相对真实性?为了简洁之故,我会从奥斯丁情节的厚密编织物中挑出一股如此裁决尝试之线。

婚姻选择的内化

《傲慢与偏见》以著名的第一句话开篇,为我们思考婚姻选择术语提供了一个对立的词汇,尽管日益从其他来源为我们所得,它一开始就深嵌于伊丽莎白父母的对立态度中。尽管"包办婚姻"的主题被奥斯丁极有效地内化于隐性父母影响的普遍意义中,早期它更特别地被比作做婚姻选择时,将"公共"需要提升到"私人"倾向之上,外在财务动机于内在情感动机之上此类影响。班纳特太太用自己的声音附和小说第一句话的必

---

[43] 参阅本书第 4 章,注释 59—60。

然论格言:"凡是有财产的单身汉……真是女儿们的福气!"也就是说,彬格莱(Bingley)的"算计"(用她丈夫的俏皮阐述)必定是嫁人(1)。这非常接近叙述者在第一章结尾提供的概述确认:班纳特太太"她的生平大事就是嫁女儿"(3)。班纳特先生的谨慎怀疑相反表述了如是看法:任何算计的推论需要我们首先知道(用叙述者的话来说)"这人的性情如何,见解如何"(1)。他对自己妻子的逗趣反驳也是对主体自由的严肃支持:"我可以写封信给你带去,就说随便他挑中了我哪一个女儿,我都心甘情愿地答应他把她娶过去"(2)。夏洛特·卢卡斯(Charlotte Lucas)提及,简·班纳特(Jane Bennet)会很好地把她对彬格莱的关注更"公开",伊丽莎白阐明她是她父亲女儿的所到程度。"伊丽莎白回答道:'倘使只求嫁一个有钱的男人,你这个办法妙极了……可惜简不是这样想,她为人处世,就是不愿意算计。'"(15)

　　一旦公共与私人结婚理由之间(父母包办婚姻与子女自由婚姻的对峙)的文化冲突是后者获胜,公共与私人动机类型之间的冲突再次是在胜者的领域中争斗而出。在此分工的微观层面,两个选择标准之间的隐性区别,必定成为显性分离。最真实的私人选择也不乏是最自觉的有意选择:感情与算计对立,激情与利益对立。可恶的科林斯先生(Mr. Collins)很快把自己的殷勤用于伊丽莎白,他此时似乎既证实班纳特先生对出于算计,而不是根据感情嫁人一事的粗鲁态度,又证实班纳特太太对如此常见动机的态度:"我差不多一进这屋子,就挑中了你做我的终身伴侣。不过关于这个问题,也许最好趁我现在还控制得住我自己感情的时候,先谈谈我要结婚的理由,更要谈一谈我来到哈福德郡(Hertfordshire)择偶的打算,因为我的确是存着那种打算的。"(80)很快,夏洛特鼓励被拒绝的科林斯先生的追求对象,以此承袭了算计者典范的衣钵。至于伊丽莎白,"她一向觉得,夏洛特关于婚姻问题方面的见解,跟她颇不一致,却不曾料到一旦事到临头,她竟会完全不顾高尚的情操,来屈就一些世俗的利益……她朋友抓的这一个阄儿,绝不会给她自己带来多大的幸福"(96—97)。她激励自己的姐姐简,"你也会同我一样地感觉到,只有头脑不健全的女人才肯嫁给他……你千万不要……千方百计地说服我,或是说服你自己去相信,自私自利就是谨慎"(105)。

　　得知自己迷恋的韦翰将殷勤转向一位女继承人后,伊丽莎白的坚信很快受挫。嘉丁纳太太暗示,这可能说明韦翰方面的唯利是图动机,伊丽莎白受此刺激,反驳道:"请问你,亲爱的舅妈,拿婚姻问题来讲,见钱眼红与动机正当究竟有什么不同?"(118)如今,算计与感情(公共与私人、金钱与情感的结婚动机)之间的分离更不容易维系。然而,很久之后,嘉丁纳太太描述达西干涉韦翰此要事时的语言,远不是挑战那种分离,而是将其既有评价翻转。因为丽迪雅拒绝离开韦翰,"于是达西想到,他第一次跟韦翰谈话的时候,明明发觉对方毫无结婚的打算,当然只有赶快促成他们结婚……韦翰仍然指望到别的地方去另外攀门亲,以便扎扎实实地赚进一笔钱"(245)。丽迪雅在婚姻选择中对自己"感情"的真实不仅是自私的,而且是被骗了,达西为韦翰编造的可被人接受的,显然是唯利是图的"算计",也显然是高贵的。

　　把外在重估为内在动机选择,这可能于一个单词在叙事过程里转变其意的方式中显见。几乎一开始,不仅伊丽莎白,而且我们已就达西对她家庭"亲戚"的蔑视颇为敏感。我们的叙述者坦言:"达西对她非常着迷,以前任何女人也不曾使他这样着迷过。他不由得一本正经地想着,要不是她的亲戚出身微贱,那我就难免危险了。"(38)费茨威廉上校(Colonel Fitzwilliam)告诉她,达西"最近使一位朋友没有结成一门冒昧的婚姻,免却了许多麻烦",伊丽莎白合理地猜测所说的那位朋友就是彬格莱,确信达西的傲慢,"最受伤的莫过于让他的朋友跟门户低微的人家结亲,至于跟没有见识的人家结亲,他倒不会过分计较"(143—144)。凯瑟琳·德波夫人,奥斯丁笔下的戴弗斯夫人对亲戚的界定性阐述,是基于该词传统公共的、王朝的意思。她在伊丽莎白身上看到:"你这样的一个小妮子,无论家世、亲戚、财产,都谈不上,难道光凭着你的痴心妄想,就可以把他们拆散吗?……你的确是个绅士的女儿。可是你妈是个什么样的人?"(272)

　　但在达西笨拙地向自己表述"情感",伊丽莎白轻蔑地予以拒绝之后,他的书信回复将"你母亲的娘家亲族"纯粹"叫人不太满意",与"你母亲始终如一地做出许多没有体统的事情来"区分。达西设法保全自己的朋友,使其摆脱简的"极其糟糕的亲族",此外,他的意思不是她的外在地位,而是她的内在情感,她表面上对彬格莱"无动于衷"。夏洛特对此有所提醒,而伊丽莎白已将其解释为一位可敬的,没有"算计"意识之人的自觉感情(152)。达西把自己对伊丽莎白的爱体验成一种可感受到的,与那些"超越我自己家族圈"

之人的连结。他通过自己在丽迪雅婚礼上的真实出席而将此感情有形化。伊丽莎白思忖道，"那样一个场面，那样两个当事人，他当然万万不愿意参与，也绝对没有理由去参与"。在写给舅妈的信中，她发问："他跟我们非亲非眷，而且跟我们家里相当陌生，竟会跟你们一同参加这次婚礼？"（242）如斯特恩与斯摩莱特笔下有感情的男人一样，达西发现，当贵族父系家族的理性被忽视或无视时，通情达理的亲戚可能最容易获得。家庭亲戚在此极端中被简化为凯瑟琳夫人恐惧症式布兰布尔主义的非理性："彭伯里的门第能够这样给人糟蹋吗？"家庭亲戚在《傲慢与偏见》中得到正面重估，不是外在导向的顺从，而是内在导向的接受，前者是我们对把我们排斥在外的嫉妒原则展示的顺从，后者是对那些同情地谋求我们幸福之人的接受。班纳特先生的财产将被限定给科林斯先生继承的事实成为推动情节发展的问题，它不是父系将要结束的历时问题，而是当前一代（班纳特的女儿们）将要失去财产安全的共时问题。凯瑟琳夫人对伊丽莎白说道："好一个没有心肝、自私自利的小丫头！你难道不知道，他跟你结了婚，大家都要看不起他吗？"伊丽莎白对此回答道："我自有主张，怎么样做会幸福，我就决定怎么样做，你管不了，任何像你这样的局外人也都管不了。"（273）

　　凯瑟琳夫人对"情感"标准的自私求助与丽迪雅的所为构成一个幅度的两端，这成为一个环圈，其标准核心就是赋予我们理解的家庭生活领域，它将在彭伯里盛行。在小说结尾，伊丽莎白把父母在朗伯恩（Longbourn）家中戏仿的，有缺陷的"家庭幸福"抛在身后。正如开始时那样，这种幸福是在她母亲持久"愚蠢"社会抱负，与她父亲精神浪子独立之间的分裂，我们已开始看到后者蕴含一种危险的唯我论不负责任（295）。相比之下，伊丽莎白与达西已经展示出他们经营在朗伯恩被排除的家庭亲密中间地带之事的能力，公共与私人关注于此一道聚合在思想和家庭的室内空间中。如果两人都未受好的教养，两人得到重新教育，以便避免无意识使父母的傲慢与偏见不朽的那类"包办婚姻"。嘉丁纳太太预测了达西的婚姻改造："他没有任何缺点，只不过稍欠活泼；关于这一点，只要他结婚结得当心一些，娶个好太太，他也许会让她给教好的。"（247）但在达西自己的眼中，他已经被改造了："我哪一点不都是亏了你！"他向伊丽莎白大声说道："你给了我一顿教训，开头我当然受不了，可是我实在受益匪浅。"他解释，自己在彭伯里令人吃惊的"文雅"是有意识尝试的一部分，是让"你知道我已经重视了你的责备"(282,283)。因此从她未来丈夫的视角来看,伊丽莎白已经是家庭领域的道德主体,内化于家庭私人空间的道德公共管理者。

第三人称效果

伊丽莎白的改造是整部小说的工作,它也使说教关系成为必要。迄今为止,我的大多论述可能不是源自奥斯丁的《傲慢与偏见》,而是源自弗朗西斯·伯尼(Frances Burney)的《伊芙琳娜》(*Evelina*)(1778)相关解读。伯尼对19世纪小说创作基础的家庭范式阐述如此重要。但《伊芙琳娜》因其对书信形式的全然着迷而是一部书信体小说,《傲慢与偏见》对叙事技巧做出重大的不同选择。奥斯丁的小说充满了书信,并被认为以书信体形式开始,这让我们回想起贝恩、理查逊及众多他人描述内在隐私及其界限时所做的更早实验。贝恩在单一叙事空间内从书信体向第三人称叙述的转变,对叙述工具的发展,与针对隐私及公开性辩证关系的态度发展之间关系具有独特暗示作用。㊹　但书信体与第三人称叙述在这方面也有大多共同之处。叙事杂交的有趣实验通过可能被称为第三人称效果(私人成为公共)之事,而在两种叙事模式中发生,是在书中人物理解书信意义过程中明确得以描述之时实现的。例如,班纳特一家人对她们的堂哥将继承家宅的事实普遍持负面态度,班纳特先生指出,"要是你听听他这封信里所说的话,那你就会心肠软一些,因为他这番表明心迹还算不错"(46),这就更精确地特殊化了。这番话说给班纳特太太,但结果是,我们不仅在来信的文本中听到了科林斯先生的声音,而且也听到了四位家庭成员对此所做不同回应的声音。因描述读信的读者而产生的第三人称效果,既是中立,又是内在性。它可能让我们回想起非功利性效果,斯摩莱特将布兰布尔家庭对共同旅行的阐释经验,而不是共同书信的若干不同反应心照不宣地并置,以此在《汉弗莱·克林克》中实现如是效果。

这个效果不仅可以通过关注读者的多样性,而且可以通过追踪单一读者的反应发展来实现。后来,伊丽莎白反复阅读达西的长信,每一次都在校

699

㊹　参阅本书第11章,注释27—35。参考曼利对第一人称叙述、自传非书信体模式的实验,见本书第13章。

正理解错误，不仅是在自己之前的解读中，而且在她过于急切，过于自信地于现实中"解读"他的方式。"她越想越惭愧得无地自容。不论想到达西也好，想到韦翰也好，她总是觉得自己以往未免太盲目，太偏心，对人存了偏见，而且不近情理。"(159)这一幕痛苦细读让我们回想起涉及伪造、匿名书信的更早叙事中众多相似场景；书信作者的实际身份真相深嵌文本中，通过日益敏感的重新阅读而被费劲地挖出。例如，在《情书》的第三人称部分，第三人称、私人成为公共的效果常常是在书信体背景中实现，当书中人物通过多重解读发现书信身份之秘时。如是多重解读揭示了文体与假定作者、文体与假设收信人，甚至称为来自同一人的两封书信文体之间的分裂。

　　当然，贝恩与奥斯丁通过书信体解读场景实现第三人称中立的方式之间也存在不同，特别是在揭示之事的本性方面。一方面，贝恩作品中的重要发现（即这封信是布里亚德所写，而不是奥克塔维奥；那封信是写给费兰德，而不是奥克塔维奥）是实际身份之一。在《傲慢与偏见》中，书信隐藏的不是它们作者的身份，而是它们的动机及情感道德品质，并通过辛勤解读而得以揭示。这不是说，贝恩缺乏对任何比外在身份类型更内在化的个人揭示类型的兴趣，而是她及笔下人物并不把"外"与"内"视为彼此如此分离。确切地说，外在与内在身份在如是区别关系中聚合，该关系并不承认内在情感或动机与外在条件或地位分离的程度，这是内在性进700一步解剖为组成部分之举所需要的。

　　在这方面，书信好似衣服。贯穿秘史形式发展，伪造的或隐藏的书信（或故事）常常与男装乔扮联系，作为人物塑造的相似外在及相互强化的方式。在锡德尼的《阿卡狄亚》中，皮罗克里斯与穆西多洛斯都用衣服与故事向菲洛克丽、帕梅拉隐藏自己的身份，并向她们揭示。在贝恩的《情书》中，布里亚德既伪造奥克塔维奥的来信，又穿得像他。在匿名的《情书》中，花花公子威尔逊最初误解自己贵族通信者的来信，因此也误解对方的性取向，随后异装以掩饰自己的性别。在理查逊的《帕梅拉》中，B先生的欺骗既是以骗人的书信，又是用骗人的伪装来实现。在这些个人揭秘的样例中，作为外在可理解条件的身份有形性似乎与方式的有形性（客体性或客体状态）相关。身份借此方式，即书信、衣服，既隐藏，又揭示。我们可能在如是方式中为这些样例假定了共同根基：类似家庭传奇之根的传统转义暗中将身份的所有方面纳入血统的庇护之下,把价值的所有方面纳入出身的有形性与自信确定性之下。因此,在巴克利的《阿尔杰尼斯》中,迄今被隐藏之书信的发现确证,海恩伊斯庇女王之子也是梅莱安达国王之子。但如我们所见,秘史的历史不仅是模仿的,而且是家庭传奇批评的历史。我们在诸如《帕梅拉》、《汉弗莱·克林克》小说中所见的家庭传奇戏仿,大体与它们作者将内在性私人领域分离,并使之公开化的雄心对应,这与出身及血统的有形性有相对有关或名义上的关系。

　　在贝恩与奥斯丁笔下阅读场景中,第三人称效果揭示之事的本质有另一种不同。在《情书》中,观看一位书中人物阅读另一位人物来信,由此获得的知识,绝大多数情况下改进了我们对作者,而不是读者品性的知识。在《傲慢与偏见》中,情况极为不同。伊丽莎白带着第三人称的中立阅读达西的信,她的确得知他内心动机的真相。但这个阅读场景也是同等重要的自我重新教育,她在此重新了解自己之前如何了解他人一事,进而开始知道自己内心秘密:"我到现在才算有了自知之明。"(159)在奥斯丁作品中,极为私人之事就是既极为深度感受,又极度不曾承认之事。伊丽莎白的发展涉及对总是在那儿之事,本人不知之秘密的发现。阅读书信为理解既包括他人,又包括自己在内的民众提供了有力的修辞格,这将社会知识的公共活动私人化,并将自知之明的私人活动公开化。一旦从通过阅读他的信而重新理解达西的经验中受教,伊丽莎白对自己累积中的措辞("尊重"、"尊敬"、"感恩")的语义极为谨慎,并努力理解自己的阅读,也就是说,"决定自己对达西的感情"(200,201)。

　　伯尼的第一部小说,相比而言与《傲慢与偏见》同时期,并以类似方式与贝恩的《情书》有所不同。书信体小说《伊芙琳娜》是多因素决定的外在与内在身份发现中的出色练习,它把外在(纪实与字面)与内在(情感与隐喻)的揭示方式并置,同时把那些揭示的仔细时效排序,以此暗示其中哪一个有最终优先权。贝尔蒙特(Belmont)首先在伊芙琳娜脸上看到她母亲的形象,并被他对此幻觉的情感反应真实性击垮。只是随后他读到去世的卡罗琳(Caroline)所写的信,连同其他有形传奇标志,才确认伊芙琳娜的血统。伊芙琳娜带着直截了当的热切大声说道:"啊,先生! 您只好读读我的心!"伯尼仔细排序的效果,就是要比奥斯丁在更大程度上承认内在性知晓中的外在标记持续力量,同时对它们

701

残余传统性质不留下疑惑。极为重要的是，这种外在承认的完整情节（伯尼对家庭-传奇揭秘的阐述，奥斯丁从此样例中获益）正是以奥维尔（Orville）对伊芙琳娜的爱情表白及求婚为先，内在行为因此不能被他知晓她外在血统一事影响。在《伊芙琳娜》的其他方面，伯尼将书信的实际阅读与民众的虚拟理解并置，将类似的结果并置。克莱蒙爵士（Sir Clement）以奥维尔勋爵名义给她写信时，伊芙琳娜对此信文风失礼之处敏感的多重解读让我们回想起贝恩笔下的西尔维娅，以及奥斯丁笔下的伊丽莎白。如伊丽莎白一样，伊芙琳娜洞悉作者最深层的情感，洞悉他的内在身份。如西尔维娅一样，伊芙琳娜直面的是外在身份的伪造，然而尽管她洞悉作者的情感，她的解读未能推测出这封信必定是他人，而不是奥维尔所写。[45]

　　如是发现为在理解他人，而不是阅读书信之事中成为必要的更亲密邂逅保留。自她收到伪造书信，并将第一次见到奥维尔之前不久，伊芙琳娜为面对面相见的前景，以及理解书信中呈现的人物品性的机会雀跃不已："他写那封冷酷书信时的粗鲁自由，同样也在他的外表上呈现吗？我不知道如何忍受他，或容忍自己……他可能只是从我的行为中揣测我的情感，我战栗着，唯恐他会把我的愤怒误认为慌乱！唯恐他会把我的矜持误读为窘迫！……当然，他和我一样，一定会在我们相见的时刻想起那封信，他可能会打算从我的外表推测我对此的想法……但愿我发现奥维尔勋爵的眼睛和他的笔相配！"（277—278）伊芙琳娜成为更老练的虚拟读者时，她对自己理解奥维尔内在情感的能力更自信。通过这类解读（他"不仅理解我的情感，而且，通过他的表情，向我传递他自己的情感"），几乎是作为事后想法，她能够意识到那封语有冒犯的信不是奥维尔，而是克莱蒙爵士所写（288；也参阅 358）。此外，如同奥斯丁笔下的伊丽莎白，伊芙琳娜在解读书信作者品性时的努力与自己的自知努力同步。早期的伊芙琳娜愁闷地向自己的监护人抱怨："应该有一本关于时尚律法与习俗的书，供初次进入社交圈的所有年轻人阅读。"就在这部小说读到一半的时候，读者明白，伊

---

[45] Frances Burney，《伊芙琳娜》(*Evelina, or, the History of a Young Lady's Entrance into the World*)（1778），第 3 卷，第 19、1、3 封信，Edward A. Bloom 和 Vivien Jones 编（Oxford：Oxford University Press，2002），第 384 页；也参阅第 351—352、367、257—259 页（随后引用源自本版本，并在文中圆括号内标示）。

芙琳娜寻求的那本书就是她自己正在写的，关于自己身世的，把那些公共律法与习俗私人化、内化的书（277—278，288，84）。然而，伯尼所用程序取得的极大成功，意味着有某种相关悖论之处。《伊芙琳娜》证明，18世纪末的家庭小说支持了内化与私人化的过程，它本身是此过程通过阅读的场景，并以同样轻松方式借助书信体与第三人称叙述得以实现的产物。

自由间接引语

但伯尼第一部小说的书信体形式随后似乎与实质含意，内在高过外在、隐喻高过字义、情感高过纪实的明确评价不相称。这种怪事当然隐藏在我的如是描述中，即对通过把阅读场景自觉描述为"第三人称"效果而获得之事的描述。巧合的是，出版《伊芙琳娜》后，伯尼放弃了书信体模式，接受了第三人称叙述。她学会用创新的方式实践，奥斯丁也用它来达到有力的效果。自由间接引语是一种在逐渐自知过程中揭示人物的方法，通过改进叙述者的虚拟体系，提升中立与内在性的结构关系，其效果不怎么通过真正书信体文件的实际化虚构来微妙获得，或的确通过第三人称叙述本身的惯有实践来获得。在当前的语境中，自由间接引语可能不仅被理解成解读其他人物（正如伯尼的伊芙琳娜与奥斯丁的伊丽莎白所为），且无阅读书信益处的方式，而且也被理解成在没有其他的确进行阅读之人物的益处情况下，而被阅读的方式。自由间接引语舍弃了这些相对外在的内在性调停者，不是用其他这类调停者，而是用在书中人物与叙述者之间的滑动加以取代。这种滑动是"私人"与"公共"之间微型摇摆的比喻，具有出色的反应性与精确性。[46]

随后的《傲慢与偏见》样例是达西与韦翰之间的早期相遇，伊丽莎白在此试图理解这两人，而我们在理解伊丽莎白：

> 达西先生证明他没有撒谎，同时鞠了个躬。达西正打算把眼睛从伊丽莎白身上移开，这时突然看到了那个陌生人。只见他们两人

---

[46] 关于自由间接引语更概括的论述，参阅 McKeon，《小说理论》，第485—487页。多丽特·科恩（Dorrit Cohn）与安·班菲尔德（Ann Banfield）的文章选读，见第493—536页。

面面相觑，大惊失色，伊丽莎白看到这个邂逅相遇的场合，觉得很是惊奇。两个人都变了脸色，一个惨白，一个通红。过了一会儿，韦翰先生按了按帽子，达西先生勉强回了一下礼。这是什么意思呢？既叫人无从想象，又叫人不能不想去打听一下。(55)

自由间接引语因它在可能被称为叙事声音的首要"公共"中立之事，与为此提供切入口的人物视角的"私人"相对内在性之间确立的关系而令人瞩目。对此效果至关重要的是，如是引语意在将两个不同的，公共与私人的叙述层面融合。叙事声音既没有提供对伊丽莎白看到这两人彼此相视时的中立描述，也没有坦率地告诉我们她此刻的想法（"她自思自忖"）；它微妙地从描述的表层——得到细致观察但外在的表层——转向伊丽莎白意识之内的里层。这个效果是通过习语变化而实现，从如我们已习惯于此的，具有叙述者声音特点的语言——这个声音是冷静描述的，是被认为构成叙述的整个经验范围独有的——到我们已在某个特定人物身上习惯的，受视角独特性所限的语言转变，或无论如何受界定成为某个人物，而非某个叙述者之条件的视角偏好所限的语言转变。

在此选段中，我们感受到了视角的变化，伊丽莎白的"吃惊"在此已从她意识之外向我们表述，并成为话语的内在动力，仿佛这是她说的话："这是什么意思呢？既叫人无从想象，又叫人不能不想去打听一下。"这是自由间接引语特有说服力的例子，因为从伊丽莎白内心表述的，即她的思想内容，正是使她成为"私人"人物，而不是"公共"叙述者的认识论不足的事实。但即使人物的话语内容不是明显反映其形式偏好时，后者的条件是由可感知的习语变化来示意。自由间接引语是否可以据称源自书信体形式，这是叙事文体历史中的问题，需要从该历史内部进行分析，这是超越本研究内容的一个学术雄心。可以说的是，自由间接引语支持第三人称效果的策略，以确立两种声音，两种观点之间的不同。书中人物借此策略，让书信与相关人物取决于自觉阐释；同时，抚平从不同到差异持续的突然变化，这极大地提升了内化与私人化的渐进过程效果。㊼

自由间接引语的认识论力量得到多个语境来源的滋养。其中一些可能

㊼　关于贝恩《情书》第三人称叙述中自由间接引语的可能实例，参阅本书第11章，注释35。

被顺带强调过。新教决疑论与英国诽谤法运用对立的推广及禁止动机,合谋推动相对通道的深度模型,它被比作探入内在,并以一系列前哨站为标记的旅行:首先是行动,随后是言语,最后是思想。拯救的困惑在被比作外在词的私人"职业"体系中到了紧要关头,这作为内在思想而被理解,也必定作为公共"训诫"而于外在实现。官方对管控公共印刷与表演所尽的责任,在事实前后的许可与审查"外在"方法,与借助谨慎自律的"内化"自我审查的强迫之间起伏。"公共"人物的冒犯言语被认为在道德层面与他们"私人"作者的冒犯思想同步,因此可被国家起诉。⑱ 这些场景预示如是历史时刻:积极自由的集体性退化为国家机器的"绝对"权威,不确定地与消极自由的个人主义产生冲突,后者是"绝对"主体真实性的演变原则。这些场景无论可能有怎样的不同,它们共有的前提是,探究的要点既不在公共外在性的权威中,也不在私人内在性的真实性中,而是在两者之间协商过道中被发现。运用自由间接引语的第三人称叙述舍弃了阅读书信,了解它们隐藏意义,或揭示裸露秘密的相对已实现的步骤,通过构成一个"视角"开启人物的虚拟内在性。视角的聚合与它暂时接纳或排斥的叙事声音聚合共存。微型"出版"的虚拟方式,自由间接引语如其存在仰赖于此的印刷出版实际过程一样,以单一姿态确立了私人人格与公共流通的非人格性。⑲

　　自由间接引语在 18 世纪末变得非常普遍,在 19 世纪成为熟悉的,甚至主导的叙事技巧。因此,其编史大体对应亚当·费格森的"分离时代"编史。只有当书中人物足以与叙述者分离时,它们获得自身差异融合所需的自主。因此,对此技巧至关重要的是不同的经验:不是公共权威或私人真实性的"内容",而是差异摇摆的当前形式结构。后者在辩证关系中进行界定,通过从中立的("更高"或更"浅显")有利之处的掘出,创造深度内在性之意。这是在此问题方面,文学评论家与历史学者之间的实质不合。⑳ 某些评论家已辩称,技巧使训诫规则的讽刺权威生效,私人个体借

705

---

⑱　关于这些事宜,参阅本书第 1、2 章。

⑲　自由直接引语因此可能被视为在句子层面,在普遍与特殊、集体与个人、公共与私人之间抽象、典范性现代关系层面的表述。参阅本书第 2 章,注释 148—159。

⑳　关于这些观点,参阅 Margaret A. Doody,《乔治·艾略特与 18 世纪小说》(George Eliot and the Eighteenth-Century Novel),见 *Nineteenth-Century Fiction*,第 35 卷,第 2 期(1980),第 260—291 页;John Bender,《想象监狱》(*Imagining the Penitentiary*:*Fiction and the Architecture of Mind in Eighteenth-Century England*)(Chicago:University of Chicago Press,1987);William H. Galperin,《历史的奥斯丁》(*The Historical Austen*)(Philadelphia:University of Pennsylvania Press,2003)。

此通过公共规则的中立概观而受限。其他评论家已论证，自由间接引语促进此主体的真实性，使叙述者对人物的同情等同生效，私人个体性借此通过情感吸纳与交换的亲密行为而得以培育及支持。

在《傲慢与偏见》中，不难发现看似支持这两种模型的选段，后者的记述技巧似乎很好地描述了随后的摘录：

> 她心里纷乱无比。她不知道怎样撑住自己，她非常软弱无力，便坐在那儿哭了半个钟头。她回想到刚才的一幕，越想越觉得奇怪。达西先生竟会向她求婚，他竟会爱上她好几个月了！（148）

在此句序中，我们在自己开始的外在观点，与结束此选段的情感内在性之间体验到的不同，有彼此适应的效果，并带有同情心之感。它完全取决于我们的距离意识，我们旅行就是为了到达此地。另一方面，此处是丽迪雅与她未来丈夫相见之地：

> 大家看到那个陌生人风度翩翩，都愣了一下，只是不知道这人是谁。吉蒂和丽迪雅决定想法子去打听，带头走到街那边去了……丹尼（Denny）马上招呼她们，并请求她们让他把他的朋友韦翰先生介绍给她们。他说韦翰是前一天跟他一块儿从城里回来的，而且说来很高兴，韦翰已经被任命为他们团里的军官。这真是再好也没有了，因为韦翰这位青年，只要穿上一身军装，便会十全十美。（54）

叙述效果此处完全依赖我们的转变经验，从外在到内在的视角，从好奇谁可能是陌生人的开放性，到他就是他应该的那样，这种过于轻易的信心。显然，结尾句子的观点受两位年轻女性情感影响，而不是受引领我们至此的，更外在的描述性声音中立影响。这个观点含蓄讽刺地被规则削弱。如我们所见，尽管处于严肃协商状态中的规则贯穿整本小说，它已确立丽迪雅的品性，既作为她母亲公开算计，又作为她父亲私人放纵的消极极端的品性。

换言之，这两个选段的并置暗示，公认的，植入自由间接引语技巧之偏见的对立阐述本身就易受质疑。两者的有效机制是相同的：在阅读过程中，诸声音的不同足以明显到被感知为一种过程；内在化的所在地由受质疑人物的近似性决定。"训诫规则"与"同情等同"的平衡完全取决于我们被引入其内在性的人物,取决于在此发生的叙事活动发展中的舞台。[51]然而,自由间接引语的第三个观点会完全舍弃这种关于其潜在效果的对立阐述。照此观点,自由间接引语的确是训诫规则的方式,但其修辞说服力准确地归功于它看似毫无修辞的事实。此处的论点就是,于自由间接引语内成为必要的视角变换,在读者经验中和在人物的经验中同样没有被有意记录。因此,自由间接引语达到了透明直接的效果,再现借此被转化为现实的幻觉。如书中人物一样,读者将叙述教导自然地内化为一种存在条件,而不是反身地作为从外至内的动作。

对我而言,基于多个理由,自由间接引语的观点似乎也是脆弱的。在将首要意识形态功能归结于其形式作品时,它用关于读者反应社会学的外在,大体未被验证的理论,取代对人物塑造内在细微差别的密切关注。它把无视叙事过程之事归结于 18、19 世纪小说读者,而这个叙事过程并不是由它们记录的评论来证实,且可能更多地与后来的读者相关。这些读者因熟悉及过度使用之故,而对此技巧的微妙性迟钝,为了唤起他们的兴趣,需要现代主义、后现代主义叙述更夸张与过度的暗示。自由间接引语更多的是实现广泛微妙意识形态可能性的方法,而不是一种意识形态。更好的相关类似物可能在母性叙述者模型中被发现,后者由《女旁观者》中伊丽莎白·海伍德的话语而出。海伍德写道:"我愿意用母亲的温柔善待我的读者们,而不是像某些母亲一样,用纵容让他们遭致毁灭。"[52]自由间接引语好似查理·吉尔顿(Charles Gildon)俱乐部粗暴但温柔的公义:他们盗走并出版一封私人书信,信中描述一位落在监护人手中的年轻女孩受害经历,这位监护人相信女孩"没有向可能帮助自己的第三人讲述的

---

[51] 此外,在实践中,评论家们不仅对自由间接引语的功能,而且甚至对它的本质都莫衷一是。承认它的功能,远非成为一门精准的科学。在辨识其一致性及变体范围涉及的困难与不确定性,似乎支持关于其拥有明确意识形态含意的怀疑论。夏洛特·卢卡斯对自己与科林斯先生订婚一事的思考(94),是奥斯丁小说中"不确定的"自由间接引语实例,相关有说服力的、有价值的论述,参阅 Susan Sniader Lanser,《虚构的权威》(*Fictions of Authority*:*Women Writers and Narrative Voice*)(Ithaca, NY: Cornell University Press, 1992),第 73—77 页。

[52] 参阅本书第 9 章,注释 35—38;也参阅本书第 10 章,注释 27。海伍德的创新可能反过来被认为与此理念有关:家庭主妇与母亲的新兴形象在家庭的私人领域内,把管理者或管家的公共权威内化。参阅本书第 4 章,注释 48—75。

意愿"。㉝ 海伍德思考规诫与样例之间的相互性，着手使形式家庭化复杂化，自由间接引语使滑尺成为可能，公共与私人之间差异的详细校准刻度可能借此就在叙述过程中得以实现与调整。

　　海伍德的样例让我们回想到，"母性叙述"存在于此的教育差异过程，不仅运用于类似伊丽莎白等人物在阅读比喻中汲取教训的方式，而且运用于奥斯丁的真正读者学会理解其小说的方式。伊丽莎白逐渐开始了解自己及他人，自由间接引语允许我们参与的微型经验大体与我们读者开始完全了解奥斯丁世界时的宏观经验类似，一个包括自由间接引语自身在内，但不局限于此的过程。海伍德的差异说教适应小说形式的条件，她在人物的示范具化与规诫叙述的抽象之间的摇摆提供了描述此宏观经验的方式，此番重要调整适应是作为第三人称叙述标准声音的话语"规诫"再认识。根据这个广泛类比，人物的言语、思想特别与叙述者的声音有关系，恰如实际个人与公众的虚拟集体性有关系。我们对班纳特先生品性的累积理解是一个恰当的例子。奥斯丁控制我们吸纳关于他的不同信息，仿佛她负责我们的营养与成长。值得注意的是，《傲慢与偏见》首章及终章以第三人称视角特有讽刺权威开始，这两种方法之间的相似性暗示，无论在随后内容中可能有怎样的发展，伊丽莎白的父母品性不会有变化。然而，我们对他们的理解在小说中经历了实质的重新评估，这大体归功于我们对班纳特先生的相关了解，以及我们如何了解的过程。

　　如我们已注意到的那样。第一章的其余部分大大有助于我们确立班纳特先生与"私人情感"真实性的主要联系，这与他妻子对"公开算计"倾力关注的唯利是图的肤浅对立（1—3）。但不平等对立的再平衡很快在多个层面进行。一方面，叙述者很快告诉我们，朗伯恩"不幸地"被限定继承，不为班纳特女儿们所有。这个中立的"规诫"（这是在地产授予世界中可能发生的事情）不仅援引不低于"财富"的动因以排除道德能动性，而且暗示貌似可信的道德动机，否则这早就只作为班纳特太太对自己女儿适龄结婚一事非理性焦虑来描述（20）。借助对话的示范证据，以及伊丽莎白的思考，奥斯丁让我们私下知道班纳特先生对自己妻子轻浮"沟通"之举保持冰冷中立，以及他与为自己女儿们提供情感指导责任之间的讽刺

708

㉝　参阅本书第 12 章，注释 52。

距离(85,163)。当感知概括反复出现时,它把若干视角混合,以便降低父亲之于母亲的道德优越性。叙述者直接告诉我们班纳特先生凭借"外貌"的外在标准选择妻子时的"轻率";我们得知,正如我们之前不曾知道的那样,伊丽莎白"并不是看不出父亲在作为丈夫这方面的缺德";他不负责任的自我戏剧化的暗示暂时通过自由间接引语的微妙聚焦而传递给我们:"夫妇之间的互敬互爱和推心置腹,都永远消失得无影无踪;他对于家庭幸福的理想也完全给推翻了。"(180)班纳特先生柔情结合的情感以绝对的终结"消失",这与伊丽莎白的如是方式构成鲜明对比:她很快要在"敌意早就消失了"(201)的情感空间内,努力理解、培育对自己未来丈夫"尊重"、"尊敬"、"感恩"的新有情感。讽刺的是,班纳特先生成为自己最钟爱女儿情感的有缺陷读者。他愧疚的"包办婚姻"情节存在于将他自己的婚姻目的强加在伊丽莎白身上:"好孩子,别让我以后眼看着你瞧不起你的终身伴侣,为你伤心。你得明白,这不是闹着玩的。"(289)

在他的重要角色被嘉丁纳先生,随后被达西取代之前,叙述者告诉我们,班纳特先生是"一位极为疏懒、拖延的通信者",在丽迪雅私奔危机中没有维持家庭关系。只是一封及时到来的书信"传递"了大多数所需信息,解除了朗伯恩的集体"焦虑"(223,224)。我们可能开始感到,班纳特先生如凯瑟琳夫人一样,是如此的一家之主,他们的直系家庭"亲戚"排除了情感家庭联系,假如奥斯丁没有费解地为质疑前者的能力提供理由的话,换言之为怀疑班纳特先生情感"轻率"可能与财产轻率等同,以及为怀疑他的婚姻"缺德"可能预示因自己缺乏绝对财产之故的个人责任提供理由的话。叙述者很快用如此直率的解释确认了这个怀疑,我们可能发问,我们为何没有一开始就被告知这个信息:

> 班纳特先生远在好久以前,就希望每年的进款不要全部花光,能够积蓄一部分,让女儿们往后不至于衣食匮乏;如果太太比他命长,衣食便也有了着落。拿目前来说,他这个希望比以往来得更迫切。要是他在这方面早就安排好了,那么这次丽迪雅换回面子名誉的事,自然就不必要她舅舅为她花钱,也不必让她舅舅去说服全英国最差劲的一个青年和她确定夫妇的名分。(233—234)

709

我们通过自由间接引语（韦翰是"全英国最差劲的一个青年"）而进入班纳特先生的思想，通过把我们以及叙述者都不会认同的评断腹语化的方式，缓和他不负责任的严重性。大概就是，韦翰的差劲仿佛减轻了班纳特先生对我们如今看到的，道德重要性之事根深蒂固的轻蔑：对家庭福祉有所"算计"。但奥斯丁把我们当作道德主体吗？洞悉班纳特先生所需的信息太突然地被"来自外部"的叙述者输入了吗？于我们而言，我们对奥斯丁更伟大"算计"的了解太受限制，以至于不能概括人物的示范教训，并予以运用吗？

内在性：人物与府宅

在家庭小说中，人物的深度内在性常常是在与府宅内在性的复杂联系中得以揭示。从历史层面来说，建筑内部空间被分割、细化之方式的发展，与叙事形式发展有松散的，但有效的相似。近代早期家庭建筑语言本身（"会客室"、"起居室/休憩室"、"密室"、"通用房"、"通用走廊"）对我们的如是理解有所暗示：近代早期叙述如何通过显化不同"视角"与"声音"发现新的可能性。更早的叙事实践已把这些视为或多或少独特话语的不同的，但不可分的功能。[54]"算计"与"情感"、夏洛特与韦翰有彼此渗入的倾向，伊丽莎白相关挫折达到顶点之际，她抓住与嘉丁纳夫妇一道前往湖区旅游的机会。她的所言是对湖畔诗人、旅行日记以及风景理论的讽刺影射，也带着作者的讽刺暗示对如是可能性的信念：没有活力的风景可能被理解成仿佛没有道德问题可能性之事："人比起高山大石来，算得了什么？……等到我们回来的时候，一定不会像一般游人那样……湖泊山川绝不会在我们脑子里乱七八糟地混做一团；我们要谈到某一处风景的时候，决不会连位置也弄不明白，彼此争论不休。"（119）紧随此段的，罗新斯（Rosings）的牧师游览是无效寻求一个逃避相对性视角过程中的实例教训。科林斯先生的专制式客观性指导这次游览，"每看一处都得琐琐碎碎地讲一阵，美不美倒完全不在他心上"。与这个被严格监视的解读经验对

---

[54] 这显然不仅是语法与句法形式运用（人物、声音、语调、嵌入、内省等等），而且是辩证文本实践（引号、斜体、分段及其他间断技巧）运用中的发展。关于建筑语言，参阅本书第5章。

比的是，叙事声音顺着第三人称持续性演变，在快速前进之前，暂时停在 710
科林斯先生阿谀奉承的思想空间中："他数得出每一个方向有多少田园，
连最远的树丛里有多少棵树他也讲得出来，可是，不论是他自己花园里的
景物也好，或者是这整个乡村甚至全国的名胜古迹也好，都万万比不上罗
新斯花园的景色……那是一幢漂亮的近代建筑，耸立在一片高地上。"
（121）

　　嘉丁纳夫妇后来不得不决定"湖区必须放弃，旅程必须缩短"时，嘉丁
纳太太钟爱的"德比郡（Derbyshire）一小部分"目的地自然也让她想起前
往彭伯里旅行，"虽然不是路过必经之处，可是也不过弯了一两英里路"。
"如果到那儿去欣赏风景，很可能碰到达西先生"，这让伊丽莎白感到不
安。但她再次满意地得知，当前那里没有入住的家人，"她现在用不到再
怕什么了，可是又逐渐产生了极大的好奇心，想亲眼去看看那幢房子"
（182，183—184）。巧的是，与正在欣赏此地的人相见，这正好描述了不可
阻挡地进入等待她的室内进程。如珍宝阁一样，彭伯里只向那位审查所
需情感之人泄露其秘密。如果这种珍宝阁可能被视为公共博物馆的小型
私人前身，这也是真的：珍宝阁的原始科学吸引力（出色地把全世界的奇
观包括在内的小世界）总是只涉及卑微与伟大、私人与公共之间的相互
性。在他们休闲地、半游览地进入彭伯里时，奥斯丁笔下的游览者们唤起
博物馆参观者的类似好奇心，或更恰当地说，那些在前世纪初，开始光顾
英格兰宏伟府宅之人的态度。此处的动机也是好奇心：大体关于那些可
能仍未被视为"另一半"之人如何生活，但更确切地说是关于围绕缺席所
有者的自然与文化风物世界，在此过程中，反映的是他们自己。[55] 向公共
游览开放的气派私宅是被更早但大体重叠时期的乡村宅院诗歌颂扬的同
类大厦。如我们所见，这个诗歌次文类对维吉尔式标签"我习惯于把小的
和大的看作同类"（Sic parvis componere magna solebam）重新加工，使之
与在近代早期国家、地产、宅院、所有者这个顺序中成为必要的从大到小

---

[55]　伊恩·奥斯比（Ian Ousby）指出，奥斯丁把彭伯里设在德比郡，是要让读者把它与查茨沃思
　　（Chatsworth）等同起来。参阅《英国人的英格兰》（*The Englishman's England*：*Taste*，
　　Travel，*and the Rise of Tourism*）（Cambridge：Cambridge University Press，1990），第72—
　　73页。1763年，一位查茨沃思游客认为，大厅"没有什么用处，但值得一走"。参阅本书第5
　　章，注释64。

一系列思考兴趣保持一致。当然，这个顺序的内侧，外在住宅与内在住户之间的一致得到身在彭伯里的伊丽莎白的极大关注。

奥斯丁叙述了对幻想与思想、客体与主体、感觉与反省、外与内之间相互渗透关系有完美自觉意识的完整经验，甚或伊丽莎白在住户与住宅之间的焦虑区分可能很快开始看似天真："伊丽莎白满怀感触，无心说话，可是看到了每一处，每一角的美景，她都叹赏不已……欣赏大厦那附近一带的景物，伊丽莎白这时候不免又起了一阵疑惧，生怕闯见主人。"(185)她欣赏自己所见之事，由此而生的人格化试金石就是达西总是回到她的思绪中来（"她真想问问这位管家奶奶，主人是否真不在家"）。对伊丽莎白而言，内外视角是活跃的，可互换的。进入室内后，她"扫视"了一下餐厅，仿佛它是一幅风景，然后从室内有利地点把一系列视角变换投射到风景之上，这个视角强调其"客体"之美对如是方式的依赖：它们感知的主观相对性似乎赋予自己固有内在生命："伊丽莎白稍许看了一下，便走到窗口欣赏风景。那座小山……真是个美丽的地方。处处都收拾得很美观。她纵目四望，只见一弯河道，林木夹岸，山谷蜿蜒曲折，真看得她心旷神怡。他们再走到别的房间里去看，每换一个房间，景致总会两样，可是不管你走到哪个窗口，都自有秀色可餐。"(185—186)伊丽莎白的替代眼睛，窗户在"其相对情境中"揭示每一处美：在彭伯里大厦，她体验到了贯穿自己已对此失望之湖区的通道假象，外在的自然美丽不是"在她的想象中混成一团"，而是通过内在关注的框定官能而与它们纯粹的可感根基脱离。㊋

伊丽莎白克服自己的偏见，逐渐开始相信彭伯里的管家的确就是主人不在家时的大厦看护者，一位不同于科林斯先生的导游，知道什么时候应该框定视角。"雷诺奶奶(Mrs. Reynolds)指着另一张画像说：'这就是我的小主人，画得像极了。'"(186)当然，被伊丽莎白式践行者视为"秘密"的，"某种柔和绘画"的这幅画像好似被餐厅窗户框定的大幅风景画，只是在这幢大厦某处秘藏的视角变换中的一点。㊌ 另一幅就是伊丽莎白自己心中的达西画像（"你觉得他是位很漂亮的少爷吗，小姐？"）；然而，还有一

㊋ 关于内心与外窗之间关系的另一修辞格，参阅图 8.1。
㊌ 关于画像，参阅本书第 5 章，注释 19。

幅是雷诺奶奶心中的画像。对管家奶奶一直称赞达西之事,伊丽莎白"听得更是惊奇"……"他被你说得多么可爱!"她心中想着。她思考中所用的绘画术语支撑着我们继续在家庭室内游览,穿过大厅,起居室,来到画廊。伊丽莎白在此有遇见另一个"非常像他的"意象的奇特经验:"有张画像非常像达西先生,只见他脸上的笑容正像他从前看着她的时候那种笑容……她站在他的画像面前,只觉得他一双眼睛在盯着她看,她不由得想起了他对她的钟情,于是一阵从来没有过的感激之情油然而生。"(188,189)如彭伯里大厦游览更早时刻一样,房间与风景似乎交换位置,客体似乎被主观视角"固定于"可塑的客体状态时,此刻描绘了外与内相互渗透的辩证法,但如今是在同情与"感伤"的更深层面,并更深入地插入府宅与思想的内在。

　　离开画像与大厦后不久,伊丽莎白有看到达西(画像的客体化与府宅的主体化)的幽灵式体验,不是一次,而是两次。刚才在室内,站在画像之前,如今在室外,"顷刻之间,四只眼睛碰在一起"。但如今,他们只是再一次分别而已,目瞪口呆的达西"突然又定了一下心,告辞而去";伊丽莎白再次设法把他的视角纳入到自己的视角中,如今不是通过镜子存在的能动性,而是通过自由间接引语:"满怀心事……她真是说不出的羞愧和懊恼。她这次上这儿来,真是天下最不幸、最失算的事。他会觉得多么奇怪! 以他这样傲慢的一个人,又会怎样瞧不起这件事!"然而,"他的态度完全和从前两样了——这是怎么回事呢? 他居然还会走上前来跟她说话,光是这一点,就叫人够惊奇的了;何况他出言吐语,以及问候她家里人的平安,又是那么彬彬有礼! ……她不知道如何想法才好,也不知道怎样去解释这种情景"(190,191)。此处极端困惑的语言可能让人们回想起更早的,伊丽莎白目睹达西与韦翰相遇的那一刻("这是什么意思呢?"[55])。但她在了解如何解读广泛经验方面时取得的进步掩饰了这个相似性。如是经验的范围被公共外在性与私人内在性两极所限,把所有其他人获得的每一个不同点包括在内,一旦她拥有打开现代珍宝阁秘密之钥匙的话。

　　从当前研究层面来说,现代性密室的钥匙可能在如是理解中得以概括:分离是在更深层面的融合与再次分离的前提。达西突然离开后,三位访客继续漫步,穿过庄园的草地:"舅父母沿途一再招呼伊丽莎白欣赏如此这般的景色，伊丽莎白虽然也随口答应，把眼睛朝着他们指定的方向张望一下，可是她好久都辨别不出一景一物，简直无心去看。她一心只想着彭伯里大厦的一个角落里，不管是哪一个角落，只要是达西先生现在待在那儿的地方。她真想知道他这时候在想些什么。"(191)在她访问期间，伊丽莎白愁闷地意识到因自己对达西表白爱意时的愤怒反应所丧失的可感财产。"在彭伯里当个主妇也还不错吧。""我非但不必以一个陌生人的身份来参观，而且还可以当作自己的住宅来受用。"(185,186)然而，她自己713 的思想超越了感官，进入她内心锁定的虚拟空间。如艾迪生笔下文雅想象之人一样，较之于她仿佛要么拥有达西，要么拥有彭伯里，伊丽莎白如今更彻底地拥有达西本人。⑤ 不久，他再次出现，这一次留在她及她家庭亲戚身边，情感与感官开始热切地融合。

家庭小说的意识形态

对《傲慢与偏见》的读者而言，把奥斯丁的结尾理解为"保守"意识形态中某个巧妙运用的高潮，这是件寻常之事。"保守"意识形态运用个人戏剧与情感经验，适应以伊丽莎白与达西结婚为圆满结局的阶级统治政治场景，并为之正名，使之"归化"。但我们如何给奥斯丁要保存的霸权命名？单是凯瑟琳·德波夫人的形象就能让我们回想起，这部小说不为贵族意识形态及其"出身即价值"信条辩护。《傲慢与偏见》是进步的或"资本主义的"意识形态归化吗？ 如是解读似乎只是稍稍不怎么合乎情理，因为伊丽莎白在小说中学会舍弃的偏见之一，就是她执拗的个人主义：贵族意识形态的从容进步反转，关于卑微出身就是价值的坚信，简陋的戏仿——就在她愤怒地谴责卡罗琳·彬格莱(Caroline Bingley)，其贵族对立者时，我们看到她对此戏仿的倾心："照你的说法，韦翰他的过错和他的出身好像是一回事啦。"(72)不久之后，她的舅妈带着充满希望的自信宣称，"你是个非常懂事的孩子，丽萃，你不至于因为人家劝你谈恋爱要当心，你就偏偏要谈"(111)。的确，奥斯丁正在捍卫基于婚姻安排的社会现状，如是想象需要摒

---

⑤　关于艾迪生，参阅本书第 7 章，注释 85—86。在此选段中，奥斯丁恰当地把达西，财产的拥有者，称为彭伯里的"所有者"(186)。

弃她就如此蠢行而为教育伊丽莎白及读者所做的努力（以及同样愤世嫉俗的橱窗装饰），即积极或消极自由标准彼此不混合的蠢行。不可否认的是，伊丽莎白与达西的婚姻具有社会政治含意。但我们越在整本小说的语境中解读这场婚姻，而不是将其解读为静止的意识形态格言的可拆解标记，我们越可能把《傲慢与偏见》视为一种对划分价值之理由的探究，考虑到贵族与进步标准的不可靠性：把小说更多地理解为未来导向的探索，而不是理解成过去与现在导向的保护行为。这不是否认《傲慢与偏见》意识形态本质，而是暗示，在类似的作品中，我们看到公共与私人价值观的沉思裁断得到最好的示范。我们严肃地运用超越轻视的启发与批判的"意识形态"术语时，会指涉这一点。奥斯丁的小说可能被更好地视为意识形态探究的活跃矛盾过程，而不是作为现有意识形态的辩护。

714

　　然而，思考本研究的广泛论点，我们也需要辨别，对奥斯丁及同时代人们而言，在致力于想象一个可能从主导性本质"公共"领域内的旧有嵌入性中分离的私人经验领域时，会有怎样的危险？从意识形态理论视角来看，因为对我们所有人完全普通而成为普遍之事钥匙的个人、普通生活评价，需要被理解成在无论何等复杂的调停层面的社会政治实践象征；该实践开始主导大多西方文化，即便它既不对普通，又不对普遍有所反应。[59] 的确，意识形态理论出自同一历史时刻，家庭小说及其计划就是为现代世界重塑积极自由的旧有规则，它会支持集体高于个人的优先性，并不牺牲借助消极自由创新理念而对任何社会公义相称概念所做的强制贡献。如意识形态理论一样，家庭小说努力将个人与社会的范畴融合，两者的分离是前两个世纪的工作。但意识形态的古典批评从被想象的，被改造的公共领域方向着手这共有的任务，从共产主义或社会主义集体性方面来说，家庭小说以其最具体的形式，致力于如是理念，即集体规则可能只是私人领域内的个人经验功能。根据意识形态成型的模式，诠释家庭小说的问题很快就是此事：它冒着把关于其计划的，极为重要的意识形态之事遮蔽的风险。家庭小说，以及如此的更广泛家庭生活，不是暗中否认超越自身示意意愿的隐性社会政治意义话语。确切地说，它明确坚持其在私人经验领域内的社会政治经验自身示意。

---

[59]　关于普通的两层意思，参阅本书第 7 章，注释 35—36。

　　如我们所见,家庭生活的丰富来源通过近代早期家庭化的缓慢退出而沉淀,其核心是对支持、使之成为必要的那些终极人类目的的私人适当性的坚信,它届时已看似只是对应的阐释与说教方式。带着已沉淀的历史真实性意识进行解读时,家庭小说具有如是有力尝试的标记:它不是将自己从世界分离,而是在虚拟领域内吸纳、合并世界,分工的基本术语在此于内在领域的连续细分中被持续再发现。在这种意识缺失中,家庭生活仅仅部分清晰,因现代短视而封闭,这与如是倾向有某些关系:把一般的现实主义,特殊的自由间接引语技巧误读为透明直接的意识形态,而不是比它挑战、取代(的确它反过来被挑战、被取代)的那些更微妙的介入方法。[60] 到此程度,我们已失去了保守家庭与小说实践秘密的密室(也就是说它们前期历史的密室)钥匙。从沃尔特·司各特(Walter Scott)到爱德华·萨义德(Edward Said),奥斯丁的小说已被认为,要么为未能触及私人情感、中产阶级家庭、英国国家的家庭界限之外的世界而负责,要么为未能足够承认这些基于公共(阶级与殖民地居民)剥削的私人受益依赖性而负责。在不否认如是解读重要性的情况下,从自身之外视角理解家庭小说,这似乎对如是承认而言同等重要:从它自己的视角来看,这不是遮遮掩掩的失败(意识形态神秘化的产物),而是公开的意识形态胜利。现代生活中的隐私领域不(仅)是公共的替代,而(且)是其内化,通过女权主义格言"个人即政治"而最广为人知的真理。我们不是开始评估家庭生活的意识形态倾向,它包括什么,排斥什么,并不求助于自觉包括、排斥的前历史,这仍然只是出于我们默许的秘史。

　　家庭小说至多无视,至少就是公共不义的缓和归化,如是批评将其视为过去两个世纪的叙事实验一直努力试图取代的,某"秘史"家庭化类型。通过这种思考方式,家庭小说的计划或多或少像影射小说的计划,并在隐藏、揭示其公共参照物时具有可变的比例。无论这种观点有何种功效,它将解读、评断私人话语的更早习惯延展,凭借的是它如何很好地实现形式目的,也就是预示公共话语的专有标准。如《女旁观者》中敌视伊丽莎白·海伍德的那位通信者一样,这种观点暗示,该私人话语,无法在此找到如是参照(无论显性或隐性)的私人话语有纯粹私人的无关紧要琐碎性。[61]

---

[60] 关于这些事宜,参阅 McKeon,《小说理论》,第 10 部分。

[61] 关于海伍德的这位通信者,参阅本书第 9 章。

　　但在奥斯丁与其他人的作品中,明显的公共影射不是对极为重要之事的偷偷暗示。它是旧有示意体系的残余,或明显在私人领域内居中的政治冲突语境修辞格。从这些方面来说,达西敏感紧张的品性不是比喻、理解 19 世纪初期贵族高贵地位的方式,而是目的,其社会等级为理解此目的所做的重要贡献。将《傲慢与偏见》的政治移入可能具有相对"隐秘",并对阶级冲突有所暗示之事中,此举无视奥斯丁如何努力,如何成功地费心展示政治一事。政治是处于如此政治共鸣冲突中家庭领域内的固有之物:个人与家庭、"亲戚"与"关系"、子女与父母、成长与成熟、情感与 716算计、主体性与顺从、第一人称与第三人称之间的冲突。伊丽莎白读达西的信时,惊叹:"我到现在才算有了自知之明。"(159)后来,当她在彭伯里庄园草地上突然与达西邂逅时,直接的自由间接引语让我们目睹伊丽莎白新有的自知之明的波动:"他会觉得多么奇怪……她真想知道他这时候在想些什么。"(191)如亚当·斯密一样,奥斯丁会让我们理解,自知之明与道德社交性需要把他人观点同情地内化,仿佛它就是本人的。如果我们把家庭小说理解为秘史,我们就有错失独特现代性的危险,不仅是现代性对自我与社会有问题的分离的聚焦,而且是现代性的如此确信,即融合的计划必定源自内在,甚至于内在中进行。 717

索 引

［索引页码均为原书页码，即本书中页边码。斜体页码指涉图片。］

absolutism: absolute private property and, 16—18

association with secrecy and, 4—5

concept of, 4, 147

critique of, 78—79, 303—10, 309—10

French vs. English, 17—18

political obligations of, 101

public interest and, 18—19. *See also* devolution of absolutism; monarchs and monarchy; patriarchalism

Adda, Ferdinando d', 550, 551

Addison, Joseph: on anonymity and pseudonyms, 93

on curtain lectures, 771n57

on fiction, 746—47n159

on libel and satire, 95

on material independence, 345

on microscope, 405

on news, 456—57, 812n51

on paganism and Christianity, 337

on pastoral, 159—60, 415

on pleasures of imagination, 360—63, 366—67, 374, 541, 567, 668, 817n31

on polite vs. vulgar, 364

on publicizing the private, 79—80

on refinement, 364

on Royal Exchange, 18

on secretary, 231

on town and country life, 359

on tragicomedy, 390

on unities of time and place, 370—71

on women, 139—40, 140—41, 154, 170, 182. *See also Spectator* (periodical)

adultery: in Behn's *Love-Letters*, 508, 511—12, 515—16, 517—18

prostitution juxtaposed to, 201, 211

punishment of, 122, 123, 143

reconfiguration of, 146

as treason, 517—18

Aertsen, Pieter, *425*, 427, 430, 433—34

aesthetic, the: aesthetic value and exchange value, 381—82, 384—85, 794—95n126

as basis for other discourses, 376—81

as foundation of social imaginaries, 108

pleasures of the imagination and, 361—67

response, 108—9, 368—72. *See also* disinterestedness; imagination; virtuality

agriculture, 173, 181, *265—67*, 690, 724n42, 786n36

Albemarle, third duke of, 609

Alberti, Leon Battista, 226, 281

alchemists, 213, *214*, *215*, 218, 223, 810n29

译　后　记

　　《家庭生活秘史：公共、私人与知识分工》（中文版）是美国罗格斯大学迈克尔·麦基恩教授在华东师范大学出版社出版的第二部学术专著。作为他两部学术专著的译者，我既荣幸，又不安：荣幸在于，通过个人绵力，将18世纪英国文学研究领域的权威英文专著翻译成中文，为国内学界拓宽研究视角，提供极具价值的参考文献；不安在于，个人学术积累尚浅，并不能做到将作者的精妙论述完美译出，虽经个人多轮校对，讹误仍在所难免。

　　2003年我在北京大学英语系攻读博士学位，师从韩加明教授。也是在他讲授的专题课上，我第一次接触到了麦基恩教授的学术专著。后来因为翻译工作的缘故，我和麦基恩教授成了朋友。麦基恩教授家学渊源，他的父亲曾是芝加哥大学哲学教授。良好的家庭熏陶，加上个人的天资与勤奋，麦基恩教授很早就在18世纪研究领域成名，学术成果丰硕，是国际公认的学术权威。他的《英国小说的起源，1600—1740》是与伊恩·瓦特的《小说的兴起》齐名的专著，对18世纪英国小说研究做出独到的贡献。麦基恩教授虽为名家，但为人谦和，在未曾有交往的情况下，他热情且慷慨地帮助我联系约翰·霍普金斯大学出版社，接洽版权事宜，对我在翻译过程中遇到的问题悉心解答，并为中国读者新写中文版序言。中文版序言是他在多年研究基础上新创洞见的梳理与概括。2015年9月，麦基恩先生应北京大学英语系的邀请访问中国，随后在北京、杭州、上海多所大学做专题讲座,与众多中国学者成为朋友。

　　读过麦基恩教授学术专著的人,都会感佩他的学识渊博,论述有力。他的专著是面向具有一定研究能力与智识,并有较强逻辑推理的读者,研读他的作品会遇到不少挑战。无疑,这给翻译工作带来较高的要求,译者需要在作者的论述与读者的理解之间实现理想平衡。虽然作为译者,我牢记严复先生的"信"、"达"、"雅"原则,但在翻译过程中不时左支右绌。得益于麦基恩教授的指教,以及责任编辑的专业审勘,经过一年的翻译、一年的审校,这部恢弘学术专著的中文版最终呈现在读者面前。

　　之所以称之为恢弘,是因为这部专著可谓现代思想历史演变的重构,涉及政治、经济、宗教、文化、社会意识等方方面面。如此庞杂的论述内容并不是随性排列,而是紧扣"公共"与"私人"的主轴次第展开。读者好似一位观光客,不经意间被远处的一个鲜艳图案吸引,走近一看,原来是一幅精美的挂毯上具有标志性的精彩图案;再定睛细看,发现图案是由更精细的图层构成,而且无论从哪个角度来看,这些图层自成一体,多姿多彩。麦基恩的这部作品是在读者不断研读与探索中呈现自身无穷的魅力。有心的读者或专业的研究者读完此书自会觉得身赴宝山,不虚此行。

　　本译著开始审校之时,恰逢疫情初起,及至即将付梓的当前,病魔仍在全球肆虐。在这势必载入历史的人类劫难中,每个人不得不直面由个人、家庭、社会、国家、世界组成的多维度问题,家庭生活于此更具重要性与特殊意义。近代早期的英国人通过家庭化的形式使国家、社会层面的公共问题进入私人话语,并假借秘史之名达到既揭示、又隐藏的文学效果。虽然麦基恩教授笔下的"家庭生活"是社会历史、思想史、文学史多个维度下的研究主题,但也因此将率先进入现代文明的 18 世纪英国人日常生活、家庭俗事生动再现。在历史的宏观、哲学的深邃之间,文学扮演粘合剂的角色,用丰富的想象、感性的描述使历史与哲学的视角更为具化与立体,相关论述更为有力。麦基恩教授依托 18 世纪文学作品,剖析现代思想的历史演变,他的这部作品是国内学界努力践行的跨学科研究样板。

　　本书的翻译也是我对家庭生活这个主题再思考的过程。作为研究对象的家庭生活,它是论点、论据的融合;作为现实体验的家庭生活,它是爱情、亲情的凝聚。于我而言,家庭生活是一个人的成长记录,从小在一个温馨的大家庭长大,后来离开南昌,赴南京、北京求学,最后在北京组建自己的家庭，此时才对家庭生活有更深入与全面的理解，也由此衷心感谢三位我生命中最重要的人。感谢我的母亲李爱兰，她的无私母爱让我依恋家庭，离家数十年，无时无刻不在想家；感谢我的妻子张馨，她的温柔善良让我珍惜家庭，异地飘零多年，最终的温馨家庭成就了等待与努力的意义；感谢我们的大麦小朋友，胡维舟，他的可爱灵动让我们爱护家庭，生命传承既是家庭生活的功能，又是它的自有意义。

　　谨以此译著献给致力于在学术、生活、家庭三者之间实现理想平衡的18世纪研究同道人。

胡振明

2021 年 5 月，北京

图书在版编目(CIP)数据

家庭生活秘史：公众、私人与知识的分类 / (美)
迈克尔·麦基恩著；胡振明译.
--上海：华东师范大学出版社，2021
ISBN 978-7-5760-2313-8

Ⅰ.①家…　Ⅱ.①迈…　②胡…　Ⅲ.①文化研究—
英国　Ⅳ.①G156.1

中国版本图书馆 CIP 数据核字(2021)第 269909 号

华东师范大学出版社六点分社

企划人 倪为国

家庭生活秘史：公众、私人与知识的分类

著　　者　(美)迈克尔·麦基恩
译　　者　胡振明
责任编辑　王　旭
责任校对　徐海晴
封面设计　刘怡霖

出版发行　华东师范大学出版社
社　　址　上海市中山北路 3663 号　邮编　200062
网　　址　www. ecnupress. com. cn
电　　话　021 - 60821666　行政传真　021 - 62572105
客服电话　021 - 62865537　门市(邮购)电话　021 - 62869887
地　　址　上海市中山北路 3663 号华东师范大学校内先锋路口
网　　店　http://hdsdcbs. tmall. com

印 刷 者　上海盛隆印务有限公司
开　　本　787×1092　1/16
插　　页　16
印　　张　57
字　　数　690 千字
版　　次　2022 年 4 月第 1 版
印　　次　2022 年 4 月第 1 次
书　　号　ISBN 978-7-5760-2313-8
定　　价　198.00 元

出 版 人　王　焰

上海市版权局著作权合同登记　图字:09 - 2015 - 455 号